Society:
The Basics

twelfth edition

社会学基础

第12版

John J. Macionis

〔美〕约翰·J. 麦休尼斯 著

风笑天 等 译

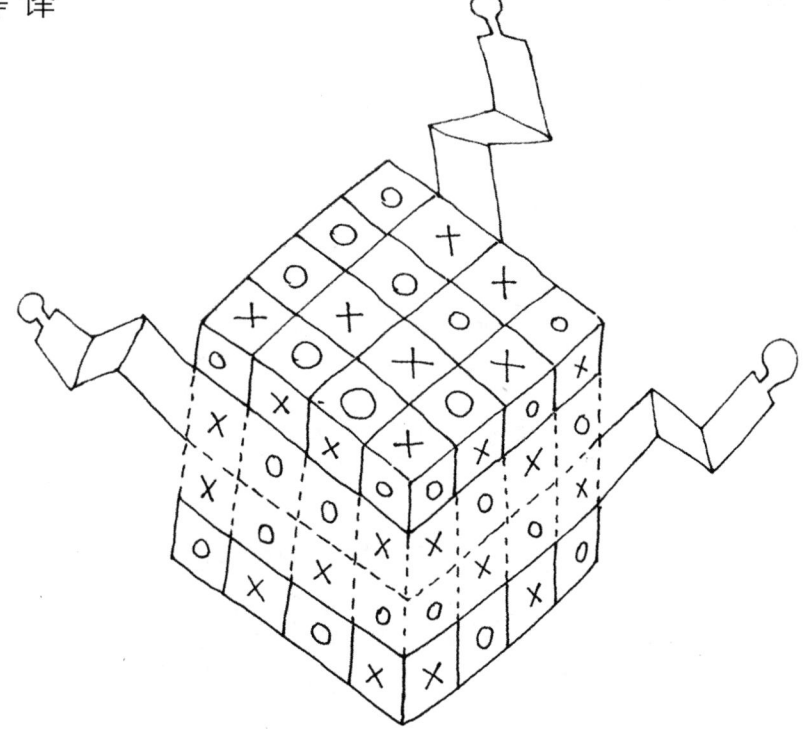

商务印书馆
The Commercial Press

Authorized translation from the English language edition, entitled SOCIETY: THE BASICS, 12th Edition by MACIONIS, JOHN J., published by Pearson Education, Inc, Copyright © 2013 by Pearson Education, Inc.

All rights reserved. No part of this book may be reproduced or transmitted in any form or by any means, electronic or mechanical, including photocopying, recording or by any information storage retrieval system, without permission from Pearson Education, Inc.

CHINESE SIMPLIFIED language edition published by THE COMMERCIAL PRESS, Copyright © 2022.

本书封面贴有 Pearson Education（培生教育出版集团）激光防伪标签。

无标签者不得销售。

目录

前　言 i

第一章　社会学：视野、理论和方法

    本章概览 2
    第一节　社会学的视野 3
    第二节　全球性观点的重要性 8
    第三节　运用社会学的视野 12
    第四节　社会学的起源 15
    第五节　社会学理论 19
    第六节　从事社会学研究的三种方式 32
    第七节　性别与研究 42
    第八节　研究伦理 43
    第九节　研究方法 44
    整体总结：社会学研究中的十个步骤 61
    日常生活中的社会学 63
    温故知新 65

第二章　文化

    本章概览 70
    第一节　什么是文化？ 71
    第二节　文化的要素 77
    第三节　技术和文化 86

　　　　　第四节　文化多样性　　　　　　　　　　　91
　　　　　第五节　文化的理论分析　　　　　　　　105
　　　　　第六节　文化和人类自由　　　　　　　　111
　　　　　日常生活中的社会学　　　　　　　　　　115
　　　　　温故知新　　　　　　　　　　　　　　　117

第三章　社会化：从婴儿期到老年期

　　　　　本章概览　　　　　　　　　　　　　　　122
　　　　　第一节　社会经历：人性的关键　　　　　123
　　　　　第二节　对社会化的理解　　　　　　　　127
　　　　　第三节　社会化机构　　　　　　　　　　137
　　　　　第四节　社会化与生命历程　　　　　　　145
　　　　　第五节　再社会化：全面控制机构　　　　154
　　　　　日常生活中的社会学　　　　　　　　　　158
　　　　　温故知新　　　　　　　　　　　　　　　161

第四章　日常生活中的社会互动

　　　　　本章概览　　　　　　　　　　　　　　　166
　　　　　第一节　社会结构：日常生活的指南　　　167
　　　　　第二节　地位　　　　　　　　　　　　　168
　　　　　第三节　角色　　　　　　　　　　　　　170
　　　　　第四节　现实的社会建构　　　　　　　　174
　　　　　第五节　拟剧论的分析：自我呈现　　　　178
　　　　　第六节　日常生活中的互动：三种实际应用　185
　　　　　日常生活中的社会学　　　　　　　　　　197
　　　　　温故知新　　　　　　　　　　　　　　　199

第五章　群体与组织

　　　　　本章概览　　　　　　　　　　　　　　　204

第一节	社会群体	205
第二节	正式组织	217
第三节	正式组织的演化	224
第四节	组织的未来：截然相反的趋势	233
日常生活中的社会学		237
温故知新		239

第六章　性与社会

本章概览		244
第一节	理解性问题	245
第二节	美国人的性态度	251
第三节	性取向	257
第四节	性问题和争论	264
第五节	性的理论分析	271
日常生活中的社会学		280
温故知新		282

第七章　越轨

本章概览		286
第一节	什么是越轨？	287
第二节	越轨的功能：结构功能的分析	292
第三节	标签越轨：符号-互动分析	299
第四节	越轨与不平等：社会冲突分析	305
第五节	越轨、种族与性别：种族冲突和女性主义理论	311
第六节	犯罪	313
第七节	美国的刑事司法系统	320
日常生活中的社会学		332
温故知新		335

第八章　社会分层

本章概览	340
第一节　什么是社会分层?	341
第二节　种姓制度与阶级制度	342
第三节　解释社会分层：结构-功能理论	355
第四节　解释社会分层：社会冲突理论	359
第五节　解释社会分层：符号互动论	364
第六节　社会分层与技术：一个全球的视角	367
第七节　美国社会的不平等	369
第八节　美国的社会阶级	376
第九节　阶级造成的差异	382
第十节　社会流动	384
第十一节　美国的贫困问题	396
第十二节　加剧的不平等，加剧的争议	404
日常生活中的社会学	408
温故知新	410

第九章　全球社会分层

本章概览	416
第一节　全球社会分层概观	417
第二节　全球的财富和贫困	425
第三节　全球社会分层的理论分析	436
第四节　全球社会分层：前瞻	449
日常生活中的社会学	452
温故知新	455

第十章　性别分层

本章概览	460
第一节　性别与不平等	461

第二节　性别与社会化	467
第三节　性别与社会分层	470
第四节　性别的理论分析	487
第五节　女权主义	494
第六节　性别：展望	499
日常生活中的社会学	501
温故知新	504

第十一章　种族和族群

本章概览	508
第一节　种族和族群的社会含义	509
第二节　偏见和刻板印象	515
第三节　歧视	525
第四节　主导群体和少数族群群体：互动的模式	526
第五节　美国的种族和族群	530
第六节　种族和族群：展望	550
日常生活中的社会学	552
温故知新	554

第十二章　经济与政治

本章概览	560
第一节　经济：历史概述	561
第二节　经济体系：通往公正之路	566
第三节　美国后工业经济的工作	573
第四节　有限公司	584
第五节　经济：展望	589
第六节　政治：历史概述	590
第七节　全球视角中的政治	593
第八节　美国的政治	596

第九节　社会权力的理论分析 603
第十节　统治之外的权力 606
第十一节　战争与和平 609
第十二节　政治：展望 617
日常生活中的社会学 621
温故知新 623

第十三章　家庭和宗教

本章概览 628
第一节　家庭：基本概念 629
第二节　家庭：全球性的变化 630
第三节　家庭的理论分析 633
第四节　家庭生活的阶段 637
第五节　美国家庭：阶级、种族和性别 643
第六节　家庭生活中的转变与问题 649
第七节　家庭的替代模式 653
第八节　新生育技术和家庭 657
第九节　家庭：展望 657
第十节　宗教：基本概念 661
第十一节　宗教的理论分析 663
第十二节　宗教与社会变迁 667
第十三节　宗教组织的类型 669
第十四节　历史上的宗教 672
第十五节　美国的宗教 673
第十六节　社会变迁中的宗教 677
第十七节　宗教：展望 686
日常生活中的社会学 687
温故知新 689

第十四章　教育、健康和医疗

本章概览	696
第一节　教育：全球概览	697
第二节　学校教育的功能	701
第三节　学校教育和社会互动	703
第四节　学校教育和社会不平等	705
第五节　学校教育面临的问题	714
第六节　美国教育的新议题	719
第七节　学校教育：展望	725
第八节　健康和医疗	726
第九节　健康：全球调查	728
第十节　美国的健康状况	730
第十一节　医疗机构	741
第十二节　健康医疗的理论分析	749
第十三节　健康与医疗：展望未来	756
日常生活中的社会学	758
温故知新	761

第十五章　人口、城市化和环境

本章概览	766
第一节　人口学：关于人口的研究	767
第二节　人口增长的历史和理论	772
第三节　城市化：城市的发展史	778
第四节　都市化：作为一种生活方式	785
第五节　贫穷国家的城市化	792
第六节　环境和社会	794
第七节　展望：迈向可持续发展的社会和世界	807
日常生活中的社会学	812
温故知新	814

第十六章　社会变迁：现代和后现代社会

本章概览	820
第一节　什么是社会变迁？	821
第二节　社会变迁的原因	823
第三节　现代性	834
第四节　结构-功能理论：现代性之于大众社会	843
第五节　社会冲突理论：现代性意味着阶级社会	847
第六节　现代性和个人	850
第七节　现代化和进步	855
第八节　现代性：全球各异	856
第九节　后现代性	856
第十节　展望：现代化和全球的未来	860
日常生活中的社会学	862
温故知新	864

术语表	868
索　引	879
译后记	939

前　言

世界给我们带来前所未有的挑战。从近几年持续到目前的衰退，经济始终充满不确定性，无论是国内还是国际。近几十年来收入不平等持续加剧。我们对身在华盛顿的国家领导们的作为或不作为有许多的不满。我们的技术灾难给自然环境带来威胁，2011—2012年美国的暖冬为全球变暖提供了新的证据。一份民意调查表明，大多数人民对经济的未来表示担忧、对政府的表现感到不满、对地球的状况表示担心，对这样的民意调查也许没有人会感到吃惊。假如我们不去把握好我们遇到的问题，我们中的许多人将感到不知所措。

这正是社会学的用武之地。在过去的150多年，社会学家一直在努力工作以便更好地理解社会是怎样运行的。社会学家也许不能提供所有的现成答案，但是我们已经了解了许多。社会学的入门课程是引导你，使你对周围世界产生兴趣，这是一项对周围世界非常有用的研究，毕竟对这个世界我们都应尽力理解并努力完善。

《社会学基础（第12版）》，为你提供了所有有关这个世界如何运行的详尽理解。你会发现本书信息量丰富，而且饶有趣味。在你读完第一章之前，你就会发现社会学不仅有用，而且有趣——社会学是这样一个研究领域，它不仅可以改变你认识世界的方式，而且向你开放了许多新的机会。有什么比这更让人兴奋的？

教材和我的社会学实验室（MySocLab）：强大的互动式学习包

《社会学基础（第12版）》，以互动式、多媒体的学习程序为核心，既包括全新修订的教材，又包括新的互动式学习实验室。作为教材的总作者，我个人为教材的修订、写作测试题库及教师注释负责，这些在教师版本中可以找到。现在，我相信培生集团

(Pearson)的 MySocLab 技术将极大地改变学习方式，我个人对所有与本教材相配套的 MySocLab 负责。为了最有效地保证质量，我设计了社会探索（Social Explorer）互动地图练习及所有学习测验题目。我挑选了对每章很关键的阅读材料和视频材料，除了充实"实验室"，我还修订了教材，使教材与实验室有密切、清晰的联系，这也许是对资料的最大的修订。

为什么要做这些艰巨的工作？答案只有一个：更好的学习。当配合 MySocLab 来学习第 12 版《社会学基础》时，可以让学生通过互动式学习来提高认知推理能力，鼓励更多的发现和创造式学习。为了这一目标，新版使用了人们熟悉的布鲁姆分类法，我已将之运用到学习社会学的学生当中，包括以下六个认知能力：

记忆：回忆事实和界定重要概念的能力。
理解：解释社会模式、趋势或问题的能力。
应用：将概念、理论运用到新的问题或情境中的能力。
分析：认清社会结构的要素、社会不平等的模式，包括它们的原因和结果的能力。
评价：对于观点的优势与不足或社会安排的优劣做出判断的能力。
创造：将要素或观点与对某些新事物的想象联结起来的能力。

教材的每章以六个具体的学习目标为开头，章节的每个部分与它所包含的材料的认知能力水平相配套。同样重要的是，与一般教材相比，任何普通的教材不可避免地聚焦于较低层次的智力训练（记忆和理解材料以便能用自己的话来做出解释），MySocLab 中的互动活动拓展了更高层次的智力活动。比如说，实验室的社会探索（Social Explorer）练习让学生有机会分析地图中呈现的社会模式，自己得出结论。另外，实验室的"焦点中的社会学"专栏使读者有机会评价当今社会的许多争议和讨论，分享他们的观点，对别人的观点做出回应。在实验室的每个章节，我也撰写了新的"从你日常生活中发现社会学"短文，通过解释教材中的材料以体现与社会学的紧密关联，培养学生在个人生活和专业学习上的能力。每篇短文包括设计好的三个智力层次的学习活动（"记忆"练习、"应用"练习和"创造"练习）。

如果你还没有学习与《社会学基础（第 12 版）》相配套的 MySocLab 的新版本，你应当学习。新的发现会令你激动万分！

新修订的教材与新的实验室一起构成了强有力的学习工具，为作为教师的你提供了更多的选择。通过使用《社会学基础（第 12 版）》和 MySocLab，你可以选择让学生做自己的实验练习，也可以使用实验室强大的资料在课堂上展示。你可以决定将内容整合进你的课堂——从独立的自我测验到全部的课堂管理。实验室与教师手册相配套，该手册具有易懂的多媒体板块、活动、教学大纲样本、小贴士等可以整合进你的课堂。

这里有一些 MySocLab 中的学习工具：

社会探索®练习，由约翰·J.麦休尼斯撰写，提供易于查找的社会学地图，包括丰富的美国人口数据，教材的每章都引导学生进入社会学发现之旅的练习（见教材每章的"探索"标志部分）。

视频，由约翰·J.麦休尼斯为每章挑选，将社会学概念引入生活，激发课堂讨论（见教材每章的"观察"，作为评价作业的一部分）。

我的社会学图书馆（MySocLibrary）实际上相当于一个经典的当代阅读资料书架。约翰·J.麦休尼斯为每章挑选并关联了阅读资料。

焦点中的社会学。与教材中每章类似标题的专栏相联系，让学生有机会评价他们的世界，对当今的争议表明立场，提出新的建议。

从你的日常生活中发现社会学短文。由约翰·J.麦休尼斯撰写的短文，解释教材中每章的材料如何有益于学生的个人日常生活和专业学习。

写作辅导和研究数据库随时可供使用。

练习测验题和教学卡片帮助学生准备小测验和考试。

新版教材的新颖之处

这里快速总结一下《社会学基础（第12版）》教材中的新材料。

学习目标。每章都有6个具体的学习目标，对应不同的认知层次。

提升对女性主义理论的关注度。在现在的许多章节中，女性主义理论不是被简单地作为社会冲突理论的亚类型，更作为扩大形式出现的独特术语。

集中探讨美国不断增长的经济不平等。许多章节探讨了美国不断增长的经济不平等如何影响了社会生活的方方面面。在第八章"社会分层"中，有一全新章节来分析这一趋势。

2010年人口普查和所有最新数据。麦休尼斯所有教材中的每个统计数据都是当时可以获得的出版物中的最新数据。本次修订全面采用了2010年人口普查的最新结果，还有许多2011年的统计数据。

最新事件。全书贯穿与社会学概念相关的、今天的学生所熟悉的世界最新事件。

这次修订包括对经济衰退的讨论、"失业的恢复"、美国的贫困线、不断增长的经济不平等、占领华尔街运动、围绕公共雇员联合会的争论、流行电视节目和电影、阿拉伯国家民主的兴起、日本核爆炸、中国和世界其他国家的崛起，甚至还有威廉王子和凯特成婚的重要意义。

社会学＝学生赋能。每章都增加了在线文章，里面着重介绍用具体的社会学学习方法来提高学生能力，使学生能更有效地应对他们的日常生活，包括职业工作。

教材和MySocLab的无缝对接。由于作者既修订了教材，又为MySocLab撰写或挑选了所有材料，所以现在这两部分可以共同为学生创造一个前所未有的高水平的学习环境。

新的学生博客。现在，新教材的每一章都有一个"焦点中的社会学"栏目，着重最有趣的议题，如跨种族的约会和婚姻、肯定性行动、青年人什么时候真正"长大"、实现"美国梦"的机会、改变阿拉伯世界的政治运动。学生可以进入MySocLab，分享他们的经历以及对这些问题的看法，也可以看看别人是怎么想的。

新设计。《社会学基础（第12版）》采用新版设计，更加有吸引力和可观性，可以看看新的"温故知新"的每章总结。

以下逐章简要总结一下各章出现的一些新材料。

第一章　社会学：视野、理论和方法

本章更多介绍了"其他地区的崛起"和国外的经济发展如何重新塑造了美国人的生活。新数据表明，在主要运动项目中，种族是如何与选手的位置相关联的。修订的研究讨论表明各种研究方法是如何可能混合使用的。"焦点中的社会学"栏目以婚外性行为为例讨论了大众传媒的特点。MySocLab中的新的学生赋能文章，解释了学生通过学习将社会学理论应用于日常生活，从而获得能力。第二篇文章解释了他们如何成为更富有批评性的信息消费者。

第二章　文化

"焦点中的社会学"栏目关注文化震惊的经历。更新资料集中在：年轻人发短信的长度、移民、"官方英语"运动、变迁中的学生对生活目标的态度。更新了针对主要文化价值观的讨论，扩充了女性主义对文化的分析。MySocLab中新的学生赋能文章帮助学生探讨日常生活中面对的文化差异的经历。

第三章 社会化：从婴儿期到老年期

更新了美国多种族人群的分享。社会阶级如何影响父母最看重的子女特质，世界各地的童工分布，美国老年人的社会和身体状况。"焦点中的社会学"栏目分析了我们的社会如何定义成年。修订的本章还扩充了大众传媒的报道，以及对屈布勒-罗斯死亡与临终研究的批评性讨论。MySocLab 中的学生赋能文章鼓励学生通过成为我们生活的合作创造者来增进人类"主体性"力量。

第四章 日常生活中的社会互动

这里有全新的"谁做家务"的全球性资料，表明性别如何塑造了日常生活，还有扩充了的性别和个人"表现"的讨论。有关妇女婚后改名的新研究的讨论。

"焦点中的社会学"栏目关注性别与沟通。MySocLab 中新的学生赋能文章解释了日常生活现实中社会建构所起到的重要作用。

第五章 群体与组织

修订的本章更新了麦当劳的扩张、群体思维过程、网络关系、种族和性别如何塑造劳动力。扩充、更新了侵犯个人隐私的讨论。"焦点中的社会学"栏目加入有关计算机技术、大型组织与侵犯隐私的内容。MySocLab 中新的学生赋能文章帮助学生批判性地评估激活现代社会的高级理性，建议他们可以创造一个更加个性化的社会世界的方式。

第六章 性与社会

本章更新了近亲婚姻法以及性与军队，还更新了有关性行为的诸多方面内容，包括婚前性行为、婚外性行为、同性恋、色情、强奸、少女怀孕、流产。对贯穿一生的性活动水平的讨论反映了全新的研究成果。还涉及有关教会禁欲历史的新讨论。有关同性恋运动的新讨论包括美国精神病协会近期宣称的，不应当试图运用治疗来纠正男、女同性恋者。有关色情的讨论也得到更新和扩充，包括公共政策的比较讨论。"焦点中的社会学"栏目关注校园的"勾搭"文化看法。用近期的研究成果扩充和更新了约会强奸的讨论。MySocLab 中新的学生赋能文章帮助学生理解对性的社会建构如何导致了如此多元化的性态度和性行为。

第七章　越轨

本章更新了将白领犯罪投入监狱、仇恨犯罪的数量、全美仇恨犯罪的立法、女性和男性逮捕率的趋同、美国和其他国家对死刑的使用、美国警察的数量、犯罪的再犯率等内容。通过对美国"大麻的医疗"趋势的讨论扩充了越轨的医疗的内容。赫希的控制理论得到了更加清晰的讨论。本章的所有犯罪统计资料都是可以得到的最新数据。"焦点中的社会学"栏目关注"破坏规则"的越轨亚文化。MySocLab 中新的学生赋能文章由于解释了社会如何建构起对与错的观念，从而为学生提供了一堂有关容忍的课程。

第八章　社会分层

本章用 2010 年收入和财富的数据以及表明近几十年来趋势的新数据扩充了对美国经济不平等程度的讨论。新的主要章节还有占领华尔街运动，证明了美国公众正变得更加关注经济不平等的程度。本章的更新还包括 2011 年威廉王子与凯特的婚姻、苏联命运和经济富裕程度的新数据，占领华尔街运动的众多讨论、收入与健康之间的关联、阶级地位与父母花费在养育子女时间之间的关联、认为能实现美国梦的美国人比例的下降。另外，还对精英做出了大量讨论。对中国的生活水平和经济表现做出了修订以反映最新趋势和数据。还有来自《福布斯》杂志对 2011 年美国最富裕的 400 个家庭进行研究的最新资料。对美国贫困的研究的资料都是全新的，表明生活在贫困中的人数已经达到了历史纪录。另外，新的讨论解释了一多半的美国人口现在不是生活在贫困中就是低收入者。"焦点中的社会学"栏目关注社会流动。MySocLab 中新的学生赋能文章鼓励学生去理解，我们与社会地位关联的个人特质更多地与我们是如何组织的有关而不是与个体有关。第二篇论文为学生提供了如何与社会地位不同于自己的他人相处的建议。

第九章　全球社会分层

修订的本章有最新的全球收入分配状况、世界范围内奴隶的分布以及世界最富裕的人们。重新用联合国和世界银行的最新可得数据将世界 195 个国家分成高收入、中等收入和低收入三类国家，并全面更新了三类国家的轮廓。"焦点中的社会学"栏目关注美国的极端贫困的情况。MySocLab 中新的学生增能文章帮助学生理解当旅行者遇到社会地位相当不同的人们时的困难以及试图与我们联系的贫穷国家人们的困难。

第十章 性别分层

本章更新了在伊拉克战争和阿富汗战争中丧生的美国军队中女性的最高比例和人数，美国社会频发的性骚扰，报酬最高的男电视演员和女电视演员，世界范围内女性"割礼"事例，对政治领导席位采取性别配额的国家的数量。根据性别平等的程度，了解最新的国家排名情况，包括美国排名的下降。新数据揭示了获得学士学位的女性和男性在不同学术领域的比例。新的"焦点中的社会学"栏目提出问题：在校园里，男生是否被"落下"了。MySocLab 中新的学生赋能文章帮助学生看到大多数我们认为的"自然的"社会安排是社会性地建构起来的，要求他们用性别的概念来观察这个世界。

第十一章 种族和族群

本章更新了美国人口所有民族和种族的人数，在家讲英语以外的另一种语言的人数，每年移民到美国的人数，所有种族和族群的收入、贫困率和受到的教育。扩充了对多种族和多族群人群的关注。"焦点中的社会学"栏目关注肯定性行动。MySocLab 中新的学生赋能文章鼓励学生创造一种不对种族划分三六九等的新的社会视野。

第十二章 经济与政治

修订的本章更新了全球沃尔玛公司不断增长的数量，在高收入国家政府对经济的控制程度，美国劳动力的规模和性别问题，美国劳动者的工作类型，工会中美国劳动者所占的比例。发现了有关公共雇员联合会的最新争论，有关占领华尔街运动和出现超级政治行动委员会（PACs）的新讨论；还更新了有罪、重罪犯投票的州法律，世界范围内恐怖袭击的数量，美国以及全世界每年的军费开支。"失业型复苏"的新讨论解释了经济复苏为什么没有大大减少失业。新的"焦点中的社会学"聚焦 2011 年开始的公共雇员联合会斗争。新的"争鸣与论辩"栏目提出这样一个问题：我们的志愿兵是否相当于创造了一个由工人阶层构成的武士阶层。对阿拉伯世界的暴动更新到了 2012 年初。MySocLab 中新的学生赋能的两篇文章建议学生将书中信息应用到他们的职业以及他们如何来促进美国民主化。

第十三章 家庭和宗教

更新了关于 2011 年的资料。更新了美国住户和家庭的数量，家庭规模，抚养孩子的成本，各种种族和族群的家庭平均收入，初婚的平均年龄，家庭暴力的发生率，单亲家庭的比例，同居伴侣的数量，不断增加的承认同性恋婚姻的州和国家，不断增长的年轻女性独身的比例，美国人口信奉宗教的比例，在公立学校讲授宗教的相关争论。新讨论着重在近期的经济衰退如何影响到家庭。扩充了宗教信仰如何影响社会生活的讨论。新的"焦点中的社会学"关注约会和婚姻中种族和族群重要性的下降。MySocLab 中两篇新的学生赋能文章解释了学生如何运用社会学的思考来做出更好的理性选择，以及用社会学来分析宗教和信仰之间有何差别。

第十四章　教育、健康和医疗

修订的本章有最新的世界各地孩子学校教育的资料，全球文盲率，美国学校教育的程度，美国各地上大学的高中毕业生的比例，公立学校教师薪资的差别，教育层次不同的男性和女性的平均收入，高中辍学率，在 SAT 中学生的平均成绩，不断增加的教师岗位的可得性。发现了新的有关过去和现在死亡的主要原因的讨论，健康模式的性别差异，健康模式的收入差异，美国成年人的吸烟、各种性传播疾病的发生趋势，健康照顾的成本的上升。"焦点中的社会学"栏目讨论了男性在一般大学校园里的减少。扩充了为什么美国没有建立起一个全国性的、政府为基础的保健制度的讨论，还扩充讨论了护理短缺问题。MySocLab 中新的学生赋能文章重点在高等教育的个人获益以及学生如何从有关健康的社会学分析中受益。

第十五章　人口、城市化和环境

新的开篇故事关注了 2012 年初全球人口数达到了前所未有的 70 亿。本章修订的内容有：美国最新的人口数量、生育率、死亡率、婴儿死亡率、预期寿命、性别比，以及不断增加的城市人口，城市地区的数量和规模，最新的返回农村活动，不断增长的拥有"少数的多数"人口的美国大城市数量，美国高物质消耗率，美国众多的固体垃圾以及如何处理固体垃圾，全球供水，世界雨林的现状。近期衰退和住房危机被纳入到对移民的讨论。新修订的环境部分现在关注了全球正在下降的蜜蜂数量。"焦点中的社会学"关注了全球人口增长的危机。新的学生赋能文章为学生提供了提升更具可持续性的国家文化的方式。

第十六章　社会变迁：现代和后现代社会

本章更新了驾驶中手机的使用、美国人口的寿命、日本核爆炸、公众对现代生活的态度，将我们今天的社会区别于一个世纪之前的社会的许多变化。"日常生活中的社会学"栏目探讨了服装的现代类型——牛仔服的演化，证明人们比多数人认为的更加传统。在"争鸣与论辩"栏目更新了吉诺维斯的故事。"焦点中的社会学"关注了个人自由和社会责任，鼓励学生在 MySocLab 博客中分享他们的观点和经历。新的学生赋能文章着重通过社会学的思考方式帮助学生面对现代生活的挑战。第二篇文章要求学生思考他们怎样能使今天的世界有一些不同。

关于语言的说明

本教材致力于反映美国和全球的多样性，作者有责任审慎地使用相关语言。大多数情况下，我们宁愿使用"非裔美国人"（African American）和"有色人种"（person of color）这样的表达，而不用"黑人"（black）的表述。同样地，我们一般使用"拉丁裔美国人"（Latino）或"西班牙裔美国人"（Hispanic）这样的表达来指代具有西班牙血统的人。由于美国人口普查局在收集人口统计资料时用词的惯例，大多数表格和图形中都出现了"西班牙裔美国人"（Hispanics）的用法。

但学生们同时应该意识到，许多个体并不用这些词语来描述他们自己。尽管"西班牙裔美国人"（Hispanics）是美国东部的普遍用法，"拉丁裔美国人"（Latino）及其女性格式"Latina"在西部被广泛使用，全美有着西班牙血统的人认同各自有别的祖先国家，这个祖先国家可能是阿根廷、墨西哥以及其他一些拉丁美洲国家，也可能是葡萄牙或西班牙。

多样性同样出现在亚裔美国人当中。尽管"亚裔美国人"这个术语在社会学分析上是一个简略易行的表达方法，但大多数亚裔美国人都根据自己各自的血统来思考表达，比方说，日本人、菲律宾人、中国人或越南人。

本教材中，"土著美国人"指代的是所有北美洲的原住民（包括阿拉斯加和夏威夷群岛），他们的祖先早在欧洲人来临之前已经在这片大陆上定居。然而在这里，这一广泛人群中的大多数人同样都认同各自的历史社会（比如，切罗基人、霍皮人、塞内卡人、祖尼人）。"美国印第安人"指的仅仅是生活在美国大陆的土著美国人，而不包括生活在阿拉斯加或夏威夷的土著人。

在全球层面上，我们避免用"American"特指美国，因为"American"字面意思包括两块大陆。比如，在涉及美国时，我们使用"U.S. economy"就比"American economy"更准确。这一表达看起来或许微不足道，但它意味着一个重要的认知，即我们国家仅仅代表了美洲的（尽管是很重要的）一个社会。

致谢

单单只列出作者一人往往掩盖了其他许多人的努力，而正是在这些人的努力下，才促成第12版《社会学基础》的诞生。首先我要深深地真诚感谢培生教育集团的编辑团队，其中包括部门总经理尤兰妲·德·罗伊（Yolanda de Rooy）、编辑主任克来格·克姆柏尔拉（Craig Campanella）、执行编辑迪克森·穆斯怀特（Dickson Musslewhite）、社会学高级编辑布里塔·麦斯（Brita Mess），感谢他们不懈的热情以及对创新和卓越的追求。

这本书的日常工作是由作者和制作团队共同完成的。培生教育的制作编辑芭芭拉·雷利（Barbara Reilly）是这个团队的关键成员，她负责设计了富有吸引力的版面；事实上，比作者更加一丝不苟地专注于细节问题的人非芭芭拉莫属！凯姆伯莉·克林斯纳（Kimberlee Klesner）为本教材提供了最新数据，她不仅能力出众而且富有激情，这两方面都使我感激。

我也得感谢培生的销售人员。多年以来，他们为本书提供了巨大的支持。谢谢你们，尤其要感谢布兰迪·唐森（Brandy Dawson）和凯莉·梅（Kelly May），他们共同承担了本书市场营销活动的任务。

也感谢安妮·尼格勒斯（Anne Nieglos）对设计的管理，凯瑟琳·艾莱（Kathleen Allain）对制作过程的管理，PreMediaGlobal公司的帕拉·玻拉和艾米·麦休尼斯（Paula Bonilla and Amy Macionis）熟练的审稿。

就这本书中所涉及的某些主题，不用说作者的每位同事可能比作者了解得更多了。出于这一原因，我向数百位曾写信向我提供建议和意见的师生们表示感谢。我尤其要向下列同行表示感谢，感谢他们一直以来分享他们的智慧让我进一步改进本书。

（名单从略）

最后，我要用此第 12 版教材纪念我的父亲老约翰（John Joseph Macionis，1916—2012）。爸爸，你教给我如此多的东西，包括努力工作的重要，聆听他人的必要，总是尽己所能地帮助他人。你感动了如此多的生命，你的成就配得上你的谦卑。愿你的天堂之旅平安！

向我的所有同事和所有读者致以最好的问候和爱意。

约翰·J. 麦休尼斯

社会学：视野、理论和方法

学习目标

- **记住**本章中用粗体字标明的关键术语的定义，以及社会学视野和社会学的主要理论视角。
- **理解**社会学视野及其与"常识"的区别，同时理解全球化视野的重要性。
- 将社会学的理论视角**应用**于特定的社会现象，比如运动。了解社会学的思维对于你的个人生活和职业的增益。
- **分析**研究者如何决定采用某种特定的研究方法，或者有时结合各种方法来回答他们的研究问题。
- 在阅读社会学研究论著时，**评价**研究者在方法论方面的优点和缺点。
- 通过对社会学视野和研究逻辑的全面理解，**创造**一种批判性地评价日常生活中各种信息的能力。

本章概览

你将开始接触一门能够改变你生活的课程。社会学是一种全新的、令人兴奋的理解你周围世界的方式。它将改变你对世界的观察与思考方式，同时它也会很好地改变你对自己的认识。教材的第一章将介绍社会学这门学科。从这门学科中所获得的最重要的技能，是一种运用所谓"社会学视野"的能力。本章中还将介绍社会学理论，这种理论有助于我们用社会学的视野理解所见之物。此外，本章阐明了社会学家如何"做"社会学研究，描述了三种一般的研究视角和四种特定的数据收集方法。

自他们一起走出地铁的那一刻开始，德韦恩（Dwayne）就知道初次相见的托尼娅（Tonya）正是"那个"他要找的人。他们两人拾级而上，从街区走进一起上课的大楼。德韦恩试着让托尼娅停下来，想与她说说话。一开始，托尼娅并没有注意到他。但是下课后，他们又见面了，托尼娅同意和他一起喝杯咖啡。那是三个月前的事。现在，他们已经订婚了。

如果你问生活在美国的人："为什么像托尼娅和德韦恩这样的两个人会结婚呢？"保准几乎每个人都会回答说："他们结婚是因为他们相爱。"我们大部分人都很难想象，没有爱情的婚姻会幸福。正因为如此，当人们相爱时，我们就会期待着他们谈婚论嫁。

但是，与谁结婚真的只是由个人感情决定的吗？有大量的证据表明，如果爱情是婚姻的关键，那么，丘比特之箭则是由我们身边的社会来仔细瞄准的。

社会上有着许多关于我们应该或不应该与谁婚配的"规则"。在除了麻省以外的各州中，法律将总人口的一半排除在外，即禁止人们与相同性别的人结婚，哪怕两人深深相爱。同样还有其他一些规则。社会学家发现，人们很有可能与他们年龄相近的人结婚，特别是当他们年轻的时候。同时，各个年龄段的人都明显地会与同一种族、有着相似社会阶级背景、大致相同的教育水平以及相同程度的身体吸引的人结婚（第十三章"家庭和宗教"中将给出细节）。尽管与谁结婚的决定最终是由个人做出的，但在他做出这种决定之前，社会早已将他的视野限定在十分狭窄的范围中。

当坠入情网时，我们的决定并不是简单地来自于哲学家所说的"自由意志"。社会学教导我们，就像季节影响我们的着装选择一样，社会世界以非常相同的方式指引着我们的生活选择。

第一节　社会学的视野

理解

社会学是关于人类社会的系统研究。社会学的核心是一种被称作**社会学视野**的特殊观点。

一、从特殊中发现一般

定义社会学视野的一个很好的方式就是"从特殊中发现一般"（Peter Berger, 1963）。这一定义告诉我们，社会学家从特定个人的行为中寻求一般的模式。尽管每个个体都是独特的，但对于各种不同类别的人们（比如儿童与成人、女人与男人、富人与穷人）来说，社会形塑他们生活的方式是非常不同的。当意识到这种类别的归属是如何决定了我们独特的生活经历的时候，我们也就开始从社会学的角度来观察世界了。

例如，社会阶级地位影响妇女选择丈夫吗？在一项关于妇女的婚姻期待的经典研究中，莉莲·鲁宾（Lilian Rubin, 1976）发现，高收入的妇女明显地期待她们所嫁的男人善解人意，易于交流，善于分享感情和经历。她同时发现低收入的妇女则有着非常不同的期望，她们总是在寻找那些不酗酒、不动粗并且有稳定工作的男人。显然，妇女对其婚姻的另一半有着什么样的期待，与社会阶级地位有很大关系。

本书将探讨社会对我们的行动、思想和感觉的影响力。我们可能认为婚姻只是源于互相爱慕的个人感情，但是社会学的视野告诉我们，诸如性别、年龄、种族和社会阶层等因素会引导我们如何选择另一半。社会形塑了我们对配偶的要求，而将爱情看作对那个符合要求的人的感情，似乎更加准确。

想象一下，如果我们出生在图中这些儿童出生的地方，即肯尼亚、埃塞俄比亚、缅甸、秘鲁、韩国以及印度，我们的生活将会如何不同。通过这种想象，我们能够很容易地看到凌驾于个人之上的社会力量。

社会学 关于人类社会的系统研究　　**社会学视野** 社会学的独特观点，即从特定的人们的生活中发现一般的社会模式

二、从熟悉中发现陌生

首先，运用社会学的视野可以**从熟悉中发现陌生**。想象一下，当有人对你说："你符合所有恰当的社会角色的要求，你将会是一个优秀的伴侣！"你会如何反应。我们习惯地认为，人们坠入情网并决定结婚，是基于个人的情感和独特经历。但是，社会学视野则揭示出初看起来有些陌生的观念：是社会以某种方式形成了我们的所思和所为。

三、从日常生活中发现社会

我们在日常生活中对食物、服装、音乐、学校、职业和其他一切的选择都与我们所处的社会有密切的关系。即使是我们做出的最"私人性"的决定也都是社会所促成的。为了了解社会是如何影响个人选择的，我们可以看一下妇女对生儿育女决策的例子。就像选择配偶一样，选择生育孩子——或者选择生几个孩子——看起来似乎都是非常私人性的。但实际上也有社会模式的影响。正像下方世界之窗所显示的，美国妇女平均一生仅生育两个孩子。但在危地马拉，这一"选择"大约是三个；在肯尼亚，大约是四个；在尼日利亚，大约是五个；在阿富汗，大约是六个；在尼日尔，几乎达到七个（UNDP，2011）

> **世界之窗·全球视野中的妇女生育**
> 辛迪·拉克（Cindy Rucker），29岁，刚刚从新奥尔良市的公立学校的工作中请假，为生育她的第一个孩子做准备。
> 虽然巴克尼萨·卡恩（Baktnizar Kahn）仅仅28岁，但她已经有6个孩子了。这在阿富汗是很常见的。
> 生儿育女只是个人选择的事情吗？看一下世界就知道这不是真的。总的来说，生活在贫穷国家的妇女比生活在富裕国家的妇女生育的孩子更多。你能指出这种全球差异的一些原因吗？简言之，这种差别意味着如果你出生在另一个社会（无论你是男是女），你的生活都将与现在的生活有很大的不同。

为什么会有如此显著的差别？因为贫穷国家为妇女提供的教育和经济机会很少，妇女的生活局限在家庭，同时，她们很少采取避孕措施。显然，我们熟知女人和男人对生育子女做出决定，但却对社会在其中的众多影响知之甚少。

社会力量影响我们最私人性选择的另一个例子来自于自杀的研究。还有什么比结束自己的生命更私人性的决定呢？但是，社会学的先驱者之一，埃米尔·涂尔干（Emile Durkheim, 1858—1917）表明，即使在这方面，社会力量依然在起作用。

通过考察他的祖国——法国及其周边国家的官方记录，涂尔干（1966，原作于1897）发现，某些类别的人比其他类别的人更可能会结束自己的生命。他发现男性、新教徒、富人以及未婚者相对于女性、天主教徒、穷人以及已婚者有着更高的自杀率。涂尔干用"社会整合"这个概念来解释这种不同：有较多社会关系的人有着较低的自杀率，而个人主义强烈的人，呈现更高的自杀率。

在涂尔干的时代，男性比女性拥有更多的自由。尽管有这个优势，自由却减弱了人与人之间的社会关系，因此增加了自杀的风险。同样地，个人主义较强的新教徒比那些相对传统的天主教徒和犹太人（他们的宗教信仰鼓励紧密的社会关系）更容易自杀。富人比穷人有更多的自由，但同样，是以更高的自杀率作为代价的。

一个世纪之后，涂尔干的分析依然保持着其正确性。图1-1向我们展示了美国四种类别的人的自杀率。2008年，每100,000个白人中，有记录的自杀者为13.3个，这个比率比非裔美国人（5.2）的两倍还多。对于两个种族来说，自杀在男性中更为普遍。白人男性自杀的比率（21.2）几乎是白人女性（5.5）的四倍。在非裔美国人中，男性的这个比率（9.1）超过了女性（1.6）的五倍（Minino et al., 2011）。运用涂尔干的逻辑不难理解：白人和男性的高自杀率反映了他们拥有更多的财富和自由；就像女性和有色人种的低自杀率反映了他们有限的社会选择权一样。正如涂尔干一个世纪前所分析的那样，我们可以从特定个体的个人行为中发现普遍的社会学模式。

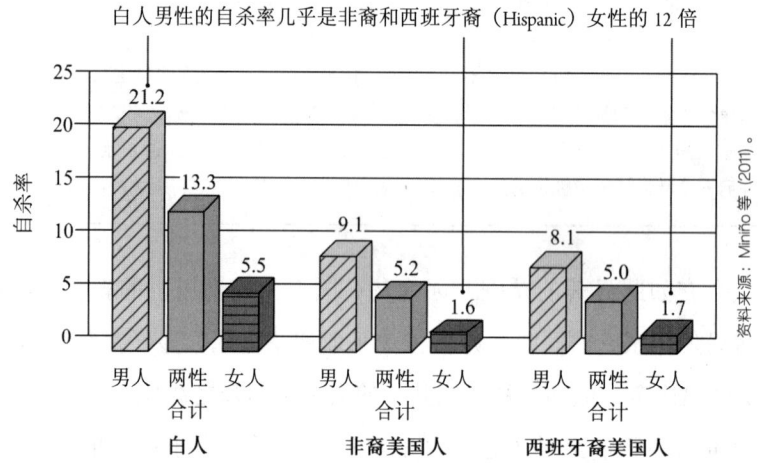

多样化快照

图1-1 美国人的自杀比率，区分种族和性别

白人的自杀率高于非裔和西班牙裔人。在所有人口类别中，男性的自杀率高于女性数倍。这个比率显示的是2008年这一年，各种类别每100,000人中的自杀人数。

四、从社会学的角度观察：边缘化与危机

任何人都可以通过社会学的视野去观察世界。但是，两种情况可以帮助人们更

加清楚地看到社会怎样影响着他们的生活：生活在社会的边缘或者生活在社会的动荡时期。

● **生活在社会边缘**

有时，我们每个人都感觉自己是孤立的，就像是生活在社会的边缘。然而，对一些类别的人而言，成为一个局外人——不是主流群体中的一部分——是每天的经历。人们的社会边缘性越强，他们就越能更好地运用社会学的视野。

例如，所有在美国长大的非裔都知道种族在影响人们的生活时所起的重要作用。说唱歌手 Jay-Z 的歌表达了他所感觉到的愤怒，这种愤怒所针对的不仅是他在成长过程中所经历的贫穷，也指向一个充满种族歧视的社会里许多在暴力冲突中失去的无辜的生命。他的歌词，以及许多类似的艺术家的歌词，通过大众媒介传遍世界。这些歌词表明，某些有色人种——特别是生活在城市里的非裔——感觉他们的希望和梦想被社会完全地摧毁了。但是白人，作为主流的大多数，尽管在一个多种族的社会中具有特权，他们却很少意识到他们的种族身份以及种族身份给他们带来的特权，他们相信种族只对有色人种有影响，而对他们没有任何影响。那些处于社会生活边缘的人们，不仅仅是少数族群，还包括女性、同性恋、残疾人以及老年人，更能意识到社会的一些特征，而其他人则很少意识到。为了更好地运用社会学观点，我们必须退出熟悉的日常生活，用一种全新的好奇心来重新观察我们的生活。

● **社会动荡时期**

时代的迅速变迁或动荡会让每个人感觉到不稳定，它促使我们运用社会学的视野。社会学家 C. 赖特·米尔斯（C. Wright Mills, 1959）用 20 世纪 30 年代的大萧条验证了这个观点。当失业人口激增至 25%，那些无业无助的人们很快意识到社会的力量在他们的生活中所起的作用。他们不再说，"我出了点问题，我找不到工作。"取而代之的是，他们采用社会学的方式并意识到，"经济衰退了，没有工作可找！"米尔斯相信这样使用他所说的"社会学想象"，可以帮助人们认识他们所处的社会以及社会如何影响到他们自己的生活。下页的"日常生活中的社会学"栏目，将会对此进行更深入的探讨。

第二节　全球性观点的重要性

理解//

　　当新的信息科技甚至能将地球最远端的彼此拉近的时候，许多学科也开始采用一种**全球性观点**，来研究更为广阔的世界以及我们的社会在其中所处的位置。对于社会学而言，采用全球性观点的重要性是什么呢？

　　首先，全球性意识是社会学视野的一种逻辑上的扩展。社会学告诉我们，我们生活的社会环境决定了我们的生活经历。显而易见，我们所在的社会在更广阔的世界范围中所占据的位置，影响了我们每一个在美国生活的人。

　　世界上的195个国家可以根据它们的经济发展水平划分为三大类（见第九章）。**高收入国家**是那些拥有最高生活水平的国家，包括美国、加拿大、阿根廷、西欧诸国、以色列、沙特阿拉伯、日本和澳大利亚等64个国家。总的来说，这些国家生产和提供了世界上绝大多数的商品和服务，这些国家的居民也占有了这个星球上绝大多数的财富。从经济学角度出发，这些国家的居民非常富裕，并不是因为他们比世界上其他地方的人更加聪明或努力，而是因为他们很幸运地生活在世界上富裕的国家里。

日常生活中的社会学

社会学想象力：将个人问题转变为公众议题

　　当迈克打开信封，他感到心头一紧：手中这封信宣告了他工作的终结。他已经在这份工作上干了11年了！辛勤工作多年，本以为会升职，结果一切希望和梦想都在现在突然地破灭了。迈克感到挫败、愤恨，怪自己怎么不再多努力一些，怪自己将11年都浪费在这个最终被证明是没有前途的工作上。

但是,当他回到工作地点打包东西时,他很快发现自己并不孤独。几乎所有技术支持小组的同事都收到相同的信。技术支持工作将搬到印度完成。在那里,公司可以提供电话技术支持,而成本还不到在加利福尼亚雇员费用的二分之一。

周末的最后,迈克和12个其他前雇员坐在客厅,互相沟通,交换意见。现在他们终于意识到,他们只是大规模的工作外包浪潮的一些牺牲品。工作外包,正是分析家所说的"经济全球化"的一部分。

不论在好时代还是坏时代,社会学视野的力量都在于理解个人的生活。可以看到,我们很多特别的问题(也包括成功)不是个人独有的,而是更大范围的社会趋势使然。半个世纪之前,社会学家C.赖特·米尔斯便指出他所说的社会学想象力的力量——帮助我们了解日常生活事件。正如他所言,贫穷和其他社会问题的原因是社会,而并不是个人的过失。社会学的想象将人们聚在一起,通过将个人问题转变为公众议题来创造改变。在下面这段摘录*里,米尔斯(1959:3—5)解释了社会学想象的必然要素:

> 一个社会进入工业化,农民变成工人,封建制度下的地主被清除或转变为商人。当一个阶级产生或消亡,总有人被雇用或被解雇;当一种投资比率增大或减小,总有人发迹或者破产。当战争发生,一名保险销售变成了火箭发射者,一名商店职员变成了雷达探测员,一个妻子开始独自生活,孩子失去了父亲。个人的生活和社会发展的历史是无法分开解释的。
>
> 然而人们很少用历史的变迁来定义他们所承受的困难……对于所享受的宁静生活,人们通常不将其归因于社会的大起大落。普通人很少意识到他们自己的生活模式和世界历史的发展进程之间错综复杂的关系,他们通常也不会知道这种联系意味着他们将会变成怎样的人,以及他们可能参与的历史形成。他们没有那样一种思维能力去理解人与社会、传记与历史、自我与世界之间的相互作用。

---

* 在原文摘录里,米尔斯使用"man"和男性代词来指称所有人。就社会性别角度而言,即使是这位直言不讳的社会批评家都反映了他所处时代的写作程式。

> 他们所需要的是这样一种思维能力——这种能力可以帮助他们发现世界上正在发生什么，他们自己将会遇到什么事。这种能力就被称为社会学的想象力。
>
> **你怎么想？**
>
> 1. 正如米尔斯所提到的，个人困境如何与公共问题相区别？可以从上文中发生在迈克身上的故事来讨论二者的区别。
> 2. 生活在美国，为什么我们经常因为所面临的个人问题而自责？
> 3. 如何通过运用社会学想象力，我们才能获得改变世界的力量？

第二类是**中等收入**国家，这些国家的生活水平处于世界总体生活水平的平均数上下。在这 70 个国家——许多东欧的国家、南非以及其他一些非洲国家、几乎所有的拉美国家和亚洲国家中的人们，乡村与城市生活相去不远，走路、开拖拉机，或者骑摩托车、自行车或是牲畜，就像他们开汽车一样平常。他们平均接受了八到十年的教育。很多中等收入国家的内部也存在许多的社会不平等，因而一些人非常富裕（例如北非一些国家的商界精英），但是还有许多人缺乏安定的住所和足够的营养（在秘鲁利马和印度孟买的周围，人们住在简陋的小棚屋内）。

全世界余下的 53 个国家是**低收入国家**，这些国家生活水平非常低，大部分人口都是穷人。全球最穷的国家大部分在非洲，也有一些在亚洲。当然，在这些国家中有一部分人很富有，但是大多数人在糟糕的住房条件、不干净的饮用水和很少的食物中挣扎；最糟糕的是，他们几乎没有提高自己生活水平的机会。

第九章（"全球社会分层"）解释了全球贫富差距出现的原因和带来的后果。但是本书的每一个章都在比较美国和其他国家，这种比较基于以下五个原因：

1. **我们生活的地方形构了我们的生活方式**。正如上文所述，生活在贫富不同的国家中的妇女，有着非常不同的生活，这一点在她们生育的孩子数量上也会有所表现。要想理解和体会别人的生活，我们必须要理解国家间有怎样的差别，这就是我们要放眼世界的一个重要原因。

2. **世界上不同社会相互联系日益频繁**。历史上，美国人鲜少留意其他国家的情况。然而，最近几十年，美国和世界的其他国家开始了前所未有的密切联系。数秒内，声音、图片和文本文件便可以通过现在的电子技术在全球范围内传递。

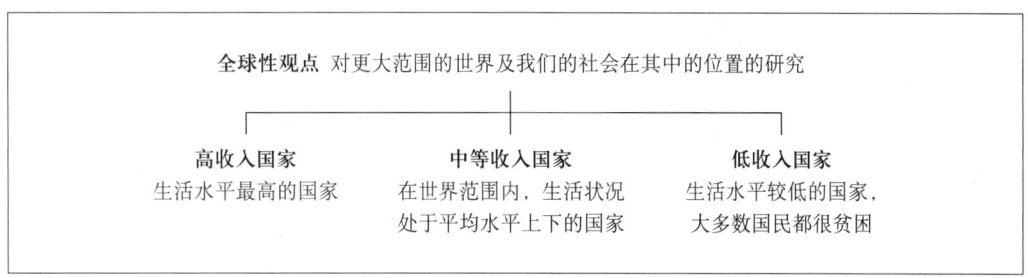

新技术的一个影响是世界人民现在可以共享各种口味的食品、各种款式的衣服和各种类型的音乐。像美国这样的发达国家可以影响其他国家，使那些国家的人比以往更容易大口吃着巨无霸和特大汉堡，随着最新的 HIP-HOP 音乐起舞，用英语进行交流。

而广阔世界也对我们产生了影响。我们都知道像阿诺·施瓦辛格（从奥地利移民至美国）和格洛莉亚·伊斯特凡（Gloria Estfan, 来自古巴）这样非常著名的移民者所做出的贡献。每年大约有 125 万的移民带着他们的技术和才智涌进美国，也带来他们的时尚趣味和饮食习惯，从而大大增加了这个国家种族和文化的多样性。（美国国土安全部，2011；Hoefer 等，2011）

3. **在世界其他地方发生的事情影响到美国的生活**。跨越疆界的贸易同样创造了一种世界性的经济。大公司在世界范围内制造和销售产品。纽约的股票交易者关注东京和香港的金融市场，就像堪萨斯种麦子的农民关注前苏联加盟共和国格鲁吉亚的谷物价格一样。由于美国许多新的工作都涉及国际贸易，所以对于全球性的理解就显得越发重要。

在过去的几十年中，美国的权力和财富受到了一种被一些分析家称之为"其他人的球场骚乱"的挑战，其含义是美国受到了世界上其他国家权力和财富增加的影响。像巴西、俄罗斯、印度和中国，都已经扩大了他们的经济生产，许多制造业以及办公室工作都已经移到海外，这些岗位曾经支撑着我们劳动力市场的大部分份额。这种趋势的后果之一就是，当国家正努力摆脱最近的经济衰退时，失业率却保持在高位，并在今后的一些年中始终如一。正如许多分析家所看到的那样，我们当前的"失业式复苏"（Jobless recovery）正是新的全球经济的一种结果，这种全球经济正在重新塑造世界各地的社会。（Zakeria, 2008）

4. **美国面临的许多的社会问题在其他地方更加严重**。在美国，贫困是一个严重的社会问题，但是按照第九章（"全球社会分层"）的陈述，在拉丁美洲、非洲和亚洲，贫困问题既更加普遍也更加严重。与此相仿的是，尽管在美国，女性的社会地位较之于男性相对偏低，但是性别的不平等在其他贫穷的国家中更加严重。

5. **全球性思维可以让我们更多地认识自身**。我们如果不考虑美国生活中的"走街串巷"(walk the streets)意味着什么,就最好不要去一个偏远的城市闲逛。对各种生活方式进行比较也可以让我们学习到许多意想不到的东西。例如在第九章中,我们可以看到印度金奈(Chennai)的一个非法聚居地,在那里,尽管物质产品极为匮乏,他们却在家人的关爱和支持中幸福地成长。为什么在我们国家的许多穷人却很狂暴和孤独?我们所说的能够定义"富足"生活的最核心的词——"物质",是否就是度量人类幸福的最佳标准呢?

总之,在这个人类交往日益密切的世界中,我们只能通过理解其他人以及他们所生活的社会来理解我们的生活方式以及我们自身。社会学鼓励我们学习用一种新的方式看待周围的世界。但是这种鼓励值得接受吗?应用这种社会学的视角又将给我们带来什么益处呢?

第三节 运用社会学的视野

应用

运用社会学的视野在很多方面都很有用处。首先,社会学对我们生活中一些政策法规的制定起着一定的作用。第二,对于每个人而言,运用社会学的视野能够引导我们的成长、开阔我们的见识。第三,对于任何人,学习社会学是走入社会前的一个重要准备。

一、社会学与公共政策

社会学家常常协助制定公共政策——即那些引导人们如何工作与生活的法律和规章——包括从废除种族歧视、学校的校车制度到离婚法案等各方面。例如,在研究离婚是如何影响人们的收入的过程中,社会学家勒诺·魏兹曼(Lenore Weitzman: 1985, 1996)发现那些离婚的妇女都普遍经历了收入的显著减少。意识到这一事实后,许多州通过了一系列法律来增强妇女对于婚后财产的分割权,如果孩子的抚养权被判给母亲,则增加孩子父亲所应承担的抚养义务。

二、社会学与个人成长

通过运用社会学的视野,我们在日常生活中会变得更加主动、更加清醒,思考也会更加深刻。运用社会学让我们在以下四个方面受益:

1. 社会学的视野帮助我们辨别"常识"的真实性。我们总是将一些事情视为理所当然,但这并不意味着它们就是真实的。一个很好的例子就是这样一种观点,即认为我们都是自由的个体,都可以对自己的生活负责。如果我们自认为可以决定自己的命运,我们就很可能会赞赏那些非常成功的人,认为他们是优胜者;而觉得那些不怎么成功的人是先天不足。与之相对,社会学的方法促使我们去思考这样一些所谓的常识究竟是否真实,或者失真到什么程度?以及它们为什么会这样广为流传?

2. 社会学的视野帮助我们识别日常生活中的机会与局限。社会学的观点引导我们观察,在生活这场游戏中,我们对于如何玩纸牌有自己的发言权,发牌的却是社会。我们越了解这个游戏,我们越可以成为一个好的玩家。社会学帮助我们更多地了解世界,所以我们可以更加有效地追求我们的人生目标。

3. 社会学视野使我们能够成为社会中的一个主动的参与者。我们越了解社会如何运作,就越可以成为名副其实的公民。正如 C. 赖特·米尔斯(1959)在第 8 页的专栏中所做的阐释,是社会学的视野将一种"个人困境"(例如失业)转化为一个"公共问题"(好工作的短缺)。当我们开始注意到社会是如何影响我们的,我们可能会决定支持社会的现状,也可能会和他人一起去试图改变社会。

4. 社会学视野有助于我们生活在这样一个多元化的世界中。北美居民只占世界人口的 5%,正如这本书余下章节所解释的,另外 95% 的人口中的许多人过着和我们完全不同的生活。但是,就像世界各地的人一样,我们总试图将我们所拥有的生活定义为"正确的","自然的",而且是"更好的"。社会学的观点促使我们去批判性地思考所有生活方式的相对优势与劣势,包括我们自己的。

三、职业生涯:"社会学优势"

今天,大学校园里的大多数学生都很希望将来能够获得一份好工作。拥有社会学的学科背景对今后的职业生涯是非常好的准备。当然,获得社会学的学士学位,对那些想继续进行研究生学习,并最终成为中学教师、大学教授或者该领域的研究人员的人,是一个非常正确的选择。在美国,成千上万的男性和女性在大学、学院、中学里教授社会学课程。而许多专业的、为政府机关或者私人机构和企业工作的研究人员,则去收集一些重要的社会行为信息,进行评估研究。在今天这个成本意识强烈的世界里,代理商和公司都想要确定,他们的产品、项目和所制定的政策能够以最低的成本完成。要进行这类的评估研究,非常需要社会学家,尤其是那些具备高深研究技能的社会学家的参与(Deutscher, 1999)。

另外,一个数量相对较小、但正不断扩大的群体以临床社会学家为工作。这些男男女女的社会学家就像临床心理学家一样,将改善困境中的客户的生活作为工作目标。社会学家和临床心理学家的基本区别是,社会学家关注的焦点不是个体个性的困境,而是个体社会关系网络的困境。

但是,社会学并不仅仅是为那些想要成为社会学家的人准备的。从事刑事审判的人,包括在警务部门、缓刑监督机关以及惩戒机构工作的人,都可以通过学习哪些类型的人最具有成为罪犯和受害者的危险,各种政策和规划如何有效地防止犯罪,以及人们起初为什么会转向犯罪等知识而获得"社会学优势"(sociology advantage)。同样地,从事卫生保健工作的人,包括医生、护士和技术员,也可以通过学习人们健康和疾病的模式,以及诸如种族、性别和社会阶层等因素如何影响人类健康的知识而获得"社会学优势"。

美国社会学协会(The American Sociological Association, 2002, 2011a, 2011b)报告说,社会学对于其他许多领域的工作来说也是一种绝好的准备,这些领域包括广告业、银行业、商业、教育、行政管理、新闻、法律、公共关系和社会工作。几乎在任何类型的工作中,成功都依赖于对不同类型的人在信仰、家庭模式以及其他生活方式上的差异的理解。除非你打算从事一份无须与人打交道的工作,否则你就应当考虑一下了解社会学知识的好处。

第四节 社会学的起源

分析

就像个人做出的"选择"一样,重大的历史事件很少是"偶然发生"的。即使是社会学的诞生,也是强大的社会力量的结果。

一、社会变迁与社会学

18 和 19 世纪期间欧洲发生的惊人的变迁,使得人们更多地思考社会以及自身所处的位置,这加速了社会学的发展。在社会学的发展中有三种转变是特别重要的:以工厂生产为基础的工业经济的上升,城市的急剧发展,以及关于民主制度和政治权利的新思想。

● 一种新的工业经济

在中世纪,欧洲的大部分人都在家的附近开垦土地或者从事小规模的*制造业*(manufacturing 一词源于拉丁语,意为"手工制作")。到了 18 世纪末,发明家们利用新的能源——流水和蒸汽的力量,来运作磨坊和工厂里的大型机器。结果,与在家里或者在一个紧密联系的小群体中的劳作不同的是,工人成了在那些陌生工厂主控制下庞大而无名的劳动力群体的一部分。生产系统的这种变化,削弱了数百年来引导社区生活的传统,驱使人

当今经济中几乎每一项工作都涉及与人打交道。因此,学习社会学对你将来的职业发展是一种很好的准备。具有"与人交往的技巧"会如何提升警官的工作水平?

们离乡背井。

● 城市的发展

在欧洲，土地所有者都参与了那场历史学家所谓的*圈地运动*（Enclousure movement）——他们用栅栏和篱笆等隔开越来越多的田地，以便为羊创造放牧的场所，并为愈发繁荣的纺织工厂腾出场地。没有了土地，无数的佃农别无选择，他们不得不来到城市，在新的工厂里寻找工作。

随着城市的发展壮大，这些都市移民面临着包括污染、犯罪和无家可归在内的许多社会问题。穿过挤满陌生人的街道，他们面临着一个全新的、没有人情味的社会世界。

● 政治变迁

经济发展和城市的增长也带来了新的思考方式。在托马斯·霍布斯（Thomas Hobbes, 1588—1679）、约翰·洛克（John Locke, 1632—1704）和亚当·斯密（Adam Smith, 1723—1790）的著述中，可以看出关注的焦点从对上帝和君王的道德义务转向对个人利益的追求。哲学家们如今言必称个人自由和个体权利。与此相呼应，我们的《独立宣言》声明每个人都拥有"若干不可转让的权利"，包括"生存权、自由权和对追求幸福的权利"。

1789 年开始的法国大革命不啻是对政治和社会传统更大的突破。法国社会分析学家亚里克西·德·托克维尔（Alex de Tocqueville, 1805—1859）认为法国大革命所带来的社会变化是如此巨大，以至于这些变化仿佛"整个人类的一次新生"（1955: 13, 原作于 1856）。

● 一种新的社会意识

巨大的工厂，不断膨胀的城市，以及一种新的个人主义的精神——这些紧密结合在一起，使人们更多地意识到自身周围的环境。作为新学科，社会学是在英国、法国和德国诞生的——这些国家也正是社会嬗变最剧烈的地方。

二、科学与社会学

历史上，关于社会性质的问题一直深深令人着迷，其中就包括才华横溢的中国哲学家孔夫子（K'ung Fu-tze/Confucius, 前 551—前 479）、希腊哲学家柏拉图（Plato, 前 427—前 347）和亚里士多德（Aristottle, 前 384—前 322）。之后，罗马统治者马可·奥勒留

（Marcus Aurelius, 121—180），中世纪思想家托马斯·阿奎那（Saint Thomas Aquinas, 1225—1274）和克里斯蒂娜·德·皮桑（Christine de Pisan, 1363—1431），以及英国剧作家威廉·莎士比亚（William Shakespeare, 1564—1616）都有关于社会的著述。

然而，相对于研究现实社会的本来面目，这些思想家们对设计理想的社会更感兴趣。是法国社会思想家奥古斯特·孔德（Auguste Comte, 1798—1857）在1838年创造了"社会学"一词，用以描述一种观察社会的新方式。这使得社会学成为最新兴的学术科目之一，它要比历史学、物理学或经济学诸如此类的学科新得多。

孔德（1975，原作于1851—1854）把社会学看作三个历史发展阶段的产物。在最初的*历史神学阶段*，即从人类历史的开始到大约公元1350年欧洲中世纪的结束，人们以一种宗教的视角，认为社会表达了上帝的意愿。

孔德解释道，随着15世纪欧洲文艺复兴运动的到来，历史的神学论被形而上学所取代。在这一阶段中，人们认为社会是一个自然的而非超自然的系统。例如，英国哲学家托马斯·霍布斯认为，社会反映的并不是上帝的完美而是人类本性自私的弱点。

孔德所说的科学阶段开始于早期的科学家，例如波兰的天文学家哥白尼（1473—1543），意大利的天文学家和物理学家伽利略（1564—1642），以及英国的物理学家和数学家艾萨克·牛顿（1642—1727）等人的工作。孔德的贡献在于最早将应用于研究自然界的科学方法引进到对社会的研究中。[1]

孔德的方法被称作**实证主义**（positivism），*即一种基于"确切的"事实，而不仅仅只是单纯的猜测来获得知识的方式*。孔德认为建立在传统和形而上学之上的知识只是一种猜测，而实证方法获得的知识则是建立在科学的基础之上。作为一个实证主义者，孔德认为社会是按照其自身的规律运行的，就像自然界是按照万有引力定律和其他自然定律运行的一样。孔德相信，运用科学，人们不仅可以了解客观世界的规律，也可以了解社会的规律。

---

[1] 根据孔德的阶段说，古代希腊人和罗马人认为行星是众神；文艺复兴时期，形而上学的思想家认为它们受到星象的影响（导致了占星学的产生）；在伽利略的时代，科学家认为行星是根据自然规律运行的自然物体。

我们看到什么取决于我们的观点。当我们凝望星空时,情人看到浪漫,但是科学家看见的是热反应。怎样运用社会学的理论改变我们从周围世界所看到的事物?

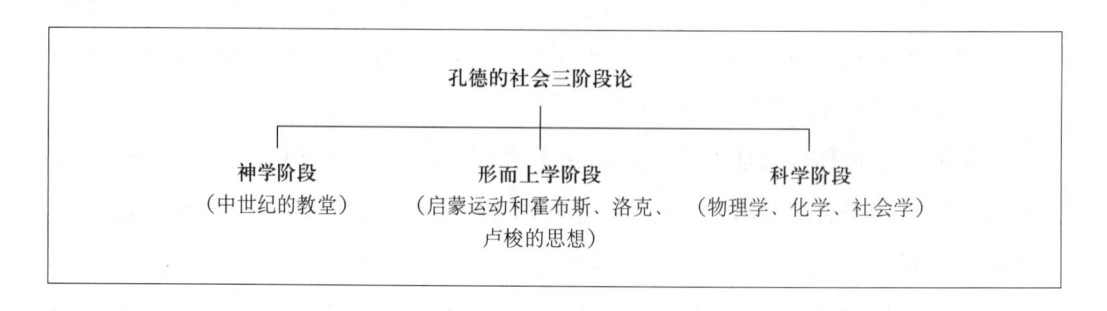

```
                    孔德的社会三阶段论
         ┌───────────────────┼───────────────────┐
      神学阶段            形而上学阶段              科学阶段
     (中世纪的教堂)     (启蒙运动和霍布斯、洛克、    (物理学、化学、社会学)
                          卢梭的思想)
```

20 世纪初期,社会学发展到美国,孔德思想的影响也显现出来。当今,大多数的社会学家依然认为科学是社会学至关重要的组成部分。但是,我们现在认识到,人类的行为比行星的运动要复杂得多。我们是有想象力和自发行为的人,所以,任何严格的"社会规律"永远都不可能完美地解释人类的行为。另外,早期的社会学家们,例如卡尔·马克思(1818—1883)被工业社会所表现出的惊人的不平等所困扰。他们希望社会学这门新学科不仅帮我们理解社会,同时也能够带来一些改变以促进更大的社会公平。

第五节 社会学理论

应用 ///

从观察层面深入到理解层面,我们就来到了社会学中被称为理论的重要部分。**理论**是一种关于特定的事实如何相互联系以及为什么会有这种联系的陈述。社会学理论的任务是解释现实世界中的社会行为。例如,埃米尔·涂尔干的理论认为,那些与社会整合程度较低的人(男人、新教徒、富人、未婚者),自杀的风险较高。

> **了解我们自己·美国各州的自杀率**
> 在美国的平原和高山地带,以及巨大的阿巴拉契亚山脉横贯地区,人口密度很低。那里的人们更加地隔绝,这种隔绝使得自杀率更高。
> 考察美国各州自杀率高、中或者低的情况。寻找一下规律,大体上,那些人烟稀少的地区的人们自杀率较高(平均值为每十万人 14 人或更多),人口密度较大的州自杀率则较低(平均值在每十万人 9.9 人或更少)。这些数据是否支持或反对涂尔干关于自杀的学说,为什么?
> [探索:你所在的州及全美国的人口密度与自杀率的关系,见 mysoclab.com]

社会学家通过研究来检测和完善他们的理论。通过了解美国各个州自杀的比率,你可以试着提出自己的理论。

在决定采用什么理论的时候,社会学家面临两个基本的问题:我们应该研究什么问题?各种事实该如何联系起来?在做出采用一种或另一种理论视角的决定时,社会学家们也就选择了一种"导航"来指引他们的思考。换句话说,**理论视角**是一种有关社会的基本印象,它指引着思考和研究。社会学家采用三种主要的理论视角:结构-功能的视角、社会冲突的视角和符号互动的视角。

一、结构-功能的视角

结构-功能的视角是建构这样一种理论的框架,该理论将社会视为一个复杂的系统，系统的各个部分一起运作以促进社会的团结与稳定。正如该理论视角的名称所指示的那样，结构–功能视角指向**社会结构**，即任何相对稳定的社会行为模式。社会结构形成了各种场合中的生活模式——家庭里的、工作场所中的、教室里以及社区里的。这种理论视角也在找寻每一种结构的**社会功能**，即任何能使社会作为一个整体而运作的社会模式的效应。所有的社会结构，从简单的握手到复杂的宗教仪式，其功能都旨在将人们紧密联结并保证社会的持续前进，至少是以其当前的形式。

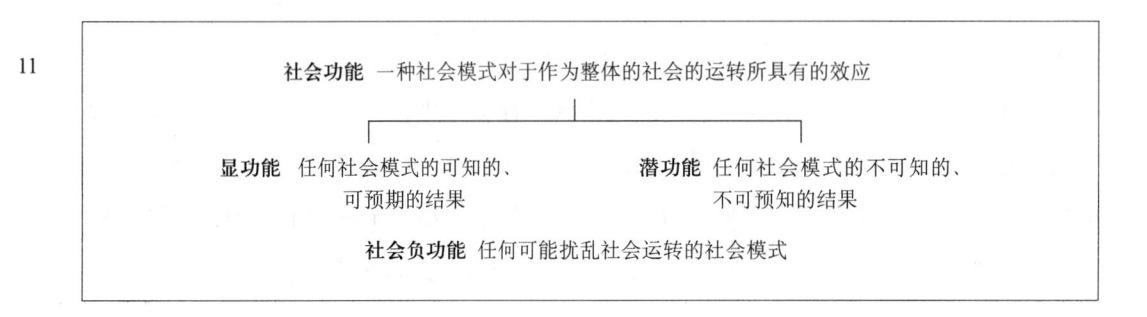

社会功能 一种社会模式对于作为整体的社会的运转所具有的效应

显功能 任何社会模式的可知的、可预期的结果

潜功能 任何社会模式的不可知的、不可预知的结果

社会负功能 任何可能扰乱社会运转的社会模式

结构–功能视角主要归功于奥古斯特·孔德，他指出，在许多传统渐渐崩溃的同时保持社会统一性的必要。埃米尔·涂尔干，这位在法国的大学里创立了社会学的人，也是基于这种视角开展他的研究工作的。第三位结构–功能视角的先驱者是英国的社会学家赫伯特·斯宾塞（Herbert Spencer, 1820—1903）。斯宾塞将社会与人的身体进行比较。正如人体的各个构成部分——骨架、肌肉和各种各样的内部器官，为保证整个组织的存活而相互依赖地运行一样，社会结构也为保持社会的稳定而共同工作着。因而，结构–功能视角引导着社会学家识别社会的各种结构，同时研究它们的功能。

美国社会学家罗伯特·K. 默顿（Robert K. Merton 1910—2003）扩展了我们对社会功能概念的理解。他指出，任何一种社会结构很可能拥有多种功能，只是其中的一些比另一些更为明显罢了。他对**显功能**（任何社会模式的可知的、可预期的结果）和**潜功能**（任何社会模式的不可知的、不可预知的结果）进行了区分。例如，美国高等教育系统的显功能是为年轻人提供他们所需要的信息和技术，以便于他们在毕业后能担当工作任务。可能同样重要但通常没有被人们认识到的，是大学作为一种"婚介所"的潜功能，即它将社会背景相似的人们聚集在了一起。高等教育的另外一个潜功能是限制了失业人口，因为它将数以百万计的年轻人从劳动力市场上剥离出来，而这些人中有许多可能很难找到工作。

然而默顿也认识到，社会结构的影响并不都是正面的。因此，我们将任何一种可能扰乱社会正常运行的社会模式称为**社会的负功能**。在一些人看来，经济全球化、愈演愈烈的移民浪潮、收入分配不平等的加剧等因素都在毁坏已有的社会模式。正如文中例子所展示的，对于社会整体来说，哪些部分是有益的、哪些是有害的，人们常常意见不一。此外，对一个群体的正功能（例如，对于华尔街经纪人而言提供高利润的银行系统）可能同时是对另一个群体的负功能（例如，那些因为银行投资失败而失去养老金的工人，以及那些因付不起房贷而最终失去安身之处的人）。

● **评价**

结构－功能视角的主要思想是将社会看作稳定的和有序的。因此，社会学家采用这种视角的主要目标是揭示出"什么使社会正常运转"。

在20世纪中期，大多数的社会学家都赞成结构－功能论。然而，近几十年来，这种视角的影响力在下降。批评家们指出，结构－功能主义聚焦于社会的稳定和统一，忽视了社会中阶级、种族以及性别的不平等，这些不平等导致了紧张的态势和不断的冲突。通常情况下，避开冲突不谈而仅仅强调稳定，使得这一视角有时显得过于保守。作为一种批评性的回应，社会学家们发展出社会冲突论。

● **检查你的学习**

显功能与潜功能有什么区别？以美国的汽车为例，谈谈它的一个显功能和一个潜功能。

二、社会冲突的视角

社会冲突的视角是建构这样一种理论的框架，该理论将社会视为一个充满了不平等的舞台，而正是这种不平等带来了社会冲突和社会变迁。与结构－功能论强调社会的团结和稳定所不同的是，这种理论视角更加注重考察社会的阶级、种族、族群、性别以及年龄等因素是如何与社会的

社会冲突论指出不平等普遍存在于日常生活中。真人电视连续剧《橘子镇贵妇的真实生活》详细地展示了极为富有的女人的生活。那么，她们是如何依赖于社会地位低下的人们的劳动的呢？

我们可以应用社会学视野去观察社会学本身。这个学科中最广为人知的领军人物都是男性。这是因为，在19世纪，女性成为大学教授的现象几乎是闻所未闻的，女性也很少承担公共生活的中心角色。不过，美国早期的一个社会学家简·亚当斯（Jane Addams）打造了"赫尔之家"（Hull House）——芝加哥的一种专门帮助安置移民家庭的住所。她曾耗费大量时间在那里帮助年轻人。

财富、权力、教育以及社会声望的不平等发生联系的。冲突分析法反对社会结构促进社会作为一个整体而运行的观点，取而代之的是注重社会模式如何在使一部分人受益的同时损害另一部分人的利益。

社会学家们运用社会冲突论观察优势群体和劣势群体——富人与穷人，白人与有色人种，男人与女人——之间持续的冲突。很典型的是，位于上层的人总是试图保护他们的特权，而位于下层的人也总是试图为他们自己争得更多的利益。

一项针对教育体系的冲突分析向我们揭示出教育如何将阶级的不平等从上一代传到下一代。例如，中学要么将学生分配到大学预备班或者是分配到职业培训学校。从结构-功能的观点来看，这样一种"分轨制"使得每个人都可以获利，因为他们都获得了符合自己能力的教育。但是冲突分析认为，所谓"分轨制"常常是取决于学生的社会背景而不是聪明才智，所以，家庭富有的学生被划分到了高一级的发展轨道上，而穷人家的孩子只能被划分到低一级的轨道上去。

以此类推，富家子弟往往能得到最好的教育，他们可以上大学，然后获得一份高薪的职业。然而，穷人家的孩子没有能力为上大学作好准备，只好如他们的父辈那样，在低收入的工作中为了生活苦苦挣扎。在这两种情况下，一代人的社会身份传递到下一代人身上，而学校以个人品质为由将这种实践合法化（Bowles & Gintis, 1976; Oakes, 1982, 1985）。

许多社会学家运用社会冲突论不仅仅是为了解释社会，也为了减少社会的不平等。

卡尔·马克思支持工人为反对工厂主而进行的斗争。在一句著名的陈述中（镌刻在伦敦的海格尔墓地的纪念碑上），马克思声称："哲学家们只是用不同的方式解释世界，而问题的关键在于改变世界。"

三、女权主义和性别冲突理论

社会冲突理论的一个重要类型是**性别冲突理论**（或**女权理论**），这是一种聚焦于男性与女性之间不平等与冲突的社会研究。性别冲突视角与**女权主义紧密相连**，女权主义要求男女社会地位平等。

性别冲突理论的重要性在于，它使我们意识到，在我们社会中的许多场合，男性相对于女性都占据着主导地位：在家里（男性通常被认为是一家之主），在工作的场所（男性可以获得更多的收入并拥有最多的权力地位），以及在大众媒介中（又有多少摇滚歌星是女性呢？）。

女权理论的另一个贡献在于它使我们意识到女性对于社会学发展的重要性。哈丽雅特·马蒂诺（Harriet Martineau, 1802—1876）被认为是第一个女性社会学家。马蒂诺出生在一个富有的英国家庭，1853年她以将奥古斯特·孔德的法文著作翻译成英文而成名。她后来用文献证明了奴隶制的罪恶，要求用法律保护工人，并通过组织工会来保护工人的权利。她特别关注女性在社会中的地位，并致力于教育政策的改变以使得女性在生活中得到更大的发展，而不仅仅只局限于在家中做一个妻子和母亲。

在美国，简·亚当斯（1860—1935）是一位社会学先驱者，她的贡献始于1889年协助建立"赫尔之家"，即芝加哥的一种专门帮助安置移民家庭的住所。虽然她著述很多（她写了11本书和几百篇文章），但是亚当斯选择做一个公众活动家而不是大学里的社会学学者，她公开呼吁解决社会不平等和移民的问题，追求和平。她的和平主义在第一次世界大战期间遭到了激烈的争论，但多年之后，她依然获得了1931年的诺贝尔和平奖。

这本书的所有章节都涉及性别及性别不平等的重要性。对女权主义和男女社会地位的更深层次的探讨请参考第十章（"性别分层"）。

四、种族冲突理论

社会冲突理论的另一个重要类型是**种族冲突理论**，这是一种聚焦于不同种族、不同族裔之间的不平等与冲突的社会研究。就像男性比女性更有权力一样，平均而言，白人比有色人种拥有更多的社会优势，这些优势包括更高的收入、更多的教育、更健康的身体、更长的预期寿命。

种族冲突理论也同时指出了有色人种对社会学的发展所做出的贡献。艾达·韦尔斯·巴尼特（Ida Wells Barnett, 1862—1931）出生于一个奴隶家庭，但是她成长为一名教师，后来又做了记者和报纸出版商。她为种族平等做出了不懈的努力，特别是终结了对黑人的私刑。她终生都在为消除种族不平等而写作和演讲（Lengerman & Niebrugge-Brantley, 1998）。

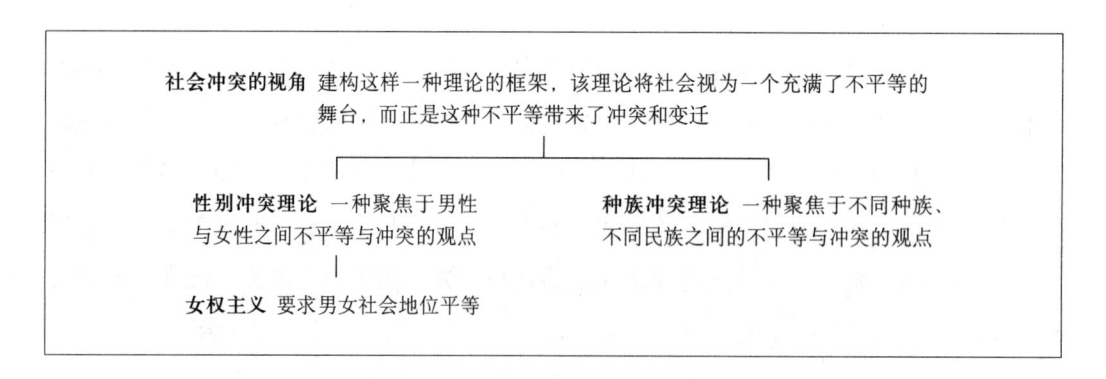

```
        社会冲突的视角  建构这样一种理论的框架，该理论将社会视为一个充满了不平等的
                        舞台，而正是这种不平等带来了冲突和变迁
                              │
          ┌───────────────────┴───────────────────┐
  性别冲突理论  一种聚焦于男性            种族冲突理论  一种聚焦于不同种族、
  与女性之间不平等与冲突的观点           不同民族之间的不平等与冲突的观点

  女权主义  要求男女社会地位平等
```

多样化思考：种族、阶级和性别

一位社会学先行者：杜波依斯

美国的一位社会学先驱者，威廉·爱德华·伯格哈特·杜波依斯（William Edward Burghardt Du Bois, 1868—1963）将社会学看作解决社会问题的关键，特别是针对种族的不平等。杜波依斯在哈佛大学获得了社会学的博士学位，并建立了"亚特兰大社会学实验室"，这是美国第一个社会学研究中心。他帮助他的社会学同行以及各地的人

们，认识美国社会深层次的种族隔离。杜波依斯指出，白人可以简单地被称为"美国人"，但是美国黑人就存在一种"双重意识"，反映出他们作为公民的社会地位，这些人永远都不可能逃脱基于他们肤色的身份认定。

在他的社会学名著《费城黑人：一项社会研究》（出版于1899年）一书中，杜波依斯研究了费城的黑人社区，对于那些在日常生活中面临无法抗拒的社会问题的人们，他既认识到他们的长处，也认识到他们的弱点。他对当时广为流传的信念——黑人比白人低等——提出了质疑，他谴责了白人对黑人的偏见，这些偏见造成了黑人所面临的一系列问题。他也批评了那些渴望得到白人的接受而切断了与需要他们帮助的黑人社区的所有联系的有色成功人士。

尽管取得了显著的成就，杜波依斯却常常感到对单纯的学术研究的不满。他觉得这种研究远离日常生活中有色人种的斗争。杜波依斯希望有所改变。为了点燃大众反对种族隔离的行动的希望，他于1909年参与了建立（美国）全国有色人种协进会（NAACP）的工作。一个多世纪以来这一组织一直在为促进种族平等而努力。作为该组织的刊物《危机》的主编，杜波依斯不知疲倦地工作，向以白人为主体的社会中那些剥夺黑人幸福权利和机会的法律和社会习惯提出挑战。

杜波依斯认为种族问题是20世纪的美国所面临的一个主要问题。在他早期的学术生涯中，他对消除种族隔离充满希望。然而，在晚年的时候，他由于感到改变寥寥而十分痛苦。93岁的时候，杜波依斯离开美国去了加纳，两年后他在那里去世。

你怎么想？

1. 如果杜波依斯今天还活着，你认为他是否会将种族不平等作为21世纪的一个主要问题？为什么会或者不会？
2. 你认为今天的美国黑人有着一种怎样的"双重意识"？
3. 社会学家可以通过怎样的方式帮助我们认识并尽可能减少种族冲突？

资料来源：根据Baltzell（1967）、Du Bois（1967，原作于1899），Wright（2002a, 2002b）以及与Earl Wright II的个人交谈。

威廉·爱德华·伯格哈特·杜波依斯对理解美国的种族问题做出了重要的贡献。杜波依斯出生于马萨诸塞州一个贫穷的家庭，他曾就读于田纳西州纳什维尔的菲斯克大学，而后又求学于哈佛大学并获得博士学位，成为第一个获得哈佛大学博士学位的有色人士。后来，杜波依斯又建立了"亚特兰大社会学实验室"，这是20世纪初的几十年中一个重要的社会学研究中心。正如大多数遵循社会冲突视角（聚焦于阶级、性别和种族）的学者一样，杜波依斯认为社会学家不仅要了解社会问题，也要努力地去解决社会问题。为此他研究了遍及美国的黑人社区，指出了从教育的不平等、否定人权的政治制度到选举以及实施私刑的恐怖主义行为等无数的社会问题。杜波依斯呼吁与种族不平等作斗争，参与成立了（美国）全国有色人种协进会（NAACP）（E. Wright, 2002a, 2002b）。"多样化思考"栏目对杜波依斯的思想做了更深层次的阐述。

● 评价

各种社会冲突理论在近几十年中拥有了大量的追随者，但也正如其他理论那样，社会冲突理论也受到了一些批评。因为任何冲突分析关注的都是不平等，它在很大程度上忽视了如何通过分享价值和相互依存性来促进整个社会成员间的团结。另外，批评家们认为，冲突的视角在一定程度上只强调政治目标，它们不能够断言科学的客观现实。社会冲突视角的支持者们对此做出回应，他们认为所有的理论视角都有政治后果。

对结构功能理论和社会冲突理论这二者的一个最大的批评是，它们对于社会的描绘都比较粗略——只是按照"家庭""社会阶级""种族"等等进行划分。第三种理论视角很少采用概括的方式来看待社会，而更多的是将社会看作个体日常生活的经历。应用理论的表格总结了这些理论视角的贡献。

● 检查你的学习

你觉得，为什么社会学家将社会冲突视角视为"积极行动派"？其努力争取达到的目标是什么？

五、符号互动的视角

结构功能的视角与社会冲突的视角都具有一种**宏观层面的定位**，即一种广泛聚焦于将社会形塑成一个整体的社会结构。宏观层面的社会学关注大的场景，就像乘直升机从高空中俯瞰一座城市，看到人们如何在高速公路上南来北往，看到富人区与穷人区的住宅如何不同。社会学也采用**微观层面的定位**，即一种对特定的情形下社会互动的密切关注。我们可以用这种方式来探索发生在街区中的城市生活，比如观察学校操场上的孩子们如何创造出各种游戏，或者观察街道上的行人经过无家可归者身旁时有什么样的反应。因而，**符号互动的视角**是建构这样一种理论的框架，该理论把社会看作个体日常互动的产物。

"社会"是怎样从千百万人正在进行的活动之中产生的呢？一种回答是，社会不过是人们在互动过程中所建构的一个共享的现实体。这在第四章（"日常生活中的社会互

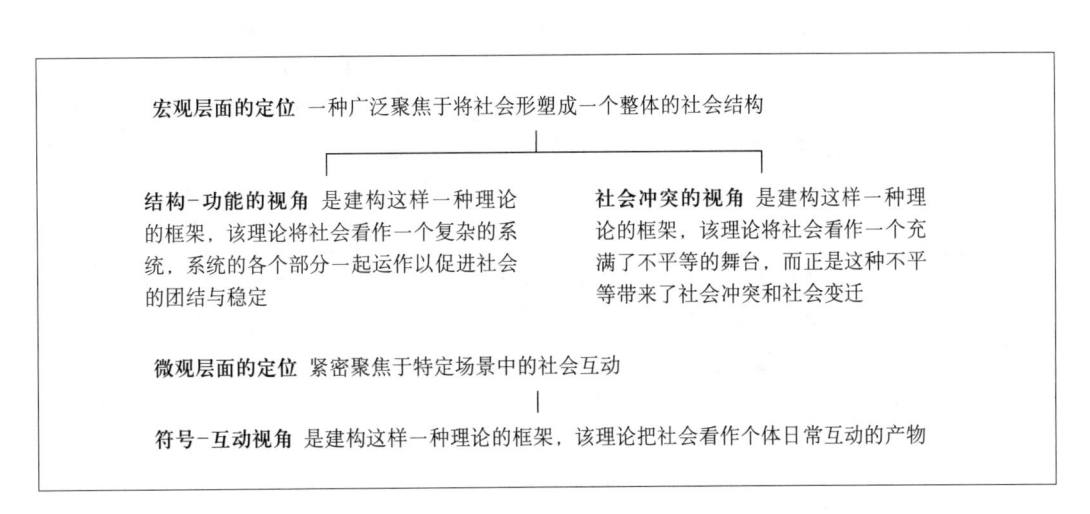

宏观层面的定位 一种广泛聚焦于将社会形塑成一个整体的社会结构

结构-功能的视角 是建构这样一种理论的框架，该理论将社会看作一个复杂的系统，系统的各个部分一起运作以促进社会的团结与稳定

社会冲突的视角 是建构这样一种理论的框架，该理论将社会看作一个充满了不平等的舞台，而正是这种不平等带来了社会冲突和社会变迁

微观层面的定位 紧密聚焦于特定场景中的社会互动

符号-互动视角 是建构这样一种理论的框架，该理论把社会看作个体日常互动的产物

动"）中做出了解释。这即是说，人类生活在一个符号的世界中，他们将意义附加在每一个真实存在的事物上，从这一页上的文字到眨一下眼睛都是如此。因此，当我们定义我们周围的环境、做出我们对于他人的评价，以及形成我们对自身的认识时，我们就创造了"现实"。

符号-互动理论来自于马克斯·韦伯（Max Weber, 1864—1920）的思想。韦伯是一位德国的社会学家，他强调从特定背景中的人们的观点来理解这个背景的必要性。从韦伯时代开始，社会学家们就开始从各种角度对社会进行微观层面的研究。第三章（"社会化：从婴儿期到老年期"）讨论了乔治·赫伯特·米德（George Herbert Mead, 1863—1931）的思想，他研究了人们的个性是如何成为社会发展的结果的。第四章（"日常生活中的社会互动"）陈述了欧文·戈夫曼（Erving Goffman, 1922—1982）的研究成果，他的*拟剧分析法*描述了我们是如何像舞台上的演员那样，扮演自己的多种社会角色的。另一些当代的社会学家，包括乔治·霍曼斯和彼得·布劳，则发展出社会交换分析。在他们看来，社会互动取决于每一个人从他人那里得到什么，失去什么。例如，在求爱的过程中，人们寻找那些在身体魅力、聪明才智以及社会背景等方面与自己对等的人作为配偶。

应用理论
主要的理论视角

	结构功能视角	社会冲突视角	符号互动视角
分析层面	宏观层面	宏观层面	微观层面
该理论视角对社会的描述	社会是一个相对稳定的系统，它由相互关联的部分组成。 每一部分都在为保证社会的有序运转而发挥作用。 社会成员对道德正义具有大体一致的看法。	社会是一个由不平等所构成的系统。 社会的运转使某些类别的人获益，而使另一些类别的人受损。 社会不平等所引起的冲突引导着社会变迁。	社会是一个正在进行的过程。 人们在无数次运用符号交流的背景中发生互动。 人们所经历的现实是可变的和正在变化的。
该理论的核心问题	社会是怎么组成的？ 社会的主要部分是什么？ 这些部分是怎么连接的？ 每一部分是怎么帮助社会运作的？	社会是怎样对人口进行划分的？ 优势人群是怎样保护他们的特权的？ 劣势人群是怎样挑战这种体系以寻求改变的？	人们如何体验社会？ 人们如何塑造他们所经历的现实？ 不同人之间，不同的情形下，行为和含义是如何改变的？

日常生活中的社会学

体育运动：不同理论的竞赛

谁不喜欢体育运动？儿童和青少年可能会进行两三个以上有组织的体育运动。对于那些没有亲身参与体育运动的成年人来说，周末的电视机里充满了体育新闻，报纸的整版都在报道球队、运动员和得分。对于这样一个存在于美国社会日常生活中的非常熟悉的元素，这三种理论方法能给予我们怎样的社会学见解呢？

结构-功能的视角

根据结构功能论，体育运动的显著功能有：提供娱乐、保持身体状况良好的手段，以及一种危害相对较低的发泄过剩精力的途径。体育运动还有许多潜在的功能，从建立社会关系到创造工作机会。也许体育运动最重要的潜在功能是鼓励竞争，这是我们的社会生活方式的核心。

当然，体育运动也会产生负效应。例如，学院和大学为了在运动场上取得胜利，有时在招收新学生的时候，更多地考虑学生的运动技能而不是他们的学习能力。这样一种情况不仅仅降低了一个学校的学术水平，同时也欺骗了运动员，使得他们在为今后的职业做准备的学习上只花了很少的时间（Upthegrove, Roscigno & Charles, 1999）。

社会冲突的视角

社会冲突的分析指出了体育运动是如何与社会的不平等相联系的。一些体育运动的价格是很高昂的——例如网球、高尔夫、航海和滑雪，所以参与者往往都只限于富人。但是橄榄球、棒球还有篮球，就几乎能够被任何收入水平的人接受。因此，人们从事什么体育运动不单单是一个选择的问题，同时也反映出他们的社会地位。

性别冲突或**女权主义理论**引导我们意识到，纵观历史，男性几乎主宰了体育运动的世界。例如，1896年举行的第一届现代奥林匹克运动会就禁止妇女参加比赛；20世纪的大部分年代中，小联盟比赛也禁止女孩子们参加。传统的观念认为女孩子和妇女缺少体育运动所需要的力量和体力，同时，如果她们参与体育运动，她们将面临失去女人味的风险。尽管现在奥运会和小联盟都已经向女性敞开，就像对男性敞开一样。但是，女性相对于男性仍然居于次要位置，特别是在能够获得更高收入和更高社会声望的运动项目上。

种族冲突理论提醒我们，我们的社会长期以来一直在职业运动中排除有色人种。尽管如此，在最近几十年中，机会有所扩展。1947年，杰克·罗宾逊打破了"肤色的界限"，作为第一个美国非裔运动员参加了美国全国棒球比赛。五十多年后，职业棒球协会在所有球队中都"退役"了具有传奇意义的罗宾逊的42号球衣。2010年，非裔美国人（占美国人口的13%）在全美棒球联盟运动员中占了10%，在全美橄榄球联盟运动员中占了67%，在全美职业篮球联盟运动员中占了78%（Lapchick, 2011）。

但是种族歧视仍然存在于职业运动项目中。例如，运动员在场中所处的位置——我们称其为"布阵"——就和他们的种族有一定的联系。下图表明了2011年一项对大联盟棒球比赛中种族问题研究所得出的一个结果。注意白人运动员大部分集中在中央"思考的"位置，比如投球手（白人占64%）和接球手（白人占

63%）。相反，非裔投手仅占 5%，接球手中则完全没有非裔运动员。同时，内场中非裔只占 11%，而以要求"速度和反应能力"为特征的外场位置中占 29%（Lapchick, 2011）。

更广泛地说，非裔运动员只有在以下五个比赛项目中能够占到一定的比例：篮球、橄榄球、棒球、拳击和田径。在所有职业性的体育比赛中，绝大多数的管理者、主教练和球队的所有者都是白人（Lapchick, 2011）。

谁从体育竞赛中获利最多？虽然有许多运动员能够得到巨额的薪水，他们的球队也能得到数百万球迷的支持，但体育竞赛所产生的巨大利益都被很少的一部分人——主要是男性白人——控制着。总之，体育竞赛在美国是与性别、种族和经济权力的不平等密切联系在一起的。

符号-互动的视角

在微观层面上，一场体育比赛是一种复杂的、面对面的互动。一方面，体育比赛受到运动员所分配的位置和比赛规则的影响。但是运动员的表现也是自发的和不可预见的。根据符号互动的理论，我们更多地是将体育竞赛视为一个正在进行的过程而非一个系统。

从这个观点出发，我们也希望每一个运动员能够从不同的角度去理解比赛。一些运动员从激烈的竞争情境中得到享受；而对另外一些运动员来说，对于体育运动的热爱可能远远大于赢得比赛本身。另外，任何运动员的行为都会随着时间的流逝而改变。例如，一个职业棒球比赛中的新手在最初的几场大型比赛中可能会感到不自在，但是他会在队伍中慢慢地找到相对舒适的感觉。对于杰克·罗宾逊而言，在赛场上寻找到自在的感觉是一个缓慢而痛苦的过程，他知道许多白人运动员和数百万的白人球迷憎恶他的出场。然而，他出色的球技和自信以及他乐于合作的态度终于为他赢得了全国民众的尊重。

三种理论视角——结构功能论，社会冲突论和符号互动论——为我们提供了观

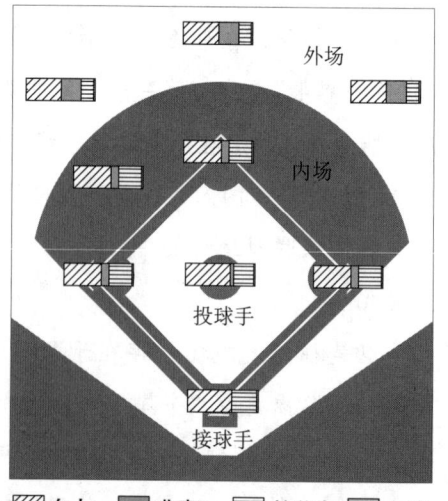

察体育运动的不同眼光，然而，没有一种理论全然正确。分析任何一个问题时，每一种理论都提供部分的解释。为了充分运用强大的社会学视野，这三种理论都应该熟悉。

职业棒球赛的"布阵"

种族的不同在职业比赛中有影响吗？看看职业棒球比赛中这么多的位置，我们发现白人运动员在内场中间位置的可能性较大，而有色人士更可能在外场。你怎样看待这样一个模式？

你怎么想？

1. 描述一下有关体育运动的宏观视角与微观视角的不同。
2. 提出三个有关体育运动的问题以反映三种理论视角所关注的不同焦点。
3. 你如何运用三种理论视角来分析其他的社会模式，比如职场或家庭生活？

● **评价**

不可否认，宏观层面的社会构成，例如"家庭""社会阶级"等等是存在的，而符号互动论则提醒我们，社会本质上是人们之间的互动。这就是说，微观层面的社会学试图展现个人实际上是如何建构和体验社会的。但是，任何事物都有两面性，由于强调每一个社会情境的独特性，符号互动论很可能忽略了文化以及诸如阶级、性别、种族这样的因素的广泛影响。

● **检查你的学习**

宏观层面的分析和微观层面的分析有什么不同？请对一个社会模式提供这两种层面的解释。

记住，每一种主要的理论视角引导你认识特定的社会事实的重要性，同时也以特定的方式在回答各种问题。然而，正如第28页"日常生活中的社会学"栏所显示的，对于社会的最充分的认识则来自对三种视角的综合运用。

第六节 从事社会学研究的三种方式

理解 //

所有的社会学家都想了解社会世界。但正如某些社会学家倾向采用某种理论视角一样,许多社会学家也有对某种方法论的使用偏好。以下部分描述了三种做社会学研究的途径:实证的社会学、解释的社会学以及批判的社会学。

一、实证的社会学

一种常见的社会学研究的方法是**实证的社会学**(positivist sociology),即基于对社会行为的科学观察来对社会进行研究。正如之前解释的,实证研究通过运用**科学**(一个逻辑的系统,通过直接和系统的观察来发展知识)来发现事实。实证的社会学有时也被称作经验的社会学,因为这种研究方法是建立在**经验证据**的基础上。所谓经验证据,即那些可以通过我们的感官得到核实的信息。

科学研究常常挑战那些被我们接受的"常识"。下面是三个被广泛坚持但不被科学证据支持的信念:

1."**男女两性在行为上的差别是人类的本性。**"错误。许多被我们称作"人类本性"的东西,实际上是由我们生活于其中的社会所建构的。比如,研究人员发现"女人气的"和"男性化的"定义随着时间变化,且在不同社会中也不一样(见第十章,"性别分层")。

实证的社会学 基于对社会行为的科学观察来对社会进行研究

经验证据 那些可以通过我们的感官得到核实的信息

科学 一个逻辑的系统,通过直接的和系统的观察来发展知识

2."美国是一个中产阶级的社会,在这个社会中,人们基本上都是平等的。"不真实。第八章("社会分层")中的数据表明,美国家庭中百分之五最富裕的家庭掌握着全国总财富的百分之六十,而有近一半的家庭则几乎没有一点财产。事实上,最近的研究表明,在美国,最富有的人与普通人的差距一直没有缩小(Wolff,2010;EPI,2011)。

3."人们因相爱而结婚。"并非总是如此。正如已经讨论过的,在美国,许多社会准则引导对配偶的选择。在世界范围内,如第十三章("家庭和宗教")中解释的,研究指出在大多数社会,婚姻是由父母安排的,与爱情没有什么关系。

这些例子确认了古老的说法:"那些与实际相反的已知带给我们的麻烦同无知带给我们的麻烦一样多。""焦点中的社会学"栏目解释了为什么我们需要批判性地思考我们在大众媒体和互联网上所发现的"事实"。

在大众媒体中"专家"意见的冲击下,我们都已经被教育得惯于听信那些被广泛接受的"真理"。同时,我们也感受到那种要接受周围人们意见的压力。作为成年人,我们需要更加批判性地去评价我们的所见所读、所闻。社会学可以帮我们做到这些。社会学家(以及每一个人)都可以运用科学来对许多信息进行评价。

正如电视节目《体操公主》所清晰展示的,在遍布美国的无数社区中,体育运动都是一种重要的社会生活元素。对于我们理解社会中体育运动的角色来说,社会学的三种理论视角都有其作用。

焦点中的社会学

我们在大众传媒中看到的都是真的吗？
——以婚外性行为为例

每天，我们在报刊杂志上看到许多有关人们想些什么、如何行事的故事。但是其中许多故事可能会误导我们，有些甚至并不真实。拿婚外性行为，即已婚者与其他人而非他们的配偶发生性行为的问题来说吧。看一下摆放在超市收银台过道的许多"女性杂志"的封面，或者快速浏览当地报纸中的"答读者问"专栏，可能就会使你得出婚外性行为是已婚夫妇面临的主要问题的认识。流行媒介似乎充满了有关如何让你的配偶"不出轨"的故事，或者指出你的配偶有风流韵事的各种线索。流行出版物和互联网报道的大部分研究都指出，一半以上的已婚者——包括男人和女人——都曾经出轨。

然而，婚外性行为真的如此普遍吗？并非如此。从事严格的社会学考察的研究者发现，在一个确定的年份里，仅仅只有3%—4%的已婚者有婚外性关系。而以前曾经有过婚外性关系的已婚者比例也不会超过15%—20%。那么，为什么流行媒介中的调查所报道的婚外性行为比例这么高呢？只要我们看看是哪些人在填答流行媒介的调查就不难给出回答了。

首先，是那些对特定问题感兴趣的人。这些人最可能去响应大众媒介中的调查请求，或者去完成一项在线调查。由于这一原因，那些有着婚外性行为经历的人（他们自己有过，或者他们的配偶有过）更可能参与这些调查；与此相反，由有经验的研究者正确完成的研究则要仔细地选择被调查对象，以使得调查结果对于整个总体具有代表性。

其次，平均来看，由于进行这些调查的杂志和网络的读者群多是年轻人，所以，这些调查更高比例地触及年轻回答者。关于年轻人我们所知道的一个事实是——他们更可能发生性行为——无论是已婚的或是未婚的。例如，一个典型的三十岁的已婚者具有婚外性关系的可能性是一个典型的超过六十岁的已婚者的两倍多。

第三，女性可能比男性更多地阅读以性调查为特色的流行杂志，因此，女性更可能接触到这些调查。在最近几十年中，那些有过婚外性行为的女性，特别是年轻女性之间的分享一直在上升。为什么今天的年轻女性比上一代或上两代女性更可能有婚外性行为？可能是由于今天的女性都外出工作，旅行奔波还是许多人工作的一部分。总的来说，今天的女性具有更广泛的社会网络，这种更广泛的社会网络带给她们与更多接触男性的机会。

第六章（"性与社会"）将更详细地考察性行为模式，包括婚外性关系。目前，只要记住，你们在大众媒介和网络上读到的许多东西并不像某些人所认为的那样都是真实的。

加入博客！

你能想到其他的大众媒介调查可能给出错误信息的问题吗？是什么问题？你认为大众媒介是有关世界的准确的信息来源吗？进入 MySocLab（我的社会实验室）并加入"焦点中的社会学"博客，分享你的观点和经验，同时看看其他人是怎么想的。

资料来源：T. W. Smith, 2006; Black, 2007; Parker-Pope, 2008。

● **概念、变量与测量**

让我们进一步了解科学是如何运作的。科学的一个基本元素是**概念**，即一种用简明的方式来表示世界某个部分的精神建构。社会学家使用概念来描述社会生活的各个方面，比如"家庭"和"经济"；还可以使用概念，如"性别"和"社会阶级"，来对人们加以分类。

变量是取值随着情况的改变而改变的概念。例如，一个熟悉的变量是"高度"。不同个人的"高度"的取值就互不相同。类似地，"社会阶级"的概念可以通过"上层阶级""中产阶级""工人阶级"或者"下层阶级"等不同的取值来描述人们的社会地位。

变量的使用依赖于**测量**，即在一个特定场合下确定一个变量的数值的过程。一些变量容易测量，就像护士测量你的血压。但是测量社会学的变量要复杂得多。例如，你如何测量一个人的"社会阶级"？你可以从观察他的着装、他的谈吐，或者关注他的住所开始。或者更为精确一点，你可能会询问他的收入、职业和教育。因为测量一个像社会阶级这样的复杂变量有很多不同的方法，所以，研究者必须决定如何将变量**操作化**，即确切地说明要测量的是什么。

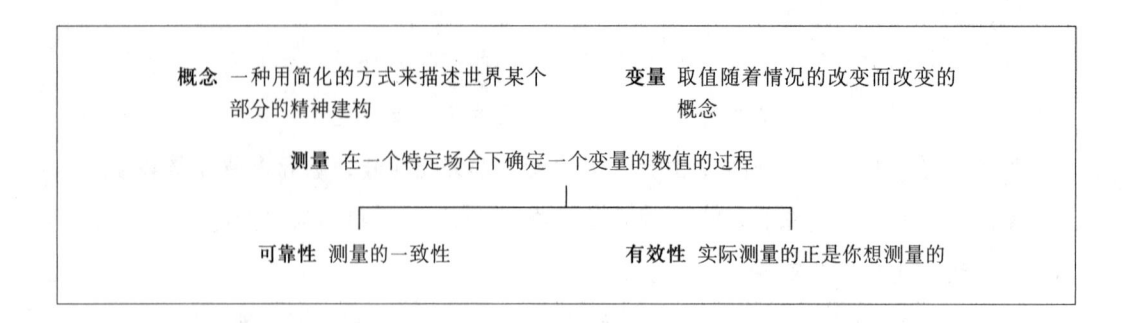

```
概念 —一种用简化的方式来描述世界某个        变量 取值随着情况的改变而改变的
     部分的精神建构                            概念
                    测量 在一个特定场合下确定一个变量的数值的过程

         可靠性 测量的一致性              有效性 实际测量的正是你想测量的
```

● 统计

社会学家也面临着如何处理众多人口数的问题。比如，你如何报告数千人、数百万人的收入？从数据洪流中可能得不出有意义的信息，不能增进我们对作为整体的人们的了解。为了解决这个问题，社会学家使用**描述性统计量**来说明一个总体的平均水平是如何。最常用的描述性统计量是*平均数*（一组数据的算术平均水平，将所有的数值加在一起除以个案数）、*中位数*（处于从最低到最高的一组数据正中央位置的数值）和*众数*（在一组数据中出现次数最多的数值）。

● 信度与效度

一个有用的测量必须是可信的和有效的。**信度**（reliability）也即可靠性，指的是测量的一致性程度。如果一次次重复测量的结果都是一样的，那么，这个测量就是可信的。但是一致性并不保证有效性，**效度**（validity）也即**有效性**，意味着实际测量的正是你所希望测量的。有效的测量不仅意味着一次又一次地击中目标的同一个位置，而且要击中确切的位置——靶心。

假设你想知道在你的学校中，学生有多么"虔诚"，你可能会询问他们参加宗教活动的频率。但是，去教堂做礼拜与虔诚真的就是一回事吗？可能不是。因为人们参加宗教活动的原因有很多，其中一些原因和宗教没有关系；还有一些精神教徒完全不参与有组织的宗教活动。因此，即使一项测量产生出一致性的结果（即它是可信的），但它所测量的还是有可能并非我们所想要测量的（因此缺乏效度）。好的社会学研究是建立在仔细的测量之上，而这一点对研究者来说总是充满挑战。

● 相关性和因果

科学研究真正要得到的是两个变量之间的关系。**相关性**是指两个（或更多个）变量一起发生变化的关系。但是社会学家想知道的不仅是变量如何变化，还有一个变量如何引起另一个变量的变化。科学的理想是找到**因果关系**，即这样一种关系，其中一个变量的变化引起另一个变量发生变化。像之前提到的，埃米尔·涂尔干发现社会整合程度（原因）影响了各种类别人们的自杀率（结果）。社会学家将原因变量称为*自变量*，而将结果变量称为*因变量*。理解因果关系的价值在于，它能帮助研究者预测一种行为模式如何引起另一种行为。

> **相关性** 指两个（或更多个）变量一起发生变化的关系　　**因果关系** 即这样一种关系，其中一个变量（自变量）的变化引起另一个变量（因变量）发生变化

但是，两个变量的共同变化并不意味着它们就是因果关系。比如一月份，美国的结婚率达到最低水平，而这个月全国死亡率最高。这是否意味着人们因为不想结婚而死亡，或者因为他们死亡而不结婚？当然不是。对低结婚率和高自杀率更合理的解释是，一月份全国大部分地区寒冷而且常有暴风雪的天气状况（或许还结合了节日后抑郁的影响）。

当两个变量同时变化但是其中任何一个的变化都不会影响到对方，社会学家将这种关系称作*伪相关*，或虚假相关。两个变量之间的伪相关常常源于第三个变量。比如犯罪行为在那些住在拥挤住宅里的青年人中十分普遍，但并不是因为住房拥挤而引起青年人"变坏"。住房拥挤和犯罪都源于第三个变量：贫穷。要确立真正的因果关系，我们必须证明：1. 变量明显相关；2. 自变量（或者说原因变量）发生在因变量之前；3. 没有证据表明存在一个第三变量能够导致这两个变量的虚假相关。

● 客观性的理想

科学的指导性原则之一

科学研究的一条原则是，社会学家以及其他的研究者在工作中应该保持客观性，从而保证他们的发现不会受到他们个人价值观和信念的影响。但是这样一种超然的态度会成为人们敞开思想、分享信息的障碍。因此社会学家必须决定保持多大程度的客观性以及多大程度地表现自己的情感。

是在进行研究时保持*客观性*，或者说，个人中立。在理想状态，客观的研究用事实说话，而不受个人价值观和研究者的偏见影响。当然在现实中，要任何一个人达到完全中立是不可能的。但是仔细审视科学研究的准则将有助于客观性的最大化。

德国社会学家马克斯·韦伯指出人们总是选择*价值关联*的研究主题，即调查者关心的话题。同时，他提醒研究者，一旦工作开始，就要在研究过程中保持*价值无涉*（value-free），即专注于去发现实际如何，而不是*他们认为*世界应该如何。研究者（不像政治家）要保持开放的心态，不论结果是否符合个人观点，都要接受研究得出的结论。

尽管大多数社会学家承认我们不可能做到完全的价值无涉，甚至也不可能意识到我们所有的偏见，但韦伯的观点在社会学中依然具有非常重要的影响（Demerath, 1996）。此外，应该记住的是，社会学家并不是"平均水平"的人：他们大部分都是受过高等教育的白人男性和女性，同时比人口总体具有更加自由的政治态度。要记住，社会学家就像其他任何人一样，也会受到他们的社会背景的影响。

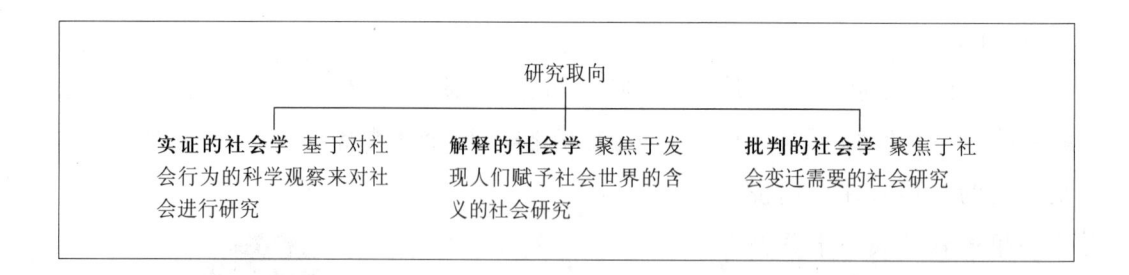

```
                        研究取向
        ┌───────────────────┼───────────────────┐
   实证的社会学  基于对社   解释的社会学  聚焦于发    批判的社会学  聚焦于社
   会行为的科学观察来对社   现人们赋予社会世界的含    会变迁需要的社会研究
   会进行研究              义的社会研究
```

二、解释的社会学

不是所有社会学家都同意科学是唯一的甚至是最好的研究人类社会的方法。这是因为，与行星或自然世界中其他元素不同的是，人类在被测量方面要比我们身边的对象困难得多。显然，人具有主体性，能给自身的行为赋予意义，而这种意义难以被直接观察到。因此，社会学家发展出第二种研究取向——**解释的社会学**，即集中于发现人们赋予社会世界含义的社会研究。作为这种研究框架的先驱，马克斯·韦伯认为恰当的社会学焦点是解释，或者说是理解人们在他们日常生活中创造的意义。采用这种方式的社会学家通过运用实证的方式，也能够很好地测量行为，但是他们更大的目标则是通过行为来发现人们对于这种行为所赋予的意义。

● 意义的重要性

解释的社会学在三个方面与实证的社会学有着不同。首先，实证的社会学聚焦于行动，即人们做什么——因为这是我们能够直接观察的；解释的社会学聚焦于人们对他们的行动的理解。其次，实证的社会学认为，我们所能观察到的都是客观现实，因而客观现实是存在"在那里的"。但解释的社会学认为现实是主观的，是由人们自己在他们日常生活的过程中所建构的。最后，实证的社会学聚焦于外在的行为，趋向于使用定量的资料，即对人们行为的数量化测量；而解释的社会学则聚焦于"内在的"意义，趋向于使用定性的资料，通过这种资料，研究者试图发现人们如何理解他们周围的世界。

总的来看，实证的取向更接近科学，非常适合在实验室里进行研究。在那里，研究者只是站在一旁，对人们的行为进行仔细的测量。解释的取向并不彻底地拒绝科学，但承认通过与人们互动、关注主体意义、了解人们如何对他们的日常生活进行说明，可以获得更多信息。这类研究更适合在人们真实生活的情境下进行。

● 韦伯的理解（Verstehen）概念

马克斯·韦伯认为解释的社会学的关键在于理解，Verstehen 一词是德文的"理解"。解释的社会学学者不仅仅观察人们做什么，同时也希望分析他们的意义世界，进而理解人们为什么这样做。研究对象的主观的思想和感情是解释的社会学家关注的焦点，而这些则是实证的社会学家所不太考虑的，因为它们难以测量。

三、批判的社会学

与解释的取向一样，批判的社会学是针对着许多社会学家所看到的实证的社会学的局限性而发展起来的。然而，这一次它所针对的问题则是科学研究的最重要的原则：客观性。实证的社会学认为，现实是存在"在那里的"，研究者的任务就是去研究和说明社会是如何运作的。但是，卡尔·马克思拒绝了社会作为一种有着固定次序的"自然的"系统的观点，由此奠定了批判取向的基础。他声称，如果假定这一点，那就等于说社会不可能被改变。从这一点来看，实证的社会学聚焦于现存的社会，最终支持维护社会的现状。与此相反，**批判的社会学**则是聚焦于社会变迁需要的社会研究。

● 变迁的重要性

批判的社会学并不无视"事实"。例如，运用这一取向研究者可以很好地运用科学的方法去了解美国的收入不平等有多么严重。但是，与实证的社会学提出"存在多少不平等？"的问题所不同的是，批判的社会学家提出道德和政治的问题，比如"我们应该有这么多不平等吗？"或者"社会应该以目前的样子存在吗？"。

他们对这一问题的典型回答是——不应该如此。所以，批判的社会学并不拒绝运用科学去了解社会世界发生了什么。但是批评的社会学拒绝那种要求研究者试着保持"客观"并将自己的工作限制在研究现状之上的科学中立性。

作为对马克思的观点的一种回应，近期有一种对批判的取向的说明认为，这种类型的社会学的实质"并不仅仅是研究社会世界，而是要使它朝着民主和社会公正的方向变化"（Feagin & Hernan, 2001: 1）。在做出社会应该如何改进的价值判断时，批判的社会学拒绝了韦伯关于社会学是一种价值无涉的科学的目标，代之以强调研究者应该在促进更大的社会平等方面成为社会活动家。

运用批判取向的社会学家不仅仅寻求改变社会，同时也希望改变研究自身的特征。他们经常对研究对象抱持个人认同，并鼓励研究对象帮助决定应该研究什么以及如何去研究。研究者与研究对象常常利用他们的发现去为弱势人群代言，去促进实现更为平等的社会的政治目标（Hess, 1999; Feagin & Hernan, 2001; Perrucci, 2001）。

● 作为政治的社会学

实证的社会学家反对采取这种方式，他们指责，在一定的程度上，批判的社会学家（无论是女权主义者、马克思主义者或是某些其他的批判取向）变得政治化，放弃了科学的客观性，因而无法纠正自身的偏见。批判的社会学家回应说，所有的研究都是政治化的——它们要么要求变迁，要么不要求变迁。他们还指出，社会学家无法选择他们的工作是否与政治有关，但他们却可以选择支持什么立场。

批判的社会学是一种将知识用于行动的激进主义的取向，它不仅寻求理解世界，同时还要求改变世界。总的来说，实证的社会学对于非政治的或者持保守主义政治观点的研究者更有吸引力；而持有自由主义及至激进左派政治观点的研究者更容易被批判的社会学吸引。

> **总结**
> 社会学中的三种研究取向

	实证的社会学	解释的社会学	批判的社会学
什么是现实	社会是一个有序的系统，客观现实存在"在那里"。	社会是不断地互动。人们通过赋予他们行为的意义来建构现实。	社会是一种不平等的模式。现实是一类人控制着其他人。
我们如何进行研究	采用科学的取向，研究者仔细地观察行为，收集经验的、最理想的是定量的资料。	研究者聚焦于主观意义，收集定性资料，发现人们对其世界的主观感受。研究者同时也是参与者。	寻求超出实证主义对于现存世界的研究，研究者受政治的指引，将研究作为带来所渴求的社会变迁的策略。研究者是一个社会活动家。
对应的理论视角	结构-功能视角	符号-互动视角	社会冲突视角

四、研究取向与理论

我们现在已经考虑了各种研究取向和各种理论视角。在研究的取向与社会学的理论之间存在着联系吗？虽然不存在精确联系，但三种研究取向——实证的、解释的与批判的——的每一种，都和本章前面所介绍的某一种理论视角有着紧密联系。实证的社会学与结构-功能视角相联系，这是因为二者都关注理解社会现状的科学目标。解释的社会学与符号-互动的视角相联系，二者都关注人们赋予他们社会世界的意义；而批判的社会学则与社会冲突视角相联系，因为二者都以减少社会不平等为目标。

上面的总结表对三种做社会学研究的方式之间的差异提供了一种简要的评论。许多社会学家偏爱其中一种取向而不喜欢另一种取向。由于每一种取向都可以提供有用的观点，因此，三种取向都要熟悉才好。

第七节 性别与研究

分析

最近一些年来，社会学家开始意识到研究受到性别的影响。**性别**是作为一个女性或男性的社会成员的个人特征和社会地位。性别通过五种方式影响社会学研究（Eichler, 1988; Giovannini, 1992）：

1. **男性中心**（Androcentricity）。男性中心（从字面上说，"聚焦于男性"）指的是从男性的视野来看待问题。有时，研究者表现出似乎只有男性的活动才是重要的，从而忽视了女性所做的一切。多少年来，研究职业的社会学家只关注男人的带薪工作，完全没注意到传统上由妇女所担当的家务劳动和照料孩子的工作。显然，寻求理解人类行为的研究不能够忽视人类的一半。

女性中心（Gynocentricity）——从女性的视角来看待世界——也会使好的社会学研究受到局限。然而，在男性占优势的社会里，这一问题并不经常出现。

2. **概括过度**。当研究者运用来自单一性别的人的资料得出有关"人类"或"社会"的结论时，这种问题就会出现。例如，通过与少数男性公职人员的交谈来收集资料，然后得出有关整个社区的结论，这也是概括过度的一个例子。

3. **性别盲**。完全忘记考虑性别变量被称作"*性别盲*"。男人与女人的生活在许多的方面有着不同。如果一项有关美国老年人的研究忽视了大部分老年男性都是与他们的妻子一起生活，而老年女性则更多地是单独生活的事实，那么它就会遭遇性别盲的错误。

4. **双重标准**。研究者必须注意不要采用不同的标准评价男性和女性。例如，一个用"男人和妻子"来表示一对夫妇的家庭研究者可能会将男人定义成"户主"，并将他作为重要的人，同时会假定妇女在家庭中只是从事"辅助性的工作"。

5. **妨碍**。性别能够歪曲研究的另一种方式是，如果研究对象对研究者的性别有反应，就会妨碍研究的进行。例如，莫琳·乔瓦尼尼（Maureen Giovannini, 1992）在研究西西里的一个小社区时发现，许多男人只把她当作女人，而不是研究者。一些人认为一个女人单独地与一个男人谈话是不合适的;另一些人则拒绝让乔瓦尼尼进入他们认为妇女禁止入内的地方。

把焦点集中在哪一种性别的对象身上进行研究都不是错误。但是,所有的社会学家,以及那些阅读他们的作品的人,应该意识到性别在任何研究中的重要性。

第八节　研究伦理

分析

与所有科学研究者一样,社会学家必须意识到他们的工作可能伤害或帮助研究对象或者社群。因此,美国社会学协会(ASA)——北美主要的社会学家专业协会——建立了正式的从事研究的指导原则(1997)。

社会学家在他们的工作中,必须努力做到既熟练又公正。社会学家必须公开所有的研究发现,不能省略重要的资料。他们必须使自己的研究结果可为那些想要复制这一研究的研究者所利用。

社会学家还必须保证参与研究项目的对象不会受到伤害。如果研究的进行在某种意义上威胁到参与者,研究者必须立即停止他们的工作。即使研究者面临官方,比如警察局和监狱,要求公开保密信息的压力,研究者也要保护研究项目参与者的隐私。研究伦理要求参与者的**知情同意**(informed consent),这意味着研究对象充分地理解研究所具有的责任和风险,并且在研究开始之前,同意参与。

另外一个重要的指导原则涉及经费。社会学家必须在他们发表的结果中写明所有经费支持的来源。他们也应该避免为了经费而去做与研究兴趣冲突的研究。如果一个组织从自身目的出发希望影响研究结果,那么研究者绝不能接受该组织提供的资金。

联邦政府在研究伦理方面也扮演一定的角色。每所寻求从联邦政府那里获得基金从事包括人类对象在内的研究的大学和学院,都必须建立**伦理审查委员会**(IRB)来评价基金申请者,并保证研究不会违反伦理标准。

最后,还存在全球范围内的研究伦理问题。到另一个国家开始研究之前,研究者必须对那个社会足够熟悉，以便于理解那里的人们可能会把什么看成违反隐私或者是个人危险的来源。就像在美国这样的多元文化社会里，将同样的规则应用到那些与研究者的文化背景不同的人们的研究中一样。第45页的"多样化思考"栏目对局外人在研究西班牙裔社区中处理敏感性问题提供了一些有用的技巧。

第九节　研究方法

分析

研究方法是进行研究的系统的计划。社会学研究通常运用的四种方法是：实验，调查，参与观察，以及现存资料的使用。方法没有优劣。更正确地说，与一个木匠选择什么工具干什么活一样，研究者根据他们准备研究什么人以及他们希望了解什么来选择某种方法。

一、检验假设：实验

实验是一种在高度控制的条件下研究因果关系的研究方法。科学的逻辑在实验方法中体现得最为清楚。研究者设计一项实验来检验特定的*假设*，即对两个（或多个）变量之间可能的关系的一种陈述。假设是对两个变量间关系有根据的猜测，通常采用"*如果—就*"的形式来陈述：如果某件特定的事情发生了，就会出现某种特定的结果。

实验通过四个步骤收集证据来否定或者支持假设：(1) 说明哪个变量是自变量

如果你只是询问男性对象的态度或行为，那么你可以得出关于"男性"的结论但不能推广到"人们"。研究者要如何做才能确保研究资料能支持关于全体社会成员的结论呢？

（变化的原因），哪个变量是因变量（即结果，被改变的事物）；(2) 测量因变量的原始值；(3) 使因变量受到自变量的影响（"原因"或"处置"）；(4) 再次测量因变量看看发生了什么变化。如果所期望的变化的确发生了，那么实验就支持了假设；如果变化没有发生，就必须修改假设。

成功的实验依赖于对所有可能影响实验测量结果的因素的仔细控制。在实验室最容易进行控制，但是正如社会学家所说，在日常生活地点进行实验，即"田野实验"，则有利于研究者在自然的环境下观察研究对象。

多样化思考：种族、阶层和性别

研究拉美裔美国人的生活

乔治：如果你打算研究拉美裔美国人，你必须了解一些他们的文化。
迈克：我正在访问许多不同的家庭，访问拉美裔美国人有什么特别的地方？
乔治：坐下来，我告诉你一些必须知道的……

由于我们的社会是一个多元文化的社会，社会学家们常常会研究一些与他们自己不同的对象。事先了解一些其他类型的人们的生活方式，可以使得研究的过程相对容易，也可以确保在研究的过程中不会引起情感上的伤害。

杰勒德·马林（Gerardo Marin）和芭芭拉·马林（Barbara Van Oss Marin, 1991）指出了在对拉美裔美国人——当前美国最大的少数族裔——进行研究时应注意的五个方面。

1. **谨慎用语**。马林夫妇指出，"拉美裔美国人"是美国人口普查局使用的一种方便的标签。极少说西班牙语和葡萄牙语的人认为自己是"拉美裔美国人"。他们大部分认为自己来自一个特定的国家，比如秘鲁、古巴、阿根廷，或者西班牙。

2. **注意文化差异**。大体上，美国人的特征是个人主义的和竞争性的。相反，许多拉美裔美国人更重视社区和合作的价值。一个外来人可能认为拉美裔对象的行为是循规蹈矩的或过于轻信他人的，但事实上，他们只是希望对别人有所帮助。研究者还应该认识到，拉美裔对象同意某个特定的观点或许仅仅只是出于礼貌。

3. **预料家庭相互作用**。拉美文化很强调家庭的忠诚。向被调查对象了解其他家庭成员的情况可能导致他们感到不自在甚至愤怒。马林夫妇补充说,如果一个研究者希望与一位拉美裔的妇女在家里进行单独谈话,那么,可能会激起来自她丈夫或父亲的怀疑甚至毫不客气地反对。

4. **掌握好你的时间**。马林夫妇解释说,西班牙文化把关系的质量看得比简单地完成工作更重要。一个非拉美裔的研究者由于不希望耽误被访者家庭的晚餐而试图匆忙地对一个拉美裔家庭进行访问,可能会被认为是无礼的。因为他没有以一种更友善的和更轻松的节奏进行访问。

5. **考虑到个人空间**。最后,拉美裔美国人比许多非拉美裔美国人有着明显更近的接触距离。因此,研究者如果与被访者坐在房间的两边,就会显得有点不友好。如果拉美裔的被访者移到一个比非拉美裔的研究者觉得合适的距离更近的位置时,研究者也可能错误地认为拉美裔美国人有些"亲热过头"。

当然,拉美裔美国人彼此之间也不一样,就像其他任何类别的人群那样。上述这些概括应用到一些人身上可能比应用到另一些人身上更合适。但是,在进行任何研究的时候,研究者都应该意识到文化的不同变化,特别是在美国这个由数以百计、各具特色、不同类型的人群所组成的、具有多元文化的社会中。

你怎么想?

1. 给出一个特定的例子,说明如果研究者对研究对象的文化不敏感的话,就有可能影响到研究。

2. 为了避免这个专栏中所提到的各种问题,研究者应该如何做?

3. 与来自各种文化背景的同学一起讨论研究过程,有哪些问题是各种不同文化背景中的人共同关注的?有哪些是不同的?

● **实验示例:斯坦福监狱**

监狱可能具有暴力的背景,但是,这仅仅由于待在那儿的都是"坏人"的缘故吗?或是像菲利普·津巴多(Philip Zimbardo)所怀疑的,监狱自身也会在一定程度上滋生暴力行为?为了回答这个问题,津巴多设计了一项被他称为"斯坦福监狱"的引人入胜的实验(Zimbardo, 1972; Haney, Banks & Zimbardo, 1973)。

津巴多认为，一旦进入监狱，即使是精神健康的人也会具有暴力倾向。因此，津巴多将监狱背景作为自变量，这种背景能够导致暴力（因变量）。

为了检验这一假设，津巴多和他的研究小组首先在加州斯坦福大学校园内以心理学大楼为基础，建构了一座看起来和真的一样的"监狱"。然后，他们在当地的报纸上刊登广告，以提供报酬的方式招募年轻人参加两周的实验项目。对于70个响应者中的每一个人，他们都安排了一系列的身体的和心理的检查，最后挑选了最健康的24人。

下一步就是随机地将其中的一半人作为"犯人"，另一半人作为"看守"。研究计划要求犯人和看守在仿制的监狱中一起度过两周时间。在城市警察将作为犯人的对象从他们的家里"逮捕"后，他们就开始了作为犯人的实验。经过搜寻并将这些人铐上手铐以后，警察开车将他们带到当地的警察局，在那里，他们被采集了指纹。然后，警察将他们的俘虏转运到斯坦福监狱，到了那里，看守将他们锁在牢房里。津巴多打开摄像机观察后面将会发生什么。

实验远远超出了任何人事先的想象。看守和犯人不久都变得十分痛苦并且相互敌对。看守通过指派犯人空手打扫厕所等任务来羞辱犯人。对犯人来说，他们则抵抗和辱骂警察。在四天之内，研究者开除了五名犯人，他们表现出"极端的精神忧郁，哭叫，情绪激动以及严重的焦虑"（Haney, Banks & Zimbardo, 1973: 81）。到第一周结束时，情形是如此糟糕，使得研究者不得不取消了实验。

在"斯坦福监狱"中所呈现的结果支持了津巴多的假设，即监狱暴力根植于监狱自身的社会特征，而不在于看守和犯人的个性。这一发现提出了有关我们社会中的监狱问题，并要求进行基本的改革。津巴多的实验还表明了研究在威胁研究对象的身体和精神状况方面所具有的潜力。这种危险并不总是像这个例子中的这样明显。因此，研究者必须像津巴多那样，在他们工作的各个阶段和研究结束时仔细考虑对研究对象的潜在伤害，并且当研究对象将会遭受到伤害时中止研究。

● **评价**

在"斯坦福监狱"研究中，研究者选择做实验是基于检验假设的目的。在这个案例中，津巴多及其同事想要考察监狱本身（而非看守和犯人的个性）是否也引起监狱暴力。实验证明，即使是"健康"的看守和犯人，暴力依然发生在监狱中。事实证明了他们的假设。

● **检查你的学习**

津巴多的研究发现如何用以解释美军士兵在2003年入侵伊拉克后的虐囚行为？

二、询问：调查研究

调查是这样一种研究方法：在问卷调查和面对面访谈过程中，被调查对象对一系列的陈述或问题做出回答。它是所有研究方法中应用最广泛的，它特别有利于研究不能被直接观察的事物，比如政治态度和宗教信仰。

调查的目标是某些总体，比如未婚妈妈或者生活在威斯康星州乡村的成人。其他诸如预测选举结果的政治民意测验那样的调查将国家中的所有成年人作为总体。显然，要接触数以百万计的人是不可能的。因此，研究者总是研究样本，通过选择远小于总体数量的个体来代表整个总体。通常，调查1500个人的样本就能准确预测整个国家人口的公众舆论。

除了选择对象，调查还必须设计如何询问问题和记录答案。最常用的方法是给调查对象一份*问卷*，问卷由一系列写好的陈述或问题组成。研究者常常会让调查对象为每一项选择可能的回答，就像考试中的多项选择题。但是有的时候，研究者会让调查对象自由地回答，各种意见都可以表达。当然，这种开放型问卷意味着，随后研究者不得不从非常宽泛的回答内容中提取其含义。

在访问中，研究者个别地向被访者提出一系列问题，这解决了问卷调查中一种常见的问题：一些调查对象不将问卷返还给调查者。而且，访问使得被访者可以按自己的方式作答，研究者也可以用后续问题来明确答案或者更深入地探讨。但在过程中，研究者必须防止影响被访者，哪怕是十分微小的方式，比如当人们回答问题时眉毛上挑。

● **调查研究示例：对非裔美国人精英的研究**

成功的非裔美国人是否能摆脱种族主义带来的刺痛？作为成功的大学教授和坦帕大学历史上第一位非裔教职人员，社会学家路易斯·本杰明的答案是否定的。为了了解种族主义是否影响到最成功的非洲裔美国人，本杰明开始着手调查研究。

本杰明（1991）选择了对研究对象进行访问而不是发送问卷，这是因为，首先，她希望进入一种与她的对象进行交谈的过程中，可以提出后续的问题，同时也可以探讨一些她不能事先预期的主题。本杰明采用访问而不是自填问卷的第二个原因是，种族主义是一个敏感的主题。一个有帮助的研究者能够使研究对象在回答痛苦的问题上更为容易一些。

由于进行访问将花费大量的时间，本杰明不得不限制研究对象的数目。她建立了一个由男女各 100 人组成的样本。随着她制定访问日程表、全国各地奔波、与每一位被访者交谈，即使是这个小小的样本也花去了她两年多的时间。她又花了两年多时间分析这些被访者的类型，决定哪些谈话内容与种族主义有关，以及写作她的研究结果。

她从她所认识的人开始访问，并请他们推荐其他人。这种方式被称作*雪球抽样*，因为所包括的个体数目随着时间的推移越来越大。雪球抽样是做研究的一种方便的方式——我们从熟悉的人开始，他们再向我们推荐他们的朋友和同伴。但是雪球抽样不能得到一个代表更大总体的样本。本杰明的样本可能包括了许多具有相似意向和目的的个人，同时只与那些愿意公开谈论种族问题的人交谈也肯定是有偏差的。她意识到这些问题，力图使自己的样本在性别、年龄以及所生活的地区等方面具有多样性。51 页中的"多样化思考"栏目给出了本杰明的被访者的一个概览，以及关于如何阅读表格的一些提示。

本杰明将她的访问建立在一系列开放形式的问题的基础上，这样，她的对象能够表达任何他们想说的事情。正如通常所发生的那样，访问在各种各样的情景中进行的。她与被访者在（她的或者他们的）办公室见面，也在旅馆或者车上见面。在每种情况下，本杰明都对访谈进行录音，因而她不会因为记录而分散注意力，访问的时间一般持续两个半小时到三小时。

就像研究伦理所要求的，本杰明对参与者承诺完全匿名。但是她研究中的许多男人和妇女——包括诸如弗农·乔丹（Vernon E. Jordan Jr., 全国城市联盟前主席）和伊凡娜（Yvonne Walker-Taylor，威尔伯福斯大学第一位女校长）这样的著名人士——已经习惯了大众的注意，都允许本杰明用他们的真名。

对于自己的研究，本杰明最感到吃惊的是许多人是那么地渴望接受访问。这些通常很忙的男人和女人，似乎是完全不顾他们自己的事情来全力投入本杰明的研究项目。本杰明还报告说，一旦进入了访问，许多人都非常地动情——在访谈的某些时刻，她所访问的 100 个对象中大约有 40 个都哭了。显然，对他们来说，本杰明的研究提供了一个释放长期压抑在内心的情感的机会。本杰明又是如何反应的呢？她报告说，她与他们一起哭。

在本章早些时候所描述的研究取向中，你可以看到，本杰明的研究最适合解释的社会学（她探讨了对她的对象来说种族意味着什么的问题）和批判的社会学（她做这项研究的部分原因就是要证明种族偏见依旧存在）。她的许多对象报告说，他们担心种族主义某一天会损害他们成功的基础。另一些人说，一种带有种族色彩的"玻璃天花板"阻碍着他们达到我们社会中的最高地位。本杰明得出结论说，尽管非裔美国人的社会地位有所改善，美国的黑人依然感觉到种族敌意所带来的痛苦。

● **评价**

本杰明教授选择调查作为她的研究方法，是因为她想询问许多问题，并直接从对象那里收集信息。当然，她收集的一些信息也可以通过问卷调查得到。但考虑到话题的敏感性和复杂性，她还是选择进行访问。在与对象一对一的长达数小时的互动中，本杰明让他们感到放松，与他们探讨个人遭遇并紧接着提出相关的问题。

● **检查你的学习**

你认为这一研究可以由一位白人社会学家进行吗？为什么可以或者为什么不可以？

三、在实地：参与观察

参与观察是这样一种研究方法，即研究者通过参加人们日常的生活来对人们进行系统的观察。参与观察使得研究者在自然的情景下研究日常的社会生活，从夜间俱乐部到宗教神学院都是适用的。文化人类学家通常采用参与观察（他们称之为田野工作）的方法来研究其他社会。

在实地研究的开始阶段，大部分研究者的头脑中并没有特定的假设。事实上，他们可能也没有认识到应该提出什么样的重要问题。因此，大部分的参与观察是探索性的和描述性的。它采用解释社会学的视角，得到定性的资料，而不是定量的数据。与实验和调查相比，参与观察必须遵守的规则较少。但恰恰是这种灵活性允许研究者去探索不熟悉的事物和适应未曾预料的情况。

参与观察者试着进入情境，但不能影响其他人已有的行为。他们要扮演两种角色：一方面，要获得一种内在的观察，他必须成为这一背景中的一个参与者，即要与研究对象"厮混"几个月甚至几年，力图按照他们的方式去行为、去思考甚至去感受。与此同时，研究者作为观察者，要跳出实地，运用社会学的视野去观察被人认为是理所当然的社会模式。

由于单个的研究者扮演着这样一种中心角色所形成的个人印象，批评者认为参与观察缺乏科学的标准。然而，这种个人的方式也具有一种优势：一队高调的社会学家进行的正式调查会破坏许多的社会情景，而一个成熟的参与观察者却常常可以获得对人们行为的内在观察。

● 参与观察的例证：街角社会

你是否对在一个陌生街区中的日常生活感到好奇？在 1930 年代后期，哈佛大学一位名为威廉·富特·怀特（William Foote Whyte, 1914—2000）的年轻研究生进行了一项对波士顿附近一个相当破败的地区鲜活的街道生活的研究。他的好奇心引导着他在这个被他称作"科纳维尔"的街区中进行了长达四年的参与观察。

当时，科纳维尔是第一代以及第二代意大利移民的居住地。他们许多人都很穷，许多波士顿人都把科纳维尔看作一个避之不及的地方，是一个充满犯罪的贫民窟。为了了解真相，怀特力图亲自去搞清楚这个社区中实际所发生的生活究竟是一种什么样的类型。他的名著《街角社会》（*Street Corner Society*, 1981, 原作于 1943）将科纳维尔描述为一个复杂的、有着独特的价值规范和社会冲突的社区。

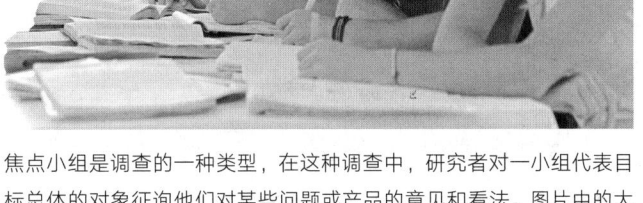

焦点小组是调查的一种类型，在这种调查中，研究者对一小组代表目标总体的对象征询他们对某些问题或产品的意见和看法。图片中的大学生正在按社会学教授要求对她在导论课中所采用的教科书进行评估。

多样化思考：种族、阶层与性别

在研究中使用表格：路易斯·本杰明关于非裔美国精英的研究

假如你想呈现有关多样性人口的大量信息。怎样才能快速、轻松地做到这一点呢？答案就是使用表格。一个表格在非常小的空间里提供了许多信息，所以，学会阅读表格能够提升你的阅读效率。看到一个表格时，先看看它的标题以便了解它包含哪方面的信息。下列表格的标题告诉你，它展现了参与路易斯·本杰明的研究中的 100 个对象的基本概况。横穿表格的上部，你可看到描述这些男人和妇女的 8 个变量。沿着每一列往下看，标出了不同的类别，以及总和为 100 的各部分占比。

从表格左边的上端开始，我们看到，本杰明的样本中大部分是男性（63% 的男性，37% 的女性）。年龄方面，大部分回答者（68%）处于人生的中年阶段，同时大部分人生长在美国南部、北部或中部那些黑人占优势的社区中。

这些人的确是专业领域的精英。其中一半获得了哲学博士学位（32%）或者医学或法学博士学位（17%）。看到了他们所接受的广泛的教育（本杰明本人的工作就是一名大学教授），我们应该不会对他们中最大的一部分人（35%）在教育机构工作而感到奇怪。在收入方面，这些人也很富裕，在1990年，他们大多数人（64%）的年薪就已高于50000美元（即使是今天，也只有41%的全职人员可以获得这个档次的薪水）。

最后，我们发现这100个人在他们的政治观点上普遍是偏左的。这在一定程度上反映了他们所接受的广泛的教育（导致了激进的思想），以及在学术倾向上倒向政治领域中自由党的一边。

你怎么想？

1. 为什么表格中的这些统计数据是一种传达大量信息的有效途径？
2. 看这张表，你知道其中大多数人花了多长时间成为精英的吗？解释你的回答。
3. 你能发现非裔美国人精英有别于同等白人精英的地方吗？如果能，是哪些地方？

一百个能人：路易斯·本杰明的非裔美国人精英

性别	年龄	童年种族背景	童年生活地区	最高教育程度	工作部门	收入	政治取向
男 63%	35 岁以下 6%	大部分黑人 71%	西部 6%	哲学博士 32%	学院或大学 35%	多于 $50000 64%	极左 13%
女 37%	36 到 54 岁 68%	大部分白人 15%	北部或中部 32%	医学法学博士 17%	私人营利性 17%	$35000–$50000 18%	自由主义 38%
	55 岁以上 26%	混血人种 14%	南部 38%	硕士 27%	私人非营利性 9%	$20000–$34999 12%	中立 28%
			东北部 12%	学士 13%	政府 22%	低于 $20000 6%	保守派 5%
			其他 12%	本科以下 11%	自我雇佣 14%		随大流 14%

								续表
性别	年龄	童年种族背景	童年生活地区	最高教育程度	工作部门	收入	政治取向
					退休 3%		不知道 2%
100%	100%	100%	100%	100%	100%	100%	100%

资料来源：采自 Lois Benjamin, *The Black Elite: Facing the Color Line in the Twilight of the Twentieth Century* (Chicago: Nelson-Hall, 1991), p. 276。

在调查初始，怀特考虑了很多种研究方法。他可以对科纳维尔的一个社区中心进行问卷调查，让当地人填答问卷；他也可以邀请社区成员来他在哈佛大学的办公室进行访谈。但显而易见的是，这些正式的调查策略不会得到当地居民的合作，也不会产生内在的洞悉。因此，怀特决定开始单独以自己的方式进入科纳维尔的生活，并慢慢建立起个人对这个相当神秘的地方的理解。

随即，甚至在实际调查研究的开始怀特就感受到了挑战。作为一个来自中上阶层的、身份是白人盎格鲁－撒克逊新教徒（WASP）的哈佛研究生，他在科纳维尔的街上十分显眼。即使是外人的友好的建议也会被看成蛮横的、粗鲁的。一天晚上，怀特偶然去了一家当地的酒吧，想要给一个女人买些酒水然后鼓励她说一些科纳维尔的情况。他环顾酒吧，找不到一个独处的女人。但是接着他看见一个男人正和两个女人坐在一起，于是他走上前去问："打扰一下，介意我加入你们吗？"随即，他就意识到了自己的失误：

> 一时陷入了沉默，而那个男的则紧盯着我。然后他说要将我扔下楼梯。我向他保证说没必要这样做，为了证明这一点，我在没有任何帮助的情况下就离开了那儿（1981:289）。

正如这件事所揭示的，在实地研究中，进入一个社区是艰难的（有时候是危险的）第一步。"进入"需要耐性、敏捷的思维和一点运气。当怀特在当地的社会福利机构认识一个叫多克的年轻男人时，调查获得了重大的突破。怀特向多克说明在科纳维尔交

26 朋友是多么艰难。于是多克就开始保护起怀特,介绍他认识这个社区中的其他人。在多克的帮助下,怀特很快就成为了这个社区的一员。

参与观察是一种允许研究者研究"自然"场景中人们的日常生活的社会学研究方法。最棒的是,参与观察使你成为自己现实生活的主角;但是长时间生活在与自己家乡大不相同的陌生环境中始终是一种挑战。

怀特和多克的友谊说明了*关键的信息提供者*(key informant)在实地研究中的重要性。这样的关键信息提供者不仅仅把研究者介绍给这个社区,而且还经常掌握信息的来源并能提供帮助。但是利用关键信息提供者也有其风险。因为每个人都有特定的朋友圈子,关键信息提供者的指引一定会将研究"转向"或偏向另外的方向。另外,他人的眼里关键信息提供者的声誉——好或坏——往往会辐射到调查者身上。所以,虽然在开始的时候关键信息提供者是有帮助的,但是参与观察者必须很快在社区中扩大交往范围。

进入到科纳维尔的世界以后,怀特很快学到了另外一课:实地研究者必须知道什么时候该说话,什么时候该保持沉默。一天晚上,他加入一群人一起讨论街坊赌博,为了要直接弄清楚情况,怀特不知内情地问:"我想知道警察收钱了吗?"

赌徒吃了一惊。他怒视着我,很恼怒地否认说没有人付钱给任何警察,并且立即转移了话题。那天晚上余下的时光里,我感到非常的不舒服。

第二天,多克给了我一些可靠的忠告:

比尔，不要问太多的"谁""什么""为什么""什么时候""什么地方"的问题。你问那些问题，人们就什么都不说了。既然人们接受了你，你就在这里多串串，到时候你甚至连问都不用问，就会得到答案。（1981：303）

在那以后的年月里，怀特开始熟悉科纳维尔的生活，甚至娶了当地的一个姑娘并与其共度余生。在这个过程中，他认识到通常的刻板印象是错误的。在科纳维尔，大部分人都努力工作，很多人都相当成功，甚至还有一些人以把孩子送进了大学为荣。即使在今天，怀特的这本书也是关于移民的行为、梦想和失望，以及他们的子女在一个种族社会中生活的精彩故事，它包含了只有通过多年的参与观察才能获得的丰富的细节材料。

● **评价**

怀特教授选择参与观察的方法来研究他称作"科纳维尔"的社区，这是一个恰当的决定。在这个案例中，他并没有假设要验证，在开始的时候也不能确切地明白问题是什么。只有当他搬进社区并在那里生活多年，才能了解这个社区，并展现那里复杂的社会生活图景。

● **检查你的学习**

给出一个社会学研究的主题，列举分别适用于（1）实验（2）调查（3）参与观察的例子。

四、运用可得的资料：现有的资料

不是所有的研究都需要研究者自己收集新的资料。有时候社会学家也分析他人收集的现有的资料和数据。

社会科学中最广泛运用的统计资料是由政府机构收集的，比如美国人口普查局。要获得国际性的资料，联合国和世界银行有各种各样的出版物。

运用可得的资料可以节省时间和金钱。这种方法对低预算的社会学家特别有吸引力。更重要的是，政府的资料通常都比大部分研究者自己能够获得的资料要好。

当然，运用现存的资料有其自身的一些问题。一方面，可得的资料可能不会刚好是你需要的那种形式。例如，你或许能够查到你所在学校付给教授的平均工资，但是却不能区分分别支付给男性教授和女性教授的平均工资；另一方面，对于现有资料的精确性我们总会有些疑问。前面我们描述的埃米尔·涂尔干关于19世纪自杀的研究就运用了官方统计。但是，涂尔干根本无从得知一个被界定为自杀的死亡事件到底是不是一个意外事件。

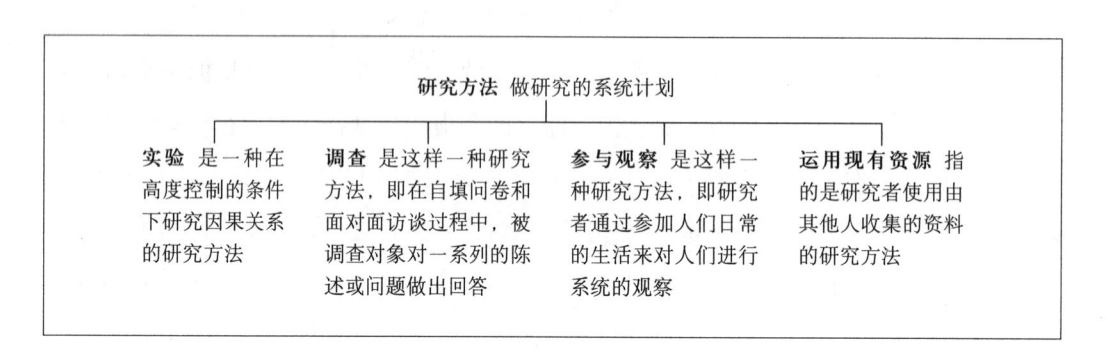

```
                    研究方法  做研究的系统计划
         ┌──────────┬──────────┬──────────┬──────────┐
      实验 是一种在   调查 是这样一种研究  参与观察 是这样一   运用现有资源 指
      高度控制的条件  方法，即在自填问卷和  种研究方法，即研究   的是研究者使用由
      下研究因果关系  面对面访谈过程中，被  者通过参加人们日常   其他人收集的资料
      的研究方法     调查对象对一系列的陈  的生活来对人们进行   的研究方法
                   述或问题做出回答     系统的观察
```

● **运用现存资料的例证：双城记**

为什么一个城市住着许多名人，而另一个城市几乎找不出一个名人呢？对于生活在今天的人，历史资料可以作为揭开过去的敲门砖。E. 迪格比·巴尔茨尔（E. Digby Baltzell, 1979b）的一项获奖研究：波士顿清教徒与费城贵格会教徒，很好地例证了研究者如何能够利用可得的资料进行历史研究。

这项研究以巴尔茨尔偶然拜访缅因州的鲍多因（Bowdoin）学院开始。当他走进鲍多因学院的图书馆时，他看见墙上的三个人的肖像——分别是著名作家纳撒尼尔·霍桑（Nathaniel Hawthorne），著名诗人亨利·瓦兹沃斯·朗费罗（Henry Wadsworth Longfellow）以及美国的第十四任总统富兰克林·皮尔斯（Franklin Pierce）。他很快认识到这三个伟大的人物都是1825年毕业于鲍多因的同班同学。巴尔茨尔很惊讶，怎么可能这么个小学校一年内毕业的名人比他的母校——更大的宾夕法尼亚大学——整个历史上毕业的所有名人还要多。为了解答这个问题，巴尔茨尔很快就翻阅历史文献，看看新英格兰造就的名人是否真的比他出生的宾夕法尼亚州多。

巴尔茨尔的数据来自哪里？他查阅了《美国名人辞典》（*Dictionary of American Biography*），此书20卷中记载了各个领域超过13000个杰出男女，遍布政治、法律以及艺术。从词典中巴尔茨尔知道了谁是伟大人物，他还意识到词典中谁的传记越长，人们就认为这个人越重要。

到巴尔茨尔确定传记记载最长的75个人时，他发现了一个显著的模式。马萨诸塞州拥有的名人数是遥遥领先的，75个顶尖成功者中有21个属于马萨诸塞。新英格兰州加总起来据称有 31 个。相比较而言，宾夕法尼亚州只能以两个自居，而整个大西洋中部地区的州的名人加起来只有 12 个。再进一步看看，巴尔茨尔发现新英格兰的大部分伟大的成功者都是在波士顿及其周围的城市长大。此外，截然相反的是，几乎没有一个比较知名的人物来自他所在的费城这个比波士顿要大得多的城市。

如何解释这种显著的模式呢？巴尔茨尔从德国社会学家马克斯·韦伯（1958，原作于 1904-1905）那里受到了启发，韦伯认为一个地方的功绩的记载受当地的主要宗教信仰的影响（参见第十三章，"家庭和宗教"）。巴尔茨尔从波士顿和费城之间的宗教差异中发现了解释其疑惑的答案。波士顿最初是个清教徒的殖民地，由高度重视追求卓越和公共成就的人建立。相反，费城则居住着贵格会信徒，他们信仰平等，避免引起公众注意。

清教徒和贵格会信徒都逃离了英格兰的宗教迫害，但是一旦他们在新地方定居，两种宗教信仰导致了极不相同的文化模式。波士顿的清教徒认为人类具有原罪，所以他们构造了一种以家庭、教堂和学校规范人们行为的严格的社会。清教徒们赞扬努力工作，将其视为赞美上帝的途径，他们认为取得公共成就是受到上帝祝福的一种可靠标志。简而言之，清教徒提倡一种人们既追求又尊敬成就的纪律严明的生活。

相反，费城的贵格会信徒将他们生活的方式建立在人性本善这样一个信念之上。他们不需要寻求什么强硬的社会制度来将人们从罪孽深重之中"拯救"出来。他们信仰平等，所以即使是那些富裕起来的人也不认为自己比别人好。因此富人和穷人以同样的方式谨慎地生活着，彼此劝阻高调的追求名望甚至竞选政府公职。

在巴尔茨尔的社会学想象力中，波士顿和费城就像两种社会"试管"，清教徒被注入了一支试管，贵格会信徒被注入了另一支。数世纪以后，我们会发现两支试管里发生了不同的"化学反应"。这两种信仰体系导致了对待个人成就的不同的态度，从而又形成了各个地区的历史。今天，我们知道肯尼迪家族（尽管是天主教徒）只是波士顿那个例证了清教徒追求赞誉和领导能力的城市里的众多家族之一。相反，在费城的整个历史上从来没有过一个家族拥有如此公众声望。

巴尔茨尔的研究运用了科学逻辑，但是也通过展示人们如何理解他们的世界来阐明了解释的方法。他的研究提醒我们，社会学研究为了适用于特定的问题常常运用多种混合的研究方法。58 页的总结性表格提供了对四种主要的社会学研究方法的概括回顾。

总结

四种研究方法

	实验	调查	参与观察	现存资料
运用	适用于说明变量之间关系的解释性研究 产生定量资料	适用于收集不能直接进行观测的问题的信息，比如态度和价值 可用于描述性和解释性研究 产生定量或定性资料	适用于对"自然"情境中的人进行的探索性和描述性研究 产生定性资料	适用于具备探索性、描述性或者解释性研究所适合的资料
优势	为说明因果关系提供最大的可能 重复研究相对容易	抽样，运用问卷，允许调查大量的人口 访谈能获得深入的回答	允许对"自然"行为的研究 通常比较不耗费财力	节省时间和收集资料的费用 使得历史性研究成为可能
局限	实验背景具有人为特质 除非研究环境是受到严格控制的，否则结果会有偏差	问卷必须精心设计，可能会产生低回收率 访谈耗费财力和时间	耗时 很难重复研究 研究者必须平衡好参与者和观察者的角色	研究者对资料中可能出现的偏差没有控制 资料可能只部分地适用于目前的研究需要

争鸣与论辩

社会学是否只是刻板印象的集合？

吉娜：（从她的笔记本中抬起眼）今天在社会学的课堂上，我们讨论了刻板印象。

玛西娅：（正将精力集中在科学实验上）是啊，这里就有一个：舍友不喜欢在学习时被打扰。

吉娜：我好学的朋友，我们都有刻板印象，即使教授也不例外。

玛西娅：（变得有点兴趣）比如说？

吉娜：钱德勒教授今天在课堂上说如果新教徒多最可能自杀。然后亚妮娜，那个来自厄瓜多尔的女孩说了一句"你们美国人很有钱，但是你们对婚姻不慎重，乐于离婚！"之类的。

玛西娅：我哥哥上周对我说"每一个人都知道，要打职业篮球赛你必须得是一个黑人"！这就是一个刻板印象！

像其他人一样，大学生总是很快地对人们进行概括总结。正如本章阐明的，社会学家也喜欢寻找日常生活中的社会模式并加以归纳总结。然而，社会学的初学者可能很想知道归纳总结与刻板印象有什么区别。例如，前面吉娜和玛西娅所说的是恰当的归纳还是错误的固有观念？

刻板印象（stereotype）是对某个群体中的每一个人的简化描述。上文提到的这些陈述都是错误的刻板印象的例子，原因有三。第一，描述的不是一般现象，每一个句子却对一类人群中的每个人用完全相同的方式进行描述；第二，每一个句子都忽略了事实，歪曲了事物的真实性（尽管很多刻板印象的确包含了事实的某一个因素）；最后，一个刻板印象通常由偏见激发而来，听起来更像是一种诋毁而不是来自于公平的观察。

好的社会学做出概括，但它必须满足三个条件。第一，社会学家们不会随便地将概括的结果应用于某个类别中的每一个人。第二，社会学家们会确定任何一次概括都会与所有可获得的事实相一致。第三，社会学家以获得真相为目的提供公正的概括总结。

吉娜记起教授说（尽管不是教授的原话）的是新教徒的自杀率高于天主教徒或犹太教徒。根据本章之前的内容，这个说法是正确的。但是，吉娜对课堂内容的表述不正确——"最可能自杀"，这个句子不是规范的社会学表述。它不是一个恰当的概括，因为大多数的新教徒并不是这样。仅仅因为某一个朋友，因为他是新教徒且他要自杀，就仓促地得出这个结论是错误的。（想象一下，你拒绝借钱给恰好是位浸礼会教徒的室友，而理由仅仅是"因为你可能会自杀，所以我可能永远也收不回我的钱"。）

其次，社会学家们依据可靠的事实进行归纳。亚妮娜说法更加恰当的版本是：按照世界的标准，美国的民众有着很高的生活水平。在我们的社会中，几乎每一个人在生命的某个阶段都会结婚，并都希望维持婚姻；虽然我们的离婚率在世界上是最高的，但也只有很少的人离婚。

第三，社会学家们总是努力地保持公正，期待获得真相。玛西娅哥哥关于美国黑人和篮球的句子，是一种刻板印象，而不是规范的社会学表述。有两个理由：第一，上述说法明显不是事实；第二，它更像是由种族偏见产生的说法而不是来自于对事实的考察。

重要的是，规范的社会学概括与刻板印象是不同的。大学里的社会学课程是一种极好的背景，它教会你从事实中得到真相而不是被普通的刻板印象遮蔽双眼。课堂上鼓励讨论，并提供了你所需要的真实信息，让你判断一个特定的陈述是一个恰当的社会学概括，或只是一个有害的或不公正的刻板印象。

社会学的课堂是一个从常见的刻板印象中找到真相的好地方。

你怎么想？

1. 你能想出有关社会学家的一个常见的刻板印象吗？是什么？阅读过这一专栏后，你依然认为这是恰当的吗？

2. 你认为修一门社会学课程可以帮助你纠正人们的刻板印象吗？为什么可以或者不可以？

3. 你能想出你自己的某一刻板印象，而这一印象可能被社会学的分析所质疑？

● 评价

巴尔茨尔教授选择用现存资料进行研究的主要原因在于，这是一种了解历史的好办法。对于那些生活在过去，不可能进行访问的人，《美国名人辞典》提供了大量的信息。当然，现存资料不是为了回答当代社会学家的问题而存在的。因此，使用这些文件档案需要批判的眼光和创造性的思考。

● 检查你的学习

你还想有什么关于过去生活的问题需要利用现存的资料来回答的？

整体总结：社会学研究中的十个步骤

● **评价**

以下十个问题将在进行社会学的研究项目中为你提供引导：

1. **你的主题是什么？** 保持好奇心并且运用社会学的视野，就能帮助你随时随地想出进行社会研究的主意。选择一个你认为重要的问题来研究。

2. **他人有哪些研究成果？** 你可能不是第一个对你选择研究的问题感兴趣的人。去图书馆或者互联网查看一下其他的研究者在你研究的主题上已经应用了哪些理论和方法。回顾现存已有的研究，注意出现过的问题以避免重复以前的错误。

3. **你的问题具体是什么？** 你是否想要探索一个比较新的社会环境？描述某一类人？研究变量间的因果关系？如果你的研究是探索性的或是描述性的，确定你的研究目标，并对变量进行操作化。

4. **你需要什么来完成研究？** 你能利用的时间和经费有多少？是否需要特殊的设备或技能？你能否独自完成研究？

5. **是否存在道德伦理上的顾虑？** 研究是否会伤害什么人？为了尽量减少造成伤害的概率你会怎样设计你的研究？你是否会向被调查者承诺研究的匿名性？如果你承诺了，你将如何保证能维持匿名性？

6. **你会使用什么研究方法？** 考虑到所有主要的研究策略，以及多种方法的结合使用。记住，最好的研究方法取决于你提出什么样的研究问题以及你所能获得的资源。

7. **你将如何记录资料？** 你使用的研究方法将指导你如何收集资料。准确地记录所有的信息，并确保以后（在你开始书写研究结果之前可能还要几个月的时间）能派上用场。谨防任何的个人偏见出现在你的研究中。

8. **资料告诉你些什么？** 根据你最初的研究问题来研究收集到的资料，决定如何解释你所收集到的资料。如果你的研究涉及一个特定的假设，你必须决定是要证实、反驳还是要更正这个假设。记住，根据你所采用的不同理论研究方法，对结果将有多种的解释。而你应该将所有的解释都考虑进去。

9. **你的结论是什么？** 准备一份陈述你的结论的最终报告。注意研究中出现的问题以及未得到解决的问题，以此来评价你自己的研究。

10. **如何分享你的研究成果？** 考虑在课堂上，甚至是专业的社会学家的会议上做一个陈述。关键是为了和别人分享你的研究成果，并得到他们的回应。

在争鸣与论辩栏目中探讨了社会学视野的使用，回顾了本章中出现的许多观点。同时帮助你将所学到的知识应用于回答一个重要的问题：社会学家的概括总结和我们日常生活中常听到的刻板印象有什么不同？

日常生活中的社会学

第一章 社会学：视野、理论和方法

● **两个人为什么要结婚？**

在本章的一开始，我们就提出了这个问题。常见的回答是人们因为相爱而结婚。但是正如本章所解释的，社会在我们日常生活中起着指导作用，影响着我们的行动、思考和感觉。看下面三张图片，每张都展示了一对配偶。我们假设他们都是"相爱的"。在每个案例中，你能否为故事提供一些其他的内容？通过观察他们所代表的群体，请解释一下社会如何发挥作用让两个人走到一起。

● **提示**

社会在许多层面发挥作用。思考一下：1. 关于同性恋和异性恋婚姻的规则；2. 人们可以与多少人结婚的规定；3. 种族和族群的重要性；4. 社会阶级的重要性；5. 年龄的重要性；6. 社会交换的重要性（每个配偶彼此为对方提供了什么）。所有社会通过各种强制规则规定人们应当或不应当与谁结婚。

著名歌手碧昂丝·吉赛尔·诺斯（Beyonce Giselle Knowles）在纽约麦迪逊广场花园与她的丈夫 Jay-Z（Shawn Corey Carter）一起演出。他们在 2008 年结婚，从中你看到了什么社会模式？

31 1997 年，在电视节目《艾伦秀》(Ellen) 的第四季，艾伦·德詹尼丝 (Ellen DeGeneres) 以同性恋者的身份，出现在《时代》杂志的封面。从那以后，她成为代表同性恋议题的积极分子。2008 年加利福尼亚州简化同性恋婚姻法律后，她与她的长期女友，澳大利亚的女演员波蒂亚·德罗西 (Pottia de Rossi) 结婚。

2011 年，85 岁的休·海夫纳 (Hugh Hefner) 原本计划 6 月份迎娶 25 岁的克丽丝泰尔·哈里斯 (Crystal Harris)，但是在婚礼前几天得知女方改变心意而取消婚礼。7 月刊的《花花公子》杂志原以哈里斯为封面人物，题目为"介绍克丽丝泰尔·海夫纳太太"，在发行最后一刻被贴上标签："本期的落跑新娘！"从中你看到了什么社会模式？

从你的日常生活中发现社会学

　　1. 分析你父母的、其他家庭成员的婚姻，还有不同阶级、种族、年龄等不同背景的朋友的婚姻。你可以发现什么证据以说明社会引导了我们称为"爱情"的感觉？

　　2. 使用社会学的视野更加全面真实地理解你的个人生活，你能指出生活中哪些决定是受到阶级、种族、年龄或其他社会因素影响的吗？

　　3. 正如本章所说，我们所处的时代、社会，以及我们的阶级地位、种族、性别都会影响我们的个人经历。这是否意味着我们无法决定自己的命运呢？不！事实上，我们越了解社会是如何运行的，我们就越能够把握自己的生活。登录 mysoclab.com，阅读"从你的日常生活中发现社会学"专栏，更多地了解本章的学习如何帮助你深入地理解你自己以及身边的人，从而使你能够更好地追求自己的生活目标。

温故知新

第一章 社会学：视野、理论和方法

什么是社会学视野？

社会学的视野向我们展示了"社会对于个人生活的影响"。

- C.赖特·米尔斯将这种观点称为"社会学的想象力，"声称它将私人烦恼转变为公众论题。
- 成为一个边缘人或者经历社会危机有助于人们从社会学的角度进行思考。

运用社会学视野有许多好处：

- 帮助我们认识到我们生活中的机会和限制；
- 为我们的职业生涯增加优势；
- 指导社会政策。

全球性意识是社会学视野的一个重要部分，因为我们社会在世界的位置影响了我们全体社会成员。

社会学的起源

快速的社会变迁促进了社会学的发展：

- 工业经济的上升
- 城市的飞速发展
- 新的政治理念

奥古斯特·孔德在1838年首次提出了"社会学"这一名词。

- 早期的社会思想家着重探讨了社会应该是什么样的，但是孔德想要了解社会实际上是什么样子。
- 卡尔·马克思和许多后来的社会学家利用社会学以使社会变得更好。

理论：连结事实来创造意义

● 宏观层面

结构-功能论解释行为模式如何帮助社会运行。

- 奥古斯特·孔德、埃米尔·涂尔干和赫伯特·斯宾塞发展了结构-功能论。

社会冲突论展示了社会的不平等如何创造冲突并引起变迁。

- 两种重要的冲突分析是性别冲突论（女权主义）和种族冲突论。
- 卡尔·马克思发展了社会冲突论。

● 微观层面

符号-互动论研究人们如何在日常互动中建构现实。

- 马克斯·韦伯和乔治·赫伯特·米德发展了符号互动论。

33 从事社会学研究

实证的社会学采用科学的逻辑来理解变量间是如何联系的。

- 试图建立变量间的因果关系
- 要求研究者是客观的
- 与结构功能论相连结

解释的社会学关注人们赋予行为的意义。

- 人们在日常生活中建构现实
- 韦伯的*理解*指的是去了解人们如何看待他们的世界
- 与符号互动论相连接

批判的社会学将研究作为带来社会变迁的一种方式。

- 关注不平等
- 拒绝客观性原则，声称所有的研究都有其政治性的特征
- 与社会冲突论相连接

方法：进行研究的策略

实验是在受控的条件下研究两个（或多个）变量之间的因果关系。
- 实验案例："斯坦福监狱"

社会调查通过问卷或面对面访谈的方式收集研究对象对一些问题的回答。
- 调查案例：本杰明的"对 100 名非裔美国人精英"的研究。

在一段相对较长的时间里，研究人员融入某个社会环境中的人群并进行**参与观察**。
- 参与观察案例：怀特的"街角社会"

研究者也使用**现成的资源**以节省时间和金钱。
- 研究案例：巴尔茨尔的"波士顿清教徒与费城贵格会教徒"

第二章

文化

学习目标

- **记住**全章中以粗体字形式强调的关键词的定义。
- **理解**人类生活于我们称之为"文化"这一符号世界的历史过程。
- **运用**社会学的宏观理论视角解释文化以便更好地理解我们的生活方式。
- **分析**受欢迎的电视节目和电影,看看它们如何反映美国文化的核心价值观。
- **理解**"种族中心主义""文化相对主义"这两个重要的社会学概念,评论文化之间的差异。
- **研究**包括流行文化、亚文化和反文化模式在内的文化多样性,**创造**一个更广阔的美国文化视野。

本章概览

本章重点研究"文化"这一概念,文化即是一个社会的整体生活方式。"文化"(culture)与"化育"(cultivate)词根相同,表明生活在一起的人们的确随着时间的推移而"发育"(grow)出自己的生活方式。

星期二深夜,林芳目不转睛地盯着她的计算机屏幕。她的丈夫王冬站起来走到她的椅子后面。

"我正努力完成我们的投资布局,"芳用中文解释道。

"我没有想到我们能用自己的语言在线完成这些,"冬看着屏幕说,"太好了,我非常喜欢这样。"

并不仅仅是芳和冬有这样的感受。回溯到1990年,一家大型投资经纪公司嘉信理财(Charles Schwab & Co.)的行政人员聚集在旧金山的公司总部,讨论扩展他们公司业务的途径。他们提出的一个想法是,如能对美国社会日益增加的文化多样性给予更多的关注,公司将因此获益。为什么?他们特别列出由美国人口普查局(Census Bureau)提供的数据,该数据显示不仅在旧金山而且在整个美国,亚裔美国人的数量正快速增长。数据也显示了亚裔美国人通常在经济上都很不错。的确如此,今天一半以上亚裔美国家庭年收入在75000美元以上。

基于这一数据,嘉信公司发起了一个关注多样性的行动,安排多名主管人员对亚裔美国人公司加强了解。自那以后,公司的项目领域不断拓展,截至目前雇用了300多名讲汉语、日语、韩语、越南语以及亚洲其他语种的员工。拥有这些懂得英语以外语言的业务代表非常明智,因为有研究表明大多数来到美国的亚裔美国人,宁愿用他们的母语进行交流,特别是在处理像投资这样重要事务时尤其如此。此外,公司还建立了韩文、中文和其他亚洲语种的网页。成千上万名使用英语之外自己熟悉的语言的亚裔美国人,与欢迎他们的公司建立起开放式账户关系,林芳和王冬就是其中的两人。

对于嘉信公司来说,这一创举获得了极大的成功,公司已经获得了亚裔美国人的巨大投资份额。2010年,亚裔美国人支出2900亿美元,任何一个追随嘉信做法的公司都会是明智的。而其他在美国占有更大市场份额的族群和种族群体是西班牙裔美国人和非裔美国人(2010年支出5000亿美元以上)(Fattah, 2002; Karrfalt, 2003; U.S. Census Bureau, 2011; U.S. Bureau of Labor Statistics, 2011)。

像嘉信这样的公司已注意到这样一个事实，即美国是世界上最具有文化多样性的国家。这一文化的多样性反映了美国吸纳了来自世界各国移民的悠久历史。人们已经发现世界各地的生活方式存在差异，这不仅表现在语言、穿着上，而且表现在首选食品、音乐偏好、家庭模式以及是非观念上。有些人养育很多孩子，而有些则很少；有些地区尊敬老年人，有些地区则追捧年轻人；有人热爱和平，也有人却崇尚武力；人们对于什么是礼貌与粗鲁、漂亮与丑陋、喜欢与厌恶则抱持着莫衷一是的信仰与观念。人类对于这诸多不同生活方式的惊人的包容力实际上关乎人类文化。

第一节　什么是文化？

理解//

文化（culture）是指共同构成人们生活方式的思维方式、行为方式和物质产品的总和。在研究文化时，社会学家不仅仅考虑到物质层面，也包括精神层面。**非物质文化**（nonmaterial culture）包括一个社会其成员所创造的从艺术到禅宗等在内的所有思想的总和；而**物质文化**（material culture）是指一个社会成员所创造的包括从扶手椅到拉锁等在内的任何有形事物。

"文化"和"社会"两个词显然紧密相联，但它们的准确含义有所不同。文化是指一种共享的生活方式或者说是社会遗产；而社会是指在一个确定区域互动且共享某种文化的人群共同体。社会和文化不能离开对方而独立存在。

文化不仅影响我们的行为方式，而且影响我们的思维方式和感受方式，那些通常错误地被我们称为"人类本性"的要素。生活在巴西热带雨林地区好战的亚罗马谟族人（Yanomamö）视侵犯行为为天性，但世界其他地区比如马来西亚的士美亚族人（Semai）却能和平相处。美国和日本文化都特别强调成就和勤奋工作，但与日本社会非常珍视集体和谐相比，我们社会的成员尤其重视个体主义价值观。

世界各地人们创造了多种多样的生活方式。这些差异首先表现在外貌上：比较图中展现的来自埃塞俄比亚（Ethiopia）、印度（India）、肯尼亚（Kenya）、泰国（Thailand）、南也门（South Yemen）的女性以及来自中国、厄瓜多尔（Ecuador）、巴布亚新几内亚（Papua New Guinea）男性各自的不同。不那么明显却更为重要的是人们内在的差异，因为文化深刻影响了我们的生活目标、我们的正义感，甚至是我们最为内在的个体情感。

焦点中的社会学

面对亚诺玛米人：体验文化震惊

一艘轧轧作响的铝制小汽艇正稳稳地沿着泥泞的奥里诺科河（Orinoco River）

前行，这条河位于南美洲广袤的热带雨林深处。人类学家拿破仑·沙尼翁（Napoleon Chagnon）到亚诺玛米人（Yanomamö）家园领地为期三天的考察正接近尾声。亚诺玛米是地球上技术最为简单的社会之一。

大约有12000名亚诺玛米人散居于委内瑞拉和巴西边界的村庄里。他们的生活方式和我们大不相同。亚诺玛米人穿得很少，没有电、没有机动车，也没有美国大多数人认为理所当然的其他便利设施。他们用于狩猎和作战的武器是传统的弓箭，数世纪以来便如此。大部分的亚诺玛米人对外部世界一无所知，因此沙尼翁的到来对于亚诺玛米人来说就像沙尼翁面对他们时所感到的一样陌生。

下午两点，沙尼翁已经快要到达他的目的地了。湿热的天气几乎让人难以忍受。他大汗淋漓，在周围一群蚊虫的叮咬下他的脸和手已经开始肿胀。但他是如此专注以至于几乎没有觉察到这些痛苦，因为再过几分钟他就可以与他未曾了解过的人面对面地相见。

当汽艇滑上岸的时候，沙尼翁的心怦怦直跳。他和他的向导爬下汽艇，拨开茂密的矮树丛，俯身向亚诺玛米人村庄走去。沙尼翁向我们描述了接下来发生的事情：

> 当我看见一大群粗壮的、裸体的、满身是汗的、面目可怕的人正从拉满弓的箭杆下盯着我们，我不禁抬头屏息。巨大的绿色烟草叶插在他们较为原始的牙齿和嘴唇之间，这使他们看起来更加可怕，一股股深绿色的令人恶心的黏液在他们的鼻孔处挂着——甚至拖到他们的胸膛上或顺他们的下巴滴落下来。
>
> 我的下一个发现是十来只凶猛的饿狗正抓着我的腿，缠绕着我，好像我将要成为它们的下一顿美味一样。我手握笔记本可怜无助地站在那儿。之后，一股植物和污物腐烂的气味向我袭来，我几乎恶心欲吐。我非常恐惧。对于一位想要来和你们一起生活，研究你们的生活方式并想要成为你们朋友的人来说，这是一种怎样的欢迎方式？（1992：11—12）

对于沙尼翁来说幸运的是，亚诺玛米的村民认出了他的向导，于是放下了他们手中的武器。尽管这个下午他的安全已经得到保证，沙尼翁仍然震惊于自己与周围的人的沟通竟如此无能为力。这种感觉直到他回家后的一年半内还在持续。他的第一感觉是想知道自己为什么要放弃物理学转而研究人类文化。

加入博客！

你能回忆一下你自己与上述描述类似的一次经历吗？你认为自己或许曾经引起过别人的文化震惊吗？登录 MySocLab 网站，加入"焦点中的社会学"博客，同他人分享一下你的经历和观点，看看别人的想法。

考虑到世界上文化差异的程度以及人们倾向于认为自己的生活方式是"自然而然的"，我们经常感受到**文化震惊**（culture shock）就不足为奇了，文化震惊即当人们经历一种不熟悉的生活方式时所产生的迷惑。在美国这里，人们可能会经历这种文化震惊。比方说，当墨西哥裔美国人进入位于洛杉矶的一个伊朗人居住区时，大学生们闯入位于俄亥俄州乡下的阿米什人（Amish）居住区时，或者纽约人穿越美国南部小镇旅行时，都会产生文化震惊。但是当我们在国外旅行的时候，文化震惊的体验会更加强烈。

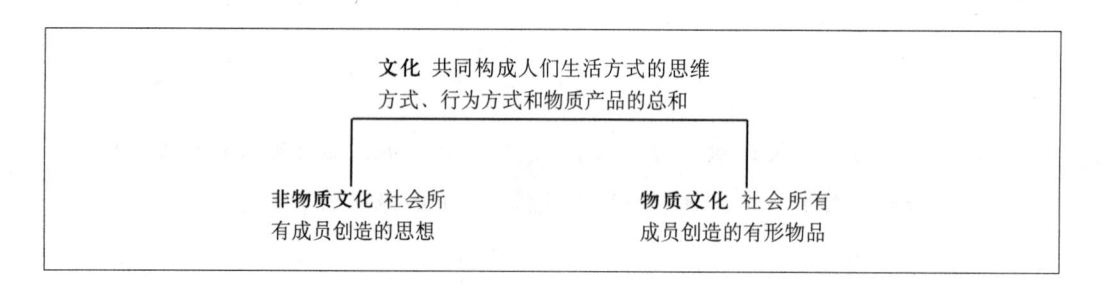

文化 共同构成人们生活方式的思维方式、行为方式和物质产品的总和

非物质文化 社会所有成员创造的思想

物质文化 社会所有成员创造的有形物品

"焦点中的社会学"专栏中，讲述了一位美国研究者第一次拜访生活在南美亚马逊河地区亚诺玛米人家园的故事。

1月2日，秘鲁的安第斯山脉高地。在这偏远的高原上，生活着一群贫穷的相依为命的人们。这里的文化建立在家庭成员间以及邻里间世世代代相互合作的基础上。今天，我们花了一个小时观察了一座新房的修建过程。一对年轻的夫妇请来他们的亲戚和朋友，这些人大概早上 6:30 就到了，并且立刻开始动工。到了正午，大部分的工作都已完成。这对夫妇为他们提供了一顿大餐、酒水和音乐，这样的盛宴在工程余下的时间里从未间断。

尽管世界上的大部分人认为自己的行为是天然的，却没有哪一种特定的生活方式对人类来说是"天然的"。秘鲁安第斯山小型社区中人们自然产生的合作意识，与许多生活在像芝加哥或纽约这样城市的人们自然产生的竞争意识，是有很大差异的。这种差异来自于这样的事实，即作为文化物种，我们需要联合起来共同创造我们的生活方式。世界各地的其他动物——从蚂蚁到斑马——都有着十分相似的行为，因为它们的行为由本能所驱使，这些物种对生物进化进程没有控制能力。少部分动物——特别是大猩猩和同种的灵长类动物——有一些文化能力。研究人员通过观察发现，它们会使用工具并能将简单的技巧传授给它们的下一代。但人类的创造能力远甚于其他任何形态的生物。简而言之，只有人类依靠文化而非本能建立起生活方式并确保自身生存（M.Harris, 1987; Morell, 2008）。要了解人类文化是如何形成的，我们需要回顾一下人类演化的历史。

一、文化和人类智力

科学家告诉我们，我们这个星球已经有45亿年的历史（从这本书封底页中的时间线上可以看出）。生命只是出现在距今10亿年左右。往前推移到距今20亿年到30亿年期间，我们发现是恐龙统治地球的时间。直到这些巨型动物从地球上消失——大约6500万年前——地球上才开始出现我们称之为灵长类的动物，我们的历史也才掀开关键的一页。

灵长类动物出现的重要意义在于，在所有动物中，它们拥有相对于其体型而言最大的脑容量。大约在1200万年前，灵长类动物开始沿着两个不同的方向演化，其中一支的进化使得人类与联系最紧密的类人猿相分离。大约在500万年前，我们远古的人类祖先从非洲东北部的树上爬下来，开始在空旷的草原地区四处迁徙。这时，人类开始直立行走，懂得集体狩猎的好处，并开始利用火和一些工具及武器，搭起了简陋的帐篷，还披上了新式的简单服饰。石器时代的这些成就可能显得微不足道，但却标志着我们的祖先开始了截然不同的进化过程，他们最原始的生存策略意味着他们正在创造着文化。到了大约250,000年前，我们这一物种——智人（Homo sapiens，源自拉丁语，意指"思考的人"）终于出现了。人类进化并没有中止。到了大约40000年前，多少与我们相像的人开始在地球上蔓延开来。有着较大脑容量的"现代"智人迅速地发展了文化，这一点可以从已发掘的这一时期的智人所使用的工具和创作的壁画中看出来。

到了大约 12000 年前，中东地区（今天的伊拉克和埃及地区）永久居住区的建立和专职分工的出现标志着一个转折点。这个时候，我们称之为生物本能的力量几乎消失了，取而代之的是更有效的生存策略：即有目地改造自然环境为人类服务。从那时开始，人类以无数的方式不断改造世界，最终形成了今天迷人的文化多样性。

二、有多少种文化？

美国有多少种文化？判断文化的一个指标是语言。人口统计局列出了这个国家使用的 300 多种语言，其中大部分语言是世界各国的移民带来的（U.S. Census Bureau, 2011）。

根据有关专家文献，全球范围内大约有 7000 种语言，表明了许多独特文化的存在。然而目前世界各地所使用的语种正在减少，大约一半的语言其使用人数不到 1 万人（Lewis, 2009）。专家预测，在未

所有社会都包含着能够激起轻微文化震惊情形的文化差异。这位坐在英国地铁上的妇女对坐在她身边戴着穆斯林面纱的妇女不以为然。

来几十年里成百上千的语言可能会消失，而到本世纪末世界上的一半语言可能会消失（Crystal, 2010）。包括从格勒语（Gullah）、宾夕法尼亚德语（Pennsylvania German）和波尼语（Pawnee）（所有这些语言都在美国使用）到罕语（Han）（加拿大西北部使用）、奥若语（用于巴西亚马逊地区）、撒丁语（Sardinia）（用于意大利撒丁岛）、阿拉姆语（Aramaic）（仍使用于中东地区拿撒勒的基督教徒语言）、女书（Nu Shu，使用于中国南部地区的语言，一种目前所知道的唯一专门由女性使用的语言）、瓦卡语（Wakka Wakka）以及其他几种使用于澳大利亚的土著语。语言为什么消失？可能的原因包括高科技通信、日益增长的国家间的移民以及不断扩张的全球经济，所有这些都减少了全球文化的多样性（UNESCO, 2001; Barovick, 2002; Hayden, 2003; Lewis, 2009）。

第二节　文化的要素

理解 //

尽管不同文化间存在巨大的差异，然而它们却有着共同的要素，这些要素包括符号、语言、价值观和规范。我们首先介绍所有文化中共同的最基本的要素：符号。

一、符号

如同所有的生物一样，人类运用感官去体验周围的环境，但不同的是人类还尽力去赋予世界以意义。人类将世界的构成元素转化为符号。**符号**（symbol）是由共享某种文化的人们公认的、承载有特定意义的任何事物。如一个单词、一个口哨、一面涂鸦墙、一盏闪烁着的红灯和一只举起的拳头，这些全都是符号。人类具有无穷的创造并使用符号的能力，这些符号具有不同的含义，例如眨眼可能表示兴趣，也可以表示理解甚至是侮辱的意思。

日常生活中的社会学

即时通信世界中的新符号

Molly: gr8 to c u!

Greg: u 2

Molly: jw about next time

Greg: idk, lotta work!

Molly: no prb, xoxoxo

Greg: thanx, bcnu

符号的世界一直在改变。人们创造新符号的原因之一是人们创造了新的交流方式。今天，大约83%的美国成人使用手机，其中四分之三（尤其是年轻人）有规律地使用手机短信。研究者报告称，18至24岁之间的手机用户平均每天发送或接收大约100条短信（Pew Research Center, 2011）。

这里是一些最为常用的短信交流：

bc = because 因为

b4 = before 之前

b4n' = bye for now 再见了

bbl = be back later 稍后便回

bcnu = be seeing you 再见

brb = be right back 马上回来

cu = see you 再见

def = definitely 一定

g2g = got to go 得走了

gal = get a life 开始新生活

gmta = great minds think alike 英雄所见略同

gr8 = great 好极了

hagn = have a good night 晚安

h&k = hugs and kisses 热情欢迎

idc = I don't care 我不介意

idt = I don't think 我不这样认为

idk = I don't know 我不知道

imbl = it must be love 一定是爱

jk = just kidding 只是开个玩笑

jw = just wondering 只是想知道

j4f = just for fun 就是闹着玩的

kc = keep cool 沉住气

l8r = later 后来

lmao = laugh my ass off 笑死我了

ltnc = long time no see 好久不见

myob = mind your own business 管好你自己的事

no prb = no problem 没问题

omg = oh my gosh 我的天啊

pcm = please call me 请给我电话

plz = please 请

prbly = probably 可能

qpsa . = Que pasa? 怎么回事（西班牙语）？

rt = right 好的

thanx = thanks 多谢

u = you 你

ur = you are 你是

w/ = with 随着

w/e = whatever 无论什么

w/o = without 没有

wan2 = want to 想

wtf = what the freak 什么样的怪物（怎么了）？

> y = why 为什么？
>
> 2l8 = too late 太晚
>
> ? = question 问题
>
> 2 = to, two
>
> 4 = for, four
>
> **你怎么想？**
>
> 1. 类似于上述这样符号的创造表明了文化什么样的特征？
>
> 2. 你认为使用这些符号进行交流是一种好的方式吗？它会导致混淆或误解吗？为什么会或不会？
>
> 3. 你还能想到你这一代人所使用的其他新符号吗？
>
> 资料来源：J. Rubin (2003), Berteau (2005), Bacher (2009), and Lenhart (2010)。

社会一直在创造新的符号。"日常生活中的社会学"专栏描述了伴随日益增长的计算机交流而发展出的一些赛博符号。

我们如此地依赖文化符号，以至于我们认为它们是理所当然的。然而，当有人反常规地使用某种符号时，我们会强烈地意识到这一符号的重要性。比如，当我们看到有人在政治示威时焚烧美国国旗。进入一个我们所不熟悉的文化也会提醒我们符号的力量。文化震惊实际上是我们无法在陌生的环境中"理解"符号含义的体现。不能理解文化符号的含义会使人们产生迷失感和孤独感，无法确定如何行动，有时甚至会感到害怕。

文化震惊是一个双向的过程。一方面，当旅行者进入与其本来生活方式完全不同的群体中时会体验文化震惊。例如，把狗当作家庭宠物饲养的北美人可能会遭到东非马萨伊人（Masai）的阻止，因为后者不重视狗，并且从不饲养狗。同样旅行者可能也会十分震惊地发现，在印度尼西亚以及中国北部的某些地区人们把狗肉烹饪来吃。

另一方面，当旅行者违反当地人行为方式时，当地人也可能会感到文化震惊。北美人在印度饭店点牛排时，可能会在不知不觉中冒犯印度人，因为印度人认为牛是神圣的，是绝对不能吃的。环球旅行会经历无数次这种可能的误解。

符号的意义即便在某个社会范围内也会有所不同。很多年前，关于在南加利福尼亚州议院悬挂联邦旗帜的争论中，有人视旗帜为地区骄傲的象征，而有人视之为种族压迫的体现。

二、语言

符号系统的核心是**语言**（language），即允许人与人之间进行彼此沟通和交流的一套符号系统。人类已经创造了许多字母来表达成千上万种我们所说的语言。图 2-1 中列出了几个例子。尽管文字书写的规则不同：西方社会的大多数人从左往右写，而在北非和西亚的人往往从右往左写，东亚人曾从上往下写，82 页的世界之窗展示了我们所发现的世界上三种最广泛使用的语言，即英语、汉语和西班牙语。

语言不仅仅使得交流成为可能，而且它还是文化传承的关键。**文化传承**（cultural transmission），即文化由一代人传递给下一代人的过程。正如我们身体中存有我们祖先的基因一样，我们的文化传统也包含着无数我们祖先创造的符号。语言是打开数世纪以来人类不断累积的智慧的钥匙。

语言的技能不仅使得我们可以联系过去，而且激发人们以新的方式连接符号，创造一个几乎无限可能的未来。语言使得人类与其他物种相分离，即人类是唯一的具有自我意识的物种，意识到自身虽有局限性和难免一死，却能梦想和希望一个比现在更好的未来。

● 语言塑造现实吗？

说美洲印第安语——切罗基语（Cherokee）的人，他所体验到的世界会不同于其他用英语或西班牙语思考的北美人吗？爱德华·萨丕尔（Edward Sapir）和本杰明·沃尔夫（Benjamin Whorf）认为答案是肯定的。因为每种语言有它自身特有的符号，这些符号即是服务于构建现实的材料（Sapir, 1929, 1949; Whorl, 1956, 原作于 1941）。他们进一步指出每一种语言都有在任何其他符号系统中无法对应的措辞或短语。最后，如同通晓多语种的人所知，各语种的符号与情绪的关联都具有独特性，所以某个概念在说西班牙语的人那里所"感受

世界各地的人们不仅用文字语言，而且使用肢体语言进行交流。由于不同文化间的肢体语言存在差异，因此它们常常是造成误解的原因。例如，普通的"竖起拇指"的手势，我们常用来表示"干得好"，而这一手势却会让在希腊、伊朗和其他国家的美国人陷入麻烦，因为在那里人们用这一手势表示"滚蛋"的意思。

到"的与说英语或汉语的人那里所"感受到"的可能大相径庭。

萨丕尔-沃尔夫假说（Sapir-Whorf thesis）可以规范地表述为：人们通过语言的文化透镜来看待和理解世界。然而，在萨丕尔和沃尔夫发表著作之后的几十年里，学者们对这一假说一直心存疑虑。普遍认为，爱斯基摩人因为有很多词汇描述"雪"而使他们经历的"雪"与其他族群不同，这一认识是不对的。爱斯基摩语与英语对"雪"大致有差不多的词汇。

图 2-1 人类语言：符号的多样性

这是英文"Read"这一单词在数以百计相互交流的人类语言中的十二种写法。

因此，语言怎样塑造了我们的现实？目前的观点认为，尽管我们确实用语言符号塑造现实，但却没有证据支持萨丕尔和沃尔夫所声称的"语言决定现实"这一观点。例如，我们都知道，远在孩子学习"家庭"这个词之前，他们就已经有了关于家庭的概念；同样，成年人在为他们的发明物命名之前，就可以构思出新的思想或想象出新的东西（Kay & Kempton, 1984; Pinker, 1994）。

三、价值观和信念

是什么使好莱坞电影明星如詹姆斯·邦德（James Bond）、尼奥（Neo）、艾琳·布劳克维奇（Erin Brockovich）、"痞子哈里"以及劳拉·克罗夫特（Lara Croft）出名的？他们个个都是坚定的个人主义者，豪放不羁，依靠他们个人技艺和才智挑战"制度"。我们在羡慕这些明星人物的同时，也在支持某种价值观。**价值观**（values），即文化上规定的、用来确定什么是可行的、好的、美的之标准，从而为社会生活提供广泛的指南。

价值观是共享某种文化的人们用来选择怎样生活的标准。

价值观是支撑信念的主要原则。**信念**（belief），即人们信以为真的特定想法。换句话说，价值观是关于善恶的抽象标准，而信念是个人考虑事务正确与否的特殊问题。举例来说，由于大部分美国成人信奉所有人机会均等这一价值观，因此他们相信只要称职，女性也可以担任美国总统，正如希拉里·克林顿竞选美国总统所展示的情况（NORC, 2011: 393）。

世界之窗·全球视野中的语言

中文（包括普通话、粤语以及数十种其他方言）是占世界 1/5 人口的中国人的母语，他们基本上生活在亚洲。在中国尽管书面文字相同，但是他们仍有许多地方方言。在整个中国的学校，教授的官方语言是普通话。粤语，广东人使用的语言，是使用范围第二广泛的中国方言；粤语发音不同于普通话，大致就像法语不同于西班牙语的发音一样。

英语是世界上几个地区的母语或官方语言（占世界人口 5% 的人说英语），并且已经成为世界上大部分地区人们首选的第二语言。

说西班牙语的人最为集中的当然是西班牙人，其次是拉丁美洲人。西班牙语同时也是美国社会使用的最为广泛的第二语言。

语言 允许人与人之间进行彼此沟通和交流的一套符号系统

文化传承 文化由一代人传递给下一代人的过程

萨丕尔-沃尔夫假说 一种人们通过语言的文化透镜来看待和理解世界的观点

价值观 文化上规定的、用来确定什么是可行的、好的、美的之标准，从而为社会生活提供广泛的指南

信念 人们信以为真的特殊想法

● **美国文化的核心价值观**

社会学家小罗宾·威廉姆斯（Robin Williams Jr., 1970）总结了被许多美国人视为生活方式的十大核心价值观：

1. **机会均等**。美国人坚信每个人都应有基于才华和努力的发展机会。我们的社会不主张条件平等，而主张机会均等。这就意味着社会应该根据个人的才华和努力为每个人提供发展的机会。

2. **个人成就和个人成功**。我们的生活方式鼓励竞争，把竞争视为人们展示能力的方式。我们倾向于相信，我们每个人所获得的报酬应该反映他们自身的价值。一个成功的人应被奉为"赢家"而获得尊重。

3. **物质舒适**。在美国，成功通常意味着赚钱，意味着享受金钱所能买到的一切。尽管人们有时候会说"钱无法买到幸福"，但是大多数人仍一直追逐财富。

4. **活动和工作**。我们的英雄，从奥运会金牌获得者到《美国偶像》（笔者注：美国一档全国性的选秀节目）获胜者，都是让工作得以完成的"行动者"。我们的文化主张积极行动，反对消极反应；主张掌控事件的发展，反对消极接受命运的安排。

5. **实用主义和效率**。我们崇尚实用，反对空谈；主张"实干"，反对"空想"。家长们会对他们读大学的孩子给出建议："享受你所学的，但要主修那些能够帮助你就业的课程。"

6. **进步**。尽管我们很怀旧，但我们是乐观主义者，相信现在比过去更好。我们庆祝进步，把"最新的"当作"最好的"。

7. **科学**。我们期待科学家解决问题，提高我们的生活品质。我们认为我们是理性的人，这或许有助于解释我们（特别是男性）瞧不起将感情和直觉作为知识来源的文化倾向。

8. **民主和自由企业**。我们的社会成员相信个人拥有政府不能够剥夺的许多权利。我们认为一个公正的政治制度是建立在政府领导人由成人自由选举以及经济是对个体消费者选择做出反应的基础上。

9. **自由**。比起集体主义的一致性，我们更加崇尚个体的首创精神。尽管我们知道每个人都有对他人的起码责任，但是我们相信人们应该有追求他们个人目标的自由。

《美国偶像》电视选秀节目的流行，怎样反映了上述列举的美国核心价值观？

10. **种族主义和集体优越性**。尽管我们具有很强烈的个人主义和自由的理念，但大多数美国人仍根据性别、种族、族群和社会阶级来评判个人。总的来说，美国文化对男性的评价高于女性、白人高于有色人种、有西北欧背景的人高于那些其祖先来自世界其他地区的人、富人高于穷人。尽管我们喜欢把自己描述成一个平等的国家，但我们中有些人是否比其他人"更加平等"，仍值得怀疑。

● **价值观：通常和谐，有时却相互冲突**

在很多方面，文化价值观是一致的。威廉姆斯的列举包含了我们生活方式中**价值观丛**（value clusters）的很多例子。比如，我们的生活方式强调活动和勤奋工作，这是因为我们社会成员期望努力会获得成就和成功，从而会获得物质舒适。

然而，有时某种核心价值观与其他价值观是相互冲突的。比如，威廉姆斯列举出的第1项价值观和第10项价值观：美国人主张机会均等，但是他们或许仍然出于性别或种族的原因而歧视他人。价值观冲突造成了社会的张力，并通常导致我们平衡各种信念的棘手问题。有时我们认为一种价值观比另一种价值观更重要，例如，我们主张机会平等，同时又反对同性婚姻。在此情形下，我们实际上要学会在矛盾中生活。

● **价值观：因时而变**

像文化的其他元素一样，价值观也会随时代而变迁。美国人过去一直崇尚勤奋工作，而在最近几十年内，越来越多的人怀疑勤奋工作是否真的应该排第一位。对于很多人来说，心无旁骛的工作正让位于对休闲的日益重视——把时间花在工作以外的诸如阅读、旅行或者社区服务上，这些休闲能够提供人们乐趣和满足感。同样，物质舒适的重要性自不待言，但越来越多的人正借助冥想和其他的精神活动寻求个人成长。

● **价值观：全球视角**

世界各地价值观因文化不同而异。一般而言，高收入国家核心的价值观有点不同于低收入国家的核心价值观。

低收入国家的文化重视生存。这意味着这些国家的人更关注生理的安全和经济的保障。他们关注的问题是有没有足够的食物，晚上有没有安全睡觉的地方。此外，低收入国家倾向于尊奉传统，纪念往昔，强调家庭和宗教信仰的重要性。这些国家权力大多数掌握在男性手中，尤其不鼓励或者禁止离婚和堕胎这类行为。

高收入国家发展出崇尚个人主义和自我表现的文化。这些国家十分富有，以致大部分人认为生存是理所当然的。这些国家的人们把注意力集中于考虑他们更喜欢哪种"生活风格"以及如何追求最大化的个人幸福。此外，这些国家倾向于一个世俗理性的国家，不怎么强调家庭纽带和宗教信仰，而强调人们应为自己着想，对与自己不同的他人保持宽容。在高收入国家，妇女具有与男子同等的社会地位，离婚和堕胎这类行为获得广泛的社会支持（World Values Survey, 2011）。高收入国家的一般模式倾向于世俗——理性的，并崇尚自我表现。相反，低收入国家的文化比较倾向于传统并关注经济生存的问题。然而，世界上每个地区都有其独特的文化模式和宗教传统，这些模式和传统影响了这些国家的价值观。

在 mysoclab.com 网站上观看"个体权利与共同利益"。

四、规范

美国的大部分人热衷于八卦"谁性感""谁不性感"。然而，美国印第安社会成员一般谴责这类行为是粗鲁的、制造事端的行为。这两种模式展现了规范的作用。**规范**（Norms），是一个社会用以指导其社会成员行为的规则和期望。日常生活中，人们通过认可、奖励或者惩罚等方式彼此做出反应，从而与文化规范保持一致。

● 民德与民俗

美国早期的社会学家威廉·格雷厄姆·萨姆纳（William Graham Sumner, 1959, 原作于1906）发明了"**民德**"（"mores"，发音为"more-rays"），来指代广泛被遵守并且具有重大道德意义的规范。某些民德包含了禁忌，比如我们社会中坚决主张成人不应与孩童发生性关系。

人们很少注意**习俗或民俗**（folkways），即人们常规的或临时的互动规范。比如，没打领带去参加正式宴会的人可能因为违反习俗或"礼仪"而让人皱眉头，而如果他浑身赤裸只打领带去参加宴会，则会因为违反民德而导致人们更强烈的反应。

我们在学习社会规范的同时，也获得了评价自身行为的能力。我们做错事的时候（比方说，我们从互联网上下载了一篇学期论文）可能会产生羞耻感（他人谴责我们的行为时产生的痛苦感）和内疚感（我们对自身的一种负面评价）。只有文化的动物才能体验到羞耻感和内疚感。这可能正如作家马克·吐温在评价人类时所认为的那样，人类"是唯一会脸红或需要脸红的动物"。

五、理想文化和现实文化

价值观和规范建议我们应如何行事，但并不着意描绘我们的实际行为。我们必须承认理想文化总是不同于现实文化——日常生活中实际发生的文化。例如，大部分女性和男性都一致认为婚姻中的性忠诚很重要。尽管这样，一项研究表明，大约有17%的已婚人士在婚姻关系的某个期间对他们的配偶曾有过不忠行为（NORC, 2011: 2666）。但是文化的道德标准一直都很重要，这让我们想起一句古老的谚语，"按照我说的做，不要按照我做的做。"

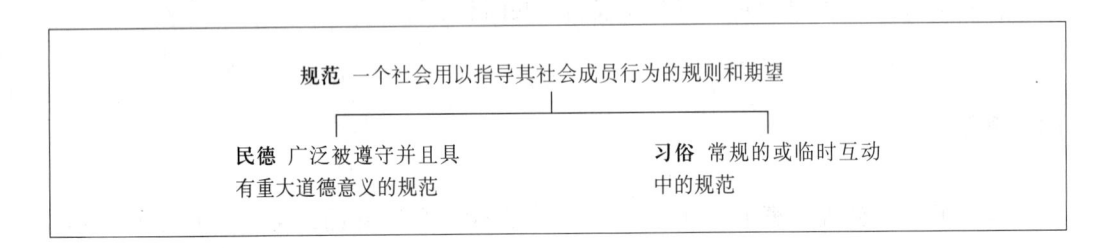

规范 一个社会用以指导其社会成员行为的规则和期望

民德 广泛被遵守并且具有重大道德意义的规范

习俗 常规的或临时互动中的规范

第三节　技术和文化

分析

除了像价值观和规范这类符号性的要素之外，每种文化还包括广泛的人类有形创造物——"人工制品"。中国人用筷子而不是用刀叉来吃饭；日本人在地板上铺席子而不是地毯；印度的许多男性和女性喜欢穿宽松飘垂的长袍，而美国人比较热衷于穿紧身的衣服。某些人的物质文化对于外来者，就如同其语言、价值观和规范那样让人感到陌生。

一个社会的人工制品部分地反映了其隐含的文化价值观。好战的亚诺玛米人仔细地制作他们的武器，小心翼翼地在他们的箭头上涂上毒物。相反，我们的社会强调个人主义和独立自主，这也很好地解释了我们对机动车辆格外重视的事实：我们国家拥有2.5亿多辆机动车——每个有驾照的司机拥有一辆以上的机动车。最近一些年，油价居高不下，很多汽车都注意节能高效。即便如此，大型皮卡和SUV继续畅销，毋庸置疑，我们文化对坚定的个人主义的强调纵容了这一趋势。

物质文化除了反映价值观外，也反映了一个社会的技术发展水平。**技术**（technology），即人们用以改变其周围生活方式的知识。一个社会技术越复杂，其社会成员就越有能力为自己塑造这个世界。

吉哈德·伦斯基（Gerhard Lenski）认为，一个社会的技术发展水平对于决定该社会可能出现什么样的文化思想和人工制品是至关紧要的（Nolan & Lenski, 2010）。因此，伦斯基指出"社会文化进化"——表示社会获取新技术时所发生的历史变迁——的重要性。根据技术发展的四个重要阶段，历史变迁展现为狩猎和采集社会、园艺和游牧社会、农业社会以及工业社会。

一、狩猎和采集社会

最古老、最简单的生活方式存在于**狩猎和采集社会**（hunting and gathering），即使用简单的工具来猎取动物和采摘植物果实。从人类祖先最早出现的300万年前直到公元1800年左右，地球上大多数人都是狩猎者和采集者。但到今天，这种技术只存续于少数社会，包括加拿大西北部的卡斯卡（Kaska）印第安人、中非的俾格米人（Pygmies）、非洲西南部的科伊桑族人（Khoisan）、澳大利亚的土著居民（Aborigine）以及马来群岛的士美亚族人。狩猎者和采集者通常要花费大部分时间去寻找猎物和可食用的植物。这种社会的规模小，通常几十口人以一种游牧的类家庭方式居住。他们在吃光一个地区的植物后就得四处流动，或跟随迁徙的动物而前行。

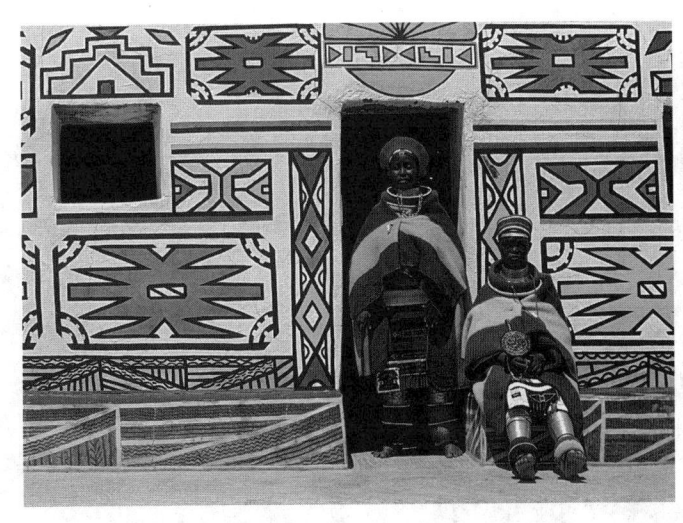

美的标准，包括日常生活环境的色彩偏好和设计，在各种文化之间存在很大的差异。南非的这对恩德贝勒夫妇穿着鲜艳，他们的房子也同他们的衣服一样色彩鲜艳。相反，北美和欧洲社会的人很少使用明亮的颜色和复杂的细节进行装饰，因此他们的房子看上去显得柔和一些。

每个人都帮助寻找食物，即便十分年幼或年长者也竭尽所能。女性通常负责采集果实，即是最主要的食物来源，而男性则承担大部分狩猎工作。由于他们所完成的任务同等重要，不同性别的人有着相同的社会重要性（Leacock, 1978）。

狩猎者和采集者没有正式的领袖。他们或许寻求一名巫师或祭司，这些人也不会因拥有这样的社会角色而免除寻找食物的日常工作。简而言之，狩猎与采集社会，其生活方式简单而平等。

在大自然的力量面前，技术的简陋让狩猎者和采集者显得很脆弱。暴风雨和干旱能轻易地破坏他们的食物供给，如果遭遇了重大事故或者疾病，他们通常也无能为力。很多人在孩童时期就夭折了，仅仅一半的人能活到 20 岁。

随着拥有强大技术的人们的日益逼近，狩猎和采集社会正逐渐消失。幸运的是，有关他们生活方式的研究给我们提供了宝贵信息使我们得以了解社会文化史，以及我们与自然界的根本联系。

二、园艺和游牧社会

大约 10000 年前出现了**园艺社会**（horticulture），即用手工制作的工具去种植作物。大约 6000 年前，锄头和挖掘棒（用于在地上打孔以种植一些种子）首先出现在土壤肥沃的中东和东南亚地区。这些工具后来从西欧传到中国后加以使用。中南美洲也学会

生活在技术简单的社会中会是怎样一种情形呢？这就是电视节目《幸存者》所揭示的主题。技术简单的社会提供给其成员的优势有什么呢？在你看来又有什么劣势呢？

培育植物，但岩石土壤和多山地形强迫很多社会成员必须继续狩猎和采集，即便他们获得了上述新技术（Fisher, 1979; Chagnon, 1992）。在特别干旱的地区，社会并不寻求种植庄稼转而寻求**畜牧**（pastoralism），即驯养动物。整个美洲、非洲、中东以及亚洲，很多社会混合了园艺社会和畜牧社会两种类型。

植物种植和动物饲养可供很多社会喂养数以百计的人口。畜牧者保持着游牧的生活，但园艺者形成了定居点。在园艺社会，一定的物质剩余意味着不需要每个人都去获取食物。一些人自由地去制作手工艺品，从而成为商人或专职祭司。相比于狩猎与采集社会，园艺与畜牧社会较为不平等，其中一部分家庭开始演变为统治精英阶层。

狩猎者和采集者由于对大自然几乎毫无控制力，他们一般相信有很多神灵居住在世界上。然而伴随他们取得种植作物和饲养动物的能力后，人们开始相信有一个作为创造者的上帝存在。犹太教和基督教都起源于畜牧社会，"牧师"这个词就是很好的证据，将上帝视为守护着大家的"牧羊人"，是这些宗教信仰中心的共同理念。

三、农业社会

大约 5000 年前，技术进步导致了农业的出现。**农业**（agriculture），即运用畜力或其他更强有力的能源拉动的犁进行大面积的耕作。农业技术首先出现在中东，并渐渐扩展到世界其他地方。畜力拉动的犁，车轮、书写、数字以及新金属等发明和发现深刻地改变着社会，所以历史学家称这一时期为"文明的开端"。

犁翻动土壤，土地因此可以世世代代耕作，其结果是农民得以在一个地方永久性居住下来。由于有能力生产更多的剩余食物并通过动物拉动的马车进行运输，农业社会的人口达到数百万的规模。伴随着农业社会成员在工作中越来越专业化，货币作为交换的通用形式，取代了早先的以物易物制度。农业技术的发展一方面扩大了人们的选择并导致城市人口的增长，另一方面它也使得社会生活更加个人主义，人情味也越来越淡漠。

农业社会也带来了社会不平等的严重加剧。大多数人生为农奴或奴隶，只有极少数精英阶层能够脱离劳动，培养出基于哲学、艺术和文学研究的"高雅"生活方式。男性在所有层面获得了明显的超出女性的权力。

全球各地拥有简单技术的人们生活方式高度相似，只是因为气候的地区差异才会导致生活方式的些微不同。但农业技术赋予人们足够的力量控制世界，文化多样性迅速增长（Nolan & Lenski, 2010）。

四、工业社会

伴随着社会用新型能源取代人力和畜力，工业化过程出现了。在正式意义上，工业（industry），即通过高级能源驱动大机器的商品生产。蒸汽机的引进开始于1775年左右的英国，极大地推动了生产力的发展，也极大地改变了文化发展的进程。

农业社会的人们在自己家园附近劳作，但工业社会大多数人都在陌生人管理下的大型工厂里工作。在这一方面，工业化进程把传统文化价值观抛在一边，而传统的文化价值观指引着家庭为中心的农业生活方式长达数世纪。

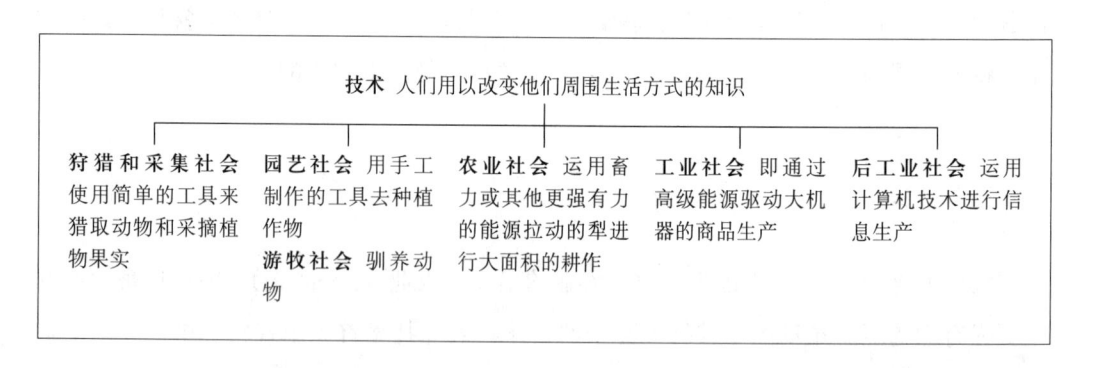

技术 人们用以改变他们周围生活方式的知识

| 狩猎和采集社会 使用简单的工具来猎取动物和采摘植物果实 | 园艺社会 用手工制作的工具去种植作物 游牧社会 驯养动物 | 农业社会 运用畜力或其他更强有力的能源拉动的犁进行大面积的耕作 | 工业社会 即通过高级能源驱动大机器的商品生产 | 后工业社会 运用计算机技术进行信息生产 |

工业也使得这个世界仿佛缩小了。19世纪，铁路和轮船使得人们比起以前更加快捷地跨洲越海。到了20世纪，伴随汽车、飞机、收音机、电视机和计算机的发明，这一进程还在继续。

工业技术也提高了人们的生活水平，延长了人口寿命。由于工业化的工作要求越来越多的技能，学校教育变得通行起来。此外，工业社会减少了人们经济上的不平等，稳步地扩大了人们的政治权利。

显而易见，工业社会比起仅仅依赖简单技术的社会"更为先进"。毕竟，工业社会提高了人们的生活水平，将人均预期寿命延长到70岁甚至更长——两倍于亚诺玛米人的寿命。但随着工业强化了个体主义和拓展了个体自由，它也削弱了人们传统的社区。不仅如此，工业也让人们滥用自然环境，进而威胁到人类生存的共同家园。尽管先进技术赋予我们更多的节省劳力的机器以及无数形式的药物治疗，但也导致了有损健康的压力，制造了足以瞬间毁灭我们这一物种所创造的一切的武器。

五、后工业信息经济

　　超越伦斯基所讨论的四种类型社会，我们会看到包括美国在内的很多工业化国家现在已迈入一个后工业时代，这一时代越来越多的经济生产充分利用了新的信息技术。**后工业主义**（postindustrialism），即运用计算机技术进行信息生产。如果说工业社会生产以工厂为中心并以制造有形物为目标，那么后工业社会生产则以设计、编程、存储和应用思想和信息的计算机和其他电子设备为中心。

　　信息经济的出现改变了定义生活方式的技能。机械操作技能不再是成功的唯一标志。人们发现他们必须学会运用符号去讲话、书写、计算、创造影像和声音的工作能力。这一变化的结果之一是：人们运用计算机工作并生产出新的词语、新的音乐和新的影像，我们社会现已具备了前所未有的创造符号文化的能力。

第四节　文化多样性

分析

　　在美国，当我们在纽约、华盛顿或洛杉矶的地铁里听到各种语言时，我们就能意识到我们文化的多样性。相对封闭的历史，使日本成为所有高收入国家中文化最为单一的国家，与之相比，经历了几个世纪的大量移民，美国已成为所有高收入国家中文化最具多样性的国家。

　　从1820年（此时政府开始跟踪移民）到2011年，大约8000万人次移居到美国。伴随着每年超出125万的移民，美国文化的多样性不断提高。一个世纪以前，几乎所有移民都来自欧洲；现在，几乎80%新移民来自拉丁美洲和亚洲。为了解美国人的真实生活，我们必须超越共同的文化模式去理解美国文化的多样性。

一、高雅文化和流行文化

文化多样性涉及社会阶级，实际上在日常谈话中，我们通常使用"文化"这个词指代诸如古典文学、音乐、舞蹈、绘画等艺术形式。我们将去歌剧院或电影院的人称之为"有文化的"，因为我们认为他们在欣赏"生活中更加美好的事物"。

我们给予普通民众较低的评价，假定他们的日常文化没有多少价值。我们总是倾向于认为海顿的音乐比嘻哈文化"更富有文化"，蒸粗麦粉要比玉米面包精良，马球运动比乒乓球优雅得多。

> **高雅文化** 辨识出社会精英的文化模式
> **流行文化** 在社会大众中广泛传播的文化模式

这些差异源自许多文化模式对于某些社会成员更易获得。社会学家们用"**高雅文化**"（high culture）指代辨识出一个社会的精英的文化模式，用"**流行文化**"（popular culture）指代在社会大众中广泛传播的文化模式。

常识或许认为高雅文化比流行文化优秀，但是社会学家们并不认同这样的判断，原因有两个。第一，社会精英和普通民众的品味和兴趣并不相同，两种类型的人在许多方面都存在差异。第二，我们高度评价高雅文化，究竟是因为高雅文化确实比流行文化好呢，还是仅仅因为高雅文化的支持者拥有更多的金钱、权力和地位？例如，小提琴（violin）和小提琴（fiddle）之间没有什么不同。然而，当这个乐器在为具有更高社会地位的人演奏古典音乐时就是"violin"，而在给

有时高雅文化和流行文化之间的界限并不清晰。位于英国的博纳姆拍卖行最近重点推出了涂鸦艺术家班克斯的喷漆画作。这一特殊的作品有望被卖到 25 万多美元。

较低社会地位的民众演奏他们所喜欢的乡村音乐时就成了"fiddle"。

二、亚文化

亚文化（subculture）这个词是指将一个社会的人口划分为若干部分的文化模式。改装摩托车的骑手、传统韩裔美国人、新英格兰"土著人"、俄亥俄州足球迷、南加利福尼亚的"海滨团体"、"猫王"模仿者以及荒野露营者都展示了亚文化模式的特征。

将人们划分到某个亚文化类别中很容易，但往往并不准确，因为几乎每个人都参与到多种亚文化，而不必对其中任何一种亚文化投入太多的精力。在某种情况下，族裔和宗教的强大力量足以使人们分立，以至于产生悲剧性的结果。考虑一下东南欧的前南斯拉夫国家吧，其在20世纪90年代的内战硝烟就是由极端的文化多元性引燃的。这样一个人口相当于洛杉矶大都市地区的小国，使用两套字母表，拥有三个宗教教派，说四种语言，是五个主要族裔的家园，被分为六个独立的共和国，并接受了周围七个国家的文化影响。使这个国家陷入内战深渊的文化冲突表明，亚文化不仅是一个令人喜欢的多样性文化的来源，而且也是社会紧张甚至是暴力行为的根源。

许多人将美国称为"熔炉"，在这里许多族裔融为一个单一的"美国"文化（Gardyn, 2002）。但考虑到如此多元性的文化，"熔炉"这一描述究竟准确与否呢？一方面，亚文化不仅涉及差异而且包括等级问题。我们经常将拥有权力的人所推崇的模式称作"主导的"或"主流的"文化，而把处于劣势地位的人们的生活方式称为"亚文化"。难道阿斯彭（Aspen）、科罗拉多（Colorado）富裕的滑冰者的文化模式与洛杉矶滑板者的文化模式相比，就是更低层次的亚文化吗？因此，一些社会学家宁愿强调文化多元主义来平等看待社会中的娱乐领域。

> **亚文化** 将一个社会的人口分为几个部分的文化模式

三、文化多元主义

文化多元主义（multiculturalism）是承认美国文化的多样性并促进所有文化传统平等性的观点。文化多元主义明显转变了过去的观念，过去我们社会低估了文化的多样性并主要根据欧洲移民特别是英语移民的标准来定义我们自身。今天，有关我们是应该继续关注历史传统还是强调当代文化多样性的激烈争论出现了。

烙印在每枚美国硬币上的拉丁文"*E pluribus unum*"意思是，"许多中脱颖而出的一个"。这一格言不仅象征着我们国家政治上的联合，同时也包含着一个理念，即来自世界各地的各种移民经历共同创造了美国新的生活方式。

但一开始，许多文化并没有融合到一起，而是形成了一种等级制度。顶端级别的是英国人——构成美国人口的大多数，并使英语成为这个国家占主导地位的语言。接下来，来自其他文化背景的人被建议追随高端人士塑造自己的生活方式。其结果是，"融合"其实是一个英国化的过程——采取英国人的生活方式。正如文化多元主义者所认为的那样，在我们的早期历史中，美国社会就把英国人的生活方式建立为理想的生活方式，每个人应该效仿这种生活方式，并以这种生活方式作为评判的标准。

自那开始，历史学家一直从英国人及其他具有欧洲血统的人的角度来记录重大历史事件，很少去关注美国土著人、非洲或亚洲后裔的视角和成就。文化多元主义者把这种现象批评为**欧洲中心主义**（Eurocentrism），即欧洲（特别是英国）的文化模式占统治地位。文化多元主义的支持者莫莱菲·凯特·阿桑特（Molefi Kete Asante）认为，"就像15世纪的欧洲人禁不住相信地球是宇宙的中心一样，今天许多人发现消弭欧洲文化中心主义的观点是很困难的"（1988: 7）。

一个具有争议的问题涉及语言。一些人认为英语应该成为美国的官方语言。到2011年，已经有31个州的立法机关颁布法律将英语指定为官方语言（ProEnglish, 2011）。但是大约6000万的男性和女性——占人口总数的1/5——在家说的是英语之外的另一语言。西班牙语是使用最为普遍的第二语言，同时在这个国家中还能听到几百种其他语言，包括意大利语、德语、法语、菲律宾语、日语、朝鲜语、越南语、俄罗斯语以及许多美国土著语言。据人口普查局数据，美国各地都分布着在家使用英语之外的其他语言的人口。

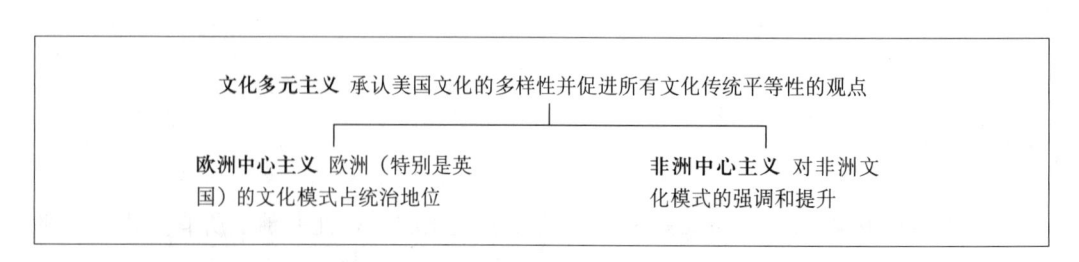

文化多元主义 承认美国文化的多样性并促进所有文化传统平等性的观点

欧洲中心主义 欧洲（特别是英国）的文化模式占统治地位

非洲中心主义 对非洲文化模式的强调和提升

文化多元主义的支持者认为，这正是与我们国家日益增加的社会多样性保持一致的方式。随着亚裔和西班牙裔人口的迅速增加，这个国家几乎半数 5 岁以下儿童来自少数族群。分析家预测今天的儿童将会目睹非洲、亚洲、西班牙血统的人口成为美国的主要人口。

不仅如此，支持者还声称，文化多元主义是提升非裔美国孩子学业成绩的一个很好途径。为了反对欧洲中心主义，一些主张多元文化的教育家呼吁**非洲中心主义**（Afrocentrism），即对非洲文化模式的强调和提升。在经过数百年对非洲社会及非裔美国人文化成就的轻视和忽略之后，多元文化教育家视非洲中心主义为一项纠正策略。

虽然最近几年文化多元主义不乏支持者，但也遭到了批评。反对者认为文化多元主义鼓励分裂而不是统一，因为它促使人们认同自己群体的生活方式，而不是将国家视为一个整体。此外，批评者们认为，文化多元主义事实上伤害了少数族裔自身。文化多元主义政策（从非裔美国人研究部门到全黑人宿舍）似乎无异于在支持我们国家一直以来努力克服的种族隔离。更进一步的是，在低年级阶段，非洲中心主义的课程强迫学生只学习来自一种观点的某些主题，可能会导致儿童不能接受更广泛的重要知识和技能。

最后，全球反恐战争已吸引了人们对多元文化主义的注意。2005 年，英国首相托尼·布莱尔对发生在英国伦敦的一起恐怖主义袭击事件做出反应，声称"我们捍卫我们的价值观和生活方式的决心要比他们强加其极端主义给世界的决心大得多，恐怖主义分子明白这一点很重要"。他进一步警告说，英国政府将把那些怂恿敌意和恐怖主义的穆斯林神职人员驱逐出境（Barone, 2005; Carle, 2008）。当然，世界其他地区的很多人认为，英国和美国也在把他们的生活方式强加给别人。在一个文化差异和冲突的世界，对于宽容以及和平相处，我们还有很多东西要学习。

四、反文化

文化多样性也包括对传统观念或行为的公然反对。**反文化**（counterculture），指的是强烈反对被社会广为接受的文化模式的文化模式。

例如，在 20 世纪 60 年代期间，以年轻人为主体的反文化抵制主流文化，认为主流文化过于强调竞争、以自我为中心和物质主义。相反，嬉皮士以及其他反文化主义者推崇集体主义和合作的生活方式，这种生活方式认为"存在"应优先于"做事"，自我成长的能力或"扩张的自我意识"比拥有豪华的房子和汽车这类物质财富更应受到珍视。这类差异使一些人"放弃"了大社会，加入到反文化的团体中。

> **反文化** 强烈反对被社会广为接受的文化模式的文化模式

反文化方兴未艾。在极端情况下，存在于美国的军事小团伙（由在美国出生并在美国长大的人组成）或宗教激进团伙（来自于美国以外的其他国家），其中一些团伙从事旨在威胁我们生活方式的暴力活动。

尽管我们可以看到"美国文化"的一般模式，但美国事实上是一个多元文化模式的大拼盘，受到包括社会阶级、种族、年龄以及地理区域等多种因素的影响。在电视节目《泽西海岸》（译者注：记录一群移民美国的意大利年轻人生活的真人秀节目）中，你看到美国文化的通常模式是什么？这是一个高雅文化还是流行文化的例子？你在节目中看到什么亚文化模式？

五、文化变迁

也许这个世界最基本的人类真理就是"所有的事物都会成为过去"。即便是恐龙，曾经在这个星球上繁衍生息了 16 亿年，到如今遗留下来的也只是化石。人类能否再存活数百万年呢？我们能够确定的是，只要我们依赖于文化，人类记录将会持续不断地变迁。

99 页的图 2-2 显示了 1969 年（20 世纪 60 年代正值反文化的高峰期）到 2010 年间一年级大学生态度的变化。有些态度的变化很缓慢：像前代人一样，今天大部分的男孩和女孩还是希望成立一个家庭。但是现在的学生再也没有兴趣像 20 世纪 60 年代大学生那样关注生活哲学，转而更加重视赚钱。

文化系统某一维度的改变通常会引起其他部分的改变。例如，现在的女大学生对赚钱更加感兴趣，因为这些女生比她们的母亲或祖母更有可能成为劳动力大军的一员。

为收入而工作不会改变她们组建家庭的兴趣，但却提高了首次结婚的年龄和离婚率。这种联系证明了**文化整合**（cultural integration）的原则，即一个文化系统中各组成要素之间具有密切的联系。

六、文化堕距

　　文化体系中有些文化元素比其他元素变迁得要快。威廉·奥格本（William Ogburn, 1964）研究发现，技术进步一般很快，物质文化（比如试管婴儿）新要素的出现快于非物质文化（比如有关亲子关系的观念）的追赶速度。奥格本把这种不一致性称作**文化堕距**（culture lag），即由于某些文化要素的变迁快于其他要素，从而扰乱了一个文化系统的事实。当今世界，一个妇女能够借用另一个妇女的卵子生育，而这个卵子与取自完全陌生人的精子在实验室里完成受精；这种情况下，我们如何运用传统观念来确定父母亲的身份呢？

了解我们自己·美国全境的语言多样性

埃维拉居住在得克萨斯州扎帕塔郡，她的社区中四分之三的人在家使用西班牙语；杰夫里住在俄亥俄州的亚当斯郡，他的邻里之中几乎没有使用英语之外的语言。

人口普查局报告认为，美国 5 岁及以上的 2.89 亿人口中，几乎有 6000 万（20.6%）人在家说英语之外的其他语言。在这些人中，有 62% 的人说西班牙语、15.7% 的人说亚洲语言（人口普查局列举了 36 种语言或语言类别，每种语言使用的人数都超过 10 万人）。

访问 mysoclab.com 网站，探索你所在社区及全美各县国外出生的人的百分比。

文化整合　一个文化体系中各组成要素之间具有密切的联系

文化堕距　由于某些文化要素的变迁快于其他要素，从而扰乱了一个文化体系的事实

【阅读 mysoclab.com 网站上由卡丽丝·科伯任（Charis Kubrin）撰写的"流氓、恶棍、骗子：说唱音乐中的街头代码"。】

七、文化变迁的原因

　　文化变迁以三种途径进行。第一，发明，即创造新的文化要素的过程。比如电话

(1876)、飞机（1903）、计算机（20世纪40年代后期）等，每一项发明都改变了我们的生活方式。每年有成千上万的发明向美国专利局提出申请，这显示出发明永不停步。本书封底页中的时间线展示了改变我们生活的其他发明。

发现是文化变迁的第二个原因，包括认识和更好地理解业已存在的事物，从一颗遥远的恒星到另一种文化的食物或女性的运动才能。许多发现来源于艰辛的科学研究，而有些发现只是意外的运气，如在1898年，当玛丽·居里（Marie Curie）将一块岩石无意地放在一张摄影底片上时，发现这块岩石的放射物可以使底片曝光，居里夫人于是发现了镭。

文化变迁的第三个原因是文化传播，即有形人工制品或思想观念从一个社会传播到另一个社会。由于新的信息技术能在几秒内向全球传递信息，文化传播的影响从来没有像今天这样来得更为深远了。

我们自己的生活方式给世界贡献了许多重要的文化要素，范围从计算机到爵士乐。当然，文化传播也存在另一种途径，从而导致许多我们所认为是"美国的"东西实际上来自世界其他地方。我们穿的大部分衣服、用的家具以及我们佩戴的手表、花的钱，所有这些都可以溯源至其他文化（Linton, 1937a）。

讨论"美国文化"一定是恰当的，特别是在我们把自己的生活方式与其他社会的文化相比较时。但文化变迁的这种讨论向我们表明文化总是复杂的，而且总在变迁。101页的"多样化思考"专栏，在简要回顾摇滚乐历史的基础上，为我们提供了反映文化多样且动态的极好案例。

八、种族中心主义和文化相对主义

12月10日，在摩洛哥的一个乡村，看到许多同行旅行者正在参观一家小陶瓷工厂，我们毫不怀疑北美是世界上最大的消费者。我们很高兴发现有中国或印度手工编制的地毯，土耳其精雕细凿的金属制品，在摩洛哥这里也能收集到十分漂亮的彩色精美瓷砖。当然所有这些物件都是非常廉价的物品。但廉价的一个重要原因令人吃惊：许多来自中低收入国家的产品是由儿童生产的——有些只有五岁或六岁那么小——他们为每小时几美分的报酬长年累月地工作。

我们认为青少年阶段是天真无邪、无忧无虑的时期，没有成年人工作的负担。然而全球各地的穷国，却依靠儿童赚取的收入来补贴家用。因此，此一社会人们认为是正确和自然的事物，彼一社会的人们却会感到困惑不解甚至有违道德。也许正如中国哲学家孔夫子所说的"性相近，习相远"。

每一种可以想见的观念和行为在世界其他某个地方都可能是平常无奇的，这种文化变量会使旅行者既激动又不安。澳大利亚人向下按开关打开灯；北美人则向上按才打开灯。日本人给城市街区命名；北美人则给街道命名。埃及人与人交谈时喜欢靠得很近；北美人则习惯保持几英尺距离的"个人空间"。因此，我们社会成员在他国旅行时，会发现大量令人困惑甚至冒犯我们的事情。比如在摩洛哥偏远地区，卫生间里没有手纸使北美人感到十分不便，一想到像当地人那样用左手来保持如厕卫生就让北美人却步。

考虑到某一特殊文化却是某种日常生活的基础，各个地方的人们都表现出种族中心主义也就毫不奇怪了。**种族中心主义**（ethnocentrism），即用某个人自己的文化标准评判另一种文化的做法。一定程度的种族优越感对于人们在感情上与他们的生活方式保持联系是有必要的。但种族中心主义也会产生误解，有时甚至会产生冲突。

学生快照

图 2-2 一年级大学生的生活目标，1969—2010

研究者对 1969 年以来的一年级大学生进行了调查研究。尽管他们对诸如家庭重要性这类事情的态度几乎没有发生改变，然而对于其他生活目标的态度却发生了很大的改变。

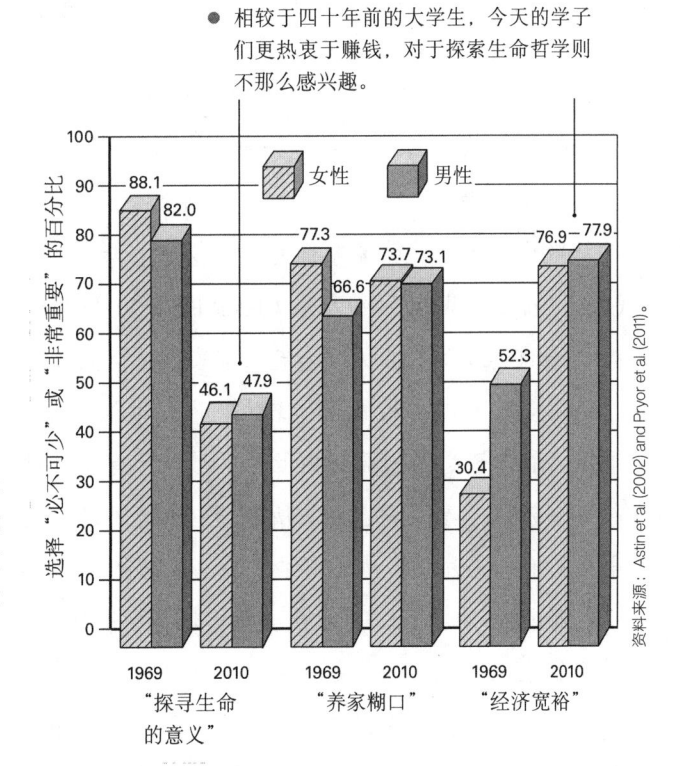

● 相较于四十年前的大学生，今天的学子们更热衷于赚钱，对于探索生命哲学则不那么感兴趣。

资料来源：Astin et al. (2002) and Pryor et al. (2011)。

每一种文化系统的成员都倾向于更喜欢自己所熟悉的文化，警惕异类文化。古罗马人把这种差异观念发挥到极致，"非我族类"不是"陌生人"就是"敌人"。甚至语言也具有文化上的偏见。几个世纪以前，欧洲和北美的人把中国称作"远东"。但这个中国人并不理解的词，实际上是一种具有种族中心主义倾向的表达，以我们为中心，把远离我们的东方地区称为"远东"。"中国"作为国家的名称，翻译过来就是"中心王国"，意味着他们正与我们一样把自己的国家看作世界的中心。

种族中心主义逻辑上的替代是**文化相对主义**（cultural relativism），即以文化自身的标准来评价一种文化的做法。文化相对主义对旅行者而言并不容易：它不仅要求对陌生的价值观和规范保持开放的心态，而且还需要有搁置自己熟悉的文化标准的能力。尽管如此，随着世界上人们之间的联系越来越多，对其他文化的了解在21世纪就变得越来越重要了。

多样化思考：种族、阶层与性别

早期摇滚乐：种族、阶层和文化变迁

20世纪50年代早期，主流的"波普"音乐绝大部分对象为成年白人。20世纪50年代，摇滚乐作为美国流行文化的一部分开始出现。不久，摇滚乐迅速成长为一种文化潮流，涤荡了传统的音乐品味，以我们今天还在感受的方式改变着美国。歌曲由专业的作曲家谱写，由经营多年的唱片公司录音，由包括佩里·科莫（Perry Como）、埃迪·费舍尔（Eddie Fisher）、多丽丝·戴（Doris Day）以及佩蒂·佩姬（Patti Page）等在内的著名艺术家表演，而且每位大名鼎鼎的表演者都是白人。

那时是美国种族隔离严重的时代。种族隔离意味着白人文化和黑人文化是不同的。在非裔美国人亚文化世界里，音乐有着不同的声音和节奏，展示为爵士乐、福音唱法、节奏蓝调歌曲。所有这些音乐风格都由非裔美国人作曲者和表演者在黑人所有的唱片公司协同制作，并通过电台向几乎是清一色的黑人听众广播。

20世纪50年代，美国社会还出现了由阶层而隔离的不同音乐世界，这种隔离甚至发生在白人之间。另外一种音乐亚文化是乡村与西部音乐，一种在贫困白人特别是生活于南部人群中流行的音乐风格。与节奏蓝调歌曲一样，乡村与西部音

乐有自己的作曲者和表演者、自己的唱片公司和自己的电台。

没有"交叉"音乐，这也意味着几乎没有任何一位表演者或一类歌曲会受到另一群体的欢迎。这种音乐隔离到1955年伴随摇滚音乐的诞生而开始打破。摇滚是一种许多业已存在的音乐元素的全新混合，吸取了主流流行音乐元素，也包含了乡村与西部音乐元素，特别是节奏蓝调歌曲元素。

新生的摇滚乐综合了音乐的很多传统元素，但不久又以年龄因素再次将社会割裂开来。摇滚乐是第一种明显与年轻人文化相联系的音乐，摇滚在青少年中风行一时，而他们的父母却全然无法欣赏和理解。摇滚乐表演者大多是外表年轻且对"成人"文化持反叛立场的男性（以及一部分女性）。典型的摇滚歌手是以"酷"为宣言（一个大多数父母甚至不理解的概念）的年轻人，但在父母辈眼中却像"不良少年"。

摇滚音乐史上第一个成名的是比尔·哈利与彗星乐团（Bill Haley and the Comets）。走出乡村和西部音乐传统，哈利于1954年录制了两首早期节奏蓝调歌曲"Shake Rattle And Roll"和"Rock Around the Clock"，引起了巨大的轰动。

然而，年轻人很快便失去对比尔·哈利这样的老歌手的兴趣。他们开始把注意力转向更年轻的有着更浓厚不良少年形象的表演者身上——留着络腮胡、立起衣领、穿着黑皮夹克的歌手。到1956年，来自密西西比州吐丕洛（Tupelo）一位名叫艾尔维斯·普雷斯利（Elvis Aron Presley）（猫王）的南部白人贫穷男孩成为无可置疑的摇滚新星。受乡村传统影响，艾尔维斯熟悉乡村和西部音乐。在他举家移居田纳西州的孟菲斯后，他学习了几乎所有的黑人福音音乐和蓝调摇摆乐。

猫王成为第一位摇滚乐的超级明星，这不仅因为他天资聪颖，而且因为他获得了巨大的市场交叉力量。在他早期如"Hound Dog"（源自胖妈妈桑顿录制的节奏蓝调歌曲）和"Blue Suede Shoes"（由乡村和西部明星卡尔·帕金斯所谱写）的精选辑中，猫王打破了美国音乐中许多种族和阶层藩篱。

到20世纪50年代末期，流行音乐风格也在许多新鲜而不同的方向上加以发展，创立了包括轻柔摇滚（瑞奇·尼尔森［Ricky Nelson］和帕特·布恩［Pat Boone］）、山区乡村摇滚（约翰尼·卡什［Johnny Cash］）以及许多以鸟（猎鹰、企鹅、火烈鸟）或车牌（帝国、雪佛兰、弗利特伍德）命名的黑人或白人杜沃普（Doo-wop）摇滚乐团。20世纪60年代期间，摇滚乐进一步发展，包括民间音乐（金斯顿三重唱，彼得、保罗和玛丽民谣三重唱组合，鲍勃·迪伦民谣歌手）、冲浪音乐（The Beach boys 美国迷幻摇滚乐队，Jan and Dean 乐团）和英国披头士领衔的"英伦入侵"。

披头士乐队一开始非常接近于摇滚乐尖锐、流行的一面，但不久他们与另一支英伦乐队——以"反叛的"服饰和街头战士外形而自豪的滚石乐队分享了公众的注意力。20世纪60年代中，披头士和滚石乐队的重摇滚融合进了由飞鸟乐队、妈妈与爸爸合唱团、西蒙与加芬克尔乐队以及克罗斯比-斯蒂尔斯-纳什乐队演唱的民间"软摇滚"。此外，"摩城之音"（发源于节奏蓝调，因"汽车城"底特律而命名）和"灵魂"音乐造就了许多美国黑人明星，包括詹姆斯·布朗（James Brown）、艾瑞莎·弗兰克林（Aretha Franklin）、四乐队（the Four Tops）、诱惑合唱团（The Temptations）、黛安娜·罗斯（Diana Ross）、至上女声组合（The Supremes）等。

在西海岸，旧金山发展出一种不同的、政治色彩较为浓厚的由杰斐逊飞机乐队（The Jefferson Airplane）、感恩至死乐队（Grateful Dead）、贾尼斯·乔普林（Janis Joplin）演唱的摇滚乐。受吸毒影响，西海岸的衍生音乐风格包括"酸性摇滚"（acid rock），以大门乐队（The Doors）和吉米·亨德里克斯（Jimi Hendrix）为代表。爵士对摇滚世界的影响也回归，创造了像芝加哥乐队和血汗泪合唱团这样的"爵士摇滚"。

把节奏音乐和蓝调歌曲元素综合在一起的"猫王"埃维斯·普雷斯利（Elvis Presley）（中）、胖妈妈桑顿（Big Mama Thornton）（左），以及乡村与西部音乐明星卡尔·帕金斯（Karl Perkins）（右）。摇滚音乐的发展例证了美国文化不断发展的特征。

对摇滚乐在最初几十年内的简单回顾，展示了种族和阶层在塑造不同亚文化模式当中的力量，也表明音乐、电影和MV等文化的生产已成为一个巨大的商业。

> 但最重要的是，它向我们展示了文化并非一成不变，而是一个不断变迁、适应并随时代发展而重塑自我的动态过程。
>
> **你怎么想？**
>
> 1. 我们生活方式中的许多方面影响了摇滚乐。你认为摇滚乐的出现在什么方面改变了美国文化？
>
> 2. 在音乐发展的整个历史过程中，大多数演唱者都是男性。这告诉我们美国是一种什么样的生活方式？今天，流行音乐依然由男性所统治吗？
>
> 3. 你能继续把美国音乐变迁的故事续写到今天吗？（考虑一下迪斯科、重金属摇滚乐、朋克摇滚乐以及嘻哈文化）
>
> 资料来源：Based on Stuessy & Lipscomb (2008)。

种族中心主义 用一己之文化标准评判另一种文化的做法　　**文化相对主义** 以文化自身的标准来评价一种文化的做法

正如本章开头所述，美国的商业机构正在研究具有多元文化人口的市场价值观。同样，商业人士正逐渐意识到在全球化经济中，成功要依赖于对世界各地文化模式的了解。例如，IBM通过建立30多种语言的网站为他们的产品提供技术支持（IBM, 2011）。

对差异的包容是对过去的改变。过去许多公司采纳了一些对文化多样性缺少敏感性的市场战略。库尔斯啤酒的广告语"让它放松"，令说西班牙语的消费者感到大吃一惊，这一广告语在西语中可以理解为这种啤酒会引起腹泻。布兰尼夫航空公司如果将它的宣传口号"在皮革（座椅）中飞"（Fly in Leather）不小心翻译为西班牙语，就是"裸飞"的意思。同样地，美国东方航空的宣传口号"我们每天赢得我们的翅膀"变成"我们每天向天堂飞去"，相信这一口号几乎令每位旅行者都不舒服。甚至家禽巨人弗兰克·普度（Frank Purdue）也成为了糟糕市场企划的受害者，他的宣传语"强壮的男人热衷于制作脆嫩的鸡肉"翻译成西班牙语就是"一个性感激情的男人将使小鸡变得亲昵"（Helin, 1992）。

但是文化相对主义其自身也存在许多问题。假设几乎任何一种行为在世界的某个地方都是一种规范的话，那么是否意味着每件事物都同等地正确呢？难道一些印度和摩洛哥家庭让他们的小孩工作数小时并从中获利这样的事实的存在，就可以证明雇用童工是正当的吗？既然我们都是同一个物种的成员，那么肯定存在一些适当行为的普遍标准。但是这些标准是什么呢？为了建立这样的标准，我们如何避免将我们自身的标准强加给他人呢？这些问题难以一言蔽之。但是当我们面对一个陌生文化实践时，在弄清"他们"对这个问题的看法之前最好避免做出自己的判断。同时记住试用其他人的视角来思考你自己的生活方式。毕竟，我们所获得的东西大部分来自于学习他人，学习他人是对我们自身更好的洞察。

在低收入国家里，大多数孩子必须工作以贴补家用。这些来自尼泊尔的年轻女孩在加德满都谷地为一家砖厂超负荷工作。基于我们认为孩子的童年应属于学校，生活在高收入国家的人由此谴责这种雇用童工的现象，这是种族中心主义的表现吗？为什么是或为什么不是？

九、是全球文化吗？

现在我们可能前所未有地观察到在世界各地活跃着许多相同的文化。走在首尔（韩国）、吉隆坡（马来西亚）、马德拉斯（印度）、开罗（埃及）或卡萨布兰卡（摩洛哥）的街道上，我们可以看到人们穿着牛仔裤，听到熟悉的流行音乐，看到许多我们国家也使用的同类产品的广告。我们是否在见证一个单一全球文化的诞生呢？

由于商品、信息和人员的流动，全球各个国家和地区比以往任何时候的联系都更加密切。

全球经济：商品流动。国际贸易从未如此庞大。全球经济已经使许多相同的消费品——从汽车、电视节目到音乐和流行时尚——在全球范围内蔓延开来。

全球通信：信息流动。互联网和以卫星为基础的通信使人们能够同步体验到数千英里之外发生的事件。互联网接入正在扩展，全球大约有60%的互联网用户生活在高收入国家以外，而他们浏览的网页大多数以英文方式呈现（ITU World Telecommunication,

2011)。这一事实有助于解释我们上文述及的语言多样性的状况,即英语正迅速成为世界大多数地区首选的第二语言。

全球移民:人口流动。 对世界其他地区的了解刺激了人们迁居到他们心目中生活更好的地方。此外,现代交通技术,特别是飞机旅行使迁移变得比以往任何时候更加方便。于是在大部分国家中,出现了为数庞大的出生在别国的人口(美国大约有占人口总数13%的4000万移民)。

这些全球间的联系使得全球的文化变得越来越相似。但是全球文化这个命题存在三个重要的局限性。第一,商品、信息和人口的流动在世界各地是不均等的。一般而言,城市地区(商业、通信和人口的中心)有着强劲的相互联系纽带,而许多偏远乡村地区仍然相互隔离。此外,北美和西欧日益强大的经济和军事力量意味着这些地区国家对世界其他地区的影响远超过其他地区对该地区的影响。

第二,全球文化命题假定任何地方人们都能够消费得起各种各样的新商品和新服务。如第九章("全球社会分层")中所解释的那样,其实世界很多地区极度的贫困甚至剥夺了人们获得一个安全可靠生活必需品的基本权利。

第三,尽管许多文化要素已传播到世界各地,各个地方的人们对同一事物却并没有赋予相同的含义。读了《哈利·波特》,日本儿童与纽约或伦敦的儿童会获得同样的体验吗?同样地,我们喜欢来自世界各地的食物,但是却对生产这些食物的人的生活一点都不了解。简而言之,每个地方的人们仍然透过他们自身的文化镜头来看待这个世界。

第五节 文化的理论分析

应用

社会学家肩负着特殊的使命,即理解文化是如何有助于我们认知自身以及周围世界的。这里我们将分析几种理解文化的宏观理论视角。从微观视角探讨文化的个人体验,即强调个体是怎样不仅遵从其文化模式同时又在日常生活中创造新模式的视角,则是第四章的重点（"日常生活中的社会互动"）。

一、文化的功能：结构-功能分析

结构功能分析视角把文化解释为满足人们需要的复杂策略。借用唯心主义的哲学原理，这一视角认为价值观是文化的核心（Parsons, 1966; R.M.Williams, 1970）。换句话说，文化价值观指引我们的生活，赋予我们的行为以意义，并将人们整合起来。无数履行着各种各样功能的文化特质维持着社会的运转。

功能主义的思维方式有助于我们理解一个不熟悉的生活方式。想想俄亥俄州中部的阿米什农民用一队马匹来耕种上千英亩的农场。他们的耕作方法或许违背了讲究效率的美国文化价值观，但从阿米什人的角度来看，艰辛的工作对于建立具有高度宗教性的生活方式所需的磨炼来说承载着特定的功能。大家一起长时间的工作不仅使阿米什人产生自我满足感，而且加强了家庭的联系，团结了当地的社区。

当然，阿米什人的做法也存在着功能紊乱。艰辛的工作和严格的宗教戒律对一些最终想要离开该社区的人来说要求过于严苛。另外，太强烈的宗教信念有时候妨碍了妥协和折衷的实现，其结果是宗教实践中轻微的差异已经使得阿米什人分裂为几个不同的社区（Kraybill, 1989; Kraybill & Olshan, 1994）。

如果文化是满足人们需要的策略，我们或许期望能在世界上找到许多共同的模式。**文化普遍性**（cultural universals），指的是每种已知文化的共同特质。通过比较几百种文化，乔治·默多克（Gorge Murdock, 1945）确认出许多文化的普遍性要素。其中一个共同的要素是家庭，各个地方的家庭在控制生殖和监督小孩抚养方面起着重要的作用。在各个地方也都能发现丧葬仪式，因为所有人类社区都要面临死亡这个现实问题。作为一种缓解社会压力的有效途径，开玩笑是另一个文化的普遍性特征。

● **评价**

结构-功能分析视角的解释力在于，它向我们展示了文化是如何运作以满足人类的需要。然而，由于过分强调一个社会占主导地位的文化模式，这一视角很大程度上忽略了文化的多样性。而且，由于这一视角过分强调文化的稳定性，它低估了文化变迁的重要性。简而言之，文化系统不像结构功能主义者让我们相信的那样稳定和普遍。"应用理论"表格总结了这一理论视角关于文化的主要观点，并把它和下面即将介绍的另外两种视角并列在一起。

● **检查你的学习**

在美国，体育、7月4日庆祝活动、黑人历史月各有哪些功能？

二、不平等和文化：社会冲突分析

社会冲突分析视角强调文化和不平等之间的联系。从这个角度来看，任何文化的特质要使某些社会成员受益就要使其他社会成员付出一定的代价。

为什么某些价值观最初能够在社会中占统治地位？许多社会冲突理论家，特别是马克思主义者认为文化是由一个社会的经济基础决定的。社会冲突理论以唯物主义为哲学基础，唯物主义认为一个社会的经济生产制度（比如我们的资本主义经济）对这个社会的文化具有决定性的影响。唯物主义者的分析方法与结构功能主义者的唯心主义倾向形成了鲜明的对照。

社会冲突分析将我们社会中的"竞争"和"物质成功"的文化价值观与资本主义经济相联系，而这一经济是为这个国家中富裕的精英阶层利益服务的。资本主义文化进一步向我们灌输，富裕的、享有特权的人们比其他人工作得更艰辛或更持久，因此他们应当享有相应的财富和特权。它也鼓励我们将资本主义视为某种程度上"自然的"，不主张我们为减少经济不平等而做出努力。

然而，不平等的张力最终引爆了各种要求社会变革的运动。发生在美国的两个例子是民权运动和妇女运动。更近的例子是占领华尔街运动，这一运动一直关注我们社会日益增长的社会不平等。所有这些运动都寻求更大的社会平等，且都遭到了现状维持者的反对。

三、性别和文化：女权主义理论

马克思认为，文化植根于物质资料生产。因此，我们社会的文化极大地反映了资本主义经济制度。女权主义者认同马克思主义有关"文化是冲突的竞技场"的论断，但他们认为这种冲突植根于性别。

性别（gender）指的是社会成员隶属于或者男性或者女性的个人特质和社会位置。从女权主义角度来看，性别是社会不平等的重要维度，这一主题在第十章"性别分层"中有详细的检视。正如该章所言，男性在职场中比女性有更多的机会，相应地男性收入也比女性多。此外，男性在我们国家政治体系中有更大的权力，比如，所有美国总统都是男性。再有，在日常生活层面，男性在普通家庭中也行使着比女性更大的权力。

女权主义理论宣称我们的文化被性别化了。这便意味着我们的生活方式体现了"男性比女性更加重要"的价值观。这种不平等尤其体现在我们使用的语言当中。我们倾向于说"男人和妻子"，这一传统婚礼誓言中的措词；我们几乎从来没有听到"女人和丈夫"的说法。同样，男性化的"王"（king）传递了几乎总是积极正面的"权力"和"威望"的意义。与之相比，女性化的"女王"（queen）有着多重的含义，但其中一些是消极负面的。

应用理论

文化

	结构功能分析	社会冲突分析	社会生物学分析
分析层次	宏观层次	宏观层次	宏观层次
文化内涵	文化是一个社会成员相互合作以满足自身需求的行为系统。	文化是一个让部分人受益而使另一部分人受损的系统。	文化是一个部分受人类生物性影响的行为系统。
文化基础	文化模式植根于一个社会相对稳定的核心价值观和信仰。	马克思宣称文化植根于一个社会的物质生产；女权主义理论认为文化冲突植根于性别。	文化模式，特别是文化普遍性，植根于人类的生物进化。
回答的核心问题	一种文化模式如何帮助社会运转？在所有的社会中都能够发现的文化模式是什么？	文化模式如何使一些人受益而使其他人受损？一种文化模式如何维护社会的不平等？	一种文化模式如何帮助一个物种适应它的环境？

我们的文化不仅规定了男性相对于女性的统治权，我们的生活方式也视这种男性统治为"天然的"。这一信仰体系借助于宣称不平等不可改变来证明性别不平等是正当的。简而言之，文化模式体现并支撑了性别不平等。文化模式也使这种不平等永恒化，一直把它带向未来。

● **评价**

社会冲突分析视角认为文化系统没有平等地满足人类的需求，反而允许一部分人统治另一部分人。马克思专注于经济不平等，认为文化集中体现了资本主义制度。女权主义关注性别并认为文化是男性统治的体现。所有这些维度的不平等都被构建在我们的生活方式中。但同时，这些不平等也产生了要求改变现状的压力。

然而为了强调文化的裂隙，所有社会冲突的分析方法低估了文化模式具有整合社会成员作用的一面。因此，我们应该结合运用社会冲突分析法和结构功能分析法才能获得对文化更加全面的理解。

● **检查你的学习：**

对大学生联谊会和女学生联谊会的社会冲突分析与结构功能分析有怎样的不同？

四、进化论和文化：社会生物学

我们知道文化是人类智慧的产物，但是人类生物学是否影响这一进程的展开呢？既涉及生物学又涉及社会学的第三种理论视角是**社会生物学**（sociobiology），即探讨人类的生物性如何影响人们创造文化方式的一种理论视角。

社会生物学建立在查尔斯·达尔文（Charles Darwin）在其《物种起源》（1859）一书中提出的进化论的基础上。达尔文认为，有机生物体经过了长时间的自然选择发生了变异，这其实是四个简单原则的问题。第一，所有的生物都为了繁殖其后代而生存。第二，繁殖的蓝图存在于生物的基因当中，即生命最基本的单元，它能将上一代的特征遗传给下一代。第三，基因中一些随机变异允许物种在特定的环境中"试验"出新的生命模式。这些变异使得某些有机物比其他生物更好地存活下来，并将它们的优势基因遗传给它们的后代。第四，经过成千上万代的演化，这一基因模式提高了繁殖的存活率并占据了主导地位。如生物学家所说，通过这一方式一个物种适应了自然，占主导地位的遗传特征作为有机体的"本性"而被保留。

社会生物学家声称大量的文化普遍性特征反映了这样一个事实，即所有的人类都是同一生物物种的成员。正是因为共同的生物物种促成了比如明显普遍的性行为方面的"双重标准"。如性学研究者阿尔弗雷德·金赛（Alfred Kinsey）所说，"在世界任何地方的所有人中，男性比女性更渴望与不同的性伴侣发生性行为"（引自 Barash，1981：49）。但原因何在？

我们都知道孩子是女性卵子和男性精子结合的产物。但一枚精子和一枚卵子的生物重要性是十分不同的。对于一名健康的男子来说，在其大部分生命历程中，精子是一种由睾丸不断生产的"可再生资源"。一名男子在一次射精中可以释放出数百万个精子——技术上足以让北美的每位妇女怀孕（Barash, 1981: 47）。然而，一个新生的女性卵巢已经包含了她所终其一生的卵泡，或未受精的卵子。一名女性通常每月从卵巢当中排出一个卵细胞。因此尽管男性在生物上能够成为成千上万个小孩的父亲，但是女性只能生育较少数量的孩子。

鉴于这种生物学上的差异，男性可以通过性滥交——随意进行性行为——有效地复制他们的基因。但是女性看待生殖的眼光完全不同。妇女的每次怀孕都要求她怀胎九个月、生产，然后需要照看孩子很长一段时间。因此，对女性来说，有效的生殖取决于谨慎地选择一个配偶，他的品质（从他陪伴在女性身边的可能性开始）要有利于他们孩子的存活以及之后的繁衍。

用进化论的视角看，社会生物学家解释了不同的生殖策略导致了一个双重标准：男性更加趋向于将女性当作性的客体，反之则不然。尽管这一观点可能是对的，但许多社会生物学家反驳认为——正如图中所展示的——这应该更准确地理解为男性占统治地位的文化结果。

这一双重标准不仅涉及生物学问题，而且涉及男性统治女性的历史问题。但是社会生物学家认为这一文化模式像其他模式一样，隐含一个"生物学逻辑"。简单来说，世界各地都存在双重标准，这是因为男性和女性往往倾向于不同的生殖策略。

● **评价**

社会生物学已经形成了有关某些文化模式的生物学基础的有趣理论。但是这一视角仍具有争议，原因主要有两个。

第一，有些批评者担心社会生物学可能会让一个世纪前所主张的种族或性别优越性的生物学争论死灰复燃。然而支持者反驳说社会生物学剔除了过去那种种族和性别优越性的伪科学。事实上，他们认为，社会生物学团结了所有的人类，因为所有人都共享一个进化史。社会生物学宣称男性和女性在某些方面确实存在文化上无法克服的生物学差异，但这远不等于宣称男性比女性更重要，社会生物学强调男性和女性对于人类繁殖和生存都很重要。

第二，批评者认为社会生物学家没有多少证据来支持他们的理论。到目前为止的研究表明，生物力量并没有在任何严格意义上决定人类的行为。相反，人类是在文化体系内学习如何行为。那么社会生物学的贡献仅仅在于解释了为什么有些文化模式似乎比其他文化模式更容易学习（Barash, 1981）。

● **检查你的学习**

运用生物社会学视角，解释一下为什么有些文化模式，比如手足之争（同一家庭孩子之间经常相互竞争甚至打架的现象）比较普遍？

由于对文化进行分析的任何一种视角都需要广泛地关注社会的运行，因此本章上述三种视角都是宏观层次的分析视角。第四章"日常生活中的社会互动"，符号-互动论，将从微观层次上详细考察日常情境中的人类行为。

第六节 文化和人类自由

评价

本章全篇都在引导我们思考一个重要问题：即作为文化性动物，人类在何种程度上是自由的？文化使我们同他人和过去相联系了吗？文化提高了我们个人思考和独立选择的能力吗？

一、文化作为约束

作为符号的创造物，人类离不开文化而生存。但这种创造文化的能力也的确让人类面临着一些弊端。我们或许是唯一能给我们自己命名的动物，但生活在一个符号的世界里意味着我们也是唯一体验孤独的生物。此外，文化主要是一个习惯的问题，它限制了我们的选择范围，促使我们不断地重演令人感到苦恼的模式，例如，每个新生代都存在种族偏见和性别歧视。

我们社会强调通过竞争取得成就，这一价值观促使我们追求卓越，然而同样的竞争行为也使我们与他人相隔阂。物质的东西在某些方面让我们感到舒适，但是却让我们远离了从亲密关系和精神力量中所获得的安全感和满足感。

二、文化作为自由

无论好坏，人类都是文化性动物，正如蚂蚁和蜜蜂是它们生物种群中的囚徒一样。但是二者之间却有一个关键性的区别。生物本能创造一个既定的世界；相反，我们为自己建立和重建一个世界时，文化却在敦促我们做出选择。没有什么比我们自身社会文化的多样性以及世界上更大的人类多样性更能证明这种自由的存在了。

全球化思考

美国与加拿大：它们在文化上存在差异吗？

美国和加拿大是世界上最大的两个高收入国家，两个国家拥有长约 4000 英里的共同边界线。但美国和加拿大是否共享相同的文化呢？

一种重要观点毫不迟疑地认为两个国家都属于多元文化的类型。两个国家不仅有着成百上千的土著美洲人，而且也都涌入了世界各地的移民。两个国家最早的移民大部分都来自欧洲，而最近几十年来，移民多来自亚洲和拉丁美洲国家。比如，美国洛杉矶城有一个拉丁美洲人社区，而加拿大的温哥华城中有一个规模与之差不多的华人社区。

加拿大和美国存在一个重要的不同之处——历史上，加拿大有两种处于主导地位的文化：法国文化（大约占人口数的 16%）和英国文化（大约占 36%）。几乎三分之一魁北克省人（在那里法语是官方语言）和新布伦瑞克（New Brunswick）（在这里使用两种官方语言），均宣称具有法国血统。

加拿大占主导地位的价值观同我们所描述的美国价值观相同吗？西摩·马丁·利普赛特（Seymour Martin Lipset, 1985）发现在某种程度上两者是不同的。美国于 1776 年宣布脱离大不列颠王国获得独立，而加拿大直到 1982 年才正式脱离，但英国女王仍然是加拿大的官方元首。因此，利普赛特坚持认为，加拿大占主导地位的文化应位于美国文化和英国文化之间。

美国文化更加强调个人主义，而加拿大文化更加体现集体主义。在美国，个人主义可以从富有重要历史意义的西部牛仔身上看到。西部牛仔都是些喜欢孤独的自给自足者，甚至是些叛逆得像杰西·詹姆斯（Jesse Jams）和比利小子（Billy the Kid）那样挑战权威而被视为英雄的人。相反，在加拿大，那些皇家骑警队员——加拿大著名的马背上的警官更受到人们的尊敬。加拿大对集体生活的强调也体现在更强大的工会中：加拿大工人加入工会的数量三倍于美国（Steyn, 2008; Statistics Canada, 2011; U.S. Department of Labor, 2011）。

政治上，美国人倾向于认为个人应该为自己而努力。然而，加拿大很像英国，具有一股强烈的意识即政府应该照顾全体人民的利益。美国宪法强调"生命、自由和追求幸福"（重视个体的词语）的重要性，而加拿大社会植根于"和平、秩序以及好的政府"（重视政府的词语）（Steyn, 2008）。今天这一差异的明显结果是：加拿大比美国（唯一没有这一项目的高收入国家）拥有更广泛的社会福利制度（包括大众卫生保健体系）。这也有助于我们解释这样一个事实，即大约1/3美国家庭拥有一把以上的枪支；同时有助于我们理解这样一个广为传播的观念，即尽管很有争议，但个人拥有枪支的权利是不可剥夺的。相反，加拿大与英国一样，很少家庭拥有枪支并且政府严格控制枪支的所有权。

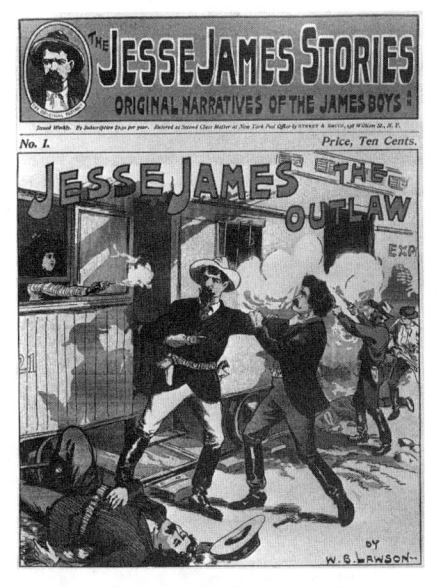

一个社会成员把什么样的人当作英雄来歌颂是该社会成员文化价值观一个很好的标志。在美国，像杰西·詹姆斯（以及之后的邦尼和克利德）这些叛逆者被视为英雄，因为他们代表了挑战权威的个人主义力量。相反，在加拿大，人们总是尊敬皇家骑警，因为他们象征着个人之上的社会权威。

你怎么想?

1. 你认为为什么有些加拿大人会觉得他们的生活方式笼罩了美国人生活方式的阴影?

2. 考考你的朋友加拿大首都城市的名字（正确答案是位于安大略省的渥太华）。你惊讶于很少人知道这个问题的答案吗？为什么是或不？

3. 为什么许多美国人不十分了解那些与他们共同拥有很长边界线的国家如加拿大或墨西哥呢？

  了解这种文化多样性是社会学家们的一个共同目标。"全球化思考"专栏中对美国和加拿大的文化进行了比较。无论我们生活在什么地方，我们对周边环境的文化运行了解得越充分，我们就越有准备去享受文化提供给我们的自由。

日常生活中的社会学

第二章 文化

● **我们有什么样的线索去解读一个社会的文化价值观？**

任何社会的价值观——也就是说，那个社会认为是重要的——在日常生活中的各个方面得到体现，包括人们的所有物和他们的行为方式。"解读"我们自己文化价值观的一个有趣方法是看看我们所赞美的"超级英雄"。看一看下面三幅照片中的角色，描述一下是什么使得每个角色很特别？每个角色在文化术语中又代表了什么？

● **答案：**

超人（还有超级英雄）把我们的社会定义为好的。毕竟，超人为"真理、正义和美国方式"而战。许多超级英雄都吸取了我们文化史中伟人的故事，包括像摩西和耶稣这样的宗教人物：他们有着神秘的出身（我们从来没有真正了解他们的真实家庭），他们受过巨大道德挑战的"检验"，他们最终成功克服了所有障碍。（然而今天的超级英雄往往使用强制力量通常是暴力获得成功。）拥有一个"秘密身份"意味着超级英雄可以过普通人的生活，也意味着我们普通人能想象成为超级英雄。但为了保持他们集中精力对抗邪恶，超级英雄必须置他们的工作于任何罗曼蒂克的兴趣之前（"工作第一！"）。苏琪（美剧《真爱如血》中的角色）也例证了我们社会女性面临的"多才多艺"的特别挑战：除了利用自己特殊的力量去对抗邪恶外，她还拥有一份全职工作。

超人第一次出现在1938年的《动作漫画》中，其时美国正艰难地走出经济大萧条并面临着日益迫近的战争威胁。从那时起，超人一直是电视节目和一系列好莱坞电影中的重要角色。大多数超级英雄的特征之一是他们都有一个秘密的身份；在这种情况下，超人的日常身份是"温和的新闻记者"克拉克·肯特。

在《真爱如血》的电视剧中，苏琪·斯塔克豪斯（Sookie Stackhouse）（安娜·帕奎因［Anna Paquin］饰演），一位具有心灵感应能力和其他特殊能力的女服务员，居住在一个你从来不知道你的客户是不是一个吸血鬼的世界上。大众媒体中刻画的超能力角色鲜少出现女性。

另一个对于我们文化很重要的长线超级英雄是蜘蛛侠。在《蜘蛛侠》电影中，彼得·帕克（面临邪恶时即转变成蜘蛛侠）与玛丽·简·沃特森秘密相爱，一次又一次，男英雄将女主角从危险中拯救出来。但在真实的超级英雄风格中，蜘蛛侠不允许自己听从内心的召唤，因为超能便意味着承担着巨大的责任，而责任必须优先。

从你的日常生活中发现社会学

1. 每一种文化的成员，当他们决定如何生活时，总是寻求"英雄"作为激励和崇拜的偶像。现代社会，大众传媒在创造英雄中发挥了巨大作用。流行文化定义下的"英雄"，比如克林特·伊斯特伍德的电影角色"警探哈里"、西尔维斯特·史泰龙的电影角色"洛奇"和"蓝博"（电影"第一滴血"男主角名）、阿诺·施瓦辛格的电影角色"终结者"，具有哪些特质？

2. 观看迪士尼动画电影，如《海底总动员》《狮子王》《美人鱼》《阿拉丁》（《一千零一夜》中的人物）、《风中奇缘》。这些影片大受欢迎的原因之一，是它们都有相同的独特的文化主题，而这些主题吸引了我们的社会成员。参照82—83页中所列举的美国文化核心价值观，找到那些使得你所选择的电影特别"美国"的文化价值观。

3. 你认识你的校园中来自他国或不同于你所熟悉的文化背景的校友吗？尝试与完全不同生活方式之下的人对话。试着去发现一些你接受或认为理所当然而他人不以为然的事物。登录MySocLab网站，看看"在你的日常生活中看社会学"专题，了解更多有关"文化多样性和如何学习体验文化差异"的内容。

温故知新

第二章　文化

什么是文化？

文化是一种**生活方式**。
- 文化是一个社会成员共享的生活方式。
- 文化影响着我们怎样去行动、思考和感觉。

文化是**人类特质**。
- 尽管一些物种显示出了有限的文化能力，但是只有人类依赖文化而生存。

文化是进化的产物。
- 随着人脑的进化，文化作为我们这一物种生存的首要策略最终取代了生物本能。

当我们进入一个不熟悉的文化环境并且不能"解读"这一新环境的意义时，我们会经历**文化震惊**。当我们以他人不能理解的方式行动时会制造文化震惊。

文化的要素

文化依靠单词、手势、表达意义的行动等各种形式的**符号**。
- 同一符号能够表达不同的意义（比如眨眼睛），这一事实表明，人类具有创造和处理符号的能力。
- 社会一直在创造新的符号（比如，计算机新技术引发了新的网络符号的创造）。

语言是一个符号系统，借助这一系统，文化代际相传。
- 人们使用语言——不管是书面的还是口头的——将文化代代相传。
- 每一种文化都是不同的，因此每一种语言都有着不同于其他语言的单词和短语。

价值观是关于应该怎么样（例如机会均等）的抽象标准。
- 价值观之间有时相互冲突。
- 低收入国家重视生存文化，高收入国家重视个体主义和自我表达文化。

信念是共享某种文化的人信以为真的特别想法（例如，"适格的妇女能够参选总统"）。

【观看 mysoclab.com 网站上的视频。】

指导人们行为的**规范**有两种类型：
- **民德**（例如，性禁忌），具有重要道德意义。
- **习俗**（例如，问候或用餐礼仪），事关日常礼貌的一些事情。

技术和文化

文化受**技术**影响。我们根据**社会文化进化**的不同阶段来理解技术发展。
- 狩猎和采集社会
- 园艺和游牧社会
- 农业社会
- 工业社会
- 后工业信息社会

文化多样性

我们生活在一个**文化多样性**的社会。
- 这种多样性源于我们移民的历史。
- 多样性反映了地区之间的差异。
- 多样性也折射出社会阶层之间的差异，阶层之间分为**高雅文化**（精英阶层享有）和**流行文化**（普通大众可获得）。

许多价值观对于我们的生活方式极为重要。但整个社会的**文化模式**并不相同。

亚文化是建立在社会成员兴趣和生活经历差异的基础上。
- 嘻哈迷和职业赛马手是美国青年亚文化的两个例子。

文化多元主义是加强对文化多样性欣赏的一种努力。

- 文化多元主义的出现是对早期"熔炉"思想做出的反应，熔炉思想认为当少数族群采取主流文化模式就会失去对其自身身份的认同。

【探索 mysoclab.com 网站上的地图。】

反文化是强烈反对传统生活方式的文化模式。

- 在美国阴谋破坏西方社会的激进的宗教原教旨主义团体就是反文化的例子。

【阅读 mysoclab.com 网站上的文件。】

文化变迁源于

- **发明**（例如，电话和计算机）
- **发现**（例如，意识到妇女能够胜任政治领导人）
- **文化传播**（例如，各种各样族群食品和音乐流派的广泛流行）

文化堕距，当某些文化要素比另一些文化要素变化的速度快时而产生。

我们怎样理解文化的差异性？

文化的理论分析

结构-功能分析视角认为文化是建立在核心价值观基础上的相对稳定的系统。所有的文化模式都有助于维持社会的持续运转。

社会冲突分析视角将文化视为一个不平等和冲突的动态的竞技场。文化模式会使某些人比其他人获得更多的利益。马克思认为文化模式反映了一个社会经济制度的运行。

女权主义理论分析视角将文化视为基于性别不平等的一个体系。

社会生物学视角探讨人类的漫长进化史如何影响今天世界的文化模式。

文化和人类自由

- 文化能限制我们做出的选择。
- 作为文化性动物，我们有能力去塑造和重塑我们的世界以满足我们的需求和实现我们的梦想。

社会化：从婴儿期到老年期

学 习 目 标

- **记住**本章用粗体字强调的关键概念的定义。
- **理解**先天与后天因素在人类发展上的争论。
- **应用**社会学的角度去看待社会如何定义在人生不同阶段的行为。
- **分析**家庭、学校、同辈群体和大众媒体对人格发展的作用。
- **评价**六位重要的思想家对我们理解社会化过程的贡献。
- **构建**一个综合性的评估，用以评估我们的人格在人生不同阶段与他人交互中不断发展变化的情况。

本章概览

在学习过关注宏观层面的第二章（"文化"）之后，我们转向微观层面，试图去发现个人如何在社会化的过程中变为社会的一员。

1938年冬天的一个寒冷早晨，在宾夕法尼亚州的乡村，为了调查一起可疑的虐童事件，一名社工快步地朝着一幢农舍走去。走进房子后，这名社工很快发现了一个被藏在二楼储藏室的五岁小女孩。为了不让这个叫安娜的小女孩活动，她被塞在一个破椅子里，双手被绑在头顶。安娜衣衫褴褛，手臂和腿都细得像火柴棍一样（K.Davis,1940）。

安娜的境遇只能用悲剧来形容。安娜生于1932年，她的母亲与自己严厉的父亲住在一起，是一名受过精神创伤的26岁单身女性。出于对女儿"非法化"母亲身份的愤怒，这名外祖父甚至不想让安娜待在自己的家里，因此安娜在出生后的最初六个月里，被辗转于许多福利机构之间。但是安娜的母亲付不起由此而来的护理费用，因此安娜还是回到了外祖父充满敌意的家。

为了减少外祖父的愤怒，母亲将安娜关在贮藏室里，仅提供维持其生命所必需的牛奶。安娜就在这样几乎没有人类接触的环境里，日复一日，年复一年地度过了五年。

得知安娜被解救后，社会学家金斯利·戴维斯（Kingsley Davis）立即前去探望了她。获得准许后戴维斯在一个救助机构见到了安娜，这个孩子的瘦弱让他震惊，安娜不能大笑、说话，甚至都不能微笑。她对外界完全没有反应，仿佛独自活在一个空洞的世界中。

第一节 社会经历：人性的关键

理解//

社会化对人类发展来说是如此的根本，以至于有时我们会忽略其重要性。然而，通过一桩被隔离儿童的悲惨个案，我们可以看到缺乏社会关系的结果会是怎样。虽然安娜作为一个生物个体存活着，但她几乎不能被看作人类。缺乏社会经历，儿童就不能以有意义的方式行动或与他人交流，如此看来就更像一件物品而非一个人。

社会学家用**社会化**（socialization）这一概念来指代这样一个贯穿一生的社会经历，人们通过这种经验来发展自己的人类潜能并学习文化。与行动为环境所决定的其他物种不同，人类需要通过社会经历来学习文化并存活。社会经历也是**人格**（personality）形成的基础，人格表现了一个个体持续的行为、思考和感觉方式。我们通过对外在环境的内化来建立自己的人格。可是，如果像安娜那样缺乏社会经历，人格就不会得到发展。

一、人类发展：先天与后天

通过安娜的个案可以得知，无论是生理成长或是人格的发展，人类都依赖于他人的关心和培养。然而，一个世纪以前，人们错误地相信本能决定了人类的人格与行为，是与生俱来的。

● 生物科学：先天的角色

如第二章"文化"中所述，查尔斯·达尔文1859年关于进化的突破性研究让人们以为人类行为是本能地、简单地源于我们的"本性"。基于这种观念的引导，出现了诸如美国经济体系反映了"人类竞争的本性"，或有些人"生来就是罪犯"，或女性"自然"是情绪化的而男性"自然"是理性的言论。

尝试了解文化多元性的人们也错误地理解了达尔文的思想。在全球探索的世纪里，欧洲人得知世界各地的人们在行为方式上表现得不同。但他们将这些不同与生物学而非文化联系到了一起。把技术简单的社会看作生物上进化程度低，从而"人性较少"的社会，这一观点简单而错误，并极具破坏性。此类基于族群优越感的观点为殖民主义提供了合法性：为什么不利用那些与自己比起来进化程度较低的人呢？

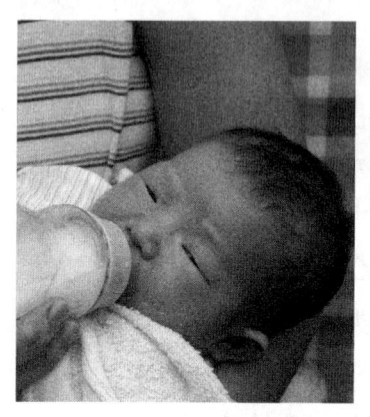

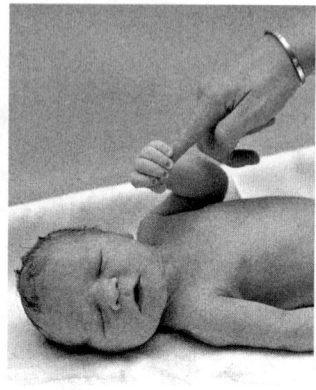

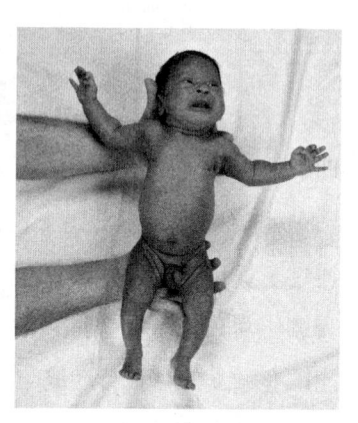

人类婴儿展示出多种条件反射——基于提高生存概率的生物学因素的行为模式。吮吸反射，出生之前就已存在，使得婴儿能够获取营养。抓握反射，把手指放到婴儿的掌中就会触发手的抓握，使得婴儿能够保持与父母的联系，以及日后能抓握物体。莫罗反射，婴儿受到惊吓时出现，婴儿会向外展开双臂，然后把双臂交叉放在胸口。这一动作会在出生后几个月内消失，可能是我们灵长类祖先进化过程中发展的，使得幼兽在掉落时能抓住父母的毛发。

● 社会科学：后天的角色

到了 20 世纪，对人类行为的生物学解释成为众矢之的。心理学家约翰·B. 华生（John B. Watson, 1878—1958）提出了**行为主义**（behaviorism）理论，指出人类行为并非出自本能，而源自习得。因此，任何地方的人都是平等的，彼此之间只存在文化模式上的差异。简言之，华生认为人类行为根植于教养而非天性。

今天，社会科学家们对将人类行为归为本能的观点表现得非常谨慎。这并不是指人类行为中没有生物的部分，毕竟人类生命依赖于机体的功能。同时，我们也知道儿童都有一些与父母相同的生物特征（如身高和头发颜色），并且遗传对智力、音乐与艺术天分，以及人格（例如对挫折的反应）也都有一定的影响。然而，这些遗传潜质是否得到发展，取决于个人如何被养育。例如，只有在童年早期儿童基于刺激使用大脑，大脑才能得到完全的发展。因此，发展的机会决定了遗传潜质发展的能力（Goldsmith, 1983; Begley, 1995）。

在不否认天性重要性的前提下，我们可以正确地指出教养在行为形塑上起了更大的作用。更为精确的说法，即*教养就是我们的天性*。

二、社会隔离

正如安娜的故事所述，把人们与社会世界隔离开是非常有害的。出于道德的要求，研究者不能将人置于完全隔离的状态下来研究发生了什么。但在过去，研究者研究过社会隔离对非人类的灵长类的影响。

● 对非人类灵长类动物的研究

在由心理学家哈里·哈洛和马格丽特·哈洛（Harry and Margret Harlow, 1962）所做的一项经典研究中，某些方面与人类行为惊人相似的恒河猴被安置在各种社会隔离的状态下进行研究。结果发现仅仅六个月的完全隔离（同时提供充足的营养）就会严重阻碍恒河猴的发育。当这些猴子被放回群体中时，它们表现得消极、焦虑和害怕。

随后，哈洛夫妇的研究人员将恒河猴的幼猴放到一个有人造"母亲"的笼子里，这一铁丝网制作的人造"母亲"有一个木制的头，在胸部的位置有一个连通喂养管道的奶嘴。在这种状态下成长起来的幼猴也存活了下来，但在放回群体后无法与其他猴子互动。

第三种状态下的幼猴表现得更好一些。这些幼猴被隔离在由铁丝网制造的、覆盖厚绒布的人造"母亲"环境下。这种状态中的每只幼猴都可以紧紧抱着人造"母亲"。由于和前面几组猴子比起来，这些恒河猴的发育受到更小破坏，因此哈洛夫妇得出结论，即幼猴与母猴的亲近有利于猴子的发展。这一实验证明了成人对婴儿亲切抚育的重要性。

最终，哈洛夫妇发现幼猴可以从三个月左右的隔离状态下得到恢复。但到了六个月，隔离就将造成不可避免的情感和行为伤害。

访问 mysoclab.com 网站，阅读 Kingsley Davis 的文章"Final Note on an Extreme Case of Isolation"。

● 对隔离儿童的研究

安娜故事的余绪与哈洛夫妇的发现相符。安娜被发现后，她得到了多方面的医学治疗，并在不久后有了改善。当戴维斯十天后再访问安娜时，他发现安娜变得更为灵活，甚至还会微笑（这可能是安娜有生以来第一次微笑！）。在接下来的一年中，安娜有了缓慢但稳固的进步,她表现得对其他人更为有兴趣并慢慢学会了走路。一年半后,安娜学会了自己吃饭和玩玩具。

但或许正如哈洛夫妇所预料,长达五年的社会隔离已经对安娜造成了永久性的伤害。到了八岁时,安娜的心智发展仍没有达到两岁的水平。直到十岁她才学会说话。安娜的母亲就表现为心智发展延缓,所以可能安娜也存在这种问题。也许是之前经年的虐待所致,安娜在十岁时死于血液紊乱。这一谜题始终没有得到解答(K.Davis, 1940, 1947)。

近期被隔离儿童的一个例子是一名受父母虐待的加州女孩(Curtiss, 1977; Rymer, 1994)。从两岁起,珍妮就被父母关在黑暗的车库,绑在小椅子上。1970年,在她十三岁被救出时,珍妮仅有55磅重,并只达到一岁的心智发育水平。随着强化治疗的进行,珍妮在生理上变得健康,但她的语言能力始终停留在幼儿阶段。目前,珍妮生活在一个专为发展上有残障的成年人设置的住处。

● **评价**

所有的事例都说明了社会经历在人格发展中的关键性。人类可以从虐待和短期隔离中得到恢复。但在儿童期的某一时刻,这种隔离会对发展造成永久性的损害。然而,由于个案研究的数目有限,这一分割点具体是何时并不清楚。

● **检查你的学习**

通过对隔离儿童的研究,我们对社会经历的重要性了解了多少?

人格的形成在很大程度上依赖于我们的成长环境。当儿童的世界为暴力所撕裂,这种伤害(包括失去信任的能力)将是深远而持久的。上面这幅画由来自苏丹达尔福尔地区的儿童所做。自2003年以来,在达尔福尔地区已有超过300,000人在武装冲突中丧生。这样的经历会怎样影响一个年轻人的自信和与他人建立信任纽带的能力?

第二节 对社会化的理解

理解//

社会化是一个复杂的、长达一生的过程。接下来的讨论将聚焦于对理解社会化做出持久贡献的六位学者的研究。

一、西格蒙德·弗洛伊德的人格组成因素

西格蒙德·弗洛伊德（Sigmund Freud, 1856—1939）生活在维也纳，当时大部分的欧洲人都认为人类行为是生物既定的。在接受过医学训练后，弗洛伊德慢慢地转向了对人格和精神错乱的研究，并最终提出了著名的精神分析理论。

● **人类的基本需求**

弗洛伊德提出虽然生物因素在人类发展中，就像在其他种群的发展中一样扮演了重要的角色，但并不与某些特定的本能相联系。相反，他指出人类生来就有两种基本需求或驱力。第一种是对性和情感关联的需求，他将这种本能定义为"生的本能"，或eros（来自希腊的爱神代表"爱欲"）。第二种我们所共享的攻击性驱力被弗洛伊德命名为"死的本能"，或thanatos（来自希腊语，意为"死亡"）。这两种在无意识层面运作的对抗力量制造了深度的内在张力。

● **弗洛伊德的人格模型**

弗洛伊德将基本需求和社会影响一并放置到了由三部分组成的人格模型中：本我，自我和超我。**本我**（id，拉丁语"它"）表示人类的基本驱力，处在无意识层次，要求立即满足。源于生物学的本我生来就有，新生儿对注意、抚摸和食物的多种要求由此产生。但是，社会反对以自己为中心的本我，这也是为什么"不"成为了婴儿最初学会的词语之一。

为了避免挫折，儿童必须学会实际地接触世界。这一过程便通过**自我**（ego）得到

了实现（"我"的拉丁语）。*自我即个人在天生的追求愉悦的驱力与社会要求之间的有意识的平衡努力。*当我们意识到自己的存在，并同时认识到我们不能得到所有我们想要的东西时，自我就得到了发展。

超我（superego，拉丁语意为"自我之上"或"超越自我"）是*人格中内化于个体的文化价值与规范*。超我在意识层次运作，告诉我们为什么不能得到所有自己想要的东西。从儿童认识到父母的需要开始，超我就形成了。超我的成型取决于儿童对行为都必须考虑文化规范的认识。

● **人格发展**

对本我中心的儿童来说，世界是一个充满困惑的生理感觉分类，带来的不是愉悦就是痛苦。然而，随着超我的发展，儿童学会了是与非的道德概念。换言之，最初儿童只能通过生理的方式感觉良好（例如被握着或抱着），但三到四年后，儿童通过把自己的行为与文化规范比对来感觉良好或不好（做"正确的事情"）。

本我与超我处于持续的对抗状态，但对一个合理调试的人来说，自我会控制这对矛盾的力量。弗洛伊德认为这种对抗如果在儿童期没有得到解决，那么就会在以后表现出人格失调。

以超我形式出现的文化会压制（repress）自私的需求，迫使人们超越个人欲求。通常情况下，自我需求与社会要求的竞争会以一种弗洛伊德称为"升华"（sublimation）的妥协结束。升华将自私的驱力变为社会所能接受的行为。例如，婚姻把对性驱力的满足变得可以为社会所接受，竞争性的体育运动为侵略性提供了出口。

● **评价**

在弗洛伊德时代，很少有人能接受性作为一种基本人类驱力的观点。近期的评论指责弗洛伊德的研究以男性的视角表现人类，而贬低了女性（Donovan & Littenberg, 1982）。同时，弗洛伊德的理论也难以为科学所证明。但是，弗洛伊德确实影响了之后研究人格的每一位学者。其关于社会规范的内化和儿童期经历对人格有持久影响的观点，对社会学来说具有特别重要的意义。

● **检查你的学习**

弗洛伊德人格模型的三要素是什么？每个要素表达了什么含义？

```
                        弗洛伊德的人格模型
   ┌────────────────────┬────────────────────┬────────────────────┐
本我 弗洛伊德定义为      自我 弗洛伊德定义为个人在天生的追求愉悦      超我 弗洛伊德定义为人格中
人类的基本驱力           的驱力与社会要求之间的有意识的平衡努力       内化于个体的文化价值与规范
```

二、让·皮亚杰的认知发展理论

瑞士心理学家让·皮亚杰（Jean Piaget, 1896—1980）研究人类认知，即人们怎样思考和理解。皮亚杰看着自己的三个孩子长大，他不仅想知道孩子知道什么，也想知道他们如何认识世界。皮亚杰给出了认知发展的四个阶段。

● 感知运动阶段（sensorimotor stage）

第一阶段为**感知运动阶段**，*即仅通过个人感官认识世界的人类发展阶段*。大约在生命最初的两年，婴儿仅通过五种感官来认识世界：触摸、舔尝、嗅闻、看和听。"知道"对幼儿来说就意味着感官所告诉自己的东西。

● 前运演阶段（The Preoperational Stage）

到了大约两岁，儿童进入**前运演阶段**，*即首次使用语言和其他符号的人类发展阶段*。这时儿童开始从精神和想象的层面思考世界。但是，两到六岁间处于前运演阶段的儿童仍然仅仅将意义与特定的经历和事物联系起来。他们能够认出自己最喜欢的玩具，但不能说明自己喜欢什么样的玩具。

抽象概念的缺失同样使得儿童不能分辨大小、重量或容量。在皮亚杰最著名一个实验中，他将两个形状相同的，装有同等质量的水的玻璃杯放在桌子上，然后问数个年龄在五到六岁之间儿童两个杯子里的水是不是一样多。孩子们点头称是。然后他让这些孩子看着自己将其中一杯的水倒入一个更高更窄的玻璃杯中，从而液面上升。这次皮亚杰再问这些孩子两个杯子里的水是不是一样多。一般情况下五到六岁儿童坚持认为高一点的杯子里水更多。而七岁左右的儿童则可以通过抽象思考认识到两个杯子里的水一样多。

● 具体运演阶段（The Concrete Operational Stage）

接下来的是**具体运演阶段**，*即个体开始认识到自己周围环境中因果关系的人类发展阶段*。在七到十一岁之间，儿童关注于事情怎样和为什么发生。其次，儿童开始将多个符号与某一特定事件或物体联系起来。例如，你对一个五岁大的孩子说"今天是星期三"，她或许会说"不，今天是我的生日！"。但一个处于具体运演阶段的十岁大的孩子或许会回答，"是的，但今天也是我的生日！"

● 形式运演阶段（The Formal Operational Stage）

皮亚杰模型的最后一个阶段为**形式运演阶段**，*即个体开始抽象思考、评论的发展阶段*。到了大约十二岁，青少年开始抽象地推理，而不仅仅只考虑实际发生的情况。例如，问一个七岁的儿童，"你长大后想干什么？"，得到的回答可能是"老师"。但大多数青少年能够更为抽象地思考，并可能回答，"我想找个能帮助别人的职业"。在他们获得抽象思考能力的同时，青少年也学会了如何理解隐喻。当听到"给你一便士，告诉我你在想什么"（美国熟语，意味"你呆呆地在想什么呢"）时，可能小孩会问你要一个硬币，而青少年则会知道这是对亲密性的一种委婉请求。

● 评价

弗洛伊德认为人类为生物和文化的力量所撕扯。皮亚杰则认为心智具有主动性和创造性。在他看来，在生物成熟和社会经历共同作用的结果下，人类有能力以阶段性的方式进入世界生活。

然而，所有社会的人们都会经历皮亚杰的四个阶段吗？生活在变化缓慢的传统社会或许会限制个人抽象和批判性思考的能力。即使在美国，也有大约 30% 的人们从未达到形式运演阶段（Kohlberg & Gilligan, 1971）。

● 检查你的学习

皮亚杰的四阶段认知发展理论是什么？他的理论告诉了我们关于社会化的哪些东西？

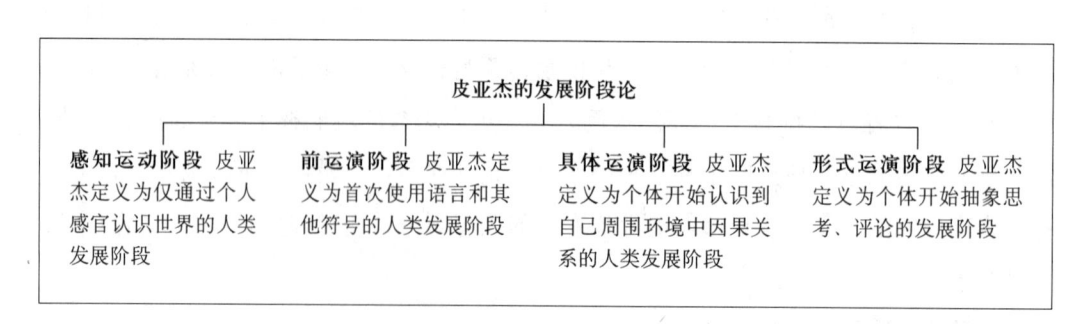

皮亚杰的发展阶段论

感知运动阶段 皮亚杰定义为仅通过个人感官认识世界的人类发展阶段	前运演阶段 皮亚杰定义为首次使用语言和其他符号的人类发展阶段	具体运演阶段 皮亚杰定义为个体开始认识到自己周围环境中因果关系的人类发展阶段	形式运演阶段 皮亚杰定义为个体开始抽象思考、评论的发展阶段

三、劳伦斯·科尔伯格的道德发展理论

劳伦斯·科尔伯格（Lawrence Kohlberg, 1981）以皮亚杰的理论为基础，对道德发展即个体如何判断对错进行了研究。道德发展也以阶段的形式展开。

以痛苦或愉悦的方式（皮亚杰的前运演阶段）来认知世界的幼儿处于道德发展的*前习俗水平*（*preconventional*）。换言之，在这一早期阶段"正确"就意味着"对我来说感觉好"。例如，幼儿可能去取桌子上的某件东西，仅仅因为它闪闪发亮，这也是为什么有幼儿的家长不得不使整个家变得"对孩子来说是安全的"。

第二阶段为*习俗水平*（*conventional*），出现在青少年时期（与皮亚杰的最后一个阶段，即形式运演阶段相应）。这时，青少年的自私性下降，他们学会了以什么让父母高兴和什么符合文化规范来定义对错。同时，这一阶段的个体以符合道德标准的程度，而不是简单地以行为来评价意图。例如，他们理解为了给饥饿的孩子吃的而偷东西，与为了赚钱而偷一个 iPod 播放器是不同的。

科尔伯格道德发展的最后一个阶段是*后习俗水平*（*postconventional*），在这一阶段人们超越社会的规范来思考抽象的道德准则。这阶段的人们开始思考自由权、自由或正义等问题，并可能提出合法的事情并不正确的观点。1955 年在阿拉巴马州的蒙哥马利，非裔美国人罗莎·帕克斯在公交车上拒绝让座，她违反隔离法律是为了唤起人们对这一种族歧视性法律的关注。

● **评价**

和皮亚杰的研究相同，科尔伯格的模型以阶段性阐释了道德发展的过程。但是这一模型是否适用于各种社会并不清楚。此外，虽然原因不明，许多美国人也看似从未达到道德发展的后习俗水平。

科尔伯格的研究所存在另一个问题是研究对象均为男孩。如第一章所述（"社会学：视

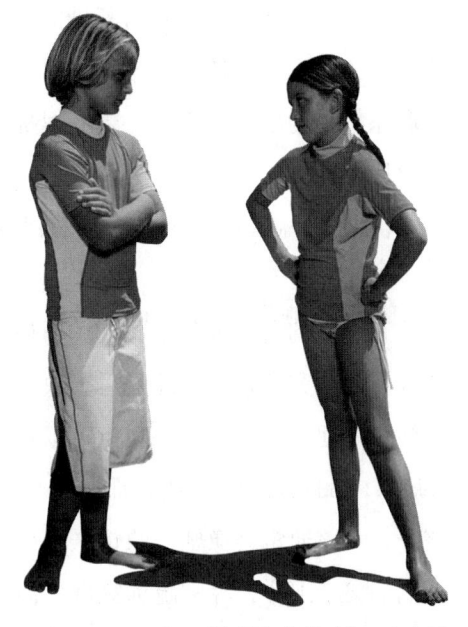

童年期是一个学习对与错标准的时期。在卡罗尔·吉利根看来，男孩和女孩以不同的方式定义什么是"对的"。了解了吉利根的理论后，你能设想一下图片中的两个孩子在为什么争执吗？

野、理论和方法"),他犯了一个基本的研究错误,即把适用于男性对象的结果推广到所有人。科尔伯格的这一错误引起另一同事卡罗尔·吉利根(Carol Gilligan)关于社会性别对道德发展影响的研究。

● **检查你的学习**

科尔伯格的道德发展理论的三阶段是什么?他的理论告诉了我们关于社会化的哪些知识?

四、卡罗尔·吉利根的社会性别与道德发展理论

卡罗尔·吉利根(1982)通过比较女孩和男孩的道德发展,得出了两性以不同的标准衡量对错的结论。卡罗尔·吉利根认为男孩采取公平的视角(justice perspective),通过正式规则来定义对错。相反,女孩则采取关怀与责任的视角(care and responsibility perspective),通过人际关系的维度来判断实情。例如,男孩认为偷窃是错误的,因为偷窃不合法。女孩则倾向于了解为什么某人要偷窃,并对为了养活家庭的穷人的偷窃行为表示同情。

科尔伯格认为以原则为基础的男性伦理优于以人为基础的女性伦理。吉利根发现非个人的原则在工作中占据着男性的生活,而人际关系与女性作为母亲和照顾者的生活联系得更为紧密。于是,吉利根提出疑问为什么我们必须将男性的标准作为规范来评价所有人?

【访问 mysoclab.com 网站,观看视频"Gender Socialization"。】

● **评价**

吉利根的研究强化了我们关于研究中人类发展和社会性别的理解。但之前的问题还存在着:究竟是先天还是后天决定了男性与女性之间的区别?在吉利根看来是文化模塑从中起着作用,这一观点可以在其他研究中找到相关支持。例如,南希·乔多罗(Nancy Chodorow, 1994)认为那些成长在母亲照料孩子的时间远远大于父亲的家庭中的孩子,女孩通常会像她们的母亲那样,对他人表现得关心和有责任感,而男孩则会像他们的父亲那样,经常疏远家庭,而且他们通常都有非常独立的人格,也更倾向关注抽象的规则。也许,随着越来越多的女性以工作为中心来组织自己的生活,女性和男性的道德发展将趋向一致。

● **检查你的学习**

根据吉利根的观点,在理解正确与错误的问题上,男孩和女孩的方式有何不同?

五、乔治·赫伯特·米德的社会自我理论

乔治·赫伯特·米德提出*社会行为主义理论*以解释社会经历如何影响个体人格的形成(1962,原作于1934)。

● **自我**

米德理论的关键概念是*自我*,即个体人格中由自我意识和自我形象所组成的部分。米德天才地指出自我乃是社会经历的产物。

首先,米德指出*自我仅随社会经历发展*。自我不是身体的一部分,并非生来就有。米德不同意人格来自生物性驱力(如弗洛伊德所述)或生物成熟(如皮亚杰所述)的论断。对米德而言,只有当个体与他人进行互动时,自我才会产生。如果没有互动,就像在被隔离儿童的例子中看到的那样,身体成长,但自我并不会出现。

其次,米德指出社会经历就是对符号的交换。只有人类通过运用词汇,挥手或是一个微笑才创造意义。我们可以通过奖赏或惩罚训练狗,但狗本身并不会把行动与意义联系起来。相反,人类则通过想象对方的潜在意图为行动赋予意义。简言之,一条狗仅对你*做什么*动作做出反应,一个人则对你*为什么*这么做的想法做出反应。你可以训练一条狗到门厅把雨伞拿回来。但是由于狗并不了解你的意图,如果它找不到雨伞,那么它就无法做出同样情况下人类的反应:找件雨衣替代。

第三,米德指出对意图的了解是基于从对方的角度想象情况。通过运用符号,我们可以设身处地地来想象他人的情况。这样就可以在未行动前预期他人对我们的反应。一个简单的投球要求我们换位来思考对方如何接球。所有的社会互动都包括以他人看待我们的方式来看待自己——米德称这一过程为*扮演他人角色*。

● **镜中我**

实际上,他人就如同一面镜子(人们通常称作"looking glass"),我们从中可以看到自己。我们如何看待自己,则依赖于我们认为他人会如何看待我们。例如,如果我们认为别人觉得我们聪明,我们就会这样来认识自己。但如果我们感觉别人认为我们笨拙,那么我们也就是这样认识自己的。查尔斯·霍顿·库利(Charles Horton Cooley,

1864—1929）用**镜中我**（looking-glass self）来指代基于我们对他人如何看待自己而产生的*自我形象*（1964，原作于1902）。

● 主我与客我

米德的第四点指出*我们通过采用他人角色形成自我意识*。换言之，自我由两部分组成。一部分以主观的方式运作，表现得主动和自发。米德把这部分主动的自我称为"主我"（I，人称代词的主格形式）。自我的另一部分则以客观的方式运作，即以我们想象的他人对自己的看法的形式来运作。米德把自我的这部分称为"客我"（Me，人称代词的宾格形式）。所有的社会经历都由这两部分组成：我们开始行动（自我的主格形式，或主观的面向），然后我们基于他人如何回复我们（自我的宾格形式，或客观的面向）来继续行动。

● 自我的发展

在米德看来，学习扮演他人角色是自我发展的关键。由于社会经历有限，婴儿只会模仿。他们在不了解潜在意图的情况下对行动者进行模仿，以这一点来看，婴儿是没有自我的。

自我同时扮演的角色	无（无能力扮演他人）	一次扮演一人	一次扮演多人	多种情况下扮演多人
阶段	模仿	玩耍	游戏	识别概化他人

图3-1　社会经历的建立
乔治·赫伯特·米德将自我的发展看作社会经历的习得过程，即自我随着我们扮演他人角色能力的扩展而得到发展。

当儿童学会运用语言和其他符号后，自我便通过玩耍的形式出现。玩耍包括以重要他人为模型的角色假定，**重要他人**（significant others），*比如父母，对社会化有特别重要的意义*。玩过家家，扮演"妈妈和爸爸"（通常真实地将自己放进父母的角色）帮助儿童以父母的视角来想象世界。

慢慢地，儿童学会了同时扮演多人角色。这一能力使他们从简单的两人玩耍（如躲猫猫）变为涉及多人的复杂游戏（如棒球）。到了七岁左右，大多数孩子都有过参与团体运动的社会经历。

图3-1给出了从模仿到玩耍再到游戏的过程。自我的发展有一个最终阶段，即在某一情况下扮演特定他人角色的游戏。日常生活要求我们以社会中任何人符合文化规范的方式来看待我们自己。米德用**概化他人**（generalized other）*指代用以评价我们自己*

的广泛的文化规范和价值标准。

岁月流逝，自我也随着社会经历的变化而变化。但无论社会如何形塑我们，我们一直都是富有创造性的个体，能够对世界做出反应。因此，米德总结道，我们在自己的社会化过程中起着关键性的作用。

乔治·赫伯特·米德指出"自我和他人二者不能截然分开"。丽玛·乔治娜和瓦列里·乔治文（Rimma Gerlovina and Valeriy Gerlovin）的艺术作品"Manyness"也传达着这样的道理。尽管我们认为自己是一个独特的个体，但是每个人的个性是在于他人的交互中发展起来的。

Rimma Gerlovina and Valeriy Gerlovin, *manyness*, 1990, the artists, New City, N.Y.

● **评价**

米德的研究扩展了社会经历本身。在人类的符号性互动中，米德相信自己发现了自我与社会的共同根基。

米德的观点是完全社会性的，没有任何生物性的因素。对于支持弗洛伊德（认为人类的一般驱力根源于身体）和皮亚杰（其发展阶段与生物性成熟相连）的批评者来说这就成为了一个问题。

注意不要将米德的主我与客我和弗洛伊德的本我和超我相混淆。首先，对弗洛伊德来说，本我来自生物学，但米德的自我概念拒绝任何生物学的因素（虽然他从来没有指明主我的根源）。其次，本我和超我被困在持续的对抗中，但主我和客我却以合作的方式运作（Meltzer, 1978）。

● **检查你的学习**

解释米德关于主我与客我的概念的含义与重要性。米德所提到的"扮演他人角色"是什么意思？为什么这一过程对社会化特别重要？

六、埃里克·H. 埃里克森的发展八阶段理论

虽然一些学者（包括弗洛伊德在内）均指出儿童期是人格形成的关键，埃里克·H. 埃里克森（Erik H.Erikson, 1902—1994）则采纳了更为宽广的社会化视角。他指出我们一生都面对着各种危机（1963，原作于1950）。

- 第一阶段——婴儿期：信任的挑战（对不信任）

从出生到八个月大，婴儿面临生活的最初挑战：建立世界是一个安全的地方的信任感。家庭成员在婴儿如何应对这一挑战中起着关键性的作用。

- 第二阶段——学步期：自主的挑战（对怀疑与害羞）

这一阶段直到三岁，儿童应对的挑战在于学会以自信的方式对待世界。自我控制的失败会让儿童怀疑自己的能力。

- 第三阶段——学前期：进取的挑战（对内疚）

四到五岁时必须学会参与周围的环境——包括家人之外的人——或是体验难以达到父母或他人期望时的内疚。

- 第四阶段——前青春期：勤奋的挑战（对自卑）

在六到十三岁之间，儿童进入学校，结交朋友，并越来越依靠自己。他们或者对自己的成就感到骄傲，或者害怕自己不合格。

- 第五阶段——青春期：自我同一性的挑战（对角色困惑）

在青春期，青少年努力建立自己的同一性。青少年部分通过他人来定义自己，但他们也希望自己是独特的。在获得同一性的过程中几乎所有的青少年都要经历某些困惑。

- 第六阶段——前成人期：亲密的挑战（对孤立）

前成人期的成年人的危机在于建立并维护与他人的亲密关系。坠入爱河（或结交密友）包括如何平衡以下两种需要之间的关系，即与他人建立联系的需要与保持自己独特身份的需要。

- 第七阶段——中年期：与众不同的挑战（对自恋）

中年的挑战在于如何对他人的生活做出贡献，包括家庭、工作和更宽阔意义上的世界。如果达不到这点，人就变得自我中心，仅为自己有限的关注所吸引。

- 第八阶段——老年期：自我整合的挑战（对失望）

到了生命的最后阶段，埃里克森指出，人们希望怀着完整感来看待自己过去的成

就。对那些自我中心的人们来说，老年只能意味着错失良机的失落感。

● **评价**

埃里克森的理论将人格的形成看作持续一生的过程，前一阶段的成功（例如婴儿获得信任感）为我们做好了迎接下一挑战的准备。然而，并非每一个人都完全按照埃里克森的顺序来应对挑战。同样不明确的一点在于，如果一个人在前阶段的挑战中失败，那么在接下来的挑战中是不是也会失败。在讨论皮亚杰的观点时曾提出过一个更为宽泛的问题，即其他不同的文化，和历史中其他时段的人们是不是也以埃里克森的标准来定义何为成功的人生。

总之，埃里克森的模型指出了形塑人格的不同因素，包括家庭和学校。现在我们来详细地了解一下这些重要的社会化机构。

● **检查你的学习**

相比于本章中提到的其他思想家，埃里克森在哪些方面能通过更广阔的视野来看待社会化这一问题？

第三节　社会化机构

分析

每种社会经历都或多或少地影响我们。然而，一些人们熟悉的场所对社会化过程有着特别重要的作用。这些重要的场所就是家庭、学校、同辈群体和大众传媒。

一、家庭

家庭对社会化的影响表现在很多方面。对大多数人来说，实际上家庭是最重要的社会化机构。

● **早期儿童阶段的养育**

婴儿完全依靠他人的照顾。提供一个安全和充满照顾的环境是父母和其他家庭成员的责任。在上学之前，家庭同时也承担着培养儿童能力、价值和信仰的职责。要言之，研究表明除了一个充满爱意的家庭，没有什么能创造一个快乐、适应良好的孩子（Gibbs.2001）。

并不是所有的学习都来自父母的专门教导。儿童也在成人所创造的环境类型中进行学习。孩子认为自己是强大还是弱小，聪明还是笨拙，被爱护还是被忍受——如同埃里克·埃里克森所述，孩子认为这个世界是可信任的还是危险的——基本上取决于父母或照顾者所提供环境的状况。

● **种族与阶层**

父母通过家庭给予儿童某种社会身份。种族是组成社会身份的一部分。种族身份可能很复杂，正如第十一章（"种族和族群"）所指出，社会以多种不同的方式定义种族概念。另外，在2010年的人口普查中，有八百多万人（总人口的2.7%）认为自己属于两种以上的种族类别。这一数字还在上升，与此同时，目前在美国有4%的新生儿被登记为跨种族。美国各地区跨种族新生儿数量也有明显差异。

社会阶层位置和种族一样，在形塑儿童的社会身份中起着重要的作用。无论是出生于社会上层或是社会下层的家庭，儿童都逐渐地认识到自己的家庭社会阶层会影响他人如何看待自己，以及自己如何看待自己。

其次，研究表明阶层位置不仅影响父母为孩子花费多少钱，也影响父母对孩子的期望（Ellison, Bartkowski & Segal, 1996）。当美国人被要求从一系列特征中挑选出自己最期望的孩子所拥有的特征时，所有阶层的人都希望他们的孩子是"受欢迎

社会学研究表明家境富裕的父母倾向于鼓励孩子的创造性，而贫穷的父母则强化服从。虽然这种区别可能是正确的，但是任何阶层的父母都能通过对儿童生活的参与为孩子提供爱和支持。亨利·欧萨·泰那（Henry Ossawa Tanner）的油画"五弦琴课"（The Banjo Lesson）代表了对这一过程的持久信奉。

Henry Ossawa Tanner, The Banjo Lesson, 1893. Oil on canvas. Hampton University Museum, Hampton, Virginia.

的"。约 60% 的低社会阶层的人选择了"服从与遵守",而仅有 40% 的高社会阶层的人这样选择。相反,高阶层的人更多地希望孩子能够"独立思考"(NORC, 2011)。

为什么会出现不同?梅尔文·科恩(Melvin Kohn, 1977)指出低社会阶层的人们往往教育水平有限,并在密切的监督下从事例行工作。由于期望自己的孩子也拥有相同的位置,他们鼓励顺从,甚至通过身体上的惩罚如痛打来达到这一目标。而家境富裕的父母受教育的时间更长,他们通常从事要求想象力和创造性的工作,因此他们试着激发自己孩子身上相同的特性。有意或无意的,所有的家长都鼓励孩子追随自己的脚步。

家境更为富裕的父母一般会为孩子提供额外的休闲活动项目,包括体育运动,旅行和音乐课。这些丰富的活动——对成长在低收入家庭的儿童来说几乎是不可能的——显示出重要的文化资本,这种资本提供了优越的学习条件,并为这些孩子创造了一种自信,即他们在今后的生活中将会成功(Lareau, 2002)。

社会阶层同样也影响了成长过程的长短。"日常生活中的社会学"专栏给出了解释。

了解我们自己·美国的多种族人口分布

阿列奥·冈萨雷斯(Alejo Gonzalez)是洛杉矶的当地人,他觉得他自己是既是白人也是非裔美国人,同时也是拉丁美洲人。艾米莉·琼斯顿(Emily Johnston)在纽约北部的海基默(Herkimer)县上学,在那儿,她的大多数同学都是白人。

2010 年人口普查时许多人将自己描述为多种族的,这种情况在美国各地分布差异明显。你认为成长于一个多种族人口密集的地区(如洛杉矶或纽约)与成长在一个多种族人口稀少的地区(如北部的纽约或者中部的平原地区)会不同吗?

资料来源:U.S. Census Bureau(2011)。

访问 mysoclab.com 网站,获取"the United States"数据,探索你所在的社区和城市的多种族人口比例。

二、学校

学校教育扩大了儿童的社会世界,与自己背景不同的人被囊括进来。只有当他们碰到不同于自己的人时,儿童才会了解种族和社会阶层位置等因素的重要性。之后,他们很可能按同一阶层、种族和社会性别的分类聚到操场上玩耍。

● 性别

学校和家庭共同作用将儿童社会化为社会性别角色。研究表明在学校,男孩更多地参加体育活动，并花更多的时间在户外，而女孩更可能帮助老师做各种家务零活。同时，男孩在教室表现出更多的侵略性行为，而女孩的典型表现是更为安静和守规矩（R.Best, 1983; Jordan & Cowan, 1995）。

焦点中的社会学

我们长大了吗？定义成年

索理：（看见一些朋友用完晚餐，从宿舍的门厅那儿走过来）大家注意下，今天是杰里米21岁生日，我们去棚车那儿庆祝一下吧！

马特：（摇摇头）你这家伙，我不知道这事儿。我得去完成一个实验，而且这仅仅是一个小生日而已。

索理：这不是一个普通的生日，他21岁了，标志着他成年了！

马特：（讽刺地说）如果21岁意味着成年，可为什么我还是不清楚我这一生将要做什么呢？

你成年了或者还是个青少年？在美国，什么时候年轻人才能被别人当作成年人来对待？根据社会学家汤姆·史密斯（2003）的研究，并没有某个特定因素标志着成年的到来。与之相反，在研究了1398名十八岁以上的具有代表性的样本后，结果显示许多因素都参与决定来衡量一个年轻人是否"成人"。

研究显示，在今天的美国，衡量一个年轻人是否成年的单一关键性转变因素为学业的完成。但其他因素也很重要：史密斯研究中的被调查者将成年与从事全职工作，拥有供养家庭的经济能力，不再与父母居住，结婚并成为家长与成年相联系。换言之，几乎每个美国人都认为如果一个人完成了上述所有事情，那么他或她就真正"成人"了。

到多少岁这些转变才能完成？一般而言，答案是二十六岁。但这一平均值掩盖了社会阶层上的重要不同。没有上大学的人们（在低收入家庭更为普遍）一般在二十岁完成学业，在随后的一到两年找到一份全职工作，开始独立生活，结婚并成为父母。而那些来自富裕家境的青年人则更有可能上大学，甚至进研究生院或专业机构，将自己成年的时间推后了十年，直至超过三十岁。

> **加入博客！**
>
> 你认为自己是成人了吗？你的成人期是什么时候开始的？理由是什么？来 MySocLab 网站加入"焦点中的社会学"博客，分享你的观点和经历，并看看其他人的思考。

● 儿童学习什么

学校教育对成长于富裕环境和贫穷环境的孩子来说意义是不同的。如第十四章（"教育、健康和医疗"）所述，家境富裕的孩子较之家境贫穷的孩子在学校拥有好得多的经历。

对所有儿童来说，在学校学到的东西超出了学校正式教育大纲的内容。学校非正式地教给孩子们许多东西，这些东西可以统称为*隐性课程*（hidden curriculum）。拼字比赛等活动不仅教会孩子拼写，也教会他们社会是如何将人们区分为"成功者"和"失败者"。体育运动帮助学生加强力量和技能，同时也教会孩子们合作与竞争的重要性。

对大多数儿童而言，学校也是他们开始接触官僚体系的第一个场所。学校生活是基于非个人化的规章制度和严格时间表的。毫无疑问的是，这些也正是在今后的生活中将会雇用我们的那些大型组织的特征。

三、同辈群体

到上学的时候，儿童已经发现了**同辈群体**的存在，即*这样一种社会群体，其成员拥有相同的兴趣、社会地位和年龄*。不同于家庭和学校，同辈群体让孩子们从成年人的直接监督下脱离。与同辈群体在一起，孩子学会了如何靠自己建立联系。同辈群体也提供了讨论兴趣的机会，这些兴趣或许是成年人无法和自己的孩子分享的（如衣服和流行音乐），或成年人不允许的（如毒品和性）。

因此，家长对自己孩子的朋友是谁表示关注并不奇怪。在这样一个快速变迁的社会，同辈群体具有很大的影响力，而"代沟"或许造成了年轻人和老年人之间态度的不同。一般而言，同辈群体的重要性在青春期达到峰值，这时年轻人开始脱离家庭，并认为自己已经成人。

但是，即使是在青春期，父母仍对孩子具有强大的影响力。同辈群体可能影响短期的兴趣，如音乐或电影，但父母在长期的目标上具有更大的影响力，如上大学（Davies & Kandel, 1981）。

最后，任何邻里或学校都由许多同辈群体构成。像在第五章（"群体与组织"）中指出的，个体倾向于更为积极地认识自己所在的群体，而贬低其他群体。此外，人们会被自己所期望加入的同辈群体所影响，社会学家称这一过程为**预期社会化**（anticipatory socialization），即达到*期望位置*的学习。例如在学校，年轻人会模仿他们所希望加入的那一群体的做派和俚语。在今后的生活中，一名希望成为法律公司合伙人的年轻律师，为了被公司接纳，可能会遵从公司合伙人的态度与行为。

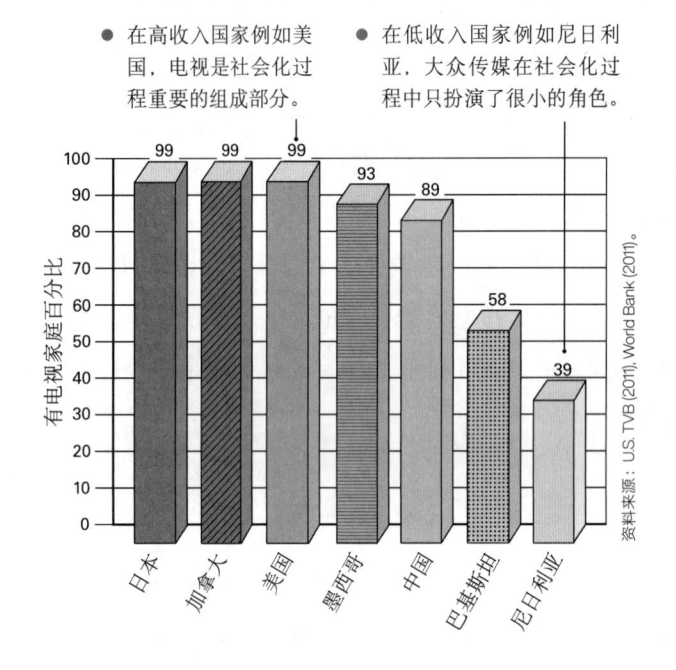

- 在高收入国家例如美国，电视是社会化过程重要的组成部分。
- 在低收入国家例如尼日利亚，大众传媒在社会化过程中只扮演了很小的角色。

有电视家庭百分比

日本	加拿大	美国	墨西哥	中国	巴基斯坦	尼日利亚
99	99	99	93	89	58	39

资料来源：U.S. TVB (2011), World Bank (2011)。

全球快照
图3-2　全球视角下的电视机普及率
电视在所有高收入和中等收入的国家都很流行，在那里几乎每个家庭至少拥有一台电视。

四、大众传媒

8月30日，科尔（Coll）小岛，苏格兰西海岸。我们上次访问这个人迹罕至的岛屿时，这里没有电力，大部分人都说古盖尔语。现在，一条来自大陆的电缆给家庭带来了光明、家用电器和电视！弹指一挥间，这个小地方就被推入了现代社会。传统的快速消失并不奇怪，而到小岛度假的内陆人比例的上升也就显得很正常了。而且，每个人现在都说英语了。

大众传媒（mass media）指把非个人通信传递给广大观众的途径。媒体（media）一词来自拉丁语"中间"，意指媒体的作用在于联络。大众传媒随着通信技术（最初是报纸，然后是收音机、电视、电影和因特网）在大众中扩散信息能力的发展而得以发展。大众传媒之所以显得非常重要，不仅仅是因为他们有强大的影响力，同时也因为他们的影响力不同于那些家庭、地方学校和同辈群体的影响力。总之，大众传媒向人们传达了新的和完全不同的想法和图像。

在美国，1930年代出现的电视在第二次世界大战后很快成为了主体媒介。如今，82%的美国家庭拥有至少一台个人计算机，并且77%的家庭接入了互联网（TVB, 2011）。实际上更为广泛的还是电视机：99%的美国家庭拥有至少1台电视机，84%的拥有2台或更多台电视机。如图3-2所示，美国是电视机普及率最高的国家之一。

● 观看电视的程度

我们如何"与电视紧密相连"？全美国的调查数据显示：尽管只有40%的成年人声称看电视是"必需品"，但是80%的人每天都看电视。典型的美国家庭每天有一台电视要开至少8个小时，平均每个成年人每天看电视约5个小时。这意味着在美国每周人们花在看电视上的时间和工作时间一样多。

看电视的程度根据人的属性发生变化。平均来看，男性每天看电视时间接近5小时，女性则是5.5小时，老年人看电视时间更长，平均每天7小时，学龄儿童时间最长，将玩电子游戏视为看电视的话，每天花费7.5小时。通常，少数族群的人比非少数族群的人看电视时间长，收入比较低的人比收入高的人看电视的时间长（Kaiser Family Foundation, 2010; Pew Research Center, 2010; Rideout, Foehr & Roberts, 2010; TVB, 2011; U.S. Bureau of Labor Statistics, 2011; U.S. Census Bureau, 2011）。

当今社会，早在儿童学会读书之前，看电视就成为了日常生活的例行活动。当他们长大后，儿童在电视机前和在学校或与父母互动中花同样多的时间。研究表明，儿童看电视越多，其认知发展越慢、变得更消极、更少运用想象力、身体肥胖的风险更大，并且大量观察表明这样严峻的现实没有任何改变的迹象。电视不直接造成伤害，但沉迷于电视挤占了与父母及同龄人互动交流的时间和促进发展有利健康的活动锻炼时间（American Psychological Association, 1993; Fellman, 1995; Shute, 2010）。

● 电视与政治

喜剧演员艾伦（Fred Allen）曾讽刺道，我们称电视为"媒介"（medium，英语中也有"中等"之义）是因为它"很少做得不错"。基于一系列理由，电视（也包括其他媒体）激发了许多评论，约 80% 的美国成年人认为大众传媒用这样或那样的方式表现出了偏见。自由主义的评论家声称，在电视历史的大多数时期，少数族裔很少出现，或仅仅被归类为某种特定的刻板形象（例如非洲裔美国人表演男管家，亚洲裔美国人表演园丁，或是拉丁裔美国人表演新移民）。然而，近年少数族裔在慢慢地向着电视的中心舞台移动。现在黄金时段的电视节目中拉丁裔美国人演员的出场次数比上一辈人多出很多，同时他们也扮演更为多样化的角色（Lichter & Amundson, 1997; Fetto, 2003b）。

而在另一方面，保守主义的评论家指责电视和电影工业为一股自由主义的"文化精英"所占据。他们指出，近年来"政治上正确"的媒体促成了自由主义的目标，包括女权运动和同性恋权利。然而，并不是每一个人都同意，一些反对者，例如 Fox 广播网的流行，西恩·汉尼提（Sean Hannity）的节目，比尔·奥莱利（Bill O'Reilly），和其他保守主义评论家的出现，表明现在的电视节目在政治光谱的两边打转（Rothman, Powers & Rothman, 1993; B. Goldberg, 2002）。

关注暴力和大众媒体在电子游戏世界中的延伸，特别是在男孩中流行的游戏时。最具争议的游戏之一是《使命召唤》（Call of Duty），这一游戏具有很高的暴力等级。你认为现在的分级法律足够指导家长和儿童对电子游戏的购买吗，或者你会支持更为严格的关于游戏内容的限制吗？

● **电视与暴力**

1996 年，美国医学协会（AMA）提出了令人震惊的论断，即电视和电影中的暴力程度，已足以对人们的健康造成危害。调查声称：有四分之三的美国成年人说自己曾因内容太暴力而离开电影院或关掉电视。几乎三分之二的电视节目包含暴力内容，而在多数的这类场景中，暴力人物并没有表现出懊悔，或是被惩罚（Rideout, 2007）。

公众对出现在大众传媒上的对儿童来说很过度的暴力内容深感担忧。大约三分之二的家长说他们"非常担忧"孩子暴露在太多的大众传媒暴力内容中。研究发现，学龄儿童看电视和玩电子游戏的时间与侵略性行为，如打架、过早饮酒、吸毒甚至睡眠障碍等，存在相关性。2011 年，美国儿科研究机构建议父母将儿童看电视时间限制在每天不超过 2 个小时，并且不要让不到 2 岁的儿童看电视（Robinson et al., 2001; Centers for

Disease Control, 2011; Garrison, et al, 2011)。

1997年，美国电视产业采用了一套分级系统。留给我们思考的除了去追问观看性或暴力节目是不是会对年轻人本身造成伤害或者父母关心不够及其他风险因素会不会导致儿童更多地去看电视以外，更为重要的是要追问为什么在大众媒体中包含如此之多的性和暴力成分？

电视和其他大众媒体通过娱乐和有教育价值的节目设计丰富了我们的生活。媒体也增加了我们了解多种文化的机会，并激发了对时事的讨论。同时，媒体——特别是电视——备受争议的一点在于其形塑人们思考的能力。

● 评价

这一部分向我们展示了社会化过程是非常复杂的，许多因素在我们成长的过程中塑造着我们的人格。另外，这些因素并不是一直都同时起作用，孩子从同辈群体和大众传媒中所学到的东西可能会和在家里学到的东西相冲突。

除家庭、学校、同辈群体和媒体之外的生活的其他方面对社会学习也具有影响力。对美国的大多数人来说，这些方面包括宗教组织、工作地点、军队和社团。总之，社会化并非一个简单的学习过程，而是复杂的平衡来源不同的各种信息的行动过程。在分类和衡量我们所接受的各种信息时，我们的独特人格得到了塑造。

● 检查你的学习

掌握这一部分讨论的所有主要的社会化机构。有哪些独特的方式可以帮助我们发展自己独特的人格？

第四节　社会化与生命历程

运用

虽然童年期在社会化过程中有特别重要的意义，但是学习贯穿了我们一生始终。对生命历程的回顾表明社会是如何按照年龄——童年期、青春期、成人期和老年期来组织人类经验。

一、童年期

下一次你去买运动鞋的时候，请务必看一下那些货架上的鞋是在哪里生产的。绝大多数是在例如印度尼西亚这样工资普遍低于美国的地方生产的。鞋子上并没有说明的是，这些鞋中很多都是由辍学儿童制造的。事实上，世界上有超过 1.5 亿儿童在工作，其中一半是全职工作，1/3 的人从事的工作对其身心健康不利。他们的工资十分微薄，仅仅为每小时 50 美分（Internation Labour Organization, 2011; U.S.Department of Labor, 2010）。调查数据显示出童工在非洲和亚洲最为普遍。

儿童不得不在工厂里长时间工作这一事实使得那些高收入国家的人感觉很困扰，因为他们认为童年——大概在十二岁以前——应该是在无忧无虑学习和玩耍中度过的。事实上，正如历史学家菲利普·阿希耶（Philippe Ariès）（1965）指出的那样，"童年期"是一个相对来说全新的概念。在中世纪，四到五岁的儿童就被当作大人看待，并要自己照顾自己。

对童年期的捍卫是因为儿童在生物学意义上是不成熟的。但回顾历史并展望世界后，我们可以发现童年期的概念植根于文化而非生物学（LaRossa & Reitzes, 2001）。在富裕的国家，并不是每个人都必须工作，因此童年期被延长，孩子有更多时间学习高科技工作所需的技能。

> **世界之窗·全球视野下的童工**
>
> 年仅 9 岁的克莱尔（Claire Lodel）生活在蒙大拿的布特（Butte），在那儿她和她的伙伴们没有为了赚钱而去工作的。年仅 10 岁的哈什（Hashi Baako）住在索马里，在那儿他每周工作 30 个小时。
>
> 工业化延长了童年期，让儿童与工作和其他被认为只适合成人的活动分离开。这就是童工在美国和其他高收入国家并不普遍的原因。然而，在世界低经济水平的国家里，儿童是一种重要的经济资产，并且通常而言，一旦可能儿童就开始了工作。非洲国家，例如乍得和索马里的儿童与美国及加拿大的儿童相比，他们的童年有何不同？

由于童年期在美国是如此之长的一段时间，因而有人担心孩子成长得太快。一方面，"仓促长大的孩子"（"hurried child"）综合征源于家庭变化导致的对儿童监督的减少，包括高离婚率和双职工父母。另一方面原因是，电视、电影和互联网中的"成人"节目将成年人所关注的问题如性、毒品和暴力带入了儿童的生活。一位儿童电视频道的经理说，现在十或十二岁左右孩子的兴趣与经历和上一代十二到十四岁的孩子差不多。这或许就是今天的儿童与五十年前的儿童比起来压力和焦虑感更大的原因（K.S. Hymowitz, 1998; Gorman, 2000; Hoffman, 2010）。

二、青春期

当童年期被工业化划分为人生的一个特定阶段时，青春期就成为了童年期和成人期之间的缓冲带。我们通常将青春期（adolescence）或青少年时期与青年人努力寻找自我身份的情感和社会骚动联系到一起。再次，我们企图将青少年的反叛和困惑与生物学上的青春期变化联系起来。但这种变化却正确地反映了文化断裂。例如，大众传媒推崇性，学校发送避孕套，父母却推崇性节制。再比如，十八岁的青年面对参军的成人义务，却没有喝酒的权利。简言之，青春期是一段充满社会对立的时期，这时你已经不再是孩子，但也不是成人。

正如对生命的各个时期来说一样，青春期也因社会背景的不同而不同。多数的工薪阶层家庭的年轻人从高中毕业直接就进入成人的工作和为人父母阶段。这样的男性和女性一般到了二十岁就被认为已经成人。然而，富裕家庭的青年人有资本进入大学或研究生院，将青春期延长到二十多岁，甚至三十岁（T.W. Smith, 2003）。第149页的"多样化思考"栏目提供了例子来看看种族如何形塑高中学生的学习表现。

三、成人期

如果生命历程完全依据生物学的阶段来划分，那么对成人期（adulthood）做定义就变得简单了。无论具体从何时开始，成人期都是一个达到生命中多数成就的阶段，包括求职和供养家庭。虽然某些重要的变化，如失业、离婚或重病，会对自我的变化产生重要的影响，但是人格的形成也主要发生在这一阶段。

● **成人期早期**

成人期早期一直持续到四十岁左右，在这一阶段成人要学会处理日常事务，他们常常陷入各种事务优先权的争夺之中：父母，搭档，孩子，学习和工作。即使女性有工作，我们的文化仍将养育子女和做家务视为她们的责任，所以妇女更有可能"同时做所有事情"。

● 中年期

中年期大致从四十岁到六十岁，这时人们对自己的生活环境感到满意。他们也越发认识到自己的健康水平在下降，年轻时人们从来不考虑这一点。那些花费多年养育子女的女性到了中年会觉得烦恼。孩子已经长大，不想再被管束，丈夫全心投入工作，这种情况给许多女性的生活留下无法填补的空虚。许多离婚女性面临严重的财政问题（Weitzman, 1985, 1996）。基于上述理由，越来越多的妇女选择在中年回到学校学习或找个新工作。

对任何人来说，变老都意味着身体机能的下降，而文化更让这一点对妇女来说变得尤为痛苦。长得漂亮对女性来说特别重要，皱纹和灰白的头发就变得让人难过。变老对男性来说也造成特定的困难。一些人不得不承认他们无法达到早期的事业目标。另一些人则认识到忽视家庭和个人健康所带来的事业成功的代价。

四、老年期

老年是成人期的晚期和生命的最后阶段，大约开始于六十岁中期。社会赋予生命这一阶段不同的意义。随着寿命的增长，美国老年人口的增长率与美国总人口的增长

近几十年来，有人认识到美国社会缩短了童年期，催着儿童越来越快地长大。在电视节目《美少女的谎言》（*Pretty Little Liars*）中，这个年轻高中女孩在学校和她的老师有染。诸如此类的电视节目和电影是不是鼓励了一个"仓促的童年"（"hurried childhood"）？你认为这是不是一个问题？为什么呢？

率几乎差不多。正如第 151 页上图 3-3 所示，八分之一的人口已经超过 65 岁，老龄人口也已经超过了青年人口。到 2030 年，老龄人口将会翻番到 7200 万，而美国人的平均年龄将会达到 40 岁（U.S. Census Bureau, 2010）。

我们可以想象"美国充满了老年人"的严重后果。越来越多的人从工作岗位上退休，没有工作的成年人对资源的分享在上升——这已经比 1900 年上升了 10 倍，对于健康护理和其他社会产品和服务的需求也在增加。但是最重要的是，日常生活中的老年人会越来越多。21 世纪，年轻一代和老年一代势必会相互影响。

多样化思考：种族、阶层与性别

高中学生的自我发展

青春期是这样一个时期，人们开始问自己"我是谁？""我想成为怎样的人？"这类问题。最终，我们都必须回答这些问题。而种族会影响我们的回答。

格蕾斯·高（2000）研究了芝加哥郊区的约翰斯敦高中（有 3000 名学生）在校学生的身份认同和目标情况。约翰斯敦有超过平均水平的测验分数，被认为是一所不错的高中。同时这也是一所具有种族多样性的学校：学校中 47% 的学生是白种人，43% 的学生是非裔美国人，7% 的学生是西班牙裔，还有 3% 的学生为亚裔。

高访问了男女生在内的 63 名学生，访谈分为个案访谈和以同种族为标准的小团体访谈。在与他们的交谈中，高认识到种族的刻板印象对年轻人自我的形成意义重大。

这些刻板印象包括哪些呢？白种人学生被认为在学校读书刻苦，关心如何取得好分数。非裔美国人学生被认为很少读，或许是因为他们不够聪明，或许是因为他们不够努力。无论如何，学生们都认为非裔美国人极可能在学校失败。因为关于西班牙裔的刻板印象是他们多以手工劳动为职业取向，如园丁或工人，这些学生被认为并不在乎做得好不好。而亚裔美国人则被认为努力学习的高成就者，或许是他们聪明，或许是他们把时间都花在学业上而非其他方面，如体育运动。

从访谈中高得知，大部分的学生都认为这些刻板印象是正确的，并各行其是。他们希望学校里的其他人，包括自己，都能或多或少地按照这些刻板印象行事。此外，年轻人——无论白种人、黑人、西班牙人或亚洲人——基本上都只和自己一样的人待在一起，从而少有机会去发现自己所持观点的错误。

　　所有种族的学生都声称希望自己在学校表现良好。但对其他种族学生的不了解，使得他们对成功的衡量仅限于自己的种族。换言之，对非裔美国学生来说，表现良好就意味着和其他黑人学生做得一样好，不被退学。对西班牙裔学生来说，"成功"则意味着避免体力劳动，并最终在办公室找到一份工作。相反，对白种人和亚洲人来说，"成功"则意味着获得高学分并开心地取得高成就。因此，对所有这些学生来说，"自我"都是透过社会定义的种族镜头而形成与发展的。

你怎么想？

1. 在你的高中，有没有文中所述的刻板印象？在大学呢？
2. 你认为关于男性和女性的社会性别刻板印象是不是也像种族刻板印象一样影响在校表现？为什么？
3. 如何减轻种族刻板印象的消极作用？

　　美国人口的老龄化对**老年学**（geron 在希腊语中的意思是"老年人"）——**对衰老和年老的研究**——提出了更高的要求。老年学研究衰老过程中的身体和社会这两个维度。

● **衰老与生物学**

　　对于我们大多数人而言，人到中年，就开始有白发、皱纹，体力也开始下降。50岁以后，骨骼开始变脆，伤口需要更多的时间才能愈合，面临各种慢性病的威胁（例如关节炎和糖尿病），威胁到生命的一些疾病（例如心脏病和癌症）也频频出现。感官能力——味觉、视觉、触觉、嗅觉，特别是听觉——随着年龄的增长都在下降（Treas, 1995; Metz & Miner, 1998）。

　　虽然如此，大多数老年人并没有丧失生活自理能力，也没有因为身体状况的下降对生活失去希望。据 2010 年调查统计，仅有 15.5% 的老年人不能自己行走超过 1/4 英里，近 5% 的需要住院或者请人照顾，13% 的需要帮助完成购物、做家务及其他日常活动。总体看来，年龄超过 75 岁的老年人中只有 30% 觉得自己的健康比较"一般"或者"糟糕"；70% 的都认为他们的身体"很好"或者"棒极了"。就平均水平而言，美国的老年人的健康状况一直在稳步提升（Adams, Martinez & Vickerie, 2010; CDC, 2011）。

● **衰老与文化**

文化决定了我们如何理解衰老。在低收入国家，老年人对人们有很大的影响力，而且能赢得尊重。这是因为老年人控制了绝大多数土地，并且拥有在历经毕生获得的智慧。正因为如此，前工业社会通常采用**老人政治**（gerontocracy）——一种老年人拥有大多数财富、权力和威望的社会组织形式。

工业化降低了老年人的社会地位，将财富、权力和威望更多给予了年轻人。这一趋势依然在继续：企业的管理者的平均年龄在1980年为59岁，2008年是54岁（Spencer, Stuart, 2008）。在工业化社会，老年人一般和长大的孩子分开居住，快速的社会变化使老年人的生活与社会脱节，变得陈腐，至少从年轻人的角度来看是这样的。一个工业社会共同的问题是，**年龄歧视**（ageism），*即对老年人的偏见和歧视。*

11月1日，斯里兰卡康堤县的路上。我们的小敞篷货车正在一个陡峭的山坡上前行。茂密的植被向我们展示了一幅非常美丽的景象，我们在此停顿，关于衰老的谈话也被打断。"那么，你的国家中有没有养老院呢？"我问道。我们的司机

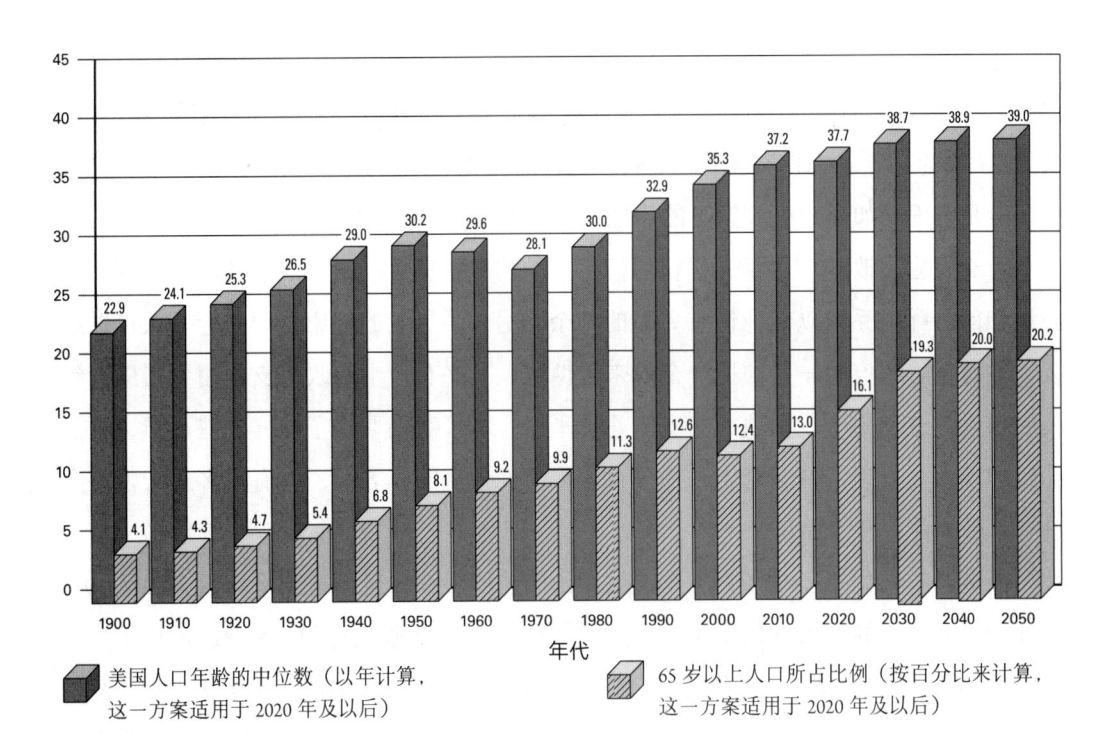

年代	美国人口年龄的中位数	65岁以上人口所占比例
1900	22.9	4.1
1910	24.1	4.3
1920	25.3	4.7
1930	26.5	5.4
1940	29.0	6.8
1950	30.2	8.1
1960	29.6	9.2
1970	28.1	9.9
1980	30.0	11.3
1990	32.9	12.6
2000	35.3	12.4
2010	37.2	13.0
2020	37.7	16.1
2030	38.7	19.3
2040	38.9	20.0
2050	39.0	20.2

图3-3 美国社会的老龄化

美国人口中超过65岁的人口比例是上个世纪的3倍。美国人口年龄的中位数现在已经超过35岁并且继续提高。

来源：U.S.Census Bureau (2010)。

回答:"在科伦坡或其他一些城市应该有一些,但是不多。我们和你们美国人不同。""怎么不同呢?"我略带挑衅地问。他的眼睛依然没有离开路面:"我们不会让我们的父母孤独地生活。"

毫无疑问,变老在美国是很复杂的。当我们还是小孩子时,长大意味着担负起新的角色和责任。然而到了老年,恰恰相反,随着年龄的增加,人们从那些给予了他们身份、快乐和声望的角色中退出来。人们从那些熟悉的工作日常事务中退休,一些人找到了悠闲的娱乐方式或者新的活动,但是还有一些人则丧失了实现自我价值的感觉并对生活完全厌倦了。

老年学 对衰老和年老的研究　　**老年统治** 一种老年人拥有大多数财富、权力和威望的社会组织形式　　**年龄歧视** 对老年人的偏见和歧视

● 衰老与收入

进入老年人的行列意味着生活中收入的减少。但如今,美国的老年人比以往生活得好。在 20 世纪 60 年代,35% 的老年人生活贫困;到 2010 年,这一数字降到了 9%,低于 15.1% 的全国总人口贫困率(U.S. Census Bureau, 2011)。对上一代人来说,老年最大的风险是贫困;如今,18 岁以下的年轻人面临的最大风险是贫困。

什么发生了改变?老年夫妇在他们工作的那些年里可以挣得双倍的收入,这一不断增加的分配体系可以让他们有更多的结余。另外,更好的健康状况使老年人可以继续工作赚钱。政府的一些项目现在越来越慷慨,几乎有一半的政府支出用于帮助老年人的项目,这和用于儿童项目的支出几乎平衡。尽管我们取得了这样一些成绩,更加细致的观察会发现,许多老年人并没有获得他们预期的养老金,而有很多工人也完全没有享受到养老金的福利。

很多老年人如果还在努力工作,他们做的要比很多年轻人好。平均而言,从 1980 年开始,老年人的收入增加了 42%(按不变美元计),年收入中值达到 31408 美元。这是 25—34 岁年轻人收入增长的 15 倍,他们的年收入中值在 2010 年为 50059 美元(U.S.Census Bureau, 2007)。当今老年人的平均净财富为 237,000 美元。尽管老年人的收入依旧落后于年轻人,但是近几十年来他们的收入的增幅是要高于年轻人的。

五、死亡与垂死

贯穿人类历史的大多数时期，低生活标准和有限的医疗技术都意味着死亡的突然来临或疾病可能发生在生命的各个阶段。但是，今天在美国死亡人口中的85%都超过了五十五岁（Kochanek et al., 2011）。

在对许多垂死的人进行观察后，心理学家伊丽莎白·屈布勒-罗斯（Elisabeth Kübler-Ross, 1969）将死亡描绘为包括五个不同阶段的顺序变化过程。一般而言，人们第一次面对死亡时多采取否认的态度，原因可能是由于文化对死亡这一事实的否认。第二阶段为愤怒，临死的人认为死亡是严重不公正的。到了第三阶段，讨价还价代替愤怒成为人们主要的情绪，人们想象通过与上帝讨价还价来避免死亡。第四阶段的反应为放弃，多伴随心理学上的抑郁。最后一个阶段，对死亡的完整调试需要采取接受的态度。这时，人们不再感到害怕或焦虑，垂死的人得到平静，并好好利用生命的最后时期。

最近的研究表明，不是每个人都经历或者按照既定的顺序经历屈布勒-罗斯简化描绘的死亡过程（Konigsberg, 2011）。同时该研究有助于引起人们关注死亡的过程。随着老年人口比例在美国总人口中的增长，可以期待死亡这一主题在我们的文化中将变得让人容易接受。近年来，美国人开始更多地公开讨论死亡的问题，目前的趋势是垂死被越来越看作一个自然而非痛苦或长期折磨的阶段。越来越多的已婚夫妻开始为死亡做法律和财产上的计划。这种开诚布公也许能够缓和丧偶一方的痛苦，尤其对女性来说更为如此，她们一般比自己的丈夫活的时间长。

六、生命历程：模型与变量

对生命历程的短暂回顾得到了两点结论。首先，虽然生命的每个阶段都与生物学上的老化过程联系在一起，但生命历程基本上是一种社会建构过程。因此，其他社会中的人们可能以不同的方式经历某个生命阶段，甚至不经历某个阶段。其次，在任何社会生命历程的阶段都反映了某些问题和转变，这些转变包括学习新的东西，也包括多数情况下不经过学习就知道的例行事项。

社会根据年龄来组织生命历程，但其他一些动力，如阶层、种族和社会性别也会

同期群指的是一群年龄相仿、有共同生活经历分享的人。就像滚石乐队（Rolling Stones）的歌迷，在1960年代多数都是年轻人，而现在还是同样的这些人，只不过年龄都超过60岁了。

形塑人们的生活。这就意味着本章所描述的一般模型在应用到社会中不同类型的人们身上时会有所不同。

人们的生活经验也因出生在不同历史时期的社会而不同。**同期群**（Cohort）通常指的是*年龄一致的人群分类*。由于相同的经济和文化趋势常常影响同一个年龄组的人们，这些人们倾向于拥有相同的态度和价值。例如，1940和1950年代出生的女性和男性都成长在经济上升时期，因此他们多为乐观主义者。但今天的大学学生成长在经济不稳定时期，因而对未来表现得并不那么乐观。

第五节　再社会化：全面控制机构

运用

两百多万美国人经历过的社会化的最后一种形式，包括在监狱或精神病医院中进行的违背本人意愿的监禁。这就是**全面控制机构**（total institutions）的世界，*在此人们与社会其他部分隔离，并处于某种管理机构的控制下*。

根据欧文·戈夫曼（1961）所述，全控机构拥有三个重要的特征。第一，管理人员监控日常生活的各个方面，包括住所（通常称为"医院或监狱"），吃、睡和工作。第二，在全控机构的生活是被控制和标准化的，每个人都吃一样的事物，穿一样的制服，并从事一样的活动。第三，正式规章规定患者或犯人何时、何地、如何从事日常例行事物。

再社会化是从事这种严格的例行事物的目的之所在。**再社会化**指的是*为了彻底改变犯人或患者的人格而详细控制其环境的过程*。监狱和精神病医院将犯人或患者隔离于栏杆,紧闭的门窗之后,限制他们打电话,写信和被访。监狱或医院成为了他们生活的全部,这样的环境有利于工作人员改变犯人或患者的人格,或仅仅使其变得顺从。

再社会化分为两个阶段。第一,工作人员瓦解新犯人或患者原有的身份。例如,犯人或患者必须交出个人物品,包括衣服和使犯人或患者看起来与众不同的装饰物品。工作人员给犯人或患者标准化物品,这样每个人看起来都一样。通过搜身、剃头、体检、印指纹和编号,工作人员使新犯人或患者成为"懊悔的自我"。一旦进入高墙之内,个人就失去了隐私,生活的各个方面都为看守所例行监察。

在再社会化过程的第二阶段,工作人员试着通过奖励和惩罚机制为犯人或患者建立一个新的自我。有书可看,看电视或是打电话在高墙外的人看来微不足道,但在全控机构的严格环境内,这些基本的特权却可以成为有力的服从动机。监禁时间的长短取决于犯人或患者与工作人员的合作程度。

全控机构以不同的方式影响人们。一些犯人或患者最终可以"改造"或"复原",但其他一些人则可能没什么变化,并且有些或许变得充满敌意和痛苦。长时间生活在严格控制的环境下可能使个体变得*制度化*(institutionalized),丧失独立生活的能力。

但我们其他这些人又怎样呢?社会化粉碎了我们的个性还是赋予了我们实现创造性潜能的能力?"争鸣与论辩"栏目对这一重要的问题进行了探讨。

争鸣与论辩

我们在社会中是自由的吗?

麦克:社会学是一门很好的课程。自从我们的教授教我们用社会学的眼光来看待我们的生活,我开始意识到我是谁、我在做什么以及我在哪里这些问题中的一些原因来自于社会。

金:(嘲弄地)哦,因此社会成为你如此聪明、诙谐和英俊的原因喽?

麦克:不,这些是我个人所决定的。但是我认为在大学学习、踢足球不全都是我所决定的。

你怎么认为？我们实际上拥有多少自由？本章强调了一个主题：即人们的想法、感觉和行为都由社会所形塑。如果真是这样，那么我们的自由何在？为了回答这个问题，我们先来看看《布偶大电影》(Muppets)。看着科米蛙，猪小姐和剧组其他布偶的滑稽动作，我们几乎认为他们真的存在，而并不仅仅是从幕后操纵的布偶。正如社会学视角所指出的那样，人类和布偶一样，回应幕后力量。社会赋予我们文化，并通过阶层、种族和社会性别来形塑我们。如果真是这样，我们能说得上是自由的吗？

社会学家对这一问题的回答不同。政治自由主义者称个人对社会而言并不自由——实际上，作为社会产物，我们从来就不是自由的。但是如果我们必须生活在这样一个社会控制个人的地方，那么通过缩小阶层差异，减少少数群体（包括妇女）获得机会的阻碍，从而尽可能把生活变好就显得很重要。保守主义者的回答则是我们是自由的，因为社会并不能指挥我们的梦想。从独立战争建国以来，作为族群的历史就是由一个接一个的关于人们追求个人目标的故事构成，而无论这些目标看起来是多么不可能。

在乔治·赫伯特·米德关于社会化的分析中，我们可以同时发现上述两种态度。米德理解社会对我们有要求，有时限制了我们的选择。但他同时也看到人类是自发性和创造性的，能不停地作用于社会并带来改变。米德指出社会权力仍然肯定人类有评估、批判并做出最后的选择和改变的能力。

综上所述，我们也许看起来像木偶，但这只是表面印象。我们与木偶的最大区别在于我们能停下来，抬头看看控制我们的"绳子"，甚至反抗性地猛拉"绳子"（Berger, 1963: 176）。如果我们的拉力够大，我们所能做到的就会超出我们的想象。就像玛格利特·米德曾说的，"不要怀疑一小

对社会如何塑造我们的生活理解得越透彻，是否就等于给了我们更大的力量"割断我们身上的绳索"，选择我们自己想要的生活？

撮有思想，富有责任感的公民能够改变世界。实际上，这正是事实本身。"

你怎么想？

1.你认为我们的社会是不是赋予了男人比女人更多的自由？为什么？

2.现代化、高收入国家的人们是不是比传统的、低收入国家的人们拥有更多的自由？为什么？

3.对社会化的学习增加还是降低了你的自由感？为什么？

日常生活中的社会学

第三章 社会化：从婴儿期到老年期

● **我们什么时候长大成人？**

正如本章所言，从一个生命历程进入另一个生命历程的过程中，有很多因素在起作用。从全球化的角度来说，正是因为没有一件事可以被视作我们已经成年的里程碑事件，因此我们的社会才显得这样独特。有很多重要的事件可以被视作成年的标志，例如当一个人完成了高中学业（毕业典礼）或是结婚（结婚典礼）。看下面这些图片，每一幅图中，社会是如何定义从一个生命历程进入另一个生命历程的，从中我们可以学到什么？

● **提示：**

社会因它们对于生命历程划分的不同而不同，这其中包括哪一段生命历程被认为是重要的，哪些年龄对应于生命中的哪些阶段，以及从一个生命历程向另一个转变时有哪些标志。因为我们的文化强调个人选择和自由，许多人都会说"你感觉自己多少岁实际你就是多少岁"并且会让人们自己决定这些问题。多少岁意味着成年，我们的社会并没有清晰的定义。第140页的那个栏目告诉我们许多因素都可以意味着已经成年。因此，下页那些图片实际上告诉我们，并没有一个全球通用的"成人仪式"。我们应该意识到，阶级在成年的这一过程中也有很大影响，上层阶级的年轻人待在学校中的时间很长，他们完全成年时已经二十多岁甚至三十岁了。最后，在经济状况不是很好的时期，二十多岁依然与父母住在一起的年轻人的比例是上升的，这也可以导致成年时间推迟。

从你的日常生活中发现社会学

1. 在美国，很多家庭会为庆祝女儿或儿子的高中毕业举办聚会。从哪个方面看来，

在埃塞俄比亚奥莫村里的哈默尔人中，年轻的男孩必须通过一个测试，以此证明他们已经成年。通常，这一测试由这个男孩渴望结婚引发。在这个仪式中，男孩必须当着所有族人的面，跳过由女方家人选择的一群牛。如果这个男孩能够连续三次成功跳过，他就被宣告成年并且可以举办婚礼（婚礼通常意味着女孩的成年）。我们的社会中是否有类似的仪式或事件来标志一个人成年？

在亚利桑那州的印第安人居留地圣卡洛斯，年轻的阿帕奇女孩通过表演太阳舞来标志她们的成年。根据阿帕奇的传统，由一位长者为年轻女孩仔细地涂上颜色，每个女孩都握着一根特别的长杆，寓意着健康长寿和快乐。为什么世界上的许多社会所选择的成年仪式时间，要与女孩的第一次生理周期相一致？

韩国首尔的这些年轻男女正在参加一个祭孔仪式，以此来标榜自己成年。这一仪式在每个人20岁生日时举行，标志着年轻人已经成为社会的一员，提醒他们社会对于他们的期望以及他们所肩负的责任。如果在美国我们也有这样一种仪式，将会在哪个岁数举行？

这是一场成人仪式？社会阶层是否会影响人们对于这一事件是否意味着成年的开始的判断？

2. 在美国，哪个生命阶段我们将其视为"老年"的开始？是否有什么事件标志着进入老年阶段？社会阶层在这一过程中是否起到一定的作用？如果是，如何起作用？

3. 在何种意义上人类是自由的？阅读本章后，构建一种你认为能够达到指导自己生活的指南。注意本章介绍的那些思想家，一部分思想家（如弗洛伊德）强调我们自由行动的能力存在明显的限制，另一部分思想家（特别是乔治·赫伯特·米德）强调人类具有强大的能动性。你个人对于人类的自由程度如何理解？访问 MySocLab 网站，进入"日常生活中的社会学"专栏学习更多关于社会中个人自由程度的内容，以及充分利用我们自由的方式的建议。

温故知新

第三章 社会化：从婴儿期到老年期

什么是社会化？

社会化是一个贯穿一生的过程。
- 社会化开发了我们的人性，同时也培养了我们的个性。
- 我们可以从长久的社会孤立所带来的终身伤害看到社会化的重要性（安娜和珍妮的例子）。**访问 mysoclab.com 网站，阅读"Document"。**

社会化是一个**培养**的过程而不是**自然**的过程。
- 一个世纪以前，绝大多数人都认为人的行为是根据生物的本能。
- 因为我们是人类，所以我们的天性就是接受教化。

理解社会化的重要条件

西格蒙德·弗洛伊德的人格模型由三部分组成：
- **本我**：本能的，人类追求快乐的驱动力；
- **超我**：社会所要求的、内化的文化价值和规范；
- **自我**：为平衡本能的追求快乐的驱动力和社会的要求而做出的努力。

让·皮亚杰认为人类的发展是生物上的成熟与社会经历的获得两者共同作用的结果。在他看来认知的发展可分成四个阶段：
- **感知运动阶段**是指仅仅通过感官来认识这个世界；
- **前运演阶段**是指开始运用语言和其他象征符号；
- **具体运演阶段**是指个体开始理解因果关系；

- **形式运演阶段**包括抽象的和批判的思想。

劳伦斯·柯尔伯格采用了皮亚杰的路径来分析道德的发展过程：

- 首先，在**前习俗**阶段，根据个体需要为标准来判断对错；
- 其次，依据父母态度或文化规范进行判断的**习俗**阶段；
- 最后，**后习俗**阶段的推论让我们可以批判社会本身。

卡罗尔·吉利根发现社会性别对道德发展的影响，男性以抽象标准来判断对错，而女性则关注判定对人际关系的影响。

【访问 mysoclab.com 网站，观看"Video"。】

在**乔治·赫伯特·米德**看来：

- 自我是人格的一部分，包括自我意识和自我想象。
- 自我发展不仅仅是个人社会经历的结果。
- 个人的社会经历包括交换和符号两部分。
- 社会互动的依据是理解他人的意图，这要求我们能够换位思考。
- 人们的行为部分是无意识的（主我），部分是对他们的一种回应（客我）。
- 成功的社会经历是依据模仿、玩耍、游戏以及对**概化他人**的理解。

查尔斯·霍顿·库利用"镜中我"这个名词来解释我们通过自己想象的他人看待我们的方式来看待自己。

埃里克·H. 埃里克森根据个体从婴儿到老年的不同生命历程划分出不同阶段的危机。

85 社会化的机构

家庭通常是社会化的第一个场所。

- 家庭对于态度和行为的形成起着最重要的作用。
- 一个家庭的社会地位，包括种族和社会阶级，塑造了一个儿童的个性。
- 关于性别等一系列常识首先是在家庭中获得的。

【访问 mysoclab.com 网站，探索"Map"。】

学校给予了大多数孩子第一次感受官僚体系和客观评价的经历。

- 学校教授个人今后生活中需要的必要知识和技术。
- 学校告诉了孩子社会的多样化。

学校加强了孩子对于性别的认识。

同辈群体帮助塑造态度和行为。
- 同辈群体对一个人青春期的影响很大。
- 同辈群体使得年轻人从大人们的监视中解放出来。

大众传媒对当代高收入社会中个人的社会化有巨大的影响。
- 美国儿童平均每天花 7.5 小时在看电视和玩电子游戏上，这个时间和参加学校活动、与父母交流的时间几乎一样多。
- 研究表明长时间观看电视对儿童有害。
- 大众传媒加强了人们对于性别和种族的刻板印象。
- 大众传媒将大量的暴力行为暴露于人们的视野之中。

社会化与生命历程

童年期的概念并不在于生理状态，而在于文化。在高收入国家，童年期被普遍延长了。

青春期的情绪化和社会骚动来源于一种文化矛盾，它定义这一时期的人既不是儿童但也不是成年人。社会阶层不同青春期也各异。

成人期是一生中成就最多的时期。虽然这一时期中的个性已经形成，但依然随着新的生命经历而发生改变。

老年期的定义既来自文化也来自生理因素。
- 传统社会给予老年人权力和尊敬。
- 在高收入国家，老年期是开始离开工作岗位并逐渐丧失社会重要性的一个时期。
- "美国充满了老年人"意味着我们国家人口的平均年龄正在增加。

对**死亡和衰老**的接受问题是中年后社会化的一部分。这一过程一般包含五个阶段：否认、愤怒、讨价还价、放弃、接受。

全面控制机构

全面控制机构包括监狱、精神病医院和修道院。
- 管理类人员对生活的各个方面进行监视。
- 生活是标准化的，所有的人都要遵守统一的规则和条例。

再社会化是两个方面的过程：

- 摧毁个人现有的自我认同；
- 通过奖励和惩罚建立一个全新的自我。

为什么社会经历对于人类的人格发展十分关键？

熟悉的社会环境对于我们生存成长有怎样的特殊重要性？

我们如何经历生命历程中的变化？

日常生活中的社会互动

学习目标

- **记住**本章加粗字体关键术语的定义。
- **理解**不同地位与角色组合下的日常互动方式。
- 我们称之为现实的社会建构过程**运用**于以下议题：情绪、性别和幽默。
- 用拟剧论来**分析**日常的社会互动。
- **评价**文化、阶层与性别在现实的社会建构中的重要性。
- **创造**一种更深层次的能力用以解读我们每天所经历的无数情境的模式与含义。

本章概览

这一章从微观的角度来观察社会，考察了日常社会互动的模式。首先，本章界定了一些重要的社会结构单位（如地位、角色）。然后，探讨了我们是如何在社会互动中构建社会现实，并最终将上述学习要点应用于三种日常体验：情绪、性别及幽默。

哈罗德与希碧正驱车赶往佛罗里达州劳德尔堡的朋友家中。他们费了很大的劲儿来寻找棕榈街，但 20 分钟过去了，还是没找到。

"哈罗德，你看，"希碧忍不住发话了，"前面有人，我们去问问路吧。"听到这里，哈罗德狠狠地把住了方向盘，并开始低声抱怨："我知道我在哪儿，我可不想跟陌生人浪费口舌！跟着我没错的！"

"我肯定，你明白现在身处何处，哈罗德，"希碧双眼直视着前方回应道，"但是，我认为你并不清楚你要去哪里"。

此时，哈罗德与希碧已经多次迷路了。他们不明白为什么对于目前的状况越来越生气，并且开始相互埋怨。

究竟怎么了？像大多数男人一样，哈罗德不能忍受自己迷路。绕的弯路越多，对自己就越不满意。而让希碧无法理解的是，哈罗德为何就不能停下车来，询问怎样前往棕榈路。希碧心想，如果由她来开车，肯定早就到达目的地，也许这会儿正舒舒服服地在朋友家聊天呢。

为什么男人都不愿问路呢？因为男人更看重自主性，这使得他们不愿意向他人求助（因而也不愿接受来自他人的帮助）。向某人寻求帮助，就等于说，"你知道我所不知道的"。如果能够再多给哈罗德一些时间，让他自己找到那条街，并且在整个过程中维护其自尊——哈罗德认为这才是正确的方式。

而女人则更倾向与他人保持一致、努力与外界保持联系。在希碧看来，求助才是明智之举，唯有通过信息交流才能建立与社会的联系，使事情顺利完成。因此，希碧认为，问路就像哈罗德坚持要自己找路一样，再自然不过了。显然，如果无法理解彼此的想法，迷路就必然带来矛盾。

诸如上述的生活体验正是本章的重点。核心概念为**社会互动**（Social Interaction），指的是人们在与他人的联系中如何采取行动并做出反应的过程。首先，我们提供给大家几个重要的社会学概念，它们是构成日常体验的基石；然后，共同探索神奇旅程，来看看面对面的互动如何创造我们的生活现实。

第一节　社会结构：日常生活的指南

理解

10月21日，越南胡志明市。

今早我们下船登岸，沿着码头前往胡志明市——这个曾被一代人称为西贡的市中心。政府门前的警卫透过厚重的铁门向我们挥手，而栅栏外满是揽客的车夫，他们都驾着越南式的出租车（即前部置有小型车厢的改装自行车）。在接下来的20分钟里，尽管我们不断地摆手、摇头以示拒绝，所到之处这些脚踩踏板、等待生意的车夫们还是会蜂拥而至。这种压力着实让人不舒服。当我们打算穿过街道时，居然发现没有任何交通信号灯或驻行标识，而来来往往的自行车、摩托车、越南式出租车和小型货车在整个街道上川流不息。当地人似乎早习以为常，横穿街道时会在相对安全的地段行走，置身于随时可能逼近他们的车辆洪流之中。直接走入车流中？还背着孩子？没办法，我们确实是这样做的。在越南，就得这么干才行。

每个社会成员必须依赖社会结构——关于想法与行动的文化模式——才能明白各种日常情境的意义。诚如我们在越南街头的上述感受，当社会规范不清晰时，这个世界有时候是令人困惑，甚至可怕的。那么，现在就让我们仔细看看社会是如何确立日常生活规范的。

第二节 地位

理解//

每个社会中，人们会运用**地位**（status，即个人所拥有的社会位置——这个概念来构建他们的日常生活。这个词通常也意味着"声望"。譬如，我们会说，与一个刚录用的助理教授相比，大学校长的地位更高。但就社会学的意义而言，校长和教授只不过是在高校体系中占据了不同位置而已。

地位作为我们社会认同中的一部分，有助于界定我们与他人的关系。正如格奥尔格·西美尔（Georg Simmel, 1950: 307, 原作于 1902）所指出的，在与他人交往之前，我们需要知道这个人是谁。

我们每一个人会同时拥有许多地位。**地位群**（status set），则是指个人在特定时间内所拥有的全部地位。一位少女可能既是其父母的女儿，又是其弟弟的姐姐，同时还是学校的一名学生，及其所在足球队的守门员。

地位群随着生命过程的变化而变化。孩子长大后会为人父母，学生毕业后可能成为律师，单身人士通过结婚将成为人夫人妇，而丧偶或离异则使个人回到单身状态。同样地，加入社团或找到工作，将会扩大地位群；一旦退休或离开社团，地位群会相应地缩小。这样，随着生命历程的发展，人们在不断地获得或失去一些地位。

一、先赋性地位与自致性地位

社会学家根据人们获得地位的方式，将地位划分为**先赋性地位**（ascribed status）与**自致性地位**（achieved status）。前者是指个人与生俱来的，或通过后天努力也无法改变的社会地位。譬如，女儿、古巴人、青少年或寡妇。先赋性地位的重点在于，获得该地位时我们几乎没有选择性。

相反地，**自致性地位**，指的是个人自愿获得的、能够反映其能力与努力的社会地位。在美国，诸如荣誉学生、奥运选手、软件工程师、小偷等都属于此范畴。

当然，在真实世界中，多数地位往往是先赋性地位与自致性地位的综合体。换言之，人们的先赋性地位会影响到其后天获得的地位。比如，拥有律师地位的人往往出自于相对殷实的家庭。类似地，越是不如意的地位（如罪犯、吸毒者、失业人员），则越可能由来自于贫困家庭的个人取得。

二、主要地位

通常，某些地位会比其他的地位更为重要。**主要地位**（master status）是指对于社会认同极其重要的、贯穿个人整个生命过程的一种社会地位。对多数人而言，职业是一种主要地位，因为它充分体现了个人的社会背景、受教育程度及收入等信息。而在某些场合里，姓名则可能成为一种主要地位。比如，你是布什或肯尼迪家族的成员，则可能获得更多的关注与机会。

主要地位不仅带来积极影响，也会带来消极影响。比如，某些重病患者。有时候，人们会因为癌症或艾滋病而疏远这些患者，即使他们是自己最好的朋友。又如，所有的社会中，女性的机会都是有局限的，这种事实使得性别成为一种主要地位。

甚至有时候，身体的残疾也会成为一种主要地位。当然，只关注他人的残疾，此举很不人道。第171页的"多样化思考"专栏将会加深我们对这一过程的理解。

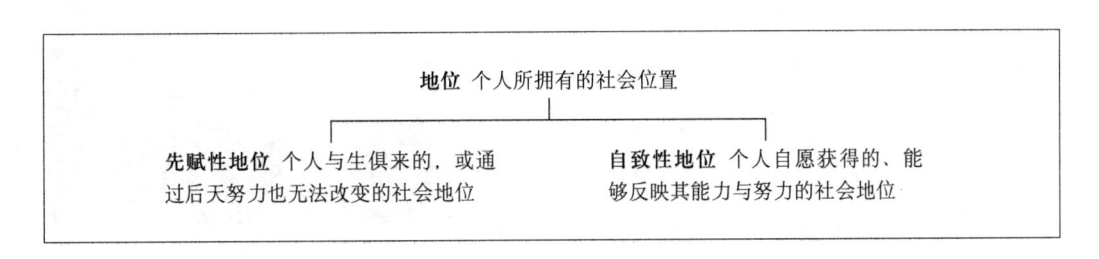

```
                    地位  个人所拥有的社会位置
         ┌──────────────────┴──────────────────┐
   先赋性地位  个人与生俱来的，或通        自致性地位  个人自愿获得的、能
   过后天努力也无法改变的社会地位         够反映其能力与努力的社会地位
```

```
         ┌──────────────────┴──────────────────┐
   地位群  个人在特定时间              主要地位  对于社会认同极其重要的、贯
   内所拥有的全部地位                   穿个人整个生命过程的一种社会地位
```

第三节 角色

理解

第二个重要的社会结构单位是角色，指的是拥有特定社会地位的个人所期望的行为。个人拥有地位并履行角色（Linton, 1937b）。譬如，处于学生的位置，使得你必须履行上课和完成功课的角色。

地位属性与角色都会因文化的不同而不同。在美国，叔叔这一地位既可以指你父亲的兄弟，也可以指你母亲的兄弟；而在越南，叔叔这个词在父亲和母亲家族中的含义不尽相同，故双方承担的责任也各异。在每个社会中，尽管有些社会允许对于一个角色能够有更多的个性表达，但实际的角色表现会根据个人的特质而表现出差异性。

由于我们会同时拥有众多地位（即地位群），每天的生活就是多种角色的集合。默顿（Robert Merton, 1968）引入了**角色丛**（role set）这个概念来概括由单一地位所衍生的一系列角色。

图 4-1 向我们展示了一个人同时拥有的四种地位属性，及其各自衍生的一系列角色丛。首先，这位女士作为一名教授（地位），会以教师的角色与学生互动，同时以同事的角色与其他学院的人员进行交流。其次，作为研究者（地位）开展工作时，她会以实地调研员的角色收集与分析资料，并利用这些资料完成她的著作（此时的角色是作家）。再次，她还是妻子，这种地位属性使她拥有婚姻角色——对她丈夫而言，既是爱人又是性伴侣，双方共同承担家务劳动。最后，这位女士还处于"妈妈"的地位，使得她承担照顾孩子的责任

举国上下为曼尼·帕奎奥（Manny Pacquiao）的凯旋庆功。在菲律宾，曼尼·帕奎奥不仅因多次拳击赛夺冠而成为国民英雄，而且其出道前因家境贫困而辍学上街靠卖甜甜圈讨生活的坎坷经历也令人叹服。

（母亲的角色），同时对于居住社区内的学校及其他组织扮演着公民的角色。

综观之，人们用以界定其生活的主要角色在每个社会都不尽相同。在收入较低的国家，人们在学生角色（教育）上花费的时间较少，往往家庭角色对于社会身份意义重大。而在收入较高的国家里，人们在教育上投入时间较长，家庭角色自然地对于社会身份的意义就不那么重要。这种差异性还表现在家务劳动的分配上。家务活儿大部分都由妇女来承担，这种现象在贫困国家尤为普遍。

一、角色冲突与角色紧张

在高收入的现代化国家中，人们普遍感到各种地位与角色所带来的各种责任之间的挤压。就像大多数母亲所能证实的，既要抚养子女，又得在外工作，确实让人身心疲惫。当然，目前有越来越多的父亲也加入此行列。其实，这就是社会学家所界定的**角色冲突**（role conflict），即两个及两个以上的地位所衍生的角色之间的冲突。

即使是单一地位所衍生的角色之间也可能发生冲突。**角色紧张**（role strain），是指由单一地位所衍生的角色之间的紧张。比如，一位大学教授平时很乐意与学生们打成一片，但又必须与学生保持一定的距离，这样才能保证对所有学生的一视同仁。简言之，即使是扮演附属于同一地位的不同角色，有时也是左右为难的权衡过程。

多样化思考：种族、阶层与性别

当身体残疾作为一种主要地位时

在某些人的眼里，身体残疾就如同种族、阶级或性别一样，成为定性他人的标志。在以下访谈中，两名妇女为我们揭示了身体残疾是如何成为主要地位的。

第一位被访者：唐娜·芬奇，29岁，盲人，拥有社会工作专业硕士学位，现与丈夫、孩子住在俄克拉荷马州的摩斯科格镇。

多数人并不期望残疾人长大，总把他们当作孩子……你们（残疾人）不该有约会，也没必要工作，他们甚至认为残疾人最终会从这个世界上消失。我并不是说，每个人都是如此。但就我自身而言，相较于其他孩子，我心智成熟得更早，而感情则较晚熟。直到最近的四五年，我才感受到世界的真实模样。"

第二位被访者：罗斯·赫尔曼，已退休，盲人，现居于纽约市郊，同时还患有脊髓脑膜炎。

你可能会问我，现在的人们是否与20世纪二三十年代的人有所不同。实际上，差不多。他们仍然惧怕残疾人。我不清楚用惧怕这个词是否准确，但至少令人感觉不太舒服。可是，这种感觉我还是能理解的，因为我也曾经历过。有一次，我向一个人问路，想知道乘坐哪部电梯才能由地铁站直达街面。于是他开始给我指路，可我听得一头雾水。所以，我就问"你能给我带路吗？"他欣然应允，并一把扶住我。碰巧我的导盲犬也在同一边，我就请他扶住我另一条胳膊。只听他说："不好意思，我只有一只胳膊。"我连忙答道："没关系，我握着你的夹克也行。"说实在的，握着一个空荡荡的没有胳膊的袖子，感觉滑稽极了。

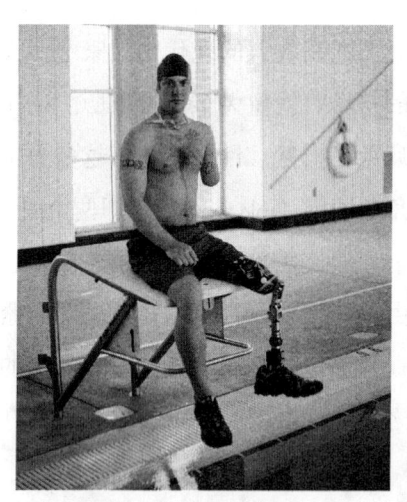

现代技术使得大多数因战争被截肢的士兵存活下来。你认为，失去手臂或大腿会怎样影响一个人的社会认同和自我认同呢？

资料来源：Orlansky & Heward（1981）。

你怎么想？

1. 是否出现过疾病或残疾对你的生活造成重大影响的状况（即疾病或残疾成为一种主要地位）？如果有，他人的反应如何？
2. 上述这种主要地位是如何影响某些人的品格的？
3. 过度肥胖（或瘦弱）是否能成为一种主要地位属性？请说明原因。

减小角色冲突的策略之一，在于将我们的生活进行分区。这样，我们就能在一定的时空扮演一个地位属性所要求的角色，而在另一个完全不同的情境下扮演另一个地位属性所要求的角色。这与我们熟知的"下班不工作,工作不想家",道理是一样的。

二、角色隐退

在海伦·罗丝·富赫斯·伊博(Helen Rose Fuchs Ebaugh, 1998)由一名天主教修女成为大学的社会学者之后,她便以自己的亲身经历来研究角色隐退,即人们从重要的社会角色中脱离出来的特定过程。通过研究诸如前修女、前医生、前夫、前酒鬼等一系列带有"以前"色彩的角色,她找到了成为"以前"角色过程中的共同特征。

在伊博看来,当人们开始怀疑自己是否还有能力继续扮演某种特定角色时,这个过程就开始了。人们会一直在心中描述替代性的角色,但当此想法发展到极致时,他们便决定开始追求新的生活。即使开始新的生活,以前的角色仍继续影响人们的生活。以前的种种烙印会通过早期的角色阻挠自我印象的更新。譬如,以前曾为修女的女性可能不敢轻易尝试时髦的着装。

这种"以前"角色也使得人们必须同早期结识他们的个人重新建立联系,并且还得面临学习新的社会技巧的挑战。比如,伊博在报告中指出,数十年后,当"前修女们"在教堂约会时,她们会吃惊地发现,少女时所了解到的两性交往规范与现在的情形大相径庭。

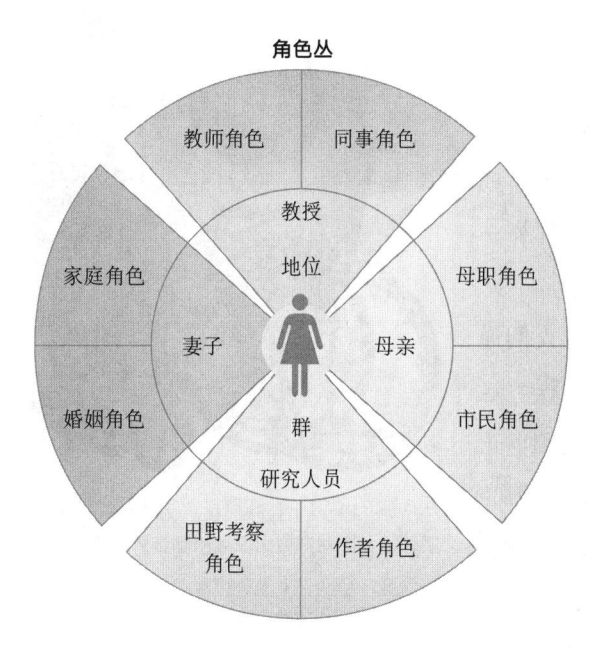

图 4-1 地位群和角色丛
地位群包含了个人在特定时期所拥有的所有地位。由于一个地位通常涉及不止一个角色,角色丛包含的意义更为广泛。

第四节　现实的社会建构

分析

1917年，意大利作家伊吉·皮兰代洛（Luigi Pirandello）写了一部名为《诚实的快乐》（*The Pleasure of Honesty*）的话剧。剧中的主人公安吉洛·鲍多维诺（Angelo Baldovino）才华横溢，人生阅历丰富。当安吉洛·鲍多维诺踏入伦尼（Rennie）的豪宅时，他以一种奇特的开场白来介绍自己：

> 我们总在塑造自己。让我来解释一下为什么。当我一踏入这个家门，我就迅速变成我应该且能够表现出来的样子——这就是自我塑造。换言之，站在你们面前的我，取决于我期望与你们建立什么样的关系。当然，反过来你们也是如此（1962:157—158）。

安吉洛·鲍多维诺的自我介绍提示我们，尽管行为由地位与角色所主导，但我们依然能够塑造自我，决定不同场合中事件的发展。或者说，"社会事实"并非像我们所认为的那样一成不变。

"**现实的社会建构**"这个词语概括了人们通过社会互动，能动地创造社会现实的过程。这个理念为第一章的符号－互动论奠定了基础。正如安吉洛·鲍多维诺所暗示的，在每个人的心中总有一小部分"社会现实"并不那么明确，尤其是在陌生的环境中。因此，我们会根据情境与目的来呈现自我，并努力把握事态的发展。

在现实的建构中，调情是再平常不过的经历了。男女向对方做出浪漫的暗示，双方各自心领神会，然而，这种互动必须在暧昧而轻松的氛围中进行，以便于双方能够毫无负担地随时退出。

当他人也有类似反应时，社会"现实"便形成了。

实际上，社会互动是一种复杂的协商过程，社会现实便在这种协商中构建起来。我们至少对大部分日常情境中正在发生的事件进行协商。但人们如何来看待事件的结果，则取决于其各自的背景、兴趣与意图。

【探索：请登录 mysoclab.com，看看教育是如何塑造现实的构建过程的】

> **世界之窗·全球视野下的家务劳动**
> 露西娜·何瑞赫德·吕讷兹：28岁，两个孩子的母亲，现居于秘鲁利马。她不仅要全职工作，也几乎揽下了全部的家务活儿。多娜·莫雷：28岁，现与未婚夫一起住在波士顿的公寓。尽管他们已经协商过家务分配，但是她仍然承担着大部分家务。
> 全球范围内，家务劳动已经成为女性身份与日常活动的重要标识之一。这种情况在亚非拉的贫困国家中尤为明显，因为这里女性的地位要远远低于男性。但是，即使是在男女平等程度及女性就业率较高的当代社会，家务劳动、抚育子女依然被划作"女性"事务范畴。

一、"街头智慧"

人们通常所谓的"街头智慧"，实际上就是构建社会现实的形式之一。在皮瑞·托马斯（Piri Thomas）的传记文学《走进阴暗的街道》（*Down These Mean Streets*）中，皮瑞·托马斯回忆了在东哈林（Spanish Narlem，纽约曼哈顿的拉丁裔及非裔社区）社区中的一次遭遇。傍晚，年轻的皮瑞·托马斯正在回家的路上，突然发现当地帮派的头目温科（Wenko）拦住了他的去路，自己被其手下包围了。

> "约翰尼·格林戈先生，你有什么要说的吗？"温科故作漫不经心地问道。
> 清醒点儿，我对自己说道，一定得设法冲出他们的包围，我会没事的。"我想，作为第104街的人，想必你们都听说过，"我顿了一下，"许多街头帮派之所以能够取胜，靠的就是一拥而上，然后拳打脚踢。你们不会也想这样吧。"我希望这番话能迫使温科走出来跟我单打独斗，以证明他自己不是以多欺少。但他脸上的表情没有丝毫的改变。
> "也许，我们并不这么干。"
> 中计了！我在心中暗自高兴，这个家伙乖乖地进入了我的圈套……
> "我当然不是说你，"我顺势答道，"在我们那儿，他们就是这么干的。"
> 温科开始有点不安，一声不吭。无疑，我的话语击中了他的软肋。他手下的

喽啰们现在都将目光投向了我——与对我群起而攻之相比，他们倒更愿意我俩决一胜负。"就按你说的做，"这是温科回答。

我知道，我已经赢了。当然，还是有一场恶战等着我。但是，与其同时应付10个或更多的小混混，一对一的打斗要好得多。如果我输了，我肯定会被他们揍一顿；如果我赢了，也许仍不可避免地要被揍——意识到这一点，我接下来的措辞格外小心。"其实，我既不认识你，也不认识你的手下。但是，我觉得他们很了不起，一点也不像小流氓。"

当我提到"他们"的时候，故意把温科划到这个圈子之外。这样，温科和他手下的小混混被我成功地分裂为两个阵营。因此，温科就不得不独自出来，接受我的挑战。对他自己及其手下而言，这都是一种实力的证明。当然，他还得保住他的地盘。温科从门口的台阶上走了下来，问道："单挑？格林戈？"（1967:56—57）

上述情境极具戏剧性——时而一触即发，时而峰回路转。人们就是在这样的过程中能动地建构社会现实的。当然并非所有情境中每个人的身份都是平等的。假设在皮瑞与温科单挑时，警察驱车而至，那么这两个年轻人的恩怨估计得在监狱中才能了结。

二、托马斯定律

通过与黑帮首领温科的斗智斗勇，皮瑞·托马斯最终获得了整个帮派的认同。上述发生在东哈林社区的一幕，正是托马斯定律的鲜活再现。**托马斯定律**因其创始人W.I. 托马斯（W.I.Thomas）而得名，是指假定真实的情境在其结果中也为真。

应用到社会互动中，托马斯定律则意味着：尽管社会真实由于其可塑性在初期具有一定的"弹性"，但最终它在结果上会逐渐趋于稳定或一致。如上所述，当地的帮派成员看到皮瑞·托马斯敢于挑战时，那么，在他们眼中皮瑞·托马斯就是值得尊敬的。

三、常人方法论

大多数时候，我们认为社会现实理应如此。为了更有利于了解我们所创造的世界，哈罗德·加芬克尔（Harold Garfinkel）在 1967 年首创了常人方法论（ethnomethodology），以研究人们是如何理解日常生活中的共同情境的。这种方法的前提认为，人们日常的行为互动主要依赖于一些共同的假定。比如，当你向某人提出"你好吗"这个简单的问题时，通常地，你只是想大致地了解这个人的近况，但也可能你的确想知道这个人是否有身心困扰或手头紧张。然而，对于被问者而言，他也许并不认为你会对他这些鸡毛蒜皮的小事感兴趣，你只不过是"客套"而已。

有目的地打破常规这一法则，是揭示我们日常共同生活假定的方法之一。比如，当下次别人向你打招呼时，你就把你最近一次的体检结果一项项地告诉他，或者详细描述早上醒来之后你的种种遭遇，看看这个人的反应如何。同样地，为了试探谈话时人们所能忍受的最近距离，你也可以在对话过程中慢慢地向对方靠近，通过对方的反应来做出判断。

实际上，我们对日常互动的"游戏规则"都了然于心，因此上述行为的结果可想而知。对方极有可能会因我们的意外之举感到困惑或愤怒；对方的这种反应不仅让我们知道互动规则的具体内涵，也让我们明白这些规则对于日常现实的重要性。

四、现实的建构：阶层与文化

人们并不是凭空地构建日常的体验。我们在具体情境中的行为与看法取决于个人的兴趣。譬如，在繁星点点的夜晚仰望天空，恋人们会感受到浪漫，科学家们则会发现氢原子聚变为氦的过程。社会背景也会影响到我们的看法，这也就是东哈林区的居民与曼哈顿上东区（富人聚居区）的人感受迥异的原因。

社会现实的构建在全球范围内差别更大。让我们来看看下面这些生活场景：在伦敦，候车的人们通常会有序地排队等待上车，而在纽约却很少看到这种现象；在沙特阿拉伯，法律禁止妇女驾驶车辆，而这道禁令在美国则是闻所未闻。在美国，"短途步行"也就是穿越几个街区或是几分钟的路程；而在秘鲁的安第斯山脉，则意味着好几英里的山路。

关键在于，人们往往是根据自己身边的文化来构建社会现实的。第二章"文化"曾解释过，一些特定的姿势在不同的地域含义也不尽相同。因此缺乏经验的游客往往会陷入一种意料之外、不受欢迎的境地。相似地，在一项关于大众文化的研究中，乔艾伦·夏弗利（JoEllen Shively, 1992）分别向欧洲绅士、美洲土著男子放映同一部美国"西部片"。结果发现，这两组受试者都声称很喜欢这部影片，但原因各异。白人男子

94

人们构建社会现实时会受到其所处文化的影响。也正是因为文化系统的差异性甚至相互冲突，社会现实的构建通常不仅面临着各种选择，同时也是矛盾重重。在土耳其，虽然大部分人口为伊斯兰教徒，信奉伊斯兰教，但也接受西方文化。图中画面正展示了两种截然不同的"女性"定义。

认为这部影片讴歌了西部开拓者及其征服自然的精神，而美洲土著男子则在这部影片中看到了一场土地与自然的庆典活动。正是迥异的文化背景，带来了他们对影片的不同看法。

除此之外，影片还对我们的现实生活发生着反作用。比如，2009年一部名为《亚当》（*Adam*）的影片，讲述了一名身患阿斯伯格综合征（Asperger syndrone）的年轻人的经历。这是近年来改变大众对精神病疾患认知的系列力作之一。

第五节 拟剧论的分析：自我呈现

分析//

欧文·戈夫曼是研究社会互动的另一位学者，他认为人们的日常互动就如同舞台上的角色扮演。假设我们以导演的角色来观察日常生活的舞台，实际上我们就在进行**拟剧论分析**（dramaturgical analysis）——从剧本角色扮演的角度来研究社会互动。

拟剧论为我们提供了关于地位与角色等相关概念的新视角。这里，地位就如同戏剧中的一部分，角色作为戏剧脚本，为剧中人物提供台词和动作。戈夫曼将每个人的"扮演"称为**自我呈现**（presentation of self），即个人努力在他人心中形成某种特定印象的过程。这个过程源于个人角色扮演的理念，故有时亦被称为印象管理（Goffiman, 1959, 1967）。

一、角色扮演

当我们在各种生活情境中呈现自我时，我们会有意识（或无意识）地向他人透露某种信息。整个角色扮演通常包括如何穿着（即戏服），可利用的工具（即道具），及语调和姿势（即表演风格）。而且，我们会根据不同的场景（即舞台背景）来调整角色的扮演。譬如，在饭馆里我们可以开怀大笑，但进入教堂时会有意识地压低自己的声音。同时，人们也会通过设计种种舞台背景（如家庭或办公室），来引导他人给予我们期待的反应。

【阅读：请登录 mysoclab.com，阅读戈夫曼的"日常生活的自我呈现"】

● 实例：医生的办公室

下面我们来看看，一名外科医生是如何运用其办公室向候诊的患者传达特定信息的。在美国，医生普遍享有较高的权威与声望，这一点只要一踏入其办公室就一目了然。首先，医生并不是随处可见的。即，患者必须先经过戈夫曼称之为"前台"的一些场景或人物（如接待员、门卫等），再由这些"前台"人物决定患者何时何地能见到医生。随意地往候诊室一瞥，通常会发现，患者们都一脸焦急地等待着被召唤至里面的诊疗室。毋庸置疑，在这里，医生及其属下掌握着主动权。

舞台的"后台"则由诊疗室及医生的私人办公室构成。当进入医生的私人办公室时，患者便会看到一大堆道具（如专业书籍、学位证书），让人觉得这个医生够专业。而医生往往端坐于办公桌之后，办公桌越大，则表明其权威越高；相比之下，患者通常仅被提供一把椅子而已。

医生的着装与言行则表露出更多的信息。白大褂（即戏服）虽然发挥着防止衣服变脏的实际功效，但更重要的，其社会功能在于让人一眼就能判断其职业；而脖子上的听诊器及手中的医学图（及更多的道具）也起到同样的作用。在交谈中，医生常会用到深奥的术语——这虽然会令患者一头雾水，但也再次强调了医生的主导

"我给你做检查时，可没让你脱衣服。之所以要求你脱衣服，是因为对医患双方而言，我穿得严严实实，而你只穿内衣坐着，这是必要的。"

地位。最后，我们还可以发现，患者会对医务工作者使用"医生"这个尊称，而医生对患者则直呼其名，由此进一步表明了二者关系中医生的统治地位。显然，作为医生的角色行为只不过透露了以下信息："我会帮助你，但你得听我的。"

二、非语言交流

小说家威廉·桑赛姆（William Sansom）在下文中描述了一位虚构的普里迪（Preedy）先生，一个在西班牙海滩度假的英国游客：

> 他刻意避开众人的目光。首先，他让潜在的旅途同伴都明白，他与他们毫无干系。他的目光扫过他们，落在远方，仿佛海滩上空无一人。偶尔有球抛向他这边，他会颇感意外，随后不以为然地笑笑（和善的普里迪），自顾自地将球扔回去……
>
> 他收起沙滩浴巾和钱包，一并放到干净的防沙袋中（细心而又有条理的普里迪），然后站起来伸了个懒腰（大猫普里迪，像猫咪一样伸了懒腰），拎起身旁的拖鞋（总之，自由自在的普里迪）(1956: 230–231)。

无需只言片语，普里迪先生已经向打量他的人表明了一切。这就是**非语言交流**的过程，即主要通过肢体动作、姿势与面部表情而非语言来进行沟通。

人们通常会运用身体的各个部分（即肢体语言）来传达信息。面部表情是最重要、也是最典型的肢体语言之一。比如，微笑代表欢乐。我们还可以将其细分为友善的普里迪先生在沙滩上的刻意微笑、见到老友的不亦乐乎、尴尬的苦笑，以及赢得重要赛事后忘形而满足的笑容。

眼神的交流是非言语交流的另一个重要组成部分。通常，我们会运用眼神邀请对方参与社会互动。有时，某人经过房间时的不经意一瞥，可能会引发一场热烈的讨论；相反，有意地躲开他人的目光则会阻碍交流。同时，我们的双手也会"说话"。在我们的社会中，手势一般都会夹杂着其他东西，传达诸如侮辱、要求搭便车、发出团队邀请，或者命令止步。另外，姿势也是口头语言的补充。比如，作威胁状地指着某人，实际上是口头警告的一种加强。类似地，当我们说"我不知道"时，耸耸肩会更令人觉得你对此不感兴趣；当我们说出"赶紧"这个词时，并快速挥舞手臂，则是进一步催促对方行动。

● 身体语言与谎言

任何演员都知道，再完美的表演都可能有破绽。日常行为中，任何无意识的肢体语言都会泄露我们的真实想法。比如，一个男孩正在向母亲解释为何晚归，但他母亲却对其解释深表怀疑。因为男孩的目光躲闪，不敢正视母亲。电影明星在电视采访中声明自己在餐厅雅座里的丑闻"没什么大不了的"，可她紧张得发抖的双腿似乎说明"肯定还有别的什么"。由于非语言的交流难以控制，因此它常常为我们破解谎言提供了线索。正如测谎仪所显示的，当一个人撒谎时，会出现呼吸急促、脉搏加速、出汗及血压上升等症状。

要想分辨假扮的行为往往很难，因为没有任何身体姿势能告诉我们这个人在撒谎。但是，由于任何行为都会包括较多的细小肢体语言，因此很少有人能够不露破绽地撒谎，总难免引起细心的观察者的疑心。揭穿谎言的关键，在于观察整个过程中是否有前后矛盾之处。

三、性别与角色扮演

相对于男性，由于女性在社会化过程中被认为是需要依赖他人的，所以她们对于肢体语言会更敏感。研究表明，相较于男性不太了解女性的心思，女性更容易"读懂"男性（Farris et al., 2008）。正如下文将要诠释的，性别也是自我呈现的关键要素之一

● 举止

举止，即我们行动和展现自我的方式，暗示了社会权力的大小。简单说，权力越大的人，行事越无拘无束。如果你是公司的老板，那么，给人脸色、拿腔作调或者将脚跷到办公桌上都是可接受的。类似地，权力较大者可随时打断他人的谈话，而权力较小者则会通过保持安静来表示尊重（Smith-lovin & Brody, 1989; Henley, Hamilton & Thorne, 1992; C.Johnson, 1994）。

通常女性在权力中占据相对弱势的地位，故举止也成为一个具有性别色彩的议题。正如第十章"性别分层"中将会提到的，在美国，42%的妇女从事文职或服务行业的工作，而其领导通常为男性。因此，在日常互动中，女性会比男性更注重自己的举止，表现出对男性的服从（U.S. Department of Labor, 2011）。

● 空间的运用

个人行为需要怎样的空间呢？权力在这里起了关键作用。你拥有的权力越大，你能占有的空间越多。通常，男性会比女性要求更多的空间，不论是在人面前踱来踱去，还是随意地坐在一张凳子上。为什么？我们的传统文化往往将"优雅"作为衡量女性的标准，即女性占有的空间越少越好；而男性则以"势力范围"作为评价标准，即男性能够控制的范围越大越好（Henley, Hamilton & Thorne, 1992）。

不过，对两性而言，**个人空间**（personal space）是指个人可以主张隐私的周围区域。在美国，人们谈话时一般会与对方保持几英尺的距离；而在整个中东半岛，人们则会站得更近些。而且，男性（由于拥有更大的社会权力）常会侵入女性的空间。反过来，如果女性侵入男性的个人空间，则无疑是向男性发出性暗示。

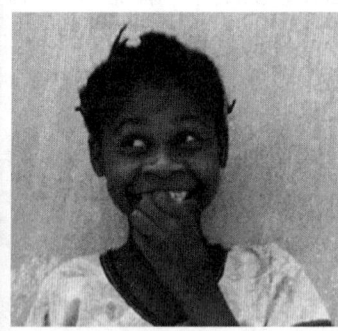

手势因文化差异而存在很大的不同。然而，世界各地的人们会通过窃喜、露齿微笑或坏笑，来反映他们不以为然的态度。所以，在全世界各地，我们都可以看到人们在情不自禁地微笑。

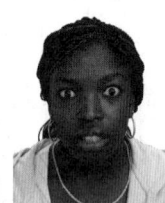

对大部分美国人而言，这些表情传达了愤怒、恐惧、厌恶、高兴、吃惊与悲伤等信息。世界上其他地方的人们是否也是这样定义表情的呢？研究发现，所有的人类都会以相同的方式向其他人表达诸如上述的基本情感。但是，通过说明不同情境的含义，文化主要担负着激发某种情感的功能。

● 直视、微笑与触摸

眼神的交流有利于互动。谈话时，女性会比男性进行更多的眼神交流。但是，男性有他们自己的眼神交流形式：直视（盯着你）。当男人直视女人时，通常是宣示着他们的社会统治地位以及将女性视为其性目标。

笑容常常表示欢乐，可有时候也是试图取悦他人或表示臣服的一种信号。就此而言，在男权社会中，女性要比男性笑的次数更多，这一现象就不难理解了。

相互的触摸，意味着亲密的关系与关心。除了较亲密的关系之外，触摸常常发生在男女之间（在我们的文化中极少会发生在男性之间）。在共同讨论病例时，男大夫轻拍女护士的肩头；穿越街道时，年轻男性会轻抵女性朋友的背部；或者，男教练在教授滑雪技巧时，会手把手地向女学生演示。在上述行为中，触摸的初衷并不具有侵犯性，也不会引起对方的强烈反应，不过这些行为实际上是一种微妙的仪式，昭告男性对女性的主导。

四、理想化

在人们各种行为表现的背后，往往蕴含着众多复杂的动机。即便如此，戈夫曼仍建议我们从理想化的角度来构建我们的行为。即，我们试图让他人（当然也包括我们自己）相信，我们的所作所为反映了理想的文化准则而非一己之利。

让我们重回医患互动中，看看理想化的具体表现。医院里，医生们通常具有所谓的"查房"的举动。当进入患者的病房后，医生伫立于患者的床头，默默地阅读患者的检查结果。随后，医生与患者之间会有一个简短的对话。理想状态下，上述过程还应包括医生对患者的身体检查。

然而，在现实中并非总是如此完美。一名医生可能在一天中需要巡诊数十个患者，因而不太可能记得每个病患的具体情况。所以，阅读检查结果只不过是让医生回想起患者的姓名和病情，显然，医疗护理的这种非个性化也破坏了文化中对于"医生应该关注每一个人的健康"的要求。

无论是医生、教授还是其他的专业人员都将其职业选择的动机理想化。比如，其工作会被形容为"为社会作贡献""帮助他人""服务社区"，甚至是"响应上帝的召唤"。而他们却很少承认更普遍的、"光环"更少的择业动机——这些职位所带来的财富、权力、声望及闲暇时光。

在日常生活中，我们会不同程度地运用理想化过程。当面对自己很讨厌的人时，是否还得以礼相待？类似的欺骗伎俩在生活中随处可见。即使我们怀疑他人行为的虚假性，有时候也不愿拆穿。具体原因将在下面探讨。

五、窘迫与机智

无论人们对自己的行为是多么小心翼翼，仍不可避免地会遇到窘境。譬如，知名的演说家在校园巡讲时不断地念错校长的名字；总教练在赛季末庆功会上致辞时却没意识到餐巾仍挂在脖子上；迟到的学生浑身湿透众目睽睽之下跑进报告厅。造成的后果就是窘迫——一种因"搞砸了"的行为而导致的不舒服感，戈夫曼称之为"丢脸"。

经过理想化的行为通常会隐含一些欺骗性，因此陷入窘境是一种始终存在的风险。而且，大部分行为之所以能够进行下去，需要多方面的配合甚至是欺骗，故一时粗心有可能带来功亏一篑。

然而，一个有趣的事实是作为"观众"的我们常会忽视行为表演中的缺陷，以免让"演员"陷入尴尬的境地。我们当然可以直接指明某人的错误（如"对不起，你裤子的拉链开了！"），但我们宁可委婉地给予提示，以帮助对方避免陷入更尴尬的局面。在安徒生的童话《皇帝的新装》中，那个一语道破"皇帝正一丝不挂地游行"的小男孩肯定会被斥为粗鲁无礼。

通常，在实际生活中，作为"观众"的成员会帮助"表演者"掩盖有漏洞的演出，使之继续下去。那么，现场的机智就相当于帮助某人"挽回面子"。譬如，某位貌似权威的专家发表了不合时宜且错误的言论，我们可能会忽略这段论述，就像他从未讲过这番话，或者对此一笑而过。或者我们简单地回应道"我知道你本意并非如此"——

许多人都认为，情绪只不过是我们生物性构成的简单元素。的确，人类的情绪有着其生物性基础。但是社会学家却发现情绪的引发机制是由文化来塑造的，包括表露情绪的时间、地点及对象。类似地，每个社会都有禁止情绪外露的特定场合。观察每张图片，请解释：为什么宫殿的卫兵、职业网球赛的助理裁判以及那些等待军官检阅的士兵都必须"面无表情"？

表明自己确实听到了，但认为瑕不掩瑜。正是意识到这一点，我们就不难理解林肯的一句名言：机智是一种描述他人如何看待自己的能力。

为什么机智如此常见？因为陷入窘境不仅令"表演者"不舒服，对于在场的其他人员也是如此。就如同演员忘记台词时台下的观众会着急一样，当看到他人笨拙的行为表演时，人们就会联想到自己在生活中的行为也不会有多高明。现实社会构建的真实，其作用好比挡住咆哮海水的大堤——当一个社会成员的行为造成了漏洞，其他成员会立刻帮忙修补。毕竟，在构建真实的过程中每个成员都肩负责任，没人愿意看到溃坝。

总之，戈夫曼的研究表明，尽管行为在某些方面是无意识的，但它远比我们所认为的有规律。四个世纪以前，莎士比亚已经在其经典的文字中有过类似领悟，让我们至今记忆犹新：

全世界是一个舞台，
所有的男男女女不过是些演员；
他们都有下场的时候，也都有上场的时候；
一个人的一生中扮演着好几个角色。
——《皆大欢喜》(*As You Like It*，第2幕，第7场)

第六节　日常生活中的互动：三种实际应用

应用

在本章的最后部分，通过具体分析日常生活的三个方面：情绪、语言与幽默，向大家阐明社会互动的要素。

一、情绪：情感的社会构建

情绪，更常见的是称为情感在日常生活中扮演着重要角色。实际上，情绪的作用力大于行为。情绪看起来很私人化，因为它们是内在的。即便如此，情绪还是引导着我们的情感生活，如同社会引导着日常行为。

● **情绪的生物性**

通过一项对全世界人类的研究，保罗·艾克曼（Paul Ekman, 1980a, 1980b）总结出六种世界各地的人们的基本情感：高兴、悲伤、愤怒、恐惧、厌恶与吃惊。同时还发现，世界各地的人们用以表达上述情感的表情基本相同。他认为，这主要是某些情绪反应已经"根植"于人类，即这些反应在我们的面部特征、肌肉组织及中枢神经系统中是"既定程序"。

原因何在？纵观人类的进化过程，情感的确具有生物本能性的根基，但它们更发挥着一种社会功能：维持集体生活。情感能够让我们克服私心，建立与他人的联系。因此，随着文化的发展情感的力量也越发凸显出来（Turner, 2000）。

● **情绪的文化性**

不管怎样，文化确实在引导人类情感的方面扮演着重要角色。艾克曼认为，首先，文化明确了究竟是什么引发情绪反应。无论人们将与老友的分离视为乐事（激发幸福感）、侮辱（带来愤怒感）、失落（带来悲伤感）或者不可思议（令人吃惊与敬畏），这一切都与文化息息相关。其次，文化为情感的表达提供规范。比如，大部分美国人认为，就情感表达方面而言，面对自己的家人比面对同事更加放松。相似地，我们通常期望孩子能够向父母敞开心扉，可父母却倾向于在孩子面前有所隐瞒。再次，文化引导我们如何看待情感。有些社会鼓励情感的表达，而有些社会则要求其成员克制情感、"三缄其口"。性别在其中也扮演着重要角色。至少，许多文化传统中认为女性更易流露情感，但若男性也"多愁善感"则被认为软弱，是不被社会鼓励的。当然，某些文化中，这种模式并不明显，甚至是完全颠倒的。

● **工作中的情绪**

在美国，与工作状态相比，大多数人在家中更能自如地表达他们的感受。阿里·拉塞尔·罗斯柴尔德（Arlie Russell Hochschild, 1979, 1983）认为，原因是一般的公司试图控制的不仅是员工的行为，还包括他们的情绪感受。让我们来看看以下场景：飞机上，空姐微笑着为乘客提供饮料。或许，这种微笑是为乘客服务时发自内心的喜悦，但是罗斯柴尔德却得出截然不同的结论：这种微笑，只不过是航空公司要求其员工所应有的工作态度。因而，我们可以发现，戈夫曼所描述的"自我呈现"不仅包括表层的行为，还包括情感的"深层活动"。了解上述模式之后，我们就不难理解构建社会所认可的情绪，并将此作为日常现实的过程之一，社会学家称之为"印象管理"。在"争鸣与论辩"专栏中，讲述了决定堕胎的妇女的特殊情感经历，其中，终止妊娠的个人看法起着决定性作用。

争鸣与论辩

情绪管理：妇女堕胎经历

丽兹：我就是不能怀孕！我明天就去医院堕胎。

珍：我真是不敢相信，丽兹，你怎么能这么做！想想看，假设这个孩子活下来了，若干年后你对自己现在的所作所为怎么看？

如今，很少有什么话题能像堕胎这样引发众多争议。在一项有关女性堕胎经历的研究中，社会学者詹妮弗·凯伊（Jennifer Keys, 2002）发现：情绪剧本或"情感规则"导引着女性对终止妊娠的看法。

詹妮弗·凯伊认为，政治正确催生了情感规则。反堕胎运动将堕胎视为个人的悲剧，是"对未出生儿童的谋杀"。"既然堕胎被如此定义，那么，通过堕胎来终止妊娠的女性就大错特错，她们将会为此而感到悲伤、内疚及遗憾。在这种立场的施压下，一些女性不堪这些情感的重压而纷纷患上"堕胎综合征"。

而对堕胎持肯定态度的人们则有着截然不同的观点。在他们看来，女性遭遇的是意外怀孕，而堕胎则是可以接受的医疗补救办法。因此，终止妊娠的女性感到的不应是内疚，而是解脱。

在詹妮弗·凯伊的研究中，她对40名最近有过堕胎经历的女性进行了深度访谈，发现无论被访者对于堕胎的态度如何，上述理解都会影响被访者在整个过程中的感受。诚然，这种对现实的理解反映了当事人自身对堕胎的看法。但同时，这些女性的伴侣和朋友则会明显地强化她们对此事件的特定感受。比如，本次研究中有一名叫艾伊的年轻女性,她的一个好朋友也怀孕了。当这个朋友了解到艾伊的状况后,她兴奋地大叫道:"恭喜你啊!我们将会一起做妈妈了!"这些话建立了一个"情感法则"——怀孕是件好事,同时也传达给艾伊一个信息——如果艾伊打算堕胎的话,则应感到内疚。而反之,乔的男友则被她怀孕的消息吓坏了。他认为,自己还不具备做一名父亲的能力,因此脱口而出:"我宁可一把枪顶着我的脑袋,也不愿要这个孩子。"他的这种恐慌不仅意味着将怀孕定性为错误的,同时对乔也是一种警告。显然,从男友的反应中,我们可以看到,决定堕胎意味着从一个严重的问题中解脱出来。通过运用某些特定的词汇,医务工作者对女性堕胎的这一现实构建也发挥着影响力。交谈时使用"孩子"(baby)这个词的医生及护士往往会促使孕妇形成反堕胎的立场,并引发悲伤、内疚等情绪体验。相反,如果他们使用诸如"妊娠组织""胎儿"或"子宫容纳物"等词语,则会促使孕妇倾向于人工流产的立场,并将其视为一项减轻痛苦的小手术。奥莉维亚开始使用从医生那儿听来的术语"受孕产物",而丹尼斯则将堕胎的过程描述为:"将多余的细胞从我身体里拿走。不得不承认,当想到这是一个生命的时候,我确实有些难过,可我浑身都是有生命的啊,有成千上万个细胞组织呢。"

　　人工流产后,大多数妇女都反映自己会主动地调整情绪。艾伊解释道:"我从来不用'孩子'这个词。我不断地告诉自己,它还没成形呢。还什么都不是呢。我必须牢牢记住这一点。"另一方面,詹妮弗·凯伊发现,只要是持有反对堕胎立场的被访者都会用到"孩子"这个词。吉娜解释说:"我确实把它看成一个孩子。事实的真相是,我扼杀了我孩子的生命而我本不该如此。一想到这个,就让我内疚不已。但是,看看我所做的,也许我活该内疚。"换言之,由于吉娜认为自己的所作所为是错误的,因此她会主动地唤起内心的愧疚感,以此作为对自己的部分惩罚——这是詹妮弗·凯伊对其反应的总结。

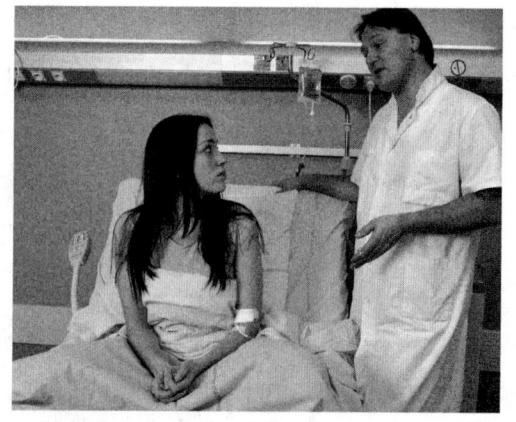

医生和护士针对女性堕胎所使用的词汇能够在一定程度上左右患者的情绪体验。

> **请你思考：**
> 1. 请用自己的语言概括，什么是"情感规则"或情绪剧本？
> 2. 试用"规则引导的情感"来解释结婚这种情感体验。
> 3. 通过本文的讨论，我们的情感并非像我们所认为的那般个人化，你认为这个说法有道理吗？

二、语言：性别的社会建构

正如第二章"文化"所阐明的，语言是将一个社会成员植入我们称之为文化的符号网络的桥梁。语言的交流并不仅仅停留在表面，还包含着更深层次的含义。性别就是这么一个深层面的体现。无论是在权力还是价值观上，语言对男女两性的界定有所不同（Henley, Hamilton & Thorne, 1992; Thorne, Kramarae & Henley, 1983）。

● 语言与权力

一个小伙子颇为得意地骑着他的新摩托，边超赶他的同伴边炫耀道："谁说她不漂亮？"表面上，这个问题与性别一点关系也没有。然而，为什么这个小伙子用"她"来指称自己的摩托车呢？

答案在于，男性通常运用语言来建立自己对周围事物的控制。一名男性之所以将摩托车（或轿车、轮船及其他物品）冠以女性意味的代词，是因为这样能够反映其对事物的所有权。或许，这也解释了为什么在美国及世界其他地区的女性传统上婚后会改用其丈夫的姓氏。由于当今许多已婚女性十分重视自身的独立性，她们（现约 15% 的女性）越来越倾向于保留自己的姓氏，或将两个家族的姓氏结合起来（Gooding & Kreider, 2010; Hamilton, Geist & Powell, 2011）。

● 语言与价值观

通常，英语作为一门语言具有典型的男性特质，那些更有价值、力量或重要性的词总与男性相关。比如，单词"virtuous"的意思是"有道德的"或"出色的"，源于拉丁文"vir"，意为"男性"；而形容词"hysterical"的意思是"歇斯底里的"，则源于希腊文"hystera"，意为"子宫"。

语言以许多我们熟知的方式赋予了两性迥异的价值。传统的男性词汇（如"国王"与"贵族"），都具有积极的含义；而其对应的词汇（如"皇后""女士""夫人"）则具有消极的含义。相似地，运用后缀"-ette"与"-ess"来表示女性，这种做法常会使原生词的内涵打折。比如，男指挥"major"通常比女指挥"majorette"的地位高。这种类似的关系在男主人"host"与女主人"hostess"、男教师"master"与女教师"mistress"等词汇中都可以体现出来。语言既是反映社会态度的一面镜子，反过来又起到了强化的作用。

如果考虑到性别在日常生活中的重要性，我们也许就不会惊讶为何男女双方在沟通时存在一定的问题。在"焦点中的社会学"的专栏文章中，哈罗德与希碧夫妇——我们曾在开篇时提到过，他们运气不佳，未能及时找到朋友家——反过来，这次遭遇也向我们展示了两性看起来讲着多么不同的语言。

三、现实的运转：幽默的社会建构

幽默在日常生活中发挥着重要作用。每个人听到笑话都会开怀大笑，但很少有人去仔细想想究竟是什么让某些东西更有趣。我们可以运用本章中衍生的众多观点来解释，人们是如何利用幽默来"玩转"社会现实的（Macionis, 1987）。

● **幽默的基础**

幽默是社会现实建构的产物。当人们创造出两种截然不同的事实并将之对比时，幽默就出现了。通常说来，一种社会事实是"司空见惯"的，即人们在特定的情境下所预期发生的；而另一种社会事实则是"非常规的"，即对既有文化模式的不期然违反。因而，幽默来源于对同一种情境的不同界定，这些界定相互矛盾、模棱两可或者具有双重含义。

要想搭配各种社会事实，以达到幽默的效果，方法不计其数。你会发现，在下列语言环境中容易形成事实间的对比效果：前后矛盾的陈述，如"怀旧不再似旧时"（nostalgia is not what it used to be）；自我重复的陈述，如尤吉·贝拉（Yoga Berra）的诗文"这似曾相识之感似曾相识"（It's deja vu all over again）；或者，语言的混搭，如奥斯卡·王尔德（Oscar Wilde）的台词"工作是对嗜酒者的诅咒"（Work is the curse of the drinking class）。甚至是音节上的稍许转换，也能达到同样的效果。正如在乡村民谣中所唱到的"I'd rather have a bottle in front of me than a frontal Lobotomy"。[1]

---

[1] 这句歌词大意为"我宁愿喝尽面前这瓶酒，也不要被切除脑前叶"。英文原句取前后两个分句的音节相近形成特别的幽默。

当然，制造一个笑话也可以反其道而行之。这样，当听众被引导着期望一个非同寻常的答案时，往往却得到了极其普通的一个。比如，某位记者采访了臭名昭著的大盗威利·萨顿（Willy Sutton），问到其抢劫银行的原因，他干巴巴地回答"因为那是金钱的老家"。所以，无论笑话是如何制造出来的，只要关于事实的两种定义的差异越明显，则幽默的效果越好。

在讲述笑话时，喜剧演员会使用不同的技巧来强化这种反差，使得笑话更加有趣。常用的技巧有：首先，将"司空见惯"的事实在与另一个演员谈论中描述出来，然后转向听众（或摄像机）来传达第二个"出乎意料"的台词。在马克斯兄弟的电影中，格鲁乔·马克斯（Groucho）评论道："除了狗之外，书籍是人类最好的朋友。"随后，他提高嗓门，把目光投向摄像机，补充道："但在狗之内，光线暗到啥也不能读！"如此"改换频道"无疑增强了两种社会事实的反差。按照同样的逻辑，唱独角戏的喜剧演员会通过"但严肃地来讲，各位……"这种笑话中的插科打诨，把对正常情况的期待"重新植入"听众的心中。英国六人喜剧团体蒙提·派森（Monty Python）的成员约翰·克里斯（John Cleese）常用的口头禅就是"现在，让我们来点儿完全不同的。"

喜剧演员通常会非常留意他们的表演行为——恰到好处的语言及"抖包袱"时机的把握。如果喜剧演员在事实之间制造的反差越明显，那么笑话就越有趣；相反，不注重上述细节，则会使笑话索然无味。正是由于幽默的关键在于社会现实之间的"碰撞"，所以我们可以明白为什么笑话的高潮部分被称为"点睛之笔"（Punch Line）。

【请登录 mysoclab.com，观看视频"幽默的角色"】

● **幽默动力学："明白！"**

在某人给你讲完一个笑话后，你是否也曾经不得不承认"我还没明白呢？"，为了"明白"幽默，你必须对司空见惯的与不合常规的社会事实都有所了解，这样才能够领会到它们之间的反差。如果一个喜剧演员遗漏了某些重要信息，那么这个笑话可能就无法达到预期的效果。在这种情况下，作为听者，就不得不高度关注这个笑话中已经提到的要点，然后靠自己的力量将缺失的部分填充进去。我们来看一个简单的例子：电影制片人哈罗奇（Hal Roach）在其百岁寿诞的聚会上曾做过如此评论："如果我早知道自己能活到 100 岁的话，我应该把自己照顾得更好点儿！"这里，是否明白这个笑话，取决于是否意识到一个言之未尽的事实：罗奇一定已经将自己照顾得相当好了，那也正是他活到 100 岁的原因。或者，拿 W.C. 菲尔德（W.C. Field）的话来说："有只黄鼠狼从我的午餐里取出了软木塞。""这是什么样的午餐啊！"我们心里会这么想着来"结束"这个玩笑。

焦点中的社会学

性别与语言:"你就是不理解!"

在本章的开篇故事中,哈罗德与希碧的遭遇对于许多人而言再真实不过了:当他们迷路时,男人宁愿自责或埋怨其伴侣,而不愿问路。如果换位思考,女性就不难理解为什么男性在需要帮助时却还将其拒之千里。

黛博拉·坦纳(Deborah Tannen, 1990)认为,男性普遍地将生活中的大多数遭遇视为竞争性活动。所以,迷路已经够糟糕了,而问路则只会让其他人有机会"表现"。相反,由于女性在传统上一直处于附属地位,对她们而言,向他人求助并非难事。坦纳甚至指出,女性有时候会在并无必需时向他人寻求帮助。

另一个与性别相关的类似问题,则是夫妇们在日常生活中常会遇到的——男性称之为"唠叨"、女性认为自己在"试图有所帮助"的状况。仔细看看下面的对话(Adler 1990: 74)。

希碧:怎么了,亲爱的?

哈罗德:没什么。

希碧:你一定有什么烦心事,我能感觉得出来。

哈罗德:我跟你说过了,什么事也没有。让我一个人待会儿。

希碧:可我看得出来肯定有问题。

哈罗德:好吧。那么,为什么你就认为有问题呢?

希碧:嗯,首先,你看,你的衬衫上全是血。

哈罗德(有些不耐烦):哦,你别烦我了。

希碧(忍无可忍):好吧,可它确实让我不舒服!

哈罗德(起身离开):那我去换件衬衫好了。

这里的问题在于,一方言语中所透露的意图并没有完全被对方所理解。对希碧而言,她刚开始的询问,实际上是希望解决问题的一种努力。她能够发现哈罗德有些不对劲(除草时他的手受伤了),并希望帮助他。但是,哈罗德却认为希碧指出问题就意味着对自己的轻视,并且试图打断谈话。而希碧则不断地提醒自己,哈罗德如果明白她是一片好意,他的态度就会更积极些。双方的互动陷入了一种

> 恶性循环——由于哈罗德感到妻子认为自己不能照顾自己，故采取不合作的态度；反过来，这种不合作的态度又使得希碧更加确信自己不能袖手旁观。双方就这么僵持着，直到有一方被激怒。
>
> 最终，哈罗德虽然同意去换衬衫，但仍然拒绝讨论最根本的问题。由于认定他的妻子在"唠叨"，哈罗德宁可独处。对希碧而言，她不能从丈夫的角度来看待问题，只得悻悻走开，并认为哈罗德是个不识好歹的家伙。
>
> **加入博客讨论吧！**
>
> 可能你已经意识到，男女在交流时存在着诸多差异。欢迎登录 MySoclab，加入"焦点中的社会学"博客，分享你的观点和经历，并看看别人是怎么想的。

这里还有一个更为复杂的笑话：如果一个人既是失眠症患者、又是阅读困难症患者还是不可知论者，你猜会怎样？答案是：一个人整夜不眠，怀疑附近有狗（dog）。要明白这个答案，你必须了解到：失眠症是指睡眠方面的障碍，阅读困难症则会让人把词语中的字母颠倒过来看，而不可知论者则怀疑上帝（god）的存在。

为什么喜剧演员会让其听众做诸如上述的努力来理解一个笑话呢？原因在于，要想"明白"一个笑话，我们就得拼凑其所需要的所有碎片——而在此过程中我们会不断地获得一些乐趣。获得的乐趣越多，则我们就越能享受这个笑话。另外，相对于那些无法"明白"某个笑话的人而言，"明白"这个笑话使得你成为"自己人"。我们都曾经遇到过因不理解某个笑话而带来的挫败感：担心自己被认为是蠢笨的，同时还伴有一种因不能分享笑话的乐趣而产生的被排斥感。有时候，人们也会非常有技巧地解释某个笑话，以免对方有被忽视的感觉。但是，老话说得好，如果一个笑话还得被解释，也就不怎么好笑了。

● **幽默的话题**

世界各地的人们，无论是会心一笑，还是开怀大笑，都使幽默成为人类文化中的基本元素之一。但由于世界上各不相同的文化氛围，幽默很少能够"放之四海而皆准"。

10月1日，日本横滨。 你能够与居住在地球另一端的人们分享笑话吗？晚餐时，我让两个日本女学生给我讲个笑话。"你知道'蜡笔'（crayon）吗？"其中一个问道。我点点头。"你在日本怎么能找到一根蜡笔？"我表示不知道。当她看到我的反应，特别是当说到什么东西听起来像"蜡笔、蜡笔"时，她禁不住大笑起来。她的同伴也跟着笑起来。而我和我的妻子则绷着脸，尴尬地坐在一旁。在她给我们解释了日语"给我"的发音听起来与"蜡笔"的发音非常接近之后，我的脸上才勉强挤出了一点笑容。

日本人认为幽默的东西，对中国人、巴西人或者美国人则不尽然。甚至一个国家的社会差异，也意味着不同类型的人们会在不同情境下发现幽默。美国新英格兰人、南部人及西部人有着各自独特的幽默，这种情形放诸拉美裔人与北欧裔人（种族差异）、15岁的少年与50岁的中年人（年龄差异）、华尔街的银行家与放牧人（职业差异），也是一样的道理。

但对每个人而言，具有双重含义或争议的话题常常会带来幽默。在美国，我们大多数人刚开始听到的笑话是关于孩提时的身体功能的，而孩子们并不以此为乐。然而，对"隐秘行为"甚至某个特定身体部位的简单提及，都会令孩子们开心不已。

那么，是否存在能够跨越文化鸿沟的笑话呢？答案是肯定的，但它们必须关涉人类的普遍体验，比如，拿朋友"开涮"的。

我想起了许多笑话，但似乎都没有效果。对我们文化知之甚少的人，要想理解关于美国的笑话并非易事。是否有更具普遍性，大家都能接受的笑话呢？这里有个不错的小笑话：两个人正在树林里走着，突然遇到了一只大黑熊。其中一个家伙迅速蹲下身去并系紧了跑鞋的鞋带。"杰克，"他的同伴说道，"你在干吗呢？你跑不过这只熊的！""我不必跑得过这只熊，"杰克答道，"我只需跑得过你！"闻者大笑。

在幽默中所发现的争议常常游走在"有趣"与"病态"之间。中世纪时，人们使用幽默一词（源于拉丁词汇"Humidus"，"潮湿"的意思），意指调整人体健康的体液平衡。现代研究者也有证据证明，幽默在减压和提高免疫力等方面的作用，正应了那句老话"笑一笑，十年少"（Haig, 1998; Bakalar, 2005）。然而，在极端情况下，那些不拘泥于习俗的人们也会冒着被认为是越轨者（放荡不羁）或有精神病的风险（毕竟，在我们心中早已形成了一种刻板印象：只有精神病患者才会肆无忌惮地大笑，而且精神病院长久以来就因"怪笑农场"而闻名）。

因此，在每个社会集团中，某些特定的话题由于太过敏感而不能作为笑料谈论。当然，你仍然可以拿这些话题来开玩笑，但很可能被批评这个笑话很"病态"（或自己被贴上"有病"的标签）。人们的宗教信仰、悲惨事件或者惨绝人寰的犯罪行径都是病态笑话的主题，或者根本不能作为玩笑。即使是在2001年的"9·11"恐怖事件发生的五年之后，也没有任何关于遇害者的笑话。

● **幽默的功能**

幽默之所以随处可见，是因为它对潜在的破坏性情绪起到安全阀的作用。换言之，幽默提供了一种相对轻松的方式来讨论某些敏感话题。即使是无意中谈论到有争议的问题，人们只需说一句"我没别的意思，只是开个玩笑而已！"就用幽默化解了这种尴尬的局面。

人们也常常用幽默来缓解不自在的情境所带来的紧张情绪。一项医学调查研究显示，大部分患者都试图与医生开玩笑，以此自我放松（Baker et al., 1997）。

● **幽默与冲突**

幽默可能是欢乐的来源，但也能被用以奚落他人。譬如，与女性开玩笑的男性常在言谈中表现出某种性别歧视（Powell & Paton, 1998; Benokraitis & Feagin, 1995）。类似地，关于同性恋者的笑话也暴露了性取向的张力。当一个（或双方）党派不愿将冲突公开化时，真正的冲突会伪装成幽默表达出来（Primeggia & Varacalli, 1990）。

"打击式"的笑话可能以牺牲他人为代价，从而使某类人感觉愉悦。通过收集与分析来自多个社会的笑话素材，克里斯蒂·戴维斯（Christie Davies, 1990）坚信：在当今大多数世界中，种族冲突是潜藏在幽默背后的驱动力。典型的种族式笑话在取笑弱势群体时，也令笑话的叙述者感到高高在上。如果我们考虑到美国社会的盎格鲁-撒克逊传统，就会发现波兰裔及其他少数族裔长期以来一直是美式笑话的嘲弄对象。同样地，北加拿大的纽芬兰人、苏格兰的爱尔兰人、印度的锡克教徒、德国的土耳其人、尼日利亚的豪撒族及伊拉克的库尔德人，也同样处于这种尴尬的境地。

处于弱势地位的人群也会开强势人群的玩笑，但

由于幽默往往涉及对现有惯例的挑衅，美国大多数的喜剧演员（包括乔治·洛佩兹 George Lopez）都只是社会的"旁观者"——他们出身卑微，多为有色人种或少数族裔。

会小心翼翼。美国女性会取笑男性，就像非裔美洲人以取笑白人为乐、穷人以取笑富人为乐。放眼全世界，人们都会在领导身上寻开心。在一些国家，某些职员甚至因玩笑开过了火、对领导不敬而被拘捕（Speier, 1998）。

总之，幽默远比我们想象的重要。实际上，它是帮助我们从常规世界中获得精神解脱的一种方式（Flaherty, 1984, 1990; Yoels & Clair, 1995）。因而，就不难解释为什么我们国家的喜剧演员大部分来源于历史上的边缘阶层，包括犹太人、非裔美国人。只要保持幽默感，我们就可以宣告自身的自由而非现实的奴隶。面露微笑，也能够让我们满怀信心地改善自我和这个世界，哪怕只是绵薄之力。

日常生活中的社会学

第四章　日常生活中的社会互动

● **我们如何构建起我们经历的社会现实？**

莎士比亚曾感叹"世界是个舞台"，本章就给出了有力证明。而且，倘若如此，那么互联网则是迄今为止最新也是最宏伟的舞台。正如戈夫曼所阐明的，当我们使用诸如"脸书"（Facebook）之类的网站时，我们正是按照自己希望留给他人的形象来进行自我呈现的。无论是我们所写下的自身的每个故事，还是网页的版面设计，都会给任何想要"搜索我们"的看客留下印象。看看以下"脸书"的一个网页，仔细观察每个细节。这个小伙子明显地想给我们留下什么印象？你从"字里行间"又能发现什么？换言之，是否有某些信息——这个小伙子试图隐瞒，却被你发现了？或者，至少是他避而不谈的？你认为，他的"自我呈现"的可信度有多高？看看下页中的一个年轻姑娘的"脸书"网页，试做同样的分析。

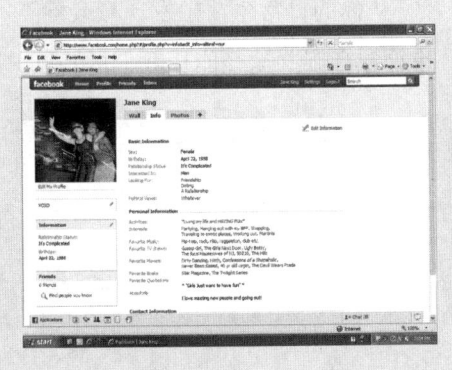

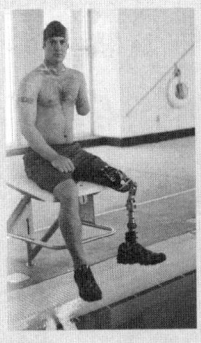

● **提示：**

自我呈现中的几乎每个细节都会向他人透露我们自身的信息，因此，在网站上收集到的所有信息都是至关重要的。有些信息是刻意安排的，譬如，人们写下的文字和精心挑选后上传的照片。而有些信息则可能是无意识的，但是会被某个细心的访问者所发现。

- 个人档案的长度与风格（是不是列了一长串的个人特长及成就呢？或者，标榜自己幽默又谦逊？）。
- 所使用的语言（糟糕的语法可能表明此人的文化程度不高）。
- 撰写个人档案的具体时间段？在白天还是晚上？（如果一个人在周六晚上11点还在修改其个人档案，那么，他就不可能是如自己所标榜的派对动物）。

从你的日常生活中发现社会学：

1. 试列举你向他人"自我呈现"的五种重要方法。比如，如何装扮自己的房间，如何着装，或在教室里如何行为。请思考，在每种情境中你试图传达自己的哪些信息。面对不同的对象，你是不是表现出了不同的自己？如果是这样的，请说明理由。

2. 在接下来的24小时里，当有人问及"你好啊？""最近怎么样啊？"，你试着一五一十地说出自己的实际情况。看看你如实回答一个礼貌性问候时，会发生什么？仔细观察对方的反应及其肢体语言，试做出总结。

3. 通过本章的阐述，可以看到，我们每一个人都参与了这个称之为日常现实的社会建构过程。因此，也意味着我们每个人都为塑造自己正在经历的社会现实贡献着一份力量。如果将这种理念应用于个人自由，看看文中所提供的素材在何种程度上验证了以下说法：人们能够自主地塑造自己的生活。登录"从你的日常生活中发现社会学"专栏，了解更多关于日常生活的社会建构的知识，并看看有哪些途径能让我们的现实世界更美好。

温故知新

第四章 日常生活中的社会互动

什么是社会结构?

社会结构,指的是引导我们日常行为的社会模式。

社会结构的要素,包括:

- **地位**——个人所拥有的社会位置,既是社会认同的一部分,也有助于界定我们与他人的关系。
- **角色**——拥有特定社会地位的个人所期望的行为。

地位可以是:

- **先赋性地位**,通常都是非自愿的(如,成为少年、孤儿,或者墨西哥裔美国人)。
- **自致性地位**,通常是后天获得的(如,成为荣誉学生、飞行员或小偷)。

主要地位,有可能是先赋的、也有可能是自致的,通常对个人的社会身份极其重要(如,盲人、医生或肯尼迪家族成员)。

角色冲突,源于两个(或更多)的地位所衍生的角色之间的紧张(如,需要同时兼顾母亲与公司 CEO 责任的女性)。

角色紧张,源于单一地位所衍生的角色间的冲突(如,一位大学教授平时很乐意与学生们打成一片,但又必须保持一定的距离,这样才能保证对所有学生的一视同仁)。

现实的社会构建

通过**社会构建**,我们建造我们所经历的社会世界。

- 比如,互动中的双方都试图塑造其具体情境的社会现实

【探索:登录 Mysoclab.com,浏览 Map 专栏】

托马斯定律阐述了一旦情境被界定是真实的，将会导致结果的真实。
如果教师相信一部分学生是极具天赋的，那么将很好地促进学生的学习成绩
常人方法论则是提供了一种策略，以揭示人们在社会世界中互动时暗含的假定及认识。
- 我们可以通过有意识打破社会互动的"惯例"并观察他人的反应，来揭示这些暗含的假定及认识。

人们所构建的社会现实是对**文化**及其**社会地位**的反映。
- 对纽约人来说，"短途步行"也就是穿越几个街区；而对于拉丁美洲的农夫而言，则意味着好几英里的山路。

拟剧论分析："自我呈现"

拟剧论分析从剧本角色扮演的角度探讨了社会互动。地位就如同戏剧中的一部分，而角色则作为戏剧脚本。

【阅读：登录 Mysoclab.com，浏览 Document】

角色扮演是我们向他人呈现自己的主要方式。
- 表演既可以是有意识的（有目的行动），也可以是无意识的（非言语性交流）。
- 表演包括戏服（我们的穿着方式）、道具（我们所携带的物件）及举止（说话的腔调与行为方式）。

传统上，男性较女性拥有更多的社会权力，因此**性别**也影响着个人的表演。这种性别差异，包括行为举止、空间的使用、直视、微笑与触摸。
- **举止**——由于男性拥有更多的社会权力，因而他们在行事方式上有着更大的自由度。
- **空间的运用**——传统上，男性比女性会要求更多的空间。
- **直视与触摸**，通常都是男性对女性的主动行为。
- 作为取悦他人的方法之一，女性更多地微笑。

表演行为的理想化，意味着我们试图让他人相信——我们的所作所为反映了理想的文化准则而非一己之利。

窘迫是表演行为中的"丢脸"。人们会利用**机智**来帮助他人"挽回面子"。

日常生活中的互动：三种实际运用

情绪：**情感**的社会建构。

某些相同的基本情绪反应已经"根植"于人类，却是文化明确了究竟是什么引发情绪反应、我们如何表现情绪、如何看待情感。在每天的生活中，自我呈现不仅包括了行为，还包括了情绪管理。

语言：**性别**的社会建构。

● 性别是日常生活互动中的重要元素。而语言则将两性作为不同类型的人区分开来，反映了社会对具有男性特征的事物赋予了更多的权力和价值。

现实的运转：幽默的社会建构

对同一种情境，当人们创造出两种迥异的事实（不合惯例、司空见惯）并将之对比时，幽默就出现了。正由于幽默是文化的一部分，因此世界各地的人们会找到不同的笑点。

【观看：Mysoclab.com 的相关视频】

群体与组织

学习目标

- **记住**本章用粗体字所标注的核心概念的定义。
- **理解**在历史发展进程中，人类社会日益依赖大型的正式组织。
- **运用**群体遵从行为解读日常生活熟悉的事情。
- **分析**现代社会人们对于个人隐私日益增长的关注。
- **评价**生活在高度理性化社会给人们带来的收益与挑战。
- **创造**在大型正式组织所构建的社会中更有效、更幸福生活的能力。

本章概览

日常生活中我们大量的时间是在社会学家所谓的社会群体和正式组织中度过的。本章首先分析社会群体,包括小群体以及大群体,并比较两者的不同之处。然后转向关注现代社会中履行各项职责的正式组织。

工作了一天,胡安和乔治走进当地的麦当劳餐厅。"伙计,我饿了",胡安边喊边朝点餐队伍走去,"瞧这些肉,我要把它们全部吃掉。"而最近刚从危地马拉的小村子移民到美国的乔治,正在用社会学的眼光打量这间屋子,"这儿看到的不只是食物,这儿看到的是美国!"

正如我们在下文将谈到的那样,事实的确如此。回到1948年,当麦当劳开始书写传奇的时候,在加利福尼亚州的帕萨迪纳市(Pasadena),几乎没有人没有注意到莫里斯(Maurice)和理查德·麦克唐纳(Richard McDonald)兄弟俩新餐馆的开张。麦克唐纳兄弟俩的基本经营理念就是后来所谓的"快餐":向大众快速低价地提供食物。兄弟两人培训雇员从事专业化的工作:一个人烤汉堡的同时,其他人负责"包装"汉堡,炸薯条,搅拌奶昔,把食物递给顾客,整个过程如同装配流水线。

过了几年,麦克唐纳兄弟赚了钱,又开了几家类似的餐厅,其中一家位于圣伯纳迪诺(San Bernardino)。1954年,一位奶昔搅拌器的经销商雷·克拉克(Ray Kroc),路过并拜访了餐厅。

克拉克对兄弟两人餐厅运营系统的运作效率很感兴趣,他看中了整个连锁快餐的潜力。三个人达成了伙伴计划。1961年,随着销售额的迅速增长,克拉克买下麦克唐纳兄弟(已经回去经营他们最初的餐厅)的专利经营权,并书写了有史以来最成功的传奇之一。现在,麦当劳已经成为全球最广为人知的品牌,33000多家的麦当劳餐厅为全美以及全球其他118个国家的6400万人口提供餐饮服务(麦当劳,2011)。

麦当劳的成功不仅仅是因为汉堡包和薯条受欢迎。引导公司经营的组织原则也逐渐统治了美国以及其他地区的社会生活。正如乔治所观察到的那样，这桩小生意不仅变革了餐饮业，而且改变了人们的日常生活。

本章我们首先来审视*社会群体*（social group），即日常生活中我们与之互动的人群的集合。你将了解到，在20世纪群体生活的范围扩大了许多。从家庭，邻里以及小型商业组织的范围扩展开，我们的社会现在正日益依赖于社会学家称为*正式组织*（formal organization）的大型商业公司和其他科层组织的运作。本章主要目的在于理解群体生活这种规模的扩大，并体会这对我们作为个体而言意味着什么。

第一节　社会群体

理解//

几乎每个人都希望有归属感，这是群体生活的本质。**社会群体**（social group），*是由两个或两个以上的人组成的，彼此认同与互动的人群*。人们以夫妻、家庭、朋友圈、教会、俱乐部、商业组织，邻里以及大型组织的方式聚集在一起。无论群体是如何形成的，它都是由拥有共同的经历和利益，对团体具有忠诚感的人组成。社会群体的成员在保持个性的同时，也将他们自己视为特殊的"我们"。

当然并非所有个体的聚集都能形成群体。一个国家中具有共同特征的一群人，例如女性、非裔美国人、自有住房者、军人、百万富翁、大学毕业生和天主教徒就不属于群体，而是一种类别（category）。虽然他们清楚地知道其他人和自己具有相同的属性，但大部分人彼此间是陌生的。与之类似的还有坐在报告厅里的学生，他们在一个很小的有限的空间内彼此互动。这种在一个区域内形成的松散人群的聚集与其说是群体不如说是*群众*（crowd）。

但是，恰当的环境能够很快地将群众转变为群体。从停电到恐怖袭击之类的突发事件都能使陌生人迅速团结在一起。

一、初级群体和次级群体

朋友间经常笑着问候"嗨，你好吗？"，通常回答"很好啊，谢谢，你怎么样？"，这种回应与其说是如实回答，不如说是习惯性的应对。真的去解释你在做什么会让大多数人觉得尴尬，把人吓跑。

根据团体成员间感情的亲密程度，社会群体可以分成两种类型。按照查尔斯·霍顿·库利（1864—1929）的观点，**初级群体**（primary group）是指*群体成员共享亲密持久的关系、规模较小的社会群体*。群体成员为*初级关系*（primary relationships）所联结，共同度过大量的时间，做各种各样的事情，彼此间感觉非常了解。总而言之，群体成员间真诚关心彼此。家庭是每个社会中最重要的初级群体。

库利将个人性的、紧密整合的群体界定为"初级的"是因为他们是我们生命历程中最早经历的一些群体。在社会化过程中，家庭和朋友对个体态度、行为和社会认同的形成非常重要。

初级群体的成员在许多方面互相帮助，他们看重的是群体本身，并不视之为达成目的的手段。换句话说，人们更倾向于认为是家庭和友谊把"属于彼此"的人们连接在一起，初级群体成员相互间视同伴为独一无二、不可替代的。尤其在家庭中，情感和忠贞将家庭成员联系在一起。兄弟姐妹虽然不一定总是生活在一起，但他们永远是手足，是一家人。

与初级群体不同，**次级群体**（secondary group）是*群体成员追求某个具体的目标或行为、大型的、非个人的社会群体*。次级群体的绝大多数特征与初级群体中对应的特征相反。*次级关系*（secondary relationships）涉及的是一种几乎没有感情联系，彼此间缺少私人了解的关系。大多数次级群体存在时间短暂，群体的形成与解体并不特别重要。如大学里修读某门课程的学生，他们在课堂上彼此互动，但学期结束后可能不再见面。

次级群体比初级群体的规模要大得多。十几人甚至是上百人在同一家公司上班，但他们中的大多数遇到时只是彼此匆匆一瞥，点头之交而已。在某些情况下，随着时间的推移，次级群体也会转换为初级群体，譬如共事多年且关系密切的同事。但通常而言，次级群体的成员并不将他们自己视为"我们"。当然次级关系也未必是敌对的、冷冰冰的。学生、同事以及商业伙伴间的互动即使不涉及私人情感，通常也相当愉快。

与初级群体成员不同，次级群体成员加入群体是*目标导向性的*，而初级群体成员的结合则是私人情感导向性的。初级群体成员基于家庭关系或个人性格品质的考虑，通过"他们是谁"（who they are）来判定其他人是否属于本群体，次级群体中的成员则考虑"他们是什么"（what they are），也就是说，他们想的更多是能为彼此做些什么。在次级群体中，每个人心里都有一本账，清楚自己能给别人带来什么以及会得到怎么样的回报。这种目标导向性使得次级群体成员间的交往常常是形式上的，彼此间礼貌而客气。在次级关系中，我们如果问："你怎么样了？"别期待会获得真实情况。

第209页的表格对初级群体与次级群体的特征进行了回顾总结。需要明确的是表中列举的群体特征仅是一种理想状态，现实中大多数群体两者的特点兼而有之。譬如大学校园中的女性群体规模可以是相当大的（因而是次级群体），但是成员间可能有高度的认同感，彼此间相互协助（又似乎是初级群体）。

许多人认为居住在小城镇或者农村地区的人大多以初级关系为纽带，而居住在大城市的人更多以次级关系纽带为特征。这种想法部分正确，但是城市中——尤其是单一种族或者单一宗教信仰居民的居住地——邻里关系可能非常密切。

人是群居性的。群体规模可大可小，可以是临时的，也可以是持久性的，可以是以血缘、文化遗承为基础的，也可以因某些共同的兴趣而聚在一起。

社会群体 两人或两人以上组成的，彼此认同与互动的人群

初级群体 群体成员共享亲密持久的关系、规模较小的社会群体

次级群体 群体成员追求某个具体的目标或行为、大型的、非个人的社会群体

二、群体领导

群体是如何运作的？领导者是群体动力的要素之一。虽然小规模的朋友圈没有领

导人，但大多数的大型次级群体仍需要领导发号施令。

● **两种领导角色**

群体受益于两种角色的领导。**工具型领导**（instrumental leadership）是指关注于*群体目标实现的领导类型*。成员依赖工具型领导人制定计划，下达命令，实现群体目标。与之相反，**表意型领导**（expressive leadership）属于*关注群体福利的领导类型*。表意型领导更多的是考虑如何提升群体士气，化解群体紧张感与冲突，对如何实现群体目标相对关注较少。

● **三种领导类型**

根据决策风格的不同，社会学家将群体领导划分为三种类型。*独裁型领导*（authoritarian leadership）带有浓厚的工具色彩，独自决定群体决策，要求成员服从命令。虽然这种领导风格通常得不到成员的喜爱，但在紧要关头，雷厉风行的专制型领导往往受到赞赏。

民主型领导（democratic leadership）带有更多表意型的成分，在决策过程中会听取全体成员的意见。虽然在紧急情况下或紧要关头民主型领导不如独裁型领导有用，但这种领导方式通常能群策群力，用创造性的方式解决问题。

放任型领导（laissez-faire leadership）几乎任由群体成员自行决策（laissez-faire 法语中是放任不管的意思）。在提升团体目标方面，放任型的领导风格最为低效（White & Lippitt, 1953; Ridgeway, 1983）。

三、群体遵从

群体借由提高群体的遵从性影响成员的行为。遵从性提供了安全的归属感，但在极端情况下，群体压力将导致不愉快甚至是危险。有趣的是，所罗门·阿西（Solomon Asch）和斯坦利·米尔格伦（Stanley Milgram）的研究显示，即使是陌生人也能促使群体保持一致。

● **阿西试验**

所罗门·阿西（1952）招募了一批学生，假称要进行视觉感知的研究。实验开始前，除一名真正被试者外，他对其他所有人都预先告知了实验的真正目的：向被试者施加压力。阿西安排 6—8 名学生围坐在桌边，在大家面前展示一条"标准"线段，如图 5-1 中第一张卡片所显示的那样，要求学生找出卡片 2 中哪条直线与之长度相等。

任何一个视力正常的人都能很容易看出正确答案是卡片 2 中的线段 A。实验之初，每个人都做出了正确判断。但当阿西的秘密助手们给出错误的回答后，剩下的那名真正的被试者（被安排坐在桌子边上，最后一个回答问题）变得困惑不解，心神不宁。

实验结果究竟如何呢？阿西发现三分之一的被试者最终会选择做出与其他群体成员相一致的错误选择。很显然，许多人宁愿改变自己的判断以消除因"不合群"而带来的不安，即使压力来自于根本不认识的陌生人。

● **米尔格朗的研究**

阿西的学生斯坦利·米尔格伦，也设计了一套测量群体遵从的实验。在他具有争议性的研究中（1963, 1965; A.G.Miller, 1986），研究者告知男性被试者他们将要参加一项试验，研究惩罚对学习效果的影响。米尔格朗逐一指定每名被试者扮演教师，并安排其他人（实际是米尔格伦的助手）作为学生待在隔壁房间。

教师注视下的学生坐在逼真的"电椅"上。实验者在学生手腕上涂上电极膏，告诉教师这是为了"防止起水泡和烧伤"；然后在手腕上粘上电极，用皮带把学生绑缚在椅子上，告知教师这是为了"防止学生受到电击时乱动"。实验者一再向教师保证，虽然电击比较疼，但不会对学生造成永久性的身体伤害。

总结

初级群体与次级群体

	初级群体	次级群体
关系的性质	私人情感导向的	目标导向的
关系的持久性	通常是长期的	可变的，通常是短期的
关系的广度	广泛的，通常共同参与许多活动	狭隘的，通常共同参与的活动很少
对关系的认知	群体本身就很重要	群体是达到目标的手段
例子	家庭，朋友圈	同事，政治组织

实验者随后带教师回到隔壁房间，告诉他们"电椅"和房间中的"电休克仪"相连。当然"电休克仪"只是个仿真设备，上面贴着标签"电休克仪，型号 ZLB，戴森仪器设备公司，渥森市，马萨诸塞州"。电休克仪前的调节纽标有电压强度，从 15 伏（标示"轻微电击"）到 300 伏（标示"强度电击"）到 450 伏（标示"危险：剧烈电击"）不等。

坐在"电钮"前面，教师大声朗读一对单词，然后教师复述其中一个单词，学生复述另一个。如果回答错了，教师将对学生施以电击。

实验人员告知教师，电击从最低的 15 伏开始，学生每出错一次，电压增加 15 伏。教师们服从了安排。当电压增加到 75 伏、90 伏、150 伏，可以听到学生的呻吟声；120 伏时，学生发出痛苦的呼喊；电压加到 270 伏，学生开始大声喊叫；电压继续增强到 315 伏，学生猛踢墙壁；再提高电压，学生昏厥了过去。在最初的实验中，所有扮演教师角色的 40 名被试者中，只有很少的人在电压增加到危险的 300 伏前，对实验流程提出质疑，有 26 名受试者（约 2/3 的比例）将电压提高到可能致命的 450 伏。即使米尔格伦本人也对被试者如此毫不犹豫地服从权威感到吃惊。

随后，米尔格伦（1964）修正了研究方案，希望了解如果不是由权威而是由普通人下达电击命令，效果会如何。方案类似于阿西实验，由群体施加压力，迫使个体做出错误的选择。

这次，米尔格伦安排了一组 3 名老师，其中两人是他的实验助手。学生回答错误时，3 人各建议一个电压，选择最小的强度给予电击。这种安排给了那些被试者执行自己的想法，施以较低电击的权力。

每次学生回答错误时，助手都要求增加电流强度，向小组中第三名成员施加压力，保持群体一致性。结果群体中的被试者给学生的电击强度比他们单独操作时高出了 3-4 倍。由此，米尔格伦得出结论，即使命令不是源于权威而是普通群体，人们也倾向于服从领导，即使所作所为意味着会伤害其他人。

- **贾尼斯（Janis）的群体思维**

贾尼斯（1972,1989）认为专家也会屈从于群体压力。在分析了美国一系列外交政策后，他指出美国外交政策的失误，包括"二战"中的珍珠港偷袭事件以及越战的失败，都与当时最高政治领导人的群体遵从有关。

常识认为群体讨论有助于决策的制定。贾尼斯却指出群体成员经常会忽视其他人的建议，以寻求达成一致意见。这个过程被称为**群体思维**（groupthink），即*群体成员为保持一致性而导致群体决策偏颇的倾向*。

1961 年美国入侵古巴的猪湾事件是群体思维的经典案例之一。回顾整个事件，约翰·肯尼迪（John F. Kennedy）总统的顾问小亚瑟·小施莱辛格（Arthur Schlesinger Jr.）对自己在内阁会议的关键讨论中保持沉默感到内疚，当时内阁讨论的气氛拒绝任何不同意见，坚持主张施莱辛格后来被称为"可笑的"决策（Janis, 1972: 30, 40）。群体思维可能也是 2003 年美国政府断定伊拉克存有大规模的杀伤性武器而决定对其开战的影响因素之一。话说回来，有位教授指出大学院系同样屈从于群体思维，因为他们交流彼此的政治态度后，自由派总是压倒性的。（克莱恩，2010）（Klein, 2010）

四、参照群体

个体是如何评估自己的态度和行为的？通常人们会借助于**参照群体**（reference group）。*参照群体是人们在评价和决策时作为参照点的社会群体。*

年轻人假想家人对自己约会对象的态度时，正是把家人作为参照群体。上级主管想象下属雇员对新休假制度的反应时，将雇员作为了参照群体。这两个例子说明，参照群体既可以是初级群体，也可以是次级群体。在任何情况下，人们将参照群体作为心理参照点说明他人的态度会影响到个体行为。

个体也将自身并不从属的群体作为参照群体。求职面试时，做好充分的准备意味着要按照所应聘公司的着装风格穿搭。遵循自身不从属群体的行事风格是获得群体接纳的有效策略，这解释了预期社会化（anticipatory socialization）的过程，预期社会化的内容在第三章（"社会化：从婴儿期到老年期"）中有所论述。

● 斯道夫（Stouffer）的研究

"二战"期间，塞缪尔·A. 斯道夫（Samuel A.Stouffer）及其同事（1949）对参照群体展开了一项经典研究。斯道夫询问士兵在所在部队中的晋升情况。你可能会认为晋升速度快的特种部队士兵会对晋升更为乐观。斯道夫的研究却得出了完全相反的结论。他发现军队中晋升速度慢的陆军部队士兵反而对晋升更为乐观。

图 5-1 阿西群体遵从性试验中使用的卡片
在阿西实验中，被试者被要求找出卡片 2 中与卡片 1 长度相同的线段。大多数被试者同意了所在群体中其他人给出的错误答案。

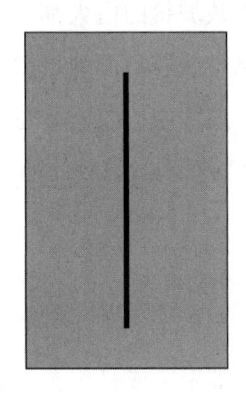

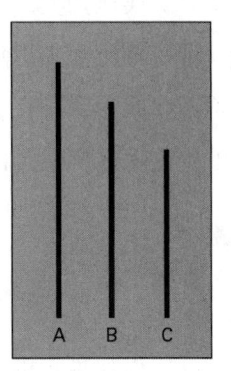

资料来源：阿西 (1952)。

理解斯道夫观点的关键在于了解士兵们的参照群体是什么。在晋升速度比较慢的部队中服役的士兵，周围的人升职速度同样不快。也就是说，虽然他们自己没有升迁，但其他人也一样，因此没有被剥夺感。然而，升迁比较快的部队中的士兵，会感觉到其他人比自己升迁得更快更频繁。头脑中这种想法产生后，即使是已经升职的士兵也会觉得不公平。

问题在于我们并非孤立地对自身情况做出判断，也不会把自己与所有人都做比较。我们通常不是依据绝对的、客观的标准来评价自己在生活中所处的位置，而是在与特定参照群体的对比中，形成关于自身状况的主观印象。

五、内群体与外群体

每个人都有比较认同的群体，或是因为政治主张，或是因为社会声望，或仅是因为着装风格。在大学校园中，思想左倾的激进学生通常瞧不起联谊会的成员，认为他们过于保守；联谊会的成员又不喜欢他们认为读书太过用功的"书呆子"。不同社会背景下的人往往对其他群体的成员持欣赏或否定的态度。

这种态度解释了群体动力的另一核心要素：内群体与外群体的对立。**内群体**（in-group）**是成员对之有尊重感与忠诚感的社会群体**。内群体是相对于外群体（out-group）而言。后者是成员对之有竞争感或对立感的社会群体。内群体与外群体的区分基于以下理念：群体内的"我们"拥有群体外的"他们"所不具备的特质。

群体间的紧张会加深群体界限，赋予个体更明确的社会认同感。但内群体成员通常过高评价自身所属群体，过低评价各种外群体。

权力也对群体间关系产生影响。强势的内群体会将其他群体视为社会地位较低的外群体。美国历史上，无数城镇的白人都曾将其他有色人种视为外群体，从社会、政治、经济等方面加以压制。随着负面观点的持续内化，少数族裔不断努力，试图摆脱负面的自我形象。在这一过程中，内群体与外群体培养各自成员的群体忠诚感，但社会冲突也随之产生（Tajfel, 1982; Bobo & Hutchings, 1996）。

六、群体规模

以后你如果有机会参加聚会或是集会，试试第一个到，你会看到与群体动力有关的一些有趣现象。大概到第六名客人到达之前，先期到达的人通常围在一起交谈。随着更多客人的到来，谈话的人分成两小拨甚至更多拨。伴随聚会的进行，群体会不断分化。这个过程说明群体规模对成员互动过程举足轻重。

为理解这一现象，首先来统计一下2—7人间产生的社会关系的数目。如图5-2所示，2个人两两之间形成1对关系；增加一个人，关系数量增加到3对；第四人加入后，形成6对关系。每增加一名新的成员，都会与旧有成员形成互动，群体中关系数目呈几何级数增长。当第七人加入谈话时，两两之间形成21对关系。群体成员间关系数量过多时，群体通常分化为若干小群体。

● **二人群体**

德国社会学家格奥尔格·西美尔（1858—1918）对最小规模群体的社会动力展开研究。他将*2名成员组成的社会群体界定为***二人群体**（dyad，希腊语中成对的意思）（1950，原作于1902）。西美尔指出，由于没有第三方的介入，二人群体的社会互动比大规模的群体更为密切。在美国，恋爱关系、婚姻关系与密友间的关系属于二人群体性质的关系。

二人群体就像只有两条腿的凳子，非常不稳定。群体成员必须互相为对方考虑以维持群体关系；任何一方退出，群体就会瓦解。因此为保证婚姻的稳定性，二人构成的婚姻关系受到法律、经济，以及宗教关系的保护。

● **三人群体**

西美尔也对**三人群体**（triad）进行研究。三人群体，是指*由三名成员组成的社会群体*，三人中两两互动，包含3对社会关系。由于群体中任何两人之间关系紧张或对立时，第三人可以充当调解人缓解气氛，所以三人群体较二人群体更为稳定。三人群体的群体动力解释了为什么二人群体中的成员（如夫妻双方出现冲突时），常找第三方（譬如律师）调解纠纷。

此外，三人群体中的两人可能联合起来把他们的观点强加给第三人，或者其中两人的关系相对更加密切，第三人感觉到被排斥。举个例子，当三人群体中的两个人彼此爱慕对方时，他们就能体会到什么叫作"二人成伴，三人不欢"。

群体规模超过3人时，群体将更加趋于稳定，一两名成员的退出不会导致群体解体。但群体规模的扩大减少了只存在于小规模群体中的密切的人际互动。这也是大型群体更多以正式的制度规范而不以私人关系为基础构建的原因。

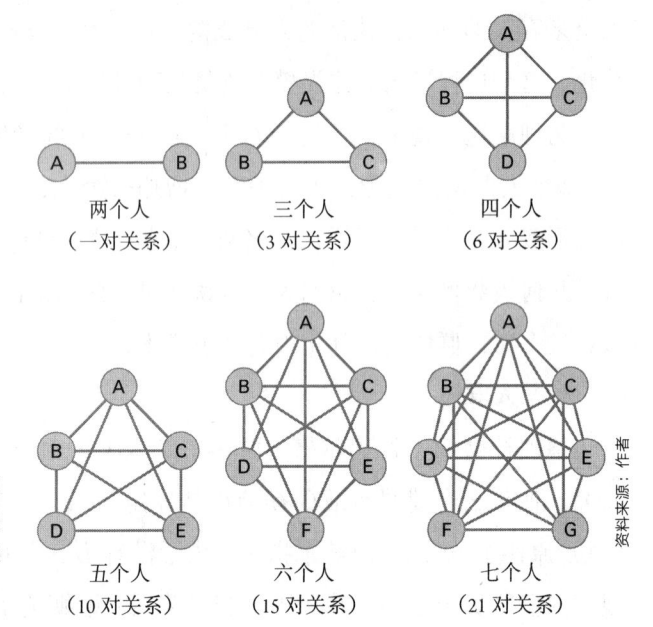

图 5-2 群体规模与关系

随着群体成员数量的增加，成员间关系的数目随之加速增长。当 6 人或 7 人参与谈话时，群体通常会分成 2 组。为什么小群体中的群体关系较大群体更为密切？

两个人（一对关系）　　三个人（3 对关系）　　四个人（6 对关系）

五个人（10 对关系）　　六个人（15 对关系）　　七个人（21 对关系）

资料来源：作者

七、社会多元化：种族、阶级与性别

群体动力还受到种族、族裔、阶级和性别因素的影响。彼得·布劳（Peter Blau）（1977: Blau, Blum & Schwartz, 1982; South & Messner, 1986）指出社会多元化经由以下三种方式影响群体间的互动：

1. **大型群体的内分化**。布劳指出，群体规模越大，其内部成员形成小群体的可能性越大。为使校园更为多元化，大学会招收大量的外籍学生。外籍学生增加了群体异质性，但随着人数的增加，他们容易形成自己的社会群体。本意是为促进多元化，但结果可能导致群体间的分离。

2. **异质性群体的外部化**。群体内部越多元化，其成员与其他群体互动的可能性越高。一个招募各类社会背景成员、不限性别的校园团体比单一社会类别的团体有更多的群体互动。

3. **行动受限导致社会隔离**。社会群体由于行动受限与其他群体隔离（例如有自己的宿舍和就餐处），其成员不太可能与其他人交往。

七、网络

网络（network）是指较弱的社会联系网。网络就像是一个"模糊"的群体，群体成员偶然相遇，但没有边界感和归属感。如果将群体比作"朋友圈"，网络就是向外扩张的"社会网"，向外界扩展，覆盖众多人口。

最大的网络是互联网中的万维网（World Wide Web of the Internet）。互联网在全球区域的普及并不平衡。数据显示，互联网在美国和西欧国家之类的富裕国家中更为普及，在非洲和东南亚之类的贫穷国家的普及率相当低。

一些网络近似于群体，例如毕业后仍通过 email 和电话保持联系的大学同学。绝大多数情况下，网络包括我们认识的或认识我们的人，即使我们很少与这些人联系，甚至根本不联系。曾经一位颇有名气的女性社区组织者说过："我在家接到电话，在电话里对方问'你是罗西尼·那瓦罗吗？有人让我找你。我有一些问题……'"（Kaminer, 1984: 94）

网络的联系常常使我们觉得这个世界很小。在一项经典实验中，斯坦利·米尔格伦（1967; Watts, 1999）要求实验对象从堪萨斯州和内布拉斯加州发信给住在波士顿的陌生收件人。实验者并没有提供收件人地址，只是要求实验对象通过可能认识收件人的熟人传递信件。米尔格伦发现，平均经过 6 次转手，信件会送到收件人手中。根据实验结果，他推断认为任何两人之间所间隔的人不会超过六个（"六度分离"，Six Degrees of Separation）。但后人的研究对他的结论提出了质疑。朱迪思·克莱因菲尔德（Judith Kleinfeld）（Wildavshy, 2002）对米尔格伦的原始数据进行分析后指出米尔格朗的实验中的大多数信件（300 封中的 240 封）并没有寄到收件人手里。收到信的人多是有钱人，这一事实使克莱因菲

如同乔纳森·格林（Jonathan Green）在油画《朋友》中所表现的，三人群体包括三名成员。由于三人群体中任何两人之间的冲突可经第三人调解，因而较二人群体更为稳定。即便如此，三人群体中也会出现两人间关系更为密切，孤立第三人的情况。

Jonathan Green, *Friends*, 1992.Oil on masonite, 14 by 11 in. © Jonathan Green, Naples, Florida. Collection of Patrick McCoy.

德认为，和普通人相比，富人更容易被找到。而伯纳德·麦道夫的行为对该论断给予了极佳的注释。诈骗犯伯纳德·麦道夫（Bernard Madoff）借助自己庞大的商业社交网络招募了5000多名投资者，每名新加入的投资者又会发展新的下线。在这场历史上规模最大的"庞氏骗局"中，牵涉其中的投资者和公司损失超过500亿美元（Lewis, 2010）。

网络关系虽然属于弱关系，但却是一项有用的资源。移民想要在新国家扎根，商人想要拓展生意，或是大学毕业生想要找工作，*你认识谁与你知道什么同样重要*（Hagan, 1998; Petersen, Saporta & Seidel, 2000）。

网络建立在大学校友、俱乐部、邻里、政治党派、宗教组织以及个人兴趣爱好的基础上。显然，一部分网络会聚集一些拥有更多财富、权力和声望的人群；这说明"优越社会关系"有多么重要。特权人群所形成的网络，譬如奢华的乡村俱乐部，属于颇有价值的一类社会资本，更有可能带给人高薪工作（Green, Tigges & Diaz, 1999; Lin, Cook & Burt, 2001）。

世界之窗·全球视野下的互联网用户分布

在芝加哥的郊区，惠特尼·琳娜（Whitney Linnea）和她的高中朋友每天都上网。在埃塞俄比亚（Ethiopia）的德雷达瓦（Dire Dawa），伊巴萨·利恩科（Ibsaa Leenco）从未上过网。信息革命如何影响全球各国？在高收入国家，至少半数人口是互联网用户。相反，低收入国家中仅有很少一部分人上网。这对人们的信息获取会产生什么影响？从全球不平等的视角分析，这对未来的发展意味着什么？

探索：访问网站mysoclab.com，了解你所在地区以及全美规模最大的正式组织之一——军队的参军资格。

一部分人群拥有较其他人更为密集的网络关系，他们与更多的人保持联系。例如一群住在大城市里、接受过良好教育的富有的年轻人。他们组成了最大规模的社会网络；每隔七年，该网络中有半数人会被换掉。（Fernandez & Weinberg, 1997; Podolny & Baron, 1997; Mollenhorst, 2009）

性别也塑造网络。虽然男性与女性的网络规模相同，但女性网络包含更多的亲属（更多女性），男性的网络则包含更多的同事（更多男性）。研究显示女同学关系网的影响力弱于男同学关系网。尽管如此，在两性日益平等的美国，男性与女性的网络趋于同质。（Reskin & McBrier, 2000; Torres & Huffman, 2002）

第二节 正式组织

理解 //

100年前,大多数人生活在家庭、朋友圈、邻居这种小群体中。现在人们生活中介入了更多的**正式组织**(formal organizations),一种为有效达成目标而构建的大型次级群体。这类组织,譬如商业企业和政府机构,因其去个性化以及正式计划的氛围而区别于家庭和邻里。

设想一下,整合3亿多人口的美国社会是何等的神奇,修路、收税、教育或是邮递信件这些都要整合起来。要想完成上述事务中的绝大部分任务,我们必须依赖各种不同类型的大型正式组织。

一、正式组织的类型

阿米塔伊·兹欧尼(Amitai Etzioni, 1975)根据成员加入组织原因的不同将组织划分为三类:功利型组织,规范型组织,强制型组织。

● **功利型组织**

功利型组织(Utilitarian Organizations)的成员为了获得报酬而进入组织工作,成员按照业绩获取酬劳。譬如大型企业为其股东带来利润,向雇员支付薪水。虽然绝大多数人为了谋生必须加入功利型组织,但加入哪个组织(企业、政府还是学校)是个人的选择。

● **规范型组织**

成员为了追求他们认可的道德目标而不是报酬加入**规范型组织**(Normative Organizations)。这类组织又称为志愿者协会,包括社区服务团体(例如家庭教师协会、狮子会、妇女选民联盟、红十字会)、政党组织和宗教组织。放眼全球,居住在美国以及其他政治氛围较为民主的高收入国家的民众更有可能加入志愿者协会。近期调查研究发现,过去一年中美国73%的大一新生参加了某项志愿活动(Pryor et al., 2007; see also

Curtis, Baer & Grabb, 2001; Schofer & Fourcade-Gourinchas, 2001）。

● **强制型组织**

强制型组织（Coercive Organizations）中成员的加入是非自愿的。他们因惩处（监狱）的形式，或治疗（精神病院）的原因被迫加入其中。该组织具有特定的外在特征，如紧锁的大门，装有栅栏的窗户和保安的监视。为彻底改变个体的态度和行为，组织将"犯人"或"患者"隔离一段时间。第三章（"社会化：从婴儿期到老年期"）中曾提到，全控机构的权威将改变个体的自我认知。

单一组织可以同时具备上述三种类型的特征。譬如精神病院，对病患而言属于强制型组织，对精神病医生而言属于功利型组织，对医院志愿者而言属于规范型组织。

二、正式组织的起源

正式组织的历史可以追溯到数千年前。掌管早期帝国的精英依靠政府官员收税、打仗、修建不朽的建筑，譬如中国的长城和埃及的金字塔。

早期组织有两个局限性。第一，缺少有效的技术手段帮助人们实现长途奔走、快速交流以及收集、存储信息。第二，精英统治的前工业社会有自己的传统文化。韦伯指出**传统**（tradition）包含了*代代相承的价值观与信仰*。它束缚了组织变革的效率与能力，导致社会的保守。

与之相反，韦伯将现代的世界观称为**理性**（rationality），理性是一种思维方式，*强调审慎的、实事求是的去思考完成某项特定任务最有效的方法*。理性世界观很少关注过去，并欢迎任何能使事情做得更快更好的改变。

韦伯强调，"组织社会"的发展取决于**社会的理性化**（rationalization of society），即人类主要思维模式从*传统*到*理性*的历史性变化。随着人们的情感联接让位于关注科学、复杂技术以及"科层制"组织结构的理性思维，现代社会变得"祛魅化"。

三、科层制的特征

科层制（bureaucracy）是*为有效完成任务而理性构建的一种组织模式*。为提高效率，科层制的成员经常制定和修订政策。想要了解科层组织的影响力和影响范围，你可以试着想象一下，美国4亿多部电话中的任何一部都能在数秒钟之内让你与身处家中、公司里、汽车上甚至远在落基山脉偏远山区背包旅行的人进行通话。如此迅捷的通信远超古人的想象。

> **社会的理性化** 人类主要思维模式从传统到理性的历史性变化
>
> **传统** 代代相承的价值观与信仰
>
> **理性** 一种思维方式，强调审慎的、实事求是去思考完成某项特定任务最有效的方法

电话系统依赖于电学、纤维光学以及计算机等技术的发展。但如果没有科层制来管理和记录每部电话的通话信息（电话的通话对象、通话时间、通话长短），并每个月通过账单将这些信息告知3亿多的电话用户，该套系统将难以运行。（FCC, 2010; CTIA, 2011）

究竟科层制的哪些特征有助于提升组织效率？马克斯·韦伯

2010年的电影《社交网络》描绘了脸书网站（facebook）的诞生。脸书已成为全球最大规模的社交网络之一。思考一下，在美国以互联网为基础的社交网络是如何改变社会生活的？

（1978，原作于1921）明确了理想状态下科层组织所具有的六个特征：

1. **专门化**。我们的祖先曾经花费大量时间找寻食物和住所。而科层制中，成员各有高度专门化的分工。

2. **职务分等**。科层制的成员处在自上而下的等级制度中。组织中，每个人接受上级管理的同时，对其下属进行监督。科层组织类似于金字塔形的结构，少数人处在上层位置，大多数人位于底部。

3. **成文规则**。成文的规章制度引导着科层体系的运作。理想状态下科层体系以完全可预测的方式运行。

4. **绩效制**。科层制中，工作人员根据技术能力确定职务。科层体制依照制定好的标准，评估新雇员的表现并决定其是否被录用。这与传统方式中任人唯亲、不考虑能力的用人方式完全不同。

5. **非人格化**。科层制中规章制度是第一位的，优先于个人的意志。规章制度面前

客户与员工一视同仁。这种非人格化的事本管理又被称为"面无表情的官僚"。

6. **文件档案制度化**。有学者认为科层制的核心不在于人而在于文案工作。与小群体临时性的、面对面的交流特征不同，科层组织的运作依赖正式的书面备忘录和报告，因此也累积了大量的文档。

科层组织通过悉心挑选雇员，控制个人偏好和主张所带来的不可预测性影响，从而有效提高了运作效率。223页总结表对小型社会群体与大型科层组织之间的区别进行了回顾。

四、组织环境

任何组织都不是在真空环境中运作。组织的发展不仅取决于其发展目标和管理体制，也依赖于其所生存的**组织环境**（Organizational environment），*即影响组织运行的、组织之外的因素*。影响因素包括技术手段、政治经济发展趋势、当前事件、可供给的劳动力数量以及其他组织。

复印机、电话系统、电脑等*技术手段*对当代组织有重要影响。电脑有助于雇员获得较以往更多的信息，接触更广泛的人群；同时也帮助管理人员更加密切的监控下属的工作（Markoff, 1991）。

*政治经济发展趋势*亦对组织产生影响。所有组织都受益于或受损于周期性的经济增长或衰退。绝大多数产业除了需要面对海外竞争，也需要应对国内法律监管，如新的环保标准。

*人口模式*也是影响组织的要素之一。人口的平均年龄，总体受教育水平，当地的社会多元化程度和社区规模决定了可供给的劳动力数量和质量，以及组织所提供的产品与服务的市场划分。

*当前事件*也会对组织发展产生重大冲击，即使组织远离事件发生地。欧洲经济的不稳定，卷席中东的政治革命，当前的消费信心指数，诸如此类的事件都对政府机构和商业组织的运行产生影响。

*其他组织*同样形塑组织环境。为应对竞争，医院必须应对保险业的索赔以及其他机构对医生、护士和医护人员的申诉。同时医院也需要了解附近的便利设施可提供的设备配置和操作程序，以及他们的价格。

四、科层制非正式性的一面

韦伯理想状态下的科层制对组织行为的每个方面都进行了详细的规定。然而在现实组织中，雇员非常有创造性地（也非常坚决地）抵制科层制下的成文规则。非正式性虽然意味着在完成工作方面的投机取巧，但它提供了组织适应与发展所必需的弹性。

韦伯指出，理想状态下科层制的运作是理性和高效的。现实生活中，正如电视剧《我为喜剧狂》（*30Rock*）所演的那样，真正大型组织的运作与韦伯的理想型差别很大。

非正式性部分源于组织领导者的个性与性格。对美国企业的研究证实，个人的品质与习惯——包括个人魅力、人际交往技巧、发现问题的能力——对组织成就有重要影响。(Halberstam, 1986; Baron, Hannan & Burton, 1999)

独裁型、民主型和放任型三种领导类型（本章前文有所论述）反映了人的个性和品质。现实中，一些组织的领导人会滥用组织权威谋求个人私利。2008年金融危机中破产的银行和保险公司的高管都在获得高额赔偿费后才离职便是一例。在企业里，也有领导因其下属的努力工作而受到好评。在对领导表现所起的作用上，秘书的重要性远超人们想象，其重要性远远超出他们的职位头衔以及获得的薪水。

组织非正式性的另一面体现在沟通上。函件和书面文档是组织内部发布信息的正规途径。但雇员利用非正式的网络，或者说"小道消息"，迅速传递信息，尽管这些消息并不总是正确的。由于高层常常希望重要的信息对员工保密，因此通过email和口口相传方式传播的小道消息对普通员工而言格外重要。

电子邮件的使用使得组织管理变得扁平化，即便是底层职员也能越过主管与高层领导直接沟通或者及时与同事交流。但一些组织并不认可这种开放式的沟通渠道，对公司中电子邮件的使用做出了限制。微软公司（创立者比尔·盖茨，有一个不公开的电子邮件地址，以避免每天被几百条信息所骚扰）研发了一套"屏蔽"系统以过滤邮

件，只接收被许可的人的信息。（Gwynne & Dickerson, 1997）

科层制成员运用智慧和新的信息技术，试图打破严格规章制度的桎梏，创立人性化的工作程序和氛围。鉴于此，我们应该近距离的了解一下科层制的缺陷。

五、科层制的缺陷

人们依赖科层制有效地管理日常生活，但许多人也对大型组织过分的影响力表示担忧。有人认为科层制操控员工、使人迷失本性，威胁政治的民主。下文将对科层制的缺陷一一展开讨论。

- **科层制的异化**

马克斯·韦伯认为科层制是生产力模式的典范。但他也敏锐地察觉到科层制导致成员的非情感化。去情感化在提高组织效率的同时，导致工作僵化，容易忽视客户个性化的需求。员工以标准化的模式、去情感化地接待每一位服务对象。例如2008年美国军方在发给伊拉克及阿富汗战争中殉职士兵家属的信中，统统以"某某某"来代称收信人（"Army Apologizes", 2009）。

韦伯指出，正式组织使员工成为"永不停转的机器上的一个小螺丝钉"（1979: 988, 原作于1921），导致组织的异化（alienation）。虽然构建正式组织的本意是为人类服务，但人类也可能毁于他们为之服务的正式组织。

- **科层制的无效率和仪式主义**

2005年五一劳动节，当新奥尔良和其他海湾区域的人们正在为卡特里娜飓风过后的生存而拼搏的时候，亚特兰大一间旅馆的会议室里，600名消防队员正等着联邦紧急事务管理局（FEMA）的官员们下达任务。这些官员先安排他们听了一场"机会均等，性骚扰和客户服务"的演讲，然后发给每人一摞印有联邦紧急事务管理局电话号码、用于疏散受灾地区人群的小册子。一名消防员站起来朝官员吼道："太荒谬了，你竟让我们做这个？"但FEMA的官员斥责道："你现在的身份是机构雇员，必须服从命令，听从安排。"（"Places", 2005: 39）

总结

小型群体与正式组织

	小型群体	正式组织
成员行为	趋同的	明确的，高度专门化
分层体系	通常是非正式的或不存在	分工明确，与职务相对应
规范	通用的规范，未明文实施	明文的规章制度
成员标准	可变的；以私人情感和血缘关系为基础	工作职位与技术能力挂钩
关系	可变的，典型的初级关系	典型的次级关系，选择性的初级关系
沟通方式	典型临时性的，面对面的	典型形式化的，书面化的
关注点	私人情感导向的	任务导向的

这种组织运作的无效率被称为**文牍主义**（red tape）。"文牍主义"的得名源于18世纪消极怠工的英国政府官员总是用红布带将官方文件档案系成一札一札的（Shipley, 1985），用于形容重要的工作拖延着没有完成。

罗伯特·默顿（1968）认为，文牍主义赋予了人们熟知的概念——群体遵从以新的含义。他提出新概念**科层制仪式主义**（bureaucratic ritualism），*形容严格遵循成文的程序规则，损害组织目标的情况*。程序规则只是实现目标的手段，而非行动的目的，否则关注焦点将会背离组织的既定目标。2001年"9·11"恐怖袭击后，美国邮政管理局不顾联邦调查局的反对，仍将收信人为奥萨玛·本·拉登的信件发往阿富汗的邮政机构。结果导致美国国会修改相关法规（Bedard, 2002）。

● 科层惯性

科层制下的员工少有努力工作的动力，但他们总有各种理由保住自己的饭碗。即使已达成组织目标，科层组织仍然存在，维持现状。正如韦伯所说的，"科层制这种社会结构一旦建立起来，就很难被摧毁。"（1978: 987, 原作于 1921）

科层惯性（Bureaucratic inertia），是指永久设置科层组织的倾向。正式组织往往会越过组织设定的目标自我扩展。美国农业部在全国50个州的几乎所有县都设有办事机构，即使美国只有1/7的县有农场，仅有1%的人口在农场工作。政府部门的年度预算（大约1300亿美元）远远超出全美所有农场的净收入（Harson, 2011）。组织会通过修正目标以维持组织运行，现在的农业部不仅负责农业事务，同时还负责其他一系列工作，包括营养与环境研究。

六、寡头政治

20世纪早期，罗伯特·米契尔斯（Robert Michels, 1876—1936）便指出科层制与政治寡头（oligarchy）有关。所谓寡头政治，是指*由极少数人统治许多人*（1949, orig: 1911）。按照米契尔斯提出的"寡头政治铁律"，科层制金字塔式的结构导致少数领导人掌握组织的全部资源。

韦伯将科层组织的高效率归功于管理体系中严格的责任分级制度。但米契尔斯认为由于官员有能力并常会动用他们所掌握的信息、资源和媒体满足个人利益，因而分层式结构会削弱民主。

此外，当公司的董事和公共官员宣称他们"无权评论"地方新闻媒体时，当美国总统宣称拥有"行政特权"而否决国会议案时，科层制的推波助澜加大了普通民众与科层官员间的距离。源于科层制金字塔式结构的寡头统治最终减轻了领导人对下属和人民所承担的责任。

党派竞争，议员连任设限制度，以及三权分立的政治体制有效阻止了美国政府陷入完全寡头政治的境地。即便如此，在美国政治竞争中，那些拥有曝光率、权力和资金的在职竞选人仍具有明显的竞争优势。近期的国会选举中，几乎90%的国会议员在国会选举中谋得了连任（Center for Responsive Politics, 2011）。

第三节 正式组织的演化

分析

科层制的缺陷（尤其是制度导致的异化以及寡头政治的趋势）源于组织的两个特性：分层与刻板。对韦伯而言，科层制是一个组织管理严密的体系：顶层的规章制度引导组织成员各项行动依规章制度行事。100年前的美国，组织机构运用韦伯的理念形成了"*科学管理*"（scientific management）的组织模式。我们首先分析科学管理这一组织模式，然后来了解在 20 世纪中它所遇到的三重挑战，这些挑战导致新组织模式——*弹性组织*（flexible organization）——的产生。

一、科学管理

弗雷德里克·温斯洛·泰勒（Frederick Winslow Taylor, 1911）曾下过一个简单的结论：绝大多数的美国企业效率相当低下。企业管理者不知道如何提高产量，而工人一直沿袭前人的工艺技术。泰勒提出，为提高效率，企业必须运用科学的原理。**科学管理**是指运用科学的原则来运行企业或其他大型组织。

乔治·图克（George Tooker）的绘画《政府机构》生动反映了科层制对人的浪费和虚耗。画中的人物均着以千篇一律的单调色彩，客户被简化成一个个期望以最快速度被处理掉的个案。职员的位置与客户隔开，他们面无表情，只关注于数字，却忽视了为客户提供真诚的帮助（注意画面中每个职员的手都放在计算器上）。

(George Tooker, *Government Bureau*, 1956. Egg tempera on gesso panel, $19\frac{5}{8} \times 29\frac{5}{8}$ inches. The Metropolitan Museum of Art, George A. Hearn Fund, 1956 (56, 78). Photograph © 1984 The Metropolitan Museum of Art.)

科学管理包括三步。第一步，管理者详细了解每个工人的工作任务，明确操作流程以及每个流程所耗费的时间。第二步，管理者对资料进行分析，制定更佳的操作流程以提高工作效率。譬如管理者需要考虑给每个工人配备不同的工具，或者重新排定工作流程。第三步，依照确定的方法，管理者指导并激励工人完成或超额完成生产任务。如果工人一天内能生产 20 吨生铁，管理人员所要做的就是指导他们如何进一步改进流程，提高效率，做到多劳多得。泰勒认为，如果科学管理原则得以充分运用，将会增加企业利润，提高工人报酬，降低消费者的购买价格。

一个世纪以前，汽车业的先驱亨利·福特（Henry Ford）是这样评价科学管理的："12000 名工人如果每人每天少做 10 个多余的动作，他们一天将少走 50 英里路，少消耗走 50 英里路所需的能量。"（Allen & Hyman, 1999: 209）20 世纪早期，福特汽车公司和其他企业采用泰勒的管理原则，有效提高了生产效率。当代企业仍然对生产的每个环节进行详细检视以提高效率和利润。

科学管理的原则虽然有效提高了生产率。但由于将工作流程区分过细以及管理人员对工人的过度管控，这种管理方式导致管理人员和工人间极大的社会不平等，这种情况今天依然存在。

数十年后，正式组织面临了来自种族、性别、海外竞争加剧以及变化的工作性质等多重挑战。下文中，我们对每种挑战给予简要分析。

二、第一重挑战：种族与性别

20 世纪 60 年代，批评家指出大型企业以及其他组织存在用人方面的不公。这些组织在用人时，并未坚持韦伯"以能取人"的原则，而将女性与少数族裔拒之门外，实权职位的用人更是如此。"以能取人"是一种相对公平的用人方式，也是招揽人才，提升组织效率的有效途径。

● 特权模式与排他模式

如图 5-3 所示，即使在 21 世纪的头几年，占美国劳动人口 32% 的非西班牙裔白人男性占据了 64% 的管理职位。占劳动人口 32% 的非西班牙裔白人女性仅担任 24% 的管理职位（美国雇佣机会平等委员会，2012）。其他少数族裔所占的比例更是远低于此。

罗莎贝丝·莫斯·坎特（Rosabeth Moss Kanter, 1977; Kanter & Stein, 1979）指出，拒绝雇用女性与少数族裔实际上忽视了占美国半数以上的人才。而且在组织中，人数较少的少数族裔和女性职员常会觉得自己是被社会隔离的外群体——会感到不自在，不受重视，缺少升迁机会。有时候在组织里表现出色或者工作优秀只是因为这个人恰好是男性而已（Castilla, 2008）。

坎特指出，要想更经常性地实现组织变革与发展，组织必须变得更为开放，施行"直通车"式的激励制度，从员工中选拔优秀人才，让职员工作更为卖力，更加忠于公司，最终提高工作绩效。相反，一个毫无职位上升空间的组织会让员工成为效率低下、

"行尸走肉"式的人，没有人会去倾听他们的想法和意见。开放的组织则鼓励负责人了解所有雇员的想法，而这将有利于决策的改进。

- **"女性优势"**

部分组织研究人员认为，女性拥有一些特殊的增强组织实力的管理技巧。黛博拉·坦纳（1994）的研究结果表明，女性更为"关注资讯"，为了弄清楚事情随时准备提问题。而男性比较"关注形象"，认为居于特定的职位却向他人请教问题会影响自己的形象。

另一项女性管理人员的研究中，萨莉·赫尔格森（Sally Helgesen, 1990）发现另外3种与性别有关的管理模式。第一，女性较男性更注重沟通技巧，更愿意分享信息。第二，女性领导人具有更多的弹性，给下属更多自由发挥的空间。第三，与男性相比，女性重视各类组织运行的相互关联性。赫尔格森将这三种模式统称为的女性优势（female advantage），这种优势将有助于公司变得更为弹性和民主。

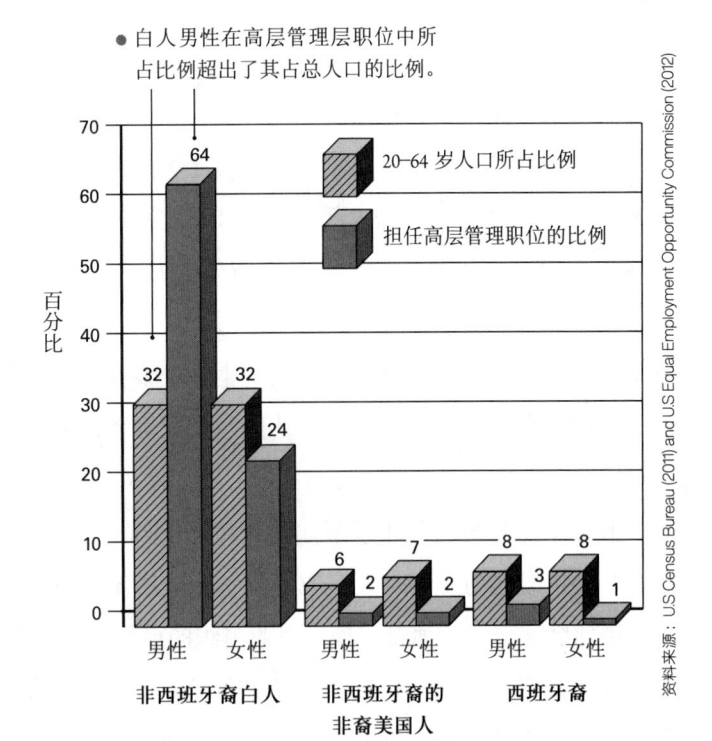

多样化快照

图5-3 2010年，分种族、性别、族群的美国私营企业管理职位分布比例

相对其人口规模，白人男性在私营企业中担任了更多的管理职位，而白人女性和其他族裔的情况则与之相反。你认为哪些因素导致了这种现状？

● 白人男性在高层管理层职位中所占比例超出了其占总人口的比例。

资料来源：U.S Census Bureau (2011) and U.S Equal Employment Opportunity Commission (2012)

【观看 MySoclab.com 网站上的"弗雷德里克·泰勒和科学管理"的视频。】

总之，传统科层制所面临的挑战是：为了充分利用员工的经验、想法和创造性，科层制不应该考虑种族与性别，应该更为开放、更为富有弹性。其结果将更符合公司的底线：更丰厚的利润。

三、第二重挑战：日本的工作组织

1980 年，让美国企业界倍感不安的是，他们发现国内卖的最好的汽车不再是雪佛兰、福特、普利茅斯，而是日本产的本田雅阁。近期，日本丰田汽车已经超越美国通用成为全球最大的汽车制造商（BBC, 2011）。一直到 20 世纪 50 年代，"日本制造"还是廉价与低质量的代名词。但世事变迁，日本汽车工业的成功（不久之后，延伸到电子制造、相机和其他产品的公司）很快使得分析家一窝蜂去研究"日本的组织"。这个小国家是如何挑战美国世界经济中心位置的？

日本的组织反映了该国强烈的集体主义精神。与美国人所强调的刚毅的个人主义不同，日本人更崇尚合作。实事上，日本的正式组织更近似于大型的初级群体。大约 30 年前，威廉·乌奇（William Ouchi, 1981）指出日本与美国的正式组织存在五点差异。第一，日本企业对于新招入的员工，支付一样的薪水，新员工也承担相同的责任。第二，日本企业推行终身雇佣制，培养员工高度的忠诚感。第三，由于员工终身为企业服务，日本企业施行通才式管理，培训员工获得整个公司运作的整体知识。第四，在日本，虽然由企业领导人最终对组织效益负责，但他们通过"品质圈"（quality circle）的方式，使企业员工参与到组织决策过程中，员工讨论、分析工作问题，向上级提交决策提案。第五，日本企业在员工的生活中发挥了极大的作用，企业向员工提供住房抵押贷款，资助休闲旅游，安排社会活动。和美国同类企业相比，上述措施激发了日本员工对企业更为强烈的忠诚感。

但日本的公司也并非事事如意。20 世纪 90 年代后，日本经济陷入持续 20 年的低迷。受经济衰退的影响，大多数的日本企业不再推行终身雇佣制，乌奇提到的很多福利也遭到削减。但长远看，日本商业组织的前景是光明的。

近年，广受赞誉的丰田公司也遭遇了挑战。在扩大产能成为全球最大的汽车制造商后，由于制造缺陷，丰田公司被迫召回数百万汽车。召回事件反映出丰田的迅猛扩张是在以牺牲成功的核心要素——产品质量作为代价（Saporito, 2010）。

四、第三重挑战：变化的工作性质

除了面临全球竞争加剧以及要求就业机会均等的挑战外，传统组织的压力还来自于工作本身性质的改变。过去数十年间，美国经济经历了工业产品到后工业产品的转型。人们不再在工厂里用笨重的机器生产产品（things），更多的人开始运用计算机以及其他的电子技术提供或处理信息（information）。后工业社会是一个以资讯组织为特征的社会。

由于高强度繁重工作成为常规性的工作事务，泰勒对科学管理的概念做了进一步发展。工人铲煤，将铁水浇入铸模，在装配流水线上焊接车身板件，为修建摩天大楼把热铆射入钢梁。泰勒时代，大多数产业工人是外国移民，学历很低，几乎不懂英语。因此，劳动力自身有限的劳动技能和工业时代工作的性质使得泰勒将工作视为一系列模式化的任务，管理人员制定计划，由工人操作执行。

而在信息时代，许多工作与工业时代的大不相同：设计师、艺术家、作家、作曲家、程序员、商人以及其他职业的工作需要人们发挥想象力与创造力。下面列举了当代组织与100年前的组织的几点区别：

1. **创造上的自主性**。如同惠普的一位主管人员所说的："从加入惠普第一天起，员工便承担了重要的责任，公司鼓励他们成长。"（Brooks, 2000: 128）当代组织中掌握信息时代技能的员工被视为重要的组织资源。主管人员只是制定组织生产目标，但并不规定员工该如何完成那些需要想象力和发现力的任务。这给高技能的员工提供了自由发挥才能的空间，意味着只要员工能提出好的创意，公司不需要太多的日常监督与管理。

2. **竞争性的工作团队**。当代组织通常会给工作团队自由解决问题的空间，并对提出最佳解决方案的团体给予最高的奖励。日本最先采用这种竞争性工作团队的策略。它能够激发团队中每个人的创造性，并减少传统组织常发生的异化现象（Maddox, 1994; Yeatts, 1994）。

3. **扁平化组织**。为了创造性的解决问题，组织采用了员工分担职责的方式，组织层级呈现为扁平的形状。如图5-4所示，这种组织模式中指令链环节大为减少，取代了传统的金字塔式科层组织。菲亚特集团收购兼并克莱斯勒汽车公司后，新任首席执行官（CEO）几乎不太注重上下级的级别关系，鼓励基层管理人员直接与首席执行官联系。菲亚特带来的这种扁平化管理有效提升了克莱斯勒的市场业绩（Saporito, 2011）。

4. 更大的弹性。典型工业时代的组织结构是一种从上至下的刚性结构。这种组织虽然可以完成大量的工作，但创造性不足，难以迅速地应对大环境的改变。而信息时代理想的组织模式则更为开放和富有弹性，不仅能提出新的理念，也能迅速应对风云变化的全球化市场。

这对正式组织意味着什么？正如戴维·布鲁克斯所说："机器不再是健康型组织效仿的衡量标准。现在的标准是生态系统。"（2000: 128）当代"智能型"公司寻求的是有才华的创造型人才（"美国在线"的主楼被称为"创意中心一号"），并培养其才华。

但是，现代社会中也有许多工作根本不需要创造力。更确切地说，在后工业时代，经济发展是借由两种差异性很大的工作模式推动的：高技能的创造型工作和低技能的服务型工作。快餐业工作属于程序性的高度管理型工作。与信息时代典型的创造型团队工作相比，它与一个世纪前工厂中的工作更为类似。因此，在当代一些组织采用更为扁平化、弹性化的组织模式时，其他组织则继续采用传统的刚性组织结构。

五、社会的"麦当劳"化

本章一开始曾指出，麦当劳取得了巨大的成功，33000多家麦当劳餐厅遍布全球。仅日本就有3300多家麦当劳，全球规模最大的麦当劳餐厅就开在伦敦，能同时容纳1500多人就餐。

麦当劳不仅是一家连锁餐厅。作为美国文化的符号，全世界的人都把麦当劳与美国联系在一起，民意调查显示即使在美国国内，98%的学龄儿童认得麦当劳叔叔，他的知名度与圣诞老人不相上下。

更重要的是，引导麦当劳发展的组织原则正在统治美国社会。美国的文化变得"麦当劳化"[1]，我们生活中的许多方面都在模仿这家餐馆的连锁模式：父母在带有统一标识的全球连锁店给孩子买玩具；人们驱车到便利店做10分钟的免下车加油；日益普及的email，语音信箱，即时通信工具取代了人们面对面的沟通；越来越多人度假都跑到度假胜地或者参加旅行社包办的旅行团；电视用10秒钟的摘要剪辑的方式播放新闻；大学入学招生人员根据GPA和SAT成绩评估素未谋面的学生；教授给学生指定的

---

[1] 麦当劳化一词最先由吉姆·海托华（Jim Hightower, 1975）提出，瑞泽尔（Ritzer: 1993, 1998, 2000）和施洛瑟（Schlosser, 2002）对它做了进一步的讨论。

是抄袭的教材[1]，用出版公司批量出版的试题测验学生。

所有这些事情都有哪些共同点呢？

● **四项原则**

乔治·瑞泽尔（George Ritzer, 1993）指出，社会的麦当劳化构建在四项组织原则的基础上：

1. **效率**。雷·克拉克，这位麦当劳扩展背后的市场天才，规定员工要在 50 秒内把汉堡、薯条、奶昔送到顾客面前。目前麦当劳推出的最受欢迎的餐食是"吉士蛋麦满分"（Egg McMuffin），整个早餐就这一份三明治。在麦当劳，顾客在柜台取餐，出门的时候顺手把垃圾处理掉或把自己用的盘子叠起来，更方便的是，客人开车经过回收窗口时，可以顺便把吃完后的垃圾扔进去。这种效率无疑是人们日常生活的核心要素。单为"效率"这个理由，人们便认为做任何事情越快即是好。

2. **可预测性**。高效率的组织希望组织中的所有事情都是可预测的。麦当劳按统一配方烹调食物。公司政策引导着每一项工作的运行。

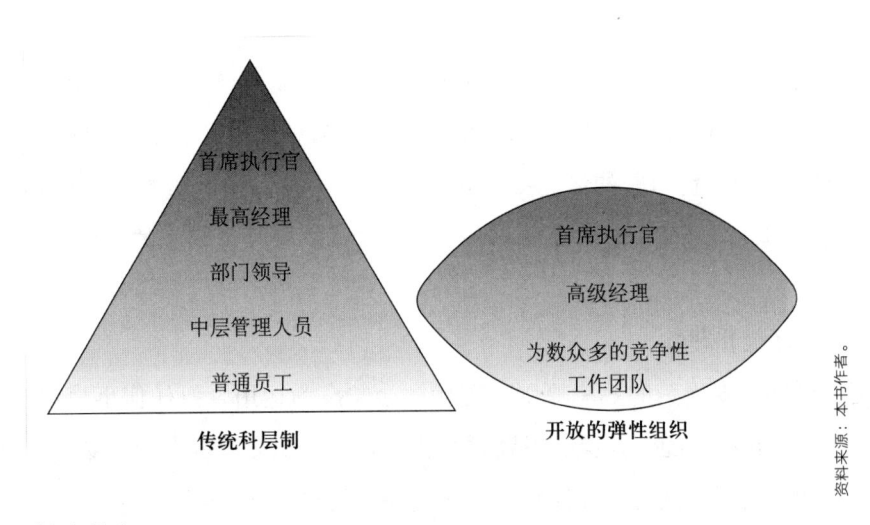

资料来源：本书作者。

图 5-4　两种组织模式

科层制组织的传统模式属于金字塔式结构，有明确的指令链。命令自上而下地传达，业绩报告自下而上地呈递。这类组织制定大量的规章制度，员工工作高度专门化。更为开放、富有弹性的组织是扁平状的，形状像橄榄球。与传统模式相比，扁平化组织的管理分层较少，决策职能由组织内部共同承担，集思广益。员工以团队形式工作，掌握组织运作的整体性知识。

---

[1] 许多社会学方面的普及性读物都不是作者亲自撰写的，但本书并非如此。这是一本"反麦当劳化"的教科书，本书的资料查找、撰写、修订、排版都是由作者和小型专业编辑团队共同完成。本书配套试题库和Mysoclab网站上的在线学习资料都由作者本人编写。

3. **一致性**。麦当劳第一版的操作手册规定每个生汉堡重 1.6 盎司，直径 3.875 英寸，脂肪含量 19%。每片奶酪重量精确到 0.5 盎司。每根薯条厚度为 9/32 英寸。

在每个人的家庭、学校和工作单位周围，到处都是按照标准化方案设计并批量生产的物品。不仅人们所处的环境，而且个人的生活经历（无论是美国国内的州际旅行还是待在家里看电视）比以往任何时候都要一致。

浏览 阅读 MySoclab.com 网站上瑞泽尔《社会的麦当劳化》一书。

世界的任何一个地方，人们走进任何一家麦当劳餐厅，都会吃到相同的三明治，喝到相同的饮料，尝到相同的甜品。[1] 这种一致性源于高度理性化的系统，它详细规定了所有的行为，不允许任何变动。

4. **控制**。麦当劳系统中最不可靠的因素是员工。毕竟每个人的心情都会时好时坏，有时候会漫不经心、胡思乱想，想换种方式做事情。为把这种人为的不可控因素的影响降到最低，麦当劳用机械化的设备，以固定的温度和固定的时间生产食品。在麦当劳，甚至收款机上都标的是每种食品的图标，以便员工在记录客户的点餐时尽可能地简单。

与麦当劳模式类似，自动柜员机取代了银行；人们用自动面包机制作面包，而自己只用站在旁边看；自动化的养鸡场生产大量的鸡和鸡蛋（还是鸡和鸡蛋吗？）。在超市，客户自行付费结账的激光扫描仪淘汰了收银员。人们通常都在商场购物，而商场里的一切，从温度、湿度到商品和货物的种类，都经过精心的安排和布置（Ide & Cordell, 1994）。

● **理性还是非理性**

毫无疑问，麦当劳的效率原则在现代社会被广为运用。但任何事情都有两面性。马克斯·韦伯担心，随着人类的不断理性化，正式组织会抑制人的想象力，扼杀人文精神。正如韦伯所预见的，理性系统虽然提高了效率，但剥夺了人性。麦当劳化就是一例。四项原则中的任何一项都在关注如何抑制人的创造性，限制人的选择和自由。作为对韦伯的回应，瑞泽尔（Ritzer）指出"麦当劳化最终的非理性化意味着人们将

---

[1] 随着麦当劳的全球化，它会根据当地的口味添加或改变一些产品。譬如，在乌拉圭，消费者能吃到荷包蛋汉堡（汉堡面上加了一个荷包蛋）；挪威的消费者可以尝到烤鲑鱼三明治；而荷兰人有素食汉堡（纯蔬菜的汉堡）；在泰国，麦当劳提供泰式猪肉汉堡（汉堡里的碎猪肉用红烧酱调味）；日本的麦当劳则推出了照烧鸡肉三明治（用大豆和生姜调味的鸡肉）；在菲律宾，麦当劳推出了麦式意大利面（加了番茄酱和一点点热狗的意大利面）；在印度，由于印度人不吃牛肉，麦当劳推出了素食麦香堡（Sullivan, 1995）。

失去对理性系统的掌控,反过来受制于该系统"(1993: 145)。或许麦当劳也意识到这一点——公司扩大经营范围,提供更多高档食品,譬如更精美、更新鲜、更健康的超值炭烧咖啡和沙拉拼盘(Philadelphia, 2002)。

第四节　组织的未来:截然相反的趋势

评价

在 20 世纪早期,美国的大型组织大多数采用了韦伯科层制的组织形式。这些组织在很多方面都有点类似于一位猛将领导下的军队,将军向下属的上尉和中尉下达命令,在工厂工作的这些步兵执行上级的命令。

随着 1950 年左右后工业经济的出现,以及海外竞争的加剧,越来越多的组织朝着扁平化、弹性化的方向发展,鼓励员工的交流与创造。这种"智能组织"(Pinchot & Pinchot, 1993; Brooks, 2000)比以往更有创造性。更重要的是,高技能的员工拥有更多创新的自由,韦伯所担心的组织异化现象也有所减少。

但这只是事情的一方面。在过去 50 年里,虽然后工业经济提供了许多高技能型的工作岗位,但它也创造了比以往更多的常规性的服务型工作岗位,譬如麦当劳的工作。

信息时代最好的工作,包括在众所周知的搜索引擎谷歌公司(Google)上班,只要员工能提出好的创意和理念,可以获得相当的个人自由。与此同时,其他的许多工作与一个世纪前的工厂一样,例如在麦当劳的柜台上班,员工每天都是重复性的常规工作,公司执行严格的人员管理。

在美国，当今的快餐业是低收入劳工最大的聚集地，提供的工资只比报酬最低的流动工人高一些（Schlosser，2002）。瑞泽尔把这种类型的工作称为"麦克工作"，它提供的报酬比高技能型员工能得到的要少得多。在快餐业、电话营销业等类似的行业中，规定工作程序的自动化流程与弗雷德里克·泰勒100年前提到的内容倒是非常相似。

组织的弹性给予表现优异的员工以更多自主权，但普通员工却随时面临裁员的风险。面对全球化的竞争，组织迫切需要创造型的员工，但也同样迫切需要尽可能削减例行公事式的、重复性的工作职位以降低成本。最终的结果是一部分员工比以前收入更高、发展得更好，而其他人整天为保住饭碗而担忧，努力工作以勉强维持生计——第八章（"社会分层"）对此有详细的论述。

美国组织的生产效率为全世界所称羡。全球很少有地方能像美国那样将邮件迅捷、可靠地投递到目的地。组织未来的发展趋势对一部分人而言可谓前途光明，但对其他人而言则前景黯淡。就像"焦点中的社会学"专栏所谈到的，组织对个人隐私的威胁日益增大——人们在展望组织的未来时应牢记这一点。

焦点中的社会学

计算机技术、大型组织与隐私的侵犯

杰克："我正在上脸书。这太酷了。"

邓肯："你想让自己的生活暴露在所有人面前？"

杰克："朋友，我出名了！"

邓肯："哈，出名？你正在丢掉自己仅有的一点儿隐私。"

杰克做好了他在脸书上的网页，上面有他的姓名、学校、电邮、照片、简历和兴趣爱好。全世界数十亿人都能看到这些信息。

和新客户的见面就快要迟到了，莎拉在驾车经过一个主要路口时，在信号灯由黄转红的瞬间冲了过去。电子眼拍下这一违章，记录下了莎拉的车牌和她当时坐在驾驶席的情景。7天后，莎拉收到交通法庭的出席传票。

胡里奥浏览邮件时发现一封来自华盛顿的信件。信中，数据服务公司告知胡利奥，大约145,000人的姓名、住址、社会安全号码以及信用档案被卖给了加州自

称是商人的犯罪分子,他也是其中之一。其他人可能利用这些信息,用胡利奥的名字获得信用卡或者申请贷款。

这些案例说明了一个问题:当代的组织——掌握了比以往任何时候都多的信息资料并且他们的掌握程度超出大多数人的认识——对个人隐私的威胁越来越大。大型组织对社会的运行而言是必要的。在某些情况下,组织确实能够运用或出售资料信息帮助我们。但身份盗用的案件在不断增加,个人隐私的保密度在不断下降。

过去小城镇的生活给人感觉没有任何隐私可言。但至少别人知道你一些事情的同时,你也知道他们的一些事情。现在,陌生人却能在我们不知情的情况下随时获取我们的相关信息。

隐私的泄露部分源于日益复杂的电脑技术。你是否意识到,你发的每封电邮以及你访问的每个网站都会在电脑上留下记录?绝大多数的记录都能被陌生人、雇主和其他公共官员检索到。

当今隐私的泄露还与正式组织的数量和规模有关。就像在本章所谈到的,大型组织去情感化地对待每个人,他们迫切需要信息资讯。毫无疑问,受大型组织与日益复杂的电脑技术的共同影响,美国绝大多数人都很关心谁知道自己的什么事情,他们会怎么利用这些信息。

近几十年来,美国个人隐私的保密度在不断下降。20世纪早期,州政府讨论汽车驾照的问题时,政府为每个拿到驾照的人建立了一份档案。现在只要点击按钮,政府官员不仅能把资料传给警方,还能提供给其他组织。美国国税局和社会保障局,以及其他一些为士兵、学生、失业人员和穷人提供福利的政府机构,都收集了堆积如山的个人信息。

现在商业组织做的是与政府机构几乎相同的事情。个人的许多选择最后会记录在公司数据库中。大多数美国人都用信用卡——当今美国有10亿多张信用卡,平均每人5张——负责"信用核查"的公司收集相关信息并提供给任何一个询问的人,包括那些计划盗窃身份的犯罪分子。

其次,不仅在交通路口,而且在商店、公共建筑、停车场以及大学校园里都装有微型摄像头。监控个人行为的监测探头的数量每年都在迅速增加。就某种意义而言,所谓的安全摄像头能加强公共安全——比方说,震慑行凶抢劫犯甚至恐怖分子——但却是以牺牲人们仅存的一点儿少得可怜的隐私为代价。英国或许是全球安装监测探头最多的国家，一共安装了 400 万个的安全摄像头。伦敦常住居民每天出现在闭路电视监控系统画面中次数约 300 次，他们的所有"行踪"都被记录在电脑里。纽约市在地铁中安装了 4000 个监测探头，官员还计划于 2013 年底前在 1500 多台城市公交上安装监测探头。

近年来，美国政府稳步扩大对公民的监控范围。2001 年"9·11"恐怖袭击事件后，联邦政府逐步采取措施加强国家安全（包括《美国爱国法》）。现在，美国的政府官员不仅更为密切地监控谁进入了美国，而且还监控每个美国公民的行为。日益加强的国家安全与个人隐私难以共存。

一些法律保护措施仍然在发挥作用。美国 50 个州都有相关法律赋予公民权利，可以核查由雇主、银行和信用局保留的个人信息记录。1974 年的《联邦隐私权法案》对政府机构间个人信息的交流做出了限制，并允许公民检查核对大多数的政府文件。为应对日益升级的身份盗窃，国会有可能通过更多的法案规范信用信息的出售。但是组织数量众多，有公共性质的也有私人性质的，他们都保存有人们的信息资料——专家预测 90% 美国家庭的信息记录在某处的数据库中——仅依靠当前的法律难以有效解决个人隐私问题。

加入博客

你认为公共场所架设安全摄像头是加强了个人安全还是降低了个人安全？为保障个人安全所付出的代价值得么？你怎么看自动收费技术（如电子收费系统 E-ZPass）？这一技术让你快速通过高速公路收费站的同时也记录下"你去哪儿，什么时候经过的"之类的个人信息？访问 MySoclab 网站，加入"焦点中的社会学"博客，分享你的观点和经历，了解其他人的想法。

资料来源："Online Privacy" (2000), J.Rosen (2000), A.Hamilton (2001), Heymann (2002), O'Harrow (2005), Tingwall (2008), Werth (2008), Hui (2010), and Stein (2011)。

日常生活中的社会学

第五章　群体与组织

● **究竟在多大程度上，麦当劳化的观念成为了人们日常生活的一部分？**

第五章阐述了自 1948 年第一家麦当劳餐厅开业以来，引领快餐业的原则——效率，可预测性，一致性，控制——在社会中的广泛运用。现在给你一个机会通过若干熟悉的日常事务来辨别麦当劳化的要素。在下页的两幅图中，你能指出麦当劳化的几个特定要素么？与之相关的组织模式和技术以什么方式提高效率、可预测性、一致性和可控制性？在下图中，你认为有哪些不属于麦当劳化的要素？为什么？

● **提示：**

在某些方面，社会的麦当劳化使人们的生活更加便捷，但也使社会变得更加去情感化，人际接触的范围越来越小。虽然这种组织模式能够满足人们的需求，但它迫使人们的生活必须服从机器的要求，组织模式因此走向反面而终结。马克斯·韦伯担心

小型邻里商店在美国曾随处可见。但随着大卖场式折扣店和快餐连锁店的扩张，小型零售店的数量越来越少。为什么小型零售店会消失？在它们消失的过程中，人们失去了零售店所反映出的哪些社会特质？

人类社会将会过度理性化，迷失了本性。

125 从你的日常生活中发现社会学

1. 学院或大学是否受到社会麦当劳化的进程的影响？教师千篇一律的大班授课是麦当劳化的例子么？为什么？试举出你所知的大学校园中麦当劳化的其他例子。

2. 参观任何一栋带电梯的大型公共建筑。观察等电梯的人，和他们一起乘电梯。留心观察他们的行为：电梯门关闭时人们谈了什么？电梯里，人们的眼睛通常朝哪儿看？你能解释他们的这些行为吗？

3. 你曾经有过用 ATM 机或在折扣店自助购物的经历么？试着举几个例子，谈谈你从中得到哪些方便和好处，它又给你带来哪些坏处？阅读 MySoclab 上"日常生活中的社会学"中相关论述，了解生活在高度理性化社会所带来的好处与坏处，获取一些提高生活品质的建议。

20 世纪 70 年代早期，自动柜员机（ATM）在美国日益普及。任何一名持银行卡的客户都无需通过银行柜台出纳来完成某项银行操作（比如取钱）。为什么自动柜员机（ATM）反映了社会化的麦当劳化？你喜欢用 ATM 机吗？为什么？

在许多超市的收银台，顾客通过连着电脑的激光扫描仪识别所购商品及其价格，然后自己用信用卡或借记卡付款，将商品装袋。

温故知新

第五章　群体与组织

社会群体是什么？

社会群体是由两个或两个以上的人组成的，彼此认同与互动的人群。
- **初级群体**是群体成员共享亲密持久的关系、规模较小的社会群体（如家庭和密友）。
- **次级群体**是群体成员追求某个具体的目标或行为、大型的、非个人的社会群体（如学校班级和公司）。

群体动力的要素		
群体的领导	群体遵从	群体规模和多元化
• *工具型领导*关注如何实现群体目标。 • *表意型领导*关注于群体成员的福利。 • *独裁型领导*要求成员服从命令，独自决定群体决策；*民主型领导*决策过程中听取全体成员意见；*放任型领导*几乎任由群众自行决策。	• 阿西、米尔格伦和贾尼斯的研究显示，为实现群体遵从，群体成员通常会向其他成员施加压力，以达成一致意见。 • 在形成态度和作判断时，个人通常会以*参照群体*（包括内群体和外群体）为参照点。	• 西美尔认为，二人群体关系密切但不稳定；三人群体虽然稳定，但很容易将第三者排斥在外，转变为二人群体。 • 布劳分析了大型群体的内部化，异质性群体的外部化，以及行动受限群体的内部化。

网络作为一种社会联系网，将彼此间不太熟悉、互动有限的人联系起来。"优越的社会关系"属于颇有价值的一类社会资本。

如何理解正式组织？

正式组织是为有效达成目标而构建的大型次级群体。
- 功利型组织中的成员是为获取报酬而工作（如商业组织和政府机构）。
- 规范型组织中的成员是为了追求他们认可的道德目标（如家庭教师协会之类的志愿者协会）。
- 强制型组织中成员的加入是非自愿的（如监狱和精神病院）。

探索 MySoclab.com 网站上相关图片。

所有的正式组织都是在一定的**组织环境**下运作的。组织环境受到下列因素影响：
- 技术手段
- 政治经济发展趋势
- 当前事件
- 人口模式
- 其他组织

127 **社会的理性化**：韦伯提出的概念，指人类主要思维模式从传统到理性的历史性变化。

当代的正式组织：科层制

韦伯认为，科层制是现代社会中占主导地位的一种组织类型。科层制的六大特征为：
- 专门化
- 职务分等
- 成文规则
- 绩效制
- 非人格化
- 文件档案制度化

科层制的缺陷：
- 科层制的异化
- 科层制的无效率和仪式主义
- 科层惯性
- 寡头政治

正式组织的演化

传统的科层制
- 20 世纪早期,泰勒的科学管理运用科学的原则提高生产效率。

【观看 MySoclab.com 网站上的相关视频】

更为开放性、富有弹性的组织
- 20 世纪 60 年代,罗莎贝丝·莫斯·坎特建议,为提高组织效率,组织应对所有雇员,尤其是少数族裔和女性职员开放。
- 20 世纪 80 年代,全球化竞争使日本企业的集体主义精神受到广泛关注。

变化的工作性质

后工业经济的发展催生了两种差异性很大的工作模式:
- 高技能的创造型工作(如设计师,顾问,程序员,主管)。
- 低技能的服务型工作。低技能的服务型工作与社会的麦当劳化有关,建立在效率、一致性和控制的基础上(如快餐店和电话推销的工作)。

【阅读 MySoclab.com 网站上的相关文档】

性与社会

学习目标

- **记住**本章用粗体字强调的关键术语的定义。
- **理解**性与生物学有关,但同时也是社会的产物。
- **运用**社会学的主要理论分析性问题。
- **分析**为什么人类是唯一有乱伦禁忌的物种?
- **评价**各种富有争议的问题如少女怀孕、色情、卖淫、校园"勾搭"。
- **创造**一种更具批判性和复杂性的观点来评价性与社会的许多关联。

本章概览

性——没有人怀疑它是我们生活的一个重要方面，但是，正如本章所解释的，性远不只是与生育相关的生物过程。正是社会，包括文化和不平等模式，塑造了人类性行为，并指导着我们日常生活中的性观念。

帕梅·古德曼和朋友詹妮弗·代欧思、辛迪·托马斯沿着走廊走着。这三个年轻的女孩儿是杰弗逊市杰弗逊高中的二年级学生，杰弗逊市是中西部的一个小镇。

"放学后做什么？"帕梅问道。

"我不知道，"詹妮弗回答，"也许托德正过来呢。"

"带上照片，"辛迪补充道，"我们这样去。"

"闭嘴！"帕梅结结巴巴地说，一边笑了。"我几乎不认识托德。"三个女孩儿大笑起来。

不必惊讶，年轻人花大量时间去思考和谈论性。但是正如社会学家彼特·比尔曼（Peter Bearman）发现的，性不仅只是谈谈。比尔曼和他的两名同事（Bearman, Moody & Stovel, 2004）进行了一项研究，他们对中西部小镇的一个名为杰弗逊市的 832 名高中学生进行了保密性访谈，表明 573 人（69%）在之前的十八个月中至少有一次"性的和浪漫的关系"。有如此众多的学生，但不是所有的学生，有活跃的性活动。

比尔曼期望了解性活动以便理解年轻人当中的性传播疾病（STDs）。为什么性传播疾病率如此之高？为什么社区中会有几十个年轻人突然"暴发"疾病？

为找到这些问题的答案，比尔曼和他的同事请学生们划出自己的性伴侣（当然，承诺不公开任何隐私信息）。这一信息使他们得以从性活动的角度追踪同学之间的关系，从而得出了一个令人吃惊的模式：性活跃的学生通过共同的伙伴彼此相互关联，大大超出任何人的预期。总而言之，共同伙伴联结了一半的性活跃的学生，如图所示。

● 男性
○ 女性

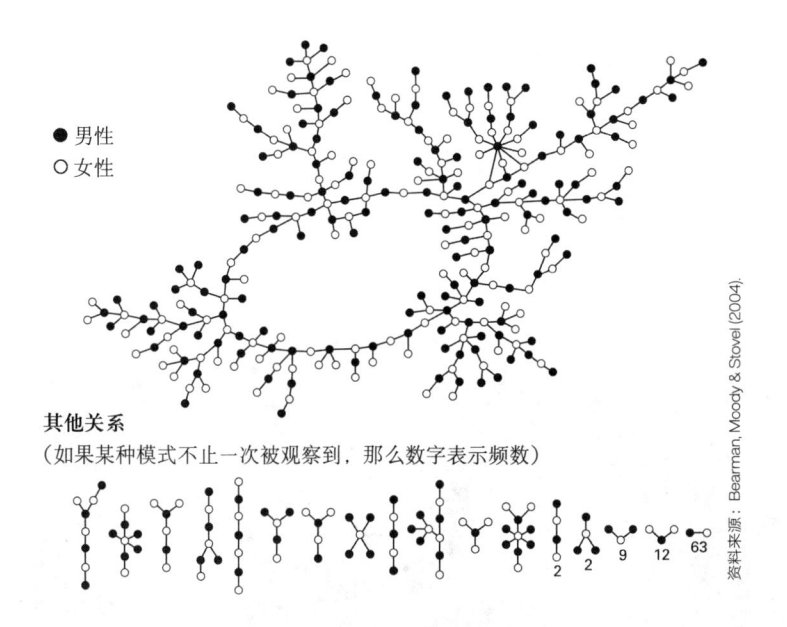

其他关系
（如果某种模式不止一次被观察到，那么数字表示频数）

资料来源：Bearman, Moody & Stovel (2004).

意识到人们之间的联系会有助于我们理解 STDs（性传播疾病）是怎样短时间里从一个被感染者传播到另一个人。比尔曼的研究也表明研究可以教给我们大量有关人类性的知识，这是社会生活的重要方面。你也会看到美国在过去的一个世纪性态度和性行为已经发生了急剧的变化。

第一节　理解性问题

理解 //

每天你的思想和行为有多少与性问题有关？如果你像大多数人那样，答案是"有很多"。

因为性问题不只是发生性关系。性问题是一个几乎随处都能发现的主题——在运动场、在校园、在工作场所，特别是在大众传媒。性产业，包括色情和卖淫，在美国都是达几十亿美元的产业。性对于我们如何考虑自身以及他人如何认识我们，起着重要的作用。因此，社会生活中几乎没有什么领域，性不发挥某种作用。

尽管性是日常生活的重要组成部分，然而，美国文化长期将性视为禁忌；即使在今天，许多人仍避免谈论性。结果，虽然性可能带来很多快乐，但也造成混乱、焦虑，有时候甚至是彻底的恐惧。即使是科学家，长期以来也将性作为研究的禁区。直到20世纪中叶，研究人员才将注意力转向这一社会生活中的重要维度。从那时起，正如本章所解释的，我们对人类性行为有了相当多的发现。

我们认为，美在于观者的眼睛，意即文化在确定魅力标准上有重要作用。这里照片上的所有人——来自肯尼亚、亚利桑那、沙特阿拉伯、泰国、埃塞俄比亚和厄瓜多尔——对于他们自己社会中的人们来说是美的。同时，社会生物学家指出，全球每个社会的人们都被年轻所吸引。正如社会生物学家指出的，人们被年轻所吸引的原因在于魅力选择建立于繁衍生育的基础上，生育在人的成年早期几乎很容易完成。

一、性：一个生物学的问题

性指的是女性和男性之间的生物区分。从生物学的观点看，性是人类繁衍的途径。女性的卵子和男性的精子，每个都包含了23对染色体（指导机体成长的生物编码），两者结合形成受孕胚胎。这些染色体中的一对，将决定孩子的性别，母亲提供一个X染色体，父亲提供一个X或Y染色体。如果父亲提供的是X染色体，则形成女性

（XX）胚胎，如果父亲提供的是 Y，则形成男性（XY）胚胎。这样，一个孩子的性别在受孕的瞬间就在生物学上被确定了。

胚胎的性别指引它的发展。如果胚胎是男性，睾丸组织开始产生出大量的睾丸激素，荷尔蒙催发男性生殖器的生长（性器官），如果睾丸激素很少，胚胎则发育出女性器官。

二、性与身体

身体上的某些差别使男性和女性区别开。从出生开始，这两种性别就有不同的**第一性征**，即用于生育的生殖器官。在青春期，当人们性发育成熟时，另外的性差别开始出现。这时，人们发展出除了生殖器以外的**第二性征**，从生理上区别成熟的男性和女性。性成熟的女性有着较宽的臀部用于生育，可以产乳的胸部用来哺育婴儿，柔软、丰满的组织以提供怀孕期和哺乳期需要贮存的营养。典型的成熟男性长出更发达的肌肉，有着更茂密的体毛、更雄浑的声音。当然，这是总体差别；有些男性比有些女性更矮小、有较少的体毛、更尖的嗓音。

记住，性（sex）与性别（gender）不是一回事。**性别**是一种文化因素，指的是文化赋予的男性或女性的个人特质和行为模式（包括责任，机会和特权），第十章（"性别分层"）解释了性别是社会不平等的重要维度。

第一性征 用于生育的生殖器官、组织　　**第二性征** 除了生殖器之外的身体发育，以在生物上区分成熟的男性和女性

● 双性人

性并不总是像我们刚才描述的那么清晰分明。**双性人**（intersexual people 又作"间性人"）是指这些人的身体（包括生殖器官）既具有女性特征，又具有男性特征。双性人是自然的，也非常少见，涉及的人数还不到一个社会总人口的 1%。双性人的另一个古老的名称是双性人（hermaphrodite）（源自 Hermaphroditus，是希腊神话中的神赫尔墨斯 [Hermes] 和阿芙洛狄忒 [Aphrodite] 的孩子，具有两种性别）。一个真正的双性人既有女性的卵巢，又有男性的睾丸。

然而，我们的文化要求性别明确清晰，一个事实证据就是在新生儿出生时，要求父母记录孩子的性别是男或是女。在美国，一些人对双性人的反应是混乱甚至恶心。但是，在别的文化中却很不一样：比如，东非的波科特人（Pokot）几乎很少关注这种简单的生理上的差错，纳瓦霍人（Navajo）怀着敬畏看待两性人，认为在他们身上具有女人和男人的全部潜力（Geertz, 1975）。

● **性倒错**

性倒错指的是那些自己感觉的性别，与其生理性别相反的人。据估计，在美国，每1000人当中就有1—2个人感到身陷错误性别，他们强烈要求变成另一种性别。有时，许多被称为性倒错的人开始蔑视女性和男性应当看起来怎样，应当如何行事的传统观念。一些人更进一步地，重新选择性别，用手术选择他们的生殖器，通常伴随着荷尔蒙干预。这个医疗过程是复杂的，要用数月甚至数年时间，但这有助于许多人终于获得与其内在感受一致的性别的外部特征，并由此获得愉悦感（Gagne, Tewksbury & MaGaughey, 1997; Olyslager & Conway, 2007）。

我们通常以为是男性或是女性是件非常确定清楚的事情。但是性倒错的人并不适用这样简单的分类。2008年，34岁的托马斯·比特（Thomas Beatie）怀孕并生下健康的女婴，一年后，他又生下第二个孩子，一个男孩儿。出生为女性的比特通过外科手术去除了胸部，并从法律上将他的性从女人改变为男人，却又选择了怀孕。对类似例子你的反应是什么？

三、性：一个文化上的问题

性有其生物学的基础。但是正像人类行为的所有元素，性无疑也是一个文化问题。生物学可以解释一些动物的交配仪式，但是人类没有类似的生物过程。虽然存在着生物上的"性驱力"，使人们感受到性的快乐，使人们发生性行为，但是，我们的生物学没能指出人类的性有任何特殊的地方，正如我们的食欲不能说明任何特别的饮食方式或餐桌上的行为规范。

● 文化间的变异

几乎每一种性行为在不同的文化之间都表现出重要的差别。阿尔弗雷德·金赛和他的同事（1948）在对美国人的性行为进行的开拓性研究中发现，大多数的伴侣报告称他们性交中采用唯一的姿势是面对面，女人在下面，男人在上面。但几乎在世界的另一半，南太平洋地区（the South Seas）的多数伴侣从不采用这种性行为。事实上，当南太平洋地区的人从西方传教士知道这种行为时，他们开玩笑，认为这是一种奇怪的"传教士姿势"。

即使是表达爱这一简单行为，不同社会之间也不相同。在美国，多数人喜欢在公共场合接吻，但是中国人只在私人场所接吻。法国人公开地接吻，经常是两下（一边脸颊一下），比利时人亲吻三次（从任一边脸颊开始），新西兰的毛利人摩擦鼻子，多数尼日利亚人从不接吻。

不同的文化对端庄的表达也不相同。如果一位正在洗浴的女士被惊扰了，你认为她会遮盖身体的哪个部位？海伦·科尔顿（Helen Colton, 1983）的报告是：伊斯兰教的妇女会掩面，老挝的妇女会遮盖胸部，萨摩亚的妇女盖上肚脐，苏门答腊岛的妇女捂住膝盖，欧洲的妇女用一只手遮住胸部，另一只手遮住阴部。

了解我们自己·全美表亲婚姻法

在蒙大拿，表亲之间的婚姻是违法的。在印第安纳，表亲肖思和迪莉娅只有当他们两个都超过70岁时才可以结婚。美国各州对表亲婚姻没有统一的规定：25个州禁止这种结合，19个州允许他们结合，6个州有限制地允许他们结合*。总的来说，允许表亲婚姻的有新英格兰、东南部和西南部。

*这6个有限制地允许表亲结合的州中，5个州只允许过了生育生龄后才能结合。

从全世界来看，有些社会限制性，另一些社会则比较开放。比如，在美国——至少在最近几十年——婚前性行为已成为规则，一些人甚至在没有郑重承诺的情形下选择发生性关系。

四、乱伦禁忌

当谈及性，各个社会是否有一些普遍认同？答案是肯定的。具有文化普遍性的——存在于全世界各个社会的——就是**乱伦禁忌**，禁止在某些亲属之间发生性关系或者结婚的规定。在美国，无论是法律还是文化道德都禁止近亲之间（包括兄弟姐妹之间，父母和子女之间）发生性关系或者结婚。但是，另一个文化差异的例子说明，一个社会中的乱伦禁忌究竟包括哪些家庭成员，不同的州的规定也不相同。上页的"了解我们自己"表明，近一半的州认定一代表亲间的婚姻是不合法的，另一半的州则认为这种婚姻合法，另有几个州允许有限的结合（National Conference of State Legislatures, 2011）。

一些社会（像北美纳瓦霍人）将乱伦禁忌只适用于母亲及家族中的母系成员。也有的社会（包括古代秘鲁和埃及）允许贵族兄弟姐妹间通婚，以便保持某个家族内的权力（Murdock, 1965, 原作于 1949）。

为什么某种形式的乱伦禁忌普遍存在？部分理由在于生物学，任何物种近亲之间的繁衍会增加后代患上精神或身体疾病的概率，但是为什么，在所有物种中只有人类遵守乱伦禁忌？这一事实提示人们控制近亲之间的性行为是社会制度的一个必要部分。第一，乱伦禁忌限制了家庭成员间的性竞争（比如说，排除了父母和孩子之间的性）。第二，由于家庭关系确定了人们彼此间的权利和义务，近亲之间生育后代绝对会混淆亲属关系；如果一个母亲和儿子生育了一个女儿，那么，这个女孩儿认为这个男人是父亲还是兄长？第三，由于要求人们与他们直系家庭成员之外的人结婚，当人们试图组成新的家庭时，就会超出近亲的范围，这样，乱伦禁忌使社会在更大的范围得到整合。

乱伦禁忌一直是美国社会、也是全世界的一个性规则。但是在美国，许多其他的性规则已历经变化。在 20 世纪，正如下一部分所解释的那样，我们的社会经历了性革命和性反革命。

经过 20 世纪，美国的社会态度变得更加接受性行为。你认为这种开放度的增加会带来哪些益处？又有什么负面效果？

第二节 美国人的性态度

理解///

在美国，人们怎么认识性？我们对性的文化取向一直是有些自相矛盾的。早期新英格兰的清教徒定居者要求在态度和行为上严格一致，对任何性"过错"施以严厉的惩罚，即使这种行为发生在家中秘密场所。从那以后，大多数欧洲移民将鲜明的"正确的"性观念带到美国，典型的就是把性与生育限制在婚内，这些性规则从那以后一直延续着。例如，1960年代后期，有几个州在法律上禁止商店销售避孕套。直到2003年，最高法院取消这些规定，有13个州的法律禁止同性间的性行为。即使今天，仍有8个州有"私通法"，禁止未婚伴侣间的性行为。

但这只是问题的一方面。正如第二章（"文化"）所解释的，由于美国文化是个人主义的，我们中的许多人相信：只要没有对别人造成直接伤害，人们应当有自由尽可能地做他们想做的事情。人们在他们自己家这种私密场所做的事情与他人无关，这种观念使得性成为一种个人自由和私人选择。

当谈及性，美国是限制式的还是开放的？答案是两者都有。一方面，许多美国人仍然将性行为视为个人道德的重要标志。另一方面，性越来越成为大众传媒所宣传的通俗文化的一部分——最近的一个报道称播出性内容的电视节目的数量在短短十年中翻了一番（Kunkel et al., 2005）。正是在这一复杂背景下，我们开始分析美国在过去一个世纪里发生的性态度和性行为的改变。

一、性革命

整个20世纪，美国人目睹了性态度和性行为的深刻变化。这一变化的第一个征兆来自1920年代，上百万的女性和男性从农场或小镇迁入不断扩张的城市。在那里，年轻男女远离他们的家庭、在工作场所遇到新结识的人们，他们享受相当多的性自由，这十年成为人所共知的"咆哮的 20 年代"。

1930 年代和 1940 年代，大萧条和二次世界大战减缓了变化的速度。但是在战后，1945 年之后，阿尔弗雷德·金赛带来了后来被称为性革命的时代。金赛和他的同事们于 1948 年出版了第一部他们对美国人的性的研究，之所以引起全国性的骚动，实际上更多的来自科学家正在研究性问题这一事实，性曾经是一个许多人即使在家中私密场所也不易谈论的话题。

金赛还有些有趣的事情要说。他的两部著作（Kinsey, Pomeroy & Martin, 1948; Kinsey et al., 1953）之所以成为畅销书，部分地是因为它们揭示了普通的美国人远非多数人以前想象的那样在性问题上很保守。这些书鼓动着人们对性采取一种新的开放姿态，这对性革命的兴起起到了推动作用。

1960 年代后期，性革命真正开始了。青年文化占据了公共生活的主导，像"性，毒品和摇滚"以及"如果感觉好，那就去做"总结了对性的新的、更自由的态度。出生于 1946—1964 年间的生育高峰的一代人成为美国历史上第一代伴随着新的性观念成长起来的人群，这种性观念认为性是人们生活的组成部分，不论他们是否结婚。

新技术在性革命中也发挥着作用。1960 年发明的避孕丸，不仅避免了怀孕，而且使性行为更便利。不像避孕套或者避孕膜，必须用于性交时，避孕丸可以有规律地提前服用，就像每天补充维生素。现在女人和男人可以在不做任何特殊准备的情况下发生性关系。

由于在历史上女性比男性更多地受到性规范的约束，性革命对女性有着特别重要的意义。社会传统的"双重标准"允许（甚至鼓励）男人在性方面积极，但是期望女性保持贞节一直到结婚，婚后要保持对丈夫的忠诚。图 6-1 的调查数据说明由于性革命这种双重标准正趋向缩小。1933 年至 1942 年出生的人们（即现在 70 多岁的人），有 56% 的男性、仅 16% 的女性报告说，在达到 20 岁之前，他们有两个或更多的性伴侣。这与生于 1953 年至 1962 年生育高峰期的人们（现在的他们有 50 多岁）相比，差别很大，这些人是在性革命以后到达 20 岁。在这些人当中，62% 的男性和 48% 的女性报告在 20 岁之前有两个或者更多的性伴侣（Laumann et al., 1994: 198）。性革命总体上增加了性活动，但是它对女性行为的改变要比对男性的改变大得多。

随着社会更加富裕以及女性机会的增加，对性也更为开放。根据这些事实，参考 254 页"世界之窗"中的信息，进一步了解全世界使用生育控制的模式。

- 南茜，现年 76 岁，在她经历的一生的大多数时光里，男人比女人有多得多的性自由。
- 莎拉，现年 50 岁，是一个婴儿潮时代的人，她感到她和她的女性朋友有着与男性相当近似的性自由。

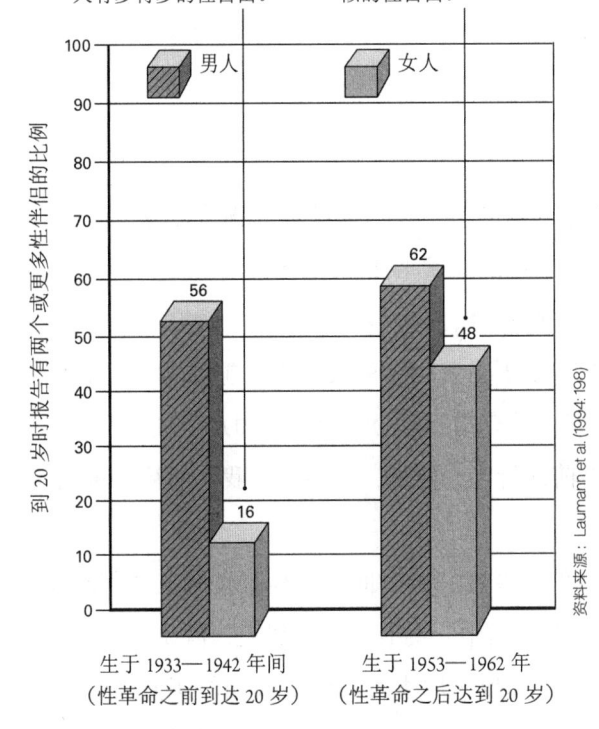

到 20 岁时报告有两个或更多性伴侣的比例

男人　女人

生于 1933—1942 年间：男 56，女 16
（性革命之前到达 20 岁）

生于 1953—1962 年：男 62，女 48
（性革命之后达到 20 岁）

资料来源：Laumann et al. (1994:198)

多样化快照
图 6-1 性革命：双重标准正在缩小
到 20 岁时，较之女性，尽管有更多的男性报告说有过两个或更多的性伙伴，但是性革命极大地缩小了这一性别差异。

二、性反革命

性革命使性成为日常生活讨论的话题，使性活动更多地成为一种个人选择的事情。然而，到 1980 年，标志着 1960 年代晚期和 1970 年代性自由的社会风气被一些人批评为美国道德下降的证据，性反革命开始了。

从政治上讲，性反革命是一种保守的呼吁，呼吁人们重返"家庭价值"，从性自由返回到批评家所认为的、老一辈人所持有的视性为责任的价值观。对性革命的批评，不仅只是反对"自由爱情观"，而且针对像同居（未婚就在一起生活的性伴侣）和未婚生育潮流。

回溯以往，性反革命并没有很大地改变这种性观念，即认为人们应当自行决定什么时候以及与谁发生性关系。但是不论是出于道德的原因还是考虑到性传播疾病，更多的人开始选择限制性伙伴的数量或者根本不发生性行为。

性革命是否结束了？的确人们现在更加小心地选择性行为，但是正如本章后面部分所解释的，现在的人们更多地接受婚前性行为以及更加容忍各种性取向，表明性革命仍在进行中。

三、婚前性行为

考虑到性革命和性反革命，在美国，人们的性行为究竟发生了多大改变？一个有趣的动向是年轻人当中的婚前性行为——结婚之前发生性关系。

首先，考虑一下美国成年人怎样认识婚前性行为。表6-1表明，约有29%的认为婚前性关系"总是错的"或"基本上总是错的"。另17%的人认为婚前性行为"有时是错的"，约有52%的认为婚前性行为"完全没有错"（NORC, 2011: 410）。较之一代人以前，今天的公共舆论已经大大接受了婚前性行为，但是，很显然，我们的社会对此问题的看法仍然是多种多样的。

现在，让我们看看年轻人是怎么做的。经过一段时间，女性已发生了显著改变。金赛研究报告说：生于1900年代早期的人们当中，约有50%的男人，但仅有6%的女性在19岁之前有过婚前性行为。对生于"二战"后生育高峰的人们的研究表明，在男性当中，婚前性行为有稍微增加，而在女性当中，有较大的增长，增长了约三分之一。最新的研究表明，在高中高年级之前，有46%的青年男女有过婚前性关系。另外，高中生的性经历其活跃程度是有限的——只有14%的学生报告说有四个或以上的性伙伴。其他研究报告称，在15岁到24岁的年轻人当中，有70%的女性和68%的男性声称有过性行为。在过去的10年里，报告说有这种类型性活动的年轻人的比例已经下降。（Laumann et al., 1994; Centers for Disease Control and Prevention, 2010; Chandra et al., 2011; Martinez, Copen & Abma, 2011; National Center for Health Statistics, 2011）。

> **世界之窗·全球视野中的避孕情况**
>
> 莎拉·杰克逊，29岁，生活在洛杉矶，认为妇女避孕理所当然。阿卜杜拉赫曼，43岁，和8个孩子生活在苏丹的恩图曼，对避孕几乎一无所知，并害怕再次怀孕。有调查表明世界各国已婚女性使用现代避孕方法的比例（比如隔离法、避孕丸、植入法、注射法、子宫内避孕器或者绝育）差异明显。总体上看，高收入国家与低收入国家之间也存在避孕比例的明显差异。你能解释这种差异吗？（可参考Data from United Nations (2008) and Population Reference Bureau (2011)。

通常的观念认为年轻人中口交的比例更高。这种选择反映了人们避免怀孕风险的事实。另外，许多年轻人认为口交不必"从头至尾"。近期研究表明，报告说有过口交的年轻人的比例几乎与报告说有性交行为的比例一样。因此，大众传媒所宣称的美国人当中存在"口交传染病"几乎肯定是言过其实的。

最后，极少数的年轻人选择节欲（不发生性交）。许多年轻人也会选择不发生口交，因其与性交一样可能传播疾病。即使这样，研究证明今天婚前性行为在年轻人当中被广泛接受了。

四、成人之间的性

从大众传媒来看，美国人在性方面非常活跃。但是流行说法是否反映了现实？劳曼（Laumann）的研究（1994）是自金赛开拓式研究之后规模最大的性研究，他发现，美国人当中性活动的频率变化幅度很大，三分之一的成年人报告每年与伴侣间只有几次性行为或者根本没有性行为，另有三分之一的成年人每月有一次或几次性行为，还有三分之一的人每周与性伴侣有两次或者更多的性行为。简单地说，实际上没有能精确描述美国人的性活动的唯一精确模式。

尽管在像《欲望城市》（*Sex and the City*）这样的电视剧中，可能看到"风流单身人士"的流行形象，但是已婚人群仍是性行为频率最高的。另根据报告，已婚人群与性伴侣的性生活无论在情感上还是在肉体上满意程度最高（Laumann et al., 1994）。

五、婚外性行为

婚姻以外的性的情况是怎样的？这种行为，通常被称为"通奸"（adultery），在美国是被广泛指责的（社会学家宁愿使用更为中性的词"婚外性"[extramarital Sex]）。表6-1表明，90%以上的美国成年人认为一个已婚的人与婚外伴侣发生性关系"总是错的"或者"基本上总是错误的"。婚内性忠诚原则一直并且仍然是美国文化的重要组成部分。

但是实际情况却与文化观念有差距。劳曼的研究报告认为，约有25%的已婚男性和10%的已婚女性至少有一次婚外性经历。换一种说法就是75%的男性和90%的女性在婚姻中保持对配偶的性忠诚。研究表明年轻人比老年人婚外性行为的发生率更高，男性比女性发生婚外性行为的比例更高，低社会地位的人比生活条件好的人发生婚外性的比例更高。另外，在那些报告没有宗教信仰的人当中婚外性行为的可能性更高。正如我们预料的，那些报告婚姻生活不幸福的人当中发生婚外性行为的可能性更高（Laumann et al., 1994: 214; T. W. Smith, 2006; NORC, 2011: 411）。

六、生命周期中的性

性行为模式随年龄而变化。在美国，多数年轻男子在 16 岁时性行为开始活跃，女性则是在 17 岁时。在他们长到 25 岁时，约 90% 的男性和女性报告说，在过去的一年中至少和一位性伴侣发生过性行为（Reece et al., 2010; Chandra et al., 2011）。

总的来说，成年人报告说一年当中有 62 次性生活，大概一周一次多。年轻些的成年人报告说一年最高有 84 次性生活。在 40 岁以后，这个数字下降到 64 次，至 70 岁时，进一步下降到一年约 10 次。

从另一个角度说，到约 60 岁时，不到一半的成年人（男性为 54%，女性为 42%）说他们在过去的一年中有一次或以上的性生活，到 70 岁时，只有 43% 的男性和 22% 的女性报告说仍有性行为（T. W. Smith, 2006; Herbenick et al., 2010）。

表 6-1 我们怎样看待婚前和婚外性行为

问卷调查："对于美国社会在性道德和性态度方面正在发生的变化一直有许多讨论。如果一个男性和一个女性婚前发生性关系，你是否认为总是错的，还是基本上总是错的，又或只是有时是错误的甚至完全没有过错？你又怎么看待一个已婚的人发生婚外性关系？"		
	婚前性关系（%）	婚外性关系（%）
总是错的	21.3	77.1
基本上总是错的	8.1	13.1
有时是错的	16.9	6.3
完全没有错	51.9	2.0
不知道/没有回答	1.8	1.4

资料来源：General Social Surveys, 1972—2010: Codebook (Chicago: National Opinion Research Center, 2011), pp. 410-11.

第三节 性取向

分析

最近十几年来，公共舆论对于性取向议题已经发生了重大变化。**性取向**（Sexual orientation）是一个人对另一个人浪漫的、情感的吸引。在所有人类社会中的规范都是**异性恋**（heterosexuality）（hetero 是希腊词意思是"两个中的另一个"），即是对异性的性吸引。然而，每个社会中也有相当一部分人有**同性恋**经历（homosexuality）（homo 是希腊词，意思是"同样的"），即是对同性的吸引。记住，人们未必一定居其一，人们只是被男女两种性别吸引的程度不一样。

性取向并不总是截然分明的，这一观点被**双性恋**的存在所证实。双性恋即对两种性别的人都有性吸引。一些双性恋者被男性和女性吸引的程度是一样的；许多双性恋者更多地被一种性别吸引。最后，**无性人**，指的是不被任何一种性别所吸引。图 6-2 描述了每一种性取向与他人的关系。

性取向：一个人对另一个人的浪漫和情感上的吸引。

- **异性恋**：对另一种性别的人的性吸引。
- **同性恋**：对同一种性别的人的性吸引。
- **双性恋**：对男女两种性别的人都有吸引。
- **无性人**：对任何一种性别的人都缺乏性吸引。

性吸引与性行为不是一回事，记住这一点很重要。许多人，也许甚至大多数人都曾被某个同性所吸引，但是极少数人发生同性性行为。这在很大程度上是因为我们的文化不鼓励这种行为。

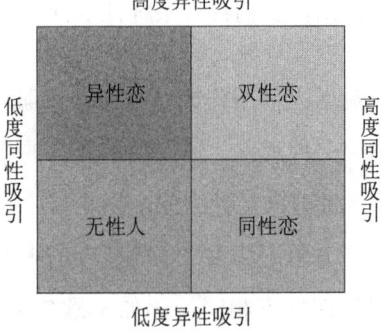

资料来源：Adapted from Storms (1980).

多样化快照
图 6-2 四种性取向
一个人的同性性吸引和异性性吸引是两个明显不同的维度，二者通过各种不同的方式组合产生出四种主要的性取向。

在美国和世界其他地区，异性恋是常规，因为从生物性上讲，异性性关系使人类得以繁衍。即使这样，多数社会容忍同性恋。在古希腊，上层男人视同性恋为关系的最高形式，部分原因是他们轻视妇女，认为她们智力低下。在男人看来，异性恋是必要的，只有这样他们才能拥有子嗣，但是"真正"的男人宁愿要同性关系（Kluckhohn, 1948; Ford & Beach, 1951; Greenberg, 1988）。

推动社会接受同性恋的一个因素是在大众传媒上公开出现同性恋人物，特别是在电影和电视节目当中。在流行音乐剧《欢乐合唱团》（Glee）当中，克里斯·柯尔弗（Chris Colfer）扮演的克特（Kurt Hummel），在该剧的第一季当中他作为同性恋者出现。你怎么评价大众传媒中的同性恋人物？

一、什么使我们具有某种性取向？

对于人们刚开始是如何获得某种性取向这一问题的争论十分激烈。这些争论可以归纳为两种观点：性取向是社会的产物以及性取向是生物学的产物。

● 性取向：社会的产物

这一理论认为，任何社会的人们都赋予性行为以某种意义。这些意义在不同地方、不同时期也不相同。比如米歇尔·福柯（Michel Foucault）（1990，原作于1978）指出的，直到一个世纪之前，才有明确的"同性恋"的说法，当时，科学家，最后是公众开始用同性恋来界定这种人。从整个历史看，毫无疑问，许多人都有我们称之为"同性恋体验"，但是无论他们自己还是别人并不认为这种行为有什么特殊的地方。

人类学的研究表明，不同的社会，同性恋的模式也有很大不同。在西伯利亚，比如说库兹爱斯基摩人有一种仪式，在此仪式期间，男人像女人一样穿戴、做女人的工作；居住在新几内亚东部高地的萨摩亚人，有一种仪式，在这一仪式上，年轻的男孩儿对年长的男性进行口交行为，他们相信吞食精液会增强他们的男子气。在墨西哥东南部，古代的宗教认为上帝既是男性又是女性，当地的文化界定人们不仅是男或女，而且还有muxes（音MOO-shays）第三种性类型。Muxes是指那些穿着和行为举止像女人的男人，他们中的一些人仅在某些仪式场合如此，另一些则总是如此。多样化思考专栏更加近距离地考察了这种性类型。全世界如此多样化模式表明性的表达是由社会建构起来的（Blackwood & Wieringa, 1999; Grave, 2005; Lacey, 2008; Rosenberg, 2008）。

● **性取向：生物学的产物**

有越来越多的研究表明，性取向是先天的，或者说植根于人类的生物属性，正如人们生下来就是右撇子或者左撇子。西蒙·莱维（Simon LeVay）（1993）论证这一观点，将性取向与人的大脑结构相联系。莱维研究了同性恋男性和异性恋男性的大脑，发现下丘脑的尺寸有微小但重要的差别，下丘脑是人脑中调节荷尔蒙的部分。他认为，这种解剖学上的不同，对形成不同的性取向有一定的作用。

基因也会影响性取向。一项针对44对兄弟（他们都是同性恋）的研究发现，其中33对有着特殊的X染色体基因类型。而且，同性恋兄弟也有着相当多数量的同性恋男性亲属——但是这些亲属都只是母系一方的亲属。这些证据使一些研究者推测在X染色体上可能有"同性恋基因"（Hamer & Copeland, 1994）。

多样化思考：种族、阶层与性别

第三性别：墨西哥的 *Muxes*

现年16岁的亚历山卓（Alejandro Taledo）站在胡奇坦镇（Juchitan）的街角，这是墨西哥东南部瓦哈卡州（Oaxaca）州的一个小镇，她的朋友叫她艾利克斯（Alex），她刚刚和母亲一起卖完一天的花儿，现在正等着乘公交回家吃饭。

如你所知，亚历山卓通常是男孩儿的名字。事实上，这个年轻人生下来曾是男孩儿。但是，几年前，艾利克斯决定，不管她的性别是什么，她觉得自己是女孩儿，并决定按照自己的感觉生活。

在她的社区，她并不孤独。胡奇坦镇及周边地区不仅以美丽的黑陶和精美的食品驰名，而且还以大量的男、女同性恋者，性倒错者而闻名。乍一看来，这一事实可能令人吃惊，许多人认为墨西哥是一个传统的国家，特别是在性别和性方面。在墨西哥，固有观念认为，男人掌控女人，特别是在性方面，但是，正如所有成见一样，这忽视了一些重要事实。从全国来看，墨西哥已经变得更能容忍多元化的性表现方式。2009年首都墨西哥城开始承认同性恋婚姻。没有哪个地方比胡奇坦地区更能包容性取向。

在那里，性倒错者被称为muxes，来自西班牙词mujer，意为"女人"。在这种文化背景下，人们并不绝对地被分成"女人"和"男人"，因为还有第三个性别类型。一些muxes穿着女人的服装，言谈举止几乎全部按照女人的样子。另一些则只是在特殊的场合在扮相、举止上像女人一样。最流行的事件之一是该地区每年11月的盛大庆典，有超过2000位muxes及其家庭参加，这个事件的重点是竞争"年度易装癖冠军"。

在墨西哥中心地区，接受性倒错者有很深的文化根基，这种文化在西班牙人到来之前就已经存在。那时，性别模糊的人被看成是特别聪明和有天才的人。该地区的历史包括阿兹特克（Aztect）祭司和玛雅上帝都是跨性式穿着或者被认为既是男性又是女性。在16世纪，随着西班牙殖民者的进入以及基督教的影响，大大降低了这方面的性包容度。但是，今天该地区对混合性别的认同继续存在。许多人如此坚持他们的传统以至于他们只讲古老的萨波特克（Zapotec）语，而不是西班牙语。

在胡奇坦也是这样，muxes也受到尊敬、接纳甚至祝贺。muxes在商业界是成功的，在宗教和政界占据领袖地位，最重要的是，他们同样被朋友和家人接受。亚历山卓和她的父母及五个兄弟姐妹生活在一起，她帮妈妈在街头卖花和做家务。她的父亲，威克特（Victor Martinez Jimenez）是当地的一个建筑工人，他仍然用"他"来称呼艾利克斯。但是他说："是上帝赋予了'他'，为什么我要拒绝接受'他'？他对他母亲有很大帮助。我为什么要发疯？"艾利克斯的母亲，罗斯（Rose Taledo Viicente）补充道："每个家庭都会认为有一个同性恋儿子是上帝的恩宠，女儿会结婚、离开家，而muxes会照顾父母直到父母老迈。"

你怎么想?

1. 你认为美国会容忍人们混淆男女两性的穿戴和举止吗？为什么会或不会？
2. Muxes是一些生来生理上是男性的人，这个故事中当地的人们会怎么看待那些想像男人那样穿戴举止的女人？你怎么认为？你是否期望人们对女性会同样地容忍？为什么是或不是？

3.你个人怎么看待第三性别？解释你的观点。

资料来源：Gave (2005), Lacey (2008), and Rosenberg (2008).

【观看 mysoclab.com 中的视频"不同的性取向"】

● **评价**

有不断增多的证据支持性取向源于生物学，尽管目前最好的猜测是先天和后天二者都起作用。记住，性取向不是绝对清晰的分类。多数认为自己是同性恋的人也有一些异性恋的经历，正如许多认为自己是异性恋的人有一些同性恋经历。因而，解释性取向是一件复杂的工作。

这里对于男性同性恋和女性同性恋者也有一个非常重要的政治问题。性取向在一定程度上根植于生物学，同性恋者没有办法选择他们的性取向，正如他们无法选择他们的肤色。如果是这样，男同性恋和女同性恋难道不应当同非裔美国人一样，期望得到免于歧视的法律保护吗？

● **检查你的学习**

哪些证据支持性行为是由社会建构的立场？哪些证据支持性取向植根于生物学？

二、同性恋人口占比如何？

美国人口中有多大比例是同性恋者？这个问题很难回答，因为，正如我们前面解释的那样，性取向不是完全清晰的分类形式。另外，不是所有人都愿意与陌生人甚至家庭成员讨论自己的性状况。阿尔弗雷德·金赛估计有约 4% 的男性和 2% 的女性有绝对的同性恋取向，然而他也指出，多数人在人生的某个时候经历过来自同性的性吸引。

一些社会科学家认为，同性恋占总人口的比例为 10%。但是研究表明，对同性恋的界定不同，导致研究结果有很大差异（Chandra et al., 2011）。正如图 6-3 (a) 部分表示的那样，在 18 到 44 岁间的美国人当中，5.6% 的美国男性和 12.7% 的美国女性报告说，在他们人生中有过同性恋行为。与此同时，只有 1.7% 的男性和 1.1% 的女性认为自己是"部分"同性恋者或"完全"同性恋者。

在近期的调查中，约 1.1% 的美国男性和 3.5% 的美国女性认为自己是双性恋。但是，双性恋经历在年轻人当中，特别是在大学校园看起来相当普遍（Laumann et al., 1994; Chandra et al., 2011）。许多双性恋者并不认为自己若非同性恋者就是异性恋者，而他们的行为也兼具同性恋和异性恋生活两面。

三、同性恋权利运动

公众对同性恋的态度在不断趋向更高的接受度。回溯至 1973 年，正如图 6-3（b）部分所示，约有四分之三的美国成年人认为同性恋关系"总是错的"或"基本上是错的"。虽然在 1970 年代和 1980 年代这一比例变化幅度不大，但到 2010 年，这一比例下降到 47%（NORC, 2011: 411）。在大学生中，人们通常认为，他们比一般人群更能包容同性恋关系，数据也显示同样的倾向。1980 年，约一半的大学生支持法律禁止同性恋关系；到 2008 年，正如图 6-4 所示，只有约四分之一的大学生仍持此种意见（Astin et al., 2002; Pryor et al., 2009）。

在很大程度上，这一变化是同性恋权利运动带来的结果，这一运动开始于 20 世纪中期。在那之前，多数美国人并不讨论同性恋，公司（包括联邦政府和军队）解雇被指控为同性恋的雇员

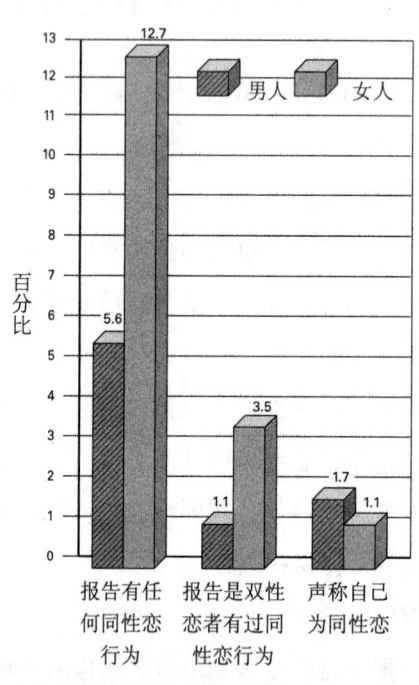

（a）双性恋或同性恋人口的比例
尽管女性比男性更多地报告说有过同性恋经历，男性却比女性更多地声称自己是同性恋者。

调查题目："你怎么看同性成年人之间的性关系？——你认为这总是错的或者基本上是错的，或有时是错的或根本没有错？"

（b）1973—2010 年对待同性恋的态度

资料来源：(a) Chandra et al. (2011); (b) NORC (2011: 411)

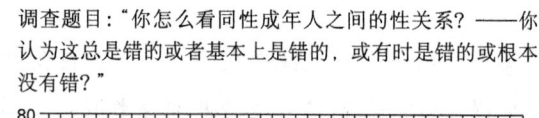

图 6-3 美国性取向调查数据

是很普遍的事情。精神健康专家也采取强硬态度，将同性恋视为"疾病"，有时把同性恋者关进精神病院，以期他们得到"治疗"。因此，多数女同性恋者和男同性恋者保持在"未出柜"状态，严守着他们性取向的秘密，也就无甚意外了。但是，1960年期间，同性恋权利运动发展壮大。早期的一个里程碑式的事件发生在1973年，美国精神病协会（APA）宣布同性恋不是一种疾病，而只是"性行为的一种形式"。2009年，APA宣布不应运用心理治疗来致力于将同性恋者"掰"成异性恋者（Cracy, 2009）。

同性恋权利运动也开始使用"同性恋恐惧症"/"恐同"（homophobia）一词来描写一些人害怕和担心与同性恋男性、同性恋女性或双性恋者进行亲密的人际接触（Weinberg, 1973）。同性恋恐惧症这一概念，扭转了社会风向：不再问"同性恋者怎么回事"，而是问"不接受与自己性取向不同的人们怎么回事"。

2004年，许多市镇开始允许同性恋伴侣结婚，尽管宣布的这些结合后来被宣告是非法的。但是同性婚姻在马萨诸塞州于2004年成为合法的，现在在下面各地区同性婚姻也是合法的，包括康涅狄格（2008）、佛蒙特（2009）、爱荷华（2009）、新罕布什尔（2009）、纽约（2011）、华盛顿（2012）、马里兰（2012）以及哥伦比亚地区（2009）。另外八个州——加利福尼亚（2008年让同性婚姻合法）、俄勒冈、内华达、特拉华、伊利诺伊、新泽西和夏威夷都承认同性婚姻是"家庭伴侣"或者"民事结合"，保护了这种婚姻的大部分或全部利益。同时，大部分州已制定了禁止同性恋婚姻的法律，拒绝承

学生快照

图6-4 1980—2008年，大学一年级学生中反对同性恋关系的态度

从历史趋势来看，大学生对同性恋关系趋向于更高的包容度，大多数人都持此种观点。

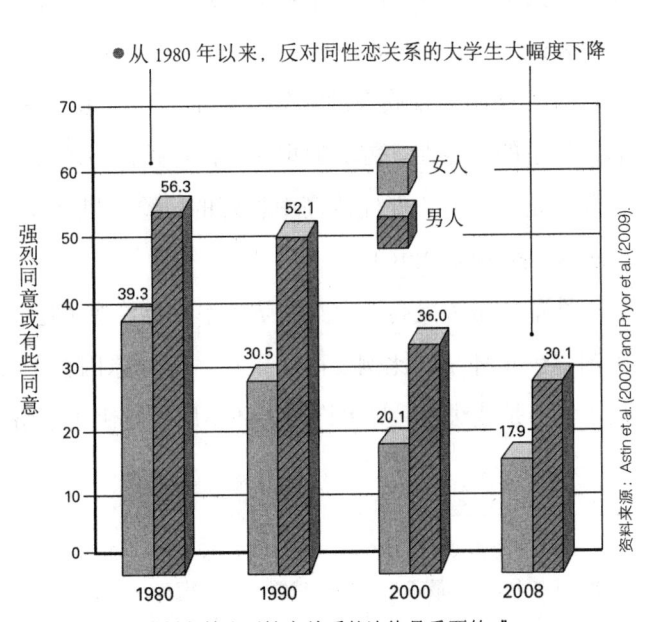

● 从1980年以来，反对同性恋关系的大学生大幅度下降

年份	女人	男人
1980	39.3	56.3
1990	30.5	52.1
2000	20.1	36.0
2008	17.9	30.1

强烈同意或有些同意

议题："制定禁止同性恋关系的法律是重要的。"

资料来源：Astin et al. (2002) and Pryor et al. (2009).

认在其他地方缔结的同性恋婚姻（National Conference of State Legislatiture, 2012）。[1]

第四节 性问题和争论

评价 //

今天，性在美国社会中居于许多争论的核心。这里我们考察四个主要问题：少女怀孕、色情、卖淫和性暴力。

一、少女怀孕

所有的性活动——尤其是可能导致怀孕的性行为——都要求高度的责任感。青少年可能在生物学上已发育成熟可以受孕，但是许多人在感情上还没有把握能承受他们行为的后果。调查表明，每年美国有 75 万例少女怀孕，其中的大多数都是意外怀孕。美国十几岁少女的生育率高于所有其他高收入国家，是加拿大的两倍（Ventura et al., 2009; Alan Guttmacher Institute, 2010; Population Reference Bureau, 2011）。

对所有种族或族裔的年轻女性而言，不良的家境和低收入大大增加了性活动和意外怀孕的可能性。雪上加霜的是，意外怀孕增加了年轻女孩儿（将做年轻爸爸的男孩儿也是如此）不能完成高中教育的风险，以及将来最终生活在贫困中的风险（Alan Guttmacher Institute, 2010）。

性革命是否提高了少女怀孕比率？也许令人吃惊的是，回答是否定的。1950 年时美国青少年怀孕的比例要高于现在，部分原因在于那时人们结婚的年龄更早。另外，由于流产是违法的，导致许多人怀孕后只能快速结婚。结果，虽然有许多怀孕青少年，

---

[1] 本书使用的数据仅截至 2012 年。2013 年 6 月美国联邦最高法院以判例推翻了禁止在联邦层面承认同性婚姻的法案。2015 年 6 月，联邦最高法院判决同性婚姻受宪法保障，全国各州不得立法禁止同性婚姻，全美范围内同性婚姻合法化。——编者

但是接近90%的都结婚了。今天，少女怀孕的数量降低了，但是全部个案中有约80%的女孩儿是未婚的。这些个案中，微弱多数（58%）的女孩儿生下了孩子，其他的女孩儿则流产（27%）或者堕胎（15%）（Alan Guttmacher Institute, 2010）。

未婚少女怀孕曾经是一种社会禁忌，现在已变成大众传媒的一部分，像MTV播出的真人秀节目《少女妈妈》及《16岁与怀孕》。这种节目清楚地呈现出年轻妈妈将要面临的许多挑战。你预期这些节目会影响美国的少女怀孕率吗？请解释。

二、色情

色情是指试图唤起性冲动的涉性事物。然而，色情如何界定是一件争论已久的事情。美国最高法院考虑到不同的人们对涉性描写的认知也不相同，因而将权力交给地方社区，由他们自行决定什么类型的资料是侵犯了"公序良俗"，什么是"没有任何可取的社会价值"。

先将界定放在一边，色情在美国非常普遍：X级录像片，电话"色情热线"，色情电影和色情杂志，无数的互联网站造就了每年超过100亿美元的繁荣产业。美国的多数色情产业在加利福尼亚制造，绝大多数的色情消费者是男性（Steinhauer, 2008）。

在传统上，人们站在道德的立场批评色情产品。全美调查证实，60%的美国成年人关心"涉性素材导致道德下降"（NORC, 2011: 413）。然而，今天，色情也被视为政治问题，因为多数色情贬低妇女，将她们描绘成男人的性玩物。

> **了解我们自己·全美少女怀孕比例**
>
> 在亚利桑那州的图森市，18岁的拉蒙娜（Ramona Ramirez）刚刚由她的高中同学为她举办了产前派对（baby shower），她们中的许多人都已结婚并有孩子。在缅因州的班戈市，同样18岁的桑迪（Sandy Johnson）说，她们高中只有"一两个"女孩儿怀孕。
>
> 据统计2010年15—19岁的少女怀孕的比例地区差异明显。如何解释这些差异？
>
> 探索：通过mysoclab.com分析你所在的社区及美国的小镇上15到17岁已婚青年的比例。

一些批评家还指出，色情是造成针对女性的暴力的原因之一。尽管很难在人们看什么和人们做什么之间提供科学的因果关系，但公众对色情与暴力感到忧虑，几乎一半的成年人认为色情鼓动了男人强奸（NORC, 2011: 413）。

尽管所有地方的人们都反对带有攻击性的色情资料，但也有许多人认同推崇言论自由的原则和对艺术表达的保护。无论怎样，站在道德的立场反对色情的保守派和出于政治原因谴责色情的自由派女权主义者之间看似不可能的联盟正在造成限制色情的压力。

三、卖淫

卖淫即性服务的出售。卖淫经常被称为"世界上最古老的职业"，自有人类历史记录以来就一直广泛存在。在今天的美国，约六分之一的成年男性报告说曾购买过性服务（NORC, 2011）。由于多数人认为性是两人亲密关系的表达，他们感到用性来换取金钱是不妥当的。于是，在美国除了内华达州部分乡村地区，所有地方的卖淫都是违法的。

在全世界范围，卖淫在穷国最为普遍，在那些地方，父权体系强大，传统文化模式限制了女性赚钱的能力。

● 卖淫的种类

多数卖淫的（许多人宁愿用道德上的中性词"性工作者"）是女性，她们可以分为不同种类。"电话女郎"是高级卖淫者，一般都很年轻、富有魅力、受到良好教育，她们通常电话安排她们自己与客人的"约会"。任何大城市报纸的分类广告上都有大量的"陪伴服务"广告，通过这种方式，女性（有的是男性）提供陪伴和性服务来换取金钱。

位于中间等级的卖淫者是被雇佣在"按摩院"或妓院、被"经理"控制的妓女。这些性工作者对客户没有多少选择权,服务换取的金钱也较少,还不到她们收取嫖资的一半。

性工作者中等级最低的是"站街者"(Street walkers),即在大城市"街头工作"的男人、女人。一些站街女在男皮条客的控制下,他们拿走了多数嫖资。另外,许多卖淫者是吸毒分子,他们出卖性以便有钱购买他们需要的毒品。这两类人群是受暴力侵犯的高风险人群(Davidson, 1998; Estes, 2001)。

性工作者的生活是多样的,有人挣得多,有人高风险。但是研究指出,这些人的大多数有一个共识:他们认为他们的工作是低贱的。正如一位研究者所指出的,这一分钟性工作者被推崇为"最美的女性",而下一分钟她又被贬低为"淫妇"(Barton, 2006)。

许多卖淫者为异性提供服务。然而,同性恋卖淫者也为金钱出卖性。研究者报告,许多同性恋卖淫者由于他们的性取向遭到家庭和朋友的反对后,最终走向了卖淫(Weisberg, 1985; Boyer, 1989; Kruks, 1991)。

● **没有受害人的犯罪?**

在美国几乎所有的地方,卖淫都是违法行为,但是,许多人认为卖淫是没有受害人的犯罪(根据第七章定义,"越轨",是指一种没有明显的受害人的犯罪)。因此警察部门不是严格执行卖淫法,而只是偶尔镇压卖淫。这一政策反映了控制卖淫的愿望,同时承认要完全消灭卖淫是不可能的。

世界之窗·全球视野下的卖淫现象

总的来看,卖淫在妇女地位低下的社会更广泛。从官方口径鼓吹性别平等,包括消灭了压迫妇女的、像卖淫这样的"罪恶"的东方国家卖淫相对稀少。相反,在拉丁美洲的许多地方,那里父权制强大,卖淫很普遍。在许多伊斯兰社会,父权制也很强大,但是宗教起到了反向平衡作用,这样卖淫受到限制。西方高收入国家卖淫的数量居中。

许多人对卖淫持"听之任之"的态度,声称成年人应当按照他们喜欢的方式去做事,只要不是被别人强迫去做某件事。但是,卖淫真的没有受害人吗?性交易使许多女性被虐待,遭受暴力,对于包括艾滋病在内的性传播疾病的扩散也有一定影响。另外,许多贫穷的妇女——特别是在低收入国家——陷入出卖性的生活困境。东亚的泰国,有200万卖淫者,约占所有女性劳动力的10%。这些女性中的许多人——都是在十

专家认为，导致大学校园性暴力问题的因素之一是酒精饮料的滥用。你所在的学校使用了哪些政策来消除这类导致一个人对其他人实施性暴力的饮料？

几岁之前就开始卖淫——她们通常遭受身体虐待和情感伤害，并冒着感染 HIV 的高风险（Wonders & Michalowski, 2001; Kapstein, 2006; UNAIDS, 2010）。

过去，执法的焦点一直是以性工作赚钱的女性身上。但是，如果没有男人一方的需求，卖淫根本不可能存在。基于此，现在警方更倾向于针对试图购买性服务的嫖客们。瑞典已经采取了这种对待卖淫的方法。自 1999 年以来，卖淫是合法的；然而，嫖娼是不合法的。因此，在瑞典，几乎所有的卖淫执法都是针对男人（Ritter, 2008; Women's Justice Center, 2008）。

四、性暴力：强奸和约会强奸

从理想上来说，性活动发生在两个成年人彼此同意并拥有爱情关系的情形下。然而，事实上，性可能被仇恨和暴力所扭曲。这里我们考察两种类型的性暴力：强奸和约会强奸。

● **强奸**

尽管一些人认为强奸只是被性欲所激发，但实际上，它是权力的一种表达——一种使用性来伤害、污辱或控制另一个人的暴力行为。根据美国联邦调查局数据（2011），每年约有 8.5 万名妇女报警称自己被强奸。实际的强奸数可能比此数字多几倍。

官方政府将强奸定义为"违背女性意志、强迫女性发生性关系"。这样，官方的强奸统计数据仅包括受害人为女性的被强奸者。但是，也有男性被强奸——也许占所有个案的 10%。多数强奸男性的男人不是同性恋者；他们是异性恋者，他们的冲动不是被性欲所激发的而是被主宰另一个人的欲望所激发的。

● **约会强奸**

一个普遍的说法是强奸牵涉陌生人。然而，事实上，不足三分之一的强奸符合这一模式。所有强奸中有 73% 涉及互相认识的人们——更多时候是彼此关系相当好的——这些犯罪通常发生在熟悉的环境中，特别是在家里或校园。因此，用"约会强奸"或"熟人强奸"这一名词来指代男人强迫认识的女性发生性关系的性暴力行为（Laumann et al., 1994; U.S. Department of Justice, 2011）。

第二个经常与约会强奸相联系的荒诞说法是，被强奸的妇女一定是做了某些鼓励男人、使他认为她想发生性关系的事情。也许受害者同意与侵犯者见面，也许她甚至邀请他到她的房间里，但是，当然，这样做并不证明强奸比任何其他的肉体侵害更正当。

虽然强奸是肉体的攻击，但它经常留下感情和心理的伤疤。除了肉体上被侵犯的残忍，被熟人强奸还破坏了受害者对他人的信任能力。在 18 岁以下的被强奸者中，其中三分之二遭受的心理创伤尤其严重，三分之一的 12 岁以下的受害者会感到受伤更为严重。家不是远离强奸的庇护所：18 岁以下的所有受害者中有三分之一被她们的父亲或继父侵犯（Snyder, 2000）。

约会强奸是否普遍？一项研究发现，对美国高中女生的一个抽样调查中，约 10% 的女生报告遭受到她们约会的男生的性暴力或身体暴力。约 10% 的高中女生和 5% 的高中男生报告说被强迫，违背自己的意愿发生性关系。受害的风险在年纪不到 15 岁的性活跃的女孩儿当中特别高（Dickinson, 2001; Centers for Disease Control and Prevention, 2010）。

没有什么地方比大学校园更广泛地讨论到约会暴力。在大学校园，约会暴力的危险很大。大学环境有助于年轻人很容易地建立友情、增进信任。与此同时，许多年轻的大学生对恋爱关系和自身都有许多要增进认识之处。正如"焦点中的社会学"专栏所解释的那样，尽管大学生活鼓励社交，但大学几乎没有提供多少社会规范来指导年轻人的性经历。为了应对这一难题，现在许多学校积极纠正对强奸的错谬认知。另外，现在也更多地关注酒精滥用，因其增加了性暴力的可能性。

焦点中的社会学

什么时候性仅仅是性：校园文化之"勾搭"

布莱恩：我妈妈曾经告诉我，直到订婚以后她才和我的爸爸发生性关系。

凯蒂：我看时代真的已经改变了！

你是否曾处于某种性情景中不知道应当如何应对？多数大学强调两项重要规则。首先，必须只有在双方明确表示同意的情况下才能发生性活动，这一同意原则使"发生性关系"区别于约会强奸。其次，任何人都不应该在明知道会使对方感染性病的情况下与对方发生性关系，特别是对方不知道这一危险的时候。

这些规范是非常重要的；但是，它们几乎没有论及性意味着什么这一更大的问题。比如说，什么时候发生性关系是"对的"？你必须真正了解另一个人吗？如果你确实发生了性关系，你是否一定会再见到那个人？

两代人之前，校园有不成文的性规则。约会是求爱过程中必经的步骤。也就是说，"出去走走"是男女评价彼此是否可能作为结婚对象的一种方式。在性关系中，他们对自己想要什么、自己的感觉如何非常敏锐。因此，平均来看，结婚一般在20多岁，许多大学生在校期间就订婚、结婚了。在这种文化风气下，大学校园中的性被视为伴随承诺的恋爱关系的一部分——对一个可能成为结婚对象的人的认真注意。

今天的校园性文化有了很大不同。部分原因在于现在人们结婚要迟得多，求爱文化几乎消失了，在最近的一次全国调查中，约四分之三的女性指出一种新的校园模式，"勾搭"（hooking up）文化。究竟什么是"勾搭"？多数人这样描述："当一个姑娘和一个小伙子在一起发生肉体接触——从亲吻到发生性关系——而未必期望更进一步发展。"

学生对调查的回答说明"勾搭"有三个特点。首先，多数"勾搭"的伴侣彼此几乎不了解。其次，一次典型的"勾搭"通常发生在校园聚会中一起喝酒的人们之间。最后，多数女性对"勾搭"文化持批评态度，对这种遭遇鲜有满意。当然，一些勾搭上的女性（和男性）只是干脆地走开，很高兴彼此既可以享受性，又不必负责任。但是，鉴于性所释放的强烈激情，勾搭经常使人想知道下一步会怎样:"你明天会给我打电话吗?""我会再见到你吗?"

该调查询问了近来刚经历了"勾搭"的女性,问她们一天之后对这一经历感觉如何。多数回答者说她们感到"很糟",约一半的人感到"失望"和"困惑",四分之一感到"被利用了"。很显然,对多数人来说,性不仅仅是肉体接触。另外,由于今天的校园氛围对性剥削的指控非常敏感,需要有更清楚的公平游戏的标准。

加入博客

你所在的学校,勾搭模式广泛吗?你怎么看待不受责任约束的性的优点?这种关系的缺点是什么?男性和女性在回答上述问题时是否会有什么不同?去MySoclab网站,加入"焦点中的社会学"博客分享你的观点和经历,看看别人是怎么想的。

资料来源:Based in part on Marquardt & Glenn (2001).

第五节 性的理论分析

应用

应用社会学的各种理论视角可以让我们更好地理解人类性行为。以下内容讨论三种主要理论,下面的应用理论表强调了每种理论的主要论点。

一、结构-功能理论

结构功能视角解释任何社会模式对社会总体运行的贡献。由于性行为会产生非常重要的后果,所以社会要调整这一行为。

● **调整性行为的需要**

从生物学的视角,性可以使我们的物种繁衍。但是,文化和社会制度调整人们和在人类历史上,对妇女的性控制是一个普遍的主题。中世纪时,欧洲人发明了"贞操带"——一种为防止妇女性交而锁住其腹股部位的金属器械(也许还会影响身体的其他机能)。虽然这种器械今天已经几乎不被人知,但是对性的社会控制仍在继续。你能举出几个例子吗?

"谁"生育、"何时"生育。比如,多数人谴责已婚的人和配偶之外的人发生性关系。放纵性激情不受抑制,会威胁家庭生活,特别是子女抚养。

乱伦禁忌到处存在的事实清楚地证明没有哪个社会容许完全自由地选择性伙伴。已婚夫妇之外的家庭成员间的生育会打破整个亲属制度,并且令人绝望地搅乱整个人际关系。

在历史上,性的社会控制是严格的,最主要原因在于性通常会带来生育。我们看到这些控制都是在"合法"生育(婚内)和"非法"生育(婚外)的传统区分中起作用的。但是,一旦社会发展出生育控制技术,性规范就会变得更加宽容。美国已经出现这种情况了。在整个 20 世纪,美国人的性与基本的生育功能相分离,而转变为主要作为一种亲密形式,甚至是娱乐形式存在(Giddens, 1992)。

● **潜功能:以卖淫为例**

很容易看到卖淫是有危害的,因为卖淫传播疾病、压迫女性。但是,是否能用潜功能来帮助分析为什么卖淫如此广泛地存在? 根据金斯利·戴维斯(1971)的分析,卖淫为许多没有现成渠道满足性需求的人们提供了一种满足方式,这些人包括士兵、旅行者、外表缺乏魅力的人,或者太穷困无法吸引一个人作为婚姻伴侣的人。一些人赞成卖淫,因为他们想要一种没有"麻烦"关系的性。正如一位分析家所说的,"男人不必为性付出代价,他们付过钱就可以离开"(Miracle, Miracle & Baumeister, 2003: 421)。

● **评价**

结构-功能理论有助于我们看到性在社会组织中扮演的重要角色。乱伦禁忌和其他文化规范说明社会一直关注着谁和谁发生性关系,特别关注和谁生育。

功能主义者的分析有时忽视了性别;当金斯利·戴维斯写到卖淫对社会的益处时,他真正谈的是对一些"男性"的好处。另外,功能主义理论几乎没有关注性模式随着时代在变迁这一事实,正如性模式在全世界范围有相当的不同。为正确分析性的变迁和性的多样化,现在我们转向符号-互动理论。

● **检查你的学习**

与传统社会相比,为什么现代社会给予人们更多的性方面的选择?

应用理论

性

	结构-功能理论	符号-互动理论	社会冲突理论/女权主义
分析的层次是什么?	宏观层次	微观层次	宏观层次
性对社会的重要意义是什么?	社会依靠性行为繁衍,社会利用乱伦禁忌和其他规范控制性行为,以便维持社会秩序。	性活动在世界许多文化中是变化的。在性行为上,一些社会比另一些社会允许个体有更多的自由。	性和社会不平等相关。美国社会对女性的性行为的规范比男性更多,这是男性统治女性的社会模式的组成部分。
性在时代变迁中发生改变了吗?性行为发生了怎样的改变?	是的 随着生育控制技术的进步,使性与生育相分离,社会放松了对性的一些控制。	是的 人们赋予贞操意义和其他性方面的东西都是社会建构起来的,会发生改变。	既改变了,又没有改变 一些性标准放松了,但是,社会仍然用性规范限制女性。正如同性恋者被社会的异性恋偏见所损害。

二、符号-互动理论

符号-互动理论强调当人们互动时,他们怎样建构起了日常现实。正如第四章("日常生活中的社会互动")解释的那样,不同的人们建构起不同的现实,因此,一个群体或社会的看法与另外一个的看法可能有很大不同。同样,我们对性的理解可能也确实会随着时代而改变,正如在不同的社会,性是不同的。

● **性的社会建构**

几乎所有涉性的社会模式在 20 世纪都发生了重大的改变。一个很好的例子就是贞操的重要性在改变。一个世纪以前,我们社会的规范——至少对女性——是婚前保持贞洁。这一规范非常严厉,因为当时缺乏有效的方法控制生育,贞操是能确保男人的准新娘不会怀上别的男人的孩子的唯一方式。

今天,由于我们已经朝着性与生育分离的方向走了很长一段路,贞操规范已经相当弱化了。在美国,生于 1963—1974 年的人们中间,只有 16.3% 的男性和 20.1% 的女性报告，初婚前保持贞操（Laumann et al., 1994: 503）。当然，在这些人当中，有一些可能认为贞操规范是重要的；另一些可能认为，贞操可以完全不必遵守。

同样，官方捍卫天主教会的神甫应当独身这一规则，用以确保神甫放弃婚姻和孩子，更多献身于教会的工作。然而，直到12世纪天主教会仍然实行此规范——比基督教晚了一千多年。很显然，神职人员是否应当独身在不同的宗教机构是有分歧的（Stephey, 2009）。

性是由我们的社会建构起来的最后一个与年轻人有关的例子。一个世纪之前，童年对性一无所知。然而，最近几十年来，观念已经改变。尽管没有多少人鼓励孩子们之间的性行为，但是，多数人相信小孩子在十几岁之前应当接受性教育，这样，当他们长大些时，能够对他们的行为做出明智的选择。

● **全球的比较**

全世界，不同的社会赋予性以不同的意义。比如，人类学家鲁思·本尼迪克特（Ruth Benedict, 1938）花费了多年时间研究新几内亚东南部的美拉尼斯亚人的生活方式，她报告说，当那里的小孩子彼此进行性尝试时，成年人很少关注他们。美拉尼斯亚的父母之所以忽视孩子们的性行为，是因为青春期之前，性不可能导致生育。美国的多数家长可能做出同样的反应吗？

不同的文化当中，性操作也不一样。在美国，男婴的"割礼"（切除阴茎的全部或部分包皮）很普遍，但是，在世界绝大多数地方这种情况很少见。"割礼"有时指涉的是女性环切术（一种去掉女性阴蒂的手术），这在美国及世界多数地方非常罕见，但在非洲和中东的部分地方很常见（Crossette, 1995; Huffman, 2000）。（有关这一手术的更多资料，更准确地叫作"女性生殖器切除术"，请看第十章"性别分层"中的多样化思考专栏。）

● **评价**

符号互动论的重点在于揭示我们熟悉的社会模式具有被建构起来的特点。通过了解人们是如何"建构"性的，我们可以更好地理解历史上以及世界各地所发现的性态度和性行为的多样化。

这一理论的局限之一是并非所有性活动都是如此变化多样。不管什么地方的男人总是更可能从性方面而不是其他方面看待女性。一定有一些更宏大的社会结构对这一广泛存在的模式起着作用，正如我们在下一部分社会冲突理论中所看到的那样。

● **检查你的学习**

你能提供哪些证据表明性是由社会建构的？

三、社会冲突与女权主义的分析

正如你在前些章节中看到的，社会冲突理论强调不平等这一维度。该理论揭示出性如何既反映了社会不平等模式，又有助于不平等的长久存续。女权主义理论是一种集中分析性别不平等的社会冲突理论，它把性和男人压迫女人相联系。

● **性：反映社会不平等**

回忆一下我们对卖淫的讨论，这一违法行为在美国几乎到处存在。卖淫法的执行充其量也是不公平地被执行，特别是当涉及谁会和谁不会被捕时。这里存在的性别偏见很明显：尽管卷入的是两个人，但记录表明，警察极为可能拘捕卖淫女（权力较小的一方）而不是（权力更大的）男嫖客。还涉及阶层不平等：正是街头卖淫者——她们收入最低，大多数为少数族裔——面临被捕的风险最高（Saint. James & Alexander, 2004）。女权主义理论还会让我们追问：如果和男性有平等的经济机会，是否会有如此多的女性走上卖淫的道路。

更普遍而言，美国社会中哪类人最可能被从性方面界定？答案又一次是那些权力较少的人们：女性相对于男性，有色人种相对于白人，同性恋者相对于异性恋者。这样看来，性作为人类生活的自然组成部分被社会用于贬低某类人的价值。

从社会冲突的视角看，性不仅仅是我们人类的"自然属性"部分，因为它是被社会建构的某种行为模式。性在社会不平等中扮演着重要角色：通过从性方面界定女性，男人将她们贬低为物。你认为，这里表现的行为是"自然的"还是"社会的"？为什么？

争鸣与论辩

堕胎争论

弗兰克：校园里那些人又为堕胎的事吵起来了。

麦文：赞成还是反对？

弗兰克：双方都有。我不能确定哪方占上风，但有人说已经有几个回合的论战了……

一辆黑色厢车停在闹市区的沿街铺面前。两个妇女从前面座位上站起来，警惕地观察着街道。过了一会儿，一个向另一个点点头，她们打开了后门，让第三个妇女从厢车里出来。两个女人站在她的左右，迅速地将其护送进大楼里。

这一情景仿佛描写的是两个联邦法院执行官将罪犯带进警察局，但是，实际上，它记录的是两个门诊工作人员帮助一个决定做流产手术的妇女。她们为什么如此小心？任何阅读最近几年报纸的人都了解全北美对流产诊所的愤怒对抗。一些反对者甚至将矛头指向实施流产手术的几个医生并杀死了他们。每年约120万人在美国做流产手术（Ventural et al., 2009）。这是今天争论最激烈的问题之一。

流产并不是一直像今天这样富有争议。在拓殖时期，接生婆和其他医治者帮助别人流产几乎不会受到社区的反对，法律也完全允许。但是，大约在1850年，争议开始出现。当时，早期的医生想要消除来自接生婆和其他传统医疗服务提供者的竞争，后者的收入大多来自终止怀孕。到1900年，医生取得了成功，使每个州都通过了禁止流产的法律。

这样，法律大大减少了流产的数量。保留下来的那些只能"暗地里"做，尽可能地在秘密状态。许多想流产的女性——特别是贫穷的女性——几乎没有其他选择，只能寻找没有证照的"背街的"堕胎医生的帮助，不卫生的条件和使用危险的医疗技术，时常导致悲剧的发生。

到1960年代，禁止堕胎法的反对呼声日益高涨。1973年，美国最高法院（在罗伊诉韦德和杜伊诉博尔顿案件中）做出里程碑式的决定，破除了所有州立禁止堕胎法。这一行动使妇女在全国范围内可以合法地堕胎。

即使如此,堕胎争论仍在继续。一方自称"亲选择派",支持妇女有选择堕胎的权利。另一方自称"亲生命派",反对堕胎,认为堕胎在道德上是错误的;他们期望推翻最高法院 1973 年的决定。

堕胎争论双方的支持状况如何?一个最近的全国调查向成年人做了抽样调查,询问:"一个怀孕妇女出于任何原因,是否应当获得合法的堕胎?"其中 42% 的回答"应当"(可将他们视为亲选择派阵营),54% 的说"不应当"(表现了亲生命派立场);剩余的 4% 没发表意见(NORC,2011: 399)。

更深入的考察表明:不同的情形使人们看待这一问题时发生重大差别。数据表明,如果怀孕严重威胁女性的健康,如果怀孕是强奸的结果,或者胎儿有严重缺陷,这些情形下,多数美国成年人赞成合法堕胎。约 42% 的人支持任何情况下进行堕胎,但是接近 83% 的人支持某些特定情形下可以堕胎。

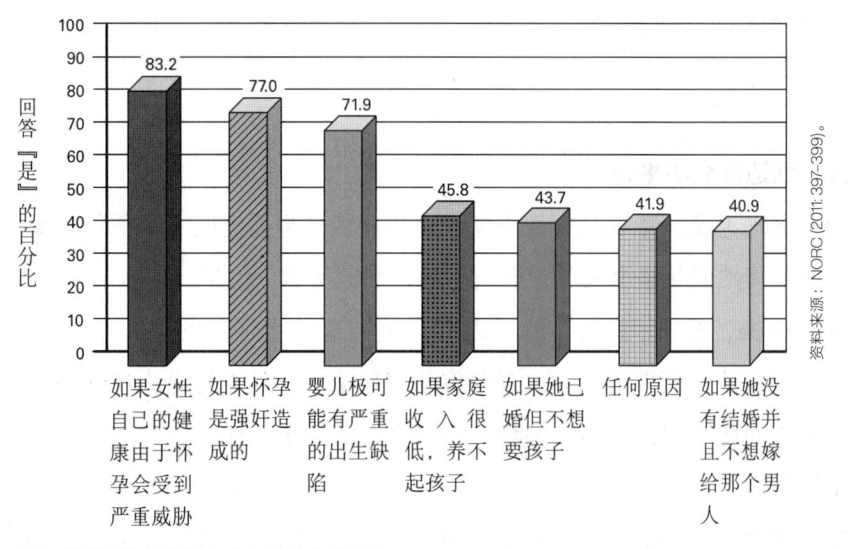

调查问题:女性是否应当获得合法的堕胎权……

情形	回答"是"的百分比
如果女性自己的健康由于怀孕会受到严重威胁	83.2
如果怀孕是强奸造成的	77.0
婴儿极可能有严重的出生缺陷	71.9
如果家庭收入很低,养不起孩子	45.8
如果她已婚但不想要孩子	43.7
任何原因	41.9
如果她没有结婚并且不想嫁给那个男人	40.9

资料来源:NORC (2011: 397-399)。

什么情况下法律应当允许女性选择流产?
公众对合法堕胎的支持程度有赖于问题出现的情形。

许多持亲生命派立场的人们强烈感到堕胎等于杀死了未出世的孩子——自从罗伊诉韦德案判决后,约有 5000 万孩子被流产掉。对他们而言,人们决没有权利用这种方式结束无辜的生命。但是,亲选择派主张,同样地,女性必须能控制她们自己的身体,如果怀孕决定了女性的生命历程,那么,女性永远不能与男性在平等的条件下竞争，无论是在学校还是在工作场合。因此，合法、安全的流产是女性全面参与社会的必要条件（Alan Guttmacher Institute, 2011）。

你怎么想？

1. 较为保守的亲生命派认为堕胎是一个道德问题，较为自由的亲选择派视堕胎为权力问题。比较这些立场，说明保守派和自由派如何看待色情问题。

2. 调查表明，男人和女人对堕胎的意见几乎相同。对此，你是否感到吃惊？为什么吃惊或不吃惊？

3. 你认为，关于堕胎的争论为什么常常如此激烈？你认为，美国对这一问题能否找到中间立场？请解释。

酷儿理论 指美国社会中挑战异性恋偏见的研究成果

异性恋主义 指的是将任何不是异性恋的人贴上"酷儿"（queer）标签的观念

● 性：创造社会不平等

社会冲突理论家，特别是女性主义者，指出性是男女之间不平等的根源。用性来界定女人等于将她们从整个人类中贬值为男人们的玩物。色情（pornography）一词就源自希腊词汇 *porne*，意即"妓女"或"娼妇"，这没有什么可奇怪的。

如果男人从性方面界定女性，就很容易将色情——几乎都是由男性来消费的——视作一个权力问题。因为色情典型地表明了女人集中于取悦男人，它支持了男性有权统治女性的观念。

一些激进批评家怀疑权力因素能否从异性恋关系中消除掉（A. Dworkin, 1987）。多数冲突理论家不反对异性恋，但是他们的确赞成：性可以并且确实贬低了女性。我们的文化经常用运动的词语（男人"给女人打分"）和暴力的词语（比如"使劲干""撞上"，都是既用于战斗，又用于性的动词）来描述性。

● 酷儿理论

社会冲突理论将目标不仅对准男性对女性的统治，而且指向异性恋对同性恋的统治。近些年来，由于女同性恋者和男同性恋者渐渐取得公众的接纳，社会学中开始出现了同性恋者的声音。**酷儿理论**是指美国社会中挑战异性恋偏见的研究成果。

酷儿理论的起点是断言我们的社会是以**异性恋主义**为特征的，异性恋主义指的是将任何不是异性恋的人贴上"酷儿"（queer 本义是"怪异"）标签的观念。我们的异性恋文化使大量人群成为受害者，包括同性恋男性，同性恋女性，双性恋者，两性人，性倒错者，甚至无性人。而且，虽然多数人同意歧视女性（性别主义）和歧视有色人种（种族主义）的偏见是错误的，但是异性恋主义却被广泛接纳，有时在法律范围内更是被接受。比如，美国军队不可能仅仅因为一个女兵行为做事"像个女人"就合法地解雇她，因为这是明显的性别歧视案例。但是，从 1916 年开始，军队可以并且确实解雇了明确的男、女同性恋者，一直到 2010 年底，这一法律才开始改变（Webley, 2010）。

异性恋主义也是日常文化的组成部分（Kitzinger, 2005）。比如，当我们描述某些事物是"色情的"时，我们真正所指的难道不是对异性恋者的诱惑吗？

● **评价**

社会冲突理论表明性既是不平等的原因，又是不平等的结果。它特别有助于我们理解男性对女性的权力以及异性恋人群对同性恋者的统治。

同时，这一理论忽视了另一事实，许多人并不认为性是一个权力问题。相反，许多情侣享受着充满生机的性关系，认为这加深了彼此的责任感。另外，社会冲突理论很少关注美国社会为减少不平等采取的措施。今天的男人较之几十年前，更加不可能将女性视为性玩物。在工作场所，最重要的问题之一是确保所有雇员远离性骚扰。公众的不断关注减少了工作场所的性侮辱（见第十章"性别分层"）。同样地，有充分证据表明同性恋权利运动已经使同性恋者获得了更多的机会以及社会对同性恋人群的接纳。

● **检查你的学习**

性在创造社会不平等方面是怎样发挥作用的？

本章结束之际，考察一下与性有关的、也许是最富于争议的问题：**堕胎**，蓄意终止怀孕。在这一充满争议的问题上没有中间立场。**争鸣与论辩**栏目会帮助人们理解为什么会这样。

150 日常生活中的社会学

第六章　性与社会

● **大众传媒在塑造美国社会的性观念上是如何发挥作用的?**

性绝非仅是"自然的"或"生物性的"概念,世界各地的文化赋予人类性以各种意义。下列照片显示出大众传媒——这里是流行杂志——怎样反映了我们自己文化对于性的看法。在每一个案中,你能"解密"出杂志封面所传递的信息吗?你认为在多大程度上这一信息是真实的?

像这样的杂志在美国的几乎每一个超市和折扣店的结账处都能找到。只是看看封面,你对美国社会有关女性的性文化会得出什么结论?

有关男人性方面的信息与女人一样直接。这是近期的一本 GQ 杂志。你能发现哪些有关男子气的信息?你发现了什么有关异性恋偏见的证据吗?

● **提示：**

这些类似的大众传媒资料不仅可以告诉我们有关性方面的信息而且还告诉我们应当成为哪种类型的人。性对于女人来说被赋予了许多重要意义，它给女性压力使她们取悦男人，用她们的性来吸引男人被定义为成功的生活。类似地，变得有男人气意味着成功、老于世故、负责，当然，还有能吸引合意的女人。大众传媒几乎总是根据异性恋模式来欣赏性的。

从你的日常生活中发现社会学

1. 请看《时尚》杂志封面，你从中发现了哪些异性恋偏见的证据？请解释。

2. 联系你所在学校的学生服务处，询问有关学校性暴力的情况。一般情况下，人们会报告这种犯罪吗？学校为应对性暴力采取了哪些政策和措施？

3. 根据对本章的阅读，哪些证据支持了性是由社会建构的观点？有关性是一个社会问题的资料，请看 MySocLab 中的"从你的日常生活中发现社会学"，你会发现应用社会学视角看待性问题的优势。

温故知新

第六章 性与社会

什么是"性"

性指的是女性和男性之间的生物性区别。

性别是一个文化概念，指的是由社会赋予的作为女人或男人的行为、权力和特权。

性是一个生物学问题

- 性别由男性精子和女性卵子结合所产生的胚胎决定。
- 男性和女性有不同的生殖器官（第一性征）以及身体的发育（第二性征）。
- 两性人（又称双性人）兼具男人和女人的生理特征。
- 性倒错指那些感到自己应当是某一性别、即使在生物学上是另一性别的人。

性是一个文化问题

- 对人类而言，性具有文化意义，是个人选择而非生物学的程序。
- 性行为在不同社会有相当大的差异（如接吻、观念、端庄和美的标准）。
- 由于规范性行为，特别是生育，乱伦禁忌在所有的社会都存在，这是社会组织的必要要素。不同社会中的乱伦禁忌有所变化。

美国社会的性态度

在 1960 年代和 1970 年代达到高潮的**性革命**使对性的讨论公开化。婴儿潮一代是在性是社会生活的正常部分的观念下生长起来的第一代人。

到 1980 年代形成的**性反革命**旨在谴责性自由，呼吁回归到较为保守的"家庭价值观"。
性研究工作始于金赛，研究人员已经研究了美国人的性行为，并得出许多有趣的结论：

- 20世纪期间，婚前性行为变得更加普遍。
- 几乎有一半的年轻男女在高中的高年级发生过性关系。
- 几乎所有美国成年人的性活动水平有所不同。三分之一的成年人报告说，每年只与配偶发生几次性行为甚至完全没有性行为；另三分之一的每月有一次或几次性行为；其余的三分之一每周有两次或更多次的性行为。
- 婚外性行为广泛受到指责，只有25%的已婚男子和10%的已婚女子报告说，有过对他们的配偶在性方面不忠诚。

性取向

【观看　mysoclab.com 上的视频】

性取向指的是一个人对另一个人的浪漫和情感上的吸引。四种主要的性取向是：

- 异性恋
- 同性恋
- 双性恋
- 无性恋。

多数研究支持这一观点：性取向植根于生物学，正如人们是右撇子或左撇子。

性取向不是一个清晰的类型，因为许多人认为自己是异性恋者，但有同性恋经历，反之亦然。

- 美国人口中的同性恋比例的多少要看你怎样界定同性恋。
- 5.6%的成年男性和12.7%的成年女性报告曾在人生的某些时候有过某种同性恋行为。1.7%的男性和1.1%的女性认为自己是同性恋者，1.1%的男人和3.5%的女人认为自己是双性恋者。

同性恋权利运动有助于改变公众的态度，更多接纳同性恋。但仍然有47%的美国成年人说同性恋是错误的。

性问题及争论

少女怀孕　在美国，每年有约75万的**少女怀孕**。自1950年代以来，少女怀孕的比例已经下降了，因为当时许多青少年会结婚并生孩子。今天，大多数怀孕青少年是未婚的，冒着辍学和面临贫穷的高风险。

探索 mysoclab.com 上的地图

色情 法律允许地方社区制定有关公序良俗的标准。保守主义者从道德立场谴责色情；自由主义者视色情为权力问题，谴责色情是对女性的贬低。

卖淫 是指对性服务的出售，在美国几乎所有的地方卖淫都是违法的。尽管许多人认为卖淫是没有受害者的犯罪，但是，卖淫牺牲了妇女，扩散了性传染疾病。

【阅读 mysoclab.com 上的文件】

性暴力 美国每年报告的强奸案有大约 85000 例，但实际数据可能要高于此数据的数倍。约有 10% 的强奸案例中受害者为男子。强奸是一种受害者和侵犯者通常彼此认识的暴力犯罪。

堕胎 直到 1900 年，所有州的法律都禁止堕胎。1960 年代，反对这些法律的声音开始出现，1973 年，美国最高法院宣布这些法律是违反宪法的。今天，每天有 120 万例堕胎手术。自称"亲选择派"的人支持妇女有选择堕胎的权利，自称"亲生命派"的人站在道德的立场反对堕胎。

性的理论分析

结构-功能理论强调社会必须规范性活动，特别是生育。一个普遍的规范是乱伦禁忌，这使家庭关系保持明确清晰。

符号-互动论强调人们赋予性以不同的意义。不同的社会中性存在差别，性模式在经过一段时间会发生改变，这里都说明性是由社会建构的。

社会冲突理论将性与社会不平等相联系。女权主义理论主张男人通过将女性贬低为性玩物来统治女性。酷儿理论指出，我们的社会有异性恋偏见，将任何不同取向的人称为"酷儿"（queer）。

第七章

越轨

学习目标

- **记住**本章中那些用粗体字标示出来的关键术语的定义。
- **理解**越轨不仅是坏人的行为，还是社会的组织方式的一部分。
- **运用**社会学的主要理论方法解释越轨。
- **分析**刑事司法系统的主要部分的运行机制。
- **评价**联邦调查局提供的官方犯罪统计资料的重要性和局限性。
- **创造**超越关于对与错的惯性思维的能力。

本章概览

常识可能认为有些事情或是"正确的"或是"错误的",我们中的大多数人,至少在大部分的时间里,是知道其中差别的。但是横亘于"好"与"坏"之间的界线是多变的,因为它是由社会创造的。本章将探讨社会如何以及为什么同时创造和鼓励遵从与越轨。本章还介绍了犯罪的概念和刑事司法系统的运作进行调查。

"我就像迷失在另一个维度的家伙,一个城市里的陌生人,不知道该往何处去。"布鲁斯·格洛弗在经历26年漫长的州立监狱生活之后,他回到家乡密歇根底特律市,他这样追忆刚回来时的感受。格洛弗现年56岁,他因抢夺一个女郎的戒指被捕时还是一个30岁的年轻人。他被判有罪遂锒铛入狱。

"我母亲去世时,我都不在她身边。"格洛弗摇着头,继续说道,"我失去了一切。"在走出监狱的那一天,他才意识到这句话是如此确凿。他没有地方可去,也无路可走。想找一个赖以栖身的地方和一个工作,却没有合法的身份。他没钱购置出门和求职所需的衣服。他只得回到监狱官那里寻求帮助。多亏一个国家机构的援助,他才终于能得到一些钱和一个暂时的住处(C.Jones, 2007)。

本章探讨的问题包括犯罪和罪犯，不仅要探讨我们的刑事司法系统如何处理罪犯问题，还要探讨为什么社会首先需要制定正确和错误的标准。正如你将看到的，法律只是复杂的社会控制系统的一部分：社会教导我们至少在绝大多数的时间里要去遵守无数的规则。下面，我们通过界定几个基本的概念开始我们的探究。

第一节 什么是越轨？

理解 //

越轨（deviance）是被认定的对文化规范的违反。几乎所有的人类行为都由规范来指导，所以越轨这个概念是非常宽泛的。有一种越轨是**犯罪**（crime），*即违反了社会正式颁布的刑法*。连犯罪所包含的行为也是相应广泛的，从较小的交通肇事到卖淫性攻击和谋杀都属于犯罪。

大多数我们所熟悉的不遵从行为被认为是消极地违反规范，例如从一个大学的书店里偷书、攻击同学，或者酒后驾车。但是我们也把某些特别正义的人——课堂上发言太多的学生或者对新的计算机技术过分热情的人——视为越轨的，即使我们在一定程度上尊重他们。越轨行为或者态度——不管是积极的还是消极的——都有一些使我们把某个人当作"局外人"的不同要素（H.S.Becker, 1966）。

并不是所有的越轨都包含着行为乃至选择。某些类型的人的*存在*本身对于其他人来说就是麻烦。对于年轻人，老年人或许看起来就绝望地成了"局外人"；而对于异性恋者，同性恋者的存在可能会引起他们的不适。肢体健全的人通常把残疾人视为另类，就像富人因为穷人不能达到他们的标准而可能避开穷人一样。

一、社会控制

我们都要受到**社会控制**，即社会对规范人们的思想和行为的意图。社会控制的过程通常是非正式的，诸如父母亲表扬或批评自己的小孩，朋友们取笑一个同学的音乐或衣着品位。然而，严重的越轨可能会启动到**刑事司法系统**（criminal justice system）——警察、法院和监狱——对所谓的违法行为做出正式的反应。

一个社会怎样界定越轨，谁会被贴上越轨的标签，以及人们会对越轨做些什么，所有这些都与该社会的组织方式有关。然而，人们渐渐地认识到，就像本章所解释的那样，越轨的根源深植于社会之中。

二、生物学的视角

第三章（"社会化：从婴儿期到老年期"）指出，一个世纪以前，多数人认为，或者更准确地说，多数人误认为，人类行为是其生物本能的结果。因而早期对犯罪的研究兴趣集中在对其生物原因的探讨上。一位在监狱工作的意大利外科医生切萨雷·龙勃罗梭（Cesare Lombroso, 1835—1909）在1876年归纳出罪犯有如下生理特征：前额低、下巴和颊骨凸起、秃头以及手臂很长。总而言之，龙勃罗梭认为罪犯看起来像我们的祖先类人猿。

越轨 会议的对文化规范的违反　　**犯罪** 违反了社会正式颁布的刑事法律

如果龙勃罗梭再仔细一点观察的话，他就会发现他将之与犯罪联系起来的那些生理特征遍及所有人。现在我们知道了，那些能区分罪犯与非罪犯的生理特征根本就不存在。

20世纪中期，威廉·谢尔登（William Sheldon）采用了一个不同的视角，认为身体结构可能预示着犯罪（Sheldon, Hartl & McDermott, 1949）。他对照了好几百个青年男人的体型和犯罪记录，得出结论说肌肉发达、体格健壮的男子最有可能犯罪。格卢克夫妇（Sheldon Glueck and Eleanor Glueck, 1950）证实了谢尔登的结论，但是也警告说强健的体格并不必然会引起或预测犯罪。他们认为，父母亲对体格强健的儿子通常有些放任，反过来他们长大后对别人也会缺少敏感。而且，在预言的自我实现之下，那些预设肌肉发达的男孩是小流氓的人，他们也会以可能导致预设中的侵略性行为的方式行事。

今天，遗传学研究在探索生物学与犯罪之间的可能的联系。威斯康星州立大学的科学家在2003年报告了一项关于犯罪的研究成果，这项研究在400个男孩中进行，历时 25 年。研究者从每个男孩身上采集了 DNA 样品，并且记录下他们所有的违法情况。研究者的结论是，遗传因素（尤其是有缺陷的基因，比方说能产生大量的某种酶）连同环境因素（尤其是小时候被虐待）对成年人犯罪和暴力行为有很强的解释力。他们还注意到，多因素比单因素对犯罪的解释力更强（Lemonick, 2003; Pinker, 2003）。

● **评价**

生物学的理论对犯罪所作的解释是有限的。目前最佳的推测是用生物学的特征结合环境因素去解释某种严重的犯罪。然而，我们所界定为越轨的行为大多数都是身体很正常的人干的。

另外，因为生物学的视角关注的是个体，它起初并没有关注某些行为是怎样被定义为越轨的。因而，尽管对于人的生理怎样影响其行为，我们还有很多东西值得去了解，但是当下的研究已经把重点放到了探讨社会影响因素方面。

越轨总是事关差异。越轨出现在日常生活中，就像我们遇到其外貌和行为不同于我们所认可的"正确的"标准的那些人一样。这幅照片中谁是"越轨者"呢？根据谁的观点？

● **检查你的学习**

生物学研究在哪些地方增进了我们对犯罪的理解？生物学视角的局限在哪里？

三、人格因素

像生物学理论一样，心理学对越轨的解释集中在个人人格的异常上。某些人格特征是固有的，但是多数心理学家认为人格主要是由社会经验塑造的。因此，越轨被看作社会化"不成功"的结果。

沃尔特·雷克利斯（Walter Reckless）和西蒙·迪尼茨（Simon Dinitz）在 1967 年的经典研究例证了心理学的视角。他们首先请许多老师把一些 12 岁的男学生分成两类：可能惹上法律纠纷的和不可能惹上法律纠纷的。接下来他们对所有孩子及其母亲进行访谈，以评估每个孩子的自我观念以及如何与他人相处。他们通过分析结果发现："好孩子"表现出了强烈的道德意识（弗洛伊德所谓的超我），能够对付挫折，能够遵从文化规范和观念；相反，"坏孩子"表现出道德意识比较薄弱，对挫折缺乏忍受力，与传统文化不合拍。

正如我们所预设的，这些"好孩子"和警察打交道的机会比"坏孩子"要少一些。因为所有这些孩子都生活在一个违法行为普遍的地区，调查者把不违法归功于一种控制越轨冲动的人格。基于这个结论，雷克利斯和迪尼茨把他们的分析称之为*抑制理论*（containment theory）。

为什么类似这幅照片中的街头赌博经常被认为违犯了法律，但是在花式赌场里玩同样的游戏却不被认为是违法的呢？

在最近的另一项研究中，研究者对 500 名孪生兄弟进行了从出生一直到 32 岁的跟踪研究。以双胞胎作为研究对象，便于研究者在控制社会阶层和家庭环境的条件下对兄弟俩进行比较。当他们还是幼儿的时候，父母、老师、研究者就对这些孩子进行观察，进而对他们的自我控制水平、抗挫折能力、忍耐力进行评估。与沃尔特·雷克利斯和西蒙·迪尼茨早期的研究结论相呼应，研究者发现孪生兄弟中童年时期评估成绩较低者几乎都会遇到麻烦，包括犯罪（Moffitt et al., 2011）。

● 评价

生物学家已经阐明人格模式与越轨有一定联系。一些重刑犯是心理变态者，他们感觉不到罪恶和羞愧，不害怕惩罚，而且对他所伤害的人没有同情心（Herpertz & Sass, 2000）。更普遍的是，自我控制能力和抗挫折能力被认为有助于遵循规范。然而，像我们在生理因素的案例中所注意到的那样，大多数恶劣的犯罪行为来自心理正常者。

生物学的视角和心理学的视角都把越轨看作个人的特征。在解释越轨与社会的组织方式有更大的关系方面，上述两个视角给出的理由价值有限。现在我们转向社会学的视角。社会学的视角探讨的是，对与错的观念来源于哪里，为什么人们把一些违反规范者界定为越轨而把另一些违反规范者又不视为越轨，权力在这个过程中扮演着什么样的角色。

● **检查你的学习**

生理学的分析和心理学的分析为什么不能很好地解释越轨？

四、越轨的社会基础

尽管我们倾向于把越轨视为自主的选择或者个人的自我缺陷，但是所有的行为——越轨和遵从——都是由社会塑造的。本章在后面将会详细阐述三点已有共识的越轨的社会基础：

1. **越轨依照文化规范的不同而变化。** 根本就没有哪种思想或行为天生就是越轨的，只有在与特定的文化规范联系起来才会变成越轨。不同地方的文化规范不同，越轨也会发生相应变化。内华达州的法律允许在其农村地区卖淫，虽然卖淫在美国的其他州是违法的。美国有 13 个州设有赌场，有 29 个州在印第安人保留区设有赌场，另外 12 个州设有赌场赛道，而在其他的州，赌场是非法的。开车发短信在 18 个州是合法的，但在 26 个州是违法的，另外有 6 个州禁止年轻的司机发短信。同性婚姻在 6 个州以及哥伦比亚特区是合法的，但在 44 个州是非法的。牛奶对我们是有益的，大家都会这么认为。但出售生奶在 10 个州是合法的，在其他州则被禁止或被严格控制（American Gaming Association, 2010; Ozersky, 2010; National Conference of State Legislature, 2011）。

再者，大多数城镇至少有一部独一无二的法令。例如，在阿拉巴马州的莫比尔，穿细高跟的女鞋是违法的；在密苏里州的派恩劳恩，禁止穿松松垮垮的低腰裤；在阿拉斯加州的朱诺，把火鸡带入理发店是违法的；在得克萨斯州的南帕德拉岛，禁止打领带；在伊利诺伊州的展望山，法律禁止饲养鸽子或者蜜蜂；在堪萨斯州的托皮卡，禁止打雪仗；在南达科他的胡佛，不允许用煤油灯照明捕鱼；而比华利山则规定了在网球场上打一次球所允许使用的网球个数（R. Steele, 2000; Wittenauer, 2007; Belofsky, 2010）。

纵观世界，越轨更是五花八门。阿尔巴尼亚把一切在公开场合表露宗教信仰的行为都视为违法，比如在自己胸口划"十"字；古巴禁止公民拥有个人电脑；越南可能会起诉那些与外国人会面的公民；马来西亚的妇女不允许穿紧身牛仔裤；沙特阿伯禁止在情人节销售红玫瑰；伊朗不允许妇女化妆，禁止任何人玩说唱音乐（Chopra, 2008）。

2. **人们成为越轨者是其他人界定的结果。**任何人都会偶尔违反文化规范。你闲逛的时候自言自语过吗？或者你从办公室"借"过钢笔吗？这些行为是否被定义为违法或者精神病，取决于其他人对此如何看，如何定义，如何回应。

3. **规范和人们定义违反规范的方式涉及社会权力。**卡尔·马克思（Karl Marx）断言，法律是权力阶层保护自我利益的工具。街角的无家可归者发表反对政府的言论，就有可能因扰乱社会治安而被捕。选举运动中，一位市长候选人发表完全一样的言论，却会得到警察的保护。简而言之，规范以及我们如何适用规范，反映出社会的不平等。

第二节　越轨的功能：结构功能的分析

应用//

结构—功能视角的核心观点是越轨是社会组织的必要部分。埃米尔·涂尔干在一个世纪前就提出了这个观点。

一、涂尔干的基本观点

在他对越轨的先行研究中，涂尔干（1964a，原作于 1893；1964b，原作于 1895）语出惊人：越轨并非异常。实际上，越轨履行着四大基本功能：

1. **越轨确认文化价值和规范。**相比较其他的态度和行为，人作为道德动物对某些态度和行为会有倾向。但是，对于美德的任何限定都要依赖于对立的邪念。没有恶与罪过，可能根本就没有善与正义。对于界定和支持道德，越轨是必要的。

2. **对越轨的反应厘清道德的边界。**通过定义某些人为越轨者，人们可以在对与错之间勾勒出一条边界。例如，一所大学通过惩罚考试舞弊的学生就在诚实学习和舞弊之间划出了边界。

3. **对越轨的反应增强人们的团结**。严重的越轨会特别地引起人们的公愤。涂尔干认为，人们在群情激愤中会重新确定把人们团结起来的道德纽带。例如，在2012年的佛罗达一高中生马丁的枪击死亡案后，美国各地的人们发出普遍愿望希望看见由当局执行的枪击案的全面调查，以使正义得到伸张。

4. **越轨激励社会变迁**。越轨者摒弃社会的道德边界，这意味着现状是可以选择的，鼓励有所变化。涂尔干断言，今天的越轨能够成为明天的道德（1964b: 71, 原作于1895）。例如，摇滚乐在19世纪50年代被指责为不道德的，但仅仅几年以后就成为了一项几十亿美元的产业（参见第100页"多样化思考"栏目）；近年来的嬉皮士街头音乐（hip-hop music）也走着同样的路子。

涂尔干认为，越轨是社会组织的必要组成部分，有着重要的作用。在一个人被控告杀害了居住在新罕布什尔州（New Hampshire）一个小镇的孩子之后，居民们走到了一起，重塑他们社区的团结纽带，确认他们对正确和错误的理解。在你的校园里发生过能引起类似反应的事件吗？

● **一个实例：马萨诸塞海湾（Massachusetts Bay）的清教徒**

卡伊·艾里克森（Kai Erikson, 2005b, 原作于1966）对马萨诸塞海湾的清教徒所做的经典研究给涂尔干的理论带来了活力。艾里克森指出，连清教徒这样一个诚训严明、高度虔诚的群体都制造越轨以澄清他们的道德边界。事实上，涂尔干早已想到了清教徒，他写道：

> 让我们设想，一个社会里全是圣人，一所修道院里全是堪称模范的人。在这里不存在完全意义上的犯罪，那些在外人看来无关紧要的过错也会像平常的普通犯罪那样招致耻辱……同样的原因，完美而正直的人会严肃地评判自己的哪怕是最小的过失，而多数人只有真的犯下了罪行才会有这种严肃的态度。（1964b: 68—69, 原作于1895）

越轨不是一些"坏家伙"的问题，而是"好的"社会生活的必要条件。

任何社会都能发现越轨，但是越轨的性质取决于人们想去澄清的道德问题。例如，清教徒经历了许多"犯罪浪潮"，包括 1692 年爆发的众所周知的巫术事件。作为回应，清教徒通过赞美某些成员和声讨另一些人越轨来回应正当信仰的范围问题。

艾里克森发现，尽管罪行发生了改变，清教徒所界定的越轨者的人口比例随着时间的流逝却总是保持稳定的。他推断这种稳定性证实了涂尔干的主张：社会创造越轨者是为了凸显变化着的道德边界。换句话说，清教徒通过持续地定义少数人为越轨者维持了他们社会的道德形态。

二、默顿的紧张理论（strain theory）

某些越轨对于社会的运行来说可能是必要的，但是罗伯特·默顿（1938, 1968）认为很多越轨是由特殊的社会安排所导致的。特别是越轨的程度和性质取决于社会是否提供实现文化*目标*（例如金融的成功）的*手段*（例如学校教育和就业机会）。图 7-1 表示的就是默顿关于越轨的紧张理论。

图 7-1　默顿的越轨紧张理论
罗伯特·默顿把个人对文化目标的看法与实现文化目标的传统方式结合起来，区别了各类越轨者。

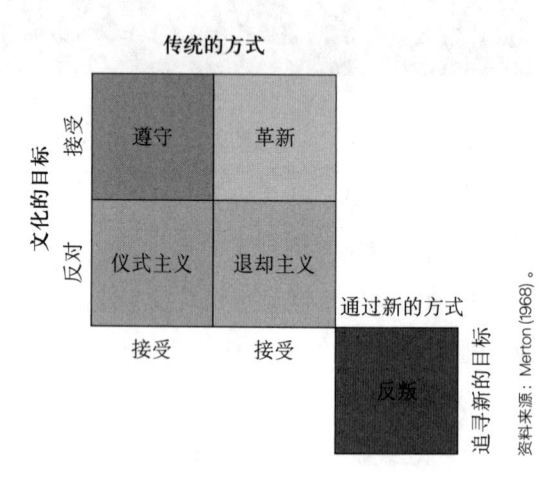

资料来源：Merton (1968)。

遵从是指通过被认可的手段去追求文化目标。因而美国的"个人的成名史"展现的总是某个人通过才干、学校教育和努力工作获取了财富和声望。但是并非每一个希望实现传统意义上的成功的人都有实现自己心愿的机会。例如，如果穷人的孩子按照常规行事的话，他们就没什么希望获得成功。按照默顿的理论，文化对财富的强调与缺乏致富的机会之间的紧张可能怂恿一些人，尤其是穷人，从事偷盗、毒品交易或者其他形式的街头犯罪。默顿把这种越轨称之为*革新*——使用非传统的手段（街头犯罪）而不是传统的方式（辛勤工作）去实现文化上被认可的目标（财富）。

无力达成一个文化目标可能促成另一类越轨，默顿称之为*仪式主义*（ritualism）。例如，许多人相信他们不能实现致富这个文化目标，因此他们为了使自己成为至少是值得尊敬的人，就严格地坚守规则（传统的手段）。

对无力成功的第三种反应是*退却主义*（retreatism）——既拒绝文化目标又拒绝手段，以使个人有效地实现"不参与"。一些酒鬼、瘾君子和贫民窟的居民就是退却主义者。退却主义的越轨在于他们非传统的生活方式以及他们似乎是愿意按照这种方式生活。

对失败的第四种反应是*反叛*（rebeUion）。像退却主义者那样，诸如激进的"生存主义者"之类的反叛者既拒绝成功的文化定义，又拒绝传统的获取成功的手段。但是他们更进了一步，对于现有的社会秩序，他们支持形成一个反文化的可供选择的办法。

【观看 访问 mysoclab.com 网站上的纪录片视频《血帮与瘸帮》（"Crips And Bloods"）剪辑一。】

年轻人被切断合法的机会通常促成所谓的越轨亚文化。帮派亚文化是年轻人获取归属感和尊重的一种方式，尽管主流文化对这种归属感和尊重持否定态度。

三、越轨亚文化（subculture）

理查德·克罗沃德和劳埃德·奥欣（Richard Cloward & Lloyd Ohlin, 1966）发展了默顿的理论，提出犯罪不仅仅是由有限的合法的机会引起的，而且还是由易接近的非法的机会引起的。简而言之，越轨还是遵从取决于构成一个人生活的*相对机会结构*。

臭名昭著的黑帮阿尔·卡邦（Al Capone）的生活证实了克罗沃德和奥欣的理论。作为贫穷的移民的儿子，阿尔·卡邦面临着贫穷和种族偏见的障碍，这些障碍减少了获取传统意义上的成功的机会。在1920—1933年期间，美国颁布了禁酒令，禁止出售含有酒精的饮料。年轻的卡邦发现在他附近有人能够教他如何非法卖酒——非法的机会来源。克罗沃德和奥欣预言，诸如卡邦的犯罪组织或者街头帮派之类的*犯罪亚文化*会在机会结构促成犯罪行为的地方发育。

但是，当人们不能找到任何合法或者非法的机会时，会发生什么呢？越轨可能采取两种形式。一种是*冲突亚文化*的形式（诸如武装的街头帮派），在这种亚文化中挫败和渴望尊重会引发暴力。另一种是退却主义亚文化的形式，在这种亚文化中越轨者自我放逐，可能酗酒或滥用其他的毒品。

艾伯特·科恩（Albert Cohen, 1971, 原作于 1955）提出，少年犯罪在底层的青少年当中是非常普遍的，因为他们获取传统意义上的成功的机会最少。被社会忽视的他们通过创造一种少年犯罪亚文化来寻求自尊，这种亚文化恰恰把这些青少年所有的特征界定为有价值的。走在街上令人害怕并不能赢得社会整体的认可，但却可能满足一个年轻人在当地邻里间"出人头地"的愿望。

沃尔特·米勒（Walter Miller, 1970, 原作于 1958）补充说，少年犯罪的亚文化有如下特征：(1) *麻烦*：与老师和警察之间频繁发生冲突；(2) *健壮*：看中体格的大小和力量，在男性当中尤其是这样；(3) *机灵*：在街头成功、比其他人更聪明和避免类似地被利用等方面的能力；(4) *需要刺激*：寻求颤抖、冒险和危险；(5) *相信命运*：感觉到对自己的生活缺乏控制；(6) *渴望自由*：经常向权威人物表示愤怒。

焦点中的社会学

越轨亚文化：破坏规则可以吗？

阿斯特丽德：西蒙！你下载的音乐是不合法的。你把我们大家都害惨了！

西蒙：看吧，每个人都会作弊。富有的 CEO 们商业作弊，普通人偷税，政客们撒谎。还有什么好稀奇的？

阿斯特丽德：那就可以欺骗了？你真的这么认为吗？

西蒙：我没有说可以。我只是说每个人都这样……

近十几年来循规蹈矩的观念一直被认为是糟糕的。首先，我们了解到不止一个而是很多美国企业的执行官因为欺诈而获罪并且公然监守自盗规模之大是我们绝大多数人无法想象的。最近，我们意识到，华尔街领袖将美国经济弄得糟糕之至却同时为自己谋得了数千亿美元之盈利。当然，甚至是被我们作为道德领袖的天主教，几十年来一直试图掩盖数百名神父性虐待教友的罪行（大部分教友还未成年）。

有许多理论解释是什么造成了这种大规模的错误行为。一些人认为在这商业与政治都有高度竞争性的社会中，"赢"——不管用什么手段——的压力是压倒一切的。正如一位分析家所言，"你能够处理好你的尴尬和谎言，但你永远无法摆脱失败。"这样的思考有助于解释在世界上许多公司的 CEO 的错误做法和一些国会议员违反道德规范的行为，但它对洞悉神父虐待的问题的视角分析却是微乎其微。例如，内部收入报告证实西蒙是正确的——数以百万计的纳税人偷税，每年偷逃税款约为 3450 亿美元之巨。

音乐产业声称非法盗版录制使产业损失数十亿美元，盗录操作在年轻人身上尤其普遍。或者最困扰的是，对高中生，大学生甚至毕业生的调查显示差不多一半的人都说他们在过去一年的考试中至少作弊了一次（Gallup, 2004; Morin, 2006）。

埃米尔·涂尔干认为社会作为一个道德体系是建立在关于人们该做什

你认为在学校的欺骗是错误的吗？当你看到有人作弊你会举报吗？为什么会或者为什么不会？

么和不该做什么的一套规则上的。更早先，另一个法国思想家帕斯卡提出相反的主张"作弊是社会的基础"。今天，这两个陈述到底是哪一个更接近真相呢？

加入博客！

在你看来，在当下美国社会错误做法有多么普遍？这个问题是越来越严重吗？你曾经非法下载过音乐吗？在大学任务或者考试中作弊可行么？去 MySocLab 加入焦点中的社会学博客分享你的看法和经验，看看别人是怎么想的。

资料来源：Based on "Our Cheating Hearts" (2002) and Bono (2006), and Lohr (2008)。

最后，伊莱贾·安德森（Elijah Anderson, 1994, 2002；也见 Kubrin, 2005）说明，贫穷的城市街区中的大多数人都设法遵守传统的（正派的）价值。然而，面对街区犯罪和暴力、警察的漠不关心甚至敌意，以及有时候甚至被父母所忽视，一些年轻人决定依据"街头法则"（street code）去生活。为了展示他们能幸存于街头，一个年轻人展示出了勇敢地抵抗任何威胁的"胆量"。追随这种街头法则，这个青年相信，与其不被他人所尊重，还不如在暴烈中死亡。有些人在设法规避危险，但是对于这些被排挤到社会边缘的青年人来说，他们死在监狱里的风险非常高。

● 评价

涂尔干做出了重要贡献，指出了越轨的功能。然而很显然，社会共同体并不总是在对犯罪的反应中集合而成。有时候畏惧犯罪会引起人们退出公共生活（Liska & Waener, 1991; Warr & Ellison, 2000）。

默顿的紧张理论能较好地解释某些类别的越轨（例如偷盗），对另一些越轨行为（例如激情犯罪或心理疾病）则不然，因此遭到批评。另外，并不是每个人都像紧张理论所提出的那样在传统的财富方面追求成功。

克罗沃德和奥欣、科恩、米勒这几个人的总的观点——越轨反映社会的机会结构——已经被后来的研究所证实（Allan & steffensmeier, 1989; Uggen, 1999）。然而，这些理论的不足之处在于假定每个人都共享相同的判断对与错的文化标准。此外，如果不只是把入室行窃或偷盗汽车列为犯罪，还将诈骗和公司高管与华尔街巨头的其他罪行也列入犯罪的话，那么许多高收入者也将在罪犯之列。有证据显示所有不同社会背景的人违反规则正在变得更具偶然性，就像"焦点中的社会学"专栏中所解释的那样。

最后，所有的结构-功能理论都提出，任何违反重要规范的人都将被贴上越轨的标签。然而，像我们在下一部分要解释的那样，变成越轨者实际上是一个高度复杂的过程。

● 检查你的学习

为什么许多讨论过的理论似乎都在说：犯罪在社会地位比较低的人群当中更加普遍？你认为呢？

第三节 标签越轨：符号-互动分析

应用 //

符号互动的视角解释的是人们在日常生活的情境中如何定义越轨。基于符号互动的观点，对越轨和遵从的界定异常灵活。

一、标签理论

符号互动分析的主要贡献是标签理论。**标签理论**（labeling theory）认为越轨和遵从的主要起因不在于人们做了什么，而在于他人对人们行为的反应。标签理论强调越轨的相对性，认为人们可能用众多不同的方式去定义同一个行为。

看看这些情景：一位大学生从室友的椅背上抽了一件毛衣打包好用于周末旅行；一位已婚女性在去偏远城市开会期间和他过去的男朋友发生了性关系；一位市长把一个重大的市政合同给了一位主要的竞选捐助者。我们可能把第一种情境界定为粗心、借用或者行窃。对第二种情境的界定主要取决于这位妇女的行为在回家以后是否被外人知晓。对第三种情境的界定取决于这位市长是选择了一位最佳的承包人抑或只是偿还政治债务。事实上社会建构是一个充满变数的过程，包括察觉、定义和反应等环节。

● 初级越轨和次级越轨

埃德温·雷梅特（Edwin Lemert, 1951, 1972）说，某些规范违反，比如逃学、未成年就喝酒，只惹起他人轻微的反应，对个人的自我概念也没有什么影响。雷梅特称这些偶然的插曲为初级越轨。

但是如果他人注意到了某人的越轨并且利用它，那将会发生什么呢？一个人的某种行为被定义为初级越轨后，这个人就可能开始改变，他可能通过语言、行为或者奇怪的穿着、反驳批评者、不断地违反规则去获得一种越轨的身份。雷梅特（Lemert, 1951: 77）把自我概念的改变称为次级越轨。他解释说："当一个人开始运用……越轨行为作为一种防御、攻击或者调整的手段，以应对在社会互动中产生的问题……越轨就成为次级越轨了。"例如，人们开始把一个年轻人描述为一个"酒鬼"，这构建着初级越轨。于是人们可能把他从他们的朋友圈中排挤出去，他可能会更痛苦，于是会喝更多的酒，会去寻找那些认可他喝酒的同伙。这些行为标志着次级越轨，一种更深层次的越轨者身份的开始。

● **污名（stigma）**

次级越轨标志着被欧文·戈夫曼（1963）称之为"越轨生涯"（deviant career）的开始。如果人们采用更强烈的错误方式来对待越轨行为，越轨者则会典型地获得一种污名。**污名**这种强有力的消极标签会极大地改变一个人的自我概念和社会身份。

2012年，24岁的本杰明·科尔顿·巴尼斯被发现死于华盛顿附近的雷尼尔荒山里。他被认定为开枪射杀了国家公园的护林员玛格丽特，后者曾在路障处拦下了他的车。事实上，巴尼斯是伊拉克战争的退伍军人，他在向平民生活过渡的过程遭遇困难，这可能部分导致了他被控告的行为。在这种情况下，你会更倾向于认为他是一位疑似的"病人"而非"坏人"么？为什么？

污名一旦作为主要身份（见第四章"日常生活中的社会互动"）发生作用，社会身份的其他方面就无法抵抗，于是这个人在他人心目中就变得不可信任，由此被社会孤立。当人们认为某个人是离经叛道的，这个人不经意间就获得了污名。有时候整个社会通过被哈罗德·加芬克尔（Harold Garfinkel, 1956）称之为"堕落仪式"（degradation ceremony）的过程给一个人正式地打上污名的烙印。在犯罪审判中能见到这样的例子，某些中学生往往就是以这种方式走向犯罪的，而不是相反。在社会面前，个人更倾向用消极的方式而不是积极的方式去面对被贴上的标签。

● **回溯性的标签和规划性的标签（Retrospective and Projective Labeling）**

人们一旦给一个人打上了污名的烙印，就可能给他贴上回溯性的标签，即根据现在的越轨去解释他的过去（Scheff, 1984）。例如，当发现一名牧师对一个小孩子进行了性骚扰以后，人们就会反思这名牧师的过去，或许会想"他总是对他身边的孩子为所欲为"。回溯性标签很可能歪曲一个人的过去，更加强化了越轨者的身份。

同样地，人们也可能给一个打上污名烙印的人贴上规划性的标签，也就是说，人们用越轨者的身份去预测他将来的行为。关于这个牧师,人们可能说:除非他被抓,否则他会继续猥亵儿童。在某个人的社会世界中,这样考虑事情的人越多,他成为真实的越轨者的可能性就越大。

● 将差异标签为越轨

一个无家可归者在寒冷的夜晚拒绝被警察收容,他是试图独立生活呢,还是"发疯"呢?人们倾向于把那些激怒或威胁他们的行为当作越轨甚至是精神病,而不单单是当作"差异"来对待。

精神病学家托马斯·萨茨(Thomas Szasz, 1961, 1970, 2003, 2004)指责人们过急地把精神病的标签应用在那些仅仅是我们不喜好的差异上。他继续指出,避免这种令人不安的做法的唯一途径是完全放弃这种关于精神病的观念。世界上到处都是在观念和行为上有"差异"的人,他们可能惹恼我们,但是这些"差异"不是界定某人为精神病的根由。萨茨声称,此类标签只不过是强迫遵从强势人群的标准,把强势人群的意志强加在其他人身上。

大多数精神康复治疗的专业人士拒绝精神病子虚乌有的观念,但是他们承认批判地反思我们如何定义"差异"是重要的。首先,相对于癌症患者或其他身体有毛病的人,精神病患者不应遭到更多的责备。因此,患了精神的或身体的疾病并不是被贴上"越轨者"标签的理由。其次,没有诊断精神病知识的普通人应该避免为了使人们遵从某种行为标准而使用此类标签。

二、越轨的医学化

标签理论,尤其是萨茨和戈夫曼的思想,有助于解释我们的社会推定越轨的方式的重要变化。在过去的五六十年中,精神病学和医学的影响在逐渐扩大,这导致了**越轨的医学化**,也就是把道德的和法律的越轨转化为一种医学的问题。

用医学的方法处理越轨有利于改变贴在某个人身上的一系列标签。从道德层面说,我们用"坏的"或"好的"来评价一个人的行为。然而,医学的科学目标传递的不是道德判断,而是使用诸如"有病的"或者"健康的"之类的临床诊断。

举例来说,直到 20 世纪中期,人们还通常把酒鬼看作容易受饮酒的快感诱惑的道德意志薄弱者。然而,渐渐地,医学专家们对酒精中毒的重新定义,使得现在大多数人认为酗酒是一种疾病,从而酗酒者也被认为是"病人"而非"坏人"。

另一个越轨医学化的例子涉及医用大麻，过去作为道德和法律问题对待的现在越来越被作为医学问题。到 2012 年，有 12 个州制定了医用大麻的法律。"大麻的医疗问题"正在将这种药物的使用从执法的问题转移到医生控制下的健康问题。随着"毒品"被重新定义为"药品"，"毒贩"变成了"护理人员"，"吸毒者"成为了"病人"（Ferguson, 2010）。

同样地，肥胖、药物成瘾、虐待儿童、性滥交和其他在过去通常被认为是严重道德问题的行为，在今天被广泛地定义为疾病。患者需要的是帮助，而不是惩罚。

标签理论 认为越轨和整合不是人们做什么导致的结果而是看人们如何回应的结果

污名 一个强有力的消极标签极大改变了一个人的自身定位和社会身份

越轨行为的医学化 把道德的和法律的越轨医学化

三、标签制造的差异

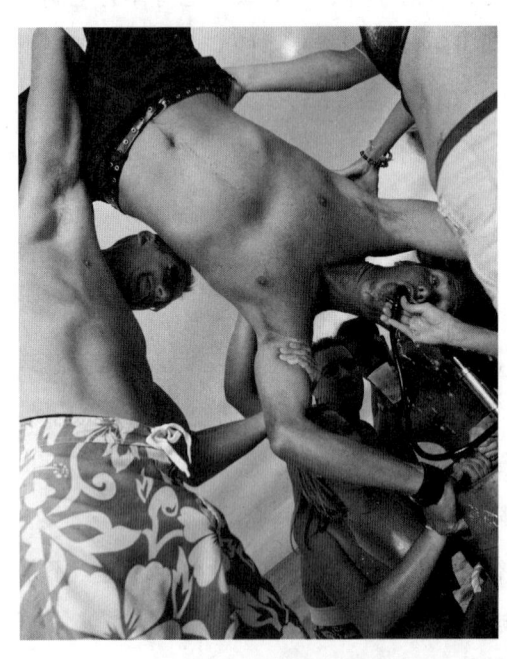

所有的社会群体都教导他们的成员一些鼓励某种行为的技能和态度。最近几年，关于大学校园的讨论集中在狂欢豪饮的危险上，狂欢豪饮在美国每年都要致使几十人死亡。狂欢豪饮这个问题在你的校园里严重吗？

我们是把越轨定义为道德问题还是医学问题，会有三个结果。第一，它会影响到由谁来对越轨做出反应。一个冒犯公众道德的行为通常会招致众多社会成员或者警察的反应。然而，一个医学标签却把这种情况置于包括心理咨询师、精神病学家和医生在内的临床专家的控制之下。

第二个差异是人们怎样对越轨做出反应。道德的视角把越轨者定义为应遭受惩罚的冒犯者。然而在医学上，越轨者是需要治疗的病人。惩罚是为了惩治犯罪而设计的，但治疗程序是为病人量身定做的，事实上可以包括一个专门医生所能想到的有助于预防未来疾病的任何治疗。

第三，也是最重要的，这两种标签下

的*越轨者的行为能力*是不一样的。从道德的观点来看，不管我们是对的还是错的，我们至少要对自己的行为负责任。一旦被定义为"有病的"，我们就被看作不能控制（如果是"精神病"，甚至是不能理解）自己的行动。那些被贴上无行为能力标签的人必须经受治疗，而这通常违背他们的意愿。单是这个原因，试图在医学的情形下定义越轨，需要非常谨慎。

四、萨瑟兰的差异交往理论

任何行为模式，不管是常规的还是越轨的，都是一个在群体中发生的过程。依据埃德温·萨瑟兰（Edwin Sutherland, 1940）的理论，一个人是趋向于遵从或者越轨，取决于他与那些鼓励或者拒绝常规行为的人接触的数量。这就是萨瑟兰的*差异交往理论*。

许多研究证实，如果年轻人相信他们的同类群体的成员鼓励少年犯罪行为，他们就更可能行为不良（Akers et al., 1979; Miller & Mathews, 2001）。一项研究最近集中调查了八年级学生中的性行为。年轻的姑娘如果有一位鼓励性关系的男朋友或者有一些认可性行为的女性朋友，那么她们很可能就有性行为。同样，男孩子也被朋友们鼓励在性方面积极主动，朋友们会因此在同类群体中给予他很高的地位（Little & Rankin, 2001）。

五、赫希的控制理论

社会学家特拉维斯·赫希（Travis Hirschi, 1969; Gottfredson & Hirschi, 1995）提出了控制理论，认为社会控制取决于人们对自己行为的结果的预期。赫希假定任何人都会遇到一定的越轨的诱惑，但是考虑到会毁了前程，大多数人都没有违反规范。对某些人来说，仅仅设想一下家人和朋友的反应，就望而却步了。另一方面，那些觉得自己即使越轨了也没什么损失的人可能变为越轨者。

值得一提的是，赫希将遵从与四类不同的社会控制联系起来：

1. **依附**。强烈的社会依附鼓励遵从。个体越依恋父母、老师、朋友、学校或其他结构，从事越轨行为的可能性就越小。

2. **机会**。一个人可利用的合法机会越多，遵从的好处也就越多。换句话说，接触合法机会能鼓励整合和阻止越轨行为。相反，一个对未来的成功没有信心的人更可能转向越轨。

3. **投入**。集中投入于正当的活动，诸如工作、求学或体育运动之类，会阻却越轨（Langbein & Bess, 2002）。相反，那些无所事事游手好闲的人则有时间和精力从事越轨行为。

4. **信仰**。强烈地信仰传统道德和尊重权威人物会抑制越轨倾向。相反，道德意志薄弱的人（尤其是当他们缺乏监管时）更难抵制诱惑（Stack, Wasserman & kern, 2004）。

赫希的分析包含许多早期的关于越轨行为的原因的观点。要注意的是，与个人相关的社会权力、家庭和社会环境可能影响到越轨行为的可能性（risk）（Hope Grasmick & pointon, 2003）。

● **评价**

各种符号互动理论都把越轨看作一个过程。标签理论没有把越轨与行为联系起来，而是把越轨与他人的反应联系起来。因而，一些人被定义为越轨者，而另外一些人有同样的言行却没有被视为越轨。次级越轨、越轨生涯和污名等概念展示了被贴上标签的越轨者是怎样形成一种永久的自我概念的。

然而，标签理论有几个局限。首先，因为标签理论对越轨采用非常相对的观点，所以它忽视了诸如谋杀之类的行为几乎在任何地方都要受到谴责的事实。因此，标签理论只在应用于诸如性滥交或者精神疾病之类的不那么严重的问题时最有效。其次，关于越轨标签的后果研究没有清楚地展示出越轨的标签是引起进一步越轨还是阻碍越轨（Smith & Gartin, 1989; Sherman & Smith, 1992）。再次，并不是每个人都拒绝被贴上越轨的标签，一些人反而刻意追求（Vold & Bernard, 1986）。例如，为了唤起对社会不公的注意，人们参加公民不服从行动并自愿遭受逮捕。

应用理论

越轨

	结构冲突的视角	符号互动的视角	社会冲突的视角
分析的层次	宏观层次	微观层次	宏观层次
越轨的含义及其在社会中扮演的角色	越轨是社会组织的基本组成部分；社会通过界定越轨来规定其道德边界。	越轨是社会在互动中所建构的现实的一部分：当人们给某事物贴上越轨的标签的时候，越轨就会产生。	越轨是社会不平等的结果；包括法律在内的规范反映着社会上有权势的人的利益。
关于越轨的重要观点	越轨具有普遍性：所有的社会都存在越轨。	越轨是变化的：任何行为或个人都可能被贴上越轨者的标签，也可能不被贴上越轨者的标签。	越轨是政治性的：没有权势的人成为越轨者的风险很大。

社会学家认为萨瑟兰的差异交往理论和赫希的控制理论对我们认识越轨做出了重要贡献。但是为什么社会规范和法律起初就把某些行为定义为越轨呢？社会冲突分析将在下一部分集中阐释这个问题。

● **检查你的学习**

请清楚地定义初级越轨、次级越轨、越轨生涯和污名。

第四节 越轨与不平等：社会冲突分析

应用

社会冲突的视角将越轨与社会不平等联系起来。就是说，什么人或什么事会被贴上越轨的标签，取决于社会上由哪些人掌握着权力。

一、越轨与权力

亚历山大·拉兹斯（Alexander Liazos, 1972）指出，我们倾向于将那些被我们当作"疯子"（nut）和"荡妇"的人定义为越轨者，他们并不坏，也对社会无害，只是这些人没有权力。拥有越轨污名的往往是街角的流浪妇人和失业者，而非企业污染者和国际军火商。

社会冲突理论从三个方面阐释这种模式。首先，所有的规范，尤其是任何社会的法律，总体上都体现富人和有权势的人的利益。那些威胁到富人财富的人更可能被贴上越轨的标签，无论是拿走他们的财产的"职业窃贼"，还是倡导更平等的社会分配的"政治激进分子"。社会冲突视角的主要倡导者卡尔·马克思认为法律和其他的社会制度支持富人的利益。或者像理查德·昆尼（Richard Quinney）提出的，"资本主义的法律是由资产阶级制定的，支持资产阶级，反对工人阶级"（1997: 3）。

其次，即使有权势的人的行为出现了问题，他们也有办法抵制越轨的标签。近些年卷入公司丑闻的经理们大部分即使被逮捕，坐牢的也很少。

再次，人们普遍相信规范和法律是公正的，是好的，这遮蔽了规范和法律的政治特征。因此，尽管我们可能会谴责不平等的法律适用，我们也很少去思考法律本身是否真的公平这一问题。

二、越轨和资本主义

在马克思主义传统中，史蒂文·斯皮策（Steven Spitzer, 1980）认为越轨的标签适用于那些妨碍资本主义运转的人。首先，因为资本主义是以财产私有制为基础的，那些威胁他人财产的人，尤其是盗取富人财产的穷人，是被贴上越轨标签的首要人选。相反，利用穷人的富人被贴上越轨标签的可能性很小。例如，房东向穷房客索要高额房租和逐出无力支付房费的房客，他们不被认为是犯法，只是在"做生意"而已。

其次，因为资本主义依靠的是生产性的劳动，那些不劳动或者不愿劳动的人就冒着被贴上越轨标签的风险。社会上许多人认为，即使不是他们自己的过错，无业者也是某种程度的越轨者。

再次，资本主义依靠对权威人物的尊重，致使那些抵制权威的人被贴上越轨的标签。逃学或者与父母和老师顶嘴的小孩，与老板或者警察不合作的成年人，就是这方面的例子。

最后，那些直接挑战资本主义现状的人可能被定义为越轨者。劳工组织者、激进的环境保护论者和反战激进主义分子，就是这方面的例子。

事情的另一方面是，社会给支持资本主义运转的任何东西贴上正面的标签。例如，获胜的运动员享有名人地位，因为他们表达了个人成就和竞争的价值观，这两者对资本主义来说都是重要的。斯皮策也注意到，我们视使用走私毒品（大麻、迷幻剂、海洛因和其他毒品）为越轨，但鼓励那些促进适应现状的毒品（例如酒和咖啡因）。

资本主义制度也设法去控制那些不适应该制度的人。老人、有精神疾病或者身体残疾的人和罗伯特·默顿所谓的退却主义者（对酒和其他毒品上了瘾的人）更是社会的一份"昂贵但相对无害的负担"。斯皮策称这些人受到社会福利代理机构的控制。但是那些资本主义制度的公然挑战者，包括市中心区的下层阶级和革命者（默顿所谓的革新者和反叛者），受到刑事司法系统的控制，而且，在社会危机的时刻，他们要受到诸如国民警卫队之类的军事力量的控制。

要注意的是，社会福利系统和刑事司法系统都在因为社会问题而责备个人，而不是责备系统本身。福利接受者被认为是不足取的"揩油"的人，对他们的困境表达了愤怒的穷人被贴上了暴徒的标签，任何挑战政府的人都会被烙上激进分子或共产主义者的印记，那些试图非法地获取某些东西（这些东西他们永远不能合法地获取）的人会被当作普通罪犯加以围捕。

或许没有比伯纳德·麦道夫（Bernard Madoff）更能象征着席卷华尔街危机的贪婪，他从成千上万的人和机构那里诈骗了大约 50 亿美元。2009 年，麦道夫被指控犯下 11 项重罪，被判入狱 150 年。你认为白领犯罪受到了刑事司法系统的公正对待吗？是，为什么？不是，又是为什么？

三、白领犯罪

作为白领犯罪的标志，华尔街上一位名叫迈克尔·米尔根（Michael Milken）的股票经纪人在 1987 年上了报刊头条，他因为交易欺诈行为被监禁。米尔根引起人们的注意是因为从黑帮人士阿尔·卡邦之后再也没有人能在一年当中赚这么多钱——55 亿美元（一天大约 150 万美元）(Swartz, 1989)。

米尔根实施的是**白领犯罪**。埃德温·萨瑟兰（1940）*将社会地位高的人在他们的职业过程中进行犯罪定义为白领犯罪*。白领犯罪不涉及暴力，很少引发警方持枪赶赴的场景。更准确地说，白领罪犯是利用他们有权力的职位去使自己和他人致富，这个过程中经常会引起严重的公共危害。基于此，社会学家有时称，白领犯罪为"办公室内的犯罪"，用以对应"街头犯罪"。

最普通的白领犯罪是银行侵占、商业欺诈、贿赂和违反追求商业竞争性的反托拉斯法（antitrust Laws）。萨瑟兰（1940）解释说，这些白领犯罪通常被追究民事责任，很少被追究刑事责任。*民法调整个体当事人之间的商业交易行为，而刑法规定个人对于社会的道德责任*。因而在现实中，有人输了民事官司，支付损害赔偿金，但是没有被贴上罪犯的标签。更甚的是，大多数对白领犯罪的指控是指向组织而非个人，这样公司官员也就受到了保护。

当白领罪犯被起诉和定罪时，他们通常会逃避惩罚。一项政府研究发现，那些犯有欺诈罪的人交纳了不到他们的欠款的 10% 就结束了惩罚，多数人为了避免赔偿而设法隐藏或转移财产。在那些犯有更严重的挪用罪行的白领罪犯中，只有大约一半曾经在监狱里服过刑。一份统计资料表明，在美国联邦法院判决的侵占罪罪犯中，仅仅 54% 在监狱服刑，其余的被处以缓刑或罚金（U. S. Bureau of Justice Statistics, 2011）。像一些分析家所指出的，除非法院判处更长的刑期，否则白领犯罪依然会很普遍（Shover & Hochstetler, 2006）。

白领犯罪 社会地位较高的人在他们的职业过程中所犯下的罪行

公司犯罪 一个公司或者代表公司行动的人的违法行为

有组织的犯罪 提供非法商品或服务的交易

电视连续剧《大西洋帝国》（*Boardwalk Empire*）让观众窥视了这个国家历史上帮派流氓的生活。你认为大众媒介是怎样准确地描述有组织的犯罪的呢？请给予解释。

四、公司犯罪

有时候整个公司而不只是个人违犯了法律。**公司犯罪**是指一个公司或者代表公司行动的人的违法行为。

从出售明知有缺陷或有危险的产品到故意污染环境，都属于公司犯罪（Derber, 2004）。最近几年，许多大的美国公司的倒闭与部分公司高管的犯罪行为不无关系，已致使上万人失去了工作和退休金。

此外，公司经常违背安全条例，导致伤亡。美国在 2006 至 2011 这几年中，有 177 名煤炭工人死于矿难，其中许多案例便是违背安全法规。我们怀疑是否真的存在"安全"的矿山，数百甚至更多的人由于常年吸入煤尘而死于"黑肺"。在美国所有与工作有关的危害导致的死亡人数达到数千，将近两百万的人职业劳损严重到需要休息时间（Jafari, 2008; U.S. Department of Labor, 2011; Mine Safety and Health Administration, 2011）。

五、有组织的犯罪

有组织的犯罪指的是提供非法商品或服务的交易。有时候犯罪组织强迫人们和他们交易，比如某帮派向店主敲诈"保护费"。然而在多数案例中，有组织的犯罪涉及把非法商品和服务（包括性、毒品、赌博）销售给自愿的买家。

有组织的犯罪在美国已经活跃了一个多世纪。其运作的范围向移民中间扩张，移民们觉得美国社会不愿和他们共享机会。一些雄心勃勃的人（诸如前面描述的阿尔·卡邦）取得了成功，尤其是在禁酒令期间（1920—1933），当时美国政府禁止生产和销售酒类。

多样化思考：种族、阶层与性别

仇恨罪行法律（hate crime Laws）：惩罚的是行为还是态度？

2010 年的秋天，十八岁的泰勒·克莱门蒂，罗格斯大学的大一新生在他的室友用摄像头拍下了他和另一位同性年轻人的性活动的三天后，跳下了乔治·华盛顿大桥结束了自己的生命。他的室友，由于发送推特消息鼓励别人来观看视频，因被指控一系列的罪名——其中包括侵犯隐私罪和偏见恐吓罪——被捕。因为犯罪意图被裁定是基于对被害人的性取向的偏见，其室友可能面临——2012 年 5

月份开始——入狱十年或以上徒刑（DeFalco, 2011; Zernike, 2012）。

像这个案子所例证的，如果罪犯动机是出于对某类人的偏见，仇恨罪行法律对犯罪的惩罚会更严厉。支持者给出了三个论据，以赞同仇恨罪行的法律。首先，罪犯的意图在衡量犯罪的责任方面总是重要的，而认为仇恨是一种意图并不新奇。其次，仇恨罪行的受害人比其他动机的犯罪的受害人所受到的伤害更大。最后，出于种族主义或者其他偏见动机的犯罪社会危害性更大，因为这比为金钱之类而犯下的罪行更能激怒整个社群。

相反，批评者认为，虽然有一些出于仇恨罪行案例涉及绝对的种族主义，但是大多数是年轻人的冲动之举。批评者坚持认为，更为重要的是，仇恨罪行法律对保护言论自由的"第一修正案"是一种威胁。仇恨罪行法律允许法院不但针对行为而且还针对态度对犯罪进行判罚。哈佛大学法学教授阿兰·德肖维茨（Alan Dershowitz）警告说："相较于我对偏执的痛恨，我更畏惧试图控制公民精神的法院。"简而言之，按照批评者的观点，仇恨罪行法律为惩罚信仰而非惩罚行为打开了大门。

1993年，美国最高法院维持了对托德·米切尔（一个非裔年轻人袭击了一名白人年轻人，出于种族偏见的动机）的判罚。在一致判决中，法官重审了政府不应该惩罚个人的信仰，这是无异议的。但是他们推论，当信仰成为了犯罪动机的时候就不再受到保护。

你怎么想？

1. 你认为仇恨罪行比被贪欲激发的犯罪更具危害性吗？是，为什么？不是，又是为什么？
2. 你认为诸如非裔美国人之类的少数族裔应该和白人一样去服从仇恨罪行的法律吗？应该，为什么？不应该，又是为什么？
3. 你是支持还是反对仇恨罪行法律？说说你的观点。

资料来源：Terry (1993) and A.Sullivan (2002), and Hartocollis (2007)。

意大利的黑手党是一个众所周知的有组织的犯罪的例子。但是其他的犯罪组织也涉及非裔美国人、哥伦比亚人、古巴人、海地人、尼日利亚人和俄罗斯人，以及其他几乎所有的种族。今天，有组织的犯罪涉及的行为范围宽泛，从出售非法的毒品到卖淫到信用卡欺诈以及向非法移民出售假证件都包括在内（Waldez, 1997; Federal Bureau of

Investigation, 2010）。

● 评价

根据社会冲突理论，资本主义社会在财富和权力方面的不平等造就了该社会的法律也决定了法律如何被适用。因而，刑事司法系统和社会福利系统充当了政治代理，控制了那些对资本主义制度造成威胁的人。

与其他对越轨的研究视角一样，对社会冲突理论也不乏批评的声音。首先，社会冲突的视角提出法律和其他的文化规范是由富人和有权势的人直接创造的。至少，这种观点过度简单化了，因为法律也保护工人、消费者和环境，有时候法律也反对公司和富人的利益。

其次，社会冲突分析认为，只有到了社会不平等地对待其成员的程度，犯罪行为才会涌现出来。然而，像涂尔干所说的，不管经济制度如何，不管社会的不平等程度如何，任何社会都存在越轨。

● 检查你的学习

请定义白领犯罪、公司犯罪和有组织的犯罪。

第五节 越轨、种族与性别：种族冲突和女性主义理论

应用//

人们认为，越轨反映着不同类别群体的相对权力和特权。回顾种族冲突和女性主义理论，下面提供两个例子来说明种族敌意如何激发仇恨罪行，以及，性别是如何与越轨联系起来的。

了解我们自己·美国各地遭受暴力犯罪的风险

数据表明在美国各地成为暴力犯罪受害人的风险并不相同。总体上，在低收入的乡村地区，那里15岁到24岁之间的男性人口多，这种地区风险是最高的。阅读完课本的这部分以后，看看你能否解释这种情况。

【探索】访问 mysoclab.com 网站，了解你们当地社区和全美各县监狱中囚犯的人口构成。

一、种族冲突理论：仇恨罪行

仇恨罪行是指，*罪犯出于种族的或者其他的偏见的动机而实施的一种针对人身或财产的犯罪行为*。仇恨罪行可能对某个人的种族、宗教信仰、祖先、性取向或者身体缺陷表现出敌意。联邦政府在 2010 年记录了大约 6628 例仇恨罪行（U.S. Department of Justice, 2011）。

1998 年，两个对同性恋充满仇恨的人极端残忍地杀害了怀俄明州立大学的学生、男同性恋者马修·谢帕德（Matthew Shepard），引起全美国震惊。但这一罪案远非孤立的案件。国家反暴力节目中报道说，在 2010 年，有 27 起谋杀案与种族偏见有关。调查表明美国 40% 同性恋者说他们曾经在成年时期是暴力的受害者，其中的 90% 的人称受过谩骂。那些与多重污名斗争的人，诸如有色人种的男同性恋者，尤其可能成为受害人（Dang & Vianney, 2007; National coalition of Anti-violence Programs, 2011）。然而这也可能发生在任何人身上：在 2010 年，大约有 20% 的出于种族仇恨的犯罪是针对白人的（Federal Bureau of Investigation, 2011）。

2011 年，有 45 个州和联邦政府就制定法律，增加对仇恨罪行的处罚。支持者是满意了，但是反对者指称，这种基于罪犯的态度就增加处罚的法律是惩罚"政治不正确"的思想。仇恨罪行的法律在 309 页"多样化思考"专栏中有进一步的关注。

二、女性主义的视角：越轨与性别

2009 年，苏丹的几位妇女遭受"穿着不得体"的指控。刑罚一般是监禁，在有些案例中，则为 10 下鞭刑。所谓的罪行是女性着裤装（BBC, 2009）。

上述虽然是特殊的例子，但事实上，世界上任何社会对女人的规范控制都比对男人的规范控制要严格一些。在历史上，我们的社会把家庭置于妇女生活的中心位置。甚至在今天的美国，妇女在工作场所，在政治、运动和军事等领域的机会也比男性要受到更多的限制。

性别也出现在这一章前面你所阅读到的越轨理论中。例如，罗伯特·默顿的紧张理论根据财力的成功来定义文化目标。传统上，至少这个目标与男性的生活更相关，因为女性被教化着根据婚姻和母亲身份来定义成功（E. B. Leonard, 1982）。更加关注女性的理论可能会承认，由文化中平等的理念所产生的紧张会与基于性别的不平等的现实相冲突。

根据标签理论，性别影响我们如何定义越轨，因为人们一般都用不同的标准去判断男性和女性的行为。此外，因为社会把男性置于比女性权力更大的位置上，男性经常逃避那些伤害女性的行为所产生的直接责任。在过去，那些骚扰或攻击女性的男性只不过会被贴上温和的越轨者的标签，有时候会完全逃脱惩罚。

相反，那些受害的女性可能必须让他人（甚至是陪审团的成员）确信，她们不应该因为自己遭受的性骚扰或侵犯而受到责备。有研究证实了一个重要事实，即人们是否定义一种情形为越轨——如果是越轨的话，谁是越轨者——取决于观者和行为者的性别（King & Clayson, 1988）。

最后，尽管很多社会冲突视角的分析关注社会的不平等，但是并没有涉及性别问题。假如像冲突理论提出的那样，经济上的劣势是犯罪的首要原因，为什么女性（其经济地位比男性更糟糕）犯罪远少于男性呢？

第六节　犯罪

理解//

犯罪是指违犯了由地方、州或者联邦政府所颁布的刑法的行为。所有的犯罪由两个要素组成：行为本身（或者在一些案件中，未能履行刑法所要求的义务）和犯罪意图（在法律术语中指犯意或者动机）。犯意是一个程度的问题，包含从故意到过失。因过失而犯罪的人并不是蓄意伤害别人，但是其行为（或者不作为）在某种程度上导致了伤害。检举人在决定是否以，比如说一级谋杀罪、二级谋杀罪或者过失杀人罪去指控某人时，需要衡量犯意的性质。另外，他们也认为有些杀人事件是正当的，比如自卫。

针对人身的犯罪（暴力犯罪）
指对他人直接使用暴力或以暴力相威胁

针对财产的犯罪（财产犯罪）
指偷窃他人金钱或财产的犯罪

无受害人的犯罪　没有明显的受害人的违法行为

一、犯罪的类型

在美国，联邦调查局（FBI）收集关于犯罪的信息，并且定期在一份叫作《美国的犯罪》的出版物上报告结果。两个主要的犯罪类型组成了美国联邦调查局的《犯罪索引》(*crime index*)。

针对人身的犯罪，也称*暴力犯罪*，指对他人直接使用暴力或以暴力相威胁。暴力犯罪包括谋杀、非预谋故意杀人罪、加重的企图伤害罪（一个人为了施加严重的或者恶性的身体伤害而非法袭击他人）、暴力强奸（违背女性的性意愿而暴力侵害其肉体）和抢劫（通过强制或以强制相威胁的方式，或者，通过暴力或将其置于恐惧之中的方式，占取或试图占取他人的照料、监管和控制之下的有价财物等）。

针对财产的犯罪，也称*财产犯罪*，指偷盗他人财产的犯罪。财产犯罪包括入室行窃（"非法进入某建筑物去实施严重的犯罪或者盗窃"）、盗窃（"非法取走、运走、引导走或者驾驶他人的财产"）、偷盗汽车（"盗窃或者设法盗窃机动车辆"）和纵火（"任何蓄意或者恶意地烧毁或试图烧毁他人的私人财产的行为"）。

第三种犯罪没有包括在主要的犯罪索引（crime indexes）之内，是**无受害人的犯罪**，违法行为中没有明显的受害人，也称之为没有控方的犯罪。无受害人犯罪包括非法使用毒品、卖淫和赌博。然而，无受害人犯罪这个术语是引人误解的。年轻人必须偷盗或者维持吸毒的习惯才会犯罪，而无受害人的行为如何是犯罪呢？一位年轻的孕妇因为无节制的吸烟而永久地伤害了她的婴儿，算什么情况呢？或许我们认为实施这类犯罪的人既是罪犯又是受害人更准确一些。

因为公众对无受害人犯罪的观点变化很大，各个地方的法律也不一致。在美国，赌博和卖淫只在极其有限的地区是合法的，然而这两类行为遍及全国。

二、犯罪统计

联邦调查局收集的统计资料表明，从 1960 年到 1990 年，犯罪率一直在上升，随后犯罪率开始下降。即便如此，警察计算出每年还是有超过 1000 万宗严重的犯罪。图 7-2 展示了各种严重犯罪的趋势。

朱利安·阿桑奇（Julian Assange）是维基解密（Wikileaks）的创办人。维基解密试图使政府和其他强权组织对自己的行为负责。阿桑奇因此陷入了法律的纠纷之中，也就并不奇怪。这里显示的是，他在 2010 年已获准保释，等候未来的起诉。

阅读犯罪统计资料的时候总是要谨慎，因为犯罪统计表只包括警察知道的犯罪。几乎所有的杀人案件都被报道过，但是攻击，尤其是相互认识的人之间的攻击，通常都没有被报道。警察对财产犯罪的记录甚至更少，损失较小的案件尤其没被记录。

研究者采用"受害人调查"来核对官方的犯罪统计资料，他们询问一个有代表性的样本，关于他们是否经历过犯罪侵害。根据这类调查，2010 年的犯罪率大概是官方报告中所显示的犯罪率的两倍（Truman, 2010）。

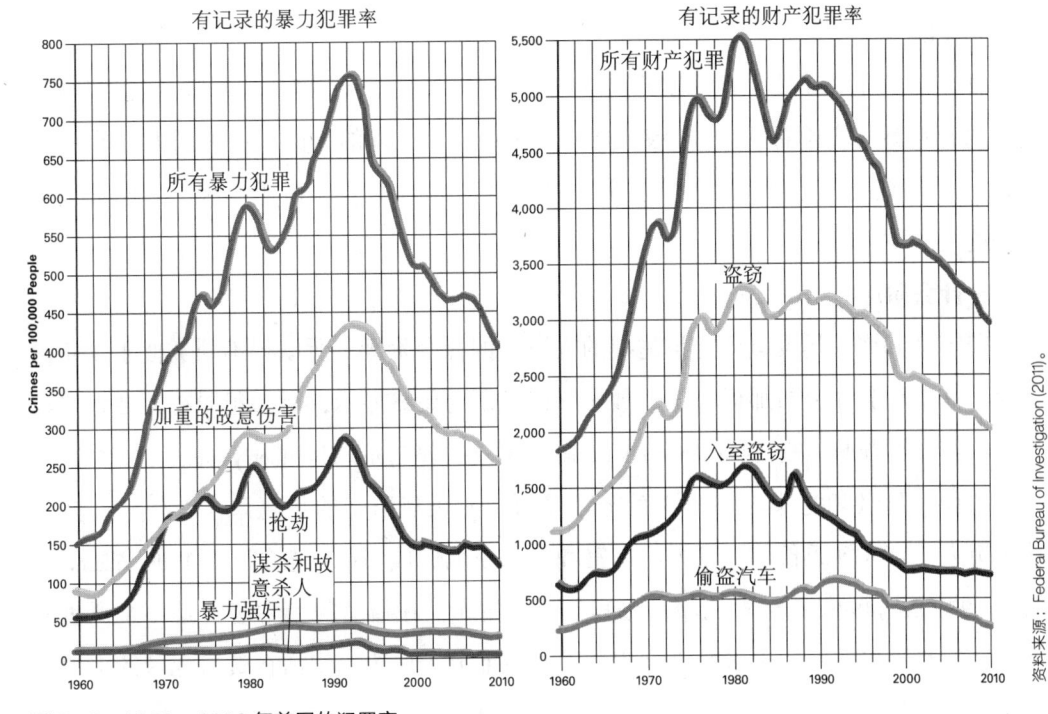

图 7-2　1960—2010 年美国的犯罪率
曲线图描绘的是最近几十年间各种暴力犯罪和财产犯罪的犯罪率。大约自 1990 年以来，犯罪率趋向于降低。

资料来源：Federal Bureau of Investigation (2011)。

三、街头犯罪：一个侧写

利用政府的犯罪报告，我们能够对那些最有可能因为暴力和财产犯罪而被逮捕的人给出一个大体的类型描述。

● 性别

尽管男女两种性别大概各占人口的一半，但警察在 2009 年所逮捕的财产犯罪罪犯中有 62.4% 是男性，女性只占 37.6%。换句话说，因为财产犯罪而被捕的男性几乎是女性的两倍。在暴力犯罪案件中，男女性别间的差异甚至更大，因暴力犯罪而被逮捕的罪犯中，男性占约 80%，女性只占约 20%（超过 4∶1）。

我们怎样去解释这类明显的性别差异？或许是一些法律执行官员不愿把妇女定义为罪犯。事实上，就全球范围来看，男女两性在犯罪率上的最大差异发生在那些对女性的机会限制得最严格的社会。然而在美国，男女两性在逮捕率上的差异很小，这可能说明美国社会的性别平等程度在提高。在 2001 年到 2010 年之间，被逮捕的女性上升了 10.5%，而被逮捕的男性下降了 6.8%（Federal Bureau of Investigation, 2011）。

● 年龄

官方的犯罪率在处于青春期的人当中急剧上升，在接近 20 岁的那几年达到顶峰，然后随着年龄的增长而下降。年龄处在 15 岁和 24 岁之间的人口只占美国人口的 14%，但在 2010 年这类人占所有因暴力犯罪而被逮捕的人的 39.4%，占所有因财产犯罪而被逮捕的人的 47.6%。

● 社会阶层

美国联邦调查局没有评定被逮捕的人所属的社会阶级，所以得不到类似于以年龄和性别来统计犯罪分布那样的统计数据。但是研究始终显示，街头犯罪在社会地位较低的人群中更普遍一些（Thornberry & Farnsworth, 1982; Wolfgang, Thornberry & Figlio, 1987）。

然而，阶级和犯罪之间的联系比它表面上所表现出来的更复杂。首先，许多人认为穷人比富人缺乏价值，富人的财富和权力使他们成为可尊敬的人（Tittle, Villemez & Smith, 1978; Elias, 1986）。尽管犯罪，尤其是暴力犯罪，在最穷的市中心区是一个严重的问题，但是这些犯罪的大多数都是少数铁杆犯罪分子所为。生活在贫穷地区的多数人根本就没有犯罪记录（Wolfgang, Figlio & Sellin, 1972; Elliott & Ageton, 1980; Harries, 1990）。

社会身份和犯罪之间的联系也取决于犯罪的类型。如果我们不局限于街头犯罪，扩大犯罪的定义，把白领犯罪和公司犯罪也包括在内的话，"普遍的犯罪"看起来忽然就会更多，而且可能出现在千万富翁的家庭中。

【访问 Mysoclab.com 网站阅读由戴维·科尔（David Cole）所写的"刑事司法系统中的族群与种族"。】

● **种族与族裔**

种族和族裔与犯罪率有很强的联系，尽管其原因很多且很复杂。官方的统计资料显示，在 2010 年因为触犯了联邦调查局《犯罪索引》中已有的罪名而被逮捕的人当中有 69.4% 是白人。然而，按照各自在美国的总人口中所占的比例，非裔美国人的被捕率比白人的被捕率更高。非裔美国人占美国人口的 13%，但因为财产犯罪而被捕的人当中，非裔美国人占 28.9%（白人占 68.4%），因为暴力犯罪而被捕的人当中，非裔美国人占 38.1%（白人占 59.3%）（Federal Bureau of Investigation, 2011）。

这种被逮捕的非裔美国人与非裔美国人总人口不成比例的现象有几个原因。第一，种族在美国是与社会身份紧密相关的，像我们已经解释的那样，这影响着参与街头犯罪的可能性。许多生活在财富中间的穷人会感觉到社会是不公平的，因而更可能诉诸犯罪来获得他们的份额（Blau & Blau, 1982; E.Anderson, 1994; Martinez, 1996）。

第二，黑人和白人的家庭模式不同：73% 的非西班牙裔黑人的小孩（与 29% 的非西班牙裔白人的小孩相比）是单身母亲所生。单亲家庭会带来两种风险：小孩得到的监管更少而承受更大的贫穷风险。有接近 40% 的非裔美国人的小孩是在贫困的家庭中长大的（白人小孩的相应比例是 12%），谁都不会对非裔美国人如此高比例的犯罪率感到惊讶（Courtwright, 1996; Jacobs & Helms, 1996; Martin, Hamilton et al., 2011; U.S.Census Bureau, 2010）。

第三，偏见促使白人警察更容易去逮捕黑人，也促使市民更愿意去告发非裔美国人，因此有色人种特别被有罪化（Chiricos, McEntire & Gertz, 2001; Quillian & Pager, 2001; Demuth & Steffensmeier, 2004）。

第四，要记住官方的《犯罪索引》不包括那些因为酒后驾车、白领违法等所引起的逮捕。这种统计上的遗漏助长了把有色人种看作典型的罪犯的观点。如果我们把犯罪的定义放宽一些，把酒后驾车、商业欺诈、侵占、股票诈骗和偷漏所得税等包括进来，白领罪犯的比例就会急剧上升。

我们也要切记，那些被逮捕率高的群体成为犯罪受害人的风险也更高。例如，在美国，非裔美国人死于被杀害的可能性几乎是白人的 6 倍（Rogers et al., 2001; Xu et al., 2010）。

最后，某些人群的被逮捕率异乎寻常地低。亚洲人的后代占总人口的大约 4.9%，但其被逮捕的人数只占所有被逮捕的人数的 1.2%。像第十一章（"种族和族群"）所解释的那样，亚裔美国人有比平均水平更高的教育成就和收入。亚裔美国人的文化也强调家庭团结和纪律，这两者都抑制了犯罪行为。

"你看起来像这幅素描中正在考虑实施犯罪的某个人。"
The New Yorker Collection 2000, David Sipress from cartoonbank.All rights reserved.

> **世界之窗·全球视野下的死刑**
> 据统计目前世界上可以因一般犯罪而被依法判处死刑的有 58 个国家。有超过 9 个国家只在军事法律中或者在战争时期保留了死刑。有 96 个国家不存在死刑。有超过 34 个国家，尽管法律中保留了死刑，但十多年来没有执行过死刑。

四、全球视野下的犯罪

世界范围来讲，美国的犯罪率是高的。尽管最近的犯罪趋势有所下降，在 2010 年这个国家有 14748 起谋杀案，大约相当于每半个小时一起案件。像纽约这样的大城市，每一周都有人死亡。

暴力犯罪（但不是财产犯罪）率在美国要比欧洲高出几倍。对比更大的是在美国和亚洲国家之间，特别是印度和日本，那里的暴力犯罪和财产犯罪率世界最低。

埃略特·柯里（Elliott Currie, 1985）提出，犯罪根源于我们的文化对个人经济上成功的强调，且经常以损害稳固的家庭和邻里关系为代价。美国也特别具有文化多样性，这是几个世纪的移民的结果，当然这也可能导致冲突。另外，美国经济上的不平等比其他大多数高收入国家都严重。因而，遍布穷人之中的可想而知的挫折感，加上相对弱势的社会结构，都会增加犯罪行为。

助长美国社会的暴力的另外一个因素是私人广泛拥有枪支。美国大约有三分之二的被谋杀者死于枪杀。美国的手枪枪杀死亡率大约是加拿大的5倍，加拿大严格限制私人拥有手枪（Federal Bureau of Investigation, 2011; Statistics Canada, 2011）。

调查显示，在美国有三分之一的成年人宣称他们私人拥有一把枪，大约一半的美国家庭拥有至少一支枪（Gallup, 2011）。事实上，美国的枪支数量（大约2.85亿）比成年人口的数量多，这些枪支的40%是那种通常在暴力犯罪中使用的手枪。在很大程度上，持枪权反映人们对犯罪的畏惧，然而在这个国家获得枪支的相对容易也使犯罪更具致命性（Brady Campaign, 2011; NORC, 2011）。

枪支管制的支持者指出，严格控制持枪权将减少美国的谋杀数量。例如，加拿大禁止绝大多数人拥有枪支，其每年的谋杀案数量不及美国纽约一座城市的谋杀案。但是像枪支管制的批评者所指出的，法律控制枪支所有权并不会使罪犯远离枪支，罪犯几乎总是能够非法地获得枪支。枪支管制在打击犯罪的战争中并不是什么具有魔力的子弹：每年被刀杀害的美国人的数量超过了被所有类型的武器杀害的加拿大人的数量（J.D.Wright, 1995; Munroe, 2007; Federal Bureau of Investigation, 2011; Statistics Canada, 2011）。

2008年末，私人枪支的销售大幅上扬，反映了许多枪支所有者担心奥巴马政府会采取行动遏制枪支的所有权。法律在未来几年可能变化可能不会变化，但关于普遍持枪权的争论将持续存在（Potter, 2008）。

12月24至25日，旅行穿过秘鲁。在秘鲁的首都利马，人们对犯罪的关注是显而易见的。几乎每栋房子都用几道门、带刺的铁丝网、嵌入墙顶水泥里的碎玻璃来加强防范。在沿海岸的富人区，我们可以看到一些大使馆、高价的旅店和国际机场，但是也到处可以看到私人保安。

当我们经过东边的安第斯山脉上的小村庄的时候，情况就大不相同了。一些家庭几代人都生活在这些地区，人们彼此都认识。这里没有门和围墙。整个下午我们只看见一辆警车。

犯罪率在一些世界最大的城市里是很高的，包括秘鲁的利马、巴西的圣保罗和菲

当经济活动发生在法律调节的边界之外,人们更可能采用暴力而不是法庭去解决纠纷。在中美洲,与毒品相关的暴力导致其谋杀率达到世界最高水平。

律宾的马尼拉,这些城市的人口急剧增长,而且有数百万的绝对贫困人口。然而,在大城市的外面,低收入社会的传统特征和他们牢固的家庭使地方社会可以非正式地控制犯罪。

某些犯罪类型一直是跨国性的,诸如恐怖主义、间谍、军火走私(Martin & Romano, 1992)。但是我们今天正在许多领域出现的全球化扩大了犯罪。非法的毒品交易是近来的一个相关案例。在一定程度上,美国的非法毒品问题也是一个"需求"问题。也就是说,可卡因和其他毒品在美国的需求大,许多人为了抓住致富的机会冒着被逮捕甚至暴死的风险去从事毒品交易。但是问题的"供给"方与问题本身一样重要。南美国家哥伦比亚至少有20%的公民依靠生产可卡因为生。可卡因不但是哥伦比亚最有利可图的出口商品,而且它的销量是其他所有出口商品(包括咖啡)的四倍之多。很明显,毒品交易和许多其他的犯罪与美国和其他地方的社会经济环境密切相关。

不同的国家有不同的对付犯罪的策略。死刑的采用提供了一个相关的例证。2010年527例记录在案的死刑中,超过80%的死刑发生在伊朗、朝鲜、沙特阿拉伯、也门和美国。全球的趋势是趋向于废止死刑。国际组织(2011)报告说,自从1985年以来,有66个国家废止了死刑。

第七节 美国的刑事司法系统

分析

刑事司法系统是一个社会正式的社会控制系统。我们将简要地介绍美国的刑事司法系统的关键要素：警察、法院和惩罚与矫正系统。然而，我们首先要理解一个处在整个系统根本层面的重要原则，即正当程序的思想。

一、正当程序（due process）

*正当程序*是一个简单但是又非常重要的思想：刑事司法系统必须在法律的范围内操作。这个原则在美国宪法的前十项修正案——即我们所知的1791年议会通过的《权利法案》中打下了基础。美国宪法给任何受犯罪指控的人提供多种的保护，包括辩护的权利、拒绝自证其罪的权利、对抗所有指控者的权利、一罪不二罚的自由和未经正当的法律程序就不能剥夺生命、自由或财产。此外，美国宪法给所有人及时、公开、有陪审团参加的审判的权利，免于过高保释金，也不能有"残酷的和非同寻常"的惩罚。

如果警察想要有效地处理他们每天所要面对的众多不同的情形，就必须要有判断力。同时，警察公平待人也很重要。上图中，我们看到一个警官正在决定是否控告一位酒后驾车的年轻妇女。你认为哪些因素会对他的决定起作用呢？

在一般的术语中，正当程序这个概念意味着遭到犯罪控诉的任何人必须获得：（1）清楚的程序通知单；（2）依法进行的指控及可行使辩护的听证；（3）一个公正地质证的法官及陪审团（Inciardi, 2000）。

正当程序限制了政府的权力，着眼于这个国家对个人的权利和自由的文化支持。确定政府的权力运行范围，构成了司法系统，尤其是美国最高法院的大部分工作。

二、警察

警察是服务于刑事司法系统和社会人口之间的基本纽带。原则上，警察通过执法来维持公共秩序。当然，要监管3.08亿人的行为，美国的705,009名全职警官要做的事情实在太多。结果,对于哪些情形要加以注意和如何处理这些情形大量取决于警察的个人判断。多数年份中每年有超过 100 名美国警察在执勤中死亡。

警察如何履行他们的职责呢?在一项对 5 个城市的警察行为的研究中,道格拉斯·史密斯和克丽斯蒂·维谢尔(1981; D. A. Smith, 1987)认为,因为警察必须行动迅速,他们会根据六个方面的因素很快地估计情形。第一,警察认为情形越严重,就越有可能实施逮捕。第二,在决定是否实施逮捕方面,警察会考虑到受害人的愿望。第三,嫌疑犯越是不合作,被逮捕的可能性就会越大。第四,警察更可能"关照"那些有被捕记录的人,想必是因为被捕的经历使人想起罪行。第五,有旁观者在场会增加逮捕的可能性。根据史密斯和维谢尔的说法,如果把这种遭遇从大街上(嫌疑犯的地盘)移到警察局(执法人员在这里有优势),有旁观者在场会促使警察对情形采取更强硬的控制。第六,即使其他方面都一样,警察逮捕有色个体的可能性比逮捕白人的可能性要大,他们觉得非洲人或拉丁美洲人的后裔嫌疑犯要么更具危险性,要么更可能是有罪的。

三、法院

逮捕以后,法院确定嫌疑犯是有罪的或者清白的。在原则上,美国的法院依靠一种对抗性的程序,包括审判现场的律师和检察官(一位代理被告,另一位代表国家),法官掌控着法律程序。

然而在实践中,约 97% 的刑事案件在法院开庭之前就通过"辩诉交易"(plea bargaining)解决了。"**辩诉交易**"是一种法律的沟通,即检察官减轻指控,以换取被告的有罪承认。例如,州检察院可以将对某位被告的指控罪名由入室行窃降格为较轻的罪名,或许是拥有入室行窃的工具,以换取对方的认罪(U.S.Department of Justice, 2011)。

"辩诉交易"是很普遍的,因为这为刑事司法系统节省了审判的时间和费用。如果对案件的事实没有什么分歧,审判通常就是没必要的。另外,因为进入刑事司法系统的案件数量在成倍地增长,检察官即使想要每一桩案件都开庭审理,也无能为力。通过快速地解决他们大部分的工作,法院可以把他们的资源整合到最重要的案件当中去。

但是"辩诉交易"敦促(本应推定为无罪的)被告承认有罪。一个人可以在审判中行使他的权利,只是要承担这样的风险:一旦被查明有罪,就要遭到更严重的判罚。而且,低收入的被告通常只能依赖于公设辩护人,通常,这些指定的律师工作繁重又收入菲薄,他们甚至对最重要的案件也只投入很少的时间(Novak, 1999)。"辩诉交易"

也许是有效率的，但是它既削弱了对抗性程序，又削弱了被告的权利。

四、刑罚

2011年的一个晴朗的星期六早上，在亚利桑那州的图森，国会议员加布里埃尔·吉福兹（Gabriella Giffords）坐在一张位于超市前面的折叠桌旁边。早上9点58分，她还在"国会就在你身边"活动现场通过扩音设备大声说："我的第一次'国会就在你身边'活动现在开始，请大家安静下来，让我知道你们在想什么。"此后不久，一辆出租车驶抵路边，下来一个乘客——一位有暴力倾向、陷入困境的年轻男子。他支付了20美元车费，然后径直走向吉福兹女士，掏出装有31发子弹的格洛克-19式手枪。枪击持续了15秒钟。20人受到枪击，其中6人死亡（von Drehle, 2011）。

诸如此类的案件促使我们去思考导致这类暴力事件的原因是什么，也促使我们去考虑社会对于此类行为应该做出何种反应。在图森枪击案中，罪犯似乎陷入了严重的心理疾病，因此存在一个他在多大程度上要对自己的行为负责的问题（Cloud, 2011）。当然，一般的情况是，犯罪嫌疑人遭到逮捕，进行审判，责任问题就解决了。如果要对该行为负责任，接下来的步骤就是刑罚。

一个社会为什么要刑罚做了坏事的人呢？学者们的回答有四个基本的理由：报复、威慑、复原和社会保护。

● **报复**

刑罚的最古老的理由是满足人们的**报复**（retribution）的需求，*报复是一种道义上的复仇行为，通过复仇社会使罪犯遭受到与由其罪行所引起的同样多的痛苦*。报复依赖于社会的道德平衡的观念。当犯罪行为颠覆了社会的道德平衡，社会要用同等标准的刑罚来修复道德秩序，像远古的谚语所说的那样，"以眼还眼，以牙还牙"。

在中世纪，多数欧洲人把犯罪视为一种需要做出严苛的反应的罪过（对上帝和社会的冒犯）。在今天，尽管批评家指出报复对于罪犯的改过自新没有什么作用，但是许多人认为报复是刑罚的充分原因。

● **威慑**

刑罚的第二个理由是**威慑**（deterrence），*即设法通过刑罚来阻却犯罪行为*。威慑基于18世纪的启蒙思想，即作为能计算的、理性的动物，人如果认为因刑罚而生的痛苦超过了犯罪的快乐，就不会违法。

威慑作为一种改革的尺度出现，因应基于报复的严苛的刑罚。如果刑狱不能阻碍偷窃，为什么要因为偷窃而把一个人置于死地呢？随着威慑这一概念在工业社会被接受，死刑和对罪犯的身体毁损在多数高收入的社会被诸如徒刑之类比较温和的惩罚形式所代替。

惩罚能在两个方面威慑犯罪。*具体的*威慑被用于使个体罪犯确信犯罪是不合算的。通过*普遍的*威慑，惩罚一个人可以起到警示他人的作用。

诸如《法律与秩序》（*Law & Order*）之类的电视节目非常清楚地展示了刑事司法系统对被告是有罪还是无辜的权衡过程。但是正如本节所解释的，仅有 5% 的刑事案件是通过正式审判得到解决的。

● 复原

刑罚的第三个理由是**复原**（rehabilitation），*即一种改造罪犯以预防再犯的项目*。复原是连同 19 世纪的社会科学一起发展的。从那时起，社会学家就主张犯罪和其他的越轨起源于以贫穷和缺乏父母监管为特征的社会环境。在逻辑上，如果罪犯的越轨是习得的，那么他们也能够学会遵守规范，问题的关键是控制他们的环境。少年管教所或者感化院提供被控制着的环境，人们在那里可以学习到正确的行为（回想在第三章"社会化"中对整套制度的描述）。

如同威慑那样，复原激发着罪犯遵从规范。与只是简单地给罪犯制造痛苦的威慑和报复相反，复原鼓励建设性的改进。不像要求罪刑相当的报复，复原因人而异地对待每一个罪犯。这样，针对相同的罪行采取的是类似的报复措施，却可能采取不同的复原方式。

```
                        刑罚的四种依据
    ┌──────────┬──────────┬──────────┬──────────┐
  报复 报复是一种道义上  威慑 设法通过  复原 一种改造  社会保护 通过暂时的关
  的复仇行为，由此使罪犯  惩罚来阻却犯罪  罪犯以预防再犯  押或者永久地服刑致使罪
  遭受到与其罪行所引起的  行为        的项目      犯无力再进一步犯罪
  同样多的苦楚
```

总结
刑罚的四种依据

报复	刑罚的最古老的依据。刑罚是社会对道德过错的复仇。原则上，刑罚在严厉程度上应该等同于罪行本身。
威慑	一种现代早期的方法。犯罪被认为是社会需采取控制的社会破坏。人被认为是理性的和自我本位的。威慑能够奏效，是因为刑罚的痛苦超过了犯罪的快乐。
复原	一个与社会科学的发展相联系的现代策略。犯罪与其他越轨被认为是社会问题（例如贫穷）或者个人问题（例如精神疾病）的结果。社会条件在改善。矫正措施根据犯人的情况因人而异。
社会保护	一种比复原更容易执行的现代方法。如果社会不能或不愿使罪犯复原，或者革新社会条件，人们可以通过对罪犯施以徒刑或死刑而得到保护。

● **社会保护**

刑罚的最后一个理由是社会保护，即通过暂时的关押或者永久的服刑致使罪犯无力进一步犯罪。与威慑一样，社会保护对于刑罚是一种理性的方法，旨在保护社会免受犯罪之害。

当前，美国有大约 230 万人被监禁。尽管近年来犯罪率在下降，被关押的囚犯数自 1980 年以来却一直在增长。被关押犯人的增加，既反映了公众对待犯罪的态度更加强硬，也体现了因为毒品犯罪而被捕的人在增加。结果就是，现在的美国被关进监狱的人口比例比世界上其他任何国家都要高，大约每三十一个成年人就有一个在监狱，或处在缓刑或假释期。面对这趋势的批评意见认为这个国家现在有一个大规模的监禁政策（Gottschalk, 2006, 2011; Sentencing Project, 2008; Pew Center on the States, 2011; U.S. Bureau of Justice Statistics, 2011）。

● **评价**

总结表格回顾了刑罚的四种依据。然而，对刑罚的效果的精确评估并不是一个简单的任务。

报复的价值在于涂尔干所主张的通过惩罚越轨者来增强社会的道德意识。因为这个原因，刑罚在传统上是一个公共事件。尽管美国最后一起公开的死刑发生在几乎是 70 多年前的肯塔基州，但今天的大众传媒让公众确信死刑是在监狱的高墙内执行（Kittrie, 1971）。

刑罚威慑了犯罪吗？尽管我们广泛地使用刑罚，美国社会还是有较高的**累犯率**（*先前被判罪的人后来再犯罪*）。最近的一个研究报告指出，1999 年有 45.4% 的罪犯从监狱被释放，然而截至 2014 年这些人中的 43.3% 在三年内又犯新罪而入狱或者因违反条例又被重新收监。另有调查指出州监狱里的囚犯大约有四分之三有服刑的前科（Defina & Arvanites, 2002; Langan & Levin, 2002; Pew Center on the States, 2011）。如此看来，刑罚真正地威慑了犯罪吗？所有的犯罪当中只有大约一半为警察所知，而被警察所知的这些犯罪中，只有大约五分之一导致逮捕。当我们意识到多数犯罪都逃脱了刑罚时，古语"恶有恶报"（Crime doesn't pay）听起来就不可信了。

监狱通过不让罪犯接近社会来提供短期的社会保护，但是这对长期地重塑态度和行为则收效甚微（Carlson, 1976; R.A. Wright, 1994）。或许复原也是不切实际的期待，因为根据萨瑟兰的差异交往理论，把罪犯关押在一起数年可能会加强犯罪的态度和技能。被关进监狱也给罪犯打上了污名的烙印，出狱后难以就业。此外，监狱割断了罪犯与外面的社会关系纽带，根据赫希的控制理论，这让罪犯们更可能一被释放又犯下新的罪行。

● **检查你的学习**

社会的四个刑罚的依据是什么？把犯人关进监狱就能实现吗？为什么？

五、死刑

在刑罚所涉及的问题里面，或许最具争议的问题是死刑。从 1977 年到 2011 年之间，美国的法院判处了 7500 起死刑，其中 1234 起死刑得以执行。有 34 个州的法律允许对犯一级谋杀罪之类的罪犯处以重罚。尽管多数州都保留死刑，但只有少数州有可能执行死刑。在 2010 年初，整个美国有 3173 名死囚，加利福尼亚、得克萨斯、佛罗里达和宾夕法尼亚这四个州就占了一半（U.S. Bureau of Justice Statistics, 2011）。

死刑的反对者们指出：有研究表明，作为对犯罪的威慑，死刑的价值是有限的。诸如加拿大等废止死刑的国家，并未见到谋杀案数量的上升。批评者们还指出，美国是唯一依旧执行死刑的西方高收入国家。公众对死刑日益关注，死刑在逐渐减少，从1999年的98例降到2008年的37例，但是2010年又升至46例。

民意调查显示，支持对谋杀罪处以死刑的美国成年人占63.5%，并且这个比例比较稳定（NORC, 2011: 248）。大学生也持相同的态度，大约有三分之二的大一学生支持死刑（Pryor et al., 2008）。

但是支持死刑的法官、刑事检察官和陪审团成员越来越少。第一个原因是，近年来犯罪率在下降，公众对犯罪的畏惧感在降低，对实行最严厉的惩罚也不再那么有兴趣。

第二个原因是，公众关注死刑执行的公平性。运用新近的DNA分析技术检测旧的犯罪现场的证据，就发现许多犯罪嫌疑人因误判而定罪。在整个美国，在1975年到2012年期间，有超过139人在被判处死刑后又经DNA技术检测而证实无罪获得释放。正是基于这个原因，伊利诺伊州州长在2000年宣布他不再支持死刑，该州监狱中的死囚全部得到改判（S.Levine, 2003; Death Penalty Information Center, 2011）。

死刑适用下降的第三个原因是，现在有更多的州允许法官和陪审团对重刑犯判处不得假释的终身监禁。这种刑罚使得不借助执行死刑，社会也能免受颇具危险性的犯罪的侵害。

最后一个原因是，鉴于起诉死刑案件的成本高昂，现在许多州都回避死刑。死刑案件要求做更多的法律事务，需要卓越的辩护律师，经常还需要公费办案。另外，这类案件通常需要各类"专家"（包括医生、精神科医生）提供的证词，支付给专家的费用也会增加审判成本。再者，判处死刑需要不断收集证据，多次起诉，这也需要成本。所有这些因素综合起来，死刑的成本明显要超过判处终身监禁。各州选择回避死刑的原因也就显而易见。比如，一个财会人员表明，新泽西州每年要为起诉死刑案件花费1000万美元，却没有执行一起死刑（Thomas & Bant, 2007）。

反对死刑的组织在法庭上对死刑提出了挑战。例如，2008年，美国最高法院支持使用致命的注射，但被指控该程序增加了惩罚的残酷性和不寻常性，违背了宪法。目前还没有迹象表明美国将废除死刑，但逐渐告别死刑是大势所趋。

为了增加刑罚对犯罪的威慑力，死刑很长时期内都是公开执行的。这张照片是美国最后一次公开执行死刑的情景：1937年8月16日，22岁的雷尼·贝思（Rainey Bethea）站在肯塔基州的欧温斯波洛的一个绞刑台上，等待被处死，周围挤满了孩子和大人。因为大众传媒在全美国都报道了这桩处决事件，各州此后就秘密地执行死刑了。

六、社区矫正

监狱是矫正系统的中心。监狱使罪犯远离街道，对监狱的认知可能阻止很多人犯严重罪行。但是有证据表明，这对多数罪犯的复原并没有什么作用。此外，监狱在建造和运转上需要昂贵的成本，除了最初建造监狱的设施设备的支出以外，每年要为每个罪犯花费大约30000美元。

社区矫正是传统监狱的一种替代，即罪犯身处社会而不是监狱高墙内进行的矫正项目。全美国有许多城市和州已经采用了社区矫正。社区矫正有三个优势：减少成本；减轻监狱里犯人的过度拥挤；在做到监管罪犯的同时还能消除罪犯的牢狱之苦和缠身的污名。一般而言，社区矫正与其说是惩罚还不如说是革新。因此，这类项目通常提供给那些罪行不严重的犯人和看起来将来继续犯罪可能性不大的犯人（Inciardi, 2000; Pew Center on the States, 2009）。

争鸣与论辩

暴力犯罪在下降，但原因何在？

杜安：我学的是刑事司法专业，我想当一名警察。美国的犯罪太严重了，警察要保持低的犯罪率。

莎蒂：我学的是社会学专业。关于犯罪，我认为没有那么简单……20 世纪 80 年代，犯罪率急剧上升。几乎每个人都生活在暴力犯罪的恐惧之中。在许多大一点的城市，被杀害和受伤的人数使整个社区看起来像个战区。对这个问题似乎束手无策。

然而在 20 世纪 90 年代，严重的犯罪率开始下降，直至近几年，犯罪率已回到一代人以前的水平。为什么呢？研究者指出了几个原因：

1. **年轻人口的减少**。我们已经注意到，要对暴力犯罪负责的往往是年轻人（尤其是男性）。在 1990—2000 年之间，年龄在 15 岁到 24 岁的人口下降了 5%（部分原因是堕胎在 1973 年合法化）。

2. **警察的变化**。犯罪的下降（以及更早时期的犯罪的增加）多数都发生在大城市。纽约市的谋杀案，从 1990 年的 2245 起下降到 2009 年的仅仅 471 起（该市自 1963 年保存相关记录以来的最低数字），2010 年又升至 536 起。犯罪减少的部分原因是，纽约市采用了一项社区警务政策，该政策意味着警察不仅仅只关心实施逮捕，还要关心在犯罪发生前预防犯罪。警察熟悉他们巡逻的地区，阻止年轻人在外闲逛或其他较小的违规行为，这样警察能够检查出他们隐藏的武器（携带枪支会被逮捕，已广为人知），在大城市里工作的警察也更多。在 20 世纪 90 年代，洛杉矶的警察加起来超过了 2000 名，在那个时期他们为洛杉矶的暴力犯罪下降做出了贡献。

3. **更多的囚犯**。从 1985 年到 2010 年，美国监狱里的囚犯数量从 75 万名飙升到 230 万名。囚犯增加的主要原因是法律严格要求许多犯罪，尤其是毒品犯罪，都要判罚监禁。大规模的监禁有了效果。如一个分析家所提出的："如果再关押 100 万人，犯罪率就会受到影响"（Franklin Zimring, quoted in Witkin, 1998: 31）。

4. **较好的经济状况**。美国的经济在 20 世纪 90 年代繁荣起来了。失业的人数减少，更多的人找到了工作，这减少了一些人由于经济上的绝望而走向犯罪的可能性。其中的逻辑很简单，即更多的就业等于更少的犯罪，尽管经济从 2007 年底开始萧条。政府的统计数据显示，直到 21 世纪头一个十年的中期，犯罪率持续在下降。但是，我们可以预期，近几年的经济低迷可能会使犯罪率反弹。

5. **毒品交易减少**。许多分析家认为，减少暴力犯罪率的最重要的因素是毒品可卡因的交易下降。可卡因大约是在 1985 年出现的，当年轻人（尤其是市中心区的年轻人和越来越多的携带枪支的年轻人）成为盛行的毒品交易的一部分时，暴力就蔓延开来。然而，在 20 世纪 90 年代早期以前，随着人们明白了可卡因给整个社会带来的损害，可卡因的流行开始下降。这种现实，连同稳定的经济进步和对毒品犯罪的更严厉的判罚，有助于扭转暴力犯罪。

这张最近的照片看起来更像 10 年或者 20 年前的情况。但是一位研究者警告说："现在看起来要好一些……那只是因为 20 世纪 90 年代早期的情况太糟糕了。因此，我们不能自欺欺人地认为一切问题都解决了。还早着呢！"

你怎么想？

1. 你支持社区矫正的政策吗？支持，为什么？不支持，又是为什么？

2. 你认为建造更多监狱的支持者和反对者的论据是什么？

3. 这里所提到的所有因素中，你认为哪种因素对犯罪控制来说是最重要的？哪种因素是最不重要的？为什么？

犯罪在下降的原因之一是这个国家有超过 200 万人被关进了监狱。这已经引起了监狱设施的过度拥挤，例如图片中的亚利桑那州的马里科帕（Maricopa）县的监狱。

资料来源：Winship & Berrien (1999), Donahue & Leavitt (2000), Rosenfeld (2002), Liptak (2008), and C.Mitchell (2008), Antlfinger (2009), and Federal Bureau of Investigation (2011)。

● **缓刑**

社区矫正的一种形式是*缓刑*，即允许罪犯待在社区里，处在法院能够施加影响的情形之下，包括定期的监管。法院可以要求缓刑犯接受心理咨询、参加戒毒项目、参加劳动、避免和那些"臭名昭著的罪犯"取得联系，或者其他认为适当的一切事情。有特色的是，缓刑犯必须按既定的时间表定期到法官（缓刑监督官）那里报道，以确信各项方针得到了遵循。如果缓刑犯不能适应法院规定的各项条件或者犯下了新的罪行，法院可以撤回缓刑，收监关押。

- **震慑式缓刑**

有一种相关的策略是*震慑式缓刑*，即法官判定罪犯接受短时间的监禁，然后延缓余下的刑期，实行缓刑。因而震慑式缓刑是监禁和缓刑的混合体，被用于让罪犯意识到没有诉诸全面关押这种情形的严肃性。在一些案子中，震慑式缓刑在一种特殊的"海军新兵训练营"的设施下被采用，犯人可能在军事化的"营地"度过1到3个月时间，目的是想教导犯人服从纪律和权威（Cole & Smith, 2002）。

- **假释**

假释是指把犯人从监狱里释放出来，余下的刑期到当地的社区去服刑，接受假释监督官的监管。尽管一些判罚明确地否认了假释的可能性，但多数罪犯在服完一定的刑期以后都可能符合假释的条件。这个时候，假释委员会会评估提前释放罪犯的风险和好处。如果给予假释，假释委员会会监视罪犯的行为，直到刑期结束。如果罪犯没能遵守假释的条件，或者因为其他的罪行被逮捕，假释委员会可以撤回假释，重新把罪犯关进监狱直至完整服刑。

- **评价**

研究人员对缓刑和假释的效果有深入的研究，对缓刑和假释的评价却并不一致。毫无疑问，这些项目比传统的关押更经济一些，也为重刑犯腾出了监狱空间。然而有研究指出，尽管缓刑和震慑式缓刑看起来对某些人奏效，但并没有明显地减少累犯。作为在犯人当中鼓励良好行为的一种手段，假释有助于监狱官的管理。但是那些被假释的人当中的犯罪率还是很高，以致许多州一概地停止了假释项目（Inciardi, 2000）。

- **检查你的学习**

社区矫正有哪三种类型？它们各自的优点是什么？它们各自的局限在哪里？

这些评价指出了一个让人清醒的事实：刑事司法系统不能消除犯罪。像在"争鸣与论辩"栏目中所解释的那样，尽管警察、法院和监狱确实影响犯罪率，犯罪和其他形式的越轨却不只是"坏人"的行为，而且还影响到社会自身的运转。

日常生活中的社会学

第七章 越轨

为什么我们中的大多数,至少是大多数时候,遵守各项规则?

像本章所解释的那样,每个社会都有一套社会控制系统,鼓励遵从社会规范,阻止越轨或违规。一方面,社会通过建构英雄和恶棍来实现这个目的。当然,英雄作为榜样,我们应该仰视。恶棍不是榜样,被人们瞧不起。各类组织创造英雄和恶棍,以指导日常行为。在下面的例子中,谁被塑造成英雄?为什么?在我们的生活中,鼓励我们遵从的价值和行为是什么?

● **提示:**

在一个没有英雄和恶棍的社会,没有人会关心人们如何思考或者如何行动。社会制造英雄作为榜样,激励我们去追随。社会通过强调某个人生活的一个方面而忽视其他的许多方面去塑造英雄。例如,贝比·鲁斯(Babe Ruth)是一个伟大的棒球运动员,但是他的私生活有时候并不令人称道。或许正是这个原因,天主教教堂从不考虑把某个人列为圣徒的候选人,直到该人去世,而且通常是去世很久以后才有可能。

从你的日常生活中发现社会学

1. 在田径队、兄弟会和联谊会,甚至在大学教室里的学生中,也制造英雄和恶棍吗?解释制造的过程和原因?

2. 观看一集警察出警的真实片子。基于你所看到的,你是怎样勾勒街头犯罪嫌疑人的侧写的?哪些类型的犯罪是我们在现实的警务活动中所看不到的?

3. 依据本章所提供的素材,我们可能认为,越轨是人为制造的差异。或者如涂尔干所主张的,越轨是社会生活的一部分,越轨是被建构的,社会需要越轨。私下里做

高等院校用各种各样的方式制造英雄。这里我们看到的是马里兰州华盛顿学院的校长在最近的毕业典礼上颁发苏菲·克尔奖（Sophie Kerr Prize）。这个奖项有 5 万美元的奖金，颁发给那些具有卓越的短篇小说创作能力的英语专业学生。在这个例子里，杰出指向什么？获得各种荣誉或赞美被定义为杰出？杰出的反面是什么？高等院校又是如何制造反面典型的？

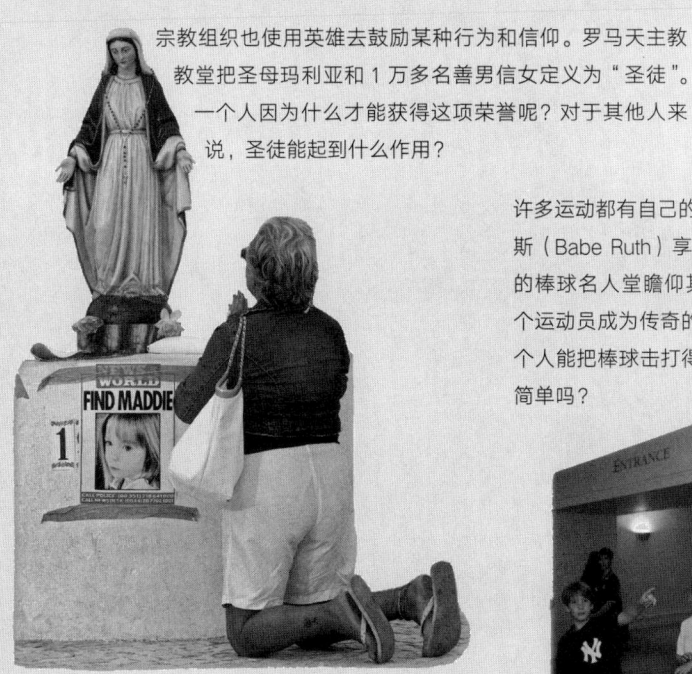

宗教组织也使用英雄去鼓励某种行为和信仰。罗马天主教教堂把圣母玛利亚和 1 万多名善男信女定义为"圣徒"。一个人因为什么才能获得这项荣誉呢？对于其他人来说，圣徒能起到什么作用？

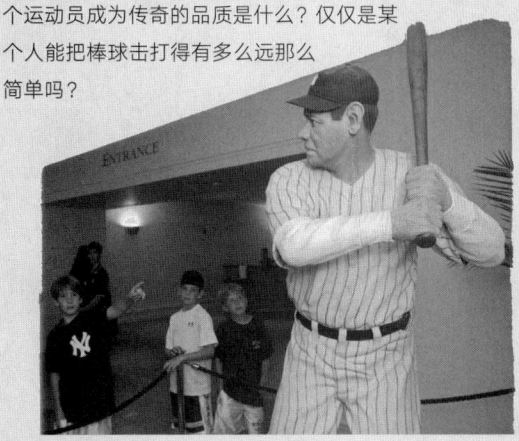

许多运动都有自己的名人堂。传奇勇猛的棒球手贝比·鲁斯（Babe Ruth）享有非同一般的地位，去纽约市古柏城的棒球名人堂瞻仰其形象的纽约市儿童络绎不绝。使一个运动员成为传奇的品质是什么？仅仅是某个人能把棒球击打得有多么远那么简单吗？

一个包含十种消极特征的行为清单，这些消极行为是别人针对你的，或者是你自己针对别人的。对照你的清单，尝试鉴别这份清单对我们所处社会意味着什么。换句话说，这些差异为什么对我们社会的成员制造了某种差异？回到在mysoclab.com上的"日常生活中的社会学"，更多地去了解社会学的思维是如何加深你对对与错的观念的理解，获得怎样对差异做出反应的启发。

温故知新

第七章 越轨

什么是越轨

- **越轨**指违反规范，小到轻微违规，比如没有礼貌，大到严重违规，诸如严重暴力。

越轨的理论

生物学的理论：

- 关注个人异常；
- 把人的行为解释为生物本能的结果；
- 龙勃罗梭认为罪犯有类人猿的身体特征；后来的研究把犯罪行为与某种体型和基因联系起来。

心理学的理论：

- 关注个人异常；
- 越轨被看作社会化不成功的结果；
- 雷克利斯和迪尼茨的"抑制理论"把过失行为与道德意识的薄弱联系起来。

社会学的理论把所有的行为——越轨和遵从——都看成是由社会塑造的。社会学家指出：

- 越轨依照文化规范的不同而变化。
- 人们成为越轨者是其他人界定的结果。
- 社会定义什么人、什么事为越轨，反映着他是否掌握着社会权力。

越轨的理论分析

越轨的功能：结构-功能分析

涂尔干认为越轨是社会的正常构成要素，越轨可以：
- 确认文化价值和规范；
- 澄清道德的边界；
- 增强人们的团结；
- 激励社会变迁。

默顿的紧张理论根据一个社会的文化目标和实现这些目标的手段去解释越轨。

克罗沃德和奥欣、科恩、米勒、安德森讨论过越轨亚文化。

【观看　在 mysoclab.com 观看视频】

标签理论：符号-互动分析

标签理论主张越轨在于人们对某个人的行为的反应，而不在于其行为本身。如果某个人的初级越轨被冠以污名，可能导致次级越轨和越轨生涯。

越轨的医学化是把道德的和法律的越轨转换成医学的情形。实际上，这意味着一种思维方式的变化，即从用"好的"或"坏的"来思考越轨转变为依据人们是"有病的"或"健康的"来思考越轨。

萨瑟兰的差异交往理论把越轨与有多少其他人鼓励或阻碍越轨行为相联系起来。

赫希的控制理论认为，对越轨可能导致的后果的想象会抑制越轨行为。那些很好地融入了社会的人做出越轨行为的可能性比较小。

越轨和不平等：社会冲突的分析

基于卡尔·马克思的思想，社会冲突理论主张法律和其他的规范反映了社会上有权势的群体的利益。

- **白领犯罪**是指社会地位比较高的人在工作中犯下的罪行。萨瑟兰认为，白领犯罪通常在民事法庭而非刑事法庭结案。
- **公司犯罪**是指一个公司或者代表公司行动的人的非法行为。尽管公司犯罪会引起极大的公共危害，但多数公司犯罪都逃脱了刑罚。
- **有组织的犯罪**在美国有很长的历史，尤其发生在合法的机会比较少的群体中。

越轨、种族和性别

- 人们对越轨的考量反映出不同人群的相对权力和特权。
- 仇恨罪行是出于种族的或者其他的偏见的动机；种族、性别或性取向方面处于劣势的人通常成为该类犯罪的目标。
- 在美国和其他地方，社会对女性的行为的控制比男性要更严格一些。

什么是犯罪？

犯罪指违犯由地方、州或者联邦政府制定的刑法。严重的犯罪主要有两类：
- **针对人身的犯罪**，也称暴力犯罪，包括谋杀、恶性攻击、暴力强奸和抢劫。
- **针对财产的犯罪**，也称财产犯罪，包括入室行窃、盗窃、偷盗汽车和纵火。

探索 访问 mysoclab.com 网站探索犯罪地图。

美国的犯罪模式

官方的统计表显示，逮捕率在处于青春期晚期的人中达到最高峰，随后随着年龄的增大而稳定地下降。

被逮捕的人当中大约有 63% 是因为财产犯罪，因为暴力犯罪而被逮捕的人当中有 81% 是男性。

街头犯罪在社会地位比较低的人当中更常见。如果把白领犯罪和公司犯罪都包括在犯罪行为当中，犯罪行为的社会经济差异就会变得比较小。

因为街头犯罪而被逮捕的白人比非裔美国人多。然而，按照各自在人口中所占的比例，被逮捕的非裔美国人比例要高于白人。亚裔美国人的被逮捕率低于平均水平。

参照世界标准，美国的犯罪率是高的。

【在 mysoclab.com 阅读犯罪记录。】

美国的刑事司法系统

警察
- 警察通过执法来维持公共秩序。
- 在决定是否以及如何处理某种情形方面，警察会使用个人的自由裁量。
- 研究表明，警察遇到如下情形更容易实施逮捕：犯罪情形严重；有旁观者在现场；嫌疑人为非裔美国人或拉丁裔美洲人。

法院

法院依靠一种对抗性的程序，在该程序中，律师和检察官现场质证，法官确保法定程序。
- 在实践中，美国的法院通过"辩诉交易"处理绝大多数案件。尽管"辩诉交易"的效率比较高，但容易把弱势人群置于不利地位。

刑罚

- 刑罚的依据有四种：
- 报复
- 威慑
- 复原
- 社会保护

死刑

美国是唯一仍旧保留对重刑犯处以死刑的高收入国家。死刑在美国存在争议。减少死刑是发展趋势。

社区矫正

包括缓刑和假释。此类项目降低了监管罪犯的成本，减轻了监狱的过分拥挤，但是并未显示出能够减少累犯。

第八章

社会分层

学 习 目 标

- **记住**整个章节中黑体标明的核心概念的含义。
- **理解**社会分层是一个社会的特点，而不只是个体差异的简单反映。
- **应用**社会学的主要理论阐释社会分层。
- **分析**证据以评估当前社会中不平等的程度和美国社会中社会流动的真实情形。
- **评价**意识形态是如何使得社会不平等合法化的。
- **创造**一种更细致的眼光去观察美国的社会阶级差异，包括社会是不平等，不平等的程度。

本章概览

这一章介绍了有关社会分层的核心概念，这些概念非常重要，因为我们的社会地位差不多影响着我们生活的各个方面。这一章定义了什么是社会分层，考察了不同历史时期和当今不同社会中的不平等，并重点关注了美国的社会不平等。你会看到美国社会的不平等程度超出了很多人的想象。

1912年4月10日泰坦尼克号远洋客轮从英格兰的南安普敦港出发，开始了她的穿越北大西洋直抵纽约的处女航。作为新工业时代的象征，这艘高级客轮承载了2300名乘客，其中一些乘客所享受的奢华是今天的很多游客都难以想象的。贫穷的乘客则拥挤在底层的甲板上，向着他们看来可能带来幸福生活的美国行进。

两天过去了，虽然人们听到过所在区域的关于冰山的报道，但这并未引起太多注意。然而，接近午夜时分，就在客轮快速地向西行进时，一名惊愕不已的监视员报告了正前方黑色的海面上耸起的巨大物体。很快，泰坦尼克号就撞上与其船身一般高大的冰山，船身侧面被撕裂，整条船仿佛一只巨大的易拉罐。

海水涌进底层的船舱，船头开始下沉。在25分钟的冲撞过程中，人们纷纷涌向救生艇。到凌晨两点，泰坦尼克号完全沉没，仅有船尾竖立于水面，几分钟后，所有的灯都熄灭了。数百名无助的乘客和船员紧紧地靠在甲板上，在那些蜷缩于救生艇中的人们的默默注视下，庄严地度过了他们生命中的最后时刻，整条船随后消失在寒冷的大西洋中（W. Lord, 1976）。

泰坦尼克号的沉没使得1600人命丧黄泉，这是一个世界性的消息。如果用社会学的视角来回顾这一可怕的事件，我们将发现某些类别的乘客相对于其他乘客有更多的生还机会。与那个时代人们有关性别的传统观念相符的是，妇女和儿童优先登上了救生艇，结果80%的死亡者是男性。而阶级同样是一个起作用的因素。60%的持有头等舱船票的乘客获救，这是因为他们处在最上层的甲板上，在那里可以及时地听到警报并登上救生艇。对于二等舱的乘客来说，只有36%的人生还，而对于处在底层的三等舱乘客来说，这一比例只有24%。在泰坦尼克号上，阶级所体现的远远不只是好的铺位而是事关生死。

第一节　什么是社会分层？

理解//

每个社会中都存在着不平等，有些人显然比另一些人在金钱、教育、健康、权力等方面更有优势。**社会分层**（social stratification）是指社会将人们按等级分成若干类别的系统，这一系统建立在以下四个重要原则的基础上：

1. **社会分层是社会的一个特征，而不只是个人差异的简单反映**。大多数人将社会地位理解为个人天赋和努力的结果，这种理解通常会导致人们夸大对自身命运的把握。难道泰坦尼克号上的头等舱乘客中擅长游泳者的比例大大高于二等舱和三等舱的乘客？很难说！他们的优势是由于他们在船上拥有特殊位置决定的。与此类似，出身于富裕家庭的孩子相对于那些出身于贫困家庭的孩子，有可能更健康、接受更好的教育、在事业中更成功并且享受更长的寿命。既非富裕也非贫困建构了社会分层，但是社会分层系统则形塑着我们每个人的生活。

2. **社会分层具有代际延续性**。观察父母亲如何将其社会地位传递给自己的子女我们就会发现，社会分层不仅仅只是个体差异的反映，更为重要的是，它是社会的一种特征。有些社会成员，特别是工业社会中的社会成员，确实体验着社会流动。**社会流动**（social mobility）是指从社会阶梯中的一个位置移到另一个位置，这种移动可以是向上的，也可以是向下的。我们祝贺少数成功者，如吉赛尔·邦辰（Gisele Bundchen，巴西）和选秀节目主持人西蒙·考威尔（Simon Cowell，英国），以及说唱歌手 Jay-Z（美国），他们都没有接受完整的高等教育，仍然功成名就了。有些人则由于破产、失业或者疾病等，在社会阶梯中向下流动。通常人们都是水平地进行流动，他们在社会的同一个水平上从一个职业转向另一个职业。很多人终其一生保持着大体一致的社会地位。

3. 社会分层具有普遍性和变异性。 社会分层无处不在，但是，什么是不平等以及不平等的表现在不同的社会中各不相同。在有些社会中不平等意味着声望的差异，在另一些社会中不平等则意味着财富和权力的差异。另外，一些社会相对于其他社会表现出更多的不平等。

4. 社会分层不仅涉及不平等，同时也涉及社会信仰。 任何一个不平等体系，都不仅使得一部分人所得多于其他人，还将这种安排定义为公平。正因为如此，什么是不平等以及对人们处于不平等位置的解释，在不同的社会看来是不一样的。

这张关于无家可归者在避难所中午餐的图片清楚地显示了个体的贫困感受。最重要的社会学洞察力在于，尽管我们是以个体的方式感受到了社会分层，我们的社会地位却是社会机会结构的产物。本质上而言，我们都是社会分层的产物。

第二节 种姓制度与阶级制度

理解

在比较不同社会的不平等时，社会学家区分了社会结构的封闭与开放性。在封闭性的社会中，不同社会位置间几乎鲜有流动，而开放性社会则允许有较高的社会流动性。封闭的制度叫作种姓制度，而更为开放的制度叫作阶级制度。

一、种姓制度

种姓制度（caste system）按照出身和归属进行社会分层。纯粹的种姓制度意味着社会结构完全封闭，因为一个人的出身就完全决定了这个人将来的全部生活，经由个人努力而实现的社会流动微乎其微。在这种制度条件下，人们按照由他们的出身所决定的等级界限进行生活，向上和向下流动都是不可能的。

● 一个例证：印度

这个世界上大多数农业社会是种姓制的。尽管印度经济得到了快速发展，大量人口还是生活在传统的乡村社会，在那里种姓制度是他们日常生活的一部分。传统的印度制度包括四个主要的种姓（或称瓦尔纳［varnas］，梵语的意思是"颜色"）：婆罗门、刹帝利、吠舍、首陀罗。其中每一个等级又包括上百个亚等级的集团（梵语称为迦提［Jatis］）。

从出生开始，种姓制度就决定了一个人一生的生活方向。首先，除农业对所有人开放之外，不同种姓的家族获准从事特定类型的工作，如祭司、士兵、理发师、皮革工人、清扫夫等等。

其次，种姓制决定了人们只能同相同阶层的人联姻。如果有人同其他种姓进行通婚，那么他们的孩子将属于哪个种姓呢？社会学家将这种同一社会类别之间的婚姻模

在印度农村，传统的种姓制度依然影响着人们的生活。这个女孩属于"不可接触者"类别——这一类别在四个种姓之下。她和她的家人都是洗衣工，洗涤那些被血液或排泄物"污染的"衣物。这类工作在高种姓位置的人看来是肮脏的工作。相比较而言，在城市中，种姓制度开始让位于阶级制度，在那里，后天努力在社会地位上升中发挥重要的作用，并且收入和消费已成为社会地位的重要表现。

式称为"内婚姻"（endogamous，endo- 这个词干来自希腊语，意思是"内"[within]）。按照传统，印度的农民在自己的子女十几岁时就为其挑选结婚的对象——这种婚姻现在非常少见，仅见于偏远的农村地区。

再次，种姓制度将人们限定在自己所隶属的等级内而规范他们的日常生活。这种社会实践的规范通过教育而得到强化，例如，一个属于高等级种姓的人与低等级的人接触就意味着被"玷污"。

最后，种姓制建立在强有力的文化信仰的基础上。印度文化建立在印度教的基础上，这种文化将种姓生活和接受安排好的婚姻理解为一种道德责任。

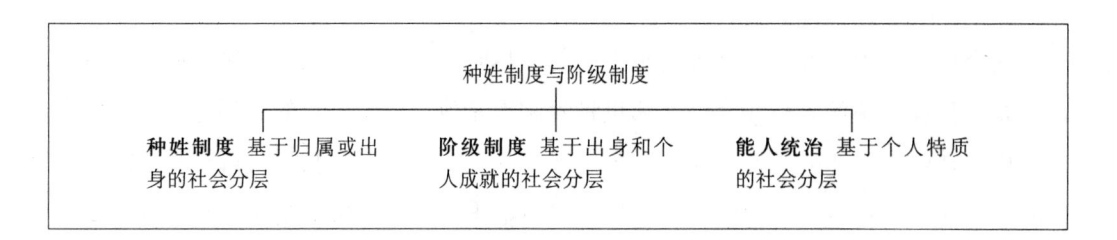

种姓制度与阶级制度

种姓制度 基于归属或出身的社会分层　　**阶级制度** 基于出身和个人成就的社会分层　　**能人统治** 基于个人特质的社会分层

● **种姓与农耕生活**

种姓制对应典型的农业社会，因为农耕文化决定了终生辛劳的生活。通过培育一种道德责任感，种姓制度确保人们遵守这样的规则，那就是终生工作，并且从事与父母亲一样的职业。种姓制度在被正式宣布为不合法之后，在印度的偏远农村地区仍持续了六十多年。生活在印度的工业城市的人们相对于生活在农村地区的人们，在择业和择偶方面有着大得多的选择余地。

种姓制度占主导地位的社会还有南非，然而在那里，种族隔离制度已不再合法且日益式微。详细内容参见"全球性思考"专栏。

二、阶级制度

由于现代经济吸引着人们去从事农业之外的很多职业，这就需要人们在多个不同的领域内去发展他的才能。学校教育和专业化使得阶级制度得以兴起。**阶级制度**（class system）指的是，社会分层同时建立在出身和个人努力的基础上。

阶级制度相对于种姓制度来说意味着更多的开放性，人们可以通过获得教育和技能来实现社会流动。正因如此，阶级界限要模糊得多，即便是有血缘关系的亲戚也有可能有着不同的社会地位。由于人人都拥有政治权利以及在法律面前的人人平等，在现代社会按照肤色、性别或者社会背景将人们进行分类被认为是错误的。另外，职业并不是在出生时就确定，而是个体选择的结果。日益被强调的个性同样意味着人们在选择配偶时有着更多的个人自由。

● **能人统治**

能人统治（meritocracy）是指社会分层建立在个人的品质的基础上。因为工业社会需要除了农业之外的更多技能，所以社会分层不仅仅决定于出生这一事件，而且决定于个人的品质（merit——这个词来源于拉丁语，意思是"值得赞扬"），包括个人所拥有的知识、技能以及个人的努力程度。对一个人品质的粗略的衡量是这个人的工作的重要性和他在工作中的表现。为了推进能人统治，工业社会大大拓展了机会平等性，并教育人们去期待基于个人表现的不同回报。

在纯粹的能人统治社会（实际上这种社会从来不存在），人们的社会地位完全由个人的能力和努力程度所决定。这种制度意味着持续的社会流动，社会类别因为人们持续不断的向上和向下流动而变得模糊，人们的社会地位则由其最近的表现而决定。

在种姓制社会，"品质"（merit）意味着对种姓这一制度的忠诚——忠实地去从事在出生时就决定了的职业。由于在不考虑人们的能力和兴趣的情况下安排了人们职业，种姓制压抑了人们的潜能。但另一方面，由于种姓制度清晰地安排了每一个人在社会中的"位置"，以及人们工作的类型，也使得社会非常有序。基于对必要的秩序的需求，工业社会，甚至后工业社会保留了种姓制的某些成分——如保留了财富的代际传递——而不是表现出纯粹的能人统治。在纯粹的能人统治的社会，由于人们持续在社会阶梯中上升或下降，会弱化家庭以及其他类别的社会群体。毕竟经济方面的表现并不意味着一切：我们是否可以仅仅依据我们的家庭成员在工作中的成功与否来评价他？也许不能，工业社会中阶级制度中的能人统治成分将增加社会效率，但同时保留的种姓制度的成分，如家庭等，则确保了社会的秩序与整合。

● **地位一致性**

地位一致性（status consistency）是从社会不平等的多个维度来衡量一个人社会地位的一致性程度。种姓制有着低社会流动性和非常高的地位一致性，特定个体的财富、权力和声望都处在同一个社会水平上。而阶级社会的高流动性使得地位一致性非常低。在美国，很多有着很高学术地位的教授，他们在享有较高社会声望的同时，却只领取社会平均水平的薪酬。低地位一致性使得人们的社会地位很难界定，因此"阶级"比

"种姓"更难界定。

> **全球性思考**
>
> **作为种姓的种族：来自南非的报告**
>
> 杰罗姆：噢，我已经阅读过关于南非的种族制度的材料了，非常高兴这一制度已经废除了。
>
> 雷吉：但种族不平等还远远没有消除……
>
> 南非位于非洲的最南端，这是一个面积与美国阿拉斯加州差不多大的，有着五千万人口的国家。生活在这里的非洲土著被白人统治了300年，17世纪中期首先被定居在此的荷兰商人和农场主所统治，接着被英国人统治，英国人早在19世纪就对这儿进行了殖民统治。在20世纪早期，英国占领整个南非，并将它命名为南部非洲联盟。
>
> 1961年该国宣布独立，将自己命名为南非共和国，但是黑人大众获得自由却是几十年后的事情。为了确保对黑人进行控制的政治权利，白人制定了种族隔离制度。种族隔离制度1948年被写入法律，它否认黑人的国家公民身份和黑人的土地所有权，在政府中没有黑人的声音。作为最低的等级，黑人缺少教育，他们从事仆役等低收入的工作。连拥有一般财富的白人家庭都至少拥有一名黑人佣人。
>
> 白人宣传隔离制度是为了保护他们的文化传统免受那些在他们看来的下等人的影响。在黑人抵抗种族隔离制度的同时，白人则实施了残酷的军事镇压以维持自身的权力。即便如此，持续的抵抗运动，特别是来自年轻的黑人的抵抗运动（这些黑人要求政治权利和经济机会）还是逐渐推动了种族制度的变化。来自其他工业国家的批评也对种族制度产生了影响。到20世纪80年代中期，形势开始发生了变化，南非政府开始有限度地承认混合种族和亚裔的政治权利。接下来全民被允许拥有的权利是组织劳动工会、从事以前仅限于白人从事的职业和拥有自己的财产。官方也废除了有关在公开场合进行种族隔离的法律。

变化的步伐在20世纪90年代随着曾经领导种族隔离抵抗运动的纳尔逊·曼德拉（Nelson Mandela）从监狱被释放而加快。1994年首次全国大选面向所有的种族，曼德拉在大选中当选为总统，这一事件结束了几个世纪的白人少数族裔的统治。

尽管有这样的戏剧性的政治变化，南非的社会分层依然建立在种族的基础上。即使是享有财产所有权，但三分之一的南非黑人没有工作，大多数黑人生活贫困。最糟糕的是大约七百万ukuhleleleka（科萨语"边缘人"）。海边的索韦托听起来像夏日度假，但这里却是一个贫民窟，这里是成千上万人的家园，这些人挤在用包装箱、皱巴巴的铁皮、纸板和其他废物搭成的小屋中。直到近年来这里才有一些变化的迹象，几家商业中心已经建起来了，大多数道路也都开通、铺平了。但很多家庭依然没有电灯，更没有冰箱。另一些家庭则没有自来水，人们不得不用水桶提污水；在一些社区，妇女们排着长队，等待在供一千人使用的一个水龙头旁。就业非常困难，那些有幸找到工作的人，一个月的收入仅为250美元。

南非目前的总统是2009年当选的雅各布·祖马（Jacob Zuma），他领导着这个被本国历史上的种族制所削弱的国家。旅游业兴起并主宰着未来经济的繁荣，但是南非若要与其过去决裂，必须为其所有的国民提供真正的机会。

你怎么想？

1. 种族是如何促成了南非的等级制度？
2. 虽然种族隔离制度不再合法，为什么种族不平等依然是南非社会的特点？
3. 在美国，种族是否作为一个因素而作用于社会等级？为什么？

资料来源：Mabry和Masland，1999；Murphy，2002；Perry，2009；世界银行，2011。

三、等级与阶级：英国

阶级制度中混合有能人统治和种姓制成分的最佳例证就是有着悠久农业国历史的工业国家英国（大不列颠——包括英格兰、威尔士和苏格兰——及北爱尔兰联合王国）。

● 贵族传统的英格兰

在中世纪，英格兰有着类似于种姓制的贵族制度，这一制度包括作为领导阶层的神职人员，他们被认为是与权威的上帝进行对话的人。有些神职人员是当地的牧师，他们过着简朴的生活，并且不属于贵族。但是那些教堂的高级官员则住在宫殿里，并且掌管着拥有大量土地的组织（土地是财富的主要来源）。教会领袖通常是法国或其他欧洲国家的第一等级（first estate），他们还有相当大的权力去影响当时的政治事件。

其他贵族在法国或欧洲其他国家被称作为第二等级，他们是世袭的贵族，占整个人口的5%。从皇室（位于权力结构最顶端的国王和皇后）到最低层次的贵族（包括上百个公爵、伯爵或男爵家族）拥有了整个国家的大部分土地。由于拥有土地，贵族当中的多数人都很富有，有很多普通农民在为他们耕作土地，他们的家中还拥有很多仆人。由于他们的工作都由其他人帮助完成，贵族成员没有职业，他们认为如果为了收入而工作，那就是对他们的贬低。贵族们运用他们大量的空闲时间去提高有关骑射和军事的技巧，去培育有关艺术、音乐和文学方面的高雅品位。

贵族为了避免在去世之后，所拥有的大量土地被继承人所均分，长子继承法（Primogeniture，这个词来源于拉丁语，意思是"firstborn"）规定，所有的土地均由贵族的长子或者其他男性亲属继承。非长子们则需要寻找其他谋生方式，他们当中有的人成为教会领袖，过着和以前一样的生活，并且由于教会和国家都把持在共同的家族手中，而被紧密联系在一起。有的人则成为军界官员、法官，或者从事其他被认为适合绅士从事的体面职业。在那个时代，由于女性不能从其父亲那里获得财产，也很少有妇女能有机会去挣钱养活自己，所以贵族女儿的生活保障在于好的婚姻。

在贵族和神职人员之下的大量的男男女女被称为平民，在法国或其他欧洲国家则被称为第三等级。大多数平民是在贵族或教堂所拥有的土地上劳作的农奴。与贵族成员不同的是，平民缺少教育机会并且多为文盲。

2011年威廉王子（英国王位第二顺位继承人）与平民出身的凯瑟琳·米德尔顿结婚，凯瑟琳因此获得"剑桥公爵夫人殿下"的称号。现在他们所处的社会位置，是由他们的祖先占据了千年的皇家所处的位置——一直存续在英国阶级制度中的种姓。

随着工业革命对英格兰经济的推动，一些生活在城市中的平民获取了足够多的财富，并且开始挑战贵族。随着对能人统

治的强调，金钱的越发重要，学校教育和法律权利的普及最终打破了贵族和平民间的界限，阶级体制开始形成。

也许是时代的象征，近来传统的贵族头衔被一些需要金钱的贵族用来出售。例如1996年，戴安娜王妃的弟弟斯宾塞伯爵（Earl Spencer）出售了他的一个温布尔登领主的头衔，并因此获得了30万美元用以重新铺设他的豪宅的管道（Mckee, 1996）。

● **现在的英国**

现在的英国存在阶级制度，但是由英格兰的过去保留下来的种姓制度的某些成分依然很明显。少数的英国家庭依然拥有相当可观的继承而来的财富，并且享有非常高的社会声望，在最好的大学接受教育，有着相当的政治影响力。传统的君主——女王伊丽莎白二世是英国的国家元首，议会中的上议院议员由"贵族"构成，他们中的半数出身于贵族。然而，政府权力现在由众议院所掌握，众议院首相和其他领导的职位获得不是借助出身，而是通过个人努力——赢得选举。另一个代表着开放性的事实是，2011年威廉王子，女王的长孙，与凯瑟琳·米德尔顿结婚了，而凯瑟琳则是个平民（尽管她来自有着相对特权的家庭），可以说她是通过"努力"获得了她的新的社会地位。

在阶级等级的再低一层是大约由四分之一的英国人构成的中产阶级。中产阶级中的大多数成员从职业或商业活动中获得相当可观的收入，并且通常都以股票或债券的形式进行投资。在中产阶级以下的是大约半数英国人自认为的"工人阶级"，他们从体力劳动中获取适当的收入。剩下的四分之一的英国人构成了社会的最底层——缺少稳定工作的穷人，或者虽然有全职工作，但却不足以过上体面生活的人。许多下层的英国人生活在这个国家的北部和西部，那儿因许多矿山和工厂倒闭而一片萧条。

当代的英国阶级制度混合有种姓制成分和能人统治的成分，由此产生了一个高度层级化的社会，这个社会为人们的向上和向下流动提供了一定的机会，这一情形与美国比较相似（Long & Ferrie, 2007）。就历史而言，英国社会比美国社会的种姓制成分要高，由此产生的一个影响反映在口音的重要性上。来自不同地方的人们在特定的地方定居几代之后，就会形成特定的口音。在美国，人们将口音视为判断人们生活或成长于何处的线索（我们很容易判别中西部的鼻音和南方人懒洋洋的说话方式）。然而在英国，口音是阶级的一个标识，上等阶级说的是纯正的英语（the King's English），而多数人说的是普通的英语（speaking "like commoners"）。两种口音在英国人看来是如此的不同，正如俗话所说"人以言分"（a single people divided by a common languages）。

四、无阶级社会？

在这个世界上我们很难找到一个社会，其中不存在某种程度的社会不平等。然而有些国家则宣称是无阶级社会。

● 俄国革命

作为 20 世纪中期至后期与美国相抗衡的超级强权的苏维埃社会主义共和国联盟，产生于 1917 年俄国革命。俄国革命结束了由贵族掌权的封建财产制度，私人所拥有的农庄、工厂和其他生产资料转变为国家所有。俄国革命受到马克思主义的指导。马克思认为财产的私有制是社会阶级的基础。苏联领袖宣称他们首次建造了现代的无阶级社会。

然而，批评家们则指出，根据人们的职业，苏联人民实际上被划分为四个不平等的类别。在社会最上层的是政府的高级官员，紧接着的是苏联知识分子，包括低级的政府官员、大学教授、科学家、医生和工程师。再接下来的是体力工人，最底层的是乡村的农民。

实际上，苏联并不是没有阶级，政治权力只是集中于少数人手中。然而，将工厂、农场、大学和医院置于国家的控制之下，确实使得经济上比资本主义社会如美国更平等（尽管在权力上有着突出的差异）。

● 当代俄罗斯联邦

1985 年戈尔巴乔夫掌管苏联政权，他带来了一项新的经济计划，即有名的"经济改革"（perestroika），这项计划意味着"结构重组"。戈尔巴乔夫认为，尽管苏维埃体制降低了经济上的不平等，但人们的生活水平远远低于其他工业化国家。戈尔巴乔夫竭力通过减少对经济的中央调控来推动经济的发展。

戈尔巴乔夫的经济改革被演变成历史上最具戏剧性的社会运动。东欧各处的人们都开始抱怨他们的贫困，高压统治导致基本自由的缺乏。从 1989 年开始，东欧人民推翻了他们的政府。1991 年苏联解体，其中最大的共和国转型为俄罗斯联邦。

苏联解体表明，社会不平等并不仅仅只包括经济因素。苏联社会并没有出现如英国和美国出现的极端的富裕和贫困，但同样存在一个精英阶层，并且，这个精英阶层的存在与其说是建立在财富的基础上，不如说是建立在政治权力的基础上。

在所谓的无阶级社会中，社会流动的情况如何呢？在 20 世纪，苏联有着与美国或英国一样频繁的向上社会流动。快速扩张的工业和政府部门使得许多贫苦的农民进入工厂和办公室。这种情况反映的正是社会学家所谓的结构性社会流动。**结构性社会流动**是指，由于社会自身的变化而非个人努力所导致的多数人的社会位置的变化。

11月24日，乌克兰敖德萨。当船到达苏联最南端的位于黑海的敖德萨港时，我们中旅程的第一场雪飘落在甲板上。我们看见不远处的波特金台阶（potemkin steps）——通向这个城市的最为陡峭的台阶，这里正是俄国革命枪声响起的地方。我们的上次旅行是多年以前的事情了，许多东西已经发生了变化。事实上，苏联本身已经解体。那么人们的生活改善了吗？对一些人来说这是肯定的。这里现在有别致的专卖店，穿着时髦的顾客购买着上好的葡萄酒、精心设计的服饰和进口的香水。但是对于多数人来说，生活似乎变得更为糟糕。跳蚤市场沿街展开，一些家庭在出售家具。肉价为每磅4美元，大家的平均月收入才30美元，人们变得相当绝望。这个城市甚至为了节能而在晚上8点就关闭街灯。大多数人的精神状态就如敖德萨的街道一样黯然。

20世纪最重大的事件之一就是俄国社会主义革命，其结果是缔造了苏维埃联盟。按照马克思的观点，人们起义推翻了封建主义贵族，正如鲍里斯·库斯托季耶夫（Boris Mikhailovich Kustodiev）1920年的画作《布尔什维克》所描绘的那样。

20 世纪 90 年代，俄罗斯联邦经历了类似于 30 年代的美国所经历的大萧条，结构性社会流动的动力开始衰落。其中一个表现就是俄罗斯男性的平均寿命减少了 8 年，女性的平均寿命减少了 2 年。许多因素导致了这种衰落，其中包括俄罗斯糟糕的医疗保健系统，更为重要的是从 1991 年开始的经济变革的动荡时期，俄罗斯人民确实遭受了不少苦难（Bohlen, 1998; Gerber & Hout, 1998; Mason, 2004）。

从长远的角度来看，关闭低效的国有工业将有助于推动国民经济的发展。可是对很多俄罗斯人来说，经济虽然增长了，但人们生活水平开始下降；尽管有少数人创造了巨额财富，多数普通市民则面临一个困难的时期。现在，俄罗斯的经济指数表现出上升的趋势，失业率和贫困率都开始下降。俄罗斯的政府加大了对经济的控制，经济的不平等因此得到控制。然而，与此同时，很多人开始迷惑向社会主义社会做怎样的回归才能平衡他们的生活水平和政治自由（Wendle, 2009; World Bank, 2011）。

五、中国：正在出现的社会阶级

大规模的政治与经济变革不仅影响了俄罗斯，而且影响了中国。1949 年后，国家控制了所有的农场、工厂和其他生产资料。共产党的领导人宣布所有类型的职业都同样重要。

新的体制大大降低了经济上的不平等，但正如苏联一样，社会差别依然存在。政治精英管理着国家，他们拥有强大的权力和可观的特权。在政治精英之下的是大企业管理者和专业技术人员，再接下来的是产业工人，最后是农民，农民甚至不被允许离开他所在的村庄而移居到城市中去。

随着毛泽东的去世和邓小平成为国家领导人，1978 年更进一步的经济改革得以展开。国家逐步放松了对经济的控制，允许新的企业主阶层出现。中国经济经历了快速发展，这个国家已经进入到中等收入国家行列。但是新兴的经济繁荣大多集中在沿海地区，那里的生活水平已经远远地超过了内地农村地区。从奢侈品宾利汽车在中国的销售量超过其在英国的销售量，也可以窥见中国的繁荣（Richburg, 2011; United Nations, 2011）。

90 年代后期以来，沿海发达城市已经成为成千上万的因经济发展而富裕起来的人们的安家之所。同时，这些城市也吸引了上亿的寻找理想工作和生活的青年农民工。他们当中有很多人希望能够成为这些城市的市民，但政府依然限制他们流动，这实际上削弱了向上社会流动。对于那些有能力流动的人而言，他们流动后能够获得的工作通常要比他们之前的工作要好。但很多这样的新工作的职业危险性比较高，而且多数人赚取的工资只能勉强满足生活在城市的较高成本，所以多数的农民工仍然贫困。但总体而言，随着过去 30 年每年 10% 的经济增长，中国人口已经经历了结构性的向上流动。中国现在是世界上第二大经济体（仅次于美国），从全球的制造业有多少集中在中国就可以看出这一点（Wu & Treiman, 2007; Chang, 2008; Powell, 2008; World Bank, 2011）。

中国社会等级中的一个新的类别是由"海龟"（"海归"）构成，这个词原意是"从海外归来"。"海龟"（Sea turtles）这一类别随着每年成千上万的从国外学习（其中大多数是美国的高校）青年男女的归来，而急剧增加。这些年轻人多数出生于条件较好的家庭，回国后机会充足，并且很快就进入富裕阶层（Liu & Hewitt, 2008）。

在中国，一个混合有旧的政治分层和新的商业分层的新的阶级体系开始出现。随着中国的不断发展和变化，中国社会分层的模式在一段时间依然会处在变动当中（Bian, 2002; Kuhn, 2007; Wines & Johnson, 2011; World Bank, 2011）。

六、意识形态：社会分层背后的动力

为什么社会不能以资源均享的方式存在？高度层级化的英国贵族制度存在了几个世纪，而 2000 年来印度人民依然接受这样的观念，那就是他们的出身决定了他们是拥有特权还是注定贫困。

社会分层的一个主要原因是**意识形态**（ideology）——确保社会安排和不平等模式合法化的文化信念。信念——举例来说，有关富人聪明而穷人懒惰的观念——是这样一种意识形态，它通过将不平等定义为公平而维护不平等。

● **柏拉图和马克思的意识形态**

按照古希腊哲学家柏拉图（公元前 427—前 347）的观点，每一种文化都会认定一些类型的不平等具有合法性。尽管卡尔·马克思认同这一点，但相对于柏拉图而言，马克思对不平等持有更多的批判。马克思批判资本主义社会将保护财产和权力为少数人占有作为"市场法则"。马克思继续论述道，资本主义法律确认了财产的私有权，确保了财富可以停留在一个家庭中，并且可以在代际之间传递。总之，在马克思看来，文化和制度一起青睐于社会精英，这就是既有的社会层级会长久持续的原因。

中国在所有主要国家中经济增长速度最快,其当前制造业所生产的商品已超过美国。随着可支配的财富越来越多,中国已经成为汽车消费大国——这一事实可能也拯救了别克这一品牌。

● **意识形态的历史模式**

意识形态随着社会经济和技术的发展而变化。由于需要多数人终生进行劳作,农业社会发展出了种姓制度以履行这样的职责,一个人的社会地位是一个人必须履行的道德责任。随着工业资本主义的出现,能人统治意识形态逐步兴起,能人统治意味着财富和权力是那些努力工作之人应得之回报。这种转变意味着在封建社会通常被同情的穷人被视为个人不努力而遭到鄙夷。这种刻薄的观点在早期的社会学家赫伯特·斯宾塞的思想中就有体现(参见 357 页"多样化思考"专栏)。

历史表明改变社会分层是非常困难的。然而对现状的挑战则时常出现。举例来说,传统的有关女性应该待在家中的观念,现在则由于日益增长的经济为女性带来越来越多的机会而发生了变化。南非持续的种族平等进程也表明种族隔离的意识形态遭到普遍的反对。2011 年在中东地区开始的反独裁政权运动向我们展示了对不平等模式的挑战一直存在。

第三节　解释社会分层：结构-功能理论

运用

为什么社会分层一直存在？按照结构-功能视角，其中一个原因就是，社会不平等在社会运行过程中扮演着一个非常重要的角色。这种观点是金斯利·戴维斯和威尔伯特·摩尔（1945）在很多年前提出的。

一、戴维斯－摩尔论题

戴维斯－摩尔论题认为社会分层是社会运行的有益的结果。然而，试问戴维斯和摩尔，能否解释这样的一个事实，那就是为什么有些形式的社会分层在任何社会中都会出现？

戴维斯和摩尔认为，现代社会有着很多职位，不同的职位分别都有着各自不同的重要性。有些工作，比方说洗车或者接电话，是非常容易做的，并且几乎所有人都能胜任。而另一些工作，比方说设计新一代计算机，或者进行人体器官移植，这些工作是非常难以胜任的，需要那些少数有天赋且经过长期（同时也是代价昂贵的）训练的人来从事。

由此，戴维斯和摩尔认为，一个职位的功能越是重要，社会给予这个职位的回报就应该越大。这种策略有利于提高生产效率，因为收入、声望、权力和闲暇可以用以鼓励人们从事重要的工作，并且长时间地努力地做好这些重要的工作。总之，不平等的回报（这正是社会分层所在）将有利于社会成为一个整体。

戴维斯和摩尔认为只要让人们自由地从事他们想从事的工作，任何社会都有可能是平等的。平等同时也有可能意味着同样一份工作，做得好与做得差有着同样的回报。这样的一种系统会削弱人们努力工作的动力，从而导致社会生产效率下降。

戴维斯－摩尔论题指出了社会分层的原因，但这一论题却没有清楚地表明社会应该给予不同的职位什么样的报酬，不平等的报酬又应该是怎样的。它仅仅指出了那些重要的社会职位必须用足够的回报从那些不是特别重要的职位中吸引有天分的人。

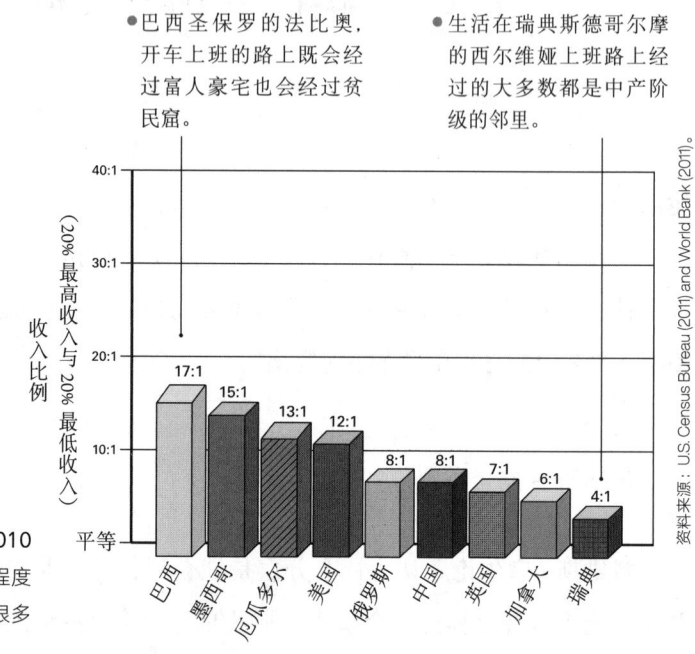

全球快照

图 8-1 部分国家的经济不平等，2010
很多中低收入的国家的经济不平等程度超过美国，但美国经济不平等超过很多高收入国家。

- 巴西圣保罗的法比奥，开车上班的路上既会经过富人豪宅也会经过贫民窟。
- 生活在瑞典斯德哥尔摩的西尔维娅上班路上经过的大多数都是中产阶级的邻里。

收入比例（20% 最高收入与 20% 最低收入）：

国家	比例
巴西	17:1
墨西哥	15:1
厄瓜多尔	13:1
美国	12:1
俄罗斯	8:1
中国	8:1
英国	7:1
加拿大	6:1
瑞典	4:1

资料来源：U.S. Census Bureau (2011) and World Bank (2011)。

● 评价

尽管戴维斯-摩尔论题对理解社会分层非常重要，它同时也引发了大量的批评。图明（Melvin Tumin, 1953）首先进行了质疑：我们如何评估特定工作的重要性？社会给予医师较高的回报，这其中的部分原因可能是医学行业处心积虑地、有意地限制医师的供给，结果导致社会对医师工作需求的提升。

进而言之，社会回报确实反映了一个人对社会的贡献吗？年收入超过 3.15 亿美元的奥普拉·温芙瑞（Oprah Winfrey）一天的收入超过美国总统一年的收入。温芙瑞是值得庆贺的，这是否意味着她在电视上做的工作比领导一个国家更重要？又如何评价在伊拉克和阿富汗的美国士兵工作呢？他们面临作战的危险，2011 年新入伍的一等兵一年才获得 21000 美元的基本薪水（Defense Finance and Accounting Service, 2011）。那些在 2008 年倒闭的华尔街大公司的高层的情况又如何呢？很容易推论的是这些大公司的高层做出了错误的决定，但他们的薪水却依然高得惊人。即使经历了损失高达 270 亿美元的糟糕年份，美林公司（Merrill Lynch）仍为700多人支付了每人高达100万美元的奖金（Fox, 2009）。金融业的高层们过得更好。2010年高盛（Goldman Sachs）集团损失了37%的利润，其CEO劳埃德（Lloyd Blankfein）却获得了1400万美元的收入，这相当于一个普通美国士兵679年的收入。就如同2011年占领华尔街运动被质问的那样，公司执行官对社会的贡献真的值如此之多的薪酬吗？

其次，图明认为戴维斯和摩尔忽视了社会分层的等级因素对个人潜能发展的阻碍作用。出生于特权的、富裕的家庭的孩子有更多的机会去发展他们的能力，而这些机会则是出身贫寒但有天赋的贫家子弟所缺乏的。

再次，生活在一个过于强调金钱的社会，我们会倾向于过高地估计高收入职业的重要性。股票经纪人或外汇经纪人对社会到底有多大的贡献？同理，有些工作的价值是很难衡量的，如养育子女、创作性的写作、在交响乐队中演奏或者仅仅作为某个人真正的朋友（Packard, 2002）。

多样化思考：种族、阶层与性别

阶级的含义：成为富人是"适者生存"吗？

杰克："我爸太令人惊奇了，他真的很聪明！"

法兰克："你是说他很富有。我都数不清他拥有多少生意。"

杰克："难道人们不聪明也能变得富有吗？"

这是一个让所有人困惑的问题，人们的社会地位在多大程度上受制于他们的智力？多大程度上决定于他们的努力，或者出生在恰当的家庭？又或者是由于撞了大运？

在美国人们更倾向于将人们的社会地位和人们的个人能力，包括才智联系起来。2010年《时代》杂志将扎克伯格作为封面人物，并宣称他因创立了"脸书"而成为年度人物。他的成就，以及差不多100亿美元的身家很容易让人认为哈佛大学流失了一个聪明的家伙（Grossman, 2010）。

这种观点由来已久。我们都听过"适者生存"（the survival of the fittest），这一说法将社会描述为一个竞技场，在其中优者胜，劣者被淘汰。这个概念是社会学的先驱赫尔伯特·斯宾塞（1820—1903）提出的，斯宾塞有关社会不平等的思想直到今天依然广为流传。

出生于英格兰的斯宾塞紧紧跟随自然科学家查尔斯·达尔文（1809—1882）的研究。达尔文有关生物进化的理论认为，一个物种在经历了上千代之后会发生身体上的变化，以适应自然环境。斯宾塞曲解了达尔文的理论，将其运用到社会运行中，其实社会并不一定遵循生物的规则运行。在斯宾塞那扭曲的观点中，社会变成"竞技场"，在这里，"适者"变得富裕，而"败者"则变得贫困潦倒。

斯宾塞的观点受到当时正在崛起的美国工业家的欢迎，并不令人感到奇怪。因石油业而发家的约翰·D. 洛克菲勒（1839—1937）在周末学校中为年轻人朗读了斯宾塞的"社会福音"。在洛克菲勒看来，大公司的成长——以及公司拥有者惊人的财富的获得——仅仅是最基本的自然规则"适者生存"的结果。斯宾塞和洛克菲勒都不同情贫困者，他们将贫困看作是不适应社会竞争的表现。斯宾塞反对社会福利计划，认为这是（通过税收）对社会中"优胜者"的处罚，是（通过福利）奖赏社会中的"失败者"。如果错误运用达尔文的理论，则富人可以无视其他人的存在，因为在他们看来，不平等是不可避免的，并且是自然的法则。

现在的社会学家很快就能指出社会并不是斯宾塞所谓的能人统治的。公司或个人积聚有大量财富也未必是对社会有利的证据。近年来那些花费成百上千万美元购买次级贷款金融产品者的结局伤害了所有人。然而，斯宾塞有关"适者"应该处在社会的最上端的观点，在我们这个非常不平等和个人主义的文化中依然很流行。

你怎么想？

1. 你认为我们社会中的不平等在多大程度上可以以"适者生存"解释？为什么？
2. 你为什么会认为斯宾塞的观点在今日美国依然流行？
3. 你是否认为你得到多少就代表你对社会有多少贡献？为什么是？或为什么不是？

【在 mysoclab.com 上阅读戴维斯和摩尔关于"社会分层的一些原则"以及图明的回应。】

最后，由于强调社会分层对社会百利而无一害，戴维斯-摩尔论题忽视了不平等可能引发的社会危害，甚至社会冲突。一定程度的不平等可以激发人们更加地努力——努力地工作或者努力获取更多的教育以便找到更好的工作。但是，过度的不平等，特别是限制上行社会流动则会抹杀人们的进取心，进而认为他们永远也不能成功或永远也得不到经济上的保障。于是，人们就会从根本上将这个社会看作不公正的，这又有可能激发他们寻求激烈的变革（Kaiser, 2010）。这种批评把我们带向了对社会不平等提供了不同的解释的社会冲突视角。

据报道，奥普拉·温芙瑞2010年的收入为3.15亿美元。根据戴维斯-摩尔议题，为什么我们这个社会对一些人给予如此之高的优待呢？卡尔·马克思又将如何回答这一问题呢？

● **检查你的学习：**
用自己的话陈述戴维斯-摩尔议题，图明是如何评判这一议题的呢？

第四节 解释社会分层：社会冲突理论

应用

社会冲突分析认为，社会分层并非有利于社会作为一个整体，而是使一部分人受益，使另一部分人受损。这种分析大量吸收了卡尔·马克思的思想，同时也受益于马克斯·韦伯的观点。

一、卡尔·马克思：阶级冲突

正如马克思所看到的那样，工业革命承诺将人类带入免于短缺的社会。但是在马克思生活的时代，资本主义经济并没有很好地改善大多数人的生活状况。马克思于此开始解释一个显著的矛盾：为什么在一个富裕的社会，有那么多人遭受贫困。

按照马克思的观点，社会分层根植于人们在生产过程中结成的关系。在生产过程中，人们要么拥有生产的所有权（如拥有工厂或商业公司），要么出卖劳动力给他人。在封建时代的欧洲，贵族和教会的领袖拥有土地，农民则在这些土地上劳作。在工业资本主义社会，贵族被资本家（capitalists）所代替（capitalists 有时也被称为 bourgeoisie，bourgeoisie 是一个法语词汇，意思是"市民"），资本家拥有并管理工厂或其他商业公司以追求利润。农民变成了无产者（proletarians），靠出卖劳动力以获得工资收入。资本家和无产者有着对立的利益，在财富和权力上两者之间存在着巨大的鸿沟，这使得阶级冲突不可避免。

马克思生活在 19 世纪，在那个历史时期的美国，只有很少的工业家聚集了大量的财富。安德鲁·卡内基、J.P. 摩根，以及约翰·雅各布·埃斯托（他是泰坦利克号中少数死亡的富人游客之一）生活在陈设了无价艺术品的豪宅中，有几十个仆人服侍。即使是按照今天的标准，他们的收入依然是令人惊愕的。举例来说，安德鲁·卡内基在 1900 年时年收入是 2000 万美元（相当于现在的 1.2 亿美元），而当时一个普通工人的收入仅 500 美元（Baltzell, 1964; Pessen, 1990）。

在那个时代，马克思相信作为大多数的劳动大众终将推翻资本家阶级。资本主义必将衰亡，马克思的理由是，资本主义使得工人越来越穷，并且对于生产什么、如何生产，工人被赋予很少的权限。在资本主义制度下，劳动被**异化**，人们所体验的是由于无权而带来的孤立和困苦。

为了替代资本主义，马克思假想一种社会主义制度，在那里所有人——而不是少数精英——的需要都将得到满足："无产者失去的只是锁链，他们得到的将是整个世界。"（Marx & Engels, 1972: 362, 原作于 1848）

● **评价**

马克思对社会学思想有着巨大的影响，但他的革命的观点——号召人们推翻资本主义社会——也为他的著作带来了很多争议。

对马克思主义最为强烈的批评之一是认为马克思主义否定了戴维斯-摩尔议题最核心的观点：不平等的社会回报系统有助于安排人们从事不同的工作，并促使他们努力地工作。马克思将回报与工作表现分离开来，他的平等主义理想是建立在这样的原则上的："从按能力分配到按需分配"（Marx & Engels, 1972: 388, 原作于 1848）。然而，没有按个人表现进行分配恰恰是导致苏联和世界上其他社会主义国家生产力低下的原因。马克思主义的辩护者对这种批评回应道：为什么我们假定人类天生就是自私而非社性的呢？个人回报并不是促使人们去承担社会角色的唯一方式（M. S. Clark, 1991; Fiske, 1991）。

第二个问题是马克思所断言的革命并没有发生，起码在高级资本主义社会没有发生。接下来将讨论为什么革命没有发生。

● **检查你的学习**

马克思的观点与戴维斯-摩尔议题有着怎样的不同？

20世纪30年代的大萧条时期，"帐篷城"作为穷人的家在美国到处可见。大萧条结束了，但贫困却持续了下来。最近的经济衰退引发了帐篷城的复兴，图片所示为加利福尼亚州的弗雷斯诺。结构-功能视角如何解释这种贫困呢？社会冲突论又是如何解释的呢？

三、为什么没有马克思主义革命？

2011年，被普遍谈论的"1%的富人与99%的像我们大家这样的穷人"这一现象回应了马克思的预期，并表明他的影响今天依然存在。即使如此，任凭马克思断言资本主义将最终灭亡，为什么产业工人仍没有推翻资本主义？拉尔夫·达伦多夫（Ralf Dahrendorf, 1959）认为有四个方面的原因：

1. **资产阶级的碎片化**。现在，是数以千万计的股东，而不是单个家族，持有着很多大公司的股份。公司的日常管理掌握在为数众多的经理人阶层手中，他们既可能是大股东也可能不是大股东。随着股票普遍地被分散持有（大约百分之五十的美国家庭持有股票），资本主义体系直接关系着很多人的利益（U.S. Census Bureau, 2011）。

2. **高质量的生活水平。** 正如十二章（"经济与政治"）所表明的那样，一个世纪以前，大多数美国工人在工厂或农场被雇用从事蓝领工作，这类工作职业声望低，并且通常是体力劳动。现在多数工人从事着白领工作，这类工作职业声望高，并且通常是脑力劳动。这些工作存在于销售、客户服务、管理，以及其他服务领域。现在的多数白领工作者并不认为自己是"工业社会的无产阶级"。同样重要的是，即使考虑到通货膨胀，20世纪美国人的平均收入也呈差不多十倍的速度增长，并且这期间人们的周工作时间也缩短了。即使考虑到最近的经济困难，现在工人的状况也比一个世纪前要好得多，其中一个例证就是结构性社会流动。生活水平提高的结果之一便是人们乐于接受现状。

3. **日益增多的工人组织。** 现在的工人有权组织工会，以此向管理方提出要求，并以放慢工作进度或罢工的方式确保自己的要求得以实现。于是，劳动争议在不影响资本主义制度的前提下得以解决。

4. **强有力的法律保障。** 在过去的一个世纪，政府通过制定法律来保证工作场所的安全。另外，现在的失业保险、工伤保险和社会保险也为工人提供了很大的经济方面的保障。

● **一个相反的观点**

理论的发展论述了美国社会对资本主义矛盾的削减。然而很多观察者认为，马克思对资本主义的分析依然有着很大的合理性（Domhoff, 1983; Stephens, 1986; Boswell & Dixon, 1993; Hout, Brooks & Manza, 1993）。第一，社会财富依然很集中，美国35%的私人财富被1%的人口所拥有（Keister, 2000; Wolff, 2010）。第二，相对于一个世纪前的工厂工作来说，现在的很多白领职位并没有为人们提供足够的收入、安全和满足感。第三，现在工人所得到的益处正是马克思所谓的阶级冲突的结果，并且工人们继续为得到他们所要得到的而斗争；另外，近年来，许多工人事实上失去了他们的养老金和其他福利。第四，尽管工人得到一些法律的保护，普通人在法律上依然面临着诸多无法克服的不利条件。第五，正如本章将要解释的那样，收入和财富变得更加不平等。"占领"[1]运动仅仅是针对我们的经济体系并没有服务于大多数人利益这一看法最肉眼可见的表达。所以，

---

[1] 指"占领华尔街"之类的运动，译注。

社会冲突理论家们认为，美国没有经历社会主义革命并不能否认马克思关于资本主义论述的合理性。

二、马克斯·韦伯：阶级、地位与权力

马克斯·韦伯同意卡尔·马克思有关社会分层导致社会冲突的观点，但他认为，马克思两阶级分析模型过于简单。他进而认为社会分层包括三个不同维度的不平等。

第一个维度的不平等是经济上的不平等（对马克思来说，经济上的不平等至关重要），韦伯将之称为阶级地位（class position）。韦伯并不认为阶级可以明确界定其类别，而是一个从高到低的连续的序列；韦伯所谓的第二个维度是地位（status），或者说社会声望；第三个维度是权力。

● 韦伯之社会经济地位等级

马克思认为社会声望和权力仅仅是经济地位的反映，没有将它们理解为社会不平等的独立的维度。而韦伯则指出，现代社会的地位一致性通常比较低：一个地方官员也许拥有很大的权力，却有可能只拥有很少的财富或较低的社会声望。

于是，韦伯将工业社会的社会分层描述为多个维度的等级，而不是一个界定清晰的阶级等级。受韦伯观点的影响，社会学家们运用社会经济地位（socioeconomic status，SES）这个概念来衡量建立在多个维度社会不平等基础之上的复杂的社会等级。

社会不平等在农业社会要比在工业社会突出。统治者不容挑战的权力的一个表现就是那些由普通劳动者无偿劳动历经多年建造的纪念碑式的建筑。尽管印度泰姬陵是世界上最美丽的建筑，但它只是某一个人的坟墓而已。

● 历史上的不平等

韦伯宣称，他的有关社会不平等的三个维度中的每一个维度都分别在人类社会演进的不同时期表现得特别突出。地位，或者说社会声望是农业社会最主要的社会差别，它以荣誉的方式存在。在农业社会中社会成员遵从那些适用于其特定身份的文化规范，从而获得社会声望。

工业化和资本主义的发展消解了传统的基于出身的序列，却带来了惊人的经济上的不平等。于是在工业社会，人与人之间至关重要的差别是经济维度上的阶级差别。

随着时间的推移，工业社会见证了官僚国家的兴起。强大的政府和广泛分布的其他类型的社会组织使得权力在社会分层体系中非常重要。特别是在社会主义社会，在那里政府掌控着人们生活的多个方面，高级官员成为新的统治精英。

这种历史分析指出了马克思和韦伯之间的根本差别。在马克思看来，消除作为资本主义社会基础的私有制就可以使社会去阶层化。韦伯则怀疑推翻资本主义是否会导致社会分层的显著削弱。韦伯解释道，也许这会削弱经济上的差异，但是社会主义会因为政府的扩张和权力集中在政治精英的手上而导致不平等的加剧。反对东欧和苏联社会主义官僚制度的大众起义者支持韦伯的这种观点。

● **评价**

韦伯有关社会分层的多维度观点对社会学家们产生了深远的影响，并使得社会经济地位等级非常流行。批评者（尤其是那些偏爱马克思观点的人）则认为，虽然社会阶级的界限可能变得模糊，但工业社会和后工业社会依然有着突出的社会不平等模式。

正如我们在2012年总统竞选中听到的那样，收入的不平等近来在美国有所加剧。尽管有人依然欣赏韦伯的多维度等级论，但是按照现实的趋势，另一些人则认为马克思有关富人与穷人之间的对立更加接近事实。

● **检查你的学习**

韦伯的三个维度的社会不平等是什么？按照韦伯的观点，这三种形式的不平等中的哪种形式在美国更为突出？为什么？

第五节　解释社会分层：符号互动论

应用

由于社会分层涉及整个社会如何被组织起来，社会学家们（包括马克思和韦伯）都将社会分层看作典型的宏观问题。但是对社会分层进行微观的分析也非常重要，这是因为人们的社会地位影响着他们日常的互动。应用理论表格中概括三种理论视角对社会分层研究的贡献。

应用理论

社会分层

	结构-功能论	社会-冲突论	符号-互动论
分析的层面	宏观	宏观	微观
什么是社会分层？	社会分层是一个不平等的社会回报系统，它有利于社会的整体性。	社会分层是社会资源的分割，它使得一部分人收益，而使另一部分人受损。	社会分层是在日常生活中引导人们社会互动的因素。
什么决定着我们的社会地位？	社会地位是人们在经济竞争中的能力和才干的体现。	社会地位是社会分配资源的结果。	我们所消费的东西体现着我们的社会地位。
不平等的回报是公平吗？	是。不平等通过鼓励人们创新和努力工作而有益于社会生产力。重要的工作应得到更多的回报被广泛接受。	否。不平等回报的作用在于对什么进行区分，以产生"有产者"和"无产者"。社会不平等遭到普遍反对。	也许。人们既有可能认为不平等是公平的，也有可能认为不平等是不公平的。人们有可能将自己的社会位置作为自身价值的体现，把不平等看作个人差异的反映。

日常生活中的社会学

当阶级遭遇个人：结识你的朋友

五弦琴的乐声在夏日午后的原野上响起。我放下画笔，翻过被我画下的栅栏，朝着乐声的方向走去，去看看到底发生了什么。于是我认识了我的邻居马克斯，他是个退休工人，生活在公路边上。马克斯是个善于交际的人，一小时后我带着自己的吉他回到了他的门廊。我打电话给我的一个在大学当老师的朋友霍华德，他很快就带着六弦琴出现了。我们三个人聚在一起好几个小时，其间欢笑声不断。

第二天早上，当我在门前割草的时候，马克斯沿着马路走了过来。当他走近时，我停下割草机。"你好，马克斯，"我说道，"谢谢昨晚的聚会，我真的非常快乐。"

马克斯说道："别提了。"接着他停了下来，摇摇头说道："你知道吗，你们走后我在想，我的意思是，我在想，你们看起来，和我这样的人在一起，真的度过了那段愉快时光。""是的，很好，"我回答道，其实我并不知道他的意思，"你确实弹奏得比我们好。"

马克斯看看地上，被我恭维得有点不好意思。他接着说："我的意思是你们跟像我这样的人在一起度过了一段愉快的时光。你们都是教授，是吗？医生，或者……"

你怎么想?
1. 为什么马克斯会认为那两个大学教师跟自己在一起不一定愉快？
2. 马克斯的反应表明个人如何认知自己的社会地位？
3. 你能想起类似的与一个社会地位有别于自己的人交往的情形吗？

在多数社区，人们最初都是与相似社会地位的人进行互动。这种互动的模式起始于社会分层的事实，人们倾向于与那些和自己类似的人生活在一起。在一些大的公共空间中，如大卖场，我们通常会发现配偶双方或同一群体中的人在外表和购物习惯方面比较相似。而社会地位有着显著差异的人之间通常会彼此保持一定的距离。例如，穿着考究的人走在街上前往价格昂贵的餐馆，他们会横穿人行道，甚至横穿街道以避开那些他们眼中的流浪汉。"日常生活中的社会学"栏目中，展示了另一个有关社会阶级地位差异影响人们互动的例证。

最后，众所周知我们的穿着、我们驾驶的汽车（或者我们乘坐的汽车），甚至我们在大学校园的小吃部点的食物和饮料都在某种程度上反映着我们的个人预算和个人品味。社会学家用**炫耀性消费**（conspicuous consumption）这个概念来指代那些购买或使用商品是为了"声明"自身社会地位的现象。放弃泉水而选择购买瓶装水是为了告诉人们你有足够的钱用以消费。没有人需要用价值10万美元的汽车去到处闲逛，但是开着价值如此的汽车是要表明自身在多个方面所达到的成就。

● **评价**

对社会分层的微观层面分析有助于我们发现日常生活中社会不平等的模式。而这一分析视角的局限在于它难以解释更大范围内社会不平等的存在，而这些不平等则是结构功能理论和社会冲突理论所关注的。

● **检查你的学习**

指出社会分层在形塑不同社会地位的人们的日常生活过程的方式。

第六节　社会分层与技术：一个全球的视角

应用 //

将本章所做的各种观察综合在一起可以发现，特定社会的技术与该社会的社会分层模式之间的关系。对两者关系的分析来源于格尔哈特·伦斯基（Gerhard Lenski）有关社会文化演进的模型（详见第二章"文化"）。

一、狩猎与采集社会

由于技术简单，狩猎者和采集者所获得的仅仅是日常的必需。其中一些人的收获可能会比其他人多，但是群体的生存依赖于人们分享其所获。尽管如此，人们没有类别上的差异，不存在谁更优于谁的情形。

二、园艺、游牧和农业社会

由于技术的进步带来了生产的剩余，不平等程度开始增大。在园艺和游牧社会，少数精英控制着大量的社会剩余。大规模的农业生产的产量更高，但人类史上所罕见的分配不平等使得贵族凌驾于大众之上，拥有上帝般的崇高地位。

三、工业社会

工业化使得不平等有所减缓。由发展个人潜能的需要的推动，能人统治开始奏效，传统精英的权力被削弱。工业生产也使得历史上贫困的大众生活水平有所改善。专门化的工作需要依靠学校教育，这使得文盲大大减少。受教育的人口在政治决策中施加影响，减少了不平等，削弱了男人对女人的控制。

随着时间的推移，财富的集中化程度也有所减缓（这与马克思的断言相反）。在20世纪20年代，美国最富有的1%人口拥有全社会40%的财富，这一数字在20世纪80年代降低为30%，这是由于对高收入者的高税收承担了新的政府支出，进而有利于穷人（Williamson & Lindert, 1980; Beeghley, 1989; U.S House of Representative, 1991）。这种倾向帮助我们解释为什么马克思主义革命没有像马克思预言的那样在工业社会发生，而是发生在不平等非常显著的农业社会，如俄罗斯（1917）、古巴（1959）、尼加拉瓜（1979）。然而财富的不平等在20世纪90年代又开始如20年代那样地加剧（Keister, 2000; Wolff, 2010）。这也正是占领华尔街运动为什么会在全美各城市得到支持的原因。此外，经济不平等在2012年已经成为自大萧条以来总统竞选中的重要因素（Bivens, 2011; Mishel, 2011）。

四、库兹涅茨曲线

于是，在人类历史上，技术进步先加剧了社会分层，然后又减弱了社会分层。强烈的不平等在农业社会具有功能性，而工业社会则受益于较为缓和的不平等系统。这种趋势被诺贝尔奖获得者、经济学家西蒙·库兹涅茨（Simon Kuznets, 1955, 1966）所发现，并用库兹涅茨曲线描述出来，参见图8-2。

全世界范围内的不平等从总体上验证了库兹涅茨曲线。数据显示，已经经历了工业化时期的高收入国家（包括美国、加拿大和西欧的一些国家）相对于那些大量劳动力依然从事农业劳动的国家（一般为拉丁美洲和非洲的一些国家）来说，收入的不平等程度反而要低。收入的不平等不仅反映技术的发展程度，而且反映一个国家的政治和经济特权情况。近几十年来，关于税率的政治决策及其他一些政策因素使得美国的经济不平等有所增加。因此，美国的经济不平等程度仍然要高于加拿大、欧盟国家和日本。

另外一种对库兹涅茨曲线的批评指出，该曲线是在比较那些处在经济发展不同阶段的国家的基础上得出的（使用了社会学家称之为"横截面"数据）。这样的数据没有告诉我们任何一个社会的未来。在美国，最近的趋势表明，经济不平等的增长意味着库兹涅茨曲线需要更精确地修正——如图 8-2 的虚线所示的后工业时期。美国社会正在经历的剧烈的经济不平等表明其长期的趋势可能有别于库兹涅茨在半个世纪前所做的观察。

第七节 美国社会的不平等

理解

近来有很多关于美国社会不平等的讨论。占领华尔街运动宣称，占国家总人数 1% 的美国人正在对这个国家为所欲为，而剩下 99% 的我们却无可奈何。大众传媒几乎每天都报道日益增长的不平等。另外，2012 年总统竞选激发了人们就经济不景气时期如何帮助普通家庭找到并维持一份工作的深入讨论。本章将讲述美国的社会不平等状况。

从历史角度看，普遍认为美国不存在阶级差异。与大多数欧洲国家和日本不同，美国从来就没有一个有头衔的贵族阶级。除了曾经存在的种族主义历史这个明显的例外，我们还没有过将不同种类的人们进行高低排序的社会等级制度。尽管如此，美国社会还是一个高度分层的社会。富人们不仅占有社会的大多数财富，而且获得最多的教育机会，拥有最好的健康条件，消费大部分商品和服务。这些特权和成百上千万穷人的贫困形成了鲜明的对比，这些穷人也许正在为支付下个月的房租或者小孩看病的医生账单而发愁。很多人认为美国是一个中产阶级社会，但现实是这样的吗？

> **世界之窗·全球视野中的收入不平等**
> 世界范围内不同社会的区别在于其社会分层的刚性程度和范围,以及各自总体的生活水平。总的来说,美国在那些高收入国家,如英国、瑞典、日本、澳大利亚中最为突出,其收入不平等也是最为突出的。拉丁美洲和非洲那些经济发展缓慢的国家,如哥伦比亚、巴西和中非共和国,以及阿拉伯世界都表现出相当程度的收入不平等。这种模式是否与库兹涅茨曲线相一致呢?

图 8-2 社会分层与技术发展:库兹涅茨曲线

库兹涅茨曲线表明,与技术的逐步发展相随的是日益显著的社会分层。这种趋势在工业化社会弱化了刚性的、种姓式的差别,提供更多机会并在法律的保护下提供更多平等的时候,出现了逆转。政治权利得以广泛传播,尽管还存在一定的经济差异。然而,后工业社会又导致了经济不平等的加剧,如作者添加的虚线部分所表示。

资料来源:作者基于 Kuznets (1955) 和 Lenski (1966) 所画。

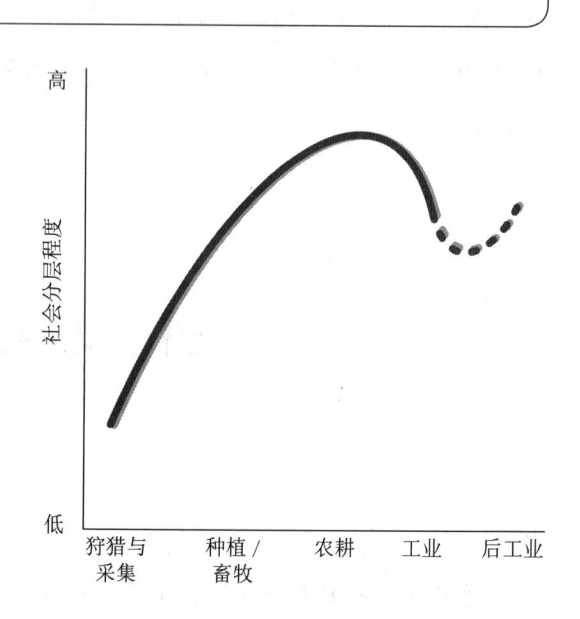

一、收入、财富与权力

经济不平等的一个重要维度是人们从工作或投资中获得的收入差异,美国人口普查局报告显示,2010 年美国家庭的收入的中位数是 60395 美元。图 8-3 中间饼图说明了所有美国家庭的收入的分布情况[1]。20% 最富有美国家庭(每年收入至少 114,000 美元,平均收入为 187,000 美元)的收入占所有美国家庭总收入的 47.8%,而最贫困的 20% 家庭(每年收入不高于 27000 美元,平均收入为 15000 美元)的收入只占总收入的 3.8%。

图 8-3 左侧的表格提供了更具体的收入分配情况。2010 年收入最高的 5% 的美国家庭收入不少于 200,000 美元(平均差不多 313,000 美元),相当于全部家庭收入的 20%。在收入份额中,高收入的 5% 的家庭的收入比最低的 40% 家庭的总收入还要多。最富有的 1% 的家庭的收入至少为 334,000 美元。在这个收入金字塔的顶端,最富有的 0.1% 的家庭,其收入至少为 1,400,000 美元。总之,当少数人的收入非常高的时候,大多数人的收入会远远不及他们。

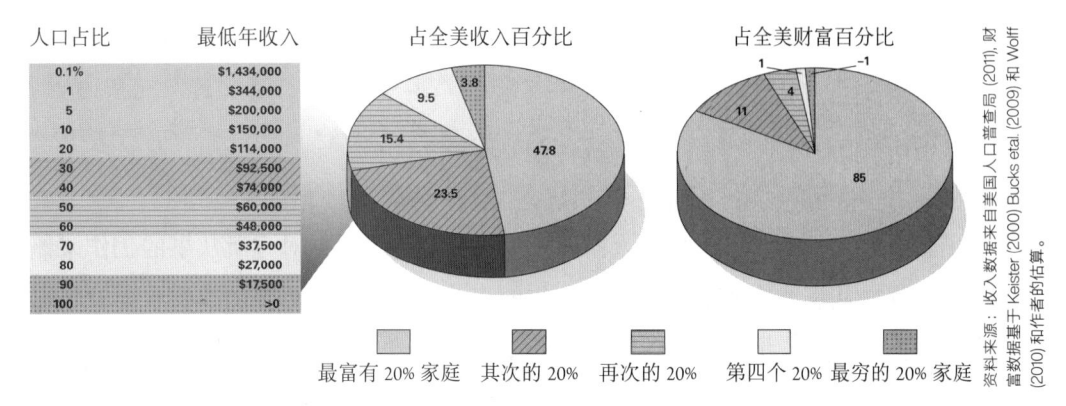

图 8-3 美国的收入与财富分配，2010

收入，特别是财富，在美国社会的分配是不平等的。

注1：美国人口普查局同时报告了美国家庭（由基于血缘、婚姻或收养关系而联系在一起的两个以上的人组成）和住户（两个以上的人同住在一个居住单位之中）收入的均值和中位数。2010年家庭收入的均值为78361美元，高于中位数60395美元，是因为高收入家庭拉高了平均值，而对中位数没什么影响。对于住户来说，这两个数字相对小一些（均值为66530，中位数为49445），主要是因为家庭的平均人口为3.18人，而住户的平均人口为2.58人。

资料来源：收入数据来自美国人口普查局(2011)，财富数据基于Keister(2000) Bucks et al.(2009)和Wolff(2010)和作者的估算。

收入只是一个人或一个家庭财富的一部分，财富是指金钱和其他资产价值的总和减去应偿还债务。财富包括股票、债券和房地产，它比收入的分配更不均等。

图8-3右侧部分描述的是美国财富的分配情况。占美国家庭总数20%的最富有的家庭大概拥有这个国家全部财富的85%。这类特权家庭的上层是占家庭总数5%的"非常富有"的家庭，它们占有全部私有财产的62%。还有更富有的拥有千万美元财产的"超级富有"家庭，它们占家庭总数的1%，却拥有全国私有财产的35%（Keister, 2000; Keister & Moller, 2000; Bucks et al., 2009; Wolff, 2010）。在财富金字塔的顶端是10个最富有的美国家庭，它们所组成的财富网络市值超过2910亿美元（Forbes, 2011），其财富总量相当于美国240万个普通家庭的财富总和，而这一人口数足够填满芝加哥、达拉斯和洛杉矶。

一般美国家庭的财产现在大概为120,300美元（Bucks et al., 2009）。家庭财产可以从房产、汽车、投资、保险单、退休金、家具、衣服和其他私人财产的价值上反映出来，还可以从住房抵押贷款和其他债务的减少上反映出来。一般人的财产不仅少于富人，而且财产种类也不同。大多数人的财产集中于住房和汽车，而这些财产是无法产生收益的，而富人们的财产大部分集中于股票和其他可以取得收益的投资。

当金融资产与债务对冲后，最贫困的40%的美国家庭实际上没有任何财产。图8-3中最贫困的20%家庭中有百分比是负数，意味着这些家庭实际上生活在债务之中。

在美国，财富是权力之源。控制全国大多数财富的少数美国家庭，同样也有能力控制整个社会的议程。正如在第十二章（"经济与政治"）将要解释的，有些社会学家认为，因为政治系统服务于超级富豪的利益，如此集中化的财富会削弱民主。

二、职业声望

除了获得收入，工作也影响着人们的声望。我们一般根据对方所从事的工作来评价彼此，对那些从事我们所认为的重要工作的人，我们会给予更多的尊重；而对于那些从事一般工作的人，我们则不会给予太多的尊重。

社会学家测量了不同职业的相对声望（NORC, 2011）。表8-1表明，人们给予诸如医生、律师和工程师等职业很高的声望，这些职业都需要大量的培训并能获得较高的收入。与此相对，诸如女服务生、门卫等收入较低、不需要太多教育的工作，职业声望就比较低。在所有高收入国家，职业声望的排序都是相同的。（Lin & Xie, 1998）

在任何社会，高声望的职业一般由特权人群把持。例如在表8-1中，最高等级的职业中都是男性占支配地位，我们从这个表一直往下找，直到第13个职业开始才是以女性为主的"注册护士"和中等学校老师等职业。与此类似，许多低声望的职业通常由有色人种来从事。

表8-1 美国职业的相对社会声望

白领职业	声望得分	蓝领职业
医生	86	
大学教授	74	
律师	75	
牙医	72	
物理学家、宇航员	73	
建筑师	73	
心理学家	69	
飞行员	61	
电子工程师	64	
神职人员	69	
药剂师	68	

续表

白领职业	声望得分	蓝领职业
社会学家	61	
中学教师	66	
验光师	67	
注册护士	66	
牙科保健师	52	
	60	警员
网校教师	66	
兽医	62	
演员	58	
财会	65	
经济师	63	
	51	电工
画家	52	
图书管理员	54	
	53	飞机机械师
	53	消防员
社工	52	
运动员	65	
程序员	61	
编辑、记者	60	
播音员	55	
	49	
地产经纪	49	
簿记员	47	
	47	修理工
音乐家	47	
	46	秘书

续表

白领职业	声望得分	蓝领职业
	47	邮递员
摄影师	45	
银行出纳	43	
	42	裁缝
	40	农场主
	39	木工
	31	汽车修理工
	36	砖瓦工
	35	烹饪工
	34	推土机操作工
	36	美发师
	30	卡车司机
出纳员	29	
服装销售员	30	
	28	服务员
	25	酒吧招待
	36	儿童护工
	23	家政人员
	22	上门推销员
	22	门房
	28	出租车司机
	28	保洁员
	27	旅馆行李员
	9	擦鞋工

来源：Adapted from General Social Surveys，1972—2010：Cumulative Codebook（Chicago: National Opinion Research Center, 2011），pp. 3211—18.

三、学校教育

工业社会扩大了人们受教育的机会，但有些人获得的教育仍然比其他人多。2010年在 25 岁以上的男性和女性当中，尽管 87% 的人完成了中学教育，但只有大约 29.6% 的女性和 30.3% 的男性完成了大学学业。

学校教育对职业和收入都有影响，因为大多数（并不是全部）收入丰厚的白领工作，如表 8-1 所示，都需要有大学或更高层次的学位，多数收入和声望都不高的蓝领工作则对教育程度要求不高。

四、血统、种族和性别

阶级制度中个人的天赋和努力对其地位获得非常重要。但是没有什么比出生在特定的家庭更能影响一个人的社会地位的了，家庭与人们所可能接受的学校教育、未来的职业和收入之间存在很强的关联性。研究表明，拥有上亿美元财产的美国人中，多于三分之一的人的财产部分来自于继承（Miller & Newcomb, 2005; Harford, 2007）。而出生于贫困家庭则影响了成百上千万人的未来。

在美国，种族和社会地位紧密相连。白人比非裔美国人拥有更多的教育机会和普遍较高的职业声望。非裔美国家庭 2010 年收入的中位数是 38500 美元，只占非拉美裔白人家庭收入（68961 美元）的 56%。在收入方面的不平等导致了生活方面的重大差异。举例来说，多数非拉美裔白人家庭（74% 以上）拥有自己的住房，而拥有自己住房的非裔家庭只占 45%。（U.S. Census Bureau, 2011）。

非裔美国家庭收入方面的种族差异部分来自于单亲家庭的比例较高。就夫妻双全的家庭进行比较，非裔美国家庭的收入也只占非拉美裔白人家庭收入的 79%。

随着时间的流逝，这种收入方面的差异造成了巨大的财富鸿沟（Altonji, Doraszelski & Segal, 2000）。美国联邦储备委员会最近对美国家庭住户的调查发现，少数族裔包括非裔、西班牙裔和亚裔美国家庭财产的中位数（约 27800 美元）只是非拉美裔白人家庭的（170,400 美元）16%（Bucks et al., 2009）。

社会地位也受到族群因素的影响。美国社会中的英裔美国人总是拥有最多的财富和最大的权力，而如今人口最多的少数族裔——拉丁裔美国人在这些方面长期处于不利的地位。西班牙裔美国家庭 2010 年收入的中位数是 39538 美元，这个数字只相当于非西班牙裔白人家庭收入中位数的 57%。关于种族和族群如何影响社会地位，将在第十一章（"种族和族群"）详细介绍。

各个阶级的家庭当然都是由男性和女性组成的。但一般来说，女性的收入、财产和职业声望都远不如男性。在单亲家庭中，由女性维持的单亲家庭陷入贫困的可能性，是由男性维持的单亲家庭的 2 倍。第十章（"性别分层"）探讨了性别和社会分层的关系。

第八节　美国的社会阶级

分析//

如前所述，在种姓制度中人们的社会位置都是固定且显而易见的。但在社会流动性比较强的阶级制度的社会，如美国，进行等级划分并不容易。卡尔·马克思追随者们只看到了资产阶级和无产阶级两大阶级，而其他社会学家则发现了六个阶级（Warner & Lunt, 1941）或者七个阶级（Coleman & Rainwater, 1978）。还有些社会学家站在马克斯·韦伯的立场上，声称人们在一起并没有形成清晰的阶级界限，而是形成了一个多维的地位等级系统。

因为社会地位一致性程度相对比较低，所以定义美国社会阶级是一件难事。特别是对于处在社会等级中间层次的人，他们在某一维度上所处的地位，不一定与另一维度上的地位相当。举例来说，一个政府官员有权管理数百万美元的政府预算，但他也许只有中等水平的个人收入。与此相类似，许多神职人员享有很高的声望，但他们只有中等的权力和很低的收入。再如一个幸运的股票商虽然并不能获得格外的尊重，却能大赚其钱。

最后，阶级制度下的社会流动特征（通常中间阶层的流动性最为显著）意味着在人们的一生当中，其社会地位会发生变化，这就更加模糊了阶级的界限。基于上述讨论，我们大体把社会分为四个等级：上层阶级、中产阶级、工人阶级和底层阶级。

一、上层阶级

占美国人口 5% 的上层阶级家庭每年收入不低于 200,000 美元,有些家庭的收入是这个数字的 10 倍或者更多。2011 年福布斯杂志简介了美国最富有的 400 个富豪,每人身家至少 13 亿美元,最多 590 亿美元。(Forbes, 2011) 这些人构成了上层阶级的核心,也就是马克思所说的占有生产资料或大部分私有财产的"资产阶级"。他们中很多人花费大量的时间管理他们的财富。许多拥有相对少一点财富的上层阶级的成员是工商企业主、大公司的高级管理人员、或者资深政府官员。在过去,上层阶级大多由盎格鲁-撒克逊清教徒白人组成,但现在已并非如此(Pyle & Koch, 2001)。

通常而言,家庭年收入超出 200,000 美元越多,则其上层阶级的特质越是鲜明。但隶属于上层阶级还不只是收入的数量问题,更重要的是收入来源。一个家庭的收入来自于所继承的股票、债券、房地产和其他投资形式的财产越多,越确凿表明这个家庭是上层阶级。赚取的财富和继承的财富之间的区别可以帮助我们区分"上层阶级中的上层"和"上层阶级中的下层"。

电视节目《亚特兰大的家庭主妇》中的女人。请用本页和下一页关于阶级分类的知识来讨论她们属于哪个阶级,为什么?

● 上层阶级中的上层

上层阶级的上层有时被称为"蓝血人",或者就叫"上流社会",他们只占美国人口的 1%(Baltzell, 1995)。上层阶级上层的成员总是生来就属于这个阶级,正如一个笑话所说的那样,成为上层阶级的上层最容易的方法是天生如此。大多数此类家庭都拥有最初继承而来的巨额财富。因此,上层阶级上层的成员被称为拥有"旧富"(old money)。

除了财富之外,上层阶级的上层居住在封闭的社区里,比如波士顿的灯塔山(Beacon Hill)、费城的利顿豪斯广场(Rittenhouse Square)、芝加哥的黄金海岸(Gold Coast)和旧金山的诺布山(Nob Hill)。他们的子女一般和其他相同背景的人一起就读于私立学校,并在声名卓著的学院和大学完成学业。遵循欧洲贵族的传统,他们学的是人文学科而非职业技能。

上层阶级上层的女性通常为慈善机构做义工,她们这么做是出于如下双重目的:在帮助社会大众的同时,建立赖以扩大精英阶层权力的社会网络(Ostrander, 1980, 1984)。

● 上层阶级中的下层

大多数上层阶级的上层人士实际上已经滑落到了上层阶级的下层。上层阶级中的下层包括那些有钱的人。英国女王处于上层阶级的上层并不仅是因为她 6.5 亿美元的财产,还因为她显赫的家庭谱系。《哈利·波特》的作者 J.K. 罗琳(J.K.Rowling)身家接近这一数字的两倍——超过 10 亿美元,但这个曾经靠救济金生活的女人属于上层阶级的下层。换句话说,上层阶级的下层和上层的主要区别在于,他们大多靠工作而非祖业

人们经常要在"新贵"和"豪门"之间做出区分。突然间获得很高收入的人倾向于把钱花在能象征他们社会地位的东西上,因为他们陶醉于豪华生活带来的新刺激,还希望别人知道他们的成功。与此相对,在财富环绕中长大的人对优裕的生活已经司空见惯,对此更为平和。因此,他们更注重私人空间、保守的消费取向(右图),与上层阶级下层的爱出风头的消费习惯(左图)截然不同。

致富。这些"新贵"的家庭占美国人口的 3%—4%，他们一般居住在昂贵社区的大房子里，拥有位于水边或山上的度假屋，送孩子去私立学校和名牌大学念书。但是大多数"新贵"无法进入"豪门"（old money）家庭的俱乐部和联盟。

二、中产阶级

中产阶级由美国人口的 40%—45% 组成，庞大的中产阶级对美国文化有着巨大的影响。电视节目和电影经常表现中产阶级题材，大多数商业广告也是直接针对他们设计的。中产阶级保持着比上层阶级广泛得多的种族和族群的多样性。

● 上层中产阶级

年平均收入在 114,000–200,000 美元的那一半的中产阶级叫作上层中产阶级。这样的收入使上层中产阶级家庭得以居住在位于豪华社区的舒适房子里，拥有几辆汽车，并致力于投资。上层中产阶级家庭的孩子有三分之二从大学毕业，大约三分之一有研究生学位。许多人进而从事诸如内科医生、工程师、律师、会计师和商业经理等声望较高的职业。虽然没有像最富有的人那样的影响国内或国际事务的能力，上层中产阶级经常在地方政治事务中扮演重要角色。

● 普通中产阶级

其余中产阶级在美国社会结构中位于中间位置。普通中产阶级通常从事诸如银行分行经理、中学教师等职业声望较低的白领工作，或者需要很高技术水平的蓝领工作，如电工和木匠。普通中产阶级家庭的年收入为 45000–110,000 美元，与全国平均收入差不多。[1]

在职业生涯中，他们能积累起一小笔财产，大多为一所房子和一笔退休金。大多数普通中产阶级都接受了高等教育，但他们中只有一半会完成四年制大学教育，另一半人会在学费较低的州立学校完成大学学业。

三、工人阶级

工人阶级（有时也被称为下层中产阶级）大约占总人口的三分之一。按照马克思

---

[1] 在美国有些地方（如旧金山）生活成本非常高，家庭年收入超过 150,000 美元才能达到中产阶级的水准。

主义理论，工人阶级是工业无产阶级的核心。工人阶级所从事的蓝领工作给他们家庭带来 27000–48000 美元的年收入，稍微低于全国平均水平。工人阶级家庭很少或根本没有财产，很容易因失业或疾病而引发经济困难。

工人阶级从事的许多工作很难令人得到自我满足。这些工作都强调纪律性而不需要想象力，并将工人置于持续不断的监督管理之下。这些工作所提供的医疗保险、退休金等福利比较少。数据显示大约 56% 的工人阶级家庭拥有自己的房子，他们的房子通常位于廉价的社区。只有三分之一的工人阶级家庭的孩子有机会接受大学教育。

日常生活中的社会学

镍币和银币：在美国可（否）获得

众所周知，低收入者通常是餐馆的服务员、班车驾驶员，折扣店如沃尔玛的售货员等。我们每天都能遇到这类人，实际上我们大多数人就属于这类人。在美国，"常识"告诉我们，一个人的职业以及他挣钱的多少反映了他的个人能力和他努力工作的意愿。

芭芭拉·埃伦里希（Barbara Ehrenreich）（2001）对此提出疑问。为了搞清楚低工资职业的从业人员工作生活的真相，这位成功的记者和作家放弃了自己上层中产阶级的生活，进入到了低工资职业从业人员的工作与生活的世界。

她先到了佛罗里达州的基韦斯特从事了一份报酬为 2.43 美元每小时外加小费的服务员工作。她发现她必须比以前预想中更努力工作。每次下班后，她都感到精疲力尽，与厨房工作人员分完小费之后，她平均每小时所得不足 8 美元。这仅高于当时的国家规定的最低工资标准，只够她支付她的小公寓的房租、购买食品和其他基本开支。她只能希望自己不要生病，因为这份工作没有提供医疗保险，她也支付不起看病的费用。

从事了一年多的低工资职业的工作，包括在缅因州汽车旅馆做清洁和明尼苏达州沃尔玛的工作，她开始批判所谓的"常识"。首先，她明白了每天有数以百万计低工资职业的从业人员在努力地工作。埃伦里希说，如果你不相信他们在努力工作的话，找一份类似的工作试试。其次，这些低工资职业不仅需要努力（想象一下一天之内要彻底清洁完三个汽车旅馆的房间),而且需要特别的技能和真正的智慧(如在一个餐馆里面同时服务10桌客人,而且还要让所有的客人满意)。她发现和她一起从事这类工作的人总体来说与她之前所知道的靠写作或在大学里面教书为生的人一样,聪明、机智和幽默。

那么,为什么我们会认为低工资职业的从业人员是懒惰或缺乏能力的呢?让埃伦里希感到吃惊的是,很多低工资职业的从业人员自己也这么认为。在一个社会中,当我们被教导并相信个人能力决定一切时,我们就会以人们所从事的职业将人们进行分类。埃伦里希发现很多低工资职业的从业人员通常遭受持续的监管、随意的药物测试和其他一些刚性规定的约束,这些最终导致低工资职业的从业人员觉得不值得甚至不想去寻求改善。埃伦里希总结道,低工资职业的从业人员中的这一信念有助于维持极端的社会不平等,因为低工资职业的从业人员付出的代价可以使得另一些人生活得很好。

你怎么想?

1. 你曾经从事过低工资的工作吗?如果从事过,你努力工作吗?薪水如何?还有其他福利吗?

2. 埃伦里希认为多数生活得好的美国人是依赖那些低工资职业的劳动者,在你看来,她的这一观点是什么意思?

3. 对于大多数在温迪汉堡(Wendy's)或沃尔玛工作的人,他们有多少机会进入大学或改行从事其他职业?为什么?

四、底层阶级

最后余下的20%人口组成底层阶级。低收入使他们过着没有安全感的困苦生活。2010年,联邦政府把4620万人(占总人口的15.1%)归为"穷人"。更多的人被看作"工作的穷人",他们经济状况比"穷人"好一点,有一个很难令人满意且收入微薄的低声望工作。他们中仅有一半的人读完了中学,只有四分之一的人曾经上过大学。在"日常生活中的社会学"专栏中,一位社会学家描绘了她在从事低收入工作时每天努力工作以维持生计的经历。

社会将底层阶级隔离开，对少数种族和族群更是如此。大约44%的底层阶级家庭拥有自己的房子，一般位于最差的社区。尽管穷人社区经常位于内陆城市，但底层阶级家庭，特别是南部的家庭，也有的生活在乡村社区。

第九节　阶级造成的差异

应用

社会分层几乎影响到我们生活的各个方面。我们将简要分析一下社会地位与我们的健康、价值观、政治观点和家庭生活相关联的一些途径。

一、健康

健康和社会地位紧密相连。穷人家的孩子出生一年内死于疾病、疏忽、意外事故或者暴力的可能性是出生于特权家庭孩子的两倍。在成人中间，收入高于平均水平者与低收入者相比，自我感觉健康状况极好的，前者是后者的近两倍；前者的寿命平均比后者长5年，是因为前者食用营养更丰富的食物，生活在更安全更少压力的环境中，能得到更好的医疗护理（Congressional Budget Office, 2008; U.S. Department of Health and Human Services, 2011）。

与高收入者相比，低收入者中只有一半的人体质健康，并且平均而言，寿命短7年。低收入的代价——表现为营养不良、缺医少药、高度精神压力——很容易从低收入者的脸上看出，他们看起来比实际年龄大。

二、价值观与态度

文化价值观与态度存在阶级差异。因为"旧富"的社会地位基于代代相传的财富，所以他们对家族历史有一种异乎寻常的强烈的感情。为了保护与生俱来的特权，他们还偏爱保守的礼仪和品味。许多"新贵"热衷于炫耀式的消费，用房子、汽车甚至飞机作为身份符号，来宣示他们的社会地位。

教育程度越高、经济越宽裕的富人，越能够宽容诸如同性恋等有争议的行为，而越是成长于严格的纪律和监督管理之环境中的工人阶级，越不能够容忍此类行为（Lareau, 2002; NORC, 2007）。

社会阶级对个体的自我观念有着很大的影响。有着很高社会地位经验的人，在日常生活的人际互动中通常表现得更加自信，因为其他人都倾向于把他们当作非常重要的人。在"多样化思考"专栏中，描绘了一个来自穷人家庭的女孩子在大学中面对很多来自精英阶层家庭的同学时所遭遇的挑战。

三、政治观点

政治观点也有阶级差异吗？答案是肯定的，但具体模式是复杂的。出于保护自己财产的需要，富人们在经济议题上倾向于保守，比如支持更低的税率。但在诸如堕胎、同性恋权利等社会议题方面，教育程度越高、越富有的人，政治观点越开明。与此相对，社会地位较低的人更倾向于经济自由，支持政府扶持穷人的社会计划，但在社会议题方面，他们一般更保守（NORC, 2009）。

在政治参与方面有一个更清晰的模式，政治系统更多是为高收入者服务的，高收入者与低收入者相比，更倾向于参与投票和加入政治团体。在 2008 年总统选举中，超过 80% 的家庭收入 100,000 美元的成年人参与投票，而家庭收入 40000 美元的成年人中，参与投票的大约只有 57%。

四、家庭和性别

社会阶级也塑造了家庭生活。一般来说，底层阶级的家庭要比中产阶级家庭规模稍大，因为底层阶级家庭与中产阶级家庭相比，更早结婚，更少控制生育。另一种家庭模式是，工人阶级父母鼓励孩子遵守传统规范和尊重权威人物。更高社会地位的父母将与此不同的"文化资本"传递给他们的孩子，教导他们更加自由地表达自己的个性和想象力（Kohn, 1977; McLeod, 1995; Lareau, 2002）。

家庭越有钱，父母越倾向于开发自己孩子的天才和能力。将一个生于2010年的孩子抚养到18岁，年收入达99730美元的富裕家庭将花费477,100美元，年收入为75000美元的中产阶级家庭将花费286,860美元，年收入不到57600美元的低收入家庭将花费206,180美元（Lino, 2010）。特权导致特权，就如同家庭生活在每一代人中再生产着社会结构。

阶级也塑造了我们的情感关系世界。在关于婚姻生活的经典研究中，伊丽莎白·波特（Elizabeth Bott）发现，大多数工人阶级夫妇根据性别角色来对职责进行分工，与此相对，中产阶级夫妇之间关系更平等，共同参与更多的活动，表达也更为亲密（Elizabeth Bott, 1971，原作于1957）。凯伦·沃克（Karen Walker）的研究发现，工人阶级的友谊一般被作为物质支援的来源，而中产阶级的友谊包含着共同的兴趣和休闲追求（Karen Walker, 1995）。

第十节　社会流动

评价

我们的社会是以大量社会运动为标志的动态社会。取得大学学位、获得报酬高的工作或者和一个高收入的人结婚，都将导致向上的社会流动。失学、失业或者离婚（特别是女性），都可能会导致向下的社会流动。

多样化思考：种族、阶层与性别

阶级的力量——一个来自低收入家庭学生的疑问："我和你们一样吗？"

与这所私立文科学院的其他大多数学生相比，马塞拉出身于没有任何特权的家庭。在她大四那年，关于她大学经历以及社会阶级对她的挑战我们曾进行过一次长时间谈话。马塞拉不是她的真名，她希望能匿名。在下面的内容中我总结了她关于她大学生活的谈话。

当我到这里的时候，我进入了一个全新的世界。我发现自己处在一个奇怪的并且是危险的地方。周围人的习惯和想法我都不懂。我上千次地告诉自己，我希望你们所有人能意识到另有许多与此全然不同的世界，而我来自其中一个。你们能够接受我吗？

我是一个穷人家的孩子，成长在一个充满匮乏和暴力的环境。我现在置身名牌大学的校园里，有大学生这个新的身份，但我过去的生活仍然停留在我的脑海中，我无法改变我对自己的看法。

你想更进一步了解我吗？更多地了解阶级的影响力是如何塑造我们自己对自己的看法吗？这些正是我想要告诉你的。

在我成长的过程中，我羡慕你们大多数人，你们生活在中产阶级的氛围中，在那个世界当中你们被帮助，被保护，被安慰。不像我。当你们的父母在讨论时事、准备家庭旅行计划、照看你们的时候，我的父母也许在对彼此吼叫。我无法忘记在一个夏天的夜里，我浑身汗津津地躺在床上，咬着指甲，这时一个电话砸穿了我的房间和我父母房间的隔墙。我父亲喝醉了，我妈妈当时正在躲避他。

你们的父亲和母亲在写字楼里面办公，他们有体面的职业，如医生、律师、建筑师；他们是企业经理；他们管理着小企业。你们的父亲和母亲就是这样一些重要的人物。我的妈妈乘坐公交车去她工作的医院，在那里她为人们做清洁，每小时挣10美元。她上班是按照别人的吩咐做事。我爸爸？谁知道他呢。他是一个没有出息的人，酗酒，吸毒。我不知道他现在是否还这样，我已经八年没有他的消息了。

你在一个社区里面长大，很可能在一栋房子里面住了很多年。我们家住在廉价的出租屋里面，并且经常换地方。当没有钱付房租的时候，我们就收拾家当搬迁到另一个地方，看起来我们像是一直在躲避什么。

你们成长过程有书籍陪伴，可以去图书馆，还有父母亲为你们朗读。你们知道如何更好地表达并使用令人印象深刻的词汇。我从没听过睡前故事，我或许有一位令人鼓舞的老师。我知道大多数东西我必须靠自己去学习，这也许就是为什么我一直觉得我在试图追赶你们。

你们懂得如何正确地使用刀叉和汤勺。你们懂得如何吃中国菜并且会在泰国餐馆中点菜。你们也许喜欢意大利菜。你们懂得如何点葡萄酒。你们懂得德国啤酒、丹麦奶酪和法国酱汁。我呢？我是靠吃感恩节纸餐盘中的食物，靠吃社会服务的志愿者们提供的火鸡长大。当你们叫我去一些特色的餐馆吃饭时，我找理由拒绝并待在家中。因为我吃不起。更重要的是，我害怕你们发现我对你们习以为常的很多东西都不懂。

我是怎么进了这所大学的呢？我记得我的一位老师说我"有希望"。大学的管理办公室接收了我。但我也不确定这是为什么。我获得了可以支付我大多数学费的奖学金，这解决我的一个大问题，能让我留在这里。但有时我不能确定我还能否留在这里。我要学很多那些你们都已经知道的东西，我得打两份工才能有钱买二手的电脑、衣服，以及偶尔在你们经常逗留的街角买一份匹萨。

我能待在这里太令人惊奇了。我知道我有多幸运。现在在这里，我明白自己的路还很长，长得超出我的想象。上大学只是路途的开始。奖学金只提供了部分保障。对我来说最大的挑战是，每天学习但依然不是很明白的你们日常生活中的林林总总，还有各种数不清的我不懂得或将做错的事，那些错误可能会揭穿我的短处，使我看起来像个骗子。

你怎么想？

1. 这个故事如何揭示出，社会阶级所涉及的远不止于一个人拥有多少钱？

2. 为什么马塞拉会担心别人认为她是一个骗子？如果你能够与她谈论她的顾虑，你会与她谈些什么？

3. 你是否有类似的基于阶级地位而产生的自己比别人重要或者卑微的感受？试着做出解释。

从长远来看，社会流动与其说是个人的变化，还不如说是社会本身的变化。举例来说，在20世纪上半期，工业化扩大了美国的经济规模，提高了生活水平，哪怕不是弄潮好手，也赶上了发家致富的潮头。而近来，由于工作"外包"、美国工厂的关闭和其他商业原因，导致了向下的结构性社会流动，并使很多人经济受损。经济不景气在2007年底表现得最为突出，这种不景气一直持续了好几年，减少了数以百万计的人们的收入和经济机会。

焦点中的社会学

社会流动是例外还是定则？

在美国社会中，向上流动的可能性有多大？向下流动的概率是多少？有多大比例的成年人，在其成年的时候依然处在其孩童时代的社会阶层位置？为了回答这三个问题，丽莎·克斯特（Lisa A. Keister）运用全国青年追踪调查（NLSY）——涉及9500名男女的长期研究的数据进行了分析。1979年这些被访者还很小（14—22岁）并且与父母亲一起住在家中的时候，他们接受了第一次调查。还是这些被访者，在2000年的时候再次接受了调查，这个时候他们的年龄处在35—43岁，其中80%的被访者已经结婚并有自己的小家庭。

克斯特（借助NLSY数据）通过测量两个时点人们财富的总量，以探寻被调查对象的经济地位如何随着生命周期的变化而变化。在1979年，由于被调查者还很年轻，并且与父母住在一起，因此测量的是被调查者父母亲的家庭财富。克斯特将被调查者家庭按财富多少分成五等份——从最富有的20%到最穷的20%，并将五等份的家庭排列在相应表格的纵栏中。2000年，她对同样的调查对象进行了财富的测量，这些调查对象此时生活在自己的家庭中。2000年的财富等级显示在表格的横栏中。

那么，克斯特有何发现呢？从家庭财富的角度而言，有多大程度的社会流动呢？如表所示，我们有很多发现。左上角的单元格显示，1979年最富有的20%家庭的被调查者，在2000年时依然有55%的人处在最富有的这一类别当中。很明显，由于这些人出身于最富有的家庭，他们不存在向上流动（尽管有一些被调查者比他们年幼时更加富有）。1979年处于最富有地位的被调查者当中，有25%的人经历了向下流动，流动到财富等级的第二个层次。这意味着80%的在1979年就处在富有地位的被调查者，在2000年时，处境依然非常好。只有20%的最富有的被调查者经历了两个及以上层次的向下流动（9%的人下降了两个层次，6%的人下降了三个层次，5%的人下降到最底层）。

如果观察1979年处于最穷位置的被调查者，我们可以发现类似的规律。很明显，由于这些人一开始就处在低层次，除了上向流动，他们不会再下向流动。但他们当中有45%的人依然处在原来的最低层次（右下侧单元格），27%的人向上流动了一个层次。另外28%的人向上流动了两个及以上层次（11%的人向上流动了两个层次，9%的人上向流动了三个层次，8%的人上升到最高层次）。

对于处在中间层次的被调查者，数据显示流动比较明显。对于那些最初处在第二个层次的被调查者，有33%的人依然处在相同的层次。剩下的67%的人向上或向下流动了至少一个层次，但大多数人流动了一个层次。对于最初处在第三层次的被调查者，35%的人最后还处在原来的层次，65%的人经历了至少一个层次的向上或向下流动。同样，他们当中多数人经历了一个层次的流动。类似地，对于那些最初处在第四个层次的被调查者，35%的人未发生流动，65%的人经历了至少一个层次的向上或向下流动。

那么从这一代人1979年到2000年的财富流动中，我们能得出什么结论呢？第一个结论是，大多数人经历了一个或一个以上层次的向上或向下社会流动。因此社会流动是定则而不是意外。第二，向上流动和向下流动一样常见。第三，接近财富等级中间层次的人流动发生率更大，而处在财富等级两端的人中，大多数人

年幼时的地位，1979	成年时的地位，2000				
	最富有的20%	第二富有的20%	中间20%	中下20%	最穷的20%
最富有的20%	55	25	9	6	5
第二富有的20%	25	33	23	11	8
中间20%	13	21	35	20	11
中下20%	7	14	20	35	24
最穷的20%	8	9	11	27	45

保持位置不变（最上层的有 55%，最下层有 45% 的人依然处在原来的层次）。

加入博客！

这里所呈现的结果让你感到震惊了吗？数据展现的结果与你想象的这个国家人们的流动情况一致吗？前往 MySocLab，加入焦点中的社会学博客，分享你的观点与体验，并看看别人是如何思考的。

社会学家将社会地位短期和长期的变化区分开来。**代内社会流动**（intragenerational social mobility）是指发生在个人一生中的社会地位的变化（intra 在拉丁语中意为"within"）。**代际社会流动**（intergenerational social mobility），是指子女相对于父母的向上或向下的社会流动（inter 在拉丁语中意为"between"）。代际流动的重要性在于，它通常能揭示影响到每个人的长期的社会变化。

一、关于社会流动的研究

很少有像美国这样的社会，人们老是想着要"出人头地"。向上爬依然是美国梦。但是美国的社会流动正如我们所想的那样吗？

最近的一项关于代际流动的研究表明，32% 的美国男性与其父亲从事类似的职业，37% 的人表现出向上流动（举例来说，父亲从事蓝领工作，而儿子从事白领工作），32% 的人表现出向下流动（如父亲从事白领工作，儿子从事蓝领工作）。在女性当中，46% 的人表现出向上流动，28% 的人表现出向下流动，还有 27% 的人与其父亲的地位相比没有发生变化（Beller & Hout, 2006）。"焦点中的社会学"专栏中展示另一项关于长期社会流动的研究结果。

代内社会流动 是指发生在个人一生中的社会地位的变化

代际社会流动 是指子女相对于父母的向上或向下的社会流动

水平流动——在相同的社会位置上改变职业最为常见。总的来说，80% 的子代相对于他们的父辈表现出了一定形式的社会流动（Hout, 1998; Beller & Hout, 2006）。

有关美国社会流动的研究指出了四个普遍的结论：

1. **上个世纪的社会流动程度是非常高的。** 在一个工业化阶级系统中，高流动正是我们所希望的。

2. **在同一代人中，社会流动通常较小。** 大多数年轻的家庭随着时间的推移，获得教育和技能，从而增加收入。举例来讲，一个家长年龄为30岁的典型家庭，2010年收入为55000美元，一个家长年龄为50岁的典型家庭，2010年收入为75000美元（U.S. Census Bureau, 2010）。但只有很少的人从赤贫到巨富（就像J.K.罗琳），或者失去大量金钱（很多摇滚明星赚了很多钱，但几年后几乎没什么钱）。同一阶级内部的小范围的社会流动比较常见，而跨越阶级的大范围流动比较少见。

3. **社会流动的长期趋势是向上流动。** 整个20世纪的工业化极大地扩展了美国经济，增加了白领工作岗位，提高了生活水平。然而，在最近几十年向下流动与当初的向上流动持平（Keister, 2005）。

4. **1970年代以来的社会流动是不均衡的。** 美国人的实际收入（除去通货膨胀）在20世纪稳步增长，直到70年代为止。从那之后，如图8-4所示，人们的收入有升有降，整体比70年代之前呈小幅上涨。最近以来，2007年开始的经济衰退使得很多人的收入有所下降。

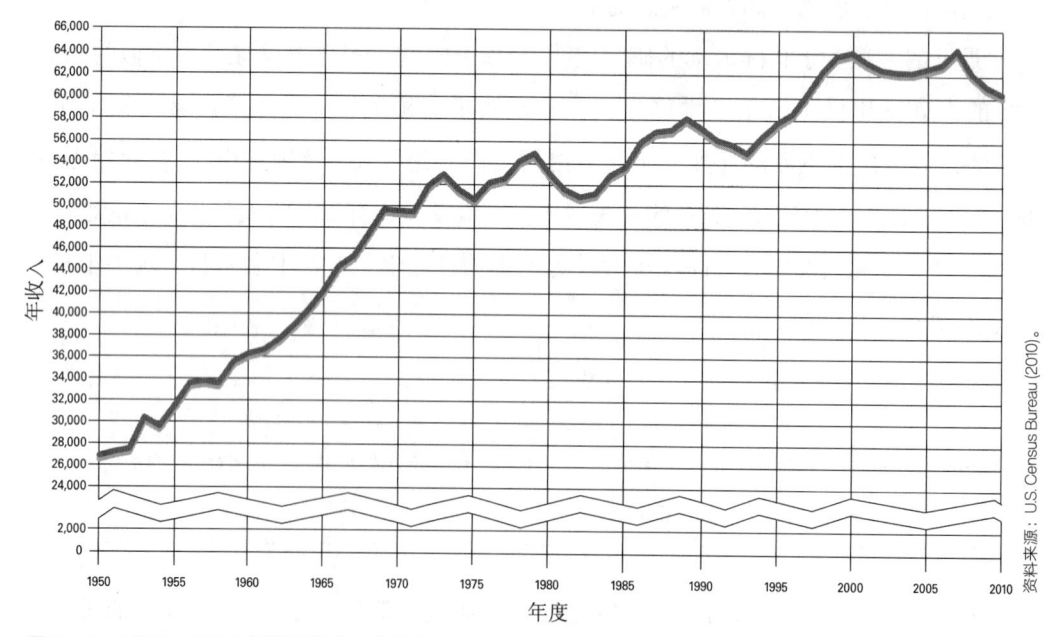

图8-4 1950—2010年美国家庭中位年收入
美国家庭中位年收入在1950—1970年期间呈快速增长趋势，之后增长幅度减弱。

二、收入水平的流动

社会流动的体验取决于你处在哪里的社会阶级系统中。图 8-5 显示了 1980—2010 年间，不同收入水平的美国家庭的收入状况。富有的家庭（收入最高的 20% 家庭，但在整个时期，并不是同样的那些家庭）收入增长了 51%，从 1980 年的平均 124,069 美元增长到了 2010 年的 187,395 美元。收入中等的家庭也有所增加，不过增加的幅度有限。收入最低的 20% 的家庭在 2010 年的平均收入为 11160 美元（按通货膨胀率进行了调整），低于 1980 年。

对在收入阶梯顶端的家庭（最高端的 5%）来说，最近几十年可谓暴发。这些家庭 1980 年的平均收入超过 176,000 美元，而 2006 年是 313,298 美元，增加了近一倍（U.S. Census Bureau, 2011）。

二、社会流动：种族、族群和性别

在美国，白人往往比非裔或西班裔人居于更优越的地位。在 1980 年代和 1990 年代的经济扩张中，更多的非裔美国人进入了富有者的行列；但是总体上来讲，三十年来非裔美国人的实际收入几乎没有改变。2010 年非裔美国家庭收入占白人家庭收入的百分比仅从 1975 年的 61% 下降到了 56%。美国的拉丁裔家庭和白人家庭相比，1975—2010 年间收入不进反退（1975 年拉丁裔美国家庭收入是白人家庭收入的 66%，而 2010 年这个数字下滑到了 57%）（Pomer, 1986; U.S. Census Bureau, 2010）。

女权主义者指出，从历史上来看，美国社会的女性向上流动的机会比男性要少，因为大多数工作的女性从事的是事务性（比如秘书）和服务性（比如侍者）工作，这些工作很少能提供晋升和取得高薪的机会。

女性和男性之间的收入鸿沟正随着时间而逐渐变窄。全职工作的女性 1980 年的收入是全职工作男性的 60%，到 2010 年，这个数字是 77%（U.S. Census Bureau, 2010）。

三、社会流动与婚姻

既有研究得出这样的结论，即婚姻对人的社会地位有着非常突出的影响。杰（Jay

Zagorsky, 2006）在研究工厂中的男人和女人的时候发现，那些已婚且婚姻稳定的人积累财富的速度是那些单身或离异者的两倍。其中的原因包括共同生活的夫妻俩可以获得两份收入，但支出却是两个单身人士或分居的二人的总支出的一半。

另外，与单身者相比，已婚人士更加致力于工作和储蓄。为什么呢？主要是因为他们的工作不只是为了养活自己，还要供养依靠他们为生的子女和配偶（Popenoe, 2006）。

正如婚姻可以推动人们向上流动，离婚则通常导致人们向下流动。离婚后的两个人得承担两份家计的经济负担，这使得他们各自用于储蓄和投资的钱减少。由于男人通常比女人赚钱多，离婚对女性的影响更大。很多女人在离婚后，不仅失去了大部分收入，而且健康以及社会保险等也受到影响（Weitzman, 1996）。

四、美国梦：仍然是现实吗？

向上社会流动的期望深深根植于美国的文化土壤之中。在我们历史的大多数时期，经济平稳增长，人们生活水平逐步提高。时至今天，至少对某些人来讲，美国梦依然生动而美好。在 2010 年，四分之一的美国家庭收入 100,000 美元或者更多，与此前相比，1967 年只有十五分之一的家庭收入这么多（除去美元通货膨胀的影响）。美国现在至少有 800 万之多的百万富翁，是 10 年前的 5 倍（Rank & Hirschl, 2001; L. Eisenberg, 2007; Wolff, 2010; U.S. Census Bureau, 2011）。

但并不是所有的指标都是乐观的。请注意下列这些令人烦扰的趋势：

1. 许多工人的工资停止增长了。1958—1974 年期间，全职工作的 50 岁男性的收入增长了 65%（以 2010 年的美元为基准折算，从 29716 美元增加到 48979 美元）。然后在 1974—2010 年之间，工人的收入下降了 7.3%，只有 45420 美元，而工作时间却增加了很多，住房、教育和医疗保险等生活必要支出也提高了（Russel, 1995; U.S. Census Bureau, 2011）。

2. 更多的工作支付很少的报酬。经济全球化的扩展使得很多产业岗位被移往海外，削减了美国本土的高薪工作岗位。与此同时，服务经济的增长意味着如今的很多工作——在快餐店做服务生或在大的折扣商店做职员——只支付相对较低的薪水。

3. 年轻人留在父母家里。2011 年年龄在 18—24 岁的年轻人中有 55% 因不能独立地支撑起一个家庭，而与父母住在一起。从 1975 年以来，结婚的平均年龄提高了 5 岁

（女性 26.5 岁，男性 28.7 岁）。

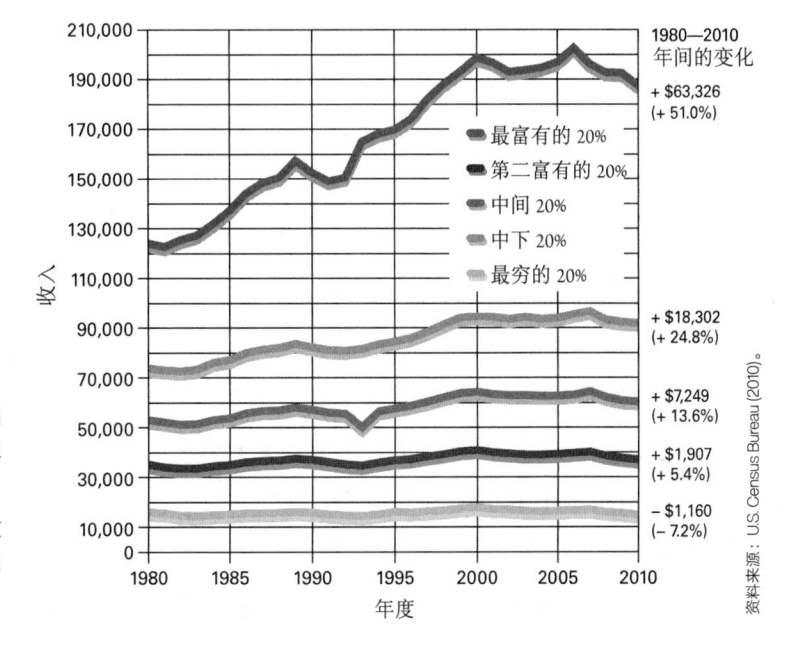

图 8-5 1980—2010 年美国家庭平均年收入（以 2010 年美元为基准，校准通货膨胀）
如今，高收入家庭和低收入家庭之间的收入差距比 1980 年时更大了。

1980—2010 年间的变化
+ $63,326 (+ 51.0%)
+ $18,302 (+ 24.8%)
+ $7,249 (+ 13.6%)
+ $1,907 (+ 5.4%)
− $1,160 (− 7.2%)

图例：最富有的 20%、第二富有的 20%、中间 20%、中下 20%、最穷的 20%

资料来源：U.S. Census Bureau (2010)。

日常生活中的社会学

当 CEO 们越来越富有：豪宅又回来了

我在宾夕法尼亚州埃尔金公园（Elkins Park, Pennsylvania）长大，埃尔金公园在费城的正北面，是一个较老的以中产阶级为主的郊外社区，尽管像大多数郊区居民那样，有些邻居的房子比其他人的要大些。埃尔金公园的特别之处在于那几所散落于此地的大房子，它们是由早期的费城实业家于一个世纪之前修建的。在那个时候，镇上只有这些豪宅，间隔着旷野和草地。然而大约时至 1940 年，大部分土地被分成小块用以建造更新的中产阶级郊区住宅。这些豪宅顿时显得格格不入，它们的继承人就是否应继续住在那里以及如何支付日益高涨的财产税产生分歧。结果许多豪宅被出售，建筑被推倒，土地被分割。

在 1960 年代，当时我只有十几岁，在埃尔金公园短暂地骑行一段，就可以经过布莱耶庄园（Breyer estate，由布莱耶冰淇淋公司的创始人修建，现在是镇区警察大楼)、柯蒂斯庄园(Curtis estate，由一个杂志发行人建造，现在已变成社区公园)和瓦纳梅克庄园(Wanamaker estate，由费城一家大型百货商店的创始人建造，现在已经荡然无存了)。它们中最美轮美奂的可能是魏德纳庄园(Wiedner estate)，它模仿法国的一处古堡建成，连门把和窗户拉手都是包金的，现在已经人去楼空。

在那个时代，这些建筑不仅仅是仆役众多的某一家族的住宅，而且还是一个时代的纪念碑。在那个时代，富人确实非常富有。相比而言，在这片曾经由豪富家庭所有的土地上，出现的是中产阶级社区，狭小得多的地块上盖着朴实宜居的住宅。

那么所谓镀金时代的巨额财富永远消失了吗？并没有。截至1980年，一批新的豪宅又在美国兴建起来。建筑师蒂埃里·德蓬(Thierry Despont)主要为超级富豪们设计豪宅。一处由德蓬设计的"小型"住宅，面积也在20000平方英尺左右(约合1858平方米，大约是美国平均住宅面积的十倍)，由他设计的更大的豪宅，面积足足超过60000平方英尺(与任何一幢建于一个世纪以前的埃尔金公园的豪宅面积相仿，几乎和白宫一样大)。这些大型住宅的厨房像大学教室那样大，还有健身房、室内游泳池甚至室内网球场(Krugman, 2002)。

这些大型住宅由新富起来的大公司的首席执行官(CEO)建造。CEO赚的钱一直高于大多数人，最近几年他们的收入更是直冲云霄。在1970—2010年间，一般美国家庭的收入只有适度增长(计入通货膨胀后大约20%)，而在同一时期，100名工资最高的CEO的薪酬从130万美元(大约为同期普通工人工资的40倍)猛涨到3600万美元。换言之，一个普通的CEO的年收入相当于白宫454个职员(其中包括国家总统)的收入。更加富裕的是，20个最高收入的投资基金管理者2010年的平均收入为8.82亿美元，38分钟的收入相对于普通工人一年的收入，并且是总统收入的2000倍(Corporate Library, 2011; Creswell, 2011; O'Toole, 2011; U.S. Census Bureau, 2011)。

你怎么想？

1. 你认为正在加剧的经济不平等是一个问题吗？为什么是？为什么不是？
2. 一位CEO的收入应该是一个普通工人收入的几倍？请解释你的答案。
3. 你认为CEO的超高薪酬对于股东的利益是利是弊呢？对于公众的利益呢？阐释你的理由。

在最近的这代人中，很多人致富了，本来富有的变得更富了。正如"日常生活中的社会学"专栏里所指出的，报酬最高的公司管理人员的收入正失控似的增长。但与此同时，低收入工作比例的增加也导致上百万家庭的向下社会流动，他们因此担心享受中产阶级生活方式的机会也渐渐消失。如图 8-4 所示，尽管 1950—1973 年间收入的中位数翻了一倍，但此后两代这个数字只增长了 14%（U.S. Census Bureau, 2011）。

五、全球经济和美国阶级结构

美国阶级结构变化的潜在原因是全球经济的变化。很多给上一代美国工人带来丰厚收入的工业品的生产已经迁移到了国外，因为国外的劳动力成本低。由于国内工业较少，美国现在已是外国工业品的巨大市场，这些工业品包括产自中国、印度、日本、韩国、巴西和其他地方的汽车、音响设备、相机和电脑等。

1960 年，美国 28% 的劳动力拥有制造业的高收入岗位，今天这些岗位只养活了 9% 的工人。经济系统用收入较低的服务性工作来填补他们的位置。传统上高薪酬的公司比如 USX（从前的美国钢铁公司）现在比正在扩张的麦当劳连锁店雇用更少的人，而快餐店店员的收入只是钢铁工人收入的零头。

对每个人来说，全球化的工作重组并不是坏消息。全球化经济推动了以法律、金融、营销和计算机技术为专业的饱学之士向上的社会流动。即便将 2007 年底开始的经济不景气考虑在内，1980—2008 年间，全球化的经济扩张也帮助股票市场增长了十倍之多，使得有钱投资的家庭因此获益。

但是同样的趋势却损害了许多普通工人的利益，他们失去了工厂的工作，现在正从事低工资的服务工作。再加上许多公司（通用和福特是最近典型的例子）缩减规模，减少劳工职位，以保持在世界市场上的竞争力。结果是，尽管所有已婚夫妇家庭中的 53%（这个数字是 1950 年同比的两倍还多）拥有两个及以上的劳动力，许多家庭前所未有地努力工作，却也只能维系原有水平（A. L. Nelson, 1998; Sennett, 1998; U.S. Census Bureau, 2011; Wall Street Journal, 2011）。

第十一节　美国的贫困问题

分析

社会分层的结果是将人们分为富人和穷人。所有不平等的社会系统都会产生贫困，或者至少是**相对贫困**——某些人相对于另一些拥有得更少。一个更重要的且可以防止的问题是**绝对贫困**——缺乏维持生存的基本必需品。

正如第九章（"全球社会分层"）所说的，大约 14 亿人——全体人口的五分之一——处在绝对贫困的边缘。甚至在富庶的美国，也有许多家庭因严重贫困而挨饿，住在泊车中或者露宿街头，健康状况糟糕。

一、美国的贫困程度

2010 年，美国政府将 4620 万男人、女人和儿童归为贫困人口，这一数字是超过 50 年的记录中的最大值。贫困人口现在占美国人口总数的 15.1%。贫困的计算是以家庭收入低于官方贫困线为标准。对一个四口之家来说，官方贫困线定在 22314 美元。这个贫困线大约是政府所估计的、人们维持生命所必需的食品消费额的三倍，但一般贫困家庭的收入只有这个数字的 59%，这就意味着标准的贫困家庭 2010 年不得不依靠不足 13000 美元的收入艰难度日（U.S. Census Bureau, 2010）。

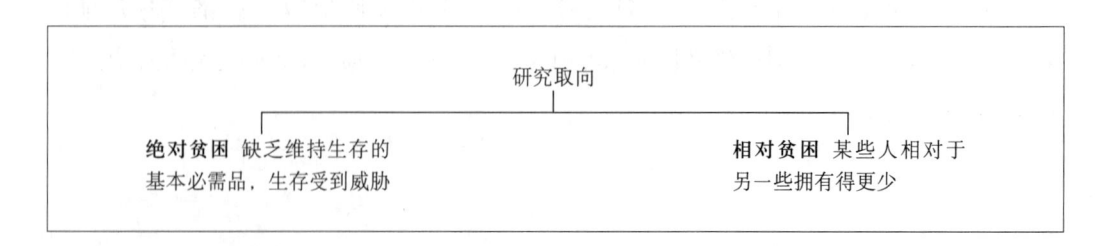

```
                    研究取向
                   ┌────┴────┐
       绝对贫困 缺乏维持生存的        相对贫困 某些人相对于
       基本必需品，生存受到威胁         另一些拥有得更少
```

二、谁是穷人?

尽管没有一种描述能适用于所有的穷人,但贫穷确实在某些类别的群体中占比更高。当这些类别指标重叠起来时,问题就非常严重。

● 年龄

一代人以前,老年人变穷的风险最大。但由于如今的私营雇主和政府提供了更好的退休计划,65 岁以上老人的贫困率已从 1967 年的 30% 跌至 2010 的 9%,低于全国平均水平。从另外一个角度看,只有 7.6%(350 万)的人口是老年人(U.S. Census Bureau, 2011)。

如今,贫困的重担大多沉重地压在了儿童和年轻人身上。2010 年,低于 18 岁的人中 22%(1640 万人)和 21.9% 的年龄在 18 到 24 岁的年轻人(650 万人)是穷人。换句话说,美国贫困人口中一半是 25 岁以下的年轻人。

● 种族和族群

所有贫困人口中 71% 是白人(包括一些自称是西班牙裔的人),23% 是非裔美国人(包括一些认为自己同时也是西班牙裔的人)。但就他们在各自种族人口总数的占比而言,非裔美国人的贫困率是白人的三倍。2010 年,27.4% 的非裔(1070 万人)、26.6% 的西班牙裔(1320 万人),12.1% 的亚裔(170 万人)和 9.9% 的非西班牙裔白人(1960 万人)处于贫困之中。1975 年以来,白人和少数族裔之间的贫困差距并没有多少改变。

有色人种中,儿童贫困率特别高。美国非裔儿童贫困率为 39.1%,与此相比较,西班牙裔儿童贫困率为 35%,非西班牙裔白人儿童的贫困率为 12.4%(U.S. Census Bureau, 2011)。

● 性别和家庭模式

年龄在 18 岁或 18 岁以上的贫困人口,60% 是女性,40% 是男性。这种差异反映了这样一个现实:女性为家长的家庭贫困风险较高。在所有贫困家庭中,单身女性为家长的家庭占 52%,单身男性为家长的家庭只占 10%。

美国正在经历**贫困的女性化**(feminization of poverty),即女性贫困率呈现出上升的趋势。1960 年,所有贫困家庭中 25% 是以女性为家长,大多数贫困家庭夫妻双全。但到 2010 年,以单身女性为家长的贫困家庭的比例已经两倍于前,达 52%。

贫困的女性化是一个更大的趋势的结果:各个阶级单身女性家庭数量正在迅速增长。这个趋势,再加上以女性为家长的家庭贫困风险较高,可以有助于解释为什么女性和她们的孩子构成了美国贫困人口中一个日益增长的份额。

2010年以女性为户主的家庭的贫困发生率为31.6%,而夫妇双全的已婚家庭的贫困发生率只有6.2%。

● **城市和乡村的贫困**

在美国,城市市中心是贫困最集中的地方,2010年城市中心区贫困率达19.7%,而市郊的贫困率为11.8%。目前城市总的贫困率为14.9%,低于16.5%的乡村贫困率。据统计,美国大多数最贫困的县在乡村地区。

三、解释贫困

作为地球上最富有的国家却有着好几千万的贫困人口,这是一个严重的问题。就像有些分析家提醒我们的,美国的大多数穷人确实要比其他国家的穷人富得多:33%的美国贫困家庭拥有住房,64%拥有一辆汽车,只有17%的人声称会经常挨饿(U.S. Census Bureau, 2011; U.S. Department of Agriculture, 2011)。但是毫无疑问,贫困损害了这个国家数百万人的幸福生活。

为什么会存在贫困?我们将先介绍两个相反的解释,然后引导出一场生动而重要的政治讨论。

● **一种观点:指责穷人**

这种观点坚持认为,穷人要为他们的贫困负主要责任。纵观我们的历史,在美国人的价值观中,自立具有很高的地位。他们坚信社会地位很大程度上是个人天赋和努力的反映。根据这种观点,社会给每个人提供了足够的机会,只要他们能够和愿意利用好这些机会。因此,穷人就是那些由于缺乏技能、教育或意志力而不能或者不愿工作的人。

人类学家奥斯卡·刘易斯(Oscar Lewis, 1961)在研究拉美城市的贫困问题后指出,许多穷人深陷于贫穷文化,这种底层阶级的亚文化能够摧毁人们提高自己生活水平的雄心。在贫困家庭成长的孩子会屈从于他们的环境,从而形成了一种自我延续的贫穷循环。

1996年,为了打破美国的这种贫穷循环,国会改变了自1935年开始实行的、提供联邦资金救济穷人的福利系统。联邦政府照旧把钱发到各州,再由各州分发给需要的人,但救济金有严格的时间限制——大多数情况下,一个人不能连续领取救济金超过两年，领取救济金时间总长不能超过 5 年。这种改革的目的是为了强制人们自立，不再依靠政府救济生活。

● 对立观点：指责社会

威廉·朱利叶斯·威尔逊（William Julius Wilson, 1996a, 1996b; Mouw, 2000）持不同立场，他认为社会要为贫困负主要责任。威尔逊指出，城市内工作岗位的流失是贫困的主要原因，那里根本就没有足够的岗位让人养家糊口。威尔逊发现，穷人表面上不去努力是缺乏工作机会的结果，而不是造成贫穷的原因。在威尔逊看来，刘易斯的分析可以归为"指责受害者"，即认为受害者应该为自己的受害负责的观点。

为了批判贫困和福利压缩，威尔逊强调，政府应该加大对低收入人群及其社区的投入。这些投入包括工作基金，为低收入的父母亲提供负担得起的儿童照料服务，确保学校同时提供语言能力和工作技能的培训以便他们能够胜任将来的工作，甚至包括加大公共交通的投入以便于他们往返于住地和工作地点。

最近的经济衰退，以及与之相伴的日益加剧的收入不平等，已经使得贫困人口增加 4600 万。另外，有 9500 万人的收入不足贫困线的两倍，即处在低收入或接近贫困的水平上。把这些人加在一起，大约 1.4 亿人——接近美国一半的人口——要么处在贫困状态，要么处在低收入状态。换句话说，大约有一半的美国成年人会说，如果不卖掉一些他们自己的东西，他们无法在一个月之内筹集 2000 美元的现金。这些统计结果表明，某些超越人们自身之外的东西——社会的特性——在起作用（Foroohar, 2011; U.S. Census Bureau, 2011; Yen, 2011）。

了解我们自己·全美贫困状况，2010

统计显示，美国最穷县的贫困率是全国平均水平的两倍多，分布于从阿巴拉契亚（Appalachia）地区扩展到最南，然后沿着墨西哥边境，接近南部四角区（Four Corners region），还有达科他州（Dakotas）。对于这种分布模式，你能提出些理由吗？

探索：从 mysoclab.com 上可以找出你所在地方的贫困人口所占的比例。

● 评价

在应该由政府还是由人们自己负责减少贫困的问题上，美国公众均衡地分成两派（NORC, 2011: 499）。政府的统计数字表明，在 2010 年，56% 的贫困家庭的家长根本就不工作，另外 31% 的家长只做零工（U.S. Census Bureau, 2011）。这些事实看上去是支持"指责穷人"这一边的，因为贫困主要是没有工作导致的。

但是从"指责社会"的立场出发，人们似乎还有更多不工作的原因。中产阶级妇女也许能将工作和抚养儿女结合起来，但这对贫困的妇女来说要困难得多，因为她们不能负担孩子的看护费，而且很少有雇主提供儿童看护服务。正如威廉·朱利叶斯·威尔逊所解释的，许多人无业，并不是因为他们逃避工作，而是因为没有足够的工作供给。总之，减少贫困最有效的办法是确保提供更多的工作机会，为双职工提供更多的儿童看护服务（Wilson, 1996a; Pease & Martin, 1997; Duncan, 1999; Bainbridge, Meyers & Waldfogel, 2003）。

● **检查你的学习**

解释穷人应该为自己的贫困负责的观点和社会应该为穷人的贫困负责的观点。哪种观点更接近你自己的观点？

四、在业穷人

并非所有的穷人都没有工作。在业穷人博得了贫困问题争论双方的同情和支持。2010 年，14% 的贫困家庭的户主（130 万人）一年至少工作了 50 周，但他们还是不能摆脱贫困。另外 31% 的贫困家庭的户主（280 万人）处在贫困状态，尽管他们也打打零工。换个角度看，大约 3.4% 的全职工人因赚钱太少而仍旧贫困。2009 年 7 月以来，联邦最低工资标准为 7.25 美元每小时（有些州和大都市设置了更高的最低工资标准，2012 年旧金山的最低工资标准为每小时 10.24 美元，在全国最高）。但以全国最低工资标准 7.25 美元时薪，并不能改变工作贫困，即使全职工人每小时赚 8 美元，他也不能将城市四口之家的生活水平提升至贫困线以上。回过头来看，考虑到通货膨胀的话，

争鸣与论辩

福利制度的两难

迈克（冲进了门）：对不起，我迟到了。我在商店结账时，在福利妈妈的队伍中排了很久。

赛尔吉（带着一丝不解的笑容向后看了看）：靠福利生活的人到底是什么样的？

你对靠福利生活的人有何印象？如果你和大多数美国人一样，你可能联想到中年的非裔美国妈妈。而事实是，在这个国家典型的靠福利生活的人是白人儿童。

有关福利的争论很多。关于此类援助是好是坏也存在着意见分歧。1996年国会就此问题进行了争论，出台了新法案，这一法案结束了联邦政府在为穷人提供经济援助中的参与。取而代之的是新的由州政府运作的有限援助项目，它要求获得救济的人参加职业培训或者找到工作，否则他们的救济金就会被取消。

为了搞清这一议题，我们先来了解什么是社会福利。英文单词"welfare"是指旨在改善一部分低收入群体的福祉的一类政策和方案。1996年的福利制度改革之前，大多数美国人用这个词专指整个福利系统的一部分：有子女家庭援助方案（Aid for Family with Dependent Children, AFDC），这个计划每月给父母（大多数是单身母亲）和他们需要照顾的孩子提供经济援助。在1996年，大约500万家庭长期或短期地接受过上述方案的援助。

保守派反对AFDC。他们声称，这一方案非但不能减少儿童贫困，相反，它从两方面使问题变得更糟。首先，他们认为AFDC削弱了家庭，因为这个方案最初执行的几年里，只要是家里没有丈夫的单身母亲，就可以获得这种补助，结果，这一方案成了女性婚外生子的经济动机，保守派将之与穷人中迅速上升的婚外生子率相联系。对保守派来说，婚姻是减少贫困的关键之一：只有十六分之一的夫妻双全的家庭是贫穷的；由AFDC补助的家庭中，超过十分之九的家长是未婚女性。

其次，保守派认为，福利制度鼓励穷人依靠政府施舍。主要原因是百分之八十的贫困家庭家长没有全职工作。更突出的是，只有5%的接受AFDC的单身母亲从事全职工作，而非贫困单身母亲从事全职工作的比例超过一半。保守派说，福利制度逐渐偏离了其初衷，原本只是对于带小孩而没有工作的（因离婚或丈夫死去）女性的短期援助，却演变成了她们的生活方式。她们一旦深陷依赖福利制度的境地，她们所抚养的孩子长大成人后也可能无法摆脱贫困。

自由派持不同的观点。他们问：在大量的"福利"实际上流向富人的情况下，为什么人们要反对政府向贫穷的母亲和孩子发放补助金？家庭援助方案每年的预算是250亿美元（确实不是个小数目），但它却低于每年提供给4300万老年人的5850亿美元社会保障金，而且这些老人中很多并不是穷人。与2008和2009年国会投票通过的以救助陷入困境的金融业的1万亿美元"救市基金"相比，更显微乎其微。

自由派认为，大多数寻求公共补助的贫困家庭确实需要帮助，并且很多受帮助的人是未成年人。而他们实际得到的并不多，典型的受助家庭每月只得到400美元，不足以吸引人们依赖福利制度生活。即便考虑到其他以食物券方式的补助，各地接受公共援助的家庭依然在贫困线边缘挣扎。因此，自由派将公共援助计划看作针对美国就业岗位过少和经济过度不平等所导致的严重社会问题的"创可贴"。对于公共救济会削弱家庭的指控，自由派同意单亲家庭的比例上升了，但他们并不将家庭援助方案视为原因，而是将单亲养育子女视为在许多国家所有阶级都可以发现的广泛的文化趋势。

回顾1996年，保守派的争议结束了家庭援助方案。就贫困而言，我们这个社会的个人主义文化鼓励人们自我批评（而不是归咎于社会），贫困被视为懒惰和个人失败的标志（Inglehart et al., 2000）。这种对穷人的看法，可能正是导致联邦政府的家庭援助方案被州政府运作的贫困家庭临时求助计划（Temporary Assistance for Needy Families, TANF）所取代的原因。这个计划要求获得救济的人参加职业培训，并且救助期限最多为连续的两年，一个人终身申请援助的期限最多为五年。

到2008年，新的贫困家庭临时救助计划的受益人减少了60%。这意味着很多依靠社会福利的单身父母重新找到工作，或参加职业培训。考虑到这一点，支持福利改革的保守派认为该计划是成功的。福利受助对象减少了，越来越多的人从接受援助转向工作以养活自己。但自由派批评这一福利改革并没有成功。他们指出，许多现在正在工作的人收入非常少，他们的生活并不比从前好。换言之，这种改革只是大幅度削减了领取救济金的人数，但并没有减少贫困。

你怎么想？

1. 我们所推崇的自立的文化何以解释这场围绕公共福利的论战？为什么人们不批评流向更富有的人的福利（比如按揭利息的减免）？

2. 你同意将救济时间限制加入新的贫困家庭的临时救助计划吗？为什么同意？或者为什么不同意？

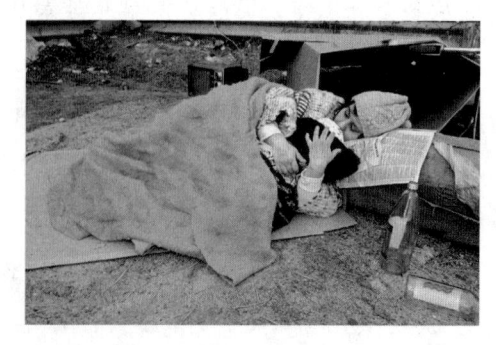

导致贫困的原因是社会还是个人？对于无家可归者而言，多数人认为社会应承担更多的责任。

3. 你认为为什么福利制度改革对于减少贫困收效甚微?

资料来源：Lichter & Crowley (2002), Lichter & Jayakody (2002), Von Drehle (2008), and U.S. Census Bureau (2011).

现在的最低工资水平提高到 10.60 美元每小时才能达到 1968 年的最低工资水平。换言之，当下有一半的从业人员年收入少于 26000 美元，这让很多四口之家处在贫困线以下，或接近贫困线（Raum, 2011; U.S. Census Bureau, 2011）。

个人能力和进取心在社会地位的形成中确实起了一定作用，但是权衡社会现实可以发现，导致贫困的主要原因更多的是社会，而不是个人因素，因为越来越多的工作机会只提供低工资。另外，穷人是某些特定类别的集合：女性为家长的家庭、有色人种、远离广大社会隔绝于市中心的人们——他们面临着特殊的壁垒和有限的机会。

"争鸣与论辩"专栏是对当前福利制度争论的近距离考察。理解这个重要的社会议题，能帮助我们决定我们的社会应该怎样去回应贫穷问题，以及下面要讨论的无家可归问题。

五、无家可归

政府的住房与城市发展部门（Department of Housing and Urban Development，简称 HUD）每年在全国范围内进行一项有关城镇无家可归者人数的调查。2010 年的调查结果表明该年 1 月有 649,917 人至少有一晚住在收容所、流动房屋和大街上。但政府部门估计，有更多的人——大约 160 万人在这一年某些时段内无家可归（U.S. Department of Housing and Urban Development, 2011）。考虑到以往对无家可归者数量的估计，批评者指出 HUD 遗漏一些无家可归者，其数目可能会达到几百万。有些估计者认为，在既定年份中，有 300 万人至少有一夜无家可归。另外，有证据表明，美国无家可归者的数字正在增长（L. Kaufman, 2004; National Coalition for the Homeless, 2009）。

我们所熟悉的对无家可归者的刻板印象——男人睡在门廊，女人推着装有全部家当的购物车——已经被"新无家可归者"所取代。他们包括：因工厂关闭而失业的人，为逃离家庭暴力而离家的妇孺，因房租涨价而被扫地出门者，以及其他因工资低或根本没有工作而支付不起房贷或房租的人。如今，已经没有一种刻板印象能完整描绘无家可归者的图像。

多数无家可归者声称他们没有工作，有 20% 的无家可归者从事临时性工作（U.S. Conference of Mayors, 2010）。不管是有工作还是没有工作，所有无家可归的人都有一个共同的特点：贫困。所以，对于贫困的解释也同样适用于无家可归者。有些人指责无家可归者的个人特质。他们中超过三分之一的人是瘾君子，四分之一的人有精神疾病。更概括地讲，占我们人口 1% 的那一小撮儿人出于这样或那样的原因看起来不能适应我们复杂而高度竞争的社会（U.S. Department of Housing and Urban Development, 2011）。

其他人认为无家可归问题是由社会因素造成的，这些因素包括低工资和缺乏提供给低收入者的住房。这种观点的支持者发现，35% 的无家可归者是整个家庭（特别是单亲妈妈带着自己的孩子），并且随着 2007 年之后的经济衰退，无家可归者的数量正在增加。从另外一个角度来看，儿童是无家可归者中上升最快的部分（Kozol, 1988; Bohannan, 1991; L. Kaufman, 2004; U.S. Department of Housing and Urban Development, 2011）。

毋庸置疑，大部分无家可归者具有或多或少的个人缺陷，但是哪个为因，哪个为果却很难区分。美国长期的经济结构调整，再加上对低收入者救助的削减，以及近期的经济衰退等，都导致无家可归这一社会问题。

第十二节　加剧的不平等，加剧的争议

评价 //

有关美国经济不平等的争议越来越激烈。争议的原因很简单，经济不平等已经达到了自 1929 年大萧条以来的最高水平。正如图 8-6 所示，20 世纪 20 年代这十年，收入最高的 1% 人口的收入在股市大崩盘之前稳定增长，这部分人获取了全社会 25% 的收入。

大萧条之后的几十年的趋势是收入日趋平等。如图所示，1970 年高收入的 1% 人口获取的收入不足全社会的 10%。但是在接下来的 30 年中，这一趋势逆转过来了。如今，高收入的 1% 人口所获取的收入份额与 1929 年相当。

美国始终是一个大多数人期望存在一定程度的经济不平等的国家。这个国家核心文化中强调个人竞争和个体责任，因此人们应该按照他的天赋、能力和努力获取他应得的回报。

即便如此，人们现在对于真相是否如此也渐失信心。最近的调查表明，在被问及是否同意"美国贫富分化很严重"这一看法时，63%的成年人表示同意，只有16%的人表示不同意（其他人表示既非"同意"，也非"不同意"，或者表示"不知道"）（NORC, 2011: 2270）。另一项调查则表明，大多数人同意这样的观点，"在这个国家中富人得到的越来越多，而穷人得到的越来越少"（Kohut, 2011）。

一、最富者的财富是他们应得的吗？

对经济不平等的广泛关注带来了很多值得思考的问题。首先，当一个社会中很多人认为贫富分化很严重时，人们就会怀疑高收入者所得的是不是他们应得的。毫无疑问，在我们的社会中有一些非常聪明、非常有天赋并且非常努力的男女，他们确实应该得到高的收入。在娱乐产业中，如电视名人哈吉塔（Mariska Hargitay，她的年薪为1000万美元），柯南（Conan O'Brien，年薪1400万美元），以及杰雷诺（Jay Leno，年薪3000万美元）所赚的钱超出我们的想象。而大明星，如约翰尼·德普（Johnny Depp）和碧昂斯（Beyoncé）则收入更丰（他们各自一年的所得接近1亿美元）。这样的回报是我们已有预期的受欢迎的媒体明星所得，并且我们认可他们之所以得到这样的回报，是由于这些名人，对观众和广告商的吸引力。

但值得我们注意的是，不要想当然地认为收入是对天赋、能力和努力程度的直接回报。2011年纽约扬基队（New York Yankees）[1]的艾力克斯（Alex Rodriguez）获取的回报是大联盟球队中最高的，达3200万美元。这一数额差不多相当于支付那个赛季整个堪萨斯城皇家队的费用。但是，毫无疑问堪萨斯城皇家队整个球队付出的智慧、能力和努力超出了扬基队的最优秀的单个球员。扬基队的另外一位球员贝比·鲁斯（Babe Ruth）可以说整个时代最优秀的棒球手，在他收入最高的赛季（1930和1931年），他从扬基队所获得的收入也只有8万美元（折合成今天的120万美元）。

占领华尔街运动获得了全国的支持，并引发了全球范围内公民运动，人们批评给

---

[1] 纽约扬基是美国职棒大联盟中隶属于美国联盟的棒球队伍之一。——译者注

予公司那一小撮儿领导层以高额回报。据《福布斯》杂志 2011 年报道，麦克森制药公司的约翰·哈默格（John Hammergren）是收入最高的 CEO，他的工资、奖金、股票期权和其他津贴共计 1.31 亿美元。在这一年中，美国收入最高的 10 位 CEO 的平均收入超过 6000 万美元。值得注意的是，运动虽聚焦于华尔街，华尔街的 CEO 中却没有人能够进入收入的前十位（尽管华尔街顶级对冲基金的经理们可以挣得更多）。调查美国的公司可以发现，CEO 的所得比以往任何时候都多。回顾 20 世纪 70 年代，顶级 CEO 的薪酬约为公司普通职员的 40 倍。2011 年，顶级 CEO 的薪酬大约为普通职员的 400 倍且保持每年 25% 的增长率，由此这一上升的趋势毫无结束的迹象（Corporate Library, 2011; Helman, 2011; Roth, 2011; U.S. Census Bureau, 2011）。

支持者表示，公司付出高薪是为了吸引有才华的人来从事高层领导，进而让公司运行得更好。而反对者则表示，公司表现与 CEO 的回报之间的关系并不确定——有一半的公司虽然给 CEO 支付了高薪，但这些公司在最近一些年份的收益却下降了（Helman, 2011; NORC, 2011）。

二、我们普罗大众能跟上吗？

与日益增长的不平等相伴随的第二个问题是，人们日益怀疑努力工作是否就会得到更好的回报。美国梦的核心观念就是：只要人们努力就会获得经济上的保障并能逐步提升自身的社会地位。但是在最近几十年中，当处在经济阶梯顶端的人在享受丰厚回报时，努力工作的普通大众不得不一直不停地努力以确保能够维系他们所能够拥有的。由于高薪工作的难以获得，因此那些认为能够实现自己美国梦的家庭所占的比例从 2001 年的 76% 下降到 2010 年的 57% 就一点也不奇怪了（Zogby, 2010）。

如今公众所感知到的经济不平等已经与 20 世纪 30 年代大萧条时期相当。经济不平等的趋势持续加剧，我们对社会体系的不平等的信心持续丧失，对社会做出根本改变的要求就定然会愈加强烈。

最后，正如我们讨论美国国内的不平等是如何形成的那样，我们应当明白社会不平等这一幕远不只是在美国境内上演。令人震惊的不平等不是一个国家内部的不平等，而是比较世界上不同地方而感受到的不平等。在第九章中我们将拓展我们的视野，对全球社会分层进行考察。

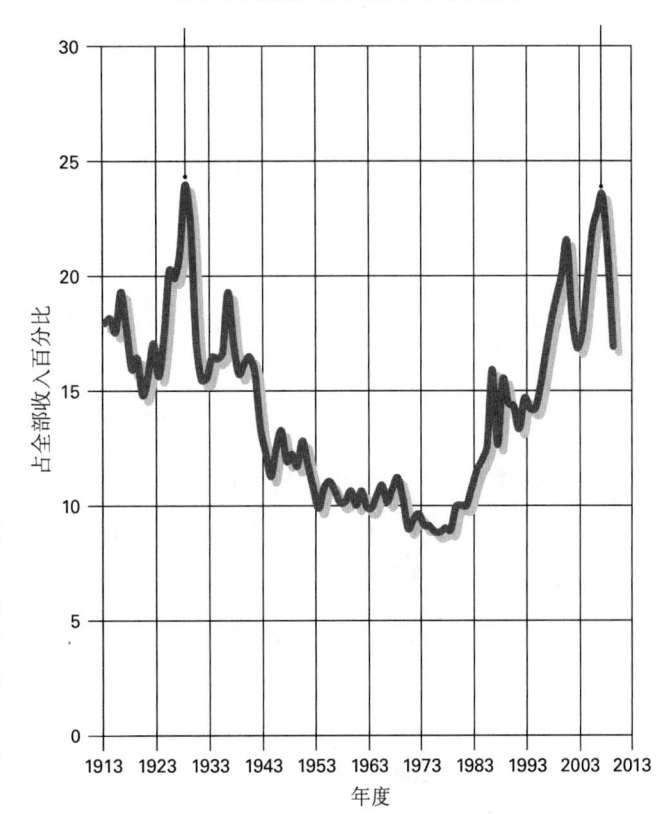

● 2007 年，前 1% 的高收入人口的总收入已经相当于 1929 年大萧条之前，全体人口收入总和

图 8-6　最富有的 1% 人口所占有的收入份额，1913—2009

1929 年美国最富有的 1% 人口收入份额占全社会所有收入的四分之一。这一份额从那之后几十年一直下降，到 70 年代中期下降至 10%。但在最近几十年，这种趋势转向日益突出的不平等。2007 年最富有的 1% 人口收入份额再次占全社会所有收入的四分之一，尽管经济衰退开始后这一份额有所下降。

日常生活中的社会学

第八章 社会分层

我们如何理解美国的社会不平等？

在这一章中我们对美国的阶级结构做出了描述，并解释了人们在我们不平等的社会体系中如何获取其地位。在你看来，大众传媒到底是如何反映我们这个社会的不平等现实的？看以下这三幅来自电视节目中的照片，其中一张来自20世纪50年代，另外两张来自当前的电视节目。这三张照片传递了关于社会地位的哪些信息？我们如何实现？

● **提示：**

总体而言，大众传媒将社会地位作为个人人格特质和时而纯粹运气的反映。在《百万富翁》（*The Millionaire*）中财富没有任何理由地落到一些人身上。在《单身汉》（*The Bachelor*）中女人设法获取男人的赞许。在《全美超级模特儿新秀大赛》（*America's Next Top Model*）中，成功的关键是漂亮的外表和个人风格。但社会结构通常也会以我们不经意的方式介入其中。(2011年) 节目中出现的单身富翁都是白人是否别具意义？"貌美"对男人而言是否与对女人一样很重要？成为百万富翁真的要靠运气吗？社会地位真的如电视节目所显示的那样是个体竞争的结果吗？

《百万富翁》这个很受欢迎的电视节目从1955年播放到1960年。其中一个非常有钱的人（一个永远不会在镜头面前完全露面的人）有个奇特的爱好，那就是会给自己从未谋面的人100万美元。每周他都会交给他的助手米契尔·安东尼一张支票，让他交给下一个"百万富翁"。安东尼找到此人并将钱交给他。接下来将展示突然冒出来的财富是如何让一个人的生活变得更好（或者更糟糕）。关于社会阶级位置，这样的故事情节是要告诉人们什么呢？

《单身汉》开播于2002年，讲述的是一个年轻的帅哥与25位备选的美女的故事，故事从群体约会开始，然后有三位美女"入围"，这些入围的女孩可以和他通宵约会，最后帅哥（通常会成功地）找到他最终的"选择"。

2003年泰雅·班克斯（Tyra Banks）创办了《全美超级模特新秀大赛》电视节目，她自己也主持了这个节目。在每一季中，有多达13位年轻女性以模特的方式展示自己的才华并接受一系列评审团（其中包括银行的评审团）的评审。每周有一位选手被淘汰，直到剩下最后一位"获胜者"。就社会地位与追求成功而言，这个节目向年轻女孩们传递了什么样的信息？

在你的日常生活中发现社会学

1. 在晚上看电视的时候，评价你从不同节目中看到的关于社会阶级的特征。在每一个案例中，请解释为什么你会认为某些人属于某些特定的社会位置。你能清楚地辨别出来哪些人属于上层阶级，哪些人属于中产阶级，哪些人属于穷人吗？请描述你的发现。

2. 提出若干问题来度量社会阶级位置。诀窍是先确定关于社会阶级位置的内涵，然后将你提出的若干问题运用到一些成年人身上，最好对自己提出的问题进行进一步的提炼。

3. 社会分层涉及一个社会如何分配其资源。它同时涉及关系这一维度——社会不平等影响着我们不与哪些人交往，与哪些人交往，以及如何与这些人交往。你能从日常生活中给出一个关于社会不平等影响人们社会交往的例子吗？登录MySocLab，进入"从你的日常生活中发现社会学"栏目去进一步讨论社会分层所涉及的社会关系，讨论如何与那些社会背景和你不同的人交往。在第二个"日常生活中的社会学"栏目中去探讨等级制与精英制，并讨论为什么在我们的社会中人们倾向于将社会阶级地位归因于个体的能力与努力程度。

温故知新

第八章　社会分层

什么是社会分层？

社会分层是指社会将人们按层次分成若干类别的机制，进而使得一些人相对于其他人更有钱、更有权或更有声望。
- 社会分层是社会的一个特征，而不只是个人差异的简单反映。
- 社会分层具有代际延续性。
- 社会分层得到文化信仰系统的支撑，这种文化信仰系统使不平等模式合法化。
- 社会分层有两种基本形式：种姓制度和阶级制度。

种姓制度

- 建立在出身的基础上（先赋性）；
- 社会流动性低或没有流动性；
- 影响着人们的整个生活，包括职业和婚姻；
- 在传统的农业社会中比较盛行。

阶级制度

- 建立在出身（先赋性）和能力（个人的自致性）的基础上；
- 存在一定的社会流动；
- 在现代工业和后工业社会中比较盛行。

社会分层的理论分析

结构功能主义指出了社会分层是如何有助于社会运行的：
- 戴维斯—摩尔论题指出社会分层因其功能性后果而具有普遍性。
- 在种姓制度下，人们履行出生时就分配给其所属地位的职责而得到回报。
- 在阶级制度下，不平等的回报将最有能力的人吸引到最重要的工作上，并鼓励人们努力工作。

在 mysoclab.com 上阅读文献

社会冲突论认为社会分层将社会区分为不同阶级，在使一些人付出代价的基础上使得另一些人受益，进而导致社会冲突。
- 马克思宣称资本主义经济生产建立在资本家私有的基础上，资本家剥削那些出卖劳动力以获得工作的无产者。
- 韦伯指出社会不平等三个维度：经济阶级、社会地位或声望、权力。冲突存在于**社会经济地位**（SES）多维等级差异不同位置上的人们之间。

符号互动论，这种微观视角解释了我们如何通过人们的外在表现而判断他的社会地位。**炫耀性消费**指的是，人们购买和展示消费品是为了"声明"其在社会阶级系统中的位置。人们倾向于与自己社会地位相似的人进行社会交往。

社会分层与技术：一个全球的视角

狩猎与采集→园艺和游牧→农业→工业社会→后工业社会

格尔哈特·伦斯基解释道，技术的进步最初加剧了社会分层，尤其是在农业社会；

工业化使得社会分层的趋势发生了逆转，社会分层有所减弱；

在后工业社会中，社会分层再次加剧。

美国的不平等

社会分层涉及多个维度

- 收入：从工资和投资中获取的收入是不平等的，最富有的 20% 家庭的收入是最穷的

20% 家庭的 12 倍多。
- 财富：财富的多少等于所有财产减去负债，财富的不平等在经济不平等中最突出，最富有的 20% 家庭拥有全社会 85% 的财富。
- 权力：收入和财富是权力的重要来源。
- 职业声望：工作带来的不仅是收入，还有声望。白领工作带来的收入和声望都优于蓝领工作。许多低声望的工作由女人和有色人种从事。
- 学校教育：学校教育既影响人们的职业也影响人们的收入。有些类别的人比其他人有更多的机会去接受学校教育。
- 祖先、种族与民族、性别等都会影响人们的社会地位。

美国的社会阶级

200,000 美元↑上层阶级：占美国人口 5%。上层阶级上层的成员，或者说"旧富"因继承而获得巨额财富。上层阶级的下层，或者说"新贵"，通常从事高薪酬的工作。

200,000—48000 美元↑中产阶级：由美国人口的 40%—45% 组成。上层中产阶级有可观的财富；普通中产阶级声望较低，但从事白领工作，并且多数接受过高等教育。

48000—27000 美元↑工人阶级：占美国人口的 30%–35%。中下层阶级从事蓝领工作；大约三分之一的孩子可以接受高等教育。

27000 美元↓底层阶级：占美国人口的 20%。由于收入低，很多底层阶级的人缺乏经济保障；很多人生活在贫困线以下；只有一半接受过高中教育。

- 社会地位越高的人，其健康状况通常也越好，他们的价值观和政治态度也有所不同，并且他们有着丰富的"文化资本"可以传递给其后代。
- 与其他高收入国家一样，美国的社会流动非常普遍，但代际之间的变化不是很大。
- 由于全球经济的扩张，富裕的家庭现在所获得的比以往任何时候都多；而接近社会阶层底端的家庭收入增长则有限。

美国的贫困

贫困概况

- 美国政府将 4620 万人——占总人口的 15.1%——界定为贫困者。

- 贫困人口中 50% 是 25 岁以下的人口。
- 所有贫困人口中 70% 是白人，但与各自种族的人口总数相比较，非裔和拉美裔贫困率更高。
- **贫困的女性化**意味着女性为家长的贫困家庭的增加。
- 大约 45% 的"有工作的穷人"家庭的家长至少从事临时性工作，但他们不能获得足够的收入以使四口（或以上）之家的生活水平提升至贫困线以上。
- 在一年中，大约有 160 万到 300 万无家可归者。
- 大约一半美国人要么是穷人，要么处于低收入状况（收入仅为贫困线的两倍），这一事实表明导致贫困的主要原因不是个人特质，而是社会。

在 mysoclab.com 上探索地图

观看 mysoclab.com 上的视频

解释贫困

指责个人：贫困文化论指出贫困是由贫困者自身的缺陷所导致的（奥斯卡·刘易斯）。

指责社会：导致贫困的原因是社会对财富分配的不平等，以及好工作的缺乏（威廉·威尔逊）。

增长的社会不平等

近几十年来，收入不平等日益加剧。

调查表明，很多人认为收入差距过大。

很多人甚至认为努力工作并不一定带来好的回报。

第九章

全球社会分层

学 习 目 标

- **记住**本章中那些用粗体字标示出来的关键术语的定义。
- **理解**社会分层不仅包括社会中各成员之间的不平等，还涉及世界上各国家之间的不平等。
- **运用**两大理论视角深入剖析全球社会分层的原因。
- **分析**全球视野下的妇女的社会地位。
- **评价**奴隶制度在现代世界已经被废除这一普遍观点。
- **缔造**一种体认——世界上社会不平等程度远不止于美国日常观察所见的。

本章概览

社会分层不仅仅涉及某个国家内部的社会成员，也是一种世界性的局面，一些国家的经济水平远高于另一些国家。本章将关注的焦点由美国国内的不平等转移到世界范围内的不平等。首先对全球不平等进行描述，然后提供两个解释全球社会分层的理论模型。

纳森蒂（Narsingdi）是位于孟加拉国的首都达卡东北方向大约 30 英里的一个小镇。纳森蒂的制衣厂四楼有 1000 多名工人正忙于缝制球衣。有好几百台缝纫机联合生产，漫长的工作日里机器轰隆声不绝于耳。

但是情况马上就发生了变化：一名工人的电子手枪发出了火花，点着了易燃的液体。突然，一个工作台起火了，附近的工人赶紧用球衣灭火，但是阻止不了火势，火焰在一个装满易燃材料的房间里迅速蔓延。

工人们忙乱地拥向通往街道的楼梯。然而，楼梯陡峭狭窄，工人们一拥而下，撞上一扇横亘在门口的金属卷帘门。门是锁上的，以防止工人们在上班时间开小差。前面的工人惊慌失措，马上转身，但身后却有数百名工人在往前推。一瞬间，尖叫声四起，肢体冲撞，惊心动魄，几十个工人被压垮和踩踏。等到打开门，扑灭火，已经有 52 个工人死亡。

在孟加拉国，类似上述的制衣厂是重要的厂家。服装占孟加拉国出口经济商品总额的 77%。孟加拉国的服装有三分之一被海运到美国，在美国的服装店里销售。为什么我们买的衣服有这么多是由像孟加拉国这样的贫穷国家制造的呢？其原因是：孟加拉国的制衣工人有 77% 是妇女，每天工作接近 12 小时，每周工作 7 天，而一年所赚的钱却只有 500 美元，这点钱只是美国的制衣工人收入零头。

坦维·乔杜里（Tanveer Chowdhury）管理着他自己家的这片制衣厂。对于这起惨案，他向记者痛苦地抱怨说："火灾已经花费了我 586,373 美元，这还不包括损失机器的 70000 美元和损失设备的 20000 美元。我许诺过最终期限，我现在就必须遵守。我现在需要为每打（货物）支付 10 美元的航空运费，而原本采用海运的话，一打（货物）只需 87 美分。"

还有另外一项花费乔杜里先生没有提到。他最后同意按每个遇难者 1952 美元的标准给在火灾中失去亲人的家庭补偿。在孟加拉国，像劳工这样的生命是很廉价的（Based on Bearak, 2001; Bajaj, 2010; and World Bank, 2011）。

世界上大约有14亿人每日都辛苦劳作，却依然贫穷，孟加拉国的这些制衣工人只是其中的一部分。像本章所要解释的，尽管贫穷在美国和其他国家是一种事实，但最大的社会不平等不在国家内部，而在国家之间（Goesling, 2001; Chen & Ravallion, 2008; Milanovic, 2011）。只有通过探究**全球社会分层**（global stratification），*即世界作为一个整体的社会不平等模式*，我们才能详尽地理解贫穷的维度。

第一节　全球社会分层概观

理解

第八章（"社会分层"）描述了美国的社会不平等。然而，全球视野下的社会分层更剧烈。图9-1表示的是，用世界的总收入除以五等份的人口所得出的收入分布状况。回忆第八章中所阐述的，美国人中最富有的20%赚取国民收入的48%（见图8-3）。然

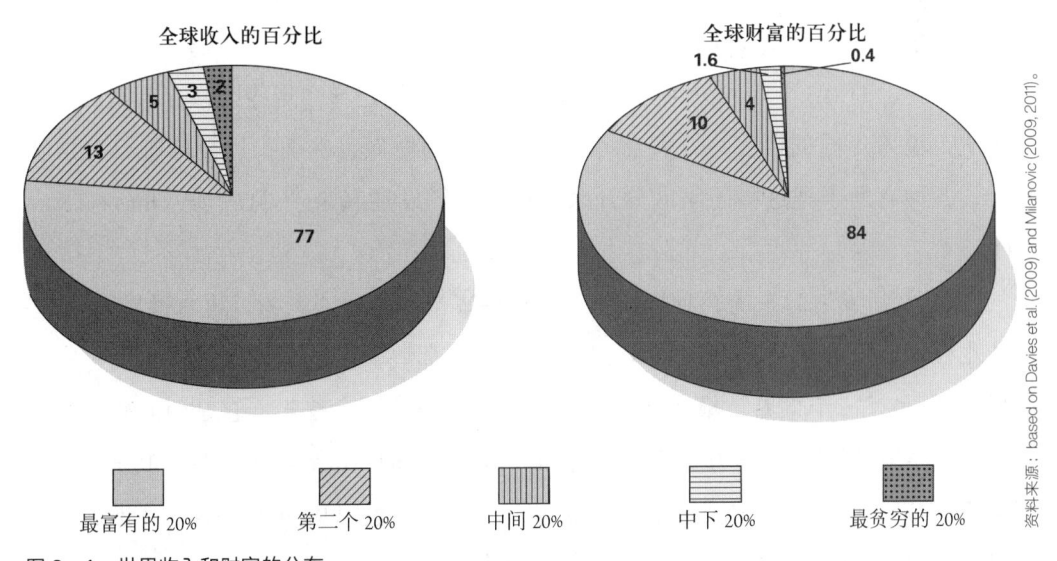

图9-1　世界收入和财富的分布

全球收入的分布是非常不平衡的，世界人口中最富有的20%所赚取的收入是最贫穷的20%所赚取的收入的40倍。全球财富的分布也很不均衡，世界人口中最富有的20%拥有84%的私人财富，而最贫穷人口的一半几乎是一无所有。

资料来源：based on Davies et al. (2009) and Milanovic (2009, 2011)。

而，全球人口中最富有的 20% 获取了世界收入的大约 77%。另一个极端却是，美国人中最贫穷的 20% 赚取国民收入的 4%，全球人口中最贫穷的 20% 仅靠世界收入的 2% 来维持生存（Milanovic, 2011）。

在财富方面，就像图 9-1 所表明的，全球的不平等愈来愈明显。尽管在最近的经济衰退中全球的财富有所减少，初步估计世界人口中最富有的 20% 拥有 84% 的财富，不到世界人口 5% 的人占有几乎一半的财富，世界人口中最富有的 1% 的大约占有 30% 的财富。另一方面，全球人中最贫穷的一半只占有所有财富的 3%。以美元计算，世界上大约有一半的家庭占有的财富不到 8600 美元，远低于美国一般家庭的 120,300 美元（Bucks et al., 2009; Davies et al., 2009）。

由于一些国家要比别的国家富裕得多，所以甚至那些收入远低于政府贫困线的美国人也比世界上的多数人过得好。参照世界的情况，生活在诸如美国之类的富裕国家的一般人都能过上很富裕的生活。世界上最富有的人的财富（2011 年世界富豪的前三名——墨西哥的卡洛斯·斯利姆·赫鲁、美国的沃伦·巴菲特和比尔·盖茨，每人都拥有超过 500 亿美元的财富）超过世界上 122 个最贫穷国家的经济总量（Forbes, 2011; Milanovic, 2011; World Bank, 2011）。

一、术语说明

给世界上的 195 个国家分类，这忽视了许多惊人的差异。这些国家有丰富和多样的历史，说着不同的语言，以各自有特色的文化为骄傲。然而，以全球社会分层为基础，各种有助于把这些国家区分开来的模式已经发展起来了（U.S. Department of State, 2011）。

"二战"后发展起来的一种模式指称，那些富裕的工业国家为"第一世界"，那些工业化程度较低的社会主义国家为"第二世界"，那些非工业化的贫穷国家为"第三世界"。但是"三个世界"模式现在已经没有什么益处了。首先，它是西方资本主义（"第一世界"）用以对抗东方社会主义（"第二世界"）的冷战政治的产物，其他的国家（"第三世界"）或多或少地被排除在界线之外。而且 20 世纪 90 年代初期的东欧剧变和苏联解体意味着与众不同的"第二世界"不复存在。

第二个问题是"三个世界"模式把像"第三世界"这样的 100 多个国家混在了一起。事实上，"第三世界"中有一些境况相对较好的国家（例如南美洲的智利），其人均生产率是世界上最贫穷的国家（例如东非的埃塞俄比亚）的 13 倍。

这些事实要求对分类方法适当地加以修正。72 个"**高收入国家**"（high-income countries）被界定为生活总体水准最高的国家。这些国家的人均国内生产总值（GDP）超过 12000 美元。世界上的 70 个"**中等收入国家**"（middle-income countries）不及"高收入国家"那样富有，是具有世界整体平均生活水准的，人均国内生产总值（GDP）处于 2500 美元至 12000 美元之间。余下的 53 个"**低收入国家**"（low-income countries），是生活水准较低，贫困人口居多的国家，其人均国内生产总值（GDP）低于 2500 美元（United Nations Development Programme, 2011; World Bank, 2011）。

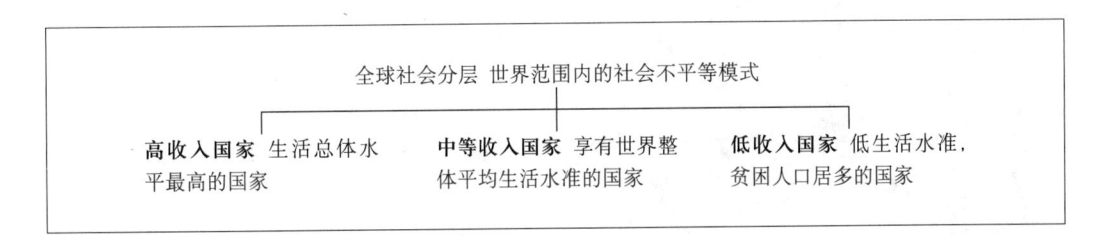

全球社会分层 世界范围内的社会不平等模式

高收入国家 生活总体水平最高的国家　　**中等收入国家** 享有世界整体平均生活水准的国家　　**低收入国家** 低生活水准，贫困人口居多的国家

【观看　访问网站 mysoclab.com 观看视频"全球化"】

与旧的"三个世界"模式相比较，这种模式有两个优势。第一，它关注经济发展情况胜过于关注政治结构（资本主义或者社会主义）。第二，它更好地描述了各个国家相对的经济发展情况，因为它没有把所有的低收入国家混入单一的"第三世界"。

研究证实，你所在的国家对收入和生活水平的影响远大于你在国内的阶级地位（Milanovic, 2011）。与此同时，当国家排名时，要记住每个国家都有社会分层。在孟加拉国，例如，乔杜里家族的成员，拥有在本章开篇描述的故事里的服装厂，每年能赚取高达 100 万美元，这要比他们的任何一个工人高出几千倍之多。

要把握全球不平等的程度，你需要考虑到除了诸如孟加拉国，海地域苏丹等低收入国家之外，还有富裕国家（例如美国）中最富有的人的生活的世界。这就是为什么，正如之前提到的，世界上最富有的人的年收入要高于世界上大多数国家的经济总量。

美国代表着世界上的高收入国家，工业技术和经济扩张造就了其物质繁荣。市场力量在纽约市（左上图）表现得很明显。印度（右上图）近来跻身世界上中等收入国家的行列。城市大街上的机动车数量剧增。阿富汗（左图）代表着世界上的低收入国家。像照片所暗示的，这些国家经济发展有限，而人口却在急剧增长，结果就是普遍的贫困。

二、高收入国家

在那些 200 多年前就率先发生了工业革命的国家，生产效率提高了 100 多倍。要理解工业技术和计算机技术的力量，就想想许多发达国家（包括美国、加拿大、英国、法国、德国、日本）要比工业化和互联网接入水平都很有限的撒哈拉以南的整个非洲大陆还要高效。

数据显示，世界上的高收入国家和地区包括美国、加拿大、墨西哥、阿根廷、智利、西欧国家、以色列、沙特阿拉伯、新加坡、中国香港、日本、韩国、俄罗斯、马来西亚、澳大利亚和新西兰。

这些国家和地区大约占地球大陆面积（包括五大洲在内）的 47%，大部分位于北半球。2011 年，它们的人口总和大约是 15.8 亿，约占世界人口的 23%。高收入国家和地区的人口大约有 3/4 生活在城市里或者城市附近（Population Reference Bureau, 2011; World Bank, 2011）。

高收入国家之间存在着巨大的文化差异。例如，欧洲的国家认可 30 多种官方语言。但是这些国家也有共同的一面：它们都能生产出足够多的商品和服务，使其国民能过上舒适的生活。人均收入（即每人的年平均收入）从大约 13000 美元（罗马尼亚、巴拿马）到 45000 多美元（美国、新加坡和挪威）不等。事实上，高收入国家的人们享有世界总收入的 75%。

需要注意的是，高收入国家里面有许多低收入的人。第 422 页的"焦点中的社会学"专栏勾勒出了存在于美国南部边境上拉斯殖民地区（Las colonias）的令人吃惊的贫困。

富裕国家的生产是以工厂、大型机器和先进的技术为基础的资本密集型。大多数设计和销售计算机的大型公司以及大多数计算机用户都在高收入国家。高收入国家控制着世界的金融市场，纽约、伦敦和东京的日常金融交易活动会影响到全世界的人。简单地说，富裕国家具有高度发达的生产力，既得益于它们拥有先进的技术，也得益于它们控制了世界经济。

世界之窗·全球视野下的经济发展

在高收入国家及地区（包括美国、加拿大、墨西哥、智利、阿根廷、西欧国家、以色列、沙特阿拉伯、新加坡、中国香港、韩国、马来西亚、澳大利亚、俄罗斯、日本和新西兰），一般来说，高生产率的经济水平带来了充裕的物质。在中等收入国家（包括拉丁美洲和亚洲的多数国家）经济的生产率低一些，生活水准大概是世界的平均水平，但远低于美国。这些国家也有大量的几乎不能解决温饱问题的穷人。在世界上的低收入国家，贫困问题是严峻而普遍的。尽管在最贫穷的国家有少数精英生活得非常好，但多数人苦苦挣扎，赖以为生的收入不过是美国普通人的收入的零头。

以下数据由联合国提供。每个国家的经济生产力根据其国内生产总值 (GDP，即在特定的某一年，一个国家在其境内所生产出的所有商品和服务的总值) 来估量。用每个国家的 GDP 除以该国的人口数，就得出人均 GDP。让我们来比较一下不同人口规模的国家的经济发展业绩。高收入国家的人均 GDP 超过了 12000 美元，然而许多国家比这更富裕。美国的人均 GDP 就超过了 45000 美元。中等收入国家的人均 GDP 处在 2500 美元到 12000 美元之间。低收入国家的人均 GDP 低于 2500 美元。这里所使用的数据反映了联合国的"购买力平价"(purchasing power parities) 系统，即在当地的经济条件下，对人们可支配收入的实际购买力的一项评估。

三、中等收入国家

中等收入国家的人均收入在 2500 美元到 12000 美元之间，大概是世界的平均水平（大约 7737 美元）。中等收入国家中有 54% 的人生活在城市或者城市附近，普遍就职于工业岗位。余下的 46% 的人生活在农村地区，且多数是穷人，缺乏受教育的机会，医疗和住房条件不足，甚至没有安全的饮用水。

世界上大概有 70 个国家属于中等收入国家。最高的有乌拉圭（拉丁美洲）、保加利亚（欧洲）和哈萨克斯坦（亚洲），这些国家的年人均收入大约是11000美元。最低的有尼加拉瓜（拉丁美洲）、佛得角（非洲）和越南（亚洲），这些国家的人均年收入大概是3000美元。

一些中等收入国家过去被划作"第二世界"。这些国家，地处东欧和西亚，过去多为社会主义经济体制，直至1989年到1991年之间的苏东剧变；此后，这些国家开始引入市场经济体制。这些中等收入国家包括：乌克兰、乌兹别克斯坦、格鲁吉亚和土库曼斯坦。

其他的中等收入国家包括南美洲的秘鲁和巴西以及非洲的纳米比亚和南非。印度和中国都进入了中等收入国家的行列。现在多数亚洲国家都属于中等收入国家。

概而言之，中等收入国家大约占地球陆地面积的36%，有人口42亿，大约占世界总人口的61%。一些大国（例如中国）的人口密度远低于其他国家（例如萨尔瓦多），但是与高收入国家相比，这些国家的人口密度很大（Population Reference Bureau, 2011; World Bank, 2011）。

焦点中的社会学

拉斯殖民地区（Las Colonias）："美国的第三世界"

"我们需要属于自己的东西。"奥尔加·鲁兹（Olga Ruiz）解释说。他在得克萨斯州"公园大学"（College Park）的边远地区生活了11年。"公园大学"既没有大学这条满是灰尘的乡下土路也没有下水道管线，甚至没有自来水。然而，这个小镇只是1800个类似居民点之一，从得克萨斯州的南部开始，沿着1200英里的边境线，从埃尔帕索（El Paso）到布朗斯维尔（Brownsville），这些居民点总共大约居住着500,000人。

许多人谈及拉斯殖民地区（Colonias即来自西班牙语的"殖民"）时，把它当成"美国的第三世界"，因为这些地区绝对贫穷，看起来很像墨西哥或其他中低收入国家的类似地区。但是这里是美国，几乎所有生活在该殖民地区的人都是西班牙裔美国人，其中有85%是合法居民，美国公民超过一半。

阿纳斯塔西亚·莱德塞玛（Anastacia Ledsema），现年72岁，40多年前移居到一个名叫斯帕克斯（Sparks）的殖民地区。莱德塞玛生于墨西哥，和一个得克萨斯州男人结了婚。夫妇俩还花了200美元在新的边境地区买了一块0.25英亩（约809平方米）的地。他们俩在这块地上露营了几个月。他们一步步地把自己的劳动和金钱投向这个地方，修了一处不大的房子。他们这个小社区直到1995年才通自来水——这项服务开发者数年前就允诺过。然而，当水管终于接过来以后，情况的变化出乎他们所料。莱德塞玛回忆说："当我们能用上水的时候，许多许多人都搬过来了。"斯帕克斯的人口马上就翻倍了，达到了大概3000人。自来水供不应求，以至于有时候水龙头根本就没有水。

这些殖民地区的所有人都知道他们很穷，年人均收入大约只有6000美元，即使按全球标准而言，他们也是穷人。确实，人口调查局最近宣布，边境地区周围的乡村是全美最穷的地区。考虑到有如此多的类似地区缺乏基本的服务，得克萨斯州官方禁止一切新的移民进入这里。但是大多数迁居到这里的人——起初甚至睡在自己的汽车或卡车上——把这些地区看作美国梦征途上的第一步。奥斯卡·索利斯（Oscar Solis）是帕诺拉马村的一个街坊领导，这个村大约有150人。他骄傲地带着游客在这个虽然小但正在成长的村镇四处转悠。他微笑着说："我们做的所有工作都是为了我们梦想成真。"

加入博客！

美国存在这样的贫困，你感到惊讶吗？惊讶，为什么？不惊讶，又是为什么？

登录MySocLab上的焦点中的社会学博客，去看看别人是怎么思考这个问题的，并分享你的观点。

资料来源：Based on Schaffer (2002) and The Economist (2011)。

四、低收入国家

低收入国家主要是农耕社会,有少许工业。这些国家的多数人都非常贫穷。世界上 53 个低收入国家,其中许多在中非、东非和亚洲。低收入国家占地球陆地面积的 18%,占世界总人口的 17%。人口密度一般比较高,尤其亚洲国家(例如孟加拉国)的人口密度比中非国家(例如乍得和刚果民主共和国)的人口密度更大。

这些贫穷国家有 36% 的人生活在城市里,多数人像他们的祖先那样世代居住在乡村和农场里。实际上,低收入国家中有一半人是农民,多数都遵循着各种文化传统。因为工业技术有限,他们的生产力不高,这是许多人遭受严重的贫困的原因之一。饥饿、疾病和不安全的住宅条件塑造着低收入国家中最贫穷人口的生活。

生活在诸如美国这样的富裕国家的人难以了解这个世界上有多少贫困人口。有时候,一些反映极度贫穷的国家(例如埃塞俄比亚和孟加拉国)的饥荒情景的电视画面,使我们见识了低收入国家里那种为了谋生而使得每个日子都变得生死攸关的贫困,真是骇人听闻。在这些影像背后的是文化力量、历史影响力和经济实力。我们在这一章余下的部分将会探究这些东西。

一般来讲,高收入国家遭遇自然灾害时,财产损失会很大,生命损失较低。2011 年日本遭遇了三次灾害(左图):先是大海啸,紧接着是大地震,然后是核电厂的核泄漏。这三次灾害毫无疑问是经济灾难,而且还致使 20000 人丧生或失踪。然而,2010 年的海地地震并没那么强烈(右图),但伤亡的人数是上述数字的 3 倍。

第二节　全球的财富和贫困

分析

10月14日，菲律宾的马尼拉。 引起我注意的是一位非常干净的女孩，大概有七八岁。她穿着洗过的衣服，清新宜人，头发也细心地梳理过。她目光追随着我们：那些背着相机的美国人就站在这里，在这个全世界最穷的街区之一。

"烟雾山"（Smokey Mountain）是马尼拉北边的一个巨大的垃圾堆存处。可降解的垃圾产生沼气，由沼气引起的火在"烟雾山"上经久不息。烟雾弥漫在垃圾山丘上，像浓雾一样。但是"烟雾山"不只是一个垃圾堆存处，它还是一个居住着几千人的街区。我们很难想象还有哪个地方会比这里更不适宜人居住了。人们在烟雾和肮脏中辛苦劳作，以求生存。他们从垃圾堆里拣拾塑料袋，在河里洗干净，收集纸板箱和他们能卖的一切东西。这些小孩来自每年只能赚取几百美元的家庭，几乎没有任何上学的机会，年复一年地呼吸着污秽的空气，会有什么样的机会呢？这个可爱的小女孩穿着清新，走出去玩耍，这显得与这种人间悲剧的背景格格不入。

我们前往马尼拉的另一边，的士司机在繁忙的交通中好不容易挤出了一条路。变化令人惊异：垃圾堆的烟雾和气味没有了，街区能与

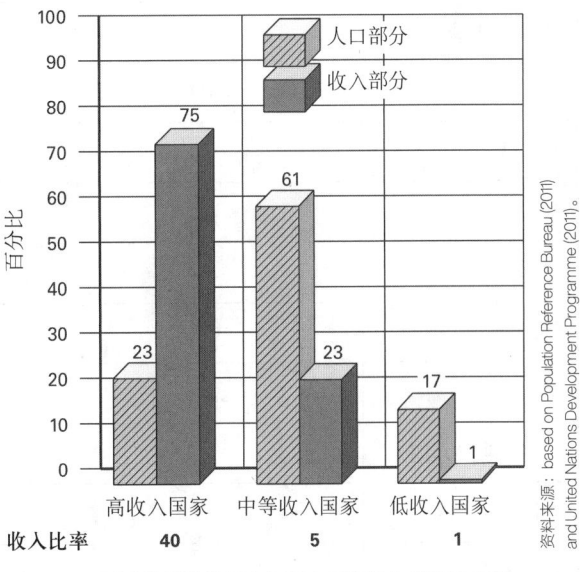

图9-2　不同的经济发展水平下人口和收入的相对比例
低收入国家的人们每赚取1美元，高收入国家的人们就可以赚取40美元。

资料来源：based on Population Reference Bureau (2011) and United Nations Development Programme (2011)。

迈阿密和洛杉矶相媲美。一群游艇在远处的海湾上游弋着。不再是有车辙的泥路，我们沿着宽阔的林荫大道平静地行走着，大道两边种着树，大道上尽是昂贵的日本轿车。我们路过购物中心、高档酒店以及超高层的办公楼。大约在每个街区，我们都能看到在进入高级住宅区的大门入口处配有安全警卫站岗。马尼拉的富人生活在宽敞的、有空调的家里，而许多穷人却在辛苦劳作。

低收入国家有一些富人，也有许多穷人。多数人靠着每年几百美元的收入为生，这意味着这种贫困的负担远远大于美国的穷人的负担。这并不是暗示美国的贫困是一个次要的问题。在一个如此富裕的国家里，食物太少，住房标准不达标，上千万人没有医疗（其中几乎有一半是小孩），这也等于是一个国家的悲剧。

【在 mysoclab.com 上阅读由罗伯特·佩鲁西（Robert Perrucci）和怀松伯爵（Earl Wysong）所写的"全球经济和特权阶级"。】

表9-1　2009年全球视野下的财富与福利

国家	GDP总量（10亿美元）	人均GDP（PPP，美元）	生活质量指数
高收入国家			
挪威	415	58278	0.943
澳大利亚	925	40286	0.929
美国	14582	46653	0.910
加拿大	1574	39035	0.908
瑞典	458	36139	0.904
日本	5498	33649	0.901
韩国	1015	29326	0.897
英国	2246	34342	0.863
中等收入国家			
东欧			
保加利亚	48	11547	0.771
阿尔巴尼亚	12	7737	0.739

续表

国家	GDP 总量（10 亿美元）	人均 GDP（PPP，美元）	生活质量指数
乌克兰	138	6591	0.729
拉丁美洲			
古巴	63	9700	0.776
厄瓜多尔	59	8170	0.720
巴西	2088	10847	0.718
亚洲			
中国	5879	7206	0.687
泰国	319	8328	0.682
印度	1729	3354	0.547
中东			
伊朗	331	11891	0.707
叙利亚	59	4857	0.632
非洲			
阿尔及利亚	159	8477	0.698
纳米比亚	12	6474	0.625
低收入国家			
拉丁美洲			
海地	7	1040	0.454
亚洲			
老挝	7	2404	0.524
柬埔寨	11	1952	0.523
孟加拉国	100	1458	0.500
非洲			
埃塞俄比亚	30	991	0.363

续表

国家	GDP总量（10亿美元）	人均GDP（PPP，美元）	生活质量指数
几内亚	5	1037	0.345
刚果民主共和国	13	327	0.286

这些数据是联合国的购买力平价（PPP）的计算结果，通过展示每种货币在其本国当地的购买力来避免汇率的失真。

资料来源：United Nations Development Programme (2011) and World Bank (2011)。

一、贫困的严重性

贫穷国家的贫困比富裕国家的贫困更严重。这个世界上生活质量的差别非常大，关键原因之一是，那些经济生产力最低的地区，其人口的增长却恰恰是最快的。图9-2说明了，在经济发展的每个水平上，几个世纪以来的世界人口和全球收入的比例。高收入国家到目前为止是最有利的，用全球收入的75%来供养仅仅23%的世界人口。中等收入国家占世界人口的61%，但其赚取的收入是全球收入的23%。剩下的17%的全球人口仅仅只享有全球收入的1%（Population Reference Bureau, 2011; World Bank, 2011）。简而言之，低收入国家的人每赚取1美元，高收入国家的人就能赚取40美元。

表9-1展示的是世界上一些特定的国家的财富和福利的享有情况。表格的第一栏给出的是许多高收入、中等收入和低收入国家的国内生产总值（GDP）的情况。美国这样一个庞大而高生产力的国家，其2010年的GDP超过了14万亿美元。日本的GDP超过了5万亿美元。从GDP值的情况比较来看，世界上最富裕的国家的生产力高出最贫困的国家数千倍。

表格的第二栏是用GDP除以总人口规模，以评估人们在当地经济条件下的收入的购买力。像美国、瑞典和加拿大这样的富裕国家，其人均GDP是非常高的，超过了40000美元。对于中等收入国家，人均GDP在印度刚过3000美元，巴西为10000美元，保加利亚则超过11000美元。低收入国家的人均GDP只有一两千美元。例如，在尼日尔或埃塞俄比亚，一个标准的劳动力全年的收入只相当于一个美国普通工人的周薪。

表9-1的最后一栏评测的是各个国家的生活质量。由联合国（2010）计算出的这

个指数是以收入、教育（成人的读写水平和平均受教育年限）以及寿命（人们的预期寿命）为基础的。指数值处于1和0之间，最大是1，最小是0。从这种计算来看，挪威人的生活质量最高（0.943），美国人的生活质量与之相接近（0.910）。非洲国家尼日尔却处在另一个极端，其人们的生活质量最低（0.286）。

● **相对贫困与绝对贫困**

我们在第八章（"社会分层"）中对相对贫困和绝对贫困所作的区分，对于分析全球不平等也意义重大。富裕国家的人们通常关注相对贫困（relative poverty），即一些人缺乏其他人视之为当然的资源。根据这种定义，相对贫困存在于每个社会，不管是富裕的社会，还是贫穷的社会。

然而在全球视野下，更重要的是绝对贫困（absolute poverty），即对生命构成威胁的资源匮乏。处于绝对贫困中的人缺乏维系健康和长期生存所必需的营养。美国自然也有绝对贫困者，但是美国的人口中遭遇到这种直接对生命构成威胁的贫困的只是极少一部分。相反，低收入国家有三分之一甚或更多的人陷入绝对贫困。

绝对贫困是致命的，低收入国家的人们面临的年轻时期死亡的风险在上升。下面的"世界之窗"探讨了世界各国的人们活到65岁的概率。在富裕国家，85%的人的寿命都能超过65岁。然而，在世界上最贫穷的那些国家，只有三分之一的人能活到65岁，有五分之一的小孩还不到5岁就夭折了（United Nations, 2009; UN Inter-agency Group for Child Mortality Estimation, 2010）。

世界之窗·全球视野下人口寿命超过65岁的概率

2006年，诺尔曼·桑普森（Norman Sampson）生活在内华达州雷诺的郊区。他活到80岁的可能性超过90%。2006年，哈米德·阿齐米（Hamid Azimi）生活在阿富汗的喀布尔附近，他活到10岁的可能性是55%。

据统计世界各国人口中寿命超过65岁的概率：在高收入国家（包括美国），85%以上的人的寿命都会达到65岁；但是在低收入国家，寿命要短一些，只有三分之一的人能活到65岁。

二、贫困的程度

贫穷国家的贫困比像美国这种富裕国家的贫困更普遍。第八章（"社会分层"）提到美国政府官方将其人口的15.1%划归为贫困人口。然而，低收入国家中的多数人过得和美国的这些穷人差不多，许多人甚至比美国的这些穷人的情况更糟糕。在撒哈拉以南非洲的国家人口寿命超过 65 岁的概率比较小，有 27% 的人口营养不良，这表明那里存在严重的绝对贫穷。如果将世界视为一个整体，在某个既定的时间，世界上有 13% 的人（大约 9.25 亿）遭受着慢性的饥饿，这使他们无力工作，并处于疾患高风险境地（Chen & Ravallion, 2008; United Nations Food and Agriculture Organization, 2011）。

在像美国这样的富裕国家，一个标准的成年人一天大概摄入 3750 卡路里的热量，热量摄入超标导致了普遍的肥胖和相关的健康问题。而在低收入国家，一个标准的成年人不但要干更多的体力活，而一天却只摄入 2100 卡路里的热量。其结果是这些成年人营养不良：食物太少或者适宜类别的食物不足（United Nations Food and Agriculture Organization, 2011）。

在我们阅读本章这部分的 10 分钟时间里，世界上就有大约 100 人因为饥饿而身体虚弱或患病走向死亡。这个数目加起来一天有 25000 人，一年就有 900 万人。显然，减轻世界上的饥饿是人类今天要面对的最严峻的挑战之一（United Nations Development Programme, 2008）。

三、贫困与儿童

在贫穷国家，家庭缺乏足够的食物、干净卫生的水、安全的住房和医疗机会，死亡早早地来临。在世界上的低收入和中等收入国家，四分之一的儿童无法摄取足以维持健康的营养（World Bank, 2011）。

那些贫困家庭的儿童，有许多在艰难度日。据一些对抗儿童贫困的组织估计，贫穷国家的城市里至少有 1 亿儿童为补贴家用而乞讨、偷盗、卖淫或受雇于贩毒团伙。这种生活几乎总是意味着退学，且将孩童置于疾病和暴力的高风险境地。许多女孩子在几乎或者根本没有医生协助的情

在贫穷城市的街头，每天有上千万的儿童靠自己谋生，其中有许多儿童沦为疾病、吸毒和彻头彻尾的暴力的牺牲品。你认为必须采取什么样的措施来保证像这些印度的班加罗尔的儿童获得足够的营养和优质的学校教育呢？

况下就怀孕，她们尚且无法养活自己，就生养小孩了。

分析人士估计，世界上还有成千上万的儿童是孤儿或者完全离开了家庭，尽其所能漂宿街头，或者试图移居美国。这些街头儿童中大约有一半在诸如墨西哥城和里约热内卢这样的拉丁美洲城市，在那里有一半的小孩是在贫困中长大的。许多美国人将这些城市视为具有异国情调的旅游目的地，但那里也是数以千计的街头儿童的家乡，这些孩子生活在临时搭建的棚屋里、大桥下或巷子中。在世界各地的城市，官员们会从事周期性的"城市清理"，驱赶流浪儿童努力使城市对于高收入的游客更有吸引力（Leopold, 2007; Levinson & Bassett, 2007; Consortium for Street Children, 2011）。

四、贫困与妇女

在富裕国家，妇女做的许多工作被低估了，低回报，或者完全忽略不计。在贫穷国家，妇女的处境更不堪。在本章开头所描述的那类血汗工厂里工作的人，多数都是妇女。

更糟糕的是，低收入国家的传统使妇女不能从事许多工作。例如，在孟加拉国，妇女在制衣厂工作，因为社会上保守的伊斯兰教规禁止妇女从事多数有报酬的工作，限制妇女接受先进的学校教育（Bearak, 2001）。同时，贫穷国家的传统规范把培养孩子和维持家庭的首要责任推给妇女。据分析人士估计，在贫穷国家，尽管妇女制造出70%的食物，但男性拥有90%的土地，在财产占有方面，这种性别的不平等远远大于高收入国家。因而，世界上10亿绝对贫困人口中有70%是妇女，也就不足为奇（Moghadam, 2005; Center for Women's Land Rights, 2007; Hockenberry, 2011）。

最后，贫穷国家的妇女几乎或者根本没有生殖健康服务。节育方法的有限导致了高生育率，也导致妇女只能待在家里养育孩子，抑制了国家的经济发展。另外，世界上最贫穷的妇女生育小孩时通常没有训练有素的医护人员在场。图9-3表明，低收入国家和高收入国家在这方面具有明显差别。

五、奴隶制度

除了饥饿以外，贫穷国家还有许多问题，包括文盲、战争，甚至还有奴隶制度。大英帝国在1833年取缔了奴隶制度，美国随后在1865年也取缔了奴隶制度。但是至少有 1230 万的男子、妇女和孩子仍为奴隶，有多达 2.15 亿的儿童做童工，其中有一半被迫做危险的工作（International Labour Organization, 2010, 2011; U.S. Department of Labor, 2011）。

反奴隶制国际（Anti-Slavery International, ASI）把奴隶制度区分为五种类型。第一种是*动产奴隶制*（Chattel Slavery，也即传统奴隶制），即一个人拥有另一个人。尽管这种方式几乎在任何地方都属违法，但还是有几百万人沦为此类奴隶。买卖奴隶（一般都是一个种群或阶级集团成员奴役另一个种群或阶级集团成员）在亚洲、中东，尤其是非洲的许多国家依然存在。在非洲国家毛里塔尼亚，大约有 50 万人为奴，约占整个人口的 20%。被奴役的人是其他人的财产，他们不能拥有自己的财产，也没有自己孩子的监护权（Fisher, 2011）。"全球性思考"专栏中描述了非洲国家毛里塔尼亚的一个奴隶的生活实况。

第二种是*国家强制的奴隶制*。这种情况下，政府强制触犯刑法的罪犯劳动，或者只是因为政府需要他们劳动。例如，在有些国家，吸毒者、卖淫者或其他罪犯，会被强制劳教；有些政府可以以任何理由强制人们劳作。

第三种常见的束缚形式是*奴役儿童*，即一些极其贫穷的家庭使小孩浪迹街头自生自灭。国际劳工组织估计 2.15 亿名儿童在工作，其中至少有 1.15 亿名儿童是被迫从事危险工作的。2011 年，美国劳工部确定了 130 种商品——包括棉花、甘蔗、烟草和咖啡——都是由七十多个国家使用强制劳动力生产的，其中大部分是童工。

第四种是*债务奴役制度*，即雇主付给工人工资，但工资不足以支付雇主提供的食物和住房费用。在这种安排下，工人总是还不清债务，就沦为奴隶。低收入国家许多血汗工厂的工人就陷入这类奴隶制度。

第五种，盲婚制也是一种奴隶制。在印度、泰国和一些非洲国家，家庭把违背他们意愿的妇女嫁出去。许多这样的妇女就像奴隶一样为夫家干活，还有一些则被强制卖淫。

另外一种奴隶形式就是贩卖人口，即把男人、女人和儿童拐到其他地方，并强迫其劳动。这是一种特殊的奴隶制形式。先许诺就业，把男人和女人带到其他国家，然后强迫其卖淫或者做农场劳工；或者从其他国家收养小孩，然后迫使他们到血汗工厂工作。这类活动是大生意，仅次于买卖枪支和毒品，为世界上的有组织犯罪带来了极大的利润（Orhant, 2002; International Labor Organization, 2010; Anti-Slavery International, 2011; U.S.Department of Labor, 2011）。

1948 年，联合国出版了《世界人权宣言》，其中声明："任何人不得使为奴隶或奴役；一切形式的奴隶制度和奴隶买卖，均应予以禁止。"不幸的是，六十多年过去了，这种社会罪恶依然存在。

全球性思考

"真主使我生而为奴"

法特玛·明特·玛玛图（Fatma Mint Mamadou）是北非的毛里塔尼亚伊斯兰共和国的一位年轻女人。问她的年龄，她停下来，微笑着，摇了摇头。她不知道自己是什么时候出生的。她也不能阅读和书写。她所知道的就是照管骆驼、放羊、拖运水袋、扫地和侍候主人喝茶。毛里塔尼亚大概有50万名这样的奴隶，她只是其中的一个。

在毛里塔尼亚的中部地区，一个人如果是黑褐色的皮肤，几乎总是意味着他是某个阿拉伯主人的奴隶。法特玛接受了自己的处境，除此之外她一无所知。她用平常的口吻说，与她妈妈、祖母甚至更远的祖辈一样，她也是奴隶。她耸耸肩说："正如真主使骆驼生而为骆驼一样，真主使我生而为奴。"

法特玛及其母亲、兄弟姐妹生活在毛里塔尼亚首都努瓦克肖特郊区的一个棚户区小村庄。他们的家是一个宽9英尺长12英尺（1英尺约为30.48厘米）的棚屋。这个棚屋是他们用木材废料和从建筑工地上捡来的材料搭建起来的。屋顶只不过是一块布，没有蓄水设施和家具。离家最近的一口水井有1英里远。

这个地区的奴隶制度始于500多年前，大约是哥伦布向西航行、探险美洲大陆的时候。阿拉伯和柏柏尔部落穿越非洲大陆传播伊斯兰教并突袭了当地的村庄，使当地人沦为了奴隶，并由此沿袭了数十代人。毛里塔尼亚的法国殖民统治者在1905年取缔了奴隶制度。1961年毛里塔尼亚取得独立以后，新政府重申了这项禁令。然而，奴隶制度直到1981年才被正式取缔，甚至在此后，也未将奴隶制视

人类奴隶制度在21世纪仍然存在。

为罪行。2007年，国家通过法令规定对买卖或使用奴隶行为最高可判处10年监禁，政府对奴隶制度的受害人给予经济抚恤。但是新法令难以改变这种强大的传统。悲哀的是，像法特玛这类人对于"自由选择"的观念一无所知。

下一个问题是更加私人性的："你和其他的姑娘曾经被强奸过吗？"法特玛再一次犹豫了。她不带任何感情地回答："当然了，到了晚上，男人们就过来让我们生育后代。你所说的被强奸就是这个意思吗？"

你怎么想？

1. 在维继奴隶制度方面，传统扮演着什么角色？
2. 这个世界容忍奴隶制度的原因是什么？
3. 解释奴隶制度和贫困之间的关系。

资料来源：Based on Burkett (1997) and Fisher (2011)。

六、对全球贫困的解释

如何解释遍及世界这么多地方的严重而广泛的贫困？本章余下的篇幅就从贫穷国家的如下情况来梳理出一些解释：

1. **技术**。低收入国家大约有四分之一的人使用人力或牲畜耕种土地。因为能源有限，农业生产力也低下。

2. **人口增长**。如第十五章（"人口、城市化和环境"）所解释的，最穷的国家的出生率世界最高。尽管要为贫穷付出死亡的代价，但非洲许多贫穷国家的人口每隔25年就要翻一倍。在撒哈拉沙漠以南的非洲国家，43%的人口不到15岁。步入生育年龄的人口占比如此之高，将来又是一波迅猛的人口增长。例如，在最近几年，乌干达的人口以每年超过5%的速度在膨胀，即使经济在发展，生活水平也会下降（Population Reference Bureau, 2011）。

3. **文化模式**。贫穷国家通常是传统的。坚持长期以来形成的生活习惯，就意味着抵制变革——甚至那些能带来更富裕的物质生活的变革。

4. **社会分层**。低收入国家的财富分配非常不公平。第八章（"社会分层"）揭示了农耕社会比工业社会更不平等。例如，在巴西，仅仅4%的人就拥有了所有农田的75%

（Galano, 1998; Frayssinet, 2009）。

5. **性别不平等**。贫穷国家的性别不平等阻碍了女性就业，这基本上就意味着她们会生育很多小孩。庞大的人口进而又会减缓经济发展速度。许多分析人士断定，要提高世界上许多地方的生活标准，就要改善妇女的社会地位。

6. **全球权力关系**。全球贫困的最终原因在于世界上各个国家之间的关系。在历史上，财富通过殖民主义从贫穷国家流向富裕国家。**殖民主义**（colonialism）是一些国家通过对其他一些国家实施政治和经济控制而使自身富裕起来的过程。大概开始于500年前，西欧国家使拉丁美洲的大部分国家沦为殖民地。这种全球性的剥削允许一些国家在牺牲其他国家利益的情况下发展自身经济。

尽管130个前殖民地在20世纪取得了独立，但剥削通过新殖民主义的方式仍在继续。**新殖民主义**（neocolonialism）是全球权力关系的一种新形式，它不是通过直接的政治控制而是通过跨国公司来实施经济剥削。**跨国公司**（multinational corporation）就是在许多国家中运转的大型企业。公司领导经常把他们的意志强加给与他们有生意往来的国家，以创造有利的经济条件，正像殖民者过去的做法一样（Bonanno, Constance & Lorenz, 2000）。

● 与美国妇女相比，埃塞俄比亚的妇女分娩时有医务人员助产的可能性大大降低，而死于分娩的可能性则大大增加。

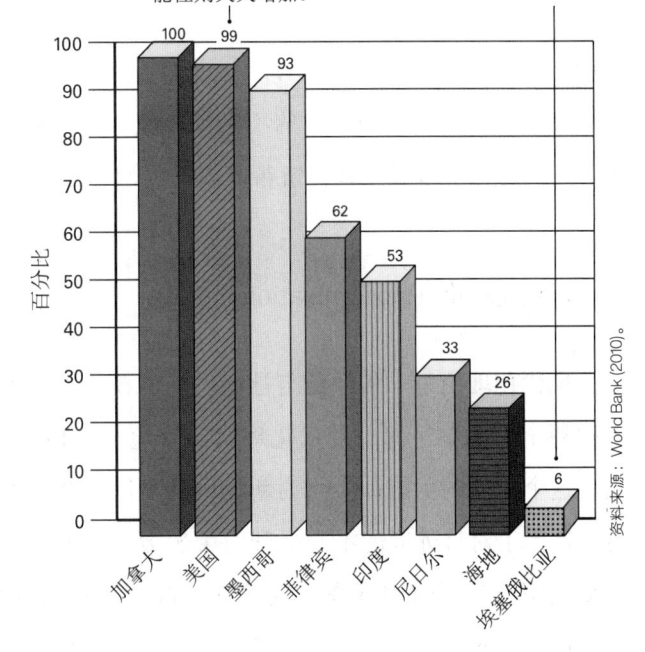

国家	百分比
加拿大	100
美国	99
墨西哥	93
菲律宾	62
印度	53
尼日尔	33
海地	26
埃塞俄比亚	6

资料来源：World Bank (2010)。

全球快照
图9-3 由技术熟练的医务人员助产的百分比
在美国，绝大多数分娩都有医务人员助产，这种情况在低收入国家却不常见。

殖民主义 一些国家通过对其他国家的政治和经济控制，从而使自己富裕起来的过程

新殖民主义 全球权力量关系的一种新形式，它不是通过直接的政治控制而不是通过跨国公司来实施经济剥削

第三节　全球社会分层的理论分析

应用//

对于世界的财富与权力的不平等分配，有两种主要的解释：现代化理论和依赖理论。不同理论对世界上许多饥苦的人们的遭遇提出了不同的解决办法。

一、现代化理论（modernization theory）

现代化理论是一种经济与社会发展的模式，该模式根据国家间的技术和文化差异来解释全球的不平等。现代化理论，是随着结构-功能视角理论出现于20世纪50年代。这个时期的美国社会因为新技术的发展而令人着迷。为了显示技术的强大生产能力，也为了对抗苏联的不断提升的影响力，美国的政策制定者设计了以市场为基础的外交政策。从那时到现在，这种外交政策就一直陪伴着我们（Rostow, 1960, 1978; Bauer, 1981; Berger, 1986; Firebaugh, 1996; Firebaugh & Sandu, 1998）。

● **历史的视角**

直到几个世纪以前，整个世界还都是很贫穷的。因为贫穷才是贯穿人类历史的一般模式，现代化理论主张，需要对富裕做出解释。

随着世界探险和贸易膨胀，西欧人在中世纪后期越来越多地来到北美，富裕也随之而来。不久进行的工业革命，首先改变了西欧，随后改变了北美。工业技术与资本主义精神相结合，创造了前所未有的新财富。起先，这些新财富只让少数人受益。但是工业技术如此迅猛地推进生产力，以至于连最穷的人的生活水平也逐步开始得到改善。历史上一直折磨着人类的绝对贫困终于日渐远去。

高收入国家在17世纪末和18世纪初开始工业革命。高收入国家的生活标准在20世纪至少上升了4倍。亚洲和拉丁美洲的许多中等收入国家已经实现了工业化，也变得更加富裕。但是因为工业技术的限制，低收入国家的变化比较小。

● **文化的重要性**

为什么工业革命没有将世界上的贫困现象一扫而空呢？现代化理论指出，并不是每个社会都想采用新技术。采用新技术需要一种强调物质财富和创新获益的文化环境。

现代化理论视传统为经济发展的最大障碍。在一些国家，强大的家族体系和对过去的推崇阻碍了人们采用能提高生活水平的新技术。即使在今天，许多人——从北美的阿米什人到中东传统的伊斯兰教徒，再到马来西亚的士美亚族——都反对技术进步，并认为技术进步威胁到了他们的家庭关系、风俗习惯和宗教信仰。

马克斯·韦伯（1958，原作于1904—1905）认为，在中世纪末期，西欧的文化环境支持变革。正如第十三章（"家庭和宗教"）所讨论的，新教改革改造了天主教的传统信仰，开辟了一条进步取向的生活之路。财富——天主教会对此持怀疑的态度——成为了个人美德的象征，日益重要的个人主义逐渐取代了传统的对家庭和社区的强调。这些新文化模式共同酝酿了工业革命。

● **罗斯托的现代化阶段理论**

现代化理论认为，富裕之门向所有人敞开。随着技术进步在全世界展开，所有的社会都应该会逐渐地实现工业化。根据沃尔特·W. 罗斯托（Walt. W. Rostow, 1960, 1978）的理论，现代化的实现有四个阶段：

1. **传统阶段**。受推崇过去的社会化影响，传统社会的人们难以想象生活应该或可能有什么不同。因此，他们围绕家庭和当地的社区营造着自己的生活，沿着没有个体自由和变化的旧路走下去。生活在精神上通常是富足的，但物质上很贫乏。

一个世纪前，世界上的许多国家都处在这个经济发展的初始阶段。如孟加拉国、尼日尔和索马里这样的国家，现在还处于这种传统阶段，而依然贫穷。甚至在一些新近进入中等收入行列的国家，例如印度，人口的某些因素依然保持着高度的传统性。阅读438页的"日常生活中的社会学"专栏，观察印度的传统生活。

2. **起飞阶段**。社会一旦摆脱了传统的控制，人们就会开始利用自己的才干和想象力推进经济的增长。当人们生产的货物不只是为了自给自足，而是为了和他人交易以获取利润时，市场也就形成了。更强大的个人主义以及随之而来的冒险精神和对物质的渴望通常以损害家庭关系、历史悠久的规范和价值为代价。

英国大约在1800年到了起飞阶段，美国在1820年到了这个阶段。东亚的中等收入国家泰国目前正处于起飞阶段。这种发展在富裕国家的帮助下一般都会加速。这种帮助包括外援、获得先进的技术、投资和国外留学的机会。

在美国这样的富裕国家，多数父母都希望他们的孩子能拥有一个快乐的童年，尽量使他们少承担一些原本属于成年人的生活责任。拉丁美洲、非洲和亚洲的那些贫穷国家则并非如此。贫穷的家庭指望他们的孩子所能赚取的一切收入，许多小孩在六七岁时就全天工作，他们织布或者做些其他的手工活。童工的存在导致大量价格低廉的产品可用以出口销售。

日常生活中的社会学

"幸福的贫困"在印度：厘清一种陌生观念

尽管印度已经是一个中等收入国家，但它的人均 GDP 仅为 3354 美元，大约是美国的 7%。因为这个原因，印度占有超过四分之一的世界饥饿人口。

但是多数北美人不容易理解印度的贫困。这个有 12 亿人口的国家中的许多人的生活条件远不及我们的社会中所谓的"穷人"。一位游客对印度人的生活的第一体验可能是深感震惊。比如，印度最大的城市之一金奈（Chennai，以前叫马德拉斯），有 700 万居民，而在一个局外人看起来金奈是混乱无序的——摩托车、卡车、牛车和一波波的人浪一起充塞着街道。沿着路边，卖主们坐在粗麻布上卖着水果、蔬菜和熟食，而附近却有人在聊天、洗澡和睡觉。

尽管有些人生活得不错，但是在金奈分布着 1000 多个棚屋居民点，其中居住着 50 万农村人，他们来到这里为了追求更好的生活。棚屋区聚集着一些由树枝、树叶、废弃的纸板和罐子搭建起来的小屋。这些住处毫无隐私可言，缺乏制冷设备、自来水和浴室。来自美国的游客在这种地方可能会感到不适应，尽管他们也知道美国的市中心最贫穷的地方也充斥着挫折和不时的暴力相向。

但是印度人与我们对贫困有不一样的理解。只要没有不安分的年轻人在街角游荡，只要没有毒贩在街头交易，就没有什么暴力危险。在美国，贫困常常意味着愤怒和孤立。在印度，甚至连棚屋区也被组织在一个个强大的家庭周围——孩子、父母，通常还有祖父母——他们通常对陌生人致以欢迎的微笑。

对身居印度的传统人士来说，生活是由"法"（dharma，或音译为"达摩"）来塑造的。"法"是印度教中关于责任和命运的观念，它教导人们无论什么样的命运都要接受。在印度最贫穷的人们中间工作的（女修道院的）特蕾莎修女（Mother Teresa）指出了这种文化差异的核心。她说："美国有令人愤怒的贫困，印度的贫困更甚，却是一种幸福的贫困。"

或许我们不应该将某个处于生存边缘的人描述为幸福。但是在印度，因家庭与社区的力量支持，生命自有目的的感受，以及鼓励每个人接受生活所赋予的一切的世界观，缓解了贫困的创痛。那些首次面对印度的贫困的游客会深感困惑："这些人怎能如此贫穷，却又看上去如此满足、积极和快乐呢？"

你怎么想？

1. 特蕾莎修女说印度的部分地方存在"幸福的贫困"，是什么意思？
2. 一次对印度棚户区的造访对于高收入社会成员理解"富裕"会有怎样的改变？
3. 你认识对贫困抱有与印度人相类似态度的美国穷人吗？怎样使人们可以安于贫困？

3. **走向成熟阶段**。在这个阶段，"增长"已是一个被广泛接受的概念，推动着社会去追求更高的生活标准。多样化的经济驱使着人们渴望享有工业技术的好处。然而，人们同时开始认识到（有时候是惋惜）工业化正在侵蚀着传统的家庭和地方的社区生活。英国大约在 1840 年进入这个阶段，美国则是 1860 年前进入这个阶段的。今天，墨西哥、过去美国的领地波多黎各和波兰这些国家正处于科技趋向成熟阶段。

处于这个发展阶段的国家中的绝对贫困极大地减少了。人们离开农村来城里寻找经济机会，城市膨胀起来。工作的专门化使人与人之间的关系缺少私人性。个人主义的发展催生了要求更大政治权利的社会运动。接近科技成熟的社会也为所有人提供基本的学校教育，并为部分人提供进一步的培训。新近受过教育的人认为传统是"落后的"，他们奋力争取更进一步的改变。另外，妇女的社会地位逐步地接近男人的社会地位。

4. 大众高消费阶段。经济发展持续提高生活标准，因为大规模的生产刺激了大众消费。简单地说，人们很快学会了"需要"更多的社会生产的商品了。美国、日本和其他富裕国家约在1990年进入了这个阶段。现在正进入这个经济发展阶段的是两个地处东亚的前英国殖民地：中国香港（中国的一部分）和新加坡（1965年独立）。

【**探索** 访问mysoclab.com网站了解美国的哪些地区吸引了大量寻求现代化社会阶段高生活标准的移民。】

● **富裕国家的角色**

现代化理论声称，高收入国家在全球经济发展中扮演四种重要的角色。

1. 控制人口增长。最贫穷国家的人口增长最快，其人口增速可能超过经济增速。富裕国家通过输出节育技术和促进节育技术的使用，帮助限制人口。一旦经济发展起步，出生率就会像工业化国家曾经的情况那样出现下降，因为孩子不再是一种经济财产，且抚养成本增加。

2. 增加食物产量。富裕国家向贫穷国家输出高科技耕作方法，以提高农业产量。这些技术，如"绿色革命"集中涉及的：包括新的杂交育种、现代的灌溉方法、化肥和控制虫害的杀虫剂。

3. 推广工业技术。富裕国家通过推广有助于提高生产力的机械和信息技术鼓励贫穷国家的经济增长。工业化也推动劳动力由农业向更有技术含量的工业和服务业转移。

4. 提供外援。富裕国家的投资推进贫穷国家设法到达罗斯托所谓的起飞阶段。外援帮助贫穷国家购买更多的化肥和建造灌溉工程，这能够提高农业产量。同样，金融和技术援助有助于建造动力设备和工厂，以提升工业产量。美国每年向发展中国家提供的外援大概是340亿美元（U.S.Census Bureau, 2011）。

● **评价**

现代化理论在社会科学家中有许多有影响的支持者（Parsons, 1966; W. E. Moore, 1977,

1979; Berger, 1986; Firebaugh, 1996; Firebaugh & Sandu, 1998）。几十年来，现代化理论已经塑造了美国和其他富裕国家的外交政策。支持者指出，亚洲经济的迅速发展——包括韩国、新加坡、中国台湾和中国香港——就是一个证据：西欧和北美国家伴随着工业化而实现的富裕是其他国家的发展目标。

但是现代化理论受到了来自社会主义国家（和西方左翼分析家）的抨击，他们认为这一理论不过是为资本主义辩护。根据这些批评家的观点，现代化理论最严重的缺点是，现代化在许多贫穷国家根本就没有出现。联合国的报告指出，许多国家，包括拉丁美洲的海地和尼加拉瓜，非洲的苏丹、加纳和卢旺达，今天的生活标准事实上与20世纪60年代没发生什么变化，有些地方情况更糟糕，今天的生活标准甚至不如20世纪60年代（United Nations Development Programme, 2008）。

对现代化理论的第二种批评是，它没有承认受益于这种现状的富裕国家经常阻碍贫穷国家的发展。批评家指责说，几个世纪前，富裕国家在他们全球性的强势地位的基础上实现了工业化。我们能指望今天的贫穷国家在全球性的弱势地位的基础上实现现代化吗？

第三，现代化理论视富裕国家和贫穷国家为两个隔绝的世界，忽视了国际关系会影响到所有国家的事实。拉丁美洲和亚洲的许多国家现在还在为克服殖民主义带来的伤害而挣扎，而殖民主义却成就了欧洲。

> **现代化理论** 一种经济和社会发展的模型，该模型根据国家之间的技术和文化差异来解释全球不平等
>
> **依赖理论** 一种经济和社会发展的模型，该模型根据历史上富裕国家对贫穷国家的剥削来解释全球的不平等

第四，现代化理论把世界上最发达的国家作为评判他人的标准，暴露了种族中心主义（ethnocentrism）的偏见。我们应该铭记，我们西方的"进步"观念已经使我们轻率地走向了一条竞争的、唯物质主义的生活之路，这条路耗尽了世界上的稀有资源，污染了自然环境。

第五，也是最后一点，现代化理论提出，全球贫困的原因几乎全部在于贫穷国家自身。批评家们认为，这种分析与归咎受害人并无二致。相反，他们认为，一项对全球不平等的分析，不仅要集中分析贫穷国家自身的行为，还要同样地集中分析富裕国

家的行为，以及这些行为对全球经济系统的影响。

诸如此类的关注反映了另一种重要的理解全球不平等的视角：依赖理论。

● **检查你的学习**

阐述现代化理论的重要观点，包括罗斯托的经济发展的四个阶段理论。列举现代化理论的优点与缺点。

二、依赖理论（dependency theory）

依赖理论是一种经济和社会发展的模型，该模型以历史上富裕国家对贫穷国家的剥削角度来解释全球不平等。这种分析基于社会冲突范式，把全球贫困的主要责任归咎于富裕国家。富裕国家几个世纪来一直在不断地使低收入国家走向贫穷，使其依赖于自己。这种破坏性的过程今日仍在继续。

● **历史的维度**

每个人都承认，工业革命前，整个世界都不富裕。然而，依赖理论断言，贫穷国家的人们过去的经济状况要好于他们子孙后代的今天。依赖理论的著名支持者安德烈·冈德·弗兰克（Andre Gunder Frank, 1975）指出，殖民的过程推动了富裕国家的发展，也导致了贫穷国家的发展不足。

现代化理论声称，在低收入国家建立工厂的公司因为提供工作和比以前更高的工资而对那里的人们有帮助。依赖理论却视这些工厂为剥削工人的"血汗工厂"。为回应奥林匹克运动会售卖由血汗工厂生产的运动服这一事件，这些女性在希腊雅典举行抗议活动。她们戴着面具，象征着制作了大部分服装却身份不明的工人。你穿的衣服是由血汗工厂生产的吗？

依赖理论基于这样一个观念：世界上的富裕国家和贫穷国家的经济地位是相关联的，不能割裂开来理解。贫穷国家不仅仅在"发展的路线"方面落后于富裕国家，而且，多数发达国家的繁荣在很大程度上是以牺牲欠发达国家为代价而实现的。简而言之，一些国家之所以变得富裕是因为其他的国家变穷了。二者都是五个世纪前开始的全球贸易的结果。

表9-4 非洲国家的殖民地历史

在长达一个多世纪的时间里，非洲的绝大多数国家都沦为欧洲国家的殖民地。法国控制着非洲的西北地区，英国则支配着非洲的东部和南部地区。

英国	法国	比利时	意大利	葡萄牙	西班牙
莱索托	毛里求斯	刚果	南索马里	安哥拉	西迪伊夫尼
博茨瓦纳	留尼汪	卢旺达和布隆迪	意属厄立特里亚	阿尔金	梅利利亚
加纳一部分	塞舌尔	卢旺达	埃塞俄比亚（短暂）	阿克拉	锡兹内罗斯城
英属喀麦隆	摩洛哥	布隆迪	意属突尼斯（短暂）	卡宾达	梅切拉卡发
冈比亚（1821年并入塞拉利昂）	阿尔及利亚		意属利比亚	佛得角	戈梅拉岛
埃及	突尼斯			休达	奥兰
肯尼亚	法属西非			艾美拉	阿尔及尔
毛里求斯	毛里塔尼亚			毕尔科岛	贝贾亚
尼日利亚	塞内加尔			黄金海岸	的黎波里
赞比亚	尼日尔			几内亚比绍	突尼斯
马拉维	法属苏丹（马里）			马达加斯加	休达
津巴布韦	几内亚			梅斯卡尼群岛	
索马里北部	科特迪瓦			马林迪	
南非	上沃尔特（布基纳法索）			蒙巴萨	
纳米比亚	贝南法属赤道非洲			摩洛哥	
斯威士兰	加蓬			莫桑比克	

续表

英国	法国	比利时	意大利	葡萄牙	西班牙
苏丹	中非共和国			基尔瓦·基西瓦尼	
坦桑尼亚乌干达	刚果共和国			圣约翰堡	
	乍得			圣多美和普林西比	
	多哥			丹吉尔	
	喀麦隆			桑给巴尔	
	科摩罗			济金绍尔	
	马达加斯加				
	马约特				
	印度洋斯卡达岛				
	坦桑尼亚				
	吉布提				

● **殖民主义的重要性**

15世纪后期，欧洲人开始到美国西部、非洲南部和亚洲东部探险，建立殖民地。他们取得了很大的成功，以至于一个世纪后，英国控制了世界陆地的大约四分之一，自夸为"日不落大英帝国"。美国起源于英国在北美东海岸的一些小殖民地，不久扩大到了整个大陆，买下了阿拉斯加，获得了海地、波多黎各、关岛、菲律宾、夏威夷群岛、巴拿马的一部分和古巴的关塔那摩（Guantanamo Bay）等地方的控制权。

随着殖民主义的蔓延，大概从1500年起，直到1850年，残忍的人类剥削，即奴隶贸易，一直存在。甚至在整个世界都在抵制奴隶制度的时候，欧洲人还控制着非洲大陆的大部分地区，像表9-4所显示的那样。直到20世纪60年代，非洲大陆的大部分地区还在欧洲势力的支配之下。

形式上的殖民主义几乎从世界上消失了。然而，根据依赖理论的观点，政治上的解放远远没有转化为经济上的独立。贫穷国家和富裕国家之间的经济关系延续着殖民地的支配模式。新殖民主义是资本主义世界经济的核心。

● **沃勒斯坦：资本主义的世界经济**

伊曼纽尔·沃勒斯坦（Immanuel Wallerstein, 1974, 1979, 1983, 1984）用"资本主义的世界经济"模型来解释全球社会分层。沃勒斯坦的术语"世界经济"（World economy）暗示着，某些国家的繁荣和其他国家的贫困与依赖是全球经济体系的结果。他将全球经济的根源追溯到500年前的殖民地化的开端，那时候欧洲人就开始从世界的其他地方敛聚财富了。因为世界经济是以高收入国家为基础的，所以它在性质上是资本主义的（Frank, 1980, 1981; Delacroix & Ragin, 1981; Bergesen, 1983; Dixon & Boswell, 1996; Kentor, 1998）。

沃勒斯坦称富裕国家为世界经济的"中心"。殖民主义把世界各地的原材料掠夺到欧洲，推动了工业革命，从而使这个中心富裕起来。今天，跨国公司在全世界经营，获取利润，把财富输送到北美、西欧、澳大利亚和日本。

另一方面，低收入国家代表世界经济的"外围"（periphery）。贫穷国家因为殖民剥削而被卷入世界经济，现在还在继续支援着富裕国家，给它们提供廉价的劳动力和巨大的工业品市场。余下的国家被认为是世界经济的"半外围"（semiperiphery）。包括像印度和巴西这样的与全球经济中心的关系比较靠近的中等收入国家。

根据沃勒斯坦的理论，世界经济（通过产生利润）有益于富裕国家，而（通过引起贫困）不利于世界其他国家。从而世界经济使贫穷国家依赖于富裕国家。这种依赖包括三种因素：

1. 狭隘的、出口取向的经济。贫穷国家只生产少数（特定）农作物以出口到富裕国家。这种例子包括拉丁美洲国家的咖啡和水果、尼日利亚的油类、菲律宾的硬木以及马来西亚的棕榈油。今天的跨国公司廉价购买贫穷国家的原材料，运送到中心国家的工厂加工，从这种贱买贵卖中获取利润。因而，贫穷国家自身的工业没什么发展。

2. 缺乏工业能力。因为没有工业基础，贫穷国家面临着双重束缚：他们依靠富裕国家购买他们的廉价原材料，同时又设法从富裕国家购买他们所能支付得起的任何昂贵的成品。这种依附的一个经典的例子是，英国殖民主义者鼓励印度人种植棉花，但是阻止他们自己织布。取而代之的是，英国人将印度的棉花海运到本国位于伯明翰和曼彻斯特的纺织厂，织成布，再把成品海运回印度，而恰恰是那些种植棉花的人购买这些衣服。

依赖理论家主张，"绿色革命"——受到现代化理论家的广泛称赞——以同样的方式运作。贫穷国家向富裕国家出售廉价的原材料，反过来，又设法去购买富裕国家的化肥、杀虫剂以及机械。富裕国家从这种交易中获取的利润要比贫穷国家多。

3. 外债。不平等的贸易模式使贫穷国家陷入了对中心国家的债务之中。总共算起来，世界上的贫穷国家欠富裕国家的债务大概是35000亿美元。其中有好几千亿美元是欠美国的。这种令人惊愕的债务引起高失业和严重的通货膨胀，从而使国家瘫痪（World Bank, 2011）。

● **富裕国家的角色**

现代化理论和依赖理论对富裕国家有着非常不同的角色定位。现代化理论认为，富裕国家通过资本投资和新技术"创造财富"。依赖理论却根据国家间如何"分配财富"来看待全球不平等，认为富裕国家使自己"过度发达"的同时，却使世界上其他的国家"发展不足"。

依赖理论家否定了这种观点，即富裕国家开展的，旨在控制人口、提高工农业产量的计划提高了贫困国家的生活标准。相反，他们声称，这种计划事实上对富裕国家和统治精英有利，而不利于贫穷国家的多数穷人（Kentor, 2001）。

弗朗西斯·穆尔·拉佩和约瑟夫·柯林斯（1986）主张，美国的资本主义文化鼓励人们把贫困看作原因不明的必然现象。循着这种推理逻辑，贫困就是由"自然的"过程产生的，包括孩子太多以及诸如干旱之类的自然灾害。但全球贫困绝非不可避免，在他们看来，这种贫困是蓄谋已久的政府策略的结果。拉佩和柯林斯指出，世界上所生产出的食物足以养活地球上的每一个人。而且，印度和非洲的多数国家事实上在出口食品，即使他们国内的许多人在饿着肚子。

根据拉佩和柯林斯的观点，富庶中的贫困这种矛盾根源于富裕国家的营利性食品生产政策，而不在于人们自身。换句话说，富裕国家的公司与贫困国家的精英联合起来，种植和出口有利可

尽管世界变得日益富裕，仍有上十亿的人被甩在后头。位于海地的太阳城这类棚户地区，在低收入国家的许多城市里都很普遍。对于生活在这类地方的人的生活质量，你有什么看法吗？

图的诸如咖啡之类的经济作物，占用了那些原本可以为当地人生产诸如豆类、玉米等基本作物的土地。贫穷国家的政府支持增加农产品出口，因为需要偿还巨额外债。拉佩和柯林斯认为，全球经济的资本家企业结构是罪恶的核心。

● 评价

依赖理论的主要观点是，没有哪个国家会在孤立之中变得富裕或者贫穷，因为一个统一的全球经济塑造了所有国家的命运。依赖理论专家指出，拉丁美洲、非洲以及亚洲依然贫困，在当前这种由富裕国家所强加的约束下，发展是难以为继的。他们进而要求对整个世界经济进行激进的改革，使世界经济按照大多数人的利益运转。

批评者指责依赖理论错误地将财富视为此消彼长的过程。农民、小工商业主、公司以及国家通过辛勤劳动和颇具想象力地使用新技术，能够而且确实创造了新的财富。毕竟，他们指出，看看昔日位于美国、现在位于低收入国家的制造业是如何逐渐扩张我们现在所谓的"新兴市场"吧。更广泛的，他们补充说，尽管有一些人获益更多，但是整个世界的财富自从1950年来增加了10倍，这怎么可能还是"零和"呢？

应用理论

全球贫困

	现代化理论	依赖理论
应用哪一种理论视角？	结构功能视角	社会冲突视角
全球贫困是如何产生的？	直到一些国家发展工业技术之前，整个世界都是贫穷的。工业技术允许了大规模生产，创造了富裕。	殖民主义把一些国家的财富转移到了另一些国家，在成就了另一些国家的富裕的同时，却导致了一些国家的贫穷。
今天的全球贫困的主要原因是什么？	传统文化和缺乏生产技术。	新殖民主义——跨国公司在全球的经营，资本主义经济。
富裕国家扮演的是制造问题的角色，还是解决问题的角色？	富裕国家贡献新技术、先进的学校教育和外援，扮演的是解决问题的角色。	富裕国家使贫困国家背上债务包袱，在经济上处于依附地位，扮演的是制造问题的角色。

第二，依赖理论将全球的贫困归咎于富裕国家是错误的，因为世界上许多最穷的国家（像埃塞俄比亚）和富裕国家之间的联系很少。相反，和富裕国家之间的长期贸易往来极大地改善了许多国家和地区的经济状况，包括斯里兰卡、新加坡和中国香港

（都是英国曾实施殖民统治之地），还有韩国和日本。批评家们说，简而言之，多数证据都表明，富裕国家的国外投资像现代化理论所主张的那样鼓励着经济增长，而不是像依赖理论所声称的那样导致了经济衰退（E. F. Vogel, 1991; Firebaugh, 1992）。

第三，批评家们认为依赖理论过分地简单化了，它把资本主义这种单一的因素指称为全球不平等的原因（Worsley, 1990）。依赖理论视贫穷国家为被动的牺牲品，忽视了引起这些国家经济问题的内部因素。社会学家始终承认文化在塑造人们拥护或抵制变化的意愿方面的重要作用。例如，在极端传统的穆斯林塔利班的统治下，阿富汗在经济上变得孤立，其生活水平降到世界最低水平。对于这种国家的发展停滞，难道有道理责备资本主义国家吗？

富裕国家也不能为一些外国领导人的不计后果的行为承担责任，这些外国领导人的贪污腐败和军国主义行径使这些国家变得贫穷。一些领导人在国内的政治斗争中甚至使用食物供给作为斗争武器，让群众挨饿。非洲国家埃塞俄比亚、苏丹、索马里就是这样。同样地，世界上的许多国家对于改善妇女地位或控制人口增长少有作为。

第四，依赖理论声称全球贸易总是使富国益富，使穷国益穷，批评家们认为这是错误的。例如，美国 2010 年的贸易逆差达 6470 亿美元，这意味着美国的商品进口远高于商品出口。中国作为美国最大的债权国，与美国的贸易顺差现在已经将其推入了中等收入国家的行列（U.S.Census Bureau, 2011）。

第五，依赖理论提供的仅仅是含混不清的解决全球贫困的办法，这也是批评者的核心质疑所在。多数依赖理论家都力劝贫穷国家断绝和富裕国家的所有联系，一些依赖理论家提倡外资企业国有化。可这真的能拯救整个世界于贫困吗？

"应用理论"列表对现代化理论和依赖理论的主要论点作了总结。

● **检查你的学习**

阐述依赖理论的主要观点。依赖理论的优点和缺陷各有哪些？

第四节　全球社会分层：前瞻

评价

最近几十年来，最重要的趋势之一就是全球经济的发展。在美国，生产的发展和海外销售给许多公司及其股东，尤其是那些财富殷实的人带来了利润。同时，全球经济已经把制造业的岗位转移到海外，国内关闭了一些工厂，使许多普通工人受到了损害。其直接的结果就是，美国出现了经济的两极化。

支持全球经济的人们主张，贸易的膨胀为所有涉及的国家带来利益。出于这个原因，他们认可像"北美自由贸易协定"（NAFTA，由美国、加拿大和墨西哥三国签订）这样的政策。全球化扩张的批评家们却另有主张：制造业在美国正在消失，现在更多的制造业岗位在海外出现了，在那里，工人的报酬过低，也鲜有法律来保障他们在工作场所的安全。另外，其他的全球化扩张的批评家人士指出，我们的经济给自然环境施加了更大的压力。

但是，最大的担忧或许在于世界各国之间现存的巨大的经济不平等。财富向高收入国家集中，伴随着的是低收入国家挥之不去的贫困，这也许是21世纪人类所面对的最大的问题。

现代化理论和依赖理论对这个紧迫的问题都提供了一些解释。在评价这些理论的时候，我们必须考虑经验证据。整个20世纪，生活水平在世界的大部分地方都提高了。甚至连世界上最贫穷的那25%人口的经济产量在20世纪也几乎增加了3倍。于是，每天生活费低于1.25美元的人口数量由1981年的19亿左右下降到2005年的14亿（Chen & Ravallion, 2008）。总而言之，世界上的多数人在绝对的意义上都比过去富裕了。

最显著的贫困减少现象发生在亚洲。这个地区通常被视为经济成功的传奇。早在1981年，全球每天生活费不足1.25美元的贫困人口有80%在亚洲。但到了2005年，这个数字就降到了17%。自从那时起，印度和中国这两个亚洲最大的国家都加入了中等收入国家的行列。在过去的20年间，印度和中国的经济增长非常迅速，伴随着物质财富由欧洲和北美向亚洲流动，全球经济的不平等状况得到切实缓解（Sala-i-Martin, 2002; Bussollo et al., 2007; Chen & Ravallion, 2008; Davies et al., 2008）。

拉丁美洲的情况有些复杂。在 20 世纪 70 年代，这个地区的经济增长迅速。然而，在 20 世纪 80 年代到 90 年代期间，情况则很少有全面的改进。全球每天生活费不足 1.25 美元的贫困人口的比重，2005 年（3%）比 1981 年（2%）有所上升（Chen & Ravallion, 2008）。

大约有一半的非洲国家现在的经济增长速度都要快于过去。然而，在许多国家，尤其是撒哈拉沙漠以南的那些国家，极度贫困的现象变得更为糟糕。1981 年，撒哈拉沙漠以南非洲占每天生活费不足 1.25 美元的贫困人口的 11%。到 2005 年，这个比例已经上升到了 28%（Sala-i-martin, 2002; Chen & Ravallion, 2008）。

在过去这个世纪，经济产量在富裕国家和贫穷国家都有所增加，但增长率却不是同一水平。世界上富裕国家和贫穷国家之间的差距，2010 年是 1900 年的 6 倍。图 9-5 表明世界上最贫困的人正被甩在后面。

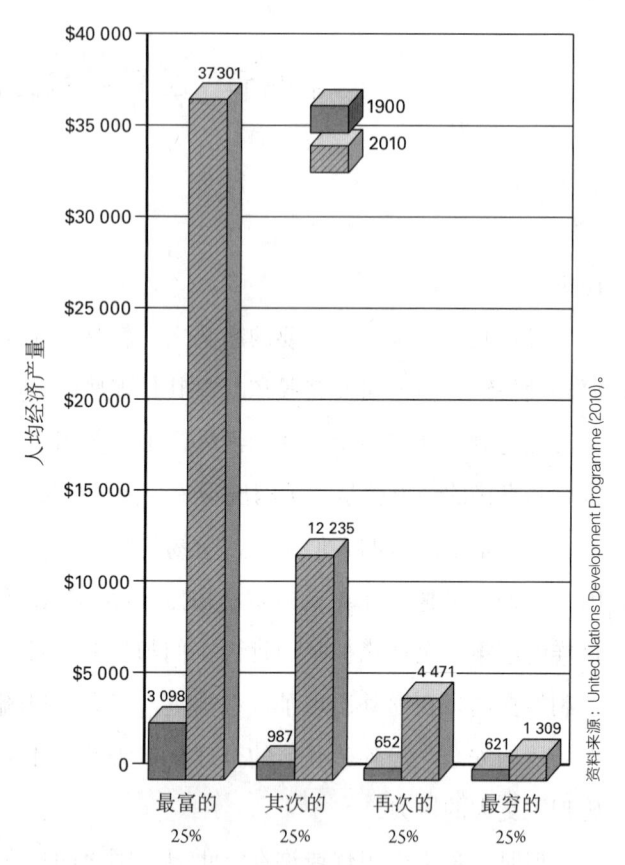

全球快照
图 9-5 世界渐增的经济不平等
世界上最富的人与最穷的人之间的差距，2010 年是 1900 年的 6 倍。

资料来源：United Nations Development Programme (2010)。

近期的发展趋势提醒我们，有必要批判性地看待现代化理论和依赖理论。在亚洲和其他地方出现了政府在经济增长中起着重要作用的情况。这种事实对现代化理论及其自由市场进路提出了挑战。另一方面，自从苏联解体和东欧剧变以来，一种对社会主义的全球性的再评估已经开始。许多低收入国家不愿意追随依赖理论的建议，将经济发展一概地置于政府的控制之下。

尽管世界的未来是不可预测的，但我们对全球社会分层已经了解了许多。现代化理论富有洞察力地认为，贫困在某种程度上是一个"技术问题"。为世界上持续增长的人口提供较高的生活标准，依赖于贫穷国家提高农业和工业生产力。第二个富有洞察力的观点源自依赖理论，即全球的不平等也是一个"政治问题"。即使有较高的生产力，人类必须要解决一些至关紧要的、关于资源如何在社会内部和世界各地进行分配的问题。

尽管经济发展提高了生活标准，但也给自然环境施加了更大的压力。像印度和中国这样的国家——两国共有26亿人口——变得更加富裕了，但他们的国民将消耗更多的能源和其他资源，引起更多的污染。中国最近超过了日本成为第二大石油消耗国，仅次于美国，这是石油价格上涨和供给紧张的原因之一。富裕国家也生产出更多的固体废料，制造了更多的污染。

最后，隔离了世界上最富裕人口与最贫穷人口的鸿沟，把每个人都推入了更大的战争和恐怖主义的风险之中，因为最贫穷的人们要挑战那些威胁到其生存的社会安排（lindauer & Weerapana, 2002）。从长远看，我们只有保证所有人都享有高标准的尊严和安全，才能在这个世界上实现和平。

日常生活中的社会学

第九章　全球社会分层

如果环顾一下这个世界，我们能发现多少社会不平等呢？

本章阐明，全球性的视角能够揭示出的社会分层要多于我们在美国内部所发现的。整个世界上，从低收入国家为寻求工作而移民到高收入国家的人越来越多。作为"客籍工人"（guest worker），他们接手本国更加富裕的居民不愿意从事的低薪酬工作。在这种情况下，富人和穷人真正地生活在"隔离的世界"。

● **提示：**

迪拜在最近的建筑热潮中雇用了大约 100 万外籍劳工。这个数字大约是阿拉伯联合酋长国人口的 85%。近些年逐渐升级的社会动荡，包括工人罢工，使劳工的工作和生活条件得到了一定改善，卫生保健也好了一些。但是，外籍劳工没有组织工会的合法权利，也没有获取公民权的机会。

从你的日常生活中发现社会学

1. 在中东地区迪拜的外籍劳工与从墨西哥或拉丁美洲其他国家来到美国的工人之间，你能做出什么样的比较吗？

2. 任意翻阅几期最近的新闻杂志或者旅行杂志，注意一下杂志上提及的低收入国家的任何事迹或者广告（比如，销售哥伦比亚的咖啡或印度的异国情调的假期）。这些广告呈现了低收入国家的生活的什么画面？根据在本章所学到的知识，你认为这种形象有多大的真实性呢？

3. 你曾经到过低收入国家旅行吗？你认为，来自诸如美国之类的高收入国家的人

迪拜的外籍劳工很多都来自印度,他们在迪拜建筑高层酒店和大型商场。他们通常每天只能在狭小的房间里睡上6小时,而收入却少得可怜。生活在陌生的国家,没有合法的权利,会影响这些工人改善其工作条件吗?你如何看待这个问题。

迪拜(Dubai)是阿联酋的一部分,世界上最富有的地方之一。石油财富造就了部分迪拜人。甚至在这个世界上最炎热的地区,最富有的迪拜人都能在偌大的室内滑雪场(如图片所展示的)享受滑雪。这张图片上的场景会让你感到难受吗?解释一下你的反应。

迪拜的外籍劳工每天工作12小时,但一个月只能赚50至175美元。你认为,这种在国外就业的机会是一种机遇呢(收入是在家乡工作的两倍),还是一种剥削形式?

面对世界上最贫困人口的艰难营生，应该感到内疚吗？如果内疚，为什么？如果不内疚，又是为什么？登录 mysoclab.com，阅读"在生活中应用社会学"，了解更多的全球社会分层的知识，阅读那些给予有机会与低收入国家人们互动的旅行者的建议。

温故知新

第九章　全球社会分层

全球社会分层：概观

高收入国家：
- 占世界人口的 23%；
- 拥有全球收入的 75%；
- 享有基于先进技术的高水准生活；
- 生产出的经济货物足以保证国民过上舒适的生活；
- 有 72 个国家，包括美国、加拿大、墨西哥、阿根廷、智利、西欧国家、以色列、沙特阿拉伯、俄罗斯、日本、韩国、马来西亚和澳大利亚等。

中等收入国家：
- 占世界人口的 61%；
- 拥有全球收入的 23%；
- 能达到世界平均的生活水准；
- 有 70 个国家，包括东欧国家、秘鲁、巴西、纳米比亚、埃及、印度尼西亚、印度和中国等。

低收入国家：
- 占世界人口的 17%；
- 拥有全球收入的 1%；
- 生活水准低，工业技术有限；
- 有 53 个国家，一般都位于中部非洲、东部非洲和亚洲，包括乍得、刚果民主共和国、埃塞俄比亚和孟加拉国等。

在 mysoclab.com 上观看视频。

全球的财富与贫困：

所有的社会都存在**相对贫困**，但低收入国家面对的却是危及生存的**绝对贫困**。
- 因为营养不良，全世界有大约 9.25 亿人生活在危险之中。
- 每年大约有 900 万人死于因贫困而引起的疾病。
- 在世界的几乎各个地方，女性陷入贫困的可能性都比男性要大。对女性的性别偏见在那些贫穷的社会最严重。
- 有 1.23 亿的成人和儿童可被称为奴隶，约有 2.15 亿儿童被作为童工，许多都处于危险的环境下。

【阅读在 mysoclab.com 上阅读相关文件。】

引起贫困的因素：
- 技术的缺乏制约着生产。
- 高生育率致使人口快速增长。
- 传统的文化模式让人们抵制变革。
- 极端的社会不平等导致财富分配过分不均。
- 过度的性别不平等限制了女性的机会。
- 殖民主义允许一些国家剥削其他国家；新殖民主义今天依然存在。

245　全球社会分层：理论应用

现代化理论主张，国家的富裕依赖于不断发展的先进技术。这个过程又取决于鼓励创新和变革的文化，而且这种创新和变革要面向更高的生活水准。

沃尔特·罗斯托把发展划分为四个阶段：
- 传统阶段——人们围绕家庭和当地的社区营造着自己的生活（例如：孟加拉国）。
- 起飞阶段——人们生产的货物不只是为了自给自足，而是为了和他人交易，以获取利润时，市场就此形成（例如：泰国）。
- 科技趋向成熟阶段——诸如经济增长和更高的生活水准之类的观念获得广泛的支持；教育机会广泛可得；妇女的社会地位得到改善（例如：墨西哥）。
- 大众高消费阶段——先进的技术驱动着大规模的生产和大众高消费，人们在此时

"需要"无数的商品（例如：美国）。

探索 在 mysoclab.com 上了解世界地图。

现代化理论的主张

富裕国家能通过提供人口规模控制、提高食品产量、扩大工业和信息经济输出之类的技术，以及通过提供支持新经济发展的外援，来帮助贫穷国家。

亚洲的经济快速发展表明，达到世界上其他国家的富裕程度是可以做到的。

批评观点

富裕国家在帮助贫穷国家方面无所作为，并且从既存的现状当中受益。多数非洲和南美洲国家的低生活水准是由富裕国家的政策造成的。

因为富裕国家（包括美国）控制了全球经济，许多贫穷国家为支持其人民而斗争，未能走上几个世纪前富裕国家走过的发展道路。

依赖理论认为，全球的财富与贫困肇始于 500 年前开始的殖民地过程。殖民地过程造就了富裕国家的高度繁荣，也导致了贫穷国家的徘徊不前。这个资本主义过程今天以新殖民主义的形式继续存在——通过跨国公司对贫穷国家进行经济剥削。

伊曼纽尔·沃勒斯坦的资本主义世界经济模型把国家分为三类：

中心——世界上的高收入国家，跨国公司的总部所在地。

半外围——世界上的中等收入国家，连接中心国家的纽带。

外围——世界上的低收入国家，为工业品的生产和销售提供廉价劳动力和广泛的市场。

依赖理论的主张：

出口取向的经济、缺乏工业能力、外债，是使贫穷国家依赖于富裕国家、阻止其经济发展的三个关键因素。

需要对整个世界经济进行激进的改革，使世界经济按照大多数人的利益运转。

批评观点：

依赖理论忽视了两个事实：世界上的财富自 1950 年以来增长了 10 倍；世界上最贫穷的国家与富裕国家之间的联系并不紧密。

富裕国家不应为阻碍许多贫穷国家经济发展的文化模式或政治腐败负责。

性别分层

学 习 目 标

- **记住**本章用粗体字强调的关键术语的定义。
- **理解**性别不仅是生物学的概念，而且也是社会创制的观念。
- **运用**社会学的主要理论分析性别概念。
- **分析**性别成为社会分层维度的方式。
- 借助各种女权主义理论**评价**今天的社会。
- **建构**一种男性和女性有着总体上同等社会地位的社会图景。

本章概览

我们生活的世界，不仅由不同的社会阶层组成，而且由社会学家称为"性别"的一系列男性和女性观念组成。本章将考察性别，探究社会赋予男性或女性的意义，解释性别为什么成为社会分层的重要维度。

"刚开始，我们独自旅行……但是，没有走多久，我们搭上了开往同一方向的女人们的汽车。当我们到达不同的十字路口时，我们看到来自这个国家各地的汽车，很快我们像一列行进着的队伍一样到达塞尼卡福尔斯（Seneca Falls）。"

夏洛特·伍德沃德（Charlotte Wood-ward）在她的日记中这样写道，当时她独自行进在通往塞尼卡的颠簸、肮脏的小路上，这是纽约州北部地区的一个小镇。当时是1848年，在美国许多地方奴隶制是合法的，所有女人的社会地位，无论何种肤色，都远远低于男人。那时，在美国的多数地方，女人不能拥有财产，婚后不能自己领薪水，不能立遗嘱，不能在法庭提起诉讼（包括要求对自己孩子的监护权的诉讼），也不能上大学，丈夫被普遍地视为对他的妻子和孩子拥有毋庸置疑的统治权威。

约300位女人聚集在塞尼卡福尔斯的卫斯理安小教堂（Wesleyan Chapel），向女人的二等公民身份提出挑战。她们听从她们的领袖伊丽莎白·凯蒂·斯坦顿（Elizabeth Cady Stanton）的号召，要求扩大女人的权利和机会，包括投票权。那时，多数人认为这种建议是荒谬且惊世骇俗的。即使许多参加集会的人也对这一想法感到震惊，斯坦顿的丈夫，亨利当即乘车离开小镇以示抗议（Gurnett, 1998）。

自从塞尼卡福尔斯会议之后，发生了许多变化，斯坦顿的许多建议现在已经作为基本公平被人们广泛接受。但是，正如本章所解释的，美国和世界其他地方的女人和男人仍在过着不同的生活；在多数方面男人仍居主导。本章探讨性别的重要性，并说明同阶级地位一样，性别是社会分层的重要维度。

第一节　性别与不平等

理解

第六章（"性与社会"）解释了将人口分为女性和男性的生物学区别。**性别**指的是社会成员关联于女性或男性的个人特质和社会地位。性别作为社会制度的一个维度，塑造着我们如何与他人互动，甚至如何认识自身。更重要的是，性别还涉及等级制度，给予男人和女人不同等级的权力、财富和其他资源。这就是为什么社会学家谈论**性别分层**——男性和女性之间在财富、权力和特权方面的不平等分配。简而言之，性别影响着贯穿于我们生活的机遇和局限机会。

一、男女之间的差别

许多人认为性别差别带有某种"自然性"，因为生物学确实使一种性别区别于另一种性别。但是，我们必须注意，不在生物学层面思考社会差别。比如，1848年女人被否认有投票权，因为许多人假定女人缺乏足够的政治方面的智力或兴趣。这种态度与生物学毫不相干；它反映的是当时当地的文化模式。

另外一个例子是运动表现。1925年，多数人——包括女性和男性——相信最好的女选手也永远不可能和男选手在马拉松比赛中竞争。今天，正如图10-1所示，性别鸿沟已经大大缩小，现在跑得最快的女子通常比过去几十年里跑得最快的男子还要快几倍。这又一次证明，男女之间的多数差别是社会建构的结果。

性别之间存在着体能方面的一些差别。平均来看，男人比女人要高10%，重20%，强壮 30%，特别是在上半身。另一方面，在人的生命的最后比赛中，女性超过了男性：美国男性的预期寿命是 75.7 岁，女性为 80.6 岁（Ehrenreich, 1999; McDowell et al., 2008; Kochanek et al., 2011）。

青春期时，男性比女性在数学和 SAT 的阅读上要好一些，而女性在写作上更强一些，这种差别既是生物学的反映，又是社会化的反映（Lewin, 2008; College Board, 2010）。然而，研究没有指出男女之间在智力上有任何总体的差别。

于是，从生物学上看，男女之间的区别是有限的，没有哪个性别在自然属性上更占优势。但是，文化可以区别界定两性，正如以下对性别的全球研究中所阐述的那样。

二、全球视野中的性别

考察文化如何奠基性别的最好方式是进行不同社会的比较。有三个重要的研究着重考察了"男子气"和"女子气"究竟有什么差别。

● 以色列的集体农庄

在以色列，集体聚居地叫作集体农庄（kibbutizm，也音译为基布兹）。集体农庄（kibbutz，这个词的单数形式）对性别研究是一个重要的研究框架，因为性别平等是农庄声称的目标之一；男人和女人分享工作和决策。

近几十年来，集体农庄的集体性已经减少，因此，该组织的特色也在减少。但是在其历史的大多数时期，两种性别共同分担大多数的日常工作。许多男人加入女人当中照顾孩子，女人也加入男人去维修房屋、武装保卫。两种性别的人都对农庄的日常事务做出决定。用同样的方式培养女孩和男孩；在许多个案中，孩童们远离父母、一起在集体宿舍被养大。在集体农庄，女人和男人获得了显著的（虽然还不是全部）社会平等，很明显是文化界定了什么是男子气和什么是女子气。

玛格丽特·米德的研究

人类学家玛格丽特·米德（Margaret Mead）对性别进行了开创式的研究。她推论说，如果性别是基于男女之间在生物学上的差别，那么世界各地的人们应当用同样的方式界定"女子气"和"男子气"；如果性别是文化的，这些概念应当有所不同。

米德研究了新几内亚的三种社会（1963，原作于 1935）。在阿拉佩什（Arapesh）的高山家庭里，米德观察到男人和女人有非常相似的态度和行为。她报告说，两种性别都善于合作，对他人很敏感——简而言之，这些特质在我们的文化中会被贴上"女子气"

的标签。

米德接着研究了南方的蒙杜古马人（Mundugumor），这个社会的人们割取敌人的头颅作为战利品，同类相食，与阿拉佩什人的温和截然不同。在这种文化中，两种性别的人都是典型的自私自利、带有强烈的攻击性，都具有我们所界定的更为"男子气"的特质。

性别 社会成员关联于女性或男性的个人特质和社会地位

性别分层 男性和女性之间在财富、权力和特权方面的不平等分配

多样化快照

图 10-1 男子和女子的体育成绩

在体育比赛中，男子天然地强于女子吗？答案是并不明显。在20世纪早期的马拉松比赛中，男子在速度上要比女子快一个多小时。但是，随着女子在体育方面机会的增加，这一差距已经缩小了。目前，世界马拉松比赛的女子纪录（2003年的纪录）和男子纪录（2011年的纪录）只相差12分钟。

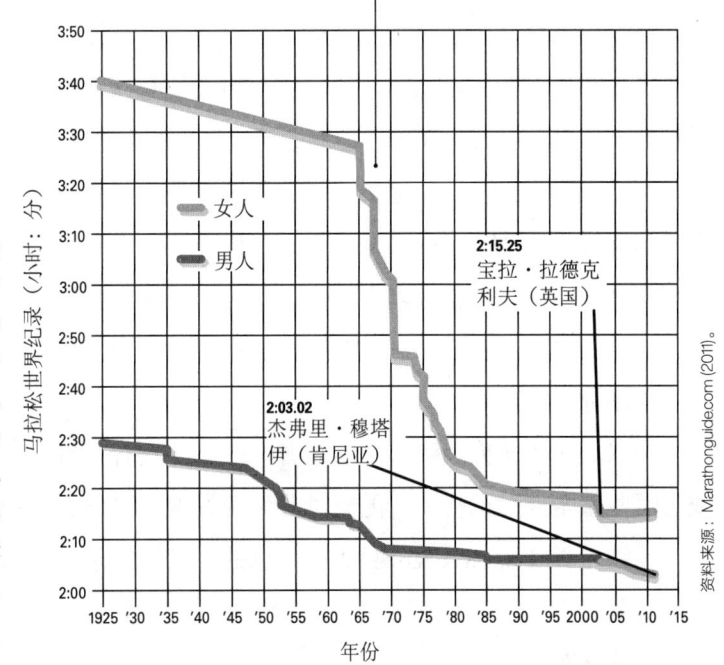

- 1960年代的妇女运动鼓舞了妇女展示她们真正的能力。

2:15.25 宝拉·拉德克利夫（英国）

2:03.02 杰弗里·穆塔伊（肯尼亚）

资料来源：Marathonguide.com (2011)。

最后，米德在西部研究了德昌布利人（Tachambuli），她从中发现了与我们自己的文化相同的文化，即用不同方式界定女性和男性，但是，米德报告说，德昌布利人颠倒了我们的许多性别信条：在那里，女性占统治地位，并且富于理性，男性则顺从，富于感情，并且养育孩子。米德根据她的观察，得出结论，文化是性别差异的关键，因

为一种社会认定为"男性气质"的东西，而在另一个社会可能被视为"女性气质"。

一些批评家认为米德的发现"过于简单"，好像她在这三个社会中看到的恰恰是她正想要寻找的模式。德博拉·格韦茨（Deborah Gewertz, 1981）向她所谓的米德"颠倒假设"提出挑战，指出德昌布利的男性是真正更具有攻击性的性别。格韦茨解释说，米德 1930 年期间访问的德昌布利（实际上，他们自称卡姆里 [Chambri]），当时正处于在部落战争中损失了许多财产之后，所以，米德观察到男人在重建家园，那只是卡姆里男人的暂时性角色。

【观看 mysoclab.com 上的"男女之间的异同"视频。】

乔治·默多克的研究

乔治·默多克（George Murdock, 1937）对 200 多个前工业化社会进行了更为广泛的研究。他发现关于男女分工问题，在某些方面，世界范围内都具有一致性。默多克观察得知，狩猎和战争通常是男人的事情，以家庭为中心的任务诸如烹饪和照顾儿童倾向于由女人承担。鉴于前工业社会的简单技术，显然，前工业社会的性别角色分工反映了男人和女人在体力上的特征。由于男人的身体更强壮、更高大，男人负责狩猎和保护群体；由于女人生育孩子，她们承担家里的多数劳动。

但是，默多克发现，除了这一总体模式外，各个社会存在着很多差别。在农业社会，妇女在干农活儿方面大概和男人一样多；在多数社会中，两种性别都分担了农业生产劳动。当涉及其他许多事情——从盖房子到文身——默多克发现前工业社会中这些事情可能由男性承担，也可能是女性承担。

● **评价**

全球的比较研究表明，总的来看，社会并没有一贯地界定哪些事情是女人的事情或者哪些事情应归属男人。随着工业化的发展，肌肉力量的重要性降低了，进一步减少了性别差异（Nolan & Lenski, 2010）。总的来说，性别角色的变化非常之大，以致不能说性别是生物学的简单表现；作为女性和作为男性意味着什么，基本上是社会的产物。

● **检查你的学习**

通过对许多文化的比较，对于性别差异的起源我们学到了什么？

三、父权制与性别歧视

性别的概念是变化的，有证据表明有的社会中女人比男人有更大的权力。例证之一就是摩梭人，中国西南部的云南省的一个小社会，在那里妇女控制着多数财产、挑选她们的性伙伴、对日常生活做出决策。摩梭人表现为一种**母权制**（matriarchy，"由母亲统治"）——一种由女性统治男性的社会制度形式，母权制在人类历史上几乎没有文献记载。

母权制 女性统治男性的一种社会制度

父权制 男性统治女性的一种社会制度

性别歧视 相信一种性别内在地优于另一种性别

在世界各地几乎到处都可以发现的模式是**父权制**（patriarchy，"由父权来统治"），一种男性统治女性的社会制度。467页的世界之窗显示，不同的国家，女性和男性在相对权力和特权方面相当的不同。根据联合国性别发展指数，瑞典、荷兰和丹麦给予妇女的社会地位最高；相反，在马里、尼日尔、乍得和也门，与男子相比，妇女的社会地位最低。在全球195个国家中，美国的性别平等状况在全世界居第47位（United Nations Development Programme, 2011）。

在每个社会，人们都会假定某些工作、某些行为方式、着装方式"自然而然"地是女人的，而另一些则显然是属于男人的。但是，从全球的视野来看，我们发现这种社会规定有相当的不同。生活在非洲尼日尔的沃达贝（Wodaabe）游牧男子非常自豪于展示自己的美貌，这在我们社会的多数人看来是女子气的表现。

父权制的表现是**性别歧视**，这种观念认为一种性别内在地优于另一种性别。性别歧视并不只是一种个体态度；它深嵌于社会制度中。制度性的性别歧视贯穿于经济生活，女人高度集中于低报酬的工作。同样，长期以来，法律制度宽恕针对女人的暴力，特别是来自男友、丈夫和父亲的暴力。

● **性别歧视的代价**

性别歧视限制了占全人类总人口一半的女性的才能和抱负。尽管男人从性别歧视中得到某些益处，但是，他们的特权也付出了高昂的代价。我们文化中的"男子气质"鼓励男人做许多高风险的事情：吸烟饮酒，危险运动，甚至粗心地驾驶。正如马林·弗伦奇（Marilyn French, 1985）指出的，父权制使男人不懈寻求的不仅仅是控制女人，而且也控制了男人自身和男人的世界。这就是男子气概不仅与各种事故紧密相关，而且与自杀、暴力、压力性疾病紧密相连的原因。A型人格——以长期急躁、野心勃勃、富于竞争、浮动的敌意为标志——是罹患心脏疾病的关键影响因素，它几乎完全符合我们的文化所认定的男子气质（Ehrenreich, 1983）。

最后，当男人寻求对他人的控制时，他们失去了亲密和信任的机会。正如一名分析家所说，竞争会将"男人从男孩中分隔开来"。然而，实际上，竞争使男人与男人以及其他所有人分隔开来（Raphael, 1988）。

● **父权制一定要继续吗？**

在前工业社会，女性几乎不能控制怀孕和生育，这限制了她们的生活范围。在那些社会中，男人的身高力壮被视为资源由此获取了权力。但是，工业化，包括生育控制技术，给了人们相当多的生活选择。在像美国这样的社会中，生物学上的差别几乎不能为父权制提供任何正当性。

但是，男性在美国和世界其他地方都占有统治地位。这是否意味着父权制是必然的？一些研究者认为，诸如荷尔蒙区别和大脑结构的细微差别这些生物性因素所对接的两性不同的动机和行为——特别是男性的攻击性——使得父权制很难，甚至也许不可能被消除（S.Goldberg, 1974; Rossi, 1985; Popenoe, 1993b; Udry, 2000）。然而，大多数社会学家相信，性别是社会建构的，是可以改变的。并不能因为父权制长期统治着这个世界，就意味着我们必须做过去时代的囚徒。

为了理解为什么父权制今天仍在继续，我们必须检视性别是如何植根于社会并被社会重塑，这是一种开始于童年并贯穿我们一生的过程。

> **世界之窗·全球视野中的妇女权力**
> 布鲁格尔,19岁,生活在挪威,像多数在高收入国家成长起来的女孩一样,她享有男性可以得到的大多数权利和机会。简,20岁,生活在阿富汗,一个禁锢妇女权利和机会的低收入国家。
> 女性相对于男性的社会地位在全世界范围有很大不同。总的说来,富裕国家的女性比贫穷国家的女性生活得更好。而某些国家则更加明显:在瑞典、荷兰和丹麦,女人的社会地位与男人非常接近。

第二节　性别与社会化

理解

从生到死,性别塑造着人类的感情、思想和行动。小孩子很快就学会了他们的社会将男人和女人视为不一样的两类人;到了大约三岁时,孩子们开始用男、女来认识自己。

过去,许多美国人用诸如"感性的""被动的""善于合作的"等词汇来形容女性。相反,对男性则用诸如"理性的""主动的"和"竞争性的"等来描述。这么长时间以来,我们一直被教育着用截然对立的方式去认识两性,这真的令人诧异,特别是因为女性和男性有如此多的共同之处,并且研究发现,大多数年轻人的人格是兼具女子气和男子气特质的某种混合体(Bem, 1993)。

正由于性别影响了我们怎样认识自己,所以性别教给我们如何行为。**性别角色**(gender role,也称**性角色**)是一个社会关联于每种性别的态度和行为。界定男性是野心勃勃、富于竞争性的文化会鼓励男人追求领导职位、进行团队式体育运动。在某种程度上,女人被界定为恭顺的、感性的,人们期望女性是乐于助人的,易于表露情感的。

一、性别与家庭

人们对一个新生儿通常问的第一个问题是——"男孩儿还是女孩儿?"——这个问题非常重要,因为答案不仅涉及性别,而且与这个小孩子的未来人生方向有关。实际上,性别在孩子出生前甚至就在起作用,特别是低收入国家,父母期望他们生育的第一胎是男孩而不是女孩（Pappas, 2011）。

出生后不久，家庭成员让婴儿进入女孩子的"粉色世界"或者男孩子的"蓝色世界"（Bernard, 1981）。父母甚至在对待幼儿的方式上传递出性别信息。英国大学的一名研究者发现，他将一名婴儿递给女人，婴儿有时装扮得像男孩儿，有时像女孩儿。他的被测对象对待"女"婴很温柔，不断地紧紧拥抱孩子、爱抚孩子，而对"男"婴就比较猛烈，经常把孩子举到高空或者在膝盖上颠动（Bonner, 1984; Tavris & Wade, 2001）。传递的信息非常清楚：女性世界关涉合作和情感，男性世界重视独立和行动。

二、性别与同辈群体

当孩子们进入学校，他们开始走向家庭之外，和同龄的其他孩子交朋友。大量的研究表明，小孩子们倾向于与同性别的孩子组成游戏群体（Martin & Fabes, 2001）。

同辈群体为孩子们上了另一堂关于性别的课。珍妮特·利弗（Janet Lever, 1978）花了一年的时间观察孩子们游戏，得出结论，男孩喜欢有着复杂规则和明确目标的团体运动（如跑步得分或触地得分的比赛）。这种游戏几乎都有胜方和负方，这强化了攻击性和控制力这样的男子特质。

女孩儿也进行团体运动。但是，利弗解释说，女孩儿还玩跳房子、跳绳或者只是谈天、唱歌或跳舞。这些活动规则很少，几乎没有达到最后目标的"胜利"。利弗解释，女孩儿同辈群体不是去教育女孩子富于竞争力，而是增加了沟通和合作的互动能力，这可能是女孩子未来承担妻子和母亲角色的基础。

我们做的游戏为我们以后的人生提供了重要的课程。利弗的观察使人们想起卡罗尔·吉利根基于性别的道德推理，见第三章（"社会化：从婴儿期到老年期"）中的讨论。吉利根认为（1982），男孩根据抽象原则推理，对于他们来说，"正确"等于"按

性是在人们出生之前就已形成了的生物学上的区别。性别意味着社会赋予的女性或男性的意义。性别差异是一种权力，因为被界定为典型的男子气质的特质比界定为女子气质的特质更为重要。婴儿从父母对待他们的方式中学习性别的重要性。你认为这个孩子是女孩儿还是男孩儿？为什么？

照规则游戏"。另一方面，女孩儿认为道德是一种对他人的责任。

三、性别与学校

性别塑造了我们的兴趣，对自己能力的信心、学习的方向、领域，直至职业选择（Correll, 2001）。在高中，人们选修的课程类型仍然反映了传统的性别模式。例如，较之男生，有更多的女生学习秘书技能，选择像美容和食品服务这样的职业课程。木工和机械课程基本上吸引了年轻的男生。

随着大学校园女生人数的增加，女生在许多曾经排斥她们的研究领域，包括数学、化学和生物，都有很好的表现。但是在许多领域男生仍然占主导，包括机械（占全部学士学位的82%）、计算机科学（82%）、物理科学（59%）。女生倾向于集中在图书馆科学（占全部学士学位的90%）、教育（79%）、心理学（77%）和社会学（52%）等领域（National Center for Education Statistics, 2011）。

四、性别与大众传媒

自从1950年代早期电视开始吸引公众的注意，当时白人男性占据中心舞台；有色人种和少数族群一直在电视中缺席，这一状况一直持续到1970年代。即使当两种性别都出现在电影中，男子也通常表现为智慧的侦探，无畏的探险家，技术高超的医生。女性表演的则是能力较低的角色。除了为了补充剧情需要、引起人们性方面的兴趣外，她们经常是无足轻重的。近些年来，有更多的女性担任明星角色，但是，女明星比他们的男搭档挣钱要少。比如查理·辛（Charlie Sheen）在离开《好汉两个半》剧集之前是收入最高的男性电视演员，每集赚取875,000美元，玛莉丝卡·哈吉塔（Mariska Hargitay）是收入最高的女演员，在《法律与秩序：特殊受害者》当中，每集赚取400,000美元。

历史地看，广告总是把女人表现为在家里愉快地使用着清洁产品、烹饪、试用家用电器或担任服装模特。广告中，男人占主导地位的有轿车、旅行、银行服务和含酒精饮料。权威的"画外音"——在电视广告中描述产品的不露面的声音——大多数总是由男性配音（D. M. Davis, 1993; Coltrane & Messines, 2000; Messineo, 2008）。

有人对广告中的性别进行了认真的研究，表明广告中出现的男性的身高都高于女性，暗示着男性的优越。相反，表现女性时，更经常地是躺着（在沙发上和床上）或者像孩子一样坐在地板上。男人的面部表情和行为表现出一种有能力的样子，暗示着控制；女人出现时则常常像孩子一般，顺从、性感。男人关注广告中的产品，女人则经常关注男人（Goffman, 1979; Cortese, 1999）。

广告还深刻揭示了纳米·沃尔夫（Naomi Wolf, 1990）所谓的"美貌神话"（beauty myth）。"从日常生活看社会学"专栏进一步讨论了这个神话如何既影响了女性又影响了男性。

在我们的社会中，大众传媒对我们的态度、行为有巨大影响，我们所看见的东西形塑了我们的性别观念。在2009年的电影《暮光之城》（Twilight）中，我们看到了一个强大的、负责任的男人和一个被动的女人。你认为是大众传媒创造了这些性别模式吗？或者更准确地说，是传媒复制了这些模式？还有其他选项吗？

第三节 性别与社会分层

应用//

性别绝不只是涉及人们怎样思考和行动，性别还关系着社会是如何被组织起来的、我们的生活如何受到社会等级制度的影响。性别分层的现实可以在我们日常生活的几乎每个方面看到。首先，我们看看工作世界中的女性和男性。

一、工作着的女性和男性

1900 年的美国，只有 20% 的女人属于劳动力，男人则有 80% 属于劳动力。今天，女性的这一数据已扩大三倍，到达近 60%，而男性的比例下降至 71%。另外，67% 的工作女性和 78% 的工作男性是全日制工作，从另一个角度说，全美国工作中的 47% 由女性占据，53% 由男性占据（U.S. Department of Labor, 2011）。不管你怎么看待这一点，认为赚钱是男人的事情，这一传统观念已经不再是真理。

使得美国劳动力发生改变的因素包括农业比例的下降，城市的膨胀，家庭规模的缩小以及不断上升的离婚率。美国与世界绝大多数国家一样，认为女人为收入去工作是规则而非例外。女人现在几乎占了美国有偿劳动力的一半，53% 的美国已婚夫妇依靠双人收入。

过去，美国劳动力中的许多年轻妇女是没有孩子的。但是，今天，59% 的已婚职业女性的小孩在 6 岁以下，71% 的已婚职业女性的小孩在 6 岁至 17 岁之间。对于那些丧偶的、离异的或独自带孩子的女性，相应的数据是 60% 女性带有较年幼的孩子，72% 女性带有较为年长的孩子（U.S. Department of Labor, 2011）。

● 性别与职业

尽管在工作收入方面，女人与男人之间的差距正在缩小。但是，两性所从事的工作仍然有很大差别。美国劳工部（2011）报告，女人高度集中于两类工作。23% 的女性做行政辅助性工作，她们中的多数是秘书或其他办公室人员。这些人经常被称作"粉领"，因为从事这类工作的人中有 74% 是女性。另外 16% 的受雇女性从事服务工作，这些工作多为食品服务业、照顾儿童和健康服务。

表 10-1 显示了妇女最集中的十种职业。这些工作一般处于工资收入的低端，发展的机会有限，由男人做主管（U.S. Department of Labor, 2010）。

男性占主导的工作类型包括建筑业，99% 的砖瓦工、石匠、重型设备机械工人都是男性，同样地，男性占据了工程师的 87%，警官的 87%，律师的 69%，物理学家和外科医生的 68%，公司经理的 57%。根据最近的一项调查，在《财富》杂志列选的 500 强美国企业中，只有 16 家公司执行总裁是女性，董事会中只有 16% 的席位由女性执掌。美国 25 名最高收入的总经理中只有 1 名是女性。尽管如此，增加商业领域领导角色中的女性不仅是关乎公平的问题，对美国最大型的 500 家公司的营收的研究表明董事会中女性多的公司也是最具盈利性的公司（Craybow, 2007; 2007; U.S. Department of Labor, 2011; Catalyst, 2011; Fortune, 2011）。

很容易发现日常生活中的性别分层：女护士协助男医生，女秘书辅助男主管，女空姐受男飞行员的指挥。在任何领域，收入越高、声望越高的职业就越是由男性占领。比如，女性占了幼儿园老师的 97%，基础教育教师的 82%，中等学校教育工作者的 57%，学院和大学教师的 46%，学院和大学校长的 23%（U.S. Department of Labor, 2011）。

表 10-1　2010 年女性最集中的职业类型

职业	雇用女性的数量	女性占该职业的百分比
1. 口腔助理	289,000	97.5
2. 学前或幼儿园教师	691,000	97.0
3. 言语语言病理学家	127,000	96.3
4. 秘书或行政助手	2,962,000	96.1
5. 牙科保健员	134,000	95.1
6. 育儿师	1,181,000	94.7
7. 接待员或问询员	1,188,000	92.7
8. 文字处理者和打字员	133,000	92.5
9. 教师助理	893,000	92.4
10. 膳食与营养学家	97000	92.3

资料来源：U.S. Department of Labor (2011)。

日常生活中的社会学

美貌神话

贝丝："我不能吃午餐，我必须确保今晚我能穿下那件黑色的晚礼服。"

莎拉："也许吃东西比让汤姆觉得你漂亮更重要。"

贝丝："你说的容易。你是 2 号尺码，杰克迷恋你！"

温莎（Windsor）公爵曾经评论道："女人无论多富都不算太富，无论多瘦都不算太瘦。"这个观点的前半部分也适用于男人，但后半部分却不适合。毕竟，每年耗资 300 亿的美容广告和 500 亿的减肥广告绝大部分都是以女性为对象的。

根据纳米·沃尔夫（1990）的观点，某种文化模式创造了一个损害女性的"美貌神话"。美貌神话的出现，首先是因为社会教导女性用身体的外表衡量自身的价值。然而，《花花公子》插页中表现的美人标准或者体重 100 磅的纽约时装模特的标准是多数妇女无法企及的。

其次社会教导女性以凭靠美貌吸引男子、建立关系为荣耀。为美貌而努力不仅驱使女人极度自律，而且迫使她们高度关注和配合男人。简而言之，美貌思维之下的女人试图取悦男人，而避免挑战男人的权力。

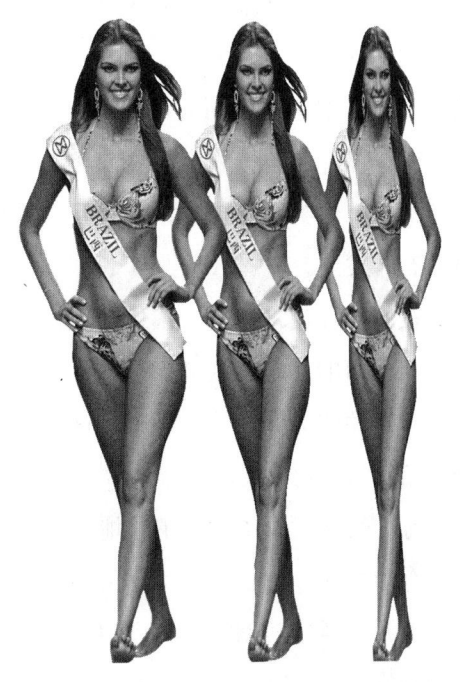

我们的文化支持美貌神话的一种方式是女性选美比赛；这些年来，选美比赛的参加者变得越来越苗条。

如此多的年轻女性关注体形，特别是尽可能苗条，以致经常损害她们的健康，信奉美貌神话是一个原因。在过去的几十年里，患有饮食失调如神经性厌食症（节食到挨饿）或贪食症（社交聚餐后呕吐）的年轻女性的比例急剧上升。

美貌神话也影响着男人：男人被反复告知应当寻求占有美丽的女人。这样，我们对于美的观念就把女性降低为客体，鼓励男人占有女人，好像女人是玩物而不是人类。

毫无疑问，美的观念在日常生活中非常重要。根据沃尔夫的观点，问题在于美丽究竟是在于我们外表如何还是在于我们行事如何。

你怎么想？

1. 是否存在"金钱神话"，认为人们的收入是他们才能的简单反映？这更多地运用在哪种性别？

2. 你能否发现美貌神话和美国年轻女性中饮食失调的增加之间存在着关联？

3. 在身体有残疾的人中，你认为"外表特殊"问题更针对女性还是男性？为什么？

女人怎么会被排除在某种职业以外？通过把某些工作界定为"男人的工作"，社会认为女性的能力不如男性。在一项对南部西弗吉尼亚（West Virginia）煤矿的研究中，苏珊娜·塔里切特（Suzanne Tallichet, 2000）发现，多数男人认为女人加入他们煤矿工作是"不正常的"。因此，从事那些工作的女人被视为异类，被贴上"性放纵"或者女同性恋的标签。这类标签使这些女人受到排斥，使得坚持从事工作成为一种挑战，几乎不可能有所发展。

在企业界也是这样，我们发现公司里职位越高，我们能找到的女性就越少。女人不属于公司的上层，这鲜少被公开宣之于口，但是许多人似乎感到确实如此，这可能妨碍了女性的提升。社会学家将这种屏障称为"玻璃天花板"——不易看到但仍然会阻碍妇女的职业发展。

对男性在工作场所占主导地位的挑战来自女企业家。2008年，美国有1000万由女性所有的企业，比10年前增长了两倍，它们雇用了超过1300万的劳动力，销售额达2万亿美元。通过开创她们自己的业务，女性已经显示出她们可以为自己创造出男性主导的大公司以外的机会（Center for Women's Business Research, 2009）。

二、性别与失业

女性与男性的失业率通常一起上升和下降，男人的失业水平略微高一点。到2011年底，成年女性的失业率为7.9%，成年男性的这一数字为8.4%（U.S. Department of Labor, 2011）。

男性的高失业率反映了这一事实，男人的工作主要集中在制造业而许多工厂已经迁往国外。但在近期的萧条中，失业也出现在多数由女性占据的行政辅助和服务工作。近两年来，随着国家努力走出经济衰退的困境，男性的失业率比女性下降得更快（Kochlar, 2011; U.S. Department of Labor, 2011）。

三、性别，收入和财富

2010年，全职工作妇女的中位收入为36931美元，而全职工作的男人赚取了47715美元。这意味着男人每赚取一美元，妇女赚取约77美分。这一差别在年老的劳动力中更为明显，因为年纪大的工作女性一般受教育程度低，而且比在职老年男性的资历浅。

在年轻劳动力中，男女收入的差别较小，因为年轻男女的受教育程度和工作经验一般比较接近。

在全部年龄段的所有全职工作者当中，2010年，24%的妇女年收入少于25000美元，相比较，男人的这一数据则是15%。在收入层次的上端部分，收入超过75000美元的人数当中，男人是女人的2倍（24%对12%）（U.S. Census Bureau, 2011）。

妇女收入较低的主要原因是她们从事工作的性质：大多数是秘书性和服务性工作。实际上，工作和性别相互作用。人们仍然认为不重要的工作是"女人的活儿"，正如人们贬低某种工作仅仅因为那是女人从事的工作（England, Hermsen & Cotter, 2000; Cohen & Huffman, 2003）。

最近几十年，性别平等的支持者提出了一项"比较价值"的政策。支付人们薪水时，不是根据历史上的双重标准，而是根据技术水平和所从事工作的责任。举例来说，考虑一下花饰设计师（使花的摆放有吸引力的人），这些工人——多数是妇女——1小时赚12美元。同时，那些开货车和其他小型卡车运输这些花饰的——多数是男性——1小时约赚15.45美元（U.S. Bureau of Labor Statistics, 2010）。很难理解为什么花饰设计者赚的钱仅有货车司机的78%。在技术水平或培训要求上有什么区别吗？或者不平等反映了性别分层吗？

为回应此种局面，一些国家，包括英国和澳大利亚的几个国家，已经采取了"比较价值"政策，但是美国对这一政策的接纳是有限的。为此，美国妇女每年损失的收入达10亿美元之多。

造成以性别为基础的收入不平等的第二个原因与社会对家庭的看法有关。当然，男人和女人都有小孩儿，但是，我们的文化赋予妇女更多的养儿育女的责任。怀孕和抚养年幼的孩子使许多年轻女性在一段时间里脱离劳动岗位，而他们的男同事正在职业生涯中取得重要进步。当妇女重返职场时，与男同事相比，她们只有较少的工作经验，较少的高级职位（Stier, 1996; Waldfogel, 1997）。

另外，选择生育孩子的妇女可能无法或不愿从事需要占用晚上和周末时间的紧张的工作。为避免角色紧张，她们可能愿意从事路途较近、工作时间更灵活、雇主提供照顾幼儿服务的工作。追求家庭事业兼顾的女性经常被双重责任所折磨，而男人则不必如此。一项研究表明，在富有竞争性的工作岗位上，近一半的妇女要从工作中抽出时间给孩子，比较而言，男人只有约12%。同样地，在人生的后半期，妇女更可能从工作中抽出时间来照顾年迈的父母（Hewlett, 2005; Hewlett & Luce, 2010）。学校中的女性也

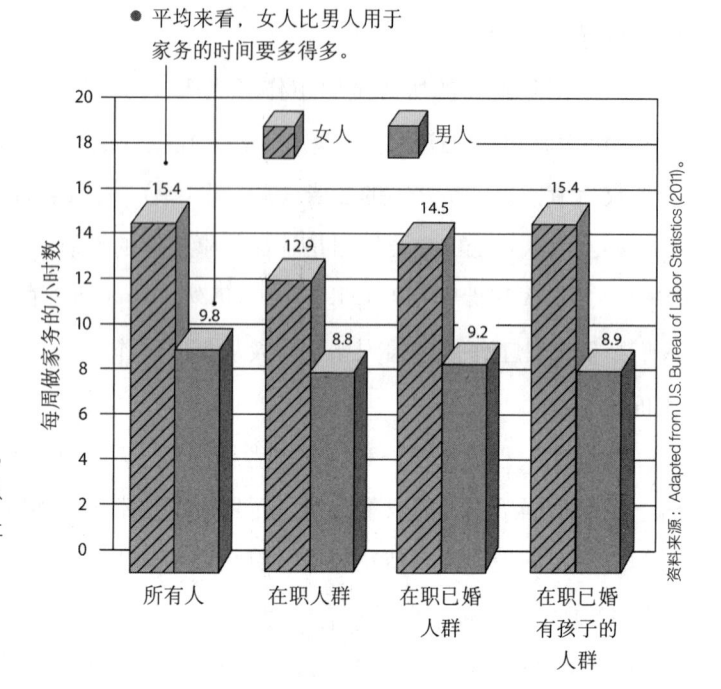

多样化快照

图 10-2　家务劳动：谁做了多少？
无论什么样的就业状况或家庭状况，女人都比男人承担更多的家务。你认为额外的家务负担会对女性在职场上能力的发挥带来什么影响？

● 平均来看，女人比男人用于家务的时间要多得多。

	所有人	在职人群	在职已婚人群	在职已婚有孩子的人群
女人	15.4	12.9	14.5	15.4
男人	9.8	8.8	9.2	8.9

每周做家务的小时数

资料来源：Adapted from U.S. Bureau of Labor Statistics (2011)。

经历着角色冲突：几项研究证明，与同一领域的男教授相比，有一个及以上孩子的年轻女教授取得终身职位的可能性更小（Shea, 2002; Ceci & Williams, 2011）。

以上提及的两种因素——工作类型和家庭责任——说明了男女之间收入差距原因的三分之二。第三个因素——歧视女人——可以说明剩余的大部分原因（Fuller & Schoenberger, 1991）。由于公开歧视是非法的，因此，歧视的方式是微妙的。女人在攀登企业阶梯时，经常遇到前面讲过的玻璃天花板；公司主管可能会否认这种屏障的存在，但是它实际上使许多女性不能升入中层以上的管理层。

出于所有这些原因，妇女在所有主要职业类型中，收入都少于男性。即使这样，许多人认为，女人占有美国财富的大多数，也许因为女人一般要比男人寿命更长。政府统计数据说明了一个不同的情况：57% 的拥有 150 万美元及以上财产的人是男性，尽管这一精英俱乐部中鳏夫占了很大比例（Johnson & Raub, 2006; Internal Revenue Service, 2008）。2011 年《福布斯》杂志评选的美国最富有的人当中，只有 10% 是女人（Forbes, 2011）。

焦点中的社会学

今日性别：男人正被甩在后面吗？

环顾大学校园，很容易以为性别分层更有利于女生。最新的数据表明，女生人数占大学生总人数的57%，而且她们完成整个学业的可能性更高，有59%的副学士和学士学位被女生获得。另外，在大多数校园，学校评定奖学金时，女生占据了优胜者的大多数。

正如许多分析家看到的，女性胜过男性的局面不仅限于大学。在低年级时期，男生被诊断出学习能力方面需要医疗干预的或被放在特殊教育班的可能性是女生的两倍。学校里大多数问题都涉及男生；几乎所有校园枪击和其他暴力都出自男生。男生的成绩总体落后于女生。随之而来，更少比例的男生从高中毕业。年轻男人的自杀率几乎是年轻女人的五倍。所有这些数据使一些人指责我们的社会已发起了针对男孩的战争。

那么，男人到底怎么啦？一种观点认为，女权主义的兴起导致了对女孩和女人的巨大支持与关注，忽视了男人的需要。另一种观点声称，太多的男孩生活中面临父亲的缺席，女孩可以把母亲作为角色榜样，但没有父亲的男孩该怎么做？还有一些人指出，我们生活的工业化方式（男子的肌肉力量和操控目标技术更有价值）已让位于信息时代文化，它更需要语言表达，更有利于女性。

并非每个人都承认男孩和男人是如此糟糕。的确大多数暴力犯罪都涉及男性，但是近15年来，犯罪率已经下降。在课堂上和一些标准化测验中，女孩可能优于男孩，但是男孩的分数也从来都没有更高过。不管所有人说了什么、做了什么，难道男人不是仍然掌管这个国家和整个世界吗？

加入博客！

男人是否落后了？你怎么想？去 MySocLab 网站，加入焦点中的社会学博客分享你的观点和经历，看看别人是怎么想的。

资料来源：Sommers (2000), von Drehle (2007), Lamm (2010), and Paton (2010)。

四、家务劳动：女人的"第二战场"

在美国，家务劳动一直呈现出一种文化上的矛盾：我们认为它对于家庭生活是必不可少的，做家务的人却几乎得不到任何报酬（Bernard, 1981）。在美国，正如在全世界一样，照顾家庭和孩子一直被视为"女人的工作"。随着女人加入劳动力大军，家庭主妇的数量确实有了下降，但是女人做家务的比重仍保持原样。图10–2表明，总的看来，女人一周平均做15.4小时的家务，男人则是9.8小时。正如数据显示的那样，所有类型的女人做家务的时间都显著多于男性（U.S. Bureau of Labor Statistics, 2011）。

男人确实支持女性加入付薪劳动力大军的想法，多数丈夫指望妻子赚取的收入。但是许多男人不愿意承担同等份额的家务（Heath & Bourne, 1995; Harpster & Monk-Turner, 1998; Stratton, 2001）。

五、性别与教育

一个世纪之前，人们认为大学仅适合（富有的）男性。但是，到1980年，女性占据了所有准学士和学士学位的大多数。2009年，美国学院和大学的大多数学生都是女生（占57%），女性占据了所有准学士和学士学位的59%（National Center for Education Statistics, 2011）。

根据近来的研究，与男性相比，女性对大学学位价值有着更积极的看法。这一与性别相关的差别存在于所有主要的种族和族群当中。结果，在美国25岁到29岁的成年人当中，36%的女性获得了四年大学学位，而男性的比例仅为28%（Wang & Parker, 2011）。

近几十年来，大学校门对女性更加开放，男生和女生在专业选择上的差别正在缩小。比如，1970年，女生仅占自然科学、计算机科学和工程学学士学位获得者的17%，到了2009年，这一比例已提高了两倍多，达到36%。

1992年，女性第一次占据了研究生学位中的大多数，研究生学位经常是高声望职业的跳板。2009年，女性获得了所有硕士学位的60%，博士学位的52%（包括社会学专业全部博士学位的60%）。女性还进入了许多以前通常以男性为主的研究生学习领域。比如，1970年，只有几百名女性获得工商管理硕士（MBA），但到了2009年，这一数字差不多有76000人（占所有这类学历的45%）（National Center for Education Statistics, 2011）。

尽管有了这些进步，但是男性仍然主导着某些专业领域。2009 年，男性获得法学学位的 54%（硕士和博士），医学学位（博士）的 51%，牙医学位的 54%（博士和硕士）（National Center for Education Statistics, 2011）。我们社会的许多人仍然认为高薪职业（它们的成功需要有动力和竞争性）是男人的。但是女人在所有上述专业中所占的比例正在上升，现在已经接近一半。什么时候会达到统计上的平等？也许用不了几年。比如说，美国律师协会（2011）报告，2010 年男性仍然占据了美国法学院学生中的 53%。

根据女性在教育方面取得的成绩，一些分析家认为教育领域是一个女性超过男性占主导地位的社会机构。更广泛地说，女人在学校表现的相对优势引起了全国范围内有关男人是否处于落后的危险中的争论。"焦点中的社会学"专栏对此有更详细的考察。

六、性别与政治

一个世纪以前，几乎没有女性占据美国的选举办公室。事实上，在 1920 年宪法第十九修正案通过之前，女人在法律上被禁止参加全国选举的投票。然而，即使在女人能够投票之前，仍有几位女性是政治官员的候选人。平权派支持维多利亚·伍德哈尔（Victoria Woodhull）竞选 1872 年美国总统；她的选举日是在纽约市监狱度过的，或许也算得上时代标记。表 10-2 显示了美国女性为进入政治生活而不断发起的一系列运动中的里程碑事件。

今天，全美有几千名女市长、女镇长，成千上万女性在联邦政府中担任行政职位。在州一级，2011 年，24% 的议员（1970 年仅有 5%）是女性。

政治最高层领域发生的变化较慢，尽管多数美国成年人声称，他们会支持适格的女性进入任何职位，包括总统。2008 年，希拉里·克林顿参加了民主党总统候选人的角逐，失利于贝拉克·奥巴马，奥巴马成为历史上第一位非裔美国总统。2011 年，50 位州长中有 6 位是女性（占总数的 12%），在国会，女性占据了众议院 435 个席位的 73 个（占总数的 17%），参议院 100 个席位的 17 个（占总数的 17%）（Center for American Women and Politics, 2011）。

尽管女人占世界人口的一半，但她们在世界 187 个议会政府的席位中仅占 19%。这一数字较 50 年前的 3% 是一个相当大的提高。这种提高部分地反映了这一事实，即有 100 多个国家已经采取某种形式的性别配额（在宪法、法律方面，或者政党纲领方面）来确保女性能发出更大的政治声音。即使这般，仍只有 20 个国家，包括瑞典、挪威，议会人数女性占比超过三分之一（Paxton, Hughes & Green, 2006; Inter-Parliamentary Union, 2011）。

七、性别与军队

自从殖民时代以来，女人就在军队中服务。但是，1940年第二次世界大战爆发时，只有2%的武装力量人员是女性。2011年秋季，女人占到了所有部署美国军队人员以及各种在军队中服役人员的14%。

很显然，女人在美国军队中占比正在提高，几乎所有的军事任务现在都同时向男性和女性开放。但是，法律禁止女性从事进攻性的战争活动。即使这样，随着人们了解到女人在伊拉克服役，部队支援和直接战斗之间的界线很容易跨越。事实上，在2003年5月到2012年1月期间，伊拉克战争和阿富汗战争夺去了143名女战士的生命。

有关女人在军事中的角色已经争论了几个世纪。一些人反对这样敞开大门，声称女性没有男性身强力壮。另一些人则反驳，认为部队中的女性受过良好教育，在智力测试中比男性得分更高。但是，问题的中心是我们的社会深信女人是养育者——给予生命和照顾他人的人——被训练去杀人摧毁了女性的形象。

无论我们怎样看待女性和男性，现实是军队中的女人正在受伤害。这一事实部分地反映了部队人员短缺的紧张。除此之外，美国驻伊拉克和阿富汗军队周遭的暴动形势可能随时将每个士兵卷入暴力战争。最后，我们的现代战争技术模糊了作战人员和非作战人员之间的差别。一个作战飞行员可以通过雷达向数英里外的目标发射导弹；相反，非作战的医疗遣送队必须直接进入前线（Segal & Hansen, 1992; Kaminer, 1997; McGirk, 2006）。

表10-2 女人在美国政治中的重要的"第一次"

1869	法律允许女人在怀俄明地区投票。
1872	女人第一次作为平权派代表参加总统竞选（维多利亚·伍德哈尔）。
1917	女人第一次被选入众议院（蒙大拿州的珍妮特·兰金 [Jeannette Rankin]）。
1924	女人第一次被选举为州长（怀俄明州的内莉·泰勒·罗丝 [Nellie Taylor Ross] 和得克萨斯州的米拉姆·马·弗格森 [Miriam "Ma" Ferguson]），两人都跟随丈夫担任职位。在一个主要政党的大会上，女人第一次被提名为副总统（莉娜·琼斯·斯普林斯 [Lena Jones Springs]，民主党）。
1931	女人第一次在参议院工作（阿肯色州的哈蒂·卡拉维 [Hattie Caraway]）；在丈夫去世后接替丈夫完成任期，1932年在重新选举中获胜。

续表

1932	女人第一次被任命为总统内阁（弗朗西斯·伯金斯［Frances Perkins］，在总统富兰克林·D. 罗斯福［Franklin D. Roosevelt］的内阁任劳工部部长）。
1964	在一个主要政党的大会上，女人第一次被提名为总统候选人（玛格丽特·切斯·史密斯［Margaret Chase Smith］，共和党）。
1972	在一个主要政党的大会上，非裔美国女性第一次被提名为总统候选人（雪莉·奇泽姆［Shirley Chisholm］，民主党）。
1981	女人第一次被任命为美国最高法院法官（桑德拉·戴·奥康纳［Sandra Day O'Connor］）。
1984	女人第一次成功被推选为副总统候选人（杰拉尔丁·费拉罗［Geraldine Ferraro］，民主党）。
1988	女人第一次被连续三届选为州长（玛德琳·库宁，Madeleine Kunin，佛蒙特州州长）。
1992	政治上的"女性之年"诞生了许多创纪录的数据：参议院女性占据6席，众议院女性占据48席，并且，非裔美国女性第一次在美国参议院选举中获胜（伊利诺伊州的卡罗尔·莫斯里-布朗［Carol Moseley-Braun］）。第一次一州（加利福尼亚州）内有两名女参议员（芭芭拉·包克瑟［Barbara Boxer］和黛安娜·费斯丁［Dianne Feinstein］）。波多黎各裔女性第一次入选众议院（纽约的尼迪亚·维拉克滋［Nydia Velazquez］）。
1996	女人第一次被任命为国务卿（玛德琳·奥尔布莱特，［Madeleine Albright］）。
2000	前第一夫人第一次赢得政治职位（希拉里·罗德海姆·克林顿，［Hillary Rodham Clinton］，来自纽约的参议员）。
2001	女人第一次成为国家安全顾问（康多莉扎·赖斯［Condoleezza Rice］）；第一位亚裔美国女性在总统内阁中任职（伊莱恩·赵［Elaine Chao］）。
2005	第一位非洲裔美国女性被任命为国务卿（康多莉扎·赖斯）；
2007	第一位女性被选为议院发言人（南希·佩洛兹［Nancy Pelos］）女性在参议院（16名）和众议院（70名）的席位数都创下新高。
2008	女性第一次占据州立法机构的大多数（新罕布什尔州）。
2009	女性在参议院（17位）和众议院（73位）的人数创新高。

八、女人是少数派吗？

258

少数派（minority）是指任何一类由于身体或文化上的差异而被社会区别对待并置于从属地位的群体。鉴于美国社会中女人的经济地位明显处于劣势，将女性视为美国社会的少数派也是顺理成章，即使她们在人数上超过男性。[1]

尽管如此，多数白人女性并不这样看待自己。理由部分在于，与少数种族（包括非裔）和少数族群（比如说，拉丁裔）不同，白人女性在包括最上层在内的所有阶级结构层次中都有充分的代表。

然而，要记住，在每一个阶级里，与男人相比，女人通常收入较低、财富较少、受教育程度较低、权力较少。父权制使女人依赖男人——首先是她们的父亲，然后是她们的丈夫——确立她们的社会地位（Bernard, 1981）。

> **了解我们自己·美国州政府中的妇女**
> 尽管妇女占到美国成年人口的一半，但却只有 24% 的州立法席位由妇女占据。总的来看，西部州比中西部和南部州，女性议员的比例更高。其中华盛顿、亚利桑那、科罗拉多、夏威夷、伊利诺伊、明尼苏达、马里兰等州和 D.C. 特区的女性席位超过 30%；而阿拉巴马、怀俄明、北达科他、俄克拉荷马、南卡罗来纳等州的女性席位则不足 15%。你认为这一模式说明了什么？
> 【探索　你所在的社区妇女在管理层、商业界、金融界所占的比例以及浏览 mysoclab.com 分析美国各县中妇女相应占比。】

九、针对妇女的暴力

19世纪时男性声称对他们的家庭拥有统治权，甚至可以在身体上惩罚他们的妻子。即使今天，仍然存在着大量的针对女人的"男人的"暴力。一项政府报告估计，每年共有 304,720 起针对妇女的恶性侵犯。这一数据再加上 169,370 起强奸或性骚扰，对女性的直接侵犯可能达到 120 万例（U.S. Department of Justice, 2011）。

性别暴力也是大学校园里的一个问题。据美国司法部研究报告指出，一学年度内约有 3% 的女大学生成为强奸行为受害人（包含强奸未遂和既遂）。根据这一数字预测，在一个典型的五年制大学生活中，约有 20% 的女生遭遇强奸。所有这些案例中，90% 的受害人认识侵害人，多数袭击发生在女生宿舍（National Institute of Justice, 2011）。

校园以外的、与性别有关的暴力多数发生在男女交往的地方：家里。理查德·盖利斯（Roesch, 1984）指出，除了警察和部队以外，家庭是美国最暴力的组织，女人正

---

[1] 社会学家使用名词"少数派"而不是"少数群体"，因为，正如第五章（"群体与组织"）中解释的那样。女人构成一个类型，而不是群体。一个类型中的人们共享某种社会地位或认同，但是一般说来，他们彼此并不认识或者互动。

首当其冲。生活在低收入家庭中的女人遭受家庭暴力的风险特别高；低收入妇女为逃离危险家庭所能做的选择也比较少（Smolowe, 1994; Frias & Angel, 2007）。

针对女人的暴力也发生在偶然性关系中。正如第七章（"越轨"）中说明的，多数强奸案在相识的人，并且常常是信任的人之间发生。戴安娜·赫尔曼（Dianne Herman, 2001）认为，对妇女的虐待已经嵌入我们的生活方式。针对妇女的各种暴力形式——从城市街头侮辱女性的嘘声到拥挤地铁中对女性的揩油，及至发生在家里的身体攻击——都表现了她所说的男人试图统治女人的"强奸文化"。女权主义者力陈：性暴力从根本上关乎的是权力而不是性，因此应当被视为性别分层的一个维度。

从全球的视野看，针对女人的暴力以许多不同的方式嵌入不同的文化。这方面的一个例子是女性割礼（外生殖器切除术），这一痛苦的、经常是很危险的外科手术曾在四十多个国家实行过，在美国也时有所闻，正如485页世界之窗中传递的那样。下面的"多样化思考"专栏中描述了发生在加利福尼亚的一个外生殖器切除案例，并提出问题：这一被某些人辩护为提升"道德"的行为是否等同于对妇女的一种暴力。

十、针对男人的暴力

如果我们的生活方式鼓励针对女人的暴力，它可能其实鼓励了更多的针对男性的暴力。正如第七章（"越轨"）中所讲，在所有警察抓捕的暴力犯罪，包括杀人、抢劫、袭击，超过80%的案件中，罪犯是男性。另外，77%的谋杀受害人（占所有暴力犯罪受害人的51%）是男性（Federal Bureau of Investigation, 2011; U. S. Bureau of Justice Statistics, 2011）。

我们的文化倾向于用攻击性和暴力来界定男人气。"真正的男

近几十年来，美国社会已经承认性骚扰是一个重要问题。至少从官方而言，在工作场所人们已经不再容忍不受欢迎的性关注。电视剧《广告狂人》（Mad Men）提供了一个回溯60年代早期的窗口，表现了在晚近女权主义兴起之前的美国社会的情况。

子汉"勤奋工作、表现欲强,在高速公路上飞驰,什么也不能阻挡他,其结果之一就是较高的犯罪率。即使不违法,比起女人的生活来,男人的生活毕竟更紧张、更孤独,这是男人自杀率高出女性四倍的一个原因(Xu et al., 2010)。另外,如前所述,男人的平均寿命要比女人短五岁。

暴力不仅仅是个体做出的选择,它是文化的,即,已经嵌入我们的生活方式,给男人和女人都带来伤害。简而言之,文化构建性别的方式对一个社会将是暴力的抑或和平的产生重要影响。

十一、性骚扰

性骚扰(sexual harassment)指的是蓄意的、反复的、不受欢迎的涉及性方面的评论、姿势或者身体接触。20世纪90年代期间,性骚扰成为一个全国性的重要问题,以至改写了工作场所男女交往的规定。

多数(但不是全部)性骚扰的受害人是女人。原因在于,首先,我们的文化鼓励男人在性方面自信、从性的角度看待女人。结果,男女在工作场所、学校和其他地方的社会互动很容易表现出性暗示。第二,多数有权力的人——包括公司经理、医生、部门主管、生产线主管、教授和军官——都是男性,他们监管着女性的工作。对各种不同工作领域的调查表明,约3%的女人表示上一年她们在工作中被骚扰,约一半的女人回答说,受到过令人不快的性关注(NORC, 2011: 1508)。

性骚扰有时是明显的和直接的:一名主管可能向属下表达性需求,如果进一步的要求被拒绝的话就对下属进行威胁。法庭已经宣布这种交易性(quid pro quo)的性骚扰(拉丁词意是"为了回报另一件事的某件事")是违反人权的。

然而,性骚扰更经常地是一种微妙的行为——调戏、黄色笑话、对某人的外表品头论足——可能是也可能不是有意要骚扰谁。但是,按照许多女权主义者赞同的效果(effect)标准,这种行为共同创造了一种对职场女性充满敌意的环境。这类事件更为复杂,因为它们涉及对同一行为的不同认识。比如,一个男人可能认为他不断地夸奖女同事的外表,只是表示友好而已;而女同事可能认为这个男人在从性方面审视她,却不将她的工作当回事,这种态度可能有损于她的职业表现,损害了她晋升的前程。

> **世界之窗·全球视野中的女性割礼（外生殖器切除）**
>
> 梅塞克·拉姆齐（Meserak Ramsey），现在生活在加利福尼亚，她于少女时在她的家乡埃塞俄比亚经历了女性割礼。宾塔·特拉奥雷（Binta Traore），生活在马里的农村地区，在那里女性割礼是很普遍的事。据了解，全世界至少有28个国家实行女性割礼，主要集中在非洲、亚洲（印度、巴基斯坦、孟加拉国、印度尼西亚）。在整个非洲这一手术非常普遍，影响了东非的苏丹、埃塞俄比亚和索马里等国的大多数女孩。在几个亚洲国家，包括印度，这一手术被限制在几个少数种族。在美国、加拿大和几个欧洲国家及澳大利亚，据报告在一些移民中间也实行这种手术。

十二、色情

第六章（"性与社会"）将色情界定为唤起性冲动的直接描述性的事物。然而，人们对究竟什么是或什么不是色情的，抱持不同的看法。法律将权力授予地方社区，由其确定什么样的直接的描述性的事物违反了"公序良俗"以及缺少"任何可取的社会价值"。

传统上，人们将色情作为一个道德问题来考虑。但是，色情还在性别分层中起作用。从这一视角看，色情确实是一个权力问题，因为多数色情将女人非人化，将她们描绘为男人的玩物。

另外，人们广泛关注：由于色情将女性描写为弱者和不值得尊敬的形象，鼓励了针对女人的暴力。男人可能通过殴打妇女的方式来表现对女人的轻视。全国调查表明，约有一半的美国成年人认为，色情鼓励男人去强奸（NORC, 2011: 413）。

像性骚扰一样，色情引发的问题是复杂的、有时是充满矛盾的。尽管一些事物可能侵犯了几乎每一个人，仍有许多人赞成言论自由和艺术表现的权利。然而，近几十年来，限制色情的压力一直在增强，这既反映了长期存在的人们对色情削弱道德的担忧，又反映了近期人们对色情贬低和威胁女性的更多担忧。

> **多样化思考：种族、阶层与性别**
>
> ### 女性割礼：以道德为名的暴力
>
> 梅塞克·拉姆齐是一名出生于埃塞俄比亚的妇女，现居加利福尼亚做护士，一次她去一位老朋友家做客。到那儿不久，她发现她朋友的18个月大的女儿明显痛苦地蜷缩在屋角。"她怎么了？"她问。

当听朋友回答说她的女儿最近才做了阴蒂切除——一种去除阴蒂的外科手术时,梅塞克感到十分震惊。这种女性生殖器切除手术——由助产婆、部落行医者或者医生实施,一般都没有麻醉——在尼日利亚、塞拉利昂、塞内加尔、索马里和埃及很普遍,据说这在世界其他国家的某些文化群体中也存在。在美国这是非法的。

在高度父权制的社会中,丈夫要求他们的妻子结婚时是处女并且婚后要保持性忠贞。女性割礼的关键是消除性快感,人们相信,这会使女孩子不太可能违反性规范,这样更合乎男人心意。在所有案例中,约有五分之一的手术更为残酷,称为锁阴手术(infibulation),这一手术中,女性整个外生殖器区域被切除,表面被缝合在一起,只留下一个小洞用于小便和月经。婚前,丈夫拥有权利打开伤处,以确保他的新娘的贞洁。

有多少例女性割礼?在全世界范围内估计这一数字超过1亿(WHO, 2010)。美国,每年有成百甚至上千例的这种手术。在多数案例中,自己曾遭受这一手术的移民母亲和祖母坚持要家庭中的年轻女孩儿像她们一样。的确,许多移民妇女坚持这种手术,因为她们的女儿现在生活在美国,美国的性道德更加开放。"现在我不必担心她了。"女孩儿的母亲向拉姆齐解释道,"她会成为一个好女孩儿。"

从医学上,女性外生殖器切除的后果不仅是丧失性快感。痛苦是深重的,且持续多年。还存在着感染、不育甚至死亡的危险。拉姆齐完全知道这些:她自己在年轻时外生殖器就被切除。她是其中的幸运儿,后来几乎没有碰到身体上的麻烦。但是她痛苦的程度被一个故事所揭示:她曾邀请一对美国夫妻待在她家。夜晚,她听到女人的呼叫,她立即闯入房间察看,结果只是发现这对夫妇正在做爱,这位女性刚才只是处于性高潮。"我不理解。"拉米西回忆说,"我当时认为美国女孩儿一定出什么问题了。但是,现在我知道是我出了问题。"或者说以传统道德的名义造成这种苦涩的制度有问题。

这些年轻女子刚刚经历女性割礼,你认为针对这种行为应当做些什么?

你怎么想?

1. 女性外生殖器切除是一种外科

手术还是一种社会控制方法？请解释你的答案。

2. 你能想到残害女性身体的其他例子吗？有哪些？

3. 针对广泛实行女性外生殖器切除术的地区你认为应当做些什么？在这一案例中，你认为尊重人权应该优先于尊重文化差异吗？请解释你的观点。

资料来源：Crossette (1995) and Boyle, Songora & Foss (2001), and Sabatini (2011)。

第四节　性别的理论分析

应用//

为什么性别在所有的社会中都存在？社会学的宏观视角——结构功能理论和社会冲突理论——强调性别在社会组织中的中心地位。另外，符号互动理论有助于帮助我们看到性别在日常生活中的重要性。"应用理论"表格总结了每种理论的重要观点。

一、结构-功能理论

结构-功能理论认为社会是一个由许多各自独立但又相互整合的部分组成的复杂体系。从这一观点出发，性别是一种组织社会生活的方式。

正如第二章（"文化"）中解释的那样，最早的狩猎和采集社会对生物性几乎没有控制力。由于缺乏有效的控制生育的方法，那时的妇女几乎无法避免怀孕，照顾孩子的责任使得她们紧紧围绕着家庭。同时，男人更加身强力壮使他们更适合战争和狩猎。经过几个世纪，这种以性别为基础的劳动分工逐渐制度化，很大程度上被视为理所当然（Lengermann & Wallace, 1985; Freedman, 2002）。

工业技术为文化的可能性提供了更广阔的选择余地。随着人类肌肉不再是主要的力量来源，男人体力上的强壮变得不再重要。另外，控制生育的能力使女性对如何生活有了更多的选择。现代社会日益成为能人统治的社会，随之放松了传统的性别角色模式，因为这种僵化的角色分工浪费了巨大的人类潜能。然而，变化是缓慢的，因为性别深深植根于文化。

1950 年代，塔尔科特·帕森斯（Talcott Parsons）指出，社会学家将性别解释为一种差异。正如他所言，富于男子气的男人和富于女人味的女人组成稳固的家庭，形成一个有秩序的社会。然而，最近几十年来，社会冲突理论将性别重新解释为某种不平等。按照这一观点，美国社会将男性放在统治女性的地位。

●性别与社会整合

正如塔尔科特·帕森斯（1942, 1951, 1954）观察到的，性别有助于社会整合，至少是在传统的形式上。性别形成一套互补的角色，将男性和女性联系在一起组成家庭单元，让每个性别承担起某些重要的责任。妇女主管家务和养育孩子，男人通过参与劳动使家庭与更大的世界相连。

因此，性别在社会化中发挥着重要作用。社会教育男孩儿——预计未来的目标是作为劳动力——要理性、自信和富有竞争精神。帕森斯将这些特质的总和称为**工具性**品质。而社会对女孩儿的社会化则强调情感性品质，诸如情感的反应性和对他人敏感，以备抚育孩子。

社会通过向男人和女人灌输一种恐慌感，来鼓励人们按照性别规范行事。即如果过于偏离人们能够接受的"男子气质"或"女子气质"的话，将会被异性拒绝。简单地说，女人要学会拒绝没有男子气概的男人，因为他们缺乏性魅力。男人则学习拒绝没有女人味的女子。总体来说，性别既（通过人们做什么的方式）使社会在结构上加以整合，又（通过人们相信什么的方式）使社会从道德上加以整合。

●评价

1950 年代结构功能理论甚为流行，今天这一理论已失去了相当大的立场。首先，结构功能主义假定社会具有单一的图景，实际上，并非每个人都如此。比如，从历史上看，由于经济上的需要，许多妇女在家庭之外工作。这一事实不会反映在帕森斯所说的保守的、中产阶级家庭生活中。第二，帕森斯的分析忽视了僵化的性别角色导致的个人紧张和社会代价。第三，在寻求性别平等的人们看来，帕森斯所描述的性别"互补"几乎就等于女人屈从于男人的统治。

● **检查你的学习**

在帕森斯的分析中，性别为社会履行哪些功能？

二、符号互动理论

符号互动理论对社会持一种微观视角，聚焦于人们日常生活中面对面的互动。正如第四章（"日常生活中的社会互动"）中所指出的，性别从很多方面影响着日常生活中的互动。

● **性别与日常生活**

如果你观察男女互动，你也许会注意到一般女性比男性更多地运用眼神接触。为什么？保持目光接触是一种鼓励对话继续下去的方式；另外直视某人清楚地表达出你正在对其表示关注。

这一模式是性别角色的一个例子，性别角色是指社会所规定的男人和女人应当怎么想和怎么做的方式。要理解这一模式，请考虑一下有更多权力的人们倾向于控制社会交往的事实。家庭和工作场所的男女过从中，一般是男人发起互动。也就是说，男人首先讲话，设定讨论的主题，控制结果。作为较少权力的女人一方被期望要较为顺从，意即她们要表现出对较高社会地位的人的尊重。在许多场合，这意味着女人（就像孩子或较少权力的人）要在更多的时间保持沉默，还要通过不仅是目光接触还有微笑或点头赞同来鼓励男人（或者说有更多权力的人）。在控制谈话的技术中，男人经常打断别人，正如他们通常较少感到需要征求别人，特别是那些较少权力者的意见（Tannen, 1990, 1994; Henley, Hamilton & Thorne, 1992; Rideway & Smith-Lovin, 1999）。

● **性别与现实建构**

如果一个女人打算和一个男人结婚，她是否应当冠他的名还是保留她自己的名字。这一决定关乎的远不只是她如何签账单：它还会影响老板如何看待她的薪水，甚至她未来的薪水。

在当今美国，约有 18% 的已婚妇女保留自己的名字。与 1990 年代相比，数字有所下降，那时比例达到峰值约为 23%。研究表明，与二十几岁结婚的女孩儿相比，在三十多岁结婚的女性（她们已经开始职业生涯之后）更倾向保留自己的姓名。研究还表明，当要求被调查对象评价女人的特质时，一般认为那些冠夫姓的女人更加体贴、依赖和感性（传统上的女性品质）。相反，他们评价那些保留自己婚前姓氏的女人为更加有野心、有才干、能力强（对其他人包括男性，更有竞争性）。工资数据揭示了一个薪水上的重要差别：保留自己姓名的已婚妇女比冠夫姓的妇女薪酬要高约 40%（Shellenbarger, 2011）。

这一模式证明性别如何塑造着我们日常生活中的经历。这一模式也意味着，结婚时须面对姓氏决策的女人可能要考虑她们做出的选择将对他人有特别的意义，并产生重要的后果。

应用理论

性别

	结构-功能理论	符号-互动理论	社会-冲突理论
分析的层次是什么？	宏观层次	微观层次	宏观层次
性别意味着什么？	帕森斯用"男性气质"和"女性气质"两种行为的互补模式来描述性别。	许多社会学家认为性别是现实的组成部分指导日常生活中的社会互动。	恩格斯用一种性别对另一种的权力来描述性别。
性别有益或有害？	有益的。性别使男人和女人承担不同的角色和责任，有助于社会良好运转。男女结合构成家庭这一社会单元。	很难说；性别既有益又有害。日常生活中，性别是帮助人们彼此联系的因素。性别塑造人类行为。男女互动方式不同。	有害的。性别限制了人们的人格发展。通过给予男性权力控制女性生活。性别使社会割裂。资本主义使父权制更加强大。

● **评价**

符号互动理论的优势在于有助于我们看到性别如何在塑造我们绝大多数日常生活体验中发挥作用。由于我们的社会将男人（以及任何我们认为有男子汉气质的东西）视作比女人（以及女子气质的东西）更有价值的事物，正如所有的日常社会交往都是"性别化的"，这样男人和女人通过不同的和不平等的方式进行互动。

符号互动论表明，个体社会性地建构起他们经历的现实，通过他们的日常互动，使用与性别相连的特质诸如穿戴和举止（以及对女人来说，姓氏）作为他们个人"表现"的要素形塑着不断发生的现实。

性别对我们经历的现实发挥着作用。然而，作为社会的一个结构维度，性别不仅是对我们作为个体的即刻控制，而且赋予某些人对另一些人的权力。换句话说，日常生活中的社会互动模式反映了我们社会的性别分层。日常生活互动也有助于强化这种不平等。比如说，在某种程度上，父亲统领家庭中的讨论，整个家庭都学会期望男人"担当领导者"以及"表现出他们的智慧"。

符号互动理论的局限性是聚焦于情境化的社会经验，很少提及为我们日常生活设置规则的宏观的不平等模式。要想理解性别分层的根源，我们必须更上层楼以便更深入地理解社会如何使男女两性不平等。我们将为此运用社会冲突理论。

● **检查你的学习**
指出性别塑造个体日常生活中面对面互动的几种方式。

三、社会冲突理论

从社会冲突的视角来看，性别不仅和行为差异有关——而且更是一种赋予一些人特权，将另一些人置于劣势的权力结构制度。考虑一下吧，性别有利于男人的观念与压迫少数种族、少数族群有利于白人的观念有着惊人的相似。传统的关于性别的系列观念没能使社会如结构功能理论宣称的那样平稳运转，相反，性别创造了分裂和紧张，妇女挑战现状时，男人则寻求保护他们的特权。

正如前些章节所解释的，社会冲突理论很大程度上源于卡尔·马克思的思想。然而，说到性别，马克思仍未脱其时代窠臼，他的著述几乎完全集中在男性。然而，他的朋友和合作者弗里德里希·恩格斯（Friedrich Engels）确实发展了性别分层理论。

● **性别与阶级不平等**

通过回顾历史，恩格斯发现，在狩猎和采集社会，尽管男人和女人的活动不一样，二者却同样重要。一次成功的狩猎给男人们带来无上的荣誉，但是妇女们采集的植物为群体提供了大部分的食品供给。然而，随着技术进步导致生产的剩余，社会平等和彼此分享让位于私有财产，最后是阶级等级制度。这时，男人获得了统治女人的重大权力。随着剩余财富向后代继承人传续的需要，上层阶级的男人期望确定谁是自己的儿子，这导致他们控制女性的性行为。控制财产的愿望带来了一夫一妻制婚姻和家庭。

女人被教导婚前要保持贞操，婚后保持对丈夫的忠诚，她们的生活主要是给某个男人生儿育女。家庭法确保财产在家庭内部从一代人传递到下一代，以保持阶级体系原封不动。

根据恩格斯（1902, orgi 1884）的观点，资本主义制度的发展使男性统治更为强大。第一，资本主义制度使用贸易和工业生产创造了更多财富，这使男人作为收入的获取者和财产占有者，拥有了更多的权力。第二，不断扩大的资本主义经济依靠将人们尤其是女人变成通过购买和使用商品来寻求自我实现的消费者。第三，社会分配给女人的工作是维持家庭，将男人解放出来到工厂工作。正如恩格斯所说，资本主义制度的双重剥削就在于以低薪支付男人的劳动，女人的劳动则没有任何工资。

● 评价

社会冲突理论强烈批评传统性别观念，认为如果我们将这种社会结构维度压缩到最低程度甚至消除殆尽，社会的状况会变得更美好。也就是说它将传统主义者在道德上积极支持的传统家庭视为一种社会弊病。那么，社会冲突理论分析的问题在于它将男女之间共同生活的合作性和天伦之乐最小化。第二个问题在于这一分析断定资本主义制度是性别分层的基础。事实上，一般来说农业社会比工业社会的父权制更典型。

● 检查你的学习

根据恩格斯的观点，性别怎样维护了资本主义社会的社会不平等？

四、交叉理论

近些年来，另一个社会冲突视角在社会学中变得非常重要：交叉理论（intersection theory）。交叉理论的主要观点是：存在基于种族、阶级和性别的多种社会分层体系，这些体系彼此之间并不是相互独立的。相反，这些不平等维度交叉、互动。那么正式地说，**交叉理论**是一种分析种族、阶级和性别相互作用并由此经常导致多重维度的劣势的理论。研究表明，与种族和性别相关联的不利条件经常共同地给某些人带来非常低的社会地位（Ovadia, 2001）。

收入数据证明了这一理论的基本观点。首先，看种族和族群，2010 年非裔美国全日制工作的妇女的中位收入为 32332 美元，非拉美裔白人妇女的收入为 40495 美元，前者仅为后者的 80%；拉美裔妇女的收入为 28149 美元——仅为白人妇女收入的 70%。再看性别，非裔美国妇女的收入为非裔美国男人收入的88%，拉美裔妇女的收入相当于拉美裔男人收入的89%。

为探索这些不平等维度的"交叉"，我们发现某些类别的女性存在更大的劣势。非裔美国女性的收入相当于非拉美裔白人男性收入的62%，拉美裔女性的收入则相当于非拉美裔白人男性收入的54%（U.S. Census Bureau, 2011）。这些收入差别反映了作为少数派的女性在职业和教育的等级体系中较低的社会地位。

交叉理论有助于让我们看到，尽管性别对我们的生活有重大影响，但它从来不是单独发挥作用的。阶级地位、族群和种族、性别和性取向共同构成了一个多层级的制度，在这一制度中，一些人处于劣势，另一些人享有特权（Saint Jean & Feagin, 1998）。

● **评价**

女性处于劣势，如果这是事实，那么，一些妇女比另一些更为劣势也是事实。这一洞见是交叉理论的第一个贡献。另外，这一理论视角有助于我们理解，尽管所有女性的生活都是由性别塑造的，但是没有唯一的"女性经历"。相反，白人女性、拉美裔女性、有色人种女性（还有老年女性、残疾女性、女同性恋者）都有特定的社会地位和经历，必须根据她们各自的内容来理解。

必须提及的一个遗留问题是对于性别分层人们应当做些什么，这涉及社会冲突理论的另一形式——女权主义。

● **检查你的学习**

说明交叉理论的基本观点。这一理论如何有助于我们理解社会分层的复杂性？

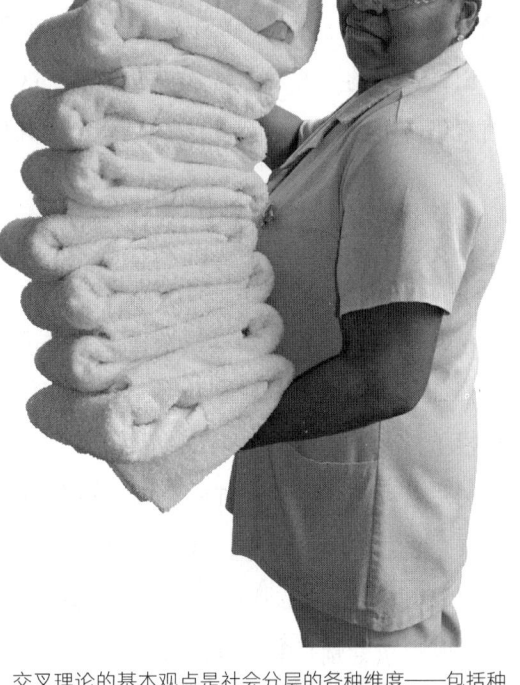

交叉理论的基本观点是社会分层的各种维度——包括种族和性别——可以叠加地使某类人处于特别不利的地位。正如非裔美国人的收入少于白人，女性的收入低于男性。这样非裔美国女性面临"双重劣势"，非拉美裔白人男性每挣1美元，非裔美国女性则仅挣62美分。某些类别的人群要比其他类别的人更有可能一直从事像这样的低收入工作。你怎样解释这一事实？

第五节 女权主义

评价//

女权主义（Feminism）支持男女社会平等，反对父权制和性别歧视。美国女权主义的第一次浪潮开始于 1840 年代，当时女性反对奴隶制，包括伊丽莎白·凯蒂·斯坦顿和柳克丽霞·莫特（Lucretia Mott）将非裔美国人遭受的压迫与女性所受的压迫相提并论。她们的主要目标是获得投票权，这一权利最终于 1920 年实现。但是，其他不利因素仍然继续存在，这引起了 1960 年代开始持续至今的第二次女权主义浪潮。

一、女权主义者的基本观点

女权主义通过性别透视女性和男性的日常生活。我们如何认识自我（性别认同），我们如何行为处世（性别角色）和我们作为男人或女人的社会地位（性别分层）全都植根于社会的运行当中。

尽管女权主义者在许多方面存在分歧，但多数女权主义者支持下面五个总体原则：

1. 致力于增进平等。 女权主义者的思考具有政治性；将思想与行动相联系。女权主义批判现状，推动社会向男女平等的方向变迁。许多女权主义者也受交叉理论的引导，既追求性别平等，也追求基于种族和阶级的平等。

2. 拓展人的选择。 女权主义者认为性别的文化观念将整个人类的性质分成两种既对立又有限的方面：情感与合作的女性世界和理性与竞争的男性世界。作为一种替代理论，女权主义者提出"重新整合人类"，让所有个体可以发展所有的人类品质（M.French, 1985）。

3. 消除性别分层。 女权主义反对限制女性教育、收入和工作机会的法律和文化规范。因此，女权主义者一直支持美国宪法通过平等权利修正案（ERA, the Equal Rights Amendment），这一提案主张，"在美国及其各州不得拒绝或者削减基于法律的男女平等权利。"平等权利修正案于1923年第一次提交国会，尽管受到广泛的公众支持，至今却仍未成为法律。

4. **终止性暴力**。今天的妇女运动寻求消除性暴力。女权主义者主张，父权制扭曲了男女之间的关系，鼓励强奸、家庭内部虐待、性骚扰和色情等针对妇女的暴力（A.Dworkin, 1987; Freedman, 2002）。

5. **推动性自由**。最后，女权主义赞成女性掌控自己的性行为和生育行为。女权主义者支持可以自由获得生育控制的信息。如图10-3所示，美国育龄期的已婚妇女中，大约有四分之三使用避孕工具。在许多低收入国家，避孕工具的使用远未普及。多数女权主义者也支持女人有权选择是否怀孕或终止怀孕，而不是让男人——父亲、丈夫、医生和立法者——来控制她们的生育行为。许多女权主义者还支持同性恋者为终结大量异性恋文化中的偏见和歧视的努力（Ferree & Hess, 1995; Armstrong, 2002）。

二、女权主义的类型

尽管女权主义者一致认同性别平等的重要意义，但是在如何获得性别平等上，她们的意见并不一致：可选路径包括自由主义女权主义、社会主义女权主义或激进女权主义（Stacey, 1983; L.Vogel, 1983; Ferree & Hess, 1995; Armstrong, 2002; Freedman, 2002）。498页的"应用理论"表格强调了每种女权主义思想的主要观点。

● 自由主义女权主义

自由主义女权主义植根于经典自由主义思想，认为个体应当自由地发展其自身才能，追求自身的利益。自由主义女权主义接受我们社会的基本制度，但是寻求扩大女性的权利和机会。在他们看来，性别不应当作为一种对女性不利的阶级形式来运转。作为取得这一目标的重要步骤，她们支持平等权利法案的通过。自由主义女权主义也支持所有女性在生育上的自由权。她们尊重家庭这一社会机构，但是寻求社会的变迁，包括更广泛地推广母亲产假和父亲产假，以及为工作的双亲提供儿童照顾服务。

由于自由主义女权主义相信个体的权利，所以她们认为女人应当凭借自身的努力和优点获得进步，而不是通过集体化劳动带来改变。无论男女，通过个人成就能够改善他们的生活，只要社会消除法律和文化上的障碍。

● 社会主义女权主义

社会主义女权主义源于卡尔·马克思和弗里德里希·恩格斯的思想。这一观点

（NASCAR，全美运动汽车竞赛协会）一直是男人的世界。但是丹尼卡·帕蒂克（Danica Patrick）使自己成为一名成绩突出的赛车手。同时，她的大量收入来自于她凭借美貌做的生意，包括出现在 2009 年《运动》杂志的泳装照。男人是否也会这样做？为什么是或不是？

认为，资本主义制度通过将财富和权力集中于少数男人的手中，强化了父权制。社会主义女权主义认为自由女权主义所支持的改革还远远不够。他们相信，由资本主义创造的家庭形式必须改变，以便用集体做家务和照顾孩子的方式来取代"家庭中的奴隶制"。只有通过社会主义革命，创造一个以国家为中心的经济体制，才能满足所有这些要求，才能实现对传统家庭的取代。

● **激进的女权主义**

和社会主义女权主义一样，激进的女权主义认为自由主义女权主义是不充分的，激进女权主义者相信，父权制是如此深深地扎根于社会，以至于连社会主义革命都不能结束父权制。相反，要达到性别平等的目标意味着社会必须消除性别本身。

实现这一目标的一个可能的方式是使用近几十年来科学家发明的新的生育技术（见第十三章"家庭和宗教"）。这种技术可以使妇女的身体同怀孕的过程相分离。随着母亲角色的终结，激进主义女权主义者推论说，社会可以把整个家庭制度抛开，将女人、男人和孩子从家庭、性别和性本身的压迫中解放出来（A. Dworkin, 1987）。激进的女权主义寻求一种平等的、性别自由的社会，一场比马克思诉求的更加横扫一切的革命。

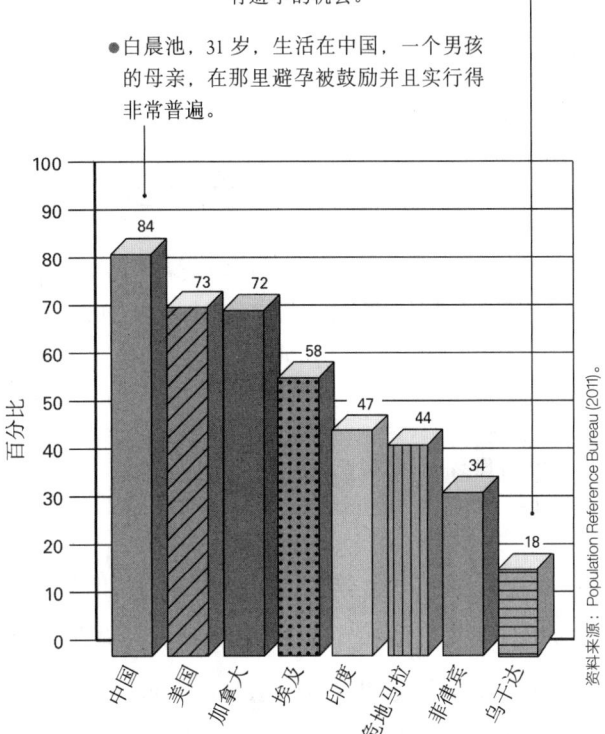

●阿肯·艾克，24岁，生活在乌干达，三个孩子的母亲，在那里许多妇女没有避孕的机会。

●白晨池，31岁，生活在中国，一个男孩的母亲，在那里避孕被鼓励并且实行得非常普遍。

国家	百分比
中国	84
美国	73
加拿大	72
埃及	58
印度	47
危地马拉	44
菲律宾	34
乌干达	18

资料来源：Population Reference Bureau (2011)。

全球快照

图 10-3　育龄期已婚妇女使用避孕工具的情况

在美国，多数育龄期已婚妇女使用避孕工具。然而，在许多低收入国家，多数妇女没有做这种选择的机会。

三、女权主义的反对意见

由于女权主义呼吁巨大的变迁，所以人们一直对其持有争议。今天，有约 20% 的美国成年人支持"女人应当返回她们在社会中的传统角色"这一观点（Pew Research Center, 2009）。另一事实是仅有约 20% 的美国成年人愿意声称自己是女权主义者（"The Barrier that Didn't Fall," 2008）。

但是，经过一段时间，反对女权主义者的人口比例已经稳步下降。最急剧的下降发生在 1970 年代早期。以后的变化一直相当小。男性表示反对女权主义的比例要高于女性。

多数男人和批评女权主义的女人对性别持传统观点。一些男人反对性别平等，其理由与许多白人在历史上反对有色人种争取社会平等的理由一样：他们不想放弃他们的特权。另外一些男人和女人，包括那些既不富有也没有权力的人，不相信社会运动

(特别是激进主义的表达)能打败传统的家庭，能抗拒已经统治了人们数个世纪的男女关系模式。

应用理论

女权主义

	自由主义女权主义	社会主义女权主义	激进的女权主义
是否接受社会的基本秩序？	接受。自由主义女权主义只寻求确保机会平等的变迁。	不接受。社会主义女权主义主张终结社会阶级以及鼓励"家庭中的奴隶制"的家庭性别角色。	不接受。激进女权主义主张结束家庭制度。
妇女怎样提高社会地位？	个体性地，凭借个人的能力和努力。	集体性的，通过社会主义革命。	集体性的，通过消除性别本身。

那些一直被社会教化信奉强力和统治的男人对于女权主义者理想中男人应平和且温暖感到不安（Doyle, 1983）。相似地，一些生活以丈夫和孩子为中心的女人可能认为女权主义不承认她们生活的意义，不重视她们的社会角色。总的说来，那些受教育最少、在家庭之外没有工作的女人最反对女权主义（Marshall, 1985; Ferree & Hess, 1995; CBS News, 2005）。

种族和族群在塑造人们对待女权主义的态度上发挥着某些作用。笼统看来，非裔美国人（特别是非裔美国女性）表现出最支持女权主义者的目标，其次是白人，拉美裔美国人对性别的态度则比较传统（Kane, 2000）。

在学术界内部也有抵制女权主义的声音。一些社会学家指责女权主义者忽视了这一事实：有越来越多的证据说明男女之间在思想和行为方式上存在某些差异，这使完全的性别平等是不可能的。批评人士，更进一步指出，由于女权主义鼓吹妇女在职场的表现，低估了女人为孩子成长特别是在生命的最初几年里做出的关键的、独特的贡献（Baydar & Brooks-Gunn, 1991; Popenoe, 1993b; Gibbs, 2001）。

最后一个问题是，女人应当怎样提高她们的社会地位。美国绝大多数成年人认为妇女应当拥有平等权利，但是70%的成年人也认为女人应当根据她们的训练和能力，个体性地发展自己，只有10%的人支持妇女权益群体或集体行动（NORC, 2011: 582）。

出于这些原因，对女权主义的多数反对意见针对的是社会主义女权主义和激进女权主义，而对自由女权主义的支持比较广泛。另外，确定无疑的趋势是走向性别平等。1977年，65%的成年人赞成"男主外，女主内，对每个人都是各得其所的好事"。到2010年，支持这种观点的人数的比例急剧下降至36%（NORC, 2011: 438）。

第六节　性别：展望

评价

有关未来的预测只是一种有根据的猜想。一如经济学家对未来一年的通货膨胀率莫衷一是，社会学家只能就性别与社会的未来可能走向提供一般的观察。

迄今为止的变化是显著的。一个世纪之前，女人是二等公民，不能进入许多工作领域，不允许参与公共活动，没有权利投票。尽管女性在社会上仍处于不利地位，但迈向平等的运动浪潮一浪高过一浪。1990年代期间进入劳动力的人数中有三分之二是妇女；2000年，第一次在美国的绝大多数家庭中，丈夫与妻子都是拿工资的劳动力。今天的经济很大程度上要依靠女人的收入。另外，超过五分之一的美国已婚男人挣钱没有妻子多（Fry & Cohn, 2010）。由于接受更高层次教育的女性比例的持续提高，随着她们从事工作的范围扩大，妇女对劳动力的参与不断提升。

许多因素影响了这一长期转变。也许最重要的是，工业化和计算机技术的进步，改变了工作的性质，工作从需要体力、重视男人力气转变为需要思想和想象力。这一变化使得女性和男性站在同一起跑线上。而且由于生育控制技术使人们能够更普遍地控制生育，女性的生活较少地受到意外怀孕的束缚。

许多女性和男性有意识地追求社会平等。比如，比起一代人以前，人们现在对于工作场所性骚扰的申诉要认真严肃得多。另一个重要趋势是女人取得大学学历的比例的增长。这一趋势，反过来，随着更多女性占据企业和政治领域的实权位置，可能会减少男女间的收入差距。当这些趋势逐渐显露时，21世纪将发生的有关性别的社会变迁可能与已经发生的那些变迁同样巨大。

你认为性别观念会多大程度上改变你的人生？它对男人改变得更多还是对女人改变得更多？为什么？

日常生活中的社会学

第十章 性别分层

你可以从你周围的世界指出"性别信息"吗？

　　正如本章所揭示的，性别是日常生活的基本组织原则之一。在我们去的多数场所、作为部分日常惯例而从事的多数活动，都是"性别化的"，意即它们被界定出哪些更属于"女人的"或者更属于"男人的"。理解了这一事实，企业向公众推销产品，不忘考虑性别。请看下列图片中的广告。在每幅图中，你能否解释性别在推销这些产品时是

在这则广告中出现了许多性别动力，你发现了什么？

如何发挥作用的？

●**提示**：

寻找广告中的"性别信息"的过程包含几个层次的分析。从表层开始，注意广告中明显的每个事物，包括场所、背景，特别是人物。然后，注意人物是如何表现的——他们在做什么，他们的位置是怎样的，他们的面部表情，他们怎样穿戴，他们彼此之间的关系。最后，根据广告本身和你了解的社会环境指明广告中的信息。

从你的日常生活中发现社会学

1. 浏览几份近期的杂志，挑选三个与性别有关的广告，分析每个广告是如何运用性别的？

2. 观察几小时周六早晨的儿童电视节目。注意大部分卖玩具和早餐麦片的广告。

笼统说来，我们的社会将化妆品视作属于女人的，因为多数化妆品以女性作为推销对象。这则广告有什么不同？为什么？

你从这则广告中看到了什么性别信息？

跟踪观察看看有多少比例的玩具带有"性别"倾向，也就是说，是指向男孩或女孩的。你从为男孩准备的玩具中联系到了哪些品质？女孩的呢？

3. 研究你所在州的妇女问题的历史。女性何时第一次被选入国会？曾有哪些法律限制妇女工作的领域？现在这样的法律还存在吗？浏览 mysoclab.com 中的"从你的日常生活中发现社会学"专栏，去阅读更多的有关性别可能如何变迁的文章，并从中得到一些个人收获。

温故知新

第十章 性别分层

性别与不平等

性别是指一种文化赋予女性或男性的意义。
- 性别根植于文化的证据包括由玛格丽特·米德和其他的研究者所做的全球比较，这些证据表明了社会如何通过各种方式规定什么是"女子气质"和"男子气质"。
- 性别不仅关涉差异：由于社会给予男性比女性更多的权力和其他资源，性别是社会分层的一个重要维度。**性别歧视**嵌入进社会机构的运行中。
- 虽然，在全世界几乎所有地方都存在着某种程度的**父权制**，但是，在不同历史阶段、不同国家父权制处在不断变化当中。

【阅读 mysoclab.com 中的文献。】

性别与社会化

经过社会化，性别成为我们人格（**性别认同**）和我们行动（**性别角色**）的一个组成部分。社会化的主要机构——家庭，同辈群体，学校和大众传媒——它们强化了对什么是女人气和什么是男人气的文化界定。

性别角色（亦称**性角色**）：一个社会中与每个性别相关联的态度和行为。

性别与社会分层

性别分层塑造工作场所：
- 尽管现在大多数女性从事有薪劳动，但是，39% 的女性从事秘书类或服务类工作。

- 比较美国的全职工人，女人所赚收入相当于男人的 77%。
- 收入上的性别差异源自岗位的差别、家庭责任的不同以及对妇女的歧视。

【浏览 mysoclab.com 中的文件】

性别分层塑造家庭生活：
- 多数不付薪的家务是由女人承担的，无论她们在家庭之外是否有工作。
- 怀孕和养育孩子使许多妇女在某段时间远离劳动力，这时她们的男同事们正取得重要的事业收获。

性别分层塑造教育：
- 目前，女生占所有准学士和学士学位的 59%。
- 女生占法学院学生的 47%。在传统上由男生主导的专业包括医疗和商业管理方面的女研究生比例在增加。

性别分层塑造政治：
- 一个世纪以前，几乎没有女性占据美国的选举办公室。
- 最近几十年，政坛上女性的数量急剧增长。
- 即使这样，获选官员的绝大多数特别是在国家层面的，仍然是男性。
- 女性仅占美国军事人员的 14%。

【探索 mysoclab.com 上的地图】

针对女性和男性的暴力是一个广泛存在的问题，这与社会怎样界定性别有关。相关问题包括：
- **性骚扰**的多数受害人是女性，因为我们的文化鼓励男人自信、从性的角度看待女性。
- **色情**将女性描述成性玩物。许多人认为色情是一个道德问题；因为它使妇女非人化，它也是一个权力问题。

性别的理论分析

结构功能理论指出
- 在前工业社会，男女之间的角色差别反映了性别之间的生物学差异。
- 在工业化社会，以性别为标志的不平等则会导致社会机能失调，这种不平等正逐步减少。

塔尔科特·帕森斯声称，性别角色互补增进了家庭的社会整合和社会的一体化。

符号互动理论指出
- 当人们通过日常互动建构社会现实时，个体使用性别作为他们人格表现的一个要素。
- 性别在塑造几乎我们所有日常经验中都发挥着作用。

因为我们的社会把男人定义得比女人更有价值，性别角色规定了男人和女人应当如何行事，使男人控制社会情境；妇女扮演更加顺从的角色。

社会冲突理论指出
- 性别是社会不平等和冲突的重要方面。
- 性别不平等有利于男性，不利于女性。

弗里德里希·恩格斯将性别分层与私有财产的发展和阶级制度相联系。婚姻和家庭是男人通过控制女人的性行为来控制他们财产的策略。资本主义通过支付男人低工资和让女人持家剥削每个人。

交叉理论考察了种族、阶级和性别之间的交叉作用共同导致某些群体的特别劣势。
- 有色人种妇女比白人妇女遭遇更多的社会不利因素，比白人男子的收入要低得多。
- 交叉理论强调在妇女生活当中的各种差别维度共同形成了某种多重制度，创造了不同类型妇女的各自不同的劣势。

交叉理论：分析经常导致多重劣势的种族、阶级和性别之间的交互作用。

女权主义

女权主义
- 赞成性别的社会平等，反对父权制和性别歧视。
- 寻求消除针对女性的暴力。
- 主张赋予女性控制生育的权利。

女权主义思想有三种形式：
- 自由主义女权主义寻求在既有社会制度内两性机会的平等。
- 社会主义女权主义主张用社会主义取代资本主义，性别平等就会到来。
- 激进的女权主义寻求消除性别概念本身并创造一个平等的、性别自由的社会。

今天，只有20%的美国成年人声称他们反对女权主义。多数反对指向社会主义女权主义和激进的女权主义。自由主义女权主义受到广泛支持。

种族和族群

学习目标

- **记住**全章中以粗体字标明的关键术语的定义。
- **理解**种族与族群均由社会构建,并是社会分层的重要维度。
- **运用**各种社会学理论解释偏见。
- **分析**美国各种族和族群人口的社会地位。
- **评价**偏见和歧视的最近态势。
- **创造**对过去、现在、未来美国社会种族和族群多样性的更深理解。

本章概览

本章解释了种族和族群怎样由社会所构建。如同世界其他地方，美国是一个多族群和多种族的国家。不管是在美国，还是在世界其他地方，种族和族群性不仅仅是差异问题，而且是社会不平等的维度。

11月纽约的一个寒冷早晨，布朗克斯社区大学的一次社会学课上，指导老师正在组织一项关于族群和种族问题的小组讨论。他解释说，族群和种族的概念远不像大多数人所认为的那样很清晰。然后他问道："你是怎样描述自己的？"

伊娃·罗德里格兹（Eva Rodriguez）靠在椅子上身体前倾并很快做出回答。"我是谁？或者我应该说我是什么？这个问题我很难做出回答。许多人认为种族就是指黑人和白人。然而事实并不如此。至于我，既有黑人又有白人的血统，但是你知道吗？我并没有用那种方式来定位自己，我根本不是以人种来定位自己的。你可以叫我波多黎各人或者西班牙裔人。我个人喜欢'拉丁裔'这个称呼。叫我拉丁裔说明我有着混合的种族遗传，而那就是我。我希望更多的人意识到一个人的种族并不是界限分明的。"

本章主要考察种族和族群的内涵。美国现在有成千上万的人都与伊娃·罗德里格兹一样，并不认为自己归属单一类别而认为自己有着混合的血统。

第一节 种族和族群的社会含义

理解 ///

正如本章开头所介绍的故事那样，人们常常会混淆"种族"和"族群"这两个概念。为此，我们先来对一些基本概念进行界定。

一、种族

种族（race）是社会建构起来的某类人群，他们共同拥有社会成员认为重要的生物遗传特质。人们可以根据肤色、面部特征、发质以及身材等身体特征来划分彼此的种族。

由于生活在地球的不同地理区域，人类祖先的身体特征显示出很大的差异。比如生活在热带地区，人们的肤色要深一些（自然界中黑色素的成因），以防止阳光对身体的伤害；而在温带地区，人们的肤色要浅一些。这些差异仅仅是肤色深浅的不同，而世界各地的人们都同属一个生物物种。

【阅读 mysoclab.com 网站上由杜波依斯撰写的"黑人的灵魂"。】

现今发现的人类身体特征上的巨大差异也是迁移的产物，在某个地方曾经一致的遗传特征如今在许多大陆都可以发现。历史上，人类迁移的十字路口中东（也即西亚）地区的混合特征尤其显著。居住地越与其他地方相隔离，居民则越体现出身体特征的一致性，比如日本各岛的居民。然而人类的每一种群都有遗传上的混合性，伴随世界各地人们日益频繁的交往，使得未来人类的身体特征将有着更大的混合性。

我们通常以生物特征来思考种族，但种族其实是一个社会建构的概念。人类的确在包括身体特征的很多方面存在着许许多多的差异，但"种族"只是在社会成员断定身体的某些特征（比如肤色和眼睛大小）的确关系重大时才产生的。

由于种族是一个社会定义的问题，它也就成为一个高度多样化的概念。例如，美国社会成员要比其他国家成员更看重种族差异。我们也倾向于"看到"三个种族分类，典型意义上有白人、黑人和亚洲人种，而其他一些国家把人种划分得更多一些。比如在巴西，将种族更具体地区别为白人、棕色人、黑发白人（brunette）、黑白混血儿（mulatto）、黑人、黄种人等（Inciardi, Surratt & Telles, 2000）。

> **族群** 共享某一文化传统（的群体）   **种族** 社会建构起来的某类人群，他们共同拥有被社会成员认为是重要的生物遗传特质

此外，即便在一个社会内部，种族的界定也因人而异。例如在美国，研究表明，白人眼中黑人的肤色比黑人眼中的肤色更黑（Hill, 2002）。

种族的含义和重要性因时因地变化。比如在 1900 年，美国的许多白人认为爱尔兰人、意大利人或犹太人的祖先"非白种人"，而到了 1950 年，这种看法就不多见了，今天这些人被视为"白种人"的一部分（Loveman, 1999; Brodkin, 2007）。

今天，人口普查局允许人们使用一种以上的种族身份来描述自己（提供 6 种单一

人类生物上的差异比任何种族划分所涵盖的差异都要多得多。当我们试图将上图中所有的人进行简单的种族划分的时候，这一事实就显而易见了。

种族选项和 57 种跨种族选项）。我们社会在官方意义上承认大范围跨种族现象的存在（U.S.Census Bureau, 2011）。

● **种族的类型**

一个多世纪以前，当科学家们试图将世界上人们的身体差异区分为三个类型时，他们发明了"种族"这个概念。他们称那些肤色相对较浅、发质较细的种族为"高加索人种"（Caucasoid），称那些肤色较黑、发质较粗的人为"尼格罗人种"（Negroid），而称那些有着黄色或棕色皮肤且眼睑上有明显皱襞的种族为"蒙古人种"（Mongoloid）。

社会学家认为这种划分至少是种误导，更有甚者则是有害的。其一，没有哪个社会生活着生物意义上"纯粹的"人。被我们称为"高加索人种"（或者说"东印度群岛人""高加索人"，更广泛意义的"白种人"）的人们肤色从很浅（典型地位于斯堪的纳维亚地区）到很深（南部印度）都存在。同样的变化存在于所谓的"尼格罗人种"（"非洲人"或更广泛地称为"黑"人）和"蒙古人种"（意即"亚洲人"）人们当中。事实上，许多"白"人（比如，在南部印度的人）实际上肤色比许多黑人（比如澳大利亚的土著黑人）还要深。总体说来，前面所述的三种划分只界定了 6% 的基因，事实上每一人种内部的基因差异比人种之间的差异还要大。这意味着在欧洲国家瑞典随机挑选两类人的基因差异，不亚于瑞典人和非洲国家塞内加尔两类人之间的基因差异（Harris & Sim, 2002; American Sociological Association, 2003; California Newsreel, 2003）。

那么，种族的重要性究竟体现在什么地方？从生物学角度看，知晓人们的种族类别对预测几乎毫无意义。那么，社会为什么要做出这样的种族划分呢？有了这些分类，社会就将人们分成了不同的等级，赋予其中一部分人比另一部分人以更多的财富、权力和社会声望，这让某些人觉得自己与生俱来就比其他一些人"优越"。

由于种族可能如此关系甚多，社会有时就这样以极端的方式构建了种族类别。比如，在 20 世纪的大部分时间里，南方许多州的人，即使他们只拥有 1/32 的非洲血统（也就是说一个非裔美国人的曾、曾、曾祖父是非洲人），他们都会被贴上"有色人种"的标签。今天法律上已经规定了由父母亲按照他们的意愿来宣布（或不申报）孩子的种族。即使这样，许多美国人仍对种族背景十分敏感。

【观看 mysoclab.com 网站上"跨种族身份"的视频。】

● **混合趋势**

纵贯美国历史，经历很多世代，来自全世界的遗传特征已经渐渐融合。许多"黑"人具有很大比例的高加索血统，就像许多"白"人有着"黑"人的一些基因一样。不管人们怎么想，种族不仅仅是非黑即白的问题。

今天，人们更愿意把自己定义为跨种族的人。2010 年人们在填写人口普查表时，通过核对，超过 800 万人最后用两个或两个以上的种族类别来描述自己。美国种族混血儿的出生人数一直在增长。2010 年，5 岁以下种族混血儿童大约占 5.6%，而 65 岁及以上混血儿童占不到 1%。

表 11-1　2010 年美国种族和族群分类

种族和族群分类*		近似人口数	人口比（%）
西班牙裔		50,810,213	16.4
	墨西哥人	32,929,683	10.6
	波多黎各人	4,691,890	1.5
	古巴人	1,873,585	0.6
	其他	11,315,055	3.7
非裔		40,357,516	13.0
	尼日利亚人	264,550	0.1
	埃塞俄比亚人	202,715	0.1
	索马里人	120,102	<
	其他	39,770,149	12.9
美国土著后裔		2,553,566	0.8
	美印第安人	2,075,554	0.7
	爱斯基摩人	120,819	<
	其他	357,193	0.1
亚洲或太平洋岛国后裔		15,239,011	4.9
	华人	3,456,912	1.1
	印度人	2,765,155	0.9
	菲律宾人	2,512,686	0.8
	越南人	1,625,365	0.5
	韩国人	1,456,076	0.5
	日本人	774,600	0.3
	柬埔寨人	264,080	0.1
	其他	2,384,137	0.8
西印度群岛后裔		2,672,753	0.9
阿拉伯裔		1,698,570	0.5

续表

	种族和族群分类*	近似人口数	人口比（%）
非西班牙欧裔		197,380,184	63.8
	德国人	47,911,129	15.5
	爱尔兰人	34,670,009	11.2
	英国人	25,927,345	8.4
	意大利人	17,250,211	5.6
	波兰人	9,569,207	3.1
	法国人	8,761,677	2.8
	苏格兰人	5,460,679	1.8
	荷兰人	4,645,906	1.5
	挪威人	4,470,081	1.4
	其他	41,184,996	13.3
两种或两种以上种族背景		8,398,368	2.7

* 西班牙血统的人可能是任何一种种族。许多人不止认同一个族群种类。因此，总数超过了100%。
< 表示人口数少于0.1%。
资料来源：U.S. Census Bureau (2011)。

二、族群[1]

族群性（ethnicity）是群体共享的某一种文化传统。人们根据赋予他们以特定社会身份的共同祖先、语言和宗教来确定自己和他人属于某一族群的成员。美国是个多元族群社会；尽管我们首选语种是英语，但仍然有6000多万人（占美国5岁以上人口的21%）在家里讲西班牙语、意大利语、德语、法语、中国方言或其他语言。加利福尼亚州44%的人口皆是如此（U.S. Census Bureau, 2011）。

在宗教方面，美国是基督教占主导地位的国家，但大多数西班牙、意大利、波兰裔人信奉天主教，许多希腊、乌克兰、俄罗斯裔人皈依东正教。650多万犹太裔美国人的祖先与全世界很多国家有联系。伊斯兰教徒的数量日益增长，估计有275万之多（Pew Research Center, 2011）。

就像种族一样，族群性的内涵也是社会建构的。这一内涵之所以重要，只是因为社会以这种方式定义了族群的概念。比如即使一个意大利裔人比西班牙裔人可能有更多的"拉丁"文化，美国社会也会把西班牙裔人定义为"拉丁人"。尽管两种人之间

---

[1] 本书在译文中有时会族群和族裔混用，尤其在分别指称美国的族群基于来自某一国家或地域时。——译者注

差别很小，意大利裔人在美国被视为"欧洲人"而不是"拉丁人"（Camara, 2000, Brodkin, 2007）。就像种族差异一样，族群差异的重要性也因时而变。一个世纪以前，美国绝对多数的新教徒认为天主教徒和犹太教徒是"不同"的，今天这一看法已不多见。

需要记住的是，种族是基于生物特征而建构的，而族群是建构于文化特征基础上的。不过，族群和种族往往紧密相连。例如，日裔美国人有着独特的身体特征，对于那些秉持传统生活方式的日裔美国人来说也具有一种独特的文化。表 11-1 提供了美国最新的族群和种族多样性数据。

在个人层面，人们是吹捧还是贬低其族群，取决于他们是想适应还是脱离该文化的社会环境。移民可能随时间的推移而削弱他们的文化传统，或者像近年来许多美国印第安人土著后裔那样，试图重振其文化遗产。对于大多数人来说，族群比种族问题更复杂，因为他们认同有数种族群背景。摇滚乐传奇人物杰米·亨德里克斯（Jimi Hendrix）既是非裔美国人，又是白人和切罗基族人；新闻主播索莱达·奥布莱恩（Soledad O'Brian）认为自己既是白人又是非裔，既是澳大利亚人又是爱尔兰人，既是英格兰裔又是西班牙裔。

三、少数族群

3月3日，得州达拉斯。坐在美国大城市任何一个饭店的大堂里，会看到这样一个对比：进进出出的客人绝大多数是白人；行李搬运、餐厅服务和房间清洁等饭店雇员则绝大部分是有色人种。

正如第十章（"性别分层"）所定义的那样，**少数族群**是由于身体上或文化上的显著差别而被社会分离且处于从属地位的任何群体。少数族群地位可基于种族、族裔或两者兼而有之。

如表 11-1 所示，非西班牙裔白人（占总数的 63.8%）仍然占美国人口的大部分。但少数族群的人口比例日益增长。今天，少数族群在 4 个州（加利福尼亚州、新墨西哥州、得克萨斯州和夏威夷州）以及美国大多数大城市中人口都占多数。到 2042 年左右，少数族群可能成为美国全部人口中的多数（Mather & Pollard, 2008; U.S. Census Bureau, 2008, 2011）。

> **了解我们自己·少数族群占人口多数的地区**
> 目前在4个州——夏威夷州、加利福尼亚州、新墨西哥州和得克萨斯州——以及哥伦比亚特区少数族群人口已占当地人口多数。在另一个极端，佛蒙特州和缅因州少数种族和族群群体人口的比例最低（每个州大约6%）。为什么少数族群人口比例较高的州集中在南部和西南部呢？
> 访问mysoclab.com网站，探索你所在当地社区少数族群人口的百分比、全美各县少数族群人口的百分比。

少数族群有两个重要特点。首先，社会强加给他们以独特的身份认同，这种认同或许植根于其共同的生理或文化特质的基础上。第二，社会强加给少数族群从属地位的体验。就像本章的余下内容所显示的那样，美国少数族群一般收入较少，职业声望较低，接受的教育也有限。这些事实意味着阶级、种族、族裔以及性别等因素相叠加，强化了社会分层的维度。本章的"多样化思考"专栏描述了美国近期拉丁美洲移民的斗争情况。

当然，并不是所有的少数族群都处于劣势。比如，一些拉丁裔人十分富有，一些美籍华人成为著名的商界领袖，而有些非裔美国人成为我们当中的政治领袖。即使事业上成功，个人也很少能够摆脱其少数族群的地位。像第四章（"日常生活中的社会互动"）所描述的那样，种族或族裔往往成为个人的首要身份，使个人成就黯然失色。

少数族群通常只占一个社会人口的小部分，但事实并不总是如此。南非的黑人人数尽管在数量上占这个国家的多数，却仍处于不利地位。在美国，女性占人口的一半多一点，但仍在为男性所享有的很多机会和特权而斗争。

第二节 偏见和刻板印象

应用

11月19日，以色列，耶路撒冷。我们沿着这一历史古城边缘驱车前行——对于犹太人、基督徒、穆斯林来说这是圣地。这时我们的出租车司机拉齐（Razi）发现街角有一群法拉沙人（Falasha），即埃塞俄比亚犹太教徒。司机指着他们说道：

"那边那些人不一样，他们不开车，也不希望改善自己。即使国家为他们提供教育，他们也不接受。"他冲着那些埃塞俄比亚人摇摇头，继续开车。

多样化思考：种族、阶层和性别

勤奋工作：美国移民的生活

休斯敦的清晨，已经热起来了。一队小型货车缓缓开进一个灰尘漫天的院子，那儿已经聚集了 200 个黎明就开始等候的工人，他们希望找到这一天的差事。第一辆货车司机打开车窗告诉工头，他需要几个人去抹天花板上的焦油。工头阿布多尼尔·塞斯佩德斯（Abdonel Cespedes）转向人群。几分钟后，三个工人走到前面，爬进货车的后车厢。第二个司机要找两个有经验的油漆工。现场找人的喊声此起彼伏，不断有男人和一些女人走出人群，要么去挖沟渠，要么去抹水泥，要么去补墙板，要么去疏通化粪池，要么去房子下面毒杀老鼠。

一有车开进院子，工头就问："多少钱？"卡车上大多数人开价 5 美元时薪。塞斯佩德斯机械地回答："7.25 美元，行情是一小时勤奋工作 7.25 美元。"有时候，他说服了司机们让他们付 7.25 美元，但是通常都没有这个价。那些来自墨西哥、萨尔瓦多和危地马拉的人知道，他们中有很多人一天下来也没有工作。许多人接受一小时 6 美元的价格，因为他们知道这一天下来，50 美元也好过一文不名。

像这种劳动力市场在大城市中十分普遍，特别是在美国的西南部。最近几年来的移民浪潮使得数以百万计的人来到这个国家寻找工作，其中大部分人没有接受过什么教育且只能说一点儿英语。

曼纽尔·巴瑞拉（Manuel Barrera）接到一份搬货的日工，将一堆货物

移民们每天早晨都聚集在纽约的一个街角，希望能找到一份每天 60 美元（也不指望有其他福利）的建筑工作。

搬到一个仓库中去。他走到那堆高高的货物面前，双眼盯着他必须搬到车上去的山一般的沉重的家具，他开过市区，然后再次搬下来。当他意识到外面很热而房子里面更热时叹了口气。他没有时间吃饭，连上洗手间也无从提及。巴瑞拉摇摇头："我做这类工作，因为它能给我带来食物，但是我未曾预想过竟会如此。"

移民到美国的人面临的残酷的事实是他们要做那些其他人不愿意做的工作。在国民经济的底层，他们要么在饭店、宾馆、建筑队从事没有多少技术含量的工作，要么为个人家里做饭、搞清洁和照看小孩。整个美国，所有家庭主妇、家庭厨师、裁缝以及饭店服务生中的大约一半来自于国外出生的人。鲜少有移民工资超过官方最低工资（2012年每小时7.25美元），移民工人也很少获得医疗或养老福利。许多富有的家庭把移民的劳动当作空调车和舒适的住所一样理所当然。

你怎么想？

1. 你和你的家人在什么方面需要依靠移民的低薪劳动？

2. 你赞成允许进入到美国的1100万非法移民获得美国公民身份吗？应该采取一些什么措施？

3. 美国政府应当行动起来减少未来进入到美国的移民数量吗？为什么应当或为什么不？

资料来源：Based on Booth (1998), Tumulty (2006), U.S. Department of Homeland Security (2011), and U.S. Department of Labor (2011)。

偏见（prejudice）是对某一整体人群刻板的、不公正的概括判断。偏见是不公正的，因为某一类别的所有人在几乎甚至完全没有直接证据的情况下被固执僵化地等同视之。偏见可能针对那些有特殊社会阶层、性别、性取向、年龄、政治信仰、种族或族群的人。

偏见可能是积极性的或消极性的预判。积极性的偏见倾向于夸大与我们自己一样的人的优点，消极性的偏见通常谴责那些与我们不同的人。消极性的偏见可以表现为温和的回避，也可以表现为公然的敌意。因为这类态度植根于文化中，每个人或多或少都存在一定程度的偏见。

> **偏见** 对某一整体人群刻板的、不公正的概括判断　　**刻板印象** 将某类人群的简化描述运用于该人群中每一个体

偏见往往以**刻板印象**（stereotype，stereo 来源于希腊字母 solid，意思是"坚实"）的形式加以表现。刻板印象就是将某类人群的简化描述运用于该人群中每一个体。许多白人对少数族裔群体的人存有成见。刻板印象对于工作场所中的少数族裔群体尤为不利。如果公司的上层仅以刻板印象来看待员工，他们将对员工的能力做出预设，以此指派他们就任某些特定岗位，同时限制他们获得更好的机会（R.L.Kanfman, 2002）。

同时，少数族裔群体对白人和其他少数族裔成员也存在着刻板印象（T. W. Smith, 1996; Cummings & Lambert, 1997）。例如，调查显示：相比于白人更多的非裔美国人认定亚裔美国人从事了不公平的商业行为，有更多的亚裔批评西班牙裔生育太多（Perlmutter, 2002）。

一、偏见的测量：社会距离量表

测量偏见的一种方法是社会距离，即人们愿意与某一人群成员接触的亲密程度。20 世纪 20 年代，埃默里·鲍格达斯（Emory Bogardus）提出如图 11-1 所示的社会距离量表。鲍格达斯（1925）询问美国大学和学院的学生他们愿意与 30 个种族和族群的人群亲密接触的程度。一个极端是，一些学生宣称某一特殊人群应完全被阻止进入本国（得分为 7），表现出这部分学生的最大社会距离（最消极性的偏见）；另外一个极端是，一部分学生声明他们愿意接受某一特殊人群以婚姻的方式进入他们的家庭（得分为 1），表现出最小的社会距离（最大的社会接受度）。

鲍格达斯（1925, 1967; Owen, Elsener & McFaul, 1977）发现，对不同族群的人，人们表现出相当不同的社会距离。一般说来，参与这项调查的学生对西班牙裔、非裔、亚裔和土耳其裔表现出了最大的社会距离，他们表示愿意忍受这些人为其同事，而不是邻居、朋友或者家庭成员。学生们对那些来自北欧和西欧的人，包括英国人和苏格兰人以及加拿大人表现出最小的社会距离，他们表示愿意通过婚姻方式接纳这些人为家庭成员。

(a) 社会距离量表

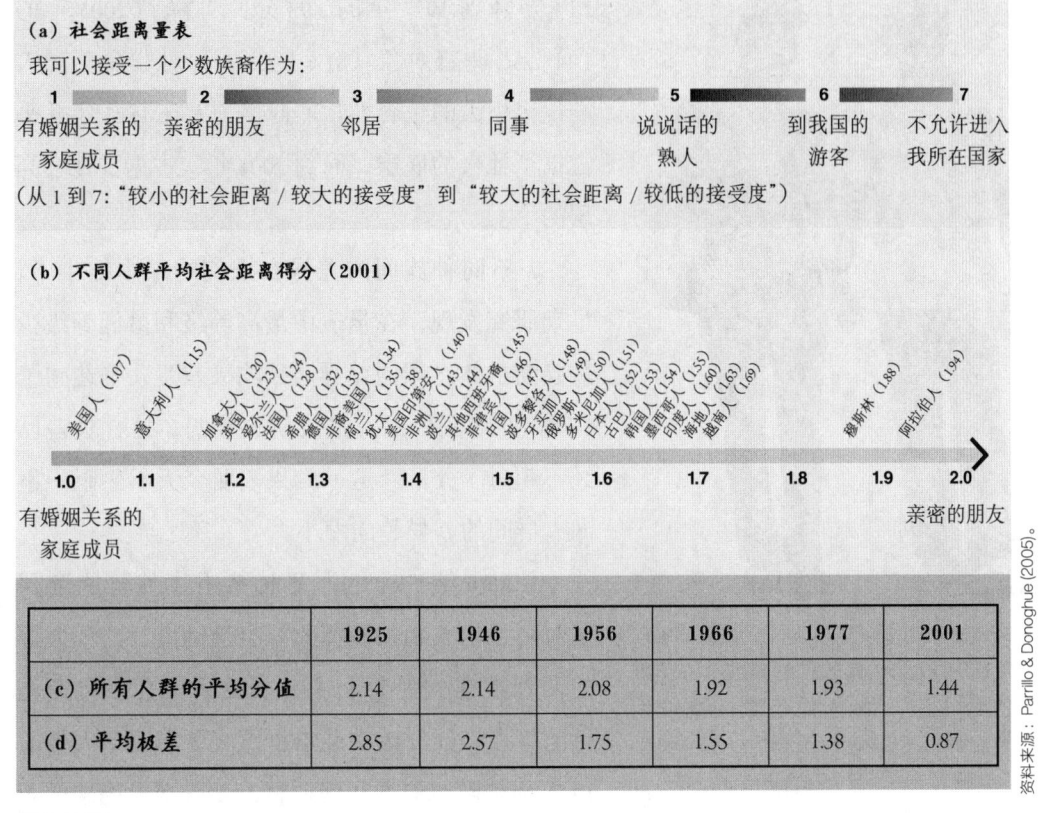

我可以接受一个少数族裔作为：

1	2	3	4	5	6	7
有婚姻关系的家庭成员	亲密的朋友	邻居	同事	说说话的熟人	到我国的游客	不允许进入我所在国家

（从1到7："较小的社会距离／较大的接受度"到"较大的社会距离／较低的接受度"）

(b) 不同人群平均社会距离得分（2001）

美国人(1.07)、意大利人(1.15)、加拿大人(1.20)、英国人(1.23)、爱尔兰人(1.24)、法国人(1.28)、希腊人(1.30)、德国人(1.32)、非洲美国人(1.33)、其他美国人(1.34)、犹太人(1.38)、美国印第安人(1.40)、波兰人(1.43)、中国人(1.45)、其他西班牙裔(1.46)、菲律宾人(1.47)、牙买加人(1.48)、波多黎各人(1.49)、俄罗斯人(1.50)、墨西哥人(1.51)、古巴人(1.52)、日本人(1.54)、韩国人(1.55)、越南人(1.60)、印度人(1.63)、海地人(1.69)、穆斯林(1.88)、阿拉伯人(1.94)

1.0 — 有婚姻关系的家庭成员 ... 2.0 — 亲密的朋友

	1925	1946	1956	1966	1977	2001
(c) 所有人群的平均分值	2.14	2.14	2.08	1.92	1.93	1.44
(d) 平均极差	2.85	2.57	1.75	1.55	1.38	0.87

资料来源：Parrillo & Donoghue (2005)。

学生快照

图 11-1 鲍格达斯社会距离研究

社会距离量表是一种测量偏见的好方法。图（a）展示了完整的社会距离量表，从最左边最小的社会距离到最右边最大的社会距离。图（b）展示了 2001 年对每一人群的平均社会距离得分。图（c）展示了特定年份的总平均得分（所有种族和族群人群的平均得分）。得分从 1925 年的 2.14 降到 2001 年的 1.44，表明今天的大学生对少数族裔群体的社会距离比过去更小。图（d）展示了平均极差，即既定年份最高分值与最低分值之差（比如，2001 年为 0.87，即阿拉伯人最大的社会距离分值 1.94 减去美国人的最低分值 1.07）。自从 1925 年以来，这一数字也已变得越来越小，表明今天的学生看待不同人群之间的差异倾向于缩小了。

今天大学生的社会距离又是什么情形呢？最近一项使用了同样社会距离量表的研究给出了三个主要发现（Parrillo & Donoghue, 2005）[1]：

1. **学生的观点呈现了更大社会接纳度的趋势。** 相比数十年前，现在的学生对少数族裔群体表现出较小的社会距离。图 11-1 表明，社会距离量表的平均分从 1925 年的

---

[1] 帕里略和多纳删去了鲍格达斯提及的 7 类人群（亚美尼亚人、捷克人、芬兰人、挪威人、苏格兰人、瑞典人、土耳其人），声言他们不再是明显的少数族裔群体。他们又新增加了 9 类人群（非洲人、阿拉伯人、古巴人、多米尼加人、海地人、牙买加人、穆斯林、波多黎各人、越南人），声言这些人群今天是明显的少数族裔群体。这一变化可能增加了社会距离的分值，使得社会距离下降的趋势变得愈加意义重大。

2.14 分降到 1977 年的 1.93 分，再降到 2001 年的 1.44 分。调查对象（81% 是白人）对非裔美国人表现出极大的包容性，非裔美国人在 1925 年几乎占据了社会的底层，而到 2001 年，占据了社会高层的 1/3。

2. 不同种族间的差异在人们的眼中缩小了。 早期研究发现，在量表中最高等级和最低等级少数族裔群体之间的差异（平均极差）几乎达到了 3 分。而如图所示，最近研究表明，这种极差已经不超过 1 分了。这一结果表明今天学生眼中不同人群间的差异趋向缩小。

3. 2001 年"9·11"恐怖袭击事件可能削弱了对阿拉伯人和穆斯林的社会接纳度。 这项最近的调查是在 2001 年 9 月 11 日之后的几个星期进行的。也许部分因为袭击世贸大厦和五角大楼的 19 人都是阿拉伯人和穆斯林，使得学生将这类人放在量表的最后面。然而，没有一个学生给阿拉伯人和穆斯林 7 分的社会距离，即意味着这些人应该被禁止入境。相反，2001 年测量的得分（阿拉伯人 1.94，穆斯林 1.88）表明这一年度学生对阿拉伯人和穆斯林的社会接纳度比 1977 年学生对被研究的 30 个类别人群中的前 18 位人群的接纳度还要高。

有关学生态度的最新研究确认，对美国所有种族或族群人群的偏见呈下降趋势。在你所处的大学校园，种族或族群因素会影响学生对浪漫情感的选择吗？相比其他人群，某些种族和族群人群之间的融合会更多一些吗？给出你的解释。

二、种族歧视

作为一种强烈而有害的偏见形式，**种族主义或种族歧视**（racism）是信奉一个种族先天地优于或劣于另一个种族。种族主义贯穿于人类整个历史。不管其他种族取得多大成就，古希腊人、古印度人和中国人都认为其不如自己优越。

种族主义在美国整个历史上流传甚广，有关种族劣等的观念支撑了奴隶制的存在。今天，我们国家公开的种族歧视已经减少了，因为更多人愿意用马丁·路德·金（Martin Luther King Jr.）的话来评价他人，即"不要以他们的肤色而要根据他们的秉性"。

即使这样，种族主义仍然是一个严重的社会问题，因为总有一些人认为某些种族和族群的人比另外一些人聪明。正如"日常生活中的社会学"专栏中所解释的那样，这些常识性的刻板印象不能意识到智力的种族差异与其说是生物原因倒不如说是环境原因造成的。

三、偏见理论

偏见源自哪里？对于这个令人烦恼的问题，社会科学家给出了几种回答，主要集中在挫折、人格、文化和社会冲突等理论上。

● 替罪羊理论

替罪羊理论认为偏见来源于自身处于不利状态的人的挫折（Dollard et al., 1939）。以一个白人纺织女工由于低工资而受挫为例。由于对有权有势的工厂主直接表达敌意，被解雇的风险很大，因此她可能将她的低工资归咎于其他少数族裔同事的出现。她的偏见虽然不会改善她的处境，但这是相对比较安全的表达愤怒的方式，同时由于感到自己至少比某些人还优越一些，这或许给予她稍许的安慰。

替罪羊（scapegoat），是指人们因为自己遇到的麻烦而不公平地指责基本上没有权力的某个人或某类人。因为通常是"安全的靶子"，少数族裔群体成员经常成为替罪羊。

● 专制型人格理论

狄奥多·阿多诺（Theodor Adorno）和他的同事（1950）认为极端的偏见是某些特定个体的人格特征。研究表明，那些对某一少数族群群体成员有强烈偏见的人通常也会对所有少数族群成员产生偏见，这项研究支持了阿多诺和他同事的结论。这种专制型人格刻板地遵守传统文化价值观念，同时将道德问题视为非对即错的截然分明的问题。根据阿多诺的观点，有着专制型人格特征的人还认为，社会中存在竞争是自然的，"优越"的人（像他们自己）不可避免地要统治那些"弱势"的人（包括所有少数族群成员）。

阿多诺和同事们还发现相反的模式也成立：能够容纳一种少数族群的人一般能够接纳所有少数族群。他们倾向于做出更有弹性的道德判断，并平等地看待所有的人。

日常生活中的社会学

种族影响智力吗？

我们度过的每一个普通日子里，我们会经历不同种族和族群的人群。我们也会与或智力超群或能力低下的人打交道。但种族和族群与智力之间有联系吗？

普遍的刻板印象认为亚裔美国人比白人聪明，典型的白人比普通的非裔美国人智商高。纵观美国历史，许多人认为某个种族的人比其他种族的人智商要高，并以此为所谓的优等人特权作辩护，甚至以此阻止所谓的劣等人入境。

对于智力我们究竟了解多少呢？科学家们知道，人类作为个体在智力上有差异。人类智力分布呈现一条正态分布的钟形曲线（如图所示）。一个人的智商（IQ）计算方法为：通过量表测试出的智力年龄除以实际年龄乘以100。如果一个8岁的小孩测试表现得跟一个10岁的小孩一样，他的智商得分就是 10/8×100=1.25×100=125。科学家规定平均智商为100。

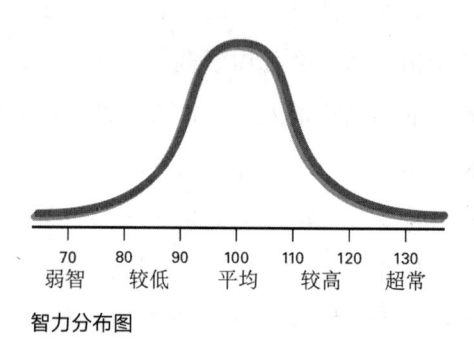

智力分布图

在一项充满争议的有关智力和社会不平等的研究中，理查德·赫恩斯坦和查尔斯·默里（Richard Herrnstein, Charles Murray, 1994）声称种族和智力的测量有关。他们更明确地宣称，有着欧洲血统的人的平均智商为100，东亚血统的人的平均智商为103，而有着非洲血统的人的平均智商为90。

这一断言违背了我们关于民主和平等的信念，而这一信念坚持认为没有一个种族生来就比其他种族优越。由于这些发现可能会增加偏见，一些批评家指责智力测试是无效的，他们甚至指责智力的概念几乎没有任何实际意义。

大多数社会科学家相信智商测试的确可以测量出我们理解之下的智力的重要因素，同时他们同意个人在智力天分上的确存在差异。但是，他们反对那种认为某一种族的人比其他种族的人天生就聪明的观点。那么，我们如何来解释不同种族智商得分总体上的差异呢？

托马斯·索厄尔（Thomas Sowell, 1994, 1995）解释认为，大部分智商测量结果的差别与其说是生物的原因倒不如说是环境的原因。在精心进行的社会学调查中，索厄尔追踪了整个20世纪不同种族和族群人群的智商。索厄尔发现，平均而言，20世纪早期，来自比如波兰、立陶宛、意大利和希腊等欧洲国家，以及来自包括中国和日本在内的亚洲国家的移民，其智商一般要比美国人的平均智商低10到15分。但是到20世纪末，同样来自这些国家移民的智商已经达到或超过平均值。索厄尔发现，意大利裔美国人的平均智商差不多提高了10分，而波兰裔和华裔的平均智商几乎提高了20分。

因为基因的变异需要数千年的时间，而上述人群中大多数人都是和同类人结婚，因此生物因素不可能解释他们智商得分的急速提高。唯一合理的解释是不断变迁的文化模式。早期移民的后裔由于生活水平的提高和受教育机会的增加而提高了他们的智力水平。

索厄尔发现，非裔美国人的情况也类似于此。历史上，居住在北部的非裔美国人的平均智商要高出居住在南部的非裔美国人10分。1940年以后从南部移居到北部的非裔美国人的后代中，智商的提高与欧洲和亚洲移民的后代智商提高一样快。这样，环境因素在解释不同种族人群的智商差异上似乎很关键。

根据索厄尔的说法，这些测试分数的差异表明了文化模式的问题。在测试中得分高的亚洲人并不比其他人聪明，只是他们越来越重视学习，追求卓越。非裔美国人也不比其他人笨，只是他们背负了祖先传下来的不利遗产，这一遗产削弱了人的自信，阻碍了成就的取得。

你怎么想？

1. 如果智商得分反映了人们所处的环境，它们对智力的测量还是有效的吗？它们可能是有害的吗？

2. 据托马斯·索厄尔的说法，为什么一些种族和族群的人的平均智商在短期内得以迅速提高？

3. 你认为父母亲和学校会影响一个孩子的智商得分吗？如果有影响，是如何影响的？

阿多诺认为那些接受过较少学校教育的人，以及在冷漠、要求苛刻的家庭中长大的人容易产生专制型人格。在孩童时充满愤怒和焦虑，长大后就会充满敌意、富有攻击性,遇到挫折时倾向于寻找替罪羊。

● **文化理论**

第三种理论声称,虽然极端偏见可能只表现在某些人身上,但是有些偏见却在每个人身上都能找得到。为什么?因为偏见是我们均生活并学习的文化的一部分。鲍格达斯社会距离量表有助于证明这一点。鲍格达斯发现,全美各地的学生对特定的种族和族群人群差不多是类似的态度,对某些人亲密,对某些人则疏远。

最后,我们知道偏见来源于文化的另一个原因是,少数族群群体对除自己之外的其他人群也表现出与白人同样的态度。这一情况表明个人表现出偏见是因为他们生活在一种"偏见的文化"中,这种文化告诉我们某一人群比另一人群"更优越"或"更糟糕"。

● **冲突理论**

第四种解释认为,偏见是有权有势的人用以压迫他人的一种工具。比如在西南部,英裔美国人看不起拉丁裔移民,他们只付给辛勤工作的移民以低工资,同时又能够逃脱惩罚。类似地,当偏见将工人按照种族和族群分离开来,防止他们工作在一起而促进他们共同利益的时候,所有的精英都受益了(Geschwender, 1978; Olzak, 1989; Rothenberg, 2008)。

根据谢尔比·斯蒂尔(Shelby Steele, 1990)提出的另一个基于冲突的观点,少数族群群体自身也鼓励种族意识的觉醒(有时称之为"身份政治"),以获得更大的权力和更多的权利。因为他们在历史上的劣势,少数族群群体宣称他们是历史上的受害者,因此有权享受基于种族考虑的特殊照顾。虽然这一策略在短期内可能奏效,斯蒂尔警告说这样的想法经常会激起白人或其他人的激烈反对,这些人反对少数族群群体基于种族或族群的"特殊待遇"。

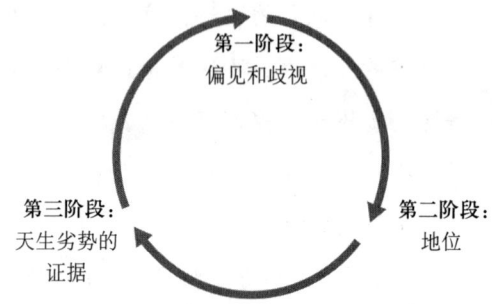

第一阶段:偏见和歧视开始,通常是一种族群优越感的表达,或者是努力为经济剥削辩护。
第二阶段:作为偏见和歧视的结果,少数族群群体在社会上处于不利地位,在社会分层体系中处于较低位置。
第三阶段:这种社会劣势不被解释为早期偏见和歧视的结果,而是充当少数族裔群体天生劣势的证据,于是新的偏见和歧视开始了,这一循环不断重复。

图11-2 偏见和歧视:恶性循环
偏见和歧视可以形成一个恶性循环,使其永续存在。

第三节 歧视

评价

与偏见关系十分紧密的是**歧视**（discrimination），即不平等地对待不同类别的人。偏见是一种态度，而歧视是一种行为。像偏见一样，歧视既可能是积极的（提供特别的有利条件），也有可能是消极的（制造障碍），同时歧视既可能是隐性的，也可能是显性的。

一、制度性偏见和歧视

我们一般认为偏见和歧视是特定人的有害想法或行为。但是，斯托克利·卡迈克尔和查尔斯·汉密尔顿（Stokely Carmichael & Charles Hamilton, 1967）指出，更大的危害来自于**制度性偏见和歧视**（institutional prejudice and discrimination），即嵌入于社会制度运行的偏见和歧视，这种偏见和歧视存在于学校、医院、警察局以及工作场所当中。比如，研究发现，银行对少数族裔群体成员房屋抵押贷款申请的拒绝比例要高于对白人的比例，即使在少数族裔群体成员收入稳定且邻里和睦时也是如此（Gotham, 1998; Blanton, 2007）。

根据卡迈克尔和汉密尔顿的说法，人们谴责并进一步承认制度性偏见和歧视的过程是很缓慢的，这是因为制度性偏见和歧视通常涉及受人尊敬的公共官员以及确立已久的惯例。一个关键的判例是布朗诉托皮卡教育局案[1]，1954年最高法院对此做出判决，终结了美国学校中合法的种族隔离制度。教育设施"隔离但平等"的信条一直以来是我们这块大陆的法律，这一信条通过允许学校隔离而维护了种族不平等。尽管这

---

[1] 20世纪40年代以来，美国联邦最高法院审理了一系列案件，确认和保护了非裔美国人基本的公民宪法权利。其中尤以1954年布朗诉托皮卡教育局案最具代表性。它宣布公立学校中的黑白种族隔离制度违反宪法，由此撕开了美国南方种族隔离制度的缺口，吹响了全面废除种族隔离制度的号角，成为黑人民权运动和结束种族隔离制度斗争的一个里程碑。——译者注

一划时代的裁决已经过去了半个多世纪，但今天大多数美国学生还是到那些单一种族占压倒性多数的学校上学（KewalRamani et al., 2007）。1991年，最高法院宣布，只要我们的人口是种族隔离的，即大部分非裔美国人居住在城区而大部分白人和亚裔美国人生活在郊区，那么社区学校就永远不可能提供平等的教育。

> **歧视** 不平等地对待不同人群的人
>
> **制度性偏见和歧视** 嵌入社会制度运行的偏见

二、偏见和歧视：恶性循环

偏见和歧视相互加强。第四章（"日常生活中的社会互动"）中所讨论的托马斯定理给这一现象提供了一个简单的解释：情境被认定为真实的，那么其结果将成为真实的（Thomas & Thomas, 1928; Thomas 1966: 301，原作于 1931）。

像托马斯所意识到的，对于那些相信刻板印象的人，甚至有时为其所害的人，刻板印象成为事实。部分白人对有色人种的偏见不会造成有色人种天生的低级，但是它能造成有色人种的社会劣势，从而将少数族裔群体推向低工资、下等学校以及种族隔离房。然后，当白人看到这些社会不利条件时，就以此作为少数族裔群体不适格的证据，他们开始了新一轮的偏见和歧视，引起了如图 11-2 所示的永久延续的恶性循环。

第四节　主导群体和少数族群群体：互动的模式

分析

社会科学家用四种模式来描述一个社会中主导族群和少数族裔成员之间互动的模式：多元主义、同化、种族隔离和种族灭绝。

一、多元主义

多元主义（pluralism）是指所有种族和族裔的人虽然有明显区别，但拥有平等社会地位的一种状态。换句话说，不同外表或社会传统不同的人都享有大致平等的资源。

美国是一个多元主义的国家，一定程度上，法律面前，人人平等。与此同时，大城市存在无数的"族群村落"，在那里，人们自豪地展示他们移民祖先的传统。这些族群村落包括纽约的西班牙哈莱姆区、小意大利、唐人街；费城意大利人的"南费城"；

我们应当期望来到美国的人为"融入"美国而改变他们的语言习惯和文化模式吗？或者我们应当期望他们固守他们自己的传统吗？为什么？

芝加哥的小西贡；以及拉丁裔的东洛杉矶。仅在纽约市，就有300多种以90多种语言表达的杂志、报纸和广播电台（Paul, 2001; Logan, Alba & Zhang, 2002; New York Community Media Alliance, 2011）。

但美国并不是真正的多元化，理由有三。第一，虽然大部分人重视他们的文化遗产，很少有人愿意专门与自己完全相似的人生活在一起（NORC, 2011: 667-70）。第二，我们对社会多样性的宽容仅仅才起步。对美国日益增多的少数族裔群体，一个应对措施就是推动英语成为官方语言的社会运动。第三，我们将在稍后一章的内容中看到，不同肤色和文化的人并不享有平等的社会地位。

二、同化

许多人认为美国是一个"大熔炉"，在这个大熔炉里面，不同族群的人混合在一起。但是，不是每个人"熔入"了一些新的文化模式，而是大多数少数群体主动采纳了由我们早期的殖民者所创立的主导文化。为什么？因为这样做既是社会流动中的上升途径，也是一种避免明显更多针对外国人的偏见和歧视的方法。社会学家用"**同化**"

(assimilation）这一术语来描述少数群体逐渐采纳占主流地位的文化模式的过程。同化包含改变服饰、价值观、宗教信仰、语言和交友等多方面。

不同的人群同化的程度不同。比如，在美国，加拿大人比古巴人、荷兰人比多米尼加人、德国人比日本人更为"熔入"。多元文化主义者反对将同化作为一种目标，因为它视少数群体为"问题"和需要做出全部改变的人。

注意同化涉及的是族群的改变而不是种族的改变。例如，许多日本移民的后代抛弃了他们族群的传统，但是却保留了他们种族的特征。种族的特征在数代后得以削弱，可以借助于**种族间的通婚**（miscegenation），也就是不同种族的配偶之间繁衍后代。虽然跨种族的婚姻变得越来越普遍，但它仍只占所有美国婚姻中的 7.5%（U.S. Census Bureau, 2011）。

三、种族隔离

种族隔离（segregation）是各类人群在身体上和社会上的分离。一些少数族群，特别是像安曼教派奉行的宗教规范，自愿地将自己与他人隔离。然而，主导族群通常排斥少数族群而使少数族群处于隔离状态。居住区、学校、工作场所、医院甚至墓地也可能被隔离。多元主义鼓励特殊性，去除劣势，而隔离却强化了危害少数族群的分离。

种族隔离在美国有着悠久的历史，从奴隶贸易开始，一直到种族隔离房、隔离学校、隔离公共汽车以及隔离火车。诸如 1954 年布朗一案，法院的判决已经在法理上削弱了歧视在我们国家的合法性，然而实际上，种族隔离以无数社区居住着单一种族的形式一直延续到今天。

尽管种族隔离近年来有些下降，但它在美国还持续存在。例如，密歇根州利沃尼亚市 90% 的人是白人，而邻近的底特律市 80% 是非裔美国人。库尔特·梅茨格（Kurt Metzger, 2001）解释道："利沃尼亚几乎是由（从底特律）飞来的白人创造的。"研究表明，在整个国家，白人（尤其是那些有着年幼孩子的白人）避免和非裔美国人做邻居（Emerson, Yancey & Chai, 2001; Krysan, 2002）。道格拉斯·梅西和南希·登顿（Douglas Massey & Nancy Denton, 1989）指出，更极端的是，在一些内陆城市存在着对贫穷的非裔美国人的高度隔离。高度隔离意味着与当地社区之外的人几乎没有任何形式的接触。高度隔离对大约 20% 的贫困非裔美国人来说是一种家常便饭，这一隔离模式在美国大约 25 个大城市当中都能发现（Wilkes & Iceland, 2004; U.S. Census Bureau, 2011）。

四、种族灭绝

种族灭绝（genocide）是一个种族被另一个种族有组织的杀戮。这种种族歧视和种族中心主义的致命形式几乎违反了人类每一项公认的道德准则，然而它还是在人类历史上一次又一次地发生了。

```
                    主导群体和少数族群之间互动的模式
    ┌───────────────────┬──────────────┬──────────────┬──────────────┐
 多元主义 所有种族和族群的    同化 少数族群逐渐    种族隔离 各类人     种族灭绝 一个种
 人虽然有明显区别，但拥有   采纳占主流地位的文   群在身体上和社    族被另一个种族
 平等社会地位的一种状态    化模式的过程        会上的分离       有组织的杀戮
```

在欧洲移民和美洲大陆土著接触的历史中，种族灭绝是普遍的。从16世纪以来，西班牙人、葡萄牙人、英国人、法国人和荷兰人依靠武力建立起强大的殖民帝国。由于本土居民对欧洲殖民者带来的疾病没有多少自然免疫力，他们大部分死于这些疾病，但许多原住民是因为反对殖民者而被蓄意杀害的（Matthiessen, 1982; Sale, 1990）。

种族灭绝同样发生在20世纪。从1915年开始，超过100万亚美尼亚人被土耳其帝国所杀害。自那不久，在阿道夫·希特勒统治下的德国，令人难以置信的恐怖降临在欧洲犹太人身上。大约从1935年持续到1945年的大屠杀期间，纳粹杀害了600多万犹太人，包括男人、女人和儿童，甚至包括同性恋者、吉普赛人以及残疾人。

可悲的是，有计划的种

在促使同化的努力中，美国印第安人事务局将印第安儿童从家里接出来，把他们放到如图所示的寄宿学校——俄克拉荷马州的河畔印第安人学校。在那儿，非印第安教师教他们英语，其目的是为了让他们成为"美国人"。

族灭绝和屠杀今天仍在继续。最近的例子发生在非洲国家，卢旺达的胡图族人杀害图西人。此外，东欧巴尔干半岛上的塞尔维亚人杀害波斯尼亚人，苏丹达尔富尔地区成千上万的人遭受杀害。

以上四种少数族群和主导族群互动的模式（即多元主义、同化、种族隔离和种族灭绝）在美国都有发生。尽管许多人很骄傲地指出美国有多元化和同化的传统，然而认识到美国社会一定程度上是建立在种族隔离（非裔美国人）和种族灭绝（美洲土著人）的基础上也很重要。本章的剩余部分将考察，这四种模式是如何塑造美国主导种族和族群的过去及现有社会地位的。

第五节　美国的种族和族群

分析

把你的疲惫、贫困给我吧，那广大民众对自由呼吸的向往，那丰饶海岸给不幸难民的庇护，那风雨颠簸过后的无家可归，统统交给我吧！我高擎明灯屹立于黄金门！

埃玛·拉扎勒斯（Emma Lazarus）镌刻在自由女神像上的诗，反映了这个国家对于人性自尊、个性自由和经济机遇的文化理想。相比其他一些国家，美国的确给很多移民提供了更多的"好生活"。每年大约有 125 万的移民来到这个国家，他们各种各样的生活方式创造了一个社会整体，这在大城市中尤为突出。

然而，有关美国少数族群和种族群体的调查会显示，我们国家的黄金门对某些人更加开放一些。接下来我们考察一下美国人口中主要群体的过去和现在社会地位现状。

一、土著美国人

"土著美国人"这一术语涉及数以百计的社会团体——包括阿留申人、切罗基族人、祖尼人、苏人、莫霍克族群人、阿兹特克人和印加人——最早定居在西半球的人。早在克里斯多弗·哥伦布（Christopher Columbus）到达美洲大陆前大约15000年，移民就跨过一条大陆桥即如今的白令海峡（阿拉斯加海岸）所在地从亚洲来到北美洲。渐渐地，他们又闯出了北美洲到南美洲之间的路。

15世纪末期，当第一批欧洲人到达美洲的时候，土著美国人口还有数百万。但到了1900年，在长达几个世纪的种族冲突和种族屠杀之后，"消失的美国人"只剩下25万人了（Dobyns, 1966; Tyler, 1973）。土著美国人所控制的陆地范围也急剧缩减。

哥伦布把他们最先遭遇的美国土著人称为"印第安人"，因为他误以为已经到达航行的目的地印度。哥伦布发现，与物质主义和富竞争性的欧洲人形成鲜明对比的是，美国土著人顺从而平和（Matthiessen, 1984; Sale, 1990）。然而，欧洲人却把他们称为小偷和杀人犯，以此正当化自己攫取土著人土地的行为（Josephy, 1982; Matthiessen, 1984; Sale, 1990）。

美国独立战争后，美国新政府对土著美国人采取了多元主义的方式，通过与土著美国人签订条约竭力从他们手里获取更多的土地。而对土地的赔偿却远非公平，当土著美国人拒绝交出他们的土地时，美国政府就用其强大的武力来驱逐他们。到19世纪早期，只剩下极少数土著美国人居住在密西西比河以东。

> **了解我们自己·1784年至今美国印第安人控制的土地**
> 在1784年，美国印第安人控制范围最终达到今日美国大陆领土的3/4。而今天美国印第安人只控制了436个分散在全美的保留地，仅占全美面积的大约5.3%。

1871年，美国以土著美国人抵制政府为由，宣称对土著美国人采取强制同化的政策。将土著美国人重新安置在被称为"保留地"的特定区域，这使得土著人继续丧失他们的土地和文化传统。保留地的生活迫使他们依附于外界，他们放弃了祖先的语言而改说英语，改变了原来的宗教信仰而代之以基督教。印第安人事务局的官员把土著人的孩子从他们的父母身边带走，送他们到寄宿学校，在那里他们被重新社会化为"美国人"。当局将保留地的控制权交给少数支持政府政策的土著人，由他们分配保留地的土地，传统中由集体拥有的土地成为个体家庭的私有财产（Tyler, 1973）。

表11-2 2010年美国土著居民的社会地位

	美国土著居民	全部美国人
家庭年收入中位数（美元）	39664	60395
贫困人口比例	23.7%	15.1%
完成四年或四年以上的大学教育（≥25岁）	13.4%	30.4%

资料来源：U.S. Census Bureau (2011)。

直到1924年，土著美国人才享有美国的公民权。从那以后，许多人从保留地迁移出来，采纳主流文化的模式并和非土著人通婚。现在，一半土著人认为他们自己是双种族或多种族的人（U.S. Census Bureau, 2011），现在许多大城市也容纳了相当数量的土著居民。然而，如表11-2所示，土著美国人的收入远在美国人均收入之下，相对极少的土著人接受过大学教育[1]。

这四位妇女的努力极大地提高了非裔美国人在美国的社会地位。上图从左至右：索乔纳·特鲁斯（Sojourner Truth, 1797—1883），出身奴隶的她成为一个有影响力的传道士和公开的废奴主义者，被林肯总统在白宫授予荣誉勋章。哈丽雅特·塔布曼（Harriet Tubman, 1820—1913），在摆脱奴隶身份后，策划了上千名非裔美国男人和女人通过"地下铁路"逃离奴役。伊达·韦尔斯-巴尼特（Ida Wells-Barnett, 1862—1931），出生时父母都是奴隶，后来成为了《孟菲斯报》的一个合伙人，不知疲倦地反对恐怖私刑的十字军战士。玛丽安·安德森（Marian Anderson, 1902—1993），一位早期事业被种族偏见限制的特殊歌手，通过在白宫（1936）和在林肯纪念馆前的台阶上面对将近10万人（1939）演唱来打破象征隔离的"肤色界限"。

在西部一个城市与一位美国土著人进行深入的面谈后，琼·阿尔邦（Joan Albon,

---

[1] 在进行教育特别是收入比较时，要谨记不同类别的美国人口有不同的中位年龄。2010年，所有美国人口的中位年龄是37.2岁；而土著美国人中位年龄为31.0岁。由于人们的学校教育和收入会随着年龄的增长而增加，因此这种年龄差异部分说明了表11-2所示的差距。

1971）得出结论，他们的低下社会地位是文化因素的结果，这些因素包括他们与世无争的态度并且拒绝追求高等教育。此外，她注意到，许多土著美国人的肤色较深，这使得他们成为偏见和歧视的目标。

今天美国 200 多个印第安部落成员对他们传统文化的自豪正在回归。传统文化组织报告，新会员申请出现了一个高潮，同时许多小孩的母语说得比他们的父母好。土著居民管理其保留地的合法权利使得一些部落能够建起一些有利可图的赌博娱乐场所。但是，从赌博中赚取的财富只是使相当少的土著人富裕起来，大部分的盈利都被非印第安裔投资者获取（Bartlett & Steele, 2002）。虽然出现了一些兴旺的迹象，但大部分土著人仍旧处于极为不利的状态，同时承受一种白人掌控下的深刻的不公正感。

二、盎格鲁－撒克逊白人新教徒

盎格鲁－撒克逊白人新教徒（WASPs）不是第一批移居到美国的人，但在欧洲人开始殖民之后他们很快便统治了这个国家。大多数英国新教徒有英格兰血统，但这一人群也包括来自苏格兰和威尔士的人。大约有 3300 万人自称有英格兰、苏格兰和威尔士的血统，因此我们国家有 10.7% 的人有英国新教徒的背景，同时我们会发现英国新教徒分布在社会的各个阶层中（U.S. Census Bureau, 2011）。

许多人往往把盎格鲁－撒克逊白人新教徒与美国东西海岸的精英社区相联系。但白人新教徒居住最为集中的却是在犹他州（由于有英国血统摩门教徒移民的缘故）、阿巴拉契亚地区以及新英格兰州北部（也由于历史移民的原因）。

历史上，英国新教徒移民技术娴熟且积极追求我们今天称为"新教伦理"的东西。由于他们的数量和权力，英国新教徒移民没有受到其他种族移民的偏见和歧视。事实上，由于英国新教徒移民历史上的优势，他们成为许多人的榜样（K.W.Jones, 2001）。

英国新教徒移民从来不是一个单一的人群，特别是在殖民时代，巨大的敌意将英国圣公会教徒和苏格兰教徒隔离开来（Parrillo, 1994）。但在 19 世纪，大多数英国新教徒移民联合起来反对"不受欢迎的人"的到来，比如 19 世纪 40 年代的德国人以及 19 世纪 80 年代的意大利人。那些能够负担得起的人，居住在独立的郊区并加入门槛严格的俱乐部，以此自我庇护。于是在 19 世纪 80 年代——自由女神像欢迎移民到美国的最初 10 年——也可以看到第一家排他性的英国新教徒移民的国家俱乐部的建立（Baltzell, 1964）。

然而大约到 1950 年，祖先是英国新教徒的美国人的财富和权力达到顶峰，这表现在 1960 年约翰·肯尼迪——美国历史上第一位爱尔兰天主教身份的总统的当选。不过，英国新教徒移民的文化遗产保留下来了。英语成为这个国家的主导语言，新教是主要宗教信仰。我们的法律体系同样反映了美国的英格兰起源。当我们广泛使用"种族"和"族群"这些术语描述除了他们以外的所有人时，祖先是英国新教徒的美国人在历史上的统治地位其实就更加显而易见了。

三、非裔美国人

尽管非洲人伴随欧洲探险者在 15 世纪就来到了新大陆，但是大部分记录都把 1619 年作为美国黑人历史的开端，这一年一艘从事贸易的荷兰船只载着 20 个非洲人来到弗吉尼亚州的詹姆斯敦。不管这些黑人是以奴隶身份到来的，还是同意工作一段时间以支付旅费的契约佣人，来到这些海岸的非洲人很快就变得和真正的奴隶没有多少区别了。1661 年，弗吉尼亚州颁布了第一部承认奴隶制的法律（Sowell, 1981）。

奴隶制是南方十三个州种植园经济的基础。白人用黑人奴隶的廉价劳动力来经营种植园。直到 1808 年，一些人还在贩卖黑奴。奴隶贩子——包括北美人、非洲人和欧洲人——强行运送了大约 1000 万非洲人到美洲各国，其中有 40 万被运到美国。

在狭小的船上，上千名奴隶被锁在一起，经过几个星期的时间穿越大西洋。恶劣的卫生条件和疾病夺去了很多人的生命，也迫使一些人自杀。总的说来，整个航行中可能要死掉一半的人（Frankin, 1967, Sowell, 1981）。

熬过了悲惨的大西洋航行，对于幸存者来说即将面临的是苦役生活。尽管在各种交易之下一些奴隶可以在城市中工作，但大部分奴隶都要到田地里干活，经常要从黎明劳作到日落，收割季节还要更久。法律允许奴隶主使

国会黑人核心小组代表了非裔美国人日益增长的政治权力。即使如此，2011 年，美国黑人出任众议院议员的只有 44 名，州长 1 名，而参议院没有代表。

用他们认为必要的所有惩罚措施来确保奴隶服从和辛勤工作。即使是杀死一名奴隶也很少受到法律制裁。奴隶主们还在公开的拍卖会上拆散奴隶的家庭，在那里奴隶像财产一样被买卖。由于奴隶们没有受过教育而且其基本需要又依赖于奴隶主，奴隶基本上不能掌控自己的命运（Franklin, 1967; Sowell, 1981）。

一些自由有色人种生活在南部和北部，包括小型农场主，熟练工人，以及小商人。但是大多数非裔美国人的生活与美国建国的原则即平等和自由的理念相去甚远。《独立宣言》上这样写着，"我们认为下述真理是不言而喻的：人人生而平等，造物主赋予他们若干不可转让的权利，其中包括生存权、自由权和追求幸福的权利。"

然而，大部分白人并未以此理念对待黑人。在1857年的德雷德·司各特案件中，联邦最高法院提出这样的问题，"黑人是公民吗？"并回答道，"我们认为他们不是，黑人不是也不可能是联邦宪法意义上的'公民'。因此他们既没有任何权利，也没有任何特权，这种权利和特权是提供给美国公民以保证其安全的工具。"（引自 Blaustein & Zangrando, 1968: 160）这就导致了瑞典社会学家贡纳尔·默达尔（Gunnar Myrdal）1944年提出的"美国的困境"：即一个民主社会对某一整个人群基本权利和自由的抹杀。很多白人简单地认为黑人天生就劣等不配得到平等，以此来摆脱这一困境（Leach, 2002）。

表11-3 2010年非裔美国人的社会地位

	非裔美国人	所有美国人
家庭年收入中位数（美元）	38500	60395
贫困比例	27.4%	15.1%
完成四年或四年以上大学（≥ 25岁）	19.9%	30.4%

资料来源：U.S. Census Bureau (2011)。

1865年，美国宪法第十三修正案宣布奴隶制不合法。三年后，宪法第十四修正案推翻了德雷德·司各特案的判决：给予所有在美国出生的人以公民身份。1870年批准通过的第十五修正案宣称，不得因种族、肤色或以前曾服劳役而剥夺任何公民的选举权。然而，所谓的吉姆·克劳法律体系[1]——制度性歧视的典型案例——将美国社会分成了两个种族等级。特别是在南方，白人鞭打甚至私刑处决那些向种族等级制度挑

---

[1] 吉姆·克劳法律体系（Jim Crow Laws），指美国内战后重建时期南方各州相继实行的种族隔离、歧视黑人的法律。——译者注

战的黑人（和一些白人）。

20世纪，非裔美国人的境况发生了很大的变化。第一次世界大战结束后，数以万计的女人、男人逃离南方乡村到北方的工厂找工作。尽管大部分人的确找到了就业机会，但很少有人能够摆脱种族偏见和歧视，这使得他们的社会等级比那些刚从欧洲移民来的白人还要低。

20世纪50年代和60年代，一场全美性的民权运动推动了里程碑式的司法判决，即法院宣布种族隔离学校以及公共设施和就业当中的公然歧视为非法。20世纪60年代和70年代黑人民权运动给非裔美国人以新的自豪感和目标感。

尽管有以上的成功，非裔血统的美国人在美国的社会地位仍然很低，如表11-3所示。2010年非裔美国人家庭年收入中位数为38500美元，只有非拉丁裔白人同比（68961美元）的56%，这一比例在30年内几乎没有变化[1]。黑人家庭贫困率可能保持在白人家庭贫困率的三倍。

1980年到2010年非裔美国家庭中产阶级的人数稳步地增加了一半多。40%的人挣的钱达到或超过每年48000美元。这就意味着今天非裔美国人社区经济上的多元化。即便如此，大部分非裔美国人仍是工人阶级或者依然贫穷。最近几年里，由于对中心城市居民至关重要的城市工厂的工作机会转移到了劳动力更为廉价的其他国家，许多黑人的收入甚至在减少。这就是为什么黑人失业者比白人失业者人数高出两倍以上的原因之一；很多城市非裔美国青少年失业人数甚至超过了40%（R.A.Smith, 2002; U.S. Department of Labor, 2008）。过去几年的经济衰退进一步伤害了非裔美国人，普通家庭的财富在2005—2010年期间下降了大约一半（R. A. Smith, 2002; Siegel, 2011; U.S. Department of Labor, 2011）。

自1980年以来，非裔美国人的教育事业取得了长足的进步。到2010年成人完成中学教育的比例提高到85%，白人和黑人在这方面几乎没有差距了。1980—2010年期间，非裔美国人中至少拥有一个大学学历的人的比例从8%上升到几乎20%。但正如287页表11-3所示，非裔美国人完成四年大学的人数比例仍然在全美平均水平之下。

非裔美国人的政治影响力也提高了。由于黑人移居到城市而白人移居到郊区，黑人获得城市地区更多的政治权力，许多大城市中的市长由非裔美国人当选。在全国意

---

[1] 在这里，中位年龄的差异（非拉丁裔白人，42.1岁；非裔，32.1岁）部分说明了收入和教育上的差异。更重要的是，黑人单亲家庭比例比白人高得多。如果我们仅仅比较夫妻家庭，则非裔美国人2010年的家庭年平均收入为60772美元，大约相当于非拉丁裔白人家庭年平均收入（77416美元）的79%。

义上,贝拉克·奥巴马当选为第 44 届总统——黑人第一次当选为这一职位——是一次具有历史意义的重大事件。它表明了我们社会已经超越了"种族是通往这片土地上最高职位的障碍"的假设(West, 2008)。然而 2011 年,非裔美国人在众议院只有 44 个议席(435 名议员中的 10%),参议院没有非裔美国人(0/100),在 50 个州中仅仅 1 位非裔出任州长(National Governors Association, 2011; U.S. House of Representatives, 2011; U.S. Senate, 2011)。

总而言之,在接近 400 年的时间里,非裔美国人一直在为争取社会平等而努力。作为国家而言,美国为这一目标已有长足努力。公开的歧视现在是非法的,研究也表明对非裔美国人的偏见在持续弱化(Firebaugh & Davis, 1988; J. Q. Wilson, 1992; NORC, 2011)。

1913 年,废除奴隶制差不多 50 年之后,杜波依斯指出,黑人成就的确逐渐扩大,但是他也发出警告,种族等级在美国仍旧强烈存在。差不多一个世纪后,种族层级仍继续存在。

四、亚裔美国人

虽然亚裔美国人有一些体格上的共性,但他们在文化上存在着巨大的差异。2010 年,亚裔美国人的总数超过了 1520 万,大约占美国人口的 4.9%。亚裔美国人中最多的是华人(350 万),接下来是印度人(280 万)、菲律宾人(250 万)、越南人(160 万)、韩国人(150 万)以及日本人(77.5 万)。1/3 以上的亚裔美国人生活在加利福尼亚州。

由于获得了很高的学术成就,以及在我们国家最好的学院和大学就读人数多得不成比例,许多年轻的亚裔美国人赢得了关注和尊敬。许多年长的亚裔美国人也获得了经济成就和社会地位。大多数亚裔美国人现在居住在中产阶级所居住的城郊。

平均而言,亚裔美国人的收入要高于美国收入中位数。然而同时,很多亚裔美国人社区的贫困率——包括旧金山的唐人街——也在平均水平之上。

尽管（有时是由于）亚裔美国人取得了这些成就，但他们还是时有发现其他人对他们很冷漠或抱有公然的敌意（Chua-Eoan, 2000; Lee & Marlay, 2007）。

部分亚裔美国人的成功业已形成"模范少数族裔"的刻板印象，这一刻板印象可能引起误导，因为它隐藏了他们中阶级地位差异的事实。我们现在主要关注一下华裔美国人和日裔美国人——两个在美国移民时间最长的亚裔少数族群——的历史和现状，再简单梳理一下最新移民的情况。

● 华裔美国人

中国人移民到美国始于 1849 年加利福尼亚淘金热所带来的经济繁荣之际。新的城镇和商业在一夜之间涌现出来，对廉价劳动力的需求吸引了大约 10 万中国移民。大部分中国工人是年轻男子，他们愿意从事那些白人不愿意干的、条件艰苦的且地位低下的工作。但到了 19 世纪 70 年代，经济开始衰退，绝望的白人为了任何可能的工作开始与华人竞争。突然之间，努力工作的华人被视为一种威胁。简而言之，经济萧条导致了偏见和歧视（Ling, 1971; Boswell, 1986）。禁止华人从事很多职业的法律很快被通过，公众舆论开始强烈抵制"黄祸"。

1882 年，美国政府第一次通过了限制中国移民的几项法规。这一行动导致了华人家庭的艰辛，因为在美国，华人男女的比例是 20∶1。这种性别失衡导致华人人数到 1920 年下降到仅仅 6 万人。由于已经在美国的中国女性变得抢手，她们很快便不再屈服于传统意义上对男人的服从（Hsu, 1971; Lai, 1980; Sowell, 1981）。

表 11-4　2010 年亚裔美国人的社会地位

	所有亚裔	华裔	日裔	印度裔	菲律宾裔	韩裔	全美国
家庭年收入中位数	75486	77926	85894	100520	85837	61683	60395
贫困比例	12.1%	13.9%	8.0%	8.5%	6.1%	15.8%	15.1%
完成四年或四年以上大学（≥25岁）	50.3%	51.8%	47.4%	70.8%	48.5%	52.9%	30.4%

资料来源：U.S. Census Bureau (2007)。

面对种族敌意，一些华人开始移居到东部，许多人在城市里的唐人街中寻求相对的安全。在那里，中国传统盛行，被称为宗族的血缘关系网络能够为个人提供经济援助，同时也能代表大家的利益。然而，另一方面，居住在一个全部是华人的社区会妨碍他们学习英语，从而会减少他们的工作机会（Wong, 1971）。

第二次世界大战期间对劳动力的再次需求，使得富兰克林·罗斯福总统在1943年结束了对中国移民的禁令，同时扩大了出生在国外的华裔美国人的公民权利。于是许多华人开始移出唐人街，追求文化的同化。比如在檀香山，20世纪之初有70%的华人住在唐人街，而现在这一数字下降到20%以下。

到1950年，许多华人都经历了向上的社会流动。今天，华人后代已经不仅仅局限于洗衣店和饭店一类自我雇用式的工作了，许多人拥有很高声望的社会地位，特别是在与科学和信息技术有关的领域。

正如表11-4所示，2010年华人的家庭年收入中位数为77926美元，超过全美平均水平（60395美元）。所有亚裔美国人的高收入反映了其大部分家庭成员都是劳动力的事实。[1]华人在教育方面所取得的成就也创造了纪录，大学毕业的人数远远高于全美平均水平。

尽管取得这些成就，许多华人还是要与隐蔽的（有时是公然的）偏见和歧视作斗争。这种敌意是造成华裔美国人贫困率仍然接近全国平均水平的原因之一。贫困问题对那些仍生活在社会孤立的唐人街上，在饭店工作或从事其他低收入工作的人中尤为普遍。社会学家在争论这样一个问题，即种族和族群聚居区对其居民而言是帮助还是剥削（Portes & Jensen, 1989; Kinkead, 1992; Gilbertson & Gurak, 1993）。

● **日裔美国人**

日裔美国人是在19世纪60年代开始慢慢移民而来，到1890年人数才达到3000人，其中大部分是作为廉价劳动力来到夏威夷岛（1898年并入美国，1959年成为美国的一个州）的男性。然而1900年后，随着日本移民到加利福尼亚州的人数日益增加（1915年达到14万人），白人对其的敌意也随之增强了（Takaki, 1998）。1907年，美国与日本签署了一份协议，限制日本男性移民到美国——主要是经济威胁——而允许日本女性移民到美国，为的是缓和日裔美国人性别比的失衡。20世纪20年代，加利福尼亚州和其他一些州的法律将日本人强制隔离起来，而且禁止种族间的通婚，这差不多终结了日本人的进一步移民。直到1952年美国才扩展了出生在国外的日裔美国人的公民权利。

中国和日本移民有三个重要方面的不同。第一，因为日本移民较少，因此他们避

---

[1] 2010年亚裔美国人的中位年龄是35.2岁，比全美中位年龄37.2岁和非西班牙裔美国人中位年龄42.1岁低一些。但是不同类别的亚裔美国人中位年龄差距很大：日本人47.6岁；菲律宾人38.9岁；华人37.6；韩国人35.7岁；印度人32.3岁，柬埔寨人29.3岁；苗族人20.7岁（U.S. Census Bureau, 2011）。

免了一些直接指向数量更多的中国人的敌意。第二，日本人比中国人更了解美国，这有利于他们更好地同化（Sowell, 1981）。第三，日本移民更乐意选择农业生产而不是聚集在城市，这使得他们不太引人注目。但是许多白人反对日本人占有土地，因此在1913年，加利福尼亚州禁止日裔美国人进一步购买土地。许多非美国出生的日裔美国人（称为 Issei）将他们购置的土地置于他们在美国出生的子女（称为 nisei）名下以此回应上述限令，因为他们的子女拥有宪法赋予的美国公民权。

1941年12月7日，日本偷袭了美军在夏威夷珍珠港的舰队后，日裔美国人遇到了最大的危机。愤怒直接指向在美国的日本人。一些人担心日裔美国人会为日本充当间谍或阴谋从事破坏活动。一年内，富兰克林·罗斯福总统颁布第9066号行政命令，把有日本血统的人拘留进军事集中营，以这一前所未有的措施来确保国家的安全。当局很快将12万（占全美日裔美国人的90%）有日本血统的人重新安置到偏远的内陆保留地（Sun, 1998; Ewers, 2008）。

对国家安全的关注通常发生在战时，但是对日裔美国人的拘留却受到了严厉的指

2010年，在宣称联邦政府没有保护好边界后，亚利桑那州通过一项新移民法案，这项法案允许执法人员在决定移民是否有合法理由获取移民身份时更具主动权。这项法案尽管在该州受到欢迎，但遭到批评人士的激烈反对，后者视这项法案为针对西班牙裔的攻击。

责。首先，它针对整个类别的人群，而不是针对某个有背叛行为的个体。其次，这些被拘留的人中大约2/3是在美国出生的第二代日本人，已经有了美国的公民权。最后，美国同时也在与德国人和意大利人打仗，但是对有着德国和意大利血统的人却没有采取类似的行动。

重置意味着为了得到一笔现钱而匆忙售卖房子、家具以及商铺。结果，几乎全部日裔美国人在经济上都遭了殃。在军事监狱里——周围布满了带刺铁丝网同时有全副武装的士兵站岗——一家人挤在一个小房间里，这些房间以前曾是圈养牲畜的屋子。1944年，联邦最高法院宣布对日裔美国人的拘留违反宪法，而最后一座拘留营直到1946年3月（第二次世界大战已经结束后）时才关闭。1988年，国会判给每一位受害者2万美元作为对他们曾经遭受的痛苦的象征性补偿。

第二次世界大战后，日裔美国移民迅速地复苏。许多人在离开了他们传统的商业后进入了新的行业。受其文化价值观中对接受教育和辛勤工作重要性的强调这一因素的推动，日裔美国人获得了巨大的成功。2010年，日裔美国人家庭年收入中位数比全美家庭年平均水平差不多高出40%。日裔美国人的贫困比例远低于全美贫困比例。

向上的社会流动促进了文化的同化和种族间的通婚。日裔美国人的年轻一代很少像很多华裔美国人一样住在居民聚集地，许多人与非日裔美国人结婚。在这一过程中，一些人放弃了他们的传统，其中包括他们的日语。然而，还有大部分的日裔美国人隶属于一些协会，作为保持他们族群特征的一种方式。还有一些人似乎摇摆于两个世界之间：一方面不再是文化意义上的日本人，另一方面由于种族的差异又不完全被更大的社会所接纳。

●亚裔移民的近况

从亚洲来得更晚的移民包括菲律宾人、印度人、韩国人、越南人、关岛人以及萨摩亚人。总体而言，从1990年到2010年，亚裔美国人的数量增长了2倍以上，目前已经达到了所有移民到美国人数的40%（U.S. Department of Homeland Security, 2011）。

亚裔移民有着很强的事业心。这部分反映了亚裔移民重视成就和自力更生的文化模式，但开设一家个人所有的小公司也是应对社会偏见和歧视的一个策略。在小企业上取得的成功部分说明了亚裔美国人家庭收入高于全国平均水平的事实；但另一方面，在许多小企业中，大量家庭成员没日没夜地工作也是事实。

支撑亚裔美国人家庭收入的另一个因素是高教育水平。如表11-4所示，对于所有亚裔美国人来说，其完成四年大学的成人比例远高于全国平均水平。在所有的亚裔美国人中，印度移民拥有最高的教育成就，25岁以上男性和女性超过2/3完成大学教育，这一比例是全国平均水平的两倍还多。这一了不起的教育成就部分解释了印度裔美国人2010年家庭收入中位数超过100,000美元的事实，而这一数字比全国平均水平高出66%。

总而言之，对亚裔美国人的调查呈现出一幅复杂的图景。日裔美国人得到了最高的社会认同，但一些调查也发现对亚裔美国人的偏见要高于非裔美国人（Parrillo & Donogue, 2005）。家庭年收入的中位数数据反映了许多亚裔美国人很富有。但是这些数字也反映了这样一个事实：许多亚裔美国人生活在夏威夷、加利福尼亚和纽约这些收入高同时消费也很高的地区（Takaki, 1998）。此外，许多亚裔美国人仍很贫困。可以肯定的是——他们的高移民率意味着亚裔美国人将会在未来的几十年内在美国社会扮演十分重要的角色。

五、西班牙裔/拉丁裔美国人

2010年，西班牙裔美国人的数量达到5000万（占全美人口的16.4%），超过非裔美国人的数量（4040万，13%），更超过亚裔美国人的数量（1520万，4.9%），使西班牙裔美国人成为美国最大的少数族裔群体。然而，需要记住的是，这一类人中只有少部分人称自己为"西班牙裔"或"拉丁裔"。与亚裔美国人类似，西班牙裔美国人事实上是由不同类别的人组成的群体。每一类别都认同各自不同的祖国（Marín & Marín, 1991）。大约2/3的西班牙裔美国人（约3300万）是墨西哥裔美国人。其次是波多黎各裔（470万），然后是古巴裔（190万）。另外还有许多其他国家的拉丁裔人，他们人数较少。

表11-5 2010年西班牙裔美国人的社会地位

	所有西班牙裔	墨西哥裔	波多黎各裔	古巴裔	所有
家庭年收入中位数	39538	39264	41188	47929	60395
贫困比例	26.6%	26.6%	26.7%	17.5%	15.1%
完成四年或四年以上大学（≥25岁）	14.1%	9.5%	16.2%	23.4%	30.4%

资料来源：U.S. Census Bureau (2011)。

尽管拉丁裔美国人在全美各地的人口正日益增长，但他们大部分还是生活在西南部。1/3 的加利福尼亚人是拉丁裔人（在洛杉矶地区，几乎有一半的人是拉丁裔）。

> **了解我们自己·西班牙裔或拉丁裔、非裔、亚裔、阿拉伯裔美国人在美国的主要分布位置**
> 2010 年，西班牙裔或拉丁美裔美国人占全美人口的 16.4%，而非裔美国人占 13%、亚裔美国人占 4.9%、阿拉伯裔美国人占 0.5%。统计显示美国南半部居住的少数族群远多于北半部。但是他们并不都集中在南半部同一个地方。

全体西班牙裔美国人的家庭年收入中位数——2010 年为 39538 美元——比全美平均水平低很多[1]。然而，正如下文所解释的那样，某些类别的西班牙裔美国人比其他人生活得要好很多。

● 墨西哥裔美国人

一些墨西哥裔美国人是那些原本生活在墨西哥，后在美墨战争（1846—1848）中被吞并为美国领土一部分的墨西哥人的后代。然而，大多数墨西哥裔美国人是最近才移民过来的。事实上，现在从墨西哥移民到美国的人比其他任何一个国家移民人数都要多。

像许多其他移民一样，许多墨西哥裔美国人在农场或别的什么地方干活，但收入却比较低。表 11–5 显示了 2010 年墨西哥裔美国人家庭年收入中位数为 39264 美元，相当于全美平均水平的 2/3。超过 1/4 的墨西哥裔美国人家庭生活贫困，贫困率几乎是全美平均水平的两倍。最后，尽管从 1980 年开始有所改善，墨西哥裔美国人辍学率仍然很高，受教育程度相比全体国民平均水平要低得多。

● 波多黎各人

波多黎各（与菲律宾一样）在 1898 年美西战争结束时成为美国的领土。

在美国东部和西海岸的许多大城市当中可以发现阿拉伯裔美国人的社区，但最为集中的社区在美国中西部以北。图中的清真寺坐落在俄亥俄州托莱多市农村地区的麦田中。

---

[1] 2010 年，西班牙裔美国人的中位年龄为 27.3 岁，远低于非西班牙裔白人的 42.1 岁。这一差异部分解释了收入和受教育程度的差异。

1917年，国会通过琼斯法案，这一法案使波多黎各人（不面向菲律宾人）成为美国公民，并使波多黎各成为美国的国土。

纽约市有将近75万波多黎各人。然而，这一社区中大约有1/3的人生活在贫困线以下，其中一半是儿童。适应大陆的文化模式——对许多人来说包括学习英语——是一个主要的挑战；1/3的25岁以上成人没有完成中学教育。同样，有着较深肤色的波多黎各人遭遇了偏见和歧视。结果，每年回到波多黎各的人比来的人还要多。1990年至2010年期间，纽约的波多黎各人实际已经下降了15万多人（Navarro, 2000; U.S. Census Bureau, 2011）。

这种"旋转门"（revolving door）模式限制了同化。美国大约2/3的波多黎各家庭在家说西班牙语。只说西班牙语可以保持强烈的族群身份认同，但却限制了经济机会。波多黎各人比其他西班牙裔美国人有更高比例的家庭妇女，这一模式进一步加大了波多黎各家庭的贫困风险（U.S. Census Bureau, 2011）。

表11-5显示了2010年波多黎各家庭年收入中位数为41188美元，大约相当于全美平均水平的68%。尽管长期在美国大陆定居的不少波多黎各人已经获得经济上的成功，但最近从波多黎各来的移民还在艰难地寻找工作。总的看来，波多黎各人是西班牙裔美国人中社会地位最低的少数族群。

● **古巴裔美国人**

在1959年菲德尔·卡斯特罗领导的革命之后的十多年中，40万古巴人来到了美国。大部分人定居在迈阿密。这些人大部分是受过良好教育的商人和专业人员，他们在美国几乎没有花费多少时间就很快取得了如同在他们自己国家一样的成功。

表11-5显示，2010年古巴裔美国人家庭年收入中位数为47929美元，高于其他西班牙裔美国人的收入，但还是远低于全美平均水平。现在生活在美国的190万古巴裔美国人已设法保持了一种微妙的平衡，即在一个更大的社会中取得成就而同时又保留了大部分他们自身的传统文化。在所有西班牙裔美国人中，古巴人是最倾向于在家说西班牙语的：82%的古巴人家庭都这样做。同时，有将近40%的古巴裔美国人几乎或根本不说英语。这也造就了社区的文化特性，尽管居住在诸如迈阿密的小哈瓦那这样明显的社区，也激起了一些人的敌意。

六、阿拉伯裔美国人

阿拉伯裔美国人是美国又一个成员正日益增长的少数族群。如同西班牙裔美国人，这些人祖先来自于一个或多个不同国家，有时被统称为"阿拉伯世界"的22个国家，横跨北部非洲，从非洲西海岸的毛里塔尼亚、摩洛哥到非洲东海岸的埃及和苏丹，再延伸到中东（西亚），包括了伊拉克和沙特阿拉伯。然而并不是所有居住在这些国家的人都是阿拉伯人，比如摩洛哥的柏柏尔人和伊拉克的库尔德人就不是阿拉伯人。

每个国家的阿拉伯文化也有着差异，但他们共同使用广泛普及的阿拉伯字母和语言，并把伊斯兰教作为他们的主流宗教。但要记住的是，"阿拉伯"（族群类别）不同于"穆斯林"（伊斯兰教的信众）。生活在大多数阿拉伯国家的绝大多数人都是穆斯林，但也有一些阿拉伯人是基督徒或是其他宗教的信众。此外，居住在非洲或中东地区以外的大多数穆斯林不是阿拉伯人。

由于世界上很多国家有着规模庞大的阿拉伯人口，移民到美国的阿拉伯人也创造了文化的多样性。有些阿拉伯裔美国人是穆斯林，而有些则不是；有些阿拉伯裔美国人说阿拉伯语，有些则不说；有些阿拉伯裔美国人保持着他们自己的传统，而有些则没有。如同西班牙裔美国人和亚裔美国人一样，有些阿拉伯人是最近来的移民，而有些则在美国居住了几十年甚至几代了。

如表11-1所显示，政府统计出的阿拉伯裔美国人数量为170万，但由于有些人不愿意宣布他们的族群背景，事实上这一数字可能至少有两倍之多。[1] 数量最多的阿拉伯裔美国人是黎巴嫩人（占阿拉伯裔美国人的30%），其次是埃及（11%）和叙利亚（9%）。大多数阿拉伯裔美国人（67%）声称只有一个国家的血统，而33%的阿拉伯裔美国人声称既有阿拉伯血统又有非阿拉伯血统（U.S. Census Bureau, 2011）。统计显示，阿拉伯裔美国人遍布美国全境。

阿拉伯裔美国人遍布所有社会阶层。其中一部分是受过良好教育的专业人士，比如医生、工程师和教授；另外一些则是在工厂或建筑工地从事各种技术工作的工人阶层；还有一些在餐馆、医院或其他场所从事服务性工作或在小型家族式企业中工作。如表11-6所示，阿拉伯裔美国人家庭年收入中位数略高于全美平均水平（2010年为

---

[1] 2010年，阿拉伯裔美国人的年龄中位数为30.7岁，远低于全国年龄中位数的37.2岁。

61579美元，全美为60395美元），但阿拉伯裔美国人的贫困率高出全美平均水平很多（分别为19.6%和15.1%）。阿拉伯裔美国人受教育程度良好；46%的人受过大学教育，而全美平均水平为30%（U.S. Census Bureau, 2011）。

在包括纽约、芝加哥、洛杉矶、休斯敦和迪尔伯恩（密歇根州）等美国许多城市都能发现大型而显眼的阿拉伯裔美国人社区。即使如此，阿拉伯裔美国人或许选择淡化自身民族性，以此避免偏见和歧视。近年来由阿拉伯人发动的许多针对美国和其他国家的恐怖主义袭击事实已经助长了把阿拉伯人（穆斯林）与恐怖分子相联系的刻板印象。就像所有的刻板印象一样，这一刻板印象是不公正的，因为它把少数个体的行动归咎于整个人群。但可能正因此，本章前面所讨论的社会距离研究显示出，相比于任何其他种族和族群人群，学生对于阿拉伯人表现出更消极的态度。这也有助于解释为什么阿拉伯裔美国人成为日益增长的仇恨犯罪的目标，以及为什么许多阿拉伯裔美国人感受到他们正遭受警察和安全人员的"种族形象定性"（racial profiling），这种定性威胁到他们的个人隐私和公民自由（Ali & Juarez, 2003; Ali, Lipper & Mack, 2004; Hagopian, 2004）。

七、白种少数族裔美国人

"白种少数族裔"这一术语意味着许多白人的族群传统和社会劣势。白种少数族裔是指盎格鲁-撒克逊白人新教徒以外的，其祖先居住在爱尔兰、波兰、德国、意大利或者其他欧洲国家的白人群体。53%的美国人有一种或多种白人血统。

表11-6 2006年阿拉伯裔美国人的社会地位

	阿拉伯裔美国人	所有美国人
家庭年收入中位数（美元）	61579	60395
贫困比例	19.6%	15.1%
完成四年或四年以上大学（≥25岁）	45.7%	30.4%

资料来源：U.S. Census Bureau (2011)。

19世纪欧洲的高移民率首先来自德国人、爱尔兰人，然后是意大利人和犹太人。虽然文化不同，但是他们都怀着同样的希望，那就是期盼美国能比本国提供更多的政治自由和经济机会。大多数人在美国的确比以前生活得更好了，但是"美国街上铺满黄金"

白人族群聚居区仍出现在美国城市中，特别是在美国东北地区。这些社区主要居住着工薪阶层的男男女女，他们的祖辈作为移民来到美国。对于不少人来说，诸如费城的意大利市场之类的地方是一种充满吸引力的文化多样性资源。

的这一信念与现实未免相去甚远。许多移民发现只有靠辛勤劳动才能换取较低的报酬。

白种少数族群同样承受着偏见与歧视。许多雇主不愿雇用新移民，贴出"只要美国人"的标语（Handlin, 1941: 67）。到1921年，国会通过了移民配额制度，更大地限制了移民，特别是对于南欧人和东欧人限制得更为严格，这些人可能有更深的肤色，他们的文化背景也不同于占主导地位的英国新教徒。移民配额制持续到1968年才终止。

针对这种偏见和歧视，许多白种少数族群建立了聚居支持区。一些人还在某些商业和贸易领域占据了一席之地：意大利裔美国人进驻了建筑业；爱尔兰人在建筑业和社会服务业上小有成就；犹太人在服装业上占支配地位；许多德国人（与华人一样）从事食品零售业（W.M.Newman, 1973）。

焦点中的社会学

肯定性行动（Affirmative Action）：解决问题还是带来问题？

史蒂芬妮：我认为格蒂勒受到了不公平待遇，她本应被录取。

吉娜：但多样性很重要。我支持"肯定性行动"。

马尔科：或许有些人上大学的确更容易一些，包括像我这样的父亲曾在这里就读的人。

在一项针对密歇根法学院的法律诉讼中，白人芭芭拉·格鲁特（Barbara Grutter）声称她是种族歧视的受害者。什么歧视？她声称密歇根大学法学院拒绝了她的入学申请，但却通过了许多条件不如她的非裔美国学生的申请。事实上，据法院所了解的，密歇根大学作为一所州立大学，根据平均绩点（GPA）及法学院入学考试（LSAT）的录取中，仅仅招收了9%的白人学生，同等分数下的非裔美国申请者的录取率却是100%。

2003年，美国联邦最高法院受理格鲁特的起诉，审查了密歇根大学法学院和本科生课程的招生政策。以6比3的投票比例，最高法院支持密歇根大学法学院可以考虑申请者的种族背景，以创造一个社会多样性的学生群体，从而判定格鲁特败诉。然而法院同时也推翻了密歇根大学的本科招生政策，这一政策规定学分的获得不仅要反映成绩等级，还要考虑那些代表名额不足的少数群体成员。最高法院裁定，这一政策太近似于已被最高法院推翻的过去的硬性配额制度。

这项判决中，联邦最高法院继续反对类似的配额制度，而同时重申校园种族多样性的重要性。这样只要在每位个体申请的评估过程中种族必须被视为一个因素加以考虑，学院和大学可以考虑种族因素以增加传统上代表名额不足的少数族群群体学生的数量（Stout, 2003）。

这项富有争议的肯定性行动措施怎样开始的呢？答案可以追溯到第二次世界大战结束时，当时美国政府为所有种族的退伍军人资助了高等教育。所谓的 G.I. 法案（G.I.Bill）[1]对非裔美国人做出了特殊的承诺，他们中的大部分人都需要财政资助才能进入大学。到1960年，在政府的资助下，大约35万黑人男性和女性进入了大学校园。

只是存在一个问题，即便接受了高等教育，这些人并没有找到他们能胜任的工作。因此，肯尼迪政府发起了一项"肯定性行动"措施，以扩大合格的少数群体成员的工作机会。雇主和大学被告知要去督导雇佣、提拔和招收政策等方面，以消除对少数族群群体成员的哪怕是无意识的歧视。

"肯定性行动"措施的支持者认为，第一这是一个明智的对我们国家种族和族群历史的回应，特别是对那些遭受了长达两个世纪的奴役和在吉姆·克劳法下遭

---

[1] 该法案正式名称是 "Servicemen's Readjustment Act of 1944"，也就是"军人安置法案"。该法案最先于"二战"末期起草生效，给退伍美军军人提供免费的大学或者技术教育，以及一年的失业补助。——译者注

遇了一个世纪的种族隔离的非裔美国人更是如此。他们声称，在我们整个历史中，身为白人就已被赋予很大的优势。他们认为，现在对少数族群的偏向是对过去不公平偏向主导族群的矫正。

第二，考虑到我们的种族历史，许多分析家怀疑美国社会有一天将变为"色盲社会"。他们声称，因为偏见和歧视在美国文化中是如此的根深蒂固，简单地断言我们是或应当是"色盲社会"并不意味着每一个人都会真正得到公平对待。

第三，支持者坚称"肯定性行动"是有效的。如果20世纪60年代政府不制定这一政策，少数族群群体今天会沦落到何种境地呢？主要招工部门，像大城市中的消防队和警察机关，只有在"肯定性行动"启动后才开始第一次雇用少数族裔和女性。这一措施在帮助扩大非裔美国人中产阶级队伍以及增加大学校园和工作场所的种族多样性方面起到了重要的作用。

仅仅大约10%的白人支持对非裔美国人的种族优先政策，即便是非裔美国人自身，支持这一政策的也只有46%（NORC, 2011）。批评者认为，首先，"肯定性行动"原本只是作为一种短期的保证公平竞争的弥补方案，但不久却演变成了一种"群体优惠"和配额的制度。简而言之，一种"反向歧视"形式，即不是以人们的成就和努力而是以种族、族群或性别作为优惠的标准。

其次，批评者认为，如果种族优先在过去是错误的，那它现在也是错误的。为什么今天的大部分没有享受到特权的白人要为过去压根儿就不是他们犯的错误歧视而受到惩罚呢？我们的社会已经取消了大多数早先年代的制度性的偏见和歧视——一位非裔美国人当选为总统还不能说明这点？因此给某类群体整体性特殊待遇会有损成就的标准，给少数族群群体成员真正的成功带来麻烦。

第三个反对"肯定性行动"措施的理由就是，它只是使那些不是特别需要的人受益。受惠的少数族裔——拥有公司或者在法学院预留名额帮助的都是那些已经有特权的人。"肯定性行动"对那些最需要帮助的处于下层阶级的非裔美国人鲜有助益。

对"肯定性行动"措施的支持和反对都有充分的理由。而那些希望我们国家种族和族群更为平等的人在这场辩论中左右为难。包括加利福尼亚、华盛顿、密歇根、内布拉斯加等在内的许多州，已通过公民投票禁止基于种族或性别的肯定性行动措施的使用。然而，2008年科罗拉多的选民通过投票否决了这一提案。围绕这一论题的分歧依然在继续。分歧不在于所有肤色的人是否应该获得平等的机会,而在于目前的"肯定性行动"措施是解决了问题还是带来了问题。

加入博客!

你怎么想?"肯定性行动"措施带来了问题还是解决了问题?为什么?登录 MySocLab 网站并加入焦点中的社会学博客,与他人分享你的观点和经历,看看他人怎么想的。

资料来源:Bowen & Bok (1999), Kantrowitz & Wingert (2003), Flynn (2008), Leff (2008), and NORC (2011)。

虽然许多发达起来的白种少数族裔接受了美国主流的文化而逐渐被同化了,但许多工人阶级还住在传统的社区。大多数在血汗工厂工作过并生活在拥挤的经济公寓的移民后代,现在挣了足够的钱过上了比以前舒适得多的生活。由此,他们的族群传统成为他们的自豪之源。

第六节 种族和族群:展望

评价

美国曾经是而且将一直是一片移民大陆。移民带来了巨大的文化差异,也带来了成百上千种语言讲述的关于希望、奋斗以及成功的故事。

大多数移民在 1910 年达到高峰的移民潮中来到美国。接下来的两代人取得了经济成功也多少被一个更大的社会同化。政府还扩大了土著美国人的公民权(1924 年)、出生在外国的菲律宾裔的公民权(1942 年)、华裔的公民权(1943 年)以及日裔的公民权(1952 年)。

另一个移民潮开始于第二次世界大战后,在 20 世纪 60 年代随着政府放宽了移民法后达到高潮。现在,每年大约有 125 万人移民到美国(其中大约 105 万是合法进入的,而 20 万是非法进入的)。这一数字是一个世纪前"大移民潮"期间数字的两倍

（尽管现在进入美国的新移民是当时的 5 倍）。现在的移民主要不是来自欧洲而是来自拉丁美洲和亚洲，墨西哥人、华人和菲律宾人纷至沓来。

太多的移民来到美国。劳动年龄移民的很大比例（30%）现在拥有大学文凭，而 28% 的人没有高中文凭（Goodwin, 2011）。即便如此，许多新移民需要面对此前移民所经历过的偏见和歧视。1994 年，加利福尼亚州投票通过了 187 号提案，即对非法移民停止提供医疗保障、社会服务和公立教育，这一提案后来被联邦法院推翻。更近的是，投票者要求所有儿童在校学习英语。美国西南边境上的土地所有者开始拿起武器阻止大量越过边境的墨西哥非法移民。我们仍需要继续争论怎样更好处理 1100 多万业已形成的非法移民。

即使在美国已经生活了几代的少数族裔也感受到了偏见和歧视带来的刺痛。"肯定性行动"措施旨在为少数种族和族群提供机会，围绕这一计划的激烈辩论仍然继续。"焦点中的社会学"专栏描述了这场争论，并邀请你加入位于 MySocLab 网站的焦点中的社会学博客，分享你的观点。

与以前的移民一样，今日的移民希望获得承认和融入美国社会，却又不完全丢掉他们自己的传统文化。一些人还是建起了种族和族群聚居区，以至于在全美的许多城市中，新的小哈瓦那和小韩国城林立在旧的小意大利城和唐人街旁边。另外，新移民仍然怀揣着传统的希望，即期待着他们的种族和族群多样性能够成为自豪之源而不是劣等的标志。

日常生活中的社会学

第十一章 种族和族群

种族因素在决定人们社会地位中是否仍然重要?

本章探讨了种族和族群因素对美国人社会地位的重要性。比如,你可能知道,非裔美国人的贫困率三倍于白人;你也可能知道,普通非裔美国人家庭收入只有普通白人家庭(非西班牙裔)收入的 56%。但所有肤色都有富有的人(这里的"富有",指的是家庭年收入在 75000 美元以上)。回答有关种族影响财富的几个问题,你有机会测试一下你的社会学思维。

- 看看下面的陈述,这些陈述反映了事实还是虚构?
- 问题:

1. 在美国,所有富人都是白人。真实或虚构?
2. 富有的白人家庭实际上比富有的非裔美国家庭更富有。真实或虚构?
3. 富有的黑人家庭成员在工作上没有富有的白人家庭成员那么勤奋。真实或虚构?
4. 一旦你富有,肤色不重要。真实或虚构?

- 答案:

1. 当然,这是虚构。但就财富来说,种族因素仍然重要:非裔和西班牙裔家庭富裕的比例在 22%,而非西班牙裔白人家庭富裕比例在 46%。

2. 事实的确如此。富有的非西班牙裔白人家庭年平均收入在 20 万美元以上,而富有的非裔美国家庭年平均收入为 12.7 万美元。

3. 虚构。一般而言,富有的黑人家庭比白人家庭更有可能依赖多份收入(那也就意味着家庭成员更多地参加工作)。此外,富有的白人家庭比富有的非裔美国家庭获得更多的非劳动收入——投资所得。

4. 虚构。富有的非裔美国人仍然面临着基于其肤色的社会障碍,正如富有的白人享受与肤色相联系的特权一样。

从你的日常生活中发现社会学

1. 考考你的几个朋友或家人,问问他们美国白人、西班牙裔、非裔、亚裔分别占美国人口的比例(看看表11-1)。你认为为什么大多数白人要夸大少数族裔人口的数量?(C.A.Gallagher, 2003)

2. 你所在的学院和大学的招生政策是否考虑了种族和族群的因素?咨询一位招生处的官员,看看你能从你所在学校招生时种族和族群政策的运用中学习到什么?咨询一下那些父母亲曾在该校上过学的学生在申请入学资格中是否享有一种"校友子女"(Legacy)的政策。

3. 你认为人们倾向于根据生物性特征来看待种族抑或视种族类别为社会建构产物?你的意见呢?登录MySocLab网站,看看"在你的日常生活中发现社会学"专题,了解更多有关"社会怎样构建种族意义"的内容,从而为你怎样思考种族的意义给出一些建议。

温故知新

第十一章 种族和族群

种族和族群的社会含义

种族是社会建构起来的某类人群,他们共同拥有被社会成员认为是重要的生物遗传特质。

- 种族的含义和重要性因地而异、因时而异。
- 社会运用种族分类把人们划分成不同的等级,赋予一些人以更多的财富、权力和社会地位。
- 历史上科学家建立了三大人种划分:高加索人种、蒙古人种、尼格罗人种,但事实上没有纯粹的种族。

【阅读 mysoclab.com 网站上的文件。】

【观看 mysoclab.com 网站上的视频。】

族群是社会建构起来的某类人群,他们共同拥有被社会成员认为是重要的文化特质。

- 族群反映了共同的祖先、语言和宗教。
- 族群的重要性因地而异、因时而异。
- 人们选择或鼓吹或贬低他们的族群。
- 社会基于族群差异或许能也或许不能将不同人群划分。

探索 mysoclab.com 网站上的地图。

偏见和刻板印象

偏见是对某一类别群体刻板的、不公正的概括判断。

- 社会距离量表是测量偏见的一种方法。
- **刻板印象**是偏见的一种类型，即将某类人群的简化描述运用于该人群中每一个体。
- **种族主义**，一种破坏性很强的偏见，它声称某一种族的人先天地优于或劣于其他种族。

有四种关于**偏见的理论**：
- **替罪羊理论**声称偏见源于不利地位人群的挫折感。
- **专制型人格理论**（阿多诺）声称偏见是某一特定个体的人格特征，特别是那些受过较少学校教育以及在冷漠、要求苛刻家庭中长大的人。
- **文化理论**（鲍格达斯）声称偏见植根于文化；我们学会从某些人群身上感受到更大的社会距离。
- **冲突理论**声称偏见是权势阶层用于分化和控制人们的工具。

歧视

歧视是一种不平等地对待不同类别人群的行为模式。
- 偏见是指态度；而歧视涉及行动。
- 制度性偏见和歧视是嵌入到社会制度运行中的偏见，包括学校、医院、警察和工作场所。
- 偏见和歧视以恶性循环的方式使自身延续，产生了社会弱势（群体），反过来刺激了额外的偏见和歧视。

主导群体和少数族群：互动的模式

多元主义意味着不同种族和族裔的人虽然有明显区别，但拥有大致平等的社会地位。
- 美国社会是奉行多元主义的，因为这一社会所有人，不分种族和族群，在法律面前有着同等地位。
- 美国社会又不是多元主义的，因为所有种族和族群人群并不拥有同等社会地位。

同化是指少数族群逐渐采用主流文化模式的过程。

- 同化涉及着装、语言、宗教、价值观和朋友等方面的变化。
- 同化是逃避偏见和歧视并获取向上社会流动的一种策略。
- 某些群体比其他类别同化程度更高。

种族隔离是不同类型人群之间的人身的及社会的隔离。

- 尽管有些隔离是自愿的（如艾米什人），但大多数隔离是将少数族裔群体排除在他们邻里、学校和职业之外。
- 法律隔离通过颁布法律加以隔离；事实隔离反映了包含某一人群事实上的隔离状态。
- 高度隔离意味着与社区之外的人群几乎没有社会联系。

种族灭绝是一个种族对另一种族系统地杀害。

- 历史上种族灭绝的例子包括纳粹对犹太人的屠杀和柬埔寨波尔布特对西化人士的杀害。
- 种族灭绝在现代世界还在继续，包括非洲卢旺达的胡图族人杀害图西人，东欧巴尔干半岛上的塞尔维亚人杀害波斯尼亚人等。

美国的种族和族群

土著美国人，最早居住在美国的原住民，他们经历过种族灭绝、隔离然后被迫同化。今天，土著美国人的社会地位远低于全美平均水平。

祖先是盎格鲁-撒克逊人的白人新教徒（WASPs），在最初欧洲向美国的移民中占主导地位，一直到今天许多人还是拥有很高的社会地位。

非裔美国人，经历了两个世纪的奴役。1865 年的《解放奴隶宣言》在法律上撤销了对他们的隔离（即所谓的吉姆·克劳法律对黑人的隔离）。20 世纪 50 年代到 60 年代，一场全美性的民权运动导致种族隔离学校以及公共设施和就业当中的公然歧视为非法。今天，尽管在法律上已取得了平等的地位，但非裔美国人依然处于劣势地位。

亚裔美国人，遭受了种族的和族群的敌意。虽然一些偏见和歧视还在继续，但华裔美国人和日裔美国人目前收入和受教育程度都已高出平均水平。亚裔移民，特别是华裔、印度裔和菲律宾裔移民，现在占所有移民到美国人数的 40%。

西班牙裔或拉丁裔美国人，作为美国最大的少数族群，包括很多共享西班牙传统的族群。西班牙裔美国人中人数最多的是墨西哥裔美国人，主要聚居在美国西南部，也是西班牙裔中最穷的。聚居在迈阿密的古巴人是西班牙裔美国人中最富裕的。

阿拉伯裔美国人，是美国增长最为迅速的少数族群。由于他们来自于不同国家，阿拉伯裔美国人是一个文化上多元的人口，在美国所有社会阶层中都有体现。作为将阿拉伯裔美国人与恐怖主义相联系的刻板印象的结果，最近几年他们成为偏见和仇恨犯罪的目标。

白种少数族群，是指祖先不是英国新教徒的19世纪和20世纪欧洲移民。作为对偏见和歧视的反应，许多白人少数族群建立了相互扶持的居住地区。

第十二章

经济与政治

学 习 目 标

- **记住**本章中用黑体标出的核心概念。
- **理解**重塑人类社会的三次经济革命。
- **运用**全球视角看待全球经济和政治体系的差异。
- **分析**战争和恐怖主义的起因与后果。
- 从生产率、平等和个人自由等方面**评价**资本主义和社会主义。
- 在世界如何减少暴力冲突获得和平问题上**创造**你的洞察力。

本章概览

本章开始检视主要的社会制度。我们首先考察的是经济。经济被普遍认为是在整体上对社会具有最大影响力的社会制度。本章将讨论经济的运行，并解释经济生产的变迁是怎样重塑社会的。此后，本章将考察另一主要社会制度——政治，并关注战争与恐怖主义的性质与起因。

美国经济小测验（提示：七个问题的答案是相同的）：

哪家公司在全球每周会有两亿人光顾？

哪家公司出售超过十万家企业生产的产品？

哪家美国公司平均每天开出一家新店或是改建一家老店？

哪家美国公司每年从中国购买250亿美元的货物，如果将其视为国家的话，它将是中国的第七大贸易伙伴？

哪家美国公司是墨西哥最大的私营雇主？

哪家美国公司在全球雇用了超过210万人（比博茨瓦纳或是斯洛文尼亚的总人口还多）？

哪家公司在近年的经济低迷中仍然不断增长？

正确答案当然是沃尔玛，萨姆·沃尔顿（Sam Walton）创办的全球平价连锁超市。1962年，沃尔顿在阿肯色州创立了第一家店；到2011年，沃尔玛宣布其年度销售收入已经达到4190亿美元，销售额来自美国本土的4400多家店面以及从巴西到中国的5200多家境外店面。这使得沃尔玛成为美国最大的公司。

但并非每个人都对沃尔玛的扩张感到高兴。在美国，不少人担心沃尔玛会削弱当地经济，另一些人则更担心削弱当地文化，他们因此投身社会运动以阻止沃尔玛进入其当地的社区。批评者声称这个销售巨头支付廉价的工资、拒绝参加工会，而且销售由国外血汗工厂生产的大量产品。从2010年开始，沃尔玛因被诉性别歧视而上庭为自己辩护（Saporito, 2003; Walsh, 2007; A.Clark, 2010; Walmart, 2010; Schell, 2011）。

本章考察经济以及与经济紧密联系在一起的政治。包括沃尔玛在内的少数超级大公司处于美国经济的中心，因此引发的问题有：经济是怎样运行的；它应该服务于谁的利益；以及在何种程度上大公司形塑着美国的政治生活。

经济和政治都是**社会制度**。社会制度是为满足人们的需要而组织起来的社会生活的重要领域，或者说社会子系统。接下来的两章还将考察其他社会制度：第十三章关注于家庭与宗教，而第十四章将关注教育、健康和医疗。这些章节将解释各项社会制度在历史中是怎样变迁的，也将描述其在今天是怎样运行的，并讨论那些极有可能在明天改变这些制度的重要争论。

第一节　经济：历史概述

理解 //

经济（economy）是组织社会产品和服务的生产、分配以及消费的社会制度。经济，不论好坏，都以一般可预见的方式运行。产品包括从必需品（如食物、衣服、住所）到奢侈品（如汽车、游泳池、游艇）的所有商品。服务是指使他人获益的活动（如神父、医生、教师以及软件专家的工作）。在历史上，有三次技术革命重组了经济，也在同一过程中，改变了社会生活。

一、农业革命

正如第二章（"文化"）指出的，最早的社会由不依赖土地为生的狩猎者和采集者组成。在这些技术落后的社会中，没有清晰的经济；生产和消费就是家庭生活的一部分。

大约5000年前，畜力耕作带来了农业的发展。相对于狩猎和采集，其生产效率提高了50倍。因此带来的过剩意味着无须所有人都从事食物生产，于是很多人从事其他专门工作：制造工具、饲养动物以及建造住所。不久，城镇就开始出现，并通过从事食物、动物或其他商品交换的贸易网络而连接起来。农业技术、职业分化、固定居住、贸易交换这四个因素，使得经济成为一种清晰的社会制度。

二、工业革命

始自18世纪中期的第二次技术革命，最先在英国，而后在北美及其他地区逐渐展开。工业化从五个基础性的方面改变了经济：

1. **新能源**。历史上"能源"一度指人力或者畜力。但是1765年，英国人詹姆斯·瓦特（James Watt）发明了蒸汽机。比畜力强劲100倍，早期蒸汽机不久就被用于推动重型机器。

2. **工厂集中生产**。蒸汽动力机器将工作从家庭转移到工厂——装满机器的集中化工作场所。

3. **制造业与大众生产**。工业革命之前，大多数人种植或采集原材料（如谷物、木材或羊毛）。工业经济改变了工作重点，大多数人从事的工作是将原材料加工成各种各样的制成品（如家具和衣物）。

4. **专业化**。几百年前人们在自己家里制造产品，他们完成从始至终的所有工作。而在工厂中，工人一次又一次地重复同一项工作，其工作对成品的贡献却很小。

5. **雇佣劳动**。工厂雇佣劳动使工人为陌生人工作而不是为自己工作，而这些陌生

随着社会的工业化，从事农业劳动的比例越来越小。在美国，剩余的农业劳动大部分是由低收入国家的移民完成的。在西红柿丰收的季节，这些来自墨西哥的农业劳动者忙碌在佛罗里达州的土地上。

人往往更关心工人操作的机器而不是工人。

随着无数的新产品刺激不断扩大的市场，工业革命逐渐提高着人们的生活标准。然而，工业技术带来的收益并没有被公平地分享，尤其是在刚开始的时候。一些工厂主积聚了大量的财富，而大多数产业工人挣扎在贫困线上。儿童为了每天的几个便士也在工厂或是煤矿工作。随后，工人形成了工会组织集体向工厂主要求自己的利益。在20世纪，新的法律限制童工使用、设定最低工资标准、提高工作场所安全性，并且使得教育和政治权利能为更多人所享有。

三、信息革命与后工业社会

大约从1950年开始，生产的性质又一次改变了。美国开创了**后工业经济**：*基于服务业和计算机技术的生产体系*。自动化机器（随后是机器人技术）降低了体力劳动者在工厂生产中的作用，却扩大了文员和经理队伍。后工业时代是以工业向服务业的转向为标志的。

引起这种变迁的是第三次技术突破：计算机。就像工业革命在两个半世纪前做的那样，信息革命带来了新的产品和新的通信手段，改变了工作的性质。其形成了三个重要变迁：

1. 从有形产品到理念。 工业时代以产品的生产为代表；在后工业时代，人们与符号一起工作。电脑程序员、作家、金融分析师、广告经理、建筑师、编辑以及各种各样的咨询专家形成了信息时代的主要劳动力队伍。

2. 从机械技术到读写技能。 工业革命要求机械技术，但信息革命要求读写技能：能说会写，当然，还要掌握计算机操作技术。能够有效沟通的

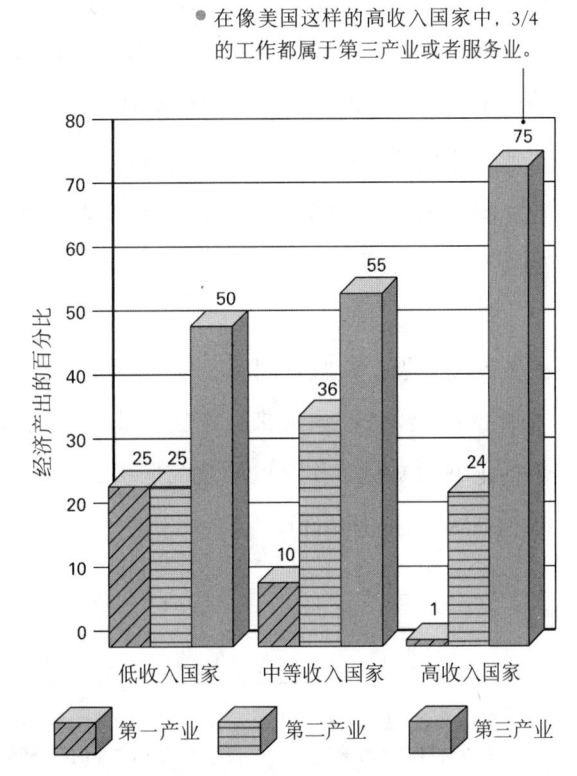

● 在像美国这样的高收入国家中，3/4的工作都属于第三产业或者服务业。

全球快照

图12-1 不同收入水平的国家的经济产业规模
随着国家越来越富裕，第一产业比例变得越来越小，而第三产业或者服务业比例变得越来越大。

人有可能做得很好；而缺乏这些技能的人只能面临更少的机会。

3. 从工厂到几乎一切地方。 工业技术将工人带到靠近能源地的工厂，但是计算机技术使得人们能在几乎任何地方工作。今天，手提电脑、无线网络以及手机使得住所、汽车甚至飞机上都能成为"虚拟办公室"。而对于日常生活而言，这意味着新信息技术模糊着工作和生活的界限。

四、经济产业

前面讨论的三次革命反映了社会经济中三大产业之间的平衡转变。**第一产业**（primary sector）*是从自然环境中提取原材料的经济部门*。第一产业——农业、畜牧业、渔业、林业以及矿业——在低收入国家所占的产业比例是最大的。图 12-1 显示，低收入国家 25% 的经济产出来自第一产业，相比较而言，中等收入国家的该比例下降至 10%，高收入国家（如美国）的该比例仅为 1%。

第二产业（secondary sector）*是将原材料转化为生产产品的经济部门*。该产业随社会的工业化扩展迅速。它包括将原油变为汽油以及将金属变成工具和汽车的种种操作。工业全球化意味着几乎在世界上的所有国家，都有很大一部分的劳动者受雇于第二产业。图 12-1 显示目前低收入国家和高收入国家来自第二产业的经济产出百分比基本相当。

第三产业（tertiary sector）*是有关服务而非产品的经济部门*。第三产业随着工业化的发展而发展，低收入国家 50% 的经济产出、中等收入国家 55% 的经济产出、高收入国家 75% 的经济产出都来自第三产业。在美国，超过 80% 的劳动力从事服务业工作，包括秘书和文员工作，以及食品服务、销售、法律、卫生保健、广告、教育等（U.S. Department of Labor, 2011）。

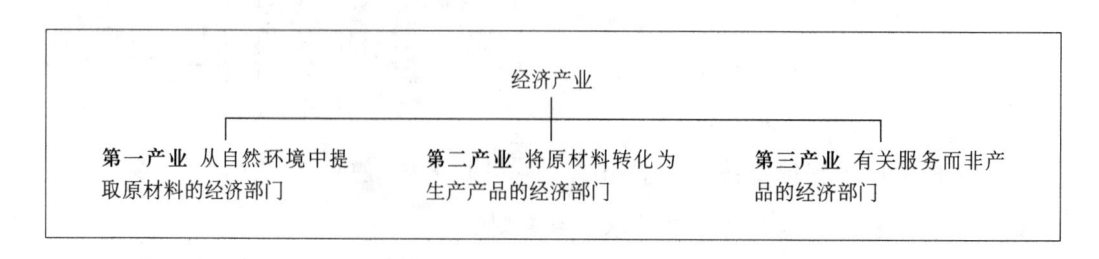

```
                         经济产业
        ┌─────────────────┼─────────────────┐
   第一产业 从自然环境中提     第二产业 将原材料转化为    第三产业 有关服务而非产
   取原材料的经济部门          生产产品的经济部门         品的经济部门
```

五、全球经济

新信息技术将全球的人们联结在一起，形成了**全球经济**，即跨国界的经济活动。全球经济的发展带来五个主要影响。

第一，我们看到全球的劳动力分配：世界不同地区不过是同一个经济活动的不同专业分工。数据显示，农业占据了全球最贫穷国家所有经济产出的大约一半。包括美国在内的高收入国家的大多数经济产出都在服务业。总之，全球最贫穷的国家在生产原材料，而全球最富有的国家则在生产服务。

第二，越来越多的产品生产不止通过一个国家完成。就看看你清早喝下的咖啡吧：咖啡豆可能是哥伦比亚种植的，用在利比里亚注册，由日本利用韩国生产的钢制造的货船，以委内瑞拉生产的油为燃料运送到新奥尔良市的。

世界之窗·全球视角下的农业劳动力和服务业分布

桑德拉·约翰森（Sandra Johanson）是堪萨斯州一个大型企业化农场（corporate-owned farm）的卫生技术人员。她是美国少数仍然从事农业相关工作的人。

第一产业在不发达国家占比最大。因此，在非洲和亚洲的不发达国家，多至一半的劳动力是农民。这种图景与全球经济最发达的国家如美国、加拿大、英国、澳大利亚是完全不同的，后者仅有 2% 到 3% 的劳动力从事农业劳动。第三产业随着国家收入水平的提高占比越来越大。在美国、加拿大、西欧、大部分南美国家、澳大利亚以及日本，大约三分之二的劳动力从事服务业。

第三，一国政府不再能控制本国国界内发生的经济活动。事实上，政府甚至不能很好地调控本国的货币价格，因为美元、欧元、英镑、日元无时无刻不在纽约、伦敦和东京的金融市场进行着交易。

全球经济的第四个影响在于少数在全球运作的企业现在控制了全球大量的经济活动。最新的数据表明，1500 家最大的跨国公司（multinational companies）占了全球经济产出的一半（DeCarlo, 2011; World Bank, 2011）。

最后，经济全球化使我们更关注工人的权利和机遇。全球化趋势的批评者宣称工作，尤其是工厂岗位，正从美国流向低收入国家。这意味着美国的工人面临更低的工资和更高的失业率。同时，全球的很多工人只能获得极端低廉的工资。因此，批评者表明，资本主义的全球扩张威胁着全世界工人的福祉（well-being）。

世界仍然被划分为 195 个政治独立的国家。然而，不断增长的跨国经济活动使得国别的意义甚至与十年前也不可同日而语。

第二节　经济体系：通往公正之路

评价 //

　　10 月 20 日，西贡，越南。对于每一个经历过 20 世纪 60 年代的人而言，渡过那窄窄的西贡河是令人不安的经历。像我这样的人必须牢记，越南是一个国家，而不是一个战场。最后一架美军直升机从美国大使馆的天台起飞结束了我们国家在那里的存在，40 年过去了。

　　西贡如今是一个新兴都市。斑斓的霓虹灯点亮城市的滨水地区；西方公司投资的酒店兴建大量摩天建筑；出租车费用以美元来结算，而不是越南盾；Visa 和美国运通（American Express）的标志装点着流行餐馆和时尚商店的门面以迎合来自日本、法国和美国的游客。

　　这是一个沉重的讽刺：几十年的战争、双方数百万人的丧生，在共产党力量胜利之后，越南正转身倒退着走向资本主义。如果是美方势力赢得战争，或也殊途同归吧。

每个社会的经济体系都通过判定谁有权得到什么来申明自身的正义。两种一般经济模型是资本主义和社会主义。但世界上任何一个国家的经济都不是完全的资本主义或社会主义；资本主义和社会主义代表的是所有真实世界经济组成的连续统一体（continuum）的两个极端。下面我们将依次检视这两种模型。

一、资本主义

资本主义是自然资源以及生产产品和服务的生产资料私人所有的经济体系。理想的资本主义经济有三个显著特征：

1. **财产的私人所有制**。在资本主义经济中，个人能够拥有几乎任何东西。经济越资本主义化，高价的生产资料如工厂、房地产以及自然资源等就越能为私人所有。

2. **个人利益的追逐**。资本主义社会追求利益和财富的创造。利润是人们寻找新工作、成立新公司或是改进产品的动机。赚钱被认为是经济生活的自然法则。同时，英国哲学家亚当·斯密（1937/1776）指出，个人私利的追逐将带来整个社会的繁荣。

3. **竞争与消费者选择**。纯粹的资本主义经济是无政府干预的自由市场经济（有时被称为自由放任主义经济（laissez-faire），该词来自法语，意为"不干预"）。亚当·斯密认为，自由竞争经济是通过市场供需关系的"看不见的手"自我调节的。

消费者调节着市场经济，斯密解释道，他们通过选择最大价值的商品和服务来达成这种调节。当生产者为消费者的购买而竞争时，他们将尽可能以最低的价格提供最高质量的商品。用斯密的名言来说，狭隘的自利带来的是"最大多数人的最大利益（greatest good for the greatest number of people）"。而另一方面，政府控制经济，则会降低商品的数量与质量来扭曲市场的力量，同时，也就欺骗了消费者。

"公正"在资本主义体系中就是市场的自由，个体在其中能够根据自我利益去生产、投资、购买以及出售。本章开头描述的沃尔玛的扩张反映了这样一个事实：沃尔玛的消费者认为他们在沃尔玛消费时收获颇丰。

美国被认为是一个资本主义国家，因为其大多数的商业是私有的。然而，美国并非是纯粹资本主义的，因为政府在经济中发挥着相当大的作用。政府拥有并经营了一些商业，包括美国几乎所有的学校、公路、公园、博物馆，美国邮政服务（U.S. Postal Service），美国国家铁路系统（the Amtrak railway system），以及整个美国武装部队。美国政府也是建立互联网的重要力量。此外，政府还运用税收或其他手段调控公司的生产，控制商品的质量与成本，推动消费者保护自然资源。

美国政府也设立最低工资标准线，执行工作场所安全标准，规制公司兼并，提供农业价格支持，收取个人所得税，并以社会保障（social security）、公共援助（public assistance）、助学贷款（student loan）以及退伍军人津贴（veteran's benefits）的形式补给大多数公民的收入。地方、州以及联邦政府加起来是美国最大的雇主，他们雇用了全美17%的非农劳动力（U.S. Bureau of Labor Statistics, 2011）。

二、社会主义

社会主义是*自然资源以及生产产品和服务的生产资料集体所有的经济体系*。理想的社会主义经济否定资本主义的三大特征而具有三个完全相反的特征:

1. **财产的集体所有制**。社会主义经济限制个人财产所有权,尤其是用以增加收入的财产。政府控制这样的财产,并为所有人提供住房和其他产品,而非仅向有钱人提供。

2. **集体目标的追求**。个人追逐私利违背了社会主义的集体取向。资本主义盛赞的"企业家精神"(entrepreneurial spirit)被社会主义谴责为贪婪;个人被要求为所有人的共同利益工作。

3. **政府控制经济**。社会主义反对资本主义的自由放任,实行由政府运作的*中央调控或者计划经济*。

资本主义 自然资源以及生产产品和服务的生产资料私人所有的经济体系　　**社会主义** 自然资源以及生产产品和服务的生产资料集体所有的经济体系

"公正"在社会主义语境下意味着在一个大致平等原则下满足每个人的基本需求而非为获得财富而竞争。在一个社会主义者看来,一般的资本主义实践尽可能少地支付工人工资和福利来增加公司的利润,是将利润置于人之上,因而是不公平的。

二十多个亚非拉国家以社会主义模型建立了自己的经济体系,国家控制安排几乎所有的增值财产(Miller, 2011)。世界社会主义在20世纪90年代因为东欧和苏联将其经济转向了市场体系而有所衰退。但是在更近期,玻利维亚、委内瑞拉、厄瓜多尔以及南美洲其他国家的选民已经选出了正将他们本国的经济推向社会主义方向的领导人。

三、福利资本主义与国家资本主义

西欧的大多数国家,尤其是瑞典、丹麦和意大利,实行市场为基础的经济但同时提供广泛的社会福利(social welfare)项目。分析家称这第三种经济体系为**福利资本主**

义，即将基本的市场经济与广泛的社会福利联结起来的经济与政治体系。

福利资本主义的政府拥有一些大型工业和服务业，如运输、大众媒体和卫生保健。例如在希腊，大多数经济产品都是国有化或者国家控制的，而政府为其人民提供广泛的教育与健康保健。在瑞典和意大利，尽管大多数工业仍然是私人所有的，但是几乎所有的经济活动都服从国家的宏观调控。在这些国家中，高税收（重点针对富人）带来了一系列广泛的社会福利项目，包括全民医保和儿童照管，使得所有人都能从中受益。在世界高收入国家中，美国和冰岛的政府对经济的控制最低（OECD, 2011）。

资本主义的另一种改良是**国家资本主义**，即公司私人所有但与政府紧密合作的经济与政治体系。国家资本主义原则在环太平洋（Pacific Rim）国家很多见。日本、韩国、新加坡都是资本主义国家，但是他们的政府作为大公司的合作伙伴，提供财政补助并控制外国进口以辅助公司竞争于世界市场（Gerlach, 1992）。

> **福利资本主义** 将基本的市场经济与广泛的社会福利联结起来的经济与政治体系
>
> **国家资本主义** 公司私人所有但与政府紧密合作的经济与政治体系

四、资本主义和社会主义的比较优势

哪种经济体系运行得更好？很难用实际的国家进行比较，因为每个国家都在不同程度上混合了资本主义和社会主义。此外，各国在对工作的文化态度、自然资源的使用、技术发展水平、贸易类型上也不尽相同。尽管有这么多复杂因素，我们仍然可以进行一些简单的比较。

● 经济生产率

经济运行的一个重要维度是生产率。普遍使用的经济产出指标是 GDP（gross domestic product 国内生产总值），即一年内一国所有商品和服务的总值。人均 GDP 使我们能够比较不同人口规模国家的经济运行情况。

资本主义国家的产出在 20 世纪 80 年代末（在苏联解体和东欧剧变之前）有一些波动，但人均 GDP 指标约为 13500 美元；相应的指标在社会主义国家苏联以及东欧为大约 5000 美元。这意味着资本主义国家与社会主义国家在该指标的比率为 2.7：1

（United Nations Development Programme, 1990）。近期的社会主义朝鲜（人均 GDP1800 美元）和资本主义韩国（人均 GDP29326 美元）则显示出更强烈的对比（Gentral Intelligence Agency, 2011; United Nations Development Programme, 2011）。

● **经济平等**

资源在人口中的分配是衡量经济运行的另一重要维度。20 世纪 70 年代时欧洲曾做过一个比较研究，当时的欧洲还分裂为资本主义和社会主义两个阵营，研究对比了各国最富有的 5% 与最贫困的 5% 人口之间的收入差异（Wiles, 1997）。资本主义社会的收入比大约为 10∶1；而社会主义社会的比率约为 5∶1。换句话说，资本主义经济提供了一个更高的一般生活标准，但也带来了更巨大的收入不平等；社会主义经济创造了更多的经济平等，但只维持较低的一般生活标准。

● **个人自由**

评价资本主义和社会主义仍需考虑的是社会给予公民的个人自由度。资本主义强调追逐个人私利的自由，其基于生产者和消费者之间没有国家干预的自由互动。与之比起来，社会主义强调自由在基本需求上的意义。平等的目标要求国家控制经济，这样自然限制了公民的个人选择和机会。

是否有一个体系能够同时提供政治自由和经济平等？在资本主义美国，政治系统保证了许多个人自由，但是经济系统生产了很多的不平等，因此自由对于穷人和富人并非是同等价值。相对的，朝鲜或者古巴有更多的经济平等，但人们没有言论自由或在国内外旅行的自由。也许最接近"两者皆有"（having it all）的国家是丹麦，"全球性思考"栏目将进行更进一步的检视。

五、社会主义与资本主义国家的变迁

1989 年和 1990 年，"二战"结束时曾被苏联占领的东欧各国废除了它们的社会主义制度。这些国家——包括民主德国（东德）、捷克、斯洛伐克、匈牙利、罗马尼亚和保加利亚——在几十年的国家控制经济之后都转向了资本主义市场体系。1991 年底，苏联正式解体，许多原苏联共和国都在本国的经济中引入了某些自由市场原则。十年之内，原苏联四分之三的国有企业部分或全部地落入私人之手（Montaigne, 2001）。

剧变有很多原因。第一，资本主义经济比它的社会主义对手有高得多的产出。社会主义经济在获取经济平等上很成功，但与西欧国家相比，他们的生活水平相对较低。

第二，苏联的社会主义是高压型的，其严厉控制大众传媒、限制个人自由。换句话说，社会主义像卡尔·马克思预言的那样废除了*经济精英*，却正如马克斯·韦伯预见的那样，增加了*政治精英*的权力。

迄今为止，东欧的市场改革进程并不平衡。2010年，土耳其、白俄罗斯和摩尔多瓦的经济增长率最高。但另一些国家，如保加利亚、斯洛文尼亚、拉脱维亚，则深受价格上涨和生活标准下降的冲击。尤其是正在苦苦挣扎的国家中，人民对市场改革的热情已经下降，他们害怕改革带来更低的生活标准和更大的经济不平等。在俄罗斯，近期的趋势是政府不断增强对经济的控制（Ignatius, 2008; Pew Research Center, 2011; World Bank, 2011）。

在南美洲的一些主要国家近期已开始更加转向社会主义的方向。2005年，玻利维亚人民选举了埃沃·莫拉莱斯（Evo Morales）作为他们的新总统。他是一位农民、工会领袖以及活动家，他击败的对手是一位在美国接受教育的富有的商业领导。这次选举使得玻利维亚进入了包括厄瓜多尔、委内瑞拉、巴西、智利以及乌拉圭在内的南美国家群，这些国家都正将他们的经济偏向社会主义。每个国家经历这种转向的原因各不相同，但是相同的一个因素是为了降低经济不平等。举例来说，在玻利维亚，经济在近几十年发展很快，但是大多数的利益流向了富有的商业精英。与此同时，该国一半以上的人民仍然过着非常贫困的生活（Howden, 2005）。

全球性思考

想要平等和自由？试试丹麦的方法。

丹麦是西北欧的一个小国，人口约560万。丹麦是所谓福利资本主义的政治经济体系的典型代表；其市场经济混杂着广泛的政府项目为所有丹麦人提供福利。

大多数的丹麦人认为他们国家的生活是相当好的。丹麦有相当高的生活标准。其人均GDP为35736美元，与美国的46653美元差距并不大。但是丹麦的收入不平等仅仅是美国的一半。丹麦2010年的失业率为7.7%，比美国的9.6%要低。

为了使每个男人和女人都能够工作，丹麦政府为所有的父亲和母亲都建立了带薪的育儿假（child-care leave）。

低不平等和低失业率很大程度上是政府调控经济的结果。丹麦的税收是全世界最高的，大多数的人缴纳其收入的约48%为税，而收入超过70000美元的更要缴纳60%以上。除此之外，人们买的所有商品都有25%的销售税。这些高税率增加了经济平等（通过对收入高消费也高的富人收更多的税而给穷人更多的好处），也帮助政府建立为所有人提供好处的社会福利项目。举例来说，每个丹麦公民都有资格进入公立的学校、公立的医疗机构，而每个工人每年至少有五个星期的带薪休假。失业者可以从政府领取先前薪水的约75%（视家庭规模而定）作为补贴，最多不超过五年。

许多人，尤其是丹麦人自己，认为丹麦提供了政治自由（丹麦人有广泛的政治权利并且通过投票选举领导者）和经济安全（所有的公民都获益于广泛的政府服务和项目）的理想结合。

你怎么想？

1. 如果你去丹麦旅行，你期望能在这个国家看到哪些低收入不平等的证据？

2. 如果政府为你提供诸如教育和医疗这样的福利，你是否愿意将你的大部分收入缴税？为什么愿意？为什么不愿意？

3. 你认为美国人是否愿意看到自己的社会变得更像丹麦？为什么？

资料来源：Fox (2007); OECD (2011); Population Reference Bureau (2011); United Nations Development Programme (2011); and World Bank (2011)。

第三节 美国后工业经济的工作

分析

经济变革不仅发生在社会主义世界,也发生在美国。2011 年,1.41 亿美国人为收入而工作,大约占 16 岁及以上美国人口的 59%。男性工作的比重(64%)要高于女性(53%),这一差距长期保持稳定。在男性中,57.8% 的非裔美国人被雇用,相对于 68.9% 的白人和 73.7% 的西班牙裔美国人。而女性中,54.0% 的非裔美国人被雇用,相对于 55.3% 的白人和 53.2% 的西班牙裔美国人。亚裔美国人被雇用的比例在男女两性中都是 59.9%(U. S. Department of Labor, 2011)。

一、不断变迁的工作场所

1900 年,大约 40% 的美国劳动者是农民。2011 年,1.7% 的人仍然从事农业劳动。昔日的家庭农场已被农业综合企业(corporate agribusiness)取代。土地现在的生产率更高,但这种变迁在整个美国都带来了痛苦的适应过程,因为这同时意味着一种生活方式的丧失(Dudley, 2000)。图 12-2 表明,第一产业在美国经济中的比重不断降低。

一个世纪之前,工业化

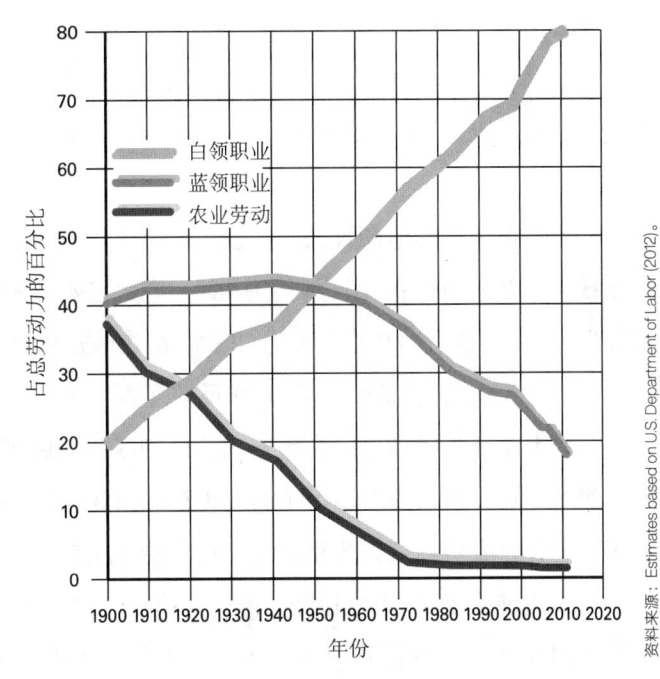

图 12-2 1900—2011 年美国职业类型的变迁
与一个世纪前相比,现在美国的工作大多是白领的服务性工作,而不再是工厂和农业工作。

资料来源:Estimates based on U.S. Department of Labor (2012)。

壮大了蓝领工作者的队伍。然而1950年开始，白领革命将大多数劳动者从工厂推向服务性岗位。到2011年，大约80%的劳动力在服务业工作，而几乎所有的新岗位都是在服务部门中被创造的（U.S. Department of Labor, 2012）。

正如第八章（"社会分层"）所揭示的，许多服务工作——包括销售、文书以及医院和饭店的工作——报酬比原来的工厂工作要低很多。这意味着后工业社会的许多工作仅能提供一种卑微的生活水准。女性和其他少数群体，以及许多刚开始职业生涯的年轻人，最有可能去从事低薪的服务业职业（Kalleberg, Reskin & Hudson, 2000; Greenhouse, 2006）。

二、工会

美国经济的变迁削弱了**工会**组织。工会是指通过包括谈判和罢工在内的多种策略来寻求改善工人工资水平和工作条件的组织。20世纪30年代的大萧条时期，工会成员增长迅速，到1950年，三分之一以上的非农劳动者都是工会成员。1970年前后，工会成员达到了约2500万的顶峰。从那时起到现在，工会成员下降到约占非农劳动者的11.9%，总计大约1470万男女工作者。更详细地检视会发现，36.2%的政府工作者是工会成员，私人部门（非政府部门）劳动者中，这一比例仅为6.9%。到2010年，政府雇员已经成为工会最重要的成员了（Clawson & Clawson, 1999; Riley, 2011; U. S. Department of Labor, 2011）。

工会衰退也在其他高收入国家发生，但工会宣称美国的工会成员比例要远比其他国家低。工会成员比例在日本约为18%；在大多数欧洲国家在20%到40%之间；在加拿大为28%；在芬兰则高达70%（Visser, 2006; OECD, 2011）。

美国工会成员数量的普遍下降反映了经济中工业部门的萎缩。新兴服务工作者——如本章开头所描述的在沃尔玛这样的零售业做销售员——较不易加入工会。鉴于低廉的工资和工人的申诉，工会一再试图组织沃尔玛的雇员，然而迄今未在任何一家沃尔玛获得成功。过去几年的经济疲软给了工会一个短暂的复兴，奥巴马政府推动的新法律也使得工人加入工会变得更为简单。但长期成果也许要看工会适应新的全球经济的能力了。曾视外国工人为"敌人"的美国工会将不得不建立新的国际联盟（Rousseau, 2002; Dalmia, 2008; M. Allen, 2009）。

2011年，整个美国的注意力都被若干州限制州雇员工会的权力所吸引。争论的一方指出，政府雇员的高工资与高福利将导致州财政的破产。争论的另一方则表明，这些利益是政府雇员应得的，他们以较低的收入从事着不仅重要而且时常有危险的工作。此外，批评者指控某些政治领袖正试图摧毁工会运动。"焦点中的社会学"栏目将提供更具体的案例，也给你一个机会用你自己的观点来进行评判。

三、专业职业

今天所有类型的职业都被称为*专业的*（professional）——专业网球选手，专业家政清洁甚至专业灭虫。与*业余人士*（amateur，来自拉丁文"爱"，意为某人将对活动本身的热爱付诸行动）不同，*专业人士*（professional）为生存而工作。但什么是确切的专业职业（profession）呢？

专业职业是指要求接受大量正式教育的有声望的白领职业。从事这种职业的人就成为*专业职业者*，他们宣称能够并愿意在某些标准和伦理原则下工作。专业职业包括政府机构、医药、法律、学术以及诸如建筑、会计和社会工作等领域。一种职业是否属于专业职业取决于其满足以下四个特征的程度（W. J. Goode, 1960; Ritzer & Walczak, 1990）：

1. **理论知识**。专业职业者对本专业领域有理论理解而不仅止于技术训练。例如，任何人都可以掌握急救技术，但是医生对人体健康有理论性理解。这意味着网球选手、家政清洁者以及灭虫员事实上并非专业职业者。

2. **自我管理实践**。典型的专业职业者是自我雇佣，"私人执业"（in private practice）而非为公司打工。专业职业者监督自己的工作并且遵守一定的伦理规范。

焦点中的社会学

2011年的工会大战：平衡预算还是向劳动者开战？

"我们将要改革政府"，俄亥俄州州长约翰·卡锡奇（John Kasich）在 2011 年 3 月 8 日他的第一次"州情咨文"演讲中这样告诉州议员。而当他演讲时，超过 1000 名的消防队员（政府雇员）就堵在立法院门外的大厅里，他们齐声高呼："否决这个提案！否决这个提案！否决这个提案！"

到底发生了什么？俄亥俄州面临危急的经济状况——州政府负债80亿美元。卡锡奇州长认为巨额赤字的一大根源在于之前州政府与政府雇员（包括消防队员、警察和教师）工会达成的协议。

在卡锡奇看来，问题在于这一体系给了政府雇员工会过分的权力以至于可能使州政府破产。在这一体系下，工会有效地使每一个政府雇员都加入工会，并且以工资代扣的形式支付大量的会费。这些会费赋予工会巨大的政治权力选举出来自民主党的领导者；而在过去，民主党的领导者签署的劳动合同中所约定的政府雇员收入远超私人部门劳动者，而州政府根本无力承担。卡锡奇和共和党人控制的州政府最终成功颁布的改革方案将继续和政府雇员工会就工资进行集体谈判，但是不再允许工会以此为手段获取利益。此外，工资将与绩效为基础的奖励制度而不是资历相挂钩，政府雇员工会也不再允许进行罢工。

国际消防队员协会的哈罗德·沙尔特伯格（Harold Schaltberger）认为这些"改革"根本就是对工会开战。他声称这些建议措施"将使我们退回到根本不存在真正劳动权利的几十年前去"。

在威斯康星，斯科特·沃尔克（Scott Walker）以通过削减政府雇员工会的权力来减少州赤字的施政纲领在2010年当选为州长。2011年3月11日，他签署了已经由州议会通过的法案来限制政府雇员对工资（非津贴）的集体谈判，限制工资增长超过通货膨胀率，以及降低州政府为其医疗保健和退休养老金所缴款项的份额。这一新法律，也赋予政府雇员加入或者不加入工会的权利。

在整个美国，有34个州批准政府雇员工会为工作条件进行集体谈判；5个州明确禁止这种行为。在大多数情况下，联邦雇员没有进行集体谈判或者罢工的权利。由于许多州——也包括联邦政府——都面临巨额的财政赤字，俄亥俄州和威斯康星州争论的结果可能对整个美国都具有重要的意义。

调查结果表明，民众形成了两个阵营。调查数据显示政府雇员工会获得了45%民众的支持，但是也得到了大约相同比例的民众的反对。但是俄亥俄州的工会动员起来，成功地将卡锡奇的改革方案诉诸投票表决，2011年11月该改革方案被选民完全否决了。在威斯康星州，工会也正领导各界弹劾沃尔克州长。

加入博客

在这一问题上你站在哪一边？你赞同卡锡奇州长或是沃尔克州长主张削减工会的权力，还是站在工会一边希望他们仍然强盛？访问MySocLab，加入"焦点中的社会学"博客来分享你的观点与经历，同时也看看其他人是怎样想的。

资料来源：Gray (2011), Murphy (2011), Rasmussen (2011), Ripley (2011), and Sulzberger (2011)。

3. **对客户权威**（authority over clients）。因掌握专门知识，专业工作者受客户雇用，后者为他们的建议付款并遵行他们的指导。

4. **社群取向而非自利**。传统的专业义务要求专业工作者以服务社群为目标而非仅追求个人收入。

在几乎所有情况下，专业职业不仅要求具有大学学历，更要有专业学位。因此，大学新生普遍希望毕业后从事专业职业也就不足为奇了。如右图12-3所示。

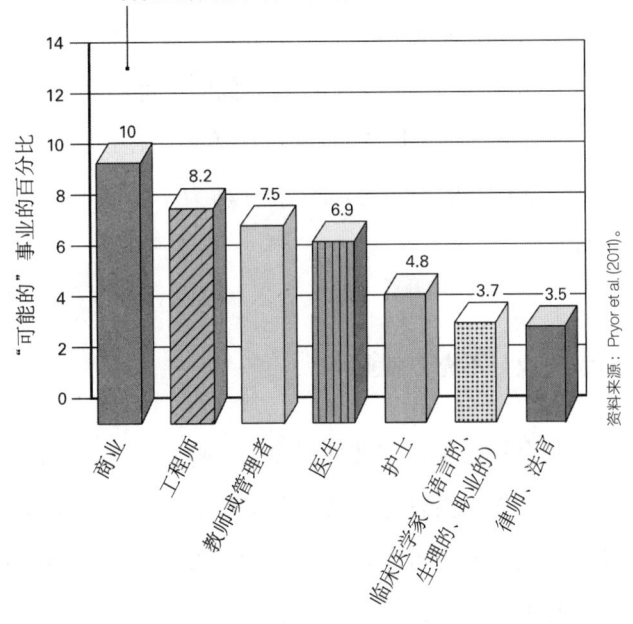

● 像美国这样的社会，有着许多不同种类的职业，每一项职业都只能吸引一小部分今天的学生以其为职业。

职业	百分比
商业	10
工程师	8.2
教师或管理者	7.5
医生	6.9
护士	4.8
临床医学家（语言的、生理的、职业的）	3.7
律师、法官	3.5

资料来源：Pryor et al. (2011)。

学生快照

图12-3 2010年大学一年级新生视为事业可能的职业

今天的大学生期望从事报酬高且声望好的职业。

很多职业并非是真正的专业职业而不过是追求其服务的"专业化"（professionalize）。声称自己有专业地位通常开始于重新命名工作，暗示工作的专业性、理论知识，使工作摆脱原来缺少声望的处境。于是仓库管理员变成了"仓储供应经理"，而灭虫员重生为"昆虫控制专家"，清洁工人将自己称为"住宅修复专家"。

兴趣团体可能也会组成专业组织来证明他们的技能。这种组织随后进行成员认证、伦理规范制定，并且强调其工作在社区中的重要性。为获得公共认可，专业组织也可能开办学校或其他训练机构，甚至创办专业杂志。但并非所有职业都试图要获得专业地位。一些*辅助职业人员*（paraprofessionals），包括律师助理和药剂师，拥有特殊技能但是缺乏完全的专业职业所要求的广泛的理论教育背景。

四、自我雇佣

自我雇佣——不以为大组织工作而谋生——曾经在美国很普遍。在 1800 年，大约 80% 的劳动力都是自我雇佣的；而今天，该比例降至仅 6.7%（男性 7.7%；女性 5.5%）（U.S. Department of Labor, 2011）。

律师、医生、建筑师以及其他专业职业者在美国都是自我雇佣的。但是大多数自我雇佣者是小商业的所有者、水暖工、农场主、木工、自由撰稿人、编辑、艺术家以及长途卡车司机。总之，自我雇佣的更可能是蓝领职业而非白领职业。

女性拥有美国 30% 的商业份额，而且该比例还在不断上升。美国女性拥有的 780 万家公司雇用了大约 6.4% 的劳动力，年销售额高达 1.2 万亿美元（U.S. Census Bureau, 2011）。

五、失业与不充分就业

每个社会都存在某种程度的失业。一方面，刚进入劳动力队伍的年轻人很少能马上找到工作。而总是有某些劳动者放弃现有的工作去寻找新的工作或者待在家里抚育孩童；另一些人可能在示威游行或者正遭受长期疾病的折磨；当然还有一些人缺乏技能去从事有用的工作。

但失业并不仅仅是个人问题；它也是由经济引发的。工作岗位因为职业老化或是公司改变运营方式而消失。从 1980 年开始，美国商业 500 强已经淘汰了超过 500 万的工作岗位，同时它们也创造了甚至更多的新岗位。

总体而言，公司要么精简规模以提高自身竞争力，要么在国际竞争或经济衰退中倒闭。在开始于 2008 年的经济衰退中，美国流失了数百万劳动岗位，失业率在所有经济部门全面上升。不仅是蓝领，即使那些在过去通常能承受住衰退的白领工作者也在这次的经济危机中失去工作（U.S.Department of Labor, 2010）。

2008 年，随着国家经济进入低迷，美国有 700 万年满 16 岁以上人口失业，约占全国劳动力的 4.6%（U. S. Department of Labor, 2008）。但是到 2011 年末，官方统计的失业人口超过 1300 万，失业率升至 8.9%（男性 9.4%，女性 8.5%）。相对于 2010 年初高达 10.6% 的失业率，这已经有所下降。在美国的某些地区，尤其是农村地区，失业率一般要高得多，大约是全国平均水平的两倍。此外，如果算上那些放弃找工作（因此不会算入官方的失业率统计中）的无业者，失业者的规模肯定要超过 2000 万。

图 12-4 表明，非裔美国人（15.8%）的失业率是白人（7.9%）的两倍。在所有的人口类别中，白人的失业率都比非裔美国人更低，而白人青少年和非裔美国青少年的差距尤为巨大。对于所有人口类别而言，降低失业风险的好办法是读取一个大学学位：正如图中显示的，大学毕业生的失业率大约为 3.9%——这比全国平均水平的一半还要低。

对那些经历失业的人，如今重新就业前所未有的困难。失业时长的中位数已经高达 21.6 周，这意味着有一半失业者失去工作的时间要比 21.6 周更久。失业时长的均值是 40.9 周，这一平均值被那些失业超过一年的失业者拉高。总之，美国社会现在正面临*延伸型失业*（extented unemployment），不仅失业全面蔓延，而且失业者的失业时长也比过去要长得多（U.S.Department of Labor, 2011）。

不充分就业也是数百万劳动者面临的问题。在这个公司破产的年代，大银行纷纷倒闭，整个美国的公司都在缩减规模，数百万的劳动者——他们很幸运地仍能保有他们的工作——只能拿更低的薪水、更少的福利（如医疗保险）以及逐渐减少的养老金。全球竞争的加剧，工人组织的衰弱以及经济不景气使得很多人只能通过同意减少报酬或丧失其他福利待遇来保住他们的工作（K. Clark, 2002; Gutierrez, 2007; McGeehan, 2009）。

此外，政府报告显示，超过 2700 万人仅仅从事兼职工作，即每周工作时间少于 35 小时。尽管大多数人说他们满足于这样的工作，但是仍有 30% 表示他们想要更多的工作，只是无法获得（U.S. Department of Labor, 2011）。总之，美国正挣扎着走出近期的经济不景气，很可能每五个劳动者中就有一个正面临不充分就业，或是因失业正在求职中，或是已完全放弃努力成为"消极失业者"(discouraged worker)。

六、"失业式复苏"

经济呈周期性运行，有兴盛期也有衰退期，我们通常称之为"繁荣与萧条"（boom and bust）。在过去，经济衰退期的高失业率之后，好日子会回来，带来大量的工作岗位，失业率在几年之内就会快速下降。

这一次的经济周期中，工作岗位的恢复却没有快速形成。公司利润已经恢复到衰退期之前的水平了，但是美国公司运营所需员工却减少700万。这意味着，这个国家的失业率仍居高不下。这一状况有时被称为"失业式复苏"（jobless recovery），形成这一状况的一大原因在于，即便在经济衰退之前，公司就在寻求以更少的劳动力来运行。计算机技术使得更少的员工可以做更多的工作；而在很多时候，更少的员工意味着拿更高的收入。此外，公司也正在越来越多地使用临时工。

第二，越来越多的公司在海外开设了工厂或是办公中心，通常在中国、印度或是巴西，那里的工资与福利成本要低很多。例如在中国，劳动者大约只挣美国劳动者所得的10%。正因为如此，许多跨国公司不断增加利润却几乎不在美国增加工作岗位。

第三，美国经济的增长速度不够快，且已持续多年，以至于其无法接纳所有正在求职的劳动者。这就是为什么政府报告中会说，每一个新增的工作岗位都有大约五个求职者进行争夺。

第四，从全球来看，美国的劳动者太贵，而对今天的经济而言，技术却没有足够好。也许正如某些分析家指出的，如果要让美国的失业率回复到经济衰退前的水平，必须对教育和职业培训进行大规模的投资（Faroohar, 2011; Wessel, 2011; Zakaria, 2011）。

七、工作场所差异：种族与性别

过去，白人男性是美国劳动力的主流。然而，美国的其他种族人口增长迅速。非裔美国人人口的增长速度高于非西班牙裔白人；亚裔美国人和西班牙裔美国人人口的增长速度甚至更快。

这样的动态发展可能在无数方面影响美国社会。不仅越来越多的工作者会是妇女和其他种族，工作场所也将不得不发展种种项目和政策去满足社会差异的需要，并且鼓励每个人有效且相互尊重地共同工作。"多样化思考"栏目将更详细地检视变迁中的工作场所所带来的一些问题。

【访问 mysoclab.com 观看视频"工作场所的女性"。】

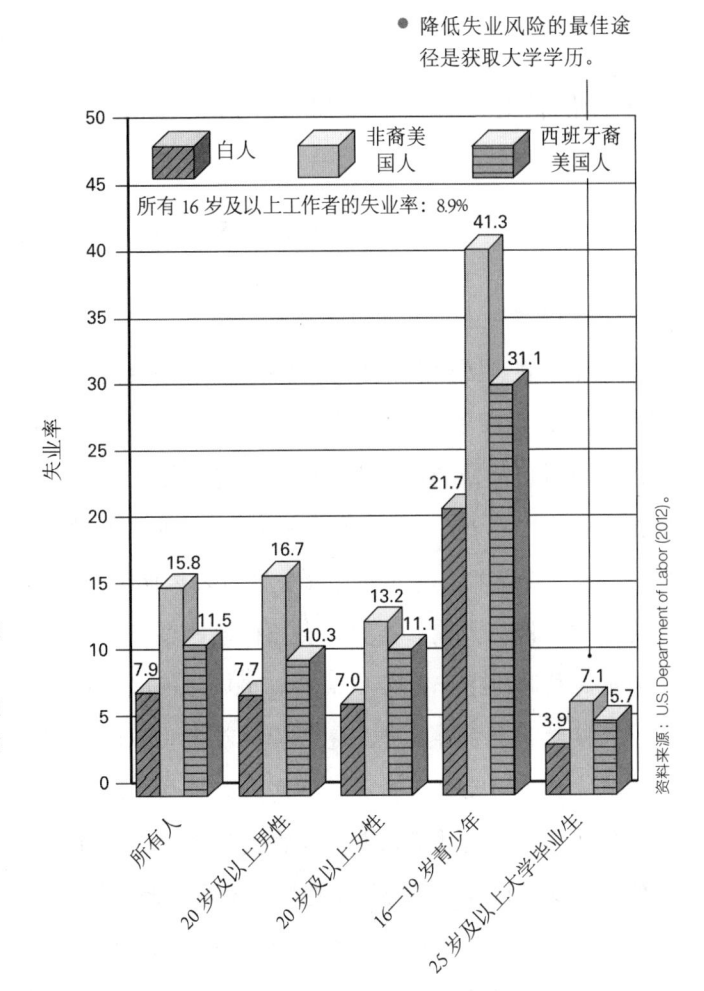

多样化快照

图 12-4 2011 年美国各类成人群体官方失业率统计

尽管大学毕业生的失业风险很低，但种族在每一类人群中都与失业联系在一起。

● 降低失业风险的最佳途径是获取大学学历。

所有 16 岁及以上工作者的失业率：8.9%

群体	白人	非裔美国人	西班牙裔美国人
所有人	7.9	15.8	11.5
20 岁及以上男性	7.7	16.7	10.3
20 岁及以上女性	7.0	13.2	11.1
16—19 岁青少年	21.7	41.3	31.1
25 岁及以上大学毕业生	3.9	7.1	5.7

资料来源：U.S. Department of Labor (2012)。

八、新信息技术和工作

7月2日，提康德罗加（Ticonderoga），纽约。当地硬件器材商店的经理扫描了一袋产品的条形码。"计算机并不仅仅是成本，"她解释道，"它还跟踪库存清单，安排仓库的发货顺序，并决定哪种产品继续销售而哪种产品停止销售。""听起来很像你以前常干的工作，莫林"，我笑着说。"是的"，她点头，但却没有笑。

另一个工作场所的变迁是计算机和其他新信息技术作用的增加。信息革命正在很多方面改变着人们的工作（Rule & Brantley, 1992; Vallas & Beck, 1996）：

多样化思考：种族、阶层与性别

多样化的2018：职场变迁

美国非白人种族人口的增长趋势正改变着职场。如图所示，美国劳动力中非西班牙裔白人男性的数量到2018年根本不会有任何增长；而非裔美国男性数量将增长8%，西班牙裔美国男性将增长22%，亚裔美国男性则将增长19%。

非西班牙裔美国白人女性预计将降低0.1%；非裔美国女性将增长8%，亚裔美国女性将增长20%，而西班牙裔美国女性增长最快，大约为26%。

在十年之内，非西班牙裔美国白人男性将仅占所有劳动力的33%，这一比例仍将继续下降。因此，接受社会多样性的公司将发掘出最大限度的人才库而享有带来更高利润的竞争优势（Graybow, 2007; Harford, 2008; U.S.Department of Labor, 2010）。

接受社会多样性首先意味着不断吸收不同性别、不同种族以及不同文化背景的有才能的劳动者。然而，开发所有雇员的潜能要求满足女性和其他少数族裔群体的需求，而这些需求与美国白人男性的需求并不完全重合。例如，对于有小孩的工作女性而言，职场的儿童托管就是重大问题。

第二，企业必须发展有效的途径去处理好社会差异带来的紧张。他们将不得不更努力保证所有的工作者被平等对待和尊重，这意味着对待种族和性骚扰的零容忍。

第三，公司将不得不反思现行的晋升方式。目前，财富100强的主管中，72%是白人男性，28%是女性或其他种族（Executive Leadership Council, 2008）。在一项关于美国公司的调查中，美国就业机会平等委员会（U.S. Equal Employment Opportunity Commission, 2011）发现非西班牙裔美国白人男性占25-64岁美国成人的比例为33%，却占据了52%的管理职位。相应的数据是非西班牙裔白人女性的33%和29%；非裔美国人的13%和6%，以及西班牙裔美国人的15%和6%。

你怎么想？

1. 美国职场的社会多样性增加的根本原因是什么？
2. 你认为企业应该在哪些具体的方面支持其他族裔从业者？
3. 在哪些其他机构中（如学校）社会多样性正变得越来越重要？为什么？

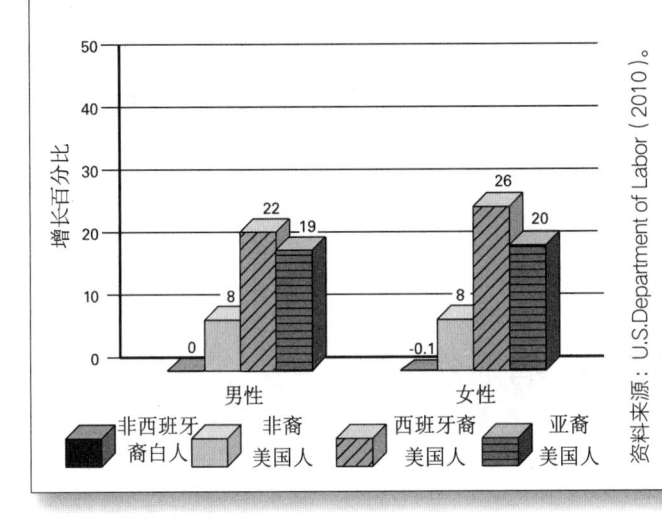

资料来源：U.S.Department of Labor（2010）。

2011—2018年美国劳动力数量的预期增长

预期来看，美国劳动力中其他种族比例的增长将远高于白人男性和白人女性。

男性：非西班牙裔白人 0，非裔美国人 8，西班牙裔美国人 22，亚裔美国人 19

女性：非西班牙裔白人 -0.1，非裔美国人 8，西班牙裔美国人 26，亚裔美国人 20

1. **计算机正削弱劳动力技能**。就像上一个时代工业机械取代熟练工匠一样，现在计算机威胁着管理者的技能。越来越多的商业运作不是基于管理决策而是计算机模型。换句话说，是机器在决定是否获取订单、是否采购某一尺寸和颜色的服装，或者是否批准一次贷款申请。

2. **计算机正使得工作更抽象**。大多数工业时代的从业者与他们的产品有直接接触。后工业时代的从业者却利用符号去完成诸如提升公司绩效、提升软件的用户友好度或是在金融"衍生品"中隐藏风险资产等抽象任务。

3. **计算机限制了职场的互动**。随着工作者在电脑终端前花的时间越来越多，他们相互之间也变得越来越孤立。

4. **计算机增加了雇主对工作者的控制**。计算机使管理人员可以不间断地监控雇员的产出，无论后者是在计算机终端上工作还是在生产线上工作。

5. **计算机允许公司重新布局岗位**。因为计算机技术使信息几乎能即时传递到任何地方，当今经济之下的符号性工作也许不会在我们意想之处开展。我们都有这样的经验，电话联系本城镇的某项业务（如一家旅店或一家书店），却发现我们正在同身处几千里之外的计算机工作站中的人交谈。计算机技术使得许多工作——尤其是服务工作——可以外包给工资水平更低的其他地区。

也许随着华尔街的普遍失败，我们会逐渐不再允许计算机来管理风险，让商业决策的责任重新回到人的手中（Kivant, 2008）。也许计算机、人以及我们的经济体系都是有缺陷的，我们不可能生活在完美世界中。但是商业经营中快速倒向计算机依赖提醒我们，新技术永远不会是社会中立的。它改变了人们的职场关系，塑造了我们的工作方式，并且时时改变着雇主与雇员之间的权力平衡。因而可以理解的是，人们接受信息革命的某些方面，却拒斥着另一些方面。

第四节　有限公司

理解 //

今天的资本主义经济的核心是**有限公司**，即包含权利和义务关系并将其与其成员相分离的依法存在的组织。成立公司使组织成为法律实体，能够订立合同和拥有产权。全美超过 3200 万家的企业中，有 580 万家是公司（U.S. Census Bureau, 2011）。成立公司保护所有者的财产不受来自商业债务或损害消费者的诉讼的影响，同时带来更低的公司利润税率。

一、经济集中

大多数的美国公司是小型的，资产不超过 50 万美元。因此，巨型公司支配着美国的经济。2008 年，政府列出了资产超过 25 亿美元的 2582 家公司，这些公司的总资产达到了所有公司资产总额的 81%（Internal Revenue Service, 2011）。

在零售业美国最大的公司是沃尔玛，其 2011 年的销售额是 4190 亿美元，这一数值超过了全美 44 个州的税收的总额。

二、联合公司与公司的联合

经济集中创造了**联合公司**（conglomerates），*由大量较小公司组成的巨型公司*。联合公司作为一种公司形式进入新的市场，派生出新公司或者兼并其他公司。例如，百事（Pepsico）是包括百事可乐，菲多利（Frito-lay），佳得乐（Gatorade），纯品康纳（Tropicana）和桂格（Quaker）在内的联合公司。

许多联合公司因为互相持股而关联，因此形成了巨大的世界公司联盟。例如，2009年时，通用汽车（General Motors）旗下拥有欧宝（Opel, 德国）、沃克斯豪尔（Vauxhall, 英国）、萨博（Saab, 瑞典）以及部分的大宇（Daewoo, 韩国），并且与铃木以及丰田（日本）都有伙伴关系。类似地，福特拥有沃尔沃（Volvo, 瑞典）以及部分的马自达（Mazda, 日本）。

| **有限公司** 包含权利和义务关系并与其成员相分离的依法存在的组织 | **联合公司** 由大量较小公司组成的巨型公司 |

公司还以"连锁董事会"的方式关联在一起。连锁董事会是指主管多个公司的董事们组成的网络（Weidenbaum, 1995; Kono et al., 1998）。董事会会议室的这种相互连接使得公司能够获取关于其他公司生产和市场战略的有用信息。这种关联尽管完全合法，但是其鼓励非法行为的产生，例如当所有公司共享他们的价格策略后形成的价格垄断。

在今天的公司世界中，计算机正在改变着工作的性质，正如工厂在一个世纪前做的那样。基于计算机的工作在哪些方面不同于工厂工作？你认为在哪些方面两者又是几乎相同的？

三、公司：他们竞争吗？

根据资本主义模型，商业在一个竞争性市场下独立运行。然而由于彼此之间广泛联系的存在，显然大公司并不独立运行。同时，一些大公司支配着很多市场，因此，他们并非真正竞争性的。

联邦法律禁止任何公司形成**垄断**（monopoly）——*单一生产商控制市场*。因为如果没有竞争，这种处于垄断的公司能随意决定价格。但是**寡头垄断**（oligopoly），*少数生产商控制市场*，却既合法又常见。寡头垄断来自进入一个主要市场（如汽车工业）所需要的大型投资，这种投资只可能来自最大的公司。此外，真正的竞争意味着风险，而所有大公司都试图规避风险。

联邦政府试图规制公司以保护公众的利益。然而从曝光的公司丑闻来看——尤其是近期的房贷企业以及大量银行的倒闭——规制总是太少太迟，导致成千上万人的利益受损。美国政府是公司世界唯一的最大客户，2008年和2009年，它介入并支持许多困境中的公司，为之提供数十亿美元的救助项目。通常在经济困难时期，公众倾向于支持政府在经济中发挥更大的作用（Sachs, 2009）。

垄断 单一生产商控制市场　　　　**寡头垄断** 少数生产商控制市场

争鸣与论辩

市场："看不见的手"在提升我们还是掏空我们？

"市场"还是"政府计划"？政府依靠两者之一来决定公司的产品和服务生产或是民众的消费。这一问题如此重要，对这个问题的回答与国防、同盟选择以及敌人认定有很大的联系。

历史地看，美国社会是依靠市场这只"看不见的手"实现经济决策的。市场根据产品供给和消费需求动态调高或调低价格。市场因此联结了无数人的努力，每个人——按照亚当·斯密的洞见——都仅以自己的利益为动机。市场体系的拥护者——包括经济学家米尔顿·弗里德曼和罗斯·弗里德曼（Milton Friedman & Rose Friedman, 1980）——指出市场体系运行的自由程度是这一国家获得高生活标准的关键。

但其他人也指出了政府对于美国经济的贡献。第一，政府必须介入承担私人企业不能很好完成的任务，如保护国家不受外敌或恐怖袭击。政府（与私人企业伙伴合作）也在建设和维护公共设施方面，如道路、公用事业、学校、图书馆以及博物馆，发挥关键作用。

然而弗里德曼反对说，无论什么任务，政府总是以非常没有效率的方式来完成。其指出，对大多数人而言，今天最低满意度的产品和服务——公共学校、邮政服务和铁路客运服务——都是由政府运行的；而大家最喜欢的产品——家用电器、计算机以及其他新电子技术、时装——都是市场生产的。弗里德曼和其他自由市场的支持者相信，最少的政府调控带来最多的公众利益。

政府经济干预的支持者另有辩解。第一，他们指出市场只刺激生产有利可图的产品。几乎没有私人公司愿意去满足穷人的需求，因为顾名思义，穷人只有极少的钱可用于消费。

第二，只有政府能控制市场的某种自我毁灭倾向。例如1890年，政府通过了谢尔曼反垄断法（Sherman Antitrust Act）打破美国的石油和钢铁垄断。而那之后的几十年里——特别是20世纪30年代的罗斯福新政（President Franklin Roosevelt's New Deal）之后——政府通过强硬手段（通过调整利率）抑制通货膨胀，（通过制定工作场所安全标准）提高工人的福利，（通过制定产品质量标准）使消费者受益。2008年，当市场不能阻止严重经济衰退时，公众要求政府在美国经济中发挥更大的作用。

你认为多大程度的政府经济调控是必要的？

第三，因为市场扩大了社会不平等，政府必须在社会公正的层面介入。由于资本主义经济将收入和财富集中于少数人之手，政府就有必要向富人征收更高的税来保证财富被更多的人分享。

市场的"看不见的手"是在提升我们还是在掏空我们？尽管大多数美国人赞成自由市场，但他们也支持政府干预经济。公众意见不断地左右摇摆。2008年的经济危机之后，公众对公司的信心下降，对联邦政府的信任增强。民主党在2008年大选的胜利表明，公众认为政府的工作不仅仅在于保障国家安全，也在于维护经济稳定。到2010年，共和党赢得了更多的选票，这表明部分民众退回到更倾向私人企业而非政府的选择。2012年的选举将是公众对于公共——私有争论的又一次投票。在未来的几年，我们应该会看到美国人民和世界人民继续争论市场力量和政府决策的最佳平衡点。

你怎么想？

1. 你是否同意这样的说法："管得越少的政府越是好政府"？为什么？
2. 茶党运动是怎样体现市场体系与政府之间的最佳平衡点的？占领华尔街运动呢？
3. 在2012年总统大选中，奥巴马政府是怎样争取更大的政府作用的？他们为什么这样做？米特·罗姆尼及共和党又是怎样反对增强市场的作用的？他们为什么这样做？

四、公司与全球经济

公司发展得如此之大以至于今天他们占据了世界大部分的经济产出。最大型的公司的基地在美国、日本和西欧，市场却在全世界。许多大型公司（如麦当劳和芯片制造商英特尔）从美国以外的地区赚取他们的主要收入。

全球公司（跨国公司）认识到不发达国家拥有全球大多数的人口及资源。除此之外，那里的劳动力成本相当低廉：墨西哥的一个制造业工人每小时的平均工资为5.38美元，其工作一个多星期的收入才与日本（平均每小时约30.36美元）或者美国（平均每小时33.53美元）工人一天的劳动所得相当（U.S. Department of Labor, 2011）。

正如第九章（"全球社会分层"）指出的，跨国公司对不发达国家的影响是有争议的。现代化理论宣称跨国公司释放资本主义的强大生产力,提升不发达国家的生活标准,带来税收增长、资本投资、新工作岗位以及先进技术,这些都加速了其经济的增长(Berger, 1986; Firebaugh & Beck, 1994; Firebaugh & Sandu, 1998)。

> **了解我们自己·未来的工作在哪里:对 2020 年的预测**
> 莱昂·阿科斯塔(Leon Acosta),23 岁,刚从大学毕业。他搬到了犹他州(Utah)的帕克市(Park City),在那里他找到了一份好工作,也找到了很多年纪相仿的朋友。
> 经济前景对于美国各地的居民而言并非完全相同。预计就业的增长在西部各州的大部分地区以及佛罗里达比较强劲。东部以及中西部的某些地区同样预计会有就业增长。但是对美国中部地区而言,最好的状况不过是就业缓慢增长,在某些州县,甚至在未来几年预计会出现就业下降。
> 访问 mysoclab.com 探索你所在社区以及全美各地的自我雇佣状况。

依赖理论则认为跨国公司事实上加剧了全球不平等,阻碍当地工业的发展并将不发达国家推向了出口导向的货物生产而不是以当地人为目的的食物或其他产品生产。从这一立场出发,跨国公司使不发达国家对发达国家的依赖不断增强(Wallerstein, 1979; Dixon & Boswell, 1996; Kentor, 1998)。

简言之,现代化理论赞美市场为使世界所有人进步和富裕的关键;依赖理论则持不同的观点,呼吁以政府为主导的经济代替市场。"争鸣与论辩"栏目将进一步检视这一问题:市场抑或政府,谁应该在经济中起主导作用?

第五节 经济:展望

评价

社会制度是社会满足人们需求的方式。然而,正如我们已经看到的,美国经济只是部分地完成这个任务。多年以来,美国经济交替经历着繁荣与衰退。而不管在繁荣时代还是在衰退年代,美国经济提供给某些人的总要远远好于给其他人的。

经济变迁背后的一个重要趋势是信息革命。首先,美国目前制造业劳动力的比重只有 1960 年的三分之一；服务业，尤其是与计算机相关的工作，填补了空缺。对产业工人而言，后工业经济带来了失业的上升和工资的下降。美国社会必须勇敢面对挑战，为数以万计的男性和女性提供语言和计算机技术以便他们能在新的现代经济中成功。但是数以万计的有着"好"的服务业工作的人近年来也失业了。此外，经济前景的地区差异很明显，到 2020 年有些地区预计会有就业增加，而有些地区会有就业减少。

近年来的第二个转变是全球经济的扩张。两个世纪以前，人们体验到的起落仅反映他们所在城镇的经济及其发展趋势。一个世纪以前，整个国家的社区被经济地联系在一起，因此一个城镇的繁荣需要依靠国内其他地方的人对其所生产产品的需求。今天，我们不得不超越国家经济，因为美国某一社区加油站油价的上涨是与世界各地，尤其是中国和印度，对原油不断增长的需求紧密联系在一起的。作为生产者同时也作为消费者，我们现在需要对遥远而不可见的因素及力量做出回应。

最后，全球分析家都在反思传统的经济模型。全球经济表明社会主义比资本主义的生产率要低，这是东欧和苏联的社会主义政治体制崩溃背后的一个重大原因。但资本主义也有自己的问题，近期的占领华尔街运动表明，资本主义有着极大的不平等和大量公司丑闻——这是美国经济现在存在大量政府调控的两大重要原因。

这些变迁的长期影响是什么？两个结论看来是无疑的。第一，美国和其他国家经济的未来将在全球竞技场中进行。随着更多的工业生产转移到其他国家，美国的新后工业经济已经浮现。第二，解决全球不平等和人口增长这样的迫切议题势在必行。全球的发达国家与发展中国家之间差距的缩小或是扩大，也许决定着我们星球的未来是走向和平，还是战争。

第六节　政治：历史概述

理解

经济与**政治**（politics，也被称为政体 [polity]）是紧密联系在一起的。**政治是指分配权力、设定社会目标以及进行决策的社会制度。**早在 20 世纪马克斯·韦伯（1978/1921）

就将**权力**界定为*即使遇到别人的反对仍然能实现自己意志的能力*。权力是由**政府**行使的。*政府是指导社会的政治生活的正式组织*。政府总是声称自己在帮助人民，而同时，政府也要求人民遵守规则。但是正如韦伯指出的，大多数的政府并不公开威胁他们的人民。在大多数的情况下，人民尊重（或者至少是接受）他们社会的政治体系。

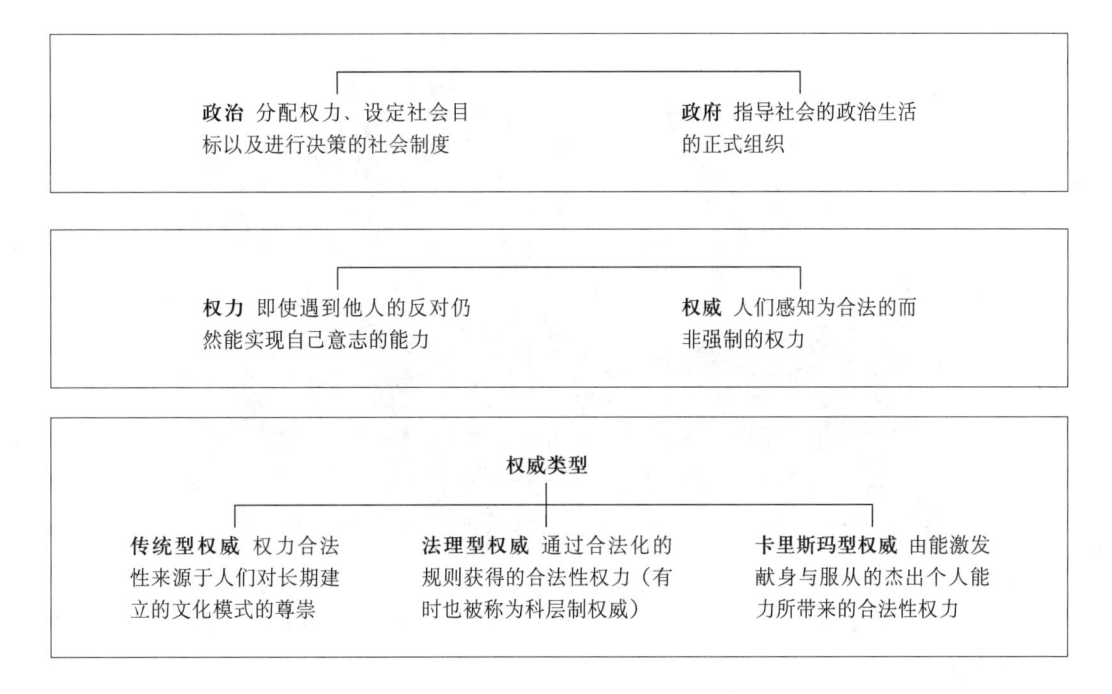

政治 分配权力、设定社会目标以及进行决策的社会制度　　**政府** 指导社会的政治生活的正式组织

权力 即使遇到他人的反对仍然能实现自己意志的能力　　**权威** 人们感知为合法的而非强制的权力

权威类型

传统型权威 权力合法性来源于人们对长期建立的文化模式的尊崇　　**法理型权威** 通过合法化的规则获得的合法性权力（有时也被称为科层制权威）　　**卡里斯玛型权威** 由能激发献身与服从的杰出个人能力所带来的合法性权力

韦伯指出，如果顺从仅仅依靠残酷力量的威慑，那么没有哪一个政府能够长久地维系其权力，因为永远不可能有足够多的警察去监视每一个人——再说谁又来监视警察呢？因此，每一个政府都试图让自己在人民的眼中具有合法性。

这引出了另外一个概念——**权威**（authority），人们感知为合法的而非强制的权力。一个社会的权威来源于其经济。在韦伯看来，前工业社会基于**传统型权威**（traditional authority），其合法性权力来源于人们对长期建立的文化模式的尊崇。传统型权威沉淀在社会的集体记忆之中，这使得传统型权威看起来近乎神圣。中国的皇帝在过去诸世纪都是通过传统来获得合法性的，中世纪欧洲的贵族同样如此。传统的力量可能是非常强的，不管其是好是坏，人们总是视传统规则犹如神明。

随着社会工业化，传统型权威开始退场。例如，皇室家族仍然在10个欧洲国家存在，但是诸如英国、瑞典、丹麦等国家的民主文化已经将权力转移给了经过选举成为官员的平民。韦伯指出，理性科层制的扩展是现代社会的权威的基础。**法理型权威**

（rational-legal authority，有时也被称为科层制权威）是通过合法化的规则获得的合法性权力。

传统型权威依赖于家庭；而法理型权威则来自政府部门。传统的君主将权力留给他的继承者；现代的总统或是总理根据法律获得和解除权力。

君主制通常出现在尚未工业化的社会中。近期中东的政治动乱表明，现今世界对这一类型的政治体系的抗争不断增长。即使如此，阿卜杜拉（Abdullah）国王和他的皇室成员仍然通过支持阿拉伯传统和文化加强了他们对沙特阿拉伯的统治。

韦伯描述的另一种权威类型则在整个历史中都能看到。**卡里斯玛型权威**（Charisma authority）是*由能激发献身与服从的杰出个人能力所带来的合法性权力*。与传统型权威和法理型权威不同，卡里斯玛型权威更多依靠人格魅力而很少依靠个人的血统或者官职。追随者将卡里斯玛型领导人看成是某种特殊的，甚至是神圣的权力。卡里斯玛型领导人的例子有拿撒勒（Nazareth）的耶稣、纳粹德国的阿道夫·希特勒、印度的解放运动领导人圣雄甘地、民权运动领导人马丁·路德·金等。所有的卡里斯玛型领导人都旨在激进地改变社会，这解释了为什么他们总是备受争议并且鲜有高寿而终者。

卡里斯玛型权威来源于单一个体，因而领导者的逝世会形成一场危机。韦伯认为，卡里斯玛运动的继续维持有赖**卡里斯玛的常规化**（routinization of charisma）：*卡里斯玛型权威转变为某种传统型权威与科层制权威的混合*。例如，耶稣死后，其追随者在基于传统和科层建造的教会中将其教义制度化。正是经由这种常规化，基督教才延续2000年至今。

第七节 全球视角中的政治

运用//

世界的各种政治体系在很多方面存在不同。但是，总体而言，它们都能被归为以下四类：君主制（Monarchy）、民主制（Democracy）、威权主义（Authoritarianism）和极权主义（Totalitarianism）。

一、君主制

君主制（该词的拉丁语和希腊语词根的意思是"一个统治者"）是一个家族世代进行统治的政治体系。君主制在农业社会很常见；例如，《圣经》就讲述了大卫（David）和所罗门（Solomon）这些伟大国王的故事。在今天，全球仍有 26 个国家存在皇室家族[1]；大多数家族都已经存在若干世纪了。因此，用韦伯的话说，君主制是通过传统获得合法性的。

中世纪，全球大多数的专制君主（absolute monarchs）宣称其垄断权力来自神授（或者上帝的意志）。在某些国家——包括阿曼、沙特阿拉伯以及斯威士兰——君主（并不必须有神圣的支持）仍然对其人民行使绝对的控制。

但是随着工业化进程，君主制逐渐退场，让位于选举的公务员。今天，所有保有皇室家族的欧洲国家都实行*君主立宪制*，它们的君主仅仅是国家象征性的元首；实质的统治由选举出的官员负责，这些官员由首相领导并受制于宪法。在这些国家中，贵族为"统"（reigns），但是民选官员进行实际的"治"（rule）。

---

[1] 欧洲：瑞典、挪威、丹麦、英国、荷兰、列支敦士登、卢森堡、比利时、西班牙以及摩纳哥；中东：约旦、沙特阿拉伯、阿曼、卡塔尔、巴林和科威特；非洲：莱索托、斯威士兰和摩洛哥；亚洲：文莱、汤加、泰国、马来西亚、柬埔寨、不丹以及日本（U.S. Department of State, 2012）。

二、民主制

世界大多数地区的历史潮流是走向**民主制**：*将权力赋予所有人民的政治体系*。由于所有的公民都参与到统治中是不现实的，因此实际上美国的体系是*代议制民主*，即将权威赋予那些在每次竞选中胜出的领导者。

全球大多数的高收入国家（包括那些仍然保有皇室家族的国家）都宣称自己是民主国家。工业化是与民主联系在一起的，因为两者都要求有文化的大众。同时，随着工业化进程，君主制权力的传统合法性让位于法理型权威。因此，民主制是与法理型权威联系在一起的，就像君主制是与传统型权威联系在一起的。

君主制 一个家族世代进行统治的政治体系　　**民主制** 将权力赋予所有人民的政治体系

但是像美国这样的高收入国家并不真正民主，原因有二。首先是因为科层制的问题。美国联邦政府有 280 万常规雇员，以及数百万以各项特殊基金雇用的职员。另有 160 万军队人员以及 64000 立法和司法部门人员——总计超过 440 万工作人员。此外，全美还有 1960 万人员为 90690 个地方政府工作。在政府工作的大部分人并不是由选举产生的，也并不直接对人民负责。

第二个问题涉及经济不平等：富人拥有的政治权力比穷人多得多。美国的政治领导人大多是富裕的男性或女性，用政治语言来讲，"金钱决定一切（money talks）"。考虑到亿万资产的公司拥有更大的资源，美国的"民主"系统该怎样很好地倾听"普通大众"的声音呢？

当然，民主国家确实提供了许多权利和自由。长期追踪政治趋势的相关组织指出，2011 年，全球 87 个国家（占全球人口的 43%）是"自由"的，其尊重多数公民自由。这一结果显示了民主的发展：20 年前，仅有 76 个国家被认为是自由的（Freedom House, 2012）。

三、威权主义

某些政府大力阻止其人民参与到政治中。**威权主义**（authoritarianism）是*禁止人民*

参与统治的政治体系。一个威权主义的政府对人民的需求漠不关心，也并不提供选举权。沙特阿拉伯和阿曼的绝对君主以及土库曼斯坦和乌兹别克斯坦的不民主规则都属于威权主义。

四、极权主义

控制最为严密的政治形式是**极权主义**（totalitarianism），即广泛控制人民生活的高度集中化的政治体系。随着政府逐渐有能力紧密地控制其人民，极权主义在20世纪出现。

尽管某些极权主义政府宣称他们代表人民的意志，但是大多数极权主义都试图迫使人民服从政府的意志。正如"极权"一词所暗示的，这种政府权力极度集中，不允许存在任何有组织的反对者。这些政府否定人民集会的权利、严格控制信息，制造出一种孤立而恐怖的气氛。

极权主义社会的社会化是高度政治化的，寻求对体系的服从和认同。

威权主义 禁止人民参与统治的政治体系　　**极权主义** 广泛控制人民生活的高度集中化的政治体系

五、全球政治体系？

全球化是否正以改变经济的同样方式改变着政治？在某个层面上，答案是否定的。尽管今天大多数的经济活动都是全球性的，世界仍然被分成不同的族群国家，与几个世纪前一模一样。联合国（成立于1945年）是迈向全球治理的一小步，但是其在全球事务中的政治作用一直受到限制。

但是在另一个层面上，政治已经开启了全球进程。在一些分析家看来，跨国公司代表了一种新的政治秩序，因为其有巨大的能力能够影响到全世界的事件。换句话说，随着公司规模超过政府，政治正不断融入商业中。

同时，信息革命已将国内政治移向世界舞台。电子邮件、文本短信、自媒体网络意味着几乎没有哪个国家能够在绝对私密的条件下组织其政治事务。近期关于"维基解密"(WikiLeaks)的争论表明，在计算机和黑客时代，每个人都可以获得信息——哪怕信息是被政府控制的——并且将其散播给其他所有人(Gellman, 2011)。

最后，几千个*非政府组织*（NGO）试图推进诸如人权和环境保护（绿色和平组织）这样的全球问题。非政府组织在扩展全球政治文化中将继续扮演重要的角色。

总之，正如单个的国家正在不断失去对本国经济的控制，政府同样不可能完全掌控发生在本国国界内的政治事件。

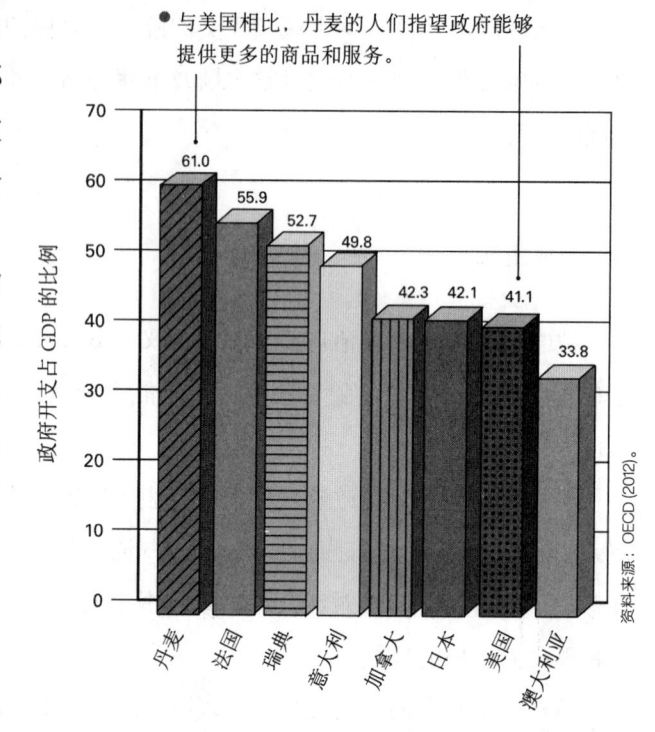

● 与美国相比，丹麦的人们指望政府能够提供更多的商品和服务。

政府开支占GDP的比例：丹麦 61.0，法国 55.9，瑞典 52.7，意大利 49.8，加拿大 42.3，日本 42.1，美国 41.1，澳大利亚 33.8

资料来源：OECD (2012)。

全球快照
图 12-5　2012 年各国政府规模
与其他高收入国家比起来，美国的政府活动所占经济支出的比例更小。

第八节　美国的政治

分析//

在 18 世纪，美国打败英国获得了政治独立，之后美国以代议民主制取代了英国的君主制。美国自那时起的政治发展反映了其文化历史以及资本主义经济。

一、美国文化与福利国家的兴起

美国的政治文化可以被归结为一个词：个人主义。这一点可以从《权利法案》

（Bill of Rights）中得到确认，《权利法案》保证了自由不受政府的不当干涉。当19世纪的诗人和哲学家拉尔夫·沃尔多·爱默生（Ralph Waldo Emerson）说"最好的政府是管得最少的政府"时，他的观念正是基于个人主义。

但是大多数人并不支持爱默生的立场，而相信政府在保卫国家安全、运行高速公路系统、开办学校、维持法律和秩序，以及帮助需要帮助的人等方面是必要的。美国已经发展出复杂的**福利国家**（welfare state）体系来达成这些目标。*福利国家是指为人民提供福利的政府机构和项目体系*。政府福利甚至开始于个体的出生前（通过产前营养计划）而一直持续到老年（通过社会保障和医疗服务）。一些项目对穷人来说尤其重要，这些人在美国的资本主义经济系统中并没有得到很好的服务。而学生、农场主、房主、小商业者、退伍军人、表演艺术家甚至是大型公司的经理人员都能得到不同的补贴和支持。实际上，大部分的美国成年人指望政府提供至少是部分的收入。

今天的福利国家是政府规模和范围逐渐扩大的结果。1789年，联邦政府在许多社区不过是一面旗帜，整个联邦预算仅为450万美元（平均每人1.5美元）。从那以后，联邦预算稳步增长，在2012年已经达到3.7万亿美元（平均每人11964美元）。

同样，在美国建国初期，一个政府雇员平均为1800个公民服务。今天，大约六分之一的美国人是政府雇员，这甚至多于制造业从业人员（U.S. Bureau of Labor Statistics, 2011; U.S. Census Bureau, 2011）。

尽管不断增长，相对于许多其他高收入国家，美国的福利国家规模仍然是小的。图12–5显示：大部分欧洲国家的政府规模要更大，尤其是如丹麦和瑞典这样的斯堪的纳维亚国家。

二、政治光谱

谁支持福利国家的扩张？谁希望福利国家的抑制？对这些问题的种种回答揭示了形成*政治光谱*（political spectrum）的种种态度。政治光谱从最左边的极端自由主义一直排列到最右边的极端保守主义。在美国，大约四分之一的成年人落在自由主义或者说"左"派，而三分之一声称自己是保守主义的，将他们自己放在政治的"右"派。剩下的40%宣称是温和派，处于政治上的"中间"（NORC, 2011: 213）。

政治光谱帮助我们理解人们思考经济的方式。*经济议题集中于经济不平等*。对于经济议题而言，自由主义者支持政府对经济进行广泛的调控，扩大福利国家以满足每

低收入者有更为紧迫的经济需要，因此他们倾向于关注经济问题，比如说工资与福利。相反，高收入者对许多社会问题提供支持，比如说动物权利。

个人的基本需求，并减少收入不平等。经济保守主义者则希望限制政府对经济的干预，留给市场力量更多的自由，同时使得个人自由达到最大。

政治光谱也可以被应用于*社会议题*，即关于人应该怎样生活的道德问题。社会议题包括了堕胎、死刑、同性恋权利以及如何对待少数群体。社会自由主义者支持所有阶层的平等权利和机会，将堕胎视为一种个人选择，而反对死刑——因为死刑已经被并不公正地用在少数群体身上。社会保守主义者的"家庭价值观"议程则支持传统的性别角色而反对同性婚姻、平权法案以及其他针对少数群体的"特殊项目"。社会保守主义谴责堕胎违反道德，而认为死刑是对最严重犯罪的公正回应而予以支持。

就美国的两大政党而言，共和党在经济和社会问题上都更加保守，而民主党则更加自由。但是两个政党在推进自己的特殊目标时都喜好大政府。例如2012年总统选举中，民主党支持政府重建美国的基础设施，同时为中等收入家庭提供更多的福利。共和党宣称期望通过加强军队来扩张政府。

大多数人混合持有保守主义和自由主义的态度。为了保护财产，大多数的高收入者在经济问题上持保守主义态度。但是广泛的教育和牢固的社会地位使得他们大多数都是社会自由主义者。低收入者则是相反的类型：在经济问题上大多是自由主义者但是支持社会保守主义议程（Ohlemacher, 2008）。非裔美国人，无论是富裕还是贫困，都倾向于自由主义（尤其是在经济问题上），他们已经投票给民主党达半个世纪之久（2008年，超过95%的非裔美国人把票投给了民主党候选人，贝拉克·奥巴马）。从历史来看，拉丁裔、亚裔美国人以及犹太人也都支持民主党（Kohut, 2008）。

女性比男性更倾向于自由主义。在美国成年人中，更多的女性倾向于民主党，而更多的男性将票投给共和党候选人。例如在2010年的选举中，48%的女性把票投给了民主党，而男性的这一比例仅为41%。图12-6显示了大学生的政治态度是怎样随时间而变化的。尽管学生的态度出现过转变——20世纪70年代向右转而从20世纪90年代中期开始向左转——但是女大学生始终要比男大学生更加倾向自由主义（Astin et al., 2002; Sax et al., 2003; NORC, 2007; Pryor et al., 2007）。

三、政党认同

由于许多人持有混合的政治态度，在一些问题上持自由主义观点，而在另一些问题上持保守主义立场，因此美国人的政党认同是很弱的。调查显示大约49%的人倾向民主党，大约39%的人倾向共和党；然而，仅仅19%的人宣称他们是"坚定的民主党"人，而仅仅10%的人宣称他们是"坚定的共和党"人。大约16%的人声称他们是"独立的"（NORC, 2011: 196）。强烈政党认同的缺乏正是两大政党在一次次的选举中各有胜败的一大原因。民主党1996年入主白宫，并在1996年、1998年和2000年赢得国会多数席。2002年和2004年，共和党人赢得了国会的多数席并且成功入主白宫。2006年，风向又一次改变了，民主党控制了国会，并且在2008年赢得了总统大选。但是2010年选举中，共和党又一次成为国会中的多数党。赢得"独立选票"在美国政治中对于政治成功而言至关重要。2008年，52%的政治独立者支持了贝拉克·奥巴马，而只有44%支持约翰·麦凯恩。在2010年国会选举中，共和党的胜利背后是56%的独立者投给了共和党候选人，而

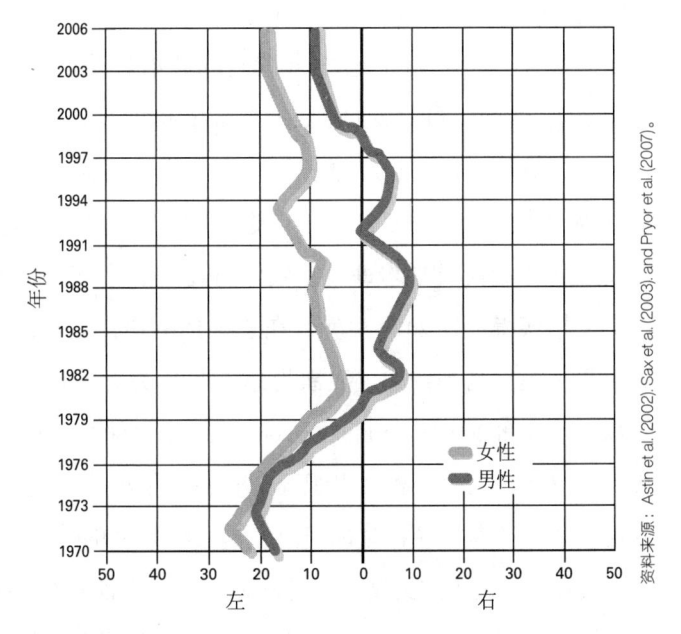

学生快照

图12-6 1970—2006年，大学生的左—右派政治认同

学生的态度在1970年后向右转，而在20世纪90年代末转回了左边。大学女生比男生更倾向于自由主义。

资料来源：Astin et al. (2002), Sax et al. (2003), and Pryor et al. (2007)。

只有 37% 投给了民主党（Federal Election Commission, 2011）。

美国政治中还存在着城乡差异。城市地区的人总是投票给民主党，而乡村地区的人总是投票给共和党。

四、特殊利益群体

私人拥有武器的问题已经在整个美国争论了好多年。诸如"布拉迪预防枪支暴力运动"（Brady Campaign to Prevent Gun Violence）组织支持更严格的枪支管理法律；而其他一些组织，包括美国步枪协会（National Rifle Association），强烈反对这些法律。这两个组织都是*特殊利益群体*。所谓特殊利益群体就是指组织起来以处理某种经济或者社会问题的人群。特殊利益群体——包括老年人协会、农场主协会、烟火制造商协会（the association of fireworks producers）和环保者协会——在政党较弱势的国家是强有力的。许多特殊利益群体聘请*说客*（lobbyist）来支持它们的政治目标。华盛顿特区就是大约 12220 名说客的总部（Center for Responsive Politics, 2011）。

政治行动委员会（PAC）是由特殊利益群体形成的组织，它们为了自己的政治目标筹集并使用金钱。政治行动委员会将它们大部分的基金直接投向那些可能支持它们利益的候选人。从 20 世纪 70 年代这些政治行动委员会被创建以来，其数量已经快速增长至 4500 多个（Federal Election Commission, 2011）。

由于竞选支出的持续增长，大多数候选人渴望从政治行动委员会获取财政支持。2010 年（非总统选举年）的国会选举中，所有选举基金的 23% 来自政治行动委员会；试图连任的参议员平均每人从政治行动委员会获得的捐助大约为 30 万美元。每个众议员平均获得了近 20 万美元。在总统选举中，这种经济支持力度要大得多。2008 年，贝拉克·奥巴马和约翰·麦凯恩总共收到并且使用了超过 10 亿美元的总统选举经费（Pickler & Sidoti, 2008; Center for Responsive Politics, 2008, 2011）。支持者认为，政治行动委员会代表了商业、工会、教会组织等大量各类组织的广泛利益，因而其有助于政治参与度的提高。批评者针锋相对地指出，捐钱给政客的组织期望投桃报李，因此政治行动委员会实际上是试图购买政治影响力（"Abramoff Effect", 2006; Federal Election Commission, 2009）。

握有最多的选举资金对结果有影响吗？答案是肯定的：2010 年国会选举中，95%拥有最多选举资金的候选人都赢得了选举。对金钱力量的关注已经引发了许多关于竞选筹款的讨论。2002 年，国会通过了一项折中的改革，限制候选人允许筹集的非管制

(unregulated)资金的数额。尽管有了这一改革，此后的总统竞选方仍在不断创造竞选开销新纪录（Center for Responsive Politics, 2009）。在 2010 年，最高法院驳回了对公司、工会和其他大型组织进行选举资金支持的限制。因而，2010 年选举的花费比四年前的 2006 年高了 5 倍。同样在 2010 年，超级政治行动委员会（super PAC）出现，并且以金钱——没有限制的金钱——投入到政治活动中，支持或是反对公职选举中的任意候选人（Liptak, 2010; Gorenstrin, 2011）。

五、选民冷漠

美国政治生活的一个令人不安的事实是许多美国人不愿参加投票。事实上，今天的美国公民较一个世纪前更不愿意参加投票。在 2000 年的总统大选中，只有一半的登记选民最终进行了投票，最终数百张的选票就决定了最后的结果。2008 年，投票率上升到 63%；这是 1960 年以来最高的一次。但是这一投票率仍然比几乎所有其他高收入国家都要低。（Center for the Study of the American Electorate, 2009）

> **了解我们自己·2008 年总统选举：各州县的直接选票结果**
> 贝拉克·奥巴马凭借 53% 的总选票赢得了 2008 年总统选举的胜利，但是他仅在大约四分之一的州县获得了多数票。奥巴马和其他民主党人在人口较密集的城市地区做得更好，而约翰·麦凯恩和其他共和党人则在人口较少的乡村地区做得更好。你能解释为什么城市地区更倾向"民主党"而乡村地区更倾向"共和党"么？你认为还有哪些社会属性可以用来分辨一个人是投票给民主党还是共和党？

谁可能去参加投票，谁可能不去参加投票？研究表明女性比男性的投票率略高。65 岁以上者比正值读大学年龄的成年人（他们中甚至有一半没有进行选民登记）去投票的可能性要高许多。非西班牙裔白人（2008 年选举的投票率为 66%）比非裔美国人（2008 年投票率是 65%，比 2004 年的 56% 已有上升）和西班牙裔美国人（50%）更可能参与投票。一般而言，在美国社会有较大利益（stake）的人们——拥有住房者、家里有小孩的父母、受过较多的学校教育及有好工作的人——更可能去投票。经济收入也有影响：年收入超过 75000 美元者（2008 年大选的投票率为 79%）比年收入低于 10000 美元者（47%）投票率高的多（U.S. Census Bureau, 2009）。

【访问 mysoclab.com 阅读保罗·博斯坦（Paul Burstein）撰写的"国会是用来出售的？"。】

当然，我们应该估计到一些无法投票的现象：在任何特定的时间，总有成千上万的人正生病或丧失投票能力；还有成千上万的人离开家在学校或是在其他地方，或是搬到了一个新的社区但忘记了重新登记选民。除此之外，选民登记和投票都要求一定的读写能力，这限制了美国数千万仅有有限读写能力的选民参与投票。最后，因身体残疾而行动不便的人比普通人的投票率要低（Schur & Kruse, 2000; Brians & Grofman, 2001）。

保守主义者认为对于那些对自己生活感到满意的人而言，冷漠就等于是对*政治漠不关心*（indifference）。自由主义者以及在政治光谱上远远偏左的政治激进者则认为冷漠反映了那些对社会极度不满者对政治的*异化*（alienation），这些人认为选举不会带来任何实质的不同。地位低下以及无权者最不愿意投票以及贝拉克·奥巴马这样的候选人吸引了大量新选民进入到政治进程这两项事实表明，自由主义对选民冷漠的解释可能更接近真相。

六、罪犯应该参加投票吗？

虽然投票权正是美国宣称自身民主的基础，但是除了佛蒙特州和缅因州外，其他各州都立法禁止正在监狱服刑的罪犯投票。30个州禁止处于缓刑期的重罪犯参加投票；35个州禁止假释期投票；2个州甚至禁止已经服完刑的罪犯投票；另有10个州要求这些人必须提起要求恢复投票权之诉后才能投票。总体上，美国有530万人（包括140万非裔美国男性）丧失了投票权（Sentencing Projest, 2011）。

政府是否应该将剥夺政治权利作为对犯罪的一种惩罚手段呢？美国50个州中的大多数州立法机关都给出了肯定的答案。但是批评者指出，这种实践可能是有政治动机的，因为禁止罪犯投票可以改变美国选举的结果。重罪犯（往往是低收入者）往往不是在民主党和共和党之间两选一，而是直接偏向于民主党。有研究表明，即使考虑到选民冷漠，倘若这些法律无效，2000年阿尔·戈尔会击败乔治·W.布什成为美国总统（Uggen & Manza, 2002）。2011年，这一政治考量促使国会中的民主党人提交了恢复民主法案（Democracy Restoration Act），其将恢复已服刑完毕罪犯的投票权提上了议事日程。

第九节 社会权力的理论分析

运用

社会学家对于权力是如何在整个美国人群中扩散的问题争论已久。权力是一个非常艰难的研究主题，因为决策过程是复杂的，而且往往还在幕后进行。尽管如此，研究者仍然已经发展出了关于美国社会中的权力的三种相互竞争的模型。

一、多元模型：人民治理

与结构功能理论紧密相关的**多元模型**（pluralist theory）是认为权力在许多相互竞争的利益群体之间的扩散的一种政治分析视角。首先，多元论认为政治就是一个谈判的舞台。没有哪个组织可以期望达成其所有的目标。因此，组织以"*否决团体*"（veto group）的形式运行，实现自己的某些目标但是更主要的是阻止竞争对手实现他们所有的目标。政治过程严重依赖于在许多的利益群体之间形成联盟和妥协从而使政策获得广泛支持。一言以蔽之，多元论将权力视作在整个社会广泛扩散，每一个人在政治系统中至少有某种发言权（Dahl, 1961, 1982; Rothman & Black, 1998）。

二、权力精英模型：少数人统治

基于社会冲突理论的**权力精英模型**（power-elite theory）是认为权力集中于富人的一种政治分析视角。

近年来发展最显著的政治力量之一是茶党运动。运动的支持者认为，政府已经变得过大也过贵，现在已经威胁到普通人民的自由。你认为政府如很多政治光谱右派认为的那样是"有问题"的？或者，你认为如许多政治谱左派那样，视政府为"解决之道"？为什么？

"权力精英"由社会冲突理论家赖特·米尔斯（C. Wright Mills, 1956）最先提出，他指出，上层阶级掌控了绝大多数的社会财富、声望与权力。

米尔斯认为权力精英控制着社会的三大主要部门：经济、政府以及军队。权力精英由"超级富豪"（公司高级管理人员和主要股东）、华盛顿特区以及各州政府的高官、美国军队中的高级军官组成。

米尔斯进一步指出，这些精英能在各部门之间转移，并随他们的转移建立权力。例如，前副总统迪克·切尼（Dick Cheney）就在公司世界和联邦政府的权力位置间进进出出。柯林·鲍威尔（Colin Powell）将军从美国军队中的高官成为国务卿。更一般地讲，总统入主白宫时，其大多数的内阁成员都是百万富翁。这在布什政府中是这样，在奥巴马政府中也是如此。

权力精英理论家认为美国并不是一个民主国家，因为其经济和政治体系赋予少数人如此多的权力却让普通大众的声音被淹没。他们反对多元论所持有的各权力中心相互制约和平衡的观点；权力精英模型认为，那些高层如此有权势实际上他们根本不存在真正的反对者（Bartlett & Steele, 2000; Moore et al., 2002）。

三、马克思主义模型：体系偏差

理解美国政治的第三种视角是**马克思主义政治经济模型**（Maxist political-economy theory），即用社会经济体系的运转（operation）来解释政治的一种分析视角。与权力精英模型一样，马克思主义模型也否认美国是一个政治民主的国家。但是权力精英模型关注于某些个人的巨额财富与权力，而马克思主义模型则更进一步，看到了根源于国家制度，尤其是其经济制度的偏差。卡尔·马克思认定一个社会的经济制度（资本主义还是社会主义）决定了其政治体制。因此，权力精英并不是凭空产生的，他们是资本主义经济的产物。

从这种观点来看，改革政治体制——通过限制富人捐助给政治候选人的金钱的数额——不可能带来真正的民主。问题不在于谁掌大权或是谁未投票，问题在于马克思主义者称之为"资本主义政治经济"的体系本身。换句话说，只要美国以资本主义经济为主，大多数的人民就会被排除在政治之外，也会在职场遭受剥削。

● **评价**

"应用理论"表格总结了美国政治体系的三种模型。哪种模型最为准确？许多年来，每一种模型都获得了研究的支持。当然，最终你认为美国的政治系统应该怎样运行不仅是一个政治观的问题，也是一个科学事实。

> **应用理论**
> 政治
>
> | | 多元模型 | 权力精英模型 | 马克思主义政治经济模型 |
> | --- | --- | --- | --- |
> | 应用哪种理论视角？ | 结构功能论 | 社会冲突论 | 社会冲突论 |
> | 权力在社会如何展开？ | 权力广泛展开，所有群体都有发言权。 | 权力集中于商业高层、政治和军事领导手中。 | 权力为资本主义经济运转所指挥。 |
> | 美国是民主的吗？ | 是。权力广泛展开使美国成为民主国家。 | 不是。国家权力太集中，以至不是民主的。 | 不是。资本主义经济偏向少数人，因此美国不可能是民主的。 |

纳尔逊·波尔斯比（Nelson Polsby, 1959）的经典研究支持多元模型。波尔斯比研究了康涅狄格州纽黑文（New Haven）市的政治，他发现涉及城市重建、政治候选人提名以及建立市立学校等的关键决策都是由不同的群体一起形成的。波尔斯比得出结论，在纽黑文市，没有哪一个群体——哪怕是上层阶级——能够统治所有其他群体。

罗伯特·林德（Robert Lynd）和海伦·林德（Helen Lynd, 1937）研究了印第安纳州的曼西市（他们将之称为"中镇"[middletown]以表示这是一个典型城市），记录了财富通过其玻璃罐头制造业而集中于一个单一的家族——鲍尔斯家族。他们的研究发现支持权力精英模型。林德夫妇展示了鲍尔斯家族如何控制曼西市的生活，家族的名字出现在当地的银行、大学、医院以及百货商店。在林德夫妇看来，曼西市的权力精英就是这一个家族。

以马克思主义视角来看，关键点不再是看哪些个人做出决定，而是如亚历山大·李查斯（Alexander Liazos, 1982: 13）分析的那样，"资本主义社会的基本原则——社会阶级的不平等以及利润超越人民的重要性——形塑了每个人的生活。"李查斯得出结论，只要社会的基本制度是为了满足少数人而不是多数人的需要而设置的，用今天的话说，为1%而非99%，民主社会就不可能存在。

显然，美国的政治体系赋予几乎每个人通过选举参与政治的权利。但是正如权力精英模型和马克思主义模型指出的，美国的政治系统至少是远没有大多数人以为的那样民主。大多数公民是享有投票权，但是主要政党及他们的候选人却往往只支持那些为社会最有权力的部门所认可的观点，这与资本主义的经济运行相吻合。

无论原因是什么，美国的许多人似乎正在对他们的领导人失去信心。对于"国会议员和其他政府机构成员会做对这个国家而言最好的事情"这一议题，仅仅约60%的美国成年人表示"有一些信心"或是"有大量信心"（NORC, 2011: 334—336）。

● 检查你的学习

多元模型对权力的主要观点是什么？权力精英模型呢？马克思主义政治经济模型呢？

第十节　统治之外的权力

理解 //

政治往往是对于社会目标及其实现方式的不认可。政治体系设法在统治体系内部来解决矛盾。但是有时，政治行为会突破统治规则甚至试图废除整个系统。

一、革命

政治革命（political revolution）是指为了建立新的政治体系而推翻现有的政治体系。革命不同于*改革*（reform），或者说系统内部的调整，其甚至也不同于*政变*（coup d'état，法语，字面意思是"对国家的冲击"），即一个领导者扳倒另一个。革命涉及了系统本身类型的改变。

没有哪一个政治系统可以对革命免疫，但革命也并不必然产生某一种政府类型。美国的独立战争（1775—1776）推翻了英国的殖民统治，建立了代议民主制。1789年的法国大革命同样推翻了君主制，却仅仅为拿破仑的君主复辟提供了舞台。1917年的俄国革命推翻了沙皇专制统治，建立了以卡尔·马克思的思想为指导的社会主义政府。1991年又一次俄国革命使社会主义苏联解体，苏联重生为15个独立的共和国，其中

2011年，北非和中东的很多国家发生了大范围的变迁。在利比亚，想要推翻已统治多年的穆阿迈尔·卡扎菲政权的大众示威运动最终演变成了内战。变革的支持者也来自多种族裔人口混居的高收入国家。例如，在伦敦（右图），成百上千来自利比亚的人用示威游行支持政治变革。

最大的共和国——俄罗斯联邦——已经转向市场体系，其人民有了稍微大一点的政治声音。

尽管有着明显的不同，革命都具有某些相同的特征（Tocqueville, 1955/1856; Skocpol, 1979; Tilly, 1986）：

1. **不断增长的期望**。常识认为革命更可能在人们被严重剥夺时发生。但是历史表明，大多数的革命发生在人们生活不断改善的时候。不断增长的期望，而不是痛苦和绝望，更可能引发革命。近期中东的暴动中，年轻人是主要的动力，他们过得比他们的父辈要更好，但是比起世界其他地区人们的生活又有所不如。

2. **反应迟钝的政府**。当政府不愿对自身进行改革，特别是社会的权力阶层的改革要求被忽视时，革命就更可能发生。例如，在埃及，胡斯尼·穆巴拉克领导的政府对为大多数人谋福利或者对自身腐败改革问题，在几十年里都是无动于衷。

3. **知识分子的激进领导**。英国哲学家托马斯·霍布斯指出，知识分子为革命提供正当化的理由，而大学经常是政治变革的中心。学生在20世纪90年代的东欧剧变以及近期的中东暴动中，都发挥了关键性作用。

4. **树立新的合法性**。推翻一个政治体系是很不容易的，但是要保持革命的长期成果则更加艰巨。一些革命运动仅仅因为对旧政权的仇恨而连结在一起，当新领导者一确立就又马上土崩瓦解了。正因为如此，我们很难预测近期中东政治变迁的长期成果。革命也必须防止被推翻领导的反革命运动。这解释了为什么胜利的革命往往迅速而毫不留情地处理掉原来的领导者。

科学分析不可能宣称一次革命是好还是坏。这一判断取决于个人的公民价值观，而这样的剧变带来的所有后果也要很多年后才能显现出来。

二、恐怖主义

2001年9月11日，恐怖主义袭击了美国。四架客机被劫持，近3000名无辜者（来自68个国家）死亡，成千上万人受伤，纽约世界贸易中心的双子大厦被毁，华盛顿特区的五角大楼严重受损。自从第二次世界大战爆发时的珍珠港袭击以来，美国还从未遭受如此打击。这是有史以来最为严重的恐怖主义事件。

恐怖主义（terrorism）*是指个人或群体用以作为政治策略的暴力行动或暴力威胁*。与革命一样，恐怖主义也是在已有政治体系之外的政治行为。在保罗·约翰逊（Paul Johnson）（1981）看来，恐怖主义具有四个显著特征。

第一，恐怖分子试图以合法的政治策略来粉饰暴力，尽管这类恐怖行动几乎遭到所有国家谴责。恐怖分子也绕过（或者被排斥于）政治谈判的现有渠道。因此，恐怖主义是弱小组织对抗其强大敌人的一种策略。最近几十年，恐怖主义在国际政治上已经变得普遍。2010年，全世界有11500次恐怖主义活动，造成大约13000人死亡（包括15名美国公民的死亡）以及超过50000人受伤。恐怖袭击发生最多的是伊拉克，但是主要的恐怖主义袭击发生在许多国家，包括阿富汗、巴基斯坦、索马里、印度以及俄罗斯（National Center for Counterterrorism, 2011）。

第二，恐怖主义不仅为群体使用，也为政府使用来对付本国人民。**国家恐怖主义**（state terrorism）是指政府官员通常在没有法律支持的情况下使用暴力。国家恐怖主义在某些威权主义和极权主义国家是合法的，这些国家通过不断制造广泛的恐怖和威胁来维系存在。例如，萨达姆·侯赛因（Saddam Hussein）就是依靠秘密警察和国家恐怖来保证自己在伊拉克的权力的。

第三，民主社会从原则上拒绝恐怖主义，但是它们特别容易遭受恐怖主义的袭击，因为它们赋予人民广泛的公民自由却缺乏广泛的警察网络。正相反，极权主义政权使用广泛的国家恐怖主义，但是其强大的警察权力却使得其个体几乎没有机会进行对抗政府的恐怖行动。

第四，恐怖主义往往是一种界定。政府声称拥有维持秩序的权力，哪怕是诉诸武力，其可能将使用武力的反对群体贴上"恐怖分子"的标签。政治差异可能可以解释为什么一个人眼中的"恐怖分子"却是另一个眼中的"自由战士"(Jenkins, 2003)。

尽管扣押甚至全部杀害人质激起了大众愤怒，但是要采取打击恐怖分子的行动却是困难的。大多数的恐怖组织与任何既存国家都没有正式的联系，因而要负责任地界定这些组织也许根本就是不可能的。此外，军事打击可能会导致与其他政府的冲突。2011，美国士兵为了追杀奥萨马·本·拉登进入巴基斯坦后，巴美之间的紧张迅速升级。但是正如恐怖主义专家布赖恩·詹金斯（Brian Jenkins）警告的，不采取任何行动将"鼓励其他恐怖组织，它们开始意识到，这是一种异常廉价的发动战争的方式"（Whitaker, 1985: 29）。

第十一节 战争与和平

分析

也许最为反政治的事件是**战争**：*即在政府指挥下两个或多个国家的人民之间发生的组织化武装冲突*。战争与人类一样古老，但是对战争的理解在今天变得至关重要，因为人类现在已经拥有了足以毁灭整个星球的武器。

20世纪的几乎每一个时刻，世界上都有一些国家或地区正陷入暴力冲突。美国在其短暂的历史中已经参与了11次大规模战争。如图12-7所示，从独立战争到伊拉克战争和阿富汗战争，超过130万的美国男女死于武装冲突，而无数倍于此数字的人受伤。数以千计的人死于全球各地"未经宣布的战争"或者有限军事行动中。

一、战争的原因

战争如此频繁地发生以至于我们可能认为武装冲突有某种自然原因。但是没有证据表明人类必须发动战争，无论是在哪种特殊的情况下。正相反，全世界的政府通常都不得不迫使他们的人民走上战场。

就像其他的社会行为一样，战争作为一种社会产物在某些地区比其他地区更为普遍。马来西亚的士美亚人是全世界最爱好和平的族群之一，极少诉诸暴力。相反，亚诺玛米人（见 72 页的"焦点中的社会学"专栏）却会很快就发动战争。

> **恐怖主义** 指个人或群体用以作为政治策略的暴力行动或暴力威胁
>
> **战争** 即在政府指挥下两个或多个国家的人民之间发生的组织化武装冲突

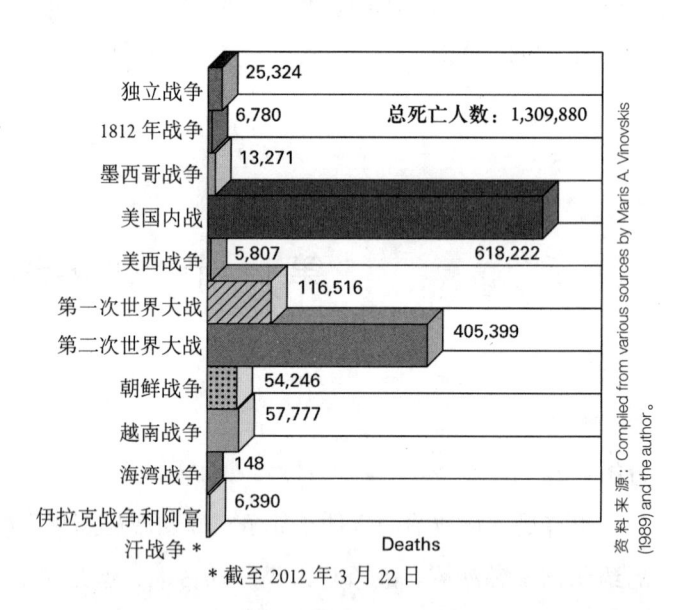

图 12-7　11 次美国战争中美国人的死亡人数

美国大约一半的战争死亡发生在 1861 至 1865 年的美国内战。

战争	死亡人数
独立战争	25,324
1812 年战争	6,780
墨西哥战争	13,271
美国内战	618,222
美西战争	5,807
第一次世界大战	116,516
第二次世界大战	405,399
朝鲜战争	54,246
越南战争	57,777
海湾战争	148
伊拉克战争和阿富汗战争*	6,390

总死亡人数：1,309,880

*截至 2012 年 3 月 22 日

资料来源：Compiled from various sources by Maris A. Vinovskis (1989) and the author.

如果是社会掌握着战争抑或和平的钥匙，那么在什么情况下人类会走向战争呢？昆西·赖特（Quincy Wright, 1987）列出了引发战争的五种因素。

1. **感知到威胁**。国家动员起来以应对针对其人民、领土或文化的威胁。例如，领导者就是通过强调萨达姆·侯赛因对周边国家以及美国造成的威胁来为美国领导的联军进攻伊拉克进行合法化的。

2. **社会问题**。当社会问题在国内引发普遍的挫败感时，国家领导者可能会进攻一个外部的"敌人"作为替罪羔羊来转移公众的注意力。尽管美国领导人以国家安全来为 2003 年入侵伊拉克辩护，战争的开始的确有效地将国民的注意力从艰难的国家经济转移开，并且提升了时任总统乔治·W. 布什的声望。

3. **政治目标**。诸如越南这样的贫穷国家用战争来结束外国的殖民统治。诸如美国这样的强势国家则可能从定期的武力展示中获益，增加其全球政治影响力。

4. 道德目标。没有国家会声称他们进行战争是为了获取财富和权力。相反，他们的领导人会力图使军事行动具有道德紧迫性。美国领导人将2003年的入侵伊拉克称为"伊拉克自由行动"（Operation Iraqi Freedom），而将这一事件描绘成把伊拉克人民从邪恶的暴君手里解救出来的一场道德上正义的战争。

5. 别无选择。第五个激发战争的因素是缺少可供选择的其他办法。尽管联合国的创建初衷是以战争之外的方式维护全球和平，但是在阻止国家间冲突方面，联合国只取得了有限的成功。

如《海军罪案调查处：洛杉矶篇》（*NICS: Los Angeles*）这样的美国电视连续剧描绘了恐怖主义与反恐的全球场面。你认为大众媒体描述这些事件的准确性有多少？为什么？

二、社会阶级、性别与军队

第二次世界大战中，美国十五岁到二十多岁的青壮男子有四分之三在部队服役，志愿入伍或是被*征召*——被要求服役。只有因为某些生理或心理问题被认为不合格者才不用服役。今天，正相反，不再有征兵，战争由志愿军进行。但是社会的每一个成员成为志愿军的可能性都并不相同。

最近的一项研究表明，军队里几乎没有很富有的年轻人，也几乎没有很穷困的年轻人。更确切地说，是工人阶级在指望军队提供一份工作或是获取一些金钱以便上大学，或是仅仅想要走出他们出生的小镇。此外，南方来的志愿兵最多。南方的地区文化更尚武，而大多数的军事基地也设在南方。正如一项分析指出的："美国的军队看起来就好像是伯明翰或者比洛克西（Biloxi）郊区的二年制通勤中心或者贸易学校，而不像波士顿的犹太区或是西语区或是四年制的大学。"（Halbfinger & Holmes, 2003: 1）"争鸣与论辩"栏目指出，美国的志愿兵是否就等于建了一个武士阶层？

从美国的历史来看，女性一直是美国军队的一部分。但是在近些年，女性在武装力量中的作用更加重要。一方面，女性的比重不断上升，现在占所有军人的14%。同样重要的是，尽管规则一再让女军人远离险境，但是现在越来越多的女性参与战争。战斗经验是至关重要的，因为这对一个士兵走向最高的领导岗位而言是必不可少的（Military Diversity Commission，2011）。

三、恐怖主义是一种新型战争吗？

人们称恐怖主义为一种新型的战争。战争在历史上遵循着一定的模式：它是按照一些基本规则进行的，战争各方彼此知晓，战争各方的战争目标——通常与领土控制有关——也被清晰陈述。

恐怖主义打破了这些模式。恐怖组织的身份可能无人知晓，相关人员也可能否认他们的责任，他们的目标也可能并不清楚。2001年对美国的恐怖袭击并不是要从军事上打击美国或是要保卫领土。恐怖主义的执行者并不代表一个国家而是出于一个美国人无法很好理解的原因。简单来说，他们在表达愤怒和仇恨，并试图制造普遍的恐怖。

传统战争是对称的，两个国家同时派遣他们的部队参战。相对的，恐怖主义是一种新型的战争：其是一种非对称的冲突，一小群袭击者——有时甚至是某一个人——在对抗异常强大的敌人时，以恐怖和自杀作为手段来创造自己均等的机会（level the playing field）。尽管恐怖主义者可能是残酷无情的，但是受袭击的国家必须谨慎地应对恐怖主义，因为很可能其对恐怖组织的身份与藏身地都一无所知。

四、军国主义的成本和原因

武装冲突的成本远不止战场上的伤亡。全世界的国家出于军事目的每年总支出约1.6万亿美元。如此巨额的花费使大量资源无法用于满足千百万穷人艰难的生存需要。

国防是美国政府的第二大开销（排在社会保障之后），大约占所有联邦支出的20%。在2012年预算中超过了7680亿美元。美国已经成为世界上唯一一个军事超级强国，其军费占了世界所有军费的约43%。换种方式来说，美国花在军事上的钱，是排在第二名的国家（中国）的六倍，而几乎是世界上其他国家花费的总和（Stockholm

International Peace Research Institute, 2011; U. S. Office of Management and Budget, 2011）。

有好几十年，军费的直线上升都是因为美国与苏联之间的军备竞赛（arms race），但是1991年苏联在解体之后退出了竞赛。一些分析人士（他们支持权力精英模型）将高额军费与**军事工业复合体**（military-industrial complex）对美国社会的支配联系在一起。军事工业复合体是指联邦政府、军队以及国防工业的紧密联合。因此，军国主义的根源并不仅仅在于外部威胁，也在于国内的制度结构（Marullo, 1987; Barnes, 2002b）。

军国主义不断发展的最后一个原因是地区冲突。在20世纪90年代，地区战争在波斯尼亚、车臣、赞比亚等地爆发；而长期冲突仍然在以色列和巴勒斯坦之间进行。即使是局部战争（limited war）仍有可能会不断发展并牵涉进其他国家，包括美国。印度和巴基斯坦——两国都拥有核武器——2002年几乎走到了战争的边缘，之后才各自撤退。2003年，朝鲜声称自己也拥有了核武器，提高了亚洲地区的紧张系数。伊朗继续发展核技术，增加了人们对其可能不久就会有原子弹的担心。

争鸣与论辩

志愿兵：我们创造了一个武士阶层吗？

2008年，结束了三次伊拉克战争之旅后，海军中士阿历克斯·莱蒙斯（Alex Lemons）回到了美国。但是他并没有回家的感觉。"我觉得在这里我就是个外乡人，而在伊拉克我也觉得我是个外乡人，"莱蒙斯坐在他犹他州的家里面这样说道。回来之后，莱蒙斯看不到这个国家经历战争的任何迹象。大多数人不愿意去想伊拉克战争。也许这就是问题所在：美国社会中的大多数人不再直接加入军队。

但是之前并非始终如此。在第二次世界大战期间，美国总人口的大约9%在军队服役，而几乎所有剩下的人都通过在国防工厂工作、接受关键物资限量配给或是购买战争债券等参与到战争中。而今天，美国人口中只有0.5%在军队服役，大多数的家庭中根本没有人参军。自2001年"9·11"事件以来，美国18岁以上人口中，仅1%会加入军队。这意味着99%的美国人不会与军队直接相关。

只需很小部分美国人服兵役是事出有因的。最重要的理由是，1973年，随着越南战争逐渐趋于尾声,征兵结束了,而今天的志愿兵开始兴起。第二个因素是性别,今天,86%的军队人员是男性。第三,军队压倒性地仅仅来自于美国的某些地区——大量来自南方。实际上,半数现役军人驻守在仅仅五个州:弗吉尼亚、北卡罗来纳、佐治亚、得克萨斯以及加利福尼亚。除此之外,其他因素也有影响:即使想要入伍,也有好多人因犯罪记录或是肥胖丧失资格。

鉴于所有这些因素,今天的军人主要是来自美国较传统地区的农村或是小镇的男性公民,在这些地区,诸如荣誉、纪律和爱国这样的军队价值更受推崇。这些人并不贫困,但是他们一般来自工人阶级家庭。通常,他们视服役为获取经济安全和工作经验的一大途径。

兵役的责任落到了美国社会中越来越少的一部分人身上。这对美国的领导者也很有影响。越南战争之后,国会中大约80%的成员是退伍军人;今天,这一比例降到了22%。对于在大众媒体工作的人而言,包括报纸、电视和电影工作者,没有一个人有实际的军队经历。正因为如此,你就能很好理解下面这个军嫂的失望了,她生活在华盛顿州,她的丈夫正在阿富汗参加战斗。她诉说道,塔利班"上周炸毁了一辆公共汽车,造成了17人死亡,但是我对详细情况毫无了解,因为它没有出现在新闻中。这让我觉得根本没有人在关心这个事情。他们在报道诸如卡戴珊将要离婚这样的新闻——这已经多次上过新闻了。我们正有士兵在远方死去,但是你却不能得到他们的消息。"

你怎么想?

1. 服役的责任应该由全部成年人的1%来承担么?
2. 你是否支持重新启动征兵制来使得这一责任可以覆盖更多的阶层?
3. 退伍军人是否应该从美国社会得到比现在更多的利益?为什么?

资料来源:Thompson(2011)。

五、核武器

尽管超级大国之间的紧张有所缓和，但是世界仍存有 5000 多枚核弹头，这意味着这个星球上的每个人平均承受着相当于数吨 TNT 所带来的毁灭性力量。哪怕是这些库存的一小丁点在战争中被使用，我们所知道的生活就该终结了。阿尔伯特·爱因斯坦（Albert Einstein）的聪明才智对核武器的发展很有贡献，他反思道："原子弹释放的威力已经改变了保有我们思维方式的所有事物，我们因此不知不觉地走向空前的灾难。"简言之，核武器使得在这个并未获得和平的世界上爆发全面战争变得无法想象。

美国、俄罗斯联邦、英国、法国、中国、以色列、印度、巴基斯坦以及可能朝鲜都拥有核武器。少数国家停止了核武器的研发——阿根廷和巴西在 1990 年中止了核工作，南非在 1991 年拆除了核武器库。但是到 2015 年，可能还会有 10 个新国家加入"核俱乐部"，而到 2025 年，可能高达 50 个国家（Grier, 2006）。这一趋势将导致任何地区冲突都给整个星球带来极大的危险。

六、大众传媒与战争

伊拉克战争是第一场电视工作者随美军而行的战争，他们随着战争的展开进行报道。大众传媒对战争进行持续的追踪和深度的报道；有线电视使得一天 24 小时一周 7 天连续现场直播战争变得可能。

媒体根据他们自己的政治来"型构"（frame）新闻。那些对战争持批评态度的媒体——尤其是阿拉伯新闻频道半岛电视台（Al-Jazeera）——倾向于报道冲突的缓慢步伐、美军及其盟军的伤亡人数以及伊拉克平民遭受的伤亡，这些信息都可能对结束战争施加压力。支持战争的媒体——包括美国大多数的新闻机构——倾向于报道战争的快速推进以及伊拉克军队的伤亡人数，它们把对伊拉克平民造成的伤害轻描淡写成是最小的或者无心的。简言之，大众传媒向世界观众提供经过筛选的信息，这一力量意味着电视与其他媒体对战争结果的影响也许和真实战斗的军队几乎一样重要。

七、追求和平

世界如何减少战争的危险？以下是最新的通往和平之路。

1. **威慑**。军备竞赛的逻辑认为安全来自于超级大国间的"恐惧的制衡"（balance of terror）。共同毁灭（MAD）原则意味着只要一方发动战争就将面临更大的报复。这种威慑政策在冷战期间保证了近 50 年的和平，但是其鼓励巨大的军备竞赛，也不可能控制核武器的激增，而核武器对和平的威胁正与日俱增。威慑也不能阻止恐怖主义或是强势国家（如美国）挑起的对弱小国家（如阿富汗的塔利班政府或是萨达姆·侯赛因的伊拉克）的战争。

2. **高科技防卫**。既然技术制造了武器，那么也许技术也能保护我们免受武器之害，"战略防御计划"（SDI）就是因此提出的。在此计划之下，卫星和地面设施在敌人的导弹发射出来后不久就将其摧毁。"9·11"后的一次社会调查表明，三分之二的美国成年人支持战略防御计划（Thompson & Waller, 2001; "Female Opinion", 2002）。然而，反对者声称这样一个被称为"星球大战"的系统，最多也就是把漏雨的保护伞。还有人担心，建造这样一个系统会引发另一场大规模军备竞赛。近些年，奥巴马政府已经将战略防御计划的进一步发展转向针对可能由伊朗发射的短程导弹的更有针对性的防御。

追求和平的一大原因是战后遗留下来的战争期间埋在地下的数百万地雷正引起越来越多的死伤。平民，很多还是孩子，被地雷炸伤，正在阿富汗喀布尔的诊所里接受治疗。

3. 外交与裁军。 一些分析家相信实现和平的最佳途径不是技术而是外交（Dedrick & Yinger, 1990）。外交团的共同工作能够通过缩减而不是增建武器库来增进安全。

但是裁军也有其局限。没有哪个国家愿意放下国防削弱自己。成功的外交需要每个国家就共同的问题承担相应的责任（Fisher & Ury, 1988）。虽然美国和俄罗斯联邦不断达成武器缩减协议，但目前世界仍面临来自诸如朝鲜和伊朗等一些国家的威胁。

4. 解决根本冲突。 最终，减少战争的危险可能有赖于通过创建一个更公正的世界来解决根本的冲突。贫苦、饥饿和无知是所有战争的根源。也许全世界需要重新考虑在军事上花费数千倍于努力解决和平问题的开支是否是明智之举（Sivard, 1998; Kaplan & Schaffer, 2001）。

第十二节　政治：展望

评价

正如经济正在不断变迁中，政治体系同样处在变迁之中。某些问题和趋势可能会在未来的几十年中变得很重要。

在美国，一个棘手的问题是美国的民主思想和低投票率之间的不一致。也许正如保守的多元主义理论家所说，许多人不想为投票操心烦恼，因为他们对自己的生活感到满意。但另一方面，自由主义的权力精英理论家也有可能是正确的：他们认为人民从政治体系中撤退出来是因为如此多的财富和权力集中在如此少的人手里。或者，也许该如激进的马克思主义批评家宣称的，人们发现美国的政治体系为支持资本主义经济的人们提供少得可怜的真正选择以及相当有限的政策。不管怎样，目前对美国政府的高度冷漠和不信任，以及"占领"运动的愈演愈烈，反映出美国人对政治改革的广泛需求。

第二个问题是政治模型的全球重新思考。美国与苏联之间的冷战引导人们用两个完全相对的模型来思考政治：资本主义或者社会主义。但是今天，人们更愿意讨论一个更为广泛的政治体系，其将政治与经济相联系的方式更为多元。瑞典和丹麦的"福利资本主义"以及韩国和日本的"国家资本主义"就是两种可能性。全球性思考栏目讨论了全球伊斯兰国家中民主政府出现的可能性问题。

全球性思考

中东动乱：伊斯兰"民主沟"的终结？

2011年，大众政治示威的浪潮席卷整个中东，这是自东欧剧变和苏联解体以来的20年间最大规模的全球政治运动。发生了什么？为什么这一地区有这么多国家爆发出了政治抗议？

中东存在一个"民主沟"吗？伊斯兰国家是否缺少民主？对全球民主做出评估比民主的出现困难得多。一方面，在充满文化多元性的世界中，我们可以假设民主及其相关的政治自由理念在各地都是相同的？回答不可能是简单的"是"。因为政治历史的不同，不同文化中的"民主"和"自由"的概念所指并不相同。

研究者发现了什么？自由之家这一组织通过追踪人民投票、表达观点以及不受政府不正当干预而在全球迁移，来监测全球的政治自由。自由之家将所有国家归为三种不同的类别："不自由""部分自由"以及"自由"。

自由之家报告称，许多伊斯兰国家被归入"不自由"的。从全球看，2011年，全球195个国家中，有47个国家以伊斯兰人口为主。这些国家中，仅11个（23%）有民主政府，而自由之家仅认定2个国家（4.3%）——印度尼西亚和马里——是"自由"的。在其他伊斯兰国家中，19个（40%）被认为是"部分自由"的，26个（55%）被认为是"不自由"的。而不以伊斯兰人口为主的148个国家中，106个（72%）有民主政府，84个（57%）被评定为"自由"的。当我们将这些数据放到一起，非伊斯兰国家比伊斯兰国家拥有民主政府的可能性要高出3倍。自由之家得出结论，多数人信奉伊斯兰教的国家呈现出"民主沟"（democracy gap）现象。

民主的相对缺乏在全球所有伊斯兰国家——非洲、中欧、中东以及亚洲——都有出现。这种现象在中东和北非的16个信奉伊斯兰教人口为主的阿拉伯国家尤其明显——到2012年初为止，只有突尼斯有选举民主。

怎样解释这个"民主沟"现象呢？自由之家指出了四个因素。第一，伊斯兰国家是典型的经济不发达国家，其人民普遍贫困且仅能接受有限的教育。第二，这些国家的文化传统严格控制女性生活，限制了她们的经济机会、教育机会以及政治机会。第三，尽管大多数的国家都限制宗教精英在政府中的权力，某些国家（包括美国）甚至要求"政教分离"，但是伊斯兰国家却支持赋予伊斯兰教领袖以政治权力。在最近的两个事例中——塔利班控制下的伊朗和阿富汗——伊斯兰教领袖已经获得了对政府的正式控制；更普遍的是，宗教领袖没有进入政府，但是对政治结果发挥着举足轻重的影响力。

最后，来自中东石油的巨大财富在阻碍民主政府中也发挥了作用。在伊拉克、沙特阿拉伯、科威特、卡塔尔、阿拉伯联合酋长国以及其他国家，石油资源已经给一少部分家族提供了令人惊骇的财富，他们能用钱去实现他们的政治控制。此外，石油财富使得精英可以在不鼓励更广泛的经济发展的基础上来修建机场或是其他现代设施，而广泛的经济发展才会提高大多数人的生活标准。

基于上述种种原因，自由之家认定伊斯兰国家的民主之路可能会很漫长。但是今天的模式可能并不能很好地预测明天。1950年，几乎没有哪个天主教国家（大多数在欧洲和拉丁美洲）拥有民主政府。但是今天，这些国家的大多数都是民主的。值得一提的是42%的世界穆斯林人口居住在尼日利亚、土耳其、孟加拉国、印度、印度尼西亚和美国——他们已经生活在民主政府下了。但也许最好的表明变革已经在进行的指标是，所有中东国家的人民对政治话语权的要求不断高涨。

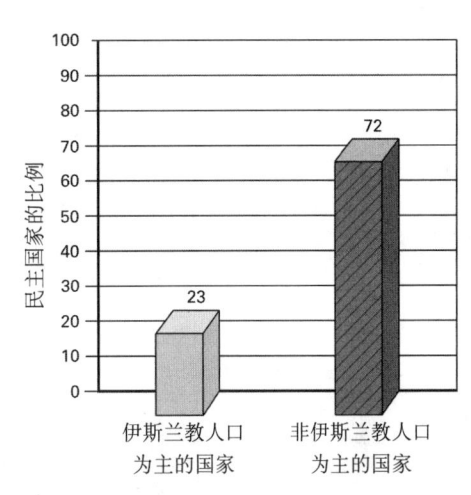

民主与伊斯兰
今天，民主政府在伊斯兰教人口为主的国家更不普遍。

你怎么想？
1. 美国应该试图将民主政治体系带给世界其他国家吗？为什么？
2. 你是否期待五十年后伊斯兰国家有更大的民主？为什么？
3. 你能指出穆斯林可能会反对我们所谓"民主"政治体系的一些原因吗？请解释。

资料来源：Karatnycky (2002), Pew Forum on Religious and Public Life (2011), and Freedom House (2012)。

第三，世界的许多地区仍然面临着战争的危险。即使美国与俄罗斯削减了一些核弹头，核武器仍然大量存在，而核技术仍然在全球扩散。此外，新的超级大国有可能崛起（中国和印度都正在高速前进），地区冲突和恐怖主义也很可能会继续。我们仅仅希望（并且投票选出！）领导者们相互合作，找到非暴力的方法来解决引发战争的老问题，带领我们走向世界和平之路。

日常生活中的社会学

第十二章 经济与政治

今天的经济面临的挑战是什么？

  本章解释了经济是组织社会产品和服务的生产、分配以及消费的社会制度。毫无疑问，我们正处在经济困难时期。失业率很高，挣钱谋生比以前要困难很多，大众对安定未来的信心正面临严重打击。正如赖特·米尔斯所述，我们面临的个人问题是深嵌于经济之中的。仔细观察三张照片，然后问自己：今天的经济变迁给现有的劳动力带来了怎样的挑战？

●**提示：**

  工业生产已经从美国转移到那些工资更为低廉的国家。例如，在中国，产业工人只挣美国工人工资的大约 10%。中国的经济总量仍然不到美国经济的一半，但是却有 5 倍于美国的劳动力。自 2000 年开始，中国的工业生产不断增长，平均每年 15%。美国的工业生产在新世纪的前五年实际上是下降的；从 2000 年开始，每年的增长率不超过 1%。经济活动也在印度大量扩展，印度的服务业岗位出现了引人注目的增长，下面的照片里我们会看到班加罗尔的一个电话中心。回到美国，即便是如大学教授这样的高技术者也在今天的经济中面临挑战。计算机技术允许教授给更多的学生授课，也允许一个教授能够同时给不同地方的多个教室的学生授课。总之，即便公司或是组织变得越来越有生产率，这也不总是意味着会雇用更多的人，这有助于我们理解为什么某些分析家开始讨论"失业型复苏"。

去一个购物中心走走，看看那里的产品都是哪里生产的。用不了多久你就可以看出模式来，这一模式是什么？随着在国外生产的产品比重越来越高，美国的制造业岗位发生了怎样的变化？

你打过免费服务热线么？你想过电话线那头的人在什么地方么？现在不仅制造业工作岗位转移到了国外。低廉的工资也使得公司重新部署其服务性岗位——包括很多技术型的办公室工作——到印度等地。印度的服务业岗位正突飞猛进中。一句话，在我们称之为"外包"的这一趋势中，还有谁是安全的么？

先进技术使得我们的经济更为有效率，是不是？通常而言，答案是"是"。但新技术使得组织更加高效，只需要雇佣更少的人。你有没有上过"远程教育"的课程？在这样的课程中，教授并不和你在同一个教室中。计算机技术是如何使得大学能够以更少的教员给更多的学生授课？

从你的日常生活中发现社会学

1. 参观一个沃尔玛或凯马特（Kmart）那样的平价卖场，在你感兴趣的区域做一点"田野"调查。选择10个产品，看看他们分别是哪里生产的。你的结果能支持全球经济的存在吗？

2. 访问 http://www.cnn.com/ELECTION，你可以找到近期选举的结果分析，包括性别、种族、收入、宗教以及其他变量是怎样影响人们的选择的。访问这一网站，描述下典型的民主党投票者和典型的共和党投票者是怎样的。哪些变量最好地解释了投票偏好的差异？

3. 基于你在本章所学，对二十年后的工作和职业做出你的三个预测。即，你觉得哪些趋势会继续？访问 mysoclab.com，找到"在生活中应用社会学"，你将发现一些很有趣的事实，也将读到更多本章内容如何有助于你自己职业生涯的信息。"日常生活中的社会学"将帮助你思考，更为民主的美国会是怎样的，以及你能如何推进民主事业。

温故知新

第十二章　经济与政治

经济：历史概述

经济是组织社会产品和服务的生产、分配以及消费的主要社会制度。
- 在技术简单社会，经济活动就是家庭生活的一部分。
- **农业革命**（5000 年前）使得经济成为基于农业技术、职业分化、固定居住、贸易交换的清晰的社会制度。
- **工业革命**（开始于大约 1750 年）扩展了经济，使其基于新的能源和工厂的分工劳动，工人在工厂将原材料转化为最终产品。
- **后工业经济**基于工业向服务业的转化以及计算机技术。

经济产业

第一产业
- 从自然环境中提取原材料；
- 在低收入国家重要性最大（占经济的 25%）。

第二产业
- 将原材料转化为生产产品；
- 在低收入国家、中等收入国家和高收入国家都占有重要的比例（24%—36%）。

第三产业
- 服务而不是产品；

- 是低收入国家、中等收入国家和高收入国家最大的经济部门（50%—75%）。

经济系统：通往公正之路

资本主义基于财产的私人所有制以及在竞争市场中对利润的追逐。资本主义导致：
- 更高的生产率；
- 更高的一般生活标准；
- 更大的收入不平等；
- 自利行动的自由。

社会主义基于政府控制经济下的财产集体所有制。社会主义导致：
- 更低的生产率；
- 更低的一般生活标准；
- 更少的收入不平等；
- 基本需求的自由。

美国后工业经济中的工作

工作
- 农业工作的比例仅 1.7%；
- 蓝领工业工作的比例下降到 20% 以下；
- 白领工作的比例大约为 80%。

自我雇佣
- 6.7% 的美国劳动者是自我雇佣的；
- 许多专业工作者是自我雇佣的，但是自我雇佣者大多数是蓝领。

失业
- 失业有很多原因，包括经济本身的运行状况。
- 2011 年末，美国劳动力的 8.9% 处于失业。
- 失业风险最高的群体是年轻人和非洲裔美国人。

【访问 mysoclab.com 观看视频】

【访问 mysoclab.com 探索地图】

有限公司

有限公司形成了美国经济的核心：
- 最大的公司，联合公司，占去了绝大部分公司资产和利润。
- 许多大型公司跨国运作，在全世界生产和分配产品。

政治：历史概述

政治是一个社会分配权力以及组织决策的主要社会制度。马克斯·韦伯认为权力转变成*合法化权威*有三种方式：
- 前工业社会依靠传统将权力转化为权威。**传统型权威**与家族紧密联系。
- 随着社会工业化，传统让位于理性。**法理性权威**构成官僚机构以及法律运行的基础。
- 但是，在任何时候，都有某些个人通过卡里斯玛将权力转化为权威。

卡里斯玛型权威与杰出的个人品质（如拿撒勒的耶稣、阿道夫·希特勒、圣雄甘地）联系在一起。

全球视角中的政治

君主制在农业社会很普遍；领导权来自家族。
民主制在现代社会很普遍，领导权与选举产生的职位联系在一起。
威权主义是否定人民参与统治的任何一种政治系统。
极权主义的所有政治权力集中于单个的中央领导者。

美国的政治

美国政府在过去的两个世纪不断扩大，尽管美国的*福利国家*比其他高收入国家要小。
从左端的自由主义一直到右边的保守主义，*政治光谱*包含了对经济问题的态度，也包含了对社会问题的态度。

特殊利益群体推进针对特殊群体的政治目标。

选民冷漠在美国非常常见。2008年总统选举时，仅63%的合格选民参与了投票。

【访问mysoclab.com 阅读文献】

社会权力的理论分析

多元模型宣称政治权力在美国广泛扩散。

权力精英模型宣称权力集中于少数有钱人手中。

马克思主义政治经济模型宣称我们的政治议程是被资本主义经济决定的，因此真正的民主是不可能的。

统治之外的权力

- **革命**激进地变革政治体系。
- **恐怖主义**在寻求政治目标的过程中求助暴力，其常常被群体用于对抗异常强大的敌人。

战争与和平

- 核武器的发展与扩散已经增加了全球大灾难的威胁。
- 世界和平最终有赖于对激发军事主义的紧张和冲突问题的解决。

家庭和宗教

学 习 目 标

- **记住**本章中全部加粗强调的关键术语的定义。
- **理解**不同类型家庭和宗教组织的区别。
- **运用**家庭和宗教的相关社会学理论研究方法。
- **分析**家庭生活和宗教机构为何以及怎样发生变化的。
- **评价**传统家庭和其他家庭形式的优缺点。
- **创造**一种审视你的家庭生活所面临的选择和挑战的能力。

本章概览

本章探讨了两种重要社会形态的意义和重要性。首先，本章节主要探讨几种不同的家庭生活模式及其运作，并探寻家庭在时代的变迁下有何改变。其次，本章节还将解释宗教信仰与其他类型的文化有何不同，确定几种不同类型的宗教组织并分析宗教重要性的历史变化。

罗莎·尼克斯（Rosa Yniguez）成长于墨西哥哈利斯科，是家中七个孩子之一。在墨西哥，人们努力工作，按部就班去教堂，以生育许多孩子为荣。罗莎记得她父母的一些朋友在他们家的卧室里都有一个钟，钟表盘的数字上面依次贴着他们12个孩子的照片。

如今，尼克斯已经35岁了，她现在居住于美国洛杉矶，在一个百货公司做出纳员，参加当地的天主教教会活动。在有些方面，她继承了父母的传统——但不是所有方面。当回忆起童年的时候，她说："我知道，在墨西哥的许多家庭有6个、8个、10个孩子，有时候更多。但是我提前来到了美国，在这儿要许多孩子是不可能的。"由于她期望保留她的工作，使家庭能够过上更好的生活，尼克斯决定最多要3个孩子，就像她现在这样。

西班牙裔之所以成为美国最大的少数族裔群体，主要是因为他们有保持大家庭的传统。外来妇女的生育率一直比本地妇女的高。但是如今越来越多的拉丁裔和罗莎的决定一样，选择生育更少的孩子（Navarro, 2004; U.S. Census Bureau, 2011）。

家庭已经伴随我们相当长的时间，但是正如这个故事告诉我们的，美国家庭正在发生变化以应对许多因素，这些因素包括妇女期望有更多的职业选择、能提供更好的生活条件给其子女。或许，家庭的变迁比其他任何社会机构更迅速（Bianchi & Spain, 1996）。

随着长久建立的教派的衰落，以及新宗教组织的繁荣宗教也在发生变化。本章论述家庭和宗教，这两个紧密联系在一起的社会象征性机构。家庭和宗教都有助于形成道德标准、主要传统，以及把人们联系在一起。本章将聚焦美国并与其他国家进行比较，来考察为什么许多人认为家庭和宗教是社会的基础，而另一些人却预言——甚至提倡——这两个机构的衰落。

第一节　家庭：基本概念

理解

家庭是任何社会都有的一种社会机构，它将人们以合作群体的形式联合起来以便彼此照顾，养育子女。家庭纽带也被称为**亲属关系**（kinship），这是一种基于共同祖先、婚姻、抚养的社会纽带。所有的社会都存在家庭，但是人们如何确切地称呼他们的亲戚却随历史和文化的不同而不同。在美国以及其他国家，家庭围绕婚姻而形成，**婚姻**是一种法律关系，通常涉及经济合作、性行为以及生育孩子。

如今，有些人反对只是将已婚夫妻或者父母和子女定义为家庭，因为这种定义是在鼓吹人们应该如何生活的一种狭隘标准。因为一些商业和政府项目仍然使用这种传统的定义，许多未婚但共同生活的同性或异性伴侣被排除在家庭健康照料和其他利益之外。然而，对于那些彼此有归属感，并认为他们同属一个家庭的人们，社会正在逐渐认可他们作为家庭成员的身份，无论他们的关系是否合法，是否有血缘关系。

因为美国人口普查局使用的是传统的家庭定义[1]，因此使用人口普查局数据描述

---

[1] 根据人口普查局统计显示，2011年美国有118,700,000家庭住户。其中78,600,000（66%）满足统计局对于"家庭"的定义。其余的包括单身或者不相关的住在一起的人们。而在1950年，90%的住户是家庭。

"家庭"的社会学家们也必须接受这个定义。但是，在美国，家庭定义渐趋广泛。

> **家庭** 人们为彼此照顾、抚育子女而结合成的合体性群体，在所有社会都能发现的一种社会制度
>
> **扩大家庭** 由父母和其子女以及其他亲属组成的家庭，也称为血亲家庭
>
> **核心家庭** 由一个或两个家长及其子女组成的家庭，也称为夫妇家庭

第二节　家庭：全球性的变化

分析

人们要多亲近才能算得上是"家庭"？在前工业社会，人们普遍认可"扩大家庭"（extended family），即由父母和孩子以及其他亲属所组成的家庭。这个群体也被称为血亲家庭，因为它包括每一个有"共同的血缘"的人。然而，随着工业化，社会流动和地理迁移的增加促进了"核心家庭"（nuclear family）的增多，也就是由一个或两个家长及其子女组成的家庭。核心家庭也被称为"夫妻家庭"（conjugal family），意味着"建立在婚姻基础上"。尽管美国社会中有许多人生活在扩大家庭，但是更多的人们生活在核心家庭里。

一、婚姻模式

文化规范——经常是法律——把人们定义为适合或者不适合的婚姻伴侣。一些婚姻规范提倡内婚制（endogamy），也就是说在相同的社会族群内的联姻。内婚制将潜在的婚姻伴侣限定于相仿的年龄、村庄、种族、族群、宗教或社会阶层。相反，外婚制（exogamy）是不同社会类别的人们之间的婚姻。比如，在印度的乡村，人们期望与来自不同乡村（exogamy）的相同种姓（endogamy）的人结婚。内婚制的原因是相似社会地位的人们可以将他们的身份传承给他们的后代，保持传统的社会阶层。另一方面，外

婚制将远距离的社区联系起来、促进文化的传播。

在高收入国家，法律只允许一夫一妻制（monogamy，来自希腊语，意为"一个结合"），婚姻是两个伴侣的结合。数据显示一夫一妻是北美和南美，以及整个欧洲的规则。但是许多低收入国家，特别在非洲国家和南亚允许多偶制（polygamy，希腊语，"许多结合"），指一个人和两个或更多的配偶结合的婚姻。多偶制有两种形式。到目前为止，更普遍的形式是"一夫多妻"（polygyny，希腊语，"许多妇女"），意指一个男人和两个或者更多的女人结婚。例如，中东和非洲的伊斯兰国家允许一个男子拥有四个妻子。即使这样，大多数的伊斯兰家庭也是一夫一妻，因为极少的男人有能力负担多个妻子及更多的孩子。一妻多夫（polyandry，希腊语，"许多男人"）是一个女人和两个或更多男人结婚。这种极少的类型曾存在于中国西藏，一个农业欠发达的高山地区。在那里，一妻多夫制使土地不致分割得过少以致无法供养一个家庭，一妻多夫制还可以在许多男人间分配农活。

世界上大多数社会都会有一段时间允许多种婚姻形式并存。即使这样，多数还是一夫一妻制（Murdock, 1965, orig. 1949）。历史上人们对一夫一妻制的偏好反映了生活的两个方面：赡养多个配偶是很昂贵的，多数社会中的男性和女性的人数大体相等。

二、居住模式

正如社会规范配偶的选择，社会也设定夫妻的住所。在前工业社会，多数的新婚夫妇与一方父母居住在一起，这样可以给予他们保护和帮助。大多数的形式是从夫居（patrilocality，希腊语"父亲的地方"），这是一种夫妇与男方的父母同住或者居住在男方

现代家庭是怎样的？看看大众媒体，这是一个很难回答的问题。在电视剧《摩登家庭》（Modern Family）中，杰（Jay Pritchett）的家庭中有他年轻的妻子、继子曼尼（Manny）、女儿柯莱尔（Claire）（已婚并有三个孩子）、儿子米契尔（Mitchell）（拥有一个同性伴侣，并领养了一个越南女儿）。如何来定义这个家庭？

父母家附近的居住形式。但是一些社会，包括北美易洛魁人更倾向于从妻居（matrilocality，"母亲的地方"），这是一种夫妻与女方父母同住或者居住在女方父母家附近的居住形式。

工业社会却是另一个类型。只要财力允许，他们更喜欢新居制（neolocality，希腊语，"新的地方"），这是一种夫妻住在双方父母之外其他地方的居住安排。

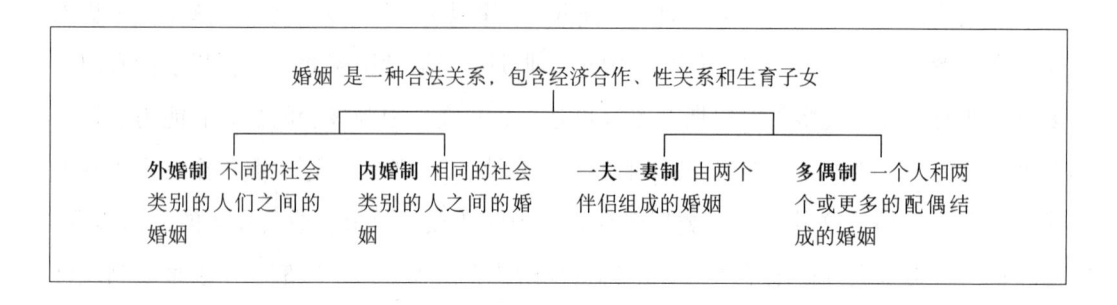

婚姻 是一种合法关系，包含经济合作、性关系和生育子女

外婚制 不同的社会类别的人们之间的婚姻

内婚制 相同的社会类别的人之间的婚姻

一夫一妻制 由两个伴侣组成的婚姻

多偶制 一个人和两个或更多的配偶结成的婚姻

世界之窗・全球视角下的婚姻形式

索・马斯顿（Sol Marston），55岁，生活在俄勒冈的尤金，他已经结婚三次，离婚两次。恩杜姆・蒙克（Ndumbe Monkua）生活在喀麦隆的雅温得，他有四个妻子和十五个孩子。迪米特里（Dimitriy）和伊琳娜・马琴科（Irina Mstvhrnko）生活在莫斯科，他们将在今年庆祝他们的第十四个结婚纪念日。

一夫一妻制是西半球和世界上其他大多数地方唯一的合法婚姻形式。在多数的非洲国家和南亚，一夫多妻制被法律允许。许多情况下，这反映了伊斯兰教的影响，这种宗教允许一个男人最多有四个妻子，即使这样，出于经济原因，这些国家的大多数婚姻仍是一夫一妻。

三、血统模式

血统（descent）指的是社会成员世代追溯亲属关系的制度。许多前工业社会追溯家庭中父亲或母亲的血亲关系。父系血统（patrilineal descent）是一种更为普遍的形式，它追溯男性的血缘系统，所以父亲将财产传承给他们的儿子。父系血统的典型大多是游牧社会和农业社会，在这样的社会里男人提供大多数有价值的资源。母系血统（matrilineal descent），追溯女性的血缘系统，母亲将财产传承给他们的女儿，而这种形式更多地出现在女性是主要食物生产者的园艺社会中。

工业社会因两性平等而被看作双边血统（bilateral descent），追溯男性和女性双方的血缘系统。在这种模式里，孩子将父系和母系的人们都看作亲戚。

四、权威模式

世界范围内，迄今讨论的家庭模式——一夫多妻、从夫居、父系血统——占有支配地位，这反映了父权统治的全球模式。在像美国这样的工业社会，男性仍然是家庭的主宰，许多美国父母给孩子冠父姓。然而平等家庭模式在增加，特别是随着女性在劳动力市场上比例的上升。

第三节 家庭的理论分析

运用

本书前面几章提供的社会学的三种主要理论视角为我们深入理解家庭提供了广阔的分析视角。在应用理论的表格中总结了从每种方法进行的分析。

应用理论
家庭

	结构功能主义分析	社会冲突和女权主义的分析	符号互动和社会交换理论分析
分析的层面	宏观层次	宏观层次	微观分析
家庭对社会的重要性是什么？	家庭执行了重要的任务，包括青年人的社会化，给成员提供情感和经济支持。家庭有助于规范性活动。	家庭通过财富的代代相传促使了社会不平等。家庭支持家长制，以及族群和种族的不平等。	符号互动论认为家庭生活的现实是通过家庭成员的相互交往建构的。社会交换论认为典型的求爱将能提供相同利益的人们结合在一起。

一、家庭的功能：结构功能主义分析

根据结构功能主义的分析，家庭履行许多重要的任务。正因为此，家庭有时被视为"社会的支柱"。

1. **社会化**。正如第三章的解释（"社会化：从婴儿期到老年期"），家庭在孩子抚育的过程中是最初而且是最重要的机构。理想状态下，父母扶助孩子成长为能够顺利步入社会、对社会有所贡献的成员。当然，家庭社会化贯穿整个生命周期。成年人随着婚姻而改变，正如任何一个家长所了解的，父母从孩子身上学到的东西与孩子从父母那儿学到的一样多。

通常，我们都经历过现代社会的冷漠无情。在这种情况下，家庭可以称为冷漠社会中的天堂。当然，并不是所有的家庭都以此为信念，但是有家庭的人还是会比独居的人更幸福、更长寿。

2. **性行为的规制**。所有文化都规制性活动以有利于维持亲属组织和财产权利。正如第六章（"性与社会"）所讨论的，乱伦禁忌（incest taboo）是一种阻止近亲之间发生性关系或通婚的规范。尽管每个社会都存在乱伦禁忌，事实上，哪一种亲属之间不能通婚，在不同文化有所不同。比如说，母系社会纳瓦霍人，禁止人们与他们母系的亲戚结婚；我们的双边社会（bilatenal society）的乱伦禁忌则包括到家庭里父母两系的亲戚，不过仅限于近亲，包括兄弟姐妹、父母、父母的兄弟姐妹和祖父母。一半的国家允许嫡亲表兄妹结婚（有时还会有年龄限制），而另一半的国家则不允许此类婚姻。（Murdock, 1965，原作于 1949）。

为什么各种形式的乱伦禁忌会存在于各个社会中呢？一部分的原因是根植于生物学中的：任何物种的近亲繁殖都可能会造成后代在精神和身体上的损害。然而只有人类遵守乱伦禁忌，这一事实说明限制乱伦的最主要因素是社会因素。为什么？因为控制近亲繁殖对社会组织来说是必要的。首先，乱伦禁忌通过限定仅在配偶间发生性关系而限制了家庭内的性竞争。其次，由于血缘关系规定了人们彼此间的权利和义务，近亲繁殖将无可救药地扰乱血缘纽带、威胁社会秩序。再次，促使人们与外界通婚建立起来的家庭纽带可以扩大社会联系。

3. **社会位置**。对于人类的生物繁殖，家庭并非必需，但是家庭有助于维持社会组织。父母将他们自己的社会身份传承给出生的孩子，包括种族、族群、宗教和社会地位。

4. **物质和情感保障**。许多人将家庭看作"一个无情世界的避难所"，提供身体的保护、情感的支持和经济的帮助。可能这就是人们生活在家庭中会比单身更幸福、更健康和更富有的原因（Goldstein & Kenney, 2001; U.S. Census Bureau, 2007）。

● 评价

结构功能分析解释了为什么社会，至少是我们知道的社会，建立在家庭的基础上。但是这个理论忽略了美国家庭的多样性，也忽视了其他社会组织（如政府）至少可以满足人类某些类似需求。最后，结构功能主义忽视了家庭生活的消极方面，包括家长制和家庭暴力。

根据社会交换理论，人们之间交往的方式是基于他们相互之间能提供什么。一般而言，伴侣一般把这种交换看作是公平的或"大致均等的"。你怎么看待婚姻中的交换？

● 检查你的学习

列出家庭对社会的四种重要功能。

【阅读斯蒂芬妮（Stephanie Coontz）发表在 myscolab.com 上的《历史学和社会学如何解释当前的家庭》。】

二、不平等和家庭：社会冲突和女权主义的分析

如同结构功能主义理论，社会冲突理论，包括女权主义也将家庭看作我们生活的中心。但是这一理论指出家庭如何固化社会不平等，而不是血缘关系如何有益于社会。

1. **财产和遗产**。弗里德里希·恩格斯认为（1902, 原作于 1884）根据男性的要求（特别是上层阶级）追溯家庭的血统、认定继承权，以便他们可以将财产传承给儿子。家庭因此可以在新的一代集中财富，实现阶级结构的再生产。

2. **父权制**。女权主义将家庭与父权制联系起来。男性为了知道自己的继承人是谁,必须控制女性的性生活。因此,家庭将女性变成男性的性财产和经济财富。美国在一百年前,大多数女性的收入归她们的丈夫所有。如今,女性仍然承担孩子抚育和家务的大部分责任(Benokraitis & Feagin, 1995; Stapinski, 1998; England, 2001)。

3. **种族和族群**。由于人们与他们相似的人结婚,使得种族和族群的类属代代相传。内婚制加强了种族和族群的不平等。

● **评价**

社会冲突理论和女权主义分析显示了家庭生活的另一面:在社会分层中的角色。恩格斯的批判认为,家庭是资本主义的组成部分。但是非资本主义社会也同样有家庭(和家庭问题)。正如恩格斯所说家庭可能与社会不平等相联系,但是家庭所履行的社会功能并不是可以由其他手段轻易完成的。

● **检查你的学习**

指出三种由于家庭导致社会不平等的方式。

三、家庭生活的建构:微观理论

结构功能主义和社会冲突分析都将家庭看作一个结构系统。相反,微观层面的分析探究的是个体如何建构和经历家庭生活的。

● **符号互动理论**

理想地,家庭生活为人们提供亲密(intimacy)的机会(拉丁词根,意为"分担恐惧")。就像家庭成员分享许多活动、建立信任一样,他们建立起情感纽带。当然,父母扮演权威人物的事实常常限制了他们与年幼子女的亲密关系。只有当年轻人接近成年期时,亲属关系才完全流露,包括分享更加亲密的信任(Macionis, 1978)。

● **社会交换理论**

社会交换理论是另一个微观层次的方法,它将求爱和婚姻描述成谈判的形式(Blau, 1964)。约会使得每个人评定那个潜在配偶的优势和不足。本质上,交换理论分析暗示着,人们经过一番"选购"在他们可选范围内择优"成交"。

在家长制社会,性别角色决定了交换的要素:男人给婚姻市场带来财富和权力,女性带来美貌。美貌的重要性解释了为什么传统上女性关心她们的外表、对披露年龄十分敏感。但是随着女性加入劳动力大军,她们更少地依赖男性来养活她们,于是,男性和女性交换的方面趋于一致。

● **评价**

微观层次的分析与将家庭视作制度系统的结构功能理论及社会冲突理论一样具有同等的意义。符号互动和交换的观点都集中在家庭生活中的个体经历。但是，微观层次的分析遗漏了更宏观的图景：对同一社会和经济类别的人们来说家庭生活是相似的。

● **检查你的学习**

微观层次的理论与宏观层次的理论在理解家庭时有什么不同？

第四节　家庭生活的阶段

理解 //

我们的社会成员认同在整个生命历程中，家庭生活经过了几个显著不同的阶段。

一、求爱阶段与浪漫爱情

11月2日，在斯里兰卡的康提。微风吹过这个美丽海岛的雨林，我们的货车司机哈里讲述他如何遇到他的妻子。实际上，他说这更多是一种安排：两个家庭都是相同种姓的佛教徒。哈里回忆道："我们从一开始就相处得很好，我们有相同的背景。我曾设想我或她会说不同意，但是爱情式婚姻发生在城市而不是我生长的乡村。"

在斯里兰卡的乡村，犹如在全世界的前工业社会里一样，大多数人将求爱（courtship）看得非常重要以至于不让年轻人自己去处理。包办婚姻（Arranged Marriages）常常出现在相似社会地位的扩大式家庭之间，常常涉及的不仅仅是子女的互通，还包括财富和利益的交换。浪漫的爱情和婚姻没有关联，父母可能会在孩子很小的时候就做出这样的安排。一百年前的斯里兰卡和印度超过一半的女孩在15岁之前结婚。今天，在低收入国家里，可能有九分之一的女性在十五岁之前结婚，大约三分之一的女性在十八岁之前结婚。(Mayo, 1927; Mace & Mace, 1960, Population Reference Bureau, 2011)。"全球性思考"专栏让我们更近距离的观察童婚。

全球性思考

童婚：一篇来自印度乡村的报道

乔吉（Sumitra Jogi）在她的婚礼即将开始时哭了。他们是喜极而泣吗？并不是。这个"新娘"是在妈妈怀里的18个月的小婴儿。新郎呢？是一个7岁大的男孩儿。

在印度西部拉贾斯坦邦偏僻的山村里，午夜时分两个家庭聚集在一起举行一个传统的结婚仪式。5月2日是印度结婚的传统吉日。在仪式开始的时候，乔吉的父亲笑着，她的母亲则摇着熟睡婴儿的摇篮。新郎身着传统服装，头戴红金相间的头巾，轻轻地将婴儿的手拉过来，紧紧握着。接着，仪式接近结束的时候，年轻的男孩抱着孩子，与母亲围绕着婚礼焰火走三圈半，众人满面笑容地看着这对新人第一次以丈夫和妻子的身份走到一起。

童婚在印度是非法的，但是乡村的传统力量很强，法律很难阻止童婚。结果，每年有成千上万的孩子结婚。一名社会福利工作者解释说："在拉贾斯坦邦的农村，所有的女孩14岁前都会结婚。这些家庭很贫穷，没有文化，他们不想把女孩儿留到超过青春期。"

现在，乔吉会和父母生活在一起。但是8年或10年后，第二次仪式会将她送去和丈夫的家庭共同生活，她的婚姻生活将会开始。

在印度拉贾斯坦邦的小村庄里，左边一个18个月大的女婴在她的婚礼当中正在喝母乳；她的新郎是个7岁大的男孩儿。虽然违法，但是这样涉及儿童的包办婚姻仍然在印度传统偏远地区发生着。

> 如果婚姻的现实是在未来的数年后才开始,那么家庭为什么要让他们在那么小的时候结婚?女孩儿的父母知道新娘的年龄越小,他们必须支付新郎家的嫁妆可以越少。而且,女孩这么小的时候结婚,毫无疑问还是处女,这也就提升了她们在婚姻市场上的价值。在这些情形下,没有人考虑过爱情或者孩子们太小还不能理解正在发生的事情这一事实(J.W.Anderson, 1995)。
>
> **你怎么想?**
> 1. 为什么包办婚姻在非常传统的地区比较普遍?
> 2. 从家庭的角度列出包办婚姻的优点和缺点。
> 3. 你能指出美国有哪些被社会"安排"的择偶吗?
>
> 资料来源:J.W. Anderson (1995) and Roudi-Fahimi (2010)。

工业化降低了扩大式家庭的重要性,也削弱了传统的力量。当年轻人进入择偶期时,约会练就了求爱的本领,也许可了性实验。工业社会中的年轻人一般推迟结婚,直到他们完成学业,建立经济保障以便他们居住在远离父母的地方,获得选择合适配偶所必需的经验。

我们的文化崇尚将浪漫爱情(romantic love)——对另一个人的喜爱和性欲——作为婚姻的基础。很难想象没有爱情的婚姻,大众文化,从童话《灰姑娘》(Cinderlla)到今天的电视情景喜剧和戏剧,都将爱情描绘为成功婚姻的关键。

我们的社会强调浪漫爱情是促使年轻人离开父母家庭去组建他们自己家庭的动力,生理的激情也有助于一对新人克服共同生活的困难(W. J.Goode, 1959)。另一方面,由于感情随着时间变化,浪漫的爱情对于婚姻的基础而言没有社会和经济上的考虑那么牢固。比如美国的离婚率远远高于某些文化上限制人们选择配偶的国家。

但是社会学家指出,即使在我们国家,社会对丘比特之箭目标的指引远比我们想象的多。许多人爱上和自己年龄接近、相似社会阶层的同种族的人。社会通过鼓励同类婚(homogamy,字面上的意思是"同样的人结婚")来"包办"婚姻,同类婚指人们和相同社会特征的人结婚。

同类婚的程度在我们某些人口群体(年长的人或来自传统社会的移民)中,比在另一些群体中(年轻人和不按照严格的传统去生活的人)更普遍。

二、成家：理想婚姻和现实婚姻

社会给年轻人的理想图景是：结婚后"从此幸福到永远"。这种乐观主义将导致失望，尤其对于女性来说，她们常常被教导婚姻是个人幸福的关键。同样，浪漫的爱情包含了许多的幻想：我们爱上的人常常不是他们本人，而是我们期望的样子。

性，也可能是失望的来源之一。在相爱的浪漫氛围中，人们可能将婚姻看作是永无止境的性蜜月，不料却要冷静地意识到性最终将变成一种不那么不惜一切的激情。尽管随着时间的推移，婚姻中的性生活次数有所下降，但是三分之二的已婚者说他们对于关系中的性生活很满意。总之，性关系最好的人们对他们的婚姻最满意。性也许并不是婚姻幸福的关键，但是不管怎样，好的性生活和好的关系总是同时出现（Blumstein & Schwartz, 1983; Laumann et al., 1994）。

不贞——婚外性行为——是婚姻现实与我们的文化理想不匹配的另一个方面。在近期的一个调查中，92%的美国成人认为婚外性行为是"完全错误"的，或者说是"基本错误"的。即使这样，25%的男性和10%的女性（在匿名的私人问卷中）表示，他们至少有一次对他们的伴侣不忠（Lauman et al., 1994; NORC, 2011: 401–11）。

"儿子，你已经长大了。你欠我 214,000 美元。"

资料来源：©The New Yorker Collection, 1983, Robert Weber, from cartoonbank.com. All rights reserved.

三、抚养孩子

尽管孩子会给我们带来很多需求，美国绝大多数成年人仍将抚养孩子看作他们人生最大的乐趣之一（NORC, 2011: 2317; Wang & Taylor, 2011）。如今大约有一半的美国成年人说两个孩子是一种理想状态，很少有人希望超过三个的（NORC, 2011: 405）。这种转变开始于两个世纪之前，那时候平均每个美国人有 8 个孩子。

大家庭在前工业社会是受益的，因为孩子提供了所需劳动力。人们于是将生育孩子看作是妻子的义务，由于缺少对生育的有效控制，生育孩子是一件很平常的事情。当然，前工业社会的高死亡率使得很多孩子无法活到成年；直到 1900 年，美国出生的孩子中有三分之一在 10 岁前死亡。

从经济上说，工业化使得孩子从资产转变为负债。现在，在低收入家庭里，抚养一个孩子需要花费 200,000 美元，其中包括大学费用；中等收入家庭抚养一个孩子会花费 300,000 美元；而高收入家庭会花费 500,000 美元甚至更多钱去抚养一个孩子（Lino, 2011）。难怪 20 世纪美国的家庭规模逐渐减小到每个家庭拥有一个孩子。[1]

在高收入国家，最显著的趋势是家庭小型化。这种图景与低收入国家，如拉丁美洲、亚洲，特别是非洲是不同的，这些地区的妇女对生育孩子几乎没有选择。在许多非洲国家，有 4 到 5 个孩子的家庭仍很普遍。

抚育子女是一种价格高昂且持续终生的义务。随着我们社会给予人们关于家庭生活的更多选择，更多的美国人决定推迟生育或者不生育。1960 年，90% 的 25 到 29 岁的美国已婚妇女至少有一个孩子，而现在这个比例只有 69.5%（U.S. Census Bureau, 2011）。

约有二分之一的美国父母声称他们想拿出更多的时间来抚养孩子（K. Clark, 2002; Cohn, 2007）。但是除非我们可以接受一个很低的生活水平，收入需求让大多数的父母离家追求事业，哪怕这就意味着他们给予家庭的时间将减少。对于许多家庭来说，包括本章前述的罗莎一家来说，少生孩子是解决工作和养育孩子之间紧张关系的重要步骤（Gilbert, 2005）。

在职父母的孩子们多数时间在学校度过。但是放学后，大概 460 万孩子（5 到 14 岁孩子占 12%）将成为必须自己照顾自己的"钥匙儿童"（U.S. Census Bureau, 2011）。在关于"家庭价值"的争论中，传统主义者认为，许多母亲的工作是以孩子获得更少的母爱为代价的。革新者则反驳认为，指责女性追求长期以来被男性占据的同等机会，这样的批评是不公平的。

美国国会于 1993 年通过了《家庭与医疗休假法案》(Family and Medical Leave Act)，为

---

[1] 根据美国人口普查局，2006 年平均每个家庭的孩子数是 0.93 个。其中，非拉美裔白人家庭孩子数目的中位数是 0.79，非裔美国人家庭孩子数目的中位数是 1.21，西班牙裔美国人家庭这个数字是 1.38。

减轻家庭与工作责任之间矛盾迈出了一小步。这个法案允许父母一方在需要照料新生婴儿或处理重要的家庭突发事件时有 90 天的不带薪假期。当然，多数美国成年人不得不兼顾家长责任和工作责任。当家长们去工作了，谁来照顾孩子们？有一半的五岁以下的儿童是由一个家长（22%）或一个亲属（34%）照顾。剩下孩子中，23% 的孩子去日托所或学前班，8% 的孩子由非亲属关系家庭托管，4% 是在自己家由保姆照料，9% 没有常规的安排（U.S. Census Bureau, 2011）。

四、晚年家庭

美国人预期寿命的增加意味着婚姻持续的时间更长。到 60 岁时，大多数夫妇完成了抚养孩子的任务。这时，婚姻又回到只与一位伴侣共同生活的状态。

犹如孩子的出生，孩子的离开——称为"空巢"——需要一些调节，尽管婚姻变得越来越亲密和令人满意。长期的共同生活可能会减少夫妻间的性激情，但是经常会加深理解和承诺。

与孩子的个人联络常常持续，因为多数老年人会与至少一个成年子女住得比较近。三分之一的美国成年人（大约 6000 万）是祖父母。很多的祖父母协助照顾孩子以及其他一些任务。在非裔美国人中（他们单亲家庭的比率很高），祖母在家庭生活中有非常重要的地位。他们帮助孙子女和成年孩子，就好像是帮助朋友和邻居一样，这是老年人们日常生活的重要组成部分（U.S. Census Bureau, 2006; AARP Foundation, 2007, Bianchi, 2011）。

另一方面，中年人要更多地照顾年迈的父母。虽然"空巢"并不会因为父母过来居住而被填满，但是许多成年人发现照顾那些 80 岁、90 岁以上的父母和抚养小孩子一样费力。最早的婴儿潮（baby boomers）中的年龄最大的人——现在已超过 65 岁——被称为"三明治一代"（sandwich generation），因为他们中的许多人，特别是女性，用来照顾年迈的老人的时间几乎与其抚育子女的时间一样多（Lund, 1993）。

伴随丧偶而来的是婚姻生活中最后的当然也是最艰难的转变。由于妻子有更长的预期寿命和事实上女性常常与比自己年长几岁的男性结婚，所以她们一般会比丈夫活得更长。妻子会作为寡妇生活几年时间。丧偶后的独自生活对男性来说是更大的考验，他们通常没有寡妇那么多的朋友，也缺乏家务能力。

家庭生活的经历伴随着人们的生命历程。人到中年，一个重要的责任便是照顾年老的父母。随着年龄的增长，父母和子女之间的关系发生怎样的改变？

第五节　美国家庭：阶级、种族和性别

理解//

不平等的维度——社会阶级、族群、种族和性别——是塑造婚姻和家庭生活的强大力量。我们将一一讨论这些因素，但是要记住在我们的生活中这些维度常常是叠加的。

一、社会阶级

社会阶级决定了一个家庭的经济保障和机会范围。莉莉安·鲁宾（Lillian Rubin, 1976）在访谈工人阶级妇女时发现，妻子们认为一个好的丈夫是有一份稳定的工作，不酗酒，没有暴力。相反，在中产阶级妇女的回答中发现她们从未提及这些；她们只提到一个丈夫应该提供一个安全、有保障的家。她们理想的丈夫是容易交流、可以分

享情感和经验。

很显然，女性（和男性）对婚姻的期待——以及他们最终得到的——和他们的社会阶级相联系。对于孩子来说也是同样，出生在物质更丰富家庭的男孩和女孩比那些出生在较贫穷家庭的孩子，会有更加健康的精神和身体，更加自信，继而更有成就（Mcleod & Shanahan, 1993; Duncan et al., 1998）。

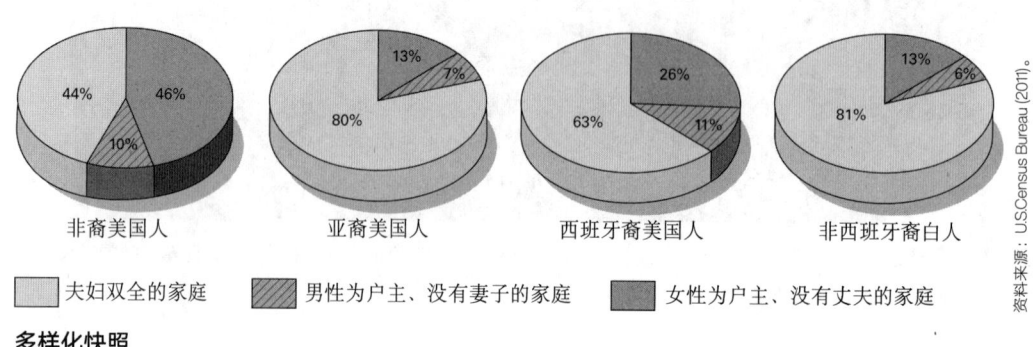

	非裔美国人	亚裔美国人	西班牙裔美国人	非西班牙裔白人
夫妇双全的家庭	44%	80%	63%	81%
男性为户主、没有妻子的家庭	10%	7%	11%	6%
女性为户主、没有丈夫的家庭	46%	13%	26%	13%

资料来源：U.S.Census Bureau (2011)。

多样化快照

图13-1　2011年的美国家庭形式

不同种族和族群中家庭形式的多样化。

二、族群和种族

正如在第十一章（"种族和族群"）里所讨论的，虽然种族和族群也是影响家庭生活强有力的社会力量，然而，美国印第安人、拉丁裔和非裔美国人家庭（像所有的家庭一样）也并不适用于任何单一的概括或刻板印象（Allen, 1995）。

● 美国印第安人家庭

美国印第安人有很多种家庭形式。然而，一些类型是在人们由保留地部落向城市迁移的过程中出现的。那些初到城市的男女们要寻找其他人——特别是那些同一部落的亲戚和成员——协助扎根。近期的一个研究讲述了到洛杉矶的两个移民女人的故事，两个女人在一个印第安组织的会议中相识，发现她们原来来自同一个部落。这两个女人和她们的孩子们决定同住在一套房，很快，孩子们开始将彼此视作兄弟、姐妹和堂亲。几个月后，这两个女人互认姐妹（Lobo, 2002）。

移民也组成家庭成员经常变化的"流动的家族"。同样研究的另一个例子是，一个妇女、她的姑妈和她们的孩子们一起租住在洛杉矶的一套大公寓里。接下来的几个月里，他们家迎来了30多个城市移民，每个移民在他们找到自己的住处之前只居住很短的一段时间。这种包含着真真假假的亲属关系的互助形式，在低收入者中间很常见。

那些离开部落保留区前往城市的美洲印第安人一般比那些留下来的要更富裕。因为那些留在保留区的人很难找到工作，他们不可能很容易地组成稳定的婚姻，而像酗酒和吸毒这样的问题又破坏着孩子和家长之间的关系。

● 拉丁裔家庭

许多拉丁裔倾向于扩大式家庭的忠诚和支持。传统上，拉丁裔的父母相当大程度地控制孩子的求爱，将婚姻视为家庭之间的联盟，而不仅仅建立在浪漫的爱情之上。一些拉丁裔家庭也遵从传统的性别角色，鼓励男人要有男子气概——力量，胆气和性征服，对待妇女则是尊重同时又严格监督。

然而，伴随着融入更大的社会中，这些传统模式正在发生改变。正像在本章开篇讲的那样，许多从墨西哥到加利福尼亚的女性喜欢更小的家庭。相似地，许多移民到纽约的波多黎各人并没有保留他们在波多黎各所熟悉的强大的扩大家庭的纽带。在近几十年里，传统的男性统治女性的权威也削弱了，特别是在富裕的拉丁裔家庭，这些家庭的人数在过去的二十五年里增加了四倍。（Navarro, 2004; Raley, Durden & Wildsmith, 2004; U.S. Census Bureau, 2011）。

然而，总的来说，典型的西班牙裔家庭 2010 年收入仅为 39538 美元，是全国平均收入的 66%（U.S. Census Bureau, 2011）。许多西班牙裔家庭承受着失业和其他与贫困相关问题的压力。

● 非裔美国人家庭

美国人口统计局报告：典型的非裔美国人家庭 2010 年的收入是 38500 美元，是全国平均收入的 64%。非裔后代贫困的可能性是非西班牙裔白人的三倍，而贫穷意味着家长和孩子可能会经历失业和低标准的住房与不良的健康情况。

在这些情形下，维持婚姻稳定是十分困难的。考虑到有 32% 四十几岁的非裔女性从未结婚，而只有 12% 的同龄非西班牙裔白人女性未婚，这意味着非裔女性——时常带着孩子——更可能成为单亲家庭的户主。图 13-1 显示，2011 年女性作为户主的家庭占非裔美国人家庭的 46%，相比较而言，女性户主在西班牙裔家庭中占 26%，在非西班牙裔的白人家庭中占 13%，在亚裔或太平洋岛国家庭中占 13%（U.S. Census Bureau, 2011）。

排除种族因素，单身母亲家庭总是面临很高的贫困风险。24% 的非西班牙裔白人女性单亲家庭处于贫困当中。然而更高的贫困率发生在非裔美国女性家庭（39%）和西班牙裔女性家庭（42%），这些都强烈地证明了阶级、种族和性别会将女性推向劣势。占总家庭数 44% 的双亲非裔美国人家庭，经济实力强大得多，他们的收入是非西班牙裔白人家庭的 79%。但是 73% 的非裔美国孩子是单身女性所生，39% 的非裔美国孩子在贫困中长大，这意味着在美国，这些家庭承担了儿童贫困的大部分负担（Martin et al., 2011; U.S. Census Bureau, 2011）。

【观看在 mysolab.com 上《非裔美国人家庭的经济》视频】

焦点中的社会学

约会与婚姻：种族重要性的降低

1961 年来自堪萨斯州的年轻的人类学学生安·邓纳姆（Ann Dunham）和一个来自肯尼亚的外国学生贝拉克·奥巴马（Barack Obama）结婚。这桩婚姻在当时是相当罕见的，因为邓纳姆是白人，而奥巴马是黑人。

50 年前，每一百桩婚姻中只有两桩是不同种族之间通婚，有一种强大的文化力量阻挠这种异族通婚。六十年代的调查数据表明，42% 住在美国北部的成年人称希望法律禁止异族通婚；在南方，有四分之三的成年人持有同样的意见。事实上，直到 1967 年最高法院宣布这样的法律违宪之前，已经有 16 个州制定了禁止异族通婚的法律。

2008 年，邓纳姆和奥巴马的儿子，贝拉克·奥巴马二世（Barack Obama Jr）当选为美国总统。今天，不同人种间的浪漫关系已经屡见不鲜了。调查显示，几乎所有的 18—29 岁的年轻人声称，他们可以接受不同人种之间的约会，甚至是异族通婚。然而，在老一辈人之间，依旧流行着一种更传统的标准：当研究者询问 50—64 岁的人时，只有 55% 的人回答不会介意自己的家庭成员异族通婚，65 岁以上的人里，只有 38% 的人持有同样的态度。其他通过互联网进行的调查（比如 Match.com），证实年轻人比老一辈人更愿意与其他种族的人约会。

实际上，即使在那些宣称可以接受异族通婚的人里，大多数人还是与同种族的人结婚了。同时考虑到种族和族群的话，85% 的美国婚姻是同族婚姻。亚洲人

> 是最有可能跳出族裔结婚的，有三分之一的人这么做了。拉丁裔其次，大约四分之一与非拉丁裔结婚。六分之一的非裔美国人和非非裔美国人结婚。最后，大约十一分之一的非拉丁裔白人和其他族裔结婚。
>
> 即使在"奥巴马时代"，种族和族群依旧影响着人们的择偶，只是不像以前那么严重而已。至于婚姻，同族结婚（racial homogamy）已经不再是金科玉律。
>
> **加入博客！**
>
> 你如何看待异族婚恋？你有什么个人经验？你在校园里看到的是怎么样的模式？到 MySocLab 来加入焦点中的社会学博客，分享你的看法和经历，看看其他人是怎么思考的。
>
> 资料来源：Based on Kent (2010), Taylor (2010), and U.S. Census Bureau (2011)。

● 异族通婚

大多数的夫妻具有相仿的阶级和种族的社会背景。但是整个20世纪进程中，族裔的影响越来越小。一位德裔或法裔女性可以顺利地和一个爱尔兰或英格兰背景的男性结婚，而不用考虑他们家庭和整个社会的不同意见。

种族一直是一种更为强大的阻力。在1967年最高法院（Supreme Court）的判决（洛文诉弗吉尼亚州 [Loving v. Virginia]）前，在16个州跨种族通婚实际上是非法的。如今，非裔、亚裔和本土美国人占美国人口的19%；如果人们在择偶时忽视种族因素，我们将看到种族混合的婚姻应占同样的比例。但实际上异族通婚比例是4%，表明种族因素在社会关系上仍然很重要。尽管如此，大多数人主张的是种族和族群不应该是选择伴侣的依据。另外，男性首次结婚平均年龄已经提升到了28.7岁，女性首次结婚平均年龄则上升到了26.5岁，晚婚让年轻人选择伴侣时可能更少受到来自父母的影响。

选择自由权不断增加的一个结果就是不同种族和不同族群之间的婚姻越来越多（Rosenfeld & Kim, 2005; Kent, 2011; U.S. Census Bureau, 2011）。最常见的异族通婚的类型是白人丈夫和亚裔妻子，约占异族通婚的21%。2000年人口统计中发现异族通婚中，大概有一半夫妇，至少配偶一方声称自己是多种族身份。异族通婚的夫妇更可能居住在西部；在以下五个州——夏威夷州、阿拉斯加州、加利福尼亚州、内华达州和俄克拉荷马州——所有已婚夫妇中有超过10%的是异族通婚（Passel, Wang & Taylor, 2010; U.S. Census

Bureau, 2011）。在本章"焦点中的社会学"栏目里给你一个机会去分享你关于种族和族群在约会和婚姻中的重要性的观点。

三、性别

社会学家杰西·伯纳德（Jessie Bernard, 1982）说每个婚姻实际上是两个不同的关系：一个女人的婚姻和一个男人的婚姻。原因是很少的婚姻是由两个平等的伴侣组成。尽管父权制没落，但是多数人仍然希望丈夫比妻子更年长，身材更高大，拥有更重要和收入更多的工作。

那么为什么许多人会认为婚姻更有利于女性而不是男性？"无忧无虑的单身汉"这种正面的刻板印象，常与"孤独的老处女"这一相当负面的形象形成尖锐对比，这暗示着女性只有通过成为妻子和母亲才算得上是圆满。

但是，伯纳德指出，实际上已婚妇女相较于单身女性心理更不健康，幸福更少，对生活的态度更加被动。另一方面，已婚男子一般比未婚男子更加长寿、精神上更加健康、据称更加幸福（Fuston, 2010）。这些差异解释了为什么离婚后的男性比女性更渴望寻找新伴侣。

伯纳德总结道，对于一个男人来说，没有什么比女性悉心照顾他并提供一个井然有序的家庭更能保证他的长寿、健康和幸福。她同时也补充道，如果丈夫不去支配妻子，不让她们去干几乎所有的家务的话，婚姻也是有益于女性健康的。调查显示，情侣们把"分享家务"作为促进成功婚姻最重要的因素之一（Pew Research Center, 2007a）。

从美国历史来看，跨族通婚大多是不合法的。最后的一部相关法律在 40 年前被废除。尽管族群和种族仍在影响人们的恋爱和婚姻，跨族通婚仍变得越来越普遍。

第六节　家庭生活中的转变与问题

分析

报纸专栏作家安·兰德（Ann Landers）曾经评论说：20 个婚姻中有一个是极好的，5 个是好的，10 个尚可忍受，剩下的 4 个是"纯粹的地狱"（pure hell）。家庭可以是快乐的源泉，但是家庭生活的现实也可能与理想有落差。

一、离婚

美国社会强有力地支持婚姻，大约十分之九已满四十岁的美国人在某个点上"喜结连理"（tie the knot）。但是现今的很多婚姻已"解怨释结"（unravel）。图 13-2 显示了在过去一个世纪里美国离婚率增长 3 倍。2006 年，十桩婚姻中几乎有四桩是以离婚告终的（对于非裔美国人来说，这个比例大约是十分之六）。从其他角度上来说，所有过了 15 岁的人，21% 的男性和 22% 的女性曾经经历过离婚。我们有世界上最高的离婚率，大约是加拿大和日本的 1.5 倍，比意大利和爱尔兰多 4 倍（European Union, 2011; OECD, 2011; United Nations, 2011）。

● **离婚的原因**

美国的高离婚率有许多原因（Furstenberg & Cherlin, 1991; Etzioni, 1993; Popenoe, 1999; Greenspan, 2001）：

1. **利己主义上升**。今天的家庭成员聚集在一起的时间更少。我们变得更加个人主义，更加关注自己的幸福和收入，多于关心伴侣和孩子的康乐。

2. **浪漫爱情褪色**。因为我们的文化将婚姻建基于浪漫的爱情之上，关系会随着性激情消失而淡化。许多人结束一段婚姻是为了重新开始一段激动和浪漫的新关系。

3. **女性更少地依赖男性**。女性劳动力的增加已经减少了妻子在经济上对丈夫的依赖。因此，女性感到离开不幸福的婚姻更加容易。

4. **许多现今的婚姻是有压力的**。随着多数情况下夫妻双方同时参加工作，使得他们很少有时间和精力来照顾他们的家庭。这使得抚养孩子比以前更难。孩子的确可以稳固一些婚姻，但是离婚也最普遍发生于婚姻早期，那个时候许多夫妻的孩子还很小。

5. **离婚已被社会接受**。离婚再也不像许多年前那样被认为奇耻大辱。家庭和朋友们不再阻挠处于矛盾中的夫妻离婚。

6. **从法律上离婚更加容易**。过去，法院要求离婚一方或双方有如通奸或虐待等犯罪行为。如今，只要夫妻双方认为他们的婚姻失败了，那么所有的州都允许离婚。半数以上的美国人对于离婚过分容易感到担忧，这使得一些州考虑改写其婚姻法（Phillips, 2001; NORC, 2011: 408）。

离婚对于不幸婚姻中的夫妻而言可能是一种解决方式，但是对于那些生活中缺少父母的孩子来说则可能成为一个问题。离婚在哪些方面对孩子有害？离婚是否也有积极的一面？离异夫妻可以如何辅助孩子更好地应对父母婚变？

● **哪些人离婚？**

青年夫妇具有最大的离婚风险——特别是那些在简短的恋爱之后就结婚的——他们缺乏钱和成熟的感情。如果一对夫妻因为意外怀孕而结婚或者两人或一人有药物滥用问题，离婚的可能性也会增加。没有宗教信仰的人比有很强宗教信仰的人更可能离婚。最后，父母离婚的人们自己也会有较高的离婚率。研究者认为角色模仿效应在起作用：那些目睹父母离婚经历的孩子自己也可能会考虑离婚（Amato, 2001）。住在大城市的人相对住在农村地区人来说，更有可能离婚，尽管这个差异不像过去那样那么明显了（Pew Research Center, 2008; Tavernise & Gebeloff, 2011）。

离婚率（和再婚率）在拥有大学学历和高收入人群中基本保持没变。同时，那些没有大学学历和低收入的人群的离婚率却在上升（而再婚率在下降）。一些研究者认为我们社会的劣势人群看起来正在逃避婚姻，大部分并不是因为他们不想结婚，而是他们缺乏一个稳定家庭生活所需要的经济保障（Kent 2011）。这个趋势反映了最近的经济衰退和收入差距的扩大在美国如何影响家庭生活。

另外，离过婚的男人和女人更可能再次离婚，也许是因为高风险因素伴随着他们

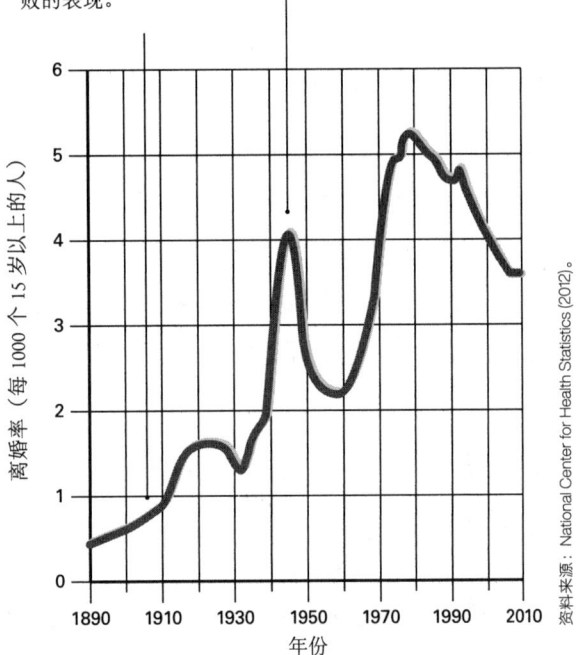

● 一个世纪以前，许多人认为离婚是个人失败的表现。
● 二次世界大战期间，许多夫妇因为长期分离而导致离婚率上升。

图 13-2 1890—2010 年 美国的离婚率
长期以来，美国的离婚率攀升。但是，自 1980 年以来，这个趋势下降了。

资料来源：National Center for Health Statistics (2012)。

从一个婚姻进入另一个婚姻（Glenn & Shelton, 1985）。

● **离婚和孩子**

因为母亲取得子女的监护权，而父亲赚取更多的收入，孩子们的福祉常常建立在法院判决父亲支付的子女抚养费上。所有涉及子女的离婚之诉中，有 54% 经法院判决了抚养费。然而在过去的一些年月里，半数以上获得法定抚养费的孩子仅仅收到部分抚养费或者根本没有任何抚养费。有 3,400,000 名游手好闲的父亲未尽抚养义务。相应地，联邦立法要求雇主扣留那些不付子女抚养费的父亲或母亲的收入；而拒绝支付抚养费或迁移到其他州来逃避义务将是严重的犯罪（U.S. Census Bureau, 2011）。

二、再婚和混合家庭

四分之三的离婚人士再婚，多数会在四年之内。全国范围内，四分之一以上的婚姻有至少一方配偶是再婚的。从婚姻中获利更多的男人比女人更可能再婚（Kreider & Ellis, 2011）。

再婚常常造成混合家庭，由孩子和一些亲生父母和继父母所组成。兄弟姐妹，半同胞（同母异父或同父异母），一个继父母——更何况还有住在别处的亲生父母，或者与有孩子的别人结婚的亲生父（母）——混合家庭中的年轻人面临界定许多新关系和确认谁是这个核心家庭的成员的挑战。父母常常在分配家务责任时存在麻烦。当子女监护权存在争议时，前配偶对于新婚姻来说可能是不受欢迎的。尽管混合家庭要求家庭成员做出大量的新调适，但是这也为大人和孩子提供机会来缓和僵化的家庭角色（Furstenberg & Cherlin, 2001; McLanahan, 2002）。

当父母与一个以上伴侣生育子女时通常也会形成混合家庭。美国未婚父母抚养孩子的比例增加（在 2010 年是 41%），导致混合家庭的人口比例升高。近期研究报告指出半数以上由未婚父母抚养的孩子是出生于至少有一个半同胞兄弟姐妹的家庭（Scommegna, 2011）。

三、家庭暴力

理想的家庭是快乐和支持的来源。但是，困扰许多家庭的现实是**家庭暴力**（family violence），即一个家庭成员对另一个成员在感情上、身体上或性方面的虐待。社会学家理查德·盖尔斯（Richard·J.Gelles）将家庭称为"社会中除警察和军队以外的最大暴力群体"（Roesch, 1984: 75）。

●针对妇女的暴力

家庭的野蛮行为通常不会报告给警察。尽管这样，美国司法统计局（2011）估计每年大约有 510,000 人是家庭暴力的受害者。家庭暴力既可能针对女性也可能针对男性，但是对两性来说并不完全相等——女性受害者数量大概是男性受害者的三倍。至于致命性暴力，性别差距则非常大——谋杀案受害人中 38% 的女性死于配偶、伴侣或前任配偶之手，而男性的相应比例是 2%。全国范围，因家庭暴力死亡的妇女每年有 1101 人。整体而言，妇女被家庭成员伤害的可能性高于被陌生人抢劫或者强奸，或者遭遇车祸（Shupe, Stacey & Hazlewood, 1987; Blankenhorn, 1995; Durose et al., 2005; U.S. Department of Justice, 2011）。

在历史上，法律规定妻子是丈夫的财产，因此男人不可能被控告强奸他的妻子。然而，今天，所有的州都颁发了《婚内强奸法》。这个法律不再认为家庭暴力是一个家庭的私事；它给予受害者更多的选择。现在，即使没有正式分手或离婚，女人也可以获得法律保护以避免配偶的伤害，并且所有州都有"跟踪法律"（stalking law）来避免前任伴侣跟踪或威胁另一方。整个北美社区成立了庇护所对遭受家庭暴力的妇女和孩子提供咨询和临时住宿，使他们远离家庭暴力。

最后，家庭暴力带来的伤害远不止于身体上的伤害。受害者往往会失去信任他人的能力。一项研究发现经历过身体上的虐待或者性虐待的女性比那些没有这种经历的女性更难以在此后与他人建立稳定的关系（Cherlin et al., 2004）。

● **针对儿童的暴力**

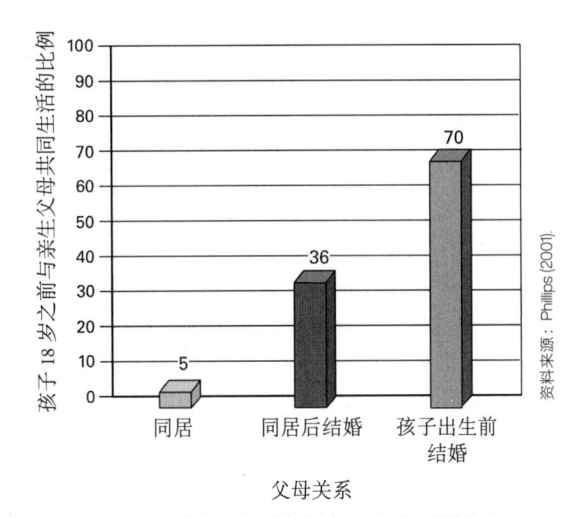

图 13-3 父母对孩子生活的介入：同居和已婚父母
婚姻增加了孩子可以在亲生父母伴随下成长的机会。

资料来源：Phillips (2001).

家庭暴力也危及孩子。每年，有大约 300 万报道是有关虐待或忽视孩子的，大约 1530 例涉及孩子的死亡，80% 的死亡涉及 4 岁以下的儿童。虐待儿童不仅是身体伤害，还包括成人滥用权力和信任来伤害孩子的精神健康。虐待和忽视儿童在非常年幼的孩子和最脆弱的孩子中间比较常见（Besharow & Laumann, 1996; U.S. Department of Health and Human Services, 2011）。

然而虐童者并不符合某种简单的刻板印象，女人（54%）比例高于男人（46%）。但是几乎所有的施虐者共有同一特性——童年受过虐待。研究者发现亲密关系中的暴力行为是习得的；在家庭中，暴力引发暴力（S. Levine, 2001; U.S. Department of Health and Human Services, 2011）。

第七节　家庭的替代模式

分析

多数美国家庭由养育着孩子的夫妻组成。但是近几十年来，社会中出现了家庭生活的多样化。

一、单亲家庭

31% 的拥有 18 岁以下子女的美国家庭中只有一个家长——几乎是 1970 年的三倍。换句话说，31% 的美国孩子现在仅和一个家长生活或者没有和亲生父母在一起，他们中有大约一半人将这种状态持续到 18 岁。单亲家庭——85% 的是单身母亲家庭——是离异、丧偶，或未婚女性生育的结果。

做单身家长会增加女性贫困的风险，因为这限制了她的工作能力以及进修的机会。反之亦然：贫穷又增加了年轻女性成为单身母亲的可能性。但是单亲家长会比贫穷好点：在这个国家，每年有 170 万新生儿来自未婚女性，占全国新生儿总数的 41%。在最近几十年里，来自年轻单身女性的新生儿已经减少了；同时，来自四十岁以上单身女性的新生儿出生率正在上升（Pew Research Center, 2007a; Martin et al., 2011）。回顾表 13-1 的数据，显示 56% 的非裔美国人家庭是单亲。单亲家庭比例在西班牙裔家庭（37%），亚洲裔家庭（20%）和非西班牙裔白人家庭（19%）要低一点。在许多的单亲家庭中，母亲会向她们自己的母亲寻求帮助。在美国，单亲家长的增加与父亲角色的减弱和祖母角色重要性的增加紧密相连。

研究显示单亲家庭通常不利于孩子的成长。一些研究声称由于父母双方对孩子的社会发展有不同的作用，所以一个家长很难单独完成好这个任务。但是单亲家庭最严峻的问题来自于，如果家长是女性，并且很穷困。一般而言，生长在单亲家庭中的孩子会以贫穷开始，而后接受较少的学校教育，以成年后的低收入而告终。这些孩子自己也更容易成为单亲家长（Popenoe, 1993a; Blankenhorn, 1995; Wu, 1996; Duncan et al., 1998; Kantrowitz & Wingert, 2001; McLanahan, 2002; Pew Research Center, 2007; U.S. Census Bureau, 2011）。

二、同居

同居（cohabitation）是指对未婚伴侣共享同一个家庭居所。从全球的视角来看，同居是家庭生活的长期形式，而不管有没有孩子，这在瑞典和其他斯堪的纳维亚（半岛）国家很常见，在其他欧洲国家也正日益普遍。美国的同居伴侣从 1970 年的 500,000 增加到今天的 6,800,000（6,200,000 异性伴侣和 600,000 同性伴侣），约占总家庭数的 6%。几乎半数以上（51% 是女性，43% 是男性）的 25 到 44 岁的成年人在某个时期有过同居经历

(National Center for Health Statistics, 2011; U.S.Census Bureau, 2011)。

同居更多地吸引着独立思考的人们以及那些崇尚性别平等的人（Brines & Joyner, 1999）。大多数伴侣仅仅在一起生活几年，三年后，十分之一的伴侣继续同居，十分之三的伴侣决定结婚，十分之六的伴侣决定分手。大量证据表明同居可能实际上阻碍结婚，因为伴侣（特别是男性）会变得习惯于较少承诺的关系。因此，有孩子的同居夫妇——占 2% 的总家庭数，但是却占了 12% 的总出生数——常常不会成为长期的家长。图 13-3 显示只有 5% 的同居出生的孩子会和保持未婚的亲生父母一起生活到 18 岁。如果父母在某个时候结婚了，这个数字将增加到 36%，但也仅仅是孩子出生前父母就结婚的 70% 的一半。当有孩子的同居父母分手后，父母对孩子的介入，特别是经济资助非常不确定（Popenoe & Whitehead, 1999; Booth & Crouter, 2002; Scommegna, 2002）。

2011 年，纽约成了美国八个允许同性结婚的州中的其中一个。纽约的法律在推动了同性婚姻合法化的全国化。你认为在接下来这几年内会有多少个州追随这个潮流？为什么？

三、同性恋伴侣

1989 年，丹麦成为第一个允许同性伴侣注册登记、获得婚姻利益的国家。从那时起，挪威（1993）、瑞典（1994）、冰岛（1996）、芬兰（2001）、英国（2004）、澳大利亚（2008）和爱尔兰（2011）也随之承认。然而只有 10 个国家在名义上和实际上将婚姻拓展至同性伴侣：荷兰（2001）、比利时（2003）、加拿大（2005）、西班牙（2005）、南非（2006）、挪威（2008）、瑞典（2009）、阿根廷（2010）、冰岛（2010）和葡萄牙（2010）。

在美国，2004 年，马萨诸塞州成为第一个承认同性婚姻合法的州。截止到 2012 年，爱荷华州、佛蒙特州、康涅狄格州、新罕布什尔州、纽约州、华盛顿州、马里兰州和哥伦比亚特区已经制定法律认可同性结合。还有 9 个州（包括新泽西州、加利福尼亚州、俄勒冈州和特拉华州）通过了给予同性恋夫妻几乎所有婚姻权利的法律。

美国国会在 1996 年通过了一项将婚姻定义为男女结合的法律（DOMA），从那以后，有 30 个州修改他们的法律规定婚姻只允许存在于一男一女之间。2011 年 2 月，奥巴马政府宣布司法部不再支持 DOMA。很快，国会开始讨论是否要推翻 DOMA 这项法律。DOMA 的评论家指出公众的观点趋于接受同性婚姻。最近，大约 45% 的美国成年人支持同性婚姻，57% 的人支持向公民的结合提供已婚夫妇享有的权利（Newport, 2005; Pew Research Center, 2009, 2011; NORC, 2011: 2313）。

美国很多有孩子的同性恋伴侣正在抚养从前与异性结合而生育的后代，另外一些人则是领养孩子。但是很多同性恋伴侣对他们的性取向保持沉默，他们不想让自己的孩子或自己引起不受欢迎的注意。在几个引起公共关注的案例中，法院撤销了同性伴侣的子女监护权，并称这是对孩子"最有利"。

同性伴侣抚育子女挑战着许多传统观念。但是这也表明许多同性伴侣和异性伴侣一样看重家庭生活。

四、单身

因为十分之九的美国人会结婚，所以我们将单身看作人生中的一个暂时的阶段。但是，越来越多各个年龄段的人选择独自生活。1950 年，只有十分之一的家庭有一个人。到 2011 年，这个比例增加到了 28%，单身成年人共计 32,700,000（U.S. Census Bureau, 2011）。

单身的年轻女性人数显著增加。1960 年，28% 的年龄在 20 到 24 岁的美国女性单身；到 2011 年，这个比例上升到 81%。这个趋势的背后是更多的女性进入大学，推迟了她们初婚的年龄。拥有大学学历的女性比那些没上过大学的女性更有可能结婚，也更可能晚婚。原因是拥有高学历的人，作为婚姻对象，他们具有更多的吸引力（Kent, 2011）。

许多未婚的中年女性感到缺少合适的男人。因为我们的社会认为女人要"上嫁"（marry up）男人，年龄越大的女人，受教育程度越高、工作越好，找到一个合适的丈夫就越困难。

第八节　新生育技术和家庭

理解 //

近来的医学发展，包括"新生育技术"（new reproductive technology）也在改变家庭。1978 年，英格兰的路易斯·布朗成为世界上第一个"试管婴儿"。从那时开始，成千上万的孩子在子宫外受孕。

试管婴儿是玻璃管内受精的产物，医生将女性的卵子和男性的精子放在"玻璃管内"结合（通常不是一根试管，而是一张薄片）而不是在女性体内。医生随后将得到的胚胎种入将要怀孕的女性的子宫里，或者将它冷藏起来后备使用。

现代生育技术帮助一些不能正常怀孕的夫妻有了孩子。这些技术也可能最终有助于减少新生儿缺陷。精子和卵子的基因筛选使得医学专家们可以提高健康婴儿的出生概率。但是新生育技术同样带来困难和烦扰的问题：当一个女性携带的胚胎源自另一个女性的卵子时，谁是孩子的母亲？当一对夫妻离婚了，哪个人有权决定利用还是毁掉那个封冻起来的胚胎？父母是否可以使用基因筛选的办法来选择孩子的特性？这些问题都提醒我们，新生育技术的发展的速度大大超过了我们理解新技术使用后果问题的能力。

第九节　家庭：展望

评价 //

早期美国的家庭生活在接下来的几年时间里将继续发生变化，这些变化也会引起争论。"传统家庭价值"的拥护者反对那些支持更多个人选择的人；"争鸣与论辩"专栏列出了一些问题。社会学家无法预测争论的结果，但是根据对家庭类型的现有研究，我们可以预测出五个可能的未来趋势。

第一，即使面临婚姻破裂使孩子处于贫困的高风险，离婚率将可能仍保持较高态势。如今的婚姻的持久度大致和一个世纪前一样，当时的婚姻短暂是死亡造成的。不同的是，现在很多夫妇选择自主结束那个不能满足他们期望的婚姻。尽管自 1980 年以来离婚率有所下降，但是这不可能回复到 20 世纪前段时期的低离婚率。

第二，未来的家庭生活将会变得比以前更加多样化。同居、单亲家庭、同性恋家庭和混合家庭都在增加。多数的家庭仍然建立在婚姻的基础上，多数的已婚夫妇仍然有孩子。但是家庭模式的多样化意味着更多的个人选择的趋势。

第三，男性在孩子的抚养中扮演有限角色。20 世纪 50 年代，人们将这一时期称为家庭的"黄金时期"，男性从积极的家长角色中脱离出来（Snell, 1990; Stacey, 1990）。近年来，一个相反的趋势——居家父亲——变得明显，一些年龄较大、高学历的父亲选择在家陪伴年幼的孩子，他们许多人使用电脑来继续他们的工作。但是我们不应过分估计这一趋势的重要性，因为居家父亲仅仅占有年幼子女的父亲的不到 1%（U.S. Census Bureau, 2011）。更多的情况是美国的高离婚率和单身母亲的增加正在削弱孩子们与父亲的联系，也增加了孩子贫困的风险。

第四，家庭将持续受到经济变化的影响。在许多家庭中，夫妻双方都工作使收入增加了，但是减少了婚姻和家庭的互动，疲惫的父母努力将与孩子们相处的一点"高质量时间"安排进已经满负荷的工作日程中。据我们所知，双职工夫妻对家庭的长期影响将是一种混合效应。另外，在一个高失业和低薪资的年代，越来越多的年轻人（许多人仍继续与她们父母生活）认为他们不具备必要的经济保障去结婚并自力更生。

第五，新生育技术的重要性将增加。伦理学的关切在于是否技术上能做的就是应该做的，这种关切肯定会减缓这些发展，但是生育新模式将持续改变传统的养育经验。

争鸣与论辩

我们是否应该挽救传统家庭？

艾伦：我父母昨晚吵架了，我想知道他们是否还会继续在一起。

阿布杜：我想他们会的，家庭是联系社会的纽带；

托尼莎：注意，对每个人来说，重要的是开心。如果婚姻给你带来了快乐，那很好。但是人们还有很多不同的途径得到快乐。

"传统家庭"是什么？它们对我们的生活方式至关重要？抑或是前进的绊脚石？人们使用"传统家庭"一词表示的是在某个时间结婚并养育着孩子的已婚夫妇。统计数据表明，传统家庭没有以前那么普遍。在1950年有90%的美国住户是家庭——依照人口统计局对家庭的定义：家庭由两个或更多具有血缘关系、婚姻关系或收养关系的人们组成。到2011年止，由于离婚、同居和单身的持续增加，仅有66%的住户是家庭。

"传统家庭"不仅仅是一个方便的词语，它同时也是一种道德的表达。传统家庭观念对结婚和婚姻的评价很高，孩子优先于职业，在各种可选的家庭形式中更喜欢双亲家庭。

"传统家庭是解决方案"

作为争论的一方的代表戴维·波普诺（1993a）发出警告：自1960年以来存在着对传统家庭的严重侵蚀。当时，有年幼孩子的已婚夫妇占了所有住户的几乎半数；而今，这个数字仅为20%。单身增加了，从1960年占家庭数的10%上升到如今的28%。自1960年以来，离婚率增加了59%，以致如今接近四成的婚姻以永久性分离告终。由于离婚和单身母亲所生子女的增加，18岁前与一个家长共同生活的人数是1960年的差不多三倍，达到27%（Martin et al., 2011; U.S. Census Bureau, 2011）。换句话说，今天，只有四分之一的孩子在双亲陪伴下长大，并在成年后有一个稳定的婚姻。

在这个数据的启示下，波普诺总结道，家庭正在解体这一说法并不夸张。他发现从"婚姻文化"到"离婚文化"的根本性转变。传统的婚姻誓言——"我们至死不渝"——等于现在的"只要我开心"。

波普诺继续说，家庭弱化这一文化趋势的消极结果显而易见且关涉众多：由于我们越来越少关注孩子，青少年犯罪率越来越高，同时伴随着其他问题行为，包括低龄吸烟酗酒、婚前性行为和青少年自杀。

正如波普诺所说，我们应该迅速而努力地扭转当前趋势。政府不仅不能提供解决方案,甚至可能正是问题的一部分:自1960年以来,随着家庭的弱化,政府在社会项目的投入也快速增长。波普诺说,为挽救这些传统家庭,我们需要一种文化转向,类似于对吸烟后果的关注。在这种情况下,我们应该以对配偶和孩子的承诺取代"我优先"的态度,并且应公开支持双亲家庭最有利于儿童福祉。

"传统家庭就是问题"

朱迪斯·斯泰西(Judith Stacey, 1993)给出了一个女权主义的观点,认为传统家庭"早摆脱早好"。在她看来,传统家庭更多地是一个问题而不是解决方式:家庭不能这样存在,我们也不希望它那样存在。相反,我相信,所有民主的人们,不管他们是怎样的血统,都应该为加速它的死亡而努力(Stacey, 1990: 269)。

斯泰西解释说,拒绝传统家庭最主要的原因是它加剧了社会的不公平。家庭是维持社会等级制的关键因素,它将财富和"文化资本"代代相传。女性主义者批判了传统家庭的父权统治形式,它要求妇女对丈夫权威的服从,赋予她们大部分做家务和抚育孩子的义务。她还说,从同性恋权利的观点看来,一个维护传统家庭价值的社会也会拒绝男女同性恋平等地参与社会生活。

斯泰西于是为社会进步之下家庭的解体而鼓掌。她并没有将家庭看作必要的社会机构,而是看作一个提高某些人群社会地位的政治机构——将富裕白人男性的地位提升到其他人群之上,包括女性、同性恋者和穷人。

斯泰西还说"传统家庭"观念的增长与男女同时工作的多样化社会没有什么关联。斯泰西总结道,我们社会需要的并不是回到家庭的某个黄金时代,而是政治和经济的改变,包括女性同工同酬、全民医保和儿童抚养,减少失业,以及加强学校的性教育。这些措施不仅有利于家庭,而且保证了多样化家庭形式中他们需要的尊敬和尊严。

你怎么想?

1. 为强化家庭,戴维·波普诺建议家长们将他们工作时间总和减少到60个小时,将孩子优先于工作考虑。你认同吗?为什么?

2. 斯泰西·朱迪斯认为由于妇女拒绝父权制关系,现在的婚姻更加弱化了。你是如何考虑这个问题的?

3. 我们是否必须为孩子的福祉来改变家庭模式?正如你所了解的,需要怎样的特别的改变?

尽管变迁与争议已经动摇了美国的家庭，大多数美国人仍然宣称他们作为伴侣和父母是快乐的。婚姻和家庭生活仍然很可能是未来我们社会的基础。

第十节　宗教：基本概念

理解//

宗教像家庭一样在人类社会中扮演着非常重要的角色。长期以来家庭成员运用宗教仪式庆祝出生、纪念成年和哀悼死者。

法国社会学家涂尔干认为宗教涉及"超越我们知识范围以外的事情"（1965：62，原作于1915）。我们对大多数事物、事件或者经历的解释都是**世俗的**（profane，起源于拉丁文，"圣殿之外"的意思），即日常生活的一个普通成分。但是我们也认为有一些东西是**神圣的**（sacred），即从普通中分离出来的超常部分，以此激发人们的敬畏之心。把神圣的与世俗的相分离便是所有宗教信仰的本质特征。因此，**宗教**（religion）就是一种涉及基于认可神圣事物的信仰和实践的社会制度。

人们在信仰问题上存在很大的差异性，没有什么东西对于所有人来说都是神圣的。尽管人们认为大多数书籍是世俗的，但犹太人认为"摩西五经"（关于希伯来人的《圣经》前五卷或《旧约全书》）是神圣的，同样，基督教徒认为《圣经》的《旧约》和《新约》是神圣的，而穆斯林认为《古兰经》是神圣的。

但是，涂尔干（1965：62，原作于1915）解释说，无论一个宗教信仰共同体怎样去界定宗教的界限，人们都会按照日常生活的有用性来理解世俗事物：这好比是用电脑登录到互联网上或者是转动钥匙发动汽车。而神圣之物则是那些我们虔诚地从日常生活中分离出来，并赋予其"禁忌"或"圣洁"的气氛之事。例如，为了表示神圣与世俗的界限，穆斯林在进入清真寺之前会脱掉鞋子——以避免接触外面世俗地面的鞋底玷污神圣的殿堂。

神圣体现在**宗教仪式**（ritual）或正式的社交活动、行为仪式上。圣餐是基督教的中心仪式，对于信仰基督的人们而言，在圣餐过程中吃圣饼、饮圣酒是与世俗方式的吃饭截然不同的，因为圣饼与圣酒是救世主耶稣的肉身与鲜血的神圣象征。

因为宗教牵涉到超越日常生活经验的抽象观念，所以人们的常识与社会学都不能够证实或证伪宗教的学说。宗教是一个信仰问题——**信仰**（faith）是建立在确信而不是科学证据之上的。《新约全书》把信仰定义为"信是未见之事的确据"（《希伯来书》11: 1)，极力主张基督教徒"行事为人，凭着信心，而不是凭着眼见"（《哥林多后书》5: 7)。

一些信念强烈的人可能会因社会学用科学眼光看待他们的神圣事物的思想而搅扰。然而，社会学对于宗教的研究对任何人的信念都不会构成威胁。社会学家研究宗教就好比研究家庭或经济一样。他们对具体宗教不做正误判断。社会学运用更世俗的方法，寻求理解：宗教有哪些共同的方面，宗教之间有哪些区别以及宗教活动在整体上是如何影响社会的。

尽管宗教仪式有数不清的各种形式，所有宗教仪式都超越了普通或日常生活的理解。图中的这名男子是在洛杉矶参加悼念日的舞蹈团，悼念日是墨西哥人祈祷和缅怀去世者的仪式。

宗教 一种涉及基于认可神圣事物的信仰和实践的社会制度

信仰 建立在确信而非科学证明之上的信念

第十一节 宗教的理论分析

应用 //

社会学家研究宗教所采用的主要理论与研究其他的主题是一样的。每一种理论都对宗教塑造社会生活的方式提出了与众不同的解释。

一、宗教的功能：结构功能主义分析

根据涂尔干的观点（1965，原作于1915），社会有它自身的、超越任何个人生活的生命与力量。从某种意义上，社会本身是与神相似的，社会塑造社会成员的生活，并外在于社会成员。人们信仰宗教，举行宗教庆典，歌颂社会令人敬畏的力量。

这样就不难理解，世界各国的人们为什么把日常生活中某些事物当作他们集体生活的神圣符号了。在技术简单社会中的社会成员通过**图腾**（totem）做到这一点，图腾本身只是自然界中的一个事物，却在集体生活中被定义为神圣象征物。图腾——也许是一个动物，也许是一件精心制作的艺术品——在宗教仪式中变为中心装饰品，它象征着超越集体的社会力量。在美国社会中，大家尊敬国旗，不允许用世俗的方式（比如像对待衣服一样）亵渎它，也不允许国旗碰到地面。

同样，在所有的日常场合美国人都要加上一句话"我们信仰上帝"（这从19世纪60年代内战时期就开始了），或者在效忠宣誓的时候加上一句"上帝之下"（在1954年），以此象征维系社会整合的普遍信念。在整个美国，地方团体也通过把图腾与运动队联系起来获得团结感：从新英格兰的爱国者队到俄亥俄州的七叶树队，到爱荷华州立大学旋风队，再到旧金山49人淘金者球队，莫不如此。

涂尔干界定了宗教对于社会运行的三种主要社会功能：

1. 建立社会整合。宗教通过共同的符号、价值观和规范把人们团结起来。宗教思想与仪式建立公平做事的规则，组织我们美国的社会生活。

2. 促进社会控制。 每个社会都会运用宗教思想提升社会认同。许多宗教通过把上帝界定为人类行为的"法官",鼓励人们服从文化规范。宗教还被用来支撑政治体制的权力。例如,在中世纪,君主通过宣称"君权神授"要求人们对统治者忠诚,意即服从统治者就是服从上帝的意志。直至今天,很多领导人仍然公开请求上帝的保佑,以此暗示他们的成就是正当的、应得的。

3. 提供意义与目标。 宗教信念提供安慰感——我们的生活服从于更大的目标,人们被这样的信念所强化之后,在面对变化甚至是灾难的时候就不再沉湎于绝望。出于这种原因,我们用宗教仪式对出生、婚姻、死亡之类的主要人生转折做出标志。

● **评价:**

在涂尔干的结构-功能主义分析中,宗教代表社会的集体生活。这种理论的主要缺陷是忽视了宗教的负功能,尤其是具有强烈宗教信念会产生社会冲突这一事实。恐怖分子也宣称神支持他们的行动,国家也会以神的名义发动战争。环顾世界,几乎没有人会否认,宗教信仰比阶层差别激起了更多的暴力。

● **检查你的学习:**

涂尔干分析的宗教的三种社会功能是什么?

二、建构神圣:符号互动论的分析

从符号互动论的视角来看,宗教(像全社会一样)是社会建构的结果(尽管或许带有神灵感应)。通过各种各样的宗教典礼——从日常祈祷到一年一度的宗教庆典,如复活节、逾越节、斋月——人们强调神圣与世俗之间的区别。彼得·伯格(1967:35-36)认为,把我们渺小、短暂的生命放在某种"无限广阔的参照系"内可以给予我们"终极的安全与永恒"的表象。

婚姻是一个很好的例子。如果两个人把婚姻仅仅看作一种简单的联系,他们可以在任何想分手的时候就分手。当婚姻被定义为一种神圣的结合,他们的盟约对他们有更强烈的约束,据信这是具有强烈宗教观念的人离婚率较低的原因之一。更一般地讲,在我们面对不确定的风险或生命威胁——如疾病、自然灾害、恐怖袭击或者是战争——的任何时候我们都会求助于我们的圣物。

| **世俗的** 指作为日常普通生活的一个组成部分 | **神圣的** 激励人们敬畏之心的非凡事物 |

● **评价**

按照符号互动论的解释，人们通过宗教赋予日常生活神圣的意义。伯格补充说，给社会赋予特定意义的神圣化能力是由于忽略了社会本身也是建构的这一事实。毕竟，如果我们只是把宗教视作应对灾难的策略，我们可以从宗教信仰那里获得多少力量？还有，这种微观分析忽略了宗教与社会不平等的关联，这也是我们下面正要讨论的。

宗教是建立在神圣之上的，而神圣是与世俗分离的，并且要求人们服从。鞠躬、下跪、匍匐在地是屈服权威最有代表性的方式。图中这些菲律宾基督徒在每年的斋戒仪式寻求他们的罪得到救赎。

● **检查你的学习**

依据伯格的理论，有强烈信仰宗教的人群为什么离婚率低？

三、不平等与宗教：社会冲突分析

社会冲突论强调了宗教维持社会不平等的作用。卡尔·马克思认为，宗教通过使身份地位合法化以及转移人们对社会不平等的注意力来为统治精英服务。

今天，大不列颠君主是英格兰教会的正式首领，这说明宗教与政治精英的紧密联系。在这样的社会中，以政治改变为目的的斗争即意味着反对宗教，延伸一点说，就是反对上帝。尽管人们满怀期望地等待"一个更加美好世界的到来"，但宗教鼓励他们无怨地容忍各种社会问题。在一段名言中，马克思把宗教描述为"宗教是受压迫生灵的叹息，是没有感情的世界的感情，是没有灵魂的世界的灵魂。宗教是人民的鸦片"（1964:27,原作于1848）。

应用理论

	结构功能论	符号互动论	社会冲突论
分析的层次是什么	宏观	微观	宏观
宗教对社会的重要性如何？	宗教有重要作用，包括整合人民、控制行为。宗教赋予生活的意义和目标。	通过赋予婚姻与家庭生活的神圣意义而巩固婚姻。人们在面临危机或风险的时候常常向圣物寻求安慰。	通过宣称社会秩序的正当性而支持社会不平等。宗教把注意力从社会存在的问题转向"未来更好的世界"。

四、不平等与宗教：女权主义理论

女权主义理论解释，宗教与社会不平等的关系还可以通过性别视角得到证明，因为实际上，全世界的主要宗教都是家长制。例如《古兰经》——伊斯兰经典教义——给予男性统治女性的特权："男子是管束女子的……所以贤淑的女性是顺服的。至于害怕她们反抗，所以就劝诫她们，不与她们同床，责打她们。"（《古兰经》4:34，引自 W. Kaufman, 1976: 163）

基督教——西方世界的主要宗教——在整个历史上也支持父权制。虽然有很多基督徒尊敬耶稣的母亲即圣母玛利亚，但新约圣经也含有下面这样的片断：

> 男人是……神的形象与荣耀；但女人是男人的荣耀。起初男人不是由女人而出，女人乃是由男人而出。并且男人不是为女人造的，女人乃是为男人造的。（《哥林多前书》11:7—9）

> 女人在教会中应闭口不言，像在圣徒的众教会一样。因为不准她们说话她们总要顺服，正如律法所说的。她们若要学什么，可以在家里问她们的丈夫。因为妇女在会中说话原是可耻的。（《哥林多前书》14:33—35）

> 妻子顺服丈夫就如同顺服主。因为丈夫是妻子的头，如同基督是教会的头。教会怎样顺服基督，妻子也要怎样凡事顺服丈夫。（以弗所书 5:22—24）

犹太教也一直支持父权制，正统的男性犹太教徒在每天的祈祷都引用下面的话：

>   我很荣幸，我的上帝；您是宇宙万物的主，我不是一个外邦人；
>
>   我很荣幸，我的上帝；您是宇宙万物的主，我不是一个奴隶；
>
>   我很荣幸，我的上帝；您是宇宙万物的上帝，我不是一个女人。

尽管大多数宗教有父权制的传统，但是现在大多数宗教的领导人物中都有女性。许多宗教的圣歌和祈祷书使用更为中性化的语言。这些变化不仅仅牵涉到组织的形式，也涉及对上帝的观念。神学家玛丽·达利（Mary Daly）直言不讳地指出："如果上帝是男性，男性就是上帝"（Woodward，1989: 58）。

● **评价**

社会冲突论和女权主义理论强调揭示了宗教权力对社会不平等的支持，然而宗教也促进社会的平等化。例如，19世纪美国宗教组织在废奴运动过程中起了重要作用。在20世纪五六十年代，宗教组织和他们的领袖是民权运动的核心力量。在20世纪六七十年代，很多牧师积极反对越南战争，现今很多神职人员支持女权运动和同性恋权利之类的进步事业。

应用理论分析概括理解宗教的三种理论方法。

● **检查你的学习**

宗教是如何有助于维护阶层不平等和性别分层的？

第十二节 宗教与社会变迁

应用

宗教被卡尔·马克思描述为守旧的力量，但是，在历史上某些时刻，正如马克斯·韦伯（1958,原作于 1904—05）所指出的，宗教会促进巨大的社会变迁。

一、韦伯：新教伦理与资本主义

韦伯认为，特定的宗教观念实行了一系列改革运动，从而产生了西欧的工业革命。作为新教运动中的一支重要力量，加尔文宗促进了工业资本主义的兴起。

约翰·加尔文（1509—1564）的宗教思想的核心就是大力宣传预选说。根据加尔文的说法，一个全知全能的上帝已经拣选拯救一部分人但也宣告大多数人永久的罪过。一个人的命运到底是永远的荣耀或无止境的苦难，人在出生前是不知道的，只有上帝知道。

被命运的忧虑所驱使，加尔文主义者在尘世间寻找蒙恩的标志，结果他们把财富看作蒙恩的标志。宗教信仰的热情和坚定不移的尽职精神让加尔文主义者一直努力工作，很多人取得了大量财富。但是财富不是为了个人挥霍，也不是为了分给穷人——穷人的困境被加尔文主义者认为是因为上帝的抛弃。加尔文主义者相信他们作为上帝的使者，响应"召唤"，把利润再投资，以获取更大的成功。

总之，加尔文主义者过着勤俭的生活，另外，他们热切地采用技术革新来提高工作效率，这些奠定了工业资本主义发展的基础。最后，早期的加尔文宗教狂热开始弱化，导致了世俗的"新教职业伦理"。对韦伯而言，驱动工业资本主义发展的精神是一种"祛魅"的宗教，进一步显现出一种改变社会的宗教力量（Berger, 2009）。

二、解放神学

在历史上，基督教已经传播到被压迫、受苦难的人们当中，基督教鼓舞大家热切期待美好生活的到来。然而，在最近的几十年，一些宗教领袖和神学家采用果断的政治进路并公开支持"解放神学"（liberation theology）——宗教原则与政治激进主义的结合，常常带有马克思主义的特点。

解放神学意识形态是一种开始于20世纪60年代晚期拉丁美洲罗马天主教的社会运动。现今，基督教激进主义者继续帮助贫穷国家的人民，将其从极端贫困中解放出来。他们的声明很简单：社会压迫违背了基督教道德，所以，作为信仰与正义的化身，基督教必须鼓励人们争取更大的平等。

本笃十六世与他的前代若望·保禄二世一样，谴责解放神学——认为这是左翼政治对传统的宗教教义的入侵。不过，解放宗教运动在拉丁美洲贫穷国家获得了发展，在那里，许多人的基督信仰驱使他们提高穷人和被压迫者的生活状况（Neuhouser, 1989; J.E.Williams, 2002）。

第十三节 宗教组织的类型

理解//

社会学家将美国数百个不同宗教组织沿着一个连续统一体进行类别划分，这个连续体以"教会"为一端，"宗派"为另一端。根据这两种理想类型，我们可以通过在"教会—宗派"连续统中的定位来描述任何一种宗教组织。

一、教会

恩斯特·特洛尔奇（Ernst Troeltsch, 1931）根据他的老师马克斯·韦伯的思想，把**教会**（church）定义为一种充分整合为一个更大社会的宗教组织。教会组织通常持续存在几百年，包含同一家庭的数代人。教会有完善的章程和规定，教会领袖都是受过正规训练，被正式任命的。

尽管牵涉神圣的尊严，教会还是接受世俗的生活方式。教会成员在理性的措辞中会用到上帝（比如，善的力量），在日常生活的具体规则中支持抽象道德标准（比如，对待别人就像你希望别人对待你一样）。教会领袖在道德教育中运用确切的抽象术语，避免了社会争议。例如，很多圣会庆祝人们的团结但不谈论他们自身种族差异的缺陷。通过淡化这种冲突，教会维持了现有的和平状况（Troeltsch, 1931）。

国家与教会既可合作也可分离。就如**国教会**（state church）名字所暗示的，它是正式与国家联合的教会。国教会存在于人类历史的全程。几百年来，罗马天主教是罗马帝国的官方宗教，儒教在20世纪早期之前一直是中国的官方宗教。今天，英国国教徒教会是英格兰的官方教会，伊斯兰教会是巴基斯坦、伊朗的官方教会。国教会把社会每一成员都包含在内，这样就大大限定了宗教分歧的容忍度。

形成对比的是，**宗派**（denomination）是独立于国家的教会，它认可宗教的多元化。包括美国在内的一些与教会正式分离的国家中存在宗派。美国有数十个基督教宗派——包括天主宗、浸信会宗、圣公会宗、长老会宗和路德宗，还有各种各样的犹太宗、伊斯兰宗及其他传统宗派。尽管许多宗派的成员坚持他们自己的教义，但他们也承认其他人有其他信仰的权利。

二、教派

不同于教会的试图与更大社会融为一体，**教派**（sect）是与更大社会相分离的一种宗教组织。教派的成员有积极的宗教热情，并否定其他宗教信仰。教会试图吸收每一个人（"天主"这个词也是"宇宙"的意思），但是教派却是一种排外的组织。对于教派成员来说，宗教不仅是生活的一个方面，而且是一种如何生活的固定模式。在一个极端的例子中，一个教派的成员们为了使宗教活动不受干扰，他们完全从社会隐退。北美的阿米什派社团就是自我隔绝的一个例子。因为美国的文化一般认为宗教宽容是一种美德，教派的成员有时因坚持自己追随的才是真正宗教而被指责为思想狭隘（Kraybill, 1994; P. W Williams, 2002）。

从组织方面看，教派没有教会那么正式。教会成员倾向于被动地听从他们的领袖，而教派成员在敬神方面可能更加自发和感性。教派还反对宗教的智能化，而强调神圣力量的个人体验。罗德尼·斯塔克（Rodney Stark, 1985: 314）把教会的遥远的上帝（"我

在全球范围内，宗教活动的范围确实让人震惊。这个加纳的妇女在伏都教（Kokuzahn voodoo）的庆典仪式上，向自己睁开的眼睛里扔沙子而没有受到伤害。哪些宗教活动在美国看起来很寻常，但是却令其他国家的人感到很惊讶？

万物有灵论在传统社会传播广泛，其成员恭敬地生活在他们赖以生存的自然世界上。万物有灵论者不仅在他们自己身上而且在他们周围一切事物上都看到了神的存在。他们的例子激发了下面章节所描述的"新时代"的精神。

们在天上的父啊"）与教派更直接的上帝（"上帝啊，保佑现在跪在你面前的可怜的罪人"）做了对比。

各教会与各教派的领导方式也是不同的。越是教会化的宗教组织，他们的领袖越多地接受正式培训和任命。教派式的宗教组织赞美上帝的个人表现时，期望他们的领袖表现出"卡里斯玛"式（charisma，来自于希腊文，誉为"神圣宠爱"）的非凡灵感，所谓的卡里斯玛是指能够以情动人进而使人皈依的非凡能力。

教派通常是从其他已经建立的宗教中分离出来的群体（Stark & Bainbridge, 1979）。其精神的强度和不规范的结构使其不像教会那样稳固，并且不少教派仅昙花一现。由于变得更加官僚化而不再那么强调卡里斯玛型领导，留存下来的典型的教派变得更加像教会。

教会 一种充分整合为一个更大社会的宗教组织　　**教派** 与社会相分离的一种宗教组织　　**异端** 在较大程度上脱离社会传统的宗教组织

为了维系成员，很多教派很积极地吸收新成员并诱导其他宗教的人改宗。教派高度评价改宗的经历，这是个人的转变或宗教的重生。例如，耶和华见证人（Jehovah's Witnesses）的成员为了吸引新成员挨家挨户地向别人宣传他们的信仰。

最后，教会和教派在他们的社会构成上有所不同。由于他们更加紧密地与世界进行联系，有很好基础的教会倾向于吸收上流社会的人，而教派更多地吸收普通人。教派对新成员的开放以及它对救助和个人满足的承诺吸引了不少感觉身处社会边缘的人。

三、异端

异端（cult）是指很大程度上脱离社会文化传统的一种宗教组织。很多教派由传统的宗教组织转变而来。然而，一个典型的异端的形成通常围绕在一个极度卡里斯玛式的领袖的领导下，这个领袖提供一整套新的与众不同的生活方式的信息。研究者发现，美国现在有 5000 个异端组织（Marquand & Wood, 1997）。

由于一些异端的准则和信条是非传统的，他们普遍被认为是不正常甚至是罪恶的。1997 年 39 个加利福尼亚的"天门教"成员集体自杀，他们宣称死亡是进入更高生活世界之门，死亡或许就是加入外星人群体，这一事实强化了公众对大多数异端所持的负面印象。总之，说一个宗教社团为异端就等于将其成员看成是疯人而予以排斥（Shupe, 1995; Gleick, 1997）。

这种指责是不公平的，因为这种宗教组织没有根本的错误。很多宗教——包括基督教、伊斯兰教和犹太教在内——开始时都如异端一样。当然，很少有异端能存续很长时间。一个原因就是他们与社会的分歧比教派与社会的分歧更大。很多异端要求他们的成员不但接受他们的教规还要采用一种激进的新的生活方式。这就是即使研究表明大多数加入异端的人没有遭到精神损害，人们还是要指责异端对他们的成员进行洗脑的原因（Kilbourne, 1983; P. W. Williams, 2002）。

第十四节　历史上的宗教

理解

和家庭一样，宗教是所有社会的一个部分。也和家庭一样，宗教因时因地而产生明显的变化。让我们看看宗教在历史进程中变迁的几种不同方式。

早期的猎人和采集者信奉万物有灵论（animism，起源于拉丁语，意思是"生命的气息"），意即自然世界中的万事万物都是有意识的生命，并能够影响人类。万物有灵论者将森林、海洋、山脉甚至风看作精神力量。许多北美土著社会都是信奉万物有灵论的，这解释了他们对自然环境的崇拜。

人们信奉负责创造世界的单一的神圣力量始于园艺社会，这种社会首先出现在10000—12000年前。上帝的概念开始的时候是"牧者"，因为犹太教、基督教和伊斯兰教的鼻祖都起源于牧羊人。

在农耕社会，宗教变得更加重要起来。在欧洲中世纪城镇中占主导地位的巨大教堂——其中很多今天仍然存在——是中世纪农业社会宗教在社会生活中发挥核心作用的证据。

工业革命使人们在日常生活中越来越重视科学。人们开始越来越多地转向医生和科学家寻求知识和舒适——过去他们得向牧师求助。但是正如涂尔干（1965，原作于1915）大约在一个世纪预期的那样，宗教在工业社会中继续存在，因为科学在面对人类生存的终极意义这一问题上是无能为力的。换句话说，知道这个世界如何运转是一个科学问题，而了解我们以及万事万物为什么存在却是一个信仰问题。另外，正如我们现在将要指出的那样，美国作为一个现代社会，宗教仍然特别强大（McClay, 2007; Greeley, 2008）。

第十五节　美国的宗教

分析

与几乎世界上所有其他高收入的国家相比，美国是最宗教化的国家（Inglehart & Welzel, 2010），如图13-4所示。但是，测量美国的宗教强度是困难的，正如以下章节的解释。

表13-1　2010年美国人的宗教归属

宗教	选择比例（%）
新教教派	51.9
浸信会	18.9

续表

宗教	选择比例（%）
卫理公会	6.1
路德宗	4.4
长老会	3.2
新教圣公会	1.9
其他或无派	17.4
天主教	25.7
犹太教	2.0
其他或未回答	1.1
无宗教信仰	19.3

资料来源：General Social Surveys, 1972—2010: Cumulative Codebook (Chicago: National Opinion Research Center, March 2011)。

- 通常，高收入国家的人宗教化程度低于低收入国家的人，但是美国人是这一模式的很重要的一个例外。

回答"非常重要"或"相当重要"的比例

- 波兰 86.8
- 墨西哥 85.1
- 印度 80.7
- 美国 71.6
- 澳大利亚 39.2
- 挪威 32.7
- 瑞典 29.4
- 日本 19.6

数据来源：世界价值观调查 (2010)。

全球快照

图13-4　全球化视野下的宗教

与其他许多国家相比，宗教在美国更加强势。

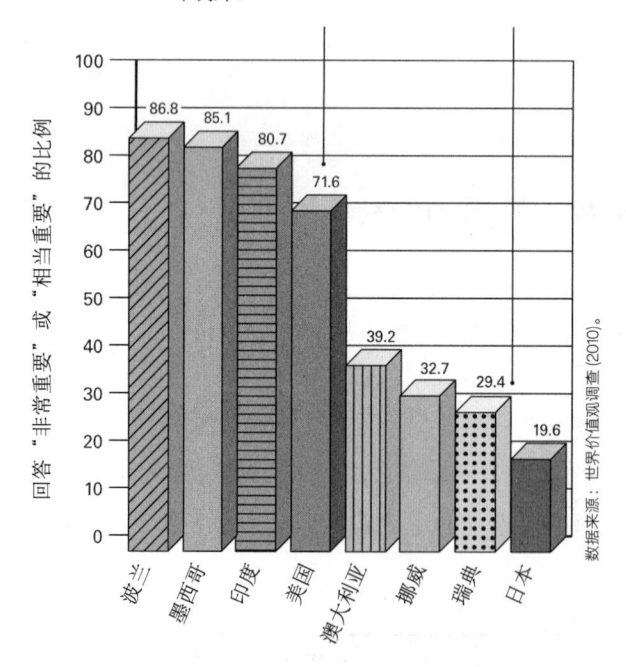

调查问题：宗教对你的生活来说有多重要？

一、宗教归属

不仅有十分之七的美国成年人表示宗教对他们的生活是重要的，而且约81%的美国成年人具有某种宗教传统（NORC, 2011: 256）。表13-1显示，超过一半的美国成年人认为自己是新教徒，四分之一是天主教徒，大约2%是犹太教徒。很多人信奉其他数十种宗教，从万物有灵论到佛教禅宗，这使美国社会不仅是宗教的社会，而且是多元宗教的（Eck, 2001）。这一显著的多样性来源于宪法禁止政府资助宗教和历史上大量的来自世界各地的移民。

更进一步说，多数人信奉的宗教也因地而异。新英格兰和西南主要是天主教，南方主要是浸信会教友，在广阔的北方各州，路德宗占统治地位。在犹他州及其周边，多数人属于耶稣基督末世圣徒教，它的信徒就是人们所熟知的摩门教徒。

二、宗教虔诚

宗教虔诚（religiosity）是指在个人生活中宗教的重要程度。然而，我们到底有多虔诚取决于我们是如何将这种观念可操作化的。举个例子，虽然只有58%的人称他们"相信神的存在并对此确信不疑"，但有90%的美国成年人宣称他们相信神力（NORC, 2011: 601）。58%的成年人说他们一天至少祈祷一次，但是只有30%说他们一周一次或差不多一周一次参加礼拜（NORC, 2011: 269, 260）。

显然，"我们如何信仰宗教"的问题没有简单的答案，况且美国很多人可能实际上没有他们说的那么虔诚。尽管总的来说，多数美国人说他们至少在某种程度上是虔诚的，但或许真正如此虔诚的人不到三分之一。对宗教的虔诚依不同宗教而多种多样。教派的成员是最虔诚的，接下来是天主教徒和主流新教，主流新教如美国圣公会、卫理公会、长老会。一般而言，年纪大的比年纪轻的更虔诚。最后，女性比男性更虔诚：49%的男性和63%的女性称宗教在他们的生活中非常重要（Sherkat & Ellison, 1999; Miller & Stark, 2002; Pew Forum, 2009）。

更加虔诚会带来什么不同？研究者已找到许多社会模式与强烈的宗教信仰之间的联系，包括青少年低犯罪率与成年人低离婚率在内。宗教更虔诚的人更加相信别人，他们更会投入到地方社区当中。根据一项研究，宗教虔诚通过提高年轻人的教育成效使年轻人受益，有助于团结儿童、父母和地方社区（Muller & Ellison, 2001; Jansen, 2011）。

三、宗教：阶层、族群和种族

信奉哪种宗教与其他许多因素相关，包括社会阶层、族群和种族。

● **社会阶层**

针对介绍美国高成就者的《美国名人录》（*Who's Who in America*）的一项研究显示名人中 33% 信奉圣公会教，长老会教和联合基督教，教派性宗教团体加起来还不到总人口的 10%。犹太人也一样有较高的社会地位，在总人口中占 2%，但却在《名人录》中占 12%。

研究表明，平均来看，其他教派，包括公理主义者、循道宗教徒和天主教徒，在社会分层中处于中间位置。低社会阶层以浸信会教友、路德教徒和异端成员为典型。当然，在所有派系内还存在着相当大的差别（Keister, 2003; Smith & Faris, 2005; Pyle, 2006）。

● **族群**

在全世界范围内，宗教和族群相关，大多是因为一个宗教在一个单独的国家或地域占明显优势。伊斯兰教在中东的阿拉伯社会占统治地位，印度教与印度文化融合，儒教在中国社会影响深远。但是基督教和犹太教与上述情况不同，虽然这些宗教大多是西方的，基督教徒和犹太教徒却遍布世界各地。

在美国，宗教也某种程度上与国家认同结合在一起。例如，美国有盎格鲁-撒克逊新教徒、爱尔兰天主教徒、俄罗斯犹太教徒和希腊东正教的后裔。这种国家与信仰的关联根源于具有某一主要宗教的国家移民的汇流。然而，几乎所有族群都显示了一些宗教的多元性。例如，英国祖先可能是新教徒、罗马天主教徒、犹太人、印度教徒、穆斯林或其他宗教的信奉者。

● **种族**

学者们宣称，在非裔美国人的社区中教堂既是最古老的也是最重要的社会机构。被贩奴船运到西半球后，多数非洲人成为基督教的信徒，基督教在美国占统治地位。但是他们将基督教教义与非洲宗教要素融合起来。从欧洲标准来看，受这种宗教混合物的影响，非裔美国基督教徒发展出了特别具有自发性和情感性的宗教仪式（Frazier, 1965; Paris, 2000; McRoberts, 2003）。

在 1940 年左右，当非裔美国人从南部乡村迁居到北部工业城市时，教会在处理混乱、贫困和偏见问题方面发挥了主要作用（Pattillo-McCoy, 1998）。黑人教会也为有才能的男性和女性提供了成功的重要途径。拉尔夫·阿伯内西（Ralph Abernathy）、马丁·路德·金和杰西·杰克逊都因他们作为宗教领袖的贡献而享誉世界。

今天 87% 的非裔美国人声称有某种宗教归属，与总人口相比较，宗教信仰比例更高。绝大多数支持新教教派。然而，非基督教的非裔美国人数在不断增长，特别是在美国大城市。他们当中，最普遍的非基督教信仰是伊斯兰教，约有 40 万非裔美国人信奉者（Paris, 2000; Pew Forum, 2009）。

第十六节 社会变迁中的宗教

分析

就像家庭生活一样，宗教在美国社会中也是一直在变化的。下面我们主要讨论两种变化：随时间而改宗（changing affiliation）和世俗化进程。

一、改宗

世界上的宗教经历了许多变迁。1960 年以来，美国国家认定的像圣公会、长老会这样的主流教会流失将近 50% 的宗教信徒。在这段时期里，就像我们看到的，其他宗教派别（包括"新纪元"运动和保守的原教旨主义）逐步普及。

很多人从一个宗教组织转入另一个，"宗教与公共生活会众论坛"（2008）的一项调查表明 44% 的美国

在最近的 50 年，传统的"主流"宗教组织流失了约一半的成员，但是，同时，原教旨主义和新精神运动的成员在增长。从另一个角度看，几乎一半的美国成年人在一生中有改宗的经历。

成年人报告他们在成长过程中有转宗的经历。自出生开始终生信奉一种宗教的模式，对于将近一半的美国人已不再适用。

这种体现在个人身上的变化表明宗教组织之间出现信徒来来往往的情况。天主教有段时间曾经占据美国成年人的四分之一。但这些相对固定的统计掩盖了一个事实：大约占总人口三分之一的天主教徒离开了天主教堂。同时，同样多的人口——包括移民在内——加入了这些天主教会。一个更精确的例子是"耶和华的证明"：三分之二的信徒离开教会，但这些人数被上门传教而征募来的改宗者所替代。

这种频繁的"进进出出"带来了美国宗教组织的充满活力与竞争性的市场。这种成员竞争的结果之一是使美国成为宗教最多元化的国家。但是，这也反映了美国信教人士与宗教机构之间关系的松弛，这样，美国人在宗教信仰和教派选择上也就有了更多的可能性。

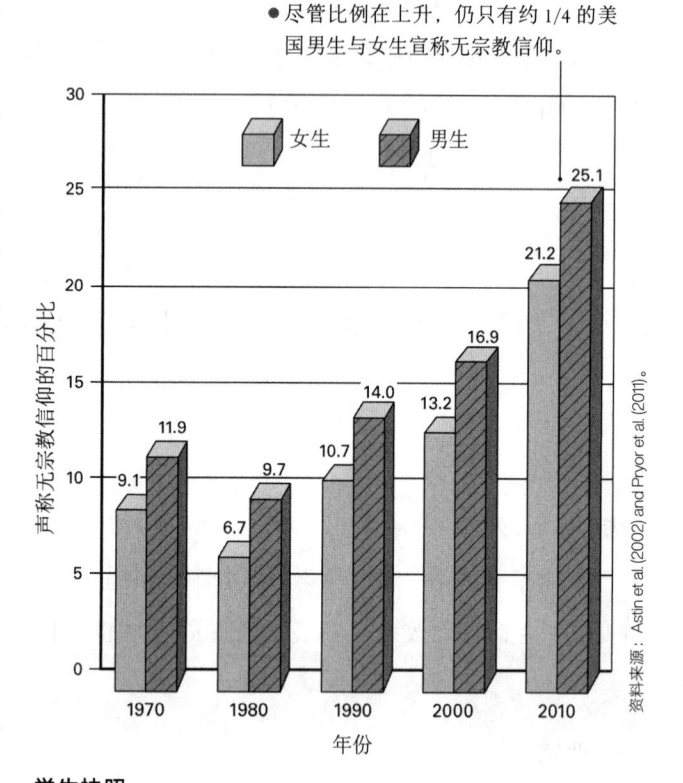

● 尽管比例在上升，仍只有约 1/4 的美国男生与女生宣称无宗教信仰。

学生快照

图 13-5　1970—2010 年，大一新生中无宗教信仰的学生比例

最近几十年，不信奉宗教的学生比例在上升。

资料来源：Astin et al. (2002) and Pryor et al. (2011)。

二、世俗化

如果人们与他们孩童时期的宗教机构的联系有所减少，那么我们是否应当得出结论说宗教正在弱化呢？对这一问题的研究给我们带来了一个新概念：**世俗化**（secularization）。世俗化就是超自然力量和神圣事物重要性的历史性衰落。世俗化（来自拉丁语"尘世的"，意为"现世的"）通常与现代化的、技术发达的社会相关联，现代社会就是以科学为主要认知方式的、技术进步的社会。

今天，我们在生老病死等问题上更倾向于找医生（有科学知识的人），而不是找

宗教领袖（宗教领袖的知识建立在信仰之上）。这种转变说明了宗教对我们日常生活的影响程度已经下降。哈维·考克斯（Harvey Cox, 1971: 3）解释道："*世界对宗教准则和因道德及意义而生的宗教仪式的关注越来越少。对于一些人来说，宗教是一种业余爱好；对于另一些人来说，它是国家或种族身份的标志；对其他一些人来说，它是一种审美情趣。宗教提供包罗万象的支配地位的系统给个人和宇宙的价值及解释越来越小。*"

如果哈维·考克斯是对的，我们应该预期有一天宗教会消失吗？一些调查数据指出，没有宗教信仰的人的比例在升高。像图 13-5 表明，大学生中，认为自己没有宗教偏好的大一学生的比例上升，从 1980 年至 2010 年期间呈现出近三倍的增长。另外一些分析指出，不仅在环西北太平洋地区（世俗宗教的很长传统），而且在太平洋东北沿岸地区（美国基督教最初的发源地）都存在大量没有宗教偏好的成年人（Meacham, 2009）。

但是其他社会学家对宗教将要消失并不确定。他们指出美国的大多数人仍然说他们相信上帝，并且声称每天祈祷的人数（58%）几乎与参与国家选举投票的人数（2008 年为 63%）一样多。另外，今天美国宗教的信仰比例实际上比 1850 年更高了。最后，确实有更多的人转变他们的宗教信仰，从一个宗教组织转向另一个，但是他们的精神生活始终存在（McClay, 2007; Greeley, 2008; Van Biema, 2008; Pryor et al., 2011）。

每个人都看到了宗教的变迁，但人们对此褒贬不一。保守派倾向于将任何宗教的衰落都看作道德沦陷的标志，激进派将世俗化看作从过去包容万物的信仰中的解放，这给人们更多的信仰选择。世俗化也产生了宗教组织惯例的变迁，如从只任命男性为神父或牧师到广泛传播与支持男女平等的态度的变迁。

根据世俗化理论，高收入国家的人们由于享有更高的生活质量和更好的保障，那里的宗教应该更加弱势。一个全球的研究显示这种理论在西欧适用，那里的人们对宗教的虔诚已经下降到很低程度。但是，最富有的国家美国是个例外，至少现在宗教在美国仍然十分盛行。

三、公民宗教

世俗化的一个维度是社会学家罗伯特·伯拉（Robert Bellah, 1975）所讲的"公民宗教"（Civil religion）。在一个基本的世俗社会中对个体具有约束力的一种准宗教的忠诚。换句话说，正规的宗教可能失去力量，但是，公民资格却有自己的宗教特质。美国的多数人将人们的生活方式看作是世界上道德善举的一种力量，很多人还从政治运动中，无论是解放的还是自由的政治运动，发现了宗教的特性（Williams & Demerath, 1991）。

公民宗教也涉及一系列的宗教仪式，从运动会上唱国歌到公共阅兵式上挥动国旗，在所有这些活动中，美国国旗已经成为国家身份的神圣象征，并且我们也期望人们能够尊敬它。

四、探索"新时代"：没有正式宗教的精神世界

> 12月29日，秘鲁马丘比丘（Machu Picchu）印加遗址。在我们对这个由印加人建在安第斯山的宏伟城市进行探测的第一天即将结束之际，一个当地的巫师，或者说是宗教领袖，卢卡斯，正带领12个旅行者进行感恩仪式。他跪在石屋那布满灰尘的地板上，面前摆着祭祀物品——玉米和青豆、糖、五颜六色的植物，还有少量金银，他将其作为礼物献给大地母亲，他祈祷和平、欢乐和施善的意志。他由衷的话语和神奇的陈设使仪式成为一次印象深刻的体验。

在最近几十年，越来越多的人在现有的宗教组织之外寻找精神上的发展。这一趋势使一些分析者断定美国正在变为一个后宗派社会。简单地说，更多的人似乎成为灵魂的探求者，相信人类存在一个重要的灵魂维度，他们或多或少地与任何正式宗派相分离。

所谓的专注精神世界的"新纪元"和关注宗教的传统社会之间有什么具体的不同呢？如一位分析家（Cimino & Lattin, 1999: 62）所说：（精神世界）

> 是对心灵而非大脑的宗教诉求；它不重视教条与教理的宗教表达，直接在神的经验世界里狂欢，不管它被称作"神灵""神意"还是"真我"；它是经验性的和人性化的，更多的是简化而不是拯救，是治疗而不是神学；它是关于感受善而不是成为善；它既是心灵的，同时也是身体的。

今天，美国有上百万人参与了"新纪元"的精神运动。人类学家和精神导师汉克·威尔斯曼（Hank Wesselman, 2001: 39—42）界定五点核心价值来详细说明这一观点：

1. 寻求者信任更高层次的力量。 存在着一个更高的力量，一个存在于所有事物和

人中的主要力量。那么，我们中的每一个人，就像是环绕在我们周围的神明一样，也具有了几分神圣。

2. 寻求者相信我们都是关联的。每一物和人都作为宇宙神——寻求者称之为"精神"的一部分而相互关联。

3. 寻求者相信精神世界。物理世界并非只是现有这些，还存在着一个更加重要的精神世界（或者说"精神王国"）。

4. 寻求者期望体验精神世界。精神发展就意味着获得体验精神世界的能力。很多寻求者逐渐明白献身于精神世界的助人者和导师们（在一些传统中，被称为"天使"）能够并且确实接触到了他们的生命。

5. 寻求者追求超验。多种方式（如瑜伽、礼拜和祈祷）使人们的超越直观的物理世界的能力（超验体验）不断增长，这被寻求者看作生命的更重要目标。

从传统角度看，这种关注精神性的新纪元看起来更像是心理学而不是宗教。也许公平地说，"新纪元"精神将内容的合理性（强调个人主义以及宽容和多元化）与心灵专注（寻找日常生活之外的意义）结合起来。正是这种结合，使得"新纪元"在现代世界流行起来（Tucker, 2002; Besecke, 2003, 2005）。

美国民间艺术的杰出范本，安娜·华盛顿（Anna Bell Lee Washington）的《洗礼3》（1924）描绘了很多人加入基督教信仰之后的人生经历的改变。

四、宗教复兴："善的旧时代宗教"

在"新纪元"精神越来越盛行的同时，组织性宗教世界正在产生巨大的变迁。正如前面所述，近几十年来，正式的主流教会的成员数有所减少。从那时起，人们不仅对"新纪元"精神的兴趣增长了，而且对其他形式的宗教组织（包括摩门教徒、基督复临安息日会教友，尤其是基督教的各派系）的皈依也增长得很快。

这些相反的趋势表明世俗化可能具有自我限制性：随着教会性组织变得更加世俗化，很多人离开这些组织，喜欢加入能提供更强烈宗教体验的教派性质的社团。（Roof & McKinney, 1987; Jacquet & Jones, 1991; Warner, 1993; Iannaccone, 1994; Hout, Greeley & Wilde, 2001）

今天，一个强大的宗教趋势是原教旨主义（fundamentalism），即一种反理智主义的保守宗教学说，倾向于在全世界恢复传统的、出世的正统宗教。在美国，原教旨主义已经在新教徒中取得极大的发展。例如，南方的浸信会宗教是美国最大的新教宗教群体。但是，原教旨主义在罗马天主教、犹太教和穆斯林中也获得了发展。

争鸣与论辩

科学威胁宗教吗？

吉汗：我相信有一天，科学会证明宗教是错误的。

苏菲：你最好祈求上帝会证明你是对的。

拉希德：你们俩都冷静一下，我不认为科学和宗教是在谈论同样的事情。

大约400年前，意大利物理学家和天文学家伽利略（1560—1642）用一系列令人震惊的发现开启了科学革命。从研究比萨斜塔坠落物体中，他发现了地心引力的一些规律；运用他自己制作的望远镜，他观察星空并发现地球是以太阳为轨道转动的，而不是相反。

由于这个问题，伽利略受到了罗马天主教廷的挑战，多少个世纪来罗马天主教廷一直在布道说地球是宇宙不动的中心。伽利略的回应使事情变得更糟——他说宗教领袖没有责任谈论科学。不久,他发现他的学说被禁止了,他自己也被囚禁起来。

伽利略的遭遇说明,从一开始,科学与宗教就有着复杂的关系。在20世纪,在造物起源这个议题上二者又起了冲突。达尔文的杰作《物种起源》认为,10亿年时间里人类从低等生物不断进化而来。然而这个理论违反了《圣经》在《创世记》中的解释,它说"上帝创造了天堂和世界",在第三天创造了生命,并且在第五天和第六天创造了动物的生命,包括由上帝想象出来的人类。

假如历史可以倒转,伽利略肯定会是著名的"斯科普斯猴子审判"(Scopes monkey trial)的热心观众。在1925年,田纳西州一位叫约翰·托马斯·斯科普斯的乡村教师尝试在当地的一所中学教授达尔文的进化论。这一举动违反了该州法律,因为该州法律禁止讲授"任何违背《圣经》里宣传的关于神圣造物的理论",尤其禁止讲"人从低级生物而来"的理论,如被发现,将处以100美元的罚款。他的有罪判决引起社会舆论的反对,所以这个案件没有送达美国最高法院,这一宣判直到1967还没有被执行。一年过后,最高法院推翻了所有这类违反宪法的、政府支持宗教的法律。

今天——在伽利略被打压近四个世纪以后——很多人仍然讨论科学与宗教的明显冲突。三分之一的美国成年人相信《圣经》是上帝的话,而且他们中的很多人拒绝任何违背《圣经》的科学发现(NORC, 2011: 295)。2005年,宾夕法尼亚州多佛尔学校董事会的全部8名成员,在他们表明了宗教立场后被投票罢免,他们的立场在许多市民看来是对进化论教义的削弱。同时,堪萨斯州的学校董事会命令进化论教学要包括从宗教视角看到它的不足和限制("Much Ado about Evolution," 2005)。2010年,俄亥俄州中学科学教师因为向学生讲授基督教义而被解雇(Boston, 2011)。

但是中间地带正在浮现:43%的美国成年人(也有很多教会领导者)说《圣经》是一本上帝激发灵感的真理书,并不要求在字面上、科学意义上正确。另外,近期对美国科学家的一项调查发现,近一半的科学家声称相信上帝或某种更高力量的形式。因此,似乎,许多人能够同时接受科学和宗教。理由就是科学和宗教是回答不同问题的两种不同的理解方式。伽利略和达尔文两人都献身于回答自然世界**如何**运行的问题。然而只有宗教才能解释我们和自然界**为什么**存在的先在问题。

> 科学与宗教的基本差异能够解释为什么美国在世界上既是最具科学性的也是最具宗教性的国家。正如一位科学家最近说的，如我们所了解的理论那样，120亿年前的宇宙大爆炸创造了宇宙并导致了生命的形成的概率比在12个月赢得国家彩票的概率还要小。这一科学事实是不是表明了在宇宙起源中存在一个有智慧、有目的的力量？一个人能同时既信仰宗教又研究科学吗？
>
> 在1992年，一位梵蒂冈委员宣称，宗教对伽利略的抑制是错误的。今天，大多数科学和宗教领袖都同意科学和宗教分别代表了重要但不同的真理。很多人也相信，在今天科学发展突飞猛进的情况下，我们的世界比任何时候都需要宗教提供道德的指引。
>
> **你怎么想？**
>
> 1.你认为为什么一些相信科学的人反对宗教关于人类起源的阐述？为什么一些有宗教信仰的人拒绝科学的阐述？
>
> 2.对宗教进行社会学研究会挑战人们的信仰吗？为什么会或不会？
>
> 3.约一半的美国成年人认为科学正在飞快地改变我们的生活方式？你同意吗？为什么同意或不同意？
>
> 资料来源：Gould (1981), Huchingson (1994), Applebome (1996), Greely (2008)。

虔诚的原教旨主义者看到的科学影响力的增长和传统家庭的淡化，他们捍卫他们所谓的"传统价值"作为回应。在他们看来，自由派教会太过于开放而无法妥协和改变。宗教原教旨主义有五个方面的显著特点（Hunter, 1983, 1985, 1987）：

1.（宗教）原教旨主义者从字面意义理解神圣文本。原教旨主义者坚持对《圣经》神圣内容逐字逐句地阅读，来应对他们所看到的在更多的自由宗教组织中过分的理性/理智主义。例如，原教旨主义的基督教徒相信《圣经》里世界起源说所描述的，上帝正好在七天里创造了世界。

2.（宗教）原教旨主义者拒绝宗教多元化。原教旨主义者相信容忍和相对主义冲淡了个人信仰。因此，他们坚持认为自己的宗教信仰是正确的而其他的信仰不正确。

3.（宗教）原教旨主义者追求上帝（真主/天主）存在的个人经验。与其他宗教组织的世俗化与理智主义相反，宗教原教旨主义寻求"重返旧时的好宗教"和精神复活。对原教旨主义基督徒来说，获得"重生"和与耶稣基督有个人联系应该显明于人们的日常生活。

4.（宗教）原教旨主义者反对"世俗的人道主义"。原教旨主义者认为在千变万化的世界中生活会削弱宗教信仰。他们反对"世俗的人道主义"——我们社会求助于科学家而不是上帝指引生活的方向。在科学与宗教的张力（关系）中没有任何新事物，正如"争鸣与论辩"专栏所解释的那样。

5. 许多（宗教）原教旨主义者支持保守的政治目标。虽然原教旨主义者倾向于从世俗的困扰中脱身，但是，一些原教旨主义的领导者（包括基督教原教旨主义者帕特·罗伯逊［Pat Robertson］和加里·鲍尔［Gary Bauer］）却参与政治，反对"自由主义议程"，其中包括女权主义和同性恋权利。原教旨主义者反对堕胎和同性恋婚姻，他们支持传统的双亲家庭，寻求学园祈祷回归，而且批评大众传媒带有自由主义观点的故事（Manza & Brooks, 1997; Thomma, 1997; Rozell, Wilcox & Green, 1998）。

反对者认为原教旨主义是主观臆断、僵化和自以为是的。但是，许多信徒发现原教旨主义中有更强大的宗教确定性和对体验上帝存在的强调，使原教旨主义成为相对于更为智慧、宽容和世俗的"主流"教派的有吸引力的替代（Marquand, 1997）。

哪些宗教组织是原教旨主义呢？近几年，世界已经认识到伊斯兰原教旨主义者的极端形式，它支持针对西方文化的暴力。在美国，这个词正最为广泛地应用在福音派传统中的保守基督教组织，包括五旬节派、南浸信会、基督复临安息日会和神召会。一些国家宗教运动，包括守约者（一种男性组织）和女性选举者，都有宗教原教旨主义的倾向。在全国性调查中，26%的美国成年人将他们的宗教信仰描述为"宗教原教旨主义"，39%的人宣称他们拥有"温和"的宗教信仰，31%的人宣称他们拥有一种"自由"的背景（NORC, 2011: 259）。

与过去那些年的在地方集会相反，一些宗教组织，特别是宗教原教旨主义，已经变成了电子教会，以"壮年牧师"为特征（Hadden & Swain, 1981）。仅在美国发现有电子教会。它已经使一些教会人士（诸如 James Dobson, Joel Osteen, Franklin Graham, Robert Schulle）和其他"远程福音传教士"比过去的所有少数几个牧师更加有名。大约有 5% 的国家电视的观众（大概 1000 万人）时常收看宗教电视节目，以及 20%（大概 4000 万人）每周观看或收听一些宗教栏目（NORC, 2011: 600）。

第十七节　宗教：展望

评价 //

　　媒体牧师的流行、宗教原教旨主义的增长、灵修的新形式以及上百万人加入主流教会的情况表明，在接下来的几十年里，宗教仍然是我们现代社会生活中的重要组成部分。来自众多宗教文化（拉美和其他地方）中的高素质移民将强化也将多样化美国21世纪的宗教特点（Yang & Ebaugh, 2001）。

　　世界正变得更加复杂，而且似乎正以我们力所不及的方式快速变迁。但是与其削弱宗教，还不如让这一过程点燃宗教的想象力。随着新技术赋予我们改变、维持甚至创造生命的力量，我们面临越发艰难的道德问题。置身于不确定性中，不必惊讶为什么很多人从他们的信仰中寻求激励、引领和希望。

日常生活中的社会学

第十三章 家庭与宗教

大众媒体如何描述家庭？

人们对五十年代电视节目如《奥兹和哈里特》（Ozzie Harriet）和《天才小麻烦》（Leave It to Beaver）中关于传统家庭的描述都很熟悉。这两个电视节目里都有一个在外工作的爸爸，在家做家务的妈妈，和两个（好）儿子。但是，如下所述，今天的电视节目不再是家本位模式（family-centered）。

● **提示：**

现在的大众媒体模式和五十年代（所谓的"家庭的黄金年代"）的时候有巨大的差异。今天的电视节目强调事业挤占家庭（或家务）的时间，或出于各种理由，稳定婚姻往往是少数（所有的电视节目都说明了这点）。是不是好莱坞有反家庭偏好？这个很难说；或许是编剧发现非常规的家庭更有助于打造故事的趣味性。不管怎么样，大多数电视节目表明，所有年龄的人（好吧，或许"豪斯医生"除外）都有能力找到和维持一段令人满意的关系，不管这段关系是否遵循一种传统家庭模式。

《豪斯医生》是近几年来最受欢迎的电视节目之一，电视的剧情以在新泽西高档医院工作的一位聪明但又好斗的医生及其同事为中心。剧中的主要角色都没有结婚，没有孩子，也没有人和父母相处良好。为什么会是这样呢？

图为拍摄电视剧《熟女镇》（Cougar Town）期间科特尼·考克斯（Courtney Cox）在沙滩上和他在电视里的儿子丹（Dan Byrd）玩耍。在这部电视剧里显示了怎么样的家庭模式？

《费城永远阳光灿烂》是另一部流行的电视剧，里面讲述一群如同一家人的朋友们相处的故事。你怎么看待这个电视剧里所呈现的家庭生活？

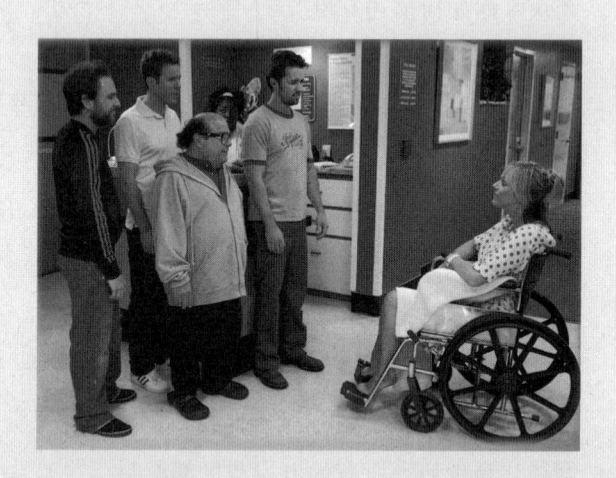

从你的日常生活中发现社会学

1. 列出你日常最喜欢的电视剧，并评估剧中家庭的重要性。剧中呈现出家庭生活了吗？如果是，呈现出什么样的家庭模式？家庭是否是人们幸福的源泉？

2. 列出所有可能作为公民宗教例证的事件、活动和娱乐活动。（从选举日开始；棒球算不算？）当地大学的事件或者仪式算不算是公民宗教？在每个例子中，解释你看到的宗教元素，说明这个例子中的事件或者活动如何影响家庭成员或者社区成员。

3. 这一章解释了现代社会的家庭生活越来越倾向于做选择。现代家庭生活比过去一个世纪前更加多样化，其背后的原因是什么？在现代社会中对情感关系和家庭生活做出更好选择的相关建设，请点击 MySocLab 特色栏目"从你的日常生活中发现社会学"，阅读更多内容，了解本章学习的内容将如何提供实际助益。本章的另一个主题是聚焦于宗教，解释拥有个人信仰和从社会学的角度学习宗教有什么不一样。

温故知新

第十三章　家庭与宗教

家庭：基本概念

所有社会都建立在亲属关系上。家庭在不同文化和不同时代都有所不同。
- 在工业化社会，如美国，婚姻是一夫一妻制。
- 许多前工业社会允许多配偶制，有两种形式：包括一夫多妻制和一妻多夫制。
- 从全球的视角看，从夫居是最普遍的，但是工业化社会更赞同新居制，有的社会赞同从妻居。
- 工业化社会采取双系制，前工业社会或者是父系制或者是母系制。

家庭的理论分析

结构-功能分析
认为主要的家庭功能：年轻人的社会化；规制性活动；规定社会地位和提供物质和感情支持。

【阅读 mysoclab.com 上的文件】
社会冲突与女权主义的分析：探讨家庭如何通过传递基于阶级、族群、种族和性别的不平等而强化了社会不平等。
符号互动论与社会交换论的分析：强调由各种家庭成员所体验的家庭生活的多样性。

家庭生活的阶段

求爱和浪漫爱情
- 基于爱情基础上的求爱是美国择偶的主要方式。
- 包办婚姻在前工业社会比较普遍。

抚养孩子
- 随着工业化抚养孩子成本的上升,家庭规模变小了。
- 随着更多的女性上学和加入劳动力大军,生育孩子的数量减少了。

晚年的家庭
- 许多中年夫妻要照顾老迈的父母。许多老年夫妇是活跃的祖父母。
- 婚姻的最后转型开始于丧偶。

美国家庭:阶级,种族和性别

社会阶级:一股塑造家庭生活的强大力量。出生在富裕家庭的孩子比出生在贫穷家庭里的孩子更具有健康的身体和精神,在生活中获得的成就也更多。

族群和种族会影响一个人的家庭生活体验,尽管并没有一个普遍的标准适应于具体的类别。

性别影响家庭的动力,因为大多数婚姻里,丈夫主导一切。

【在 mysoclab.com 看视频】

家庭生活的变动和问题

- 现在的婚姻中,40% 以离婚告终。再婚造成了包括前婚子女的混合家庭。
- 家庭暴力是一个广泛存在的问题。多数施行家庭暴力的成年人当他们在孩提时代也曾遭受暴力。

家庭暴力是家庭成员遭受其他人对感情、身体和性行为的伤害。

家庭的替代形式

家庭正在变得日益多样化：
- 近些年来，单亲家庭、同居、同性恋家庭和独身变得更加普遍。

新生育技术

尽管存在伦理争议，新生育技术正在改变着传统的养育观念。

宗教：基本概念

宗教是基于将神圣与世俗分离的重要社会组织。
- 宗教是建立在信仰而不是科学证明之上的，教徒通过各种仪式表达他们的宗教信仰。

宗教的理论分析

结构功能主义认为宗教团结人们，提升凝聚力，赋予生活目标和意义，通过宗教，我们赞美社会的力量（涂尔干）。

符号互动论认为我们的信仰是社会建构出来的，尤其是当面临生活风险和灾难的时候我们倾向于寻求宗教的意义（彼得·伯格）。

社会冲突论认为宗教使社会现状正当化，通过这种方式宗教支持不平等，阻碍了社会走向更加公正、平等（卡尔·马克思）。

女权主义理论强调主要的宗教在传统上都是父权制的，支持男性对女性的统治。

宗教与社会变迁

- 与马克思的观点相反，韦伯认为宗教能够促进社会变迁。他证明了卡尔文主义信仰是如何促进工业资本主义发展的。
- 解放神学：是基督教原理与政治激进主义的结合物，试图促进社会变迁。

宗教组织类型

教会是一种与社会充分融合在一起的宗教组织。教会又分两种：一是国家教会，二是宗派。

教派是宗教分化的结果，以卡里斯玛式领袖和成员对更大社会的怀疑为特征。

异端是建立在新的、反社会传统的信念和活动基础之上的宗教组织。

美国的宗教

美国是一个信教人数众多而且信仰多元化的国家。研究者如何使"宗教热忱""宗教"可操作化影响我们对"宗教"的理解：

- 81% 的成年人表示信仰宗教。
- 60% 的人表示归属于某一宗教组织。
- 58% 的人表示坚信上帝。
- 58% 的成年人表示他们每天至少祈祷一次。
- 仅有 30% 说他们每周或几乎每周参加宗教服务。

【探索 mysoclab.com 上的地图】

宗教派别归属跟包括社会阶层、种族、族群在内的多因素有关：

- 一般而言，社会地位较高者多为圣公会、长老会、犹太教，地位较低者多信奉浸礼会、路德会以及宗派。
- 宗教常常与种族背景联系在一起，因为人们是从拥有不同宗教背景的国家移民而来（例如多数美国人是天主教徒）。
- 被奴隶船运到美国的大多数人信仰基督教，但他们也把自身的一些非洲宗教元素与基督教融合起来。

变迁社会中的宗教

- 在美国，当一些宗教归属的虔诚度（如一些主流教会的成员标志）衰落时，另外一些（如宗派成员）宗教组织的虔诚度却在增长。几乎有一半的美国成年人改变过他们的宗教派别关系。
- 世俗化是指宗教神秘性、神圣性重要程度的降低。
- 现今，公民宗教采取准宗教的爱国主义形式把人们团结到一起。
- 精神追求者是新世纪运动的一部分，新世纪运动在传统的宗教组织以外还追求精神进步。
- 原教旨主义反对宗教与社会的融合，主张按字面意义解读宗教教义，反对宗教的多元化。

第十四章

教育、健康和医疗

学 习 目 标

- **记住**本章以粗体字形式标出的核心概念。
- **理解**为什么健康问题不仅是一个生物学问题更是一个社会问题。
- **应用**社会学的主要理论诠释教育和健康问题。
- **分析**学校教育在世界范围内的差异及其原因。
- **评价**种族、阶级和性别怎样影响学校教育和健康。
- **创造**关于如何使更多的社会成员获得更多更好的教育和健康资源的认识。

本章概览

本章解释了现代社会中两项基本的社会制度——教育和医疗服务的运行机制。对这两项制度的讨论既要有全球性视野，也要聚焦于美国社会。

莉莎·艾迪逊（Lisa Addison）在巴尔的摩（Baltimore）长大，当老师们说她很聪明，应该去读大学时，她总是露出微笑。"我很喜欢听到老师们夸我，"她回忆道，"但我不知道该如何是好。我家里从来没有一个人上过大学，我不知道高中该学些什么，也不知道怎么样去申请一所大学。我拿什么来付学费？我的大学会是什么样呢？"

由于对前途毫无把握，艾迪逊发现她自己"在学校有点开始混日子"。高中毕业后的十五年里，她先是在一家餐馆当服务员，然后又在一家餐饮公司当帮厨。而今，她三十八岁，决定重回学校。"我不想后半生还做这样的工作。我这么聪明，可以做得更好。这一刻，我已经做好了读大学的准备。"

艾迪逊实现了人生的重大转折，成为巴尔的摩社区大学的学生，并在职业顾问的帮助下确定了修读商学副学士（associate degree，美国社区大学修满两年课程后取得的最低等级的学位）的目标。当她完成了两年的学习后，又计划转向一所四年制的大学，去修读学士学位。然后她希望重回饮食服务行业——不过，是以高薪管理者的身份（Toppo & DeBarros, 2005）。

教育作为一项社会制度对于那些追求职业发展的人们来说尤为重要。本章将解释为何学校教育在今天的美国对取得成功而言比以往任何时候都要重要,以及哪些人从教育中获益最多。本章的第二部分将考察健康以及作为社会制度的医疗问题。优质的健康资源,就像优质的教育资源一样,不均衡地分布在社会的人口之中。此外,有关学校和教育的模式也揭示了不同社会之间存在的巨大差异。

第一节 教育:全球概览

分析

教育是一种社会向其成员提供重要知识,包括基本事实、职业技能以及文化规范和价值的社会制度。教育包含多种形式,从餐桌边的非正式家庭讨论到综合大学中的课程和实验都属于教育的范畴。在高收入国家,教育主要是通过**学校教育**(schooling),即由受过专业训练的教师提供的正式指导来实现的。

一、教育和经济发展

任何社会的学校教育水平都与其经济发展程度紧密相连。在人口占世界大多数的中低收入国家,一般都是由家庭和社区教给青年人重要的知识和技能。正规的学校教育尤其是那些和生计关系不大的教育,主要提供给那些有条件追求个人充实的富裕人士。毕竟"学校"一词在希腊语中的本义是"闲暇"。在古希腊,像柏拉图、苏格拉底、亚里士多德这些大师的学生都来自上流社会的贵族家庭,他们有着充裕的闲暇时间。同样,中国古代的著名哲学家孔子也仅将其学识传授给了数十子弟。

12月30日,秘鲁库斯科地区。在秘鲁安第斯山脉高地,孩子们被家人送往当地的学校读书。但所谓的"当地"却意味着三英里甚至更远的地方,而那里没有公共汽车,于是这些几乎全部来自贫困家庭的孩子们每天都要步行一个小时甚至更久。学校教育是由法律规定的，但在农村丘陵地区，一些家长宁愿让自己的孩子待在家里帮着耕地和饲养牲畜。

> **教育** 社会向其成员提供重要知识（包括基本事实、职业技能、文化规范和价值）的社会制度
>
> **学校教育** 由受过专业训练的教师提供的正式指导

今天，低收入国家学校教育的不足是国家文化的反映。例如，伊朗的学校教育就与伊斯兰教密不可分。同样，在孟加拉国（亚洲）、津巴布韦（非洲）和尼加拉瓜（拉丁美洲），各国独特的文化传统形成了各自不同的教育模式。

低收入国家在教育方面都有一个共同点：学校教育的匮乏。在世界最贫穷的国家里（包括中非一些国家），有超过四分之一的孩童没有上过学（World Bank, 2012）。而在全世界范围内，有三分之一的孩童没有完成中学，由此带来的后果便是六分之一的世界人口不会读写。700页的世界之窗显示了全球范围内文盲的程度及分布，下文的国别比较则反映出学校教育程度和经济发展水平的关系。

二、印度的学校教育

印度目前已成为一个中等收入国家，但印度人均收入仅有美国人均收入的7%，并且多数贫困家庭还要依靠儿童来挣钱。尽管印度法律已经规定雇用童工是非法行为，许多儿童仍然在工厂里继续工作——编织毯子或制作手工艺品——每个星期的工作时间高达60个小时，这在很大程度上限制了他们上学的机会。

今天，约有92%的印度儿童能够念完小学，通常是在非常拥挤的教室中，一个班的老师可能要面对40个或者更多学生。而美国的公立学校平均每个班是30个学生。只有60%的印度孩子能够继续读中学，极少人可以上大学。结果是，约有34%的印度人不会读书和写字（UNESCO, 2011; World Bank, 2012）。

父权制也在印度的教育中打下了深刻的烙印。印度的父母非常希望能生男孩，因为儿子和他未来的妻子能够共同来挣钱养家。但是养一个女孩却要花上一笔钱：父母需要筹备嫁妆（给男方家的彩礼），而且婚后女儿要为对方家庭挣钱。因此，许多印

度人不愿意花钱让女孩上学，这就是为什么只有56%的女孩子（男孩有64%）能够上中学。那么，这些女孩不上学的话都在做什么？印度工厂里干活的儿童大多数都是女孩——这就是一个家庭在尽可能早的时候就从女儿身上获益的方式（World Bank, 2012）。

三、日本的学校教育

学校教育并非一直都是日本人生活中的一部分。义务教育是工业化浪潮在1872年的产物。在这之前，只有一小部分特权子弟才能上学。而今天，日本的教育体系因其培养出了一些世界顶级人才而赢得了广泛的赞誉。

初期教育主要致力于传播日本传统，特别是对于家庭的义务。从十几岁开始，学生们就要应付一系列严格而竞争激烈的考试。就像美国的大学入学考试（Scholastic Assessment Test, SATs）一样，这些笔试分数决定了所有日本学生的未来。

日本高中毕业的学生比例（95%）比美国（87%）高，但只有49%的高中毕业生能通过竞争激烈的考试进入大学，而在美国这个比例为70%。因而不难理解为何日本的学生对待入学考试的态度如此认真，约有一半的学生都会参加专门的补习班来复习备考。

日本的学校教育取得了令人瞩目的成果。在许多领域，特别是数学和科学方面，日本青年学生（在数学方面世界排名第四）的表现优于大多数来自其他任何一个高收入国家的学生，包括美国（世界排名第26位）在内。

四、美国的学校教育

美国是最早设立大众教育目标的国家之一。早在1850年，全国5到19岁的青少年中就有一半人上了学。到了1918年，美国所有的州都通过了《义务教育法》，要求儿童上学至少到16岁，或者读完八年级。表14-1显示了美国在20世纪60年代中期，拥有高中文凭

在许多低收入国家，儿童去工作的可能性和去读书的可能性差不多，女孩接受的教育要少于男孩。但如今学校教育的大门向更多的女孩和妇女敞开。图为这些年轻女性正在坐落于摩加迪沙市区的索马里大学学习护理。

者第一次在成年人中占据了多数，成为美国教育发展的一个里程碑。而在 2010 年，有 87.1% 的成人接受过高中教育，拥有四年制大学学历的则占了 29.9%（U.S. Census Bureau, 2011）。

美国的教育体系是在高质量的生活水平（这意味着年轻人不用去工作挣钱）和民主原则（其理念认为人人都应享有受教育的权利）的共同作用下形成的。托马斯·杰斐逊（Thomas Jefferson）认为只有当人民懂得阅读时，这个新的国家才能实现民主。如今，美国人的高等教育水平是世界瞩目的，成年人当中拥有大学学历的比例在全世界中仅次于挪威（OECD, 2011）。

> **世界之窗·全球文盲分布情况**
>
> 米格尔·米莉乔（Miguel Milicchio），17 岁，住在阿根廷首都布宜诺斯艾利斯，期望下一年能读大学。施里拉·迪博（Shreela Deeble），14 岁，住在坦桑尼亚姆万扎距就读学校 4 英里的地方，是她家中第一个学会读书写字的人。
>
> 高收入国家的人大多具有读写能力，文盲率一般在 5% 以下。而在拉丁美洲的许多地区中，文盲则比较普遍，这是经济发展水平不高所带来的后果。在 13 个国家中——大多为非洲国家——文盲不是个别现象，而是普遍性问题。这些国家的人们依赖于面对面的传统式口头交流，而不是文字。

美国的学校教育还致力于提高平等的*机会*。全美调查显示，大多数民众认为学校教育对于个人的成功举足轻重；大多数人也相信，每个人都有机会获得与自身能力和智力水平相符合的教育机会（NORC, 2011: 237, 2244）。然而，这种观点所表达的是一种文化理念而不是现实。例如，一个世纪以前，女性很难获得接受高等教育的机会，即使在今天，受过大学教育的人也大多来自中高收入水平的家庭。

美国的教育重视*实用性*（practical），即学习的知识有助于将来的工作。这一特点是与教育哲学家约翰·杜威（John Dewey, 1859—1952）所说的*进步主义教育*（progressive education）相一致的，即倡导教育要贴近人民生活。学生也会选择那些他们认为能够提升自身就业竞争力的专业来进行学习。比如，近年来人们对国际恐怖主义的关注增加，学习地理、国际冲突和中东历史文化的学生数量也随之增加（M. Lord, 2001）。

第二节　学校教育的功能

应用//

结构功能分析关注的是学校教育对社会运行和社会稳定发挥支持作用的方式：

1. **社会化**。科技不发达的社会依靠家庭使生活方式代代相传。当社会出现了更复杂的技术后，他们就开始通过培训教师来传授成年人工作所必需的专门知识。

表14-1　1910—2010年间美国的教育成果

年份	高中毕业生（%）	大学毕业生（%）	学龄中位数（岁）
1910	13.5	2.7	8.1
1920	16.4	3.3	8.2
1930	19.1	3.9	8.4
1940	24.1	4.6	8.6
1950	33.4	6.0	9.3
1960	41.1	7.7	10.5
1970	55.2	11.0	12.2
1980	68.7	17.0	12.5
1990	77.6	21.3	12.4
2000	84.1	25.6	12.7
2010	87.1	29.9	13.0*

注：本表以25岁及以上年龄人口为统计对象。高中毕业率的计算人数包含入读大学者。高中辍学率可以通过(100%－高中毕业率)来计算。

*作者的估计。

资料来源：U.S. Census Bureau (2011)。

2. **文化创新**（Culture Innovation）。高等院校的教员创造文化，并且将之传播给学生。特别是在一些高等教育的中心机构，学者们所从事的研究能够帮助我们获得更多的发现和实现生活方式的变革。

3. **社会整合**。学校教育对多样化的人口具有模塑作用，使一个社会中的规范和价值得以共享。这是美国在一个世纪前移民高峰期颁布义务教育法的原因之一。如今，由于许多城市的种族分化严重，学校教育仍在社会整合方面继续发挥着作用。

4. **社会安置**（Social Placement）。学校发掘人才并且根据学生的智力情况而提供相应的教育。学校教育促进精英管理，不管一个人的社会背景如何，其才智和努力都会获得回报，这就为其提供了一条向上流动的通道。

5. **潜功能**（Latent Functions）。学校教育还具有一些未被广泛认识的潜在功能。它为数量日益增长的离家外出工作的家长提供了对其子女的照顾；此外，还为成千上万的处于二十多岁的年轻人提供了上学机会，从而免于过早地承受就业市场中的激烈竞争。高中和大学还将达到婚龄的青年们聚集到一起，为他们提供了相互认识的机会。最后，学校网络还为今后的职业发展积累了重要资源。

● **评价**

结构功能分析强调了正规教育对现代社会运行的支持作用。但是，这一方法却忽略了一个事实，即老师和学生的课堂行为在不同情境下是有所区别的，而这正是下文将要讨论的符号互动论的关注焦点。此外，结构功能论很少提及现行教育体系存在的问题，以及学校教育如何在每一代人中推动等级结构的再生产，而这些则是我们在本章最后一节里将谈到的社会冲突论的主要视角。

取得大学文凭正成为越来越多的美国人生活中的一件大事。浏览一下本页关于学校教育功能的讨论，你认为哪些功能是大学生们所知道的？你能想到上大学带来的其他社会影响吗？

● **检查你的学习**

请说明学校教育对现代社会运行的五种功能。

第三节 学校教育和社会互动

应用 //

符号互动视角的基本观点是人们在日常交往中建构出社会现实。我们用这种方法来解释刻板印象怎样影响课堂行为的形成。

一、自我实现的预言

第四章("日常生活中的社会互动")谈到了托马斯定理(Thomas theorem),即如果人们假定某种情境为真实的,那么这种情况会带来真实的后果。换句话来说,人们对他人特定行为的期望常常会促使他人采取这种行为。在这种互动中,人们建立了一种*自我实现的预言*(self-fulfilling prophecy)。

简·埃利奥特(Jane Elliott),爱荷华州瑞泽维尔地区(Riceville)白人社区的一个小学老师,做了一个简单的实验来证实教室里自我实现预言的发生。追溯至1968年,当马丁·路德·金被刺杀时,埃利奥特正在教四年级。她的学生感到很困惑,问她为什么一个国家英雄会被残忍地枪杀。埃利奥特就反问她的白人学生对有色人种的态度,她很惊讶地发现他们持有许多强烈的负面刻板印象。

为了向学生说明这种偏见的危害,埃利奥特做了一个教室实验。她发现班里几乎所有孩子的眼睛不是蓝色就是棕色。她告诉他们拥有棕色眼睛的孩子要比蓝色眼睛的孩子更加聪明和用功。为了方便对这些孩子进行区分,她在每一个学生的领子上都别了一些棕色或蓝色的布条。

谈到那个实验的结果,埃利奥特回忆了学生们的表现:"他们很快就变成我所告诉他们的那样,变化简直快得惊人。"埃利奥特说,在这之后不到半个小时,一个叫卡罗尔（Carol）的蓝眼睛女孩就已经从一个"朝气蓬勃、开心无虑的小孩子变成了一个胆小犹豫的小大人"。可想而知，在后面的几个小时里，棕眼睛的孩子们变得活跃起来，比以前更加爱说爱动敢表现。这个预言实现了：因为棕色眼睛的孩子们相信自己是优秀的，所以在课堂行为上表现出了这一点，并且

你做学生时表现得怎么样？答案是你自己和你的老师认为你如何，你就表现得如何。电视剧《欢乐合唱团》（Glee）展现了一个善于激励人的老师如何帮助学生建立更强的自信心和取得更好成绩的故事。

"骄蛮而无礼"地对待那些蓝眼睛的同学们。而那些长着蓝色眼睛的孩子则表现得大不如从前，开始变得像他们自己所以为的那样差。

那天晚上，埃利奥特向学生解释了他们所经历的这件事。她将这个话题引申到种族方面，并指出如果白人儿童认为他们比黑人儿童优秀，他们在学校就会表现得比较好，就像许多受到这种偏见影响的有色人种儿童在学校表现欠佳一样。这些孩子们同时也认识到了正是社会向人们灌输了这些偏见以及由此而生的仇恨才引发了暴力冲突，从而使马丁·路德·金失去了生命（Kral, 2000）。

● **评价**

符号互动论解释了人们如何与他人在日常互动中建构现实。例如，当校方认定某些学生为"天才"时，可以想象，老师将会给他们以特殊对待，而学生自己也会因为被贴上这一标签而表现得与众不同。假如学生和老师都相信某一种族在学习方面优越于他人，那么随之而来的就是预言的自我实现。

这种方法的局限在于只看到了个体所产生的优劣观念，而忽视了这些观念还进一步构成了社会不平等体系的一部分，这就引导着我们去关注社会冲突理论。

● **检查你的学习**

学校给学生贴上的标签如何影响他们的实际表现与他人的反应？

第四节　学校教育和社会不平等

应用

社会冲突分析对结构功能主义认为学校教育能够发展每个人才智的看法提出了挑战。与之相反，这个理论强调了学校教育造成并且固化社会不平等的三种途径：

1. **社会控制**。正如塞缪尔·鲍尔斯和赫伯特·金迪斯（Samuel Bowles & Herbert Gintis, 1976）所指出的那样，19世纪晚期对公共教育的需求是以工厂主对遵纪听话的劳动力的需求为基础的。曾经在学校里，移民不仅要学习英语，还要懂得听从命令的重要性。

2. **标准化考试**（Standardized testing）。批评者们认为学校所广泛采纳的标准化考试反映了我们社会的主流文化，少数学生因此而陷于不利位置。通过把多数学生定义为更加聪明的人，这种考试制度将社会特权转化成一种个体优势（Crouse & Trusheim, 1988; Putka, 1990）。

3. **分流**（Tracking）。尽管关于标准化考试的争议不断，美国的大多数学校还是将它们用于进行**教育分流**——分派学生到不同类型的教育项目中，例如大学预科、普通教育以及职业技术培训等。教育分流的初衷是帮助老师迎合每一个学生的能力和兴趣。然而，教育批评家乔纳森·科佐尔（Jonathan Kozol, 1992）却将之视为学校系统中"野蛮的不平等"的一个例子。大多数拥有特权背景的学生都能在标准化考试中取得较好成绩并进入更高阶段学习，接受最好的学校教育，而背景不好的学生则只能接受强调背诵而非创造性的低层次教育（Bowles & Gintis, 1976; Oakes, 1985; Kilgore, 1991; Gamoran, 1992）。

一、公立教育和私立教育

全美6240万小学生和中学生中约有89%在州立学校读书，其他的则进入私立学校。大多数私立学校的学生都在7100多所教区学校（parochial，源于拉丁语，意为"教区所属的"）中的其中一所读书，它们是由罗马天主教堂（Roman Catholic Church）所开办的。由于城市移民的大量涌入，天主教学校在一个世纪前得到了迅速的发展。今天，在数十年的城市内白人迁徙浪潮过去之后，许多教区学校也招收了非天主教徒，包括那些数量日益增长的美籍非裔儿童，他们的家庭不希望让孩子去附近的公立学校读书。

新教同样也开办了私立学校，常被称为基督书院（Christian academy），这些学校在那些希望子女得到宗教引导以及那些不分背景追求更高的学术和纪律标准的家长中受到了欢迎。

> **了解我们自己·美国的教师收入**
>
> 汤姆·塞缪尔住在犹他州盐湖城附近，在中学教书生涯的第十个年头，他的年收入为 45600 美元。桑德斯刚刚从大学毕业，在纽约州的奥尔巴尼找到一份教职，起步薪水为每年 46000 美元。
>
> 2010 年，美国公立学校教师的平均收入为 55350 美元。数据显示，每个州的教师平均收入情况，从最低的南达科他州人均 35136 美元到最高的纽约州人均 71470 美元分布不等。你由此发现了什么规律？经济发达的州（以及经济落后的州）具有哪些共性？
>
> 访问 mysoclab.com 网站探索你所在的社区及美国各郡没有接受过高等教育的人口比例。

美国同时还有 6900 所主要招收富裕家庭青年的非宗教私立学校。这些是典型的声誉好、学费高的预科学校，模仿英国的寄宿学校，不仅开设高质量的学术课程，同时向学生教授上流社会的价值理念和生活方式。许多大学预科生终身维持着上学期间建立的关系网络，这为他们提供了极大的社会优势。

私立学校是不是比公立学校好呢？研究证明，私立学校的学生由于拥有稳定的社会背景，往往比公立学校的学生表现得更为出色。私立学校的优势包括小规模的班级，严格的学习制度以及高质量的学科设置（Coleman & Hoffer, 1987; Peterson & Llaudet, 2006）。

二、公立学校之间的不平等

即使是公立学校，各自的情况也未必相同。富裕地区和贫困地区在资金投入上的差异导致了资源的不均衡。这就意味着，富裕地区的儿童相比低收入地区儿童来说能接受到更好的教育。"了解我们自己"版块的信息显示了资源差异的一个重要方面：各州教师平均工资的差距最高达到了 36000 美元。

地方财政对教育支持的差异也是引人注目的。在美国最富有的郊区之一弗吉尼亚州的阿灵顿郡（Arlington），当地财政对学生的资助达到每人每年 18500 美元以上，而在贫穷地区如犹他州阿尔派恩（Alpine）则仅有 5000 美元，并且这一差距在近年来进一步拉大（Winter, 2004; U.S. Department of Education, 2011）。第 709 页"多样化思考"栏目中显示了学校资金差异对于学生日常生活的影响。

由于学校的资金一般都来自于地方的财产税，因此富裕地区能够比落后地区提供更好的学校教育。这种财政支持上的差异还会使白人比少数族裔受益更多。正是因此，一些街区开启了输送学生（busing）的政策，以此来达成学校之间的种族平衡以及机会平等。在 20 世纪 70 年代初时，约有 5% 的学生被送往其他地区上学，而这项政策的出台备受争议。支持者提出，在存在种族隔离的事实前提下，来自富裕地区的白人学生来到经济落后的、以少数族裔为主的地方上学，是使政府给予这个地方的学校以充足的财政拨款的唯一办法。而批评者们的态度则是，运送学生上学代价高昂，并且使邻近学校的观念受到不好的影响。尽管如此，几乎得到各方共识的一点是：在多数城市地区存在种族偏见的情况下，城区与郊区都必须建立起一个有效的输送政策——但这从政治上来说目前还无法实现。尽管在 1970 到 1990 年间美国公立学校的种族隔离有所减弱，但那以后并未出现更多的改变（Logan, Oakley & Stowell, 2008）。

【观看 mysoclab.com 上视频"教育中的不平等"】

不过，其他旨在消除教育不平等的政策相继出台，其中一项是向全州各地方提供

社会学研究已经证明了这样一个事实：来自贫困社区的孩子上学时的典型环境就像左图那样，班级人数众多并且预算微薄，无法提供高技术含量或是其他类型的指导材料；而来自富裕社区的孩子的教室则像右图那样，是小班教学，并且应用了先进的教学仪器。

相等的资金支持。这是佛蒙特州所采取的做法，该州通过了一项法案（Act 60），规定向各地区分配的税金必须保持均等。

并非所有人都认为资金是学校教育质量的关键。例如，俄亥俄州的扬斯敦（Youngstown）每年为每一个公立学校的学生花费 15000 美元（比全美平均值高出 40%），但是只能勉强使一半的学生毕业。新泽西州的纽瓦克（Newark）每年在每个学生身上

的投入是全美平均值的两倍，但仅有不到一半的学生能顺利毕业（Will, 2011）。

除了钱以外还有什么其他原因？由詹姆斯·科尔曼（James Coleman, 1966）带领的研究组做过一个经典的报告，报告证实，低收入地区学校和以少数族裔为主的学校通常面临班级规模过大，图书馆紧张，科学实验室匮乏的问题。但科尔曼的报告也提醒人们，增加资金本身并不具有提升教育水平的神奇魔力，更重要的是老师、家长和学生自身的努力。换句话说，即使给各个学校划拨的资金完全相等（如佛蒙特州），拥有更多文化资本的学生——他们的父母重视学校教育，教他们读书，并鼓励孩子发展想象力——依然会表现得更加优秀。简而言之，我们不能仅仅指望学校本身就能使美国社会突出的不平等问题得到解决（Schneider et al., 1998; Israel, Beaulieu & Hartless, 2001; Ornstein, 2010）。

进一步的研究证实了家庭环境对于孩子在校表现具有重要影响。一个研究小组调查了学龄儿童在阅读和算术方面的学习速度（Downey, von Hippel & Broh, 2004）。由于美国儿童的上学时间是每周五天，每天6—7个小时，夏季还要放假，因此研究者们估算，孩子们在学校的时间只占了除去睡觉以外时间的13%。在学校里，家境好的学生一般要比家境差的学生学得快一些，而暑假在家的时间里，他们的学习差距则更加明显。因此，研究者们做出了这样的结论，除了学校以外，家庭和邻里环境的差别是影响儿童学习更为重要的因素。换句话说，学校弥合了一些由家庭资源差异所形成的学习差距，但是并不能如我们所设想的那样创造一个使富人和穷人的孩子平等竞争的环境。

三、通向高等教育之路

对于大部分人来说，受过高等学校教育是获得一项好工作的主要途径。但是在美国的高中毕业生中，只有70%的人能够在毕业当年就进入大学。在18到24岁的年轻人中，接受大学教育的人占41%（National Center for Education Statistics, 2011）。

影响美国年轻人接受高等教育的一个重要因素是收入。大学教育是昂贵的：即使在州立学院或大学，每年的学费也达到了7700美元，而最贵的私立高校的学费每年则超过50000美元。这就意味着读大学在那些经济较好的家庭中更为普遍。在美国，660万左右的家庭至少有一个孩子进入大学，而这些家庭中有44%年收入不低于75000美元（差不多是最富有的30%的家庭，属于高端中产阶级和贵族阶级），46%的收入介于20000和75000美元每年（中产阶级和劳工阶级），只有10%的家庭年收入低于20000美元（较低阶层的家庭，包括贫困家庭）（U.S. Census Bureau, 2011）。

多样化思考：种族、阶层与性别

美国的学校教育：野蛮的不平等

"261公学？沿杰尔姆大街向下走找到殡仪馆就是了。"乔纳森·科佐尔（Jonathan Kozol）停了车朝261公学走去，他将要进行为期一天的纽约市学校考察。找到261公学并不容易，因为这所学校没有任何标志。事实上，这里从前是一个溜冰场，现在也丝毫看不出一点学校的样子。

校长解释说，这里是北布朗克斯（North Bronx）的少数族裔区，所以261公学90%的学生都是非裔美国人和西班牙裔。严格来说，这个学校只能有900名学生，但实际上他们却招收了1300人。按规定每个班级不能超过32人，但是科佐尔发现有时一个班甚至达到40人。整个学校只有一个小自助餐厅，因此学生们只能分三批轮流就餐。午餐过后，孩子们也没有可以玩的地方，只得在他们的座位上动来动去，直到被召回教室。全校只有一个教室有一扇窗户可以看到外面。

那天快结束的时候，科佐尔跟一位老师谈到了学校的过度拥挤和条件落后的问题。她总结了一下她的想法："去年我住的房间很差，冬天有56度，而夏天则升到了90度（指华氏度，分别相当于13.3和32.2摄氏度——译者注）。""学生们对校舍有什么意见吗？"科佐尔问。"他们没说，"她回答道，"但是他们心里清楚。这些孩子都看电视，知道郊区的学校是什么样的，他们还会在学校里到处观察。尽管没有什么评价，透过他们的眼睛你仍能发现，他们是懂得这些的。"

几个月后，科佐尔参观了坐落于纽约富裕的里弗代尔街区（Riverdale）的第24公学。学校远离公路，隔着一片盛开着木兰和山茱萸花的草坪。学校一边是给较小的孩子们玩耍的操场；后面是开放给大孩子们用的运动场。因为这里的学校声名卓著，很多人都愿意花高价在里弗代尔买房子。这所学校共有825个学生，大部分是白人，少数是亚裔、西班牙裔或非裔。学校条件很好，有一座大型图书馆，甚至还有一座天文馆，并且所有教室窗户明亮，还挂着明快的窗帘。

科佐尔来到一个优等班，问学生在做什么。一个小女孩自信地回答道："我叫劳丽（Laurie），我们正在解决一个问题。"一个高高的脾气温和的男生接着说："我叫戴维（David）。我们要做的事就是进行逻辑思考，因为我们发现许多问题的好答案不止一个。"科佐尔问他们，这样的推理能力是天生的还是学来的。苏珊带着阳光般的微笑回答道："许多事情从我们开始上学那一刻就开始了。我们学了很多其他人不知道，也学不到的东西，因为老师只把这些教给我们。"

你怎么想？

1. 这种学校之间的差别在你所在的城镇中存在吗？请做出解释。
2. 你觉得为什么公众对学校教育的不平等关注很少？
3. 我们的社会需要做出哪些改变来消除学校教育的不平等？你支持这些改变吗？为什么？

资料来源：Adapted from Kozol (1992: 85-88, 92-96)。

经济上的差异扩大了白人和少数族裔之间在高等教育水平上的差异。如图 14-1 所示，非裔美国人从高中毕业的机会小于非西班牙裔白人，而他们完成四年制或以上大学教育的机会则更少。在当今社会，学校教育是社会流动的重要途径，但是学校教育并不预示着能克服在美国社会业已存在的种族不平等。

大学教育能够带来许多回报，包括更好的收入。在过去 40 年里，经济的发展使得信息处理在工作中变得越来越重要，因此，高中毕业生和四年制大学毕业生的工资差距扩大了两倍以上。事实上，在今天一个大学学位能够给一个人的终身收入增加 100 万美元。更具体的资料见表 14-2。2010 年，高中毕业男性的平均收入为 40055 美元，而大学毕业的男性则为 63737 美元。括号中的比例表明，获得学士学位男性的年收入是八年级或以下学历男性的 2.6 倍。总体来看，女性的收入低于男性，尽管和男性一样受教育时间的增加会带来女性的工资的增长，但增幅相对较少。要注意的是，无论对于男性或女性，收入的增加都与家庭背景有或多或少的关系，因为受教育水平最高的人往往是以富裕的家庭境况为起点的。

四、更多机会——高等教育的扩张

美国以其 2050 万的大学生数量，成为世界高等教育的领导者。同时，美国也具有世界上最大的留学生队伍。

取得这一成就的原因之一是，美国拥有 4495 所大学，其中包括 2774 家四年制大学

（授予毕业生学士学位）及 1721 家两年制大学（授予副学士学位）。尽管有些两年制大学是私立的，但是大多数是获得政府资金支持的社区大学，主要为当地（一般为一个城市或县）的居民服务，收费低廉（National Center for Education Statistics, 2011）。

由于高等教育是获得好工作和较高报酬的途径，政府对某些人群提供大学学费资助。二战后，《退伍军人法案》（GI Bill）向退伍老兵提供了大学基金，使得几万人获得了接受高等教育的机会。军队的某些机构继续为士兵提供大学学费。另外，政府还为士兵提供了大量的资助和奖学金。

五、社区大学

从 1960 年代开始，由（州）政府提供财政支持的社区大学大大增加了民众接受高等教育的机会。根据国家教育统计中心（National Center for Education Statistics, 2011）的资料，全国 1721 所两年制大学吸纳了全部大学在读学生的 41.3%。

社区大学有一系列特定的优势。首先，低廉的学费使上百万支付不起大学学费的家庭也能享受上课和获得学位的机会。目前，社区大学中有很多学生是他们家庭中的第一个大学生。尤其是在经济衰退的时期，社区大学的低学费就显得尤为重要。当经济不景气时，大学尤其是社区大学的入学率则高涨。

其次，社区大学对于少数族裔有特别重要的意义。目前，有 40% 的非裔美籍大学生和 51% 的西班牙裔大学生就读社区大学。

再次，虽然社区大学主要为本地居民服务，但是其

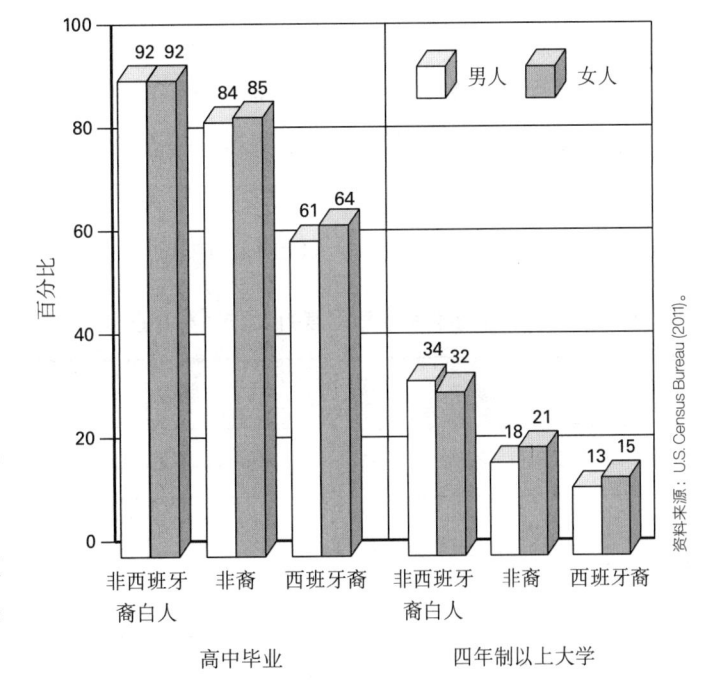

多样化快照
图 14-1　2010 年 25 岁及以上不同类别人口的教育成果
美国社会提供给少数族裔的教育仍然不足。

资料来源：U.S. Census Bureau (2011)。

中一些也吸引了来自世界各地的留学生。许多社区大学都在海外招生，约有 15% 的在美留学生在社区大学学习（National Center for Education Statistics, 2011）。

最后，在大规模的大学中，教员的首要任务是科研；但是对社区大学来说，教员最重要的工作是教学。因此，尽管社区大学教员的教学任务很重（每学期通常有四至五门课），社区大学对那些以教书为乐的教员仍颇具吸引力。和规模较大的大学相比，社区大学的学生能够得到教员更多的关注（Jacobson, 2003）。最后，社区大学传授的是无数人赖以谋求理想工作的知识和技能。

六、社会特权和个人价值

如果说上大学是富裕阶层的成人礼，根据社会冲突理论的分析，那么学校教育则是将社会特权转化为了个人价值。但是由于我们的文化是强调个人主义的，人们倾向于将文凭看作个人能力的标志而不是家庭富足的象征（Sennett & Cobb, 1973）。

当我们祝贺毕业生获得学位时，很少意识到实现这一成就所需的资源——经济和文化资本。来自年收入超过 200,000 美元的家庭的青年在 SAT 考试中的成绩比那些家庭年收入低于 20000 美元的人平均高出近 400 分（College Board, 2011）。富裕家庭的孩子更容易进入大学，也更容易完成学业获得学位。在一个文凭至上（credential society）的社会——以受教育程度作为评判人的标准——企业愿意雇用受到最好教育的应征者。最终这一社会机制的获益者是那些本就处于优势地位的学生，而那些原本就处于劣势地位的学生则受到了进一步伤害（Collins, 1979）。

表 14-2 2010 年性别和教育程度的人群收入中值

教育程度	男性	女性
职业学位	115,298 美元（4.7）	76737 美元（4.2）
博士	101,222（4.1）	77392（4.2）
硕士	80958（3.3）	59099（3.2）
本科	63737（2.6）	47435（2.6）
1—3 年大学	50282（2.1）	33401（1.8）

续表

教育程度	男性	女性
4年高中	40055（1.6）	29857（1.6）
9—11年学龄	29435（1.2）	20883（1.1）
0—8年学龄	24453（1.0）	18239（1.0）

注：数字为25岁以上全职工作者的统计。括号里的比值为该收入与该类受教育人群的最低收入的比例。
资料来源：U.S. Census Bureau (2011)。

应用理论

教育

	结构功能论	符号互动论	社会冲突论
分析层次	宏观	微观	宏观
教育对社会的重要性	学校教育对社会运行有极为重要的作用，包括使年轻人社会化，鼓励发现和创新以改善我们的生活。学校通过传授共同的规范和价值使多样化的社会得到统一。	教师对学生的看法，以及学生对自我的认识，会获得实现并影响学生的学习表现。	不平等的学校教育维护了穷人和富人之间的社会不平等。在私立学校，教育分流给予了良好家境的孩子相比贫困家庭的孩子来说更好的教育。

● **评价**

社会冲突理论将正规教育和社会不平等联系起来，解释了学校教育怎样把社会特权转化为个人价值，把社会地位的劣势转化为个人的缺陷。不过，社会冲突理论忽视了获得学位也在一定程度上反映了个人的努力以及教育也为不同背景的青年才俊提供向上流动的机会。另外，尽管有观点认为学校维持了社会不平等的现状，但是当今的学校教育已经在很多方面对社会不平等的状况提出了挑战。

在"应用理论"表中总结了几种理论关于教育的观点。

● **检查你的学习**

请解释教育与社会不平等相联系的几种方式。

第五节　学校教育面临的问题

分析 //

美国正在开展一场围绕学校教育的大辩论。由于我们对学校寄予了太多期望——推动机会均等化、灌输纪律观念、激发想象力等——而对于公立学校是否承担了其应有角色，人们则见仁见智。尽管半数成年人给所在社区的学校打分为 A 或 B，但还有一半打的是 C 或更低（Bushaw & Lopez, 2011）。

一、纪律和暴力

当许多老教师回忆自己的学生时代时，学校"问题"还只是上课插嘴、吃口香糖、穿着奇装异服、逃学旷课等。今天，学校里出现了更为严重的吸毒、酗酒、早孕和暴力等问题。尽管几乎所有人都认同学校应当教学生自律，然而很多人认为这项工作远未完成。

学校本身并不制造暴力，很多情况下，暴力是从社会渗透入学校的。近年来的几起校园枪击案唤醒了人们，许多学校所在的社区对此采取了零容忍政策，对那些有严重的不端行为或在校园内携带武器的学生实行中止或开除学籍的措施。

这些严重的校园枪击案——包括导致 33 人死亡的 2007 年弗吉尼亚理工学院血案，2010 年得克萨斯大学奥斯汀分校一个学生闯入图书馆用 AK-47 冲锋枪自杀的案件，以及 2012 年加州奥伊科斯大学致 6 名学生和一名职员死亡的枪击案——震惊了全国上下。这些惨案的发生也向我们提出了一个严肃的问题，即平衡学生的隐私权（典型的表现是法律禁止学校向家长通报学生的分数或心理健康状况）与确保校园安全的问题。以弗吉尼亚理工学院一案为例，假如学校能够及早将那个年轻人心理问题反映给警察和他的家庭并引起他们的关注，那么这个悲剧或许可以避免（Gibbs, 2007; Shedden, 2008）。

二、学生的消极性

如果说一些学校被暴力所困扰，那么更多学校的学生则是感到厌倦无聊。造成学生消极性的一部分原因可以归结为从电视机到手机等各种电子设备占用的学生们的大量时间，远多于他们在学校、亲子和社区活动上所花的时间。但是，学校也有责任，因为这种教育体系鼓励了学生的消极（Coleman, Hoffer & Kilgore, 1981）。

● 官僚体制

那些一个世纪前为本地社区服务的小规模私人学校如今已经演化为了庞大的教育工厂。西奥多·赛泽（Theodore Sizer, 1984: 207-9）在一项对美国高中的研究中，列举了官僚主义侵蚀学校教育的 5 种方式：

1. **僵化统一**。科层制学校是由校外专家（例如州教育官员）经营的，往往忽视了社区的文化特性和学生的特殊需求。

2. **数字评定**。校方将成功定义为入学率、辍学率、应试教育等数字化指标，以期来提高学生的考试成绩。在这一过程中，那些学校教育中难以量化的东西，例如创造性和热情等，却被忽视了。

3. **刻板预期**。学校管理者总是希望 15 岁的学生都在上十年级，十一年级的学生在标准化语文考试中达到特定的水平。那些格外聪颖和积极的学生几乎没有提前毕业的机会，而成绩不好的学生也被迫跟上升学的进度，注定要面对一年接一年的失败。

4. **教学专门化**。高中的学生往往跟一位老师学西班牙语，从另一位老师那里获得指导，又从别的老师那里学习体育技能。学生们每天穿梭于多个 50 分钟堂课，造成没有一位学校官员对学生有较深的了解。

5. **个体责任缺失**。高度科层制下的学校不给学生自主学习的权力。同样，教师对于如何教课也没有发言权，学习节奏的任何变化或任何与既定课程体系的偏离都会带来破坏整个系统运行的风险。

当然，全美国有 5500 万在校学生，学校必须通过实行科层制度才能保障工作的正常进行。但是赛泽建议我们可以通过一些措施来使学校教育更加人性化：去除硬性规定、缩小班级规模、更广泛地培训教师使他们对学生的生活有更多的了解。就像詹姆斯·科尔曼（James Coleman, 1993）建议的那样，学校不应当是行政导向的（administratively driven），而应该是产出导向的（output-driven）。实现这一转变，或许应从根据中学生学了多少知识而不是花了多少时间来决定其毕业与否这一步开始。

● **大学：沉默的教室**

在大学生中，消极被动的情况也很普遍（Gimenez, 1989）。社会学家很少研究大学的教室——这是个奇怪的现象，如果考虑到学生们在教室里所花费的时间。有一个例外是戴维·卡普和威廉·约尔斯（David Karp & William Yoels, 1976）对于男女同校制大学的研究，他们发现即使在小班，也只有少数同学发言。因此，消极沉闷是教室的常态，如果有一个学生特别健谈，甚至会令其他的同学感到不快。

卡普和约尔斯认为，大多数学生认为课堂消极气氛的责任在他们自身。但是任何对这些年轻人在课外的表现有所观察的人都知道，他们通常都非常活跃和能言善辩。因此，很显然是学校的问题造成学生的消极性，使他们视老师如同"知识"和"真理"的代言人。学生们认为安静聆听和记笔记才是自己应当扮演的角色。因此，研究者估计，大学课堂上只有10%的时间用在了讨论上面。

教员可以通过多种方式使学生融入课堂：（1）对积极主动的学生，点名请他们发言；（2）鼓励学生积极参与；（3）设置分析性的而不是事实性的问题，并给学生留时间回答；（4）即使学生不愿主动回应，也去询问学生的观点（Auster & MacRone, 1994）。

三、辍学

说到有很多学生在课堂上表现消极，则更有一些学生根本不在学校。*辍学问题*（dropping out）——尚未取得高中文凭就放弃读书——使得年轻人（他们中的大多数从起点就处于劣势）缺乏踏入职场的准备，并且面临很大的贫困风险。

尽管辍学率近几十年来已经有所下降；目前年龄介于16岁和24岁之间的人口中，仍有8.1%在高中阶段辍学，总计为320万年轻人。美国人中辍学率最低的是非西班牙裔白人（5.2%），非西班牙裔黑人略高一些（9.3%），西班牙裔最高（17.6%）（National Center for Education Statistics, 2011）。

一些学生是因为英语而辍学，有些是因为怀孕，有些是因为必须工作以补贴家用。家庭经济状况处于最低段的25%的孩子的辍学率比那些高收入家庭的孩子要高出六倍还多（National Center for Education Statistics, 2011）。这些数据表明，许多辍学学生的父母也没有受过很好的教育，揭示了社会劣势的代际传递。

事实上，辍学是许多大规模的城市学校系统中的常态。在这个国家的许多大型学区中，只有不到一半的学生最终能够从高中毕业——包括明尼阿波利斯（毕业率仅为45%）、亚特兰大（44%）、洛杉矶（44%）、巴尔的摩（42%）、密尔沃基（41%）和底特律（38%）(Swanson, 2009)。

四、学术标准

教育质量可以说是当今社会所面临的最重要的教育议题了。在《国家处于危机中》(*A Nation at Risk*)——一项由"国家卓越教育委员会"(National Commission on Excellence in Education)所进行的关于美国学校教育质量的综合研究——的开头就提出了这样一个警示：

> 如果一个敌对外国势力试图将现今存在的这种平庸教育强加于美国，我们便可将其视作一种战争行为。而依照现在的情况来看，我们正在任凭这一切发生 (1983:5)。

作为对这一结论的支持，这篇报告指出："接近40%的17岁少年不能够对书面材料进行推论；只有1/5的人能写一篇说理性文章；1/3的人能解出需要多步运算的数学题"(1983:9)。另外，SAT的成绩长期以来也几乎没有提高。1967年，数学成绩的中值为516，语文为543；而2011年，数学成绩降到了514，语文成绩则下滑到497分。从全国范围来看，超过三分之一的高中学生——他们中的一半以上在城市学校读书——在"国家教育进程评估"(National Assessment of Educational Progress)的测验中没有达到最基本的阅读、数学和科学水平 (Marklein, 2000; Barnes, 2002a; College Board, 2011; National Assessment of Educational Progress, 2011)。

对这个国家的很多人来说，甚至连最基本的读写能力都成问题。**功能性文盲** (Functional illiteracy)，即*缺乏日常生活所必需的读写技能*，是美国1/3的儿童所面临的问题。在年龄较大的人群中，全国约有3000万成年人（占总人口的14%）不具有基本的

对于所有美国人来说，辍学意味着获得好工作和稳定收入的机会大大降低。为什么辍学率在西班牙裔学生中特别高呢？

读写能力。

《国家处于危机中》一书建议进行深刻的改革。首先，号召学校要求所有学生完成若干年的英文、数学、社会研究、科学常识以及计算机等课程；其次，告诫学校只有那些成绩合格的学生才能被准许升学；最后，提出要加强教师的培训，提高教师薪水以吸引更多人才。报告总结道，学校必须满足公众的期望，而市民们要准备好为学校的出色工作埋单。

自从报告发表以来都有了哪些变化呢？在某些方面，学校有所进步。国家教育统计中心（National Center for Education Statistics, 2008）的一份报告显示，辍学率有所下降，学校开设了更多有挑战性的课程，更大比例的中学毕业生进入了大学。但与此同时，证据表明大多数小学生的阅读水平降到了标准之下，有些甚至根本不会阅读。简而言之，成绩是明显的，尚未完成的任务也是艰巨的。

美国的学校教育支出几乎是世界中各国最多的——比日本高出一半，比欧洲平均高出一倍。尽管如此，最近一份政府报告对 65 个国家的 15 岁儿童的学习成绩进行了比较，发现美国学生在科学方面排在第 23 位，数学方面排在第 31 位。这些数据令人担心美国在科学方面正在失去对其他国家的领导力，包括中国、印度以及韩国（OECD, 2011; European Union, 2012）。

文化价值对学生在学校的努力程度也有很大的影响。例如，美国学生总的来说没有日本学生学习积极，作业量也比较少。日本学生每年的在校时间比美国学生多 22 天。也许提高学校教育水平的一个简单办法就是延长学生的在校时间（IEA, 2009）。

五、分数膨胀（Grade Inflation）

学术标准取决于采用含义清晰的分数，并且只有在所做功课合乎相应的质量要求时才授予分数。然而最近几十年却出现了相当多的"分数膨胀"现象，即一般水平的表现总能得到较高的分数。尽管不是所有学校都出现这一问题，但在全国的高中和大学都比较明显。

一项对于高中学生分数的研究揭示了 1968 年和 2010 年之间学生分数分布情况的显著变化。1968 年时，新入学大学生的高中在校成绩得 C+ 及以下的比例大于得 A-、A 和 A+ 的比例。然而到了 2010 年，得 A 的学生大大超过了得 C+ 及以下的学生数，这一比例超过了 11∶1（Pryor et al., 2011）。

一些大学采取了限制A等分数比例（一般占所有分数的1/3）的措施，但是没有证据表明分数膨胀的势头会很快掉转。结果，C等（原来的意思是"一般"）的成绩便几乎消失了，使得所有学生的成绩都是"在一般之上"。

什么造成了"分数膨胀"？原因之一是现在的教师更重视学生的士气和自尊心，可能还有自己的受欢迎程度。不管怎样，现在的老师都不像过去那样严格。另一方面，升读大学和研究生的竞争日益激烈，也给高中教师造成了很大压力，迫使他们给学生打更高的分数（Astin et al., 2002）。

第六节 美国教育的新议题

理解

我们社会的学校教育不断面临新的挑战。本章考察近来出现的几个重要的教育议题。

一、择校

有些分析家认为，我们的学校表现差是因为缺乏竞争。如果父母有选择学校的自由，那么所有的学校都有压力改进工作。这是*择校政策*的核心。

择校政策的目标是建立一个教育的市场，使家长和学生能够"货比三家"，从而做出最佳选择。有一种关于该政策的建议是政府给所有学龄儿童的家长派发教育券，允许他们自由选择公立学校、私立学校或教区学校进行消费。最近，印第安纳波利斯、明尼阿波利斯、密尔沃基、克利夫兰、芝加哥、华盛顿等主要城市和佛罗里达、伊利诺伊等州试行了择校计划，旨在促进公立学校提高教育水平，赢得家长的信任。

支持者们认为，让家长们拥有选择孩子入读学校的权利，是促进所有学校改进的唯一办法。但是反对者（包括教师工会）认为，择校政策的实施相当于放弃了国家在公共教育方面的承诺，并且在那些教育需求最为突出的中心城市，这一做法对于学校的改善收效甚微（A. Cohen, 1999; Morse, 2002; Hopkinson, 2011）。

2002年，布什总统签署了一项新的教育法案，弱化教育券政策，而支持另一项有更大选择机会的政策。从2005—2006学年开始，所有公立学校必须对三至八年级的每位儿童进行阅读、数学和科学的评分。尽管联邦政府也许会对学生表现较差的学校提供更多的支援，但如果这些学校的学生分数在一段时间之后没有进步，经济水平较差的学生就有权享受专门辅导或者转读其他学校。这项叫作"不让一个孩子掉队"（No Child Left Behind）的计划，能够帮助辨识那些教学水平不好的学校，也提出了一些考查学生表现的测量方法。但另一方面，许多表现最差的学校也没有发生什么改变（Lindlaw, 2002; Wallis & Steptoe, 2007）。

全国50个州有41个开办了特许学校。特许学校属于公立学校，但却作为政策以及教学项目创新中心脱颖而出。你可能会预见到，来自学生和家长的需求超出了这些学校所能提供的招生名额。结果，大部分特许学校——包括2010年的纪录片《等待超人》（Waiting for Superman）中报道过的华盛顿SEED学校——采用了彩票系统来进行招生。

截至2012年，全国有48%的公立学校被评定为不合格，公众对于"不让一个孩子掉队"计划的支持也急剧下降。批评者们声称，该项法令将测验分数置于重要地位，从而鼓励学校"为了测验而教学"，放弃了他们对于成功的标准。奥巴马政府支持各州寻求一些针对该项政策关键规定的豁免做法。除此之外，奥巴马还要求国会重点关注学生表现最差的5000所学校，将工作目标从提高测验分数转移到提高学生毕业率和打好就业基础上来（Dillon, 2010, 2011; Gallup, 2011; *New York Times*, 2011; Webley, 2012）。

另一项更为温和的择校政策是*磁石学校*（magnet schools，即一种具有特色的英才学校——译者注）。现在有超过3000家这类学校分布在全国。英才学校提供专门的设施和课程来推动特定领域的先进教学，例如计算机、外语、科学和数学，或者艺术等。在设有磁石学校的地区，家长们可以根据孩子的特长和爱好选择最适合的学校。

另一类择校方法涉及*特许学校*（charter schools），即被授予更多尝试新政策和新项目自由的公立学校。在41个州和华盛顿以及波多黎各（Puerto Rico），有4600多家这样的学校，招收了140万学生，其中61%是少数族裔。在很多这类学校，学生们的成绩优异，而这是学校获得继续运营许可的必要条件（National Center for Education Statistics, 2011）。

择校运动的最后一项发展成果是*营利性学校*（schooling for profit）。这项计划的支持者认为，私人营利性公司能比地方政府更有效率地管理学校。当然，私人学校不是什么新事物，全美有33000多所由私人组织或宗教团体开办的这类学校。所不同的是，拥有数十万学生的几百所公立学校现在由私人企业进行营利性的经营。

研究者确认，很多公立学校存在官僚机构膨胀的毛病，支出很多而教学成就很小。美国社会长期以来都把竞争作为提高质量的办法。证据表明，营利性学校大大降低了管理成本，但是教育成果却有不同的表现。虽然有些公司宣称能够提高学生的学习水平，一些城市还是削减了经营性学校。近年来，巴尔的摩（Baltimore）、迈阿密、哈特福德、波士顿等地的教育部门取消了和营利性学校的契约，但是另一些城市还是愿意给营利性学校一个机会。例如，费城的公立学校系统学生毕业率还不到三分之一，宾夕法尼亚州接管了该市的学校教育，并且把其中大部分学校转为营利性质。尽管学生的测验分数有所提高，到2010年时学校负责人仍不满意，因此将这些学校中的大部分移交给非营利性的公司。鉴于营利学校的表现不一，支持方和反对方的情绪都在高涨，并且双方都宣称他们是为了被夹在中间的学生们的利益着想（Winters, 2002; Sizer, 2003; Richburg, 2008; Mezzacappa, 2010）。

二、家庭学校

家庭学校教育正在美国兴起，大约有150万儿童（几乎占学龄儿童的3%）在家里接受他们的正规教育。

为什么家长们要承受巨大的挑战，选择在家里教育自己的子女呢？20年前，许多最早进行家庭教育（现在在各州都是合法的）的家长不信任公共教育是因为他们想让自己的孩子受到浓厚的宗教熏陶。而在今天，多数父母仅仅是信不过公立学校的教育水平，认为自己可以做得更好。为了孩子，他们宁可调整工作日程、重新学习代数或其他必要的课程。许多家长加入了互助的组织，以整合资源、分享各自的特长。

家庭学校的支持者指出，鉴于公立学校的表现很差，我们不应该对日益增长的家庭教育队伍感到惊奇。更为引人注意的是，家庭教育系统是有效的——平均来说，接受家庭教育的孩子成绩好于在校的孩子。批评者认为，家庭学校教育减少了联邦财政流向当地公立学校的资金，结果导致大多数学生的利益受到损失。此外，一位批评者认为，家庭学校"使那些最富有和善于表达的家长脱离了系统，而这些家长正是知道如何与学校沟通的人"（Chris Lubienski，转引自 Cloud & Morse, 2001: 48）。

三、残疾人教育

美国 650 万的残疾儿童中有许多都面临着就学和毕业方面的挑战。曾有许多使用拐杖和轮椅的残疾儿童，应付不了学校里的楼梯和其他障碍。而具有发育障碍的儿童，例如智障儿童，需要经过特殊训练的老师花费大量精力给予照料。因此，许多具有智力以及身体残疾的儿童只有在经过家长和其他给予关注的市民的不懈努力之后，才获得了公共教育的机会（Horn & Tynan, 2001; U.S. Department of Education, 2010）。

大多数残疾儿童（58%）进入一般的公立学校，并且大部分时间里在普通班级学习。这一模式反映了*主流化*（mainstreaming）的原则，*使残疾儿童或有特殊需求的儿童融于总体教育项目之中*。主流化是*全纳教育*（inclusive education）的一种形式，对于那些肢体残疾但可以跟上班里其他人学习进度的学生来说是最好的。这种融合型教育方式的一个好处是，使每个人学会如何与和自己不同的人相处。

四、成人教育

美国接近一亿 25 岁以上的成年人参加了各种形式的学校教育。这些大龄学生的年龄从 25 岁到 70 多岁甚至更高，占了所有学位教育学生的 40%。接受成人教育的女性（61%）多于男性（39%），并且大部分都有中等以上的收入。

为什么成年人又回到了教室？最普遍的原因是为了提升职业水平，或是为获得新的工作而接受培训，但也有很多人仅仅就是为了充实自我（National Center for Education Statistics, 2011）。在经济低迷时期，就像我们近几年所经历的一样，重回教室的成人数量显著上涨（其中包括许多失业人士）。

五、教师短缺

美国学校教育面临的一个重要挑战是招募不到足够的教师。原因是多方面的，包括低工资、对于过度官僚化的失望情绪、年老教师的退休，以及入学率提高和班级规模的扩大，这些因素导致 2012 年美国出现将近 40 万的教师空缺（公立学校约占 32.5 万，私立学校占 7.5 万）。

这些缺口将如何填补？每年大概有同等数量的教育类专业的学生毕业，他们之中的大多数没有特定专业的学位，例如数学、生物或英语，而且很多人不能通过他们所中意的科目的州政府资格考试。因此，在许多学校特别是位于低收入社区的学校，老师可能仅仅比他们的学生早学了一章而已。换一个角度来说，全国接近一半的公立学校教师在 SAT 考试中得到的分数在全部考生中排在最末的三分之一（Quaid, 2008; Kristof, 2011）。

所有这些表明，教师短缺实际上只是优秀教师的缺乏。我们的公立学校教育要想取得进步，必须完成两件事：一是对教学水平不好的老师必须进行另外的培训或辞退；二是需要提升工资水平和社会地位以吸引优秀人才留在学校（Ripley, 2008; Kristof, 2011）。

清退不合格的教师（可能还有校长）意味着要改变那些使得工作若干年的人难以被开除的规则。吸收优秀教师取决于各种招聘策略的运用。一些学校开出了高薪（一个 30 岁左右的公立学校老师的平均年薪仅有 4 万美元）以吸引那些已经取得一定职业成就的教师。一些学校提供了签约奖金（特别是对于某些学科［如化学］较难被填补的职位）或者是给予住房津贴（在纽约等一些城市，置业的花费往往超出了教师的经济承受能力）。奥巴马总统（2007）曾写道，他认为学校所在地区给那些优秀尽责的老师支付的薪水应该达到 10 万美元每年——但是，他补充道，他们也必须能够辞退那些

教育学家们对于何为残疾儿童的最佳教育方式争辩已久。一方面，由受过培训的老师所配备的专门设施可能会对这些儿童有所帮助；另一方面，加入普通班级能够减少这些孩子被视作"与正常人不同"而被歧视的可能性。

不合格和表现不佳的人。

另一些办法还包括更多的发挥社区大学在教师培养方面的作用，以及政府和教育管理部门降低优秀教师获取职业资格证书的难度。最后，许多学校所在地区正在把目光投向全球，从西班牙、印度、菲律宾招募有才能的人登上美国学校的讲台（Evelyn, 2002; Ripley, 2008; Wallis, 2008; U.S. Census Bureau, 2011）。

关于美国教育的争论远远超出了这里所讨论的几个问题。"焦点中的社会学"栏目强调了大学生中男性比例下降的问题。

焦点中的社会学

21 世纪的校园：男生在哪里？

梅格：学校里的男生怎么这么少？

特里西娅：这有什么，我宁愿多花点心思在工作上面。

马克：我想这对我们男生来说感觉真的很酷。

一个世纪以前，美国大学和学院的校园就像挂着"男性专用"招牌一样，几乎所有的学生和教员都是男性。虽然有一些女子学院，但是更多的学校——包括在美国最有声誉的耶鲁、哈佛、普林斯顿大学——是把女性排斥在外的。

此后，妇女渐渐赢得了更多的平等权利。到 1980 年为止，学校里女性的数目已经和男性持平。

但是，接下来事情发生了令人惊讶的变化：女性在校园里的比例持续增加。结果到了 2009 年，美国的大学本科生中，男性只占 43%。当梅格·德龙（Meg DeLong）来到阿森斯的佐治亚大学她的宿舍时，迅速感受到了性别不平衡。她很快知道，大学第一年的同学中只有 39% 是男生。有的班级几乎没有男性，女生主导着课堂讨论。在课堂之外，梅格·德龙和她的同学们很快就抱怨，校园里的男性太少已经影响了她们的社交生活。当然，大部分男生的感受则有所不同（Fonda, 2000）。

是什么原因导致了美国大学校园里性别比例的改变？一种理论认为，年轻的男性被工作的诱惑吸引出了校园，尤其是在高新技术领域。这种现象在微软的创始人从大学退学并很快成为世界首富后有时被称为"比尔·盖茨综合征"（Bill Gates syndrome）。此外，研究者指出了一种反知识的男性文化。虽然女孩子们被吸引到学校认真学习，但是男孩子对学习并不那么重视。无论对与错，确实有更多男性认为不用付出几年时间和大笔金钱去获得大学文凭，他们也能获得很好的工作。

这种性别差异，在所有种族和所有年级都存在。在校非裔美国人中，只有36%是男性。收入水平越低，大学入学的性别差异越大。

很多大学的负责人对这一情况给予了重视。为了使得入学性别更加均衡，一些学校实行了有利于男性的平等权利行动方案。但是有些州的法院判定这些措施是违法的。因此，更多的学校采取了更积极的招生手段。例如，招生时对男性申请者给予更多的关注；强调本校在数学和科学方面的优势——这些是传统上能够吸引男生的领域。同时，许多学校努力提高少数族裔学生的比例，希望以此来吸引更多的男学生。

加入博客！

为什么大学里女生的数量超过了男生？你所在的大学是否存在性别失调？是否造成了问题？如果是的话，造成了什么问题？影响的是哪些人？访问 MySocLab 加入"焦点中的社会学"博客分享你的看法经历并了解别人的想法。

第七节　学校教育：展望

评价

尽管美国在大学教育方面仍处于世界领先地位，公立学校系统依旧存在许多尚未解决的严重问题。就学校教育的质量来说，美国正在落后于许多其他国家，这一事实让人怀疑美国是否能在未来的世界舞台上具有足够的影响力。

本章讨论的许多关于学校教育的问题都有其更深的社会根源。我们不能指望学校自身去提供高质量的教育。只有当学生、老师、家长以及社区共同投入到追求卓越教育的行动中来，学校才能够得以进步。简言之，教育问题是无法以权宜之计来应付的社会性问题。

在 20 世纪的很长时间里，美国只有两种教育模式：由政府设立的公立学校，和由非政府组织开办的私立学校。然而近几十年来，许多关于学校教育的新思想不断涌现，包括营利性学校教育和一系列的"择校"计划。在未来几十年，我们可能会看到大众教育领域的巨大改变，这些变化在某种程度上是以关注不同教育措施后果的社会科学研究为导向的。

另一个将持续影响学校教育的因素是信息技术。如今，几乎连最贫困的小学和中学都使用了计算机用于教学指导。计算机调动了学生更多的积极性，并且有助于他们按照自己的节奏取得进步。即使如此，计算机也终究无法像一位热爱教学的老师那样把个人的洞察力和想象力带入教学过程中。

科学技术也从来无法解决威胁学校的所有问题，包括暴力和僵化的官僚体制。我们需要的是一个广泛的社会变革计划，以重燃这个国家的雄心，提供高水平全民教育——这是我们尚未实现的目标。

第八节　健康和医疗

理解//

医疗是另一个在现代社会中急剧扩张的机构，它是指一种着重于对抗疾病和改善健康的社会机构。根据世界卫生组织（1946: 3）的定义，**健康**是指在理想的状态条件下，一种综合身体、精神和社会适应方面的完好状态。这个定义强调了健康既是一个生物学问题，也是一个社会问题的重要事实。

一、健康与社会

社会主要通过四种方式影响人类的健康：

1. **文化模式定义健康**。健康的标准因文化的不同而不同。一个世纪以前，雅司病，一种传染性皮肤病，因其在热带非洲非常普遍，那里的人都认为它是很正常、很普遍的现象（Dubos, 1980）。在美国，丰富的饮食非常常见，以至于大部分成年人认为饮食过量很正常，所以现在都超重了。由此可见，"健康"有时就是与邻居有同样的状况或疾病（Pinhey, Rubinstein & Colfax, 1997）。

人们对健康的定义同时也反映了他们对道德的评判。我们的社会成员（尤其是男性）认为"健康"是一种具有竞争性的生活方式，因为它符合我们的文化习俗，但有时压力也会导致心脏病和许多其他疾病。另一方面，虽然从生物学角度来看同性恋是正常的，但是道德上反对同性恋的人们通常把它看作"病态的"。因此，健康观念发挥社会控制的作用，促使人们遵从文化规范。

2. **健康文化标准随着时间变迁**。早在20世纪，一些医生警告女性不要去上大学，因为高等教育会让女性的大脑过度疲劳；有些则声称，手淫对健康构成威胁。我们现在知道，这些观点都是错误的。另一方面，五十年前，很少有医生知道吸烟或日晒过多对健康会造成危害，而现在我们都已认识到这些会严重影响健康。甚至是基本卫生方式也随着时间发生了变化。现在，美国的大多数人每天都洗澡，这相当于五十年前的三倍之多（Gillespie, 2000）。

3. **社会技术影响人们的健康**。在贫穷国家，由于营养不良和恶劣的卫生条件，传染性疾病广泛传播。随着工业化过程中生活水平的提高，人们的健康水平普遍提高。但同时工业技术也对健康造成了新的威胁。如第十五章（"人口、城市化和环境"）所述，世界资源的过度消耗和由此造成的污染，正威胁着富裕社会人们的健康。

4. **社会不平等会影响人们的健康**。所有的社会资源都是分配不均的。总的来说，富人比穷人身心更健康。

第九节　健康：全球调查

理解 //

因为健康与社会生活密切相关，在历史的长河中，随着社会的发展以及先进技术的应用，人类健康水平不断得到改善。当今世界各地，社会发展的差异也导致了健康水平的显著差异。

一、低收入国家的健康

在世界许多地方，贫困使得贫穷国家的预期寿命比富裕国家要缩短几十年。生活在撒哈拉沙漠以南非洲地区的人平均寿命为 55 岁，而在最贫穷的国家，近 10 个新生儿中有 1 个在一年内死亡，1/4 的人未及二十岁就死去了（Population Reference Bureau, 2010; World Bank, 2011）。据世界卫生组织报道，世界上约有 10 亿人——占总人口的 1/6——由于贫穷而患有严重的疾病。卫生条件差，营养不良对所有年龄段的人都是致命的。缺乏安全的饮用水也很常见，不安全的水携带大量的传染病菌，包括流行性感冒、肺炎和肺结核，这是当今贫困社会中普遍存在的杀手。更糟糕的是，这些地方医疗人员稀少，因此，世界上最贫穷的人——他们中有许多人生活在非洲中部——从未看过医生。

贫穷和疾病形成了典型的恶性循环，即贫穷滋生疾病，疾病降低人们的工作能力从而进一步加剧贫困。当医学技术被用来控制传染性疾病，贫穷国家的人口就会飙升，然而由于没有足够的资源满足当前人口的需求，贫穷社会无力承担人口增加的重荷。因此，贫穷国家降低人口死亡率的计划要想取得成功就必须同时降低人口的出生率。

二、高收入国家的健康

随着生活水平的提高，健康状况已得到普遍提高。但是，回顾过往，这种提升也并非一蹴而就。随着 18 世纪工业革命的兴起，城市工厂的工作岗位吸引了大批农民涌进城市，城市迅速变得拥挤不堪，并由此产生了严重的卫生问题。工厂的浓烟污染了空气，工地事故频繁发生。

工业化的发展逐渐提高了人们的生活水平，给大多数人带来了更好更安全的衣食住行，因此，1850 年后，人们的健康状况开始好转。此外，这个时期的医学进步开始控制传染性疾病。例如，1845 年，一位名叫约翰·斯诺的内科医生画出了伦敦霍乱患者的住址街道分布图，经研究后发现受害者均饮用了同一口井内的水，不久之后，科学家们查出了引起霍乱的细菌并研发出针对这种致命疾病的疫苗。早期的环境保护者，运用科学知识，与各种环境污染行为斗争，如工厂向饮用水源排放生产废水。至 20 世纪初，传染病的死亡率已大幅下降。

表 14-3　1990 年和 2009 年美国导致死亡的首要原因

1900	2009
1. 流感和肺炎	1. 心脏病
2. 肺结核	2. 癌症
3. 胃和肠道疾病	3. 肺部疾病（非癌）
4. 心脏病	4. 脑中风
5. 脑出血	5. 事故
6. 肾脏病	6. 阿尔茨海默病
7. 事故	7. 糖尿病
8. 癌症	8. 流感和肺炎
9. 婴幼儿期疾病	9. 肾脏疾病
10. 白喉	10. 自杀

资料来源：1900 年信息来自 William C.Cockerham, *Medical Sociology*, 2nd ed. (Englewood Cliff, N.J: Prentice Hall, 1986) p. 24。2009 年信息来自 Kenneth D. Kochanek, Jiaquan Xu, Sherry L. Murphy, Arialdi M. Minino, Hsiang Ching Kung, "Deaths：Preliminary Data for 2009" *Nation Vital Statistics Reports*, vol 59, no.4。

表 14-3 显示，19 世纪，人们的主要死因是流感和肺炎，当今美国已很少有人因此丧命。现在大多是慢性疾病导致死亡，诸如心脏病、癌症、中风等，而且通常是在晚年。

第十节 美国的健康状况

分析 //

美国是一个富有的国家,健康水平较世界标准普遍偏好。不过,仍然有某些人群的健康水平比其他人群的要更好一些。

一、谁是健康的?年龄、性别、阶层和种族

社会流行病学(Social epidemiology)是研究在整个社会人群中疾病与健康状况的分布。社会流行病学家通过研究流行病的起源和传播方式,试图弄清楚人们的健康状况与其周遭自然环境及社会环境之间的关系。在美国,最富裕和最贫穷社区的平均寿命差距为 20 年。我们可以通过年龄、性别、社会阶层和种族几个方面来分析这种差异。

● 年龄和性别

如今,年轻人群的死亡率很低。当然年轻人也会死于各种意外事故,或者像近几十年,死于获得性免疫缺陷综合征(即艾滋病)。

整个生命过程中,女性比男性更健康。首先,出生前或刚出生的男婴比女婴死亡率高。随着年龄增长,踏入社会后,男性比女性更好胜、更个人主义,导致男性发生事故、暴力及自杀的概率比女性高。如"多样化思考"所述,长期的急躁、野心失控、敌意暴发,这些被医生称为"冠状动脉倾向行为"的结合与美国文化中对"男性气概"的定义比较接近(Kochanek et al., 2011; Minino et al., 2011)。

● 社会阶层和种族

官方研究人员告诉我们,年薪超过 10 万美元的家庭中有 82% 的人认为他们的健康极好或非常好,而年薪不足 3.5 万美元的家庭中只有 52% 的人认为他们的健康极好或非常好。相反,只有大约 3% 的高收入人群形容他们的健康为一般或较差,但有 18% 的低

收入人群认为他们的健康不好（CDC, 2011）。

研究表明，非裔美国人和白人在对身体健康的渴望及寻求医疗帮助的自发性方面没有任何差异。但非裔美国人的贫穷率是白人的三倍——这有助于解释为什么黑人小孩更容易夭折，成年后又容易受暴力、毒品和不良健康状况的困扰（Schnittker, Pescosolido & Croghan, 2005; CDC, 2011; McNeil, 2011; U.S. Census Bureau, 2011）。

在美国，80%以上的儿童预期寿命都能达到65岁甚至更高。2009年出生的白人儿童的预期寿命比非裔儿童长4年（平均寿命为78.6∶74.3）。另外，与种族相比，性别是预示健康更有力的因素。因为非裔美国女性比任一种族男性的寿命都长。从另一个角度来看，81%的白人男性和仅68%的非裔男性能活到65岁。相比之下，有88%的白人女性和81%的非裔女性可以活到65岁以上（Arias, 2011; CDC, 2011）。

婴儿死亡率——即不满一周岁儿童的死亡率。尽管出生在美国最富有家庭的儿童的健康状况是世界上最好的，但美国弱势家庭的婴儿死亡率是优越家庭的两倍。美国最贫穷儿童和很多低收入国家（如尼日利亚和越南）儿童一样易受疾病的困扰。

二、吸烟

在美国，吸烟在可预防的健康危害物排行榜中名列前茅。自第一次世界大战后，吸烟在美国开始流行起来。每年大约有44万男女直接由于吸烟过早死亡，该数字超过了因酒精、可卡因、海洛因、凶杀、自杀、车祸、艾滋病等导致死亡的人数总和（CDC, 2008c）。吸烟的人也经常地更容易患上类似感冒的小病，孕妇吸烟更有可能导致自然流产、胎儿死亡、婴儿体重过轻。即使是不吸烟的人也会因二手烟的影响很容易患上由吸烟导致的疾病。卫生官员估计二手烟导致每年大约有46000人死于心脏病，3400人死于肺癌（CDC, 2008, 2010）。

在美国吸烟流行于第一次世界大战之后。尽管越来越多的证据显示其危害性，但吸烟一直流行至上一代。香烟流行的高峰是在1960年，当时有45%的美国成年人吸烟。美国疾病控制与预防中心（CDC, 2011）的数据显示，至2010年，只有19%的美国人在吸烟。另一个迹象是，40个州已经禁止在大多数或所有的公共场所吸烟，比如餐馆和酒吧。

多样化思考：种族、阶层和性别

男子气概：对健康的威胁？

杰夫：辛迪！如果你十秒钟之内不从那里出来，我就要破门而入了！

辛迪：别急，兄弟！我和你一样有同等的权利在浴室洗澡，我洗好了自然会出来！

杰夫：你打算在里面待上一整天吗？

辛迪：为什么你们男孩子总是那么着急？

医生称之为"冠状动脉倾向行为"，心理学家称之为"A型行为模式"，社会学家视之为男子气概的文化理念。这种态度和行为在我们社会中的男性身上更为常见，包括习惯性的不耐烦（"让开！"），不受控制的野心（"我一定要得到它，因为我需要它！"）还有不定向的敌意（"为什么人们这么白痴"？）

这种模式，虽然从文化的角度来看是正常的，但是急于成功的男性患上心脏病的风险很高。通过表现出A类人格特征，我们可能会完成工作，但是我们也开启了对人类心脏非常不好的复杂的生化进程。下面的问题有助于你确定自己的风险程度（或者对你而言很重要的人）：

1. 你是否认为你必须积极进取获得成功？是不是好人最没用？为了心脏着想，尝试着让敌意远离你的生活。从这里开始：让你的话语不再有亵渎，尝试着用同情代替侵犯，同情在处理与他人的关系中有出人意料的效果。从医学的角度来讲，用同情和幽默代替烦扰和恼怒将改善您的健康。

2. 你是否善于处理不确定性和反对意见？

你是否对他人失去耐心（"为什么服务生不来为我点菜？""这个混蛋竟然不明白！"）？我们都想知道接下来会怎样，我们都想别人会赞同我们。但这个世界往往并非如此。接受不确定性和反对意义会使我们更加成熟也更加健康。

3. 当你显露出积极情绪你会不舒服吗？

很多男性认为给予和接受爱——从女性、孩子和其他男性那里——是软弱的象征。但是医学上的事实是爱有益健康而发怒损害健康。

作为人类我们对于如何生活有多种多样的选择。思考一下你的选择，反思一下我们对男子气概的社会观念怎样使我们为难别人（包括那些我们爱的人），也为难我们自己。

你怎么想？

1. 男子气概的哪些方面不利于健康？
2. 为什么有那么多人不知道男子气概对健康的危害性？
3. 社会学在改善男性健康方面能发挥怎样的作用？

资料来源：Friedman & Rosenman (1974), M. P. Levine (1990)。

戒烟很难，因为香烟中含有尼古丁，一种使人的身体上瘾的药物。很多人吸烟是由于压力过大：离婚与分居的人可能吸烟，失业及在军队中服役的人容易吸烟。相比高收入及高学历的人群，吸烟在工薪阶层更为常见。吸烟的男性（22%）比吸烟的女性（17%）多。但是，作为唯一一种在女性中流行的烟草，香烟对女性的健康造成了致命的伤害。至1987年，肺癌已超越乳腺癌成为美国女性最主要的死因之一，占与吸烟有关死亡总数的39%（Pampel, 2006; CDC, 2011）。

在美国，烟草是一个价值900亿美元的产业。1997年，烟草业内人士坦言，吸烟有害健康，并同意禁止销售香烟给青少年。尽管在美国有禁烟的趋势，但是研究显示17%的高中生和33%的大学生至少是偶尔吸烟。另外，越来越多的年轻人口嚼烟叶以及用烟袋吸不同风味的烟草，这两种方式都对健康构成了威胁。

烟草行业不断扩展海外市场，尤其是对烟草制品规制较少的低收入和中等收入国家。在很多国家，尤其是在亚洲，大多数的男性吸烟。在全世界范围内，吸烟的成年人超过10亿（约占总人口的25%），大约每年消费6万亿根香烟，而且高收入国家的吸烟率仍没有任何下降的迹象。因此，世界卫生组织预测，吸烟——现在已经导致了全球每年600万人口的死亡——在本世纪末可能会导致10亿人的死亡，其中80%来自低收入国家（WTO, 2011）。

吸烟所产生的危害是确凿的。但好消息是，戒烟者的健康水平在戒烟后十年左右就会与从未吸过烟的人的健康水平相当。

三、饮食紊乱

饮食紊乱是一种疯狂的节食方式，或者是在变瘦欲望的驱使下采用不健康的方式控制体重。想要瘦的欲望本身经常是一种潜在的精神疾病或精神状况的征兆。饮食紊乱的一种是神经性厌食症，其特点是节食到饥饿的地步；另一种是贪食症，是指暴饮暴食之后强迫自己呕吐，以避免体重增加。

饮食紊乱并不常见——不到1%的成年人受这种疾病的困扰。同时，95%的患有神经性厌食症或暴食症的是女性。虽然来自于富裕家庭的白人患有这种疾病的风险更高，但实际上患有饮食紊乱的人来自各个社会阶层。对于女性，美国文化将苗条等同于成功以及对男性有吸引力。与此相反，对超重女性的刻板印象趋向于懒惰、邋遢甚至愚蠢（对超重男性亦然，只是程度更轻微）（M. P. Levine, 1987; A. E. Becker, 1999; National Institute of Mental Health, 2012）。

研究表明多数大学女生认为"男人喜欢苗条的女孩"，身材苗条对于外表吸引力至关重要，并且她们还没达到男人所喜欢的苗条程度。事实上，多数大学女生其实想变得比男生所期望的还要苗条。相比之下，通常男性对自己的体型更加满意（Fallon & Rozin, 1985）。

由于很少女性能够达到美国文化对美的不实际的标准，许多女性对自己形象不自信。对美的理想化形象导致许多年轻女性节食到危害健康甚至生命的地步。

饮食紊乱的人需要抗衡的不仅是疾病。研究表明，他们并非被人们视作饮食紊乱的人，而是被看作寻求关注的软弱者。实际上，饮食紊乱所带来的污名比抑郁症带来的污名更为严重（Roehrig & McLean, 2010）。

四、肥胖

虽然在美国诸如神经性厌食症或暴食症的饮食紊乱是比较严重的，但是这些还不是关乎饮食的最大问题。在总人口中存在日益严重的肥胖问题。美国目前拥有全世界最高的肥胖率。政府报告显示64%的美国成年人超重，而全球平均比例为12%。肥胖即指人体质量指数（BMI）在25.0到29.9之间，或者是比与身高相匹配的标准健康体重多10到30磅（约4.5—13.6千克）。美国有43%的超重人口属于过度肥胖，其人体质量

美国人口的肥胖率是世界上最高的，而且还在加剧。作为一个国家，我们是在体重方面的"大赢家"。这一趋势已经引发了大量流行的电视真人秀，例如《超级减肥王》，这个节目为那些在短时间内疯狂减肥的人而庆祝。但是，解决这种全国性肥胖趋势的方法是通过个人努力能达成的吗？我们的文化所发生的改变是否会引起整个人口向更健康的生活方式转变？

指数超过 30.0，这也意味着他们的体重至少比健康体重多 30 磅。调查数据显示美国肥胖问题有越发严峻的趋势。

【阅读 mysoclab.com 的文章《让他们吃胖：关于美国肥胖的沉重事实》。】

肥胖会限制身体活动，并增加诸如心脏病、中风和糖尿病等多种严重疾病的患病风险。据美国政府统计，每年用于治疗肥胖引发疾病的医疗费用，加上因这些疾病产生的误工费用总计约 1500 亿美元。最为严重的是，美国每年约有 11.2 万人死于与肥胖相关的疾病（Ferraro & Kelley-Moore, 2003; R. Stein, 2005; CDC, 2011; Stockdale et al., 2011）。

肥胖问题之所以引发全民关注，是因为目前美国约有五分之一的年轻人处于肥胖状态，这一比例是 1980 年时的三倍，而且还在不断上升（CDC, 2011）。这种趋势表明，当新一代的年轻人步入中年之后，将会面临更多的医疗问题，并可能最终扭转预期寿命延长的历史走向。

产生肥胖的社会原因是什么？原因之一是当今社会，越来越多的人坐在电脑屏幕前工作，而一个世纪前非常普遍的体力劳动工作方式已经被代劳了。即使是在工作之外，大多数家务劳动也由机器（或者其他人）代劳了。孩子们更多的是坐着看电视或者打游戏。

当然，另一个原因是饮食。在美国，普通人所摄取的食物比以往任何时候都含有更高的盐分、糖分和脂肪（Wells & Buzby, 2008）。而且人们吃得越来越多，2000 年，美国农业部报告显示美国普通成年人每年所消耗的食物量比 10 年前多 140 磅。通过新旧食谱、菜谱的比较发现以前可以供 6 个人食用的分量现在只够 4 个人食用。低收入群体患上肥胖的概率不断上升，一半是因为他们缺乏教育去做健康的选择，一半是因为低收入群体居住的社区商店供应更多的是便宜的高脂快餐，而有益于健康的水果和蔬菜则较少（Hellmich, 2002）。

> **了解我们自己·美国 1996 年和 2010 年的肥胖症情况**
>
> 相较于 1996 年每个州的肥胖人口比例，2010 年的同比数据显示：肥胖水平在每个州都呈上升趋势，在东南部一些州尤其明显。你认为哪些因素导致了我们国家越来越高的肥胖比例？

五、性传播疾病

虽然性活动能使双方都获得快感，并且它对人类的延续至关重要，但却可以传播五十多种性病（STDs）。因为我们的文化把性和罪恶联系在一起，有些人认为性病，不只是疾病而且是不道德的。

1960 年代"性解放"时期，由于初次性行为的年龄下降加之性伙伴数量的增加导致性病感染率急剧上升，性病引起了全民的关注。这意味着，在上个世纪，传染病普遍下降，但性病却是个特例。到 20 世纪 80 年代末期，由于性传播疾病的危险性上升，尤其是艾滋病，促生了"反性解放"，人们远离滥交（Kain, 1987; Lauman et al., 1994）。以下各节简要介绍几种常见的性传播疾病。

● 淋病和梅毒

在已知最早的性病中，淋病和梅毒是由因性接触传播的病毒所引起的疾病。淋病不治疗则会导致不育，梅毒则会损害身体的主要器官，导致失明、精神失常和死亡。

据记载，2010 年美国约有 243,400 例淋病和 13300 例梅毒，虽然实际数量可能会高出数倍。其中病例最多的是非拉丁裔黑人（68%），其次是非拉丁裔白人（20%）、拉丁裔（10%）、亚裔和原住民（2%）（CDC, 2011）。

淋病和梅毒用青霉素之类的抗生素可以较容易治愈。因此，这两者在美国都不是主要的健康问题。

● **生殖器疱疹**

生殖器疱疹是一种相当普遍的病毒，在美国至少有 2400 万青少年和成年人感染（占总人口的 1/6）。虽然疱疹远没有淋病和梅毒严重，但是却无法治愈。患有生殖器疱疹可能没有任何症状，或者他们可能会遇到痛苦的生殖器周期性疱疹，同时伴有发烧和头痛。尽管对成年人来说，疱疹不致命，但患活动性生殖器疱疹的孕妇在分娩时会传播病毒，新生儿感染病毒有可能致命。因此，患有生殖器疱疹的孕妇往往会采取剖宫产分娩（Sobel, 2001; CDC, 2011）。

● **艾滋病**

所有的性病当中最严重的是获得性免疫缺陷综合征（AIDS）。1981 年艾滋病被确定为不治之症，而且一旦患上几乎必定致命。艾滋病是由人体免疫缺损病毒（HIV）引起，它攻击白细胞，削弱人体免疫系统。因此艾滋病使人容易受到其他很多疾病侵害，并最终导致死亡。

2008 年美国死于艾滋病的人数达到 16088 人，同年据官方记载约有 32247 例新增感染者，使病例总数上升到 1,108,611 例。这其中有 594,496 人死亡（CDC, 2011）。

全球约有 3300 万人感染艾滋病——其中 250 万人年龄在 15 岁以下——艾滋病感染的数量持续增加。全球死于艾滋病的总数超过了 2500 万，美国 2009 年死亡的 180 万人口中 1% 死于艾滋病（UNAIDS, 2011）。数据显示非洲（尤其是撒哈拉以南的国家）艾滋病感染率最高，约占世界所有病例的 68%。联合国的一项研究表明，撒哈拉以南的非洲地区，15 岁的孩子面临感染艾滋病的概率是 50%，女孩感染艾滋病的风险尤其高，这不仅仅是因为艾滋病病毒更易于从男性传播到女性，也因为许多非洲文化鼓励女人顺从男人。据分析，现在的艾滋病危机威胁到非洲的政治经济安全，从而影响整个世界（Ashford, 2002; UNAIDS, 2011）。

一旦感染，HIV 病毒携带者并不显示任何症状，所以大多数人并不知道自己的病情。艾滋病的症状在一年或更长的时间内可能也并不会出现，在这段时间内感染者有可能会传染其他更多的人。五年内，1/3 未经治疗的感染者的病情会发作；十年内，这个数量达到一半；二十年内几乎所有的感染者都会发病。在低收入国家，艾滋病病情发展得更为迅速，很多人在感染之后几年内就会死去。

艾滋病是传染病但是并不会蔓延。也就是说艾滋病通过人与人之间的血液、精液和母乳传播，但一般的接触不会引起疾病传播，比如握手、拥抱、共用毛巾和餐具、一起游泳，甚至是咳嗽、打喷嚏。通过唾液（接吻）传播艾滋病的风险是极低的，通过性行为传播艾滋病病毒的风险因避孕套的使用而大大减少了。不过，节欲或与未受感染者有排他性的伴侣关系是避免感染艾滋病的唯一可靠方式。

一些特定的行为将人们置于感染艾滋病的高危境地，首当其冲的是肛交，可引起直肠出血，这样就更容易使得艾滋病病毒从一个人传染给另一个人。许多同性恋和双性恋男性有肛交行为这一事实有助于解释为什么这类人在美国艾滋病感染者中占到48%。

> **世界之窗·全球视角下的 HIV 携带者及艾滋病患者的成年人分布情况**
>
> 帕克·马斯滕去了明尼苏达的一所小学院；虽然对艾滋病有所认识，但他却并不认识任何 HIV 感染者。穆柯亚住在纳米比亚，那里有多达一半生活在农村地区的人感染了 HIV 病毒，他的父亲和两个堂兄弟都死于艾滋病。
>
> 全世界 68% 的 HIV 感染者来自撒哈拉以南的非洲。在斯威士兰，15 至 49 岁之间 1/4 的人为 HIV 携带者或艾滋病患者。这种非常高的感染率反映出其他性传播疾病的流行和不使用安全套这两个因素促进了 HIV 的传播。在泰国，15 至 49 岁之间 1.3% 的人为 HIV 携带者或艾滋病患者，北美洲和南美洲 HIV 感染者总数占到了全球总数的 9%，在美国 15 至 49 岁之间 0.6% 的人受到了感染，而与世界平均水平相比，伊斯兰国家的感染率极低。

*共用针头注射毒品*是第二种高风险的行为。目前，静脉注射的吸毒者占艾滋病患者的27%，所以，与静脉注射吸毒者有性接触也是很危险的。由于静脉注射吸毒的人通常是美国的穷人，所以艾滋病逐渐成为社会弱势群体的一种疾病。艾滋病患者当中少数族裔人口占多数，其中非拉丁裔黑人（占总人口的13%）所占比例为44%，拉丁裔（占总人口的16.4%）所占比例为19%。另外，艾滋病患者当中几乎80%的妇女和儿童是非裔或拉丁裔。相比之下，亚裔美国人和美国原住民总共只占艾滋病患者总数的1.4%（CDC, 2011）。

使用任何毒品，包括酒精，都会使人们在失去判断能力的情况下增加感染艾滋病的风险。换句话说，即使人们知道有被感染的风险，但是在酒精、大麻或其他毒品的影响下，还是错误地选择了性行为或静脉注射吸毒。

在美国，47%的艾滋病患者是通过同性恋之间的性接触受到感染的，但异性恋的性行为也可以传播艾滋病毒，而且感染的风险随着个人接触的性伙伴数量的上升而上升，尤其当他们属于艾滋病感染高危人群的时候。全世界范围内，异性性关系是艾滋病传播的主要途径，占所有感染者的三分之二。

治疗一个艾滋病患者的费用需要数十万美元，而且随着新的治疗方法的出现，治疗费用有不断上升的趋势。目前，政府医疗项目、个人保险和个人储蓄用于艾滋病治疗方面的比例很低。另外，还需要不断增加的费用来照顾至少7.5万美国艾滋病孤儿（全世界大约1660万）（Norwood, 2010; UNAIDS, 2011）。总体而言，毋庸置疑，艾滋病既是一个医疗问题也是社会问题。

1980年代初，美国政府对艾滋病危机应对迟缓，这主要是因为当时同性恋和静脉注射吸毒者被广泛认为是越轨者，但是针对艾滋病的研究经费有所增加（2012年联邦预算为284亿美元），而且研究人员已经研制出一些药物，例如蛋白酶阻却剂，可以抑制这种疾病的症状。但是，教育工程仍然是防治艾滋病最有效的武器，因为针对这种至今尚无法治愈的疾病，预防是唯一的抵御办法。

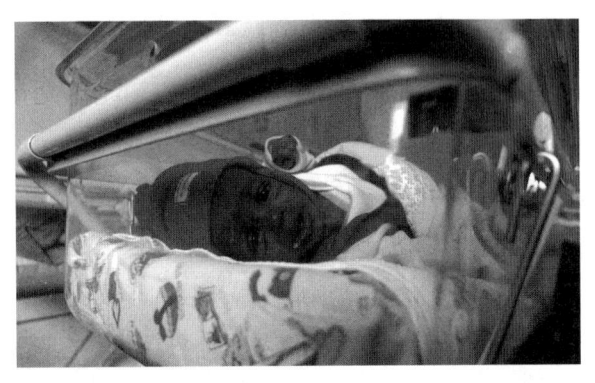

在非洲国家肯尼亚，每天约有300人死于艾滋病。在撒哈拉沙漠以南的非洲地区，这一病毒如此盛行，以至于一半的孩子终将会感染上艾滋病病毒。这是内罗毕的一个得了艾滋病的婴儿，他正在为生命而战。

六、关于死亡的伦理问题

现在，科技的进步可以让人类划定生死的分界线，人们必须决定如何来做以及何时这样做。也就是说，关于医疗技术的使用问题，除了健康和疾病之外还增加了一个伦理层面。

● 何时死亡？

常识告诉我们，呼吸和心跳停止就意味着死亡。但是复苏或更换心脏来维持心跳，人工维持呼吸，使这种死亡的定义已经过时。因此，美国的医学和法律专家将死亡定义为对刺激无反应、无运动、无呼吸，无反射，也无大脑活动迹象的不可逆转状态。（Ladd, 1979 wall 1980 D, G Jones, 1998）。

● 人究竟有没有死亡的权利？

现在，医务人员、患者家属以及患者本人对于决定何时结束晚期病人的生命都会有很大的压力。这其中最难解决的是美国境内15000个永久植物人，他们无法表达生死选择的意愿。

一般而言，医院和医生的首要职责是维持病人的生命，尽管如此，一个精神健全的人在面临即将死亡的过程中，不管是在当时，还是提前通过生前遗嘱（Living Will）文件都可以拒绝治疗甚至拒绝给养。这样的生前遗嘱申明了一个人在生病或受伤到无法做出决定时接受或拒绝治疗的程度。

安乐死（mercy killing，或 euthanasia）是指帮助患有不治之症的病人没有痛苦地死去，安乐死（euthanasia 源于希腊语，意思是"好的死亡"）产生了两难的伦理困境，它是一种善意的行为却也是一种杀害的形式。

是否有"死亡的权利"是当今最困难的问题之一。所有患有不治之症的人们都有权拒绝有可能延长他们生命的治疗。是否应该允许医生协助病人死亡是目前争论的核心问题。1994 年，美国的三个州——华盛顿州、加利福尼亚州和俄勒冈州就是否应该让医生帮助那些想要结束生命的人选择死亡进行投票。只有俄勒冈州通过了提案，但是相关法律很快遭到了反对，并一直搁置下来，直到 1997 年才再次表决认可。自那以后，俄勒冈州的医生合法地协助 525 名绝症患者实施安乐死。但是，1997 年，根据美国宪法，美国最高法院判决，基于美国宪法，不存在"死亡的权利"，这使得安乐死的相关法律扩展的速度减缓下来。

积极安乐死的支持者们——让一个垂死的人在医生的帮助下快速死亡——认为有些情况下（例如垂死之人承受巨大痛苦的时候）死比生更好一些。批评者则反驳说，允许安乐死会招致滥用。他们担心病人因为怕给家人增加护理负担或者承受不了高昂住院费用的压力，从而选择结束自己的生命。在荷兰，医生协助病人安乐死是合法的。荷兰的一项研究表明：在所有安乐死的实例中，约有五分之一患者并未明确要求安乐死（Gillon, 1999）。

在美国，大多数的成年人对给予濒死者选择在医生的帮助下死亡的权利表示支持（NORC, 2011: 416）。因此，关于死亡权利的争论还将持续存在。

第十一节 医疗机构

理解 //

在人类历史的部分时期中，医疗保健是个人和家庭的责任，只是随着社会生产力提高、人们从事更专门的工作，医疗作为一种社会机构才开始出现。

现在生活在农耕社会中的人们仍然求助于传统的保健医生，包括针灸师和草药医生。在工业社会，从麻醉医师到放射检验员，从事医疗保健的都是受过专门训练的持有许可证的专业医师。现代工业社会的医疗机构产生于200年前。

一、科学医学的兴起

殖民地时期，草药医生、药剂师、理发师、助产士和牧师从事医术。但并非所有的医疗都奏效，不卫生的仪器，缺少麻醉、知识的贫乏使得外科手术成为对患者可怕的折磨，得到救治的人数，可能与因医生的治疗而丧命的人数不相上下。

医生按照科学程序研究人体结构和人体机能，并强调通过手术和药物的使用来治疗疾病，由此使医学成为科学。在专业知识方面，医生逐渐将自己定位为拥有医学学位的专业人才。美国医学协会成立于1847年，这意味着医学的科学模式逐渐被接受。

然而，传统的医疗从业者也有他们的支持者。但是美国医学协会并不认可他们，并且通过资格认证来控制他们。二十世纪初期，国家认证委员会只认可接受过美国医学协会培训的医生，结果，教授其他治疗技能的学校开始关闭，并很快将行医治疗限定于持有医学博士学位的个体。因此，医生的声誉和收入急剧上升；目前，持有医学博士学位的医生，平均年收入为20万美元（U.S. Department of Labor, 2011）。

那些从事不同医疗领域的医生，例如整骨医生，认为他们别无选择只能遵照认可美国医学协会制定的标准。因此，整骨疗法家（拥有整骨医学博士学位）以前是通过矫正肌肉骨骼系统来治愈疾病，而现在他们也像其他医生（拥有医学博士学位）那样采用药物来治疗疾病。脊髓指压治疗者、草药治疗师和助产士现在仍然用自己特殊的方式行医，但他们在医学界的地位较低。支持科学医学和偏好传统治疗方法的人之间的论战一直持续至今，在美国和其他许多国家都如此。现在越来越多的美国医院将传统医学和各种"替代"疗法实践相结合，尽管许多这样的疗法并没有被医疗保险所覆盖（Andrews, 2012）。

科学医学，经由城市中收费昂贵的医学院讲授，也改变了医生的社会形象，以至于大多数医生出身优越并在城市行医。女性在康复治疗的很多领域发挥着很大的作用，但是却被美国医学协会排斥在外。一些早期的医学院培养女性和非裔，但是由于缺少资金来源，大多数学校耗尽了资金最终关闭了。仅仅是在最近几十年，医学界的社会多样性才有所增加，女医生和非裔医生分别占到 32% 和 6%（U.S. Department of Labor, 2011）。

二、整体医学

整体医学（holistic medicine）的引入使得医学的科学模型得到了调和。整体医学是一种医疗保健方法，这种方法强调预防疾病，并全面考虑到个体的身体和社会环境。虽然整体医学的医师们赞成对药物、手术、人造器官的使用，但他们强调治疗不仅针对症状而应是整个人；同时，他们强调的重点是健康而不是疾病。整体治疗包括三种基础理念（Gordon, 1980; Patterson, 1998）：

1. **把病人视为人**。整体医学的从业医师不仅关注病人的症状而且也关注病人的生活环境和生活方式对其健康造成的影响。他们拓展了传统医学发挥作用的范围，在消除贫困、抵制环境污染以及其他有害于公共卫生的方面发挥了积极的作用。

2. **鼓励责任，而非依赖**。科学的医疗方法提倡医生对病人的健康负责，病人遵循医嘱接受治疗。整

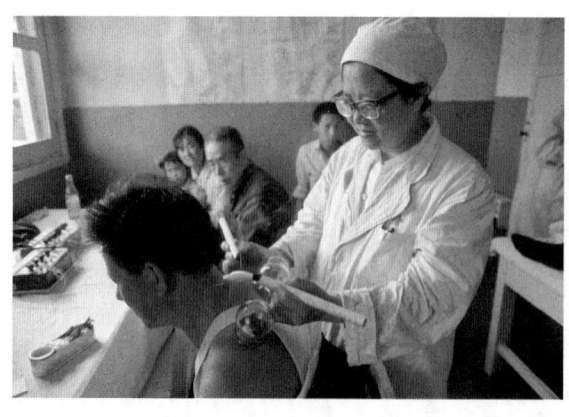

在世界各地，传统的医疗人员提升人们的健康。图片中是一位来自中国四川省遂宁的病人正在接受传统的针灸治疗。你认为美国人接受传统疗法吗？为什么？

体医学的医生通过强调促进健康的行为，试图转变医生和病人的职责，他们主张积极主动地对待健康而不是被动地接受疾病。

3. 提供个性化的治疗。科学的治疗不管是在医师办公室还是在医院，都是以疾病为中心；而整体医学的医生更支持人性化、像家一样令人放松的环境。

总而言之，全面的医护治疗并不反对科学的医学方法，只是科学的医学方法强调治疗疾病，而全面的医护治疗更强调实现每个人的健康。既然美国医学协会认证了50多种医疗专业，当然也需要有关注患者整体的医师。

三、医疗付费：一项全球调查

随着高科技在医学领域的应用，工业社会的医疗费用暴涨。世界各国也已经实行不同的策略支付医疗费用。

● **中国**

中国经济快速增长，但仍然主要是一个农业国家，它所面临的巨大任务是要满足超过13亿人的医疗保健需求。中国已经尝试私人医疗，但是政府控制着大部分的医疗服务。

中国的"赤脚医生"大致相当于美国的医务辅助人员（paramedic），他们把一些现代的医疗方法带到农村地区用于救治农民。同时，一些传统的治疗方法，包括针灸和草药，仍被广泛地采用。中医的治疗方法是基于对相互作用的身心的整体关注（Kaptchuk, 1985）。

● **俄罗斯**

俄罗斯已经由之前国家主导的经济逐渐转变为市场经济。为此俄罗斯的医疗保健也在发生转变。但依然是由国家政府负责全

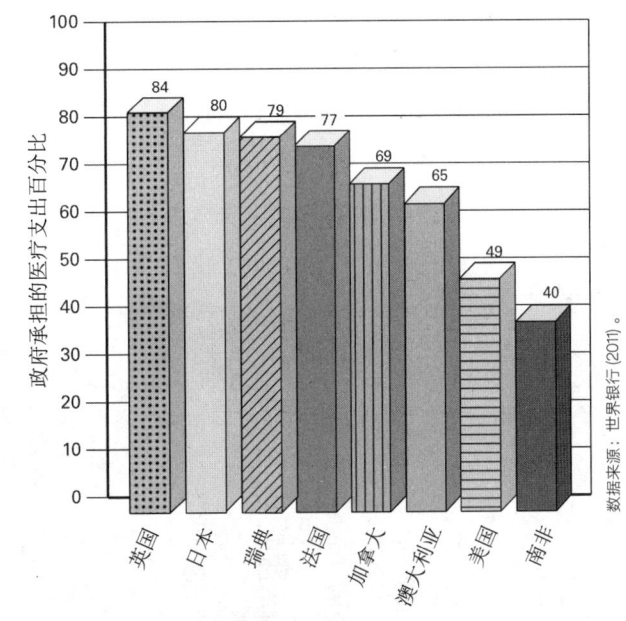

英国 84　日本 80　瑞典 79　法国 77　加拿大 69　澳大利亚 65　美国 49　南非 40

数据来源：世界银行（2011）。

全球概览

图14-2　各国公费医疗制度覆盖的范围

大多数高收入国家的政府对人民的医疗费用支付的比例比美国政府大很多。

民的医疗保健，政府宣称每个人都享有基本的医疗保健权利。

正如在中国，在俄罗斯人们更多地诉诸政府公立医疗机构。内科医生的收入要比美国的医生低很多，大约相当于熟练的产业工人的工资收入（相比之下，美国医生的收入约为工人收入的 5 倍）。另外，俄罗斯医生中约有 72% 是女性，而美国只有 32% 的女性医生。如同我们的社会，在俄罗斯联邦，女性占主导地位的职业收入较低。

近年来，俄罗斯联邦卫生遭受挫折，部分原因是生活水平下降。不断增长的医保需求与政府的健康方面支出的削减已经造成官僚体系的紧张，这一官僚体系原本就至多能提供高度标准化非个性化护理。乐观的看法是随着生活水平的提高，医疗服务的质量会有所改进。在俄罗斯不确定的时期相对确定的则是医疗保健的不平等将进一步加剧（Landsberg, 1998; Mason, 2004; Zuckerman, 2006; O'leary et al., 2009）。

● **瑞典**

1891 年，瑞典开始了强制性的、综合的政府医疗服务。市民需要为此交税，瑞典的税收跻身于世界最高之列。通常情况下，医生是政府雇员，并且大多数医院是由政府管理的。瑞典制度被称为**社会化医疗**，即政府拥有并且操控大部分的医疗机构。图 14-2 显示的是一些高收入国家的公费医疗比例。

● **英国**

1948 年，英国通过创设医疗服务的双重体系实现了社会化医疗，所有英国公民都享有由国民保健署（National Health Service）提供的医疗保健。但是，那些有负担能力的人也可以到私人经营的医院就医。

美国的个人主义文化导致许多人认为人们应该为自己的健康和医疗负责。2010 年的医疗体制改革是向政府应该保障每一个个体拥有基本医疗保障这一观念的跨越。这并不奇怪，2010 年的医改是有争议的，现在美国最高法院也正在重新审查这一法案。关于这个问题你的观点是什么？

● 加拿大

自 1972 年以来，加拿大实行"单一保险人制度"，对所有加拿大人提供医疗服务。加拿大政府就像一个巨大的保险公司，根据一系列的费用计划来支付医生和医院的医疗费用，尽管成本是由政府管制的。

加拿大自称其医疗体制为全民提供医疗但成本又低于美国（非普遍性的）医疗体制。然而，类似于英国，加拿大的医疗体制的技术先进性不够而且反应比较慢，这意味着人们要做大手术，就可能要等上好几个月。加拿大的医疗体制提供全民性的医疗，不论公民收入高低。而在美国，低收入的人群往往无法得到医疗服务（Rosenthal, 1991; Macionis & Gerber, 2008）。

7月31日，蒙特利尔，加拿大。我拜访了口腔外科医生的家，（从他的豪宅来看）他似乎过得很不错。但是他抱怨加拿大政府为了压低医疗费用，将医生工资的上限定为 125,000 美元。因此，他解释说许多专家已经离开加拿大去了美国，在美国他们可以有更高的收入；其他的医生和牙医只是对他们的行医有所限制。

● 日本

在日本，虽然医生是私营的，但医疗费用由政府和私人保险联合支付。表 14-2 所示，日本的医疗服务方式很像欧洲，通过政府来支付大量的医疗费用。

四、支付医疗费用：美国

即使是在 2010 年历史性的医改之后，美国在高收入国家中仍是唯一一个没有全民性的、政府运作的医疗服务计划的国家。美国是**直接收费制度**，在这种医疗服务体制中，患者直接支付医生和医院提供的医疗服务。欧洲人依赖政府提供 70% 到近 90% 的医疗费用（通过税收支付），但是美国政府仅仅支付 49% 的医疗费用（U.S. Department of Health and Human Services, 2012）。

在美国，富人可以买到世界上最好的医疗服务；但是美国穷人所能享有的医疗服务比欧洲的穷人还要差。这种差异解释了为什么与欧洲的许多国家相比，美国的婴儿死亡率和成人死亡率都相对较高（Population Reference Bureau, 2011）。

美国的缅因州、佛蒙特州、马萨诸塞州已经制订了为每个人提供医疗服务的计划。

为什么美国没有为全民提供医疗服务的国家计划？第一，"二战"期间，政府冻结了工人的收入。作为对冻结工资的补偿，越来越多的雇主开始为工人提供医疗福利。第二，工会更多的是从雇主那里谋求更多的医疗服务，而不是诉诸通过政府项目。第三，因为美国的文化强调自力更生，公众更喜欢求助于私人的雇佣体系。第四，美国医学协会和保险业一贯强烈反对国家医疗服务。

毫无疑问，美国的医疗服务是非常昂贵的。同时美国的医疗支出也在急剧增加，从1950年的120亿美元增加到2010年的超过2.5万亿美元（U.S. Department of Health and Human Services, 2012）。相当于每人8400多美元，比其他任何一个国家的医疗开支都高，那么谁来支付医疗费用呢？

● 私人保险

2010年，美国大约有169,000,000（55.3%）人从雇主或工会那里获得医疗保险。另外有30,000,000人（9.8%）自己购买了一些私人保险。结合上述数据，64%的美国人拥有私人保险，尽管这些保险鲜少会支付所有的医疗费用（U.S. Census Bureau, 2011）。

> **社会化医疗** 政府拥有、运营大多数医疗机构并雇用大多数医生的一种医疗服务体系
>
> **直接付费制度** 患者直接向医生和医院支付费用的一种医疗服务体系

● 公共保险

1965年，美国国会设立了（老年和残障）医疗保险（Medicare）和医疗补助（Medicaid）。医疗保险为超过65岁的老人支付部分医疗费用；2010年，该制度覆盖了44,000,000人，约占总人口的14.5%。同年，为穷人提供医疗保障的项目医疗补助为另外48,500,000人提供了相关福利，约占总人口的16%。另有12,800,000名退伍军人（占总人口的4%）能够在公立医院中获得免费医疗。综上，美国有31%的人从政府获得了医疗福利，但多数也享有私人保险 U.S. Census Bureau, 2011）。

● 健康维护组织

美国约有75,000,000（25%）的人参加了健康维护组织（HMO）项目，该项目为缴纳固定费用的用户提供综合的医疗。HMO的成本和收益各不相同，而且它也不提供全额保险。如果用户保持健康，固定费用会让这些组织受益；因此，许多组织都采取预

防措施以保持会员健康。然而，HMO 因为拒绝为他们认为不必要的医疗流程支付而遭到批评。美国国会目前正在讨论，何种程度时病人能够诉请 HMO 以获得更好的医疗服务。

总的来说，美国 84% 的人或者享有某些私人医疗保险或者享有某些公共医疗保险。然而大多数保险计划不提供全额保险，所以严重的疾病甚至会威胁到经济困难的中产阶级。许多保险计划也将很多医疗服务排除在外，比如牙科护理、精神健康治疗和药物滥用。更糟糕的是，50,000,000 人（约占总人口的 16%）根本就没有医疗保险，尽管这其中 67% 的人都在工作。几乎同样多的人每年因被解雇或者工作变动而暂时失去医疗保险。处于医疗困境中的多数是中低收入人群，他们无力承担维持健康的预防性医疗（Brink, 2002; U.S. Census Bureau, 2011）。

● **2010 年医疗保健法案**

2010 年，美国国会通过了一项方案，使得美国的医疗保健支付方式发生了重大转变。这一法案在未来十年内预计将花费近 1 万亿美元的巨资，而效果将会慢慢分阶段显现。

下面是这一新法案的几个要点：

1. 从现在开始，所有的家庭都要缴纳保险税。低收入家庭会得到补贴，以帮助其支付保险费用；高收入家庭要以更高的税率支付，以帮助支持这一项目。

2. 颁布新法案六个月后，根据法律，将不允许保险公司因为客户生病而拒保，也不能因为宿疾状况而拒绝支付儿童的保险金。

3. 保险公司不能在保费额度上设限，他们将为每个人终生支付医疗费用。

4. 父母将子女纳入他们的健康医疗保险计划，一直到孩子 26 岁。

5. 到 2014 年，保险公司将不能再因为已有的健康问题而拒绝支付任何年龄任何人的医疗费用。

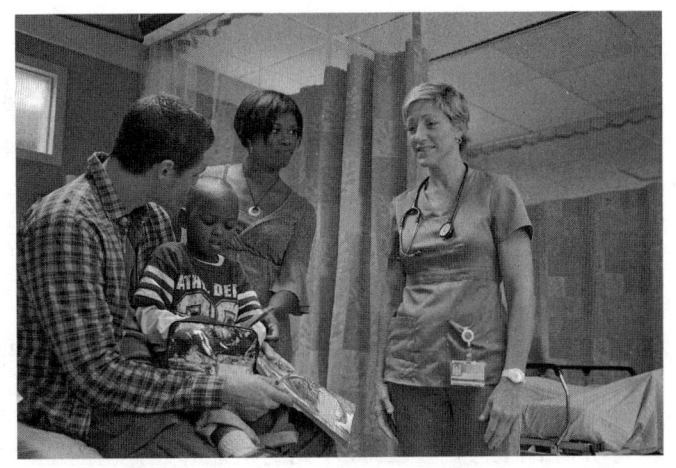

美剧《护士当家》（Nurse Jackie）充分展示了纽约一所大医院急诊室的护士所面临的挑战。在美国，对护士的需求量不断增加，你会考虑从事护理事业吗？

6. 到 2014 年，所有家庭将都被要求购买保险。政府将监管可能的收益和成本。

7. 从 2014 年开始，对于那些不购买保险的人开出罚单；这些罚金将会随时间而增加。

总之，2010 年的医疗保健法案将为美国 5000 万没有医疗保险的人当中的 3200 万人提供医疗保险。奥巴马政府声称，这一法案虽然并不能覆盖所有人，但至少是迈向这一目标的重要一步。

五、护士短缺

美国医疗服务方面的另一个问题是护士短缺。2009 年，美国约有 310 万的注册护士（拥有注册护士学位的人），比 2004 年增长了 5%。同时，仍然有超过 10 万的护士岗位空缺。预计到 2025 年护士短缺数量将会增加到 25 万（American Association of Colleges of Nursing, 2011; U.S. Department of Health and Human Services, 2012）。

造成护士短缺的原因归为几个因素：首先，医疗技术的进步让更多的疾病能够得到治疗。其次，医院门诊服务快速扩张，比如同一天的手术、康复和化疗。再次，预防性治疗受到越来越多的关注，而不只是治疗疾病或处理事故，这意味着接受治疗的人数比以往都高。最后，也是最重要的，美国人口老龄化正在占用越来越多的医疗服务。

自 2004 年起已有 50 万人加入了护理行业。虽然如此，因为对护士的需求量如此之大，以至于新增的护士数量仍然难以满足需求。护士短缺的原因之一是护理专业教师短缺，这也限制了专业毕业生的数量；另一原因是现在的年轻女性职业的选择范围更广，护士这一传统的女性职业对她们的吸引力很弱。一个显然的事实就是目前在职护士的中值年龄不断上升，已经达到 46 岁。另外，现在很多护士都对她们的工作条件不满，称照顾病人负担沉重，经常加班，紧张的工作环境，上司、医生和医院管理者对她们有失尊重和认可。

护士短缺危及医疗护理。一项研究表明由于护士短缺，造成每年有 6000 多病人因得不到及时治疗而丧命。这些事实正促使护士行业做出变革。薪金从医院护理和儿童医疗机构的普通护士 62000 美元到认证麻醉护士的 136,000 美元都开始上涨。有些医院和医生通过提供签约奖金来吸引新护士。另外，护士计划正努力招募人群多样化的护士，招募更多的少数族裔护士（目前占护士总量的 16.8%），特别是更多的男护士（男性注册护士目前只占 7%）（Marquez, 2006; U.S. Department of Health and Human Services, 2010; U.S. Bureau of Labor Statistics, 2011; American Association of Colleges of Nursing, 2012）。

第十二节　健康医疗的理论分析

运用 //
社会学的每一种理论方法都有助于我们组织和理解关于人类健康的事实和问题。

一、角色分析：结构功能理论

塔尔科特·帕森斯（Talcott Parsons, 1951）将医学视为保证社会成员健康的社会策略。帕森斯认为疾病是一种功能失调，因为它降低了人们扮演角色的能力。

● **病人角色**

社会对疾病的回应不仅包括对患者提供医疗还有赋予患者**病人角色**，即病人的行为模式被认定为合理。帕森斯认为，病人角色将人们从诸如工作或上课的日常职责中解脱出来，然而，人们不能简单地声称自己病了，他们必须"符合病人的角色"，并且病情严重时会得到医学专家的帮助。扮演病人角色之后，病人必须想好起来，而且必须尽一切所能恢复健康，包括与健康专家的配合。

● **医生的角色**

医生对病人的病情进行诊断并且要帮助他们恢复健康。为此，医生利用专业知识、期待病人能够遵医嘱，从而完成治疗。

● **评价**

帕森斯把对疾病和医疗的分析同更广泛的社会组织联系起来，还有人把病人角色的概念延伸到一些诸如怀孕等非疾病状态（Myers & Grasmick, 1989）。

病人角色概念的局限性在于，相对于一些不可治愈的慢性病（如心脏病）来说，它比较适用于急性病（如流感或腿部骨折）。另外，病人扮演病人角色（为康复而停职）的能力取决于个人所能获得的资源。最后，疾病并非完全意义上的功能失调；它有时会产生一些积极的影响。很多经历大病的人认为生病使他们有机会重新审视自己的人生，让他们更好地理解什么才是对他们真正重要的（D.G.Myers, 2000; Ehrenreich, 2001）。

● **检查你的学习**

定义病人角色。如何将疾病转化为有助于社会运转的角色？

二、健康的意义：符号互动理论

根据符号互动理论，社会不是一个宏观的系统，而是一个复杂的不断变化的现实。这一理论认为健康和医疗是人们在日常互动中的社会建构。

● **疾病的社会建构**

如果健康和疾病都是社会建构的，贫穷社会的人们可能会将营养不良视为正常现象。同样，我们社会中的许多人也很少会考虑到丰富膳食的危害性。

我们对疾病的反应是基于疾病的社会定义，这一定义可能与医学事实相符合也可能不符合。艾滋病患者可能会受到毫无医学根据的偏见。同样，学生们在放假前夕可能不会注意到生病的征兆，但却会在期中考试前几个小时因为流鼻涕就赶往医务室。简而言之，健康并不是客观事实而是协商的结果。

人们如何定义医疗状况实际上可能会影响他们的感受。医学专家对身心失调（psychosomatic 希腊语指"心"与"身体"的融合）感到很惊奇，人的心理状态会支配身体感觉（Hamrick, Anspaugh & Ezell, 1986）。运用社会学家威廉·埃萨克·托马斯（W. I. Thomas）的原理（第四章"日常生活中的社会互动"），即如果我们认为健康或者疾病是真的，那么结果它就是真的。

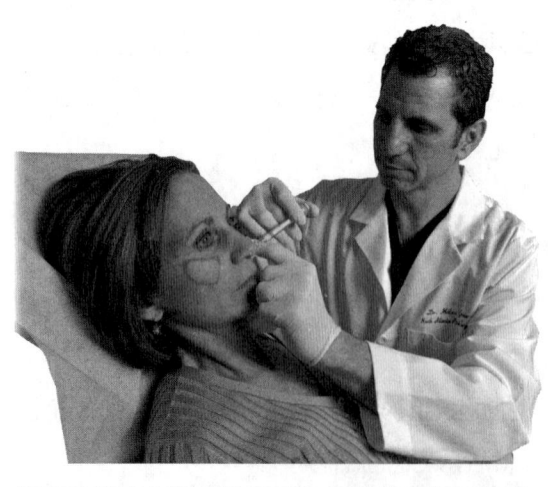

健康是基于文化的标准来界定的，对美的定义也是如此。美国每年都有数百万人进行整容手术，目的是使他们的外表符合人们的社会评价。

● **治疗的社会建构**

在第四章，我们使用欧文·戈夫

曼的拟剧理论来解释医生如何调适自身所处的实际环境（办公室）与他们的行为（自我表演），以便让他人认为他们是一位有能力并且负责人的医生。

社会学家琼·爱默生（Joan Emerson, 1970）通过对男医生操作妇科检查进行分析并进一步阐释了现实的社会建构过程。男医生实施妇科检查的行为可能很容易被严重误解，因为传统上把男人抚摸女人生殖器看作一种性行为，甚至可能是一种性侵犯。

为了确保人们将这种情况视为客观和专业的，医务人员穿着制服，并且检查室里除了医疗设备外，其他什么都不放。医生采用这样的行为目的是使病人感到检查生殖器部位与检查身体的其他部位是没有什么区别的。在检查过程中，通常有一位女护士在场，这样不但可以协助医生，而且可以避免人们产生"孤男寡女共处一室"的印象。

医学院校很少教授管理情境定义的知识。疏忽这一点是非常不幸的，因为正如爱默生的分析所表明的，医务人员懂得如何在检查室建构事实与掌握治疗所需的医疗技能是同样重要的。最近一项研究发现社交能力弱的医生，即使他们医术高明，也很有可能成为病人抱怨和诉讼的对象（Tamblyn, 2008）。

● 个人身份的社会建构

最后一个通过符号互动理论分析得出的观点是，手术是如何影响人们的自我想象与社会认同的。医疗过程之所以对我们的自我评价产生极大的影响，是因为文化对我们的身体器官和其他部位赋予了重要的象征意义。（比如说，在战争中）失去一条腿的人们常常严重怀疑自己是不是还和以前一样是一个健全的人。手术的效果也很重要，即使体型并没有明显的变化。例如，简·埃尔森（Jean Elson, 2004）指出美国超过 1/3 的女性最后会通过手术切除子宫。在对那些有过此类手术的女性进行访谈的时候，埃尔森发现典型的是女性对性别认同存在严重的自我怀疑。换句话说，即经常自问"我还是一个女人吗？"只有 10% 的子宫切除手术是为了治疗癌症，大部分的人是为了防止疼痛，出血或囊肿——这些情况并未危险到舍此别无治疗方法的程度。埃尔森指出，如果医生意识到失去子宫对众多女性的象征意义有多么重要，那么他们可能会考虑选择其他的治疗方式。

许多接受乳房手术的女性都有很多相同的反应，她们怀疑自己的女性身份，同时也担心男性会对她们失去兴趣。如果让男性体会到此类医疗过程的重要意义，只需想象男性在手术中切除了部分或全部的生殖器官之后，他们会如何反应。

● 评价

符号互动理论显示：人们对于什么是健康，什么是有害的，取决于许多因素，而不完全由严格意义上的医疗决定。这种理论方法同时也显示，在所有的医疗过程中，病人和医务人员都会有一个微妙的现实建构的过程。最后，这种方法也有助于我们理解肢体和其他身体器官的象征意义。由于事故或者实施手术而失去身体的任何部位都会对个人认知产生重要的影响。

通过关注人们赋予健康或者疾病的含义，符号互动理论因为暗示关于健康没有客观的标准而招致批评。某些物质条件确实会使人们发生一些具体的变化，不管我们怎样看待这些物质条件。例如，缺乏营养和安全用水的人们受到不健康环境的损害，他们认为环境是正常还是不正常呢？

最近一项研究表明，现在美国刚入学的大学生中，认为自己健康状况高于"平均水平"的大学生所占的比例，从1985年的男性74% 女性54%，降低到了2010年的男性68% 女性46%（Astin et al., 2002; Pryor et al., 2011）。你认为这种趋势反应的是人们观念的变化还是健康水平真的下降了（据说是由于吃了更多不健康的食物）？这项研究同时也发现认为身体素质比平均水平低的女性要多于男性——你能提供哪些解释呢？

● **检查你的学习**

健康和疾病的治疗都是社会建构的，请解释一下这句话是什么意思？

三、不平等和健康：社会冲突和女权主义分析

社会冲突分析指出了健康与社会不平等之间的关系。一些分析从卡尔·马克思那里得到了启示，把医学与资本主义运作联系起来。另外，女权主义者将医学与性别歧视和性别分层联系起来。最受关注的三个主要问题是医疗保健的可及性；利益动机的影响和医学的政治化。

● **社会冲突理论：医疗保健的可及性**

健康对每一个人都是很重要的。但是通过要求个人支付医疗费用，资本主义社会使得最富有的人享有最好的医疗保健。相对于其他高收入的国家，美国的医疗保健的可及性问题要严重得多，这是因为美国没有全民医保制度。

冲突理论认为资本主义给富人提供最优质的医疗保健，但这是以损害其余人口的医疗保健为代价的。目前美国有超过5000万的人没有任何医疗保险，他们来自中低收入人群。

● 马克思主义理论：资本主义与利益动机

有些社会冲突分析者进一步认为，真实的问题不是医疗保健的可及性，而是资本主义医疗体系本身。利润动机促使医生、医院和制药行业转变为数十亿美元的大公司。谋求更高利润的动机助长了不必要的检查、外科手术和对昂贵药物的依赖，而非集中于改善人们的生活方式和生活条件。

在美国，每年完成约2500万例的外科手术，而这其中有3/4的手术是本可以选择做或不做的，也就是说他们是旨在提高长期健康，而不是在医疗紧急情况下进行手术的。当然，任何一个医疗过程或药物的使用都是有风险的，并且对5%到10%的病人是有伤害的。因此，社会冲突理论家认为，手术不仅反映了患者的医疗需求，而且还反映了医生和医院的经济利益（Cow-ley, 1995; Nuland 1999）。

最后，社会冲突理论家认为，我们的社会对医生为了追求经济利益而要求病人进行检查和手术的行为太过宽容（Pear & Eckholm, 1991）。医疗保健应该以关注人而非利益为驱动。

● 女性主义理论：作为政治的医疗

虽然科学宣称自己在政治上是中立的，但女性主义者断言科学医学在重要的社会问题上常预设立场。比如，医疗机构一直强烈反对政府的医疗保健计划，还有就是直到最近才允许相当数量的女性加入医生的行列。从医学发展史可以看到，不但种族和性别歧视使得女性和有色人种被排斥在医学之外，而且这些歧视还被所谓的女性和其他少数族裔是劣势的"科学"观点所支持（Lwavitt, 1984）。比如"歇斯底里症"的诊断，这个术语（hysteria）起源于希腊语"hyster"，意为"子宫"。当选择这个词来描述一种狂野的情绪状态时，医学是在暗示女人某种程度上就等同于非理性。

按照冲突理论的观点，即使在今天，科学医学解释有关细菌和病毒方面的疾病时仍然忽视贫困、种族主义和性别歧视所带来的破坏性影响。实际上，科学医学通过把社会问题转化成简单的生物学问题，隐瞒了在我们的医疗系统中存在的偏见。

● 评价

社会冲突分析理论，包括马克思主义理论和女性主义理论，提供了关于健康、医学和社会之间关系的另外一种观点。根据这一分析方法，社会不平等是导致有些人比其他人获得更好医疗的原因。

针对冲突论最常见的反驳就是认为它贬低了由科学医学和更高的生活水平给美国带来的健康优势。虽然还有很大的改进空间，但整体人口的健康指数在整个20世纪都在稳步上升，并且与其他高收入国家相比要好很多。

● 检查你的学习

解释一下健康和医疗服务是如何与社会阶层、资本主义和性别分层联系起来的？

总之，社会学的三大理论方法都解释了为什么健康和医药是社会问题，应用理论分析表概括总结了我们的分析结论。但是，技术的进步无法解决所有的健康问题。相反，"争鸣与论辩"专栏解释了，如今的技术进步促生了新的问题和新的关注。

法国著名的科学家巴斯德·路易斯（Louis Pasteur, 1882—1895）用他一生的大部分精力研究细菌是如何导致疾病的。他在临死之前说健康更多的是取决于细菌所赖以生存的社会环境而不是细菌本身（Gordon, 1980: 7）。解释巴斯德的观点就是社会学为人类的健康所做出的贡献。

应用理论

健康

	结构功能理论	符合互动理论	社会冲突理论
分析的层面	宏观层面	微观层面	宏观层面
健康与社会如何联系	疾病是社会的功能失调，因为它妨碍人们完成日常角色。当病人自己也试图努力好转，病人角色使其从相应的责任中解脱出来。	社会根据生活标准给"健康"和"疾病"下不同的定义。人们如何界定他们的健康影响了他们的真实感受（身心疾病患者）。	健康与社会不公平联系在一起，富人比穷人获得更多的医疗保健。资本主义的医疗保健体系是受利益驱动而不是受人们的切身需要驱动。只治疗症状，而不是正视贫困和性别歧视作为疾病原因的问题。

争鸣与论辩

基因预测：我们真的想了解吗？

费丽莎：在结婚前，我希望我的伴侣做一次基因筛查。就像买房子或者汽车一样，你应该在签字之前对它进行仔细检查。

伊芙：你也希望得到一个保证吗？

实验室的试管中的液体看来就如糖浆一样稀松平常。但这种液体是有史以来医学的最大突破，其中可能囊括了生命本身的密钥，这就是脱氧核糖核酸（DNA）。在人体的每一个细胞中都发现了螺旋型的DNA分子，它包含了使每一个人生而为人且与其他人不同的型板（blueprint）。

身体是由大约100万亿个细胞组成，其中大部分细胞核含有两三对染色体（每一对分别来自父母双方中的一方）。每个包含着DNA的染色体的序列片段就称为基因。基因指导作为人体构造基础的蛋白质生成。

如果遗传学听起来很复杂（事实上也确实如此），那么遗传学知识的社会影响就更加复杂。科学家在1952年发现了DNA的分子结构，但直到2000年，科学家们才绘制出了人类的基因图谱。绘制基因图谱将有助于我们了解每个很细微的DNA是如何塑造我们的。

但是，我们真的希望打开理解生命本身的奥秘吗？一旦我们掌握了这些知识我们将用它来做什么？研究已经识别出了导致许多疾病的遗传变异，包括镰状细胞性贫血，肌肉萎缩症，亨廷顿氏病，囊肿性纤维化和某些癌症。对人体基因的关注，医生可能能够操纵一些DNA片段，在疾病出现之前就进行预防。

但许多人呼吁慎用此类研究，警告遗传信息很可能被滥用。最糟糕的是，基因图谱为纳粹般地培育"高级种族"打开了方便之门。

在全球，许多父母都希望使用遗传检测去预测他们未来的孩子是否健康（甚至是眼睛的颜色），因为达不到父母的标准，他们就想去堕胎，我们怎么做？当基因操作成为可能时，难道父母就应该去创造"定制的孩子"？

于是产生了一个"基因隐私"的问题。一个女人决定结婚前是否可以要求她的未婚夫进行遗传评估？寿险公司是否可以在发布政策前要求进行基因检测？雇主是否允许雇主对工作申请者进行筛选，淘汰出将来因疾病可能使公司损失医疗资金的那些人？很显然，在科学上可

科学家们正在了解越来越多的最终导致严重疾病的遗传因素。如果提供这个机会，你是否愿意接受可以预测将来自己健康状况的基因筛查？

> 行的事情并不总是在道德上令人满意。社会在不断就如何正确使用不断扩展的遗传学知识这类问题而争论不已。这些遗传研究行动的道德困境将会在未来几年成倍增加。
>
> 你的看法?
>
> 1. 传统的婚礼誓言是不管"疾病与健康",双方始终相伴。人们在结婚前有权利知道未来配偶的未来健康前景吗?为什么?
>
> 2. 父母是否被允许在基因上"设计"他们自己的小孩?为什么?
>
> 3. 遗传研究公司是否允许对他们的发现申请专利,这样的话他们就可以从中赢利,或者这些消息是否每一个人都可以得到?请解释你的回答。
>
> 资料来源:D.Thompson (1999) and Golden & Lemonick (2000)。

第十三节 健康与医疗:展望未来

评价

在20世纪初,死于白喉和麻疹之类的传染性疾病是相当普遍的。因为科学家尚未发明出青霉素或其他的抗生素,即使是很小的一个伤口感染都有可能会危及生命。一个世纪后的今天,我们大多数社会成员已经把健康长寿看成是理所当然的。

在美国更多的人为个人健康负责。尽管如此,还是有些问题需要关注。肥胖流行病的持续加剧就是其中一个主要问题。如果这个趋势继续蔓延,年轻的一代将有可能成为平均寿命下降的一代。如果我们保持合理、适度的用餐,保持有规律的锻炼,并且不抽烟,那么我们每一个人都可以更加健康长寿。

另一个社会面临的健康问题,也是我们贯穿本章所讨论的一个问题,那就是国家在医疗方面的双重标准,即给富人提供良好的健康医疗,却导致穷人的高患病率。国际比较表明,由于忽视了社会边缘人群的健康问题,美国在提供解决人类健康问题的措施方面是滞后的。即使在近来的"诉改"之后也仍然重要的一个问题就是一个富有的社会应该为数百万的低收入且没有医疗保障的群体做些什么。

最后,我们发现低收入国家的健康问题比美国更加严重。好消息是全世界整体的人均预期寿命一直在上升,从20世纪50年代的48岁到现在的70岁,而且延长最多的是那些贫穷国家(Population Reference Bureau, 2011)。但是在拉丁美洲、亚洲,尤其是非洲的很多地方,成千上万的成年人和孩子不仅缺少医疗关照,而且还缺乏足够的食物和安全卫生的饮用水。提高全世界最贫穷人口的健康水平成为接下来几年最大的挑战。

日常生活中的社会学

第十四章 教育、健康和医疗

我们社会的学校教育不平等问题有多么严重？

当然，各个学校在这一问题上表现各异。在美国，学校教育呈现几个等级，反映了不同学校招收的学生所代表的社会阶级地位。下面的图片可以帮助你得到对教育等级制的更多了解。

● 提示

私人寄宿学校提供出色的教育，并且独立生活经验有助于学生为将来进入一所好大学取得学业成功做好准备。尽管这类学校如劳伦斯维尔学校（Lawrenceville school）向

学校教育等级体系的顶层是私立寄宿学校。其中最好的学校，如新泽西州的劳伦斯维尔中学，拥有庞大的捐赠基金，小规模的班级，受过严谨训练且富有热情的老师，以及足以媲美顶尖大学的华丽校园。请你估计一下在这样一间中学读书每年需要花多少钱？

许多学生提供经济资助，对大部分学生来说，就读这样一所学校每年的花费约为5万美元，大约是一个家庭一年的平均收入。郊区的高中由政府税收支持，然而位于这些富裕社区的寓所通常要花费数十万美元，使得就读这类学校超出了相当多美国家庭的经济负担能力。市区的公立学校招收中下收入家庭的孩子，意味着这些学校中少数族裔学生的比例最高。自由派民主党人，如奥巴马，大力支持公共教育，但是他们像大多数其他入主白宫者一样（艾米·卡特去了公立学校），为他们的孩子选择了私立学校，不管是出于对教育质量还是安全的考虑。

教育等级体系的中层是最好的公立高中，绝大多数位于郊区。位于纽约布赖尔克利夫马诺（Briarcliff Manor）的布赖尔克利夫高中（Briarcliff High School）实行小班教学，拥有优良师资，并且提供丰富的课外活动。你认为处于何种收入水平的家庭能够将他们的孩子送到这类学校读书？

教育等级体系的最底层是建于美国大城市内的公立学校。位于洛杉矶的托马斯·杰斐逊高中（Thomas Jefferson High School）比大多数其他公立学校要好，然而与郊区学校和私立寄宿学校相比，它的班级规模过大，教师培训不足，校园暴力风险更高。对于入读市区中学的学生，你有什么样的看法？

从你的日常生活中发现社会学

1. 拜访一下离你的大学或住所较近的公立或私立中学。该校学生的典型社会背景是怎样的？这所学校有没有实行分流政策？如果有的话，观察这一政策是怎样运行的？一个学生的社会背景在学校分配过程中的重要性有多大？

2. 思考一下学校教育对健康的影响。获得一个大学学位（可能还有研究生学位和专业学位）可以通过哪些方式提高一个人过健康生活的机会？

3. 为什么你会进入大学？你预期继续接受教育能够给你带来哪些益处？访问MySocLab "日常生活中的社会学"栏目了解更多关于大学教育的好处，以及关于如何充分利用大学教育资源的建议。栏目第二部分要求你思考你的个人生活能够怎样获益于你对健康问题的社会学学习。

当2009年贝拉克·奥巴马及其夫人米歇尔·奥巴马入主白宫后，他们面临着送两个小女儿去哪里读书的选择。他们最终选择了一所私立中学：斯德维尔学校（Sidwell Friends）。他们在做出这一决定之前可能考虑了哪些因素？

温故知新

第十四章 教育、健康和医疗

教育：全球调查

教育是一种传播知识和技术以及教授文化和价值观的重要社会制度。
- 在前工业社会，教育主要表现为非正式的家庭教育。
- 工业社会发展出了正规的学校系统为孩子提供教育。

学校教育的理论

结构功能理论关注的是学校教育的主要功能，包括社会化、文化创新、社会整合以及使人们流向相应社会阶层的社会安置功能。
- 学校教育的潜功能包括提供儿童照顾以及建立社会网络。

符号互动理论帮助我们理解刻板印象会对人们的行为表现产生重要影响。如果学生们觉得自己成绩优异，他们就可能会表现得更好；而认为自己逊于他人的学生则可能真的表现不佳。

社会冲突理论将学校教育与阶级、种族和性别的等级差异联系了起来。
- 正规教育为生产顺从听话的成人劳动力提供了培育一致性的工具。
- 标准化考试被批评具有文化偏见，可能会导致社会弱势群体被贴上个人缺陷的标签。
- 分流政策被批评者指出会使得更好的教育资源流向特权子弟。
- 美国的大部分年轻人在州政府资助的公立学校读书。一小部分学生——通常是最富裕的那些人——入读的是私立精英大学预科学校。
- 由于上大学花费巨大，只有 70% 的高中毕业生会直接升读大学。

【访问 mysoclab.com 观看视频】

【访问 mysoclab.com 探索地图】
分流政策将学生分配到不同类型的教育计划中去。

学校教育面临的问题

- 暴力问题渗透到许多学校,特别是位于落后地区的学校。
- 学校的官僚性诱发了高辍学率,助长了学生的消极性。
- 学术标准的下降反映在如今学生考试成绩平均分数较低,相当高比例的高中毕业生成为功能性文盲,以及分数膨胀等方面。

功能性文盲是指缺乏日常生活所必需的读写技能。

当前美国教育的问题

择校运动旨在使学校对公众更加负责。创新的择校政策的选择包括磁石学校、营利性学校和特许学校。

家庭学校

- 最早进行家庭学校教育的家长信不过公立学校是因为他们希望自己的孩子受到浓厚的宗教熏陶。
- 今天,家庭学校教育的倡导者将矛头指向了公立学校的教育质量不佳。

残疾人教育

- 过去,有智力障碍或身体残疾的儿童在特殊班级里读书。
- **主流化政策**为他们提供了更多的机会,并且将所有孩子放在一个更加多样化的学生群体之中。

成人教育

- 成人学生在美国的学生人口中所占的比重越来越大。
- 大部分成人学生是女性,所学的内容和工作有关。

教师短缺

- 由于低工资、失望情绪、年老教师的退休,入学率提高、班级规模扩大等问题,每年美国约有 40 万的教职空缺。
- 为了应对这一问题,许多学区从海外招募教师。

健康和医疗

健康是一个社会问题,因为个人的健康取决于社会的科技水平和资源分配状况。社会的文化对健康的定义会产生影响。

美国的健康

健康事实
- 美国现在出生的孩子当中超过 80% 的人至少能活到 65 岁;
- 整个生命过程中,女性的健康状况好于男性,社会地位高的人比穷人更健康。

目前美国医疗服务方面的问题包括
- 吸烟是最大的可预防的死亡诱因;
- 饮食紊乱和肥胖;
- 性传播疾病的增加;
- 先进医疗技术与死亡权利的道德困境。

【阅读 mysoclab.com 上的文章】

健康和医疗的理论分析

结构功能理论认为疾病是一种功能失调,因为它降低了人们扮演角色的能力(Talcott Parsons)。社会通过角色定义对疾病做出回应:
- 病人角色使的病人从日常的社会责任中解脱出来。
- 医生的角色是负责用专业知识恢复病人的健康。

符号互动理论调查健康和医疗是怎样通过人们的日常互动社会建构的:
- 我们对疾病的反应并非总是基于医疗事实。
- 人们如何界定医疗状况可能会影响人们怎样去感受

社会冲突理论 着重于健康和医疗保健的不均衡分配。马克思主义理论批评美国的医疗机构:
- 过度依赖于药物和调查;

- 利润动机的支配；
- 过分强调疾病的生物性诱因而不是社会根源。

女性主义理论 批判医疗机构的所谓科学陈述与政策实际上许可男性主宰女性。

健康：一项全球调查

随着时代变化的健康
- 19 世纪，随着工业化进程，西欧和北美的健康状况有显著改善。
- 一个世纪前，传染病居死亡原因之首；现在，美国大多数人在年届高龄后死于诸如心脏病、癌症或者吸烟之类的慢性病。

世界各地的健康
- 贫穷国家遭受卫生设施不足、饥饿和其他与贫穷有关的问题。
- 低收入国家的预期寿命大约比美国少 23 年；在最贫穷的国家 1/4 的儿童活不到 20 岁。

医疗机构

科学医学的兴起
- 医疗保健是个人和家庭的责任，但是随着工业化的发展医疗保健已经成为经过训练的专家的职责。
- 科学医学模式是美国医疗机构的基础。

支付医疗费用：一项全球调查
- 社会主义社会将医疗保健定义为一项权利；政府应对每个人提供平等的基础医疗。
- 资本主义社会将医疗保健视为可购买的商品，尽管大多数资本主义政府通过公费医疗或全民健康保险帮助支付。

支付医疗费用：美国
- 大部分美国人或者享有某些私人医疗保险或者享有某些公共医疗保险。但是还有 50,000,000 人没有医疗保险。
- 2010 年的医疗体制改革正是美国接近全民医保目标的一次努力。

人口、城市化和环境

学 习 目 标

- **记住**本章中粗体的关键术语的定义。
- **理解**自然环境反映社会行为的方式。
- **运用**人口统计学的概念和理论去理解美国和世界各地的人口趋势。
- **分析**城乡社会生活之间的诸多差异。
- **评价**当前全球人口增长和自然环境的状态。
- **创造**能使人们以环境可持续的方式生活的视角。

本章概览

本章主要探究社会变革的三个维度：人口动态、城市化，以及自然环境所面临的日益增长的威胁。这三个方面不仅重要，而且密切联系。

随着2012年的到来，有很多关于地球上将会发生什么的谈论，古代的玛雅人宣称一些巨大的变化将会发生在这一年。当然在这一点上，谁都猜不准今年年末究竟会发生什么。但是人类已经通过了一个重要的里程碑：从2012年开始，我们的地球已经成为70亿人的家园——其人口比历史上的任何时候都多。

在某种程度上，创纪录的全球人口似乎是一件好事——更多的人活着并且比以往的任何时候活得更好。然而，预警信号却指明了未来的危机。首先，越来越多的人需要越来越多的食物。你或许也已经注意到，食品价格已经在上升，并且在世界上的一些区域，食品的价格已经到达了一个危险的等级。同样，地球上大部分的人居住在城市里，并且低收入国家的那些世界上人口最多的城市，现在的人口更是空前高涨。最后，地球人口的激增意味着人们现在消耗着越来越多的石油、水以及其他资源；除此之外，我们也正创造着前所未有的堆积如山的废弃物。

很难去想象全球有 70 亿人口意味着什么。但试想，就在五十年前，地球上的人口还不到现在人口的一半。因此，我们虽然不能确定未来几十年将会发生什么，但可以肯定的是，有一些巨大的改变正在进行中。

第一节 人口学：关于人口的研究

运用//

大约在 12000 年前，当人类第一次开始种植植物作为食物的时候，地球上整个智人（*Homo Sapiens*）的人口只有大概 500 万，这个数字相当于现在生活在科罗拉多州的人口数。由于人口非常缓慢的增长，到公元 1 年，全球人口共计达到 3 亿，大约相当于现在美国的总人口。

从 1750 年开始，世界人口开始迅猛增长。现在我们地球上的人口以每年 8300 万的速度递增。截至目前，全球人口已经超过了 70 亿。

人口学（demography）正在于关注这一戏剧性事件的原因与结果，即针对人口的研究理论。**人口学**（demography，来自希腊语，意为"对人类的描述"）与社会学颇为密切，分析的是人口的规模与构成，同时研究人们怎样以及为什么从一个地方迁移到另外一个地方。人口学家不仅仅收集统计资料同时也提出关于人口增长的影响这样的重要问题，并给出如何控制人口的建议。以下几个部分展现了基本的人口学概念。

一、生育率

关于人口的研究是从研究多少人出生开始的。**生育率**（fertility）是一个国家人口的生育水平。在妇女的育龄期内，从最开始的月经初潮（尤其是少女时期）到绝经期（一般近五十岁），她可以生育超过二十个小孩。但是，生育力，即生育的最大可能，却由于文化规范、经济能力以及个人选择而被大大地减少了。

人口学家用**粗出生率**（crude birth rate）描绘了生育率，即在某个既定年份中，全年活产婴儿数在总人口数中的千分比。为了计算粗出生率，用一年当中成活婴儿的出生数量除社会总人口，然后把结果乘以1000。2010年在美国3.09亿人口当中，有400万成活的婴儿出生，粗出生率是13.0（Hamilton, Martin & Ventura, 2011）。

1月18日，俄亥俄州的科肖克顿县。在吃了一顿阿米什风味的美食（肉和马铃薯）后，我们这群大学生聚集到雅各布·雷伯家的客厅，他是阿米什乡村社区中的一员。雷伯夫人，她是一位有着四个孩子的母亲，向我们讲述阿米什的生活。"我认识的大多数的妇女都有五到六个小孩"，她微笑着说，"但是当然不是每个人——有些有十一个或者是十二个！"

一个国家的人口出生率之所以用"粗略"（crude）来描绘，因为它是以整个人口数量为基础的，不仅仅指育龄期的妇女。另外，这些测量忽略了各种不同人口类别之间的差别：例如，阿米什人的生育率很高，而亚裔美国人的生育率很低。但是这些粗略的测量很容易计算并且可以对一个国家或地区与另一个国家或地区的生育率进行粗略的比较。图15-1的a部分显示出在全球范围内，北美的粗出生率是很低的。

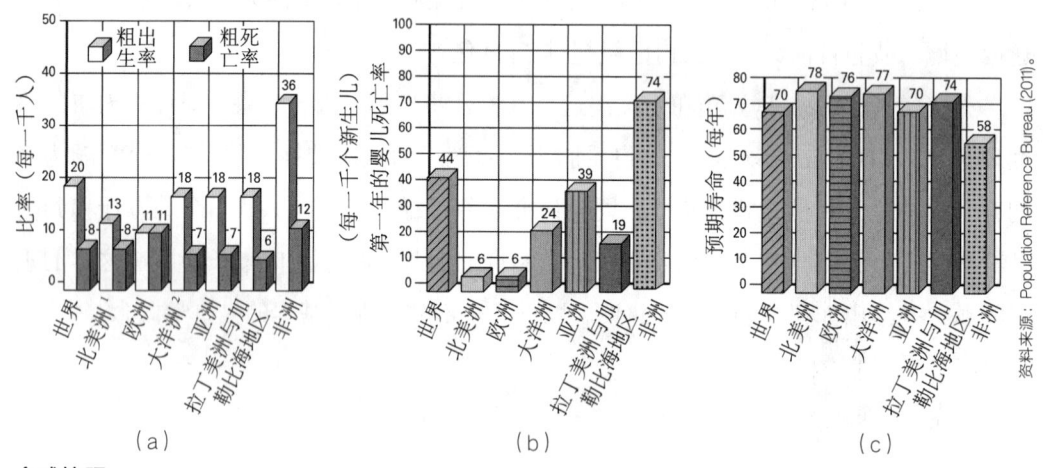

全球快照

图15-1 （a）粗出生率和粗死亡率 （b）婴儿死亡率和（c）2011年，全世界的预期寿命

从全世界的水平来看，北美有着低出生率、平均死亡率，很低的婴儿死亡率以及较长的预期寿命。

[1] 美国和加拿大
[2] 澳大利亚，新西兰和南太平洋诸岛

二、死亡率

人口规模也反映了**死亡率**（mortality），即一个国家死亡人口的发生率。为了测量死亡数量，人口学家使用了**粗死亡率**，即在一个既定的年份里，死亡数量在总人口数中的千分比。这次，我们用一年当中的人口死亡数量除以总的人口数量，然后把结果乘以1000。2010年，在美国3.09亿人口当中有247万的人口死亡，使得粗死亡率达到8.0（Murphy, Xu & Kochanek, 2012）。图15-1的a部分显示了全球的死亡率是比较平均的。

第三种有用的人口统计的方法是计算**婴儿死亡率**，即给定的年份中，每1000个出生的成活婴儿中，1岁以下的婴儿死亡的数。为了计算婴儿的死亡率，用同一年的婴儿死亡数除婴儿存活数，然后把结果乘以1000。2010年，美国的婴儿的死亡数为24548，存活数为400万。用第一个数字除第二个数字，再把结果乘以1000，得出的婴儿死亡率为6.14。如图15-1的b部分指出，就世界水平而言，北美地区的婴儿死亡率是较低的。

但是请记住，不同类别的人口之间的差别。例如，美国的黑人，他们的贫穷负担是美国白人的3倍。他们的婴儿死亡率为11.6，是白人婴儿死亡率5.1的两倍多。

低的婴儿死亡率很大程度上提高了人的**预期寿命**，即一个国家人口的平均寿命范围。在美国，2009年出生的男性预期可以活75.7岁，而女性则预期可以活80.6岁。就如图15-1的c部分所示，北美人口的预期寿命比非洲的低收入国家的人口要多20年。

三、人口迁移

人口规模也受**人口迁移**（migration）的影响。所谓人口迁移，即人们从某个地区迁入或迁出。

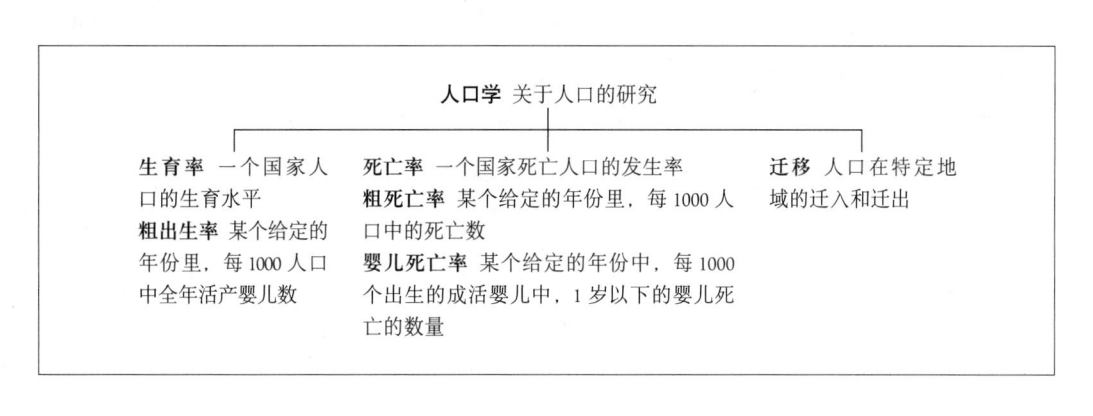

```
                    人口学 关于人口的研究
    ┌──────────────────────┼──────────────────────┐
生育率 一个国家人     死亡率 一个国家死亡人      迁移 人口在特定地
口的生育水平          口的发生率                  域的迁入和迁出
粗出生率 某个给定的    粗死亡率 某个给定的年份里，每1000人
年份里，每1000人口    口中的死亡数
中全年活产婴儿数      婴儿死亡率 某个给定的年份中，每1000
                     个出生的成活婴儿中，1岁以下的婴儿死
                     亡的数量
```

> **了解我们自己·美国的人口变化**
> 谢里尔·理查森，36岁，刚刚来到拉斯维加斯，在不断扩张的旅游业工作，而旅游业促进了该地区人口的增长。汤姆和埃伦·波斯滕，在他们过去的60年里，一直住在堪萨斯州的威奇托郡。同这个地区其他的家庭一样，他们的四个孩子为了寻找更好的工作，都搬出了这个县。
> 统计显示，自2000年以来，美国的人口流动是由美国的中心地带流向沿海地区。你认为是什么样的原因导致了美国内部的人口迁移？你认为哪些人会留在那些人口不断减少的郡县里？
> 媒介链接：通过登录 mysoclab.com 的方式，探索你所在地的人口密度和美国的几个县的人口密度。

迁移进入某个地区，或称迁入，用迁入率来测量，即每1000人中迁入一个地区的人数。迁移离开某个地区，或称迁出，用迁出率来测量，即每1000人中离开一个地区的人数。两种形式的移民通常是同时发生的；它们的差额就是净移民率。

所有的国家都经历过内部的人口变迁，那就是，在一国界内人口由一个地区移向另一个地区。

移民有时是人们自愿的，当人们从一个小镇移民到一个大城市。在这样的情形下，"推力—拉力"因素就起到很重要的作用。工作岗位的不足，促使人们去流动，更多的就业机会吸引人们移民到大城市。例如，那些最近几十年失去工作岗位的城市（如密歇根州的底特律；俄亥俄州的克利夫兰；纽约州的布法罗）也失去了人口，而那些提供更多工作的地区（例如加利福尼亚州的硅谷）却获得了人口（Sauter, 2011）。移民也有可能是非自愿的。一个重要的例子就是强制把1000万的非洲人作为奴隶运到西方北半球；最近的一个例子就是卡娜飓风造成成千上万的人们迁往新奥尔良。

四、人口增长

出生率、死亡率、人口迁移都会影响到一个社会的人口规模。一般而言，富裕的国家（就像美国），移民入境的因素和人口自然增长的因素，对于人口增长的影响是同样的。贫穷的国家（就像巴基斯坦）人口增长几乎全来自于自然增长。

为了计算人口的自然增长率，人口学家用自然出生率减去自然死亡率。2010年，美国人口的自然增长率为每1000人5.0（粗出生率减13.0减去粗死亡率8.0），或者说是每年0.6%的人口增长率。

下页的世界之窗显示了美国以及其他一些高收入国家的人口增长率，远低于世界平均水平的1.2%。世界上人口增长率较低的洲为欧洲（最近呈现零增长），北美

（0.5%）。接近世界平均水平的大洋洲（1.2%），亚洲（1.1%）和拉丁美洲（1.2%）。世界上人口增长率最高的地区是非洲（2.4%）。

一种较为方便的估计人口增长率的方法，就是用一个社会的人口增长除以70这个数字。这就可以发现人口翻番所用的时间。这样每年的人口增长率为2%（在拉丁美洲的部分地区）意味着在35年内人口翻了一倍。3%的人口增长率（在非洲的一些国家）则表明在短短23年内人口翻了一倍。贫穷国家的快速人口增长率让人深感困扰，因为这些国家几乎不能养活这些人口。

> **世界之窗·全球视野下的人口增长**
> 阿梅莉·布沙尔，34岁，居住在加拿大，一个低出生率和人口缓慢增长的国家。艾买提·阿尔－谢拉菲，35岁，有四个小孩，居住在也门，一个高出生率和人口增长迅速的国家。
> 世界上最富裕的国家，包括美国、加拿大和欧洲的众多国家，他们的人口增长率低于1%。拉丁美洲的国家和亚洲一般是1.5%左右的人口增长率，在47年内人口翻番。非洲总的人口增长率已经达到2.4%（尽管，在许多艾滋病发病率很高的国家，增长率很低）。这就把人口翻番的时间缩短到29年。综观全球情况，我们看到一个社会的生活水平标准和它的人口增长率密切相关：世界上人口增长最快的地区最无力负担更多的人。

五、人口的构成

人口学家也及时地研究在某一既定时间点的社会人口构成。一种变量是**性别比例**，即在一个国家当中每100个女性所对应的男性数。2010年，美国的性别比例是97，也就说每100个女性只能有97个男性与她们相对应。性别比通常低于100，因为一般而言，女人比男人活得更久。在美国的大平原地区，人口老龄意味着性别比低于100：在美国堪萨斯州的普莱恩维尔（Plainville, Kansas）因为人口老龄化，它的性别比例是89，也就是说每100个女性只能有89个男性与他们相对应。在低收入的国家，恰恰相反，文化传统让父母更重视儿子而不是女儿，父母会选择把女胎流产掉，即使在女孩出生之后，更多的照料也给予了男婴。在这两种情况下，男孩的数量超过了女孩，推动了性别比超过了100。例如在印度的性别比例是108。

一个更复杂的方法是**年龄－性别金字塔**，一种对人口的年龄、性别的图表的描述。图15-2展示了美国和墨西哥的人口年龄－性别金字塔。随着年龄的增加，人口死亡率提高使得这些图表形成一个大致上的金字塔形状。在美国的金字塔当中，婴儿潮一代在他们五六十年代开始下降，因为他们进入了老年。人口在 30 岁的紧缩反映了随后的"生育低谷期"。2010 年的出生率 13.0 仍然远低于 1957 年的高出生率 25.3。

美国和墨西哥的年龄-性别人口金字塔之间的比较，展现了不同的人口发展趋势。墨西哥的年龄-性别金字塔，就像其他的低收入国家一样，底部很宽（反映了高出生率），然后在我们称之为中年的时候很快变窄（归因于高死亡率）。简而言之，墨西哥是一个更为年轻的社会，年龄的中位值是 27 岁，而美国是 37 岁。由于有更多的女性处于生育期，因此，墨西哥的粗出生率（19），几乎是我们的粗出生率（13）的 1.5 倍，其每年的人口增长率（1.1%）几乎是美国的人口增长率（0.5%）的 2 倍。

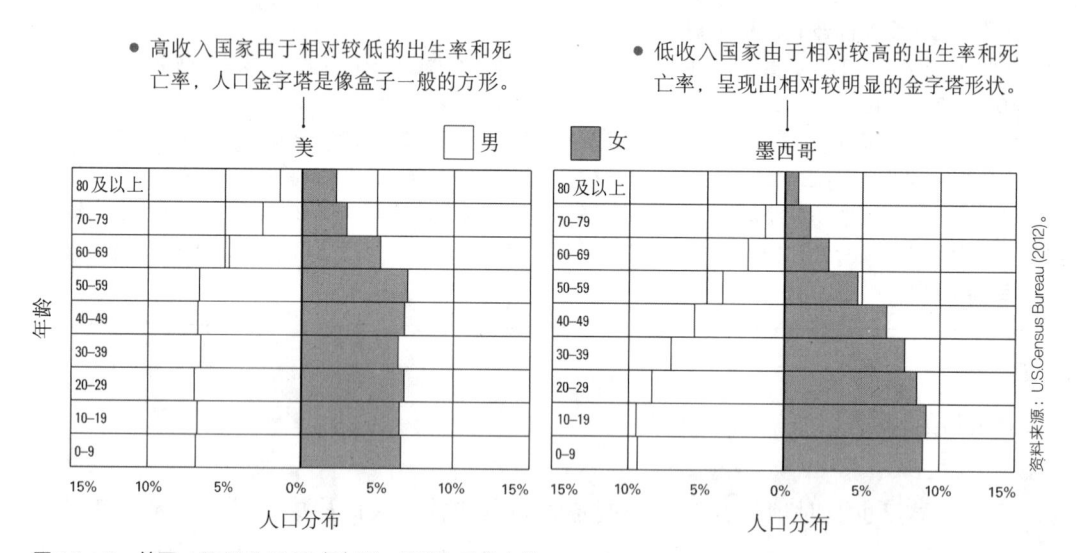

图 15-2　美国、墨西哥 2012 年年龄-性别人口金字塔
通过观察一个国家的人口金字塔轮廓，你能看出其经济发展水平并预见未来人口增长的水平。

第二节　人口增长的历史和理论

分析

在过去，人们想有一个大家庭，因为劳动力是生产的关键。另外，直到 19 世纪的中叶，避孕套被发明之前，都不能明确地避免意外怀孕。但由于传染病带来的高死亡率，经常中断人口的增长。

一个重要的人口统计的转变开始于1750年，当时世界人口数量开始上升。在1800年时，人口达到了10亿。这个里程碑（几乎花了整个人类历史的时间才达到）在仅一个世纪后的1930年就被刷新了，那时地球上的人口又增加了10亿。换句话说，不仅是人口增长了，而且人口增长率也提高了。到1962年，全球人口已经增长到30亿（仅32年后），在1974年达到了40亿（仅12年后）。世界人口的增长最近已经变缓了，但是我们地球的人口在1987年已经达到50亿，1999年达到了60亿，现在达到了70亿。在以前的所有世纪当中，甚至没有出现过人口翻倍的情况。而在20世纪，人口已经翻了四倍了。

当前，世界每年要增长大约8300万的人口，其中89%的增长发生在贫穷国家。专家预测世界人口将在2050年达到90亿（United Nations Population Division, 2011）。考虑到地球对于供养现有人口的困难，如此的人口增长应得到急切的关注。

一、马尔萨斯理论

250年前人口的突然增长刺激了人口学的发展。托马斯·罗伯特·马尔萨斯（Thomas Robert Malths, 1766—1834），一位英国的经济学家和牧师，警告说人口增长很快会导致社会的混乱。马尔萨斯（1926, 原作于1798）推测人口将会以数学上称作几何级数的方式增长。（例如这些数字：2，4，8，16，32等。）马尔萨斯总结说，按照这样的速度，世界人口的剧增将会失控。

食物的生产也将增加。马尔萨斯解释说，但是这只是以算术级数（就像2，3，4，5，6，等等）的速度增加。因为即使采用新的农业技术，土地也是有限的。因此马尔萨斯表现出了对未来的悲观的想法：人口的再生速度超过了地球能够提供的给养，最后导致广泛的饥荒和为了争夺剩余资源的战争。

马尔萨斯意识到人为的生育控制或节欲可能会改变他的预测。但他发现这其中前者存在道德性的错误，而后者很不切实际。在马尔萨斯的脑海中，饥荒和战争缠绕着人类，所以他以"沮丧的牧师"而闻名。

● **评价**

幸运的是，马尔萨斯的预测是有瑕疵的。第一，在1850年，欧洲的人口出生率开始下降，部分原因是随着工业化的发展，孩子成为了经济的负担，而不是资产。另一部分原因是人们已经开始人为控制生育了。第二，马尔萨斯低估了人类的才智：现代的灌溉技术、化肥和农药，对农业生产的促进远超过他那时的想象极限。

一些人批评马尔萨斯忽视了世界存在的富足和饥饿的不平等现象。例如，卡尔·马克思（1967，原作于1867）反对马尔萨斯认为受难是"自然法则"而非资本主义的祸害的看法。最近，"批判人口学家"主张那些声称贫穷是由低收入国家的高出生率引起的说法相当于谴责受害者。相反，他们认为全球不平等才是真正的关键（Horton, 1999; Kuumba, 1999）。

但马尔萨斯依然给我们上了重要的一课。可供居住的土地，干净的水和新鲜的空气是有限的资源，增长的经济生产水平对自然环境造成了极大的损害。另外，医学进步已经降低了死亡率，推动了世界人口增长。当然，常识告诉我们不管怎样水平的人口增长都不会永远持续下去。任何地方的人都必须意识到人口增长所带来的危险。

● **检查你的学习**

马尔萨斯是怎样预测人口增长的？又是怎样预测食物生产的？总体结论是什么？

二、人口转变理论

一种更加复杂的人口变化分析是**人口转变理论**（demographic transition theory）。这一理论将人口模式与一个社会的技术发展水平相联系。图15-3显示在四个技术发展水平上的人口发展结果。

前工业化，农业社会（第一阶段），由于多生小孩的经济价值观以及缺乏生育控制措施，有着高的出生率。低的生活标准和有限的医学技术使死亡率也相当高。疾病暴发导致的死亡率抵消了出生率，这使人口的升降在大体上只有少数增加。这就是工业革命之前欧洲数千年的状况。

【观看 mysoclab.com 视频"人口增长和下降"】

第二阶段，工业化开始，随着丰富的食物供给和医学药品所带来的死亡率的降低，带来了人口的转变。但是出生率仍然很高，导致人口快速增长。在欧洲第二阶段期间，马尔萨斯确切表达了他的观点，解释他对未来的消极看法。世界上最贫穷的国家到今天仍处于这个高增长阶段。

第三阶段，一个成熟的工业经济，出生率的降低再一次抑制了人口的增长。生育率的下降是因为一方面大部分孩子都能活到成年，所以对孩子的需求降低；另一方面在高标准生活水平下，把小孩抚养成人相当费钱。简而言之，富足使孩子从经济资产变成了经济负担。通过有效控制生育使小家庭成为可能，这也有利于女性外出工作。随着出生率继死亡率之后的降低，人口增长进一步减慢。

这是印度旧德里的一条街道，显示了在托马斯·罗伯特·马尔萨斯的研究中对于未来的想法和预测。他担忧人口的增长会把地球的资源消耗殆尽。你能解释一下为什么马尔萨斯对人口有着如此深的忧虑？又是什么让人口转变理论做出了更有希望的分析？

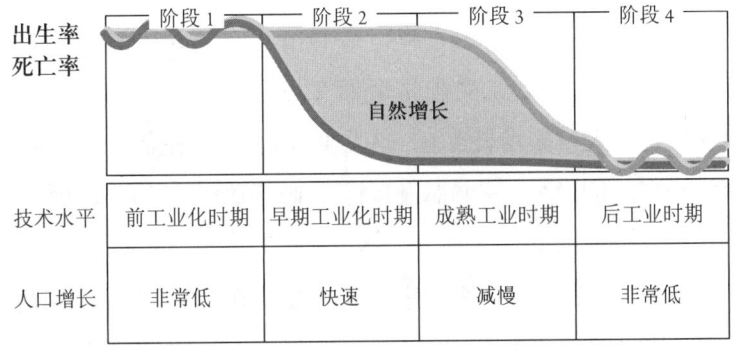

● 美国在这段历史时期是低出生率和低死亡率。

	阶段 1	阶段 2	阶段 3	阶段 4
技术水平	前工业化时期	早期工业化时期	成熟工业时期	后工业时期
人口增长	非常低	快速	减慢	非常低

图 15-3 人口转变理论
人口转变理论将人口变化与一个社会的技术发展水平联系起来。

第四阶段，对应后工业化的经济，这时人口转变已经完成。出生率保持下降，部分是因为双职工家庭逐渐成为趋势，另一部分是因为抚养、教育孩子的成本继续增长。这种趋势，加上稳定的死亡率，意味着人口增长是十分缓慢的，甚至是负增长的。在日本、欧洲和美国都有这样的情况发生。

● **评价**

人口转变理论认为控制人口的关键在于科技，而不是马尔萨斯担忧的人口失控式增长。这个理论看到科技减缓了人口的增长，并提供了丰裕的物质。

人口转变理论与现代化理论相关联，第九章（"全球社会分层"）中讨论了有关全球发展的理论。现代化理论乐观地认为贫穷国家可以随着工业化而解决他们的人口问题。但是批评家，特别是一些依赖理论家强烈地反对，他们认为，除非全球资源重新分配，我们的星球将会不断地分化成富裕的、享受低人口增长的"有产者"，和贫穷的为了供养更多人口无望挣扎的"无产者"。

● **检查你的学习**

请阐述人口转变理论的四个阶段。

三、全球人口现状：一个简短的概观

对如今世界上的人口，我们还能说些什么呢？到目前为止如果要下结论的话，我们可以区分几个重要的模式并且得出几点结论。

● **低增长的北半球**

当北半球开始工业革命时，西欧和北美的人口年增长速度竟然高达 3%，但是自从那些世纪之后，增长率在稳步地下降。到 1970 年，已经降到了 1% 以下。正如第四阶段所显示的后工业化社会，美国每个妇女的生育率在少于 2.1 个小孩的更替水平，即人口学家所称的**人口零增长点**——人口再生产水平维持在一个稳定的阶段。在 2011 年，有 80 个国家，几乎每一个都很富裕，他们都处于人口零增长率甚至以下的状态。

在后工业化社会中，高比例的男女进入劳动力市场，抚养孩子费用的上升，晚婚、单身的趋势，避孕工具的广泛使用以及堕胎等都成为人口增长率降低的因素。

对于高收入国家，人口增长不是一个带来压力的问题但却是贫穷国家的压力。相反，许多高收入国家政府很担心未来的人口稀少问题。因为降低的人口数量可能很难恢复，并且膨胀的老年人群体只能靠越来越少的年轻人的供养（Population Reference Bureau, 2010; United Nations Development Programme, 2010; El Nasser & Overberg, 2011）。

美国的人口生育在过去的一个世纪就开始下降，到现在已经非常低了。但是美国的一些种族却拥有相当高的生育率。阿米什人就是一个例子，这是一个生活在俄亥俄州，宾夕法尼亚州以及其他一些州的农村地区的宗教社会。阿米什的夫妇有五六个甚至更多的孩子都是很平常的事。你认为为什么阿米什人都喜欢大家庭呢？

● **高增长的南半球**

在南半球贫穷的国家当中，人口是一个严重的问题。世界上没有国家能完全舍弃工业化科技。第一阶段的人口转变理论仅适用于低收入国家的偏远农村地区。但是很多拉丁美洲，非洲和亚洲的国家正处于第二阶段，它们拥有混合农业工业经济，富裕社会提供给它们的先进医学技术大大降低了死亡率，但是这些国家的出生率仍然很高。这就是落后的国家现在占了世界人口的 82% 并且占全球人口增长的 98% 的原因。

在一些世界上最贫困的国家，如非洲的刚果民主共和国，女性一生中平均大约仍会生育六个孩子。但在大多数贫穷国家中，出生率从 1950 年的一个妇女平均生育约六个小孩的水平降低到现在一个妇女生育三个小孩的水平。但是这样的高生育只会加深全球的贫穷状况。这就是为什么领导人把对抗全球贫困的重要性放在降低低收入国家的生育率上。

同时要注意到，在控制世界人口增长上一个关键因素是提高妇女的地位。为什么？因为这个简单的真理：给女性更多的生活选择，就会有更少的孩子。历史已经证明，女性如果可以自由决定何时何地结婚，获得教育和好工作，并且能选择是否要熊孩子话，她们会选择限制自己的生育能力（Axinn & Barber, 2001; Roudi-Fahimi & Kent, 2007）。

● **人口划分**

高、低收入国家显示不同的人口动态，这一鸿沟有时被称为人口分歧。在意大利，一个高收入但人口增长非常低的国家，女性一生中平均只有 1.5 个孩子。这个低出生率意味着每年出生的数量实际上少于死亡的数量。结果是：目前，意大利的人口实际上是减少的，一些政府官员提供现金资助给至少有一个孩子的夫妇（Frazer, 2011）。但这样的政策不太可能产生多大的作用。展望 2050 年，即便能获得一些移民，意大利人口预计将还是和现在一样。

在意大利，老年人的比例是 20%——世界整体的数据是 8%——只会随着时间的推移而增加。

看看在一个低收入国家，这个人口模式有何不同。比如在刚果民主共和国中，女性平均仍有六到七个孩子。即使死亡率很高，这个国家的人口数依然会在 2050 年达到现在的两倍。这个国家的老年人口比例非常低，大概只有 3%，而 15 岁以下的儿童却占总人口的近一半。伴随着如此高的出生率，难怪这个国家的贫穷问题不断恶化和严重，而且大约有四分之三的人营养不良（Population Reference Bureau, 2011; United Nations, 2011）。

总之，人口分歧现在将世界分隔为伴随着低出生率和人口老龄化的发达国家与伴随着高出生率和人口的极度年轻化的贫穷国家。就像世界各地的人类都在设法减少死亡一样，现在人类必须降低人口的增长，尤其是在贫穷国家，否则其未来将会像几百年前由托马斯·马尔萨斯预测的一样黯淡。

第三节　城市化：城市的发展史

理解

10 月 8 日，中国香港。缆车徐徐驶向太平山顶，我们在此看到了这个世界上最为壮观的景色之一：香港的夜景。无数明亮的彩灯环耀着港湾，轮船、摆渡和中国传统旧货船往来如织。很少有地方像香港一样拥有强大的能量：这个小城市的经济产出与威斯康星州或整个芬兰一样丰富。我们可以坐在这里数小时，欣赏香港的壮丽。

在人类历史的大多数时期，诸如香港、纽约和巴黎这些大城市的景色和声音简直是不可想象的。我们遥远的祖先居住在狭小的游牧部落，当植被耗尽时迁移或随着狩猎而迁移。作为文明社会发端标志的少量定居者始于12000年前的中东，只占地球人口很小部分。今天，世界上最大的三四个城市拥有着和那时整个星球一样多的人口。

城市化（urbanization）是人口向城市的集中。城市化使一个社会的人口重新分布，并改变了许多社会生活方式。我们根据三次城市革命来回溯这些变化：10000多年前城市的出现；1750年以后，工业城市的发展，以及今天在贫困国家的城市爆炸式增长。

一、城市的演变

城市在人类历史上是一种相对而言的新近发展阶段。直到大约12000年前我们的祖先才开始持久的定居，开拓了第一次城市革命的道路。

● 首批城市

狩猎和采集迫使人们一直迁移；然而，当我们的祖先发现了如何驯养家畜和种植，他们就能够在一个地方定居。增产食材也带来物质剩余，这使得一些人从食物生产中解放出来，能够建造遮风避雨的房屋、制造工具、织衣服、参加一些宗教的仪式。城市的出现带来专业化发展和更高的生活水平。

我们所知的第一座城市是耶利哥（Jericho），坐落在死海北部，即现在的约旦河西岸地区。第一批定居者在10000年前到来时，只有600人。但是几百年过去后，城市扩大到拥有成千上万的人口，成为大帝国的中心。公元前3000年，埃及城市开始繁荣，公元前2000年的中国和公元前1500年中美和南美亦然。在北美，只有很少的美国土著社会形成定居点；直到17世纪欧洲殖民者的到来才开始普遍的城市化。

● 前工业化的欧洲城市

欧洲城市可追溯到五千年前的希腊人和后来的罗马人，他们都形成了大帝国，建立了遍布欧洲的城市，包括维也纳、巴黎和伦敦。随着罗马帝国的结束，所谓的黑暗时代开始了，伴随着人们的是防护墙的建立和军队为领地而混战。直到11世纪，欧洲才渐渐恢复和平，贸易繁荣重新开始，城市也得到发展。

中世纪的城市与我们今天所熟悉的城市有很大不同。在高耸的大教堂下面，伦敦、布鲁塞尔和佛罗伦萨狭小而蜿蜒的街道里到处是商人、技工、牧师、小贩、街头艺人、贵族及其仆从。职业团体诸如面包师、木匠和金匠各自聚集于不同的城区（quarter）。不同族裔也划定了一些彼此封闭的社区。"隔都"（ghetto）（来自意大利文"borghetto"，意思是"在城墙之外"）这个词第一次被用来描述邻近威尼斯的被隔离的犹太人居住区。

● 工业化的欧洲城市

随着中世纪的结束，稳定增长的贸易使新的城市中层阶级富裕起来，或称资产阶级（bourgeoisie，法语意思是"市民"）。随着财富的增多，中产阶级很快与世袭贵族平起平坐。

大约到了 1750 年，工业革命造成了第二次城市的变革，首先在欧洲，随后在北美。工厂解放了巨大的生产力，造成城市前所未有的增长。伦敦，欧洲最大的城市，在 1700 年达到了 55 万人口，到 1900 年扩展到了 650 万人（A.F. Weber, 1963, 原作于 1899; Chandler & Fox, 1974）。

城市不仅规模扩张而且发生形变。曲折的老街让位于宽阔笔直的林荫大道，以应对激增的商业交通车流。机动车在扩张的城市中纵横往来。因为土地也可以买卖，开发者把城市分成有面积规范的许多部分（Mumford, 1961）。城市的中心不再是大教堂而是鳞次栉比的银行、商店和高大写字楼的商业中心。

随着对商业的新关注，城市变得日益拥挤和冷漠。犯罪率在上升。尤其是在最初，一些新的实业家过着豪华的生活，但是大多数男人、女人、孩子仅能靠在工厂做工勉强谋生。

工人组织的努力最终带来了工作场所的改善、良好的住房条件和选举投票的权利。公共设施如供水、排污和电力设施进一步改善了城市的生活。今天依然有许多城市居民生活在贫困中，但是不断提高的生活水平确实部分兑现了提供更好生活的历史承诺。

二、美国城市的发展史

据记载，大多数在北美定居了几千年的本地美洲人在欧洲人到来之前四处迁徙，很少形成永久的定居地。欧洲殖民化后农村和城镇开始扩展。

● 殖民地时期，1565—1800

1565 年，西班牙人在佛罗里达州的圣奥古斯丁建立了这个国家最古老的殖民地。1607 年，英国人在弗吉尼亚州的詹姆斯敦建立了殖民地。随后，在 1624 年，荷兰人建立了新阿姆斯特丹作为自己的殖民地，后更名为纽约。

纽约和波士顿（英国人于 1630 年建立的殖民地）在一片巨大的荒野上由一个小的村庄而发展起来。他们类似于中世纪的欧洲的乡镇，狭窄弯曲的街道至今仍然蜿蜒在曼哈顿下城和波士顿市区。当 1790 年第一次人口普查完成时，正如表 15-1 所示，只有 5% 的国民住在城市。

- **城市的扩张期，1800—1860**

在19世纪早期，城镇沿着通往美国西部地区的运输路线快速兴起。到了1860年，布法罗、克利夫兰、底特律、芝加哥正在改变中西部的面貌，整个美国大约1/5的人口居住在城市。

城市的扩张在北部地区最为明显；例如：纽约市的人口是北卡罗来纳州查尔斯顿市的十倍。美国发展分化成为工业—城市的北部和农业—乡村的南部，这也是导致美国内战的一个主要原因（A.Schlesinger, 1969）。

- **大都市时期，1860—1950**

内战（1861—1865）时期由于工厂大力生产武器而极大地推动了城市化的进程。尤其是在北部，大量人口放弃乡下的生活，来到城市企图寻找更好的工作。其中包括数千万的移民，他们大多数来自欧洲，形成了多元化的城市传统。

1900年，纽约的城市人口激增至400万余；芝加哥，一个在1860年只有10万人口的城市，人口增加到了200万。如此的增长率标志着**大都市**（metropolis，来自希腊语，意为"母亲城市"）时代的到来，大都市是指从社会和经济方面主导城市地区的大城市。大都市成为美国经济的中心。到1920年，城市地区成为大多数美国人口的聚居地。

表 15-1 美国 1790—2040 年的城市人口

年份	人口（百万）	城市百分比（%）
1790	3.9	5.1
1800	5.3	6.1
1820	9.6	7.3
1840	17.1	10.5
1860	31.4	19.7
1880	50.2	28.1
1900	76.0	39.7
1920	105.7	51.3
1940	131.7	56.5
1960	179.3	69.9
1980	226.5	73.7
2000	281.4	79.0
2020*	346.3	84.9
2040*	388.9	88.8

*预估

资料来源：U.S.Census Bureau (2009) and United Nations Population Division (2011)。

工业技术推动了城市人口的增加。19 世纪 80 年代，钢梁和电梯的应用，使得建筑物可以超过 10 层高。到了 1930 年，纽约的帝国大厦作为一个城市奇迹而被人称颂，它高达 102 层直插云霄。

● **城市的疏散，1950—现在**

工业化的大都市大约在 1950 年达到了顶峰。自那以后，发生了一些转折，所谓的"城市疏散"——随着人们离开市中心区去往偏远的郊区而发生，**郊区**是指一个城市的政治中心边界以外的城市地区。东北和中西部的老工业城市停止了发展，一些地区在 1950 年后的十年中人口锐减。同时，郊区的人口急速增长。密集地包围着中心城市的城市景观转为不断向城市郊区蔓延。

三、郊区与城市的衰败

效法欧洲贵族，美国的一些富人将他们的时间分成两部分，一部分时间待在位于城市的城镇别墅，一部分时间待在不受城市限制的乡间住所。但是直到第二次世界大战以后，普通人才能够在郊区拥有住房。汽车大量增多，四车道的新公路，政府背书的抵押房贷，大片的低价的住宅，郊区随着这一切迅速成长。到了 1999 年，大多数美国人住在郊区，经常在附近商场购物，而不愿到老的城市购物区（Pederson, Smith & Adler, 1999; Macionis & Parrillo, 2007）。

在多雪地带的许多老城市——东北和中西部——流失了郊区的高收入纳税人，还要勉强为留下来的贫民支付高额的社会项目。许多城市爆发了金融危机，内城的衰败越发严重。对白人郊区居民而言，内城尤其成为贫民窟、犯罪、吸毒、失业、贫困和少数族裔的代名词。

城市评论家保罗·戈德柏格（Paul Goldberger, 2002）指出，中心城市的衰落同样造成公共空

在近十年以来，许多处在阳光地带的美国城市进入了不断向外延伸的城市扩展时期。例如，现在的洛杉矶覆盖 500 平方千米，拥有巨大的交通网络，但是当人们穿梭于城市时，还是经常发现自己被拥堵的交通所困。城市扩展还带来哪些弊端？

间重要性的降低。从历史观点上说，城市生活发生于街头。久经世故的人，在法语中是 boulevardier，其字面意思就是"街头人士"；然而，街头人士（street person）在今天的美国主要是负面意思（流浪汉）。曾经主要发生在公共街道和公共广场的活动现在则发生在商场、多观众厅电影院休息室、封闭社区组织——一切私人性的空间。今天城市的活力进一步减少缘于电视机、互联网和其他一些人们足不出户就能使用的媒体的普及。

四、阳光地带城市和城市蔓延

当古老的雪带城市进入衰败，南部和西部的阳光地带城市开始快速发展。如洛杉矶、休斯敦等城市人口的剧增反映了人口转移到阳光地带城，现在那里有 60% 的美国人居住。另外，今天大多数外来移民也进入阳光地带地区的乡村。1950 年，美国 10 个最大的城市有 9 个在雪带；到了 2010 年，10 个最大城市中有 7 个在阳光地带城。与雪带城市不同，阳光地带城市是在城市疏散化开始后出现的。因此，阳光地带城市长期被政治上独立的郊区所环绕，阳光地带城将它们的边界向外延伸至郊县社区。芝加哥有 227 平方英里；休斯敦比芝加哥大 2 倍，大休斯敦城市带超过 9000 平方英里——相当于一个马里兰州的面积。

最近房地产崩溃，随之而来的是郊区扩张的放缓。但是，随着经济的复苏，这一趋势很可能会恢复。尽管城市的扩张是一种繁荣的迹象，但阳光地带城的扩展也有其缺陷。像亚特兰大、达拉斯、菲尼克斯、洛杉矶等许多城市的居民抱怨无计划的城市发展导致交通堵塞这样麻烦，学校教育资源也不能满足孩子的入学需要。因此，美国许多社区的居民投票通过了旨在限制城市扩张的新方案也就不足为奇了（Lacayo, 1999; romero & Liserio, 2002; W.Sullivan, 2007; El Nasser, 2009）。

| 大都市 从社会和经济方面主导城市地区的大城市 | 郊区 在一个城市行政分界线之外的城市地区的大城市 | 城市带 包含了数个城市和其周围郊区的广大的城市区域的大城市 |

五、大城市带：区域性城市

城市分散化的另一个结果是城市区域或者说是区域城市的形成。美国人口统计局（2010）确认了 374 个大都市统计区（MSAs）。每个地区至少包括一个人口在 5 万甚至更多的城市，同时人口统计局也将 581 个至少包括一个 1 万至 5 万人口城市的区域列为小都市统计区。核心城市统计区（CBSA）则包括了大都市统计区和小都市统计区。

规模最大的核心城市统计区内居住着百万的人口，并延伸到几个州。2010 年，最大的大都市统计区是纽约及其邻近的城市区域，包括长岛、西康涅狄格、北新泽西及东宾夕法尼亚等，有将近 2200 万的人口。第二大的是南加州城市带，包括了洛杉矶、里弗赛德和长滩，其总人口接近 1800 万。

当区域性城市不断扩大，它们开始重合。20 世纪 60 年代早期，法国地理学家戈特曼（Jean Gottmann, 1961）第一次使用了**大城市带**（megalopolis）这个概念，用以描述一个包含了数个城市和其周围地区的广大区域。在他笔下，一个绵延 400 英里，北起新英格兰地区，南至弗吉尼亚州的巨大城市带在美国东海岸延伸。另外几个特大都市区覆盖了佛罗里达的东海岸，从克利夫兰延伸至芝加哥。

六、边缘城市

城市疏散也促成了边缘城市的形成。边缘城市可以看作远离老市区的新商务中心，它集中了公司写字楼，购物中心，宾馆以及娱乐场所。与传统意义上的郊区不同的是，郊区大多集中了住房，而且其人口在夜晚达到高峰，而边缘城市在白天人口达到高峰。

作为都市区延伸的一部分，大多数的边缘城市没有明显的地理边界，当然他们中的一些的确有地名，如位于达拉斯-沃思堡国际机场附近的拉斯科利纳斯；地处弗吉尼亚，邻近华盛顿特区的泰森斯角；以及费城的西北部的普鲁士王市。其他的边缘城市则仅仅因为穿越该地区的高速公路而得名，如经过新泽西普林斯顿的 1 号高速公路和波士顿附近的 128 号公路（Garreau, 1991; Macionis & Parrillo, 2013）。

七、乡村的复兴

2010 年的人口普查显示，全国 3.09 亿人中的约 83.7% 生活在城市地区。表 15-1 显示，就美国整个历史时期而言，城市人口稳步上升，在这其中，外国移民起了重要的作用，因为这些新移民大多定居在城市，还有相当数量的迁移是从农村地区迁移至城市地区，通常他们前往城市寻找更好的社会地位、教育资源和就业机会。

然而，在 2000 年到 2010 年之间，2/3 的美国村镇出现人口反弹的现象，这个趋势被分析家称为"乡村的复兴"。增加的人口多数是来自于城市的移民。但这个趋势并没有在所有的农村地区显现。乡村地区众多的小镇（特别是那些大平原区域的州），正在挣扎着存活下来，但即便是在这些地区，人口流失在近些年也在放缓。

最显著的人口反弹出现在提供旅游娱乐服务的乡村社区，比如湖区、山区和滑雪场。人们来到这里既出于对自然风光的喜爱，也被这里舒缓的生活节奏，较少的交通堵塞，较低的犯罪率和更新鲜的空气质量所吸引。一些公司已经搬迁到了乡村，这给乡村地区提供了更多的就业机会（K.M.Johnson 1999; Johnson & Fuguitt, 2000; D.Johnson 2001）。

第四节 都市化：作为一种生活方式

● **分析**

早期的欧美社会学者将注意力放在了城市的兴起上，让我们简短地考察一下将都市化作为一种生活方式的研究观点。

一、斐迪南·滕尼斯：共同体与社会

19 世纪，德国社会学家斐迪南·滕尼斯（Ferdinand Tonnies, 1855—1937）研究了新的工业城市生活与乡村生活的区别，他在对比中得出的两个概念至今仍是社会学的重要

术语。

滕尼斯（1963，原作于 1887）用社区（德语"Gemeinschaft"一词，或译为"共同体"）来指涉某一类型的社会组织，在这个组织里人们因为血缘和传统习俗而紧密联结。滕尼斯解释，乡村的社区将人们联系成一种单一的初级群体。

滕尼斯解释说，这样的社区在现代城市基本上已经消失。相反，城市化促进了**社会**（德语为"Gesellschaft"）的形成。在共同体中，人们的结合是基于个人利益的，个体被他们的自我需求所激发，而并非是出于改善他人福祉的愿望。总体来说，城市的居住者对社区或共同身份缺乏认同，只在有需求时才会转向他人。滕尼斯看到了城市化对紧密和持久社会关系的削弱，城市化更有利于形成一种简单、冷漠的关联，或是商业的典型次级关系。

最显著的农村人口反弹出现在有着自然美景的乡村社区。图中居住在犹他州的风景区帕克城的人，有时甚至找不到停车位。

共同体 人们因为血缘和传统习俗而紧密联结的社会组织类型

社会 人们仅仅基于个人利益基础之上而走到一起的社会组织类型

二、埃米尔·涂尔干：机械团结和有机团结

法国社会学家埃米尔·涂尔干，赞同滕尼斯关于城市化的大多数论述。但是涂尔干也指出城市并不缺乏社会联系。只是这种社会联系与乡村里的不同而已。

涂尔干将传统的乡村生活描述为机械团结，社会联系以共同情感和道德价值为基础。在对传统的重视程度上，涂尔干所说的机械团结与滕尼斯的共同体论点有惊人的相似。涂尔干解释说，都市化侵蚀了机械团结，但同时生成了一个新型的联系，涂尔干称之为"有机团结"，有机团结基于专业化和相互依赖而产生。如果将其看作滕尼斯

《农民的舞蹈》（左图，c.1565）皮特·布鲁格尔的创作，表现了农村生活中出于血缘和近邻关系而产生的最本质的联合。相反欧内斯特·芬尼的《夜曲》（右图）则显示出城市生活普遍的冷漠。这两张油画鲜明地捕捉了滕尼斯所说的社区与社会的区别。

Pieter Breughel the Elder（c.1525/30 – 1569），Peasant Dance, c.1565, Kunsthistorisches Museum, Vienna/Superstock. Lily Furedi, American.Subway.Oil on canvas, 99×123cm. National Collection of Fine Arts, Washington, D.C./Smithsonian Institute.

的社会概念的对应概念，则揭示了两个学者观点的重要差异：虽然两人都认为工业化的发展弱化了传统的力量，但是涂尔干乐观地指明了一种新的团结，过去人们是因为相似性而相互联结，而现在人们因为差异走到一起。

涂尔干认为，比起乡村生活，城市生活提供了更多的个人选择、更高的道德容忍度和个人隐私度。总的来讲，城市化过程让人们失去一些东西，但同时也得到很多。

三、格奥尔格·西美尔：厌烦于享乐的都市人

德国社会学家格奥尔格·西美尔对城市进行了微观分析，研究都市生活如何作用于个体经验。根据西美尔的观点，个体对城市的察觉是人、物和事的聚合，为了避免来自外界的人、事、物的过度刺激，都市人形成了一种厌倦享乐的生活态度，拒绝周遭的诱惑，这样的超然并不意味着城市人对他人和他物缺乏激情。他们对外界保持距离只是生存的策略，以便他们把时间和精力专注于对他们真正重要的事情上。

四、芝加哥学派：罗伯特·帕克和刘易斯·沃斯

美国的社会学者不久就加入到了对急速增长的城市的研究中。罗伯特·帕克（1864—1944），芝加哥大学首个社会学研究项目的领军人物，希望能走出封闭的象牙

塔，用街头视角来研究真实的城市，正如他对自己所说的："我对自己的研究是不是真的比其他的人更为广泛地涉足了世界上各地的城市而感到怀疑"（1950: viii）。走在大街上，帕克发现城市是一个有组织的，包含不同种族社区、商业中心和工业区的万花筒，他观察到"自然区域"随着时间推移而发展，最后相互形成联系。对帕克而言，城市是一个活生生的有机体———一个人类社会的万花筒。

芝加哥学派另一个主要人物是刘易斯·沃斯（1897—1952）。沃斯（1938）以将滕尼斯、涂尔干、西美尔和帕克的学说整合成关于都市生活的综合性理论而闻名。

沃斯认为，城市是一个巨大的、密集的、社会性质多样化的人口集合。这些特征促成了一种冷漠的、表面和短暂的生活方式。与数百万的人居住在一起，都市人比乡村的人更多地接触他人。所以都市人对他人的注意焦点不是"他是谁"，而是"他的职业是什么"，比如巴士司机、药剂师或是杂货店营业员。专门化的城市关系有时对相关者来说是好事，但我们应该注意到这种互动背后的原因是个人利益而非友情。

城市关系的非人情化性质、伴随着城市社会的多样化使得都市人比乡村人有更多的宽容，乡村人常常出于嫉妒的心理而加强他们狭隘的传统。但是城市里异质的人群很少拥有单一的道德行为标准（T.C.Wilson, 1985, 1995）。

● **评价**

无论是在欧洲还是在美国，早期社会学者关于都市生活的观点通常是复杂的。飞速的城市化困扰了滕尼斯和沃斯，而同时沃斯也看到了个人关系和传统道德在匿名的城市中的不断丧失。涂尔干和帕克则强调了城市化的正面效应，指出城市化给予了更多的个人自由和更广泛的选择空间。

这些观点的一个共同的问题是他们用宽泛的笔调来描述和审视都市化却忽略了社会阶层、种族、性别的作用。都市里可能有各种各样的人，穷人和富人，白人和黑人，盎格鲁裔和拉丁裔，男人和女人，所有这些都形成了不同的城市生活（Gans, 1968）。正如多样化思考专栏中的背景资料所说的那样，美国大城市里少数族裔的融合在20世纪90年代有显著的上升。在城市里我们清楚地看到了社会多样性，不同类别的人足以组成一个明显的社区（Macionis & Parrillos, 2007）。

多样化思考：种族、阶层与性别

少数族群成为美国最大城市人口主流

最新的全美人口普查结果显示，拉丁裔、非洲裔以及亚裔人口在100个大城市中的66个城市占据了人口比重的主流，而这个数据在1990年是30个，在2000年是48个。

是什么引发了这一变化呢？其中一个原因是大城市的非西班牙裔白人人口在流失。例如密歇根州的底特律从1990年到2000年失去了其一半的白人人口，到2010年，它又失去了剩下的一半白人人口。结果到2010年，底特律92%的人口都是由几个不同的少数族群组成的。同样的情况也发生在美国南部的阳光地带，从2000年到2010年，得克萨斯州的加兰的少数族群所占人口比重由47%上升到66%，亚利桑那州的格伦代尔的少数族群占总人口比重由35%上升到51%。总体的数据显示美国100座大城市的少数族群占人口比重从1990年的47.9%上升到了2000年的56.2%再到2010年的60.1%。

但是，也许少数族群由"少数"变为"多数"的最大原因是移民数量的增加以及新移民的高生育率，这使得拉丁裔人口比重自2000年到2010年间在最大的100个城市中增长了25%（接近330万人）；亚裔人口也增长了30%（超过110万人）。非裔人口从2000年到2010年仅减少了1%左右。

西班牙裔，27.7%　　亚裔，8.2%　　非西班牙裔白人，39.9%

非西班牙裔黑人，21.2%　　其他，3.1%

资料来源：U.S.Census Bureau (2011)。

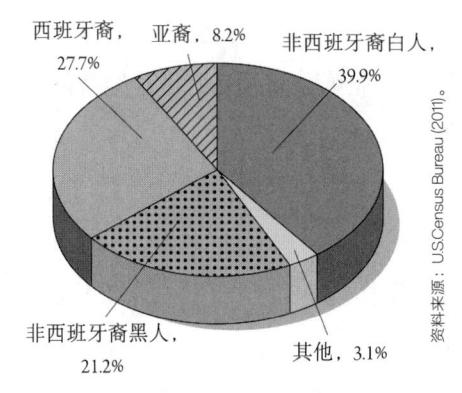

2010年美国100个大城市人口比例示意图
少数族群构成了这个国家最大城市的大部分人口

> 政府官员和其他政策制定者密切地注视着这些数据的变化，因为将来美国大城市的活力取决于它们是否可以满足不断膨胀的少数族群人口尤其是移民人口的需要并利用他们的优势。
>
> **你怎么想？**
>
> 1. 为什么美国大城市的少数族群人口不断增长？
>
> 2. 少数族群人口变为"多数"给城市带来的正面效应和挑战是什么？
>
> 3. 在飓风卡特里娜到来之前，非裔美国人占新奥尔良人口的67%，之后只占了40%，这种变化会给这座城市的未来带来怎么样的改变？
>
> 资料来源：Schmitt (2001) and U.S.Census Bureau (2011)。

● **检查你的学习**

在下列城市社会学家中——斐迪南·滕尼斯、埃米尔·涂尔干、罗伯特·帕克和刘易斯·沃斯——谁对城市生活的态度更积极？谁更消极？为什么？

五、城市生态学

社会学家（特别是芝加哥学派的学者）发展了**城市生态学**，这是对城市宪体和社会层面的联系的研究。例如，为什么城市坐落在这里？最初的城市在那些土地肥沃、有利于庄稼耕种的地区形成。前工业化时期的人们，出于军事防务的考虑，将城市建在了山上（比如雅典城就坐落于当地悬崖之上），或是被水环绕的地方（比如巴黎和墨西哥城就建在岛上）。随着工业革命的来临，出于经济的考虑，美国所有的主要城市都建到了河流、天然良港旁，以便于贸易。

城市生态学的专家们也研究城市自然规划问题，1925年欧内斯特·伯吉斯（Ernest W. Burgess），罗伯特·帕克的学生，用"同心圆"一词来形容芝加哥城的布局。伯吉斯观察到，商业区由工厂环绕着，外围是居民区，居民区的住房越远离嘈杂和污染的市中心，其价格也就越高。

霍默·霍伊特（Homer Hoyt, 1939）进一步完善了伯吉斯的研究，注意到城市里不同的区域组成了扇形的结构。比如一个时尚区域可能挨着另一个彼邻发展，或者工业区沿着铁道或电车线路而从市中心向外延伸。

昌西·哈里斯（Chauncy Harris）和爱德华·乌尔曼（Edward Ullman, 1945）也提出了另外一个设想：随着城市的疏散化，城市逐渐由单一中心模式转为多核心模式。随着城市的扩大，居住区、工业区和购物区彼此分离渐远。就像很少有人愿意居住在靠近工业区的地方，城市也因此成为一个区域层次分明的万花筒。

工业革命创造了美国的大都市，然而近几十年来的工业海外转移也导致了底特律及其他衰退的工业老城市的失业与人口锐减问题。现在，数量不断增加的移民为城市带来新生并成为城市中的新一代人。在底特律的大都市区，众多的阿拉伯移民成为人口增长的主因。

社会领域的分析家们调查了那些有近邻关系的人们拥有的共性，看起来有三个因素可以解释大多数邻里类型的变化：家庭类型、社会阶级、种族和族裔（Shevky & Bell, 1955; R.J.Johnston, 1976）。有孩子的家庭往往寻找有好学校的大公寓或者独栋寓所。富人们寻找有良好声望的邻居，他们往往居住在靠近文化名胜的城市中心。而来自那些共同种族或族裔传统的人们也聚居在一些有特色的社区。

最后，布莱恩·贝利（Brian Berry）和菲利普·瑞斯（Philip Rees, 1969）将以上的观点做了总结，他们认为不同的家庭类型倾向于按照伯吉斯所说的同心圆进行分布。没有或孩子很少的家庭倾向于聚居在城市中心，而那些有很多孩子的家庭则住得要远一些。社会阶级的差异是形成霍伊特所称的扇形结构的首要原因，例如，富人们占据扇形的一端而穷人则占据了另一端。另外，与哈里斯和乌尔曼所说的多核心模式相一致的是，不同种族和族群的人们分布在城市的不同区域。

六、城市的政治经济

在 20 世纪 60 年代末，许多大型的美国城市都经受了大暴乱的震动。随着公众意识到种族和经济不平等的加剧，一些分析家也从社会生态学角度转向用社会冲突的角度来理解城市生活。这种城市的政治经济模型将卡尔·马克思对工作场所的冲突分析运用于分析城市（Lindstrom, 1995）。

政治经济学家们不同意社会生态学把城市看作有着特定区域划分并按照其自身内部逻辑发展的自然有机体的观点。相反，他们认为城市生活是由那些更大型的制度组织来主导的，尤其是经济组织。资本主义，把城市转化成一种为利润而进行贸易的不动产，同时财富集中在少数人手上，这是理解城市生活的关键。依据这个观点，例如，1950年之后工业在雪带城市中的衰退是企业精英们深思熟虑决定的结果，即把他们的生产设备转移到阳光地带（那里劳动力是廉价的并且联合起来的可能性比较小）或者完全离开这个国家转移到低收入国家（Molotch, 1976; Castells, 1977, 1983; Lefebvre, 1991; Jones & Wilson, 1999）。

【在 mysoclab.com 阅读约翰·罗根著《城市生活的生与死：城市环境下的邻里关系》】

● **评价**

事实上，许多美国城市都处于危机之中，普遍的贫穷、高犯罪率和几乎不起作用的学校，这些事实似乎在摒弃都市生态学的观点而支持政治经济模型。但是，有一种批评对两者都适用：他们在一个有限的历史时期专注于美国城市。我们所了解的有关工业化城市的许多内容并不适用于我们过去的前工业化时期的美国城镇或今天在许多贫穷的国家快速成长的城市。用任何单一的城市模型来解释所有城市多样性的领域是不太可能的。

● **检查你的学习**

请用自己的语言解释城市生态学理论以及城市的政治经济理论告诉了我们关于城市的哪些内容？

第五节　贫穷国家的城市化

理解

11月16日，在埃及开罗，人们把在古代开罗的大面积的穆斯林墓地叫作"死亡的城市"。事实上，它是相当鲜活的：数以千计违章建筑者已经搬进坟墓，使这里成为生命与死亡的一个怪诞混合。孩子在石板地上跑来跑去，晒衣绳在纪念碑之间伸展，偶尔一个电视天线从坟墓屋顶架出。随着开罗的人口以每天1000人的速度增长，人们会住在任何他们能住的地方。

城市在世界历史上已经经历了两次革命性的扩张。第一次城市革命开始于8000年以前，那时第一批城市定居者出现，持续到在好几个大洲都出现永久定居者。大约在1750年发生的第二次城市革命，随着工业革命的发生并迅速波及欧洲和北美洲的城市持续了两个世纪。

第三次城市革命现在正在进行中。至今为止，高收入国家中大约75%的人已经是城市居民。而低收入国家的城市化进程也在剧烈地发生着，1950年，贫穷国家里有大约25%的人居住在城市里。2008年，世界的城市化程度已远超第一次城市革命，超过一半的人口居住在城市里；到2050年时，这个数字将会达到70%（United Nations, 2009; Population Reference Bureau, 2011）。

更多的人居住到了城市里，同时越来越多的城市也突破了千万人口大关。1975年时，世界上只有3个城市——东京、纽约和墨西哥城的人口超过千万，而且它们都属于高收入国家的城市。到了2010年，有21个城市人口达到千万但其中只有5个城市是高收入国家的城市。预测到2025年，8个超大型城市将加入千万人口的城市行列（其中5个在亚洲，2个在拉丁美洲，1个在非洲）（Brockerhoff, 2000; United Nations, 2010）。

第三次城市革命的发生是由于众多贫穷国家进入到人口转型理论中人口高速增长的第二时期。在拉丁美洲、亚洲尤其是非洲，死亡率下降换来的是人口的高速增长。在城市地区，人口增长率上升为原先的两倍，除了人口自然增长这一原因之外，还因为每年有成千上万的人离开乡村来城市寻求工作、医疗、教育和便利的水电供给。

城市确实能够比农村地区提供更多的机会，但也无法快速解决人口增长和贫困加剧的问题。许多经济欠发达国家的城市，包括埃及的开罗、印度的加尔各答和菲律宾的马尼拉等都无法满足城市中许多人的基本生活需求。这些城市被简陋的贫民窟——用废弃的材料建造的房屋——包围着。正如第九章（"全球社会分层"）里提到的，城市垃圾堆甚至都是数以千计的穷人们的家，他们希望从这些垃圾中找到吃的或可变卖的东西以维系他们下一步的生活。

第六节　环境和社会

分析

人类已繁衍生息并疾速扩张得遍布整个地球。现在，不断增长的人口迁居到了纷繁复杂的大城市里，因为这些大城市给人们提供了比住在乡下村庄更好的生活期许。

但是人类也为自身的进步付出了很高的代价。在漫长的历史中，人类从未对地球如此索求无度。这种令人烦恼的发展促使我们集中精力去关注自然环境与社会的相互影响。就像人口学一样，**生态学**是社会学的另一个表亲，其正式的定义是对生物有机体和自然环境互动的研究。

生态学倚仗自然科学家和社会科学家的研究。而我们将集中关注生态学的各个方面，包括我们所熟悉的社会学概念和各种问题。

自然环境就是地球的表面和大气，包括生物有机体、空气、水、土壤和其他人类维持生存所必需的资源。就像其他物种一样，人类依赖自然环境而生存。人类的文化能力把人同其他物种区分开来；人类会根据自身的利益和需求来改造这个世界，而这些经过深思熟虑的行为使我们的世界变得更好或者更坏。

为什么社会学家会对环境感兴趣？因为环境问题——从污染到全球变暖——并不是自然世界本身产生的，这些问题产生于人类的选择和行动，并最后演变成社会问题。

环境保护运动已经受到众多有知名度和有影响力的人的支持。美国前总统比尔·克林顿最近公开感谢了为能向全世界人类提供清洁的水源而做出努力的演员马特·达蒙。你是否有参与到保护自然环境的行动中呢？

一、全球的角度

对自然环境的研究需要一个全球化的视野，原因很简单：撇开国家间在政治上的分歧，地球仅仅是一个**生态系统**（ecosystem），一个包含所有生物有机体与自然环境的相互作用的系统。

eco（生态）在希腊语中的意思是"房子"，提醒我们地球是我们的家，而且所有地球上的生物和他们的自然环境是相互关连的。自然环境的任何一部分的波动都会导致全球生态系统的变化。

从生态学的观点来看，由于我们国家的人爱吃汉堡，使得北美洲（并逐渐扩展为全球）的人们对牛肉有很高的需求，这促进了巴西、哥斯达黎加以及其他拉丁美洲国家的大农场畜牧业的快速发展。为了给快餐公司提供精肉，同时由于拉美普遍使用牧草作为饲料，因此就需要大量的草地。拉丁美洲大农场主每年都要通过清除数千平方公里的森林来换取畜牧场地，而这些热带森林对维持地球的空气至关重要。森林被砍伐殆尽的危险时刻威胁着每一个人，包括那些喜爱汉堡包的美国人（N.Myers, 1984a）。

二、科技和环境的赤字

社会学家提出一个简单的定律：I=PAT，环境的影响（I）反映在一个社会的人口（P）及其富裕水平（A）和科技水平（T）上。简单社会中的成员——第二章（"文化"）里提到的狩猎者和采集者——几乎不会影响环境，因为他们人数少、贫穷，而且只有简单的技术。相反，当他们随着动物的迁徙、观测季节变化的规律而迁移的时候，他们将会遭受自然灾害如火灾、洪水、干旱和暴风雪的侵袭，大自然会影响他们的生活的方方面面。

在社会文化进化的中间阶段，社会对自然环境的影响能力有所提高。但是园艺业（小型农场）、畜牧业（放牧动物）甚至是农业（用畜力来耕犁）对环境的作用都是有限的，因为人类仍然是依靠自己的体力来生产食物和其他用度的。

随着工业革命的发展，人类控制自然环境的能力也在引人注目地增强。体力让位于靠燃料运作的机器，燃料也由煤变成了石油。机器的使用通过两种方式影响着环境：我们消耗越多的自然资源来进行生产的同时，也把更多的污染排放到大气中。更重要

社会学为我们理解物质世界提供的最重要的洞察力是认为环境问题不只是"偶然"发生的。相反,自然环境的状况反映了社会生活的组织方式——人们如何生活和他们想些什么才是重要的。一个社会的科技水平越高,威胁自然环境的社会力量就越大。

的是,有了工业技术的帮助,我们可以让自然屈从于我们的意愿:在山里挖通隧道,筑堤坝拦截河流,灌溉沙漠以及在北极的荒野中和在海底炼油。这也解释了为什么富有国家仅占人类23%的人口却消耗了世界上46%的能源(World Bank, 2012)。

人们在工业社会中消耗了更多的能源,但是也制造了比农业社会多100倍的物品。更高的生活水平从某种意义上来说是好的,但这也加重了固体垃圾(因为人们最终会抛弃许多他们制造出来的东西)以及环境污染的问题(因为工业生产会产生烟尘和其他的有害物质)。

从一开始,人们就意识到工业技术所能带来的物质利益。但是直到一个世纪之后他们才发现工业技术对自然环境有着长期的影响。今天,我们意识到科技力量使我们的生活更好的同时,也会使我们后代未来的生活充满风险。

事实已经表明我们在迅速积累着**环境赤字**——人们专注于短时期的物质富裕而导致了对自然环境的长期的伤害(Bormann, 1990)。环境赤字的概念非常重要,原因有以下三点:首先,它提醒我们,环境忧虑是社会性的问题,反映的是人们应该怎样生活的社会优先权。其次,它表明很多对环境的危害——包括对大气,土壤和水的危害——都是无意识的,起码就某种意义而言,当人类只把目光集中在短期利益上而砍伐森林、露天采矿或者使用广告传单包装时,他们都未能看到这些行为将带来的长远的环境影响,而社会学方面的分析可以使这些影响更加清晰。最后,在某些方面,环境赤字是可逆的。从这点上来说,社会制造了环境问题,但同时也可以消除其中的许多问题。

三、文化：增长与极限

我们是否意识到环境危机并决定采取一定的措施，这是一个文化问题。所以除了科技，文化亦对环境有巨大的影响力。

● 增长的逻辑

当你打开电视新闻的时候，你可能会听到这样一则报道："政府部门今天发布了一个有关经济的坏消息，我国近期的经济增长率只达到了第一季度经济增长率的一半。"如果你不去思考，你会发现我们的文化将经济的非快速增长视作停滞（也就是不好的现象），将经济面缩小视作"萧条"或"不景气"（也就是非常不好的现象）。更多的汽车，更多的住房，更多的收入，更多的消耗——这个"更多"（more）的观念就是我们的文化对于优越生活的定义的核心（McKibben, 2007）。

我们崇尚增长的原因之一就是我们追求物质享受，相信金钱以及用金钱能买到的东西能提高我们的生活质量。我们也相信发展的观念，相信未来世界会比现在更好。另外，我们期望科学能把我们的生活变得更简单和更有价值。简单地说，"人类是聪明的""拥有就是好的""生活会越来越好"，这些文化价值合在一起，就形成了增长的逻辑。

一个关于世界的乐观的观点认为，按照这种增长的逻辑，越来越强大的科技力量能促进我们的生活，这些新发现在未来也将持续。通过了解美国和其他高收入国家的历史我们可以发现，增长的逻辑已经成为改造荒野，建设城镇和道路，追求物质富裕背后的驱动力。

然而，"发展"也会导致不可预料的问题，包括环境的紧张。增长的逻辑对此做出这样的回应：人类（尤其是科学家和其他的技术专家）将会找出我们增长的道路上遇到的任何问题的解决办法。例如，如果世界出现了石油短缺的情况，科学家就会提出用新的混合燃料或使用电动汽车，最后还会提出使用氢能、太阳能或者核能（或其他一些未知的科技）来满足世界的能源需求。

环境保护论者表示这种增长的逻辑是有缺陷的，因为它假定我们能够为人类面临的任何问题找到出路；更重要的是，它错误地认为自然资源，如洁净空气、新鲜的淡水和表层土壤都是无尽的。如果我们不惜任何代价来追求增长的话，我们可能并且终将耗尽这些有限的资源。作为对马尔萨斯的响应，环境保护论者警告，如果我们一味地让地球供给不断增长的人口，那么在这一过程中，我们必定会破坏环境并损害到我们自身。

● **增长的极限**

如果我们不能找到方法去解决由增长的逻辑所制造出来的一些问题，也许我们需要采取另外一种思维去思考关于世界的问题。环境保护论者认为增长必须有一定的极限。增长极限理论要求人类必须把政策转向控制人口增长、过度生产以及资源消耗，从而避免环境崩溃。

《增长的极限》一书在发起环境运动中影响很大且颇有争议，在这一著作中丹尼拉·麦多斯和她的同事（1972）用了一个计算机模型计算地球上可用的资源、人口增长率、可耕作的土地数量、工业和食物生产水平以及排放进大气中的污染物质的数量。这个模型反映了世界自 1900 年以来的变化和到 21 世纪末的发展趋势。作者承认如此长期的预测是猜测性的，而一些批评家则认为他们是绝对错误的（Simon, 1981）。然而不管对错，这项研究的总体结论都应引起我们的深思。作者认为我们快速地消耗着地球有限的资源，石油、天然气，还有其他能源的补给都已经随着价格的上升急剧下降，资源短缺速度的快慢取决于富有国家的保护政策和其他国家诸如中国、印度、巴西的持续工业化速度。在接下来的一百年内，这些资源几乎会被耗尽并严重影响到工业的产出和食物的供给。

增长极限理论与马尔萨斯对未来的悲观理论相同。接受这个观点的人们会怀疑以目前的生活方式，人类能否支撑到下一个世纪。或许我们应该学习在更少的资源下生存，那也许并不像想象的那样难。举例来说，有调查显示，近年来物质消费的增长并没有提高人们的幸福感（D.G.Myers, 2000）。最后，环境保护论者警告人类，我们正面临着一个基本的抉择：是主动地改变我们的生活方式，还是让大范围的饥饿与冲突迫使我们做出改变。

四、固体垃圾：用后即弃的社会

在美国，人们每天大约会产生 14 亿磅的固体垃圾。图 15-4 展现了一个典型社区的固体垃圾的组成成分。

作为一个重视便利的富裕国家，美国已经形成了一个用后即弃的社会。我们消费的产品比其他任何国家都多，而且大部分产品都是一次性包装的产品。例如，快餐是用纸板、塑料或者泡沫来包装的，以至我们可以数秒钟之内把它扔掉。另有数不尽的其他产品——从冰淇淋到电池——精心制作的包装使产品更具有吸引力并且可以防止损毁和偷窃。

厂商在市场上销售软饮料、啤酒、果汁这些用铝罐、玻璃瓶和塑料容器装起来的食物，这些产品不但极大地消耗了有限资源，而且会产生大量的固体垃圾。同时有数不尽的东西被有意地设计成一次性的产品，包括钢笔、剃刀、手电筒、电池，甚至照相机

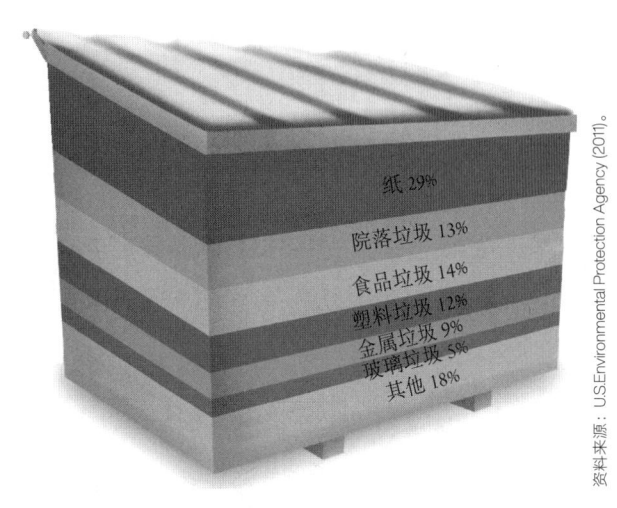

图 15-4 社区垃圾的组成成分
我们扔掉了各种各样的东西，而纸在这些垃圾中占最大的一部分。

等。而其他产品，从电灯泡到汽车，都被设计成使用寿命有限用完之后就会变成垃圾的产品。就像保罗·柯内（Paul Connett, 1991）指出的那样，甚至那些用来描述我们丢掉的东西的单词——废物、垃圾、残渣、劣质货等等——都表示了我们对不能即刻利用的东西是多么贬斥。但是在过去，情况并不总是这样，正如下页"日常生活中的社会学"专栏所解释的那样。

生活在一个富裕的社会，平均每个美国人消耗的能源、塑料、木材和其他资源是生活在日本、丹麦、瑞典等其他许多高收入国家的人们所消耗资源的两倍，并几乎是生活在孟加拉国、坦桑尼亚等低收入国家的人们所消耗数资源的 55 倍。这种高消费水平不仅意味着我们美国人消耗着地球上不成比例的资源，而且也意味着我们产生了世界上的大部分废物。

我们喜欢说"把这些东西扔了"，但是我们扔的固体垃圾（每年总重超过 13.5 亿吨）中有一半都是"不能消失的"。然而，这些垃圾终结于垃圾填埋场，照字面上理解，即填满。垃圾填埋场的垃圾同样也能污染储存在地表之下的地下水。虽然在大多数地方，法律现在对人们丢弃到垃圾填埋场的垃圾有所管制，环保署还是在美国确认了 1302 个包含危险物质的垃圾倾倒点，这些危险物质会污染地表以上及以下的水。除此之外，那些进入垃圾填埋场的垃圾经常堆积在那里，有时长达数世纪之久。数以千万计的绳子、一次性尿布和其他我们每年填埋到垃圾场的不能分解腐烂的东西，成为我们留给未来后代的不受欢迎的遗产。

日常生活中的社会学

为什么祖母麦休尼斯没有垃圾？

我们经常说祖母麦休尼斯（Macionis）从来不丢弃任何东西。她出生并成长在立陶宛——一个古老的国家——在那个贫穷乡村里，她形成了一成不变的生活方式，甚至在年轻的她来到美国，并定居费城后也没有改变。

我见到她时已在她的晚年，我还记得我们全家一起去她家里为她过生日。我们不知道该送她什么礼物，因为尽管她拥有的东西并不多，但她看起来从来不缺什么。她过着简单的生活，穿朴素的衣服，并很少对"新奇"的东西感兴趣。她没有电子产品，而且总是要把她那些简单的工具用到破旧为止。她厨房的刀子经历数十年的磨损而变得旧而窄薄，她把吃剩下的食物储存下来，当作菜园的混合肥料。

在她打开一个生日礼物之后（通常是一件她不会穿的新衣服），她小心地保存着盒子、包装纸和丝带，这些东西比她收到的礼物对她的意义更大。我们都早已料想到她会把任何收到的东西保存起来，因此我们微笑着看她把所有的东西收拾好，并且知道她会一次又一次地想办法来使用它们。

对于她的孙子来说，祖母有时候显得很陌生，她是她的文化的产物。事实上，一个世纪以前，几乎没有"垃圾"。当一双袜子磨薄后，人们会去缝补它，而且可能不止一次。

当它们不能被修补的时候，就会被用作抹布或者缝补棉被（和其他旧衣服一起）。每一样东西都是有价值的——不是以这种方式就是以另一种方式。

20世纪，随着女人开始像男人一样外出工作，家庭收入增加了，人们开始买越来越多的、更省时的东西。不久以

1970年作者与祖母麦休尼斯的合照

后，很少有人会在意像目前祖母所从事的这种家庭回收。很快，城市需要派出工作队一个街区一个街区的收起一车车的废弃物。"垃圾"时代已经开始。

你怎么想？

1. 正如麦休尼斯祖母是她的文化的产物一样，我们也是自己文化的产物。你认识有哪些明明拥有很多却仍认为不够的人？

2. 什么样的文化价值观使今天的人需要省时的产品和"方便"包装？

3. 你认为最近几十年我们的社会有没有更倾向于循环利用？为什么现在的循环利用和麦休尼斯祖母的回收使用不一样？

环境保护论者认为，我们应该仿效我们的祖辈们的做法来解决固体废物问题：节约使用，变废为宝。一种方法是通过循环利用，就是重复利用资源以免随意丢弃。在欧洲国家，循环利用是一种可行的方法，几乎一半的废弃材料被循环利用。这种方法在美国越来越普遍，现在大约34%的废弃物被循环利用。随着强调重复使用一些材料如玻璃瓶、铝罐等的市政法规的通过，重复利用产业利润也在增加，这些使得循环利用的比重逐渐增加。

四、水和空气

海洋、湖泊和溪流是全球生态系统的生命之源。人类饮用、洗浴、冷却、做饭、娱乐和许多其他活动都依赖水。

根据科学家所说的水文循环，地球自动进行水循环和土壤更新。当来自太阳的热量使得地球上的水——其中的97%都在海洋里，蒸发并汇聚成云的时候，这个过程就开始了。因为水在较低温度下比大多数污染物更容易蒸发，所以从海洋中升起的水汽相对纯净，而把各种各样的污染物残留下来。然后，水以雨的形式落到地面，它排入到溪流和河中，最后回到大海。与水有关的两个主要关注点，是供应和污染。

● 水的供应

地球上只有不到 1% 的淡水资源是适合饮用的。那么，数千年来，世界各地的法律都将水权置于突出地位也就不足为奇了。如今，在世界上的一些地区，尤其是热带，享有丰富的淡水，且只使用了水资源中的一部分。而北美和亚洲的大部分地区，高需求加上低储备，使得水供给成为忧虑，人们以河水为水源，而不是雨水。在中国，深层含水层快速下降；在中东，水的供给达到严峻的程度。伊朗的首都正对水实行定量供应；在埃及，与 1900 年相比，尼罗河只能给每个人提供当时的 1/6 的水。在北非和中东人们缺乏灌溉用水和饮用水。世界上将近一半的人生活在水资源缺乏导致食物减产的国家，随着水需求的增长，问题会越加严峻（United Nations Environmental Programme, 2008; Walsh, 2009; Solomon, 2010）。

增长的人口和更多复杂的技术的发展使得世界对水的需求大大增加。全球用水量（现在大约是每年 40 亿立方英尺）自 1950 年以来已经翻倍而且仍在平稳增长。这样下去，即便在这个世界上降水量丰沛的地区，人们使用地下水的速度也远超它自然补给的速度。例如在南印度的泰米尔纳德邦地区，在过去的几十年里，人们抽了大量地下水导致当地水平面下降了一百英尺。墨西哥城——占地大约 1400 平方英里——大量抽取地下含水层中的水使得这个城市在过去的一个世纪里下沉了 30 英尺，而且以每年 2 英寸的速度继续下沉。在美国北部，从南达科他州到得克萨斯州地下的奥加拉拉蓄水层，因为正被大量抽水，专家担忧它将在几十年内干涸。

水对生活至关重要，但水又处于供应短缺的状态。在西印度的古吉拉特邦已经经历一场长达十年的干旱。在纳特瓦哈德村，人们围聚在井边，放下罐子都想取出剩下的最后一点水。

从发展的角度来看，我们必须正视水资源的有限性并且空前宝贵这一事实。个体要更加节约用水——在美国平均每人每天要消耗 100 加仑的水，合计一生中要消费 1000 万加仑水——是解决方案的一部分。然而，全世界的家庭用水仅占总用水量的 10%。我们必须减少工业耗水，它占了全球总用水量的 20%，而农田灌溉更是占了所有用水量的 70%。

也许新的灌溉科技能够减少未来的用水量，但是现在，我们知道人口增长和经济增长已经过度损耗了我们的生态系统。（United Nations World Water Assessment Programme, 2009; Geological Survey, 2009; Solomon, 2010）

● **水污染**

在大城市里诸如墨西哥城、开罗，许多人别无选择只能喝受污染的水。传染病如伤寒、霍乱、痢疾，都由水生微生物导致，经由水污染而迅速传播。我们不仅要保证水的供应还要保护水的质量。

美国的水质以国际标准来看是总体良好的。然而即便是在美国，水污染问题也在增加。全美的河流和小溪每年吸收了数百万磅的毒水。这种污染不仅来自于故意倾倒，也来自于农业化肥和草坪化学喷剂的扩散。

一个特别的问题是酸雨——因为空气污染而呈酸性的雨水，这种雨水会伤害动植物。酸雨（雪）产生于电厂的化工燃料燃烧（石油或煤）产生电力的过程，这类燃烧释放了硫化物和氮氧化物到空气中，随着风将这些气体吹散到大气中，他们与空气发生反应形成硫酸和硝酸，使得大气中的水汽酸化。

这个过程清楚地表现了一种形式的污染如何导致了另一种形式的污染。（来自于烟尘物质）空气污染最后污染了水（接收了酸雨的河湖）。酸雨事实上已经成为一种全球现象，因为离最初污染源数千里的地区都可能由此遭到破坏性的影响。比如，伦敦电厂产生了酸雨毁坏了离英国东北部 1000 英里远的挪威和瑞典森林和渔业资源。在美国，我们了解到一个相似的机制，中西部的烟尘危害了纽约或新英格兰地区的自然环境。

● **空气污染**

因为我们被空气包围着，美国许多人相比水污染更注意空气污染。工业科技——尤其是工厂和机动车，所造成的副产品之一是，空气质量也下降了。五十年前的伦敦工业烟尘、机动车和家庭燃煤共同导致了这个星球有史以来最差的城市空气质量。这种灰霾，一些居民戏称为"豌豆汤"，实际上是一些致命污染物的混合：在 1952 年，在伦敦上空持续了四天之久的厚灰霾杀死了 4000 人。

空气质量在20世纪的最后几十年中得到了改善。富裕国家通过了法令禁止高污染的燃烧取暖行为，包括导致伦敦窒息的燃煤。另外，科学家也寻求一些使工厂和机动车更清洁运作的办法。实际上，今天的交通工具产生的污染物只是二十世纪五六十年代的一小部分。

如果说生活在高收入国家的人们能够比以往更轻松地呼吸，那些生活在贫穷国家的人们面临的空气污染问题正变得更严峻。一个原因是低收入国家的民众仍然依靠木头、煤、炭和其他"不清洁"燃料来烹饪食物和取暖。另一方面，这些国家也倾向于鼓励短期的工业发展而不重视空气污染的长期危害。结果，许多拉丁美洲、东欧和亚洲的城市患上了空气污染病，正如20世纪50年代的伦敦"豌豆汤"一样。

五、雨林

雨林大多数位于赤道附近，是有茂密森林的地区。最大的热带雨林在南美（尤其是巴西），中西非和东南亚。总体而言，世界上雨林总面积达到28亿英亩（约等于1133平方公里），占地球表面积的8.4%（United Nations Environment Programme, 2011）。

正如其他全球资源，雨林正成为暴涨的人口其需求和欲望的牺牲品。如前文述及，为了满足牛肉需求，拉丁美洲的农场主们清除森林来增加他们的可放牧土地供给。我们失去雨林同时也是因为硬木贸易。生活在富裕国家的人们出高价购买红木和其他木头，因为正如环保人士诺曼·迈尔斯（Norman Myers, 1984b: 88）指出的那样，他们"喜爱实木地板、高档家具、精美的装潢、周末游艇和高级的棺材"。在经济压力下，世界上的雨林面积已经减少到不足原先的一半了，而且还在以每年百分之一（五万平方英里）的速度继续缩减，相当于每秒一英亩。除非我们遏止这样的势头，否则在本世纪末之前雨林就将消失，随之消失的还有对地球上生物多样性和气候的守护。

● 全球变暖

为什么雨林如此重要？一个原因是他们清楚大气中的二氧化碳。自从工业革命开始，人们产生的二氧化碳数量就急剧上升（主要来自工厂和机动车）。多数二氧化碳被海洋所吸收。但是植物也吸收二氧化碳并产生氧气。这就是为什么雨林——我们最大的植物生命的集中地——对保持大气的化学平衡至关重要的原因。

问题在于二氧化碳的释放量在增加而地球上的植物数量在减少。更糟的是，雨林的毁损主要是来自燃烧，这释放了更多的二氧化碳到大气中。专家估计大气中的二氧化碳浓度已经比 150 年前提高了 40%（Gore, 2006; United Nations Environment Programme, 2009; National Oceanic & Atmospheric Administration, 2012）。

在地球表面之上，二氧化碳就像温室里的玻璃屋顶，让太阳光的热量传到地球表面而阻止大部分热量再辐射掉。生态学家认为这种温室效应的结果就是**全球变暖**，即大气中二氧化碳浓度的提升使全球平均温度升高。在过去的一个世纪里，全球气温升高了大约 1.3 华氏度（约合 0.72 摄氏度），达到了平均 58 华氏度。2010 年（有官方数据的最近一年）是这个星球从 1880 年以来有记录的最暖的一年。科学家警告，这个星球的平均气温可能在本世纪内再升高 5 到 10 华氏度。极地冰冠已经在融化，科学家预测不断上升的气温将导致冰川的大量融化，进而导致海平面上升并覆盖全球低海拔地区：海水将会淹没印度洋中的整个马尔代夫岛屿、孟加拉国的大部分，以及美国沿海许多地区，甚至包括华盛顿特区，海平面可能与白宫的台阶等高。这样的变化将可能会导致将近一亿的"气候变化的难民"。另一方面，这样的温度变化也会不同程度地影响世界上的其他地区。美国中西部现在是世界上最高产的农业区域，未来可能会变为不毛之地（Gilli, 2011; McMahon, 2011; Reed, 2011）。

小型的、简单社会中的人们，例如印度尼西亚的 Mentawi 的居民，他们与大自然和谐相处，也没有严重影响自然界的科技手段。虽然，在更复杂社会中的我们常常自认为高人一等，但事实上，我们可能——其实是不得不——向他们学习很多的东西。

一些科学家指出我们不能确定气候变暖的结果，另一些认为事实就是气温变化纵贯历史始终，可能与雨林不太相关或无关。一些科学家乐观地指出大气中更高浓度的二氧化碳可能加速植物生长（因为植物依靠它繁衍），故而这种生长可能扭转不平衡然后导致全球气温再次下降。但是科学家的共识是：全球变暖是一个对我们所有人的未来构成威胁的严重问题（kerr, 2005; Gore, 2006; International Panel on Climate Change, 2007; National Oceanic & Atmospheric Administration, 2012）。

● 生物多样性减少

我们的星球是大约 3000 万种动、植物与微生物等不同物种的家园。正如雨林的毁灭，人类对自然控制的扩展，每天数十种珍稀物种的濒临灭绝，不断减损着地球生物

环境问题的争论通常涉及两种对立主张的权衡。例如，一些人认为水力压裂法（fracking）——在地下利用高压软管从页岩中分离出天然气——能够提供给国家丰富的新型能源。但是，另一些人认为水力压裂污染地下水从而对自然资源产生巨大的威胁，甚至有可能引发地震。

的多样性。

但是既然物种资源如此丰富，为什么我们要在乎小部分的损失呢？环保人士说了四个原因。第一，我们地球的生物多样性提供了各种各样的人类食物资源。利用农业高科技，科学家们能够"杂交"作物使之产生杂交优势，从而使食物更加丰盛，增加抵抗害虫和疾病的能力。有一些物种甚至被认为是人类食物生产的关键。例如，蜜蜂执行授粉工作，这是食物生长的必不可少的步骤。在美国，蜜蜂数量减少了三分之一，中东地区甚至减少了三分之二，这一情况引起了人们的高度关注。因此，生物多样性供应了地球上激增的人口。

第二，地球的生物多样性是一种至关重要的基因资源，每年医学和药学研究人员利用生物多样性提供数以百计的新化合物，治疗疾病，改善我们的生活。例如，得益于热带植物长春提取物制成的化合物，美国患白血病的儿童现在存活率更高，而在两代之前白血病几乎是致命的杀手。在美国数以万计的妇女使用的口服避孕药是植物研究的另一产品，与墨西哥森林山芋有关。生物多样性让我们的生态系统能够控制诸多类型的疾病，所以物种消失，疾病肆虐，这是很有可能的。

第三，物种的灭亡，不论是雄飞的加州秃鹰，著名的中国熊猫，斑点猫头鹰，甚或是小小的蚂蚁，都会使我们自然环境的美丽和多样性减少。并且警告信号已经很明显：世界1000种鸟类的四分之三正在减少。

最后，与污染不同，物种的灭绝是不可逆转的和终结性的。于是，这是一个重要的道德问题，是否今天的人们有权利透支明天的人的世界（E.O Wilson, 1991; Keesing et al., 2010; Capella, 2011）。

六、环境种族主义

社会冲突理论已经衍生出**环境种族主义**这一概念，即让穷人特别是少数族群承担环境危害的发展模式。历史上来说，排放污染的工厂临近穷人和有色人种。为什么呢？一部分原因是处于劣势的人们被吸引到工厂来找工作，低收入经常意味着他们只能担负起偏僻地区临近工厂的房屋费用。有时唯一符合他们预算的住房就在他们工作地点的背阴处。

没人希望附近有工厂或垃圾场，但是穷人几乎无权反抗。长期以来，最严重的环境危害坐落于临近新泽西州纽瓦克的地方（不是在高消费的卑尔根市），在芝加哥的南部地区（不是在富裕的森林湖），或在西部的美国土著民居住区（不是在富裕的丹佛或者菲尼克斯的郊区）（Commission for Racial Justice, 1994; Bohon & Humphrey, 2000）。

第七节 展望：迈向可持续发展的社会和世界

● **评价**

这一章的人口分析呈现了一些令人不安的趋势。我们知道，首先，地球人口因为贫穷国家保持的高出生率和世界各地普遍下降的死亡率而达到了创纪录的数量。减少人口生产在本世纪仍是一项紧迫的需求。即使最近人口增加比率稍微降低，托马斯·马尔萨斯的噩梦仍然具有真切的可能性，正如"焦点中的社会学"专栏解释的那样。

焦点中的社会学

世界毁灭：人类会摧垮地球吗？

努肖恩：我要告诉你，人口已经太多了！人们未来要住到哪里呢？

塔碧莎：你去过堪萨斯和怀俄明吗？那里非常空旷。

马可：也许是现在。但我不能保证我们的孩子——或者孩子们的下一代……

你是否担忧世界正在迅速增长的人口？想想这个：你读完这篇文章的时间里，这个星球将会增加超过 1000 人。明天此时，全球人口将会增长超过 220,000。现在，正如下页表格所显示的那样，这个星球每秒出生 4 个人，而死亡 2 人，这使得世界人口每年增长 8300 万。换句话说，全球人口增长相当于每年增加另一个德国。

难怪许多数据统计学家和环境主义者对未来忧心忡忡。地球上的人口达到史无前例的境况：

仅仅从 1974 开始，人口增加了 30 亿，超过了 1900 年全球的人口数量。难道托马斯·马尔萨斯的预言——人口过剩将使地球陷于战争和灾难最终是正确的？莱斯特·布朗（Lester Brown）和其他的新马尔萨斯主义者预言如果我们不改变我们的生育方式，世界将面临大灾难。布朗（1995）承认马尔萨斯没能够预测科技（尤其是肥料和植物基因）对促进地球农业产出的影响力，但是，他一直坚持认为地球人口的持续不断增长远超于有限资源的供应。许多贫穷国家的家庭找不到柴火，富裕国家的人们正在消耗仅剩的资源，并且每个人正在消耗清洁水的供给并排放废弃物污染地球。一些分析人士认为我们已经超过了地球的"人口承载能力"，我们需要划定警戒线甚至减少全球人口以确保长久的生存。

但另一些反马尔萨斯主义分析人士，则强烈地反对。朱利安·西蒙（Julian Simon, 1995）指出在马尔萨斯预言巨大灾难之后的两个世纪，地球已经养活了 6 倍于从前的人口且平均而言比以前更长寿、更健康。通过更多的先进技术，人类已经找出了增加（作物）产量和限制人口的方法，正如西蒙认为的那样，这值得庆祝，人类的足智多谋一直以来已经证明厄运论者的错误。西蒙打赌说这一切将会持续下去。

全球人口增长，2011 年

	出生	死亡	净增长
每年	139,558,000	56,611,000	82,947,000
每月	11,629,833	4,717,583	6,912,250
每天	382,351	155,099	227,252
每小时	15931	6462	9469
每分钟	266	108	158
每秒钟	4.4	1.8	2.6

加入博客！

你赌哪一边？你认为地球能承载 80 亿或 100 亿人吗？你认为面对人口增长人类需要做什么？去 MySocLab 并且加入"焦点中的社会学"栏目，分享你的观点和经验并看看其他人的想法。

资料来源：Brown (1995), Simon (1995), Scanlon (2001), Smail (2007), Population Reference Bureau (2011), and U.S. Census Bureau (2011)。

　　进一步说，世界上最贫困国家的人口增长占据最大比例，这个趋势不能供养他们当前的人口，更不能供养将来的。每年地球所供养的新增的 8300 万人口中有 8100 万处于贫困社会，需要全球人类承担起责任，不仅为他们提供食物，还有住宿、学校和就业。全世界的幸福最终取决于解决贫苦人民和人口过度膨胀国家的经济和社会问题，并搭建桥梁缩小"有产"和"无产"国家间不断扩大的鸿沟。

　　城镇化趋势仍在持续着，尤其是在贫困国家，人们总是怀揣着寻求更好的生活的祈盼选择城市。但是在新出现的全球大城市里，包括墨西哥城、圣保罗（巴西）、拉各斯（尼日利亚）、金沙萨（刚果民主共和国）、孟买（印度）、马尼拉（菲律宾）中，产生了大规模的城镇问题。

　　全世界正在面临严重的环境挑战。一部分问题是人口的增长，主要是贫困地区，另一部分问题是发达国家比如我们自己的高消费水平。随着地球环境赤字的增长，我们目前的生活方式剥夺了我们后代的幸福。就全球来说，富裕社会的成员正消耗着地球许多资源，以世界上贫困社会未来的保障做抵押。

最主要的解决方案是建立一种**生态可持续性文化**：一种既满足现代人的需要，又不威胁到后代的环境的生活方式。可持续生活取决于三种策略。

第一，我们需要控制人口增长，目前70亿人口已经对自然环境施加了很大的压力。很明显，世界人口越多，环境问题会变得越棘手。即使最近国家人口增长缓慢，到了2050年世界仍将会有93亿人口。几乎很少有分析人士认为我们的地球能承载这么多的人，大部分分析人士认为我们必须拉起80亿人口的警戒线，而且有些分析人士认为我们必须在接下来的几十年里减少实际人口（Smail, 2007）。

第二个策略是保护有限的资源。这意味着我们应该高效率的运用资源来满足当前的需求，同时应该带着责任感和更长远的眼光寻找可替代能源（除了化学能源），还有要学会节约利用能源。

第三个战略是减少浪费，任何可能之下，节俭的使用是最好的解决方法。学会节俭生活并不容易，尤其是处在一个看起来只有经济的增长才能解决高失业率的时代。但是请记住，尽管我们的国家在近几十年中消耗了越来越多的资源，人们并没有变得更加幸福（D.G. Myers, 2000）。因此回收计划也是解决方法的一部分，回收能使每个人为解决我们的环境问题做出贡献。

最终，这些战略的施行取决于一个最基本的转变，那就是我们如何思考自身及身处的世界。利己的观点把我们自身的利益作为生存的准则，但是可持续性的环境需要一种利他的观点来帮助我们认识到现在与未来紧密联系，而且每个人必须一起努力。南半球的大多数国家是欠发达国家，难以满足其民众的基本需求，而与此同时，北半球的多数国家是过度发展的国家，随着时间推移，他们使用的资源会超出地球的承受范围。创造可持续发展的生态体系所需的转变不会轻易实现，而且代价巨大。但是如果不对日益严重的环境问题做出回应，代价必定会更高（Brown et al., 1993;

如果人的智慧威胁到我们现在面临的环境，人们是否可以解决这些问题呢？近年来，一些新技术已经实现了更小、更环保的汽车设计。但这样的创新就够了吗？我们是否需要更根本地改变我们的生活方式，以确保人类永久的生存呢？

Population Action International; Gore, 2006）。

最后想想，恐龙统治了这个星球 1.6 亿年，接着永久性地灭绝了。人类还太过于年轻，才在地球上存在了 250,000 年。相较于相当愚蠢的恐龙，我们的物种具有巨大的智力天赋，但是我们将会如何使用这种能力？是从现在开始一直繁荣 1.6 亿年，还是仅仅 160 年？答案取决于地球上 3000 万物种之一的人类所做出的选择。

日常生活中的社会学

第十五章 人口、城市化和环境

● **为什么环境是一个社会问题?**

正如本章所阐述的,自然环境的状况取决于社会的组织形态,尤其是文化对物质消费和经济增长的重视程度。

● **提示**

如果说经济增长意味着一个好时代,那么经济紧缩则代表着衰退甚至可能进入萧条期。这样的世界观意味着人类的生活在一定程度上增加自然环境压力是正常的甚至是可取的。随着世界人口的不断增长,可持续性变成一个尤为重要的观点,而这取决于我们要学会物尽其用地去生活,甚至于要学会节俭的生活。虽然,很多人似乎认同这种想法,为了在城区间移动而买一辆高级越野车毫无必要。事实上,也许连一辆车都根本不需要。这种新型的思维方式要求我们不把社会地位和个人的成功定义为我们拥有什么和我们的物质消费。你能想象这样的一个社会吗?它将会是什么样子?

我们学会视经济增长为自然且良好的现象。当经济保持几个月不变,我们说我们正在经历经济停滞。那么我们怎么定义经济不断衰退的时期,比如 2008 年秋天那段时间?

从你的日常生活中发现社会学

1. 这里有一个关于增长失控的例子（Milbrath, 1989: 10）："一个池塘里长着一朵睡莲，这朵睡莲每天都会生长两倍。30天后，它就占满了整个池塘。那么它在哪一天长到这个池塘的一半？"当你意识到这个问题的时候，讨论一下这个例子对人口增长所带来的启示。

2. 在你的脑海中勾画一幅你所熟悉的城市地图，尽可能详细地描述各个场所、区域、道路和交通设施。完成地图后，看着你认为重要的地方，想想有没有被遗漏的。一个很好的办法就是把它与真实的地图，或者更好的方式是，与其他人画的地图比较。如果你来做比较，试着去说明产生差异的原因。

3. 你是否认为世界人口增长是一个问题？地球的自然环境状态如何？"日常生活中的社会学"是一个在MySocLab上的专栏，在上面参与有关这些问题的附加讨论和建议方法，你会变得更致力于打造一个更安全的世界。

什么能够说服我们的社会成员相信小的（而不是大的）或许更好？为什么我们似乎不仅更喜欢更大的车子，还有更大的房子和越来越多的物质财富？

温故知新

第十五章 人口、城市化和环境

人口学：关于人口的研究

人口学分析人口的数量和结构，以及人们迁移的方式和原因。人口学家收集数据并研究影响人口的若干因素。

人口出生率
- 人口出生率是一个国家人口的生育水平。
- 人口学家用粗出生率来描述人口出生率。

死亡率
- 死亡率：一个国家死亡人口的发生率。
- 人口学家用粗死亡率和婴儿死亡率来计算死亡率。

【mysoclab.com 探索地图】

人口增长

大体上，发达国家的人口增长更多来自于移民人口，相较于自然出生人口的增长；贫穷国家的人口增长几乎全部都是自然出生人口。

人口结构

人口学家用年龄-性别金字塔来形象地描述人口的组成结构，并预测人口发展趋势。

人口增长的历史与理论

- 历史上，人口增长缓慢原因是高出生率大部分被高死亡率所抵消。
- 大概在1750年，随着世界人口的急剧的增长，人口转型开始，主要原因是死亡率的下降。

- 1700 年代末期，托马斯·罗伯特·马尔萨斯警告人口增长将会超过食物供应，结果导致社会灾难。
- 然而，人口转变理论认为技术进步将会逐渐减缓人口增长。
- 世界人口预期在 2050 年将会超过 90 亿。

【在 mysoclab.com 观看视频】

城市化：城市的发展

第一次城市革命开始于约 10000 年前城市的兴起。
- 到 2000 年前，城市开始在世界各地出现，除了北美和南极洲地区。
- 工业化之前的城市，建筑低矮、街道狭窄、弯曲，人们之间是私人化的社会关系。

第二次城市革命开始于约 1750 年的欧洲，工业革命刺激城市快速发展。
- 城市的自然轮廓发生改变，规划者创造了宽阔的、有规则的街道，以便可以更方便地进行贸易往来。
- 对商品的强调和城市规模的扩大使得城市生活更加冷漠。

美国的城市化已经有 400 多年的历史，并一直延续至今。
- 北美城市化因为欧洲人的到来而兴起。
- 到 1850 年，沿着海岸线诞生了数百个新城市。
- 到 1920 年，绝大多数美国人居住在城市。
- 从 1950 年开始，城市的疏散导致了郊区、边缘城市的发展和乡村人口的复兴。
- 在整个国家，阳光地带城市而不是旧的雪带城市的人口和规模正在增长。

作为一种生活方式的都市化

19 世纪欧洲快速的城市化使得早期的社会学家对乡村和城市生活进行了对比。这些早期的社会学家有欧洲的滕尼斯、涂尔干和西美尔，美国的帕克和沃斯。

斐迪南·滕尼斯建立了他的"共同体"（**世俗社会**）和"社会"（**法理社会**）的分析概念。
- 共同体（社区），乡村社会的典型，人们通过血缘或传统习惯而紧密联系在一起所组成的社会组织形态。

- 社会，现代社会的典型，人们仅仅因为个体的利益而聚集在一起所组成的社会组织形态而不是因为社区的福祉。

埃米尔·涂尔干对滕尼斯的很多观点表示赞同，但是他表示城市居民并不是缺乏社会联系，社会团结的基础主要有以下两种区别。

- **机械团结**将社会联系建立在普遍认同的情感和道德价值之上。这种社会团结的典型就是传统的乡村生活。
- **有机团结**将社会联系建立在专业化和相互依赖之上。这种社会团结的典型就是现代都市生活。

格奥尔格·西美尔声称过多刺激的城市生活会造成城市人麻木冷淡的态度。

在美国的芝加哥大学，**罗伯特·帕克**声称城市将允许更大的自由。

刘易斯·沃斯看到，尽管城市具有包容性，但大量的、密集的、异质性的人口也将创造出一种冷漠的和利己主义的生活方式。

【mysoclab.com 阅读文件】

贫穷国家的城市化

- 世界上第一次城市革命发生于公元前 8000 年，随之诞生了最早的城市居民。
- 第二次城市革命随同工业革命一起发生于 1750 年后的欧洲和北美。

第三次城市革命现在正发生在贫穷的国家。今天，世界上的大多数巨型城市集中在欠发达的国家。

环境与社会

环境状况是一个社会问题，因为它反映了人类如何组织社会生活。

- 社会的发展导致环境赤字，因为人们的生活方式只注重眼前利益，而忽视带来的长期后果。
- 社会技术越复杂，改变自然环境的能力就越大。
- "增长的逻辑"理论支持经济发展，声称人类造成环境问题的出现，人类也能够解决它们。
- "增长极限"理论认为社会的发展需要一定的限制，以防环境的崩溃。

环境问题包括
- 清除固体垃圾：我们丢弃的东西中有超过一半都进入了垃圾填埋池，而垃圾填埋池越来越满，并会污染地表以下的地下水。
- 保护水和空气的质量：清洁的水资源在世界部分地区的供应还是比较低的。工业技术导致空气质量下降。
- 保护雨林：雨林能够吸收大气中的二氧化碳，而且是这个星球的大部分物种的家。在经济发展压力之下，现在世界上的雨林只是其原来面积的一半，而且每年以1%的速度收缩。
- 全球变暖：大气中二氧化碳含量的增多导致了地球平均温度的升高，使冰川开始融化，并对自然环境带来了其他显著的变化。
- 环境种族主义：冲突理论关注到这样一种状况，即穷人，特别是少数族群，他们遭受的环境伤害最大。

社会变迁：现代和后现代社会

学 习 目 标

- **记住**文中粗体字的关键术语。
- **理解**社会变迁的主要原因。
- **运用**社会学的视野分析广泛的集体行为。
- 应用一些社会学理论**分析**社会运动。
- **评价**现代社会的机遇和挑战。
- **创造**能利用现代社会机遇积极应对挑战的能力。

本章概览

社会始终是处于不断变化之中的。本章探索社会变迁，解释现代社会怎样与先前的传统社会产生差异。文中讨论了很多导致变迁的因素，包括集体行为、灾害和社会运动。

纽约城东十街253号，有一幢存在了超过一个世纪的五层红砖公寓楼。1900年的一天，39岁的尤利乌斯·施特莱彻（Julius Streicher）、33岁的克里斯汀·施特莱彻（Christine Streicher）以及他们的四个孩子搬进了其中的一间小公寓。这样的公寓整个楼里有20间。施特莱彻夫妇是1885年从自己的祖国德国移民到纽约的，然后在这座城市相识并结婚。

施特莱彻夫妇应该很满意自己的生活。尤利乌斯在离公寓楼仅几个街区的地方经营一家小服装店，克里斯汀则待在家里看孩子，做家务。和同时代的大多数人一样，尤利乌斯和克里斯汀都没有读过高中，他们一周工作六天，每天10到12个小时。家庭收入——当时美国的平均收入——大概每月35美元，或者约每年425美元（换算成现在的美元，也就是大约11400美元，这意味着全家人生活在贫困线以下）。几乎一半的收入用于购买食品，剩下的大部分都付房租了。

如今，多萝西·萨博（Dorothy Sabo）住在东十街253号，她一个人住着施特莱彻夫妇曾经住了大半辈子的房子。87岁的她，退休前在附近的一间博物馆讲授艺术。在很多方面，萨博的生活比施特莱彻夫妇熟悉的生活便利许多。一方面，施特莱彻夫妇住在这里的时候，楼里没有电（那时人们用煤油灯和蜡烛照明）和自来水（克里斯汀每周一的大部分时间都在洗衣服，用的水都是从街区尽头的公用水源提回来的）。那时没有电话、电视，当然也没有电脑。而今天，对萨博而言，这些便利都是理所当然的了。尽管她不能算富有，但她的退休金和社保金是施特莱彻夫妇收入的好几倍（以现在美元价格计算）。

萨博有自己的担忧。她很关心环境问题，经常发表关于全球变暖的言论。但是一个世纪以前，如果施特莱彻夫妇和他们的邻居也关心过"环境"，那他们担心的很可能就是大街上发出难闻的气味。在那个纽约城刚刚有机动车的年代，马车、货车和手推车都是用成千匹马拉的。这些牲口每天都要向大街上排出60000加仑的马尿和2,500,000磅的粪便——一种在举步之遥的街道内被无数车轮搅动并泼向所有人和物的难闻的混合物（Simon & Cannon, 2001）。

今天的人们很难想象一个世纪以前的生活有多么不同。那时不仅生活艰难得多，人的寿命也比现在短不少。统计数字显示，100 年前，男人和女人的平均寿命分别是 46 岁和 48 岁；而现在男女的平均寿命则分别是 76 岁和 81 岁（Kochanek et al., 2011）。

上个世纪，很多方面都发生了好的变化。然而，就像在这一章解释的那样，社会变迁并不总是积极的。相反，好的变化也会产生负面结果，带来难以预料的新问题。确实，我们应该看到，早先的社会学家深陷于对现代性，工业革命带来的变化的评估之中。同样地，今天的社会学家能够看到后现代性的正负两面，由信息革命和后工业经济引起的近期的社会变化。有一点是明确的——不管是向好的还是坏的方向变化——其速度从未像现在这样快过。

第一节　什么是社会变迁？

理解

在前面的章节中，我们检视过相对固定或静止的社会模式，包括地位和角色，社会分层和社会制度。我们也分析过影响我们生活方式的动力，包括技术革新，官僚机构的增加和城市的扩张。这些都是社会变迁的不同方面，也就是文化和社会制度随着时间的推移而发生变化。社会变迁的过程有以下四个主要特征：

1. 社会变迁时刻都在进行。有句谚语说的好："除了死亡和缴税，没有不变的事物。"然而，甚至我们对于死亡的理解也已发生很大的变化，因为在过去的一个世纪，美国人的平均寿命几乎翻了一倍。1900 年的时候，施特莱彻夫妇和几乎所有的美国人一样，挣了收入不用缴税；在 20 世纪，随着政府的规模和范围的扩大，税收猛增。简言之，一切事物都随着社会的变迁而改变。

另外，一些社会比另一些变化得快。如同在第二章（"文化"）中解释的，狩猎和采集社会变化较慢；相反，生活在当今综合技术社会中的人们，一生中都会经历重大变化。

再一点，在特定社会里，一些文化要素比另一些变化得快。威廉·奥格本

（William Ogburn）的**文化滞后理论**（见第二章"文化"）声明物质文化（也就是，物体）通常比非物质文化（思想和态度）变化得快。比如，使得科学家能够改变甚至制造生命的基因技术就比我们人类决定何时以及如何使用该技术的道德标准发展得快。

2. 社会变迁有时是蓄意的，但多数是无计划的。工业社会引起了很多变化。例如，科学家开始寻找更高效的能源形态作为汽车动力；广告商试图说服我们，如果没有一部 4G 手机或这样那样的新玩意，我们的生活将是不完整的。然而，很少有人能够想象不断进行着的变化会带来什么后果。

回到 1900 年，当整个国家都依赖马匹进行运输的时候，很多人都梦想能有一种机动车辆，可以载着他们一天内走完过去需要几周甚至几个月才能走完的旅程。但是没有能够预知汽车在提供便利的同时，会在多大程度上改变美国人的生活，如家庭成员天各一方，影响环境，城市和郊区重新划分等。同样，推进汽车革命的先行者无法预测到仅仅在美国每年就有超过 34000 人葬身于交通事故（NHTSA，2011）。

3. 对于社会变迁的看法尚不统一。汽车的发展史表明社会变迁带来的结果利弊都有。资本家欢迎工业革命因为新技术提高了生产力，扩大了利润。但是，工人们担心机器会让他们的技术过时，因而抗拒推进这种"进步"。

今天，和过去一样，人们并未就应该如何生存以及欢迎怎样的"进步"取得一致

这些年轻人是在参加在香港举行的 hip-hop 舞蹈比赛。Hip-hop 音乐、服饰和舞蹈已经在亚洲流行了，这正是文化传播的最佳注脚。社会变迁如同文化类型在不同地区流传，却并不总是与其先前含义相同。中国的年轻人对 hip-hop 的理解和创造该舞蹈的美国黑人会有什么不同？

意见。这样造成的结果就是，面对黑人和白人之间、男女之间、同性恋和异性恋之间社会互动模式的改变，仍然是见仁见智。

一些变化比另一些重要。一些变化（如服装时尚）的重要性非常短暂；另外一些变化（如计算机的发明）已经改变了整个世界。信息革命会像工业革命一样重要吗？如同汽车和电视一样，电脑也是正负效应都有：提高新的就业机会的同时使原有的一些机会消失，让全球的人们都通过电子网络联系起来的同时却让同一个办公室的人变得疏远，提供海量信息的同时也在威胁个人隐私。

第二节 社会变迁的原因

理解

社会变迁有很多原因。在一个由复杂的通信和运输技术联系起来的世界，某个地方的变化常常使得其他的地方也随之变化。

一、文化与变迁

第二章（"文化"）阐述了文化改变的三个重要渠道。首先，发明产生新事物、新观念和新的社会类型。始于20世纪40年代的火箭推进器的研究，使得人类制造了能够到达其他星球的宇宙飞船。如今我们理所当然地使用这种技术，在21世纪将会有一个人类的代表成员拥有在宇宙飞行的机会。

其次，当人们开始注意世界上存在的各种元素时，新的发现成为可能了。例如，医学进步使得人类对自己的身体有了越来越多的了解。除了对人的健康的直接影响外，医学上的发现还延长了人的平均寿命，也使美国社会步入老龄化的"银色"社会。（见第三章，"社会化：从婴儿期到老年期"）

最后，随着产品、人和信息从一个社会向另一个社会扩散，这种扩散会引起改变。拉尔夫·林顿（Ralph Linton, 1937a）认为许多我们熟悉的文化因素来源于其他国家。例如，做衣服用的布来自亚洲，我们每天都看到的钟表是欧洲人发明的，我们装在口袋里的硬币最早是土耳其人开始使用的。

一般而言，物质的东西改变得比文化观念快。譬如，在克隆科学上的突破就比我们对它的理解要快——何时以及究竟能否在伦理上为人们所接受。

二、冲突与变迁

社会上的不公正和冲突也会导致变化。卡尔·马克思认为阶级斗争是推动社会从一个历史时期向另一个历史时期前进的动力。他认为，在工业资本主义社会，资本家和工人之间的斗争推动社会朝着社会主义生产制度前进。

在马克思死后的一百三十多年里，事实证明这种模式有些过于简单化了。然而，马克思成功地预见到由于不平等引起的社会冲突（不仅包括阶级不平等，还包括在种族和性别上的不平等）将促使包括我们社会在内的每个社会发生变化，从而改善劳动人民的生活。

三、观念与变迁

马克斯·韦伯也为我们理解社会变迁做出了贡献。尽管韦伯同意冲突带来变化的观点，他把大多数社会变迁的原因归结为观念的变化。比如，有巨大感召力的人（马丁·路德·金就是个很好的例子）能传递一些有时候会改变世界的信息。

为了强调观念的重要性，韦伯（1958，原作于1904—1905）还举出了早期新教徒的宗教信仰如何为工业资本主义的传播创造条件的例子（见第十三章"家庭和宗教"）。工业资本主义最早发生在新教职业伦理强大的西欧地区，这一事实印证了韦伯所言的观念的力量会引发变革。

四、人口变迁

人口类型也在社会变迁的过程中起着重要作用。一个世纪前，典型的美国家庭（4.8人）几乎是现在家庭（2.6人）规模的两倍。妇女生的小孩越来越少，越来越多的人选择独身。而且，当我国人口越来越老龄化，变化出现了。如第三章（"社会化：从婴儿期到老年期")所解释的，2010年的时候，13%的美国人口超过65岁，这个数字是1900年时的三倍。到2030年，老年人将达到总人口的20%（U.S. Census Bureau, 2011）。医学研究和卫生保健部门已经广泛关注老年人。他们的生活将在各个方面发生变化，如居家产品正在重新设计以满足老年消费者的要求等。

社会内部和不同社会之间的移民是另一个导致人口变化的因素。1870至1930年间，数百万的外国移民进入美国的工业城市。另外数百万生活在农村的人也加入了这个行列。结果是农业社区衰落，城市扩张，至1920年，美国第一次成了一个人口大部分集中在城市的国家。类似地，当今天的人们从雪带移到阳光地带，与来自拉丁美洲和亚洲的移民杂居在一起时，变化也在进行着。

在美国，哪里的人口变化是最大的，哪里只有少量变化？827页的"了解我们自己"提供了一个答案，显示了哪里是现居住地中最大的人口聚集地，人们在那里已经生活了30年或更久。

五、集体行为与变迁

社会学家研究各种能引起社会变革的集体行为（collective behavior）。**集体行为**是指无明确行动计划的、具有争议性的、能引起变革的众多人的行为。集体行为使得大众卷入集合体，这与社会群体不同，因为集合体中的很多参与者不存在直接的社会互动。

● 集群

聚众（Crowd）是集体行为的一种形式。**聚众**是有着相同关注点并互相影响的临时集聚群体。集群是新近发展出的一种形式：我们的大多数祖先从来没有见过一大群人集聚。在中世纪的欧洲，例如，唯一一次大批人聚集在一个地方就是当军队在战场上对峙（Laslettt, 1984）。如今，5万人以上的人群在摇滚音乐节、体育赛事或是在大型高校注册大厅聚集变得很平常。

鉴于其庞大的数量，集群能带来变革。政治示威和集会，往往可以利用电脑和移动互联网吸引数万人集聚。2001年的阿拉伯就是如此，并由此带来了前所未有的政治变革。

● 暴乱和骚动

有时候集群可能转化为暴力，催生暴民（mob）。**暴民**是一种非常情绪化的人群，以追求暴力或破坏性为目标。在这个国家的历史上，私刑（lynching）可能是暴徒行为最臭名昭著的例子。南北战争结束后，所谓的暴徒私刑对新释放的非裔美国人实施恐怖统治，试图防止种族为基础的种姓制度的瓦解，维持白人的优越地位。任何种族的人胆敢挑战白人的权威，就会面临死于满怀仇恨的白人之手的危险。

同样，**骚乱**（riot）是一种高度情绪化的、暴力的、无法引导的社会爆发。这通常是一种受挫民众对社会运营高度不满的表达方式。人们因为看到社会不公而引发骚乱，仿佛在说："我们再也忍受不了了！"多年来，工人因为不公平的工作环境而引发骚乱，就像面对系统性伤害，少数族裔爆发骚乱作为回应。

骚乱的目标是什么？一个答案是"权力"。如最近的"占领华尔街"运动显示的，普通人可以通过集体行动获得权力。用众人的力量挑战现状，迫使社会变革是集群引发争议的原因。纵观历史，现状的维护者担心"暴民"是一种威胁。相比之下，那些寻求变化的人则支持这种类型的集体行动。

● **流言**

集体行动通常受流言的影响。**流言**（rumor）通常是未经证实的信息，由人们非正式地传播，通过口口相传或者通过使用电子设备传递。当人们关心某个事件却又不了解事实时，传闻会愈演愈烈。例如在许多城市，关于潜在的警察行动的流言在"占领"运动的支持者中广泛传播。流言是不稳定的，不仅是因为人们对事实的不确定，也由于有些人会在流言传播时给它蒙上一层"纱"。大众传媒和互联网能够快速地将当地事件传播至全国和全世界。由于流言可以触发集群的形成并影响其行为，在危急时刻政府官员或是抗议组织领导者会建立流言控制中心来处理信息。

● **时尚和潮流**

最终能使集体行为影响社会变迁进程的是时尚和潮流。时尚潮流涉及很大范围的人们。**时尚**（fashion）是指一种由多数人推崇的社会模式。随着时间的变化，观念的流行或过时，包括人们关于礼貌行为、穿衣品味、音乐、手机以及政治观点等理念都会发生变化。

潮流（fad）是一种人们简单推崇且充满热忱的非传统社会形态。潮流，有时也被称为狂热，通常在高收入社会较常见。如果经济宽裕，人们则有能力开展娱乐活动。在 20 世纪 50 年代，两个加州的年轻人发明了一种颜色鲜艳的塑料圈，翻版自一种澳大利亚的流行玩具，你可以通过臀部的摆动使其在你的腰部旋回。呼啦圈掀起了一个国家的热潮，不到一年，呼啦圈热潮就全部退却，只是时而出现一下。神奇宝贝卡是另一个热潮涨又落的例子。贾斯汀·比伯可能希望自己没有成为一种潮流。

潮流与时尚的区别在哪？潮流抓住了大众的期望但是很快就消退，而时尚反映了最基本的文化价值，比如个性和性取向，它们通常会持续更久。因此，时尚和极少数的潮流才会变成持久的流行文化。比如裸奔是一种不知起源且很快消失的潮流；牛仔服装则是起源于粗犷的矿采营地，今天依然流行的时尚范例。

> **了解我们自己·谁还待在原地未动？美国的居住稳定状况**
> 数据显示，总体上，在过去的30年里，只有12%的美国居民没有搬过家。有较高比率的"长期居民"的郡县在近几十年里经历的变迁明显少一些。很多社区二战前就已经存在，住在那儿的很多还是原来的家庭。访问 mysoclab.com 探索你所在的社区和美国乡村的居住稳定性。

六、社会运动与变迁

社会变迁的最终原因在于像我们这样的人的努力。人们通常通过**社会运动**——一次有组织的活动用以鼓励或者阻碍社会变迁——来建立联系。正如2011年席卷整个中东地区的政治运动，社会运动在当今世界十分普遍。我们国家的历史包括各种社会运动，从殖民地争取独立到今天支持或反对堕胎、同性恋婚姻和大麻合法化。

社会运动联系着有共同政治目标的人。计算机技术，包括智能手机和社交网络网站，使得多数人的联系比以往方便得多。

	改变了多少？	
谁被改变了？	有限的	彻底的
有既定目标	选择型社会运动	救赎型社会运动
针对所有人	改革型社会运动	革命型社会运动

表16-1　四种社会运动类型
社会运动有四种类型，反映了谁改变了且改变了多少。

资料来源：根据 Aberle (1966)。

● 社会运动的类型

研究者根据人们追求的改变来划分社会运动的类型（Aberle, 1966; Cameron, 1966; Blumer, 1969）。一个变量是问，谁被改变了？有些社会运动有既定目标人选，另外一些则试图改变所有人。另一个变量是问，改变了多少？有些社会运动寻求在我们生活中做有限度的改变；另外一些则追求一种彻底的社会转变。将这些变量答案结合起来就形成了表16-1中四种社会运动类型。

选择型社会运动（Alternative social movement）对现状威胁最小，因为他们追求的仅仅是部分人的有限度的改变。他们的目的是为了帮助特定人群来选择他们的生活。"守约者运动"就是一种选择型社会运动的例子，它鼓励男性成为家庭的精神和经济支柱。

救赎型社会运动（Redemptive social movement）也把特殊个体作为目标，但是他们寻求更彻底的改变。他们的目标是帮助特定人群修复他们的生活。例如，"匿名戒酒会"就是帮助酒精成瘾者重获清醒生活的组织。

改革型社会运动（Reformative social movement）运动把目标定位在对所有人的有限度的改变。环保运动旨在让所有人乐于保护自然环境。

革命型社会运动（Revolutionary social movement）是所有变迁中最极端的，为整个社会的主体转型服务。有时追求特定的目标，有时追寻乌托邦式的梦想。这些社会运动，既包括左翼的共产党（推动政府对整个经济的控制），也包括右翼的民兵组织（追求打破"大政府"），寻求对既有生活方式的彻底改变。

社会运动　一种有组织的活动，旨在促进或阻止社会变迁

宣告活动　一个努力使公众和公职人员信服的过程，让他们知道加入到社会运动中去处理一个社会问题的重要性

● **宣告活动**（Claims Making）

在1981年，疾病控制与预防中心发现一种正在危及人们生命的怪病，其中大部分得病的是男同性恋。这种疾病就是后来为大家所认知的艾滋病。尽管艾滋病很明确的是一种致死性的疾病，但它只引起了很少的公众和媒体的关注。大约五年以后，公众才开始关注死亡率的上升，并开始认识到艾滋病是一种严重的社会威胁。

公众认识的改变是宣告活动的结果。**宣告活动**就是试图说服公众和官员认识到加入社会运动中去处理特定社会问题的重要性的过程。换句话说，对社会运动的形成来说，特定事件必须被定义为需要公众关注的问题。通常，宣告活动是从小部分人开始的。以艾滋病为例，对大城市中的同性恋社区（尤其是旧金山和纽约）进行动员，使得人们相信这种致死疾病传染的危险性。随着时间的流逝，如果大量媒体

给予这件事足够的关注，公众官员为了这个问题而发声，社会运动很可能由此获得力量。

现在艾滋病已经有了可观的公众关注，并且旨在发现治疗方法的研究也在进行中，宣告活动的进程始终面对众多需要处理的问题。在今天，比如，一项禁止在车内使用移动电话的运动已经指向成千上万开车打手机造成的车祸；至今为止，9个州已经通过法律禁止这项行为，30个州禁止新手驾驶员开车使用电话，而在其他州，这项争论仍在持续中（McVeigh Welch, & Bjarnason, 2003; Macionis, 2010; Governors Highway Safety Association, 2011）。

● **解释社会运动**

社会学家发展出了几种有关社会运动的解释。剥夺感理论认为，社会运动产生于那些感觉自己，被剥夺（如收入，安全的工作条件或政治权利）的人群中。你是否觉得被剥夺，当然，取决于你对生活的期望。因此，人们因**相对剥夺感**（relative deprivation）——一种在特定比较中对不利处境的觉察——而集结在一起。这个概念有助于解释为什么社会运动不管时代好坏都只有表面的改变：它不在于人们占有（资源）的绝对数量，而在于人们如何看待自己与他人的不同处境（J.C.Davies, 1962; Merton, 1968）。

第二种解释，大众-社会理论认为，社会运动是吸引社交孤立的人参加的运动，他们以此获得一种认同感和价值感。从这个角度来看，社会运动既是个人事务也是政治事务（Melucci, 1989）。

第三种理论方案，资源动员理论认为，任何社会运动的成功都与现有的资源，包括资金、人力和大众媒体相连接。因为大多数社会运动从小规模起步，他们必须超越自己，调动成功所需的资源（Valocchi, 1996; Zhao, 1998; Passy & Giugni, 2001; Packer, 2003）。

【访问 mysoclab.com 网站观看视频"Defining Social Movements"】

第四，文化理论指出，社会运动不仅仅依靠金钱和其他物质资源，还要依靠文化符号。人们必须先有一种对世界不公正的共同认知，才会采取行动以谋求变化。此外，具体的符号（如"9·11"袭击后燃烧的世界贸易中心的照片）有助于动员（人们支持美国在阿富汗和伊拉克的军事行动）（McAdam, McCarthy & Zald, 1996; J.E.Williams, 2002）。

第五，社会运动的新理论指出了后工业社会中近期社会运动的区别性特征。这些运动通常是着眼于国家或国际范围的，而非地区性的问题。其大部分集中于生活质量议题，如自然环境、世界和平或动物权利，而不是传统的经济问题。因为，随着大众媒体和新信息技术的发展，政府之间、世界普通民众之间的联系更加密切，当今社会运动范围也就变得更为宽广（Jenkins & Wallace, 1996; F.Rose, 1997）。

第六，也是最后一种解释是来自马克思主义的政治经济学理论，其宣称社会运动兴起于对资本主义经济制度的反对，因为资本主义经济制度不能满足大部分人的需求。尽管经济产量丰富，美国社会仍在危机中，成百万的人无法找到好的工作，生活在贫困线附近或以下，并且没有医疗保险。工人组织诉求更高的工资；市民集会旨在保障所有人的健康政策；以及人们为反对将大把的钱投入战争而忽略民众基本需求而游行。社会运动由此兴起（Buechler, 2000）。

● **社会运动的阶段**

社会运动主要有四个阶段：突现，联合，官僚化和衰退。当人们开始认为一切并不尽如人意时，社会运动的突现阶段就开启了，有些来自人群的普遍不满，比如民权和妇女运动。另一些则是先实现于小群体再由其试图发动大众，比如同性恋群体引起了社会公众对艾滋病的关注一样。

当一场社会运动自我界定，并为吸引新成员以及走向公共化而形成一种策略的时候，合并就出现了。领导者决定政策和选定策略，其中或许会包括游行和集会，以吸引传媒的注意力。

伴随吸纳新成员和资源，一场社会运动可能会经历官僚化。一场运动一旦稳固，往往较少地依赖于少数领导人的个人魅力和天赋，而是更多地依赖于专职人员，这样能增加运动长期存续的机会。

最后，当资源枯竭的时候，社会运动便会衰退。群体会面临势不可挡的阻力或者

宣告是使他人意识到一些问题的重要性以及具体改变的必要性。"占领华尔街"运动呼吁重视美国经济发展不平衡问题。你认为这场运动实际上造成了哪些变化呢？

是成员完成了他们的目标而失去了兴趣。一些社会运动由于建立了良好的组织，完成既定目标后仍然存在，于是就开始新的改革运动；另外一些已经与改变社会的理念相脱节，反而变成了体制的一部分（Piven & Cloward, 1977; F. D. Miller, 1983）。

七、灾难：不可预期的变化

有时候变化来源于那些出乎意料和不受欢迎的事情。灾难就是一种不可预期的造成我们人身伤害或财产损失的事件。灾难通常是意外事件，给人民生命财产带来巨大损失。灾难有三种类型。第一种类型是自然灾害，包括洪水、地震、森林火灾和飓风（比如2005年摧残墨西哥湾的卡特里娜）是自然灾害的典型例子（Erikson, 2005a）。第二种类型是技术灾害，它被广泛地认为是意外事故，但是更多地是现在我们对技术无法掌控而引起的（Erikson, 2005a）。2011年福岛第一核电站的辐射泄漏就是近期的技术灾难的例子之一。第三种就是蓄意性灾难，在这种灾害中，一个及多个有组织的群体故意伤害其他人。战争、恐怖主义袭击——发生在利比亚（2011年），南联盟（1992—1995年）和卢旺达（1994年）的大屠杀事件都是蓄意性灾难的例子。

由灾难造成的全方位的危害，很多年后可能才成为明显的事件。本书**全球化的思考**专栏中描述的技术灾难，仍然在灾难发生后的五十多年里影响着人们和他们的后代。

卡伊·艾里克森（1976, 1994, 2005a）调查了各类灾害，并对灾害的社会后果总结出三个主要结论。第一，灾难是社会干扰。我们都知道，灾难对人身和财产造成损害，但大多数人并未意识到的是，灾害还扰乱了人类社群造成社会危害。1972年的西弗吉尼亚州的水坝决堤时，布法罗河山峰一般的水倾泻而下，杀死125人，摧毁了1000座住宅，并致使4000人无家可归。大水过后，救助涌入这个地区，人们不仅失去了家人和朋友，也失去了整个生活方式，因此而陷于瘫痪。而今，五十年过去了，他们已经无力重建他们曾经熟悉的社区生活了。艾里克森指出，我们能够知道灾难何时开始，但我们不可能知道它们何时结束。日本辐射泄漏的全部后果依旧不得而知。

第二，艾里克森解释说，当事件涉及有毒物质时，其社会危害更为严重，就像技术灾难的常见情况，比如在马绍尔群岛的辐射事件中，人们感受到"中毒"时他们已经暴露在令人恐惧的且无力控制的危险物质之中了。

第三，由其他人的行为引起的灾难的社会危害最为严重，这可能出于疏忽或者粗心（如在技术灾难中）或者出于蓄意行为（如在蓄意性灾难中）。艾里克森称，我们的关于"其他人于我们无害"的信仰是社会生活的基础，但当其他人无意的行为（如在石油喷溅事件中）或者以蓄意方式伤害我们（如达尔富尔屠杀事件），幸存者典型地丧失了他们对他人的信任，并且到了永远难以消失的程度。

社会学家把灾难分成了三种类型。给日本带来重大伤亡损失的海啸是自然灾害的一个典型。2010 年墨西哥湾石油泄漏，是一场技术灾难。2003 年以来，在苏丹的达尔富尔地区，成千上万人被屠杀以及让千万人从他们的家乡迁出去，这是一个蓄意性灾难的例子。

全球性思考

一个从没有结束的原子灾难

1954 年 3 月 1 日，黎明破晓，尤里克（Utrik）岛上的空气已经变得温暖，尤里克岛是位于南太平洋马绍尔群岛的一块很小的珊瑚礁和火山岩。这个岛是 159 个人的家，这些人延续着他们祖先几个世纪以来靠捕鱼为生的方式。这些人对外面的世界所知甚少——一位来自美国的传教士负责教当地的孩子，另有 24 位军人全部都住在一座很小的美国气象站台中，旁边的飞机跑道每周能接待一架飞机。

早上 6 点 45 分，小岛西边的天空突然变得比以往人们所见更亮，过了数秒后，一阵轰隆隆声像巨大的地震一样波动了整个小岛。岛上的一些人以为到了世界末日。的确他们一直以来熟悉的世界，已将永远地改变了。

往西 160 英里处，在比基尼（Bikini）岛上，美军刚刚引爆了一枚原子弹，这枚原子弹携带的能量比是第二次世界大战末期美军摧毁日本城市广岛的那枚原子弹的 1000 倍。爆炸引起的巨大的冲击波使整座小岛灰飞烟灭，并向空气中释放了大量的浓烟和辐射。军方预期风会将这些烟雾带到海上的空旷地带，但是这些烟雾却被吹到了东边。到正午的时候，带有辐射的烟雾吞没了一艘日本渔船，那艘船的名字叫"幸运龙"。甲板上的 23 个人遭遇了辐射，他们最终全部生病或者死亡了。到下午即将结束之时，这些死亡烟雾在整个小岛上扩散。

这些烟雾是由珊瑚和岩石灰组成的，都是比基尼岛的"残骸"。岛上的灰层软软的，孩子们想起那位传教士老师给他们展示的雪的图片，都纷纷跑向无处不在的白色粉末中。所有人都未曾意识到这些烟雾中弥漫着足以致死的辐射。

三天半过后，美军空降尤里克岛，并警告岛上的人立即撤离，什么都不要带。经过了三个月，岛上的人被转移到另一个军事基地，后来他们终于返回家乡。

岛上的许多人经历了那个致命的早晨，并早早离世，很大的原因是长期暴露在辐射中而引起的癌症或其他疾病。但是直到今天，那些经历了有毒的辐射却生存下来的人，仍然相信这些毒害永远不会消散。辐射也许在、也或许不在他们的身体中，但是它却以另外一种方式深深地植入了他们的文化之中。在那次爆炸发生了半个世纪以后，岛上的人们仍然在谈论那个清晨"一切都已经改变了"。这场灾难造成的伤害已经超出一般的物质上的伤害。它是一种社会转变，这种转变给人们植入了一种深层确信，他们都生病了，生活也不会回到从前了，而居住在世界另一端的人们原本可以阻止灾难的发生，但是却没有。

你怎么想？

1. 在什么意义上说，像 2011 年日本的核泄漏这样的灾难永远不会真正终结？
2. 原子弹爆炸实验以一种什么样的方式改变了尤里克岛人的文化？
3. 美国政府从未正式对尤里克岛发生的灾难负责。在这场悲剧中你发现了哪些全球分层的因素？

资料来源：Erikson, 2005a。

第三节　现代性

分析//

社会变迁研究的一个核心概念是**现代性**（modernity），即工业革命带来的改变。在日常使用中，现代性（其拉丁词源的意思是"最近的"）指的是与过去相对之现在。社会学家运用这个包罗万象的概念把所有始于18世纪50年代的西欧的工业革命所引起的社会模式都包括其中。那么，**现代化**（modernation）就是始于工业化的社会变迁的过程。封二的时间线突出了标志现代性出现的重要事件。表16-1提供了一些发生在20世纪美国的变化的简单描述。

彼得·伯格（Peter Berger, 1977）在其对社会变迁的颇有影响的研究中指出现代性的四个主要特征：

1. 小型传统社区的衰落

现代性意味着"相对而言较有凝聚力的社区趋于松动，即使尚未瓦解；而这种社区在人类历史的多数时期确立了团结与意义。"（1977: 72）几千年以来，在捕猎和采集者的营地以及欧洲和北美的农村，人们生活在很小的社区里，社会生活以家庭和社区为重要内容。如此传统的生活方式使得每个人都有一个明确的位置，尽管选择范围有限，人们都可以强烈地感觉到身份、归属和目的。

当然，在美国的边远地区仍然存在着一些小而封闭的社区，但它们只是一小部分美国人的家园。如今，他们与外界的隔绝主要体现在地理位置上。除了那些极度贫穷或者基于宗教拒绝现代性的社区，汽车、电话、电视和电脑让农村的家庭获知大型社会里所发生的一切，并把他们与整个世界联系起来。

2. 个人选择的扩大

生活在传统的、前工业化社会的人们把自己的生活看成超自然的力量——上帝、灵魂或者干脆就是命运——控制的结果。随着传统力量的逐步削弱，人们开始把自己的生活看成一系列永不休止的选择的过程，这个过程被伯格称作个性化的过程。例如，很多美国人选择一种（有时候一个接一个）坦然应对变化的生活方式。事实上，现代文化的一个共识是人们**应该**掌控自己的生活。

3.社会分化的加剧

在前工业化社会里，牢固的家庭纽带和强大的宗教信仰加强了统一性，阻止了社会分化和变迁。当传统失去其控制作用，人们拥有越来越多的个人选择时，现代化促进了一种更合理、更科学的世界观的形成。城市的扩张、非个人的官僚机构的增多，以及来自不同背景的人们产生社会融合，这一切都在鼓励多样化的信仰和行为方式。

4.面向未来和对时间的更精确的意识

现代社会之前，人们关注过去，但现代社会的人们则更多地考虑未来。现代社会的人们不仅向前看，而且对新发明和新发现能改善他们的生活这一点深信不疑。

传统的人们按照阳光和季节来安排生活进程。自从中世纪晚期引进钟表以来，欧洲人就不再按照阳光和季节的变化来考虑问题，而是以小时和分钟为单位了。由于很关心个人得失，现代社会的人们要求精确计量时间，更认可"时间就是金钱"的说法。伯格（灵感来源于韦伯）指出，一个社会现代化程度高低的标志之一是有多少人通过看手表（现在则可能是他们的手机）来确认时间。

再次强调一下，现代化也促进了社会学的发展。如同第一章（"社会学：视野、理论和方法"）所解释的，这个学科起源于西欧发生工业革命之后，而西欧的社会变迁进行得最为迅速。早期的欧洲和美国的社会学家试图为人类分析现代社会兴起的原因及其正面或负面的影响。

最后，在工业社会与其之前的比较过程中，我们发现很容易认为一切都是新的，然而情况并非如此。"日常生活中的社会学"专栏用历史性的眼光解释了现代受欢迎的服饰类型——牛仔裤。

表16-1　美国：一个世纪的改变

	1910年	2010年
全国人口	9200万	3.09亿
城市人口比重	46%	84%
平均寿命	48岁（男性） 52岁（女性）	76岁（男性） 81岁（女性）
年龄中值	24.1岁	37.2岁

续表

	1910 年	2010 年
家庭收入中值	8000 美元（2010 年美元价值）	60395 美元（2010 年美元价值）
食物支出的收入占比	43%	13%
住宅内有抽水马桶的比重	10%	99.4%
汽车平均数	每 64 户 1 辆	每户 2.2 辆
离婚率	1/20	6/20
平均石油产品消耗	每人每年 34 加仑	每人每年 11000 加仑

乔治·图克 1950 年的油画作品《地铁》描绘了现代生活的一个常见问题：松弛的社会关系和衰落的传统造就了一种共通的人性。大家都是相似的，而每个人在其他人心中都是一个让人不安的陌生人。

资料来源：Whitney Museum of American Art, New York。

一、斐迪南·滕尼斯：社区的消失

德国社会学家滕尼斯在其"共同体和社会"（见第十五章"人口、城市化和环境"）理论中提出了对现代化的颇有影响的阐述。与深受其作品影响的彼特·伯格一样，滕尼斯也把现代化看成共同体或者说人类社区消失的过程。在滕尼斯看来，工业革命通过引入商业化的方式强调事实、效率和金钱，而削弱了家庭和传统的社会结构。当人们主要以个人利益为出发点而同别人打交道时，欧洲和北美社会渐渐地变得无根化和非人情化——滕尼斯将其定义为社会。

20 世纪早期，至少美国的部分地区的情况接近滕尼斯的共同体的概念。在小村庄和城镇生活了几辈子的家庭通过勤劳、慢节奏的生活方式维系着。电话（发明于 1876

年）几乎没有，直到 1915 年才有人打了第一通越洋电话（封二时间线）。生活中没有电视（1933 年发明，1950 年后才比较普遍），每个家庭都有自己的娱乐方式，经常是在夜晚的时候朋友们聚在一起，或分享见闻，或分担苦痛，或载歌载舞。没有迅疾的交通（福特的汽车生产线开始于 1908 年，但汽车直到"二战"后才比较普及），很多人对世界的了解就是自己的家乡。

过去的这些社区会因为难以避免的紧张局面和冲突而分裂。但根据滕尼斯的观点，由于共同体的传统精神，人们"仍然十分团结，尽管有各种各样的因素会导致分裂"（1963: 65, 原作于 1887）。

现代性使得社会发生彻底的改变，以致（就像滕尼斯所说的）人们"尽管有很多使之联合的因素，本质上还是会发生分裂"（1960: 65, 原作于 1887）。这就是被称作"社会"（Gesellschaft）的世界，大多数人，特别是在大城市，和陌生人生活在一起，对路过的人们冷面以待。在一个流动性很大、人们之间相互陌生的社会，人们倾向于把个人需要凌驾于对集体的忠诚之上，越来越多的成年人在与人打交道的时候相信"再小心也不为过"的说法（NORC, 2011: 2456）。所以，当研究人员得出这样的结论，即使我们变得更富有，现代社会的健康度还是在下降，也就不足为奇了（D.G.Myers, 2000）。

● **评价**

滕尼斯的"共同体"和"社会"理论是被引用最多的现代性的模式。该理论的优点在于把变化的很多方面综合起来考虑：人口的增长、城市的兴起以及人际交往过程中的越发冷漠的现状。但是，尽管现代生活缺乏人情味，还是具有一定程度上"共同体"的特征。即使生活在一群陌生人中间，现代社会里的友谊仍然可以很牢固、持久。一些分析家还认为滕尼斯更喜欢——或许甚至有点理想化了——传统社会，而忽略了来自家庭、社区和友谊的纽带，而这些在现代社会还是一样的有活力。

● **检查你的学习**

怎样区分"共同体"和"社会"这两种类型的社会组织？

二、埃米尔·涂尔干：劳动分工

法国社会学家埃米尔·涂尔干与滕尼斯一样，对工业革命引起的巨大的社会变迁很感兴趣。对于涂尔干（1964a, 原作于 1893）来说，现代化以不断的劳动分工，或者专门的经济活动为主要特征。传统社会里的每个人的日常活动都或多或少地相似；现代社会的运转是以人们细化分工为基础的。

涂尔干解释道，前工业化社会是通过机械团结，或相同的道德情操而存在（见第十五章）。换言之，前工业化的人们认为每个人都差不多，做着相同的工作，属于同一个集体。涂尔干的机械团结的概念和滕尼斯的"共同体"基本相同。

随着现代化的进行，劳动分工（工作专业化）变得越来越显著。对于涂尔干而言，这种变化意味着机械团结更少，另外一种联系则增加：即有机团结，指的是从事具体工作的人们之间的相互依赖。简言之，现代社会不是由于相似性而是由于相异性而存在。所有人都必须依赖别人来满足自己的需求。有机团结与滕尼斯的"社会"概念相一致。

【访问 mysoclab.com 阅读"Bowing Alone：America's Declining Social Capital"】

尽管涂尔干和滕尼斯的思想有很多相似之处，他们对现代性的理解还是有些不同。对滕尼斯而言，现代的"社会"意味着社会团结的消失，因为现代社会的人们失去了农村里的"自然"和"有机"的纽带，而只剩下大型工业化城市的"人造的"和"机

日常生活中的社会学

传统和现代：牛仔裤的历史

社会学家喜欢将"传统"和"现代"进行对比。滕尼斯、涂尔干、韦伯甚至马克思的理论（将在本章后面的章节中讨论）将"过去"的社会模式与"现行"的相比较，这些理论都处于启蒙状态。但是从"传统与现代"的角度思考使我们得出过去与现在也存在些许相似的结论。

在本章中，所有的思想家都认为过去和现在是截然不同的。但是同样，数不清的社会因素——包括宗教和战争都在人类社会中存在了很长一段时间，许多我们认为是现代的文化因素结果却早在我们意识到之前就已经存在。

当今显著的文化要素之一就是牛仔裤，它在高校大学生之间广泛流行。这种服饰十分常见，几乎被认为是年轻人的"制服"。牛仔裤在20世纪60年代末席卷了各大高校，成为了流行文化的中心。

但是许多人可能会惊讶地发现牛仔裤已经被穿了几个世纪了。为了更好地理解这一点，试想一下最初用来定义这种服饰的词语的含义。术语"粗布劳动裤"

（dungarees）是20世纪60年代对牛仔裤常见的称呼，是从印度词"dungri"派生出来的。dungri是印度孟买的一个区，那里被看作粗布衣服的发源地。这种面料从那里向西蔓延至欧洲。牛仔裤（jeans）一词可以被追溯到意大利城市热那亚的名字。在17世纪50年代，当地棉织物被广泛地使用。这种布的另一个名称蓝粗布（denim）来源于法国城市尼姆（Nîmes）。人们因此将这种服饰称为"de Nîmes"（来自尼姆）。

艺术史学家从16世纪绘画中看到，那时的人们尤其是穷人就穿牛仔裤。在18世纪，英国水手不仅用这种面料做帆，也将其用于睡觉用的吊床和船员的服装。

一个多世纪之后，1853年美国服装生产商李维·施特劳斯（Levi Strauss）向在加州淘金热中淘金的矿工出售牛仔裤。类似的蓝色和白色粗纺布非常结实耐用，牛仔裤成了预算有限或者从事严苛体力劳动者的服装选择。

在16世纪的艺术作品中，我们看到穷人穿"牛仔裤"。到了19世纪，牛仔裤已成为西部牛仔的制服。到了20世纪60年代，牛仔裤成为学生的服装选择。最近，企业（尤其是高科技公司）高管也允许员工在工作场所穿牛仔裤。

获得金矿矿工的欢迎后，牛仔裤在遍布美国西部的全体牛仔之间流行开来。20世纪初，穿牛仔裤的几乎都是工人。到了20世纪30年代，全国各地大多数囚犯也穿上了牛仔。

这种局面使得牛仔裤成为较低社会地位的标志。事实上，许多中产阶级的人是看不起这种服饰的。由此，公立学校尤其是在高收入国家，学生是禁止穿牛仔的。

然而到了20世纪60年代，一种以年轻人为基础的反主流文化在美国兴起。这种新的文化取向拒绝"向上流看齐"，复制富人和名人穿衣风格的旧模式，而是开始"向下看"，接受工人的服装甚至是那些档次低且过时的。到20世纪60年代末，牛仔裤受到了摇滚明星，好莱坞名人和大学生的青睐。他们以此来宣布他们和工人一样，是这个时代在政治态度上更为左倾的部分。

当然，金钱也是这种新潮流的推手。到了20世纪80年代，随着牛仔裤的流行，时装业通过向可能从来没有进入过工厂的有钱人推销"设计师款牛仔裤"而大赚其钱。1980年，十几岁的波姬·小丝协助推出的Calvin Klein的牛仔裤在出得起是普通牛仔裤三至四倍价钱的一类人中风靡一时。

本世纪初，牛仔裤不仅在院校风靡，更为商业社会所接受。许多美国集团，尤其是高科技领域的公司的CEO们都穿着牛仔裤上班甚至出席公众活动。

正如你所见，牛仔裤拥有很长的发展过程，事实上无论是在过去还是现在，它都拥有不同的含义。这揭示了将文化元素界定为"传统的"或是"现代的"的局限性，因为社会活动是始终在不断创新变革中的。

你怎么想？

1. 你对牛仔裤的看法是否与你父母不同？如果是，是怎样不同？为什么？

2. 你是否觉得牛仔裤流行趋势的改变反映了在20世纪60年代前后社会更广泛的变化？请解释。

3. 在你的学校牛仔裤流行程度如何？在教授之中呢？你能解释这些现象吗？

资料来源：部分来自Brazillian（2011）。

械的"纽带。涂尔干的观点更为积极，甚至可以说是对滕尼斯的"反其意而用之"。涂尔干给现代社会贴上"有机的"标签，认为在自然性方面，现代社会并不比任何社会差；它把传统社会描述为"机械的"，因为其管制得太严格了。在涂尔干看来，现代性不是社区的消失，而是由建立在相似性基础上的社区（亲属关系和社区）向以经济上相互依赖为基础的社区转变。因此，涂尔干对现代性的认识较滕尼斯更复杂、更积极。

● **评价**

涂尔干的研究与滕尼斯很相像，是对现代性的很有影响的分析。两者之中，涂尔干更乐观。他也担心现代社会如此多样化以致终有一天会堕入**失范状态**——社会几乎

马克斯·韦伯认为现代社会的显著特征是理性的世界观。基本上韦伯对现代性的所有研究都集中在他认为能代表其所处时代的不同类型的人身上：科学家、资本家和官僚。每一类人都是极端理性的：科学家孜孜以求于发现真理；资本家热衷于追逐利润；官僚则要维护制度体系的一致。

无法再为个人提供道德引导。生活在这样道德规范如此苍白无力的社会，人们会变得自私自利，把自己的需求置于其他人之上，迷失生活的目的。

确如涂尔干的分析，很大一部分美国成年人陈述，他们无法用是非标准来判断道德问题，而是常常感到一些令人迷惑的"灰色地带"（NORC, 2011: 604）。此外，自杀率——涂尔干认为衡量失范状态的重要指标——在20世纪的美国确实出现了增长。然而，共同的规范和价值观似乎仍然足够强大，每个人也会因此而获得对生命的意义和目标的认识。不管失范状态会带来什么危险，大部分人们看上去都很珍惜现代社会赋予他们的个人自由。

● **检查你的学习**

定义机械团结和有机团结。在涂尔干关于现代社会的观点中，哪些是比滕尼斯更加积极的？

三、马克斯·韦伯：理性化

对马克斯·韦伯而言，现代性意味着以一种理性的思维方式取代传统世界观。在前工业社会，传统总是变化的阻力。对传统社会的人们来说，"真理"大致等同于"以前是什么样"（1978: 36，原作于1921）。而对于现代社会的人，"真理"是理性计算的结果。由于看重效率，不太受过去的羁绊，现代社会的人们能接受任何让他们实现目标的社会模式。

同滕尼斯和涂尔干的工业化削弱传统的观点相呼应的是，韦伯宣称现代社会是

"清醒的"。在以前不容置疑的真理受到理性思考的挑战。简言之，韦伯认为，现代社会告别神如同它告别过去一样。韦伯在一生中研究各种现代"类型"——科学家、资本家、官僚——所有这些都共享着前进性、理性以及超然的世界观，韦伯认为这些世界观正逐渐主宰人性。

● **评价**

与滕尼斯和涂尔干，尤其是后者相比，韦伯对现代社会持评判态度。他深知科学可以创造技术和组织上的奇迹，但他担心科学的发展会使我们不再关注这样更基本的问题：人类存在的意义和目标是什么。韦伯担心理性化，特别是在官僚机构方面，会用无穷无尽的制度和规则消磨人类精神。

● **检查你的学习**

韦伯所说的现代社会是什么样子的？如何理解他所说的现代社会（从科学家、资本家和官僚角度）是"理性"的？

一些批评韦伯的人认为，韦伯归咎于官僚机构的异化其实起源于社会不平等。这样的批评将把我们引向卡尔·马克思的观点。

四、卡尔·马克思：资本主义

对卡尔·马克思而言，现代社会就是资本主义的同义词；他认为工业革命主要是资本主义革命。马克思把资产阶级的起源追溯到中世纪欧洲的商业扩张。当工业革命为社会带来强大的新的生产制度时，资产阶级渐渐取代了封建贵族。

马克思同意以下观点：现代性削弱了共同体（如滕尼斯所述），加剧了劳动分工（如涂尔干所述），形成了理性的世界观（如韦伯所述）。但他把这一切仅仅看成资本主义走向繁荣的必要条件。根据马克思的观点，资本主义把生活在农场和小城镇的人口引向以城市为中心的不断扩张的市场体系。工厂要提高生产效率就需要劳动分工；而资本家对利润的永恒不变的追逐则彰显了理性化的特征。

前面的一些章节把马克思描绘成一位对资本主义社会持强烈批判的人。马克思不像韦伯那样把现代社会看成无可逃脱的官僚机构的"铁笼子"，他相信资本主义社会的社会冲突会为革命性的变化埋下种子，最终进入到平等的社会主义社会。在他看来，社会主义社会将利用工业技术创造的奇迹丰富人们的生活，而且，这样的社会将不再有阶级——冲突和苦难之源。尽管马克思毫无疑问是批评现代社会的，但是他为人们设想描绘了自由、活力与共产的未来。

● **评价**

马克思关于现代性的理论是复杂的资本主义的理论。但他低估了现代社会官僚机构的统治。尤其是在社会主义社会，官僚机构的压抑相较于资本主义一些缺乏人性的方面并无优越。20世纪80年代晚期和90年代早期发生在东欧和苏联的剧变暴露了普通民众对高压的国家官僚机构的反对。

● **检查你的学习**

在滕尼斯、涂尔干、韦伯和马克思四位理论家的论述中，你认为谁关于现代社会的观点更为积极，谁的观点是消极的？给出你的理由。

第四节 结构-功能理论：现代性之于大众社会

应用

11月11日，275号州际公路上。通过车窗，我们看到英国石油公司和太阳加油站，凯马特零售公司和沃尔玛超市，美国套房酒店，鲍勃埃文斯餐馆，琪琪墨西哥餐馆和麦当劳。这条路刚好环绕俄亥俄州辛辛那提，但其实在波士顿、丹佛、圣迭哥……美国的其他大多数地方也差不多如此。

如同在前几章叙述的和846页表中所总结的，现代性的兴起是个复杂的过程，涉及很多方面的变化。我们如何能理解这么多正在进行的变化呢？社会学家研究出对现代社会两种基本的解释：一种受结构—功能理论引导，另一种建立于社会-冲突理论之上。

对现代性的第一种解释——根据结构-功能理论，依照斐迪南·滕尼斯、埃米尔·涂尔干和马克斯·韦伯的观点——以大众社会的出现来理解现代性（Kornhauser, 1959; Nisbet, 1966, 1969; Berger, Berger & Kellner, 1974; Pearson, 1993）。**大众社会**是指传统纽带受到繁荣和官僚机构削弱的社会。大众社会的生产力水平非常高；总的来说，人们的收入前所未有地高。同时，它又有着亲缘关系疏远、邻里之间缺乏人情味等特征，因此，人们常感到与社会隔绝了。尽管许多人在物质上很富有，但是他们的内心很虚弱，在思考该如何生活的问题时常常不能获得明确的道德指引。

一、现代生活的宏大规模

大众社会理论认为，首先现代生活的范围极大地扩展了。工业革命之前，欧洲和北美主要是数不尽的村庄和小城镇。滕尼斯的"共同体"的概念就是来源于此，人们的一生都是在与亲人团聚，接受相同的传统中度过的。舆论是一种不正式但却高度有效的手段，可以确保社区标准的一致性。这些有着很强的道德取向、很难容忍社会分化的小社区证明了涂尔干所描述的机械团结的状态。

比如，1690年以前，英格兰法律要求每个人都定期参加圣餐礼的基督教仪式（Laslett, 1984）。在北美大陆，所有新英格兰殖民地当中，只有罗得岛没有遵守这种规定。为了达到对约定俗成的规范的遵守，社会分歧受到压制，亚文化和反传统文化的现象极少，变迁过程缓慢。

工业革命带来的人口增加、城市扩张和经济活动的专门化渐渐地改变了这种模式。人们开始通过职业（比如，医生或银行职员），而非亲属关系或者籍贯，而相互认识。人们把绝大多数的其他人看作陌生人。以前在农村里进行的面对面的交谈被非人化的大众媒体取而代之：报纸、收音机、电视和电脑网络。大型组织渐渐承担起满足日常所需的责任，而这些原本是通过家人、朋友和邻里实现的；公立教育让越来越多的人走进学校；警察、律师和法官主导着正式的刑事司法体系。甚至慈善也由就职于各种大型社会福利机构的官员负责了。

地理上的流动性，大众通信以及不断接触不同的生活方式都削弱了传统价值观。人们对社会多样性更宽容，更注重维护个人利益和选择自由。因为种族、性别或者宗教信仰不同而对人区别对待被认为是落后的和不公平的。在这一过程中，生活在社会边缘的少数群体获得更多的权利和更多参与公众生活的机会。贝拉克·奥巴马——一位非裔美国人——赢得了美国最高职位的竞选，这无疑表明了我们正置身于现代社会（West, 2008）。

大众媒体促生了国家文化，各地区之间的传统差异逐渐消弭。正如分析人士所说的,"连巴吞鲁日(Baton Rouge, La.)的孩子都不再说'y'all',而是向电视上那样说'you guys'"(Gibbs, 2000: 42)。大众社会理论家担心,把具有不同背景的人们变成一个大群体会在提供道德自由的同时使每个人丧失人性。

二、不断扩张的国家

前工业化的小型欧洲社会,政府基本和一个地方贵族差不多。一个皇室家族正式地统治着整个国家,但是由于缺乏有效的交通和通信手段,即使最有权威的君主的权力也远不及当今的政治领袖。

因为技术革新使得政府得以扩张,中央政府的规模和重要性都增加了。美国赢得独立而不再是英国的殖民地时,联邦政府不过是一个主要以国防为目的的小机构。自那以后,政府逐渐承担起了越来越多的社会生活领域的责任:国民教育,调控工资和规制工作条件,制定各种产品的标准,对年老、生病和失业人群提供经济援助,向学生提供贷款,以及如近来这样拯救面临破产的公司。为了支付这些方面的费用,税收激增:今天美国劳动力中的普通工人每年有将近四个月的收入用于支付政府提供的广泛服务。

在大众社会,权力集中于大的官僚机构手中,地方社区的老百姓对自己生活的支配权很少。比如说,政府官员要求各地学校必须有标准的教育方案,各地的产品必须获得政府认可,每个市民必须保留各种缴税记录。虽然这些规定或许能保护人们,促进社会平等,但它们也迫使我们越来越多地与来自远方且毫无人情可言的官僚机构的人打交道,这些人我们连名字都叫不上来。这破坏了家庭和地方社区的独立性。

● **评价**

现代生活的规模不断扩大当然有积极的方面,但这些好处是以牺牲一些人类的文化遗产为代价的。现代社会增加个人权利、容忍更大的社会分化,提高人们的生活水平(Inglehart & Baker, 2000),但也出现了韦伯最担心的官僚机构过分扩张,以及滕尼斯担心的自私自利和涂尔干担心的失范倾向。现代社会的规模、复杂性和对社会多样化的宽容都注定了传统价值观和家庭模式的消亡,使得人们处于孤立、无能为力和物质至上的境地。如同第十二章("经济与政治")中指出的,美国选民冷淡是个严重的问题。当生活在巨大而冷漠的社会里时,对于"没有哪个人会带来什么不同"这种想法又有什么值得惊讶的呢?

总结

传统社会和现代社会：通观全局

社会因素	传统社会	现代社会
文化模式		
价值观	同质性；神圣性；鲜有亚文化和反文化	异质性；世俗性；较多亚文化和反文化
规范	稳定的道德意义；对差异性包容性低	多变的道德意义；对多样性包容性高
时间取向	现在与过去相连	现在与未来相连
科技	前工业；人力与畜力	工业化；先进能源
社会结构		
地位和作用	少量阶层，多数是先赋地位；少量专业分工	较多阶层，一些是先赋的地位，一些是自致的地位；许多专业分工
社会关系	典型的初级关系；鲜有匿名或隐私	典型的次生关系；较多匿名或隐私
社会交往	面对面沟通	面对面沟通辅以大众媒体
社会控制	非正式舆论	正式的警察和法律制度
社会分层	固化的社会不平等；低流动性	流动性社会不平等；高流动性
性别模式	父权制社会；女性以家庭为生活重心	父权制削弱；女性在有偿劳动力中占比增大
居住模式	小规模；人口少且分散在乡村和小城镇	大规模；人口众多且集中在城市
社会机构		
经济	以农业为基础；多家庭手工业；鲜少白领工作	以工业批量生产为基础；工厂成为生产中心；越来越多的白领工作
政治	小政府；少量政府干预	大政府；较多政府干预
家庭	扩展家庭作为社会和经济生产的主要手段	小家庭仍然有一定的社会功能，但更多的是一种消费模式而不是生产模式
宗教	宗教引导世界观；鲜有宗教多元主义	宗教随着科学的发展而削弱；丰富的宗教多元论
教育	仅限于精英的正规学校教育	随着受教育率的提高，基础教育变得普遍
健康状况	低生活标准和简单的医疗技术导致高出生率和高死亡率且寿命短	较高的生活标准和先进的医疗技术导致低出生率和死亡率，且预期寿命更长
社会变迁	慢；很多代才有明显变化	快；一代之内有明显变化

有时批评人士会说，大众社会理论把过去理想化了。他们提醒我们，很多生活在小城镇的人其实渴望在城市里过更好的生活。而且，大众社会理论忽略了社会不平等问题。批评人士认为这种理论会吸引保守人士的兴趣，这些人维护传统道德观而忽视女性和其他少数群体遭受的不平等待遇。

社会冲突理论认为现代性并非一个冷漠的大众社会，而是一个不平等的阶级社会，其中有些类别的人被认为是二等公民。像许多土著美国人一样，这个亚利桑那家庭住在保留区，那里的贫困现象十分普遍，许多活动房屋没有电或自来水。

● **检查你的学习**

请用自己的语言，用大众社会的理论分析现代性。对此有哪两种不同观点？

第五节 社会冲突理论：现代性意味着阶级社会

应用

对现代性的第二种解释主要源于卡尔·马克思的观点。从社会-冲突的角度看，现代性是以阶级社会的形式——一个有着明确的社会分层的资本主义社会——存在的。也就是说，这种视角尽管认可现代社会已经扩张到很大规模，但是它把现代性的核心看成一种不断扩张的、以不平等为标志的资本主义经济（Habermas, 1970; Polenberg, 1980; Blumberg, 1981; Harrington, 1984; Buechler, 2000）。

一、资本主义

阶级-社会理论追随马克思的说法：现代社会的社会生活不断扩大是由于资本主义的增长及其释放的贪婪所导致。因为资本主义经济追逐利润最大化，生产和消费都稳步增长。

根据马克思的观点，资本主义是建立在"赤裸裸的利己主义的基础上"（Marx & Engels, 1972: 337, 原作于 1848）。这种利己主义削弱了曾经让小型社区团结在一起的社会纽带。资本主义把人也看成商品：人是劳动的资源，也是资本家的产品的消费市场。

资本主义支持科学的发展，不仅将其视为提高生产力的关键，而且因为它是维持现状的意识形态。也就是说，现代社会鼓励人们把人类的幸福看成需要工程师和其他专家解决的技术难题，而不是通过追求社会公正来实现。例如，资本主义文化寻求通过医药科学而不是消除贫困来提高人们的健康水平，而贫困却是健康状况低下的核心原因。

商业也在宣扬科学逻辑，通过提高效率来增加利润。就像在十二章（"经济与政治"）中解释的，随着"全球化"的进行，资本主义公司已经达到巨大的规模，控制了难以想象的财富。依据阶级-社会的观点，不断扩张的生活的规模与其说是"社会"的作用，还不如说是资本主义的不可避免的破坏性结果。

大众社会 被社会繁荣和扩张的官僚主义削弱了传统的社会纽带的社会　　**阶级社会** 一种有着明显的社会分层化的资本主义社会

二、持续的不平等

现代性渐渐地消磨了前工业化社会里一些固化的社会类别。但是，阶级-社会理论认为，精英仍旧存在，只不过不再像从前的贵族可以生而坐拥财富和权力，现在的精英人群是那些资本主义的百万富翁。在美国，并没有君主世袭制，但占据人口 1% 的最富有的富人却控制了约 35% 的私人财产（Keister, 2005; Wolff, 2010）。

国家又是怎样的？大众社会的理论家们认为国家在努力促进平等，解决社会问题。马克思不同意这种观点，他怀疑国家除了进行一些影响不大的改革之外几乎一无是处。

因为在他看来，真正的权力在控制着经济的资本家手中。其他阶级-社会理论家补充说，至于劳动人民和少数族群享有更多的政治权利和更好的生活，那是政治斗争的结果，而不是政府的善意带来的。总之，他们的结论是：尽管我们看上去享有民主，其实大部分人在面对那些富有的社会精英时都处于无能为力的地位。

● **评价**

阶级-社会理论驳斥了涂尔干所强调的现代社会的人们正经受社会失范的观点，而是宣称他们的痛苦来自于异化（alienation）和手中无权（powerlessness）。毫无疑问，阶级-社会理论对现代性的解释在自由主义者和激进分子中间获得广泛支持，因为这些人希望获得更大的平等，期许更多的规范或抛弃资本主义市场体制。

对阶级-社会理论的一个最基本的批评是，它忽视了现代社会的日益繁荣，以及这样的事实——基于种族、族裔和性别的歧视行为现在已属非法，而且被普遍认为是社会问题。而且，多数美国人并不希望生活在一个奉行平均主义的社会里；他们更喜欢能通过不同的回报来反映人与人之间才智和努力的差别。

鉴于社会主义并不能提高人们的生活水平，极少有观察家认为集中的经济体制能够治愈现代性的顽疾。美国的很多其他社会问题——从失业问题、贫困问题、工业污染问题到冷漠的政府——在社会主义国家一样存在。

● **检查你的学习**

请用自己的语言，根据阶级-社会理论的观点来分析现代性。其中批判性的观点有哪些？

总结表对比了对现代性的两种解释。大众社会理论关注的是生活规模的扩张和政府机构的扩大；阶级—社会理论则强调资本主义的扩张和持续的不平等状态。

总结

现代性的两种理解

	大众社会	阶级社会
现代化进程	产业化；官僚主义的增长	资本主义的兴起
现代化影响	生活质量提高；政府和其他正式组织的提升	资本主义经济扩张；社会不平等的持续性

第六节　现代性和个人

应用 //

大众社会和阶级社会理论都对工业革命之后发生的巨大社会变化很关注。但从这些宏观层面的方法出发，我们也能对现代性如何影响普通人的生活做些微观的观察。

一、大众社会：身份认同的问题

现代性使人们不再生活在过去的小型的、联系密切的社区。现代社会的大部分人都拥有表达个性的隐私和自由。然而，大众-社会理论暗示，如此多的社会分化、广泛存在的孤立状态和迅疾的社会变化使很多人根本难以实现一以贯之的身份认同（Wheelis, 1958; Berger, Berger & Kellner, 1974）。

第三章（"社会化：从婴儿期到老年期"）解释说，人们的个性主要是其社会经历的结果。过去那种小型的、同一的、变化缓慢的社会为人们确定身份提供了坚实或许有点狭小的基础。即使是今天，活跃在美国和加拿大的阿米什人社区还在教年轻人"正确的"为人处世的方法。并不是每个出生在阿米什人社区的人都能够忍受这种对一致性的严格要求，但大多数人还是以此确定了相当完整且令人满意的身份（Kraybill & Olshan, 1994; Kraybill & Hurd, 2006）。

大众社会的情况则不同。社会不断分化且变化很快，个人确立身份所需的基础如同流沙一样不牢靠。人们需要自己做很多决定，很多人——特别是有钱人——常常在选择面前不知所措。没有标准引导选择过程，所谓选择的自由也就价值有限；在宽容的大众社会，人们感到应该选择这样而不是那样的时候，并没有太多理由可言。结果是很多人的身份摇摆不定，不断改变生活方式、与他人的关系，甚至宗教信仰以期看清那捉摸不定的"真我"。"相对主义"的广泛存在使得人们在没有道德标准的情况下，失去了传统赋予他们的安全感和确定性。

对戴维·里斯曼（1970,原作于1950）而言，现代化引起了**社会性格**（social character）的改变——见诸特定社会的成员的个性模式。前工业化社会鼓励被里斯曼称为**传统导向**的社会性格——严格遵守历史悠久的生活方式。传统社会的人们依照祖先的模式过自己的生活，以至于到了"好好生活"就等于"做人们一直在做的事情"的地步。

传统导向与滕尼斯的"社团"和涂尔干的机械团结理论一致。由于文化上的保守，传统导向之下的人们行为处事方式都差不多。与现代社会中常见的一致性不同，传统导向下的一致并不是为了模仿某个名人或赶时髦。相反，人们之间有相似之处是因为受相同的文化基础的影响。阿米什人就是传统导向的例证：在阿米什人文化里，传统成了纽带，把世世代代联系在一种牢不可破的正直的生活方式下。

经历社会分化和剧烈变化的现代社会的人们认为传统导向下的个性是不正常的，因为它的要求太苛刻了。总的来说，现代社会的人们很看重个性上的灵活性，如适应能力、对他人的敏感度。里斯曼把这种社会性格称作**他者导向**的社会性格——常常通过模仿他人表达出来的对最新潮流和时尚的开放性。因为他者导向下的人们的社会化是在不断变化着的社会中进行的，他们也形成了不稳定的身份，其主要特点是表面化、不一致和变化。他们像穿新衣服一样表现出不同的"自我"，寻找自己效法的榜样，随着场景的变换而上演不同的"表现"（Goffman, 1959）。在传统社会里，这样多变性让人觉得你不可靠，但在一个不断变化的现代社会，这种变色龙似的适应各种环境的能力却很有用。

在标榜"与时俱进"而非传统的社会中，人们渴望获得别人的认可，在自己的同时代的人中，而不仅仅是长者中，寻找自己的榜样。在没有很明确的标准的指引下，来

大众社会理论将焦虑感和现代社会意义的缺失联系起来，从而加速了社会变迁。现代社会空虚和孤独的这个概念在左图中体现。相反在右图中，阶级社会理论认为，将这种感受与社会不平等联系起来的人，会被看做二等公民（或者根本就不是公民）。

自同辈人的压力是不可避免的。我们的社会希望每个人做真实的自我。可是当社会环境变化太快的时候，人们如何能做回自我呢？这个问题的根源在于当今的工业社会里身份危机太普遍了。不断有人在问"我是谁"并试图得到答案。事实上，这个问题在当今我们所处的一点都不稳定的大众社会中一点都不重要。

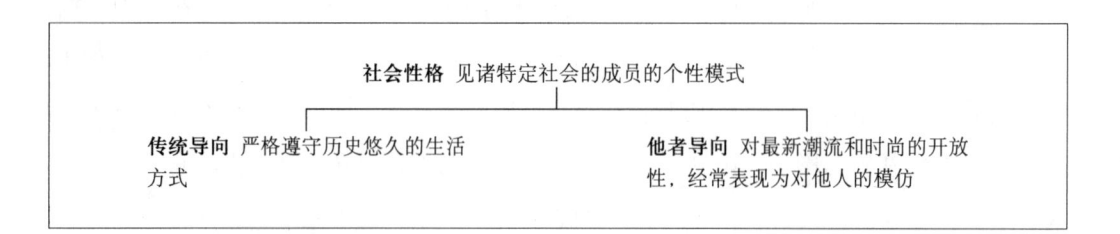

```
                    社会性格  见诸特定社会的成员的个性模式
         ┌──────────────────────────────┴──────────────────────────────┐
    传统导向 严格遵守历史悠久的生活              他者导向 对最新潮流和时尚的开放
    方式                                      性，经常表现为对他人的模仿
```

二、阶级社会：无力感的问题

阶级社会理论关于现代性对个人的影响的描述很不一样。这种方法认为持续的社会不平等破坏了现代社会个人自由的基础。对一些人来说，现代性带来很多特权，但对于许多人而言，日常生活就是处理经济上的不确定和一种越来越强烈的无能为力的感觉（K.S.Newman, 1993; Ehrenreich, 2001）。

对于少数种族和族裔群体，相对劣势的问题更加突出。同样地，虽然女性更广泛地参与到现代社会中去，但她们仍然为破除传统的性别歧视的障碍而奔走疾呼。这种视角不同意大众社会关于人们因为有太多自由而饱受痛苦的观点。根据阶级社会理论，我们的社会仍然没能做到让大多数人充分参与到社会生活中来。

就像第九章（"全球社会分层"）中解释的，世界资本主义的范围的扩大使这个星球上更多的人生活在跨国公司的影响之下。结果是，世界上的收入的四分之三集中在人口只占世界 23% 的高收入国家。所以，当阶级社会理论家呼吁穷国的人们应争取更多的权力才能主宰自己的生活时，我们还会感到奇怪吗？

广泛存在的无力感问题使得赫伯特·马尔库塞（1964）对马克斯·韦伯的现代社会是理性的说法提出挑战。马尔库塞谴责现代社会的不理性，因为其无法满足许多人的要求。尽管现代资本主义社会创造了无可比拟的财富，贫困仍是超过十亿的人们每天必须面对的痛苦。马尔库塞进一步说，技术进步使人们更加无法控制自己的生活。高端技术使一小部分专家，而不是大多数人，获得了很多权力，前者控制着对诸如何时开战、能源政策和医疗保健等问题的讨论。一种普遍的看法是技术解决了很多问题。

但马尔库塞却不这么认为，他认为科学是导致这些问题的原因。总之，阶级社会理论声称，人们遭受痛苦是因为现代的科学社会把财富和权力都集中在少数特权阶层手中。

全球性思考

"现代性"意味着"进步"？
巴西的卡亚波社区和佐治亚的嘎勒社区

四周一片漆黑，点点火光摇曳。族长坎昂（Kanhonk）坐在那儿，准备开始其精彩的晚间故事时间，这些年，每个夜晚他都这样（Simons, 2007）。这样的夜晚对于繁荣的巴西亚马逊地区的一个小社区卡亚波（Kaiapo）来说，是个享受文化遗产的时间。因为传统的卡亚波人没有书面语，长者就依靠这样的夜晚靠着火光来向后世子孙传承部族文化。过去，村民们听到的故事都是卡亚波勇士如何击退前来寻找奴隶和黄金的葡萄牙商人。

但随着时间的推移，只有一小部分年长的村民前来参加这种仪式了。"都是那大魔头惹的祸"，在解释来听故事的人那么少的时候，一个人抱怨道。"大魔头"确实把他们打了个措手不及，整个村庄的很多窗户都能看其发出的蓝光。卡亚波村的小孩，包括很多大人，正在看电视里播放的连续剧。纪念前村里安装了卫星天线，而此举带来的后果是任何人都无法想象的。最终，他们的敌人用枪炮没能做到的——卡亚波村民自己做到了：越来越多的人开始去收看黄金时间的电视节目，而不是去听长者讲的晚间故事。

卡亚波村民是230,000原居民的一部分。他们以独特的身体上的彩绘和华丽的节日服装而闻名。20世纪80年代，他们因为开采金矿和收获了很多桃花心木而变得富有。现代他们必须认真考虑这些新发现的财富到底是福还是祸。

对一些人来说，拥有财富意味着有机会通过旅游和收看电视来了解外面的世界。另一些人，如族长坎昂，却不是很确定。坐在火边，他自言自语道："我一直在说，应该买些像刀子、鱼钩之类的有用的东西，电视又不能当饭吃。它只不过让我们的子孙看到白人的生活。"村庄里最老的牧师白托普，点头同意："夜晚是老年人教导年轻人的世界，但是现在电视把这个世界偷走了。"（Simons, 2007: 522）

从佐治亚的海边坐半个小时轮渡，能够到达美国相当南端的一个满是沼泽的小岛——豪格海默克（Hog Hammock）社区。住在岛上的是70个非裔美国人，他们在小岛上的历史可以追溯到1802年第一批黑奴来到的时候。

每当走过坐落在长满西班牙苔藓的松树丛中时，旅游者常会感到回到了遥远的过去。当地的嘎勒（Gullah）人（有些地方叫 Geechees）操着一种英语和西非语言的混合语。他们靠打鱼所获在这里生活了好几百年。

但这种生活方式的未来却不容乐观。生活在豪格海默克的年轻人，除了打鱼和制作传统手工艺品以外，基本没有找到别的工作。"我们已经在这里生活了九代了，现在还在这里"，一个当地人说。然后，在谈到小岛上的19个孩子的时候，她又说："并不是他们不想待在这里，而是他们在这里无事可做——他们需要工作啊。"（Curry, 2001: 41）

同样重要的是，大陆上的人想要在水边寻找可以度假或长期居住的地方，现在小岛成了上佳的房地产市场了。不久前，一所大房子被拿去出售，当社区的人得知房主开出的价格竟然超过百万美元时，大家都吃惊不小。当地人太清楚了，高价财产意味着高额税款，没几个人买得起。总之，豪格海默克很有可能成为另一个希尔顿海德（Hilton Head），后者曾经是南卡罗来纳海边的一个嘎勒社区，现在已经成了大陆上的有钱人度假之所了。

奇怪的是在很久以前，豪格海默克人很可能卖掉自己的房子，移到内陆去。但没什么人愿意那样，尽管房子能卖个好价钱。相反，从这里迁走就意味他们的文化遗产的消失。

卡亚波和豪格海默克的故事都告诉我们，变化不一定意味着"进步"。这些人可能会向现代性前进，但这个过程带来的结果有好有坏。最终，这两群人都可能会有更好的生活，有更好的住所，更好的服饰，以及新技术。另一方面，他们的新财富将是以牺牲传统为代价的。全世界很多地方都在上演这样的情景，越来越多的传统文化在财富和富有社会的唯物主义的诱惑下放弃了自己的文化遗产。

你怎么想？

1. 为什么社会变迁对于传统社区的人们既是得到也是失去？
2. 这里介绍的变化提高了卡亚波的生活水平吗？嘎勒社区又怎么样？
3. 对于现代化，传统社区的人们还有别的选择吗？回答并解释。

第七节　现代化和进步

评价

在现代社会，大多数人期待且欢迎社会变化。我们把现代性同进步（Progress，来自拉丁文，意为"向前移动"）的观点联系起来，那是一种不断提高的状态。与此相对，我们把稳定看作停滞不前。

由于我们对变化的偏好，我们的社会倾向于把传统文化看成是落后的。但是变化，特别是朝着物质财富方向的变化，却是好坏参半的事情。如同"全球性思考"的专栏所显示的，社会变化太复杂了，不能简单地将其等同于进步。

卡亚波和嘎勒的例子已经表明，即使变富有也是有利有弊。从历史的角度看，在美国，生活水平的提高使人的寿命更长，物质上更安逸。同时，很多人怀疑每天通勤带来的压力太大了，以致一家人都没时间一起放松，甚至聚在一起都很难。也许这就是为什么在美国，最近二十五年人们的幸福感呈下降的趋势（D.G.Mayers, 2000; Inglehart, Welzel & Foa, 2009）。

科学也是一样有利有弊。和其他国家的人们比起来，美国人对科学改善生活这一点更深信不疑（Inglehart & Welzel, 2010）。但是调查也显示，很多美国成年人感到科学"使我们的生活方式改变得太快了"（NORC, 2011: 1762）。

新技术总是引发争议。一个世纪以前，汽车和电话的发明使得更迅疾的交通和更有效的通信成为可能，提升了人们的生活。但同时，这些技术也使得对传统的家乡，甚至家庭的依附变弱了。今天，人们怀疑计算机技术会不会带来同样的问题：把人们和世界联系起来的同时却把我们与门外的社区隔离开来；提供更多信息的同时也威胁到了个人隐私。简言之，我们都意识到社会变化来得更快了，但至于某个变化到底是好是坏，可能还因人而异。

第八节　现代性：全球各异

理解//

10月1日，日本神户。乘坐电脑控制的单轨列车在神户高架路上驶过，或者坐在时速200英里开往东京的新干线列车里，我们认为日本代表着社会的未来，其国民深爱高科技。然而，日本人在其他方面仍很传统：极少有女性公司领导，几乎没有女政治家，年轻人对长辈尊重有加，社会井然有序，与美国很多城市的混乱状态形成鲜明对比。

日本是个既传统又现代的国家。这种矛盾提醒我们尽管对比传统和现代社会很有意义，但新旧社会常以难以预料的方式共存着。在中国，古老的儒家思想正和当代的社会主义思想并存着。在沙特阿拉伯和卡塔尔，对现代技术的利用同尊重古老的伊斯兰文明并行不悖。类似地，在墨西哥和拉美的很多地区，即使人们希望经济不断发展，也不妨碍他们尊重有好几百年历史的基督教仪式。总之，尽管我们可能认为传统和现代化是对立的，传统与现代的结合却并不鲜见，可以说我们在全世界都能发现这种结合。

第九节　后现代性

评价//

如果现代性是工业革命的产物，那么信息革命还会带来一个后现代时期吗？许多学者是这么认为的,他们使用后现代这一术语来指称由信息革命和后工业经济所产生的社会模式。

后现代性到底指的是什么,尚有争论。这一术语已经在文学、哲学甚至建筑圈里使用了好几十年。这一术语是自20世纪60年代以来,随着左翼政治学的传播而掀起的社会批评浪潮进入社会学的。尽管后现代性思想有很多的变体,所有这些变体都包含以下五个主题(Hall & Neitz, 1993; Inglhart, 1997; Rudel & Gerson, 1999):

1. **在很多重要方面,现代性已经失败。** 现代性的前景是生活中不再有物品短缺的情况。然而,正如后现代主义批评家所看到的,在解决类似贫穷的社会问题方面,20世纪并不成功,这一事实在当代高失业率、贫困和全球经济普遍不稳定的情况中显而易见。

2. **"进步"的光环在消失。** 现代社会的人们在展望未来的时候,总是期待自己的生活会有很大的进步。但是,后现代社会的人们(甚至领导)对未来却不再那么信心十足。一个多世纪以前让人类社会进入到现代社会的强烈的乐观心理已经被彻底的悲观情绪取代;几乎近半数美国成人不认为他们的孩子能比他们生活得更好(NORC, 2011: 392)。

3. **科学不再是解决问题的途径。** 现代社会的重要特征是科学的世界观,以及人们坚信科学技术会让生活变得更好。但后现代批评家认为,科学并未能解决很多老问题(如健康状况差),却带来了一些新问题(如污染和全球变暖)。

后现代主义思想家怀疑科学,认为其宣扬绝对真理。相反,他们认为世界上没有绝对真理,而社会建设的途径是多种多样的。

4. **文化争论加剧。** 因为人们得到了他们真正想要的物质享受,所以思想变得更加重要。在这个意义上讲,后现代性也是后物质时代。在这样的时代,如社会正义、环境和动物权利等社会问题越来越引人关注。

5. **社会习俗在改变。** 就如同工业化给社会习俗带来翻天覆地的变化一样,后工业社会的兴起又要再次改变社会。例如,后现代家庭不再恪守某一种家庭模式;相反,每个人都可以从各种新的家庭形式中进行选择。

● **评价**

分析人士认为美国和其他高收入国家正进入到后现代时期,他们批评现代性未能满足人类的要求。而在过去一个世纪中人类寿命的延长和生活水平的提高则可以说明现代性的优势。即使我们接受后现代主义者的观点——科学已经无能为力,进步不过是谎言,那我们又有什么可以替代它们呢?

● **检查你的学习**

用你自己的话，陈述后工业社会的具体特点。

焦点中的社会学

个人自由与社会责任：我们能都做到吗？

萨缪尔：我感到自由是最重要的事情。让我想做什么就做什么。

桑吉：但是如果每个人都这么想，这个世界会像什么样子？

多林：难道就没有什么办法既让我们自由又能考虑到他人？

我们必须理解这个要适当为他人考虑的理念，但事实上，我们应该为别人做什么呢？为了认清这个问题，我们来看一个1964年发生在纽约的故事。

在一个干冷的三月的晚上，午夜之后不久，苏珊·凯蒂·吉诺维斯（Susan Kitty Genovese）将一辆车停在了她综合公寓的停车场里。她关掉汽车前灯，锁好车门，穿过柏油路，朝大楼入口走去。几秒钟后，一个人挥刀向她刺来，她恐惧地尖叫着，但转眼已身中数刀。楼上的窗户打开了，邻居好奇地探头往下看出了什么事。但行凶还在继续——足足有三十多分钟——直到吉诺维斯死在门口。警察没能辨认出杀人者，他们的调查揭露了这样一个令人震惊的事实：几十个目睹了吉诺维斯被杀的邻居中，没有一人出手相救，只有一位邻居报了警。直到后来警方逮捕了一名入室盗窃的男子才最后让他承认了谋杀罪。他被法院定罪，直到2012年依旧在监狱中服刑。

年轻女性的悲剧和邻居理应出手相助的事实使我们面临这样的问题：我们应该为其他人做什么？作为现代社会的一员，我们珍视自己的权利和个人隐私，但有时候却不愿承担责任，对需要帮助的人们冷漠以待。当听到呼救声的时候人们都表现得漠不关心，我们是不是有点太在意个人自由这样的现代观念了？在一个强调个人权利的文化氛围中，我们能否对人类社区保持关注？

这些问题突出了传统与现代社会体制之间的紧张状态，这一点我们能够从这一章所介绍的社会学家的论著中看到。滕尼斯、涂尔干和其他一些人都断言，在一些方面，传统社区和现代个人主义之间无法融合。也就是说，社会只有在涉及如何生存的问题时，通过限制个人选择的范围，才能在道德层面上把一个社区的人团结起来。简言之，尽管我们对社区和自主权都很重视，但鱼和熊掌不可兼得。

社会学家阿米泰·艾茨安尼（Amitai Etzioni, 1993, 1996, 2003）试图找到一条中间路线。共产主义运动就是建立在一个简单的理念之上：权利带来责任。换种方式表达，我们追寻个人利益的时候意味着对更大的社区的责任，这样才能达到平衡。

艾茨安尼宣称，现代社会的人们太关注个人权利了。我们希望制度为我们服务，但又不愿为其运行做出努力。例如，我们相信因犯罪而遭到起诉的人，直到出庭受审那天都还可以行使自己的权利，但越来越少的人愿意去充当陪审团的陪审员；与此类似的是，我们很愿意享受政府提供的服务，但是当需要为此缴税时，我们却很不情愿。

社群主义者提出了四点平衡个人权利和公众责任的提议。第一，我们的社会应该停止"权利文化"的扩张，这种文化让我们把个人利益置于社会责任之上；在讨论个人权利时不断被引用的宪法从未赋予我们想做什么就做什么的权利。第二，我们必须记住，社会的运转需要所有人参与到社会中去。第三，每个人的幸福可能需要限制个人权利；比如说，对公众安全负有责任的飞行员和公共汽车司机可能会被要求参加药检。第四，没人可以无视一些关键的责任，如遵守法律规定，对像吉诺维斯那样的呼救应该做出回应。

共产主义运动吸引了很多人的注意，他们相信个人权利和社会责任都很重要。但是艾茨安尼的提议遭到了左右两派的批评。左派认为，从选举人的冷漠、街头犯罪到越来越少的退休金、数百万工人无法享受医疗服务等，这样的社会问题无法通过"社会责任"这样的概念来解决。在他们看来，我们需要的是，扩大政府的服务项目以保护人们，减少不平等。

相反，右派的保守人士看到了艾茨安尼提议中的差别问题（Pearson, 1995）。在他们看来，共产主义运动支持自由主义者的目标，如对抗偏见、保护环境等，但却忽略了保守人士的目标，如加强宗教信仰的建设，支持传统家庭模式等。

艾茨安尼回答说，来自两方面的批评表明他为严重的社会问题找到了一种温和的、明智的解决办法。但争论也表明在像美国这样的多元社会，人们会很快接受权利，但却不愿承担责任。

> **加入博客！**
>
> 你有没有在别人需要帮助或经历危险的时候袖手旁观？为什么？你是否认为我们社会成员过分重视个人自由而忽视社会责任？访问 MySocLab，加入"焦点中的社会学"博客，分享你的观点和经历，看看他人的观点。

第十节 展望：现代化和全球的未来

● 评价

假如我们把整个世界设想成一个 1000 人的村庄。这个"地球村"中有 227 人来自高收入国家，另外 166 人则是一贫如洗，生活困难。

全世界的穷人的艰难处境表明世界亟须改变。第九章（"全球社会分层"）对为什么世界上有十亿穷人的问题呈现了两个针锋相对的观点。现代化理论宣称，过去全世界都很贫穷，技术革新，特别是工业革命，提高了人类的生产力，使许多国家的生活水平改善了。从这一观点出发，解决全球贫困的办法是在全世界范围内推进技术进步和市场经济。

然而，出于前面提到过的原因，全球现代化实现起来很难。回忆一下戴维·里斯曼对工业化之前的社会的人们的描述吧。他把他们描述成传统导向的，常常对变化持抵制的态度。因此，现代化理论家倡导世界上的富裕社会应该帮助穷国实现经济增长。工业国家可以通过向贫穷地区出口技术、吸引这些国家的留学生，以及提高外国援助等途径刺激经济增长。

对第九章现代化理论的回顾预示着对拉美政策的成功，以及在一些小型的亚洲国家和地区，如韩国，新加坡以及中国香港和中国台湾的更大的成功可能性。但是，在世界上最贫穷的国家推动经济发展则困难更多。即使在已经发生巨大变化的地方，现代化还涉及协调问题。例如，生活在巴西卡亚波的传统的人们可能通过发展经济得到了财富。但是，当他们被卷入到建立在西方唯物主义、流行音乐、时髦服饰和快餐为基础的全球化的"麦当劳文化"中去的时候，他们失去了自己的文化身份和价值观。一位巴西人类学家表达了其对卡亚波的未来的期待："至少他们能迅速明白看电视的后果……现在（他们）可以做个选择"（Simons, 2007: 523）。

但并不是所有人都认为现代化真的是一个选择。根据全球分层理论的第二种视角——依赖理论，如今的很多贫穷社会没有能力实现现代化，即使他们希望那样也不行。按照这种观点，经济发展的主要障碍不是传统观念，而是富有资本主义社会在全球的统治地位。

依赖理论声称，富有国家实现现代化是以穷国的牺牲为代价的，它们掠夺穷国的自然资源和劳动力。即使今天，世界上最穷的国家在与富有国家的经济关系中仍然处于不利地位：依靠富国购买其原材料，然后向其出售它们能买得起的各种产品。根据这种观点，与富国继续这种贸易关系只是全球不平等的延续。

不管你认为哪种方法更合理，应该记住这样一点：发生在美国的变化不再是独立进行而与其他国家没有丝毫关系。20世纪初，如今的高收入的国家的大部分人当时都生活在相对较小的区域，对外面的世界知之甚少。如今，整个世界成了一个大村庄，因为所有的人生活都日益紧密地联系起来了。

上个世纪见证了人类取得的空前的成就。然而，与人类生存相关的很多问题——包括寻找生命的意义、平息国与国之间的冲突，及消除贫困——依然存在。"**日常生活中的社会学**"专栏显示了一个两难问题：如何平衡个人自由和责任。棘手的问题尚未解决，新的烦恼又来了：如何控制人口增长；如何建立环境可持续发展的社会。今后，我们必须准备好以极大的想象力、同情心和决心来解决这些问题。随着我们对人类社会了解的增多，我们有理由相信我们能够很好地解决问题。

日常生活中的社会学

第十六章 社会变迁：现代和后现代社会

传统与现代性是相对的吗？

从概念上来看可能是这样。但是就像这章所解释的一样，传统和现代社会模式以很多有趣的方式结合在我们的日常生活中。看看下面的图片，从中找到传统和现代元素。他们看起来是一个整体还是彼此冲突？为什么？

● **提示**

尽管社会学家将传统和现代性作为相对的概念进行分析，每个社会仍以各种不同形式综合了两方面的元素。人们也许会争论传统和现代的各自优点，但是这两种模式几乎可以在任何地方出现。技术的改变总是产生社会后果——比如，手机的应用改变了人们的社会网络和经济机会；相似地，麦当劳改变的不仅是人们吃什么，还有他们在何处与谁一起共餐。

这些女孩生活在土耳其的伊斯坦布尔市。那儿长期对传统和现代生活的优点存在争论。什么东西引起了传统和现代着装的分化？你认为这种着装差异会影响友谊模式吗？这种情况是否也存在于美国？

从你的日常生活中发现社会学

1. 你能想起在你的生活中的一些场景反映了传统与现代模式的结合吗？指出其中的传统模式和现代模式。

2. 让你的同学或朋友对 2060 年的美国社会做五点预测，那时候现今 20 岁的年轻人也成为年长的公民了。对比大家的预测，看看是否存在某个议题上的共识？

3. 你认为生活在现代社会的好处是什么？有哪些弊端？访问 MySocLab 中"日常生活中的社会学"功能，了解更多现代生活的机遇和挑战，提高自身生活质量。

当第一家麦当劳餐馆在乌克兰首都基辅市开业时，许多人去光顾以尝尝什么是汉堡，看看快餐是怎么回事。作为一个全球扩张的大公司，他们有没有打破传统和现代之间的平衡？怎样打破的？

在沙特阿拉伯首都利雅得市，这些年轻的小伙子们正在购买最新款的手机。这些先进的技术威胁到社会传统了吗？

温故知新

第十六章 社会变迁：现代和后现代社会

什么是社会变迁？

社会变迁是随着时间变化的文化和社会结构的转换。每个社会都始终在变化，有时快，有时慢。社会变迁常常引发讨论。

社会变迁的原因

文化
- 发明产生新事物，新观念和新的社会模式。
- 当人们注意到世界存在的元素，发现就发生了。
- 传播创造变迁，比如产品、人和从一个社会传到另一个社会的信息。

社会冲突
- 卡尔·马克思认为资本家和工人之间的阶级冲突将社会推向了生产的社会化系统。
- 社会冲突是来源于阶级、种族和性别的不平等，造成了社会变迁，改善了劳动人口的生活。

观念
- 工业资本主义最早发生在新教职业伦理强大的西欧地区，这一事实印证了马克斯·韦伯所言的观念的力量会引发变革。

人口变化

人口模式对社会变迁起着作用：
- 美国社会的老龄化造成了家庭生活的变迁和满足老人需要的消费产品的发展。
- 社会内和社会间的迁移促进了变迁。

【探索 mysoclab.com 网站上的地图】

集体行为

- 集群以政治示威和抗议集会的形式带来政治变化。
- 暴徒骚乱是集群的一种形式，高度情绪化，常常非常暴力。由于威胁现状，往往容易造成社会变革。
- 流言在不确定的环境下肆起，引发人群的形成，直接影响他们的行为。
- 时尚影响文化价值，引领人们的穿衣、音乐及汽车的审美趣味，同时也影响他们的政治态度。时尚是一种短时间的人们充满热忱的社会形态。

灾难

灾难引起了难以预料的社会变迁：

- 自然灾难
- 技术灾难
- 蓄意灾难

社会运动

社会运动的类型

- 选择性社会运动在具体的个人上寻求有限的改变。
- 救赎性社会运动在具体的个人上寻求根本的改变。
- 改良的社会运动在整个社会中寻求有限的改变。
- 革命性社会运动在整个社会中寻求根本的改变。

【观看 mysoclab.com 网站上的视频】

社会运动的解释

- 剥夺理论：社会运动出现在当人们感到被剥夺了某样东西，比如，收入，安全的工作环境或者政治权力。
- 大众社会理论：社会运动吸引社会中的隔离人群，去加入社会运动以获得社会认同感和价值感。
- 资源动员理论：社会运动的成功是与可得的资源相关的，包括钱、劳动力和广大的媒体。

- 文化理论：社会运动不仅依赖于钱和资源，还取决于那些激励人们的文化符号。
- 新的社会运动理论：在前工业社会，社会运动是全球范围的并集中在生活质量问题上。

现代性

现代性指工业化的社会结果，包括对传统社区的腐蚀，个人选择的扩大，信仰的不断变化和对未来的关注。
- 斐迪南·滕尼斯把现代性描述成从共同体向社会的转变，在这一过程中，传统社区衰落，个人主义兴起。

【阅读 mysoclab.com 网站的文件】
- 埃米尔·涂尔干把现代性看成社会劳动分工的继续。建立在共同活动和信仰基础上的机械团结逐渐被有机团结取代，后者意味着社会分工让人们更独立。
- 马克斯·韦伯把现代性看成资本主义对封建主义的胜利。韦伯担心理性机构会产生非人化的效果。
- 卡尔·马克思也认为现代性是资本主义对封建主义的胜利。

对现代性的理论分析

结构功能理论：作为大众社会的现代性
- 根据大众-社会理论，现代性使生活规模扩大；在履行以前由家庭和地方社区承担的责任时，政府和一些正式机构的角色也扩大了。
- 文化多元性和迅疾的社会变迁使得现代社会的人们很难形成稳定身份，发现生命的意义。

社会冲突理论：作为阶级社会的现代性
- 根据阶级-社会理论，现代性引起资本主义的兴起，进入全球经济系统，造成了持久的社会不平等。
- 通过将财富集中到少数人手中，资本主义社会让人产生越来越强烈的无能为力的感觉。

现代性和进步

- 上升的生存标准使人寿命更长，科学技术的发展带来的便利使人们生活更为舒适。
- 同时，很多人压力大，很少有时间去放松自己；先进的交通和交流技术削弱了传统的对于家乡及家庭的联系；并且据测量，人类幸福感已有超过十年没有增加。

现代性：全球多样化

尽管我们经常认为传统和现代性是对立的，传统和现代性还是在大多数国家同时存在着。

后现代性

后现代性指后工业社会的文化特征。后现代性对社会的批评集中在现代性的失败。具体来说，就是科学没能让人得到期待的繁荣和富有。

现代性和个人

大众社会理论和阶级社会理论都是宏观的方法论，但是根据它们，我们可以找到微观的视野来看现代性是如何塑造个人生活的。

大众社会：身份的问题

戴维·里斯曼描述社会性格的变化，现代性引起了：

- 前工业社会展示传统导向：社会中的每个人都吸收一样的牢固的文化基础，人们把老一辈的生活作为自己的模板。
- 现代社会展示了其他导向：因为人们的社会化发生在持续变迁的社会中，所以其他导向的人们发展出了不固定的以浅薄、不一致和改变为标志的特征。

阶级社会：无能为力的问题

- 赫伯特·马尔库塞认为，现代社会是不合理的，因为它没能满足太多人的需要。马尔库塞还相信，更远的技术进步会减少人们对自己生命的控制。
- 人民痛苦是因为现代社会将财富和权力都集中在少数有特权的人手里。

术语表

堕胎（abortion）：有意终止怀孕。

绝对贫困（absolute poverty）：缺乏维生的基本资源。

自致性地位（achieved status）：个人自愿获得的、能反映其能力与努力的社会地位。

非洲中心主义（Afrocentrism）：对非洲文化模式的强调和提升。

年龄歧视（ageism）：对老年人的偏见和歧视。

年龄–性别金字塔（age-sex pyramid）：用图表描述的人口的年龄和性别状况。

农业（agriculture）：利用畜力或更强的能源来犁地的大规模耕作。

异化（alienation）：人们所体验的由于无权而导致的孤立和困苦。

失范（anomie）：涂尔干提出的概念，指社会为个体提供的道德引导过少的状态。

预期社会化（anticipatory socialization）：有助于人们获得所期望的地位的学习。

先赋性地位（ascribed status）：一个人在出生时或在以后的生活中非自愿地获得的社会地位。

无性人（asexuality）：不被任何一种性别的人所吸引。

同化（assimilation）：少数族群逐渐采纳占统治地位的文化模式的过程。

威权主义（authoritarianism）：拒绝人们参与政府管理的政治制度。

权威（authority）：被人们视为法定的而非强迫的权力。

信仰（beliefs）：人们据为真理的具体观念。

双性恋（bisexuality）：对男女两种性别的人都产生性吸引。

蓝领职业（blue-collar occupations）：多数与体力劳动相关的低声望工作。

科层制（bureaucracy）：为有效完成任务而理性构建的一种组织模式。

科层惯性（bureaucratic inertia）：永久设置科层组织的倾向。

科层制仪式主义（bureaucratic ritualism）：严格遵循成文的程序规则而损害了组织的目标。

资本主义（capitalism）：自然资源以及生产工具和服务都由私人所有的经济制度。

资本家（capitalist）：占有、管理工厂及其他企业以追求利润的人。

种姓制度（caste system）：建立在先赋或出身的基础上的社会分层。

因果关系（cause and effect）：一种变量（自变量）改变引起另一种变量（因变量）发生改变的关系。

卡里斯玛（charisma）：能够用情感鼓动人们、使他们成为追随者的非凡的个人品质。

卡里斯玛权威（charisma authority）：权力的合法性源自能够激励人们献身和服从的非凡的个人能力。

教会（church）：充分整合为一个更大社会的宗教组织形式。

公民宗教（civil religion）：使人们在基本的世俗社会里团结起来的准宗教忠诚。

阶级社会（class society）：有着广泛社会分层的资本主义社会。

阶级制度（class system）：既基于出身又基于个人成就的社会分层。

同居（cohabitation）：未婚伴侣共享家庭居所。

同侪（cohort）：在某些方面，通常是在年龄上比较接近的一类人。

集合行为（collective behavior）：没有计划的、经常是对抗的、有时是危险的、人数众多的行动。

殖民主义（colonialism）：一些国家通过对另一些国家在政治上、经济上加以控制而使本国富裕的过程。

社区矫正（community-based corrections）：身处社会而不是在监狱内实行的矫正计划。

概念（concept）：用简单的形式表示世界的某个部分的精神建构。

具体操作阶段（concrete operational stage）：皮亚杰提出的概念。说明人类发展水平的一个阶段，在这一阶段，个体第一次在他们的环境中发现偶然的联系。

联合大企业（conglomerate）：由许多小公司组成的巨型企业。

炫耀式消费（conspicuous consumption）：因为要表明自己的社会地位而购买和使用产品。

公司犯罪（corporate crime）：一个公司或代表公司行动的人的非法行为。

公司（corporation）：具有区别于其组成人员的权利和义务、依法存在的组织。

相关（correlation）：两个（或以上的）变量共同变化的一种关系形式。

反文化（counterculture）：强烈地与一个社会内被广泛接受的文化相对立的文化模式。

犯罪（crime）：对一个社会正式颁布的刑法的违反。

针对人身的犯罪（crimes against the person）：对他人的直接暴力或以暴力相威胁的犯罪，也称暴力犯罪。

针对财产的犯罪（crime against property）：涉及偷窃他人财产的犯罪，也称财产犯罪。

刑事司法系统（criminal justice system）：由警察、法院和监狱官员构成的组织体系，针对被指控的违法行为做出正式回应。

累犯（criminal recidivism）：以前犯过罪的人重新犯罪。

批判社会学（critical sociology）：对社会的研究主要集中在社会变迁的需要。

聚众（crowd）：有着共同关注点、彼此影响的人们的暂时性聚集。

自然出生率（crude birth rate）：总人口中每1000人某一年内出生的成活婴儿数。

自然死亡率（crude death rate）：总人口中每1000人某一年内死亡的人数。

异端（cult）：基本处于一个社会的传统文化之外的宗教制度。

文化整合（cultural integration）：一个文化体系的各个组成部分之间的紧密联系。

文化堕距（cultural lag）：由于某些文化要素比另一些文化要素变化的速度更快而破坏了一个文化体系的事实。

文化相对主义（cultural relativism）：按照其自身的标准对某一文化进行评判。

文化传递（cultural transmission）：由一代人向下一代人传递文化的过程。

文化普遍性（cultural universals）：每种已知文化的共同特质。

文化（culture）：共同塑造人们生活方式的价值、信仰、行为和物质产品。

文化震惊（culture shock）：当经历某种不熟悉的生活方式时的迷惑。

戴维斯-摩尔假说（Davis-Moor thesis）：假定社会分层是一种普遍模式，因为这对社会的运行会产生积极效果。

民主（democracy）：将权力总体上赋予人民的一种政治制度。

人口转变理论（demographic transition theory）：认为人口模式反映了社会的技术发展水平的理论。

人口学（demography）：关于人口的研究。

宗派（denomination）：独立于国家的、承认宗教多元化的教会组织。

依赖理论（dependency theory）：用历史上穷国被富国剥削来解释全部不平等的经济和社会发展的理论模型。

世系（descent）：社会成员世代相传的亲属关系制度。

威慑（deterrence）：通过惩罚手段来阻却犯罪的意图。

越轨（deviance）：被认为违反了文化规范的行为。

直接付费制度（direct-fee system）：患者直接向医生和医院的服务付费的医疗服务制度。

歧视（discrimination）：对各种类型的人群的不平等对待。

劳动分工（division of labor）：专门的经济活动。

拟剧分析（dramaturgical analysis）：欧文·戈夫曼提出的概念，通过戏剧表演来研究社会互动。

二人群体（dyad）：由两个成员构成的社会群体。

饮食紊乱（eating disorder）：为了变瘦而节食或其他不健康的控制体重的方法。

生态可持续文化（ecologically sustainable culture）：既满足现代人的需要，又不对后代人的环境遗产带来威胁的生活方式。

生态学（ecology）：对生物体和自然环境之间互动的研究。

经济（economy）：组织一个社会的产品和服务的生产、分配和消费的社会制度。

生态系统（ecosystem）：由所有生物体和其自然环境的互动而组成的体系。

教育（education）：社会通过这一制度为其成员提供重要的知识，包括基本事实、工作技能和文化规范和价值。

自我（ego）：弗洛伊德提出的概念，指个体有意识地在内心追求快乐的冲动和社会的强制要求这二者之间寻求平衡。

经验式证据（empirical evidence）：可以用自己的感觉来证实的信息。

内婚制（endogamy）：相同的社会类别的人之间通婚。

环境赤字（environmental deficit）：由于人类集中于追求短期的物质丰富而造成对自然环境深远、长久的危害。

环境种族主义（environmental racism）：使环境公害对穷人特别是少数族群危害最大的模式。

族群/族裔（ethnicity）：拥有共同的文化传统的群体。

种族中心主义（ethnocentrism）：按照自己的文化标准来评判另一种文化的做法。

常人方法论（ethnomethodology）：哈罗德·加芬克尔提出的概念。用来研究人们使日常生活产生意义的方法。

欧洲中心主义（Eurocentrism）：欧洲（特别是英国）的文化模式占统治地位。

安乐死（euthanasia）：帮助得了不治之症的人死亡。

外婚制（exogamy）：不同的社会类别的人之间的通婚。

实验（experiment）：在高度控制的条件下考察因果关系的研究方法。

表意型领导（expressive leadership）：关注群体福利的群体领导。

扩大家庭（extended family）：由父母和其子女以及其他亲属组成的家庭，也称为血亲家庭。

潮流（fad）：人们简单但狂热推崇的、非传统的社会模式。

信仰（faith）：建立在信服而非科学证据基础上的信念。

家庭（family）：将人们结合在合作的群体中彼此照顾、包括孩子，在所有社会都能发现的一种社会制度。

家庭暴力（family violence）：一个家庭成员对另一个家庭成员在感情、肉体或性方面的虐待。

时尚（fashion）：深受多数人推崇的一种社会模式。

女权主义（feminism）：赞同男女之间的社会平等，反对父权制和性别歧视。

贫困的女性化（feminization of poverty）：妇女在穷人中的构成部分不断增长的趋势。

生育率（fertility）：一个国家人口的生育水平。

民俗（folkways）：常规的或临时的互动规范。

形式运演阶段（formal operational stage）：皮亚杰提出的概念，指人类发展水平的一个阶段，在此阶段，个体可以抽象思考并评价。

正式组织（formal organization）：为有效达成目标而构建的大型次级群体。

功能性文盲（functional illiteracy）：缺乏日常生活必需的读写技能。

原教旨主义（fundamentalism）：一种反理智主义的保守宗教学说，反对世俗化，赞成恢复传统的、出世的宗教。

共同体（Gemeinschaft）：人们通过血缘和传统紧密联系起来的社会组织形式。

性别（gender）：一个社会赋予女性或男性的个人特质和社会地位。

性别冲突视角（gender-conflict approach）：关注男女两性的不平等和冲突的观点。

性别角色（性角色）（gender roles [sex roles]）：一个社会与每个性别相联系的态度和行为。

性别分层（gender stratification）：男女之间在财富、权力和声望上的不平等分配。

概化他人（generalized other）：乔治·赫伯特·米德提出的概念，指代用以评价我们自己的普遍的文化规范和价值标准。

种族灭绝（genocide）：一个种族被另一个种族有组织地杀戮。

老人政治（gerontocracy）：老年人拥有最多的财富、权力和声望的社会组织形式。

老年学（gerontology）：对老龄化和老年人的研究。

"社会"（Gesellschaft）：人们仅仅基于个体的自我利益而集合的一种社会组织形式。

全球经济（global economy）：跨越国家边界的、不断扩张的经济活动。

全球视野（global perspective）：对更大的世界以及我们社会在其中的位置的研究。

全球分层（global stratification）：世界作为一个

整体的社会不平等模式。

温室效应（global warming）：由于空气中的二氧化碳的不断聚集带来的地球平均气温的升高。

政府（government）：指导一个社会政治生活的正式组织形式。

群体思维（groupthink）：群体成员为保持一致性，导致群体决策偏颇的倾向。

仇恨罪行（hate crime）：由于种族或其他偏见激发的、针对个人或个人财产的犯罪行为。

健康（health）：机体、精神和社会方面的完全良好状态。

健康维护组织（health maintenance organization, HMO）：收取固定费用、为用户提供综合的医疗服务的组织。

异性恋主义（heterosexism）：将任何不是异性恋的人贴上"不正常"标签的观念。

异性恋（heterosexuality）：对异性产生性吸引。

高雅文化（high culture）：识别一个社会的精英的文化模式。

高收入国家（high-income countries）：生活水平总体最高的国家。

整体医学（holistic medicine）：强调预防疾病、考虑个人的整个身体和社会环境的健康服务倾向。

同类婚（homogamy）：具有相同社会特征的人之间的通婚。

同性恋恐惧症（homophobia）：对任何与被认为是同性恋男人、同性恋女人和双性恋者的紧密接触感到不安。

同性恋（homosexuality）：对同一种性别的人的性吸引。

园艺（horticulture）：利用手工工具种植作物。

狩猎和采集（hunting and gathering）：利用简单工具来捕猎动物和收集植被作为食物。

本我（id）：弗洛伊德提出的概念，指人类的基本冲动。

意识形态（ideology）：评判具体的社会安排，包括不平等模式的文化信仰。

乱伦禁忌（incest taboo）：禁止某种亲属之间发生性关系或者结婚的规范。

收入（income）：从工作或投资中获得的收益。

工业（industry）：利用高级能源驱动大型机器来生产产品。

不忠（infidelity）：婚姻之外的性行为。

内群体（in-group）：成员对之有尊重感与忠诚感的社会群体。

制度性偏见和歧视（institutional prejudice and discrimination）：嵌入社会制度运行的偏见和歧视。

工具型领导（instrumental leadership）：关注群体目标实现的群体领导类型。

代际社会流动（intergenerational social mobility）：子女相对于父母的向上或向下的社会流动。

解释社会学（interpretive sociology）：对社会的研究集中于人们赋予他们社会世界的意义。

交叉理论（intersection theory）：种族、阶级和性别之间的交互作用经常共同导致多重不利的社会地位。

两性人（intersexual people）：身体（包括生殖器）既有男性特征又具有女性特征的人。

代内社会流动（intragenerational social mobility）：一个人一生中发生的社会位置的变化。

亲属（kinship）：建立在共同的祖先、婚姻或抚养关系上的社会联系。

标签理论（labeling theory）：认为越轨和遵从并不是来自人们做了什么，而在于别人对那些行为如何做出反应。

工会（labor unions）：工人们通过各种策略，包括谈判和罢工，以寻求提高工资和改善工作条件的工人组织。

语言（language）：使人们彼此交流的一套符号系统。

潜功能（latent functions）：任何社会模式的未被认知和无意识的后果。

解放神学（liberation theology）：宗教原则与政治激进主义的结合。

预期寿命（life expectancy）：一个国家人口的平均寿命。

镜中我（looking-glass self）：库利提出的概念，指人的自我形象是建立在我们如何认识别人对我们的看法上的。

低收入国家（low-income countries）：多数人很穷、生活水平低下的国家。

宏观层次取向（macro-level orientation）：广泛地关注从整体上塑造社会的社会结构。

显功能（manifest functions）：任何社会模式的被认知的、有意的后果。

婚姻（marriage）：一种通常涉及经济合作、性生活和抚养孩子的法律关系。

马克思主义的政治经济模型（Marxist political-economy model）：按照一个社会的经济制度的运行来解释政治的分析模型。

大众传媒（mass media）：指将非个人的信息传递给大众的方法。

大众社会（mass society）：指社会纽带被社会繁荣和官僚政治削弱的社会。

首要地位（master status）：对于一个人的社会认同起到特殊重要作用的地位，经常塑造了一个人的整个人生。

母系制（matriarchy）：女性统治男性的一种社会制度。

测量（measurement）：在某一具体个案中确定变量值的过程。

越轨的医学化（medicalization of deviance）：将道德和法律上的越轨转化为医学问题。

医疗（medicine）：关注于治疗疾病和改善健康状况的社会制度。

大城市带（megalopolis）：由许多城市和其周边郊区组成的广大的城市区域。

能人统治（meritocracy）：建立在个人业绩基础上的社会分层。

大都市（metropolis）：城市带中在社会和经济上占统治地位的大城市。

微观层次取向（micro-level orientation）：近距离关注某个特别情境中的社会互动。

中等收入国家（middle-income countries）：总体上处于世界中等生活水平的国家。

迁移（migration）：人们从某一特定地区迁入和迁出的活动。

军事—工业复合体（military-industrial complex）：联邦政府、军队和国防工业的紧密结合体。

少数派（minority）：由于身体上或文化上的显著差别而被社会区别对待和歧视的任何人群。

种族间通婚（miscegenation）：不同种族的配偶之间繁衍后代。

群氓（mob）：追求暴力或破坏性目标的高度情绪化的人群。

现代性（modernity）：工业化带来的社会模式。

现代化（modernization）：由工业化开始引发的社会变迁过程。

现代化理论（modernization theory）：根据国家之间在技术和文化上的差异来解释全球不平等的一种经济社会发展模式。

君主制（monarchy）：由唯一的家庭世代统治国家的政治制度。

一夫一妻制（monogamy）：由两个伴侣组成的婚姻。

垄断（monopoly）：由唯一的生产商占有市场。

公序良俗（mores）：广泛被遵守的、有非常重要的道德意义的规范。

死亡率（mortality）：一国人口中的死亡发生水平。

多元文化主义（multiculturalism）：承认美国的多元文化，推动各种文化传统有平等的教育计划。

跨国公司（multinational corporation）：在许多国家运行的大型企业。

自然环境（nature environment）：地球表面和环境，包括生物体、空气、水、土壤和其他维持生命所必需的资源。

新殖民主义（neocolonialism）：不是直接的政治控制而是由跨国公司实施的经济上的剥削。

网络（network）：弱社会联系网。

非物质文化（nonmaterial culture）：由社会成员创造的思想。

非语言交流（nonverbal communication）：借助身体动作、姿态和面部表情而不是语言所进行的沟通。

规范（norms）：社会指导其成员行为的规则和期望。

核心家庭（nuclear family）：由一个或两个家长和其子女组成的家庭，也称为夫妻家庭。

核扩散（nuclear proliferation）：核武器技术被越来越多的国家获得。

寡头政治（oligarchy）：由极少数人统治许多人。

寡头垄断（oligopoly）：由少数生产商控制市场。

组织环境（organizational environment）：影响一个组织运行的、组织之外的因素。

有组织的犯罪（organized crime）：提供非法产品或服务的生意。

他者导向（other-directedness）：对最新趋势和时尚的开放性，经常表现为模仿他人。

外群体（out-group）：个体对之有竞争感或敌对感的社会群体。

参与式观察（participant observation）：研究者加入到被研究对象的日常活动中，对之进行系统观察的一种研究方法。

畜牧（pastoralism）：对动物的驯养。

父权制（patriarchy）：男性统治女性的一种社会制度。

同辈群体（peer group）：成员间拥有共同的兴趣、社会地位和年龄的社会群体。

人格（personality）：一个人的行为、思想和感情的非常一贯的模式。

个人空间（personal space）：某个人为表明私人性而形成的周围空间。

辩诉交易（plea bargaining）：一种法律上的沟通，检察官通过减指控，以换取被告的有罪承认。

多元主义（pluralism）：所有种族和族群虽然有明显区别、但拥有平等的社会地位的状态。

多元主义理论（pluralist theory）：认为权力分布在许多竞争性利益群体中间的一种政治学分析。

政治革命（political revolution）：推翻一种政治制度以便建立另一种政治制度。

政治（politics）：分配权力、建立社会目标、做出决策的社会制度。

多偶制（polygamy）：一个人和两个或更多的配偶结合的婚姻。

流行文化（popular culture）：在一个社会的人口中普遍流传的文化模式。

色情（pornography）：期望引起性冲动的直接描述性的事物。

实证主义（positivism）：建立在科学的基础上的理解方式。

实证社会学（positivist sociology）：基于对社会行为的系统观察而进行的社会研究。

后工业经济（postindustrial economy）：建立在服务业和高技术基础上的生产系统。

后工业主义（postindustrialism）：使用计算机技术的信息业。

后现代性（postmodernity）：以后工业社会为特征的社会模式。

权力（power）：即使遭到他人反对而仍能实现预期结果的能力。

权力精英模式（power-elite model）：认为权力集中于富人的一种政治学分析。

偏见（prejudice）：对于某类人的刻板的、不公正的概括评判。

前运演阶段（preoperational stage）：皮亚杰提出的概念，指人类发展水平的一个阶段，在此阶段，个体第一次使用语言和其他符号。

自我呈现（presentation of self）：欧文·戈夫曼提出的概念，指一个人努力在别人心目中创造出某种印象。

初级群体（primary group）：群体成员共享亲密持久的关系、规模较小的社会群体。

初级部门（primary sector）：从自然环境提取原材料的经济部门。

第一性征（primary sex characteristic）：生殖器官，用于生育的器官。

世俗（profane）：日常生活的一般组成部分。

专业职业（profession）：需要经过广泛的正式教育、有声望的白领工作。

无产阶级（proletarians）：依靠出卖劳动获取工资的人。

卖淫（prostitution）：性服务的出售。

酷儿理论（queer theory）：美国社会中挑战异性恋偏见的研究成果。

种族（race）：社会建构起来的某类人群，他们共同拥有被社会成员认为是重要的、生物上可遗传的特质。

种族冲突视角（race-conflict theory）：集中关注不同种族和族群之间的不平等和冲突的观点。

种族主义（racism）：相信一个种族先天地优于或劣于另一个种族。

雨林（rain forests）：有茂密森林的地区，多数环绕在地球的赤道附近。

法理型权威（rational-legal authority）：权力的正当性源自法律的规定和制度。

理性（rationality）：强调有意识地、讲究实际地盘算最有效完成某项任务的方式的思维方法。

社会的理性化（rationalization of society）：韦伯提出的概念，认为历史从传统向理性的变迁是人类思维的主要模式。

参照群体（reference group）：在评价和决策中作为参照点的社会群体。

复原（rehabilitation）：改造罪犯以便预防今后犯罪的计划。

相对贫困（relative poverty）：某些人相对于另一些人拥有得更少。

可靠性（reliability）：测量中的前后一致性。

宗教（religion）：建立在人们承认的神圣基础上的、有关信仰和活动的社会制度。

宗教虔诚（religiosity）：个人生活中宗教的重要意义。

研究方法（research method）：做一项研究的系统的计划。

再社会化（resocialization）：通过认真控制环境，努力从根本上改造犯人的人格。

惩罚（retribution）：社会通过道德的报复行为，使犯错者遭受与犯错所造成的痛苦同样多的痛苦。

骚乱（riot）：高度情绪化的、暴力的、没有目标指向的集体爆发。

仪式（ritual）：正式的礼仪行为。

角色（role）：对处于特定地位的人的行为预设。

角色冲突（role conflict）：相互联系的两个或多个角色之间的冲突。

角色丛（role set）：与某一地位相关联的许多角色。

角色紧张（role strain）：与某一地位相联系的角色之间的紧张。

卡里斯玛常规化（routinization of charisma）：将克里斯玛权威转变为传统和科层制权威的某种组合。

谣言（rumor）：人们非正式地、经常是通过口头传播的不确定信息。

神圣（sacred）：不同寻常、令人敬畏和尊敬的事物。

萨丕尔-沃尔夫假说（Sapir-Whorf thesis）：人们通过语言的文化透镜来看待和理解世界的观点。

替罪羊（scapegoat）：人们因为自己遇到的麻烦而不公平地指责基本上没有权力的某个人或某类人。

学校教育（schooling）：在经过特别训练的教师的指导下的正式教育。

科学（science）：将知识建立在直接的、系统的观察基础上的逻辑体系。

科学管理（scientific management）：弗雷德里克·泰勒提出的术语，指运用科学的原则来运行企业或其他大型组织。

次级群体（secondary group）：群体成员追求某个具体的目标或行为、大型的、非个人的社会群体。

第二产业（secondary sector）：将原材料转变为制造产品的经济部门。

第二性征（secondary sex characteristic）：除了生殖器官外，使成熟女性和成熟男性相区别的身体的发育特征。

教派（sect）：从较大社会中脱离出来的一种宗教组织形式。

世俗化（secularization）：超自然和神圣的重要性在历史上不断下降的过程。

隔离（segregation）：不同类型的人群之间人身和社会的分隔。

自我（self）：乔治·赫伯特·米德提出的概念，由自我意识和自我形象组成的个体的人格部分。

感觉运动阶段（sensorimotor stage）：皮亚杰提出的概念，指人类发展水平的某一阶段，在此阶段，个体只是通过他们的感官来体验世界。

性（sex）：女人和男人在生物学上的区别。

性别歧视（sexism）：相信一种性别内在地优于另一种性别。

性别比例（sex ratio）：一国的人口中每100名女性所对应的男性的数量。

性骚扰（sexual harassment）：有意的、重复的、不受欢迎的性方面的评论、姿势或身体接触。

性取向（sexual orientation）：一个人对另一个人的浪漫和情感上的吸引。

病人角色（sick role）：被认为作为病人的合适的行为模式。

重要他人（significant others）：诸如父母等对个人的社会化有特殊重要影响的人。

社会变迁（social change）：文化和社会制度经过一段时间的改变。

社会性格（social character）：某个社会的社会成员共同的人格模式。

社会冲突视角（social-conflict approach）：一种建构理论的框架，将社会视为产生冲突和变迁的不平等场域。

现实的社会建构（social construction of reality）：人们通过社会互动创造性地形塑现实的过程。

社会控制（social control）：社会调节人们思想

和行为的努力。

社会负功能（social dysfunction）：任何可能扰乱社会运行的社会模式。

社会流行病学（social epidemiology）：对健康及疾病在人群中是如何分布的研究。

社会功能（social functions）：任何社会模式对社会总体运行产生的结果。

社会群体（social group）：由两个或以上的人组成，彼此认同和互动的人群。

社会制度（social institution）：为了满足人类需要而组织起来的、社会生活的主要领域或社会子系统。

社会互动（social interaction）：人们与有关他人之间的作用和反作用的过程。

社会主义（socialism）：自然资源、生产工具和服务由集体所有的经济制度。

社会化（socialization）：人们发展自身潜能和学习文化的终生的社会经历。

社会化医疗（socialized medicine）：由政府拥有和管理多数医疗设备、雇用多数医生的医疗服务系统。

社会流动（social mobility）：在社会等级中的社会地位的变动。

社会分层（social stratification）：社会将各种人群在社会等级中加以排列的制度。

社会结构（social structure）：社会行为的任何相对稳定模式。

社会保护（societal protection）：通过暂时关押或永久服刑致使罪犯暂时不能进一步犯罪。

社会（society）：在某一特定地理范围发生互动、共享文化的人群。

社会生物学（sociobiology）：一种理论视角，探讨人类的生物性如何影响人们创造文化的方式。

社会经济地位（socioeconomic status, SES）：建立在社会不平等的各种维度上的综合排序。

社会学视角（sociological perspective）：社会学的特殊视角，通过特定人群的生活来认识社会的总体模式。

社会学（sociology）：对人类社会的系统研究。

国家资本主义（state capitalism）：企业由私人所有、但与政府紧密合作的经济政治制度。

国家教会（state church）：与国家正式联盟的教会。

地位（status）：一个人占有的社会位置。

地位一致性（status consistency）：在各种社会不平等的维度中，个人社会地位的一致性程度。

地位丛（status set）：某一既定时间里，个人占据的所有地位。

刻板印象（stereotype）：对某类人群中的所有个体的夸大描述。

污名化（stigma）：极大地改变一个人的自我观念和社会认同的强烈否定性标签。

结构-功能分析（structural-functional approach）：一种建构理论的框架，认为社会是由各组成部分共同发挥作用来维护团结和稳定的复杂系统。

结构性社会流动（structural social mobility）：更多由于社会自身而不是个人努力而带来的许多人的社会位置的转换。

亚文化（subculture）：将一个社会的人口分为几个部分的文化模式。

郊区（suburbs）：位于一个城市的政治中心边界之外的城市地区。

超我（superego）：弗洛伊德提出的概念，指个体内化了的文化价值和规范。

调查（survey）：让被研究对象针对问卷上或访谈中的一系列陈述或问题做出回答的研究方法。

符号（symbol）：任何由共享文化的人们承认

的、表示特定意义的事物。

符号–互动论（symbolic-interaction approach）：一种建构理论的框架，认为社会是个体日常互动的产物。

技术（technology）：人们用以改变他们周围的生活方式的知识。

恐怖主义（terrorism）：个体或群体用来作为政治策略的暴力行为或暴力威胁。

第三产业（tertiary sector）：有关服务而非产品的经济部门。

理论视角（theoretical approach）：用于指导思考和研究的、对社会的基本认识。

理论（theory）：有关具体事实是怎样的和为何如此的阐述。

托马斯定律（Thomas theorem）：托马斯提出的思想，指如果对情境的定义为真实的，那么其结果就是真实的。

全面控制机构（total institution）：将人们从社会的其余部分中孤立开来，受某一行政官员操纵的制度。

极权主义（totalitarianism）：广泛调节人们生活的、高度集中的政治系统。

图腾（totem）：被集体地认为具有神圣性的、自然世界中的某一事物。

教育分流（tracking）：给学生分配不同类型的教育大纲。

传统（tradition）：一代接一代传递的价值和信念。

传统导向（tradition-directedness）：对由来已久的生活方式保持僵化的一致。

传统型权威（traditional authority）：权力的合法性源自对长期建立的文化模式的尊重。

性倒错（transsexuals）：感到自己是某一性别的人，即使在生物学上是另一类性别的人。

三人群体（triad）：由三个成员组成的社会群体。

城市生态学（urban ecology）：对城市的物质和社会维度之间关系的研究。

城市化（urbanization）：人口向城市的集中。

有效性（validity）：实际测量的事物确实是想要测量的事物。

价值观（value）：文化上规定的、用来确定什么是可行的、好的、美的标准，为社会生活提供广泛的指南。

变量（variable）：取值可以改变的概念。

无受害人的犯罪（victimless crime）：没有明显受害人的违法。

战争（war）：由政府指挥的、两个或以上的国家之间进行的、有组织的武装冲突。

财富（wealth）：减去未清算负债后的金钱和其他资产的总价值。

福利资本主义（welfare capitalism）：将基本的市场经济与广泛的社会福利计划结合起来的经济政治制度。

福利国家（welfare state）：为人民提供福利的政府组织和规划。

白领犯罪（white-color crime）：由较高社会地位的人在其职业过程中进行的犯罪。

白领职业（white-color occupations）：多数与脑力活动有关的、高声望的工作。

人口零增长（zero population growth）：将人口保持在一个稳定状态的生育水平。

索　引

（所示页码为原书页码，即本书边码。）

A

Aborigines　土著居民，45
Abortion　流产／堕胎，98
Absolute monarchs　君主专制制度，319
Absolute poverty　绝对贫困，212, 213, 230-31
Academic standards　学术标准，384-85
Achieved status　自致性地位，89
Achievement, U.S. value　成就，美国价值，43
Acid rain　酸雨，43, 79, 165
Acquaintance rape　熟人强奸，144
Acquired immune deficiency　获得性免疫缺陷综合征（即艾滋病）（AIDs）
　　syndrome (AIDS).　见 AIDS/HIV
Adolescents（adolescence）　青少年，69-77
　　crime committed by　～实施的犯罪，171
　　gender differences　～性别差异，249
　　juvenile delinquency　～犯罪，52
　　pregnancy　～怀孕，141
　　sex and　性与～，393
Adultery　通奸，137
Adulthood　成年（人），73-77
　　education in　～教育，387
Advertising　广告，252-54
　　beauty myth and　美貌神话与～，254
Affection, cultural differences in displaying　表现情感方面的
　　文化差异，131
Affirmative action　肯定性行动，294
Affluence. See Wealth　富裕（见财富）
Afghanistan　阿富汗（的）
　　child labor　～童工，76
　　family size　～家庭规模，4
　　housework in　～家务劳动，92, 255-56
　　social status of women　～妇女的社会地位，251
Africa　非洲
　　age at death, global median　死亡年龄，全球平均，231
　　AIDS/HIV in　～AIDS/HIV, 394, 395
　　colonialism　～殖民主义，238, 239
　　culture　～文化，45-46
　　family size　～家庭规模，416
　　female circumcision　～女性环切除术，147
　　female genital mutilation　～女性生殖器切除术，261
　　genocide　～种族灭绝，
　　Hamper people　～哈默尔人，82
　　illiteracy　～文盲，376
　　income inequality　～收入不平等，200
　　Khoisan　～科伊桑族，45
　　Masai　马萨伊人，40, 342
　　Pokot　普科特人，132
　　Pygmies　俾格米人，45
　　servile forms of marriage　～婚姻的奴隶形式，233
　　slavery　～奴隶制，232-33

values ～价值观, 44
See also name of country 也参见各具体国家
African Americans 非裔美国人
 affirmative action 肯定性行动, 294
 AIDS/HIV and AIDS/HIV 与～, 394, 395
 civil rights movement 民权运动, 54, 68, 287
 double consciousness of ～的双重意识, 13
 education and 教育与～, 78
 elite ～精英, 23, 25
 feminism and 女权主义与～, 12
 Gullah community 嘎勒社区, 39
 intelligence and racism 智力与种族歧视, 281
 interracial marriage 种族间通婚, 349–50
 Jim Crow laws 吉姆－克劳法律体系, 287, 294
 lynching 私刑, 13, 442
 in management positions ～的管理职位, 119
 music and 音乐与～, 52
 politics and 政治与～, 257, 258
 poverty and 贫困与～, 171
 prejudice and 偏见与～, 13, 171, 277–82
 racial mixture 种族混合, 72, 276
 religion and 宗教与～, 276, 286, 292
 social standing 社会地位, 287t
 in sports 体育运动中的～, 15
 stereotypes ～的刻板印象, 74, 78, 277–78
 suicide rates ～的自杀率, 4, 5, 10
 survey of elite 精英调查, 23–24
 unemployment and 失业与～, 312
 voting participation and 投票参与与～, 324
 woman's routines 妇女的日常生活, 92
 work and 工作与～, 119, 78, 282, 294
 See also Race; Racial discrimination; Racial segregation; Racism 也见种族；种族歧视；种族隔离；种族主义
African American women. See Women, African American 非裔美国妇女。见妇女，非裔美国人

Afrocentrism 非洲中心主义, 49
Age 年龄, 77–81
 crime rates according to 不同～的犯罪率, 171
 at death, global median 死亡～，全球平均, 390t
 heath and 健康与～, 390
 poverty and 贫困与～, 77, 80–81, 212
 sex and 性与～, 17, 137
Ageism 年龄歧视, 79
Age-sex pyramid 年龄－性别金字塔, 413–14
Aggression, See Violence; Women, violence against 侵犯（见暴力）；妇女，反暴力
Aging 老年, 80–81
 sex and 性与～, 17, 137
 See also Elderly 也见老龄
Agrarian societies 农业社会
 caste system ～的等级制度, 188
 description of ～的描述, 46
 gender differences/roles ～的性别差异／角色, 234, 264
 technology ～技术, 46
 religion and 宗教与～, 361
Agribusinesses, cooperate 农商，合作, 309
Agricultural revolution 农业革命, 303
Agriculture 农业, 303
 corporate ～合作, 309
 decline of work in ～工作的减少, 309–10f
 defined ～的定义, 46
 development of ～的发展, 46
 enclosure movement 圈地运动, 8–9
 Green Revolution 绿色革命, 237, 239
Aid for Families with Dependent Children (AFDC) 失依儿童救助, 215
AIDS/HIV 艾滋病, 393–95
 claims making 声明, 444
Air pollution 空气污染, 429–30
Albania 阿尔巴尼亚

deviance in ～越轨, 158
Alcoholics Anonymous 嗜酒者互诚协会, 44
Alcoholism, deviance and medicalization of 酗酒，越轨的医学化, 163
Algeria 阿尔及利亚
 capital punishment ～死刑, 172
Alienation 异化
 bureaucratic 科层制～, 117
 defined ～的定义, 195
 Marxist views on 马克思主义对～的观点, 195
 voter 投票的～, 325
 Weber's views on 韦伯对～的观点, 117, 122
 of workers 工人的～, 120
Al-Jazeera 半岛电视台, 332
Alterative social movements 改良性的社会运动, 444
American dream 美国梦
 las colonis and 拉斯殖民地区与～, 227
 myth versus reality 神话还是现实, 210–11
American Medical Association (AMA) 美国医疗协会
 formation of ～的形式, 396
 television violence and 电视暴力与～, 75
American Psychiatric Association 美国精神病协会,
 homosexuality and 同性恋与～, 140
American Sociological Association 美国社会学协会, 8
 ethical guidelines ～的伦理标准, 21
Amish 阿米什人
 birth rates/family size 出生率/家庭规模, 410, 411, 416
 identity and purpose 认同与目标, 454
 modernization and 现代化与～, 46
 sects 宗派, 360
 social experiences and 社会经历与～, 283, 454
Amnesty International 国际特赦组织, 115, 173
Anal sex, AIDS/HIV and 肛交，～与艾滋病, 394
Ancestry, social class and 世系，社会阶级与～, 202–3
Ancient era, early cities in Greece and Roman 古代，希腊罗马的早期城市
 Empire 皇帝, 359, 418, 374
Androcentricity 男性中心, 20
Anglican Church 英国圣公会, 359
Anglicans 英国圣公会教徒, 286, 359
Animals 动物
 domestication of ～的驯化, 46
 Rhesus monkeys and social isolation experiment 恒河猴与社会隔离实验, 65
Animism 泛灵论, 360–61
Anomie 失范, 450
Anorexia nervosa 神经性厌食, 254, 392
Anticipatory socialization 预期社会化, 73
Anti-Slavery International (ASI) 国际反奴隶制协会, 232, 233
Apache 阿帕什族, 83
Apartheid 种族隔离法, 188, 189
Apathy, voting 投票冷漠, 324–25
Arab Americans 阿拉伯裔美国人, 291–93
Arabs 阿拉伯人（的）
 difference between the terms Muslim and 术语穆斯林与～的不同, 292–93
 social distance and 社会距离与～, 279
 women ～妇女, 93, 143, 158
 See also Islamic societies; 也见伊斯兰社会；
 Middle East 中东
Arapesh, New Guinea, Mead' gender studies 阿拉佩什人，新几内亚，米德的性别研究, 249
Argentina, as a high-income country 阿根廷，作为高收入国家, 226–27
Arithmetic progression 算术级数, 414
Arms race 军备竞赛
 nuclear weapons 核武器, 331
 rationale for ～的理论基础, 332
Arranged marriages 包办婚姻, 16, 345
Arrest, process of 逮捕，程序, 174

Artifacts 人工制品,
Ascribed status 先赋性地位, 89
Asexuality 无性, 137
Asia 亚洲
 age at death, global median ～的死亡年龄, 全球中位数, 231
 AIDS/HIV in ～的艾滋病, 394
 child labor ～的童工, 76
 crime in ～的犯罪, 171, 172
 family size ～的家庭规模, 346
 fertility ～的生育, 411
 housework performed by women ～妇女从事的家务劳动, 92, 255–56
 population growth, map on ～的人口增长, 413
 slavery in ～的奴隶制度, 232–33
 smoking in ～的吸烟, 391
 water supply problems ～的供水问题, 428
 women ～妇女, 7, 92
 See also under name of country 也见各具体国家名称
Asian Americans 亚裔美国人
 achievements of ～的成就, 288, 289
 Chinese Americans 华裔美国人, 288–89
 education and 教育与～, 78, 171, 289
 family ～家庭, 171, 348, 352
 Filipinos 菲律宾人, 290
 incomes of ～的收入, 36, 288, 290
 intelligence and racism 智力与种族歧视, 281
 interracial marriages 种族间通婚, 289, 349–50
 Japanese Americans 日裔美国人, 289–90
 Korean 韩裔美国人, 279, 290
 model minority image 少数族群形象模式, 288
 parenting, single (one) 单亲抚养, 171, 352–53
 poverty and 贫困与～, 212, 236, 288, 289
 sexually transmitted diseases and 性传染病与～, 393–95
 social standing ～的社会地位, 290t
 sports and 运动与～, 16
 statistics on 对～的统计, 36, 49, 291
 stereotypes ～刻板印象, 74, 288–90
 See also Race; Racial discrimination; Racial segregation; Racism 也见种族; 种族歧视; 种族隔离; 种族主义
Asian American women. See Women, Asian American 亚裔美国妇女。见妇女, 亚裔美国人
Asian Indian Americans 印度裔美国人, 289t, 290
Assemblies of God 神召会, 367
Assimilation 同化, 283
 interracial marriages 种族间通婚, 283, 349–50
 Native Americans and 土著美国人与～, 285–86
Athletes See Sports 运动员, 见体育
Atomic disaster 原子弹灾难, 446
Attachment, social control and 社会控制与依恋, 164
Attitudes, social class and 社会阶级与态度, 206
Australia 澳大利亚, 5
 Aborgines ～的土著居民, 45
Authoritarianism, defined 独裁主义及其定义, 321
Authoritarian leadership 独裁型领导, 110, 116
Authoritarian personality theory 独裁人格理论, 280–81
Authority 权威
 bureaucratic 科层制, 318, 319
 charismatic 卡里斯玛～, 318–19, 360
 defined ～的定义, 318
 patterns of ～的模式, 318–19
 rational-legal 法理型～, 318
 traditional 传统～, 318
Automobiles, modernization and 汽车与现代化, 6
Autonomy, Erikson's stage 自主, 艾里克森的阶段, 70
Average middle class 一般中产阶级, 204

B

Baby boomers 生育高峰人口
    as caregivers 作为照顾者, 347
    premarital sex and 婚前性行为和～人口, 136
    sandwich generation 三明治一代, 347
    sexual revolution and 性革命与～人口, 135, 136
    time span of ～人口的时间跨度, 136

Baby bust 婴儿爆炸, 413

Bangladesh 孟加拉国
    education in ～的教育, 375
    garment industry in ～的服装业, 224
    quality of life ～的生活质量, 230t

Baptists 受洗者
    religion and 宗教与～, 359, 365
    social class and 社会阶级与～, 236, 363

Bay of Pigs, groupthink and 群体思维与猪猡湾, 111

Beauty 美（貌）
    cultural differences ～文化差异, 45, 131
    eating disorders and 饮食紊乱与～, 392
    myth and advertising ～神话与广告, 254
    obesity 肥胖症, 392–93

Behaviorism 行为主义, 65, 69

Belgium 比利时
    cultural values 文化价值, 44f
    homosexual marriages ～婚姻, 132, 353–54

Beliefs 信仰, 41–42
    deviance and 越轨与～, 164
    social controls and 社会控制与～, 164

Bell curve 钟形曲线, 281

Bias 偏见
    old age and 年老与～, 78
    political system and 政治制度与～, 326–27
    queer theory 酷儿理论, 149
    standardized testing and 标准化测验与～, 378
    television and 电视与～, 74

Bible, fundamentalist view 《圣经》的基本观点, 367

Bikini Island 比基尼岛, 367

Bilateral descent 双系继嗣, 342

Bill of Rights, U.S. 美国权利法案
    due process 正当程序, 173
    individualism and 个人主义与～, 322

Biodiversity, declining 生物多样性及其衰退, 430–31

Biology 生物学
    aging and 老年与～, 78
    deviance and 越轨与～, 156–57
    emotions and 情感与～, 97
    human development and 人类发展与～, 64–65
    sex determination 性决定, 131, 403
    sexual orientation and 性取向与～, 138–39

Birth control 生育控制
    contraceptives 避孕, 135, 266
    population control and role of women 人口控制与妇女角色, 267, 415
    statistics on 对～的统计, 136

Birth rates 生育率
    crude 粗～, 410
    decline in U.S. 美国～的下降, 411

Bisexuality 双性恋, 140
    AIDS/HIV and AIDS/HIV 与～, 394
    defined ～定义, 137
    statistics ～统计, 140f
    victimization of ～的欺骗, 149

Black Americans See African Americans 美国黑人 见非裔美国人

Black church 黑人教会, 363

Black Power 黑人权力, 287

Blaming society, for poverty 对贫困的指责, 213–14

Blaming the victim 指责受害者
    deviance and 越轨与～, 165
    poor and 穷人与～, 213
    poverty and 贫困与～, 237, 415

884 社会学基础

rich nations　富国, 240

for sexual harassment　因性骚扰～, 169

Blasé urbanite　厌倦享乐的城市居民,

Blended families　混合家庭, 315-52

Blue-collar occupations　蓝领职业, 202t

　defined　～的定义, 196

　self-employment　自我雇佣, 312

Body language　身体语言, 95, 312

Body mass index(BMI), calculating　身体质量指数, 计算, 392

Bolivia, socialism and　玻利维亚, 社会主义与～, 308

Bosnia, genocide　波斯尼亚的种族屠杀, 284

Bourgeoisie　资产阶级, 195, 418, 450-51

Brazil　巴西

　crime in　～的犯罪, 173

　humor　～的幽默, 100

　income inequality　～的收入不平等,

　Kaiapo　卡亚波社区, 456

　socialism and　社会主义与～, 308

　street children　～的街头儿童, 232

　Yanomamö　亚罗马谟人, 38

Britain　英国

　class system　～的阶级制度, 187, 189-90

　colonialism　～的殖民主义, 238

　comparable worth　～的可比较的价值, 255

　economic inequality　～经济不平等, 193f

　estate system　～等级制度, 189-90

　gross domestic product　～国内生产总值, 230t

　high-income countries in　～的高收入国家, 226-27

　homosexual marriages　～的同性婚姻, 353-54

　income inequality　～的收入不平等, 200

　medicine in　～的医疗, 397-98

　meritocracy　能人统治, 189, 190

　quality of life　～的生活质量, 230t

　religion in　～的宗教, 357, 359, 361

　slavery issues　奴隶制问题, 189, 232-33

Brown v.Board of Education of Topeka　布朗诉托皮卡教育局案, 282

Bulgaria　保加利亚

　gross domestic product　国内生产总值, 230t

　market reforms　保加利亚的市场改革, 308

　quality of life　生活质量, 230t

　socialism, decline of　～社会主义的衰退, 308

Bulimia　贪食症, 254, 392

Bureaucracy　科层制, 115-18

　authority　～的权威, 111

　privacy issues　隐私问题, 123

　in schools　学校中的～, 383-84

　social movements and　社会运动与～, 441, 447

　See also Formal organizations; Organizations　也见正式组织; 组织

Busing, school　输送, 学校, 7

C

Call girls　应召女郎, 142

Calvinism, capitalism and　资本主义与加尔文教, 358

Canada　加拿大

　culture in, compared with the U.S.　～文化, ～与美国的比较, 57

　economic inequality　～的经济不平等, 193f

　gross domestic product　～的国内生产总值, 230t

　as a high-income country　作为高收入国家, 226-27

　homosexual marriages in　同性恋婚姻, 353-54

　Kaska Indians　卡斯卡印第安人, 45

　medicine in　～的医疗, 398

　quality of life index　～的生活质量指数, 230t

　union membership, decline in　～工会会员的下降, 310

Capitalism　资本主义, 306-308

　Calvinism and　加尔文教与～, 358

　class conflict and　阶级冲突与～, 450-51, 453, 455

　deviance and　越轨与～, 81

　gender and　性别与～, 263-64, 266-67

索引 885

Marx, views of 马克思关于～的观点, 195, 450-51
    modernization and 现代化与～, 458-59
    Protestantism and 新教与～, 358-59
    reasons there has been no overthrow ～尚未被推翻的原因, 196
    social conflict 社会冲突, 54
    state 国家～, 307
    welfare 福利～, 307
Capitalists 资本家, 195
    deviance and 越轨与～, 165-66
    revolution 革命, 327-28
Capital punishment 死刑, 173
    pros and cons of 赞成和反对～, 177
Care and responsibility perspective 照顾与责任视角, 68
Careers, 职业
    advantages of ～的优势, 8
    college students and 大学生与～, 312f
    in sociology 社会学中的职业, 8
Caste system 等级制度, 187-88
Category, social groups and 社会群体和种类, 29, 109, 275-76
Catholicism(Catholics) 天主教（天主教的）
    ethnicity and 族群与～, 276, 286
    social standing and 社会地位与～, 363
Caucasoid, racial type 高加索人，种族类型, 275, 276
Cause and effect 原因与结果, 17
CBAs (core-based statistical areas) 核心统计区域, 420
Central African Republic 中非共和国
    colonial history 殖民历史, 238f
    income inequality 收入不平等, 200
    as low-income country 作为低收入国家, 228
Chad, child labor in 乍得及其童工, 76
Chambri 加布里族, 249
Change, importance of 变迁，重要性, 19
    See also Cultural change; social change 也见世界文化变迁；社会变迁

Charisma, defined 卡里斯玛及其定义, 318
Charismatic authority 卡里斯玛权威, 318-19, 360
Charter schools 特许学校, 386
Chastity belt 贞操带, 146
Chattel slavery 奴役制度, 146, 232-33
Cheating, acceptance of 欺骗及其接受, 161
Chechnya 车臣, 330
Cherokee 切罗基族, 41
Chicago School, urbanization and 芝加哥学派及其与城市化, 422-23
Chicanos See Hispanic Americans 芝加诺斯，见西班牙裔美国人
Chief executive officers(CEOs), wealth of CEO 的财富, 211
Child abuse 虐待儿童, 64
Childbearing 生育
    fertility 人口出生率, 410-11, 414
Childhood, defined, See also 童年及其定义，也见
    Children 儿童
Child labor 童工, 76
    cultural differences ～的文化差异, 53
    in India 印度的～, 53
Child rearing. See also Parenting 儿童养育，也见抚养子女
Children 儿童, 66-74
    Aid for Families with Dependent Children(AFDC) 抚养～补助计划, 215
    divorce and 离婚与～, 351
    effects of social class on 社会阶级对～的影响, 186, 187, 194, 203
    in hunting and gathering societies 狩猎与采集社会的～, 45
    latchkey 钥匙～, 347
    life expectancy of U.S. 美国～的预期寿命, 441
    mortality rates ～死亡率, 411
    obesity 肥胖症～, 392-93
    poverty and 贫困与～, 232
    raising 抚养～, 346-47

slavery 奴隶制, 232-33
　　street 街头～, 232
　　war and effects on 战争及对～的影响, 332
　　weddings in India 印度的童婚, 345
Child support ～支持, 351
Chile 智利
　　as a middle-income country 作为中等收入国家, 226-27
　　socialism and 社会主义与～, 309
China 中国
　　affection, display of ～对爱的表达, 132
　　cultural differences in ～的文化差异, 226
　　economy in ～的经济体制, 240-41
　　Gender equality in ～的性别平等, 143, 417
　　languages in ～的语言, 42
　　medicine in ～的医疗, 397
　　modernity 现代性, 233, 241
　　Musuo 摩梭人, 250
　　sex, regulation of ～的性规范, 145
　　social stratification in ～的社会分层, 192
Chinese Americans 华裔美国人, 288-89
　　discrimination against 对～的歧视, 288-89
　　education and 教育与～, 281
　　ethnic villages ～聚居区, 283
　　income of ～的收入, 289
　　poverty and 贫困与～, 289
　　social standing of ～的社会地位, 288, 289t
Chinese language 中国语言, 42
Chosen Women 胜选的妇女, 367
Christian academies 基督教大学, 379
Christianity 基督教, 319, 356, 361
　　as a cult 作为宗教信仰, 360
　　denominations 宗派,
　　ethnicity and 族群与～, 363
　　patriarchy 父权制, 368
　　politics and 政治与～, 359

roots of ～的根基, 46, 364
　　science and 科学与～, 366
Chukchee Eskimo 爱斯基摩教会, 138
Church(es) 教会, **359**
　　black 黑人～, **363**
　　electronic 网络～, 367
Church of England 英国国教, 357, 359
Church of Jesus Christ of Latter-Day Saints. 现代派耶稣基督教
　　See Mormons 见摩门教信徒
Circumcision 环切术, 147
Cities 城市, 418-21
　　ethnic villages/enclaves 民族村/飞地, 283
　　ghettos 隔都, 418
　　homelessness 无家可归, 216
　　minorities in ～中的少数派, 423
　　political economy 政治经济, 424
　　urban ecology ～生态学, 423-24
　　See also Urbanization/urbanism 也见城市化/城市主义
Civil law, focus of 民法及其核心, 166
Civil religion 公民宗教, 364
Civil rights movement 公民权利运动, 54, 68
Civil War, urbanization during 国内战争期间的城市化, 419
Claims making 声明, 444
Clans 宗族, 289
Class conflict, Marxist views on 阶级冲突, 马克思主义对阶级冲突的观点, 195, 442
Class position 阶级地位, 3, 71, 196, 198
Class consciousness 阶级意识,
Class society, modernity and defined 阶级社会, 现代性, 定义, 453
　　mass society versus 大众社会 VS. ～, 454-55
Class struggle. See Class conflict 阶级斗争（见阶级冲突）
Class system 阶级制度, 187-192

  industrialization and　工业化与～, 46-47, 76, 77, 78
Closed system　封闭制度, 187
Coalescence, social movements and　社会运动与联合, 445
Coercive organizations　强制型组织, 115
Cognitive theory, Piaget's　皮亚杰的认知理论, 67-68
Cohabitation　同居, 135, 353
Cohort　同伴, 80
Collective behavior, and change　集体行为与变迁, 442-43
Colleges　大学
  access to　进入～, 380, 382
  African Americans in　～中的非裔美国人, 378, 379, 382, 384, 388
  Asian Americans in　～中的亚裔美国人, 290
  community　社区, 382
  family income and　家庭收入与～, 346, 351, 382t
  gender differences in　～中的性别差异, 254, 256, 256-57
  GI Bill　退伍军人法案, 381
  latent and manifest functions　～的潜功能和显功能, 377
  privilege and personal merit　特权与个人品质, 381-83
  research at　～中的研究, 18, 21, 27
  sex on campuses　～校园的性, 145
  silent classrooms　沉默教室, 384
  sociology and　社会学与～, 8
  sports in　～中的运动, 15
  violence at　～中的暴力, 144, 258
College students　大学生
  capital punishment and　死刑与～, 177
  career aspirations　～职业抱负, 312f
  feminism, opposition to　～对女权主义的反对, 12
  hooking up　勾搭文化, 145
  life objectives of　～生活目标, 512f
  passive　被动, 383-84
  political identification of　～的政治认同, 324
  religion and　宗教与～, 364f

  smoking and　吸烟与～, 391
  social distance and　～的社交距离, 280
  unemployment and　失业与～, 312
Colombia　哥伦比亚
  crime in　～的犯罪, 167, 173
  drug trade in　～的毒品贸易, 173
Colonial America, cities in　殖民地时期美国的城市, 149
Colonialism　殖民主义, 234-40
Commitment, social control and　承诺, 社会控制与～, 164
Common sense　一般常识, 48, 111, 156
  assessing　评估, 7
  versus empirical evidence　～与实证证据, 16
Communication　沟通（也见语言）
  face-to-face　面对面～, 121, 451, 452
  global　全球～, 53
  grapevines　小道消息, 117
  nonverbal　非语言～, 94-95
  organizations and　组织与～, 117, 118, 122
  postindustrial forms　后工业形式, 303
  women and　妇女与～, 119
  written　书写, 116
  See also E-mail; Languages　也见电子邮件；语言
Communism　共产主义, 444
Communitarian movement　～运动, 458
Community　共同体（社区）
  Gemeinchaft and Gellschafe　《共同体（社区）与社会》, 421
  Gullah　嘎勒, 39
  las colonias　拉斯殖民地区, 228
  modernization and loss of　现代化与～丢失, 448
Community-based corrections　社区矫正, 177-79
Community colleges　社区大学, 382
Comparable worth　可比较的价值, 255
Competition　竞争, 315-16
  capitalism and　资本主义与～, 43

  in groups　群体中的～, 112
  sports　运动, 15
  workplace　工作场所, 120
Complementarity, gender　赞赏，性别, 262
Computers　计算机
  impact of　～的影响, 313–15
  privacy issues　～隐私争议, 123
  work and　工作与～, 116, 120, 313–15
  See also Information technology　也见信息技术
Concentric zones　同轴心地区, 423–24
Concept　概念
  defined　～定义, 17
  positivist sociology and　科学的社会学与～, 16–17
Concrete operational stage　具体操作阶段, 67, 68
Conflict　冲突
  class　阶级～, 195, 442
  cultural　文化～, 442
  gender-conflict approach　性别～视角, 12, 442
  humor and　幽默与～, 101
  race-conflict approach　种族～视角, 12–14
  resolving underlying　潜在解决, 67
  role　角色～, 90–91
  social-conflict analysis　社会～分析, 11–12, 453–54
  social stratification and　社会分层与～, 195–97
  sports and　体育与～, 15
  subcultures　亚文化, 160
  theory and racism　～理论与种族歧视, 43
  values and　价值与～, 43
Conformity　遵从, 110–11
  Asch's research on　阿西的～研究, 110, 111
  deviance versus　越轨与～, 158, 159–60, 162
  differential association theory　差异交往理论, 164–65
  group　群体～, 110
  groupthink　群体思考, 111
  social control and　社会控制与～, 156
  tradition-directedness　传统指向, 454

Conglomerates　联合大企业, 315
Conjugal family　夫妇家庭, 341
Consanguine family　血亲家庭, 341
Conscience, superego　良心，超我, 66–67
Conservatives, social issues　保守党，社会问题, 81, 142
Conspicuous consumption　炫耀性消费, 198
Constitution, U.S.　美国宪法
  African American rights　非裔美国人人权, 287
  Bill of Rights　权利法案, 173–74
Constitutional monarchs　君主立宪制, 319
Consumerism, capitalism and　消费主义及其与资本主义, 212, 306
Containment theory　压制理论, 158
Contraception. See Birth control　避孕（见生育控制）
Control　控制
  McDonaldization and　麦当劳化与～, 122
  social　社会～, 156
  theory, Hirschi's　伊尔斯的～理论, 164–65
Conventional level, Kohlberg's moral development theory　世俗水平，科尔伯格的道德发展理论, 68
Convergence theory,　趋同理论
Conversion, religious　宗教转换, 360
Core-based statistical areas (CBSAs)　核心城市统计区, 420
Cornerville study　科纳维尔研究, 24–26
Corporate agribusiness　农商企业, 309
Corporate crime　公司犯罪, 166
Corporations　公司, 315–17
  crime　～犯罪, 166 -
  See also Multinational corporations　见跨国公司
Correction systems　矫正制度
  community-based　社区～, 177–78
  death penalty　死刑, 176–77
  deterrence　威慑, 175
  rehabilitation　复原, 175–76
  retribution　惩罚, 175
  societal protections　社会保护, 176

Correlation 相关性
 defined ～的定义,17
 spurious 假相关,18
Counterculture 反文化,49
Courts, role in criminal justice system 法庭及其在刑事司法系统中的作用,174
Courtship 求爱,345-46
 social-exchange analysis ～社会交换分析,16
Cousin marriage laws in U.S., first- 美国表亲婚法律,133
Creative autonomy, in the workplace 工作场所的创新性自主,120
Credential society 文凭至上的社会,383
Crime 犯罪,169-73
 corporate 公司～,16
 cultural differences ～的文化差异,156-58
 deterrence 威慑,175
 economy and effects on 经济及对～的影响,178
 gender differences ～的性别差异,170,256
 genetics and 遗传与～,157
 hate 仇恨,167,168
 organized 有组织的～,166-67
 prostitution as a victimless 卖淫,没有受害人的～,144
 race and ethnicity 种族与族群,171,293
 rape 强奸,144
 social class and 社会阶级与～,171
 statistics on 对～的统计,169-70
 street criminal profile 街头～描述,170-71
 subcultures ～亚文化,160-61
 types of ～的类型,169
 victimless 无受害人的～,144,169
 violent, rates down 暴力～比例的下降,178
 white-collar 白领～,166
 See also Deviance; Violence 也见越轨；暴力
Criminal intent 犯罪动机,169
Criminal justice system 刑事司法制度,173-76

 courts 法庭,174
 defined 刑事司法系统的定义,156
 due process 正当程序,173-74
 plea bargaining 辩诉交易,174,183
 police, role of 刑事司法系统中的警察角色,174,178
 punishment, reasons for 惩罚的理由,175-76
Criminal law, focus of 聚焦刑法,166,173
Criminal recidivism 累犯,176
Criminals 犯罪
 profile of ～档案,158,170
 voting and 投票与～,325-26
Crisis, social 社会危机,5
Critical sociology 批评社会学,18
Crowds, defined 聚众,定义,442
Crude birth rate 粗出生率,410
Crude death rate 粗死亡率,411
Cuba 古巴
 Bay of Pigs and groupthink 猪猡湾与群体思维,111
 social inequality 社会不平等,199
Cuban Americans 古巴裔美国人,292-93
 education and 教育与～,292
 ethnic communities ～社区,292
 income of ～的收入,293
 poverty and 贫困与～,290t,292
 social standing of ～的社会地位,290t
Cults 异端,360
Cultural capital 文化资本
 defined ～的定义,72
 education and 教育与～,384
 family and 家庭与～,355
Cultural change 文化变迁,50-51
 causes of ～的原因,50-51,441-42
 cultural lag 文化堕距,50,441
Cultural differences 文化差异
 affection, showing 表达爱时的～,132
 beauty and 美貌与～,45,131

child labor and 童工与～, 53, 76
crime and 犯罪与～, 172–73
deviance and 越轨与～, 156, 158
emotions, showing 表达情感中的～, 97
family 家庭, 206
gender 性别, 206
health and 健康与～, 205
homosexuality and 同性恋与～, 138
homework and 家庭作业与～, 92, 255–56
humor and 幽默与～, 99–101
intelligence and 智力与～, 39, 281
languages and 语言与～, 39, 41
male circumcision 男性环切术, 147
modesty and 端庄与～, 132
nonverbal communication and 非语言沟通与～, 94–95
personal space and 个人空间与～, 95
physical appearances and 外表与～, 45, 131, 254, 401
politics 政治, 206
research and 研究与～, 20
roles and 角色与～, 89–90
sexual expression and 性表现与～, 138, 139
sexuality and 性与～, 146, 147
sexual practices and 性行为与～, 146
symbols and 符号与～, 39–41, 57
Cultural diversity 文化多样化, 47–51
race, class, and gender 种族，阶级与性别, 52, 90
Cultural relativism 文化相对主义, 51–53
Cultural transmission 文化转型, 41
Cultural universals 文化普遍性, 54
Culture 文化
aging and 老龄化与～, 78–79
change ～变迁, 8–10, 49, 50–51
as constraint 作为限制, 56
counter- 反～, 49
defined ～的定义, 36–37, 60

diversity in ～的多样性, 90
elements of ～的要素, 39–41, 60
emotions and influence of 情绪与影响, 97
evolution and 进化与～, 55
freedom and 自由与～, 56–57, 61, 81, 458
functions of ～的功能, 54
gender and 性别与～, 54–55
growth 发展, 427–27
ideal versus real 理想～与现实～, 44
inequality and 不平等与～, 54, 263–64
information technology and 信息技术与～, 5, 47, 53, 117
intelligence and 智力与～, 39, 281
language and 语言与～, 39, 41
limits ～限制, 427
material 物质～, 36
modernization theory 现代化理论, 235
multi 多元～, 36, 47, 48–49
nonmaterial 非物质～, 36
norms 规范, 43, 158
numbers of ～数量, 39
poverty and 贫困与～, 234
reality building and 现实建构与～, 93
shock ～震惊, 38, 39, 51
social change and 社会变迁与～, 441–42
social-conflict analysis ～的社会冲突分析, 54, 453–54
sociobiology approach ～的社会生物学视角, 55–56
structural-functional analysis ～的结构功能分析, 10–11, 145–46
sub- 亚～, 48
symbols 符号, 39–41
technology and 技术与～, 45–47, 60
theoretical analysis of ～的理论分析, 10–21
theory ～理论, 54–56, 61, 445
theroy and racism ～理论与种族歧视, 280–81
transmission of ～转型, 41

values and beliefs 价值观与信仰, 41-43
Curriculum, hidden 隐性课程, 73
Czechoslovakia, socialism, decline of 捷克斯洛伐克，社会主义的衰退, 308
Czech Republic, market reforms 捷克共和国，市场改革, 308

D

Data, 数据
 qualitative versus quantitative 定性或定量, 19, 20, 24, 27
 using existing 使用现存资料, 26-28
Date rape 约会强奸, 144
Dating 约会, 91, 111, 145, 349
Davis-Moore thesis 戴维斯-莫尔假说, 193-95
Death and dying 死亡与临终, 390-96
 instinct 死亡本能, 66
 penalty 惩罚, 176-77
 planning for ～计划, 80
 of a spouse 配偶的～, 80
 as a stage of life 作为人生一个阶段的～, 80
 stages of ～阶段, 80
 war and 战争与～, 329f
 See also Mortality rates 也见死亡率
Death rates 死亡率
 Civil War and 内战与～, 329f
 crude 粗～, 411
 war and 战争与～, 329
Debt bondage 债务奴役制度, 233
Deception, spotting 欺骗，破绽, 95
Declaration of Independence 独立宣言, 9
Decline, social movements and 衰退及其与社会运动, 445
De facto segregation 事实上的种族隔离, 283
Degradation ceremony 堕落仪式, 162
De jure segregation 法律的上种族隔离, 283
Demeanor, social interaction and 社会互动与举止, 95
Democracy 民主, 319-20

bureaucracy and 科层制与～, 115-16
defined ～的定义, 319
economic inequality and 经济不平等与～, 193f
freedom and 自由与～, 320, 458
free enterprise 自由企业, 43
gap ～沟, 333
U.S. value 美国价值观, 43
Democratic leadership 民主型领导, 110
Democratic party 民主党, 323
Demographics of African Americans, Asian Americans, Arab Americans, and Hispanic Americans 非裔美国人，亚裔美国人，阿拉伯裔美国人及西班牙裔美国人的人口统计, 412
Demographic divide 人口划分/分歧, 416-17
Demographic transition theroy 人口转变理论, 415-16
Demography 人口统计学, 410-12
 social change and 社会变迁与人口统计学, 442
Denial of death 否认死亡, 80
Denmark, 丹麦
 freedom and equality ～自由与平等, 309
 welfare capitalism ～福利资本主义, 309, 322f
Denominations 宗派, 359
Dependency theory 依赖理论, 237-40
Dependent variables 因变量, 18, 21, 22
Deprivation theory 剥夺理论, 444
Descent patterns 继嗣模式, 342
Descriptive statistics 描述性统计, 17, 24, 27
Deterrence 威慑
 of criminals 犯罪的～, 175
 of war 战争～, 332
Development, human. See Human development 发展，人类（见人类发展）
Deviance 越轨, 156-67
 capitalism and 资本主义与～, 165-66
 control theory 控制理论, 164-65
 differential association theory 差异交往理论, 164

Durkheim's work 涂尔干的研究, 159

functions of ～的功能, 159

gender differences and 性别差异与～, 168–69, 259

heroes versus villains 英雄还是恶棍, 180, 181

Hirschi's control theory 伊尔斯的控制理论, 164–65

labeling theory 标签理论, 162–63

medicalization of ～的医学化, 163

Merton's strain theory 默顿的紧张理论, 159–60

social-conflict theory 社会冲突理论, 165–67

social control ～的社会控制, 156

social foundations of 社会基础, 158

strain theory 结构紧张理论, 159–60

structural-functional theory ～的结构功能分析, 158–61

Sutherland's differential association theory 萨瑟兰的差异交往理论, 164

symbolic-interaction theory ～的符号互动分析, 162–65

See also Crime 也见犯罪

Deviant career 越轨生涯, 162

Dharma （佛教中的）法, 162

Differential association theory 差异交往理论, 164

Diffusion 扩散

culture 文化, 51

social change and 社会变迁与～, 442

Diplomacy, peace and 和平与外交, 332

Disabled 残疾的

aging and biology 老龄化与生物学的～, 78

education for 对～的教育, 387

isolated children 被隔离的儿童, 66

master status 首要角色, 89–90

Disarmament, peace and 和平与武装, 332

Disasters 灾难, 445–46

Discipline problems, school 学校，纪律问题, 383

Discoveries, cultural changes and 发现，文化变迁与发现, 50–51

Discrimination 歧视, 282

age 年龄～, 79

defined ～的定义, 282

gender 性别～, 56, 149

institutional 制度性～, 282

prejudice and 偏见与～, 277–82

sexual orientation 性取向～, 140

sports 运动, 15

women and 妇女与～, 277, 294

workplace 工作场所的～, 36, 278, 282, 294

See also Racial discrimination 也见种族歧视

Disposable society 用后即弃社会, 427–28

Diversity 多样性, 51

biodiversity, declining 正在衰退的生物～, 430–31

in families 家庭的～, 348f

group interactions and 群体互动与～, 113

language, in the U.S. 美国语言的～, 42

managerial positions in U.S. 美国的管理职位, 42

racial, in the U.S. 美国种族的～, 78, 113, 139, 167

religious, across U.S. 全美宗教的～, 362

workplace 工作场所的～, 313

See also Cultural diversity; Social diversity 也见文化多样性；社会多样性

Divine right 神权, 319, 357

Division of labor 劳动分工, 448–50

Divorce 离婚

causes of ～的原因, 350–51

children and 孩子与～, 351

child support 孩子抚养, 7, 351

rates for U.S 美国～率, 351

DNA, as criminal evidence 作为犯罪证据的 DNA, 177

Doe v. Bolton 杜伊诉博尔顿案件, 148

Domestication of animals 动物的驯养, 46

Domestic violence 家庭暴力, 216, 352

Double standards 双重标准, 20, 56, 135f

sexual behavior and 性行为与双重标准, 56

Down These Mean Streets(Thomas) 《走进阴暗的街道》（托马斯）,92
Downward social mobility 向下社会流动,187,206-8
Dramaturgical analysis 拟剧分析,94-97,105
 embarrassment and tact 窘迫与策略,96-97
 gender performances 性别表演,95-96
 idealization 理想化,96
 nonverbal communication 非语言沟通,94-95
 performances 表演,94
 presentation of self 自我表演,94,95
Dred Scott case 德雷德·司各特案,287
Dropout, school 辍学,384
Drug abuse 吸毒
 AIDS/HIV and 艾滋病与～,395
 deviance and medicalization of 越轨与～的治疗,163
Drug trade 毒品交易
 crime and 犯罪与～,160,167,173,176
 decline in ～的下降,178
Dubai 迪拜,242-43
Due process 正当程序,173-74
Durkheim, work of 涂尔干的研究
 on deviance 关于越轨,159
 division of labor 劳动分工,448-50
 on mechanical and organic solidarity 机械团结与有机团结,421-22
 on religion 关于宗教,356-57,361
 suicide and 自杀,5,10
 Dyad 二人群体,112

E

Earnings (See Economy; Global economy; Income) 所得（见经济；全球经济；收入）
Eastern Europe. See Europe, eastern 东欧（见欧洲，东部）
Eating disorders 饮食紊乱,392
Ecologically sustainable culture 生态可持续文化,431-33
Ecology 生态学
 defined ～定义,425
 urban 城市～,423-24
Economic equality, capitalism versus socialism and 资本主义、社会主义与经济平等,307-8
Economic inequality 经济不平等
 democracy and 民主与～,193f
 increasing world 不断增长的世界,241f
 in selected countries 选举国家的～,193f,308-9
 socialism and 社会主义与～,306-8
 in the Soviet Union 苏联的～,308-9
 See also Income inequality 也见收入不平等
Economic productivity, capitalism versus socialism and 资本主义、社会主义与经济生产率,308
Economic systems 经济制度,306-9
 capitalism 资本主义～,306,307-8
 changes in ～的变迁,308-9
 socialism 社会主义～,306-8
 state capitalism 国家资本主义,307
 welfare capitalism 福利资本主义,307
Economy 经济,302-37
 agricultural revolution 农业革命,303
 capitalism 资本主义～,54,165-66
 corporations 公司,315-17
 future issues 未来问题,317
 Japanese 日本～,120
 Industrial Revolution 工业革命,303
 information revolution 信息革命,303-4,314-15
 laissez-faire 放任主义,306,307
 political-economy model/theory 政治-～模型/理论,326-27
 politics and 政治与～,318-26,322-33
 postindustrial 后工业～,303-4,314
 postindustrial society and 后工业社会与～,303-4,314
 sectors of ～产业,304

socialism 社会主义～,306-8
urban political 城市政治～,324,325,327
Wallerstein's capitalist world 沃勒斯坦的资本主义世界,238-39
See also Global economy; Income 也见世界经济；收入

Ecosystem 生态系统,121,425,428,492,431
Ecuador 厄瓜多尔
    economic inequality 经济不平等,193f
Edge cities 边缘城市,420-21
Education 教育,374-88
    academic standards 学术标准,384-85
    achievement in the U.S. 美国～成就,377t,382f
    adults 成人～,387
    of African Americans 非裔美国人的～,378,379,382,384,388
    Brown V. Board of Education of Topeka 布朗诉托皮卡教育局案,282
    disabled students 残疾学生,387
    discipline 纪律,383
    drop outs 辍学,384
    future for ～的未来,388
    gender differences ～的性别差异,256-57
    GI Bill 退伍军人法案,381
    global view 全球观点,374-76
    grade inflation 分数膨胀,385
    hidden curriculum 隐性课程,384
    higher-, access to 进入更高～,380,382
    of Hispanic Americans 西班牙裔美国人的～,381-82,384
    home schooling 家庭学校,386-87
    income and 收入与～,382
    illiteracy map 文盲分布,376
    in India 印度的～,375
    in Japan 日本的～,375
    of Japanese Americans 日裔美国人的～,289,290

    mainstreaming/inclusive ～潮流/包含,387
    mandatory 义务～,375,377,397
    men and 男人与～,388
    of Native Americans 土著美国人的～,285
    progressive 循序渐进的～,376
    public versus private 公立教育与私人～,378-80
    school choice 择校,385-86
    as self-fulfilling prophecy 预言的自我实现,377-78
    segregations ～隔离,283,380
    social class and 社会阶级与～,192,203,206,209,210
    social-conflict analysis ～的社会冲突分析,377,382,383
    social inequality and 社会不平等与～,378-83
    social interaction and 社会互动与～,377-78
    structural-functional analysis ～的结构-功能分析,376-77,383
    student passivity 学生服从,383-84
    symbolic-interaction analysis ～的符号互动分析,377,383
    teacher shortage 教师短缺,387-88
    terrorism and effects on 恐怖主义及对～的影响,318
    in the U.S. 美国的～,375-76,381
    violence and 暴力与～,383
    See also Colleges; Schools 也见大学；学校
Efficiency 效率
    McDonaldization concept 麦当劳化的概念,122
    U.S. value 美国价值观,43
Ego 自我,66
Egypt 埃及
    female genital mutilation 女性生殖器切除术,260,261
    personal space in 私人空间,51
    population growth and control 人口增长与控制,136
    sibling marriages in ancient 古～同胞婚姻,133
    water supply problems ～的供水问题,428
Elderly 老年人（也见老年）,77-80

children caring for 照顾~的子女, 347

Erikson's stage 艾里克森的阶段论, 70

poverty and 贫困与~, 79, 212

sex and 性与~, 136

See also Aging 也见老龄化

Elections. See Voting 选举（见投票）

Electronic church/religion 电子教会/宗教, 367

Electronic mail. See E-mail 电子邮件

El Salvador, as a middle-income country 作为中等收入国家的萨尔瓦多, 227-28

E-mail 电子邮件

    organizational structure and effects of 组织结构与~的影响, 113, 117

    privacy issues 隐私问题, 123

    symbols used in ~使用的符号, 40

Embarrassment, social interaction and 社会互动与窘迫, 96-97

Emergence, social movements and 社会运动与突发事件, 445

Emigration 迁入, 412

Emotions 情感, 97-8

Empirical evidence 经验证明, 16

Employment. See Labor; Work/workplace 就业（见劳动；工作/工作场所）

Empty nest syndrome 空巢综合征, 347

Enclosure movement 圈地运动, 8-9

Endogamy 内婚制, 341

Energy, industrialization and 工业化与能源, 303

England. See Britain 英格兰（见英国）

English language 英语, 99

Entrepreneurs, women as 作为企业家的妇女, 254

Environment 环境, 425-31

    deficit ~赤字, 425-26

    fracking 水力压裂法, 431

    global warming 全球变暖, 425, 430

    growth problems and effects on 增长问题及对~的影响, 426-27

    organizational 组织化~, 421

    racism and 种族主义与~, 431

    research ~研究, 425, 427, 420

    as a social issue 作为社会问题的~, 425, 31

    solid waste issues 固体废物问题, 427-28

    technology, effects on 技术，对~的影响, 425-26

Environmental deficit, defined 环境赤字的定义, 426

Environmentalists, radical 环境种族主义, 165

Environmental Protection Agency(EPA) 环境保护组织, 427

Environmental racism 环境种族主义, 431

Episcopalians, social class and 社会阶级与圣公会, 359, 362-63

Equal opportunity 平等机会

    affirmative action 肯定性行动, 294

    education and 教育与~, 294, 376, 380

    U.S. value 美国价值观, 42-43

    Work and 工作与~, 120

Equal Rights Amendment(ERA) 平等权利修正案, 265

Erikson's development stages 艾里克森的发展阶段, 70-71

Eros(life instinct) 厄洛斯（生命本能）, 66

Estate system 等级制度, 189-90

Estonia, market reforms 爱沙尼亚，市场改革, 308

Ethics 伦理

    death and dying and 死亡与临终的~, 395

    euthanasia 安乐死, 395-96

    informed consent 知情同意, 21, 28

    research 研究伦理, 21

    right-to-die debate 濒死争议, 395-96

Ethiopia 埃塞俄比亚

    family size in ~家庭规模, 342

    female genital mutilation ~的女性生殖器切除术, 261

    Jews 犹太人, 277

    as a low-income country 作为低收入国家, 228-29

Ethnicity 族群（性）/族裔, 276
    assimilation 同化, 283
    categories ～类型, 275–76
    crime and 犯罪与～, 167, 168, 171, 293
    defined ～的定义, 276
    family life and 家庭生活与～, 348–49
    future issues 未来问题, 12, 295
    genocide 种族屠杀, 283–84
    group dynamics and 群体动力与～, 113
    hate crimes 仇恨犯罪, 167, 168
    income inequality and 收入不平等与～, 11, 12
    majority/minority patterns of interaction 多数/少数～的互动模式, 282–83
    pluralism 多元主义, 282–83
    poverty and 贫困与～, 212
    prejudice ～偏见, 171, 277–82
    religion and 宗教与～, 276, 286, 292
    workplace discrimination 工作场所歧视, 278, 282, 294
    See also under Race 也见种族
Ethnic villages/enclaves 民族村/贫民窟, 6, 38, 283
Ethnocentrism 种族中心主义, 51–53, 282, 283
Ethnomethodology 常人方法论, 93
Eurocentrism 欧洲中心主义, 48
Europe 欧洲
    early cities in ～的早期城市, 8–9
    high-income countries in ～的高收入国家, 226–27
    middle-income countries in ～的中等收入国家, 227–28
    union membership, decline in ～工会会员的减少, 310
Europe, eastern 东欧
    middle-income countries in ～的中等收入国家, 227–28
    socialism, decline of ～社会主义的衰退, 308, 309
Euthanasia 安乐死, 395–96
Evolution 进化
    culture and 文化与～, 39, 45

    organizations 组织, 118–22
    science and 科学与～, 366
Exogamy 外婚制, 341
Experiments 实验
    defined ～的定义, 21
    example of ～的例子, 67, 110–11
    hypothesis testing 假设检验, 21–23
Expressions, social interaction and facial 社会互动与面部表情, 94–95, 96
Expressive leadership 表意型领导, 110
Extended family 扩大家庭, 341
Extramarital sex 婚外性, 137
Eye contact, social interaction and 社会互动与目光接触, 95, 96

F

Facebook 脸书, 102, 115, 123
Facial expressions, social interaction and 社会互动与面部表情, 94–95, 96
Factories 工厂
    children in ～中的孩子, 75–76
    Industrial Revolution and 工业革命与～, 8–9, 303
    loss of jobs in U.S. 美国～中的失业, 46
Fads, defined 潮流的定义, 356
Faith, defined 信仰的定义, 356
Family 家庭 340–71
    and class ～与阶级, 206
    cousin marrige laws in U.S.first 美国第一表亲婚姻法, 133
    cultural universal 文化普遍性, 54
    defined ～的定义, 340
    in hunting and gathering societies 狩猎和采集社会, 45
    poverty and 贫困与～, 212–13
    single(one)-parent 单亲～, 171, 352–53
    socialization and 社会化与～, 71–80, 343
    Temporary Assistance of Needy Families(TANF) 依赖～

的暂时援助, 215

　　traditional　传统~, 452

　　violence　~暴力, 352

Family and Medical Leave Act(1993)　1993年家庭与医疗休假法案, 347

Fashion, defined　时尚及其定义, 433

FBI, crime statistics　FBI, 犯罪统计, 169

Fecundity　生育力, 410

Federal government(see Government)　联邦政府（见政府）, 117

Feelings　情绪见情感, 97–98

Female advantage　女性优势, 119–20

Female genital mutilation　女性生殖器切除术, 261

Female traits. See women　女性特质（见妇女）

Female-headed households　妇女作领导的家务,

Feminism　女权主义, 263–67

Feminist Theory(Gender-Conflict)　女权主义理论（性别冲突）

　　deviance and　越轨与~, 168–69

　　families and　家庭与~, 343, 344, 355

　　gender inequality　性别不平等与~, 147–48

　　health and　健康与~, 401, 402

　　medicine as politics　作为政治的医疗, 402

　　power, men over women　权力，男人对女人, 12

　　queer theory and　酷儿理论与~, 149

　　sexuality　性, 146

　　sports and　运动与~, 15

　　women, importance of　妇女的重要性, 12

　　See also Feminism; Race, -conflict approach　也见女权主义；种族，冲突视角

Feminization of poverty　贫困的女性化, 212–13

Fertility　人口生育率, 410–11

Fieldwork　田野工作, 24–26

Fifteenth Amendment　第十五修正案, 287

Filipino Americans　菲律宾裔美国人, 290

Finland, homosexual marriages in　芬兰，同性恋婚姻, 353–54

First world countries. See High-income countries　第一世界国家（见高收入国家）

Flexible organizations　弹性组织, 120–21

Folkways　民俗, 44

Food production. See Agriculture　食品生产（见农业）

Ford Motor Co.　福特汽车公司, 119

Foreign aid, modernization theory　外国援助，现代化理论, 237

Foreign debt, dependency theory　外债，依赖理论, 239

Formal operational state　正式操作阶段, 67–68

Formal organizations　正式组织（也见科层制；组织）, 115–27

　　race and gender issues　种族与性别问题, 52

　　scientific management　~科学管理, 118–19

　　types of　~类型, 115

　　See also Bureaucracy; Organizations　也见科层制；组织

Fourteenth Amendment　第十四修正案, 132

France, display of affection　法国，爱的表达, 132

Freedom　自由

　　capitalism versus socialism and　资本主义的~ VS. 社会主义的~, 309

　　creative　创造, 120

　　culture and　文化与~, 56–57, 81

　　democracy and　民主与~, 56–57

　　Denmark and　丹麦与~, 309

　　Islam and　伊斯兰教与~, 333

　　shaped by society　由社会塑造的~, 56

　　social responsibility versus personal　社会责任与个人~, 458

　　U.S. value　美国价值观, 45

Freedom House　自由大厦, 320, 333

Free enterprise, U.S. value　自由企业，美国价值观, 43

French Revolution　法国革命, 9

Freudian personality model　弗洛伊德的人格模式, 66–67

Fukushima nuclear disaster, in Japan 日本福岛核泄漏, 445
Functional illiteracy 功能性文盲, 385
Functions 功能
    latent 潜～, 11, 146, 377
    manifest 显～, 11
    See also Structural-functional approach 也见结构功能视角
Fundamentalism 原教旨主义, 365–67
Funding research 资助研究, 21
Funerals, cultural universal 葬礼，文化普遍性, 54

G

Gambling, 赌博
    Native American ownership 土著美国人所有权, 158, 286
    street corner 街角赌博, 158
Games, self development and 自我发展与游戏, 70
Gang behavior 帮派行为
    Participant observation 参与式观察, 24–26
    Subculture 亚文化, 160–61
Garment industry in Bangladesh 孟加拉国的服装业, 224
Gay people. See Homosexuality/homosexuals 同性恋（见同性恋/同性恋者）
GDP. See Gross domestic productGDP （见国内生产总值）
Gemeinschaft 社区, 421
Gender 性别
    blindness ～蒙蔽, 20
    complementarity ～互补, 262
    -conflict approach ～的冲突分析, 12, 15, 442
    culture and 文化与～, 52
    defined ～的定义, 54
    development theory 发展理论, 68–69
    difference ～差异, 248–49
    equality, changed in ideology ～平等，意识形态的变化, 16
    group dynamics and 群体动力与～, 113
    infidelity and 不忠与～, 346
    messages 信息, 252, 268
    reassignment ～重新选择, 132
    research affected by 受～影响的研究, 20–21
    role of school in teaching ～教育中学校的角色, 388
    social class and 社会阶级与～, 206
    social construction of ～的社会建构, 98–99
Gender differences 性别差异
    advertising and 广告与～, 252–53
    child abuse and 虐待儿童与～, 352
    and class, race ～与阶级，民族, 52, 202–3
    in colleges 大学的～, 388
    crime rates and 犯罪率与～, 170
    culture and 文化与～, 258
    demeanor 举止, 95
    deviance and 越轨与～, 168–69
    double standards for sex 性的双重标准, 56, 135f
    education and 教育与～, 256–57
    emotions, expressing 表达情感的～, 98
    global 全球的～, 249–50
    health and 健康与～, 390
    homosexuality 同性恋, 139–41, 149
    income and 收入与～, 255–56, 382t
    intelligence and 智力与～, 281
    language use and 语言使用与～, 98–99
    life expectancy and 预期寿命与～, 411
    management position and 管理位置与～, 119f
    media and 媒介与～, 150–51, 252–53
    moral development and 道德发展与～, 68–69
    myths of ～神话, 254
    networks and 网络与～, 114
    nonverbal communication and 非语言沟通与～, 94–95
    play and 游戏与～, 70
    politics and 政治与～, 257, 258
    poverty and 贫困与～, 212–13

  premarital sex and　婚前性与～,135–36,137t

  in schools　学校中的～,73–74,388

  smoking and　吸烟与～,390–391

  sports and　体育与～,15

  suicide rates and　自杀率与～,5,10

  unemployment and　失业与～,254–55

  virginity and　贞洁与～,146–47

  voting and　投票与～,257

  work and　工作与～,253–54

  workplace discrimination　工作场所歧视,294

Gender equality　性别平等

  comparable worth　比较价值,255

  importance of　～的重要性,265

  in Israel　以色列的～,249

  sexuality and　性与～,250

Gender inequality　性别不平等

  description of　～的描述,234

  income and　收入与～,255–56,382t

  poverty and　贫困与～,212–13,234

  race, class and　种族,阶级与～,52,90,202–3,262–63

  religion and　宗教与～,358

  women's rights　妇女权利,248,267,417

  work and　工作与～,253–54

Gender roles　性别角色

  agrarian societies　农业社会的～,187–88

  defined　～的定义,250

  feminism and　女权主义与～,265,266

  housework　家务劳动,20,92,255–56

  hunting and gathering societies and　狩猎和采集社会与～,45,92

  Israeli kibbutzim　以色列的集体农庄,249

  Mead's research　米德对～的研究,249

  Murdock's research　默多克对～的研究,250

  schools and　学校与～,388

  social class and　社会阶级与～,252,261

Gender socialization　性别社会化

  complementarity　补充,262

  educations　教育中的～,256–57,388

  family　家庭中的～,252,350

  media, role of　大众传媒，～中的作用,150–51,252–53

  peer groups　同辈群体中的～,252

  play　游戏中的～,70,72

Gender stratification　性别分层,248–62

  feminism　女权主义,264–67,265–67

  housework　家务劳动,92,255–56

  income　收入中的～,255–56,382t

  intersection theory　交叉理论,264

  message, spotting　信息，污点,252,268

  military　军队中的～,330

  social-conflict analysis　～的社会冲突分析,263–64

  structural-functional analysis　～的结构功能分析,261–64

  symbolic-interaction analysis　～的符号互动分析,262–63

  work　工作,253–54

Generalized other　概化他人,70

Genetics　基因

  crime/deviance and　犯罪/越轨与基因,157,182

  medical research　基因治疗研究,403

  sexual orientation and　性取向与基因,139

Genital herpes　生殖器疱疹,393

Genital mutilations, female　女性生殖器切除术,261

Genocide　种族屠杀,283–84

Geometric progression　几何级数,414

Germany　德国

  Holocaust　大屠杀,284

  socialism, decline of　社会主义的衰退,308

Gerontocracy　老人政治,78–79

Gerontology　老年学,60

Gesellschaft　社会,421

Ghana, quality of life　加纳，生活质量,230t

Gettos　隔都, 330, 418

GI Bill　退伍军人权利法案, 382

Gilligan's gender and moral development theory　吉里干的性别与道德发展理论, 68–69

Glass ceiling　玻璃天花板, 24, 254, 255

Global culture　全球文化, 53–54

Global economy　全球经济, 304–5
　　agriculture revolution　农业革命, 303
　　colonialism　殖民主义, 238–39
　　corporations and　公司与～, 315–17
　　dependency theory　依赖理论, 239–40
　　distribution of income　收入分配, 200, 225f
　　growth of　全球经济的增长, 308, 317, 322
　　increasing inequality　正在增长的不平等, 308–9, 317, 320
　　industrial　工业的, 8–9, 199, 239
　　modernization theory　现代化理论, 234–37
　　neocolonialism　新殖民主义, 234, 238, 240
　　social class and　社会阶级与～, 189, 193, 198–99
　　Wallerstein's capitalist world　沃勒斯坦的资本主义世界, 238–39

Global perspective　全球视野（也见文化差异）
　　age at death, median　平均死亡年龄, 231
　　crime　～的犯罪, 172–73
　　culture　～的文化, 53–54, 44, 426–27
　　defined　～的定义, 5
　　education and　教育与～, 376
　　environment and　环境与～, 425
　　family　家庭, 341–43
　　gender and　性别与～, 249–50
　　health and　健康与～, 389–90, 393–94, 397
　　housework and　家务与～, 92, 255–56
　　importance of　～重要性, 5–6
　　income inequality map　～的收入不平等, 200
　　modernity　～的现代性, 457
　　politics　～的政治, 319–22
　　population growth　～的人口增长, 416–18
　　reality building　现实建构, 93
　　religiosity　～的宗教虔诚, 361–62
　　roles　角色, 90
　　sexuality and　性与～, 342, 353
　　smoking and　吸烟与～, 391
　　social stratification and　社会分层与～, 224, 251
　　See also Cultural differences　也见文化差异

Global poverty　全球贫困, 230–34
　　absolute　绝对～, 212, 213, 230–31
　　relative　相对～, 212, 229f, 230–31

Global stratification　全球分层, 222–45
　　modernization theory　现代化理论, 234–37
　　slavery　奴隶制度, 232–33
　　terminology　术语, 225–26
　　three worlds model　三个世界模式, 225–26
　　wealth　财富, 200–1, 225f, 229–34
　　world economy　世界经济, 238–39

Global warming　全球变暖, 425, 430

Gonorrhea　淋病, 393

Goods, defined　商品的定义, 302

Gossip　流言, 44, 451, 452

Government　政府
　　in agrarian societies　农业社会的～, 199
　　authoritarianism　威权主义, 321
　　defined　～定义, 318
　　democracy　民主～, 319–20
　　growth of U.S.　美国～的发展, 452
　　monarchy　君主制～, 319
　　positions, women in　妇女在～中的职位, 257
　　research and role of　研究与～的角色, 21, 26
　　size of　～规模, 322f
　　See also Bureaucracy　也见科层制

Grade inflation　分数膨胀, 385

Grapevines　小道消息, 117

Graying of the U.S.　美国的银发浪潮, 79

Great Britain. See Britain 英国，见英国
Greece 希腊
    early cities in ～早期城市, 359, 418, 374
    homosexuality and ancient 同性恋与古～, 137, 138
Greenhouse effect 温室效应, 430
Greenpeace 绿色和平, 322
Gross domestic product(GDP) 国内生产总值（GDP）230t
    economic productivity and 经济生产率与～, 308
    countries 各国～, 227–28
Groups. See Social groups 群体（见社会群体）
Groupthink 群体思维, 111
Growth 增长
    logic of ～逻辑, 426–27
    limits to ～极限, 427
Guatemala, family size 危地马拉，家庭规模, 342
Guilt 内疚
    Erikson's stage 艾里克森的阶段, 70
    norms and 规范, 44
    superego 超我, 66–67
Guinea 几内亚
    gross domestic product ～的国内生产总值, 230t
    as a low-income country 作为低收入国家, 228–29
    quality of life index ～的生活质量指数, 230t
Gullah community 嘎勒社区, 456
Gun(s) 武器
    control ～控制, 173, 324
    ownership statistics ～拥有的统计, 172–73
Gynocentricity 人类聚居地, 20
Gypsies 吉普赛人, 284

H

Haiti 海地
    gross domestic product ～国内生产总值, 230t
    as a low-income country 作为低收入国家, 228–29
    quality of life index ～生活质量指数, 230t

Hamer 哈默尔人, 82
Hand gestures, social interaction and 社会互动与手势, 41, 95
Hate crimes 仇恨罪行, 41, 167, 168
Health and health issues 健康与健康议题, 389–93, 400–3
    gender differences ～的性别差异, 253, 254, 260, 261, 390
    in high-income countries 高收入国家的～, 389–90
    insurance 保险, 395, 396, 398–99
    in low-income countries 低收入国家的～, 389
    marriage and 婚姻与～, 350, 403
    social class and 社会阶级与～, 390
    social-conflict analysis 对～的社会冲突分析, 401–3
    social construction and 社会结构与～, 400–1
    social inequality and 社会不平等与～, 389, 401–2
    society and 社会与～, 389
    structural-functional analysis 对～的结构功能分析, 400
    symbolic-interaction analysis 对～的符号互动分析, 400
Health insurance, U.S. 美国健康保险, 395, 396, 398–99
Health maintenance organizations(HMOs) 健康维护组织（HMOs）, 399
Heaven's Gate cult 天门教, 360
Hermaphrodites 两性人, 132
Herpes, genital 生殖器疱疹, 393
Heterosexism 异性恋主义, 149
Heterosexuality, defined 异性恋及其定义, 137
Hidden curriculum 隐性课程, 73
High culture 高雅文化, 47–48
Higher education. see Colleges; Education 高等教育（见大学；教育）
High-income countries 高收入国家
    age at death, global median 全球平均死亡年龄, 231
    countries considered 被认为的～, 5–6
    defined ～的定义, 255

dependency theory　依赖理论, 238, 240
education　教育, 376
family size　家庭规模, 346
modernization theory　现代化理论, 235, 236–37
per capita income　平均收入, 225
population growth　～的人口增长, 412, 414f
productivity of　～的生产率, 226–27
prostitution in　～的卖淫, 143
quality of life index　～的生活质量指数, 230t
values in　～的价值观, 42–43, 206
See also name of country　也见各具体国家

Hispanic Americans/Latinos segregation; Racism　西班牙裔美国人/拉丁美洲人；种族隔离；种族歧视
conducting research with　对～的研究, 21
Cuban Americans　古巴裔美国人, 292
education and　教育与～, 291
family life　～的家庭生活, 348
family size　家庭规模, 346n
feminism and　女权主义与～, 266
income inequality and　～的收入不平等, 200
income of　～的收入, 290, 291
Las colonias　拉斯殖民地区, 227
machismo　男子气概, 348
in management positions　居管理职位, 119
Mexican Americans　墨西哥裔美国人, 291–92
parenting, single(one)　养育, 独身, 171, 352–53
personal space and　个人空间, 95, 171
poverty and　贫困与～, 200, 212
Puerto Ricans　波多黎各人, 292
sexually transmitted diseases and　性传染病与～, 393–95
social standing of　～的社会地位, 290t
statistic on　对～的统计, 291
television roles　电视角色, 74
voting participation and　投票参与与～, 324

work and　工作与～, 291–92
See also Race; Racial discrimination; Racial Hispanic American women. See Women, Hispanic American　也见种族；种族歧视；西班牙裔美国妇女, 见妇女, 西班牙裔美国人
Holistic medicine　整体医学, 396–97
Holocaust　大屠杀, 284
Homelessness　无家可归
description of　～的描述, 216
deviance and　越轨与～, 9, 216
Home schooling　家庭学校, 386–87
Homogamy　同类婚, 346
Homophobia　同性恋恐惧症, 140
Homosexuality (homosexuals)　同性恋（同性恋者）
AIDS/HIV and　艾滋病与～, 394–95
attitudes toward　对～的态度, 137, 138
cultural differences　～的文化差异, 137, 138
defined　～定义, 137
description of　～描述, 137
families　～家庭, 353–54
gay rights movements　～权利运动, 140–41
genetics and　遗传与～, 139
hate crimes　针对～的仇恨罪行, 167, 168
marriage　～婚姻, 141, 353–54
parenting　做父母, 352–53
prostitution and　卖淫与～, 143
queer theory　酷儿理论, 149
statistics on　对～的统计, 140f
Hong Kong　香港
modernization theory　现代化理论, 236, 237
Hooking up　勾搭, 145
Horizontal social mobility　水平社会流动, 187, 208, 209
Horticulture, defined　园艺文化及其定义, 45
Horticulture societies　园艺文化社会, 198–99
descent patterns　继承模式, 46
description of　～描述, 45–56

religion and 宗教与～, 361
Houses of correction 矫治之家, 175
Housework 家务, 92, 255–56
Hugging 拥抱, 394
Human development 人类发展, 64–70
    cognitive development 认知发展, 67–68, 74
    stages of 人类发展的阶段, 67–68, 70, 75–79
Human trafficking 人口非法买卖, 233
Humor 幽默, 99–101
    cultural universal 文化普遍性, 54, 100, 101
Hungary, socialism, decline of 匈牙利，社会主义的衰退, 308
Hunting and gathering societies 狩猎与采集社会, 45
    social stratification and 社会分层与～, 198
Hutus 胡图族, 284
Hydrologic cycle 水文循环, 428
Hypersegregation 高度隔离, 283
Hypothesis 假设
    defined ～定义, 21
    testing ～检验, 21–23

I

I, Mead's self 自我，米德的自我, 69
Iceland 冰岛
    Homosexual marriages 同性恋婚姻, 353–54
    social status of women 妇女社会地位, 251, 260
Id 本我, 66
Ideal culture 理想文化, 44
Idealism 理想主义, 54
Idealization 理性化, 96
Ideas, and change 社会变迁与理想, 442
Ideology 意识形态, 192–93
Identity 认同
    Erikson's developmental stages 艾里克森的发展阶段, 70
    modernity/mass society and 现化性/大众社会与认同, 454–55
    ideology 意识形态, 193
    social construction and 社会结构与认同, 401, 454–55
Illiteracy 文盲
    functional 功能性～, 385
    global 全球～, 376
Imagination, sociological 社会学的想象, 5–6
Imitation 模仿, 70
Immigrants 迁移
    Asian 亚洲, 290
    life in the U.S. 美国～生活, 26, 113–14, 284
    multiculturalism 多元文化主义, 48
    social change and 社会变迁与迁移, 442
    statistics on 对～的统计, 423
    work for ～工作, 278
Immigration 移民, 412
    Hull House/settlement houses 郝尔馆/安置所, 12, 424
Incarceration. See Correction systems; Prisons 监禁（见矫治制度；监狱）
Incest taboo 乱伦禁忌, 113–34, 343
Income 收入
    African Americans and 非裔美国人与～, 202, 210, 212
    Arab Americans and 阿拉伯裔美国人与～, 293
    Asian Americans and 亚裔美国人与～, 202, 212
    defined ～的定义, 200
    distributions of, in the U.S. 美国的～分配, 200–1
    distributions of world 世界的～分配, 200, 205f
    elderly and 老人与～, 212
    Hispanic Americans and 西班牙裔美国人与～, 290–91
    Native Americans and 土著美国人与～, 285
    mean annual, U.S. 美国平均年～, 210f
    median annual, U.S. 美国中位年～, 209f
    social mobility and 社会流动与～, 210
    wealth, power and 财富，权力与～, 200–1

Income inequality　收入不平等
　　African Americans and　非裔美国人与～, 202, 210, 212, 215
　　democracy and　民主与～, 201
　　gender differences　性别差异与～, 202-3
　　global　全球～, 200, 241f
　　historical perspective of　～的历史分析, 197
　　Kuznets curve　库兹涅茨曲线, 199
　　Marx's views on　马克思的观点, 191
　　Plato's views on　柏拉图的观点, 191
　　race and　种族与～, 202-3
　　in the U.S.　美国的～, 199-201
Increasing income inequality　不断增长的收入不平等, 199, 213, 217f, 351
Independent variables　自变量, 18, 22
India　印度
　　caste system　等级制度, 187-88
　　child labor in　～童工, 76
　　child weddings in　～童婚, 345
　　conflict in　～冲突, 333
　　crime in　～的犯罪, 233
　　education in　～的教育, 375
　　family size　～的家庭规模, 342
　　female genital mutilation　～女性生殖器切除术, 261
　　gross domestic product　～国内生产总值, 230t
　　marriage in　～的婚姻, 345
　　as a middle-income country　作为中等收入国家, 227
　　poverty　贫困, 236
　　quality of life index　～生活质量指数, 230t
　　servile forms of marriage　～婚姻的奴隶形式, 233
Indians　印第安人（也见土著美国人）
　　use of term　术语的使用, 284
Individualism　个人主义
　　divorce and　离婚与～, 348
　　modernization theory　现代化理论, 236, 239
　　See also Native Americans　也见土著美国人

Individualization, modernity and　现代性与个体化, 447
Individual rights　个人权利（也见美国权利法案；权利）, 9, 43, 451, 452, 458. See also Bill of Rights, U.S.; Rights
Indonesia, child labor in　印度尼西亚的童工, 76
Industrial Revolution　工业革命, 303
　　modernization theory and　现代化理论与～, 235
　　population growth　人口增长, 415, 416, 424
　　social change and　社会变迁与～, 414, 446, 448, 450-51
Industrial societies　工业社会
　　capacity, lack of in　能力，缺乏, 239
　　cities in　～中的城市, 418-419
　　descent patterns　继承模式, 342
　　description of　～的描述, 46-47
　　religion in　～中的宗教, 361
　　social stratification and　社会分层与～, 199
Industriousness　勤奋, 70
Industry　工业, 46-47
Inefficiency, bureaucratic　科层制低效, 117-18
Inequality. See Gender inequality; Income inequality; Racial inequality; Social inequality　不平等（见性别不平等；收入不平等；种族不平等；社会不平等）
Inertia, bureaucratic　科层惰性, 118
Infants　婴儿
　　mortality rates　～死亡率, 411
　　self development　自我发展, 69
　　sensorimotor stage　感觉运动阶段, 67
Inferiority　自卑
　　industriousness versus　勤奋与～, 70
　　innate　内在, 282
　　Slavery and　奴隶制度与～, 280
　　social　社会～, 282
Infidelity　不忠, 346
Information revolution　信息革命, 303-4, 314-15
Information technology　信息技术
　　computers, impact of　计算机的影响, 313-15
　　culture and　文化与～, 237, 304, 313-15

instant messaging 瞬时信息, 40
  revolution ～革命, 303-4
  networks and 互联网与～, 114, 115
  Post-industrial society and 后工业社会与～, 303-4
  privacy issues 隐私问题, 123
  work and 工作与～, 313-15
Informed consent 知情同意, 21
In-groups 内群体, 112
Inheritance rules 内在规律, 344
Initiative 创造, 70
Innovation, deviance 创新，越轨, 160
Institutional prejudice and discrimination 制度性偏见与歧视, 282
Institutional review boards (IRBs) 机构审查委员会, 21
Institutional sexism 制度性性别歧视, 250
Institutions 制度
  social, defined 社会～及其定义, 317
  symbolic 符号, 340
  total 总体～, 80
Instrumental leadership 工具型领导, 110
Insurance, health 保险，健康, 395, 398-99
Intelligence 智力
  bell curve 钟形曲线, 281
  culture and 文化与～, 39
  gender differences 性别差异, 248-49
  racism and 种族歧视与～, 281
International disasters 国际灾难, 445, 446
Interaction 互动
  majority/minority patterns of ～的多数/少数模式, 282-84
  social stratification and 社会分层与～, 197-98
  See also Social interaction 也见社会～
Interference, research 研究干扰, 20-21
Intergenerational social mobility 代际社会流动, 208-9
Interlocking directorates 连锁董事会, 315
Internet 互联网

networks 网络, 114-15
  privacy issues 隐私问题, 123
  See also E-mail 也见电子邮件
Internment, Japanese 对日本人的战时拘禁, 289
Interpretive sociology 解释社会学, 18
Interracial marriages 种族间通婚, 349-50
Intersection theory 交叉理论, 264
Intersexual people 两性人, 132
Interviews, conducting 进行访谈, 23-24
Intimacy 亲密, 67, 70, 96, 250, 344
Intragenerational social mobility 代内社会流动, 208-9
Inventions 发明（也见技术）
  cultural change 文化变迁, 50
  social change and 社会变迁与～, 447
  See also Technology 也见技术
Invisible hand 看不见的手, 316
In vitro fertilization 体外受精, 354
Involvement, social control and 参与及其与社会控制, 164
Iran 伊朗
  constraints put on women 对妇女的限制, 132
  education in ～的教育, 375
  gross domestic product ～的国内生产总值, 230t
  as a middle-income country 作为中等收入国家, 227-28
  nuclear weapons 核武器, 331
  quality of life index ～的生活质量指数, 230t
  state religion 国教, 359
  wearing of makeup banned 穿着限制, 158
Iraq War 伊拉克战争, 162, 331
Islam 伊斯兰教, 292, 333, 359, 367
Islamic societies 伊斯兰教社会
  constraints put on women 对妇女的限制, 132
  Democracy and 民主与～, 333
  freedom and 自由与～, 320, 333
  marriage in ～的婚姻, 341

prostitution in ～的卖淫, 143

wearing of makeup banned 穿着限制, 15

Islamic women. See Women, Islamic 伊斯兰教妇女（见妇女；伊斯兰）

Isolation, social. See Social isolation 孤立，社会（见社会孤立）

Israel 以色列

Ethiopian Jews in ～的埃塞俄比亚犹太人, 227

as a high-income country 作为高收入国家, 226–27

kibbutzim 集体农庄, 249

Italian Americans, ethnic villages/enclaves 意大利裔美国人，民族村／飞地, 283

Italy, welfare capitalism in 意大利，意大利的福利资本主义, 307

J

Japan 日本

crime in ～的犯罪, 172

cultural beliefs in ～的文化信仰, 37–38

formal organizations in ～的正式组织, 120

gross domestic product ～的国内生产总值, 230t

as a high-income country 作为高收入国家, 226–27

medicine in ～的医疗, 397

modernity 现代性, 236

monoculturalism 单一文化主义, 47

quality of life ～的生活质量, 230t

state capitalism, in ～的国家资本主义, 307

union membership, decline in ～工会会员的减少, 310

work in (quality circles) 日本工作中的品质圈, 120

Japanese Americans 日裔美国人, 289–90

assimilation of ～的同化, 283, 290

discrimination against 对～的歧视, 289–90

education and 教育与～, 289, 290

income of ～的收入, 290

internment of 对～的战时拘禁, 289

poverty and 贫困与～, 290

social standing ～的社会地位, 290t

Jehovah's Witnesses 耶和华证人, 360, 363

Jericho 耶利哥, 418

Jews 犹太人

Ethiopian 埃塞俄比亚人, 277

genocide 种族灭绝, 284

ghettos 隔都, 418

Holocaust 大屠杀, 284

See also Israel; Judaism 也见以色列人；犹太教

Jim Crow laws 吉姆克劳法律体系, 287, 294

Jobless recovery 失业式复苏, 7, 313, 334

Jobs. See Work/workplace 工作（见工作／工作场所）287, 294e

Jordan, monarchy in, n 约旦，君主政体

Judaism 犹太教, 46, 361

patriarchy 父权制, 358

women and 妇女与犹太教, 358

Justice 正义, 306–9

capitalism and 资本主义与～, 306, 307–9

perspective 观点, 306–9

socialism and 社会主义与～, 306–7

Juvenile delinquency, deviance and 越轨与青少年犯罪, 52

K

Kaiapo 卡亚波社区, 456

Kaska Indians 卡斯卡印第安人, 45

Key informants 关键受访人, 26

Khoisan 科伊桑族人, 45

Kibbutzim 集体农庄, 249

Kinship 亲属制度, 340–42

See also Family 也见家庭

Kohlberg's moral development theory 柯尔伯格的道德发展理论, 68

Koran(qur'an) 《古兰经》, 356

Korean Americans 韩裔美国人, 289t

as subculture 亚文化, 48

Kuznets curve 库兹涅茨曲线, 199

L

Labeling theory 标签理论, 162–63
    stigma 污名化, 162
Labor 劳动
    child 童工, 303
    division of ～分工, 448–50
    immigrant 移民, 278
    wage 工资, 303
    See also Work/workplace 也见工作/工作场所
Labor unions. See Union 工会（见工会）
Laissez-faire economy 自由经济, 306, 307
Laissez-faire leadership 放任型领导, 110, 116
Landfills 垃圾填埋场, 427–28
Languages 语言
    accents and social class 口音与社会阶级, 190
    body and 肢体与～, 95
    culture and 文化与～, 41
    decline of ～的下降, 39
    defined ～的定义, 41
    gender differences in the use of 使用～中的性别差异, 98–99
    multiculturalism and conflict over 多元文化主义与～的冲突, 48–49
    power and 权力与～, 99
    reality and 现实与～, 41
    social interaction and 社会互动与～, 283, 284
    value and 价值与～, 99
Laos 老挝
    gross domestic product 国内生产总值, 230t
    as a low-income country 作为低收入国家, 228–29
    modesty 端庄, 132
    quality of life index 生活质量指数, 230t
Las colonias 拉斯殖民地区, 228
Latchkey kids 钥匙儿童, 347

Latent functions 潜功能, 11, 146, 377
Latin America 拉丁美洲
    family size ～的家庭规模, 346
    high-income countries in ～的高收入国家, 226–27
    housework performed by women 妇女从事家务劳动, 92, 255–56
    income inequality 收入不平等, 200
    low-income countries in ～的低收入国家, 228–29
    middle-income countries in ～的中等收入国家, 227–28
    modernity 现代性, 235, 237
    poverty in ～的贫困, 227, 232, 235
    prostitution 卖淫, 143
    street children 街头儿童, 232
    See also name of country 也见国家名称
Latinos. See Hispanic Americans/Latinos 拉丁裔（见西班牙裔美国人/拉美人）
Latvia, market reforms 拉脱维亚的市场改革, 308
Laws 法律（也见刑事司法系统）, 7, 116, 123, 134
    to protect workers 保护工人的～, 12, 196
    See also Criminal justice system 也见犯罪司法制度
Leadership 领导, 110
    authoritarian 独裁式～, 111
    charismatic 卡里斯玛式～, 318–19, 360
    democratic 民主式～, 110
    expressive 表意型～, 110
    instrumental 工具型～, 110
    laissez-faire 放任, 110, 116
Lesbians. See Homosexuality/homosexuals 女同性恋者（见同性恋；同性恋者）
Liberal feminism 自由主义女权主义, 265
Liberation theology 自由主义意识形态, 359
Liberty, individual 自由，个体, 9
Life course 生命历程
    patterns and variations ～的模式与变化, 80, 347
    sex over the ～中的性, 347

socialization and 社会化与~ 75–76
    See also Human development 也见人类发展
Life expectancy 预期寿命, 411
    gender differences ~的性别差异, 249
    racial differences 民族差异, 12
Limits to growth 增长的极限, 427
Literacy. See Education 识字（见教育）
Lithuania, market reforms 立陶宛，市场改革, 308
Living wills 生活愿望, 395
Lobbyists 院外活动集团成员, 324
Logic of growth 增长的逻辑, 426–27
Looking-glass self 镜中我, 69
Love, courtship and 爱与求爱, 345–46
Loving v. Virginia 拉维诉弗吉尼亚州案, 349
Lower class 低等阶级, 205
Lower-middle class 低-中阶级, 204–5
Lower-upper class 低-高阶级, 203–4
Low-income countries 低收入国家（也见国家名称）, 228–29
    aging in ~的老龄化, 418
    child labor ~的童工, 76
    countries considered 被认为是~, 7–8
    defined ~的定义, 225
    family size ~的家庭规模, 346
    gross domestic product (GDP) ~的国内生产总值, 230t
    health in ~的健康, 389
    modernization theory 现代化理论, 239
    population density ~的人口密度, 235, 237
    poverty in ~的贫困, 213–14
    productivity in ~的生产率, 225
    prostitution and 卖淫与, 143
    quality of life index ~的生活质量指数, 230t
    roles 角色, 239
    urbanization in ~的城市化, 424–25, 432
    values in ~的价值观, 43–44

    See also name of country 也见各具体国家
Low-wage jobs 低工资工作, 122, 205
Lutherans, social class and 社会阶级与路德教徒, 359, 361, 363
Lynching 私刑, 13, 286

M

Machismo 男子气概, 348
Macro-level orientation 宏观层次取向, 14
Magnet schools 兴趣学校, 386
Mainstreaming 主流, 387
Malaysia 马来西亚
    as a high-income country 作为高收入国家, 226–27
    Semai 士美亚族人, 37, 45, 235, 329
    women forbidden to wear tight-fitting jeans 禁止妇女穿紧身牛仔裤, 158
Male traits. See Men 男性特质（见男人）
Mali, social status of women 马里，妇女社会地位, 250
Malthusian theory 马尔萨斯理论, 414–15
Management 管理
    racial and gender differences 种族与性别差异, 255, 258
    scientific 科学管理, 118–19
Mandatory education 义务教育, 375, 377
Manifest functions 显功能, 11
Manila 马尼拉
    crime in ~的犯罪, 173
    description of 对~的描述, 229, 425, 432
Manufacturing 生产
    factories 工厂, 8, 240, 255, 303
    Industrial Revolution and 工业革命与~, 303
    social change and 社会变迁与~, 452
    See also Work/workplace 也见工作/工作场所
Maoris (New Zealand) 毛里斯（新西兰）, 132
Marginality 边际, 5
Marital rape 婚内强奸, 352
Market economy, capitalism and 资本主义制度与市场经

济, 316
Marriage　婚姻, 340-52
　　arranged　包办～, 16, 345
　　child weddings　童婚, 82, 345
　　courtship　求爱, 16, 345-46
　　death of spouse　丧偶, 80
　　endogamy　内婚制, 7, 29, 341
　　exogamy　外婚制, 341
　　extramarital sex　婚外性, 137, 346
　　incest taboo　乱伦禁忌, 133, 343
　　mate selection　择偶, 3, 145, 341, 345, 349
　　mixed　混合婚姻, 349-59
　　race and　种族与～, 249
　　reason for　理由, 16, 342
　　religious diversity across U.S.　美国宗教多样性, 361, 362
　　religious membership across U.S.　美国宗教成员, 362
　　same-sex　同性, 353-54
　　servile forms of　～的奴隶形式, 233
　　sexual satisfaction in　～中的性满意, 346, 351
　　sibling　兄弟（或姐妹）, 343
　　social mobility and　社会流动与～, 210
　　violence in　～中的暴力, 352
　　working class　工人阶级, 347
Marxism　马克思主义, 12
　　capitalism　资本主义, 165, 195, 203, 326, 450-51
　　class conflict　阶级冲突, 195, 442, 450-51
　　class-society theory　阶级社会理论, 200
　　critical sociology　批判社会学, 19
　　criticism of　对～的批评, 195
　　deviance and　越轨与～, 158, 165
　　economics and　经济学与～, 55
　　ideology and　意识形态与～, 195
　　inequality　不平等, 54
　　modernity and　现代性与～, 450-51
　　political-economy model　政治经济模型, 326, 327
　　religion and　宗教与～, 357, 358, 359

　　social change and　社会变迁与～, 308
　　social conflict　社会冲突, 165, 195, 453
　　socialism　社会主义, 308, 326-27
　　social movements and　社会运动与～, 442, 450-51
　　social stratification and　社会分层与～, 195
　　suffering and law of nature　受难与自然法则, 415
Marxist revolution　马克思主义革命, 196, 327-28
Masai　马赛, 40
Masculine traits. See Men　男子特质（见男人）
Mass media. See Media　大众传媒（见媒体）
Mass production　大众生产, 236, 240, 303, 452
Mass society　大众社会
　　class society versus　阶级社会与～, 454-55
　　defined　～的定义, 451
Mass-society theory　大众社会理论, 444, 454-55
Master status　首要地位, 89, 90
Material culture　物质文化, 37, 38, 50
Materialism　唯物主义
　　culture and　文化与～, 37, 38, 50
　　U.S.value　美国价值观, 45
Matriarchy　母系制, 250
Matrilineal descent　母系继嗣, 342
Matrilocality　从妻居, 342
Matrimony. See Marriage　婚姻生活（见婚姻）
Mauritania, slavery in　毛里塔尼亚的奴隶制, 232-33
McDonaldization concept　麦当劳化概念, 121-22
Me, Mead' self　自我，米德的自我, 69
Mead's social self theory　米德的社会自我理论, 69-70
Mean, measurements　平均数，测量, 17
Meaning, importance of　平均的重要性, 19
Measurements　测量, 18-9
Mechanical solidarity　机械团结, 422, 448
Media　传媒, 74-75
　　gender differences　性别差异, 58, 252-53
　　gender socialization and　性别社会化与～, 252-53
　　sexuality and　性与～, 136, 137, 150-51

war and role of　战争与～的作用, 331–32
Median　中位数, 18
Medicaid　医疗补助制度, 399
Medicalization of deviance　越轨的医学化, 163
Medicalization of marijuana　大麻的医学, 163
Medicare　医疗护理, 399
Medicine and medical care　医疗与医疗护理, 397–402
　future for　～的未来, 403
　genetic research　基因研究, 403
　marijuana as　大麻, 163
　new reproductive technology　新生育技术, 354
　oral contraceptives　口服避孕药, 136, 265, 416
　scientific　科学的～, 396
Megalopolis　大城市带, 420
Melanesians, sexuality and　性与美拉尼西亚, 147
Melting pot　熔炉, 48
Men　男人
　advertising, portrayed in　广告中刻画的～, 252–53
　aggressiveness in　～的侵犯性, 251
　child support　儿童抚养, 351
　circumcision　环切术, 147
　education and　教育与～, 388
　extramarital sex　婚外性, 137
　female differences and　女性差异与～, 248–49
　feminism and　女权主义与～, 264–65
　homosexual　同性恋, 137, 138, 140–41
　justice perspective　公正视角, 68
　machismo　男子气概, 348
　masculine traits a health threat　威胁健康的男子气特质, 249
　in modern culture　现代文化中的～, 256
　patriarchy　父权制, 250–51
　patrilineal descent　父系继嗣, 342
　patrilocality　从夫居, 341–42
　premarital sex　婚前性, 135–36, 137t

　rape of　强奸, 144
　social mobility and　社会流动与～, 210
　Type A personality　A 型人格, 250, 391
　violence against　针对～的暴力, 144–45
　work and　工作与～, 253–54
　See also Gender differences; Gender　也见性别差异；性别
Mens rea　犯罪意图, 160
Mental illness, seen as deviant　精神疾病，见越轨, 161, 162–63
Mercy killing (euthanasia)　安乐死, 395–96
Meritocracy　能人统治
　in Britain　英国的～, 190
　defined　～的定义, 188
Metaphysical stage　形而上学阶段, 9
Methodists　卫理公会教徒, 359
　social class and　社会阶级与～, 362, 363
Metropolis, defined　大都会及其定义, 419
Metropolitan statistical areas (MSAs)　大都会统计地区, 420
Mexican Americans　墨西哥裔美国人, 291–92
　education and　教育与～, 292
　income of　～的收入, 292
　poverty and　贫困与～, 292
　social standing of　～的社会地位, 290t
Mexico　墨西哥
　age-sex pyramid　～的年龄－性别金字塔, 414
　economic inequality　经济不平等, 193f
　as a high-income country　作为高收入国家, 226–27f
　modernization theory　现代化理论, 236, 237
　muxes　第三性别, 139
Micro-level orientation　微观层次取向, 344–45
Microsoft Corp　微软公司, 117
Middle Ages　中世纪, 8, 9
　children in　～的儿童, 8–9
　crime, as a sin　作为罪的犯罪, 175

health　健康, 101
　　estate system　等级制度, 189-90
　　monarchies in　中世纪独裁, 319
　　sexuality, control of　对性的控制, 146
Middle class　中产阶级, 200, 204
Middle East　中东, 16, 17, 39
　　agrarian societies　农业社会, 45-36（页码原文如此）
　　female genital mutilation　女性生殖环切除, 147, 261
　　income inequality　收入不平等, 200
　　marriage in　～婚姻, 342
　　middle-income countries in　～中等收入国家, 227-28
　　personal space　个人空间, 95
　　politics　政治, 319, 328, 333
　　slavery　～奴隶制, 232-33
　　water supply problems　～供水问题, 428
　　See also under name of country　也见各具体国家
Middle-income countries　中等收入国家（也见各具体国家）, 227-28
　　child labor　童工, 51
　　countries considered　被认为～, 6, 225, 228
　　defined　～的定义, 225
　　economic sectors　经济部门, 304
　　education　教育, 291
　　gross domestic product(GDP)　国内生产总值, 230t
　　income inequality　收入不平等, 6
　　per capital income　人均收入, 227-28
　　population figures　人口数量, 229f
　　productivity of　～的生产率, 226
　　quality of life index　～的生活质量指数, 230t
　　television ownership　电视拥有, 74
　　See also name of country　也见各具体国家
Middletown　中镇, 327
Midlife. See Adulthood　中年（见成年）
Migration　迁移, 411-12
　　defined　～的定义, 411
　　forced/slavery　被迫/奴隶制, 412

　　global　全球～, 53
　　internal　内部～, 412
　　social change and　社会变迁与～, 442
Military　军事
　　-industrial complex　军事-工业复合体, 330-31
　　international　国际军事, 39, 53
　　social class　社会阶级, 257-58
　　volunteer army, effects of　自愿武装的影响, 331
　　women in　军事中的妇女, 330
Minorities　少数派
　　assimilation　同化, 283
　　characteristic of　～的特征, 276
　　in cities　城市中的～, 277
　　defined　～的定义, 276
　　gender stratification　性别分层, 258
　　genocide　种族灭绝, 283-84
　　humor against　针对～的幽默, 101
　　interactions　互动, 283
　　intersection theory　交叉理论, 264
　　model minority image　～形象的模式化, 288
　　multiculturalism　多元文化主义, 48
　　pluralism　多元主义, 282-83
　　politics　政治, 322-23
　　population statistics　人口统计, 423
　　segregation　隔离, 119, 283
　　stereotypes　成见, 78, 277-79
　　women as　作为～的妇女, 258, 277, 294
　　workplace discrimination　工作场所的歧视, 36, 119, 278, 282, 294
　　See also Ethnicity; Race　也见族群（性）；种族
Minority-Majority　少数派-多数派, 284, 423
Miscegenation　人种混杂, 283
Mistrust　怀疑, 70
Mixed (interracial) marriages　混合（种族间）婚姻, 349-50
Mobility. See Social mobility　流动（见社会流动）

Mobs, and riots　群氓，与骚乱, 442
Mode　模范, 18
Model minority image　少数派形象的模式化, 288
Modernity　现代性, 446-58
    Durkheim　涂尔干, 159, 448, 450
    future for　现代性的未来, 459
    loss of community, Tonnies　社区的丧失，滕尼斯, 448
    Marx　马克思, 450-51
    mass society and　大众社会与～, 451-52, 45
    organizations　组织, 115-17
    Weber　韦伯, 235
Modernization　现代化, 234-37
Modernization theory　现代化理论, 234-37
    compared to dependency theory　与依赖理论的比较, 239-40
    high-income countries and　高收入国家与～, 226-27
Modesty, cultural differences　端庄的文化差异, 132
Monarchy (monarchies)　君主制度（君主制国家）, 319
Money. See Economy; Income　金钱（见经济；收入）
Mongoloid, racial type　蒙古人种，种族类型, 275
Monogamy　一夫一妻制, 341
Monopolies　垄断, 315
Moral development　道德发展
    boundaries　边界, 159
    gender differences　性别差异, 252, 259, 260, 261, 262
    Gilligant's theory　吉里干的理论, 68-69
    Kohlberg's theory　柯尔伯格的理论, 68
Moral reasoning　道德推理, 68
Mores　民德, 44
Mormons　摩门教, 286, 361, 365,
Morocco, child laboring　摩洛哥，童工, 76
Mortality, defined　死亡率及其定义, 411
Mortality rates　死亡率, 411
    gender differences　～的性别差异, 249
MSAs (metropolisan statistical areas)　大城市统计地区, 420

Multicentered model　多中心模式, 423-24
Multiculturalism　多元文化主义
    assimilation　同化, 283
    controversies over　～的争论, 48-49
    defined　～的定义, 48,
Multinational corporations　跨国公司
    crime　～犯罪, 173
    defined　～的定义, 234
    growth and control by　～的增长与控制, 317
    neocolonialism and　新殖民主义和～, 234, 238, 240
    See also Corportations　也见公司
Multiracial, society　多种族，社会, 5, 275, 285, 350
Mundugumor, New Guinea　蒙杜古马人，新几内亚, 249
Mead's gender studies　米德的性别研究, 249
Music, cultural change and　音乐，文化变迁, 52
Muslims　穆斯林
    difference between the terms Arab and　阿拉伯与～概念的区别, 292-93
    social distance and　社会距离与～, 279
    See also Arab Americans; Arabs; Islam; Islamic societies　也见阿拉伯裔美国人；阿拉伯人；伊斯兰教；伊斯兰教社会
    Musim women. See Women, Islamic　穆斯林妇女，也见伊斯兰妇女
Musuo　摩梭人, 250
Mutual assured destruction (MAD)　相互保证毁灭机制, 332
Muxes　第三性别, 139

N

NAACP (National Association for the Advancement of Colored People)　NAACP（全国有色人种进步协会）, 13
Namibia　纳米比亚
    gross domestic product　国内生产总值, 230t
    as a middle-income country　作为中等收入国家, 227-28

quality of life index　生活质量指数, 230t

National Rifle Association　全国枪支协会, 324

Nation at Risk, A (NCEE)　《一个处于危机中的国家》（NCEE）, 384

Native Americans　土著美国人, 284–86
　　Apache　阿派克族, 83
　　animism and　泛灵论与～, 361
　　assimilation of　同化, 285–86
　　Cherokee　切罗基族, 41
　　citizenship for　～的身份, 285
　　education of　～的教育, 285n, 286
　　family life　～的家庭生活, 285, 348
　　gambling　赌博, 286
　　genocide　种族灭绝, 284
　　incest taboo　乱伦禁忌, 133
　　income of　～的收入, 285
　　Indians, use of terms　印第安人, 术语的使用, 284
　　intersexual people and　两性人与～, 132
　　migration to North America　北美迁移, 418
　　Navajo　纳瓦霍人, 132–33, 343
　　incest taboos　乱伦禁忌, 133, 343
　　intersexual people　双性人, 132
　　norms and　规范与～, 44
　　on reservations　保护区的～, 158, 285, 286, 348
　　residential patterns　居住模式, 341–42
　　sexually transmitted diseases and　性传染病与～, 393–95
　　social standing　社会地位, 285t
　　transition to adulthood　向成人转变
　　use of term,　术语的使用

Natural disasters　自然灾害, 445, 446

Natural environment　自然环境（也见环境）, 425–32
　　See also Environment　也见环境

Natural selection　自然选择, 55

Nature versus nurture　自然与养育, 64–66

Navajo　纳瓦霍人

incest taboo　乱伦禁忌, 133, 343
intersexual people and　两性人与～, 132
Nazis, Holocaust　纳粹, 大屠杀, 284
Needs, basic human　人类基本需要, 66
Negroid, racial type　黑人, 种族类型, 275
Neocolonialism　新殖民主义
　　defined　～的定义, 234
　　poverty and　贫困与～, 234, 238, 240
Neolocality　新居制, 342
Netherlands　荷兰
　　euthanasia　～安乐死, 396
　　homosexual marriages　同性婚姻, 353
Networks　网络, 113–14
　　grapevines　谣传, 117
New Age religion　新时代宗教, 363, 364–65
New Guinea, Mead's gender studies　新几内亚, 米德的性别研究, 249
New social movements theory　新社会运动理论, 445
New York City, changing neighborhoods　纽约市, 变化的邻里, 419, 443
New Zealand　新西兰
　　as a high-income country　作为高收入国家, 226–27
　　Maori　毛利人, 132
Nicaragua　尼加拉瓜
　　education　～的教育, 375
　　modernization theory　现代化理论, 237
　　quality of life　生活质量, 230t
　　social inequality　社会不平等, 109
Niger　尼日尔
　　family size　家庭规模, 342
　　gross domestic product　国内生产总值, 230t
　　as a low-income country　作为低收入国家, 228–29
　　modernization theory　现代化理论, 235
　　quality of life index　生活质量指数, 239, 230t
　　women, social status of　～妇女的社会地位, 251
Nigeria　尼日利亚

affection, display of 对爱的表达, 132
constraints put on women 对妇女的限制, 261
Nineteenth Amendment 第十九修正案, 257
No Child Left Behind 身后无子, 386
Nongovernmental organizations (NGOs) 非政府组织, 321, 322
Nonmaterial culture 非物质文化, 36
Nonverbal communication 非语言沟通, 94-95
　body language 身体语言, 95
　deception, spotting 欺骗，现场, 95
　hand gestures 手势, 41, 95
　smiling 微笑, 96
　social interaction and 社会互动与非语言沟通, 105
　touching 接触, 96
Normative organizations 规范型组织, 115
Norms 规范, 44
　superego 超我, 66-67
North American Free Trade Agreement (NAFTA) 北美自由贸易协定（NAFTA）, 240
Norway 挪威
　gross domestic product ～的国内生产总值, 230t
　as a high-income country 作为高收入国家, 226-27
　homosexual marriages 同性婚姻, 353
　quality of life index ～的生活质量指数, 230t
　women, social status of 妇女的社会地位, 251
　women in government positions 妇女在政府的位置, 257
Nuclear family 核心家庭, 341
Nuclear weapons 核武器, 331
Nursing shortage, in U.S. 美国的护理短缺, 399-400
Nurture 抚育, 65-66, 121
　in early childhood 早期～, 71

O

Obesity 肥胖症, 392
Objectivity 客观性, 18-19
Observation, participant 参与式观察, 24-26
Occupations 职业（也见工作/工作场所）
　gender and 性别与～, 253-54
　prestige ～声望, 201-2
　versus professions ～与专业职业, 78, 310-11
　See also Work/workplace 也见工作；工作场所
Old age. See also Elderly 老龄（见老人）
Oligarchy 寡头政治, 118
Oligopoly 寡头垄断, 315
Oman, monarchy in 阿曼的君主制度, 319
One-parent families 单亲家庭, 352-53
On the Origin of Species(Darwin) 《物种起源》（达尔文）, 55
Open system 开放制度, 187
Operationalize variables 操作化变量, 17, 28
Opportunity 机会
　relative ～机会, 160
　social control 社会～, 164
　U.S. value 美国价值观, 43
Oral contraceptives 口服避孕药, 136, 265
Oral sex 口交, 136, 138
Organic solidarity 有机团结, 421-22
Organizational environment 组织环境, 116
Organizations 组织, 115-23
　applications of ～应用, 124-27
　See also Bureaucracy; Formal 也见，科层制；正式
Organized crime 有～的犯罪, 166-67
　human trafficking 人口非法买卖, 455
Other-directedness 他人指向, 455
Out-groups 外群体, 122
Overgeneralizing 以偏概全, 20

P

PACs. See Political action committees PACs（政治行动委员会）
Pakistan 巴基斯坦

  conflict in　～的冲突, 328, 329, 330

  gross domestic product　～的国内生产总值, 230t

  as a low-income country　作为低收入国家, 228–29

  quality of life index　～的生活质量指数, 230t

  state religion　国家宗教, 359

Paraprofessions　准专职人员, 310–11

Parenting　作父母, 346–47

  cohabiting couples　同居配偶, 353

  cost of　～的成本, 346

  homosexuals　同性恋, 353–54

  number of children in families　家庭子女数量, 346n

  single (one)-parent　单亲家庭, 171, 354

  traditional　传统～, 347, 348

  who is taking care of children　谁照顾孩子, 347

Parochial schools　教区学校, 378, 385

Parole　假释, 179

Participant observation　参与式观察, 24

Passive students　被动性大学生, 383–84

Pastoralism, defined　田园主义的定义, 46

Pastoral societies　畜牧社会

  development of　～的发展, 46

  religion and　宗教与～, 361

  social stratification and　社会分层与～, 198–99

Patriarchy　父权制, 342–44

  religion and　宗教与～, 358

  sexism and　性别歧视与～, 250–51

Patrilineal descent　父系继嗣, 342

Patrilocality　从夫居, 341–42

Peace, approaches to　通往和平的途径, 12, 36, 332

Pearl Harbor　珍珠港, 111

Peer group　同辈群体

  defined　定义, 73

  gender socialization and　性别社会化与～, 252

  socialization and　社会化与～, 73

Pentagon attack. See September 11 attacks,　五角大楼袭击（见"9·11"袭击事件）

Pentecostals　圣灵降临节, 367

People's Republic of China. See China　中华人民共和国（见中国）

Perestroika　改革, 191

Performances, social interaction and　社会互动与表演, 94

Personal choice　个人选择, 3, 134

Personal freedom　个人自由

  capitalism versus socialism and　资本主义与社会主义与～, 307–8

  public issues and　公共议题目与～, 6

  social responsibility versus　社会责任与～, 458

Personal growth, sociology and　社会学与个人发展, 7–8

Personality　人格

  authoritarian personality theory　权威～理论, 280–81

  charisma　卡里斯玛～, 318, 360

  defined　～的定义, 64

  development　～发展, 67

  deviance and　越轨与～, 157–58

  Erikson' development stages　艾里克森的发展阶段, 70–71

  Freud's model of　弗洛伊德的人格模型, 66–67

  Type A　A型～, 250, 391

Personal liberty, individual rights and　个体权利与个人自由, 9

Personal space　个人空间

  cultural differences　文化差异, 51

  defined　定义, 95

  Hispanics and　拉美与～, 22

  Social interaction and　社会互动与～, 95

Peru　秘鲁

  crime in　～的犯罪, 173

  as a middle-income country　作为中等收入国家, 227–28

  sibling marriage　～的同胞婚姻, 133

Philadelphia Negro: A Social Study, The(Du Bois)　《费城黑人：一项社会研究》（杜波依斯）, 13

Philippines 菲律宾
    crime in 菲律宾的犯罪, 173
    family size 家庭规模, 342
    wealth and poverty 财富与贫困, 229
Physical appearance/attractiveness 外表/吸引力
    beauty myth and advertising 美貌神话与广告, 254, 292
    cultural differences 文化差异, 443
    cultural diversity 文化多样化, 16, 131
Physical disabilities 生理残疾, 90, 387
Physically disabled. See Disabled 生理上残疾（见残疾）
Physicians 医生
    licensing of ～执照, 396
    role of ～角色, 400
Piaget' cognitive theory 皮亚杰的认知理论, 67-68
Pink-collar jobs 粉领工作, 253
Play 游戏
    gender socialization and 性别社会化与～, 70, 267
    self development and 自我发展与～, 70
Plea bargaining 辩诉交易, 174, 183
Pleasure of Honesty, The(Pirandello), 《诚实的快乐》（皮兰代洛）
Pluralism 多元主义, 282-83
Pluralist model 多元主义模型, 283
Pokot 普科特人, 132
Poland, market reforms 波兰, 市场改革, 308
Police 警察
    community-based 社区警察, 174
    role of 警察的角色, 174, 178
Political action committees (PACs) 政治行动委员会, 324
Political change, sociology and 社会学与政治变动, 9, 328, 332
Political-economy model/theory 政治经济模式/理论, 327, 445
Political elites 政治精英, 326
Political parties 政党, 323-25
    gender differences and 性别差异与～, 257

Political revolution 政治革命, 327-28
Political spectrum, U.S. 美国的政治光谱, 322-23
Political systems 政治制度, 322-24
    in agrarian societies 农业社会的～, 319
    authoritarianism 威权主义～, 321
    democracy 民主～, 319-20
    global 全球～ 321-22
    monarchy 君主制度, 319
Politics 政治
    authority and 权威与～, 318
    critical sociology and 批判社会学与～, 18
    defined ～的定义, 318
    future for ～的未来, 332-33
    gender differences 性别差异, 257
    importance of ～的重要性, 322
    medicine and 医疗与～, 402
    pornography and 色情与～, 142
    power and 权力与～, 318-19, 326
    social class and 社会阶级与～, 206
    sociology as 社会学作为～, 19-20
    television and 电视与～, 74-75
    women in ～中的妇女, 257, 258
Politics, U.S. 美国政治
    class, race, and gender issues 阶级，种族和性别问题, 320
    culture and the welfare state 文化与福利国家, 307
    economic issues 经济问题, 330-32
    Marxist political-economy model 马克思主义的政治经济模型, 326-27
    medicine and 医疗与～, 402
    party identification 政党认同, 323-24
    pluralist model 多元主义模型, 283
    political spectrum ～光谱, 322-23
    power-elite model 权力精英模型, 326, 327
    television and 电视与～, 74-75
    voter apathy 投票人冷漠, 324-25

索引

Pollution 污染
- air 空气污染, 429–30
- solid waste 固体废物污染, 427–28
- water 水污染, 428–29

Polyandry 一妻多夫制, 341

Polygamy 多偶制, 341,

Polygyny 一夫多妻制, 341

Popular culture 流行文化, 47–48

Population/population growth 人口／人口增长, 412–18
- modernization theory and control of 现代化理论与人口的控制, 236–37
- patterns and effects on organizations 模式与对组织的影响, 421
- poverty and increase in 贫困与~, 173, 234, 416–17
- resources versus 资源与~, 432
- social change and 社会变迁与~, 442, 451, 452
- surveys 人口调查, 23
- urban 城市人口, 418–21
- zero population growth 零人口增长, 416

Pornography 色情, 141–42

Positivism, defined 实证主义的定义, 9

Positive sociology 实证主义社会学, 16–20

Postconventiona level, Kohlberg's moral development theory 后传统水平, 柯尔伯格的道德发展理论, 68

Postdemination society 后宗派社会, 365

Postindustrial economy 后工业经济, 303–4
- computers, impact of 计算机对~的影响, 47
- defined ~的定义, 303
- Kuznets curve 库兹涅茨曲线, 199
- professions 职业, 310–11
- self-employment 自我雇佣, 312
- work and 工作与~, 47, 120, 121, 122

Post-industrialism, defined 后工业主义定义, 46

Postindustrial societies 后工业社会
- information revolution and 信息革命与~, 114, 303–4
- information technology 信息技术, 47, 303–4

population growth 人口增长, 416
- work in ~工作, 47, 120, 121, 122

Postmodernity 后现代性, 457

Poverty 贫困（也见全球贫困）
- absolute 绝对~, 212, 213, 230–31
- age and 年龄与~, 79, 212
- causes of ~的原因, 6, 18, 213–14
- children and 儿童与~, 212–13
- culture of ~文化, 212
- elderly and 老人与~, 212
- extent of ~程度, 212, 231
- family ~家庭, 212–13, 348, 349, 352
- feminization of ~的妇女化, 212–13
- health and 健康与~, 212, 234
- homelessness 无家可归, 9, 216
- in India 印度的~, 236
- race and 种族与~, 160, 171, 212
- relative 相对~, 212, 219f, 230–31
- severity of ~的严重性, 230–31
- single (one)-parent and 单亲与~, 171, 352–53
- in the U.S. 美国的~, 212–16
- urban versus rural 城市~与农村贫困, 213
- welfare dilemma 福利制度的两难, 215
- women and 妇女与~, 232
- working poor 在业穷人, 214–16
- See also Global poverty 也见全球~

Power 权力
- authority and 权威与~, 318
- defined ~的定义, 318
- deviance and 越轨与~, 165
- -elite model ~精英模型, 25, 326, 327
- in-groups and 内群体与~, 112
- language and 语言与~, 99
- Marxist political-economy model 马克思主义政治经济模型, 326–27
- pluralist model 多元主义模型, 238

poverty and 贫困与～, 234
wealth and 财富与～, 7, 78–79, 200–1
women's, global view 妇女～，全球视角, 251f
Powerlessness, modernity and 现代性与无权, 455
Practicality, U.S., value 实用，美国价值观, 43
Preconventiona level, Kohlberg's moral development theory 前世俗水平，柯尔伯格的道德发展理论, 68
Predestination 预选说, 358
Predictability, McDonaldization and 麦当劳化与可预测性, 121
Pregnancy 怀孕
    abortion 流产, 98
    adolescents and 青少年与～, 141
Preindustrial societies. See Agricultural societies; Hunting and gathering societies; Pastoral societies 前工业社会（见农业社会；狩猎和采集社会；畜牧社会）, 45–46
Prejudice 偏见, 277–82
    ageism 年龄歧视, 79
    authoritarian personality theory 权威人格理论, 280–81
    conflict theory 冲突理论, 281–82
    culture theory 文化理论, 56, 281
    defined 偏见的定义, 278
    discrimination and 歧视与～, 56, 79, 282
    ethnocentrism 种族中心主义, 51–53, 282, 283
    measuring ～的测量, 279–80
    racism and 种族歧视与偏见, 171, 280
    scapegoat theory 替罪羊理论, 280
    stereotypes 刻板印象, 277–79
    theories of ～的理论, 280–82
Premarital sex 婚前性, 135–36, 137t
Preoperational stages 前操作阶段, 67
Prebyterians 教徒
    Scottish 苏格兰教徒, 286
    social class and 社会阶级与教徒, 362–63
Presentation of self 自我呈现, 94–97
Presidential election of 年总统选举, 235

rural-urban division 城乡二元分割, 324
Prestige, occupational 职业声望, 201–2
Primary deviance 初级越轨, 162
Primary economic sectors 第一产业, 304
Primary groups 初级群体, 109
Primary sex characteristics 第一性征, 131
    Primates, 灵长类,
    importance of ～的重要性, 39
    Rhesus monkeys social isolation experiment 恒河猴社会孤立实验, 65
Primogeniture 长子继承权, 190
Prisons 监狱
    community-based corrections versus 社区矫正与～, 177–79
    increase in inmates ～犯人的增加, 175–76
    justification for ～辩护, 175–76
    resocialization 再社会化, 80–81
    setting 场景, 22
    Stanford County prison experiment 斯坦福郡～试验, 22–23
    statistics on number of inmates 犯人数量的统计, 178
    voting and criminals 投票与罪犯, 325–26
Privacy 隐私
    genetic 遗传的, 403
    laws related to 与～有关的法律, 123, 383
    research 研究～, 21
    surveillance methods 监控方法, 123
    technology and erosion of 技术与～的侵蚀, 123
Private schools, in the U.S. 美国的私立学校, 378–80
Probation 缓刑, 178
Productivity, economic 经济生产力, 46, 115–19
Profane, defined 世俗的定义, 356
Professions 专业职业, 310–11
Profit 利润
    capitalism and personal 资本主义与私利, 119–20
    medicine and 医疗与～, 402

schooling for 营利学校, 386, 401–2

Progress 进步

    modernity/social change and 现代性/社会变迁与进步, 456–57

Progressive education 进步主义教育, 376

Prohibition 禁止, 160, 166

Projective labeling 规划性的标签, 162

Proletarians 无产阶级, 195

Promise Keepers 履行诺言者, 367

Property crimes 财产犯罪, 169

Property ownership 财产所有制

    capitalism and 资本主义制度与～, 306

    collective 集体所有制, 306

    estate system 等级制度, 189–90

    inheritance rules 继承规定, 344

    socialism and 社会主义制度与～, 360

Proselytizing, religious 宗教信仰的改变, 360

Prostitution 卖淫, 142–6

    human trafficking 人口非法买卖, 144, 233

Protestantism 新教, 361–5

    capitalism and 资本主义与新教, 358–59

    reformation 改革, 358

    suicide rates 自杀率, 5, 10

    white Anglo-Saxon 白人盎格鲁-撒克逊人, 286

    work ethic 职业伦理, 359

Psychoanalysis 精神分析, 66

Public employee unions 公共就业联合会, 311

Public policy, sociology and 社会学与公共政策, 7

Public schools, in the U.S. 美国的公立学校, 379–80

Puerto Ricans 波多黎各人, 290, 292

    income of ～的收入, 292

    poverty and 贫困与～, 292

    revolving door policy 旋转门政策, 292

    social standing of ～的社会地位, 290t

    Spanish language, use of 西班牙语言的使用, 292

    Puerto Rico, modernization theory ～，现代化理论, 236

Punishment, for criminals 对罪犯的惩罚, 175–76

Puritan Boston and Quaker Philadelphia (Baltzell) 鲍泽尔的《清教徒波士顿与贵格会教徒费城》, 27

Puritans 清教徒, 159

Pygmies 俾格米人, 45

Q

Qualitative data 定性资料, 19, 20, 27

Quality circles, work in Japan 日本的工作品质圈, 120

Quality of life, globally 全球生活质量, 320

Quantitative data 定量资料, 19, 20, 24, 27

Queer theory 酷儿理论, 149

Questionnaires, research 问卷，研究, 25, 27

Quid pro quo, sexual harassment and 性骚扰与交易性, 259

R

Race 种族, 274

    assimilation 同化, 283

    categories/types ～种类/类型, 275–76

    -conflict approach ～冲突的视角, 12–14

    consciousness 良心, 13

    crime and 犯罪与～, 167, 168, 171, 293

    exclusion patterns 排外模式, 119

    future issues ～的未来问题, 13, 295

    gender issues 性别问题, 52, 202–3

    group dynamics and 群体动力与～, 113

    hate crimes 仇恨罪行, 167, 168

    importance of 重要性, 349

    income inequality and 收入不平等与～, 24

    intelligence and 智力与～, 281

    majority/minority patterns of interaction 互动的多数派/少数派模式, 282–284

    mixed marriages 混合婚姻, 349–50

    pluralism 多元主义, 282–83

    poverty and 贫困与～, 212

  prejudice　偏见, 171, 277–82
  privilege patterns　特权模式, 119
  religion and　宗教与～, 276, 286, 292
  social class and　社会阶级与～, 296
  socialization and　社会化, 5
  stereotypes　刻板印象, 78, 277–78
  See also Ethnicity　也见族群/族裔
Racial blends/mix　种族混合, 274, 276
Racial differences　种族差异
  feminism and　女权主义与～, 302–3
  health and　健康与～, 390
  infant mortality rates　婴儿死亡率, 411
  physical traits and　身体特质与～, 280
  social mobility and　社会流动与～, 290
  suicide rates and　自杀率与～, 5, 10
  television and　电视与～, 74
  unemployment and　失业与～, 202
  work and　工作与～, 202
Racial discrimination　种族歧视, 282
  affirmative action　肯定性行动, 294
  African Americans and　非裔美国人与～, 279, 280, 282, 286–88
  apartheid　种族隔离, 188, 189
  Arab Americans and　阿拉伯裔美国人与～, 292–93
  arrests and　被捕与～, 171, 288–90
  Asian Americans and　亚裔美国人与～, 288–90
  circle of　种族歧视环, 282f
  civil rights movement　民权运动, 54, 68, 287
Dred Scott case　德雷德·司各特案, 297
Du Bois, work of　杜波依斯及其作品, 274, 288
Hispanic Americans/Latinos and　西班牙裔美国人/拉丁裔, 290–92
  institutional　制度性, 282
Japanese Americans and　日本裔美国人与～, 289–90
  lynching　私刑, 286, 287
  prejudice　偏见, 282

  sports and　体育与～, 15
  successful African Americans and　成功的非裔美国人与～, 23
  in the workplace　工作场所的～, 278, 282, 294
Racial segregation　种族隔离, 283
  apartheid　～制度, 188, 189
  Brown v. Board of Education of Topeka　布朗诉托皮卡教育局, 282
  civil rights movement　民权运动, 287
  de jure and de facto　法律上与事实上的～, 283
  history of, in the U.S.　美国～的历史, 283
  hyper-　高度～, 283
  Japanese American internment　对日裔美国人的战时拘留, 289–90
  in schools　学校的～, 282, 283, 287
  in the U.S. cities　美国城市的～, 283
Racism　种族主义, 280
  African American and　非裔美国人与～, 279, 280, 282, 286–88
  defined　～的定义, 280
  environmental　环境～, 431
  future issues　～的未来问题, 295
  group dynamics and　群体动力与～, 43, 282–83
  hate crimes　仇恨罪行, 167, 168, 293
  intelligence and　智力与～, 281
  lynching　私刑, 286, 287
Radical feminism　激进的女权主义, 266
Rain forests　雨林, 430–31
Rape　强奸
  culture　～文化, 259
  date　约会～, 144
  defined　～的定义, 144, 169
  marital　婚内～, 352
  of men　男人的～, 144–45
  pornography and　色情与～, 142
  statistics on　对～的统计, 144

Rationality　理性
    alienation and　异化与～, 177
    defined　～的定义, 115
    McDonaldization concept　麦当劳化概念, 122
    modernization and　现代化与～, 451
    Weber and　韦伯与～, 115, 122
Rationalization of society　社会的理性化, 450
Rational-legal authority　法理型权威, 318
Real culture　现实文化, 44
Reality　现实
    building　～建构, 93
    language and　语言与～, 41
    social construction of　社会结构, 91–93, 102–4, 262–63
Rebellion　叛乱, 160
Recidivism, criminal　惯犯, 176
Recycling　再循环, 428
Redemptive social movements　救赎性的社会运动, 444
Reference groups　参照群体, 111–12
Reformative social movements　改良型社会运动, 444
Reformatories　教养院, 175
Rehabilitation, of criminals　犯罪的恢复, 175–76
Relative deprivation　相对剥夺, 444
Relative opportunity　相对机会, 160
Relative poverty　相对贫困, 212, 229f, 230–31
Relativism, cultural　文化相对主义, 51–53
Reliability　信度, 17
Religion　宗教, 356–67
    in colonial America　殖民地美国的～, 233
    ethnicity and　族群与～, 276, 283, 285, 292
    in horticultural societies　园艺社会的～, 342, 361
    in hunting and gathering societies　狩猎和采集社会的～, 45
    in industrial societies　工业社会的～, 361
    in pastoral societies　畜牧社会的～, 46
    race and　种族与～, 276, 283, 285, 292
    social change and　社会变迁与～, 358–59, 442, 452

    symbolic-interaction analysis　～的符号互动分析, 357
    See also specific types　也见各具体宗教
Religiosity　宗教虔诚, 361–62
Religious affiliation　宗教机构, 363–64
    college students and　大学生与～, 364
    racial/ethnic　种族/族群的～, 276, 283, 285, 292
    social class and　社会阶级与～, 362–63
Religious organization, types of　宗教组织的类型, 359–60
    churches　教会, 359
    cults　异端, 360
    denominations　宗派, 361t, 362, 363, 369
    sects　教派, 359–60
    state church　国家教会, 359
Remarriage　再婚, 351–52
Renaissance　文艺复兴, 9
Repression　大萧条, 189, 241
Reproduction　生育, 354
    controlling　～控制, 343
    family and new technology　家庭与新～技术, 354
    in virtro fertilization　体外受精, 354
    sex determination　性决定, 403
    test tube babies　试管婴儿, 354
Republican party　共和党, 323
Research. See Sociological investigation　研究（见社会学调查）
Research methods　研究方法, 21–28
Research orientations　研究取向, 20
Reservations　保留地
    Japanese Americans on　～的日裔美国人, 289
    Native Americans on　～的土著美国人, 158
Residential patterns　居住模式, 341–42
Resocialization　再社会化, 80–81
Resource-mobilization theory　资源-流动理论, 444
Resources, versus population growth　资源与人口增长, 432
Retreatism　退却主义, 160
Retreatist subcultures　退却亚文化, 160

Retribution 惩罚, 175
Retrospective labeling 回溯性的标签, 162
Revivalism 宗教复兴主义, 365–67
Revolution, capitalist 资本主义革命, 303
Revolution, political 政治革命, 327
Revolutionary social movements 革命性社会运动, 444
Revolutionary War 革命战争, 284, 327, 329
Rhesus monkeys, social isolation experiment 恒河猴社会孤立实验, 65
Right(s) 权利
 due process 正当程序, 173–74
 individual 个人, 9, 43, 44n, 174
 informed consent 知情同意, 21
 -to-die debate 死亡～的争论, 396
Ritual, defined 仪式的定义, 356
Ritualism 仪式主义
 bureaucratic 科层制～, 117–18
 deviance 越轨, 160
Roe v. Wade 罗伊诉韦德, 148
Role conflict, defined 角色冲突的定义, 90
Roles 角色, 89–91
 gender 性别～, 250
 leadership 领导～, 110
 sex 性～, 250
 See also Gender roles 也见性别角色
Roman Catholic Church 罗马天主教会
 liberation theology 自由神学, 359
 parochial schools 教区学校, 378, 385
 See also Catholicism 也见天主教
Roman Empire, early cities in 罗马帝国，罗马帝国的早期城市, 359, 418
Romania 罗马尼亚
 market reforms 市场改革, 308
 socialism, decline of ～社会主义的衰退, 308
Romantic love 浪漫爱, 345–46
Routinization of charisma 卡里斯玛常规化, 319

Rumors, defined 谣言及其定义, 443
Rural areas 农村地区
 deviance and 越轨与～, 158
 group dynamics and 群体动力与～, 109
 political party identification and 政党认同与～, 325
 population growth in ～的人口增长, 421
 poverty 贫困, 213
 presidential election of and 年总统选举, 324, 325
 rebound 反弹, 421
Rural life(Gemeinschaft) 农村生活（社区）, 421
Russia 俄罗斯
 economic inequality ～的经济不平等, 193f
 as a high-income country 作为高收入国家, 226–27
 market reforms 市场改革, 308
 medicine in 医疗, 397
 social inequality 社会不平等, 190–91
 social stratification in ～的社会分层, 192, 199, 226, 227, 240
 See also Soviet Union 也见苏联
Russian Revolution 俄罗斯革命, 191, 327
Rwanda 卢旺达
 genocide 种族屠杀, 284
 quality of life ～的生活质量, 230

S

Sacred, defined 神圣的定义, 356
Sambia, sexuality and 性与赞比亚, 138
Same-sex marriage 同性婚姻, 353–54
Samoa, modesty 萨摩亚，端午, 133
Sampling, snowball 抽样, 雪球抽样, 23
Sanctions 处罚, 44
Sandwich generation 三明治一代, 121, 122
Sapir-Whorf thesis 萨丕尔－沃尔夫假说, 41
SAT (Scholastic Assessment Test) scorces STA（学术测评）分数, 383, 385
Saudi Arabia 沙特阿拉伯

ban on red flowers　对红花的禁止, 93
　　constraints put on women　对妇女穿着的禁止, 158
　　as a high-income country　作为高收入国家, 226–27
　　modernity　现代性, 457
　　monarchy in　～的君主制, 319
Scapegoat theory　替罪羊理论, 280
Scholastic Assessment Test(SAT) scores　学术测评得分, 383, 385
Schooling　学校
　　defined　～定义, 374
　　functions of　～功能, 202
　　for profit　营利～, 386, 401–2
　　See also Education　也见教育
School problems. See Education　学校问题，见教育
Schools　学校
　　charter　图表, 386
　　choice of　择校, 395–86
　　Christian academies　基督教学院, 379
　　funding issues　资金问题, 379–80, 387
　　home　家庭～, 386–87
　　inequality in　～的不平等, 383
　　magnet　兴趣～, 386
　　parochial　教区～, 378, 385
　　private boarding　私立董事会, 379
　　public　公立～, 378–80
　　public versus private, in the U.S.　美国的公立～与私立～, 378–80
　　socialization and　社会化与～, 376
　　tracking　教育分流, 378
Science　科学
　　defined　～的定义, 16
　　medicine and　医药与～, 396
　　pros and cons of　～的利与弊, 19, 457
　　religion and　宗教与～, 366
　　sociology and　社会学与～, 9–10
　　U.S. value　美国价值观, 43

Scientific management　科学管理, 118–19
Scientific medicine　科学医疗, 396
Scientific stage　科学的阶段, 9
SDI. See Strategic defense initiative　SDI（见星球大战计划）
Secondary deviance　次级越轨, 162
Secondary economic sector　第二经济部门, 304
Secondary groups　次级群体, 109
Secondary labor market　次级劳动力市场,
Secondary sex characteristics　第二性征, 131
Secondary world countries. See Middle-income countries　第二世界国家（见中等收入国家）
Sects　宗派, 359–60
Secularization　世俗化, 364
Segregation　隔离, 283
　　Brown v. Board of Education of Topeka　布朗诉托皮卡教育委员会, 282
　　defined　～的定义, 283
　　See also Racial segregation　（也见种族隔离）
Self　自我
　　defined　～定义, 69
　　development in adolescents　青少年～发展, 78
　　looking-glass　镜中我, 69
　　Mead's social self theory　米德的社会～理论, 69–70
　　play and the development of　游戏与～的发展, 70
　　presentation of　～的呈现, 69
Self-aware　自我意识, 69
Self-employment　自我雇佣, 312
Self-fulfilling prophecy　自我实现预言, 377–78
Semai　士美亚族人, 37, 45
Seneca Falls convention　西耐卡福斯集会, 248
Senegal, female genital mutilation　塞内加尔，女性生殖环切术, 261
Sensorimotor stage　感觉运动阶段, 67
Separate but equal　分开但平等, 282
September 11, attacks　9·11袭击事件（也见恐怖主义）

bureaucratic ritualism and　科层制仪式主义, 118
　　impact of　～的影响, 280
　　social distance　社交距离, 280
　　USA Patriot Act　美国爱国者法案, 123
Serbs　塞尔维亚人, 284
Servile forms of marriage　婚姻的奴隶形式, 233
Services, defined　服务的定义, 302
Service-sector employment　服务业就业
　　changes in　～的变化, 304
Seventh-Day Adventists　第七日降临, 365, 367
Sex and sexuality　性及性活动, 130-53
　　difference between gender and　性别差异与～, 249, 263
　　double standards and　双重标准与～, 20, 56, 135f
　　family and new reproductive technology　家庭与新的生育技术, 354
　　marriage and satisfaction　婚姻与性满意度, 137, 346, 351
　　media, influence of　大众传媒对～的影响, 150-51
　　social-conflict analysis of　对～的社会冲突分析, 263-64
Sexism　性别歧视, 149
　　costs of　～的代价, 250
　　defined　～的定义, 250
　　institutional　制度性～, 250
　　patriarchy and　父权制与～, 250-51
Sex ration　性别比, 289, 413
Sex roles. See Gender roles　性角色，见性别角色
Sexual counterrevolution　性反革命, 135
Sexual harassment　性骚扰, 117, 149, 169, 259-60
Sexual issues　性问题, 141-45
　　abortion　流产, 98
　　adolescent pregnancy　少女怀孕, 141
　　homosexuality, attitudes toward　对同性恋的态度, 137, 138, 140
　　pornography　色情, 141-42, 260
　　prostitution　卖淫, 142-44

rape　强奸, 144
sexual harassment　性骚扰, 117, 149, 169, 259-60
Sexually transmitted diseases (STDs)　性传染病（STDs）
　　AIDS/HIV　AIDS/HIV, 144, 393-95
　　genital herpes　生殖器疱疹, 393
　　gonorrhea　淋病, 393
　　syphilis　梅毒, 393
Sexual orientation　性取向, 137-41
　　biology and　生物学与性取向, 131-32, 138-39
　　intersexual　两性人, 132
　　transsexuals　性倒错, 132
Sexual revolution　性革命, 134-35
Sexual violence　性暴力
　　date rape　约会强奸, 144
　　female genital mutilation　女性生殖器切除术, 261
　　pornography and　色情与～, 142, 260
　　as a power issue　作为权力问题的～, 144, 148, 149, 153
　　rape　强奸, 144
Sex workers　性工作者, 142-43, 144
Shaman　萨满教, 45, 364
Shame norms and　耻辱规范, 44, 70, 158
Shantytowns　贫民窟, 236
Shock probation　震慑式缓刑, 179
Siberia, sexuality in　西伯利亚的性, 138
Sibling marriage　同胞婚姻, 343
Sick role　病人角色, 400
Sierra Leone　塞拉利昂
　　female genital mutilation　女性生殖器切除术, 261
　　illiteracy in　～的文盲, 376
Significant others　重要他人, 70
Singapore　新加坡
　　as a high-income country　作为高收入国家, 226-27
　　modernization theory　现代化理论, 236
　　state capitalism, in　国家资本主义, 307
Single-parent families　单亲家庭, 171, 352-53
Singlehood　单身, 354

索引 **925**

Slavery 奴隶制度, 232-33
 African Americans 非裔美国人, 286-87
 agrarian societies and 农业社会与～, 188
 colonialism and 殖民主义与～, 238
 forced migration and 被迫迁移与～, 412
 Thirteen Amendment 第十三修正案, 287
Slovakia, market reforms 斯洛伐克的市场改革, 308
Smiling, social interaction and 社会互动与微笑, 96
Smoking 吸烟
 gender differences ～的性别差异, 390-91
 globally 全球的～, 391
 health effects ～对健康的影响, 390-91
Snowball sampling 雪球抽样, 23, 158
Snowbelt cities 雪带城市, 419, 420, 424
Social area analysis 社会地区分析, 423-24
Social behaviorism (Mead) 社会行为主义（米德）, 69
Social change 社会变迁, 440-64
 aging and 老龄化与～, 79
 critical sociology and 批判社会学与～, 19-20
 culture and 文化与～, 8-10
 deviance and 越轨与～, 159
 diversity ～多样性, 314, 447, 451
 economy and 经济与～, 303, 309, 444, 445
 politics and 政治与～, 308-9, 457
 religion and 宗教与～, 358-59, 452
 sociology and 社会学与～, 8-9, 14, 19, 20, 458
 See also Modernity 也见现代性
Social character 社会性格, 454
Social classes 社会阶级
 average-middles 普通中等阶级, 204
 in Britain 英国的～, 189-90
 in China 中国的～, 192
 class system 阶级制度, 187-88, 203-5, 205-6
 crime and 犯罪与～, 171
 described ～描述, 17, 187
 deviance and 越轨与～, 171

 family life and 家庭生活与～, 347-48
 gender roles and 性别角色与～, 186, 194, 202-3, 206, 207, 210, 212-13
 global economy and effects on U.S. 全球经济及对美国～的影响, 304-5
 group dynamics and 群体动力与～, 110, 112-13
 health and 健康与～, 390
 homelessness 无家可归, 216
 language and 语言与～, 42
 lower 低层～, 205
 lower-middle 低-中层～, 204-5
 lower-upper 低-上层～, 203-4
 meritocracy 能人统治, 188
 middle 中等～, 204
 military 军事, 257-58, 330
 mobility 社会流动, 207-12
 political party identification and 政党认同与～, 323
 politics and 政治与～, 327
 religious affiliation and 宗教归属与～, 362-63
 in Russia 俄罗斯的～, 190-91
 socialization and 社会化与～, 157
 in South Africa 南非的～, 189
 status consistency 地位一致性, 188-89
 in the U.S. 美国的～, 49, 194, 196, 204
 upper 上层～, 203
 upper-middles 上-中层～, 204
 upper-uppers 上-上层～, 203
 values/attitudes and 价值观/态度与～, 43, 206
 working 工人阶级, 204-05
 See also Social stratification 也见社会分层
Social cohesion, religion and 宗教与社会凝聚力, 357
Social-conflict approach 社会冲突分析
 criticism of 对～的批评, 13
 culture and 文化与～, 54-55
 description of 描述, 11-12, 14
 deviance and 越轨与～, 164-67

education and　教育与～, 12
　　family and　家庭与～, 343, 344
　　feminism and　女性主义与～, 14, 146, 147–49
　　gender stratification and　性别分层与～, 263–64
　　health/medicine and　健康/医疗与～, 401–2
　　inequality　不平等与～, 453–44
　　Marx and　马克思与～, 11–14, 195
　　modernity and　现代性与～, 453–54
　　religion and　宗教与～, 357–58
　　sexuality and　性与～, 263–64
　　social stratification and　社会分层与～, 195–97
　　sports and　运动与～, 15
Social construction　社会建构
　　of feelings　情感的～, 97–98, 105
　　of gender　性别的～, 98–99, 105
　　of humor　幽默的～, 99–101, 105
　　of illness　疾病的～, 400
　　of personal identity　个人认同的～, 401
　　of reality　现实的～, 91–93, 102–4, 262–63
　　of sexuality　性的～, 146–47, 149, 153
　　of treatment　处治的～, 400–1
Social control　社会控制
　　conformity and　遵从与～, 180
　　consequences and　结果与～, 164
　　defined　～的定义, 156
　　deviance and　越轨与～, 156, 157
　　education and　教育与～, 378
　　religion and　宗教与～, 357
　　schooling　学校, 378
　　sexual behavior and　性行为与～, 145–46
　　theory, Hirschi's　伊尔斯的～理论, 164–65
　　types of　～类型, 164
Social crisis　社会危机, 5
Social distance　社会距离, 279–80
　　defined　～的定义, 279
　　scale　～量表, 279

Social diversity　社会多元化, 113
　　group dynamics and　群体动力与～, 113
　　modernity and　现代性与～, 451, 545
Social dysfunction, defined　社会负功能，定义, 11
Social epidemiology　社会流行病学, 390
Social-exchange analysis　社会交换理化分析, 14, 16
　　family and　家庭与～, 343, 344–45
Social functions, defined　社会功能，定义, 10
Social groups　社会群体, 108–14
　　conformity　遵从, 110–11
　　defined　～的定义, 108
　　diversity of　～的多样性, 113
　　formal organizations compared to　与正式组织的比较, 116, 117
　　in- and out-　内群体与外群体, 112
　　leadership　领导, 110
　　networks　网络, 113–14
　　peers　同辈群体, 73
　　primary and secondary　初级群体与次级群体, 109
　　reference　参考群体, 111–12
　　size of　群体规模, 112
　　special-interest　特殊利益群体, 324
　　superiority and　优越性与社会群体, 43
　　See also Formal organizations　也见正式组织
Social inequality　社会不平等
　　agrarian societies and　农业社会与～, 46
　　ancestry and　世系与～, 202–3
　　class　阶级, 12, 147
　　creation of　～的创造, 149
　　culture and　文化与～, 54
　　deviance and　越轨与～, 165–67
　　education and　教育与～, 13
　　ethnicity and　族群与～, 281, 282
　　gender and　性别与～, 12, 54–55, 132
　　health and　健康与～, 389, 401–2
　　income　收入的～, 6, 11, 19

industrial societies and 工业社会与～, 47, 199, 396, 397
Kuznets curve 库兹涅茨曲线, 199
modernity and 现代性与～, 453-54
race and 种族与～, 12, 13, 71-72, 202-3, 281, 282
religion and 宗教与～, 357-58
sexuality and 性与～, 147-49
in the U.S. 美国的～, 7
wealth 财富的～, 200-1
See also Social classes; Social stratification 也见社会阶级；社会分层

Social institutions, defined 社会制度，社会制度的定义, 302
Social integration 社会整合
 education and 教育与～, 377
 gender and 性别与～, 262
 suicide rates and 自杀率与～, 5, 10
Social interaction 社会互动, 88-105
 dramaturgical analysis 拟剧分析, 94-97, 105
 language 语言, 42
 roles and 角色与～, 90-91, 250
 social construction of reality 现实的社会建构, 91-93, 102-4, 262-63
Socialism 社会主义, 306-9
 collapse of, in the Soviet Union 苏联～的解体, 225
Social isolation 社会孤立
 human development and 人类发展与～, 65-66
 Rhesus monkey experiment 恒河猴实验, 65
Social issues, politics and 政治与社会问题, 322-23
Socialist feminism 社会主义女权主义, 265-66
Socialization 社会化
 anticipatory ～预期, 73
 defined ～的定义, 64
 education and 教育与～, 73
 Erikson's developmental stages 艾里克森的发展阶段, 70-71
 family and 家庭与～, 343

Freud's personality theory 弗洛伊德的人格理论, 66-67
gender and 性别与～, 72
Gilligan's gender and moral development theory 吉里干的性别与道德发展理论, 68-69
human development 人类发展, 64-65
Kohlberg's moral development theory 柯尔伯格的道德发展理论, 68
life course 生命历程, 75-80
Mead's social self theory 米德的社会自我理论, 69-70
media and 媒介与社会化, 74-75, 150-51
nature versus nurture 先天与养育, 64-66
peers and 同辈群体与～, 73
Piaget's cognitive theory 皮亚杰的认知理论, 67-68
resocialization 再社会化, 80-81
schools and 学校与～, 376
social behaviorism 社会行为主义, 65, 69
social isolation 社会孤立, 65-66
total institutions 全面控制机构, 80
Socialized medicine 社会化医疗, 397
Social marginality 社会边缘, 5
Social mobility 社会流动, 206-12
 defined ～的定义, 187
 downward 向下～, 187, 206-8
 meritocracy and 能人统治与～, 188
 problems with ～问题, 217
 race and 种族与～, 210, 283, 289, 290
 in the Soviet Union 苏联的～, 191
 structural 结构性～, 191, 192
 upward 上向～, 187, 206, 208-9
Social movements 社会运动, 443-45
Social responsibility, personal freedom versus 社会责任与个人自由, 458
Social self. See Self 社会自我，见自我
Social stratification 社会分层（也见全球社会分层）, 184-221

agrarian life and　农村生活与～, 188, 198–99
　　caste system　种姓制度, 188–89
　　class system　阶级制度, 187–88, 203–5, 205–6
　　conflict and　冲突与～, 195, 452, 453
　　Davis-Moore thesis　戴维斯－莫尔假说, 193–95
　　gender and　性别与～, 186, 194, 202–3, 206, 207, 210, 212–13
　　global perspective　～的全球视角, 189, 193f, 198–99, 200, 211–12
　　inequality and　不平等与～, 197, 199–203, 216–19
　　interaction and　互动与～, 197, 198, 206
　　Kuznets curve　库兹涅茨曲线, 199
　　See also Global stratification　也见全球～
Social structure　社会结构的定义, 88–89
　　defined　定义, 10
　　roles　角色, 89–91
　　status　地位, 89
Societal protection　社会保护, 176
Societies　社会
　　agrarian　农业～, 46, 198–99
　　credential　文凭～, 382–83
　　defined　～的定义, 37
　　deviance and influence of　越轨及对～的影响, 161, 165–67
　　disposable　处置, 427–28
　　health and　健康与～, 389
　　homosexuality and influence of　同性恋及对～的影响, 138
　　horticultural　园艺～, 45–46, 198–99
　　hunting and gathering　狩猎和采集～, 45, 198
　　industrial　工业～, 46–47, 199
　　mass　大众～, 451–52, 454–55
　　McDonaldization concept　～的麦当劳化概念, 121–22
　　pastoralism　田园主义, 46, 198–99
　　postindustrial　后工业～, 46
　　rationalization of　～的理性化, 450

　　sexual orientation and influence of　性取向与～的影响, 138
　　technology and　技术与～, 45–47, 193f
　　traditional versus modern　传统～与现代～, 452
Sociology, culture and　文化与社会学, 55–56
Sociocultural evolution　社会文化演化
　　cities, development of　城市，发展, 8–10
　　defined　～的定义, 45
　　religion　宗教, 366
Socioeconomic status (SES)　社会经济地位（SES）, 196–97
　　defined　社会经济地位的定义, 197
　　hierarchy　等级制度, 196–97
　　See also Social inequality; Social classes　也见社会不平等；社会阶级
Sociological imagination　社会学想象力, 5, 6, 27
Sociological investigation　社会学调查, 18–28
　　critical sociology　批判的社会学, 18
　　data, using existing　利用现有资料, 26–28
Sociological perspective　社会学理论, 2–3, 58–59
　　applications of　～的应用, 7–8
　　defined　～的定义, 2
　　double-standards　双重标准, 20, 56, 135f
　　importance of　～的重要性, 5–6
　　marginality　边缘性, 5
　　politics as　作为政治, 19–20
　　role of　～的作用, 2–3
Sociological research. See Sociological investigation　社会学研究（见社会学调查）
　　Sociological theories　社会学理论
　　defined　～的定义, 2, 10
　　feminism and gender-conflict approach　女权主义和性别冲突理论, 12
　　race-conflict approach　种族冲突理论, 12–14, 281–82
　　research orientations and　研究取向与～, 20
　　social-conflict approach　社会冲突, 11–12, 15

sociological 社会学的, 2–5

structural-functional approach 结构功能理论, 10–11, 15, 145–46

symbolic-interaction approach 符号互动理论, 14, 15, 16, 145–46

Sociology 社会学

 careers in ～职业, 8

 critical 批判的～, 19–20

 defined ～的定义, 2

 first use of term 术语的第一次使用, 9

 interpretive 解释～, 18, 19

 origins of ～的起源, 8–10

 personal growth and 个人成长与～, 7–8

 positivist 实证主义～, 16–19

 public policy and 公共政策与～, 7

 religion and 宗教与～, 356

 science and 科学与～, 9–10

 social change and 社会变迁与～, 458

 theory ～理论, 11–16

Solidarity 团结

 mechanical 机械～, 421–24, 448, 450

 organic 有机～, 421–24, 448, 450

Solid waste 固体废物, 427–28

Somalia 索马里

 child labor 童工, 76

 female genital mutilation 女性生殖器环切术, 261

 modernization theory 现代化理论, 235

South Africa 南非

 apartheid 种族隔离, 188, 189

 caste system 种姓制度, 188, 189

 as a middle-income country 作为中等收入国家, 6, 227–28

 homosexual marriages in 同性婚姻, 353

Southern Baptists 南方的浸信会, 365–66, 367

South Korea 韩国

 gross domestic product ～的国内生产总值, 230t

 as a high-income country 作为高收入国家, 226–27

 modernization theory 现代化理论, 237

 quality of life index ～的生活质量, 230t

 state capitalism in ～的国家资本主义, 307

Soviet Union 苏联

 genocide 种族灭绝, 284

 social stratification in ～的社会分层, 191

 See also Russia 也见俄罗斯 190–91

Space, social interaction and personal 社会互动与个人空间, 95

Spain, homosexual marriages in 西班牙, 同性婚姻, 353

Spanish language 西班牙语, 42

Special-interest groups 特殊利益群体, 324

Spiritual beliefs. See Religion 精神信仰（见宗教）

Sports 体育运动

 conflict and 冲突与～, 15, 67

 gender differences ～的性别差异, 15

 racial discrimination and 种族歧视与～, 15

 sociological approaches applied to 运用社会学理论分析, 15

Spurious correlation 假相关, 18

Sri Lanka, arranged marriages 斯里兰卡, 包办婚姻, 345

SAT scores SAT 分数, 383, 385

Stanford County prison experiment 斯坦福郡监狱试验, 20–21

Staring, social interaction and 社会互动与凝视, 96

State capitalism 国家资本主义, 307

State church 国家教会, 358

State terrorism 国家恐怖主义, 328

Statistical measurements, descriptive 统计测量, 描述, 17–18

Statue of Liberty 自由女神像, 284, 286

Status 地位, 89

 consistency ～一致性, 188–89

 physical disability as a 身体残疾, 89–90

 set 地位丛, 89, 90, 91f

STDs. See Sexually transmitted diseases　STDs（见性传染病）
Steam engine　蒸汽机, 303
Stereotypes　刻板印象, 277–81, 282
　　defined　～的定义, 29, 278
　　homeless　无家可归, 216
　　racial　种族～, 78, 277–81, 282
　　television and　电视与～, 74
Stigma　污名化, 162
Strain　紧张, 162
　　role　角色～, 90–91
　　theory on deviance, Merton's　默顿的越轨理论, 159–60
Strategic defense initiative (SDI)　战略防御自主系统（SDI）, 332
Stratification. See Global stratification; Social stratification　分层，见全球分层；社会分层
Street children　街头儿童, 232
Street Corner Society (Whyte)　《街角社会》（怀特）, 24–26
Street criminal, profile of　街头犯罪的描述, 170–71
Street gangs　街头帮派, 160
Street smarts　街头烦恼, 92–93
Streetwalkers　站街卖淫女, 143, 147
Stress, Type A personality　A型人格压力, 250, 391
Subculture, defined　亚文化的定义, 48
Structural-functional approach　结构-功能分析, 145–46
　　culture and　文化与～, 54, 55
　　defined　定义, 10
　　description of　描述, 10–11
　　deviance and　越轨与～, 159–61, 164
　　education and　教育与～, 376–77, 383
　　family and　家庭与～, 343–44
　　gender stratification and　性别差异与～, 261–64
　　health/medicine and　健康/医疗与～, 400, 402
　　modernity and　现代性与～, 234, 240

　　religion and　宗教与～, 356–57
　　sexuality and　性与～, 145–46
　　social stratification and　社会分层与～, 10–11
　　sports and　运动与～主义, 15
Structural-strain theory　结构性紧张理论, 191
Students　学生
　　criminal　犯罪, 157
　　deviant　越轨, 156, 157, 159, 164
　　education　教育, 12
　　life objectives　生活目标, 50–51, 80
　　passivity　被动性, 383–84
　　retreatist　退缩者, 160
　　self-development in　学生的自我发展, 78
　　sexuality　性, 136, 140, 141, 144, 145
　　subcultures　亚文化, 161
　　See also College students　也见大学生
Sublimation　升华, 67
Sub-Saharan Africa, AIDS/HIV and　亚撒哈拉非洲的艾滋病 HIV/AIDS, 393, 394, 395n
Substance abuse. See Alcoholism; Drug abuse　物质滥用（见酗酒；吸毒）
Suburbs　郊区, 419–20
Sudan　苏丹
　　female genital mutilation　女性生殖器切除术, 261
　　quality of life　～的生活质量, 239
Suicide rates　自杀率
　　Durkheim's study on　涂尔干对～的研究, 4
　　modernization and　现代化与～, 450
　　racial and gender differences　种族、性别差异与～, 4
Sumatra, modesty　苏门答腊，端庄, 133
Sunbelt cities　阳光地带城市, 420
Superego　超我, 66–67
Superiority, group　优越，群体, 43, 56
Supply and demand, capitalism and　资本主义与供给，需求, 306
Surveys　抽样调查

conducting 进行～, 17
defined ～的定义, 23
of elite African Americans 关于精英非裔美国人的～, 23–24
interviews 访谈, 23–24, 27
population 人口, 27
questionnaires, use of 使用问卷, 23–24
sampling 抽样, 23
victimization 受害者～, 170
Survival of the fittest 适者生存, 194
Sustainable culture, ecologically 生态可持续文化, 431–33
Swaziland 斯威士兰
monarchy in ～的君主制度, 319
Sweatshops 血汗工厂, 232, 233, 237
Sweden 瑞典
cohabitation 同居, 353
economic inequality ～的经济不平等, 193f
gross domestic product ～的国内生产总值, 230t
as a high-income country 作为高收入国家, 226–27
homosexual marriages 同性恋婚姻, 353
income inequality 收入不平等, 193f, 200
quality of life index ～的生活质量指数, 230t
welfare capitalism in ～的福利资本主义, 322
Women in government positions 在政府位置中的妇女, 257
Symbolic institutions 象征机构, 340
Symbolic-interaction approach 符号互动理论, 145–46
description of ～的描述, 14
deviance and 越轨与～, 162–65
family and 家庭与～, 343, 344, 357–58
gender stratification and 性别分层与～, 262–63
health/medicine and 健康/医疗与～, 400–1
religion and 宗教与～, 357
sexuality and 性与～, 146–47
social construction 社会构建, 146–47
social stratification and 社会分层与～, 197–98

sports and 运动与～, 15
Symbols 符号
cultural differences ～的文化差异, 39–40
cyber 赛博, 40, 60
instant messaging 瞬时信息, 40, 60
language as 作为～的语言, 41, 60
Syphilis 梅毒, 393
Syria 叙利亚
gross domestic product ～的国内生产总值, 230t
as a middle-income country 作为中等收入国家, 227–28
quality of life index ～的生活质量, 230t

T

Tables, use of research 研究中表格的使用, 25
Taboos 禁忌, 44, 133
Tact, social interaction and 社会互动与策略, 96–97
Tchambuli, New Guinea, Mead's gender studies 新几内亚的德昌布利人，米德的性别研究, 249
Teachers 教师
shortage of ～短缺, 387–88
Technology disasters 技术灾难, 445, 446
Technology 技术, 45–46
agrarian societies and 农业社会与～, 46, 198–99
environments and effects of 环境与～的影响, 425–26
health and 健康与～, 80, 389, 395, 396
in industrial societies 工业社会的～, 46–47, 199
influence of ～的影响, 313–15
limitations of ～的局限
modernization and 现代化与～, 47, 234, 235, 236, 237
poverty and 贫困与～, 233
privacy issues 隐私问题, 123
sexual revolution and 性革命与～, 135
social change and 社会变迁与～, 45–47, 441, 442, 443–44
social stratification and 社会分层与～, 193f, 198–99

war and 战争与～,331-32
　　See also Information technology 也见信息～
Teenagers. See Adolescents/adolescence 青少年，见青少年
Telephones, modernization and 现代化与电话,116
Television 电视
　　bias and 偏见与～,74
　　gender differences on ～中的性别差异,75,252
　　politics and 政治与～,74-75,331-32
　　racial differences on ～中的种族差异,74
　　sexual content and 性内容与～,134,137
　　statistics on 对～的统计,74
　　violence and 暴力与～,75
Temporary Assistance for Needy Families (TANF) 依赖家庭的暂时援助（TANF）,215
Terminal illness, right-to-die debate 绝症，死亡的权利,395
Terrorism 恐怖主义,328-29
　　multiculturalism and 多元文化主义与～,49
　　as a new type of war 作为一种新型战争,330
　　See also September 11, attacks 也见9·11袭击
Tertiary economic sector 第三产业,304
Tests, standardized 标准化测验
　　bias in ～中的偏见,378
　　SAT scores SAT得分,383,354
Test tube babies 试管婴儿,50,354
Text messaging 短信,40,158
Thailand 泰国
　　AIDS in 艾滋病与～,394
　　gross domestic product ～的国内生产总值,230t
　　as a middle-income country 作为中等收入国家,227-28
　　prostitution 卖淫,144
　　quality of life ～的生活质量,230t
　　servile forms of marriages ～的奴隶制婚姻,233
Thanatos (death instinct) 死（死亡本能）,66

Theological stage 神学阶段,9
Theoretical approach 理论分析,10
Theory 理论
　　application of ～的运用,55
　　defined ～的定义,10
　　conflict 冲突～,281-82
　　culture 文化,54-56,281
　　evolution and 进化与～,55-56
　　family and 家庭与～,343-45,344-45
　　feminism and gender-conflict approach 女权主义与性别冲突～,12,54-55
　　of prejudice 偏见的～,280-82
　　race-conflict approach 种族冲突～,12-14,281-82
　　social-conflict approach 社会冲突～,54,344
　　sociological 社会学～,55
　　structural-functional approach 结构功能～,10-11,54,343-44
　　symbolic-interaction approach 符号互动～,14,145-46
Third world countries. See Low-income countries 第三世界国家（见低收入国家）
Thirteenth Amendment 第十三修正案,287
Thomas theorem 托马斯定律,93
Three world model 三个世界模型,225-26
Titanic 泰坦尼克号,186,187
Tobacco industry. See Smoking 烟草工业（见吸烟）
Torah 摩西五书,356
Touching, social interaction and 社会互动与接触,96
Toyota 丰田,120
Tracking, school 教育分流,12,378
Tradition 传统
　　defined ～的定义,115
　　impact on society 对社会的影响,447-50
　　modernization theory 现代化理论,448-50
Traditional authority 传统权威,318
Traditional family 传统家庭,448,452-53
Traditional societies, modern societies versus 传统社会与现

代社会, 452
Tradition-directedness 传统指向, 454
Transgender 跨性别, 132, 139
Transsexuals 性倒错, 132
Trash 垃圾, 427, 428
Triad 三人群体, 112–13
Trust 信任
    adolescents and 青少年与信任, 144, 352
    Erikson's stages 艾里克森的阶段, 70, 71
Type A personality A型人格, 250, 391
Tutsis 图西人, 284, 299
2010 Health Care Law 2010年健康照顾法, 399

U

Ukraine 乌克兰
    gross domestic product ～的国内生产总值, 230t
    as a middle-income country 作为中等收入国家, 227–28
    quality of life ～的生活质量, 230t
Underemployment 不充分就业, 312–14
    gender differences 性别差异, 254–55
    racial differences 种族差别, 312
    rates 不充分就业率, 312–13
Underground Railroad 地铁, 286
Underpopulation 人口不足, 416
Uniformity, McDonaldization and 麦当劳化与统一性, 121–22
Unions 工会
    capitalism and 资本主义与～, 57
    decline of ～的衰退, 133, 141
    labor 劳动, 310–11
United Church of Christ, social class and 社会阶级与联合教堂, 362–63
United Kingdom. See Britain 英国
United Nations 联合国, 26
United States 美国

adolescent pregnancy in U.S. ～的青少年怀孕, 141, 142
affection, display of 对爱的表达, 141
aging in ～的老龄化学, 77–80
age-sex pyramid 年龄-性别金字塔, 413–14
AIDS/HIV in ～的艾滋病, 394, 395
American dream 美国梦, 210–11
birth control in ～的生育控制, 136
birth rates ～出生率, 4
capital punishment in ～的死刑, 172, 173, 177
cities, growth of ～城市的发展, 8–10
colonialism ～殖民主义, 238, 419
comparable worth 可比较的价值, 255
Constitution and Bill of Rights 宪法与权利法案, 173
crime rates ～的犯罪率, 169–71, 178
criminal justice system 犯罪司法制度, 173–79
cultural beliefs ～的文化信仰, 43
culture in, compared with Canada ～与加拿大的文化比较, 57
death, leading causes of ～的主要死亡率, 390t
death rates ～的死亡率, 390, 398
divorce rates ～的离婚率, 351
economic inequality ～的经济不平等, 193f
education in ～的教育, 375–76
extramarital sex ～的婚外性, 137
family size in ～的家庭规模, 370
government, growth of ～政府的增加, 452
graying of the ～的银发浪潮, 79
gross domestic product (GDP) ～的国内生产总值, 230t
health in ～的健康, 390–96
as a high-income country 作为高收入国家, 226–27
homelessness 无家可归, 9, 216
homosexual marriages ～的同性恋婚姻, 141
incest taboo 乱伦禁忌, 133
income distribution ～的收入分配, 201f, 225f
income inequality ～的收入不平等, 199–1

job projections to 工作预测, 7, 313, 317
languages in ～的语言, 39, 42, 48
life expectancy ～的预期寿命, 411
management positions in 管理位置, 119
marriages laws (map), first-cousin ～的第一代表亲婚姻法, 133
medical care, paying for 付费医疗服务, 398–99
as middle-class society 作为中等阶级社会, 200
multiculturalism in ～的多元文化主义, 48–49
occupational prestige ～的职业声望, 201–2
politics ～政治, 322–26
population, urban ～的城市人口, 421
population changes ～的人口变化, 412, 415
poverty in ～的贫困, 212–16
premarital sex ～的婚前性, 135–36, 137t
presidential election of ～大选, 324–25
prison inmates, statistics on ～监狱犯人的统计, 178, 179
quality of life index ～的生活质量, 230t
religion in ～的宗教, 361–63
sexual attitudes ～人的性态度, 131, 134–39
slavery issues ～的奴隶制问题, 232–33
social classes in ～的社会阶级, 203–5
social mobility in ～的社会流动, 208–9
suicide rates ～的自杀率, 4, 10
technology in ～的技术, 123
unemployment rates ～的失业率, 312–13
union membership, decline in ～工会会员的减少, 133
USA Patriot Act ～爱国者法案, 123
values in ～的价值观, 43
violent crimes in ～的暴力犯罪, 168
wealth distribution ～的财富分配, 200–1, 225f
welfare in ～的福利, 322
work, changing pattern of ～变化中的工作种类, 120
Universal Declaration of Human Rights 人权宣言, 233
Upper class 上层阶级, 203–4
Upper-middle class 上－中层阶级, 204
Upper-upper class 上－上层阶级, 203
Upward social mobility 向上社会流动, 187, 206, 208–9
Urban ecology 城市生态学, 423–24
Urbanization/urbanism 城市化/城市主义（也见城市）, 418–25
  in low-income countries 低收入国家的～, 228–29
  political party identification and 政党认同与～, 324–25
  presidential election of and 年总统选举与～, 324, 325
  Simmel blasé urbanite 西美尔，厌于享受的城市人, 422
  Gemeinchaft and Gesellschaft (Tonnies) 《共同体与社会》（滕尼斯）, 421
  urban ecology 城市生态学, 423–24
  as a way of life 作为一种生活方式, 421–23
  in the U.S. 美国的城市, 419
  See also Cities 也见城市
Uruguay 乌拉圭
  gross domestic product 国内生产总值, 230t
  as a middle-income country 作为中等收入国家, 227–28
  quality of life index 生活质量指数, 230t
  socialism and 社会主义与～, 308–9
Utilitarian organizations 功利型组织, 115

V

Validity 有效性, 17
Value-free, research's need to be 研究必须价值无涉, 18
Value-relevant topics 价值相关性主题, 18
Values 价值观, 41–43
  emerging 出现, 451, 452
  languages and 语言与～, 99
  social class 社会阶级, 206
Variables 变量
  defined ～的定义, 17
  dependent 因～, 18, 21, 22

independent　自～, 18, 21, 22
operationalize　～的操作化, 17, 28
positive sociology and　实证社会学与～, 16
relationships among　变量间的关系, 27, 28
Venereal disease. See Sexually transmitted diseases　性病（见性传染病）
Venezuela, socialism and　社会主义与委内瑞拉, 309
Verstehen (understanding)　理解, 19
Veto groups　否决群体, 326
Victimization surveys　受害者抽样调查, 170
Victimless crimes　无受害人的犯罪, 144, 169
Video games, violence and　暴力与录像游戏, 326
Vietnam　越南
　　capitalism in　～的资本主义, 320
　　description of　～的描述, 306
　　deviance in　～的越轨, 158
　　meeting with foreigners, banned　禁止与外国人会谈, 158
Violence　暴力
　　against men　针对男人的～, 144, 259
　　assault　袭击, 144, 167, 169, 170
　　child abuse　虐待儿童, 64, 163
　　at colleges　大学校园中的～, 156
　　crime rates down　～犯罪率下降, 178
　　family　家庭～, 352
　　female genital mutilation　女性生殖器环切术, 261
　　gender stratification and　性别分层与～, 258-59
　　mass media and　大众传媒与～, 75, 331-32
　　pornography and　色情与～, 142, 260
　　prison　监狱, 23
　　school　学校～, 383
　　sexual harassment　性骚扰, 117, 169
　　television and　电视与～, 75
　　video games and　录像游戏与～, 75
　　against women　针对妇女的～, 142, 258-59
　　Yanomama views on　亚罗马谟族人对～的看法, 38

See also Terrorism; War; Women, violence against　也见恐怖主义；战争；妇女，暴力
Virginity　贞洁, 146-47
Voluntary associations　志愿者协会, 115
Voting　投票
　　apathy　～冷漠, 324-25
　　criminals and　犯罪与～, 325-26
　　presidential election of　总统选举, 324-25,
Voting rights　投票权
　　African Americans and　非裔美国人与～, 324
　　criminals and　犯罪与～, 325-26
　　Fifteenth Amendment　第十五修正案, 287
　　Nineteenth Amendment　第十九修正案, 257
　　for women　妇女～, 324

W

Wage gap　工资差距, 210
Wage labor　工薪劳动者, 122
Wal-Mart　沃尔玛, 205, 302, 306, 310, 315, 451
War　战争, 329-32
　　death rates in U.S.　美国～中的死亡率, 329, 390, 398
　　Islam and　伊斯兰教与～, 333
　　statistics on　对～的统计, 329f
WASPs. See White Anglo-Saxon Protestants　WASPs（见白人盎格鲁-撒克逊清教徒）
Water　水, 428-29
　　pollution　～污染, 429
　　quality　～质量, 429
　　supply problems　～供给问题, 428-29
Wealth　财富
　　of chief executive officers (CEOs)　首席执行官的～, 211
　　creativity in children　儿童创造性, 71
　　defined　～的定义, 201
　　distribution of, in the U.S.　美国的～分配, 200-1
　　power and　权力与～, 78-79, 200-1

super rich 上层富人, 201, 211, 217
See also Income 也见收入
Weber, work of 韦伯的研究, 14, 18, 19
   alienation 异化, 117
   authority and 权威与～, 318
   bureaucratic organizations and 科层组织与～, 115, 116, 118
   conception of Verstehen (understanding) 理解的概念, 19
   modernization and 现代化与～, 235
   power and 权力与～, 196-97
   rationalization and 理性化与～, 450
   religion and 宗教与～, 358-59
   social change and 社会变迁与～, 27, 115, 442
   social stratification and 社会分层与～, 196-97
   tradition and 传统与～, 450
Welfare 福利, 165
   capitalism 资本主义福利, 307
   state 国家福利, 321
White Anglo-Saxon Protestants (WASPs) 白人盎格鲁－撒克逊清教徒 (WASPs), 25, 321
White-collar occupation, defined 白领职业, 定义, 196
Whites 白人
   crime rates ～的犯罪率, 171
   family size 家庭规模, 346n
   feminism and 女权主义与～, 267
   in management positions 管理位置上的～, 119
   poverty and 贫困与～, 212
   suicide rates ～自杀率, 5, 10
   unemployment and 失业与～, 312
   voting participation and 投票参与～, 324-25
   white Anglo-Saxon 白人盎格鲁－撒克逊, 286
   women, working ～职业女性, 119
   work and 工作与白人, 119
Women 妇女
   abortion issue 流产问题, 98
   in agrarian societies 农业社会的～, 46
   beauty myth 美貌神话, 254
   care and responsibility perspective 照顾与责任视角, 68-69
   discrimination ～歧视, 56, 149, 294
   education 教育, 12
   extramarital sex 婚外性, 137
   feminism ～主义, 147-48, 264-67
   feminization of poverty 贫困的女性化, 212-13
   gender roles 性别角色, 72, 90-91, 250
   in government positions 政府职位中的～, 257
   homosexual 同性恋, 5, 31, 139, 140-31, 149
   housework and 家务劳动与～, 92, 255-56
   in hunting and gathering societies 狩猎和采集社会中的～, 45
   matrilineal descent 女方继嗣, 342
   in the military 军队中的～, 330
   as minorities 作为少数派的～, 81
   politics and 政治与～, 320, 323, 324, 329
   population growth and role of 人口增长与～的角色, 416
   poverty and 贫困与～, 199, 212-13
   premarital sex 婚前性, 135-36, 137t
   prostitution 卖淫, 142-44
   religion and 宗教与～, 362, 367
   sexual revolution 性革命, 135, 137
   single (one)-parenthood 单亲, 171, 352-53
   as slaves 作为奴隶的～, 233
   social mobility and 社会流动与～, 210
   in sports 体育运动中的～, 15
   status of, globally 全球～的地位, 233, 234, 248-49, 416
   unemployment and 失业, 254-55
   upper-upper class 上－上阶级, 203-4
   voting rights 投票权, 257
See also Gender differences; Gender inequality 也见性别差异；性别不平等

索引　937

Women, African American　非裔美国妇女
    accomplishments of　成就, 257
    double disadvantage and　双重劣势, 264
    feminism and　女权主义, 264, 267
    as head of household　作为家务的主导, 349
    life expectancy and　预期寿命与～, 411
    parenting and role of grandmothers　作为父母与祖父母, 347, 352
    in politics　政治, 257
    work and　工作与～, 264, 314

Women, Asian American　亚裔美国妇女
    as head of household　作为家务的主导, 348f
    work and　工作与～, 314

Women, Hispanic American/Latins, as head of　西班牙裔美国妇女/拉丁裔美国妇女
    household　作为家务的领导, 348f

Women, Islamic　伊斯兰妇女
    constraints put on　对伊斯兰妇女的限制, 132, 233
    female genital mutilation　女性生殖器切除术, 261
    modesty　端庄, 132
    wearing of makeup banned　对伊斯兰妇女穿着的限制, 158

Women, violence against　针对妇女的暴力
    assault　袭击, 144, 169
    date rape　约会强奸, 144
    domestic　家庭暴力, 216, 352
    female genital mutilation　女性生殖器切除术, 261
    pornography as a cause　导致～的色情, 142, 260
    prostitution and　卖淫与～, 144
    rape　强奸, 144
    rape, marital　婚内强奸, 352
    sexual harassment　性骚扰, 117, 149, 169, 259–60

Women, in the workplace　职场女性
    African American　非裔美国～, 257, 265
    Asian American　亚裔美国～, 257
    comparable worth　～的比较价值, 257
    discrimination　～歧视, 12, 54, 294
    earnings gap　～的收入差距, 255, 267
    as entrepreneurs　作为企业主, 254
    female advantage　～优势, 119–20
    gender inequality　～的性别不平等, 253–54
    glass ceiling　玻璃天花板, 24
    income inequality　收入不平等, 253–54
    in managerial positions　管理职位的～, 119
    occupations　专业职业, 253–54
    pink-collar jobs　粉领工作, 253
    self-employed　自我雇佣的～, 312
    statistics on　对～的统计, 253t, 255, 256
    whites　白人～, 267

Women's movement, feminism　妇女运动，女权主义, 12, 54–55, 249f

Work/workplace　工作/工作场所
    blue-collar　蓝领～, 196, 202, 204, 312
    changing nature of　～性质的变化, 309–10
    child labor　童工, 76, 303
    computers, effects of　计算机对～的影响, 313–15
    debt bondage　债务奴隶, 233
    discrimination　～歧视, 15, 36, 278, 294
    diversity　～的多元化, 313
    division of　劳动分工, 448–50
    elderly in the　年老与～, 79
    emotions on the job　～中的情绪, 97–98
    ethic, Protestant work　清教徒～伦理, 358–59
    factories　工厂, 8–9, 46, 47, 76, 122
    garment industry, in Bangladesh　孟加拉的服装工业, 224
    gender differences　工作的性别差异, 253–54
    global economy and effects on U.S.　全球经济及对美国工作的影响, 304–5
    housework and　家务与～, 92, 255–56
    immigrants and　移民与～, 278
    income inequality　收入不平等, 308, 309, 320, 322

Industrial Revolution and 工业革命与～,303
in industrial societies 工业社会中的～,46-47
information revolution and 信息革命与～,114,303-4,314-15
Japanese 日本的～,120,290
job projections to ～预测,313,317
jobs with the highest concentrations of women 妇女最集中的～,253
legal protections ～的法律保护,92
managerial positions in the U.S. 美国～中的管理职位,119,253
in postindustrial economy 后工业经济中的～,303-4
professions 专业职业,310-11
prostitution as 作为～的卖淫,142-44
Protestant work ethic 清教徒～伦理,358-59
racial differences ～中的种族差异,202
scientific management ～的科学管理,118-19
self-employment 自我雇佣,312
sexual harassment 性骚扰,117,149,259-60
social class and 社会阶级与～,204-5
teams 团队,120,121f
technology and 技术与～,313-14
unemployment 失业,312-13
unions 工会,310
U.S.value 美国价值观,43
white-collar 白领,166
See also Women; in the workplace 也见妇女；在工作场所
Workforce diversity 劳动力多元化,313

Working class 工人阶级,204-5
    blue-collar 蓝领,196,202,204
    defined 定义,204
    marriages 婚姻,347
    white-collar 白领,196,202,208-9
Working poor 工作贫困,214-16
World economy 世界经济,238-40
    Wallerstein's capitalist 沃勒斯坦的世界资本主义经济,238-39
World Trade Center. See September11 世贸中心（见9·11袭击事件）,attacks
World War II 第二次世界大战
    Japanese American internment 对日裔美国人的战时拘禁,289
    reference group study 参考群体研究,111-12

Y

Yanomamo 亚罗马谟族人,38
Yemen 也门
    family size ～的家庭规模,413
    women status in ～妇女的社会地位,250
Yugoslavia 南斯拉夫
    cultural conflict in ～的文化冲突,48
    genocide ～的种族灭绝,284

Z

Zambia 赞比亚,44f,330
Zero population growth 零人口增长,416
Zimbabwe, education in 津巴布韦的教育,375

译后记

本书是美国大学中普遍采用的社会学入门教材之一。该教材1992年第一版出版以来，受到越来越多的社会学教师和大学生的欢迎。20年中每隔两年都进行修订和出版新的版本，至今已是第12版。该教材体系科学，内容全面，资料丰富，信息量非常大，不仅很好地涵盖了社会学学科的基本内容，而且提供了大量的统计图表、研究案例、思考提示、课后练习以及网络链接，为学生学习实践提供了很好的途径。全书的语言生动活泼，图文并茂，对于初学者了解和掌握社会学是什么、社会学研究什么、社会学家如何研究社会、社会学如何看待我们熟悉的世界等问题，有着很好地帮助。我们将此书翻译出来，既可以为我国高等院校社会学专业以及社会科学相关专业的教学增加一本新的参考书，也可以帮助更多的对探索社会现象感兴趣的读者了解和学习社会学的基础知识。

承担本书各章翻译工作的是：

第一章，风笑天（南京大学社会学系教授、博士）；

第二章、第十一章，方纲（西南交通大学人文社会科学学院副教授、博士）；

第三章，胡洁（南京大学社会学系博士生）；

第四章，李芬（南京大学社会学系博士生）；

第五章，肖洁（南京工业大学社会学系副教授、南京大学社会学系博士生）；

第六章、第十章、第十三章、前言、专有名词表、主题索引等，李学斌（南京理工大学社会学系副教授、博士）；

第七章、第九章，肖富群（广西师范大学社会学系教授、博士）；

第八章，方长春（南京大学社会学系副教授、博士）；

第十二章，王晓焘（南京师范大学社会学系讲师、博士）；

第十三章，刘珊（上海工程大学社会工作系副教授，南京大学政府管理学院博士生）；

第十四章，刘婷婷（武汉大学社会学系讲师、博士）、乔玲玲（零点调查公司研究人员）；

第十五章，祝建华（浙江工业大学公共管理学院副教授，博士）；

第十六章，童宗斌（南京工业大学社会学系副教授、博士）。

李学斌还协助我承担了大量的校译、编辑、补充和整理的工作。

由于译者的水平所限，译稿中难免存在错误和疏漏之处，敬请读者批评指正。

风笑天

2015 年 7 月于南京

图书在版编目(CIP)数据

社会学基础:第12版/(美)约翰·J.麦休尼斯著;风笑天等译.—北京:商务印书馆,2022
ISBN 978-7-100-19613-0

Ⅰ.①社… Ⅱ.①约… ②风… Ⅲ.①社会学—教材 Ⅳ.① C91

中国版本图书馆 CIP 数据核字(2021)第 045505 号

权利保留,侵权必究。

社会学基础
(第12版)
〔美〕约翰·J.麦休尼斯 著
风笑天 等 译

商 务 印 书 馆 出 版
(北京王府井大街36号 邮政编码100710)
商 务 印 书 馆 发 行
北京新华印刷有限公司印刷
ISBN 978-7-100-19613-0

2022年5月第1版	开本 787×1092 1/16
2022年5月北京第1次印刷	印张 60¼ 插页 1

定价:298.00 元